Anders · Gehle | Das Assessorexamen im Zivilrecht

Das Assessorexamen im Zivilrecht

Von

Dr. Monika Anders

Präsidentin des Landgerichts Essen

Dr. Burkhard Gehle

Vorsitzender Richter am Oberlandesgericht Köln

13., neu bearbeitete Auflage 2017

Verlag Franz Vahlen München

Zitierweise: *Anders/Gehle* Assessorexamen ZivR

www. vahlen.de

ISBN 978 3 8006 5397 3

Satz: R. John + W. John GbR, Köln
Druck: Druckerei C.H. Beck Nördlingen (Adresse wie Verlag)
Umschlaggestaltung: Martina Busch Grafikdesign, Homburg Saar

Gedruckt auf säurefreiem, alterungsbeständigem Papier
(hergestellt aus chlorfrei gebleichtem Zellstoff)

Vorwort zur dreizehnten Auflage

Unser Lehrbuch erscheint seit 1986 und nunmehr in der 13. Auflage. Es bietet für alle Studenten und insbesondere für Referendare eine Unterstützung für die Ausbildung in Zivilsachen und eine gute Vorbereitung auf die juristischen Staatsprüfungen.

Der Titel des Lehrbuches »Das Assessorexamen« ist mittlerweile viel zu eng. Das Lehrbuch hat sich sowohl in seinem allgemeinen Teil als auch in den besonderen Kapiteln zu einem Handbuch für die Bearbeitung eines Zivilrechtsfalles in allen Bereichen entwickelt. Es beantwortet alle entscheidenden zivilprozessrechtlichen Fragen des Erkenntnisverfahrens, berücksichtigt die neueste Rechtsprechung und gibt zahlreiche Formulierungsbeispiele. Das Lehrbuch ist daher auch für den Praktiker bei der Bearbeitung der verschiedenen Fallkonstellationen von großer Bedeutung.

Die neue Auflage ist notwendig geworden aufgrund vieler aktueller Entscheidungen und gesetzlicher Änderungen. Das 2. Kostenrechtsänderungsgesetz, die Änderungen des RVG, § 232 ZPO (Rechtsbehelfsbelehrung), das Mediationsgesetz nach den Übergangsregelungen, die Erhöhung des gesetzlichen Zinssatzes in § 288 II ZPO und die Handhabung des neu eingeführten § 198 GVG (überlange Verfahrensdauer) wurden zwar schon in der Vorauflage berücksichtigt. Diese Änderungen sind aber insbesondere durch die Rechtsprechung weiter konkretisiert worden. Wir haben auch wiederum viele Anregungen von Lesern bekommen, die wir bei der Neuauflage berücksichtigt haben. Dafür danken wir.

Auch in dieser Neuauflage wird ein besonderer Schwerpunkt auf die Systematik der Rechtsanwendung gesetzt. Aus unseren langjährigen Erfahrungen als Ausbilder, Prüfer und Richter haben wir die Erkenntnis gewonnen, dass in der Ausbildung, vielleicht auch bei den Repetitoren, ein Schwerpunkt auf Einzelwissen gelegt und die Systematik vernachlässigt wird. Juristische Stichworte, die für die Lösung von Bedeutung und teilweise in den Aufgabentexten als Hilfestellungen genannt sind, finden sich bei den Examensleistungen (Schriftliches und Mündliches) an den falschen Stellen und ohne Einbettung in die erforderliche juristische Systematik. Dadurch wird nicht nachgewiesen, dass man die juristische Denkweise beherrscht. Deshalb kann man mit solchen Leistungen auch keine guten Noten erreichen. Ferner besteht die Gefahr, dass die Vorteile des deutschen Rechts, die in der Systematik bestehen und die unser Recht zum Erfolgsschlager »law made in germany« gemacht haben, aufgegeben werden. Gerade in unserer heutigen Zeit verändern sich die Probleme und die Gesetze in einer rasanten Geschwindigkeit. Das Wissen um aktuelle Einzelprobleme hat deshalb nach kurzer Zeit keinen Wert mehr. Die Systematik der Gesetze und der Rechtsanwendung aber bleibt und befähigt einen guten Juristen zusammen mit einer kontinuierlichen Fortbildung zur richtigen Rechtsanwendung auch bei ständigen Veränderungen der Gesetze und der Lebenssachverhalte. Zur Systematik gehören die Subsumtionstechnik, die auf den Universitäten exemplarisch gelernt werden sollte, und die Relationsmethode, die vor allem im Referendardienst einen Schwerpunkt bilden muss. Nur durch die Relationsmethode wird man als Praktiker in die Lage versetzt, einen streitigen Sachverhalt systematisch zu ordnen und ihn auf dieser Grundlage rechtlich vollständig zu erfassen sowie ein schnellstmögliches Ergebnis zu erzielen. In allen Kapiteln dieses Lehrbuches werden zur systematischen Rechtsanwendung zahlreiche Ratschläge erteilt.

Wir wünschen viel Erfolg für die Ausbildung und im Beruf und hoffen auf viele weitere Anregungen.

Köln, im Mai 2017

Dr. Monika Anders *Dr. Burkhard Gehle*

Inhaltsverzeichnis

Literaturverzeichnis

Anders/Gehle Antrag und Entscheidung	Anders, Monika/Gehle, Burkhard, Antrag und Entscheidung im Zivilprozess, 3. Aufl. 2000
Anders/Gehle/Kunze Streitwert-Lexikon	Anders, Monika/Gehle, Burkhard/Kunze, Wolfgang, Streitwert-Lexikon, 4. Aufl. 2002
BLAH/*Bearbeiter*	Baumbach, Adolf/Lauterbach, Wolfgang/Albers, Jan/Hartmann, Peter, ZPO, 75. Aufl. 2017
Baumgärtel/Laumen/Prütting, Beweislast	Baumgärtel, Gottfried/Laumen, Hans-Willi/Prütting, Hanns, Handbuch der Beweislast im Privatrecht, 3. Aufl. 2007–2016
MüKoAktG/*Bearbeiter*	Goette, Wulf/Habersack, Mathias (Hrsg.), Münchener Kommentar zum AktG, 4. Aufl. 2016
MüKoBGB/*Bearbeiter*	Säcker, Jürgen/Rixecker, Roland (Hrsg.), Münchener Kommentar zum BGB, 7. Aufl. 2015
MüKoGmbHG/*Bearbeiter*	Fleischer, Holger/Goette, Wulf (Hrsg), Münchener Kommentar zum GmbHG, 2. Aufl. 2015
MüKoZPO/*Bearbeiter*	Krüger, Wolfgang/Rauscher, Thomas (Hrsg.), Münchener Kommentar zur ZPO, 5. Aufl. 2016
Musielak/*Bearbeiter*	Musielak, Hans-Joachim, ZPO, 14. Aufl. 2017
Oberheim ZivilProzR	Oberheim, Rainer, Zivilprozessrecht für Referendare, 11. Aufl. 2016
Palandt/*Bearbeiter*	Palandt, Otto, Bürgerliches Gesetzbuch, 76. Aufl. 2017
Prütting/Gehrlein/*Bearbeiter*	Prütting, Hanns/Gehrlein, Markus, ZPO, 9. Aufl. 2017
Prütting/Wegen/Weinreich/ *Bearbeiter*	Prütting, Hanns/Wegen, Gerhard/Weinreich, Gerd, BGB, 11. Aufl. 2016
Rosenberg/Schwab/Gottwald ZivilProzR	Rosenberg Leo/Schwab, Karl Heinz/Gottwald, Peter, Zivilprozessrecht, 17. Aufl. 2010
Schellhammer Zivilprozess	Schellhammer, Kurt, Zivilprozess, 15. Aufl. 2016
Schneider Zivilrechtsfall	Schneider, Egon, Der Zivilrechtsfall in Prüfung und Praxis, 7. Aufl. 1987
Schneider Kosten	Schneider, Egon, Kostenentscheidung im Zivilurteil, 2. Aufl. 1977
Schneider Beweis	Scheider, Egon, Beweis und Beweiswürdigung, 5. Aufl. 1994
Schneider/van den Hövel Arbeitstechnik	Schneider, Egon/van den Hövel, Markus, Richterliche Arbeitstechnik, 4. Aufl. 2007
Schuschke/Kessen/Höltje Arbeitstechnik	Schuschke, Winfried/Kessen, Martin/Höltje, Björn, Zivilrechtliche Arbeitstechnik im Assessorexamen, 35. Aufl. 2013 (bis zur 34. Aufl. erschienen unter »Sattelmacher/Sirp/Schuschke, Bericht, Gutachten und Urteil«)
Siegburg Urteilstechnik	Siegburg, Peter, Einführung in die Urteilstechnik, 6. Aufl. 2010
Staudinger/*Bearbeiter*	von Staudinger, Julius, Kommentar zum BGB
Stein/Jonas/*Bearbeiter*	Stein, Friedrich/Jonas, Martin (Hrsg.), ZPO, 22. Aufl. 2013
Thomas/Putzo/*Bearbeiter*	Thomas Heinz/Putzo, Hans, Zivilprozessordnung: ZPO, 38. Aufl. 2017

Zöller/*Bearbeiter*	Zöller, Zivilprozessordnung: ZPO, 31. Aufl. 2016

Internet-Veröffentlichungen zum vorliegenden Lehrbuch: www.vahlen.de

Suchbegriff eingeben: »Anders/Gehle«

→ Das Assessorexamen im Zivilrecht

→ Online-Materialien

Abkürzungsverzeichnis

aA	andere Auffassung
AcP	Archiv für die civilistische Praxis
aE	am Ende
aF	alte Fassung
AG	Amtsgericht/Aktiengesellschaft/Die Aktiengesellschaft – Zeitschrift für das gesamte Aktienwesen, für deutsches, europäisches und internationales Kapitalmarktrecht
AGBG	Gesetz zur Regelung des Rechts der Allgemeinen Geschäftsbedingungen
AktG	Aktiengesetz
AktO	Aktenordnung
allg.	allgemein
Alt.	Alternative
Anm.	Anmerkung
AnwBl.	Anwaltsblatt
ArbGG	Arbeitsgerichtsgesetz
Art.	Artikel
Aufl.	Auflage
BAG	Bundesarbeitsgericht
BauR	Zeitschrift für das gesamte öffentliche und zivile Baurecht
BayObLG	Bayerisches Oberstes Landesgericht
BayObLGR	Report BayObLGR – Schnelldienst zur gesamten Zivilrechtsprechung des Bayerischen Obersten Landesgerichts
BB	Betriebsberater
BGB	Bürgerliches Gesetzbuch
BGBl.	Bundesgesetzblatt
BGH	Bundesgerichtshof
BGHZ	Entscheidungen des Bundesgerichtshofs in Zivilsachen
BFH	Bundesfinanzhof
BRAO	Bundesrechtsanwaltsordnung
BT-Drs.	Drucksache des Deutschen Bundestags
BVerfG	Bundesverfassungsgericht
bzw.	beziehungsweise
c.i.c.	culpa in contrahendo
DAR	Deutsches Autorecht (Zeitschrift)
DB	Der Betrieb
dh	das heißt
ders.	derselbe
DRiZ	Deutsche Richterzeitung
Einl.	Einleitung
EGMR	Europäischer Gerichtshof für Menschenrechte
EGZPO	Einführungsgesetz zur Zivilprozessordnung
evtl.	eventuell
FamFG	Gesetz über das Verfahren in Familiensachen und in den Angelegenheiten der freiwilligen Gerichtsbarkeit
FamRZ	Zeitschrift für das gesamte Familienrecht mit Betreuungsrecht, Erbrecht, Verfahrensrecht, öffentlichem Recht
f./ff.	folgende
Fn.	Fußnote

GbR . . . . Gesellschaft bürgerlichen Rechts
GenTG . . . . Gentechnikgesetz
GKG . . . . Gerichtskostengesetz
GG . . . . Grundgesetz
ggf. . . . . gegebenenfalls
GI aktuell . . . . GI aktuell: Informationen für wirtschaftsprüfende, rechts- und steuerberatende Berufe
GmbH . . . . Gesellschaft mit beschränkter Haftung
GmbHR . . . . GmbHRundschau
grds. . . . . grundsätzlich
GRUR . . . . Zeitschrift der Deutschen Vereinigung für gewerblichen Rechtsschutz und Urheberrecht
GRUR-RR . . . . . . Zeitschrift der Deutschen Vereinigung für gewerblichen Rechtsschutz und Urheberrecht Rechtsprechungs-Report
GVG . . . . Gerichtsverfassungsgesetz

HGB . . . . Handelsgesetzbuch
hL . . . . herrschende Lehre
hM . . . . herrschende Meinung
Hs. . . . . Halbsatz

IMR . . . . Immobilien- und Mietrecht (Zeitschrift)
insbes. . . . . insbesondere
InsO . . . . Insolvenzordnung
iSd . . . . im Sinne der/des
iSv . . . . im Sinne von
iRd . . . . im Rahmen der/des
iÜ . . . . im Übrigen
iVm . . . . in Verbindung mit

JA . . . . Juristische Arbeitsblätter
JAmt . . . . Zeitschrift für Jugendhilfe und Familienrecht
JMBl. NW . . . . Justizministerialblatt für das Land Nordrhein-Westfalen
JURA . . . . Juristische Ausbildung
JurBüro . . . . Das juristische Büro (Zeitschrift)
JuS . . . . Juristische Schulung
Justiz . . . . Die Justiz (Zeitschrift)
JVEG . . . . Justizvergütungs- und Entschädigungsgesetz
JZ . . . . Juristenzeitung

KG . . . . Kammergericht/Kommanditgesellschaft
KGR . . . . Kammergericht-Report
KSchG . . . . Kündigungsschutzgesetz
KV . . . . Kostenverzeichnis

LG . . . . Landgericht
LM . . . . Lindenmaier-Möhring – Kommentierte BGH-Rechtsprechung
Ls. . . . . Leitsatz

MDR . . . . Monatsschrift für Deutsches Recht
MedR . . . . Medizinrecht (Zeitschrift)
mN . . . . mit Nachweisen
mwN . . . . mit weiteren Nachweisen

nF . . . . neue Fassung
NJOZ . . . . Neue Juristische Online-Zeitschrift
NJW . . . . Neue Juristische Wochenschrift
NJW-RR . . . . Neue Juristische Wochenschrift Rechtsprechungs-Report

Nr. . . . . Nummer
NStZ . . . . Neue Zeitschrift für Strafrecht
NZA . . . . Neue Zeitschrift für Arbeitsrecht
NZBau . . . . Neue Zeitschrift für Baurecht und Vergaberecht
NZM . . . . Neue Zeitschrift für Miet- und Wohnungsrecht
NZV . . . . Neue Zeitschrift für Verkehrsrecht

oÄ . . . . oder Ähnliches/Ähnlichem
OHG . . . . Offene Handelsgesellschaft
OLG . . . . Oberlandesgericht
OLG-NL . . . . OLG-Rechtsprechung Neue Länder
OLGR . . . . OLG-Report
OLGZ . . . . Entscheidungssammlung der Oberlandesgerichte in Zivilsachen
OWi . . . . Ordnungswidrigkeit(en)

PflVG . . . . Pflichtversicherungsgesetz

RA . . . . Rechtsanwalt
RGZ . . . . Entscheidungssammlung des Reichsgerichts in Zivilsachen
Rn. . . . . Randnummer
Rpfleger . . . . Der Deutsche Rechtspfleger (Zeitschrift)
r+s . . . . recht und schaden, Unabhängige Zeitschrift für Versicherungsrecht und Schadenersatz
RVG . . . . Gesetz über die Vergütung der Rechtsanwältinnen und Rechtsanwälte

s. . . . . siehe
S. . . . . Satz/Seite
ScheckG . . . . Scheckgesetz
SchiffsRG . . . . Schiffsrechtegesetz
sog. . . . . sogenannte/r
StA . . . . Staatsanwaltschaft
StGB . . . . Strafgesetzbuch
StRR . . . . StrafRechtsReport
StPO . . . . Strafprozessordnung
StUB. . . . . Unternehmensteuern und Bilanzen (Zeitschrift)
StVG . . . . Straßenverkehrsgesetz

TransportR . . . . . . Transportrecht (Zeitschrift)

uE . . . . unseres Erachtens
usw. . . . . und so weiter
uU . . . . unter Umständen
UWG . . . . Gesetz gegen den unlauteren Wettbewerb

vAw . . . . von Amts wegen
VerbrKrG . . . . Verbraucherkreditgesetz
VersR . . . . Zeitschrift für Versicherungsrecht, Haftungs- und Schadensrecht
VOB . . . . Vergabe- und Vertragsordnung für Bauleistungen
Vor/Vorbem. . . . . . Vorbemerkung
vgl. . . . . vergleiche
VRR . . . . Verkehrsrechtsreport
VU . . . . Versäumnisurteil
VV . . . . Vergütungsverzeichnis
VVG . . . . Versicherungsvertragsgesetz

WEG . . . . Wohnungseigentumsgesetz
WG . . . . Wechselgesetz

WM . . . . Zeitschrift für Wirtschafts- und Bankrecht
WRP . . . . Wettbewerb in Recht und Praxis
WuM . . . . Wohnungswirtschaft und Mietrecht (Zeitschrift)

zB . . . . zum Beispiel
ZfSch . . . . Zeitschrift für Schadensrecht
ZInsO . . . . Zeitschrift für das gesamte Insolvenzrecht
ZiP . . . . Zeitschrift für Wirtschaftsrecht
ZMR . . . . Zeitschrift für Miet- und Raumrecht
ZPO . . . . Zivilprozessordnung
zT . . . . zum Teil
zZ . . . . zur Zeit
ZZP . . . . Zeitschrift für Zivilprozess

Einleitung

Jeder Jurist, der einen Zivilrechtsfall in der Praxis zu bearbeiten hat – Richter, Rechtsanwalt, Notar, Wirtschaftsjurist, Rechtsreferendar – muss sich mit dem Sachverhalt, der rechtlichen Lösung und gegebenenfalls mit dem weiteren taktischen Vorgehen in tatsächlicher und rechtlicher Hinsicht beschäftigen. 1

Dieses Buch bietet für das Zivilrecht mit den Teilen A. bis E. einen Leitfaden zur systematischen und schnellstmöglichen Erarbeitung eines praktischen Ergebnisses, und zwar unabhängig von der jeweiligen Aufgabenstellung und der beruflichen Situation. Darüber hinaus stellt dieses Buch mit den Teilen F. bis U. nicht nur einen Leitfaden, sondern auch ein Nachschlagewerk für jeden Praktiker dar. Es werden viele taktische Hinweise und alle zivilprozessualen Probleme im Erkenntnisverfahren systematisch dargestellt. Auch der Jurastudent findet dort viele Anleitungen für die Bearbeitung eines Rechtsfalles.

Im Teil A. wird die Erarbeitung des Sachverhalts und der rechtlichen Lösung exemplarisch aus Richtersicht dargestellt. Nach Besprechung des Urteils und des Beschlusses (Teil B.) folgen Ausführungen zu den Besonderheiten aus Anwaltssicht. Hier liegt der Schwerpunkt zusätzlich auf den taktischen Überlegungen. Die dargestellten Grundsätze in den Teilen A und B sind aber weitgehend auch auf alle anderen juristischen Berufe zu übertragen. So müssen auch der Anwalt, der Wirtschaftsjurist und der Notar den Sachverhalt systematisch erarbeiten und streitige Punkte herausfiltern sowie auf dieser Grundlage den Fall rechtlich lösen und taktische Überlegungen anstellen. 2

Insbesondere hilft dieses Buch im Referendariat und für die Vorbereitung auf das Assessorexamen. Das Assessorexamen besteht aus einem schriftlichen und einem mündlichen Teil. Zu dem schriftlichen Teil gehören in jedem Fall die Aufsichtsarbeiten (= Klausuren). Der mündliche Teil besteht in der Regel aus einem Aktenvortrag und einem Prüfungsgespräch, das sich wiederum entsprechend den zu prüfenden Rechtsgebieten in verschiedene Abschnitte gliedert. 3

In allen Prüfungsabschnitten soll der Kandidat zeigen, dass er in der Lage ist, einen Sachverhalt richtig zu erfassen und eine richtige rechtliche Lösung unter Berücksichtigung der sozialen und wirtschaftlichen Besonderheiten der Beteiligten zu finden. Gefordert werden häufig auch taktische Überlegungen. Für alle Aufgaben im zivilrechtlichen Assessorexamen und für das Referendariat, so für die praktische Ausbildung, die Klausuren, den Aktenvortrag und das Prüfungsgespräch, finden sich in diesem Buch Anleitungen mit Formulierungshilfen. Außerdem werden alle prozessualen Probleme des Erkenntnisverfahrens aufgezeigt.

Besondere Bedeutung haben die Grundzüge der Relationsmethode, die nur auf einigen Seiten dargestellt werden, und ohne die ein zivilrechtlicher Fall in der Praxis und im Examen nicht sachgerecht zu lösen ist. Es ist ein Irrtum, wenn man glaubt, nach Wegfall der Examensrelation (Hausarbeit) könne auf die Relationsmethode verzichtet werden. Unsere umfangreichen Erfahrungen in den juristischen Staatsexamen haben das Gegenteil ergeben. Auch in den Klausuren und in der mündlichen Prüfung ist die Relationsmethode unabdingbar. Nur wer sie beherrscht, kann einen Zivilrechtsfall sicher und schnellstmöglich lösen.

1. Abschnitt. Allgemeiner Teil

A. Bearbeitung eines Zivilrechtsfalles

I. Effizienz der Entscheidungsfindung (Relationstechnik)

1. Bedeutung der Relationstechnik für die Praxis

Der Zivilrichter ist verpflichtet, auf die schnellste und für die Betroffenen kostengünstigste Art zu einem richtigen Ergebnis zu kommen und die gefundene Entscheidung in verständlicher Form zu begründen. Das folgt schon aus Art. 19 IV GG. In der heutigen Zeit ist Schnelligkeit eines von mehreren Leistungskriterien. Es gibt viele Regelungen in der ZPO, die den Beschleunigungsgrundsatz dokumentieren, wie zB §§ 129, 138 ff., 227, 273, 275 f., 282, 296 ff., 356, 358a ZPO.[1] Neu hinzugekommen sind die Entschädigungsregelungen in §§ 198 ff. GVG wegen überlanger Verfahrensdauer.[2] Aus allen Vorschriften ist abzuleiten, dass der Rechtsstreit im ersten Termin möglichst umfassend vorbereitet und für die erste Instanz erledigt werden soll. Dabei sind unnötige Beweisaufnahmen zu vermeiden, die für die Parteien Zeit und Kosten verursachen. 1

Auch wenn heute keine (Relations-)Hausarbeiten in der zweiten juristischen Staatsprüfung mehr verlangt werden, bleibt die Relationstechnik (= Relationsmethode) neben einer sauberen Subsumtion unersetzlich. Sie ist die effektivste Methode zur schnellstmöglichen und kostengünstigsten Erfassung des Sachverhalts bei meist unterschiedlichen Vorträgen und zur Erarbeitung der rechtlichen Lösung. Ohne die Relationsmethode können viele Zivilrechtsfälle nicht sachgerecht gelöst werden; es treten Verzögerungen auf, insbesondere durch Beweisaufnahmen, die bei umfassender rechtlicher Bewertung der Vorträge beider Parteien hätten vermieden werden können. Auch im Examen ist immer wieder festzustellen, dass derjenige, der die Relationsmethode nicht beherrscht, keine guten Leistungen im Zivilrecht erbringt. Daher muss jeder, der einen praktischen Zivilrechtsfall zu bearbeiten hat, die Grundzüge der Relationstechnik, einer Denkmethode, beherrschen.[3] Auf einzelne Aufbaufragen und sonstige Spezialfragen, über die zu Zeiten der Hausarbeit vehement gestritten wurde, kommt es hingegen heute nicht mehr an. 2

Es ist ein weiterer Irrtum anzunehmen, dass nur der Zivilrichter die Grundzüge der Relationstechnik in jeder Phase des Prozesses berücksichtigen muss, um schnellstmöglich und ohne überflüssige Kosten für die Parteien zu einer Endentscheidung zu kommen. Auch der Rechtsanwalt kann seiner Partei bei Überprüfung der Chancen eines Zivilprozesses nur dann einen optimalen Rechtsrat zum zweckmäßigen Vorgehen erteilen und für diese sinnvolle Anträge stellen sowie sachgerecht vortragen, 3

1 §§ ohne Gesetzesangabe sind solche der ZPO.

2 Vgl. BVerfG NJW 2016, 2018; BGH NJW 2013, 385 (Unstatthaftigkeit einer Untätigkeitsbeschwerde); BGH NJW 2013, 480; 2013, 2762; 2014, 220; 2014, 1967; 2014, 2588; 2015, 1312; OLG Hamm MDR 2014, 984; BVerwG NJW 2016, 3464; vgl. auch *Schlick* NJW 2015, 2703; 2016, 2715.

3 Vgl. Prütting/Gehrlein/*Laumen* ZPO § 284 Rn. 3 ff.

wenn er zuvor den Prozessstoff – vom Prinzip her, nicht in allen Einzelheiten – relationsmäßig durchdacht hat. Entsprechendes gilt für einen Juristen, der Zivilrechtsfälle in einem Wirtschaftsunternehmen, einem Verband oder an anderer Stelle zu bearbeiten hat. Es wäre deshalb verfehlt, wenn sich Referendare nicht mit den Grundzügen der Relationstechnik (= -methode) beschäftigen würden.

Nicht nachvollziehbar ist, warum in unserer heutigen Zeit, in der Schnelligkeit und Flexibilität besondere Bedeutung haben, die Relationsmethode nicht mehr von allen Juristen beherrscht wird. Es ist ein Irrtum zu glauben, dass allein Detailwissen, das Wissen um einzelne Probleme und Entscheidungen, einen guten Juristen ausmacht. Wichtiger ist die Methodik, die das deutsche Recht auszeichnet. Keiner kann alle Probleme kennen und die Probleme sowie die zugrunde liegenden Sachverhalte und Rechtsnormen ändern sich. Mit der richtigen Methode ist der gut ausgebildete Jurist in der Lage, auch bei Veränderungen den Rechtsfall zu lösen. Zu dieser richtigen Methode gehören eine genaue Subsumtion – diese sollte jeder Jurist nach der Universitätsausbildung beherrschen – und die Relationsmethode.

Zivilrechtliche Klausuren oder andere Examensleistungen – Vortrag und mündliche Prüfung – kann man nur bei Beherrschung der Relationsmethode optimal lösen. Dies gilt unabhängig von der Fragestellung. Außerdem werden in einzelnen Ländern Relationsklausuren gestellt, und zwar nicht nur aus der Sicht des Richters, sondern auch aus der des Rechtsanwalts oder eines anderen Juristen.[4]

Schließlich ist zu berücksichtigen, dass die verstärkte internationale Ausrichtung der Juristenausbildung und damit die Hinwendung zum englischen Rechtskreis den Blick eröffnet hat, dass gerade die Relationsmethode als positiv prägendes Merkmal des deutschen Zivilrechts erkannt und gewürdigt wird. Wer meint, mit der Internationalisierung die Relationstechnik aufgeben zu können, befindet sich in einem großen Irrtum. Gerade wegen der systematischen Aufarbeitung eines Falles werden das deutsche Recht und seine Systematik besonders geschätzt. Deshalb ist es sehr bedauerlich, dass nicht mehr alle Volljuristen die Relationsmethode beherrschen.

Wir halten es nach alledem nicht für verantwortlich, dass Ausbilder im Rahmen der Juristenausbildung die Meinung vertreten, die Relationsmethode habe nach Wegfall der Hausarbeit keine Bedeutung mehr.

2. Grunderwägungen

4 Die Relationsmethode beruht auf folgenden Grunderwägungen:

Während der Student auf der Universität einen feststehenden Sachverhalt erhält und seine Aufgabe allein darin besteht, diesen rechtlich zu würdigen, dh sauber zu subsumieren, muss der Richter sowohl in eine tatsächliche als auch in eine rechtliche Prüfung eintreten, wobei sich seine Fragestellung ausschließlich nach dem Klageantrag richtet, andere Rechtsfragen hingegen ohne Bedeutung sind. Daher besteht die erste Aufgabe des Richters darin, den Sachverhalt zu erarbeiten. In der Regel sind bestimmte Umstände zwischen den Parteien streitig. Deshalb liegen häufig zwei Sachverhalte vor, nämlich der Sachverhalt des Klägers und der des Beklagten. Die **Relationsmethode** beruht auf dem Grundprinzip, dass bei zwei verschiedenen Sach-

4 Vgl. zur Anwaltstätigkeit näher → D Rn. 1 ff.

verhalten grundsätzlich auch zwei Begutachtungen zu erfolgen haben. Ergibt sich allerdings, dass bereits nach dem Sachverhalt des Klägers der Klageantrag nicht gerechtfertigt ist, muss die Klage abgewiesen werden. Ansonsten ist eine zweite rechtliche Prüfung auf der Grundlage des Sachverhalts des Beklagten vorzunehmen. Ergibt sich danach, dass der Klageantrag gerechtfertigt ist, ist der Klage stattzugeben. Andernfalls muss der Richter weiter prüfen, ob er bei seiner Entscheidung den Sachverhalt des Klägers oder den des Beklagten zugrunde legen oder ob er vor dieser Entscheidung eine Beweisaufnahme durchführen muss.

Für den **Rechtsanwalt** (und auch für jeden anderen Praktiker) gilt entsprechendes, da er einen Fall vom Prinzip her ebenfalls relationsmäßig zu durchdenken hat.[5] Dies gilt jedenfalls immer dann, wenn sich sein Mandant auf eine andere Sachverhaltsdarstellung als sein Prozessgegner beruft. Deshalb werden Rechtsanwalts-(Relations-)klausuren häufig aus der Beklagtensicht gestellt. Denkbar sind sie jedoch auch aus der Klägersicht, so zB, wenn aufgrund der Vorkorrespondenz vermutet werden kann, welche Tatsachen der Beklagte bestreiten wird.

Das nachfolgende Schaubild soll die Prinzipien der Relationsmethode aus Richtersicht verdeutlichen. **5**

5 Vgl. → D Rn. 2 ff.

Schaubild

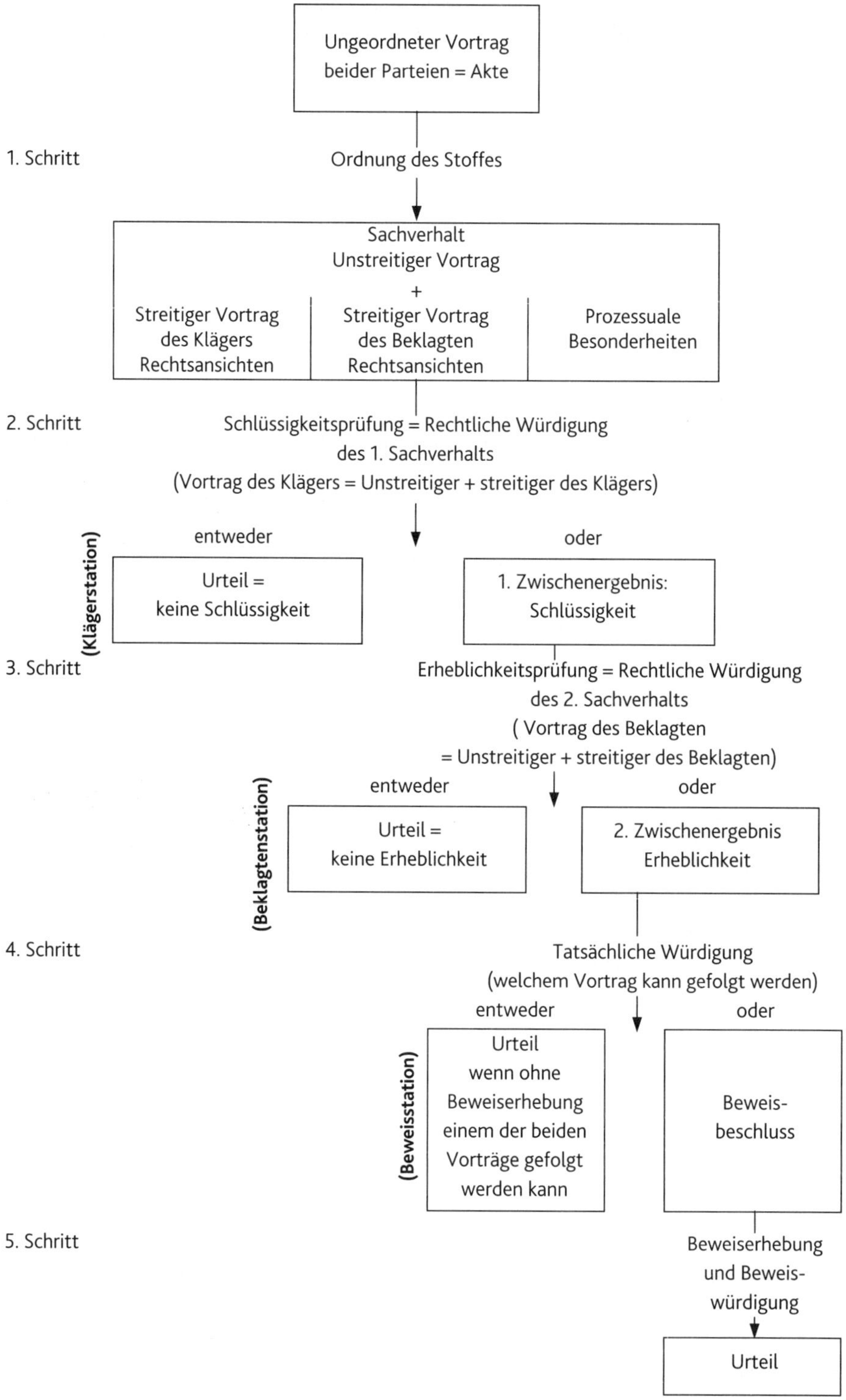
Ungeordneter Vortrag beider Parteien = Akte
1. Schritt
Ordnung des Stoffes
Sachverhalt
Unstreitiger Vortrag
+
Streitiger Vortrag des Klägers Rechtsansichten
Streitiger Vortrag des Beklagten Rechtsansichten
Prozessuale Besonderheiten
2. Schritt
Schlüssigkeitsprüfung = Rechtliche Würdigung des 1. Sachverhalts (Vortrag des Klägers = Unstreitiger + streitiger des Klägers)
(Klägerstation)
entweder
Urteil = keine Schlüssigkeit
oder
1. Zwischenergebnis: Schlüssigkeit
3. Schritt
Erheblichkeitsprüfung = Rechtliche Würdigung des 2. Sachverhalts (Vortrag des Beklagten = Unstreitiger + streitiger des Beklagten)
(Beklagtenstation)
entweder
Urteil = keine Erheblichkeit
oder
2. Zwischenergebnis Erheblichkeit
4. Schritt
Tatsächliche Würdigung (welchem Vortrag kann gefolgt werden)
(Beweisstation)
entweder
Urteil wenn ohne Beweiserhebung einem der beiden Vorträge gefolgt werden kann
oder
Beweis-beschluss
5. Schritt
Beweiserhebung und Beweis-würdigung
Urteil

Diese Arbeitsschritte, die sich aus dem Schaubild ergeben und deren Einhaltung neben der richtigen Subsumtion die größte Effizienz bei der Entscheidungsfindung garantiert, werden in den nachfolgenden Abschnitten im Einzelnen behandelt. Sie zeigen die Relationsmethode.

II. Aufbau eines Gutachtens

Aus dem Schaubild – → Rn. 5 – ergibt sich im Wesentlichen der Aufbau eines Gutachtens wie folgt: 6

Gutachten (*Vorschlag*)
A. Sachverhalt
B. Rechtliche Würdigung
  I. Auslegung des Klageantrages/Sonstige Vorfragen
  II. Zulässigkeit der Klage
  III. Begründetheit der Klage
    1. Schlüssigkeit (= Klägerstation)
    2. Erheblichkeit (= Beklagtenstation)
C. Tatsächliche Würdigung (Beweisstation)
D. Tenorierung oder sonstiger Entscheidungsvorschlag
  (= Tenorierungs- oder Entscheidungsstation)

Wir schlagen aus Gründen des besseren Verständnisses zu Beginn einen Entscheidungsvorschlag vor, wie er bei einer Relation üblich war. Dieser könnte wie folgt lauten:

Ich schlage vor, die Klage abzuweisen/der Klage stattzugeben. Ich schlage einen Beweisbeschluss vor.

Zwingend ist ein solcher Vorschlag allerdings nicht.

Grundsätzlich sind der Klageantrag, sonstige Vorfragen und die Zulässigkeit der Klage unproblematisch. Dann ist auf B.I. und II. zu verzichten. Sollte nach einzelnen Prüfungsabschnitten ein Endergebnis erzielt werden, wird hinter dem betreffenden Abschnitt nur noch D behandelt. Soweit der Sachverhalt zur Zulässigkeit streitig ist, muss grundsätzlich dieser Teil (B.II.) nach dem Vortrag der Kläger und dem des Beklagten unterteilt werden.

Werden mehrere Anträge gestellt (= *objektive Klagenhäufung* im Sinne des § 260) oder sind auf einer Seite mehrere Parteien vorhanden (= *subjektive Klagenhäufung* im Sinne der §§ 59 ff.), sind in den einzelnen Stationen entsprechende Untergliederungspunkte zu machen.

Aufbauhinweis: Wird dem Referendar in der praktischen Ausbildung oder bei einer Klausur die Aufgabe gestellt, eine **Relation** zu schreiben, ohne dass besondere Hinweise zum Aufbau erfolgen, ergibt sich folgender Aufbau: 7
Wenn der Rechtsstreit **zur Entscheidung reif** ist, besteht eine Relation aus zwei Teilen, nämlich **A) Gutachten** und **B) Urteilsentwurf** mit dem Inhalt des § 313.
Ist der Rechtsstreit **nicht zur Entscheidung reif**, muss im Rahmen der Relation die nächste vom Gericht zu treffende Maßnahme (zB ein Beweisbeschluss, ein Hinweis- bzw. Auflagenbeschluss, ein Verweisungsbeschluss, ein Beschluss, mit dem die mündliche Verhandlung wieder eröffnet wird) vorbereitet werden. Dann besteht die Relation aus drei Teilen, nämlich **A) Sachbericht, B) Gutachten und C) Beschlussentwurf**.

III. Sachverhalt

1. Grundsätze des Zivilprozesses

8 Von wesentlicher Bedeutung in der Praxis ist immer die Erarbeitung des Sachverhalts. Ein Fehler in diesem Bereich wirkt sich schwerwiegend aus und kann durch eine gute rechtliche Würdigung nicht ausgeglichen werden. Deswegen ist bei der Erarbeitung des Sachverhalts besondere Gründlichkeit geboten.

Bedeutsam sind in diesem Zusammenhang vier Grundsätze des Zivilprozesses, nämlich

- **die Dispositionsmaxime**
  - nur der Kläger kann mit dem Klageantrag und dem Klagegrund den Streitgegenstand bestimmen und nur die Parteien können über diesen verfügen
- **der Verhandlungs- oder Beibringungsgrundsatz**
  - nur die Parteien bzw. die Prozessbevollmächtigten im Anwaltsprozess (§ 78) liefern den Tatsachenstoff, nicht aber der Richter (keine Amtsermittlung)
- **der Mündlichkeitsgrundsatz**
  - nicht der schriftliche Akteninhalt, sondern nur der mündliche Parteivortrag ist bedeutsam; durch die vorbereitenden Schriftsätze werden der Sachvortrag und der Klageantrag nur angekündigt
- **der Grundsatz der Einheit der mündlichen Verhandlung**
  - der gesamte Vortrag der Parteien bildet unabhängig davon, wann er in den Schriftsätzen angekündigt wird und in welchem mündlichen Verhandlungstermin er erfolgt, eine Einheit; maßgeblich sind nur die Anträge und der Sachverhalt, soweit die Parteien daran in der letzten mündlichen Verhandlung festhalten und dieser nicht ausnahmsweise, zB wegen Verspätung, unbeachtlich ist.

Diese Grundsätze sind bei der Erarbeitung des Sachverhalts immer zu beachten.

2. Tatbestand und Sachbericht (Terminologie)

9 Im Urteil wird das Ergebnis der Sachverhaltserarbeitung in einer bestimmten Form, auf die noch näher einzugehen ist, festgehalten und als Tatbestand bezeichnet (§ 313 I Nr. 5). Der Tatbestand als Teil des Urteils stellt die Grundlage für die Entscheidungsgründe dar und enthält im Wesentlichen die Sachverhaltspunkte, die dafür von Bedeutung sind. Vor der rechtlichen Bewertung muss der Richter jedoch den gesamten Akteninhalt zur Kenntnis nehmen und genauso wie den Tatbestand ordnen. Das Ergebnis wird als Sachbericht bezeichnet und stellt die Grundlage für das Gutachten dar. Deswegen kann der Sachbericht uU umfangreicher sein als der Tatbestand. Bei Abfassung des Tatbestandes steht das Ergebnis des Rechtsstreits fest. Kommt es für die Entscheidung auf bestimmte Punkte des Parteivortrages nicht an, können diese im Tatbestand nur knapp dargestellt oder sogar weggelassen werden, wobei die Beweiskraft des Tatbestandes (§ 314)[6] und seine grundsätzliche Bindungswirkung in der zweiten Instanz (§ 529 I Nr. 1)[7] zu beachten sind; wesentlicher Grundsatz ist außerdem

6 Vgl. BGH NJW 2004, 1876 = BauR 2004, 1175 (dem Urteilstatbestand kommt keine negative Beweiskraft zu); BGH NJW 2004, 3777 und MDR 2008, 816 (Beweiskraft beschränkt sich auf mündliche Verhandlung einschließlich der in Bezug genommenen Schriftsätze); BGH NJW-RR 2008, 1566 (Maßgeblichkeit des Tatbestandes bei Widerspruch zu Schriftsätzen); vgl. auch → Rn. 22.

7 Vgl. → S Rn. 5, 10, 13 ff.

das Verständnis. Möglicherweise muss man sich aber im Gutachten eingehend mit diesen Umständen auseinandersetzen. Dann sind sie im Sachbericht in jedem Fall umfänglicher wiederzugeben.

Stellt der Richter dem Referendar die Aufgabe, eine Relation zu schreiben, hat der Referendar den Sachbericht in jedem Fall als Grundlage für das Gutachten zu fertigen, aber nicht immer abzugeben. Ist der Rechtsstreit entscheidungsreif, beschränkt sich die schriftliche Sachverhaltsdarstellung auf den Tatbestand als Teil des Urteils. Ist der Rechtsstreit nicht entscheidungsreif, hat der Referendar dem Gutachten einen Sachbericht voranzustellen. 10

Der Richter wird grundsätzlich keinen Sachbericht als Grundlage für seine rechtliche Prüfung erstellen, sondern sich auf Notizen, eventuell auch auf Tabellen beschränken – heutzutage immer häufiger in elektronischer Form und bei Einführung der elektronischen Akte sehr einfach zu erstellen. Dem Referendar und dem Berufsanfänger, denen noch die praktische Übung und Erfahrung in der Erarbeitung eines Sachverhalts fehlt, ist jedoch, soweit dies zeitlich möglich ist, anzuraten, zunächst einen Sachbericht niederzuschreiben. Dies gilt generell auch für den erfahrenen Praktiker, wenn es sich um einen komplizierten oder sehr umfangreichen Sachverhalt handelt. Das erspart das ständige (Neu-)Lesen der Akten.

Tipp für die Ausbildung: Für die Relationshausarbeit war vorgeschrieben, im Tatbestand die **Blattzahlen** der Akten mit dem jeweiligen Vortrag der Partei bzw. der Parteien zu vermerken. Für die Klausuren wird dies nicht verlangt. In der Ausbildung wird dem Ausbilder durch Angabe der Blattzahlen aber die Überprüfung erleichtert. Deswegen sollte in der praktischen Ausbildung abgeklärt werden, ob der Ausbilder dies für den Tatbestand/Sachbericht wünscht. Bei unstreitigem Vortrag sind die Schriftsätze und sonstigen Unterlagen maßgeblich, aus denen sich die Darlegung und das Nichtbestreiten ergibt. Bei streitigem Vortrag werden die Blattzahlen der Unterlagen, aus denen sich das Bestreiten durch den Gegner ergibt, am besten in Klammern dazugesetzt.

3. Stoffsammlung

a) Grundlagen

Im Wesentlichen ergibt sich der Vortrag der Parteien aus den Akten und Beiakten, und zwar unabhängig davon, ob sie in Papierform oder elektronisch (§ 298a) geführt werden. Die einzelnen Quellen des Parteivortrags sind: 11

- Schriftsätze
- Urkunden
- Beiakten
- Sitzungsprotokolle, auch iRd Güteverhandlung (§ 278 II 1)
- Protokolle über Beweisaufnahmen und schriftliche Sachverständigengutachten
- Beweisbeschlüsse und frühere Entscheidungen

aa) Schriftsätze

Im Zivilprozess gilt der Mündlichkeitsgrundsatz (§ 128 I), ergänzt um die Möglichkeit einer Videokonferenz (Bild- und Tonübertragung, § 128a). Gleichwohl bilden die Schriftsätze die wesentliche Grundlage des Sachvortrages. Nach § 129 I wird in Anwaltsprozessen (§ 78) die mündliche Verhandlung durch Schriftsätze vorbereitet. In Zivilprozessen vor dem Amtsgericht kann den Parteien nach § 129 II die schriftsätzliche Vorbereitung der mündlichen Verhandlung aufgegeben werden. Aus § 128 I 12 folgt, dass das Vorbringen in den vorbereitenden Schriftsätzen nur dann eine Bedeutung hat, wenn es mündlich vorgetragen wird, wobei nach § 137 II der Vortrag in freier Rede zu halten ist. Jedoch werden in der Praxis grundsätzlich nur die Anträge und einzelne Punkte aus den Schriftsätzen in der mündlichen Verhandlung erörtert. Hier hilft § 137 III, von dem in der Regel Gebrauch gemacht wird. Danach ist eine *Bezugnahme* auf Schriftstücke zulässig. Häufig findet sich in den Sitzungsprotokollen nicht einmal der Hinweis auf § 137 III (»Die Parteien nehmen auf die gewechselten Schriftsätze Bezug.«). Soweit sich keine gegenteiligen Anhaltspunkte ergeben, ist davon auszugehen, dass die Parteien jedenfalls stillschweigend auf den gesamten Inhalt der gewechselten Schriftsätze Bezug genommen haben.[8] Daher ist grundsätzlich der gesamte Vortrag der Parteien in den Schriftsätzen, die vor der letzten mündlichen Verhandlung bei Gericht eingegangen sind, in die Stoffsammlung aufzunehmen, und zwar entsprechend dem Grundsatz der *Einheit der mündlichen Verhandlung* unabhängig davon, in welchem Schriftsatz er zu finden ist. Nur wenn Verspätungsregeln zur Anwendung kommen können, ist gleichzeitig in der Stoffsammlung das Datum des Eingangs des betreffenden Schriftsatzes zu vermerken. Die Erörterung darüber, ob Verspätungsregeln tatsächlich eingreifen, hat erst im Gutachten/in den Entscheidungsgründen zu erfolgen.

13 Auch der Sachvortrag der Parteien in Schriftsätzen, die nach der letzten mündlichen Verhandlung bei Gericht eingehen – sogenannte *nachgereichte Schriftsätze* (s. § 296a) –, gehören in die Stoffsammlung.[9] Dieser Vortrag, bei dem ebenfalls das Datum des Schriftsatzeinganges anzugeben ist, kann unter den Voraussetzungen des § 283 der Entscheidung zugrunde gelegt werden. § 283 stellt eine Ausnahme von dem Mündlichkeitsgrundsatz dar. Wenn sich eine Partei zu dem Vorbringen des Gegners im Termin nicht erklären kann, weil es ihr nicht rechtzeitig mitgeteilt worden ist, kann das Gericht ihr auf Antrag einen Schriftsatznachlass gewähren. Geht dann ein sogenannter nachgereichter Schriftsatz innerhalb der vom Gericht gesetzten Frist ein, muss die Erwiderung berücksichtigt werden. Geht der nachgereichte Schriftsatz hingegen erst später ein, steht es im Ermessen des Gerichts, ihn zu verwerten. Sind die Voraussetzungen des § 283 nicht erfüllt, etwa weil nicht (nur) erwidert, sondern neu vorgetragen wird, ist der Sachvortrag der Parteien in den nachgereichten Schriftsätzen insoweit grundsätzlich unbeachtlich (vgl. § 296a).[10] Allerdings besteht, wie § 296a S. 2 verdeutlicht, auch die Möglichkeit, die mündliche Verhandlung nach § 156 wieder zu eröffnen. Eine Verpflichtung zur Wiedereröffnung wird nur in Ausnahmefällen angenommen, so etwa, wenn die Verspätung auf einer Verletzung der richterlichen Aufklärungspflicht oder des rechtlichen Gehörs beruht, wenn dadurch Verfahrensmängel behoben werden können oder wenn die Entscheidungsreife fehlt.[11] Mit der Frage, ob eine Wiedereröffnung der mündlichen Verhandlung erfolgen soll oder sogar muss, hat sich der Richter (Referendar) im Gutachten/in den Entscheidungsgründen auseinanderzusetzen. Daher gehört der Vortrag der Parteien in nachgereichten Schriftsätzen auch dann in die Stoffsammlung, wenn die Voraussetzungen des § 283 offensichtlich nicht erfüllt sind.

---

8 Vgl. BGH NJW 2004, 1876 (1879); vgl. auch *Gaier* NJW 2004, 110 (111).
9 Vgl. → Rn. 37.
10 BGH NJW 2000, 142; Thomas/Putzo/*Reichold* ZPO § 283 Rn. 4.
11 BGH NJW 1993, 134; OLG Bamberg BauR 2004, 1188 = BeckRS 2003, 30335676.

(Allein) Aus den Schriftsätzen kann sich ferner ergeben, welche *Anträge* die Parteien gestellt haben. Gemäß § 137 I beginnt die mündliche Verhandlung mit dem Stellen der Anträge. Diese sind nach § 297 I aus den vorbereitenden Schriftsätzen oder aus einer dem Protokoll als Anlage beizufügenden Schrift zu verlesen. Nach § 297 II kann die Verlesung dadurch ersetzt werden, dass die Parteien auf die Schriftsätze Bezug nehmen. Dies ist in der Praxis die Regel. Im Protokoll heißt es dann: »Der Kläger stellt den Antrag aus der Klageschrift ...« 14

Anders als bei dem Sachvortrag der Parteien kann hier jedoch nicht von einer stillschweigenden Bezugnahme ausgegangen werden. Das Stellen der Anträge ist nämlich zwingend im Sitzungsprotokoll festzuhalten (§§ 160 III Nr. 2, 161). Daher kann man, auch wenn die Sitzungsprotokolle in der Praxis mitunter sehr knapp gefasst sind, leicht erkennen, ob mündlich verhandelt worden ist. Das ist nämlich nur dann der Fall, wenn die Anträge gestellt werden (vgl. § 137 I) und dies im Protokoll vermerkt ist.

bb) Urkunden, Privatgutachten

Häufig werden mit den Schriftsätzen Urkunden eingereicht. Diese können Beweismittel sein, dh, aus ihnen kann sich die Richtigkeit eines Sachvortrages der Partei ergeben. Dann gehört der Inhalt der Urkunde nicht zum Vortrag der Partei. Privaturkunden werden jedoch häufig wegen ihrer begrenzten Beweiskraft (vgl. § 416) nicht als Beweismittel in den Prozess eingeführt, sondern zur Ergänzung des Vortrages verwendet. Man denke nur an eine mehrseitige Vertragsurkunde oder ein umfangreiches, von der Partei eingeholtes Privatgutachten, auf deren Einzelheiten es für die Entscheidung des Rechtsstreits ankommt. Es wäre reiner Formalismus, wenn man die Partei zwingen würde, die umfangreiche Urkunde in den Schriftsätzen abzuschreiben. Vielmehr kann die Partei, wie durch § 137 III verdeutlicht wird, auf Urkunden Bezug nehmen.[12] Auch hier ist, wenn sich keine gegenteiligen Anhaltspunkte ergeben, von einer stillschweigenden Bezugnahme in der mündlichen Verhandlung auszugehen. Daher gehört der Inhalt der von den Parteien zu den Akten gereichten Urkunden in die Stoffsammlung. Mit der Frage, ob im Einzelfall die Bezugnahme auf Urkunden zulässig ist, muss man sich erst im Gutachten/in den Entscheidungsgründen auseinandersetzen. Zulässig ist die Bezugnahme nur, wenn die Partei klarstellt, in welchem Umfang sie sich zur Ergänzung ihres Vorbringens auf bestimmte Urkunden berufen will. Eine pauschale Bezugnahme auf Urkunden ist hingegen unzulässig.[13] Das folgt aus dem *Beibringungsgrundsatz*.[14] Außerdem kann die Bezugnahme auf Urkunden wegen eines Verstoßes gegen § 138 I unzulässig sein. Aus dieser Vorschrift ist abzuleiten, dass durch die Bezugnahme auf Urkunden der Vortrag der Parteien nicht ersetzt, sondern lediglich zur Arbeitsersparnis ergänzt werden kann. Voraussetzung für die Bezugnahme ist außerdem, dass die Urkunden eingereicht werden; ansonsten werden sie nicht Gegenstand der mündlichen Verhandlung, auch nicht durch Bezugnahme gemäß § 137 III.[15] 15

Auch ein zu den Akten gereichtes **Privatgutachten** stellt grundsätzlich nur einen urkundlich belegten oder ergänzenden Parteivortrag dar; die Verwertung als Beweismittel, dh als Sachverständigengutachten, ist nur mit Zustimmung beider Parteien zulässig.[16] 16

---

12 BGH NJW 1992, 1459; vgl. auch → F Rn. 48.
13 OLG Düsseldorf MDR 1993, 798.
14 Vgl. → Rn. 8.
15 BGH NJW 1995, 1841.
16 BGH NJW-RR 1994, 256; vgl. auch → F Rn. 22, 48.

Privaturkunden sind häufig für die Substantiierung des Sachvortrages von Bedeutung. Auch diese Frage ist nicht bei der Erarbeitung des Sachverhalts, sondern erst im Gutachten/in den Entscheidungsgründen zu behandeln. Es kommt nicht selten vor, dass der Parteivortrag in Widerspruch zum Inhalt einer Privaturkunde steht. Gibt die Partei keine Erklärung für diesen Widerspruch, kann unter Umständen ihr Sachvortrag unsubstantiiert und damit unbeachtlich sein.

cc) Beiakten[17]

17 Teilweise beziehen sich die Parteien in ihren Schriftsätzen auf Beiakten, indem sie zB Aktenzeichen anderer Verfahren angeben. Auch insoweit kann es sich um einen Urkundenbeweis handeln. Dann gehört der Inhalt der Beiakten nicht zum Sachvortrag der Partei selbst.

Die Partei kann jedoch ihren Vortrag auch durch den Inhalt von Beiakten ergänzen (§ 137 III). Dann ist die Bezugnahme auf die Beiakten in die Stoffsammlung aufzunehmen. Da dem Gegner in jedem Fall rechtliches Gehör gewährt werden muss, sind Beiakten als Sachvortrag nur verwertbar, wenn sie beiden Parteien zugänglich gemacht worden sind.[18] Darüber hinaus müssen sie wegen des Mündlichkeitsgrundsatzes Gegenstand der mündlichen Verhandlung gewesen sein, wobei auch hier eine stillschweigende Bezugnahme anzunehmen ist, wenn die Parteien sich in ihren Schriftsätzen zur Ergänzung ihres Sachvortrages auf Beiakten berufen haben und diese daraufhin beigezogen wurden. Häufig ist allerdings in diesem Zusammenhang im Sitzungsprotokoll folgender Satz zu finden: »Die Akten … (Aktenzeichen) waren beigezogen und Gegenstand der mündlichen Verhandlung.«

Ebenso wie bei anderen Urkunden ist die Bezugnahme auf Beiakten nur zulässig, wenn die Partei klarstellt, in welchem Umfang sie sich auf die Beiakten berufen will. Außerdem kann man durch die Bezugnahme auf Beiakten den Sachvortrag nicht ersetzen, sondern vielmehr nur ergänzen und damit überflüssige Schreibarbeit vermeiden. Gibt der Richter einem Antrag auf Beiziehung von Akten statt, obwohl im Beweisantrag die Urkunden oder Aktenteile nicht benannt sind, die der Beweisführer für erheblich hält, gehört derjenige Akteninhalt, auf den sich keine Partei substantiiert beruft, nicht zum Prozessstoff.[19] Die Erörterung der Frage, was Prozessstoff ist und ob die Berufung auf Beiakten zulässig ist, gehört wiederum in das Gutachten/in die Entscheidungsgründe.

Bedeutsam kann der Inhalt von Beiakten auch im Rahmen der Beweiswürdigung gemäß § 286 sein, wobei es wegen des Grundsatzes der freien Beweiswürdigung insoweit nicht darauf ankommt, ob die Parteien sich auf die Beiakten berufen haben.[20]

dd) Sitzungsprotokolle

18 Nach § 159 ist über die Verhandlung ein Protokoll aufzunehmen. Was zwingend in das Protokoll gehört, ergibt sich aus den §§ 160 ff.[21] Dazu gehört nicht der Sachvortrag der Parteien. Gleichwohl finden sich in den Sitzungsprotokollen nicht selten Ausführungen der Parteien, die diese oder ihre Prozessbevollmächtigten in der

17 Zur Verwertung als Beweismittel vgl. → F Rn. 43.
18 BGH LM § 299 ZPO Nr. 1; NJW-RR 1991, 1406.
19 BGH JZ 1995, 468.
20 Vgl. hierzu auch → F Rn. 43.
21 Vgl. hierzu BGH NJW 1990, 121.

mündlichen Verhandlung gemacht haben und die bisher schriftsätzlich nicht vorgetragen wurden. Derartige Erklärungen sind immer in die Stoffsammlung aufzunehmen. Ob sie letztlich Parteivortrag darstellen, wird erst im Gutachten/in den Entscheidungsgründen erörtert.

An verschiedenen Stellen der Zivilprozessordnung ist direkt oder indirekt etwas über Parteierklärungen in der mündlichen Verhandlung gesagt, nämlich in den §§ 137 IV, 139 II 1, 141, 273 II Nr. 3 iVm Nr. 1, 278 II 2, 3, 445 ff.[22] 19

§§ 445 ff. regeln die Beweiserhebung durch Parteivernehmung. Die Angaben, die eine Partei im Rahmen der Parteivernehmung macht – diese setzt nach § 450 I 1 einen förmlichen Beweisbeschluss voraus –, dienen der Aufklärung des Sachverhalts. Enthält die Parteivernehmung allerdings neue Tatsachen, die bisher von den Parteien nicht erwähnt worden sind, ist zu prüfen, ob die betreffende Partei diese gleichzeitig zur Sache vortragen will. Manche vertreten die Auffassung, dass dies in der Regel der Fall ist.[23] Ein Geständnis kann hingegen nicht in den Erklärungen einer Partei im Rahmen ihrer Parteivernehmung gesehen werden.[24]

Alle anderen tatsächlichen Erklärungen der Parteien in der mündlichen Verhandlung sind in jedem Fall als Sachvortrag zu werten.[25] Dies gilt auch für Angaben einer nicht postulationsfähigen Partei, selbst wenn diese in Widerspruch zu den schriftsätzlichen Ausführungen des Prozessbevollmächtigten stehen. Der Anwalt erhält seine Informationen ausschließlich von den Parteien. Wenn sein Mandant in der mündlichen Verhandlung in seiner Anwesenheit von dem schriftsätzlichen Vortrag Abweichendes erklärt, ist im Zweifel von einem Informationsfehler zwischen Anwalt und Mandanten auszugehen, ferner davon, dass der Anwalt sich stillschweigend den Vortrag seines nicht postulationsfähigen Mandanten *zu eigen* macht.[26]

Die *Güteverhandlung* gehört nicht zur mündlichen Verhandlung, sondern ist dieser vorgeschaltet (vgl. § 278 II 1). In dieser Güteverhandlung sollen die Parteien persönlich gehört werden (§ 278 II 3). Üblicherweise werden ihre Erklärungen protokolliert. Auch wenn keine ausdrückliche Bezugnahme auf diese in der mündlichen Verhandlung erfolgt, ist im Zweifel – auch im Anwaltsprozess – anzunehmen, dass sie Sachvortrag sind.

ee) Protokolle über Beweisaufnahmen und schriftliche Sachverständigengutachten

Mitunter schildern Zeugen Tatsachen, die von den Parteien nicht vorgetragen wurden, so zB bei Verkehrsunfällen. Diese Tatsachen sind nur dann Sachvortrag der Parteien, wenn sie sich diese zu eigen machen. Das kann ausdrücklich oder konkludent geschehen. Erklärt eine Partei einen Zeugen für glaubwürdig, hat sie sich die von diesem vorgetragenen neuen Tatsachen konkludent zu eigen gemacht. Hält sie hingegen dessen Aussage für falsch oder bestreitet sie sogar die bekundeten Tatsachen, können diese wegen des *Beibringungsgrundsatzes* nicht der Entscheidung zugrunde gelegt werden und gehören dann auch nicht in den Sachbericht/Tatbestand. Problematisch 20

22 Zur Pflicht des Gerichts, in Verkehrsunfallsachen die Partei nach §§ 137 IV, 141 I von Amts wegen anzuhören: vgl. OLG Schleswig NJW-RR 2008, 1525; OLG München NJW 2011, 3729 (Stichwort: Waffengleichheit); vgl. auch → F Rn. 52.

23 Vgl. *Schneider* Beweis Rn. 189; s. zur parallelen Situation bei der Zeugenaussage → Rn. 20.

24 BGH NJW 1995, 1433 = JuS 1995, 744; vgl. auch → F Rn. 53.

25 Vgl. BGH MDR 2005, 705.

26 BGH MDR 1982, 834; NJW 1990, 3085; s. auch → Rn. 26, 126.

kann lediglich sein, wenn die Parteien nach der Beweisaufnahme hierzu keine Erklärungen mehr abgeben, obwohl das Gericht ihnen dazu eine Möglichkeit geben muss (vgl. § 279 III).[27] Man kann grundsätzlich davon ausgehen, dass die Parteien sich die erstmals von einem Zeugen bekundeten Tatsachen im Zweifel stillschweigend *zu eigen* machen, wenn sie ihnen günstig sind.[28] Dieser Ansicht ist unseres Erachtens zu folgen, da es der Partei grundsätzlich nur darum geht, den Prozess zu gewinnen, und auch die Lebenserfahrung dafür spricht, dass sie auf einen Hinweis eine entsprechende Erklärung abgegeben hätte.[29]

Examenshinweis: In der Examensarbeit braucht man uU diese Problematik nicht zu erörtern und kann, jedenfalls bei entsprechenden amtlichen Weisungen des Prüfungsamtes bzw. Bearbeitervermerken, in verständiger Würdigung des Falles fiktiv annehmen, dass die Partei auf einen richterlichen Hinweis die ihr günstigen Tatsachen übernommen hat. Aber nicht in jedem Bundesland existieren derartige amtliche Weisungen. Dann muss man in jedem Fall nach der hier vertretenen Ansicht in die Stoffsammlung alle von einem Zeugen erstmals bekundeten Tatsachen aufnehmen, wenn sie einer Partei möglicherweise günstig sind. Die Frage, ob dies tatsächlich der Fall ist, ist erst im Gutachten/in den Entscheidungsgründen zu erörtern.

Entsprechendes gilt, wenn in einem Sachverständigengutachten erstmalig Tatsachen auftauchen, die der Sachverständige aufgrund seiner Sachkunde oder durch Befragung Dritter ermittelt hat.

ff) Beweisbeschlüsse und frühere Entscheidungen desselben Rechtsstreites

21 Ein förmlicher Beweisbeschluss muss nach § 359 I die Bezeichnung der streitigen Tatsachen enthalten. Ist das Beweisthema in den Schriftsätzen oder in den Sitzungsprotokollen nicht erwähnt, muss davon ausgegangen werden, dass eine der Parteien hierzu mündlich vorgetragen und der Richter den Vortrag nicht protokolliert hat. Daher gehören die in einem Beweisbeschluss erstmalig genannten Tatsachen ebenfalls in die Stoffsammlung.

22 Dasselbe gilt für Tatsachen, die im Tatbestand früherer Entscheidungen desselben Rechtsstreites aufgeführt sind, aber weder in den Schriftsätzen noch in den Sitzungsprotokollen erscheinen.

Beispiele:
- Teilurteile
- Grundurteile
- Zwischenurteile
- Vorbehaltsurteile

Dies folgt aus der *Beweiskraft* des Tatbestandes gemäß § 314.[30] Dagegen gehören Tatsachen, die in Entscheidungen anderer Verfahren enthalten sind, grundsätzlich nicht in die Stoffsammlung, es sei denn, eine der Parteien hat sich darauf berufen.

b) Aktenauszug

23 Nach dem – mehrfachen – Durchlesen der Akten kann ein Aktenauszug gefertigt werden. Zu empfehlen ist bei handschriftlicher Anfertigung, so bei Klausuren, ein

27 BGH NJW 2012, 2354 (Protokollierungspflicht).
28 BGH MDR 2010, 227 = NJW-RR 2010, 495; NJW 2001, 2177.
29 Vgl. auch → Rn. 126 ff. (»gleichwertiges Parteivorbringen«).
30 Zur Frage der negativen Beweiskraft des Urteilstatbestandes: BGH NJW 2004, 1876; NJW-RR 2008, 1566; vgl. auch → Rn. 9, 40; → S Rn. 10.

Aktenauszug in der Form, dass man ein Blatt Papier in drei Spalten aufteilt, diese mit den Überschriften »Kläger«, »Beklagter« und »Prozessgeschichte« versieht

Merke: Zur *Prozessgeschichte* gehören alle prozessualen Vorgänge vom Eingang der Klageschrift/des Mahnantrags bis zur endgültigen Entscheidung des Rechtsstreits.

und in die jeweilige Spalte unter Angabe der Blattzahl stichwortartig die letzten Anträge der Parteien, den Vortrag der Parteien einschließlich der Beweisantritte, die am besten in Klammern zu schreiben sind, sowie die prozessualen Geschehnisse einträgt. Damit verschafft man sich einen guten Überblick über den gesamten Prozessstoff und erspart sich, jedenfalls in der Regel, das nochmalige vollständige Durchlesen der Akten. Allerdings sollte sich der Aktenauszug auf Stichworte beschränken. Ein Abschreiben der Akten ist nicht erforderlich und viel zu zeitaufwendig.

Einen praktischen Vorteil stellt es dar, wenn man bei umfänglichen Akten auf einem Blatt jeweils kennzeichnet, welche Partei was vorgetragen hat, dieses dann auseinanderschneidet und die einzelnen Teile ordnet. Durch einen solchen Aktenauszug erhält man bei dicken Aktenstücken einen besseren Überblick über den gesamten Akteninhalt.

Wer mit dem Computer arbeitet, erstellt am besten drei Fenster mit den Dateinamen »Kläger«, »Beklagter« und »Prozessgeschichte«. Auf diese Weise kann man zwischen den drei Teilen leicht wechseln und außerdem späteren Sachvortrag einer Partei zu einem bereits dargestellten Punkt sofort an dieser Stelle (ggf. mit Datum des Schriftsatzes) einfügen. Der Aktenauszug, der bei Einführung der *elektronischen Akte* komfortabel durch Anklicken der jeweiligen Passage erstellt werden kann, wird dadurch übersichtlicher.

Der Anfänger sollte bei häuslichen Arbeiten immer einen Aktenauszug fertigen. Bei Klausurarbeiten wird jedoch erfahrungsgemäß die Zeit dafür nicht ausreichen. Außerdem ist ein vollständiger Aktenauszug bei einem einfachen, nicht umfangreichen Prozessstoff nicht erforderlich, wenn man Erfahrungen im Erarbeiten von Sachverhalten gesammelt hat. Hier empfiehlt es sich, beim ersten oder zweiten Lesen der Akten die Daten des Geschehens sowie die Blattzahlen zu notieren, wo der streitige Vortrag der Parteien zu finden ist. Das wird in der Regel ausreichen, um einen Sachbericht/Tatbestand in der richtigen Form zu erstellen.

4. Stoffordnung

Nach Anfertigung des Aktenauszuges ist der Prozessstoff zu ordnen. **24**

a) Überholtes Vorbringen

Maßgeblich ist nur der Vortrag der Parteien, an dem sie in der letzten mündlichen **25** Verhandlung festgehalten haben. Deshalb ist aus dem Aktenauszug das sogenannte überholte Vorbringen zu streichen. Dies gilt aber nur, wenn ohne jeden Zweifel feststeht, dass die Partei an einem früheren Vortrag nicht mehr festhalten will. Ist dies problematisch, gehören die betreffenden Erörterungen in das Gutachten/in die Entscheidungsgründe mit der Folge, dass der evtl. überholte Sachvortrag in den Sachbericht/Tatbestand aufzunehmen ist.

26 Besteht zwischen verschiedenen Sachvorträgen einer Partei ein *Widerspruch,* ist im Zweifel von der Berichtigung des früheren Vorbringens auszugehen.[31] Ergeben sich jedoch Anhaltspunkte, dass die Partei an ihrem widersprüchlichen Vorbringen festhalten will, ist keine Streichung im Aktenauszug vorzunehmen. Man muss sich dann im Gutachten/in den Entscheidungsgründen mit der Frage auseinandersetzen, welche Auswirkungen der Widerspruch hat. Widersprüchliches Vorbringen ist grundsätzlich wegen eines Verstoßes gegen die Wahrheitspflicht (§ 138 I) unbeachtlich. Etwas anderes kann jedoch bei Haupt- und Hilfsvorbringen gelten.[32] Macht sich die Partei hilfsweise das Vorbringen des Gegners, von dessen Wahrheit sie nicht überzeugt ist, zu eigen, weil sie befürchtet, ihr Hauptvorbringen nicht beweisen zu können, liegt kein Verstoß gegen die Wahrheitspflicht, sondern eine zulässige prozessuale Taktik vor.[33]

b) Abgrenzung der Tatsachen von den Rechtsansichten

27 Grundsätzlich sind nur Tatsachen bedeutsam. Definiert werden Tatsachen als alle gegenwärtigen und vergangenen, äußeren und inneren, positiven und negativen Daten aus der realen Welt des Seins.[34]

28 Von den Tatsachen zu unterscheiden sind Werturteile und rechtliche Schlussfolgerungen (= Rechtsansichten). Die rechtliche Wertung ist ausschließlich Aufgabe des Richters. Er ist – jedenfalls in der Regel – an die Rechtsansichten der Parteien nicht gebunden, sodass diese grundsätzlich nur Anregungen für das Gericht darstellen. Der Kläger kann das Gericht rechtlich nur in Ausnahmefällen binden, so zB, wenn er ein Gericht anruft, das nur für bestimmte Anspruchsgrundlagen zuständig ist (zB § 32).[35]

29 Die Abgrenzung der Tatsachen von den Rechtsansichten ist nicht immer einfach. Da nur Tatsachen dem Beweis zugänglich sind, muss man sich bei der Abgrenzung Folgendes fragen: »Was ist, wenn ein Zeuge den Vortrag der Partei bestätigt. Kann dann von dem Vortrag der Partei ausgegangen werden oder ist unabhängig davon zusätzlich noch eine Wertung vorzunehmen?«

> **Beispiel:** Der Kläger trägt vor, er habe mit dem Beklagten einen Leasingvertrag geschlossen (Beweis: Zeugnis X), ohne weitere Angaben zu machen. Der Beklagte bestreitet dies. Der hierzu vernommene Zeuge X bekundet: »Ja, die Parteien haben einen Leasingvertrag geschlossen.«
> Damit steht das Tatbestandsmerkmal »Leasingvertrag« nicht fest. Vielmehr muss das Gericht mittels der zugrunde liegenden Tatsachen, soweit sie vorgetragen sind, selbst überprüfen, ob es zu einem solchen Vertragsabschluss gekommen ist. Die von dem Zeugen geäußerte Rechtsansicht kann für das Gericht nicht maßgeblich sein. Damit steht fest, dass im vorliegenden Fall das Merkmal »Leasingvertrag« eine Rechtsansicht darstellt und die Beweisaufnahme nicht hätte erfolgen dürfen.

30 Im Aktenauszug sind die Rechtsansichten entweder zu streichen oder als solche – zB durch Farben – kenntlich zu machen, soweit sie nicht bereits von vornherein weggelassen wurden. Grundsätzlich gehören Rechtsansichten nicht in den Sachbericht/Tatbestand und können daher im Aktenauszug wie überholtes Vorbringen behandelt werden. Etwas anderes gilt, wenn die Rechtsansichten gleichzeitig Tatsachen enthalten oder enthalten können oder wenn deren Mitteilung zum Verständnis des Parteivortrags oder des Rechtsstreits erforderlich ist.

---

31 Vgl. Thomas/Putzo/*Seiler* ZPO § 138 Rn. 6.
32 Vgl. → J Rn. 10.
33 BGHZ 19, 387 (390); vgl. auch → Rn. 126 (gleichwertiges Parteivorbringen).
34 Zöller/*Greger* ZPO § 286 Rn. 9.
35 Vgl. auch → J Rn. 15.

Beispiele:
- Der Beklagte führt aus, der Vertrag sei wegen arglistiger Täuschung nichtig. Dann hat er im Zweifel gleichzeitig konkludent die Anfechtungserklärung, eine Tatsache, vorgetragen.
- Bei normativen Tatbestandsmerkmalen hat die Partei Tatsachen vorzutragen, die geeignet sind, das normative Tatbestandsmerkmal (zB sittenwidrig, arglistige Täuschung, Treu und Glauben) auszufüllen. Das Gericht muss diese Wertung vornehmen. Die zugrunde liegenden Tatsachen sind aber möglicherweise nur im Zusammenhang mit der Rechtsansicht (= normatives Tatbestandsmerkmal) verständlich. Dann ist auszuführen:

  Der Kläger vertritt die Ansicht, der Vertrag sei sittenwidrig. Hierzu behauptet er ...

- Der Sachvortrag der Parteien ist unstreitig. Dann ist möglicherweise der Rechtsstreit ohne eine (kurze) Darstellung der rechtlichen Standpunkte der Parteien nicht verständlich.

Darüber hinaus sind in jedem Fall *Rechtstatsachen* (= juristische Tatsachen)[36] in den **31**
Tatbestand/Sachbericht aufzunehmen. Wird von den Parteien übereinstimmend ein Rechtsbegriff vorgetragen, kann dieser im Einzelfall den dahinterstehenden Sachvortrag ersetzen. Legen zB die Parteien übereinstimmend dar, sie hätten einen Kaufvertrag abgeschlossen, wäre es reiner Formalismus, von ihnen zu verlangen, die zugrunde liegenden Tatsachen im Einzelnen vorzutragen. In diesem Fall wird der Rechtsbegriff wie eine Tatsache behandelt. Man spricht von »Rechtstatsachen« oder »juristischen Tatsachen«. Voraussetzungen für eine Rechtstatsache sind, dass

- die Parteien den Rechtsbegriff übereinstimmend verwenden,
- es sich um einen einfachen Begriff des täglichen Lebens handelt,
- sich keine Anhaltspunkte dafür ergeben, dass den Parteien im Einzelfall der richtige Umgang mit dem Rechtsbegriff nicht zuzutrauen ist.[37]

Grundsätzlich ist beim Kauf von einer Rechtstatsache auszugehen.[38] Dasselbe gilt in der Regel für die Begriffe »Eigentum, Schenkung, Miete, Darlehen«,[39] nicht hingegen für die Begriffe »Sittenwidrigkeit« oder »Passivlegitimation« bei schwieriger Rechtslage.[40] Trägt die Partei neben dem Rechtsbegriff weitere Tatsachen vor, wie zB zum Eigentum den Erwerb, kann die rechtliche Wertung dieser Tatsachen dazu führen, dass sie den Rechtsbegriff nicht wirksam vorgetragen hat.[41]

Beispiel: Die Parteien tragen übereinstimmend vor: Es sei ein Kaufvertrag geschlossen worden, indem der Kläger das Angebot abgegeben und der Beklagte, kein Kaufmann, dazu geschwiegen habe.
In diesem Fall kann der Begriff »Kaufvertrag« nicht als Rechtstatsache gewertet werden, da die Parteien erkennbar von einer falschen Wertung ausgehen.

Rechtstatsachen sind im Sachbericht/Tatbestand wie Tatsachen darzustellen. Daneben sind die uU vorgetragenen weiteren Tatsachen in den Tatbestand aufzunehmen. Ist die Bewertung der Frage, ob eine Rechtstatsache vorliegt, problematisch, sollte der

36 Vgl. BGH MDR 2007, 1278 = NJW-RR 2007, 1563 (juristisch eingekleidete Tatsachen sind einem Geständnis zugänglich).

37 BGH NJW 1962, 1395 (Schenkung, Darlehen); BGH NJW 1999, 3481 (Kauf); BGH NJW-RR 2003, 1145 (Geschäftsfähigkeit des Erblassers); BGH NJW-RR 2006, 281 (Vertragsschluss mit Gegner); BGH MDR 2007, 1278 = NJW-RR 2007, 1563 (Passivlegitimation bei schwieriger Rechtslage: kein einfacher Begriff); Prütting/Gehrlein/*Laumen* ZPO § 288 Rn. 3.

38 BGH NJW 1999, 3481.

39 Vgl. → Rn. 34.

40 BGH NJW 2010, 3576.

41 OLG Koblenz NJW-RR 1993, 571.

Begriff in Anführungszeichen wiedergegeben werden. Die entsprechenden Erörterungen gehören ins Gutachten/in die Entscheidungsgründe.

c) Abgrenzung des Streitigen vom Unstreitigen

32 Im Rahmen der Stoffordnung ist ferner das streitige vom unstreitigen Parteivorbringen zu trennen und kenntlich zu machen, etwa durch farbiges Unterstreichen. Ist *zweifelhaft*, ob eine Tatsache streitig ist, und muss insoweit eine Bewertung im Gutachten und/oder in den Entscheidungsgründen erfolgen,[42] ist diese Tatsache bei der Sachverhaltserarbeitung als streitig zu behandeln. Würde nämlich hier eine endgültige Bewertung durch Darstellung der Tatsache als unstreitig erfolgen, bliebe im Gutachten oder in den Entscheidungsgründen kein Raum für eine Bewertung des Vortrages in tatsächlicher Hinsicht.

Für die Abgrenzung im Einzelnen gilt Folgendes:

Unstreitig ist das Parteivorbringen, wenn die Parteien übereinstimmend einen bestimmten Geschehnisablauf schildern, der Gegner mit erkennbarem Willen ausdrücklich oder konkludent gesteht[43] und sein *Geständnis* nicht widerruft oder der Gegner den Sachvortrag nicht bestreitet (§ 138 III). Wird ein Geständnis im Sinne des § 288 widerrufen,[44] ist der Sachvortrag im Sachbericht/Tatbestand als streitig darzustellen. Ob der Widerruf wirksam ist, wird erst im Gutachten/in den Entscheidungsgründen erörtert.

33 Schwierigkeiten können sich bei der Anwendung des § 138 III ergeben, nach dem bei einem Nichtbestreiten kraft Gesetzes das Zugestehen fingiert wird. Wie der zweite Hs. dieser Vorschrift verdeutlicht, kann eine Partei allerdings auch konkludent bestreiten.[45] Daher darf man sich nicht auf die Prüfung beschränken, was die Partei ausdrücklich bestritten hat. Vielmehr ist der gesamte Vortrag der Partei zu berücksichtigen und die Frage zu stellen, ob sich aus dem Gesamtzusammenhang ein konkludentes Bestreiten ergibt. Auf die zeitliche Reihenfolge kommt es nicht an. Selbst in einem Vortrag des Gegners, der zeitlich vorher erfolgt ist, kann sich der Wille zu einem konkludenten Bestreiten ableiten lassen.[46] Von einem konkludenten Bestreiten ist entgegen der Formulierung in § 138 III im Zweifel auszugehen.[47] Hat der Gegner bei einem Sachverhaltskomplex verschiedene Punkte bestritten oder hierzu eine Gegendarstellung gegeben, ist anzunehmen, dass er den gesamten, zu diesem Komplex gehörenden Sachvortrag bestreiten will. Nur wenn er zu dem gesamten Komplex überhaupt nichts erklärt, greift die Geständnisfiktion des § 138 III ein. Wegen der erheblichen Wirkungen des § 290 reicht bloßes Nichtbestreiten für ein Geständnis nicht aus. Erforderlich ist zumindest ein konkludent geäußerter Geständniswille.[48]

---

42 Vgl. hierzu näher → Rn. 100 ff.

43 BGH NJW 1991, 1683; NJW-RR 2005, 1297 (Bedeutung des Geständniswillens); BGH MDR 2007, 1278 = NJW-RR 2007, 1563 (Geständnis von Rechtstatsachen); zur Frage, ob ein konkludentes Geständnis angenommen werden kann; OLG Köln NJW-RR 1993, 573; zur Reichweite des Geständnisses *Gehrlein* MDR 2016, 1.

44 Zum Widerruf vgl. BGH NJW 2011, 2794.

45 Zur Abgrenzung eines Geständnisses von einem konkludenten Bestreiten vgl. BGH NJW 1991, 1683; OLG Köln NJW-RR 1993, 573.

46 BGH NJW-RR 2001, 1294.

47 *Schneider* Beweis Rn. 246.

48 BVerfG NJW 2001, 1565 mwN; BGH NJW 2006, 2181.

Streitig[49] ist das Parteivorbringen dann, wenn der Gegner es ausdrücklich oder konkludent bestreitet. Das kann geschehen durch einfaches Bestreiten – bloße Verneinung –, qualifiziertes Bestreiten – der Gegner beschränkt sich nicht auf die bloße Verneinung, sondern gibt eine Gegendarstellung – oder durch Bestreiten mit Nichtwissen (§ 138 IV). Grundsätzlich reicht *einfaches* Bestreiten; aus dem Gebot der Wahrheitspflicht folgt nichts anderes.[50] *Qualifiziertes* Bestreiten kann jedoch unter Berücksichtigung des auch im Prozessrecht geltenden Grundsatzes von *Treu und Glauben*[51] sowie aufgrund der sich aus § 138 I und II ergebenden Mitwirkungspflicht des Gegners[52] erforderlich sein. Das ist dann der Fall, wenn dem Darlegungspflichtigen ein substantiierter Vortrag nicht möglich oder zumutbar ist, der Gegner hingegen die erforderlichen Informationen hat oder in der Lage ist, sich diese leicht zu verschaffen.[53] In einem solchen Ausnahmefall, der vornehmlich bei den sogenannten negativen Tatsachen oder bei Tatsachen aus dem Vermögens- sowie Steuerbereich des Gegners vorliegen kann, wird jedenfalls grundsätzlich die Darlegungslast nicht umgekehrt; der Gegner muss aber qualifiziert bestreiten, dh eine Gegendarstellung geben; man spricht insoweit auch von *sekundärer Darlegungslast*;[54] im Anschluss daran hat der Darlegungspflichtige seinen Vortrag zu substantiieren, indem er die Gegendarstellung ausräumt.[55] Qualifiziertes Bestreiten ist ferner erforderlich, wenn ohne die Gegendarstellung des Gegners nach einer (gedachten) Beweisaufnahme je nach deren Ausgang keine Entscheidungsreife eintritt oder wenn nicht klar ist, über welche Punkte Beweis erhoben werden muss. **34**

Beispiele:

- Der Kläger macht einen Kaufpreisanspruch in Höhe von 1.000 EUR geltend. Er trägt vor, er habe sich mit dem Beklagten über den Kauf seines Pkws zu diesem Kaufpreis geeinigt (Zeugnis: Herr X). Der Beklagte erwidert: Es stimmt, dass wir einen Kaufvertrag über den Pkw des Klägers geschlossen haben. Ich bestreite jedoch die Höhe des Kaufpreises.
  Wenn der Zeuge X den Vortrag des Klägers im Hinblick auf den Kaufpreis nicht bestätigt, kann die Klage nicht abgewiesen werden. Es steht nämlich fest, dass ein Kaufpreisanspruch besteht. Deshalb muss der Beklagte eine Gegendarstellung zur Höhe des Kaufpreises geben, damit der Rechtsstreit im Falle des negativen Ausgangs der Beweisaufnahme für den Kläger entscheidungsreif ist.
- Der Kläger macht verschiedene Rechnungsposten geltend. Hier muss der Beklagte im Einzelnen darlegen, welche Posten er bestreiten will, weil ansonsten nicht klar ist, über welche Punkte Beweis zu erheben ist.

---

49 Die Begriffe »streitig« und »Bestreiten« werden für den Gegner des Darlegungspflichtigen verwendet; vgl. zur Darlegungslast Zöller/*Greger* ZPO § 138 Rn. 8b; vgl. auch → Rn. 104; → F Rn. 134.

50 BGH NJW 1990, 3151. Nach BGH VersR 1986, 239 gelten Tatsachen außerhalb des Wahrnehmungsbereichs der Partei auch im Fall einfachen Bestreitens nicht als zugestanden.

51 BGH MDR 1995, 306 (Treu und Glauben bei Zustellungsmängeln).

52 BGH NJW-RR 2002, 1280.

53 BGH NJW-RR 2002, 1280 (Geschehnisse aus dem Vermögensbereich des Gegners); BGH NJW-RR 2014, 2797; OLG Koblenz NJW 2016, 2964 (Nichtzugang einer Zahlungsaufforderung, § 93), jeweils mwN; vgl. auch unten → Rn. 101; → F Rn. 139 ff.

54 BGHZ 145, 170 = NJW-RR 2001, 396; BGH NJW 2005, 2546; 2008, 982; 2009, 1494; 2011, 1280 (negative Tatsache = unterbliebene Offenbarung); BGH NJW 2012, 74; 2286 (für ehebedingten Nachteil); BGH NJW 2013, 1447 (ehelicher Unterhalt); BGH NJW 2014, 2360 (Internetanschluss) und BGH NJW 2016, 2315 (Mängelbeseitigungsmaßnahmen); BGH MDR 2010, 511 = NJW 2010, 1816 (unbeschränkte Haftung des Frachtführers); BGH MDR 2015, 726 = NJW-RR 2015, 1279 (Deliktsanspruch); OLG Hamm NJW 2014, 1894 (Eigentumsvermutung); vgl. zur Frage der Subtanziierung näher → Rn. 101 f.; vgl. auch zur sekundären Darlegungslast im Versicherungsrecht *Schulz* VersR 2014, 930 ff.

55 BGH NJW-RR 1996, 1211; AnwBl. 2001, 520; NJW 2009, 1494; 2014, 2360.

- Bei Rückabwicklung eines Grundstückskaufvertrages erschöpft sich die Darlegungs- und Beweislast des Verkäufers für einen die Rückzahlungsforderung mindernden Vorteil des Käufers aus ihm zugeflossenen Mieteinnahmen grundsätzlich in dem Vorbringen, dass solche angefallen sind; ihre Höhe abzüglich von Betriebs- und Erhaltungskosten darzulegen und zu beweisen, ist Sache des Geschädigten im Rahmen seiner Mitwirkungspflicht an der Schadensfeststellung.[56]
- Der Inhaber eines Internetanschlusses muss bei einer Rechtsverletzung über diesen Anschluss vortragen, dass eine andere Person einen selbstständigen Zugang zu diesem Anschluss hatte und als Täter in Betracht kommt.[57]
- Der Versicherer, der sich auf den *Ausschlussgrund* für Versicherungsleistungen beruft, muss schlüssige Indizien für eine wissentliche Pflichtverletzung vortragen. Dann muss der Versicherungsnehmer iRd sekundären Darlegungslast Umstände aufzeigen, warum diese den Schluss auf die wissentliche Pflichtverletzung nicht zulassen.[58]
- Der verklagte Mieter muss bei der *Betriebskosten*abrechung, bei der der Vermieter als Kläger bestimmte Flächenwerte angegeben hat, darlegen, von welchem Flächenwert er ausgeht; einfaches Bestreiten der Wohnfläche reicht nicht aus.[59]

Bestreitet der Beklagte nicht qualifiziert, obwohl dies ausnahmsweise erforderlich ist, ist sein Bestreiten unbeachtlich. Diese Frage muss im Gutachten/in den Entscheidungsgründen erörtert werden, sodass der Vortrag im Sachbericht/Tatbestand als streitig darzustellen ist.[60]

35 Von einem *Bestreiten mit Nichtwissen* ist grundsätzlich nur auszugehen, wenn die Parteien sich ausdrücklich darauf berufen.[61] Deshalb ist dies immer im Sachbericht/Tatbestand wörtlich zu erwähnen.

Der Beklagte bestreitet die Höhe des geltend gemachten Zinsanspruchs mit Nichtwissen.

Bestreiten mit Nichtwissen ist nur unter den Voraussetzungen des § 138 IV zulässig; nicht zulässig ist es, wenn die Partei die maßgeblichen Umstände selbst wahrgenommen hat oder sich die Kenntnis darüber in ihrem eigenen Verantwortungsbereich beschaffen kann.[62] Die betreffenden Erörterungen hierzu gehören in das Gutachten/in die Entscheidungsgründe.

36 Häufig finden sich in den Schriftsätzen allgemeine Redewendungen wie »Das Vorbringen des Gegners wird bestritten, soweit es nicht ausdrücklich zugestanden wird.« Mit einem solchen *pauschalen Bestreiten* verstößt die Partei in jedem Fall gegen § 138 I, II. Daher ist dieses Bestreiten von vornherein unbeachtlich und weder in die Stoffsammlung noch in den Sachbericht/Tatbestand aufzunehmen.[63]

37 Neues Vorbringen einer Partei in Schriftsätzen, die *nach* der letzten mündlichen Verhandlung bei Gericht eingehen, ist immer als streitig zu behandeln, auch wenn der

56 BGH NJW-RR 2002, 1280.

57 BGH NJW 2014, 2360.

58 BGH NJW 2015, 947.

59 BGH WuM 2014, 744 = NJW-RR 2015, 1279.

60 Zur Bewertung in tatsächlicher Hinsicht → Rn. 100 ff.

61 BGH MDR 2013, 486 = BeckRS 2013, 01754 (konkludent bei Tatsachen, die erkennbar außerhalb der eigenen Wahrnehmung liegen).

62 BGH NJW-RR 2002, 612; NJW 2009, 2894; OLG Köln VersR 1997, 596 (Geltendmachung einer übergegangenen Forderung und Kenntnis des früheren Forderungsinhabers); OLG Bamberg NJW 2015, 1533 (Einholung von zumutbaren Information); *Lange* NJW 1990, 3233 »Bestreiten mit Nichtwissen«.

63 Musielak/*Stadler* ZPO § 138 Rn. 10.

Gegner sich hierzu nicht äußert.[64] Das folgt aus dem Grundsatz des rechtlichen Gehörs. Um kenntlich zu machen, dass es sich um Vorbringen in nachgereichten Schriftsätzen handelt, wird im Sachbericht/Tatbestand wie folgt formuliert:

> In einem am ... bei Gericht eingegangenen Schriftsatz behauptet der Kläger weiter, ...

d) Historische Reihenfolge

Schließlich sollten im Rahmen der Stoffordnung die unstreitigen Tatsachen in eine **38**
historische Reihenfolge gebracht werden, etwa indem die einzelnen Vorkommnisse in der richtigen Reihenfolge nummeriert werden. Der unstreitige Teil des Tatbestands/Sachberichts wird nämlich grundsätzlich historisch aufgebaut.[65]

5. Inhalt und Form von Sachbericht und Tatbestand

a) Allgemeines

In der Zivilprozessordnung ist der Aufbau eines Tatbestandes/Sachberichtes[66] nicht **39**
vorgeschrieben. § 313 II ist lediglich zu entnehmen, dass die Anträge hervorgehoben werden müssen. Ferner ist dort bestimmt, dass die erhobenen Ansprüche und die dazu vorgebrachten Angriffs- und Verteidigungsmittel ihrem wesentlichen Inhalt nach knapp darzustellen sind und wegen der Einzelheiten des Sach- (= Unstreitiges) und Streitstandes (= Streitiges) auf Schriftsätze, Protokolle und andere Unterlagen verwiesen werden soll.

Unter *erhobenen Ansprüchen* versteht man die Darstellung des Klagebegehrens nach dem Gegenstand und dem Grund.[67] Aus § 282 I ergibt sich, was zu den *Angriffs- und Verteidigungsmitteln* zählt.

Durch den Hinweis in § 313 II 1 auf eine knappe Darstellung und in S. 2 dieser Vor- **40**
schrift auf eine *Bezugnahme* wird verdeutlicht, dass im Tatbestand nicht der gesamte Vortrag der Parteien wiederzugeben ist, sondern Mindestangaben ausreichen. Das bedeutet jedoch nicht, dass der Prozessstoff nur durch eine kurze Beschreibung des Rechtsverhältnisses zwischen den Parteien wiedergegeben werden darf, wie etwa:

> Der Kläger macht einen Anspruch aus Werkvertrag geltend. Der Beklagte beruft sich auf Mängel.

Aus § 313 II sowie aus den §§ 314, 320 I ist vielmehr abzuleiten, dass eine in sich verständliche Darstellung der erhobenen Ansprüche und der dazu vorgebrachten Angriffs- und Verteidigungsmittel erforderlich ist, dabei allerdings überflüssige Schreibarbeit vermieden werden soll, indem wegen der Einzelheiten auf den Akteninhalt Bezug genommen wird; dementsprechend hat der Tatbestand keine negative Beweiskraft in Bezug auf Tatsachen, die in vorbereitenden Schriftsätzen, nicht aber im Tatbestand erwähnt sind.[68] Das bedeutet, dass oberstes Gebot die Verständlichkeit ist und unter Berücksichtigung dieses Gesichtspunktes wegen der Einzelheiten weitgehend Bezug genommen werden soll.

---

64 Vgl. auch → Rn. 13.
65 Vgl. näher → Rn. 44.
66 Vgl. zur Terminologie → Rn. 9.
67 BLAH/*Hartmann* ZPO § 313 Rn. 20.
68 BGH NJW 2004, 1876 = BauR 2004, 1175; NJW-RR 2008, 1566; OLG Oldenburg NJW 1989, 1165; Zöller/*Vollkommer* ZPO § 313 Rn. 11 ff.; vgl. auch zur Frage der Beweiskraft → Rn. 9, 22, → S Rn. 10.

Indem der Gesetzgeber ohne Einschränkung die Darstellung der Angriffs- und Verteidigungsmittel vorschreibt, verdeutlicht er, dass diese auch dann in den Tatbestand/Sachbericht gehören, wenn sie für die Entscheidung des Rechtsstreits ohne Bedeutung sind, so zB, wenn die Klage als unzulässig abgewiesen wird. Allerdings hängt der Umfang der Wiedergabe von der Frage ab, ob die betreffenden Tatsachen entscheidungserheblich sind. Beruft sich der Beklagte unter anderem auf die Verjährung, wird die Klage jedoch schon deshalb abgewiesen, weil der Vertrag unwirksam ist, reicht folgende Darstellung aus:

> Der Beklagte erhebt die Einrede der Verjährung.

Kommt es hingegen bei der Entscheidung auf die Verjährungseinrede an, müssen auch die ihr zugrunde liegenden Tatsachen geschildert werden.

b) Übersicht über die Form

41 In der Praxis hat sich folgende Form der Darstellung des Tatbestandes bewährt:

- Geschichtserzählung (= Unstreitiges)
- streitiger Vortrag des Klägers
- Anträge der Parteien in der letzten mündlichen Tatsachenverhandlung
- streitiger Vortrag des Beklagten
- evtl.: Replik und Duplik
- Prozessgeschichte

Dieser Aufbau stellt allerdings kein Dogma dar. Vielmehr kann von ihm im Einzelfall aus Gründen der Verständlichkeit abgewichen werden.

c) Geschichtserzählung

42 Grundsätzlich gehört in die Geschichtserzählung der gesamte unstreitige Tatsachenvortrag der Parteien, und zwar unabhängig davon, welche Partei ihn vorgetragen hat. Nur ausnahmsweise kann es erforderlich sein, aus Verständnisgründen einen Teil des Unstreitigen im Zusammenhang mit dem streitigen Vortrag einer Partei zu schildern; dies muss dann kenntlich gemacht werden.[69]

> **Beispiel:** Unstreitige Hilfstatsachen, die immer im Zusammenhang mit der streitigen Haupttatsache darzustellen sind, und zwar unabhängig davon, ob sie streitig sind; ist die Haupttatsache unstreitig, kommt es allerdings nicht auf die Hilfstatsache an; diese ist im Tatbestand/Sachbericht dann grundsätzlich nicht zu erwähnen.[70]

Umgekehrt kann es insbesondere aus Verständnisgründen erforderlich sein, einen streitigen Punkt in der Geschichtserzählung wiederzugeben; auch dies ist kenntlich zu machen.[71]

Grundsätzlich ist jedoch (nur) der gesamte unstreitige Tatsachenvortrag beider Parteien in der Geschichtserzählung darzustellen. Eine Abweichung von dem normalen Aufbau sollte hingegen nur in Ausnahmefällen erfolgen, da die Darstellung häufig schwieriger ist und die Übersichtlichkeit des Tatbestandes/Sachberichtes darunter leiden kann. In jedem Fall wird eine geordnete Darstellung erwartet, ein bloßes Abschreiben der Schriftsätze reicht nicht.

---

69 Vgl. näher → Rn. 51.
70 Vgl. zur Problematik der Haupt- und Hilfstatsachen Ausführungen → F Rn. 92 ff.
71 Vgl. → Rn. 51.

Die Parteien werden außerhalb des Rubrums und damit im Tatbestand/Sachbericht nur mit ihrer ursprünglichen Parteirolle (= Kläger/Beklagter) bezeichnet, auch wenn ihnen weitere Rollen, wie zB bei der Widerklage oder im Rahmen der zweiten Instanz, zukommen.

Ein *Einleitungssatz* über den Kern des Rechtsstreits, wie er teilweise in der Literatur vorgeschlagen wird,[72] 43

Die Parteien streiten über eine Werklohnforderung.

ist grundsätzlich entbehrlich. Etwas anderes kann nur unter dem Gesichtspunkt der Verständlichkeit gelten. Ein *Einleitungssatz* ist zB dann zu empfehlen, wenn die Parteien des Rechtsstreits mit den an dem betreffenden Rechtsverhältnis unmittelbar Beteiligten nicht identisch sind.

Beispiele:
- Erbfall
- Insolvenz
- Klage gegen einen Versicherer
- Abtretung
- Schuldübernahme

Die Geschichtserzählung ist aus Verständnisgründen *historisch* aufzubauen. Daher kann – wie bereits vorgeschlagen – bei einem im Tatsächlichen einfach gelagerten Rechtsstreit anstelle der Stoffsammlung eine Zeittabelle genügen. Eine Abweichung von dem historischen Aufbau empfiehlt sich nur, wenn diese ausnahmsweise aus Verständnisgründen geboten ist. 44

Dem Gericht wird in der Regel ein abgeschlossener Lebenssachverhalt dargelegt. Daher ist die Geschichtserzählung grundsätzlich in der *Zeitform* des erzählenden Imperfekts in direkter Rede abzufassen. Das Plusquamperfekt ist dann zu verwenden, wenn von dem historischen Aufbau abgewichen und ein früheres Ereignis nachgeschoben wird. Im Perfekt sollten die Ereignisse geschildert werden, die nach Klageerhebung eingetreten sind oder die in der Vergangenheit abgeschlossen wurden, aber noch in der Gegenwart fortwirken. 45

Grundsätzlich sind für die Parteien nicht verständliche *juristische* Fachausdrücke zu vermeiden. Es empfiehlt sich auch die Verwendung des Aktivs sowie die Bildung von kurzen, leicht verständlichen Sätzen. 46

Wörtliche Zitate, so aus Schriftsätzen oder Vertragsurkunden, sind nur erforderlich, wenn und soweit eine Auslegung erfolgen muss und es auf den genauen Wortlaut ankommt. Sie sind in Anführungszeichen zu setzen. 47

d) Streitiger Vortrag des Klägers

Eine Bezifferung des Tatbestandes ist nicht üblich. Nach der Geschichtserzählung ist jedoch ein großer Absatz zu machen. Ein *Einleitungssatz*, wie etwa 48

Mit der vorliegenden Klage begehrt der Kläger Zahlung des Kaufpreises in Höhe von …

ist entbehrlich.[73] Man denke nur daran, dass zwischen den Parteien wenige Punkte streitig sind. In diesem Fall erfährt der Leser einige Sätze weiter ohnehin durch die

72 Thomas/Putzo/*Reichold* ZPO § 313 Rn. 12; Zöller/*Vollkommer* ZPO § 313 Rn. 12.

Anträge, was der Kläger begehrt. Etwas anderes kann gelten, wenn der Streitstand (= das Streitige) sehr umfangreich ist und erst durch eine vorherige Darstellung des Klagebegehrens verständlich wird.

49 Bei streitigen Tatsachen wird immer das Wort *»behaupten«* verwendet. Soweit Rechtsansichten dargestellt werden, sind Wendungen wie *»ist der Ansicht«* oder *»ist der Meinung«* gebräuchlich. Es handelt sich insoweit um Fachausdrücke, durch die der kundige Leser sofort erkennt, dass das Gericht den betreffenden Vortrag als streitige Tatsache oder Ansicht gewertet hat. Als Zeitform ist grundsätzlich für den Vortrag in der jeweiligen Instanz[74] das Präsens zu verwenden:

> Der Kläger behauptet, …

Nur wenn es sich um Tatsachenbehauptungen handelt, die der Kläger später fallengelassen hat und die ausnahmsweise wiederzugeben sind, verwendet man das Perfekt.

> **Tipp für Ausbildung und Examen:** Andere Begriffe als »behaupten« oder »ist der Ansicht/Meinung«, die die von dem Verfasser eines Tatbestandes/Sachberichtes vorzunehmende Abgrenzung der Tatsachen von den Rechtsansichten nicht erkennen lassen, wie zB »vortragen« und »darstellen«, sollten vermieden werden. Dadurch zwingt sich der Verfasser eines Tatbestandes/Sachberichtes zu einer klaren Trennung von Tatsachen und Rechtsansichten, die spätestens bei der Frage, ob Beweis erhoben werden muss, unabdingbar ist. Nur über Tatsachen kann und darf Beweis erhoben werden. Der Verfasser vermeidet auch, dass der Prüfer die Wertung im Tatbestand beanstandet.

Um zu vermeiden, dass jeder Satz mit »der Kläger behauptet« oder »der Kläger ist der Ansicht« beginnt, empfiehlt es sich grundsätzlich, zunächst alle streitigen Tatsachen zu schildern und erst im Anschluss daran die Rechtsansichten darzustellen. Dann kann man den ersten Satz mit »der Kläger behauptet« beginnen und die übrigen streitigen Tatsachen in neuen Sätzen unter Verwendung eines Semikolons darstellen. Entsprechendes gilt für die Rechtsansichten.

> **Beispiel:** Der Kläger hat mit Herrn X einen Kaufvertrag geschlossen und verlangt von dem Beklagten die Bezahlung des Kaufpreises. Streitig ist, ob Herr X im Namen des Beklagten gehandelt hat, ob er von diesem bevollmächtigt war und ob als Kaufpreis 1.000 EUR (so der Kläger) oder nur 800 EUR (so der Beklagte) vereinbart wurden.
>
> Der Kläger behauptet, X habe im Namen des Beklagten gehandelt; X sei auch von diesem bevollmächtigt worden; es sei ein Kaufpreis von 1.000 EUR vereinbart worden.

Allerdings kann es aus Verständnisgründen erforderlich sein, im Zusammenhang mit einer bestimmten Tatsache unmittelbar eine Rechtsansicht zu schildern, so zB bei normativen Tatbestandsmerkmalen.

50 Das Streitige selbst sowie die Rechtsansichten werden in *indirekter Rede* im *Konjunktiv* dargestellt. Die tatsächliche Würdigung erfolgt erst im Gutachten und/oder in den Entscheidungsgründen. Daher ist bei Abfassung des Tatbestandes/Sachberichtes in Bezug auf das Streitige von einem noch nicht feststehenden Sachverhalt auszugehen. Als Zeitform wird für in der Vergangenheit liegende und abgeschlossene Ereignisse grundsätzlich das Perfekt und im Übrigen das Präsens verwendet.

---

73 Vorschlag: Zöller/*Vollkommer* ZPO § 313 Rn. 12.

74 Zum Tatbestand in der Berufung → S Rn. 86 f.

Wird ausnahmsweise ein unstreitiger Punkt im Streitigen wiedergegeben, muss auch insoweit der Konjunktiv verwendet werden. Dann muss aber kenntlich gemacht werden, dass dieser Teil unstreitig ist. Am besten schreibt man in Parenthese: 51

> … – was zwischen den Parteien unstreitig ist – …

Entsprechendes gilt im umgekehrten Fall. Wird eine streitige Tatsache ausnahmsweise in der Geschichtserzählung erwähnt, sollte der Vermerk: »– was zwischen den Parteien streitig ist –« hinzugefügt werden. Ob darüber hinaus auch die streitigen Behauptungen der Parteien in der Geschichtserzählung dargestellt werden, wie:

> der Kläger behauptet hierzu, …; der Beklagte hingegen behauptet, …

hängt von dem Umfang des jeweiligen Vortrages ab. Nur bei einer kurzen Darstellung kann dieser bereits im Unstreitigen wiedergegeben werden. Ansonsten sollte aus Gründen der Verständlichkeit nur der Kernpunkt des Vortrags unter Hinweis darauf, dass die Einzelheiten streitig sind, in der Geschichtserzählung erwähnt werden. Die Einzelheiten hierzu können dann in der üblichen Form im Streitigen dargestellt werden.

Werden im Zusammenhang mit einer *Rechtsansicht neue Tatsachen* erwähnt, die bisher weder in der Geschichtserzählung noch im streitigen Teil dargestellt wurden, muss kenntlich gemacht werden, dass es sich um Tatsachen handelt, und darüber hinaus, ob diese streitig sind. Eine solche zwingende Auswertung des Parteivortrages wird erfahrungsgemäß nicht selten in Klausurarbeiten vergessen. Ist die Tatsache streitig, darf sie nicht unmittelbar mit der Rechtsansicht dargestellt werden, wie: »Der Beklagte meint, der Kaufvertrag sei unwirksam, da er in volltrunkenem Zustand dem Erwerb der … zugestimmt habe« (wenn die in den »Da«-Satz eingekleidete Tatsache der Volltrunkenheit streitig ist und bisher nicht erwähnt wurde). Eine solche *Verknüpfung von Tatsachen und Rechtsansichten* wird erfahrungsgemäß von Referendaren häufig unbewusst vorgenommen. Sie ist unzulässig, weil sich nach der Darstellung im Ausgangsbeispiel der Hauptsatz (»meint«/Rechtsansicht) auch auf die streitige Tatsache der Volltrunkenheit bezieht. Damit wird aber eine falsche Wertung vorgenommen. Hier empfiehlt es sich, die Sätze (Haupt- und Nebensatz) zu trennen und den Zusammenhang durch die Wendung »Hierzu«, »In diesem Zusammenhang« oder ähnliches aufzuzeigen, wie:

> Der Beklagte meint, der Kaufvertrag sei unwirksam. Hierzu behauptet er, er habe dem Erwerb der … in volltrunkenem Zustand zugestimmt.

Ist die neue Tatsache, die im Streitigen mit dem Begriff »behaupten« als streitig kenntlich gemacht wird, unstreitig, muss dies zusätzlich vermerkt werden. Hier genügt der Vermerk »– was zwischen den Parteien unstreitig ist –« hinter der unstreitigen Tatsache.

Bei *qualifiziertem Bestreiten*[75] ist der betreffende Sachvortrag sowohl beim Streitigen des Klägers als auch bei dem des Beklagten so darzustellen, dass für jede Seite deren Schilderung des Geschehens wiedergegeben wird. Wird eine Tatsache nur einfach bestritten, reicht hingegen die Darstellung bei einer der Parteien aus. Schon durch ihre Erwähnung im streitigen Teil des Tatbestandes/Sachberichtes wird nämlich verdeutlicht, dass der Gegner sie bestritten hat. Bei welcher Partei die einfach bestrittene 52

75 Vgl. zu diesem Begriff → Rn. 34.

Tatsache erwähnt wird, hängt von der Darlegungslast ab.[76] Dagegen kommt es nicht darauf an, wer die Tatsache vorgetragen und wer sie (einfach) bestritten hat.

> **Beispiel:** Der Kläger macht einen Kaufpreisanspruch geltend und legt dar, der Beklagte habe nicht bezahlt.
> Letzteres wird von dem Beklagten bestritten. Da der Beklagte für die Erfüllung die Darlegungslast trägt, ist die betreffende Tatsache positiv in dem Abschnitt »streitiger Vortrag des Beklagten« zu erwähnen:
>
> Der Beklagte behauptet, er habe den Kaufpreis bezahlt.

53 Eine feststehende *Aufbauregel* gibt es für den Abschnitt »streitiger Vortrag des Klägers« nicht. Sind mehrere Punkte streitig, empfiehlt es sich, diese in der Reihenfolge darzustellen, in der sie rechtlich geprüft werden.

54 Sind *mehrere Kläger* vorhanden und tragen diese einheitlich vor, ergeben sich keine Besonderheiten. Bei unterschiedlichem Vortrag hingegen ist zunächst der gesamte Vortrag eines Klägers, dh Tatsachen und Rechtsansichten, darzustellen. Erst im Anschluss daran wird der Vortrag der anderen Kläger wiedergegeben.

> Der Kläger zu 1) behauptet, ...; ...; ...
> Der Kläger zu 1) vertritt zudem die Ansicht,
> Der Kläger zu 2) behauptet, ... Er ist der Auffassung, ...

Tragen die Kläger teilweise einheitlich, zum Teil aber auch unterschiedlich vor, sollte zunächst der gemeinsame und im Anschluss daran getrennt nach Klägern der unterschiedliche Vortrag erwähnt werden.

> Die Kläger behaupten, ...
> Sie sind der Ansicht, ...
> Darüber hinaus behauptet der Kläger zu 1), ... Er vertritt die Auffassung, ...
> Der Kläger zu 2) behauptet ferner, ...

Abweichungen von den vorstehenden Empfehlungen sind dann geboten, wenn es um verschiedene Sachzusammenhänge oder Sachverhalte geht. Diese sollten aus Verständnisgründen in der Regel einheitlich dargestellt werden, sodass dann jeweils der Vortrag der Parteien zu einem Komplex zusammen wiederzugeben ist.

> Zu dem Verkehrsunfall behaupten die Kläger, ... Sie vertreten die Auffassung, ...
> Darüber hinaus behauptet der Kläger zu 1), ..., ..., ..., ... Der Kläger zu 2) behauptet ferner, ...
> Zu der Gegenforderung behauptet der Kläger zu 1), ... Er vertritt die Auffassung, ... Der Kläger zu 2) behauptet hierzu, ...

55 Es wird die Auffassung vertreten, dass *unerledigte Beweisangebote* hinter der Tatsachenbehauptung in Klammern zu setzen sind.[77] Teilweise wird dies mit Hinweis darauf begründet, dass möglicherweise das unerledigte Beweiserbieten in der Berufungsinstanz von Bedeutung ist. Diese Argumentation ist jedenfalls dann nicht überzeugend, wenn das Beweisangebot sich aus den Akten ergibt. In der Berufungsinstanz muss nämlich der Sachverhalt ohnehin neu erarbeitet werden, soweit keine Bindung an die erstinstanziellen Feststellungen besteht (vgl. § 529 I Nr. 1). Da das

76 Prütting/Gehrlein/*Thole* ZPO § 313 Rn. 11; zur Darlegungslast vgl. näher → Rn. 34, 66, 101 f., 104, 122; → F Rn. 134.

77 So Thomas/Putzo/*Reichold* ZPO § 313 Rn. 18, 20; Zöller/*Vollkommer* ZPO § 313 Rn. 14.

unerledigte Beweiserbieten für die Entscheidung keine Bedeutung hat, braucht es nicht in Klammern hinter den streitigen Vortrag der Parteien gesetzt zu werden.

Tipp für Ausbildung und Examen: In der praktischen Ausbildung sollte der Referendar allerdings seinen Ausbilder fragen und sich dessen Handhabung anschließen. In Examensarbeiten kann sich die Notwendigkeit der Darstellung unerledigter Beweisantritte aus den Weisungen oder einem Bearbeitervermerk ergeben.

Im *Sachbericht*[78] sollten die noch nicht erledigten Beweisangebote in jedem Fall hinter der Tatsachenbehauptung in Klammern gesetzt werden. Dadurch kann bei einer erneuten Bearbeitung der Akten ein vollständiges Durchlesen derselben vermieden werden.

Als *Beweiseinrede* iSd § 282 I bezeichnet man das Vorbringen einer Partei gegen ein Beweismittel.[79] **56**

Beispiel: Der Kläger hält einen Zeugen für unglaubwürdig und behauptet, dieser habe sich zum Zeitpunkt des von ihm bekundeten Unfalls auf der Königsallee in Düsseldorf in Wirklichkeit in Spanien aufgehalten.

Für die Beweiseinreden gelten keine Besonderheiten. Enthalten diese ausschließlich Rechtsansichten,

Der Kläger hält den Zeugen X für unglaubwürdig.

sind sie nur darzustellen, wenn dies zum Verständnis notwendig ist. Beziehen sie sich hingegen auf Tatsachen,

Der Zeuge hat sich zur Zeit des Unfalls in Spanien aufgehalten.

sind sie in den Sachbericht immer aufzunehmen, in den Tatbestand hingegen nur dann, wenn sie entscheidungserheblich sind.

Für den Aufbau gilt Folgendes: Handelt es sich um eine Beweiseinrede bei bereits durchgeführter Beweisaufnahme, empfiehlt sich eine Darstellung nach Wiedergabe der Beweisaufnahme (= Prozessgeschichte).[80] Bezieht sich die Beweiseinrede hingegen auf einen unerledigten Beweisantrag, sollte sie im Zusammenhang mit dem streitigen Parteivortrag erwähnt werden.

Der Kläger behauptet, der Beklagte sei auf sein Fahrzeug aufgefahren. Die Darstellung des Beklagten, er – der Kläger – habe mit seinem Pkw zurückgesetzt, sei unzutreffend. Der Kläger vertritt die Auffassung, dass der von dem Beklagten benannte Zeuge X von vornherein als unglaubwürdig anzusehen sei. Hierzu behauptet er, X habe sich zum Unfallzeitpunkt in Spanien aufgehalten.

e) Anträge

Nach dem streitigen Vortrag des Klägers werden, durch einen Absatz getrennt, die Anträge der Parteien wiedergegeben, und zwar zunächst der Antrag des Klägers und dann derjenige des Beklagten. Die Darstellung erfolgt im Präsens. Die in § 313 II vorgeschriebene Hervorhebung wird in der Praxis dadurch erreicht, dass man den Inhalt der Anträge einrückt. **57**

78 S. → Rn. 9 f.
79 Vgl. auch → F Rn. 98 (Indiz).
80 S. allgemein zur Prozessgeschichte → Rn. 69.

Der Kläger beantragt,
den Beklagten zu verurteilen, an ihn 1.000 EUR nebst Zinsen in Höhe von 5 Prozentpunkten über dem Basiszinssatz seit dem … zu zahlen.

Der Beklagte beantragt,
die Klage abzuweisen.

Maßgeblich sind nur die in der letzten mündlichen Tatsachenverhandlung gestellten Anträge. *Überholte Anträge* stellen hingegen Prozessgeschichte dar, die noch im Einzelnen dargestellt wird.[81] Sie sind dann in den Tatbestand aufzunehmen, wenn sie für die Entscheidung, und sei es auch nur für die Kosten, von Bedeutung sind. Entsprechendes gilt für den (normalen) Sachbericht.

58 Grundsätzlich ist eine *wörtliche Wiedergabe* der Anträge geboten. Dies gilt auch für (materielle) Nebenforderungen, wie zB Zinsen und vorprozessuale Mahnkosten. Die Auslegung der Anträge gehört hingegen in das Gutachten/in die Entscheidungsgründe. Nur bei leicht erkennbaren stilistischen Mängeln, offensichtlichen Unrichtigkeiten oder offensichtlichen Ungenauigkeiten kann bereits eine Klarstellung im Tatbestand erfolgen.

Beispiele:

- Der Anwalt des Klägers stellt folgenden Antrag:
  »Es wird beantragt,
  den Beklagten zu verurteilen, an den Kläger … zu zahlen.«
  Bei Wiedergabe im Tatbestand wird das Wort »Kläger« durch »ihn« ersetzt, sodass der Antrag wie folgt wiedergegeben wird:

  Der Kläger beantragt,
  den Beklagten zu verurteilen, an ihn 1.000 EUR zu zahlen.

- Wird ein Rechtsstreit durch einen Mahnbescheid eingeleitet, findet man häufig in den Schriftsätzen folgende Formulierung:
  »Der Kläger stellt den Antrag aus dem Mahnbescheid.«
  In diesem Fall ist der Antrag ebenfalls nicht wörtlich wiederzugeben, weil dann das Klagebegehren nicht erkennbar ist. Vielmehr ist der Antrag im üblichen Sinne mit den Daten aus dem Mahnbescheid einschließlich der Zinsen und evtl. vorgerichtlicher Kosten darzustellen. Nicht hierher gehören die in der Rubrik »Kosten dieses Verfahrens« befindlichen Daten, da es sich dabei um Kosten des Rechtsstreits handelt, die erst nach dem Urteil im Kostenfestsetzungsverfahren zu berechnen sind.
- Werden Zinsen »ab Rechtshängigkeit/ab Zustellung der Klage« verlangt, sollte der Antrag wörtlich wiedergegeben und nicht sofort im Antrag ein Datum genannt werden. Dies hängt mit § 187 I BGB (analog) zusammen, wonach der Tag der Zustellung für den Zinsbeginn nicht mitgerechnet wird.[82] Die entsprechenden Ausführungen gehören als rechtliche Wertung in die Entscheidungsgründe, und zwar bei Behandlung des Zinsanspruchs. Die entsprechenden Daten müssen aber in der Prozessgeschichte mitgeteilt werden.[83]
- Der Antrag des Beklagten »den Kläger mit der Klage abzuweisen« ist aus stilistischen Gründen umzuformulieren in »die Klage abzuweisen«.
- Beantragt der Kläger, den Beklagten »wegen einer Kaufpreisforderung« zur Zahlung von 1.000 EUR an ihn zu verurteilen, ist »wegen einer Kaufpreisforderung« wegzulassen. Bei diesem Teil des Antrages handelt es sich um eine Begründung, die nicht in den Tenor und daher auch nicht in den Antrag gehört.

---

81 S. → Rn. 69 ff.

82 BGH NJW-RR 1990, 519; BAG NZA 2008, 464; Palandt/*Ellenberger* BGB § 187 Rn. 1; Palandt/*Grüneberg* BGB § 286 Rn. 35, § 291 Rn. 4, 6; vgl. näher → Rn. 107; 112.

83 Vgl. → Rn. 69.

In Fällen der *objektiven Klagenhäufung* sind die vom Kläger gestellten Sachanträge unabhängig davon, ob sie in einem oder mehreren Schriftsätzen angekündigt worden sind, hintereinander zu erwähnen. 59

- Der Kläger beantragt,
  den Beklagten zu verurteilen,
  1. an ihn 1.000 EUR zu zahlen,
  2. ihm den Pkw ... herauszugeben.

  Der Beklagte beantragt, die Klage abzuweisen.
- Der Kläger beantragt,
  1. den Beklagten zu verurteilen, an ihn den Pkw ... herauszugeben,
  2. hilfsweise, den Beklagten zu verurteilen, an ihn 1.000 EUR zu zahlen.

Anträge zu den *prozessualen Nebenentscheidungen*, dh Kostenanträge und Anträge zur vorläufigen Vollstreckbarkeit sind grundsätzlich nicht in den Tatbestand/Sachbericht aufzunehmen. Über die Kosten des Rechtsstreits und über die vorläufige Vollstreckbarkeit des Urteils wird von Amts wegen entschieden (§§ 308 II, 708, 709, 711), sodass derartige Anträge überflüssig sind und keinerlei Bedeutung haben. Etwas anderes kann nur dann gelten, wenn aus dem Antrag zu den prozessualen Nebenentscheidungen eine weitergehende Folge abzuleiten ist. 60

Beispiel: Kostenanträge im Zusammenhang mit einer Erledigungserklärung.[84]

Ausnahmen ergeben sich ferner bei den Anträgen des § 710 und des § 712, weil die dort geregelten Anordnungen nur auf Antrag getroffen werden können. Derartige Anträge sind hinter den Sachanträgen der betreffenden Partei, ebenfalls eingerückt, in den Tatbestand/Sachbericht aufzunehmen.

Der »Antrag« einer Partei, ihr zu gestatten, die *Sicherheitsleistung* in Form einer *Bankbürgschaft* oder einer anderen Form der Sicherheitsleistung, zB Hinterlegung von Geld, zu erbringen, ist nicht im Tatbestand/Sachbericht zu erwähnen. Da das Gericht gemäß § 108 I 1 nach freiem Ermessen die Art der Sicherheitsleistung bestimmt, ist ein solcher »Antrag« nur als Anregung zu verstehen. Im Übrigen ist immer von einer Sicherheitsleistung durch Bankbürgschaft auszugehen, wenn das Gericht keine Bestimmung trifft und die Parteien nichts anderes vereinbart haben (§ 108 I 2).[85] 61

Bei einer *teilweisen Klagerücknahme* ist der Kostenantrag des Beklagten ebenfalls nicht in den Tatbestand aufzunehmen. Zwar bestimmt § 269 III 2, IV, dass im Falle einer Klagerücknahme nur auf Antrag des Beklagten dem Kläger durch Beschluss die Kosten des Rechtsstreits auferlegt werden. Wird die Klage jedoch teilweise zurückgenommen, ist wegen des Grundsatzes der Einheit der Kostenentscheidung[86] auch über die Kosten des zurückgenommenen Teils der Klage im Urteil zu entscheiden. Da hier aber eine Kostenentscheidung von Amts wegen zu treffen ist (§ 308 II), ist der Kostenantrag iSd § 269 IV entbehrlich. Entsprechendes gilt für teilweise übereinstimmende Erledigungserklärungen.[87] 62

84 Vgl. hierzu näher → P Rn. 4 ff.
85 Näher → Rn. 216.
86 Vgl. hierzu näher → Rn. 181.
87 Vgl. → P Rn. 29.

f) Streitiger Vortrag des Beklagten

63 Das Streitige des Beklagten wird in derselben Form dargestellt wie das Streitige des Klägers. Das gilt auch bei einer Streitgenossenschaft, wenn die Beklagten unterschiedlich vortragen.[88]

Das Streitige des Beklagten kann in folgende Gruppen eingeteilt werden:

- Vorbringen zur Zulässigkeit (= Zulässigkeits- bzw. Prozessrüge)[89]
- Vorbringen zur Begründetheit
  - Klageleugnen
  - Einreden im Sinne der ZPO

64 **Der Vortrag des Beklagten zur Zulässigkeit der Klage**, der auch als *Prozessrüge* bezeichnet wird,[90] sollte, soweit dies überhaupt erforderlich ist, unmittelbar im Anschluss an den Klageabweisungsantrag des Beklagten dargestellt werden. Wendet sich der Beklagte gegen einzelne Voraussetzungen für die Zulässigkeit der Klage, ohne hierzu Tatsachen vorzutragen, handelt es sich lediglich um Rechtsansichten. Diese sind jedoch nur in Ausnahmefällen in den Tatbestand/Sachbericht aufzunehmen.[91] Dann lautet die Darstellung wie folgt:

> Der Beklagte vertritt die Ansicht, die deutsche Gerichtsbarkeit sei nicht gegeben .../das Feststellungsinteresse (im Sinne des § 256) fehle.

Trägt der Beklagte in diesem Zusammenhang auch Tatsachen vor und sind diese nicht bereits im Unstreitigen erwähnt worden, muss weiter ausgeführt werden:

> In diesem Zusammenhang behauptet er, ...

Ist diese Tatsache zwischen den Parteien unstreitig, ist weiter in Parenthese zu setzen:

> – was zwischen den Parteien unstreitig ist –

Zulässigkeitsvoraussetzungen, bei denen ohne Rüge Heilung eintritt (§§ 39, 267, 295), oder die einredeweise geltend gemacht werden müssen (zB §§ 269 VI, 1032 I), sind immer im Tatbestand darzustellen, und zwar im Präsens wie folgt:

> Der Beklagte rügt die örtliche Zuständigkeit.
>
> (oder:)
>
> Der Beklagte erhebt die Einrede des Schiedsvertrages.

65 Unter **Klageleugnen** versteht man das Bestreiten der anspruchsbegründenden Voraussetzungen. Das sind solche Voraussetzungen einer Anspruchsnorm, für die der Kläger darlegungs- und beweispflichtig ist. Hat der Beklagte nur einfach bestritten, ist das Klageleugnen nicht im Tatbestand/Sachbericht wiederzugeben. Bereits durch die entsprechende Darstellung beim »streitigen Vortrag des Klägers« ergibt sich nämlich das Bestreiten des Beklagten.[92] Bei qualifiziertem Bestreiten ist die Gegendarstellung des Beklagten im Tatbestand/Sachbericht wiederzugeben.[93] Der besseren Über-

---

88 Vgl. → Rn. 54.
89 Zur Terminologie vgl. im Einzelnen → Rn. 80.
90 Vgl. auch → Rn. 80.
91 Vgl. → Rn. 30 f.
92 Vgl. → Rn. 34, 52.
93 Vgl. → Rn. 34, 52.

sicht wegen empfiehlt es sich, dabei auf den Vortrag des Klägers Bezug zu nehmen und wie folgt zu formulieren:

> Der Beklagte bestreitet, dass die Ampel für den Kläger Grün gezeigt habe, und behauptet, die Ampel habe Rotlicht aufgewiesen.

Bestreitet der Beklagte mit Nichtwissen,[94] ist dies im Tatbestand/Sachbericht wie folgt zu erwähnen:

> Der Beklagte bestreitet die Höhe des von dem Kläger in Anspruch genommenen Bankkredits mit Nichtwissen.

Unter **Einreden im Sinne der ZPO** versteht man alle Tatsachen, die den Tatbestand **66**
einer Gegennorm ausfüllen, wie rechtshindernde und rechtsvernichtende Einwendungen sowie Einreden im Sinne des materiellen Rechts. Da der Unterschied zwischen dem Klageleugnen und den Einreden im Sinne der ZPO ausschließlich in der *Darlegungs- und Beweislast*[95] liegt, zählen nach der hier vertretenen Terminologie zu den rechtshindernden Einwendungen nicht nur die Gegennormen im engeren Sinn, wie die §§ 105, 117, 134, 138 BGB, sondern auch alle Tatbestandsmerkmale einer Norm, für die der Beklagte die Darlegungs- und Beweislast trägt, wie zB das fehlende Verschulden im Sinne des § 280 I 2 BGB.

Grundsätzlich werden die Einreden im Sinne der ZPO hinter den Prozessrügen und dem Klageleugnen dargestellt, und zwar in der Reihenfolge ihrer Bedeutung (rechtshindernd, rechtsvernichtend, rechtshemmend). Eine Sonderstellung nehmen insoweit die Hilfsaufrechnung und uU das Zurückbehaltungsrecht ein, worauf unten näher eingegangen wird.[96]

Dieser Aufbauvorschlag stellt kein Dogma dar; vielmehr ist auch hier das Verständnis das oberste Gebot, sodass Abweichungen unter diesem Gesichtspunkt gerechtfertigt, im Einzelfall sogar zwingend erforderlich sind.

Nicht selten kommt es vor, dass einzelne Umstände der Gegennorm unstreitig sind. Diese Tatsachen können bereits in der Geschichtserzählung erwähnt werden, wenn die Verständlichkeit nicht darunter leidet. Ansonsten sind sie im Zusammenhang mit dem streitigen Vortrag des Beklagten darzustellen, dann aber als unstreitig kenntlich zu machen. Die Erhebung einer Einrede im materiellen Sinn ist in der Regel unstreitig und wird auch im Abschnitt »streitiger Vortrag des Beklagten« im *Präsens* und Indikativ erwähnt. Es folgt dann der entsprechende Vortrag des Beklagten. Dabei empfiehlt sich folgende Darstellung:

> Der Beklagte erhebt die Einrede der Verjährung. Hierzu behauptet er …; …; … – Letzteres ist zwischen den Parteien unstreitig –.

Allerdings kann es im Einzelfall angebracht sein, die Erhebung der Einrede bereits in der Geschichtserzählung darzustellen, so zB, wenn der Kläger qualifiziert bestreitet und dieses Bestreiten bereits im Abschnitt »streitiger Vortrag des Klägers« erwähnt werden soll.

Bei Einreden im Sinne der ZPO kann sich aus Verständnisgründen ein Einleitungssatz in Form einer Rechtsansicht empfehlen:

---

94 Vgl. → Rn. 35.
95 Vgl. näher → Rn. 34, 101, 104, 122, → F Rn. 134.
96 Vgl. → G Rn. 16, 24.

Der Beklagte ist der Ansicht, der Vertrag sei wegen Sittenwidrigkeit nichtig. Hierzu behauptet er, …

g) Replik und Duplik

67 Unter einer *Replik* versteht man im Zusammenhang mit dem Tatbestand das Verteidigungsvorbringen des Klägers auf Einreden des Beklagten im Sinne der ZPO. Der Kläger kann Tatsachen, die eine Gegennorm ausfüllen, einfach, qualifiziert oder mit Nichtwissen[97] bestreiten oder sich seinerseits mit einer Gegennorm (= Einrede im Sinne der ZPO) verteidigen.

Beispiel: Der Kläger verteidigt sich gegenüber einer von dem Beklagten geltend gemachten Aufrechnung damit, dass die Gegenforderung bereits vor der Aufrechnungserklärung des Beklagten durch eine von ihm erklärte Aufrechnung mit einer anderen Forderung erloschen sei.

Einfaches Bestreiten des Klägers ist im Tatbestand/Sachbericht nicht zu erwähnen, sodass hier eine Replik nicht erforderlich ist. In allen anderen Fällen ist das Verteidigungsvorbringen des Klägers im Anschluss an das Streitige des Beklagten durch Trennung mit einem Absatz darzustellen, und zwar in der geschilderten Form, wenn dieser Vortrag nicht bereits im Abschnitt »streitiger Vortrag des Klägers« untergebracht werden konnte.

In vielen Fällen ist eine Replik vermeidbar.

Beispiel: Der Beklagte erhebt die Einrede der Verjährung und trägt hierzu streitig vor. Demgegenüber behauptet der Kläger unter anderem, der Beklagte habe auf die Geltendmachung der Verjährungseinrede verzichtet. In diesem Fall kann eine Replik dadurch vermieden werden, dass die Verjährungseinrede, die unstreitig ist, bereits in der Geschichtserzählung erwähnt wird. Dies ist jedenfalls dann möglich, wenn der Tatbestand dadurch nicht unverständlich wird.

68 Unter einer *Duplik* versteht man das Verteidigungsvorbringen des Beklagten auf die Replik des Klägers (= Einrede des Klägers im Sinne der ZPO, die dieser gegenüber der Einrede des Beklagten im Sinne der ZPO erhoben hat). Der Beklagte kann die Tatsachen, die die vom Kläger dargestellte Gegennorm betreffen, einfach, qualifiziert oder mit Nichtwissen[98] bestreiten bzw. sich seinerseits mit einer Gegennorm verteidigen.

Beispiel: Im obigen Beispiel erwidert der Beklagte, die andere Forderung sei bereits verjährt gewesen, als sich die Forderungen aufrechenbar gegenübergestanden hätten (vgl. § 215 BGB). Hierzu trägt er Tatsachen vor und äußert darüber hinaus die Ansicht, dass die von dem Kläger erklärte Aufrechnung deshalb ins Leere gegangen sei.

Eine Duplik wird im Anschluss an die Replik getrennt durch einen Absatz dargestellt. Sie sollte, soweit möglich, vermieden werden, weil der ständige Wechsel von Kläger- und Beklagtenvortrag die Verständlichkeit erschweren kann. Aber nicht in allen Fällen ist eine Duplik zu vermeiden.

h) Prozessgeschichte

69 Die Prozessgeschichte[99] ist in den Tatbestand/Sachbericht nur aufzunehmen, soweit sie für die Entscheidung, sei es auch nur für die Kostenentscheidung, von Bedeutung ist. Das ist dann der Fall, wenn Ausführungen hierzu im Gutachten/in den Entscheidungsgründen erforderlich sind. Viele prozessuale Ereignisse fallen nicht darunter, so

97 Zur Terminologie vgl. → Rn. 34.
98 Zur Terminologie vgl. → Rn. 34.
99 Zur Terminologie → Rn. 23.

in der Regel zB nicht der Eingang einzelner Schriftsätze sowie deren Zustellung, das Mahnverfahren einschließlich des Widerspruchs, die Daten der verschiedenen mündlichen Verhandlungen, die Wiedereröffnung der mündlichen Verhandlung, der Erlass von Hinweis- und Auflagenbeschlüssen, Vertagungen und Streitverkündungen im laufenden Rechtsstreit. Jedoch kann im Einzelfall eine Auseinandersetzung mit diesen prozessualen Ereignissen im Gutachten/in den Entscheidungsgründen erforderlich sein. Nur dann sind sie in den Tatbestand aufzunehmen. So sind der Eingang eines Schriftsatzes bei Gericht oder Fristsetzungen in Hinweis- und Auflagenbeschlüssen entscheidungserheblich, wenn Verspätungsregeln erörtert werden müssen. Es kann ferner auf das Datum der Zustellung der Klageschrift oder des Mahnbescheides ankommen, wenn Zinsen nach § 291 BGB in Betracht kommen oder wenn es um die Verjährung geht (vgl. § 204 I Nr. 1, 3 BGB, §§ 253 I, 696 III). Für die Wahrung einer Frist durch Zustellung oder für die Hemmung der Verjährung kann auch der Eingang der Klageschrift oder eines Mahnbescheides bei Gericht (§ 167),[100] für die Rechtshängigkeit kann uU die Zustellung des Mahnbescheides von Bedeutung sein (§ 696 III).[101] Hängt der Zinsbeginn von der *Rechtshängigkeit*, dh gemäß §§ 261 I, 253 von der Zustellung der Klageschrift ab, ist für den Zinsbeginn § 187 I BGB zu beachten; diese Wertungen gehören in die Entscheidungsgründe und deshalb ist das Datum der Zustellung zwingend in der Prozessgeschichte mitzuteilen.[102]

Bei der Frage, welche prozessualen Ereignisse in den Tatbestand aufzunehmen sind, hat die Vorschrift des § 295 besondere Bedeutung. Danach können verzichtbare Verfahrensmängel durch *rügeloses Einlassen* geheilt werden. Liegen die Voraussetzungen des § 295 vor, setzt man sich grundsätzlich in den Entscheidungsgründen nicht mehr mit dem Verfahrensmangel auseinander, sondern geht stillschweigend von dessen Heilung aus. Deshalb sind die betreffenden prozessualen Ereignisse dann auch nicht im Tatbestand zu erwähnen.

Ist in einem *vorausgegangenen* Rechtsstreit eine *Streitverkündung* erfolgt und hat diese – in der Regel aufgrund der Nebeninterventionswirkung nach §§ 68, 74 – für die nunmehr vorliegende Sache erörternswerte Bedeutung, so handelt es sich *nicht* um *Prozessgeschichte,* die ja nur Ereignisse des laufenden Rechtsstreits wiedergibt, sondern um *Parteivortrag,* der an geeigneter Stelle – meist in der Geschichtserzählung – wiedergegeben wird.

Grundsätzlich gehört die Prozessgeschichte an das *Ende des Tatbestandes/Sachberichts.* Sie wird in der Zeitform des *Perfekts* in direkter Rede dargestellt. **70**

Ausnahmsweise wird die Prozessgeschichte jedoch vor den Anträgen geschildert, wenn diese ansonsten nicht verständlich wären.

Beispiele:

- In demselben Verfahren ist bereits ein *Versäumnisurteil* gegen den Beklagten ergangen. Die Anträge der Parteien im Einspruchsverfahren lauten (vgl. § 343):
  Kläger: »das Versäumnisurteil vom … aufrechtzuerhalten«;
  Beklagter: »das Versäumnisurteil vom … aufzuheben und die Klage abzuweisen«.[103]

100 Zum Merkmal »demnächst« iSd § 167 vgl. → D Rn. 63.

101 Zum Merkmal »alsbald« iSd § 696 III vgl. BGH NJW 2008, 1672; 2009, 1213; vgl. auch → D Rn. 63.

102 Vgl. → Rn. 58; 107; 112.

103 Zu den Anträgen nach VU vgl. → H Rn. 8, 18 f., 22.

> Den Anträgen ist nicht zu entnehmen, um was es in dem Rechtsstreit geht. Daher ist unmittelbar vor den Anträgen sinngemäß Folgendes darzustellen:
>
> Antragsgemäß hat das Gericht am ... ein Versäumnisurteil erlassen, durch das der Beklagte verurteilt worden ist, an den Kläger ... zu zahlen.
>
> (oder:)
>
> Der Kläger hat ursprünglich beantragt,
> den Beklagten zu verurteilen, an ihn ....
> Auf diesen Antrag hin ist am ... ein Versäumnisurteil ergangen.
>
> (Für beide Alt. weiter:)
>
> Gegen dieses Versäumnisurteil, das dem Beklagten am ... zugestellt worden ist, hat dieser mit einem am ... bei Gericht eingegangenen Schriftsatz Einspruch eingelegt und diesen mit einem am ... bei Gericht eingegangenen Schriftsatz begründet.
> Der Kläger beantragt nunmehr,
> das Versäumnisurteil vom ... aufrechtzuerhalten.
> Der Beklagte beantragt,
> das Versäumnisurteil vom ... aufzuheben und die Klage abzuweisen.
>
> - Entsprechendes gilt, wenn in demselben Verfahren ein anderer vollstreckbarer Titel ergangen ist (zB Teilurteil, Vollstreckungsbescheid, Vorbehaltsurteil).

Teile der Prozessgeschichte sind uU auch unter dem Gesichtspunkt des *Sachzusammenhanges vorzuziehen*. Wie das obige Beispiel zeigt, ist es empfehlenswert, mit dem Versäumnisurteil, das zwingend vor die Anträge gehört, alle für den Einspruch wichtigen Daten zu nennen, weil dieser Teil der Prozessgeschichte zusammengehört und so übersichtlicher dargestellt werden kann.[104]

Dasselbe kann gelten für den *Eingang* eines *Schriftsatzes*, wenn Verspätungsregeln in Betracht kommen. Ist im Gutachten/in den Entscheidungsgründen zu erörtern, ob eine von mehreren streitigen Tatsachen wegen Verspätung unbeachtlich ist, kann im Zusammenhang mit deren Darstellung der Eingang des betreffenden Schriftsatzes erwähnt werden, und zwar wie folgt:

> Ferner behauptet der Beklagte in einem am ... bei Gericht eingegangenen Schriftsatz, ...

In der Prozessgeschichte, dh am Ende des Tatbestandes, kann dann weiter ausgeführt werden:

> Gemäß Hinweis- und Auflagenbeschluss vom ... hat das Gericht dem Beklagten aufgegeben, zu der Frage ... bis zum ... Stellung zu nehmen. Dieser Beschluss ist dem Beklagten am ... zugestellt worden.

71 Eine *Beweisaufnahme* ist immer am Ende des Tatbestandes zu erwähnen. Bei Darstellung der Beweisaufnahme und deren Ergebnis ist weitgehend von der Bezugnahmeklausel des § 313 II Gebrauch zu machen. Aus einem förmlichen Beweisbeschluss (§§ 358 ff.) ergeben sich das Beweisthema, das Beweismittel und der Beweisführer, sodass eine entsprechende Wiedergabe im Tatbestand/Sachbericht entbehrlich ist und durch eine konkrete *Bezugnahme* ersetzt werden kann.[105]

---

104 Vgl. BGH NJW-RR 2003, 862; vgl. auch → H Rn. 22.

105 Thomas/Putzo/*Reichold* ZPO § 313 Rn. 25; Prütting/Gehrlein/*Thole* ZPO § 313 Rn. 12.

Ferner sind in einem Sitzungsprotokoll die Aussagen der Zeugen, die Angaben des Sachverständigen und die Bekundungen der vernommenen Parteien sowie das Ergebnis eines Augenscheins festzuhalten (§ 160 III Nr. 4, 5). Durch die Bezugnahme auf das betreffende Sitzungsprotokoll oder auf ein schriftliches Sachverständigengutachten wird die Schilderung des Ergebnisses der jeweiligen Beweisaufnahme ersetzt. Üblicherweise wird daher am Ende des Tatbestandes/Sachberichts wie folgt formuliert:

> Das Gericht hat Beweis erhoben gemäß Beweisbeschluss vom 7.4.2014. Wegen des Ergebnisses der Beweisaufnahme wird auf das Sitzungsprotokoll vom 30.5.2014 Bezug genommen.

Ist kein förmlicher Beweisbeschluss ergangen (möglich wegen § 273 II) oder befindet sich ein solcher aus prüfungstaktischen Gründen nicht in den Übungsakten – das ist bei Klausuren die Regel –, wird wie folgt formuliert:

> Das Gericht hat Beweis erhoben durch … (= Benennung des Beweismittels, zB Vernehmung von Zeugen). Wegen des Ergebnisses der Beweisaufnahme wird auf das Sitzungsprotokoll vom 2.8.2012 Bezug genommen.

Das Beweisthema und der Beweisführer sind in derartigen Fällen nicht anzugeben. Denn es ist nicht Aufgabe des Verfassers eines Tatbestandes/Sachberichts, nach Durchführung der Beweisaufnahme nachträglich einen förmlichen Beweisbeschluss iSd § 359 zu erstellen.

i) Bezugnahmen

Der Gesetzgeber hat in § 313 II 2 zwingend vorgeschrieben, dass wegen der Einzelheiten des Sach- und Streitstandes auf Schriftsätze, Protokolle und andere Unterlagen verwiesen wird. Dadurch soll überflüssige Schreibarbeit vermieden werden, dh, der Richter soll nicht gezwungen werden, den Inhalt der Akten abzuschreiben bzw. sinngemäß wiederzugeben. **72**

Der Tatbestand muss aber aus sich heraus verständlich sein.[106] Daher sind die *Angriffs- und Verteidigungsmittel* in jedem Fall ihrem Kern nach im Tatbestand zu erwähnen, und zwar zumindest durch sogenannte Obersätze. Dann kann, wenn die Verständlichkeit darunter nicht leidet, *konkret Bezug* genommen werden. Dabei ist eine Verweisung auf die Blattzahlen der Akten zu vermeiden, da die Parteien damit nichts anfangen können. Vielmehr sind die betreffenden Schriftstücke oder sonstige Unterlagen genau zu bezeichnen.

> **Beispiele:**
>
> - Geht es in dem Rechtsstreit unter anderem um einen schriftlichen Kaufvertrag über einen Pkw, kann folgende Ausführung genügen:
>
>   Die Parteien schlossen am … einen schriftlichen Kaufvertrag über den Pkw … zu einem Kaufpreis von … Wegen der Einzelheiten wird auf die zu den Akten gereichte Vertragsurkunde vom … Bezug genommen.
>
> - Wenn diese Angaben zum Verständnis des Streites nicht ausreichen, so zB, wenn der Kläger Gewährleistungsrechte aus der Vertragsklausel, der Pkw sei unfallfrei, herleitet und seine Angriffsmittel ohne Wiedergabe dieses Vertragspassus nicht ganz verständlich sind. Dann lautet dieser Teil des Tatbestandes:

106 Thomas/Putzo/*Reichold* ZPO § 313 Rn. 12; Prütting/Gehrlein/*Thole* ZPO § 313 Rn. 11.

Die Parteien schlossen am ... einen schriftlichen Kaufvertrag über den Pkw ... zu einem Kaufpreis von ...
In dem Vertrag heißt es unter anderem:
Der Verkäufer sichert die Unfallfreiheit des Pkw zu.
Wegen der weiteren Einzelheiten wird auf die zu den Akten gereichte Vertragsurkunde vom ... Bezug genommen.

- Ein weiteres Beispiel für eine konkrete Bezugnahme sind die Allgemeinen Geschäftsbedingungen. Kommt es für die Entscheidung des Rechtsstreites auf einzelne Ziffern der Allgemeinen Geschäftsbedingungen an, sind diese wörtlich oder sinngemäß wiederzugeben. Im Übrigen empfiehlt sich im Anschluss daran folgende Formulierung:

  Wegen der weiteren Einzelheiten wird auf die zu den Akten gereichten Allgemeinen Geschäftsbedingungen ... Bezug genommen.

- Eine konkrete Bezugnahme ist auch dann in Erwägung zu ziehen, wenn der Kläger zahlreiche Schadenspositionen geltend macht, die er über mehrere Seiten im Einzelnen begründet. Dabei darf jedoch die Bewertung, was zwischen den Parteien streitig ist, nicht vernachlässigt werden. Sind sämtliche Schadenspositionen zwischen den Parteien unstreitig bzw. streitig, kann nach der Geschichtserzählung und vor dem Abschnitt »streitiger Vortrag des Klägers« wie folgt formuliert werden:

  Mit der vorliegenden Klage begehrt der Kläger Ersatz des ihm durch den Unfall angeblich entstandenen Schadens in Höhe von insgesamt ... EUR. Wegen der Einzelheiten der Schadensberechnung, die zwischen den Parteien unstreitig (streitig) ist, wird auf Seiten ... bis ... des Schriftsatzes des Klägers vom ... Bezug genommen.

- Sind nur einzelne Schadenspositionen zwischen den Parteien streitig, kann wie folgt formuliert werden:

  Mit der vorliegenden Klage begehrt der Kläger Ersatz des ihm durch den Unfall angeblich entstandenen Schadens in Höhe von insgesamt ... EUR. Wegen der Einzelheiten der Schadensberechnung, die teilweise zwischen den Parteien unstreitig ist, wird auf den Schriftsatz des Klägers vom ..., Seiten ... bis ..., Bezug genommen. Soweit die einzelnen Schadenspositionen zwischen den Parteien streitig sind, behauptet der Kläger, ...

- Eine konkrete Bezugnahme kommt ferner in Bauprozessen in Betracht, wenn eine Partei sich auf zahlreiche Mängel beruft. Auch hier hat jedoch eine Abgrenzung des Streitigen vom Unstreitigen stattzufinden, sodass sich folgende Darstellung nach der Geschichtserzählung empfiehlt:

  - alles unstreitig (streitig):

    Der Kläger beruft sich auf verschiedene Mängel, deren Vorliegen zwischen den Parteien unstreitig (streitig) ist. Wegen der Einzelheiten wird auf Seiten ... bis ... des Schriftsatzes des Klägers vom ... Bezug genommen.

  - Teilweise streitig:

    Der Kläger beruft sich auf verschiedene Mängel, deren Vorliegen zwischen den Parteien teilweise streitig ist. Soweit die Mängel unstreitig sind, wird wegen der Einzelheiten auf den Schriftsatz des Klägers vom ..., Seiten ... bis ..., Bezug genommen. Im Übrigen behauptet der Kläger Folgendes: ...

Die Beispiele für eine konkrete Bezugnahme, die immer unmittelbar im Anschluss an die betreffende Tatsache erfolgt, ließen sich beliebig fortsetzen. Bevor man umfangreiche Einzelheiten aus den Akten abschreibt, muss immer überlegt werden, ob nicht konkret Bezug genommen werden kann.

Daneben findet sich in manchen Tatbeständen am Ende in der Prozessgeschichte eine *pauschale Bezugnahme*: 73

> Wegen der weiteren Einzelheiten des Sach- und Streitstandes wird auf die zwischen den Parteien gewechselten Schriftsätze und die zu den Akten gereichten Unterlagen Bezug genommen.

Diese Formulierung ist ein alter Zopf. Nach § 313 II ist der abgekürzte Tatbestand schon lange zwingend vorgeschrieben, sodass sich die pauschale Bezugnahme aus dem Gesetz ergibt und deshalb nicht mehr im Tatbestand erwähnt werden muss. Sie ist daher wegzulassen.[107]

Beachte: Bezugnahmen dienen der Arbeitserleichterung. Unnötiges Abschreiben von Schriftstücken aus den Akten soll vermieden werden. Gleichwohl gilt das Gebot, dass der Tatbestand aus sich heraus verständlich sein und der Leser erkennen muss, um was es in dem Rechtsstreit geht.
In **Examensklausuren** ist der Aufgabentext in der Regel auf das Wesentliche konzentriert. Deswegen ist hier von den Bezugnahmemöglichkeiten nur ganz zurückhaltend Gebrauch zu machen. Wenn der Tatbestand aus sich heraus nicht verständlich ist und/oder streitentscheidende Tatsachen nicht dargestellt werden, bemängelt der Prüfer dies in der Regel. In der Praxis hingegen sollte sich der Referendar mit dem Ausbilder abstimmen.

IV. Rechtliche Würdigung

1. Allgemeine Fragen

Im Rahmen der rechtlichen Würdigung als Teil des Gutachtens sind in jedem Fall Ausführungen zur Begründetheit der Klage (Rechtslage) erforderlich, und zwar bei unterschiedlichem Sachvortrag der Parteien einmal auf der Grundlage des Klägervortrages (sog. Schlüssigkeit oder Klägerstation) und zum anderen auf der Grundlage des Beklagtenvortrages (sog. Erheblichkeit oder Beklagtenstation). Man nennt diese Stationen auch **Darlegungsstationen**. Außerdem ist zuvor zur Auslegung des Klageantrages, zu sonstigen Vorfragen und zur Zulässigkeit der Klage Stellung zu nehmen, aber nur, wenn diese Fragen problematisch sind.[108] 74

Ausgangspunkt für die rechtliche Würdigung ist der Klageantrag. Der Kläger bestimmt mit seinem Antrag das Ziel der Klage (sogenannte Dispositionsmaxime).[109] Aufgabe des Verfassers eines Gutachtens ist allein zu klären, ob der Klageantrag unter Berücksichtigung des Parteivortrages gerechtfertigt ist. Andere Rechtsfragen sind hingegen nicht zu behandeln. Das ergibt sich aus § 308 I, von dem § 308a eine Ausnahme enthält. 75

Das Gutachten sollte grundsätzlich im *Gutachtenstil*, dem sogenannten Also-Stil, und nicht im Urteilsstil, dem sogenannten Denn-Stil, dargestellt werden. Der Referendar hat über mehrere Jahre den Gutachtenstil an der Universität geübt. Deshalb soll dieser Stil nur noch einmal kurz skizziert werden. Er hat vier Takte, nämlich 1. Fragestellung, 2. (abstrakte) Voraussetzungen für die positive Beantwortung der Frage, 3. Subsumtion und 4. Ergebnis (= Also). Im Gegensatz dazu besteht der Urteilsstil aus zwei Takten. Man beginnt mit dem Ergebnis und begründet dieses (= Denn). Der Gutachtenstil zwingt zu einer offenen Prüfung und sauberen Subsum- 76

107 So auch OLG Oldenburg NJW 1989, 1165; LG München NJW 1990, 1488.
108 Vgl. zum Aufbau → Rn. 6.
109 Vgl. → Rn. 8.

tion. Allerdings wäre es gekünstelt, den Gutachtenstil zu verwenden, wenn einzelne Tatbestandsmerkmale unzweifelhaft (nicht) vorliegen. Hier werden die einzelnen Takte in einem Satz zusammengefasst (= vereinfachter Gutachtenstil), soweit nicht ohnehin die Darstellung im Urteilsstil erfolgt.

Beispiel: Der Kläger macht gegen den Beklagten eine Werklohnforderung in Höhe von 10.000 EUR geltend. Unstreitig haben die Parteien entsprechende Willenserklärungen (Angebot und Annahme) zum Abschluss eines Werkvertrages abgegeben. Sie streiten darüber, ob der Beklagte die Arbeiten des Klägers abgenommen hat und ob das Werk mangelhaft ist.
Dem Kläger könnte gegen den Beklagten ein Werklohnanspruch in Höhe von 10.000 EUR gem. § 631 I BGB zustehen.

- Strenger Gutachtenstil:

  Erste Voraussetzung ist, dass die Parteien einen Werkvertrag geschlossen haben. Das setzt voraus, dass ... (= Angebot und Annahme). Sie haben sich darüber geeinigt, dass der Kläger für den Beklagten ... zu einem Werklohn in Höhe von 10.000 EUR herstellen sollte. Also ist die erste Voraussetzung, das Vorliegen eines Werkvertrages, erfüllt. Weiter müsste die Werklohnforderung fällig sein ...

- Vereinfachter Gutachtenstil:

  Die Parteien haben einen Werkvertrag geschlossen, indem sie sich darüber geeinigt haben, dass der Kläger zu einem Werklohn von ... für den Beklagten ... herstellen sollte. Fraglich ist, ob die daraus resultierende Werklohnforderung fällig ist ...

Wichtig ist auch, dass *jedes* Tatbestandsmerkmal einer Norm behandelt wird.

Examenstipp: In den Examensklausuren finden sich häufig Subsumtionsschwächen, die sich auf die Note auswirken. Am Anfang muss die Anspruchsgrundlage genannt werden. Mit Hilfe des (reinen) Gutachtenstils für **jedes** Tatbestandsmerkmal können solche Fehler vermieden werden. Dabei muss man nicht immer – wie im Beispielsfall angegeben – den (reinen) Gutachtenstil aufschreiben, man kann ihn aber vorher zur eigenen Kontrolle stichwortartig skizzieren.

2. Auslegung des Klageantrages

77 Grundsätzlich werden in der Praxis (letztlich) eindeutige Anträge gestellt. Es ist Aufgabe des Richters, darauf hinzuwirken (§ 139 I 2). Sind die Anträge eindeutig, ist die Station »Auslegung des Klageantrages« wegzulassen.[110] Nur wenn noch Unklarheiten bestehen, ist in einer besonderen Station nach dem Vorschlag und vor der Zulässigkeit und/oder Begründetheit der Klage eine Auslegung des Klageantrages auf der Grundlage des § 133 BGB vorzunehmen. Dagegen gehört die Auslegung nicht in eine Zulässigkeits- oder Begründetheitsstation. Nur wenn nämlich feststeht, was der Kläger begehrt, kann überprüft werden, ob die Klage zulässig und begründet ist.

Die Auslegung darf auch im Prozessrecht nicht am buchstäblichen Sinn des Ausdrucks haften; vielmehr ist der wirkliche Wille der Partei anhand des Inhalts und der Reichweite des Klagebegehrens zu erforschen; im Zweifel ist dasjenige gewollt, was nach den Maßstäben der Rechtsordnung vernünftig ist und der recht verstandenen Interessenlage der erklärenden Partei entspricht.[111] Dabei ist die Berichtigung einer Prozesshandlung nicht ausgeschlossen, sofern es sich um einen offensichtlichen Irrtum

110 Vgl. zum Aufbau → Rn. 6.
111 BVerfG NJW 2014, 291; BGH NJW-RR 2010, 275; NJW 2014, 155; MDR 2016, 1350 = BeckRS 2016, 16288.

handelt.[112] Zu berücksichtigen bei der Auslegung sind ferner das Rechtsstaatsprinzip und Art. 19 IV GG. Hiergegen wird verstoßen, wenn die vorgenommene Auslegung zur Unzulässigkeit führt, während bei einer anderen vertretbaren Auslegung eine Sachentscheidung möglich wäre.[113] Wird allerdings die Partei in einem Anwaltsprozess auf die veränderte Sachlage hingewiesen und reagiert sie darauf nicht, so muss sie sich an den von ihr gestellten unzulänglichen Anträgen festhalten lassen.[114]

Beispiele für eine Auslegung:

- Der Kläger begehrt die Feststellung, dass die Zwangsvollstreckung aus einem bestimmten Vollstreckungstitel unzulässig ist. Seine Ausführungen ergeben, dass er eine Vollstreckungsabwehrklage erhoben hat. Da es sich bei einer solchen Klage um eine prozessuale Gestaltungsklage und nicht um eine Feststellungsklage handelt, muss der Antrag richtig lauten:

  Es wird beantragt, die Zwangsvollstreckung aus dem … (es folgt die genaue Bezeichnung des Vollstreckungstitels) für unzulässig zu erklären.

  Entsprechend ist der Antrag des Klägers auszulegen.

- Der Kläger beantragt, den Beklagten zu verurteilen, an ihn 500 EUR zu zahlen. Er begründet unter Darlegung näherer Einzelheiten seinen Antrag damit, dass er mit dem Beklagten im Jahre 2016 einen Kaufvertrag geschlossen habe und dieser ihm aus diesem Vertrag noch 1.000 EUR schulde. Vorsorglich beruft er sich unter Angabe näherer Einzelheiten auf einen Kaufvertrag, den er mit dem Beklagten 2017 geschlossen hat und bei dem noch ein Kaufpreis von 1.000 EUR offen ist. In dem zweiten Vortrag kann ein sogenannter verdeckter Hilfsantrag liegen, sodass der Kläger zwar rein äußerlich nur einen Antrag, in Wirklichkeit jedoch zwei Anträge in einem Eventualverhältnis, jeweils gerichtet auf Zahlung von 1.000 EUR, gestellt hat. Ob dies der Fall ist, muss in der Auslegungsstation erörtert werden. Davon hängt der weitere Aufbau des Gutachtens ab.
- Beantragt der Beklagte Klageabweisung, so kommt die Annahme eines Anerkenntnisses allenfalls in besonderen Ausnahmefällen in Betracht.[115]

3. Sonstige Vorfragen

Neben der Auslegung des Klageantrages sind im Einzelfall auch andere Vorfragen zu behandeln, bevor zur Zulässigkeit und Begründetheit Stellung genommen werden kann. 78

Hierzu gehört die Prüfung, ob die Klage noch **rechtshängig** oder das Verfahren durch einen **Prozessvergleich** beendet ist. Durch einen wirksamen Prozessvergleich, der einen Vollstreckungstitel iSd § 794 I Nr. 1 darstellt, wird der Rechtsstreit beendet und die Rechtshängigkeit entfällt.[116] Ist der Vergleich jedoch aus formalen oder materiellen Gründen – sog. Doppelnatur – unwirksam oder wirksam widerrufen worden,[117] muss der alte Prozess bei dem Gericht, bei dem der Vergleich geschlossen wurde, fortgesetzt werden. Die Frage, ob der Vergleich oder sein Widerruf wirksam sind, müssen in einem Abschnitt, der mit »Rechtshängigkeit« überschrieben werden

112 BGH NJW-RR 1994, 568 (Antrag auf Verlängerung der »Berufungserwiderungsfrist« statt der Berufungsbegründungsfrist).

113 BVerfG NJW 1993, 1380.

114 BGH NJW-RR 1998, 1005.

115 BVerfG NJW 2014, 291.

116 Thomas/Putzo/*Seiler* ZPO § 794 Rn. 26.

117 Vgl. zum Vergleichswiderruf, insbes. zum Erklärungsempfänger: BGH NJW 2005, 3573 (Gericht und/oder Gegner, wenn keine andere Vereinbarung getroffen wurde); s. auch → R Rn. 39.

kann, vorab geklärt werden. Erst dann kann über Zulässigkeit und Begründetheit entschieden werden.

79 Dasselbe gilt in den Fällen, in denen der Kläger während des Prozesses seinen *Antrag ändert* und/oder ganz bzw. teilweise *zurücknimmt*, die Klage auf eine andere Person umstellt, oder ein anderer Kläger in den Prozess eintritt. Hier geht es zwar nicht um die Auslegung eines unklaren Antrags. Jedoch stellt sich auch in diesen Fällen die Frage, über welchen Antrag das Gericht zu entscheiden hat und mit welchem Antrag die Klage gegen wen rechtshängig ist. Das hängt davon ab, ob die Klageänderung, die Klagerücknahme oder die Parteiänderung zulässig ist (vgl. §§ 263 ff., 269).[118] Diese Fragen müssen geklärt werden, bevor beurteilt werden kann, welche Zulässigkeitsvoraussetzungen gelten und wie sich die materielle Rechtslage darstellt. Häufig findet man in Examensarbeiten hierzu Ausführungen bei der Zulässigkeit. Sie gehören jedoch strenggenommen in eine Station vor der Zulässigkeitsstation. Dieser Abschnitt kann man mit »Auslegung des Klageantrags« bezeichnen, weil es um die Frage geht, über was das Gericht entscheiden muss. Man kann aber auch die Überschriften »Zulässigkeit der Klageänderung«, »Zulässigkeit des Parteiwechsels« oder Ähnliches wählen.

Examenstipp: Die Frage der Klageänderung sollte man nicht unnötig problematisieren. Sind unzweifelhaft die Voraussetzungen des § 267 zu bejahen, genügt in jedem Fall ein kurzer Hinweis auf die Zulässigkeit der Klageänderung. In diesen Fällen kann auch nach unserer Auffassung auf eine gesonderte Station verzichtet werden. Hier kann folgender Hinweis in der Zulässigkeitsstation ausreichen:

> Zunächst ist zu prüfen, ob der Zahlungsantrag – der Kläger hat zulässigerweise den ursprünglichen Herausgabeantrag auf einen Zahlungsantrag umgestellt (§§ 263, 267) – zulässig ist …

Bei völlig klarer Situation ist die Frage der Klageänderung überhaupt nicht zu behandeln.[119]

Zu den Vorfragen gehört auch, wer **Partei** des Rechtsstreits ist. Grundsätzlich ergibt sich dies eindeutig aus der in der Klageschrift gewählten Parteibezeichnung. Im Einzelfall ist diese Frage jedoch durch Auslegung zu ermitteln, wobei die Angaben in der Klageschrift herangezogen werden können.[120]

4. Zulässigkeit der Klage

a) Allgemeine Fragen

aa) Terminologie

80 Im Zusammenhang mit der Zulässigkeit der Klage werden zahlreiche Begriffe verwendet. Wir wollen nur einige von ihnen aufzeigen. Die Qualität einer Ausarbeitung hängt sicherlich nicht davon ab, welchen der verschiedenen Begriffe man gebraucht. Jedoch sollte man sich darüber im Klaren sein, was darunter verstanden wird.

In der *ZPO* ist die Zulässigkeit der Klage nur lückenhaft und nicht systematisch behandelt. Eine spezielle Terminologie findet sich dort nicht. In einigen Vorschriften ist von *Rügen* die Rede, die die Zulässigkeit der Klage betreffen, wie zB in §§ 282 III, 296 III.

118 Zur Parteiänderung vgl. → R Rn. 1.
119 Vgl. zur ähnlichen Situation bei der Zulässigkeit → Rn. 83.
120 BGH MDR 2013, 420 = NJW-RR 2013, 394.

Diese Terminologie hat zu dem Begriff *»Zulässigkeitsrüge«*[121] geführt, worunter alle Einwendungen einer Partei gegen die Zulässigkeit der Klage verstanden werden, und zwar unabhängig davon, ob es sich um von Amts wegen zu berücksichtigende Zulässigkeitsvoraussetzungen handelt und ob ein eventueller Mangel ohne Geltendmachung geheilt wird. Teilweise wird von »Prozessrügen«[122] gesprochen und darunter ebenfalls der gesamte Vortrag einer Partei zur Zulässigkeit der Klage verstanden. Manche benutzen das Wort »Prozessrügen« als Synonym für den Begriff »Zulässigkeitsrügen«. Wir möchten beide Begriffe nicht empfehlen. Sie sind insoweit missverständlich, als das Wort »Rüge« üblicherweise nur für Einwendungen gebraucht wird, die zwingend ihre Geltendmachung voraussetzen und nicht von Amts wegen zu beachten sind.

Häufig findet man die Wendungen »Prozessvoraussetzungen«[123] und Prozesshindernisse[124]. Diejenigen, die nur den Begriff »Prozessvoraussetzungen« verwenden, verstehen darunter alle Bedingungen in sachlicher bzw. persönlicher Hinsicht, von deren Vorhandensein (= positiv) oder Fehlen (= negativ) es abhängt, ob die Klage zulässig ist, und zwar unabhängig davon, ob eine Prüfung von Amts wegen oder nur bei Geltendmachung durch eine Partei erfolgt. Wer neben dem Begriff »Prozessvoraussetzungen« auch den der »Prozesshindernisse« verwendet, versteht unter »Prozessvoraussetzungen« alle von Amts wegen zu berücksichtigenden Zulässigkeitsvoraussetzungen (zB § 56) und unter Prozesshindernissen solche, die nur bei Geltendmachung durch eine Partei bedeutsam sind (vgl. zB §§ 110 I, 269 VI, 1032 I). Bei den Prozesshindernissen führt im Übrigen das Fehlen der jeweiligen Bedingung zur Unzulässigkeit der Klage, soweit sich der Beklagte darauf beruft. Die Prozessvoraussetzungen werden auch in positive und negative (= Prozesshindernisse) eingeteilt.[125] Es wird ferner unterschieden zwischen allgemeinen Prozessvoraussetzungen[126], dh solchen, die für jedes Streitverfahren vorliegen müssen (zB § 56), und besonderen Prozessvoraussetzungen[127], dh solchen, die für besondere Klagearten oder Verfahrensarten von Bedeutung sind und die sogenannte Statthaftigkeit betreffen (zB § 256).

Die weit verbreiteten Begriffe »Prozessvoraussetzungen« und »Prozesshindernisse« sind deswegen missverständlich, weil die Zulässigkeitsvoraussetzungen nicht gleichzeitig die Voraussetzungen für einen Prozess darstellen. Dieser entsteht vielmehr auch bei Fehlen der Zulässigkeitsvoraussetzungen, in der Regel durch Klageerhebung und Zustellung der Klageschrift an den Beklagten (vgl. §§ 261 I, 253 I). Daher handelt es sich eigentlich nicht um Voraussetzungen des Prozesses, sondern eher um solche seines Erfolges. Nur wenn die Zulässigkeitsvoraussetzungen vorliegen, kann grundsätzlich geprüft werden, ob die Klage auch begründet ist[128]. Daher wird anstelle des Begriffs »Prozessvoraussetzung« die Wendung *»Sachentscheidungsvoraussetzung«* oder »Sachurteilsvoraussetzung« verwendet.[129] Da diese Begriffe genauer sind, wollen

121 BLAH/*Hartmann* ZPO Grundz. § 253 Rn. 20; § 282 Rn. 17; Thomas/Putzo/*Reichold* ZPO § 296 Rn. 39; Zöller/*Greger* ZPO § 282 Rn. 5 f.
122 *Siegburg* Urteilstechnik Rn. 168, 308.
123 Thomas/Putzo/*Reichold* ZPO Vorbem. § 253 Rn. 15.
124 Zöller/*Greger* ZPO Vor § 253 Rn. 20, § 282 Rn. 5.
125 Thomas/Putzo/*Reichold* ZPO Vorbem. § 253 Rn. 15.
126 Vgl. hierzu Beispiele bei Thomas/Putzo/*Reichold* ZPO Vorbem. § 253 Rn. 16 ff.
127 Vgl. hierzu Beispiele bei Thomas/Putzo/*Reichold* ZPO Vorbem. § 253 Rn. 32.
128 Vgl. zum prozessualen Vorrang der Zulässigkeit vor der Begründetheit → Rn. 86 ff.
129 Prütting/Gehrlein/*Prütting* ZPO Einl. Rn. 10.

wir ihnen den Vorzug geben. Anstelle des Merkmals »prozesshindernde Einrede« kann man den Begriff *»sachurteilshindernde Einrede«* verwenden. Demgemäß zählen zu den Sachurteilsvoraussetzungen alle Zulässigkeitsvoraussetzungen, die von Amts wegen zu prüfen sind, und zu den sachurteilshindernden Einreden alle (negativen) Bedingungen, deren Fehlen nur bedeutsam ist, wenn sich eine Partei darauf beruft.

81 Von den Zulässigkeitsvoraussetzungen zu unterscheiden sind folgende Begriffe, wobei gewisse Überschneidungen denkbar sind:

- *Prozesshandlungsvoraussetzungen*[130] – prozessuale Voraussetzungen für einzelne Prozesshandlungen; ihr Fehlen führt zur Unwirksamkeit der Prozesshandlung, hindert aber grundsätzlich nicht eine Sachentscheidung, es sei denn, dass ausnahmsweise gleichzeitig eine Zulässigkeitsvoraussetzung betroffen ist (zB Fehlen der Prozessvollmacht);
- *Verfahrensrügen*[131] – Geltendmachung der Verletzung von Verfahrensvorschriften. Zu den Verfahrensvorschriften zählen alle Normen, die keine anspruchsbegründenden, anspruchshindernden, anspruchsvernichtenden und anspruchshemmenden Normen des materiellen Rechts darstellen, aber den formellen Rahmen für eine richtige Sachentscheidung schaffen sollen.[132] Neben Zulässigkeitsvoraussetzungen, wie zB die Unterschrift unter einer Klageschrift, zählen auch weitere, den Verfahrensablauf betreffende Regeln, wie zB der Gesichtspunkt der Parteiöffentlichkeit, hierzu. Deshalb ist es uE auch nicht zutreffend, im Zusammenhang mit den Zulässigkeitsvoraussetzungen für eine Klage von Verfahrensvoraussetzungen zu sprechen. Verfahrensrügen werden in verschiedenen Vorschriften, wie zB in §§ 295, 538 II Nr. 1, thematisiert. Nur soweit die Verfahrensrügen die Zulässigkeit der Klage betreffen, sind sie unter der Überschrift »Zulässigkeit der Klage« zu behandeln.[133]

bb) Prüfung von Amts wegen

82 *Die Überprüfung der Prozessvoraussetzungen von Amts wegen* bedeutet nicht, dass der Amtsermittlungsgrundsatz gilt. Vielmehr muss der Tatsachenstoff von den Parteien geliefert werden. »Von Amts wegen« heißt in diesem Zusammenhang nur, dass das Gericht die sich aus dem Prozessstoff ergebenden Zweifelsfragen auch ohne Rüge und sogar dann zu überprüfen hat, wenn die Parteien übereinstimmend von der Zulässigkeit der Klage ausgehen.[134] Gegebenenfalls ist bei streitigem Vortrag in einer Beweisstation zu klären, welchem Vortrag das Gericht folgen kann, wobei der Grundsatz des Freibeweises gilt.[135] In diesem Zusammenhang kann die Beweislast bedeutsam sein. Diese trägt für das Vorliegen der allgemeinen und besonderen Prozessvoraussetzungen grundsätzlich der Kläger und im Hinblick auf die Prozesshindernisse der Beklagte.[136] Etwas anderes gilt für die Prozessvoraussetzungen, wenn ausnahmsweise der Beklagte ein günstiges Sachurteil begehrt (zB ein Verzichtsurteil

---

130 Thomas/Putzo/*Reichold* ZPO Vorbem. § 253 Rn. 34.
131 Vgl. hierzu Beispiele bei Thomas/Putzo/*Reichold* ZPO § 295 Rn. 1 ff.; Zöller/*Greger* ZPO § 295 Rn. 4 ff.; zu den Verfahrensmängeln vgl. → S Rn. 66.
132 Zöller/*Greger* ZPO § 295 Rn. 1.
133 Zur Bedeutung von Verfahrensfehlern in der Berufungsinstanz vgl. → S Rn. 66; 79.
134 BGH ZIP 2010, 1515; WM 2012, 1621; BLAH/*Hartmann* ZPO Grundz. § 253 Rn. 16.
135 BGH NJW 2000, 289.
136 BGH NJW 2010, 873 (Rechtsweg nach § 17a GVG); Thomas/Putzo/*Reichold* ZPO Vorbem. § 253 Rn. 13.

oder ein Versäumnisurteil gegen den Kläger). Dann trägt der Beklagte auch die Beweislast für das Vorliegen der Prozessvoraussetzungen.[137]

cc) Ausführungen im Gutachten

Die Zulässigkeitsvoraussetzungen sind gedanklich immer zu überprüfen. Besondere Zulässigkeitsvoraussetzungen, wie zB das Feststellungsinteresse iSd § 256 I,[138] sind grundsätzlich auch zu erörtern.[139] Ausführungen zu einzelnen allgemeinen Zulässigkeitsvoraussetzungen werden jedoch nur erwartet, soweit diese zweifelhaft sind oder die Parteien über das Vorliegen einer solchen Voraussetzung streiten und eine Erörterung hierzu erkennbar erwarten. Ansonsten ist auf eine Zulässigkeitsstation zu verzichten, und zwar auch auf den nichtssagenden Satz: »Gegen die Zulässigkeit der Klage bestehen keine Bedenken.« 83

In den Fällen, in denen Mängel im Rahmen der Zulässigkeit jedenfalls durch *rügeloses Einlassen* (= Stellen der Anträge ohne vorherige Rüge) geheilt werden (zB §§ 39, 295), sind Ausführungen im Gutachten und damit auch in den Entscheidungsgründen grundsätzlich entbehrlich, da dann die Zulässigkeit nicht (mehr) zweifelhaft ist. Im Gutachten lässt sich allerdings auch ein kurzer Hinweis rechtfertigen.[140]

dd) Reihenfolge der Zulässigkeitsvoraussetzungen

Die Frage, in welcher *Reihenfolge* die einzelnen Zulässigkeitsvoraussetzungen[141] zu prüfen sind, spielt in der Praxis keine Rolle.[142] Fehlen zB die Prozessvoraussetzungen »Deutsche Gerichtsbarkeit«, »Ordnungsgemäße Klageerhebung«,[143] »Partei-[144]« oder »Prozessfähigkeit«[145] und »nicht durchgeführtes *obligatorisches außergerichtliches Güteverfahren*«, obwohl dies nach Landesrecht vorgeschrieben ist,[146] ist es für das Ergebnis ohne Bedeutung, aus welchem der verschiedenen Gründe die Klage durch Prozessurteil abgewiesen wird. Daher wird sich der Richter zuerst mit der Prozessvoraussetzung beschäftigen, die am schnellsten abgehandelt werden kann. Immer dann, wenn die Klage in erster Instanz wegen Fehlens von Zulässigkeitsvoraussetzungen abgewiesen oder ein Rechtsmittel bzw. ein Rechtsbehelf aus denselben Gründen zurückgewiesen (verworfen) wird, spricht man von einem *Prozessurteil.* Ein *Sachurteil* ergeht hingegen in allen anderen Fällen, und zwar unabhängig davon, ob positiv oder negativ zu entscheiden ist. 84

---

137 BGH NJW 1989, 2064; Thomas/Putzo/*Reichold* ZPO Vorbem. § 253 Rn. 13; vgl. auch *Balzer* NJW 1992, 2721 ff. (2722).

138 Vgl. näher → O Rn. 12 ff.

139 Vgl. aber zum prozessualen Vorrang und seinen Ausnahmen → Rn. 88.

140 Vgl. zur vergleichbaren Situation bei § 267 oben → Rn. 79.

141 Zu den einzelnen Zulässigkeitsvoraussetzungen Thomas/Putzo/*Reichold* ZPO Vorbem. § 253 Rn. 15 ff.; zu den Besonderheiten des Merkmals »Prozessfähigkeit« vgl. BGH NJW 1990, 1734.

142 BLAH/*Hartmann* ZPO Grundz. § 253 Rn.22; Thomas/Putzo/*Reichold* ZPO Vorbem. § 253 Rn. 14; Zöller/*Greger* ZPO Vor § 253 Rn. 11.

143 Vgl. BGH NJW-RR 2005, 216 (bestimmte Angabe des Klagegrundes); BGH MDR 2005, 530 = NVwZ-RR 2005, 148 (hinreichende Bezeichnung der beklagten Körperschaft).

144 Zur Parteifähigkeit eines nicht eingetragenen Vereins vgl. KG MDR 2003, 1197; bzgl. der BGB-Gesellschaft vgl. BVerfG NJW 2002, 3533; BGH MDR 2004, 330 = NJW-RR 2004, 275; MDR 2005, 584; bzgl. der Vor-GmbH nach Aufgabe der Eintragungsabsicht: BGH NJW 2008, 2441.

145 Prozessfähigkeit eines Querulanten: vgl. *Lube* MDR 2009, 63.

146 Zöller/*Heßler* EGZPO § 15a Rn. 25.

85 **Hinweise zum Aufbau:**

Es werden zwei Aufbaumöglichkeiten empfohlen, wenn Ausführungen zur Zulässigkeit erforderlich sind, nämlich der sogenannte getrennte Aufbau und der sogenannte einheitliche Aufbau:

Gutachten
»Ich schlage vor, …«

I. Auslegung des Klageantrages
II. Zulässigkeit der Klage
  1. Klägerstation
  2. Beklagtenstation
  3. Beweisstation
III. Begründetheit der Klage
  1. Klägerstation
  2. Beklagtenstation
  3. Beweisstation
IV. Tenorierungsstation (bzw. Entscheidungsstation)

= sogenannter *getrennter* Aufbau

(oder:)

I. Klägerstation
  1. Zur Zulässigkeit der Klage
  2. Zur Begründetheit der Klage
II. Beklagtenstation
  1. Zur Zulässigkeit der Klage
  2. Zur Begründetheit der Klage
III. Beweisstation
IV. Tenorierungsstation (bzw. Entscheidungsstation)

= sogenannter *einheitlicher* Aufbau.

Der *getrennte* Aufbau ist in jedem Fall anzuraten, wenn entweder umfangreiche Ausführungen zur Zulässigkeit erforderlich sind – dann ist dieser Aufbau übersichtlicher – oder letztlich die Zulässigkeit verneint wird – dann sind beim sogenannten einheitlichen Aufbau die Ausführungen zu I. 2. überflüssig. Der *einheitliche* Aufbau wird von uns hingegen in allen übrigen Fällen empfohlen. Unseres Erachtens kann dieser Aufbau nur dann befürwortet werden, wenn – abgesehen von den vorgenannten Gesichtspunkten – keine umfangreichen Ausführungen zur Begründetheit erforderlich sind. Ansonsten weiß der Leser in der Beklagtenstation nicht mehr, was in der Klägerstation zur Zulässigkeit erörtert wurde.
Bei einem unstreitigen Sachverhalt zur Zulässigkeit können wir ein drittes Schema, nämlich den sogenannten *vereinfachten getrennten* Aufbau empfehlen, nämlich:

Gutachten:
Vorschlag

I. Zulässigkeit
II. Begründetheit
  1. Klägerstation
  2. Beklagtenstation

…

Eine Einteilung der Zulässigkeitsprüfung in Klägerstation und Beklagtenstation ist in einem solchen Fall überflüssig, da ohnehin in der Beklagtenstation bis auf die Feststellung, dass sich gegenüber der Klägerstation nichts ändert, keine Ausführungen gemacht werden können. Zur »Sicherheit« kann die Prüfung in Examensarbeiten wie folgt eingeleitet werden:

> Zu prüfen ist, ob auf der Grundlage des insoweit unstreitigen Sachverhalts, der eine Aufteilung in Stationen erübrigt, die Zulässigkeitsvoraussetzung … zu bejahen ist.

b) Prozessualer Vorrang der Zulässigkeit vor der Begründetheit

aa) Grundsatz

86 Eine Frage hat dann prozessualen Vorrang, wenn sie im Urteil in einem bestimmten Sinn beantwortet sein muss, bevor andere Fragen erörtert und entschieden werden können.[147] Im Zivilprozess gilt der Grundsatz des prozessualen Vorrangs der Zulässigkeit vor der Begründetheit.[148] Das bedeutet, dass materielle Fragen erst dann erörtert und entschieden werden dürfen, wenn feststeht, dass die Klage zulässig ist. Dies muss notfalls durch eine Beweisaufnahme ermittelt werden.[149] Ausführungen wie »Es kann dahinstehen, ob die Klage zulässig ist, in jedem Fall ist sie unbegründet« sind grundsätzlich verfehlt. Indem der BGH[150] entschieden hat, dass ein solches fehlerhaftes Urteil gleichwohl in materielle Rechtskraft erwächst, hat er den Grundsatz des prozessualen Vorranges unterstrichen.

bb) Qualifizierte Prozessvoraussetzungen

87 Der Grundsatz des prozessualen Vorranges der Zulässigkeit vor der Begründetheit gilt nur eingeschränkt bei den sogenannten qualifizierten Prozessvoraussetzungen. Darunter versteht man Voraussetzungen, die sowohl für die Zulässigkeit als auch für die Begründetheit vorliegen müssen. Der BGH[151] spricht hier von *»doppelrelevanten Tatsachen«*.

Beispiele:

- Der Kläger klagt in München gegen den in Köln wohnenden X auf Zahlung von Schadensersatz und behauptet, X habe ihn beim Oktoberfest erheblich verletzt.
  In diesem Fall ist das Vorliegen einer unerlaubten Handlung Voraussetzung für die örtliche Zuständigkeit des angerufenen Gerichts (§ 32)[152] und auch im Rahmen der Begründetheit für den Schadensersatzanspruch nach § 823 I BGB oder § 823 II BGB bedeutsam.
- Eine aufgelöste und im Handelsregister gelöschte Kapital- oder Personenhandelsgesellschaft klagt gegen einen Dritten auf Zahlung von 10.000 EUR und legt im Einzelnen dar, dass ihr eine Forderung in dieser Höhe gegen den Dritten zusteht. Der Dritte bestreitet die zugrunde liegenden Tatsachen.
  Hier geht es zunächst um die Frage der Parteifähigkeit. Die im Handelsregister gelöschte Klägerin ist dann noch existent und damit parteifähig, wenn verwertbares Vermögen vorhanden ist.[153] Diese Voraussetzung ist zu bejahen, wenn der von der Klägerin dargelegte Anspruch tatsächlich besteht. Daher ist der Bestand der Klageforderung sowohl für die Zulässigkeit als auch für die Begründetheit maßgeblich.[154] Es handelt sich mithin um eine qualifizierte Prozessvoraussetzung.

---

147 Vgl. hierzu näher Prütting/Gehrlein/*Prütting* ZPO Einl. Rn. 7; Zöller/*Vollkommer* ZPO Einl. 67; Zöller/*Greger* ZPO Vor § 253 Rn. 10.

148 BGH NJW 2000, 3718; 2008, 1227.

149 Zur Beweislast vgl. → Rn. 82.

150 BGH NJW 2008, 1227.

151 BGH WM 2010, 281 = MDR 2010, 228 = NJW 2010, 873 (Rechtswegzuständigkeit nach § 17a GVG); BGH ZIP 2016, 424; OLG Koblenz NJW-RR 2010, 1004.

152 Zur Frage des § 32 bei Verletzung von Rechtsgütern im Internet: *Deister/Degen* NJW 2010, 197.

153 BGH WM 1986, 145; 2012, 1482; NJW 2015, 2424; vgl. auch KG NJW 2014, 2737 (eine im Register gelöschte Limited ist parteifähig, solange sie im Inland Vermögen hat).

154 Zur Frage der Prozessfähigkeit vgl. BFH NJW 1986, 2594; der BFH hat angenommen, dass die Löschung der GmbH während eines Gerichtsverfahrens den Verlust der Geschäftsführungsbefugnis zur Folge habe; damit werde die GmbH mangels eines vertretungsberechtigten Organs prozessunfähig; soweit eine Vertretung durch einen Prozessbevollmächtigten stattfinde, greife § 246 I ein.

In derartigen Fällen reicht zur Bejahung der Zulässigkeit der schlüssige Klägervortrag aus, während der Beklagtenvortrag erst im Rahmen der Begründetheit auf seine Erheblichkeit zu überprüfen ist.[155] Wird die Schlüssigkeit des Klägervortrags verneint, ist die Klage bereits als unzulässig und damit durch Prozessurteil abzuweisen. Ansonsten muss nach Bejahung der Schlüssigkeit kurz ausgeführt werden, dass die betreffende Zulässigkeitsvoraussetzung ohne Rücksicht auf den Beklagtenvortrag vorliegt. Zu begründen ist die Lehre von den qualifizierten Prozessvoraussetzungen mit der Prozessökonomie. Wenn bereits eine Klärung im Rahmen der Zulässigkeit erfolgen müsste, könnte der Kläger im Falle eines klageabweisenden Urteils (= Prozessurteil) gegebenenfalls erneut klagen. In diesem zweiten Prozess müssten dann dieselben Fragen erneut geprüft werden.

cc) Ausnahmen bei gleichzeitiger Unbegründetheit der Klage

88 Der Grundsatz des prozessualen Vorranges gilt, soweit man von den qualifizierten Prozessvoraussetzungen absieht, uneingeschränkt bei stattgebenden Urteilen. Es wird aber die Meinung vertreten, dass das Fehlen einzelner besonderer Prozessvoraussetzungen

Beispiele:
- Feststellungsinteresse im Sinne des § 256
- Besondere Zulässigkeitsvoraussetzungen im Urkunds- und im Wechsel- bzw. Scheckprozess (vgl. § 597 II)

keine Bedeutung hat, wenn die Klage auch unbegründet ist.[156] In einem solchen Fall soll ein Sachurteil und kein Prozessurteil ergehen, sodass es letztlich nicht darauf ankommt, ob die *besonderen Prozessvoraussetzungen* vorliegen. Begründet wird diese Ansicht insbesondere damit, dass zum Schutz des Beklagten ein zweiter Prozess dann vermieden werden soll, wenn von vornherein feststeht, dass auch dieser letztlich keinen Erfolg haben wird.

Darüber hinaus haben manche[157] die Ansicht vertreten, dass generell die Prozessvoraussetzungen nur dann vorliegen müssen, wenn der Kläger ganz oder teilweise Erfolg hat, nicht hingegen, wenn die Klage bzw. das Rechtsmittel unbegründet ist. Diese weitgehende Ansicht erscheint fraglich, da Prozessvoraussetzungen Schutzfunktionen gegenüber den Beteiligten und der Allgemeinheit haben. Nur in besonderen Ausnahmefällen, in denen das Interesse des Beklagten an einem Sachurteil höherrangig zu bewerten ist als die vorgenannte Schutzfunktion, wird man von dem Grundsatz des Vorranges der Zulässigkeit vor der Begründetheit abweichen können. Diese Meinung hat sich, soweit ersichtlich, auch nicht durchgesetzt.

Examenstipp: Im Examen sollte man sich mit einer solchen Ausnahmelösung grundsätzlich zurückhalten.

155 BGH NJW 1994, 1413; 1996, 1411; 1996, 3012; KG NJW-RR 2001, 1509; vgl. auch OLG Köln NJW 2008, 3649, das im Falle einer Entscheidung nach § 522 II die Zulässigkeit der Berufung als qualifizierte Prozessvoraussetzung ansieht; wir halten diese Auffassung für nicht zutreffend, vgl. → S Rn. 56.

156 Zum *Feststellungsinteresse* vgl. → O Rn. 12 ff.; zu *§ 597 II ZPO* vgl. → Q Rn. 2 ff.

157 *Grunsky* ZZP 1980, 55; für das Beschwerdeverfahren: OLG Köln NJW 1974, 1515; KG NJW 1976, 253.

5. Begründetheit der Klage (Darlegungsstationen) – Grundzüge der Relationstechnik[158]

a) Schlüssigkeit (Klägerstation)

aa) Allgemeine Grundsätze

Zunächst ist auf der Grundlage des Klägervortrages (= Unstreitiges und streitiger Vortrag des Klägers) ein Rechtsgutachten zu erstellen, und zwar zu der Frage, ob danach der Klageantrag gerechtfertigt ist. In der Relation nennt man diesen Abschnitt Klägerstation, die ebenso wie die Beklagtenstation auch mit *Darlegungsstation* bezeichnet werden kann. Nach dem Klägervortrag ist der Klageantrag gerechtfertigt, wenn Tatsachen vorgetragen werden, die in Verbindung mit dem Rechtssatz geeignet sind, das geltend gemachte Recht zu begründen.[159] Maßgeblicher Zeitpunkt ist dabei die letzte mündliche Tatsachenverhandlung. Wird der geltend gemachte Anspruch nach dem Klägervortrag bejaht, ist das Klagevorbringen schlüssig. **89**

In dem Gutachten sind alle in Betracht kommenden Anspruchsgrundlagen (natürlich nicht die abwegigen) abzuhandeln. Möglich ist nämlich, dass sich der Beklagte nur gegen einzelne Anspruchsgrundlagen erfolgreich verteidigt. Dann ist es wichtig, dass zuvor auch die anderen Anspruchsgrundlagen erörtert worden sind. Es besteht insoweit kein Unterschied zu den Gutachten, die an der Universität zu erstellen sind. Auch hier ist grundsätzlich – wie schon dargelegt –[160] der Gutachtenstil zu verwenden.

In diesem Abschnitt (Klägerstation) wird der Klägervortrag als richtig unterstellt, sodass es nicht darauf ankommt, welcher Teil streitig ist und – beim Unstreitigen – welche Partei die Tatsache in den Prozess eingeführt hat. Durch eine entsprechende Überschrift, zB »Schlüssigkeit« oder »Klägerstation« wird deutlich, dass hier nur eine rechtliche Prüfung auf der Grundlage des Klägervortrages erfolgt. Daher ist – jedenfalls grundsätzlich – das streitige Vorbringen des Klägers nicht mit einem »Wenn-Satz« einzuleiten. Ebensowenig ist der Konjunktiv zu verwenden.

Es ist immer mit einer *Anspruchsgrundlage* zu beginnen und diese ist anhand der einzelnen Tatbestandsmerkmale durchzuprüfen. Verfehlt ist es hingegen, vor den Anspruchsgrundlagen einzelne Fragen, wie zB die Aktiv- oder Passivlegitimation, zu behandeln, weil diese Fragen nur im Rahmen der jeweiligen Anspruchsgrundlage beantwortet werden können.[161] Eine Ausnahme mag bestehen, wenn es um verschiedene Schadensersatzansprüche geht; dann kann vorab der Schaden geprüft werden, obwohl dies gegenüber der herkömmlichen Darstellung, bei der man auf eine schon geklärte Frage Bezug nimmt, keinen Vorteil bietet. In jedem Fall muss aber vor jeder Rechtsprüfung die rechtliche Relevanz – bezogen auf den Einzelfall – aufgezeigt werden. Das wird häufig nicht beachtet und führt zu einem Punktabzug bei Examensarbeiten.

Merke: Der Ansatz der Überlegungen und die rechtliche Relevanz müssen immer klargestellt werden.

158 Vgl. → Rn. 5.
159 BGH NJW-RR 1995, 722; 1995, 724; MDR 2007, 1028 = NJW-RR 2007, 1483; MDR 2012, 798; VersR 2011, 1384.
160 Vgl. → Rn. 76.
161 Vgl. hierzu näher → B Rn. 53 f. (Graukasten).

90 Auf die Darlegungslast kommt es im Rahmen der Rechtsprüfung nicht an.[162]

Beispiel: Der Kläger macht einen Anspruch aus § 280 I BGB geltend. Er trägt Tatsachen vor, nach denen den Beklagten kein Verschulden an der Unmöglichkeit der Leistung trifft bzw. er bestreitet den entsprechenden Vortrag des Beklagten nicht (vgl. § 138 III). Für das fehlende Verschulden trägt der Beklagte nach § 280 I 2 BGB die Darlegungs- und Beweislast. Das bedeutet, dass in der Klägerstation ein Anspruch aus § 280 I BGB bejaht werden kann, wenn der Kläger keine Ausführungen zum Verschulden des Beklagten macht. Ergibt sich jedoch nach dem Klägervortrag das fehlende Verschulden des Beklagten, ist der Anspruch bereits in der Klägerstation zu verneinen.

91 *Rechtsfragen* dürfen nicht ausschließlich abstrakt behandelt werden. Vielmehr ist dem Leser immer klarzumachen, warum es im konkreten Fall auf die betreffende Rechtsfrage ankommt.

Merke: Die Wiedergabe von »Lesefrüchten« ohne Aufzeigen der Fallrelevanz ist zu vermeiden (leider ein häufig anzutreffender Fehler in Examensarbeiten).

Besteht ein Meinungsstreit, ist dieser aufzuzeigen und zu entscheiden, wenn die einzelnen Meinungen zu unterschiedlichen Ergebnissen führen. Auch in der Praxis ersetzen Zitate oder der Hinweis auf die höchstrichterliche Rechtsprechung bzw. auf die herrschende Meinung nicht die Argumentation. Es ist ferner nicht richtig, dass man in der Praxis immer dem BGH folgt (bzw. folgen muss). Gibt es allerdings eine gefestigte Rechtsprechung des BGH und hält der Bearbeiter des Gutachtens diese nach eingehender Prüfung neben anderen Meinungen für vertretbar, sollte er sich im Interesse der Parteien für die höchstrichterliche Rechtsprechung entscheiden. Ansonsten wird uU das Urteil in der nächsten Instanz aufgehoben. Dieser Gesichtspunkt darf aber keine Rolle spielen, wenn der Bearbeiter die Rechtsprechung des BGH nicht für vertretbar hält.

92 Reine Sachverhalts*wiederholungen* oder Wiederholungen des Gesetzestextes sind zu vermeiden. Vielmehr muss sofort mit der Prüfung begonnen werden, ob die einzelnen Voraussetzungen einer Norm nach dem Parteivortrag vorliegen. Dabei hat der Verfasser des Gutachtens/der Entscheidungsgründe davon auszugehen, dass der Sachverhalt und der Gesetzestext bekannt sind.

Übersichtlicher, wenn auch nicht zwingend, ist in Fußnoten zu **zitieren**. Immer wieder finden sich in den Ausarbeitungen fallbezogene Zitate. Da ein Gericht, etwa der BGH, oder ein Vertreter der Literatur den konkret zu bearbeitenden Fall nicht behandelt hat, kann er für die konkrete Falllösung nicht zitiert werden. Zitate dürfen nur bei abstrakten Aussagen gebracht werden.

93 Wird in dem Abschnitt Klägerstation der Klageanspruch (= geltend gemachte Haupt- und materiell-rechtliche Nebenansprüche) bejaht, ist noch kein endgültiges Ergebnis erzielt. Es steht nämlich nicht fest, ob der Sachvortrag des Klägers oder der des Beklagten der Entscheidung zugrunde zu legen ist. Deshalb kann nicht von »Begründetheit der Klage« oder von dem »Bestehen eines Anspruchs« gesprochen werden. Vielmehr sollte hier der Begriff *»Schlüssigkeit des Klägervortrages(-vorbringens)«* verwendet werden,[163] und zwar wie folgt:

---

162 Vgl. hierzu auch Kapitel »Einreden iSd ZPO«: → Rn. 97 und Kapitel »Bewertung des Klägervortrages in tatsächlicher Hinsicht«: → Rn. 100.

163 Zum Begriff der Schlüssigkeit vgl. BGH NJW 2005, 2710; 2007, 60 (62).

> Das Vorbringen des Klägers ist schlüssig aus § X, § Y und § Z.
>
> (oder:)
>
> Der Klageanspruch ist schlüssig vorgetragen aus § X, § Y und § Z.

Es kann auch differenziert werden nach Haupt- und Nebenanspruch:

> Das Vorbringen des Klägers ist im Hinblick auf den Hauptanspruch schlüssig aus § X und § Y sowie hinsichtlich des Nebenanspruchs schlüssig aus § Z.

Ist der Klageanspruch nach dem Klägervortrag nur teilweise gerechtfertigt, wird wie folgt formuliert:

> Das Vorbringen des Klägers ist hinsichtlich des Hauptanspruchs in Höhe von … schlüssig aus §§ X, Y, hinsichtlich der Zinsen in Höhe von 9% von … EUR seit dem … schlüssig aus § Z; im Übrigen ist das Klägervorbringen nicht schlüssig.

Merke: Nicht die Klage ist schlüssig (diese ist begründet oder unbegründet), sondern der Vortrag (= das Vorbringen) des Klägers.

Ist der Klageanspruch nach dem Klägervortrag in vollem Umfang oder teilweise nicht gerechtfertigt, muss man sich in jedem Fall weiter mit der Frage auseinandersetzen, ob ein Hinweis nach §§ 139[164] zu erfolgen hat oder ob der Rechtsstreit bereits jetzt zur Entscheidung reif ist. Diese Frage gehört jedoch nicht in diesen Abschnitt (Klägerstation), sondern ist erst am Ende zu erörtern (sogenannte *Entscheidungsstation*).[165] Auch in einem solchen Fall spricht man in der Klägerstation nicht von »Unbegründetheit der Klage«, sondern formuliert:

> Der Vortrag des Klägers ist nicht schlüssig.

bb) Aufbaufragen

Es gibt folgende Aufbaumöglichkeiten in diesem Abschnitt (Klägerstation): 94

I. Schlüssigkeit (Klägerstation)
   1. Anspruch X
   2. Anspruch Y
   3. Anspruch Z (= Nebenanspruch, zB Zinsen)
   4. Zusammenfassung

(oder:)

I. Klägerstation
   1. Hauptansprüche
      a) Anspruch aus § X
      b) Anspruch aus § Y
      c) Anspruch aus § Z
   2. Nebenansprüche
      a) Anspruch aus § D
      b) Anspruch aus § E
   3. Zusammenfassung

---

164 Hinweise sind nach § 139 IV 1 *aktenkundig* zu machen, wobei sich der Hinweis auch aus dem Urteil ergeben kann, vgl. OLG Frankfurt a.M. MDR 2005, 647 = BeckRS 2004, 11180; allg. vgl. OLG Koblenz NJW 2016, 1524; Zöller/*Greger* ZPO § 139 Rn. 5 ff.

165 Vgl. hierzu näher → Rn. 164.

Der erste Aufbau ist zu empfehlen, wenn nur wenige Anspruchsgrundlagen erörtert werden. In allen anderen Fällen eignet sich wegen der besseren Übersicht der zweite Aufbau.

95 Die einzelnen Anspruchsgrundlagen sind in der dem Referendar von der Universität bekannten *Reihenfolge* zu prüfen. Besteht eine Gesetzeskonkurrenz oder ist eine solche denkbar, muss mit der spezielleren Anspruchsgrundlage begonnen werden. Abgesehen von diesem Gesichtspunkt sind die umfassenderen Ansprüche oder diejenigen, die leichter zu bejahen sind, wie zB eine Gefährdungshaftung, vorrangig zu prüfen.

96 Am Ende der Schlüssigkeitsprüfung (Klägerstation) sollte grundsätzlich das Ergebnis in einer *Zusammenfassung* nochmals dargestellt werden.[166]

cc) Einreden im Sinne der ZPO

97 Für das Vorliegen der tatsächlichen Voraussetzungen einer Einrede im Sinne der ZPO[167] trägt grundsätzlich der Beklagte die Darlegungs- und Beweislast. Der Kläger braucht daher keine Tatsachen einer rechtshindernden, rechtsvernichtenden oder rechtshemmenden Norm vorzutragen. Sein Vorbringen ist grundsätzlich schlüssig, wenn er alle anspruchsbegründenden Voraussetzungen darlegt. Beruft sich aber der Beklagte auf eine Einrede iSd ZPO oder trägt der Kläger selbst hierzu vor, kann diese Einrede auch die Schlüssigkeit beeinflussen. Ist sie nach dem Klägervortrag zu bejahen, ist das Klägervorbringen letztlich unschlüssig. Ein echtes Versäumnisurteil gegen den Beklagten kann nicht ergehen.[168] Eine Beweisaufnahme findet grundsätzlich nicht statt.

Unabhängig von diesen Fragen gibt es zwei Möglichkeiten für den Gutachtenaufbau.[169] Die Einrede iSd ZPO kann erstmalig in der Beklagtenstation geprüft werden, wobei sich dann im Falle der Bejahung zwingend eine Replik, dh eine zweite Klägerstation, anschließen muss. Im Einzelfall kann es auch sinnvoll sein, die Einrede iSd ZPO schon der Klägerstation zu behandeln.

Im Einzelnen ist Folgendes zu beachten:

- Ist der Klägervertrag zu den anspruchsbegründenden Voraussetzungen nicht schlüssig, kommt es auf die Einrede im Sinne der ZPO nicht an.
- Ergibt sich nach dem Klägervortrag, dass die Einrede im Sinne der ZPO zu bejahen ist, ist dieser **nicht** schlüssig.
- Über die tatsächliche Voraussetzungen der Einredenorm ist in jedem Fall Beweis zu erheben, wenn nach dem Vortrag beider Parteien die anspruchsbegründenden Voraussetzungen vorliegen, aber nur nach dem Beklagtenvortrag die Einrede im Sinne der ZPO zu bejahen ist.

98 Ist ein Zivilrechtsfall zu begutachten oder/und eine Relation zu schreiben, muss man sich nach Praktikabilitätsgründen entscheiden, an welcher Stelle die Einreden im Sinne der ZPO behandelt werden sollen. Für den **Aufbau** kommt es nicht drauf an, ob die Einrede im Sinne der ZPO von Amts wegen oder nur dann zu beachten ist, wenn

166 → Rn. 93.
167 → Rn. 66.
168 BGH NJW 1999, 2120; vgl. auch → H Rn. 10.
169 Vgl. näher → Rn. 98.

sie erhoben wurde. Dies hat lediglich materielle Auswirkungen. Die Erhebung der Einrede gehört nämlich zu den Tatbestandsmerkmalen der Einredenorm im materiellen Sinn. Fehlt diese Voraussetzung, ist die Einrede zu verneinen. In diesem Fall ergibt sich meistens schon kein Ansatzpunkt für eine entsprechende rechtliche Prüfung. Auch die Darlegungs- und Beweislast ist nach unserer Auffassung für den Aufbau nicht entscheidend; bedeutsam ist vielmehr nur, dass in der Schlüssigkeitsprüfung (Klägerstation) und in der Erheblichkeitsprüfung (Beklagtenstation) eine rechtliche Prüfung auf der Grundlage des jeweiligen Parteivortrages erfolgt und dass möglicherweise ein Teil der Schlüssigkeitsprüfung (Klägerstation) erst nach Abhandlung der Erheblichkeitsprüfung (Beklagtenstation), dh in einer Replik, verständlich dargestellt werden kann.

Wenn die Einrede im Sinne der ZPO bereits in der Schlüssigkeit (Klägerstation) geprüft wird, ergeben sich für den *Aufbau* im Gutachten keine Besonderheiten. Wenn die Einrede erstmalig im Abschnitt »Erheblichkeit« (Beklagtenstation) angesprochen wird, ist folgende Besonderheit zu beachten: Wird nach dem Beklagtenvortrag das Vorliegen einer Einrede bejaht, muss sich zwingend eine *Replik* anschließen. Bestreitet nämlich der Kläger die tatsächlichen Voraussetzungen der Einredenorm nicht oder nicht erheblich, ist die Klage ohne Beweisaufnahme abzuweisen. Dieses Ergebnis hat man jedoch noch nicht erzielt, wenn man in der Klägerstation zur Schlüssigkeit (ohne Einrede) gekommen ist und in der Beklagtenstation die Einrede bejaht.

Beispiel: Der Kläger erhebt gegen den Beklagten Klage auf Zahlung von 1.000 EUR wegen der Bestellung und Lieferung eines Tisches. Der Beklagte beruft sich auf Zahlung. Wenn die Einrede erstmalig in der Beklagtenstation geprüft wird, ergibt sich folgender Aufbau:

Gutachten *(Vorschlag)*

I. Schlüssigkeit (Klägerstation)
   Anspruch aus § 433 II BGB +
   Daher ist das Vorbringen des Klägers im Hinblick auf die anspruchsbegründenden Voraussetzungen schlüssig aus § 433 II BGB.
II. Erheblichkeit (Beklagtenstation)
   Erfüllung durch Zahlung: Forderung nach § 362 I BGB erloschen. Daher ist das Vorbringen des Beklagten erheblich.
III. Replik
   § 362 I BGB auch nach dem Klägervortrag? +
   Daher ist der Vortrag des Klägers im Hinblick auf die Erfüllung nicht erheblich.
   Ergebnis: Die Klage ist unbegründet, weil das Klägervorbringen unschlüssig ist.
IV. Tenorierungsstation.

Um sich nicht in Widerspruch zu dem Ergebnis in der Klägerstation zu setzen, sollte – wie im dargestellten Beispiel – in jedem Fall bei erstmaliger Prüfung der Einrede in der Beklagtenstation am Ende der Klägerstation nicht von »Schlüssigkeit des Klägervorbringens« gesprochen, sondern wie folgt formuliert werden:

> Das Vorbringen des Klägers ist im Hinblick auf die anspruchsbegründenden Voraussetzungen schlüssig aus …

In der Replik kann sich nämlich bei Bejahung der Einreden auch nach dem Klägervortrag die Unschlüssigkeit des Klägervorbringens ergeben.

99 **Aufbauvorschläge aus** Praktikabilitätsgründen:

- Ist die Einredenorm sowohl nach dem Kläger- als auch nach dem Beklagtenvortrag zu bejahen, ist sie grundsätzlich schon in der (ersten) Klägerstation abzuhandeln. Denn in einem solchen Fall ist das Vorbringen des Klägers letztlich nicht schlüssig, und man kann sich uU umfangreiche Ausführungen zu anderen Fragen in der Beklagtenstation ersparen.
- Ist die Einredenorm weder nach dem Beklagtenvortrag noch nach dem Klägervortrag gegeben, ist sie grundsätzlich im Gutachten nach dem Beklagtenvortrag (Beklagtenstation) darzustellen. Dann ist das Vorbringen des Klägers schlüssig. Eine Replik ist hingegen nicht erforderlich. Außerdem kann das Gutachten in derartigen Fällen übersichtlicher gestaltet werden, da *nur* an einer Stelle, nämlich in der *Beklagtenstation*, Erörterungen zu der Einredenorm erfolgen.
- Ergibt sich nach dem Beklagtenvortrag die Einredenorm und ist sie nach dem Klägervortrag zu verneinen, ist die Einrede bereits in der (ersten) Klägerstation zu prüfen, soweit die Verständlichkeit nicht darunter leidet. Wenn der Kläger allerdings sämtliche einredebegründenden Tatsachen einfach bestreitet oder seinerseits eine Einrede gegenüber der Einrede des Beklagten erhebt, ist in der Regel die Darstellung verständlicher, wenn die Einrede erstmalig in der Beklagtenstation geprüft wird und sich daran dann – notwendigerweise – eine Replik (= zweite Klägerstation) anschließt. In derartigen Fällen steht allein das *Verständnis* im Vordergrund. Allerdings sollte der Grundsatz beachtet werden, dass nach Möglichkeit eine Replik zu vermeiden ist. Bei der zweiten Aufbaumöglichkeit sollte am Ende der Klägerstation nicht von »Schlüssigkeit des Klägervorbringens«, sondern von »Schlüssigkeit des Klägervorbringens im Hinblick auf die anspruchsbegründenden Voraussetzungen« gesprochen werden.

dd) Bewertung des Klägervortrags in tatsächlicher Hinsicht

100 Im Rahmen der Schlüssigkeit (Klägerstation) erfolgt eine Rechtsprüfung auf der Grundlage des im Sachbericht erarbeiteten Sachverhalts (Unstreitiges und Streitiges des Klägers). Im Einzelfall können jedoch auch Ausführungen zu der Frage erforderlich sein, welcher Sachverhalt zugrunde gelegt werden kann.

Beispiele:
- Der Vortrag des Klägers ist unklar und deshalb auslegungsbedürftig.
- Es ist unklar, ob der Kläger den Sachvortrag des Beklagten konkludent bestritten oder ausdrücklich zugestanden hat.
- Es bestehen Anhaltspunkte dafür, dass der Vortrag des Klägers unbeachtlich ist, so zB bei fehlender Substantiierung oder bei Widersprüchlichkeit.

Der Vortrag der Parteien wird schon bei der Erarbeitung des Sachberichts in tatsächlicher Hinsicht bewertet und auch *ausgelegt*. Bestehen insoweit keine Unklarheiten (mehr) – was gedanklich nochmals zu überlegen ist –, beschränken sich die beiden Darlegungsstationen auf eine reine Rechtsprüfung. Wenn jedoch eine Bewertung des Sachvortrages Schwierigkeiten macht und für den Leser des Sachberichts das Ergebnis des Verfassers nicht ohne Weiteres nachvollziehbar ist, wird der entsprechende Vortrag im Streitigen, und zwar möglichst wörtlich, in Anführungszeichen bzw. als Rechtsansicht (wenn unklar ist, ob es sich um eine Tatsache oder eine Ansicht handelt) wiedergegeben.[170] Die Bewertung erfolgt dann in der entsprechenden Darlegungsstation:

Das Tatbestandsmerkmal X könnte dann zu bejahen sein, wenn … (es folgt der Vortrag des Beklagten). Es fragt sich zunächst, ob der Kläger dies überhaupt vorgetragen hat. Zu dem entsprechenden Vortrag des Beklagten hat er weder ausdrücklich noch konkludent eine Erklärung abgegeben. Jedoch könnte er diesen fiktiv im Sinne des § 138 III zugestanden haben … (es erfolgt eine Abgrenzung zum konkludenten Bestreiten). Folglich hat der Kläger den Vortrag des Beklagten fiktiv zugestanden. Zu prüfen ist, ob danach das Tatbestandsmerkmal X gegeben ist.

170 Vgl. hierzu näher → Rn. 31; zur Abgrenzung der Streitigkeiten vom Unstreitigen, → Rn. 32 ff.

Merke: Ein häufig anzutreffender Fehler in Examensarbeiten ist, dass Bewertungen zum Sachverhalt abstrakt ohne Aufzeigen der rechtlichen Relevanz behandelt werden. Auch hier ist streng darauf zu achten, dass ordnungsgemäß subsumiert, dh von einem Tatbestandsmerkmal – wie im vorstehenden Beispielsfall – ausgegangen wird.

Der (klare oder ausgelegte) Vortrag des Klägers kann auch *wegen mangelnder Substantiierung unbeachtlich* sein. Hat die darlegungspflichtige Partei zu einer Anspruchsnorm oder zu einer Einredenorm nichts vorgetragen, ist die Anspruchs- bzw. Einredenorm nicht gegeben. Denkbar ist jedoch, dass die darlegungspflichtige Partei Teilstücke eines Tatbestandsmerkmals darlegt, diese jedoch zur Bejahung des Merkmals nicht ausreichen. In diesem Fall spricht man von mangelnder *Substantiierung* des Parteivortrages. Hinreichend substantiiert und damit schlüssig ist der Vortrag des Klägers, wenn dieser Tatsachen vorträgt, die in Verbindung mit einem Rechtssatz geeignet sind, das geltend gemachte Recht zu bejahen; wie genau der Vortrag der darlegungspflichtigen Partei sein muss, hängt auch von der Verteidigung des Gegners ab (sog. Wechselspiel von Vortrag und Gegenvortrag).[171] Bestreitet dieser nicht, so kann ein pauschaler Vortrag des Darlegungspflichtigen, möglicherweise sogar die Darlegung eines Rechtsbegriffs (= juristische Tatsache)[172], ausreichen. Denn es wäre dann reiner Formalismus, wenn man von dem Darlegungspflichtigen eine genaue Substantiierung verlangen würde. Wird hingegen der Vortrag vom Gegner bestritten und wird er dadurch unklar, dh, kann nicht mehr entschieden werden, ob die gesetzlichen Voraussetzungen für das Bestehen des gesetzlichen Anspruchs vorliegen, muss der Darlegungspflichtige nähere Einzelheiten vortragen. Die Tatsachen, die ein Tatbestandsmerkmal ausfüllen, dürfen nicht erst im Rahmen der Beweisaufnahme, zB durch Befragen eines Zeugen, ermittelt werden. Auf der anderen Seite gehört zur Substantiierung des Darlegungspflichtigen nicht, dass er bei Bestreiten des Gegners in jedem Fall gezwungen ist, den Sachverhalt in allen Einzelheiten wiederzugeben. Sinn einer ausreichenden Substantiierung ist es nämlich nicht, den Gegner in die Lage zu versetzen, sich möglichst eingehend einzulassen. Vielmehr geht es nur um die Frage, ob der Parteivortrag ein Tatbestandsmerkmal ausfüllt oder ob insoweit Unklarheiten bestehen; deshalb kommt es auch nicht darauf an, ob die Darstellung der Partei wahrscheinlich ist und ob sie auf eigenem Wissen oder einer Schlussfolgerung beruht.[173] Etwas anderes gilt unter dem Gesichtspunkt »Rechtsmissbrauch« nur, wenn die Behauptung ganz offensichtlich »ins Blaue« hinein aufgestellt wird.[174] **101**

Beispiele für den Umfang der Darlegungslast:

- Der Kläger verlangt die Bezahlung des Kaufpreises in Höhe von 5.000 EUR und legt dar, er habe mit dem Beklagten einen entsprechenden Kaufvertrag über seinen Gebrauchtwagen geschlossen. Bestreitet der Beklagte lediglich die Höhe des Kaufpreises, gilt Folgendes: Der Klägervortrag ist schlüssig aus § 433 II BGB, auch wenn der Kläger keine Einzelheiten zum Vertragsschluss angibt. Das Tatbestandsmerkmal »Kaufvertrag« wird durch die von dem Kläger vorgetragene Rechtstatsache ausgefüllt.

171 BGH NJW 2005, 2710; 2007, 60; 2011, 3291 (grundsätzlich keine Angabe von Zeit, Ort, teilnehmenden Personen bei getroffener Einigung erforderlich, es sei denn, der Gegner geht darauf ein); BGH NJW-RR 2017, 380 (Bestimmtheitsanforderung an Kaufpreisklage); Musielak/*Stadler* ZPO § 138 Rn. 10; zur Darlegungslast bei negativen Tatsachen bzw. zur *sekundären Darlegungslast* vgl. → Rn. 34.

172 → Rn. 31.

173 Vgl. hierzu näher BGH NJW-RR 1992, 278; 1993, 189; 1995, 722; 1995, 724; MDR 1998, 1177 = NJW-RR 1998, 1409; NJW 1999, 1895; WuM 2014, 741 = NJW-RR 2015, 910; OLG Koblenz NJW 2015, 1524.

174 BGH NJW-RR 1995, 722; 1995, 724; 1996, 1212.

Bestreitet hingegen der Beklagte den Abschluss eines Kaufvertrages, reicht der Vortrag des Klägers zum Tatbestandsmerkmal »Kaufvertrag« nicht. Er muss jetzt im Einzelnen angeben, wie Angebot und Annahme erfolgt sind. Ansonsten kann nämlich nicht geprüft werden, ob das Tatbestandsmerkmal »Kaufvertrag« zu bejahen ist.

- Die kreditgebende Bank muss grundsätzlich darlegen und beweisen, dass die Voraussetzungen für eine Mitdarlehensnehmerschaft vorliegen; spricht hierfür der Wortlaut des vorformulierten Darlehensvertrags, hat der Schuldner darzutun, dass er das für die Mitdarlehensnehmerschaft notwendige Eigeninteresse an der Kreditaufnahme nicht besaß.[175]
- Nicht erforderlich ist, dass die darlegungspflichtige Partei eine Erklärung dafür gibt, warum eine von ihr behauptete Tatsache keinen Eingang in den schriftlichen Vertrag gefunden hat.[176]
- Im *Arzthaftungsprozess* dürfen nur maßvolle Anforderungen gestellt werden; der Patient ist nicht verpflichtet, sich zur ordnungsgemäßen Prozessführung medizinisches Fachwissen anzueignen.[177]

Ist der Vortrag des Darlegungspflichtigen unsubstantiiert, ist er unbeachtlich. Dann stellt sich allerdings immer die Frage eines Hinweises nach § 139.[178]

102 Weitere **Beispiele** für die *Unbeachtlichkeit* eines Vortrages sind:

- einfaches Bestreiten, obwohl ausnahmsweise qualifiziertes Bestreiten erforderlich ist,[179]
- Bestreiten mit Nichtwissen, obwohl die Voraussetzungen des § 138 IV nicht erfüllt sind,[180]
- widersprüchliches Vorbringen[181] (Ausnahme: Haupt- und Hilfsvorbringen[182]),
  – wird widersprüchliches Vorbringen später klargestellt, kann die Widersprüchlichkeit nur im Rahmen der Beweiswürdigung berücksichtigt werden[183]
- Verstoß gegen die Wahrheitspflicht (§ 138 I), wenn etwa das Gericht zu der Überzeugung gelangt, dass die Partei selbst nicht an die Richtigkeit glaubt, oder das Gericht sie für eine willkürliche, ohne greifbaren Anhaltspunkt ausgesprochene Vermutung hält, die Behauptung also nach seiner Auffassung »ins Blaue hinein« aufgestellt worden ist,[184]
- verspätetes Vorbringen (§ 296[185]).

Grundsätzlich[186] muss man sich im Rahmen des Gutachtens/in den Entscheidungsgründen bei den betreffenden Tatbestandsmerkmalen mit der Frage auseinandersetzen, ob der Vortrag einer Partei beachtlich, dh tatsächlich relevant, oder wegen mangelnder Substantiierung, Widersprüchlichkeit usw. unbeachtlich ist:

Das Tatbestandsmerkmal X könnte zu bejahen sein, wenn … (es folgt der (un)beachtliche Vortrag des Klägers). Fraglich ist jedoch, ob dieser Vortrag überhaupt beachtlich ist. Der Kläger könnte gegen die Wahrheitspflicht verstoßen haben, was zur Folge hätte, dass sein Vortrag der Entscheidung nicht zugrunde gelegt werden kann. Daran ist zu denken, weil … (es folgen Ausführungen zu § 138 I).

103 Kommt der Verfasser zu dem Ergebnis, dass der Vortrag einer Partei unbeachtlich ist, stellt sich immer die Frage, ob der Rechtsstreit entscheidungsreif ist oder ob ein Hinweis nach § 139[187] zu erfolgen hat. Die Erörterung dieser Frage gehört nicht in die Darlegungsstationen. Ist nämlich der Vortrag der betreffenden Partei unbeacht-

175 BGH NJW 2009, 494.
176 BGH WuM 2014, 741 = NJW-RR 2015, 910.
177 BGH NJW 2016, 1328.
178 OLG Koblenz NJW 2016, 1523; vgl. → Rn. 93, 160.
179 → Rn. 34.
180 Vgl. → Rn. 35.
181 Vgl. BGH NJW-RR 1992, 848 (widersprüchliche Darstellung einer Festpreisvereinbarung).
182 → J Rn. 8.
183 BGH MDR 2012, 799.
184 BGH NJW-RR 1987, 1403; NJW 2011, 2794.
185 → I Rn. 1 ff.
186 Besonderheiten bei Verspätung: vgl. → I Rn. 9.
187 Vgl. zur Hinweispflicht → Rn. 93 aE.

lich, ist er unschlüssig bzw. unerheblich. In derartigen Fällen ist in einer sogenannten *Entscheidungsstation*,[188] die die sonst übliche Tenorierungsstation ersetzt, als erstes zu prüfen, ob der Rechtsstreit entscheidungsreif ist. Wird dies bejaht, sind im Anschluss daran in derselben Station die Fragen zu erörtern, die grundsätzlich in eine Tenorierungsstation gehören. Ansonsten folgen weitere Ausführungen zu der Frage, welchen Inhalt der Hinweisbeschluss haben muss.

Bei der Bewertung des Klägervortrages in tatsächlicher Hinsicht kann es – anders als **104**
bei der reinen Rechtsprüfung auf der Grundlage des (uU ausgelegten und bewerteten) Parteivortrages[189] – auf die *Darlegungslast* ankommen. Die Substantiierungspflicht trifft nämlich nur den Darlegungspflichtigen, während es bei dem Gegner des Darlegungspflichtigen darum geht, ob er überhaupt und gegebenenfalls in ausreichendem Maß[190] bestritten hat.

Vor einer Bewertung des Vortrages in tatsächlicher Hinsicht kann es daher erforderlich sein, sich mit der Frage der Darlegungslast auseinanderzusetzen. Nach einer Grundregel trifft die Darlegungslast, die weitgehend mit der Beweislast korrespondiert, jede Partei für die ihr günstigen Tatsachen einer Norm, soweit im Gesetz nichts Abweichendes (zB § 280 I 2 BGB) geregelt ist.[191] Von diesem Grundsatz werden in Rechtsprechung und Literatur zahlreiche Ausnahmen gemacht, wobei Zumutbarkeitsgesichtspunkte eine wesentliche Rolle spielen.[192] Ist dem Darlegungspflichtigen ein genauer Vortrag (von sich aus) nicht möglich (zB bei negativen Tatsachen)[193], kann der Gegner aber ohne Weiteres nähere Einzelheiten vortragen (zB bei Insiderwissen[194]), ist an eine Erleichterung der Darlegungslast auf der einen Seite und an das Erfordernis qualifizierten Bestreitens auf der anderen Seite[195] zu denken; uU kommt auch eine Umkehr der Darlegungslast in Betracht.

ee) Rechtliche und tatsächliche Bindung des Gerichts

Das Gericht kann in einzelnen Fällen – abgesehen von der Bindung an die Anträge **105**
nach § 308[196] – die Sach- und Rechtslage nicht oder nicht in vollem Umfang überprüfen, weil es an frühere Entscheidungen oder an die Erklärungen der Parteien gebunden ist.

Beispiele:
- Das Gericht ist im Umfang der Nebeninterventionswirkung an die tatsächlichen und rechtlichen Feststellungen im Vorprozess gebunden (vgl. § 68).
- Das Gericht hat im Vorbehaltsurteil (§ 302) oder Grundurteil (§ 304) endgültig über einzelne entscheidungserhebliche Fragen entschieden.[197]
- Für das Berufungsgericht ergibt sich ein bestimmter Entscheidungsumfang.[198]

---

188 → Rn. 164.
189 → Rn. 90.
190 → Rn. 34 ff.
191 Vgl. BGH NJW 2002, 2862; Zöller/*Herget* ZPO § 138 Rn. 85; vor § 284 Rn. 18; zur Darlegungslast vgl. auch → Rn. 100, → F Rn. 134.
192 → Rn. 34 (sog. *sekundäre Darlegungslast*); → F Rn. 134 ff.
193 BGH NJW 1981, 577; 1985, 264; 1986, 3194; 2016, 2964 (Nichtzugang einer Zahlungsaufforderung – § 93); DB 1987, 1680.
194 BGH JZ 1987, 684; NJW 1999, 579.
195 → Rn. 34, → F Rn. 146.
196 Vgl. zu § 308 OLG Düsseldorf MDR 2004, 1257; allg. → Rn. 75.
197 Vgl. → Q Rn. 30 f.; zur Zulässigkeit eines Grundurteils *Voit* NJW 2017, 203.
198 Vgl. → S Rn. 5 ff., 58 ff.

- Der Beklagte erkennt die Klageforderung an (§ 307) – der Kläger verzichtet auf die Klageforderung (§ 306). Dann muss das Gericht unabhängig von der materiellen Rechtslage ein Anerkenntnis- bzw. ein Verzichtsurteil erlassen oder jedenfalls das Anerkenntnis bzw. den Verzicht zur Grundlage seiner Entscheidung machen.
- Wird beim Gericht der unerlaubten Handlung (§ 32) geklagt, muss das Gericht nicht nur Ansprüche aus unerlaubter Handlung, sondern alle in Betracht kommenden Ansprüche prüfen; das folgt aus § 17 II 1 GVG.[199]
- Eine Rechtswegzuweisung nach § 17a GVG und eine Verweisung wegen Unzuständigkeit nach § 281 sind bindend für das Gericht, an das verwiesen wurde (§ 17a II 3 GVG, § 281 II 4), und zwar auch bei einem schwerwiegenden Rechtsfehler.[200]

Soweit eine Bindung des Gerichts besteht, darf die Sach- und Rechtslage nicht überprüft werden. Vielmehr ist bei dem betreffenden Tatbestandsmerkmal lediglich der Umfang der Bindungswirkung aufzuzeigen.

Beispiele:

- A verklagt M auf Rückzahlung des Kaufpreises wegen Mängeln an der Kaufsache. M beruft sich unter anderem darauf, er sei als Vertreter für seine Ehefrau F aufgetreten und daher nicht passivlegitimiert. A verkündet F – wirksam – den Streit. Die Klage wird mit der Begründung abgewiesen, ein Kaufvertrag zwischen A und M sei nicht zustande gekommen, weil M als Vertreter für F aufgetreten sei.
  A verklagt nunmehr in einem neuen Prozess F auf Rückzahlung des Kaufpreises. Diese bestreitet, dass M für sie aufgetreten sei.
  Bei der Schlüssigkeitsprüfung (Klägerstation) könnte wie folgt formuliert werden:

  A könnte gegen F ein Anspruch auf Rückzahlung des Kaufpreises in Höhe von … gemäß § 346 I BGB iVm §§ 437 Nr. 2, 440, 323 I BGB zustehen. Dann müsste zwischen den Parteien ein Kaufvertrag über … zustande gekommen sein. F selbst hat keine Willenserklärungen abgegeben, jedoch könnte M für F als Vertreter einen Kaufvertrag mit A geschlossen haben. Möglicherweise ist davon unabhängig von dem Vortrag des Kl. wegen einer Nebeninterventionswirkung nach § 68 auszugehen. In dem Prozess … ist festgestellt worden, … Insoweit könnten die Voraussetzungen des § 68 erfüllt sein. A hat F den Streit verkündet. Weiter setzt § 68 voraus, … Also sind die Voraussetzungen des § 68 erfüllt. Das hat zur Folge, …

- Der Beklagte erkennt die Klageforderung iSd § 307 an. Dann kann wie folgt formuliert werden:

  Schlüssigkeit (Klägerstation):
  Dem Kläger könnte ein Anspruch gegen den Beklagten auf Zahlung von … zustehen. Davon ist unabhängig von der Rechtslage auszugehen, wenn der Beklagte die Klageforderung wirksam anerkannt hat. Er hat in der mündlichen Verhandlung …

  In der Entscheidungsstation[201] ist in einem solchen Fall die Frage zu erörtern, ob ein *Anerkenntnisurteil* nach § 307 zu erlassen ist. Ein Anerkenntnisurteil ist als solches zu bezeichnen (§ 313b). Ob es auch dann ergehen kann, wenn der Kläger keinen entsprechenden Antrag stellt, war früher streitig; nach der jetzt geltenden Fassung der § 307 bedarf es keines besonderen Verfahrensantrages (mehr) und es kann ohne mündliche Verhandlung ergehen, sodass das Anerkenntnis auch schriftsätzlich erklärt werden kann.[202] Bei der Frage, ob ein Anerkenntnisurteil zu erlassen ist, kann außerdem bedeutsam sein, ob der Beklagte sein Anerkenntnis wirksam widerrufen hat.[203]

---

199 BGH NJW 2003, 828 unter Aufgabe der bisherigen Rechtsprechung mit eingehender Begründung; Thomas/Putzo/*Hüßtege* Vor § 12 Rn. 8 (»Gerichtsstand des Sachzusammenhanges«); vgl. auch → D Rn. 55; → I Rn. 15 Fn. 66.

200 BGH NJW 2003, 2990.

201 S. → Rn. 164.

202 Vgl. Zöller/*Vollkommer* ZPO § 307 Rn. 1, 5.

203 Vgl. KG NJW-RR 1995, 958 (und bei Vorliegen von Wiederaufnahmegründen).

ff) Besonderheiten bei Nebenforderungen – Exkurs ins materielle Recht

Nebenforderungen sind Ansprüche, die vom Bestand einer Hauptforderung abhängig sind und neben dieser im Prozess geltend gemacht werden. 106

Beispiele:
- Zinsen
- vorgerichtliche Nebenkosten, auch Kosten für die Einholung einer Deckungszusage[204]

Ausführungen hierzu sind erforderlich, wenn der Hauptanspruch ganz oder teilweise bejaht wird. Ist hingegen der Hauptanspruch verneint worden, versteht es sich von selbst, dass die Klage auch zu den Nebenforderungen keinen Erfolg hat. Daher sind Ausführungen hierzu dann entbehrlich.

Von den Nebenforderungen zu unterscheiden sind die sogenannten *prozessualen* Nebenentscheidungen, so die Entscheidungen zu den Kosten des Rechtsstreites und zur vorläufigen Vollstreckbarkeit. Erörterungen zu den prozessualen Nebenentscheidungen gehören ausschließlich in eine Tenorierungsstation oder eine Entscheidungsstation.[205]

Werden mehr als die gesetzlichen Zinsen (§ 246 BGB) und mehr als der gesetzliche Verzugszinssatz (vgl. § 288 I 2, II BGB) verlangt, kommt neben einem Anspruch aufgrund einer vertraglichen Vereinbarung nur ein solcher aus §§ 280 I, II, 286 I BGB[206] in Betracht. § 288 III, IV BGB sind keine Anspruchsgrundlage; die Regelungen besagen vielmehr nur, dass neben § 288 I 1, II BGB weitergehende Ansprüche nicht ausgeschlossen sind. Neben der Anspruchsgrundlage bei Geltendmachung von mehr als den gesetzlichen Zinsen, nämlich § 280 I, II BGB iVm § 286 I BGB, kann zur Klarstellung § 288 III, IV BGB zitiert werden; dies ist aber nicht zwingend und nach unserer Auffassung mit Rücksicht auf die Übersichtlichkeit auch nicht zu empfehlen. Das in Zitaten der Praxis bisweilen zu beobachtende Nebeneinander (um nicht zu sagen: Durcheinander) verschiedenster Anspruchsgrundlagen für gesetzliche, vertragliche und auf das Verzögerungsinteresse gestützte Zinsansprüche ist in der Regel falsch. 107

Voraussetzungen für einen Anspruch aus § 280 I, II BGB iVm § 286 I BGB sind Verzug und kausaler Verzugsschaden[207]. Die zweite Voraussetzung wird von dem Kläger in der Regel wie folgt begründet:

> Der Kläger arbeitet ständig mit Bankkredit in einer die Klageforderung übersteigenden Höhe und zahlt dafür 16% Zinsen.

Sicherlich ist das Merkmal »kausaler Verzugsschaden« dann zu bejahen, wenn der Kläger wegen der Nichtzahlung trotz Mahnung einen entsprechenden Bankkredit zu einem Zinssatz von 16% aufgenommen hat oder wenn sein Konto während des Verzuges einen entsprechenden Sollstand hatte, den der Kläger bei rechtzeitiger Zahlung durch den Beklagten ausgeglichen hätte. Der dargelegte Vortrag genügt, wenn der Beklagte nicht bestreitet. Nicht ausreichend ist jedoch der Vortrag, der Gläubiger habe den Kredit vor Eintritt des Verzuges aufgenommen, auch wenn der darlegungs-

204 BGH NJW 2014, 3100.
205 → Rn. 163 ff.; vgl. auch *Meier* MDR 2002, 746.
206 Zum Verhältnis des § 280 I 1 BGB zu § 280 II BGB vgl. Palandt/*Grüneberg* BGB § 280 Rn. 4, 13.
207 Zur Verzinsungspflicht bei *Zug-um-Zug-Verurteilung* vgl. *Böttcher/Steinberger* MDR 2008, 480: »Zinsen trotz Zug-um-Zug-Verurteilung«; allgemein zur Frage des Verzuges bei Bestehen eines Zurückbehaltungsrechtes: Palandt/*Grüneberg* BGB § 286 Rn. 11.

und beweispflichtige Kläger gleichzeitig auf § 288 IV BGB hinweist; dem Vortrag ist nämlich nicht zu entnehmen, ob und in welcher Höhe der Kredit zum Zeitpunkt des Verzuges besteht und ob der Gläubiger die Absicht hatte, bei rechtzeitigem Eingang der Geldbeträge den Kredit zu mindern.[208]

Zur Höhe der Verzugszinsen sowie zur Höhe des Kredites und seiner Laufzeit kann eine *Schätzung* nach § 287 erfolgen, wenn der Kläger dem Gericht die notwendigen Schätzungsgrundlagen, so in Form einer Bankbescheinigung, liefert. Für eine entsprechende Schätzung im Hinblick auf den Verzugsschaden reicht es auch aus, wenn der Kläger den Verlust von Anlagezinsen geltend macht und eine Bankbescheinigung vorlegt, nach der zum betreffenden Zeitpunkt bei einer langfristigen Kapitalanlage die geltend gemachten Zinsen zu erzielen gewesen wären.[209] Ist der Kläger Kaufmann, kann er sogar ohne näheren Vortrag zum Verzugsschaden die banküblichen Zinsen verlangen, wenn eine abstrakte Schadensberechnung zur Hauptforderung ebenfalls zulässig ist bzw. wäre.[210]

Wird der Anspruch bejaht, lautet der Tenor üblicherweise:

... nebst 16% Zinsen seit dem ...

Wegen § 187 I BGB (analog) beginnt der Zinslauf erst am Tag nach Zugang der Mahnung, Zustellung der Klage oder der anderen Ereignisse, die neben der Fälligkeit und Nichtleistung verzugsbegründend sind.[211] Die Laufzeit der Zinsen kann nicht angegeben werden. Sie hängt vom Zeitpunkt der Zahlung bzw. Vollstreckung ab.[212] Wegen der Schwankungen, denen die Bankzinsen unterliegen und die nicht ohne Weiteres vorhersehbar sind, werden gegen die vorgenannte Praxis Einwendungen erhoben. Es wird vorgeschlagen, für die Zeit nach der letzten mündlichen Verhandlung nur noch gesetzliche Zinsen zuzusprechen und sich im Übrigen auf die Feststellung zu beschränken, dass der Beklagte verpflichtet ist, den darüber hinausgehenden Zinsschaden zu ersetzen.[213] Nach unseren Erfahrungen hat sich diese Meinung, nach der bei nicht freiwilliger Zahlung der nach der mündlichen Verhandlung entstandenen Verzugszinsen durch den Schuldner uU sogar mehrere neue Klagen erforderlich sind, bisher aus praktischen Erwägungen nicht durchgesetzt. Sie hat durch die Erhöhung des gesetzlichen Zinsanspruchs von 4% nach § 246 BGB auf den Satz des § 288 I 2 bzw. II BGB an Bedeutung verloren. Wir halten die herkömmliche Meinung rechtlich für unbedenklich (vgl. § 258 bzw. § 259).

108 *Zinsen von Verzugszinsen* können als Schadensersatz nach § 280 I 1 BGB iVm § 289 S. 2 BGB verlangt werden, wenn der Gläubiger den Schuldner wegen rückständiger Verzugszinsbeträge wirksam in Verzug gesetzt hat und seinen Schaden darlegt sowie gegebenenfalls nachweist; Letzteres gilt auch, wenn er nur den gesetzlichen Zinssatz verlangt, allerdings kann ein Kreditinstitut den Zinsschaden auch abstrakt berechnen.[214]

---

208 BGH NJW-RR 1991, 1406.
209 BGH NJW 1995, 733.
210 BGH NJW 1984, 371 mwN.
211 BGH NJW-RR 1990, 519; BAG NZA 2008, 464; Palandt/*Ellenberger* BGB § 187 Rn. 1; Palandt/*Grüneberg* BGB § 286 Rn. 35.
212 Vgl. BGH NJW 2012, 1717 (weiterer Anspruch auf Verzugszinsen bei Zurückweisung der angebotenen Zahlung zur Abwendung der Zwangsvollstreckung).
213 KG NJW 1989, 305; *Herr* NJW 1988, 3137; aA *Kahlert* NJW 1990, 1715.
214 BGH NJW 1993, 1260.

- **Zinsen nach dem Wechsel- und Scheckgesetz** 109

Wird ein Wechsel- oder Scheckanspruch (Inland) geltend gemacht, können grundsätzlich 2 Prozentpunkte Zinsen über dem jeweiligen Basiszinssatz, mindestens aber 6% Zinsen, bei allen übrigen Wechseln und Schecks immer 6% Zinsen verlangt werden (Art. 48 I Nr. 2 S. 2, 1 Art. 49 Nr. 2 S. 2, 1 WG; Art. 45 Nr. 2 S. 2, 1 Art. 46 Nr. 2 S. 2, 1 ScheckG). Es wird auch entsprechend tenoriert. Das Vollstreckungsorgan muss dann bei der Vollstreckung den jeweiligen Basiszinssatz (§ 247 BGB) ermitteln und die Zinsen danach ausrechnen.

- **§ 353 HGB** 110

Kaufleute können für Forderungen aus einem beiderseitigen Handelsgeschäft Fälligkeitszinsen fordern. Die Höhe des Zinssatzes bestimmt sich nach § 352 I HGB = 5%. § 352 I HGB ist keine Anspruchsgrundlage. § 353 HGB muss möglicherweise ergänzend neben §§ 280 I 1, II, 286 I BGB geprüft werden. Verlangt ein Kaufmann mehr als 5% Zinsen ab 1.1.2010 und stellt sich heraus, dass Verzug erst am 1.4.2010 eingetreten ist, kann sich ein Anspruch aus Verzug nur auf Zinsen ab 1.4.2010 ergeben. Möglicherweise kann der Kläger jedoch schon ab 1.1.2010 bis zum 31.3.2010 Fälligkeitszinsen in Höhe von 5% verlangen.

- **§§ 256, 641 IV, 849 BGB** 111

Die Höhe des Zinssatzes ergibt sich aus § 246 BGB = 4%. An die genannten Vorschriften muss vor allem dann gedacht werden, wenn Zinsen verlangt werden, Verzug jedoch erst zu einem späteren als dem vom Kläger im Antrag benannten Zeitpunkt eingetreten ist. Besondere Bedeutung hat § 849 BGB bei Verkehrsunfällen, insbesondere für die nach erfolgter Reparatur verbleibende Wertminderung.

- **§§ 288 I, II, 291 BGB** 112

Werden gesetzliche Verzugszinsen verlangt und wird nicht zu einem Verzugsschaden vorgetragen, ist der Klage hinsichtlich der Zinsen (nur) aus § 288 I (evtl. mit II) BGB, § 291 BGB oder aus anderen Vorschriften stattzugeben, nach denen gesetzliche Zinsen verlangt werden können. § 288 I 1 BGB ist eine eigenständige Anspruchsgrundlage.[215] Nicht erforderlich, aber unschädlich ist, neben dieser Anspruchsgrundlage § 286 I BGB mit zu zitieren. Aus dieser (Hilfs-)norm ergeben sich die Voraussetzungen für das Tatbestandsmerkmal »Verzug«.

§ 288 I und II BGB beinhaltet einen pauschalierten Schadensersatzanspruch bei Verzug. Der Kläger braucht lediglich den Eintritt des Verzuges, nicht jedoch den Verzugsschaden darzulegen. Verlangt werden können Zinsen in Höhe von 5 Prozentpunkten über dem Basiszinssatz (Abs. 1 S. 2) oder bei Entgeltforderungen[216] 9 Prozentpunkten über dem Basiszinssatz (§ 247 BGB), soweit bei Rechtsgeschäften kein Verbraucher beteiligt ist. Auch hier gilt § 187 I BGB (analog), dh, maßgeblich ist der Tag *nach* Verzugseintritt.[217] Der Klageantrag und der Tenor lauten:

> … nebst Zinsen in Höhe von 5 (9) Prozentpunkten über dem jeweiligen Basiszinssatz seit dem …

---

215 BGH NJW 2014, 3151.

216 Zu Entgeltforderungen vgl. BGH NJW 2010, 3226; Palandt/*Grüneberg* BGB § 286 Rn. 27, § 288 Rn. 8.

217 Vgl. → Rn. 107.

Der Tenor »... 5% über dem jeweiligen Basiszinssatz« oder Ähnliches entspricht nicht der Gesetzeslage; er kann jedoch entsprechend ausgelegt werden.[218] Ab dem Eintritt der Rechtshängigkeit (1 Tag **nach** Zustellung der Klageschrift, §§ 253 I, 261 I, § 187 I BGB [analog][219]) ist die Klageforderung nach § 291 BGB mit 5 (bzw. 9) Prozentpunkten über dem Basiszinssatz (§ 291 S. 2 BGB iVm § 288 I 2, II BGB) zu verzinsen.[220] Da die Zustellung der Klageschrift eine Mahnung ersetzt (§ 286 I 2 BGB) und sowohl bei § 288 I BGB als auch bei § 291 BGB Fälligkeit gegeben sein muss (vgl. § 291 S. 1 Hs. 2), hat § 291 BGB gegenüber § 288 I BGB nur im Hinblick auf § 286 IV BGB eine selbstständige Bedeutung.

> **Beispiel:**
> Eine unverhältnismäßige Zuvielforderung – Dem Schuldner ist dann grundsätzlich nach Treu und Glauben kein Schuldvorwurf für die Nichtleistung zu machen.[221] Dann muss er gleichwohl Prozesszinsen nach § 291 BGB bezahlen.

§ 291 BGB ist grundsätzlich schneller abzuhandeln, sodass in den Fällen, in denen nur Zinsen von 5 Prozentpunkten über dem Basiszinssatz ab Rechtshängigkeit verlangt werden, der Nebenanspruch besser nur auf § 291 BGB gestützt wird.

113 • Reihenfolge der Prüfung

Zinsansprüche sind in der genannten *Reihenfolge* zu prüfen, wenn die Zinsen nach § 280 I 1 BGB (Verspätungsschaden) höher sind als die gesetzlichen Verzugszinsen nach § 288 I, II BGB. Wird ein Anspruch aus § 280 I 1 BGB iVm §§ 280 II, 286 BGB bejaht, müssen aber grundsätzlich auch die weiteren in Betracht kommenden Anspruchsgrundlagen jedenfalls kurz dargestellt werden. Möglicherweise verteidigt sich der Beklagte – im Ergebnis erfolgreich – gegenüber diesem Anspruch, und es können lediglich gesetzliche Zinsen zugesprochen werden. Nur wenn von vornherein feststeht, dass der Beklagte zu den besonderen Voraussetzungen dieses Anspruchs keine erheblichen Einwendungen macht, kann ausnahmsweise auf die Erörterung der anderen Zinsansprüche unter den eingangs erwähnten Voraussetzungen verzichtet werden. Sind die Zinsansprüche gleichwertig, reicht hingegen die Erörterung einer Anspruchsgrundlage aus.

Tipps für Ausbildung und Examen:

- Neben der Anspruchsgrundlage »§ 281 I 1, 2 oder II BGB« muss § 286 I BGB nicht zitiert werden; ein solches Zitat ist aber unschädlich. Da manche ein solches Zitat für erforderlich halten, sollte vorsichtshalber im Examen auch § 286 I BGB neben § 281 I 1 BGB genannt werden.
- Der Zinsanspruch ist genauso wie jeder andere Anspruch zu begründen. Die Benennung der Anspruchsgrundlage reicht nicht aus.
- Die Anspruchsbegründung zu den Nebenansprüchen sollte so kurz wie möglich sein. In keinem Fall darf darauf ein Schwerpunkt gesetzt werden.[222]
- Für den **Zinsbeginn** ist § 187 I BGB (analog) zu beachten, dh, die Zinspflicht beginnt einen Tag **nach** Verzugsbeginn oder Rechtshängigkeit.

---

218 Vgl. OLG Hamm NJW 2005, 2238.

219 Palandt/*Grüneberg* BGB § 291 Rn. 4, 6; vgl. auch → Rn. 58; § 167 ist schon vom Wortlaut bei § 291 BGB nicht anwendbar.

220 Hier dürfte § 187 I BGB entsprechend gelten, sodass Zinsen ab dem Tag nach der Zustellung verlangt werden können; vgl. BGH NJW-RR 1990, 519; zu den Rechtsfolgen eines negativen Basiszinssatzes vgl. *Coen* NJW 2012, 3329.

221 BGH NJW 1991, 1286.

222 Vgl. allgemein *Holthaus/Bünnemann* JA 2017, 56.

- Die am Ende von → Rn. 107 dargestellte Mindermeinung sollte nicht erwähnt werden, vielmehr sollte man der herkömmlichen Meinung folgen,[223] es sei denn, man hat mit dem Ausbilder etwas anderes besprochen.

Beispiele für sonstige Nebenforderungen

- Vorgerichtliche Mahnkosten[224] 114

Hierzu zählen Kosten für Mahnschreiben, Telefonkosten bei fernmündlichen Zahlungsaufforderungen, Kosten für die Einschaltung eines Inkassobüros oder eines Rechtsanwaltes vor dem Prozess. Anspruchsgrundlage für derartige Kosten ist §§ 280 I 1, II, 286 I BGB. Da Verzug bei Schadenseintritt vorliegen muss, sind die Kosten für die Erstmahnung, die den Verzug erst begründet, nicht erstattungsfähig.[225] Meistens macht der Kläger für Mahnkosten einen pauschalen Betrag – für vorgerichtliche Mahnschreiben zB je 5 EUR – geltend. Auch insoweit kann eine Schätzung nach § 287 erfolgen.

Häufig macht der Kläger neben der Hauptforderung die vorgerichtliche *Geschäftsgebühr* seines Anwalts geltend, richtigerweise als Freistellungsantrag, wenn er die entsprechende Rechnung seines Anwalts noch nicht bezahlt hat. Da nach Teil 3 Vorb. 3 (4) VV RVG eine teilweise Anrechnung stattfindet, ist die Geschäftsgebühr grundsätzlich nur mit dem verbleibenden Teil berechtigt, weil der Anwalt der obsiegenden Partei im Kostenfestsetzungsverfahren die volle Verfahrensgebühr (Nr. 3100 VV RVG) in Ansatz bringen kann. Die früher vertretene Auffassung, nicht die außergerichtliche Geschäftsgebühr, sondern die Verfahrensgebühr sei im Kostenfestsetzungsverfahren zu kürzen,[226] ist durch die Schaffung des § 15a RVG nicht mehr vertretbar.[227] Keine Reduzierung der Geschäftsgebühr findet statt, wenn eine Pauschalvergütung für die vorgerichtliche Tätigkeit vereinbart wurde.[228]

- Inkassokosten

Bei Geltendmachung von Inkassokosten ist immer § 254 I BGB zu prüfen.[229]

b) Erheblichkeit (Beklagtenstation)

aa) Allgemeine Grundsätze

Auf der Grundlage des Beklagtenvortrages (= Unstreitiges und Streitiges des Beklagten) ist ein zweites Rechtsgutachten zu erstellen. Überprüft wird, ob der Klageantrag nach dem Beklagtenvortrag nicht gerechtfertigt ist. Man prüft hier die Erheblichkeit des Verteidigungsvorbringens. In der Relation nennt man diesen Abschnitt »Beklagtenstation«. Dabei muss man sich sowohl mit den Hauptansprüchen als auch mit den Nebenansprüchen beschäftigen. Alle rechtlichen Gesichtspunkte und nicht nur einer, der die Klage zu Fall bringt, müssen auch hier grundsätzlich umfassend geprüft werden.[230] 115

223 BGH NJW 1987, 3266 (in dieser Entscheidung, in der es um eine Klage nach § 767 ging, hat der BGH die herkömmliche Tenorierung nicht beanstandet).
224 Zu den vorgerichtlichen Kosten vgl. *Hunecke* NJW 2015, 3745.
225 Palandt/*Grüneberg* BGB § 286 Rn. 45, 46.
226 Vgl. BGH NJW 2007, 3500; 2008, 1323; NJW-RR 2008, 1095.
227 Vgl. BGH NJW 2009, 3101; 2010, 1375 (auch für Altfälle).
228 BGH NJW 2009, 3101.
229 Vgl. hierzu näher Palandt/*Grüneberg* BGB § 286 Rn. 46 mwN.
230 Vgl. insoweit zur Schlüssigkeit (Klägerstation) → Rn. 89, 106 ff. (Nebenansprüche).

Denn es kann sich ergeben, dass die Beweisaufnahme teilweise zugunsten des Klägers ausgeht. Auch für diesen Fall müssen die rechtlichen Konsequenzen vorher dargestellt worden sein.

Während für den Klägervortrag (Klägerstation) eine sogenannte Schlüssigkeitsprüfung durchgeführt wurde, spricht man in diesem Abschnitt (Beklagtenstation) von einer *Erheblichkeitsprüfung*. In der Regel ergeben sich auf der Grundlage des Beklagtenvortrages keine neuen Anspruchsgrundlagen. Daher reicht es (grundsätzlich) aus, die nach dem Klägervortrag bejahten Anspruchsgrundlagen unter Berücksichtigung des Beklagtenvortrages erneut zu prüfen. Wenn sich nach dem Beklagtenvortrag ausnahmsweise eine andere Anspruchsgrundlage ergibt oder ergeben kann – dies ist gedanklich immer zu prüfen –, stellt sich das Problem des sogenannten gleichwertigen Parteivorbringens, auf das noch näher eingegangen wird.[231] Ist dies nicht der Fall, ist der Vortrag des Beklagten gegenüber dem schlüssig dargelegten Vortrag des Klägers aus der Anspruchsgrundlage X erheblich, wenn danach X zu verneinen ist, bzw. teilweise erheblich, wenn X danach nur zum Teil gegeben ist.

Soweit der Sachverhalt unstreitig ist, ergeben sich gegenüber dem Rechtsgutachten nach dem Klägervortrag (Klägerstation) keine Unterschiede. Deswegen werden in dem Rechtsgutachten nach dem Beklagtenvortrag (Beklagtenstation) grundsätzlich nur die von dem Beklagten streitig vorgetragenen Tatsachen überprüft. Lediglich in Ausnahmefällen ist aus Verständnisgründen ein vollständiges zweites Gutachten bzw. Teilgutachten anzufertigen, so zB bei *Verkehrsunfallsachen*[232] oder bei *Einreden im Sinne der ZPO*, soweit diese erstmalig in der Beklagtenstation geprüft werden.[233] Bei Einreden kann man sich in derartigen Fällen nicht auf eine Überprüfung der streitigen Tatsachen beschränken; vielmehr müssen dann alle einredebegründenden Tatsachen erörtert werden. Es kann wie folgt formuliert werden.

> … Es ist zu prüfen, ob dem Anspruch aus § X die Einrede aus § 214 I BGB entgegensteht.

116 Auch wenn im Rahmen der Erheblichkeit (Beklagtenstation) nur die vom Beklagten vorgetragenen streitigen Tatsachen überprüft wurden, wird auf eine Verweisung auf das erste Gutachten (Klägerstation) verzichtet, soweit es sich um den unstreitigen Sachverhalt handelt. Um dem Leser klarzumachen, welcher – streitige – Vortrag des Beklagten jeweils geprüft wird, ist dieser immer einleitend darzustellen, auch wenn ausnahmsweise eine vollständige Prüfung, so bei den Einreden im Sinne der ZPO, erforderlich ist. Diese aus Verständnisgründen erforderliche Darstellung ist häufig viel zu ungenau. Nicht selten werden hier auch Rechtsansichten des Beklagten ohne streitigen Sachvortrag behandelt, was als grober Fehler einzustufen ist. Rechtsfragen müssen nämlich bereits bei der Schlüssigkeit (Klägerstation) jedenfalls zu den anspruchsbegründenden Voraussetzungen, aber auch zu den Einreden im Sinne der ZPO abgehandelt sein. Wir empfehlen eine Darstellung der vom Beklagten vorgetragenen streitigen Tatsachen mit sogenannten »*Wenn*«-Sätzen im Indikativ.

> Wenn … (es folgt der streitige Tatsachenvortrag des Beklagten), könnte der Anspruch aus § X zu verneinen sein … (Es folgt dann eine Erörterung zu dem Tatbestandsmerkmal, das zu verneinen ist, bzw. zu der Einrede im Sinne der ZPO, die dem Anspruch X entgegensteht.)

231 → Rn. 126.

232 Zu materiell-rechtlichen Problemen einer Haftung nach dem StVG vgl. → U Rn. 1 ff.

233 Zum Aufbau einer Relation bei Einreden vgl. → Rn. 98 f.

Möglich ist es auch, den streitigen Vortrag des Beklagten in einer Art Präambel voranzuschicken.

> Der Beklagte trägt vor, ... (es folgt der streitige Tatsachenvortrag des Beklagten). Zu prüfen ist, ob bei dieser Sachlage der Anspruch aus § X gegeben ist ...

Ist der Sachverhalt zwischen den Parteien nicht streitig, beschränkt sich die Beklagtenstation auf die Feststellung, dass der Beklagtenvortrag unerheblich ist und zwar wie folgt:

> Der Beklagte bestreitet den Sachvortrag des Klägers nicht. Daher ergibt sich gegenüber der Klägerstation keine andere rechtliche Wertung. Daraus folgt, dass der Vortrag des Beklagten unerheblich ist.

Merke: Alle rechtlichen Gesichtspunkte müssen bereits in der Klägerstation berücksichtigt worden sein, auch wenn diese von dem Beklagten in den Prozess eingeführt worden sind.

In *sprachlicher* und *stilistischer* Hinsicht unterscheidet sich der Abschnitt Erheblichkeit (Beklagtenstation) nicht von der Schlüssigkeit (Klägerstation). Auch hier ist kein Konjunktiv zu verwenden, soweit es um den Sachvortrag des Beklagten geht. Vielmehr ist dieser als richtig zu unterstellen. Die Erörterungen erfolgen grundsätzlich im Gutachtenstil, wobei Selbstverständlichkeiten auch hier kurz und problematische Punkte in allen erforderlichen Einzelheiten dargestellt werden müssen. Ferner sind rein rechtstheoretische Erörterungen ohne hinreichenden Fallbezug als bloße Wiedergabe von Lesefrüchten zu werten und daher zu vermeiden. Vielmehr ist zuvor immer die Relevanz für den konkreten Fall darzustellen. 117

bb) Bewertung des Beklagtenvortrages in tatsächlicher Hinsicht und Bindungswirkung

Auch bei der Erheblichkeitsprüfung (Beklagtenstation) kann eine *Bewertung des Parteivortrages in tatsächlicher Hinsicht* erforderlich sein. Es ergeben sich keine Unterschiede gegenüber der Schlüssigkeitsprüfung (Klägerstation).[234] 118

Soweit eine *Bindungswirkung* für das Gericht besteht, gelten die bereits dargestellten Gesichtspunkte ebenfalls.[235]

> **Formulierungsbeispiel Nebeninterventionswirkung:**
> Der Vortrag des Beklagten, ..., könnte gegenüber dem schlüssigen Klagevorbringen ... erheblich sein. Unabhängig von der Sach- und Rechtslage erscheint dies jedoch im Hinblick auf die Nebeninterventionswirkung ... fraglich. Danach könnte das Landgericht ... mit Urteil vom ... bindend gemäß § 68 ZPO festgestellt haben, dass ..., mit der Folge, dass der gegenteilige Vortrag der Beklagten unerheblich ist. § 68 ZPO setzt voraus, ...

cc) Gesamterheblichkeit

Eine besondere Bedeutung für die Entscheidung des Rechtsstreits hat der Gesichtspunkt der sogenannten *Gesamterheblichkeit.* Wird die Erheblichkeit einer streitigen Tatsache bejaht, muss zumindest gedanklich geprüft werden, ob damit schon ein endgültiges Ergebnis zugunsten des Beklagten erzielt ist oder ob der Kläger unter einem anderen rechtlichen Gesichtspunkt Erfolg hat. Umgekehrt ist bei Verneinung der 119

234 Vgl. → Rn. 100 ff.; speziell zum qualifizierten Bestreiten BGH VersR 2000, 511.
235 Vgl. → Rn. 105.

Erheblichkeit einer Tatsache immer – jedenfalls gedanklich – zu überlegen, ob der Beklagte möglicherweise mit dieser Tatsache im Zusammenwirken mit anderen Tatsachen den in der Schlüssigkeit (Klägerstation) bejahten Anspruch zu Fall bringt. In beiden Fällen spricht man von Gesamterheblichkeit.

Ist in der Klägerstation nur eine Anspruchsgrundlage bejaht worden und ist jede streitige Tatsache für sich gesehen erheblich, bestehen insoweit keine Schwierigkeiten. Dann ist – gedanklich – gleichzeitig die Gesamterheblichkeit zu bejahen, und es kommt für die Entscheidung nur auf das Ergebnis der Beweisstation an. Da – wie schon ausgeführt – grundsätzlich eine umfassende Prüfung stattzufinden hat, muss bei mehreren streitigen Tatsachen jede einzelne auf ihre Erheblichkeit hin überprüft werden.

Das Problem der Gesamterheblichkeit kann sich aber auch bei einer einzigen schlüssig dargelegten Anspruchsgrundlage stellen, wenn eine streitige Tatsache allein nicht ausreicht, um den Anspruch zu verneinen, dieses Ergebnis aber bei Vorliegen mehrerer Tatsachen erzielt wird.

Beispiel: Der Kläger macht einen Mietzinsanspruch geltend. Der Beklagte verteidigt sich mit einer Minderung iSd § 536 I BGB. Streitig ist, ob ein Mangel vorgelegen und ob der Beklagte diesen unverzüglich angezeigt hat. Unstreitig ist, dass jetzt jedenfalls kein Mangel mehr vorliegt.
Wenn der Beklagte den Mangel beweisen kann, hat er den Prozess wegen § 536c II BGB noch nicht gewonnen. Er muss ferner nachweisen, dass er seine Pflichten nach § 536c I BGB erfüllt hat. Nur das Zusammenwirken der von ihm diesbezüglich behaupteten beiden Tatsachen führt zur Gesamterheblichkeit.

Sind in der Schlüssigkeitsprüfung (Klägerstation) mehrere Anspruchsgrundlagen bejaht worden und ist nur eine Tatsache streitig, kann die Gesamterheblichkeit ebenfalls problematisch sein. Nur wenn alle schlüssig dargelegten Ansprüche in der Beklagtenstation verneint werden, ist der Vortrag des Beklagten insgesamt erheblich. Wird hingegen bei einer Anspruchsgrundlage die Erheblichkeit verneint, entfällt auch die Gesamterheblichkeit. Die Klage kann mit dieser Anspruchsgrundlage zugesprochen werden.

Beispiel: Der Klägervortrag ist schlüssig aus §§ 861, 985, 1007 BGB. Der Beklagtenvortrag ergibt, dass der Kläger nicht Eigentümer der Sache ist. Dann ist das Vorbringen des Beklagten erheblich gegenüber den schlüssig dargelegten Ansprüchen aus §§ 985, 1007 BGB, nicht jedoch gegenüber dem schlüssig dargelegten Anspruch aus § 861 BGB. Das bedeutet, dass die Gesamterheblichkeit zu verneinen ist und die Klage mit der Anspruchsgrundlage § 861 BGB zugesprochen werden kann. Eine Beweisaufnahme darf in einem derartigen Fall nicht stattfinden.

Sind in der Schlüssigkeitsprüfung (Klägerstation) zwei Anspruchsgrundlagen bejaht worden, und sind zwei Tatsachen streitig, ist das Vorbringen des Beklagten insgesamt erheblich, wenn mit dem ersten streitigen Tatsachenvortrag die erste Anspruchsgrundlage und mit dem zweiten streitigen Vortrag die zweite Anspruchsgrundlage verneint wird. Das Ergebnis ist in diesem Fall offen. Je nach Ausgang der Beweisaufnahme ist die Klage abzuweisen oder mit der ersten oder mit der zweiten Anspruchsgrundlage zuzusprechen.

Beispiel: Der Kläger legt einen Sachverhalt dar, nach dem sich ein Schadensersatzanspruch aus § 280 I 1 BGB iVm § 278 BGB und aus § 831 BGB ergibt. Der Beklagte verteidigt sich mit einem Sachverhalt, nach dem

a) ein Schuldverhältnis zwischen den Parteien nicht bestanden hat,
b) er seinen Angestellten, der den Schaden unmittelbar verursacht hat, ordnungsgemäß ausgesucht und überwacht hat.

Das Vorbringen a) ist erheblich gegenüber einem Anspruch aus § 280 I 1 BGB und das Vorbringen b) ist erheblich gegenüber einem Anspruch aus § 831 BGB. Beide Vorträge sind erheblich. Kann der Kläger beweisen, dass ein Vertrag zustande gekommen ist, ist die Klage mit dem Anspruch aus § 280 I 1 BGB zuzusprechen. Kann er dies hingegen nicht beweisen, kommt es darauf an, ob der Vortrag des Beklagten zu b) richtig ist. Kann der Beklagte dies nicht beweisen, ist die Klage mit der Anspruchsgrundlage § 831 BGB zuzusprechen.

dd) Besonderheiten bei Einreden iSd ZPO

Verteidigt sich der Beklagte mit einer Einrede iSd ZPO,[236] gibt es zwei Aufbaumöglichkeiten. Entweder wird die Einrede bereits in dem ersten Gutachten (Klägerstation) unter Zugrundelegung des Klägervortrags und im Anschluss daran in dem zweiten Gutachten (Beklagtenstation) behandelt, oder die Einrede wird erstmalig in der Beklagtenstation geprüft; im zweiten Fall muss sich bei Bejahung der Einrede notwendigerweise eine zweite Klägerstation – nämlich die Replik – anschließen, in der überprüft wird, ob die Einrede auch nach dem Klägervortrag zu bejahen ist.[237] 120

Besonderheiten können sich ergeben, wenn sich der Kläger gegenüber einer Einrede des Beklagten iSd ZPO seinerseits mit einer Einrede verteidigt und die Einrede des Beklagten erstmalig in der Beklagtenstation geprüft wird.

Beispiel: Der Kläger beruft sich gegenüber der vom Beklagten erhobenen Verjährungseinrede darauf, der Beklagte habe auf die Geltendmachung dieser Einrede verzichtet (= Einrede des Klägers iSd ZPO, weil er für den Verzicht die Darlegungs- und Beweislast trägt).

Dann kann es aus Verständnisgründen sinnvoll sein, den Vortrag des Beklagten zur Einrede des Klägers erst in einer Duplik zu prüfen. Hier gelten dieselben Gesichtspunkte wie bei der vom Beklagten geltend gemachten Einrede iSd ZPO.[238]

ee) Aufbaufragen und Arten des Verteidigungsvorbringens

Es gibt zwei Aufbaumöglichkeiten in diesem Abschnitt (Beklagtenstation). Es kann einerseits nach den streitigen Tatsachen aufgebaut werden. Dann sind unter Berücksichtigung der jeweiligen Tatsache die einzelnen schlüssig dargelegten Ansprüche zu überprüfen. Es besteht andererseits aber auch die Möglichkeit, für jede schlüssig dargelegte Anspruchsgrundlage den gesamten streitigen Tatsachenvortrag des Beklagten zu überprüfen. 121

Erste Möglichkeit des Aufbaus:

1. Wenn ... (= erste streitige Tatsache), könnten die schlüssig dargelegten Ansprüche entfallen.
   a) Anspruch aus § X
   b) Anspruch aus § Y
   c) Anspruch aus § Z
   d) Ergebnis
2. Wenn ... (= zweite streitige Tatsache)
   a) Anspruch aus § X
   b) Anspruch aus § Y
   c) Anspruch aus § Z
   d) Ergebnis
3. Zusammenfassung

236 Zur Terminologie vgl. → Rn. 66.
237 Vgl. näher → Rn. 97 ff.
238 Vgl. näher → Rn. 97 ff.

Zweite Möglichkeit des Aufbaus:

1. Anspruch aus § X
   a) Wenn ... (= erste streitige Tatsache)
   b) Wenn ... (= zweite streitige Tatsache)
   c) Ergebnis
2. Anspruch aus § Y
   a) Wenn ... (= erste streitige Tatsache)
   b) Wenn ... (= zweite streitige Tatsache)
   c) Ergebnis
3. Zusammenfassung

Welcher Aufbau zu wählen ist, hängt vom Einzelfall ab. Sind zahlreiche Ansprüche schlüssig dargelegt, sind jedoch nur wenige Tatsachen streitig, empfiehlt sich aus Gründen der Übersichtlichkeit der zweite Aufbau. Im umgekehrten Fall hingegen ist der erste Aufbau vorzuziehen.

122 Der Beklagte kann sich damit verteidigen, dass er die anspruchsbegründenden Tatsachen bestreitet (= sogenanntes Klageleugnen)[239] oder damit, dass er Tatsachen einer Einredenorm im Sinne der ZPO[240] vorträgt. In welcher Reihenfolge die Verteidigungsmittel des Beklagten bei beiden Aufbaumöglichkeiten geprüft werden, hängt von logischen und vor allem von prozessökonomischen Gesichtspunkten ab. Es empfiehlt sich, grundsätzlich das Klageleugnen vor der Einrede im Sinne der ZPO zu prüfen. Der Kläger trägt grundsätzlich die *Darlegungs- und Beweislast* für die anspruchsbegründenden Tatsachen, sodass hier geringere Anforderungen an den Vortrag des Beklagten zu stellen sind als bei den Einreden im Sinne der ZPO, bei denen der Beklagte die *Darlegungs- und Beweislast* trägt. Daher wird in der Regel das Klageleugnen schneller abzuhandeln sein als die Einreden im Sinne der ZPO. Die einzelnen Einreden im Sinne der ZPO sind grundsätzlich nach ihrer Bedeutung zu überprüfen, dh zunächst anspruchshindernde, dann anspruchsvernichtende, dann Dauereinreden im Sinne des materiellen Rechts und zum Schluss Zeiteinreden. Führt allerdings eine Einrede im Sinne der ZPO nur zu einer Teilerheblichkeit,

Beispiel: Zurückbehaltungsrecht (= Zug-um-Zug-Verurteilung)[241]

sollte sie unabhängig von den genannten Gesichtspunkten am Ende überprüft werden. Eine Besonderheit besteht darüber hinaus bei der Hilfsaufrechnung, auf die noch näher eingegangen wird.[242] Es ergibt sich daher folgende grundsätzliche Prüfungsreihenfolge:

- Klageleugnen
- anspruchshindernde Gegennormen
- anspruchsvernichtende Gegennormen
- Dauereinreden
- Zeiteinreden

239 Vgl. zur Terminologie → Rn. 65.

240 Vgl. zur Terminologie → Rn. 66; zur Frage, ob die Einrede schon in der Klägerstation zu prüfen ist, vgl. → Rn. 97, 120.

241 Vgl. → G Rn. 24.

242 → G Rn. 15 ff.

Dabei kommt es nicht darauf an, in welcher Reihenfolge sich der Beklagte verteidigt (Ausnahme: Hilfsaufrechnung). Beruft er sich zB hilfsweise auf eine von ihm geltend gemachte Verjährungseinrede, ist der Richter nicht gehindert, bei seiner Entscheidung nur auf die Verjährung – wenn sie Erfolg hat – abzustellen und auf die übrigen Verteidigungsmittel im Urteil nicht einzugehen.

Der vorgenannte Aufbau ist nicht zwingend. Da ohnehin auf der Grundlage des gesamten Vortrages des Beklagten ein Gutachten zu erstellen ist, können Abweichungen je nach Fallkonstellation gerechtfertigt sein. Auch hier steht die Verständlichkeit im Vordergrund, soweit nicht prozessuale Gesichtspunkte eine bestimmte Reihenfolge zwingend vorschreiben (Hilfsaufrechnung).

Sind in der Klägerstation mehrere Anspruchsgrundlagen bejaht worden oder sind **123**
mehrere Tatsachen streitig, ist nach abschließender Prüfung der Erheblichkeit jeweils das (Zwischen-)*Ergebnis* festzuhalten. Das endgültige Ergebnis (= Gesamterheblichkeit) ist am Ende *zusammenfassend* darzustellen. Ergibt sich in diesem Prüfungsabschnitt, dass auch nach dem Beklagtenvorbringen mindestens eine der schlüssig dargelegten Anspruchsgrundlagen zu bejahen ist, lautet die Zusammenfassung:

> Zusammenfassend ist festzustellen, dass das Vorbringen des Beklagten im Hinblick auf einen Anspruch aus § X nicht erheblich ist. Daher ist die Klage mit der Anspruchsgrundlage § X begründet.

Von »Begründetheit der Klage« kann im Rahmen der Zusammenfassung nur gespro- **124**
chen werden, wenn bereits hier die Entscheidungsreife ohne Schwierigkeiten festgestellt werden kann. Sind dagegen noch Erörterungen zB zu der Frage erforderlich, ob ein *Hinweis* nach § 139 erfolgen muss, ist der zweite Satz der vorgeschlagenen Zusammenfassung wegzulassen. In dem sich anschließenden Abschnitt (»Entscheidungsstation«) ist dann die vorgenannte Frage abzuhandeln.[243]

Wird die Erheblichkeit des Beklagtenvorbringens ganz oder teilweise bejaht, empfiehlt es sich aus Gründen der besseren Übersicht, in der Zusammenfassung kurz den Vortrag des Beklagten zu wiederholen, soweit nicht ausnahmsweise ein vollständiges Gutachten bzw. Teilgutachten erstellt wurde.[244] Im letzteren Fall reicht die Feststellung aus, dass der Vortrag des Beklagten erheblich ist. Ansonsten kann wie folgt formuliert werden:

> Zusammenfassend ist Folgendes festzustellen: Das Vorbringen des Beklagten, ..., ist erheblich gegenüber den schlüssig dargelegten Ansprüchen aus § X und § Y; das Vorbringen des Beklagten, ..., ist erheblich gegenüber dem Anspruch aus § Z; das übrige Vorbringen des Beklagten ist hingegen unerheblich.
>
> (oder:)
>
> Das Vorbringen des Beklagten ist erheblich gegenüber den Anspruchsgrundlagen § X und § Y, wenn ..., sowie gegenüber einem Anspruch aus § Z, wenn ... und wenn ...; im Übrigen ist das Vorbringen des Beklagten unerheblich.

Hat der Kläger nur einen Anspruch schlüssig vorgetragen, braucht dieser in der Zusammenfassung nicht nochmals erwähnt zu werden.

243 → Rn. 164.
244 → Rn. 115.

125 In der Zusammenfassung sollte das Vorbringen des Beklagten nicht nach der Beweislast, sondern nach dessen Darstellung formuliert werden. Wenn der Beklagte die anspruchsbegründenden Voraussetzungen einfach bestreitet, ist negativ zu formulieren:

> Der Vortrag des Beklagten, dass er das Angebot des Klägers nicht angenommen habe, ist gegenüber ... erheblich.

Bestreitet der Beklagte hingegen qualifiziert, empfiehlt sich, auch kurz auf den Vortrag des Klägers einzugehen:

> Der Vortrag des Beklagten, dass er das Angebot des Klägers nicht angenommen, sondern vielmehr erklärt habe, ..., ist gegenüber ... erheblich.

ff) Gleichwertiges (= äquipollentes) Parteivorbringen

126 In dem Abschnitt, in dem der Beklagtenvortrag auf seine rechtliche Relevanz überprüft wird (Beklagtenstation), ist ein Gutachten zu der Frage zu erstellen, ob nach dem Beklagtenvortrag die schlüssig dargelegten Anspruchsgrundlagen zu verneinen sind. Es kann sich aber ergeben, dass sich der Beklagte gegenüber den schlüssig dargelegten Anspruchsgrundlagen erfolgreich verteidigt, nach seinem Vortrag jedoch der Klageantrag unter einem anderen rechtlichen Gesichtspunkt gerechtfertigt ist. Das ist immer gedanklich zu prüfen.

> **Beispiele:**
>
> - Der Kläger trägt vor, er habe sein Fahrrad für 100 EUR an den Beklagten verkauft und übergeben; der Beklagte habe später das Fahrrad auch für 100 EUR weiterveräußert an X; der Kläger verlangt deshalb von dem Beklagten Zahlung von 100 EUR. Der Beklagte behauptet, er sei zur Zeit des Vertragsabschlusses geschäftsunfähig gewesen, und zwar wegen Volltrunkenheit. Hierzu macht er nähere Ausführungen. Das Vorbringen des Klägers ist schlüssig aus § 433 II BGB. Wenn der Beklagte zur Zeit des Vertragsabschlusses volltrunken war, ist der Kaufvertrag nach § 105 BGB unwirksam. Seine Verteidigung ist gegenüber dem schlüssig dargelegten Anspruch aus § 433 II BGB erfolgreich. Es ergibt sich jedoch, dass dem Kläger – wenn man die Volltrunkenheit des Beklagten unterstellt – ein Anspruch aus §§ 812, 818 II BGB/§ 816 I BGB auf Zahlung von 100 EUR zusteht.
> - Das Vorbringen des Klägers ist schlüssig aus § 823 I BGB. Der Beklagte trägt vor, es fehle die Rechtswidrigkeit; hierzu behauptet er Tatsachen, die einen Notstand nach § 904 S. 1 BGB und zudem eine neue Anspruchsgrundlage aus § 904 S. 2 BGB ergeben. Im Übrigen bestreitet er die Verschuldenstatsachen.

Bei diesen Fallkonstellationen war seit jeher heftig umstritten, ob die Sachdarstellung des Beklagten ein gleichwertiges Parteivorbringen ist, dh ob der Klage auch (nur) auf der Grundlage des Beklagtenvortrages stattgegeben werden kann. Dieser Meinungsstreit war und ist nur in seltenen Fällen relevant. Allerdings kann auf seine Darstellung – die unter → Rn. 127 folgen wird – nicht ganz verzichtet werden, da es sich um ein prozessuales Problem handelt.

Wenn sich der Kläger den Vortrag des Beklagten *hilfsweise zu eigen* macht – davon ist in aller Regel auszugehen –,[245] ergeben sich keine Schwierigkeiten und der Meinungsstreit ist nicht relevant. In einem solchen Fall gelten die Grundsätze, die für Haupt- und Hilfsvorbringen entwickelt worden sind.[246] Dann kann die Klage alternativ ohne Beweisaufnahme zugesprochen werden. Ein Gutachten kann im obigen Beispielsfall bei einem *hilfsweisen Zueigenmachen* wie folgt aufgebaut werden:

245 Vgl. → J Rn. 11.
246 Vgl. → J Rn. 1 ff.

Gutachten

Ich schlage vor, der Klage stattzugeben.

A. Schlüssigkeit (Klägerstation)

I. Hauptvorbringen
Wenn der Beklagte zur Zeit des Vertragsabschlusses nicht volltrunken war, könnte sich ein Anspruch auf Zahlung von 100 EUR aus § 433 II BGB ergeben ...
Daher ist die Klage mit dem Hauptvorbringen schlüssig aus § 433 II BGB.

II. Hilfsvorbringen
Wenn der Beklagte zur Zeit des Vertragsabschlusses volltrunken war, könnte sich der geltend gemachte Anspruch aus § 812 BGB ergeben. (Evtl. muss dann zunächst eine Wertung in tatsächlicher Hinsicht[247] erfolgen, dann nämlich, wenn sich nicht eindeutig ergibt, dass der Kläger sich den Vortrag des Beklagten hilfsweise zu eigen gemacht hat. Es könnte dann wie folgt formuliert werden: »Fraglich ist zunächst, ob sich der Kläger den diesbezüglichen Vortrag des Beklagten hilfsweise zu eigen gemacht hat ...« Wenn eindeutig ein hilfsweises Zueigenmachen vorliegt, kann nach dem obigen »Wenn«-Satz in Parenthese vermerkt werden: »– den diesbezüglichen Vortrag des Beklagten hat sich der Kläger hilfsweise zu eigen gemacht –«)
... (= Subsumtion)
Daher ist die Klage mit dem Hilfsvorbringen schlüssig aus § 812 BGB.

B. Erheblichkeit (Beklagtenstation)

I. Wenn der Beklagte zur Zeit des Vertragsabschlusses volltrunken war, könnte der Anspruch aus § 433 II BGB zu verneinen sein.
...
Der Vortrag des Beklagten, ..., ist daher erheblich gegenüber § 433 II BGB (= Hauptvorbringen).

II. Fraglich ist jedoch, ob auch ein Anspruch nach § 812 BGB zu verneinen ist, wenn ...
...
Der Vortrag des Beklagten, ..., ist daher nicht erheblich gegenüber § 812 BGB (= Hilfsvorbringen).

III. Gesamtergebnis:
Der Vortrag des Beklagten, ..., ist zwar gegenüber § 433 II BGB, nicht aber gegenüber § 812 BGB erheblich und damit nicht gesamterheblich.

Grundsätzlich wird sich der Kläger den Vortrag des Beklagten, der zwar gegenüber seinem Vorbringen erheblich ist, aber eine andere Anspruchsgrundlage ergibt, hilfsweise zu eigen machen. In den meisten Fällen geht es ihm nämlich nur darum, den Prozess möglichst schnell zu gewinnen. Das Gericht muss den Kläger bei einer derartigen Fallkonstellation bei der hier vertretenen Auffassung, die im Folgenden noch näher dargestellt wird, auch nach § 139 darauf hinweisen, dass die Klage nach dem an sich erheblichen Beklagtenvortrag mit einer anderen Anspruchsgrundlage gerechtfertigt ist. Spätestens dann wird der Kläger sich in der Regel den Vortrag des Beklagten hilfsweise zu eigen machen, wobei eine solche Erklärung ausdrücklich oder konkludent erfolgen kann. Häufig findet sich folgende oder ähnliche Formulierung:

Selbst wenn die Ausführungen des Beklagten zutreffen sollten, was (primär) bestritten wird, ist die Klage begründet.

247 → Rn. 100 ff.

Eine derartige Erklärung reicht für ein hilfsweises Zueigenmachen aus. Ein bloßes Schweigen genügt hingegen – anders als bei einer günstigen Zeugenaussage[248] – nicht. Allein aus dem Umstand, dass eine vom Beklagten vorgetragene Tatsache für den Kläger günstig ist, kann noch nicht abgeleitet werden, dass er seine Klage darauf hilfsweise stützen will.

127 Wenn sich der Kläger den Vortrag des Beklagten ausnahmsweise **nicht** hilfsweise zu eigen macht, stellt sich die Frage, ob der Lehre vom gleichwertigen Parteivorbringen zu folgen ist.

Exkurs: Lehre vom gleichwertigen (= äquipollenten) Parteivorbringen

Nach der Lehre vom gleichwertigen Parteivorbringen[249] ist eine *Alternativverurteilung* ohne Beweisaufnahme möglich, wenn die Klage schlüssig ist, das Vorbringen des Beklagten auf dem (im Wesentlichen) selben Kerngeschehnis beruht, sich ferner ergibt, dass die Klage danach unter einem anderen rechtlichen Gesichtspunkt ebenfalls gerechtfertigt ist und der Kläger sich den Vortrag des Beklagten **nicht** hilfsweise zu eigen macht. Nach dieser Lehre ist nämlich das Vorbringen des Beklagten bei derartigen Fallkonstellationen zwar gegenüber der schlüssig dargelegten Anspruchsgrundlage erheblich, insgesamt jedoch unerheblich. Diese Lehre begründet ihre Auffassung damit, dass der Kläger- und der Beklagtenvortrag gleichwertig sind und dass Gründe der materiellen Gerechtigkeit es verbieten, die Klage abzuweisen. Ferner spielt auch hier die Prozessökonomie eine Rolle. Im Übrigen verweist die Lehre auf § 300 I. Die Rechtsprechung[250] und die wohl nunmehr hL[251] lehnen die Lehre vom gleichwertigen Parteivorbringen ab. Sie berufen sich auf den *Beibringungs- und Dispositionsgrundsatz*[252] und darüber hinaus unter Hinweis auf § 253 II Nr. 2 darauf, dass es allein Aufgabe des Klägers sei, Art und Umfang des Angriffs zu bestimmen und die hierzu erforderlichen Tatsachen vorzutragen. Der Hinweis der Lehre vom gleichwertigen Parteivorbringen auf § 300 I ist sicherlich nicht zwingend, da sich der Meinungsstreit gerade auf die Frage bezieht, ob der Rechtsstreit ohne Beweisaufnahme entscheidungsreif ist; hierzu hat der Gesetzgeber jedoch keine Aussage gemacht. Auch die Hinweise der Gegenmeinung auf die Verhandlungs- und Dispositionsmaxime dürften nicht überzeugen. Der Verhandlungsgrundsatz wird nach der Lehre vom gleichwertigen Parteivorbringen nicht verletzt, da auch danach der Richter die Tatsachen nicht ermittelt, diese ihm vielmehr von den Parteien präsentiert werden. Außerdem bleibt der Streitgegenstand nach dieser Meinung unverändert und wird allein von den Parteien bestimmt. Übrig bleiben die Argumente der materiellen Gerechtigkeit und der Prozessökonomie einerseits und der Rollenverteilung im Zivilprozess (§ 253 II Nr. 2) andererseits. Mit diesen Argumenten hat sich der Verfasser eines Gutachtens auseinanderzusetzen, wenn es ausnahmsweise einmal darauf ankommt.

Nach unserer Auffassung sprechen Gründe der Rechtssicherheit und Rechtsklarheit eher gegen die Lehre von gleichwertigen Parteivorbringen. Diese Meinung dürfte auch mit der

248 Vgl. zur günstigen Zeugenaussage → Rn. 20. Diese Differenzierung ist gerechtfertigt, weil der Zeuge neue, bisher nicht vorgetragene Tatsachen bekundet, während es hier um streitigen Sachvortrag geht.

249 *Brauer* JZ 1956, 710; *Schmidt* JZ 1956, 559. (Diese Meinung ist recht betagt, spiegelt aber die zivilprozessuale Meinung gut wider. Deshalb sollte sie in jedem Fall nachvollzogen werden können, auch wenn es grundsätzlich nicht darauf ankommt.)

250 BGH NJW 1989, 2756; NJW-RR 1994, 1405; NJW 2000, 1641.

251 Thomas/Putzo/*Seiler* ZPO § 138 Rn. 6 mwN.

252 Vgl. → Rn. 8.

materiellen Gerechtigkeit zu vereinbaren sein. Wenn das Gericht den Kläger nach § 139 auf die Situation hingewiesen hat, er sich gleichwohl den ihm günstigen Vortrag des Beklagten nicht zu eigen macht, erscheint es uns nicht ungerecht, wenn das Gericht zunächst klärt, ob der Entscheidung der Vortrag des Klägers zugrunde gelegt werden kann (so zB durch eine Beweisaufnahme) und, falls das nicht der Fall ist, die Klage abweist.
Das Gutachten kann in den Fällen, in denen *ausnahmsweise (!)* kein hilfsweises Zueigenmachen durch den Kläger erfolgt ist, im obigen Beispielsfall 1 wie folgt aufgebaut werden:

Gutachten
Ich schlage vor, ...
I. Schlüssigkeit (Klägerstation) schlüssig aus § 433 II BGB
II. Erheblichkeit (Beklagtenstation)
   1. Wenn der Beklagte zur Zeit des Vertragsabschlusses geschäftsunfähig war, ist der Kaufvertrag nach § 105 BGB unwirksam. Damit entfällt ein Anspruch aus § 433 II BGB.
   2. Gleichwohl könnte das Vorbringen des Beklagten unerheblich sein, wenn sich ergibt, dass
      a) der Klageantrag mit einer anderen Anspruchsgrundlage gerechtfertigt ist und
      b) eine Verurteilung des Beklagten alternativ auf seinen Vortrag gestützt, dh der Lehre vom gleichwertigen Parteivorbringen gefolgt werden kann.

– Die Punkte a) und b) können auch je nach Ergebnis in umgekehrter Reihenfolge geprüft werden. –
Folgt man der Lehre vom gleichwertigen Parteivorbringen, ist der Rechtsstreit entscheidungsreif. In dem nachfolgenden Abschnitt (Tenorierungsstation)[253] ist unter dem Gesichtspunkt »Hauptsachenentscheidung« festzustellen, dass der Klage alternativ aus § 433 II BGB bzw. § 812 BGB stattzugeben ist.
Folgt man der Lehre vom gleichwertigen Parteivorbringen nicht, muss am Ende der Beklagtenstation die Erheblichkeit des Beklagtenvortrags festgestellt werden. Ist noch kein Hinweis nach § 139 erfolgt, ist in der Praxis ein Hinweisbeschluss vorzuschlagen. Wenn das Gericht den Kläger bereits auf die Situation hingewiesen hat, folgt eine Beweisstation.
In den **Examensarbeiten** hingegen ist nach dem Bearbeitervermerk grundsätzlich *(fiktiv)* zu unterstellen, dass ein Hinweis nach § 139 erfolgt ist. Nach der Lebenserfahrung ist dann weiter ein positives Ergebnis zu unterstellen, dh dass der Kläger sich den Vortrag des Beklagten hilfsweise zu eigen gemacht hat, weil es ihm im Zweifel nur darum geht, den Prozess zu gewinnen.[254] Dann aber stellt sich das Problem »Lehre vom gleichwertigen Parteivorbringen« nicht. Vielmehr ist dann schon – wie oben vorgeschlagen – in der Schlüssigkeit (Klägerstation) nach Haupt- und Hilfsvorbringen aufzubauen.

Das Problem des gleichwertigen Parteivorbringens stellt sich nicht, wenn der Beklagte lediglich eine **rechtlich unerhebliche Sachverhaltsvariante** vorträgt. Auch mit dieser Sachverhaltsvariante ist der schlüssig dargelegte Anspruch zu bejahen, sodass der Vortrag des Beklagten daher unerheblich ist. 128

Beispiel: Der Kläger behauptet, der Beklagte habe bei ihm am 1.4. Waren zu einem Preis von 1.000 EUR bestellt. Der Beklagte hingegen trägt vor, die Bestellung der Ware sei am 2.4. erfolgt. Beide Sachverhaltsvarianten ergeben einen Kaufpreisanspruch aus § 433 II BGB, und zwar entweder mit der Begründung »Kaufvertrag am 1.4.« oder »Kaufvertrag am 2.4.«.

253 → Rn. 151 ff., insbes. → Rn. 152.
254 Zur Form des fiktiven Unterstellens entsprechend dem Bearbeitervermerk: vgl. Beispiel → Rn. 160.

c) Replik

129 Mit »Replik« wird im Gutachten eine zweite Schlüssigkeitsprüfung (Klägerstation) im Anschluss an die Erheblichkeitsprüfung (Beklagtenstation) bezeichnet. Sie ist dann erforderlich, wenn eine Einrede im Sinne der ZPO erstmalig in der Beklagtenstation geprüft und bejaht wurde. Dann muss, wie schon dargelegt,[255] immer die Frage erörtert werden, ob die Einrede im Sinne der ZPO auch nach dem Klägervortrag zu bejahen ist, und zwar unabhängig davon, ob sich der Kläger insoweit überhaupt nicht verteidigt oder der Einrede im Sinne der ZPO entgegentritt mit einer (unerheblichen) Rechtsansicht, einem einfachen oder qualifizierten Bestreiten oder einem Bestreiten mit Nichtwissen, bzw. seinerseits eine Einrede im Sinne der ZPO gegenüber der Einrede des Beklagten erhebt. Ist eine Replik erforderlich – diese ist nach Möglichkeit zu vermeiden –, sollte in der Zusammenfassung der Klägerstation nicht formuliert werden:

> Das Vorbringen des Klägers ist schlüssig aus …

Dies könnte nämlich mit dem Ergebnis in der Replik nicht in Einklang zu bringen sein, dann nämlich, wenn die Einrede im Sinne der ZPO auch hier zu bejahen ist.[256] Um insoweit einen evtl. Widerspruch zu vermeiden, wird die Zusammenfassung in der ersten Schlüssigkeitsprüfung (Klägerstation) dann besser wie folgt formuliert:

> Das Vorbringen des Klägers ist im Hinblick auf die *anspruchsbegründenden* Tatsachen schlüssig aus …

Eine Replik ist bei *anspruchsbegründenden Tatsachen* verfehlt. Alle Tatsachen, die der Kläger hierzu vorträgt, gehören in die (erste) Schlüssigkeit (Klägerstation). Dabei kommt es nicht darauf an, zu welchem Zeitpunkt der Kläger sie vorgetragen hat (= Grundsatz der Einheit der mündlichen Verhandlung). Unerheblich ist ferner bei unstreitigen Tatsachen, welche Partei sie in den Prozess eingeführt hat.

Sprachlich und stilistisch sowie im Aufbau ergeben sich in der Replik keine Unterschiede gegenüber der Erheblichkeitsprüfung (Beklagtenstation), sodass auf die betreffenden Ausführungen verwiesen werden kann.[257] Man spricht auch hier von einer *Erheblichkeitsprüfung*. In der Replik sind ebenfalls nur die streitigen Tatsachen des Klägers zu der zuvor bejahten Einrede im Sinne der ZPO zu prüfen, da das Unstreitige bereits vorher geprüft wurde. Daher ist es in der Replik ebenfalls erforderlich, den jeweiligen streitigen Vortrag des Klägers zu kennzeichnen, um dem Leser klarzumachen, was im Einzelnen erörtert wird. Dies geschieht durch einen »Wenn-Satz« oder durch eine Präambel. Das Ergebnis einer Replik wird in einer Zusammenfassung festgehalten.

d) Duplik

130 Eine Duplik (= zweite Beklagtenstation) kommt noch seltener vor als eine Replik. Sie ist verfehlt bei *Klageleugnen* und bei einredebegründenden Tatsachen sowie bei der Verteidigung des Beklagten gegenüber der Einrede des Klägers im Hinblick auf die

255 → Rn. 97, 120.

256 Nach dem von uns vorgeschlagenen Aufbau bei Einreden iSd ZPO – → Rn. 97 – ist diese Fallkonstellation nicht denkbar, wenn bei diesem Ergebnis die Einrede bereits in der Klägerstation geprüft wird.

257 Vgl. → Rn. 115 ff.

von ihm geltend gemachten Einreden, soweit die Einrede des Klägers bereits am Anfang geprüft worden ist. In all diesen Fällen müssen nämlich Ausführungen bereits in der ersten Erheblichkeitsprüfung (Beklagtenstation) erfolgen. Übrig bleiben die Fälle, in denen erstmalig in einer Replik eine Einrede des Klägers geprüft und bejaht wird. Hier muss sich zwingend eine Duplik anschließen, weil der Beklagtenvortrag im Hinblick auf diese Einrede noch nicht überprüft wurde. Dabei ist unerheblich, ob sich der Beklagte mit einer (unerheblichen) Rechtsansicht, mit einfachem oder qualifiziertem Bestreiten, mit Bestreiten mit Nichtwissen oder mit einer Einrede im Sinne der ZPO gegenüber der Einrede des Klägers verteidigt.

Ist eine Duplik erforderlich, ist die Zusammenfassung in der ersten Erheblichkeitsprüfung (Beklagtenstation) zur Vermeidung von Widersprüchen wie folgt zu formulieren:

> Das Vorbringen des Beklagten, ..., ist im Hinblick auf die einredebegründenden Tatsachen erheblich gegenüber dem schlüssig dargelegten Anspruch aus ...

Im Übrigen gelten für die Duplik dieselben Regeln wie für die Replik.

V. Tatsächliche Würdigung (Beweisstation)

1. Allgemeine Fragen

131 Im Rahmen der tatsächlichen Würdigung (Beweisstation) ist festzustellen, ob bei der Entscheidung des Rechtsstreits die vom Kläger vorgetragenen Tatsachen (= dann ist eine Entscheidung entsprechend dem Ergebnis der Klägerstation zu treffen) oder die vom Beklagten vorgetragenen Tatsachen (= dann ist eine Entscheidung entsprechend dem Ergebnis der Beklagtenstation zu treffen) zugrunde gelegt werden können. Dabei sind streitentscheidend nur die in der Zusammenfassung der Beklagtenstation – bzw. in der Replik oder Duplik – aufgelisteten Tatsachen, die auch als *beweiserhebliche Tatsachen* bezeichnet werden.

132 Rechtliche Ausführungen zu den anspruchsbegründenden Tatsachen und zu den Einreden im Sinne der ZPO[258] gehören nicht in die Beweisstation. Die entsprechende Rechtsprüfung hat ausschließlich in den Darlegungsstationen zu erfolgen. Dagegen sind Erörterungen zu Rechtsfragen, die die Beweislast, die Zulässigkeit von Beweismittel pp. betreffen, in diesem Abschnitt (Beweisstation) vorzunehmen. Um zu vermeiden, dass die Darlegungsstationen hier fortgesetzt werden, leitet man die Beweisstation am besten mit einer direkten Frage ein, und zwar:

> Ist bewiesen, dass ...?
>
> (oder:)
>
> Steht fest, dass ...?

Der erste Satz ist zu empfehlen, wenn eine Beweisaufnahme durchgeführt wurde oder noch durchzuführen ist. Wenn hingegen die Tatsachenfeststellung aufgrund mangelnder Beweisbedürftigkeit oder wegen fehlender bzw. fehlerhafter Beweisangebote getroffen wird, ist der zweite Satz besser.

258 Vgl. zur Terminologie → Rn. 66, 97.

133 Die Formulierung der direkten Frage richtet sich nach der *Beweislast*, wobei an dieser Stelle grundsätzlich keine Ausführungen zur Beweislast, dh keine Erklärungen zur Formulierung der Beweisfrage, erfolgen. Dies gilt jedenfalls dann, wenn sich die Beweislast nach allgemeinen Regeln richtet. Sind jedoch Besonderheiten zu beachten, halten wir es für gut vertretbar, dass sich der Verfasser nicht nur gedanklich mit der Frage der Beweislast auseinandersetzt, sondern seine Gedanken vor Formulierung der Beweisfrage niederschreibt.[259]

134 Die am Ende dieses Abschnittes (Beklagtenstation) zusammengefassten beweiserheblichen Tatsachen müssen in der Beweisstation gegebenenfalls entsprechend dem Klägervortrag umformuliert werden. Dies gilt insbesondere für anspruchsbegründende Tatsachen, soweit nicht ausnahmsweise der Beklagte die Beweislast trägt.

Beispiel:
Es wird ein Werklohn eingeklagt. Streitentscheidend ist, ob der Kläger das Werk mangelhaft – mangelfrei – hergestellt hat.
Vor der Abnahme trägt der Kläger (= Werkunternehmer) insoweit die Beweislast. Dann lautet die Beweisfrage:

Ist bewiesen, dass keine Mängel (diese sind im Einzelnen aufzuführen) vorhanden sind?

Nach der Abnahme geht die Beweislast auf den Beklagten (= Besteller) über. Dann lautet die Beweisfrage:

Ist bewiesen, dass die (näher zu bezeichnenden) Mängel vorhanden sind?

Daher muss man sich mit der *Beweislast*, worunter wir das eine Partei treffende Risiko des Prozessverlustes wegen Nichterweislichkeit der ihren Vortrag tragenden Tatsachen verstehen,[260] jedenfalls gedanklich schon am Anfang der Beweisstation, nämlich bei der Formulierung der Beweisfragen, beschäftigen. Nur bei richtiger Formulierung der Beweisfrage kann (später) beurteilt werden, ob nach durchgeführter Beweisaufnahme der Beweis erbracht ist.

Zur Übung: Im obigen Ausgangsbeispiel haben die zur Frage der Mängel vernommenen Zeugen – Mitarbeiter des Klägers – übereinstimmend unter Darlegung von Einzelheiten bekundet, dass die Mängel … nicht vorhanden seien.
Ist die Beweisfrage negativ formuliert (= vor der Abnahme), muss nunmehr überprüft werden, ob das Gericht von der Richtigkeit der Zeugenaussagen überzeugt ist (= Beweiswürdigung im engeren Sinn).[261]
Ist die Beweisfrage positiv formuliert (= nach der Abnahme), kommt es nicht darauf an, ob die Zeugen die Wahrheit gesagt haben. Jedenfalls haben sie die Beweisfrage nicht (positiv) beantwortet, dh, ihre Aussage ist unergiebig.[262] Damit steht fest, dass der Beweispflichtige seine Behauptung nicht mit den vernommenen Zeugen erbringen kann. Eine Beweiswürdigung hat in diesen Fällen grundsätzlich zu unterbleiben (Ausnahme: Beweis des Gegenteils)[263].
An diesem Beispiel wird deutlich, dass nur die richtige Formulierung der Beweisfrage den Bearbeiter davor bewahren kann, unergiebige Beweise zu würdigen. Das ist – jedenfalls grundsätzlich – nicht erforderlich und in der Regel unzweckmäßig, weil ansonsten überprüft würde, ob etwas bewiesen ist, was gar nicht zu beweisen war, nämlich das Gegenteil. Davor können wir – jedenfalls in der Regel – nur warnen, zumal die Beweiswürdigung den Referendaren – aus verständlichen Gründen – nicht selten erhebliche Schwierigkeiten bereitet.

259 Vgl. zur Beweislast allgemein → Rn. 151, → F Rn. 133 f.
260 Zu den Einzelheiten vgl. → F Rn. 133.
261 → Rn. 148, → F Rn. 73 ff.
262 → F Rn. 74.
263 → F Rn. 75.

Einen *einleitenden Satz*, etwa:

> Da die rechtserheblichen Behauptungen voneinander abweichen, ist zu prüfen, welche Behauptung festgestellt werden kann.

halten wir für angebracht, wenn am Anfang Erörterungen zur Beweislast erfolgen, im Übrigen jedoch für überflüssig, wenn auch unschädlich. Schon durch die Überschrift wird klargestellt, dass nunmehr eine Tatsachenfeststellung erfolgt. Dass darüber hinaus die rechtserheblichen Behauptungen voneinander abweichen, ergibt sich schon aus den in den Darlegungsstationen erzielten Ergebnissen.

Sind mehrere Tatsachen beweiserheblich, ist jede einzelne Frage abschließend zu erörtern. Es ergibt sich dann folgender *Aufbau*: **135**

> Tatsächliche Würdigung (Beweisstation)
> 1. Ist bewiesen, dass ...?
> ...
> 2. Ist bewiesen, dass ...?
> ...
> 3. Zusammenfassung

Im Anschluss an jede abzuhandelnde Beweisfrage ist das erzielte Zwischenergebnis darzustellen. Dabei spielen auch die Überlegungen zur Gesamterheblichkeit eine Rolle.[264] Mit dem Zwischenergebnis kann bereits das endgültige Ergebnis erzielt worden sein. In jedem Fall wird am Ende der Prüfung das Gesamtergebnis zusammengefasst. Dabei ist festzustellen, ob und in welchem Umfang (derzeit) die Klage begründet ist und gegebenenfalls über welche Fragen weiter Beweis erhoben werden muss.

Die *Reihenfolge*, in der die einzelnen beweiserheblichen Tatsachen geprüft werden, hängt im Wesentlichen von ihrer Bedeutung für den Rechtsstreit ab. Dabei sind logische und vor allem prozessökonomische Gesichtspunkte zu beachten. Auch in diesem Abschnitt (Beweisstation) soll nämlich möglichst schnell ein endgültiges Ergebnis (= *Entscheidungsreife*) erzielt werden. Kann durch eine einzige streitentscheidende Frage ein abschließendes Ergebnis gewonnen werden, sollte diese grundsätzlich vor Tatsachen abgehandelt werden, die sich nur auf einen Teil des Anspruches beziehen oder die nur in Zusammenhang mit weiteren streitigen Tatsachen eine Bedeutung haben. Ist eine Beweisfrage leicht abzuhandeln, kann es sich empfehlen, diese vor anderen Beweisfragen, die eine komplizierte Beweiswürdigung erfordern, zu erörtern. Sprechen weder logische noch prozessökonomische Gesichtspunkte für eine bestimmte Reihenfolge, werden die Beweisfragen entsprechend ihrer Darstellung bei der Erheblichkeit (Beklagtenstation) geprüft. **136**

Sobald ein *endgültiges Ergebnis* erzielt wird, ist dieser Abschnitt (Beweisstation) zu beenden. Je nach Bearbeitervermerk im Examen oder aufgrund einer Anweisung des Ausbilders kann es allerdings erforderlich sein, nicht abgehandelte Beweisfragen in einem *Hilfsgutachten* zu erörtern. In dem Hilfsgutachten hat man sich auf einen Standpunkt zu stellen, nach dem es auf die betreffenden Beweisfragen ankommt. Im Anschluss daran sind die erhobenen Beweise zu würdigen. **137**

---

264 Vgl. → Rn. 119.

138 Auch dieser Abschnitt (Beweisstation) ist grundsätzlich im *Gutachtenstil* abzuhandeln. Eine bloße Wiederholung von Zeugenaussagen muss vermieden werden. Diese können kurz in einem Nebensatz wiedergegeben werden, während in dem Hauptsatz die jeweilige Relevanz klarzustellen ist.

> Die Beweisfrage könnte durch die Aussage des Zeugen X, ... (hier folgt eine kurze Zusammenfassung der Kernpunkte dieser Aussage im Konjunktiv), geklärt sein.

139 Im Rahmen der Beweisstation werden bestimmte *Fachausdrücke* verwendet. Ein *Zeuge* trägt nicht vor und legt auch nicht dar – diese Begriffe sind ausschließlich im Zusammenhang mit dem Vortrag der Parteien zu verwenden –, sondern *sagt aus, bekundet, schildert, beschreibt*. Da die Aussage zur Prozessgeschichte gehört, wird sie in der Zeitform des Perfekts wiedergegeben. Der Inhalt der Aussage selbst ist im Konjunktiv darzustellen, da in der Beweisstation erst ermittelt werden soll, ob die Aussage richtig ist.

Wird Beweis erhoben durch *Partei*vernehmung, werden ebenfalls entsprechende Verben verwendet, da die Parteivernehmung streng zu unterscheiden ist von dem Vortrag der Parteien.[265]

Man spricht ferner im Zusammenhang mit einer Person von »*Glaubwürdigkeit*« – nur eine Person, nicht aber eine Sache kann würdig sein – und im Zusammenhang mit dem Inhalt einer Aussage von »*Glaubhaftigkeit*«.[266] Die beweisbelastete Partei hat den sogenannten *Hauptbeweis* zu erbringen. Da auch der Gegner Beweismittel anbieten kann, spricht man in diesem Zusammenhang von *Gegenbeweis*. *Beweis des Gegenteils* hingegen bedeutet, dass das Gegenteil der von dem Beweispflichtigen zu beweisenden Tatsache bewiesen wird (vgl. § 292 S. 1).

2. Beweisbedürftigkeit

140 Nach Darstellung der Beweisfrage ist gedanklich immer die Beweisbedürftigkeit einer Tatsache zu prüfen. Ausführungen hierzu werden im Gutachten nur erwartet, wenn Zweifel bestehen.

Grundsätzlich kann von dem Sachvortrag der darlegungs- und beweispflichtigen Partei nur ausgegangen werden, wenn dieser Vortrag bewiesen wird. Ausnahmsweise steht jedoch eine Tatsache ohne Beweisaufnahme fest, dann nämlich, wenn sie nicht beweisbedürftig ist. Nicht beweisbedürftig sind bzw. können sein:

- offenkundige Tatsachen
- zugestandene Tatsachen
- Tatsachen, deren Beweis vom Gegner vereitelt wird
- Tatsachen, die einer entsprechenden Schadensschätzung zugänglich sind
- vermutete Tatsachen
- Tatsachen, die aufgrund von Hilfstatsachen (Indizien) feststehen

265 Vgl. → F Rn. 53 ff.
266 Vgl. BGH NJW 1991, 3284.

Bei diesen Tatsachen wird der Beibringungsgrundsatz nicht aufgehoben; vielmehr müssen sie von der Partei vorgetragen und zum Gegenstand der mündlichen Verhandlung gemacht werden; lediglich die Beweisbedürftigkeit ist aufgehoben.[267]

Offenkundige Tatsachen (§ 291) sind solche, die allgemeinkundig oder gerichtskun- **141**
dig sind. Allgemeinkundig ist eine Tatsache dann, wenn sie einer beliebig großen Anzahl von Menschen bekannt oder für diese ohne Weiteres zuverlässig wahrnehmbar ist, wie zB historische oder politische Ereignisse, Sichtverhältnisse, Entfernungen, Börsenkurse pp.[268] Bei offenkundigen Tatsachen darf der Richter auch privates Wissen verwenden und die notwendigen Grundlagen selbst ermitteln; er hat aber den Parteien insoweit rechtliches Gehör zu gewähren.[269] Von Gerichtskundigkeit ist dann auszugehen, wenn das erkennende Gericht die Tatsache amtlich wahrgenommen hat.[270] Private Kenntnisse des Richters, so die Wahrnehmung des streitentscheidenden Vorfalles, reichen hingegen nicht.

Beispiel: Der Kläger wird in einem Prozess vor dem Landgericht Köln von Herrn X vertreten, der die Zulassung als Rechtsanwalt verloren hat. Die Zurücknahme der Zulassung ist gerichtskundig, da sie in einem Rundlauf allen Richtern bekanntgegeben wurde. Ist sie zwischen den Parteien streitig, ist in einer Klägerstation die Postulationsfähigkeit von Herrn X zu bejahen und in einer Beklagtenstation zu verneinen. Dann kann die Beweisstation wie folgt lauten:

Steht fest, dass die Zulassung des Herrn X als Rechtsanwalt bei dem Landgericht Köln nicht zurückgenommen wurde? Bereits ohne Durchführung einer Beweisaufnahme könnte hier das Gegenteil feststehen, wenn die Zurücknahme der Zulassung gerichtskundig ist. Durch Rücknahmeverfügung vom ... Die Rücknahmeverfügung ist auch gerichtskundig ...

Zugestandene Tatsachen[271] sind bei der tatsächlichen Würdigung (Beweisstation) **142**
grundsätzlich nicht zu behandeln. Soweit der Sachverhalt unstreitig ist, ist eine tatsächliche Würdigung nicht erforderlich. Die mangelnde Beweisbedürftigkeit ergibt sich bereits aus den Darlegungsstationen. Etwas anderes kann gelten, wenn der Gegner eine Tatsache zunächst im Sinne des § 288 gesteht und dieses Geständnis später widerruft. Da bei der Wertung des Sachverhalts von dem Stand der letzten mündlichen Tatsachenverhandlung auszugehen ist, muss die Tatsache als streitig behandelt werden. Dann aber kann sie streitentscheidend sein. Sie ist jedoch nicht beweisbedürftig, wenn der Widerruf des Geständnisses (§ 290) unwirksam ist. Dieser Punkt ist bei der Frage der Beweisbedürftigkeit abzuhandeln.

Beispiel: Das Geständnis wird in dem Bewusstsein abgegeben, den tatsächlichen Inhalt einer Urkunde, auf die sich das Geständnis bezieht, nicht zu kennen. Ein Widerruf wegen Irrtum ist dann ausgeschlossen.[272]

Die Frage der Beweisbedürftigkeit stellt sich in diesem Zusammenhang auch, wenn nur einer von mehreren Streitgenossen nach § 288 gesteht. Dann ist der Sachvortrag der anderen in den Darlegungsstationen als streitig zu behandeln. Jedoch kann die

267 BAG NJW 1977, 695; BGH NJW-RR 2013, 1013; Zöller/*Greger* ZPO § 291 Rn. 2a.
268 BGH NJW 2007, 3211 (Sichtverhältnisse); allgemein Thomas/Putzo/*Reichold* ZPO § 291 Rn. 1.
269 BGH NJW 2007, 3211.
270 Thomas/Putzo/*Reichold* ZPO § 291 Rn. 2; vgl. auch *Stackmann* NJW 2010, 1409 (Parallelprozesse).
271 → Rn. 32; für das Geständnis im Strafverfahren gilt nicht § 288, sondern nur die freie Beweiswürdigung nach § 286: BGH MDR 2004, 954 = NJW 2004, 1876.
272 BGH NJW 2011, 2794.

Beweisbedürftigkeit zu verneinen sein, wenn das Geständnis des einen Streitgenossen auch für die anderen wirkt.

143 Im Prozessrecht gilt ebenfalls der Grundsatz von Treu und Glauben.[273] *Vereitelt* der Gegner schuldhaft die Beweisführung durch die beweisbelastete Partei, kann das Gericht uU die Behauptung des Beweisführers als richtig ansehen.[274] In diesem Fall ist die Tatsache nicht beweisbedürftig.

144 Ist streitig, ob und in welcher Höhe ein Schaden entstanden ist, kann das Gericht uU nach § 287 eine *Schätzung*, die sich bereits in den Darlegungsstationen auswirken kann und auf die noch näher eingegangen wird,[275] vornehmen. Wenn dadurch bereits ein endgültiges Ergebnis erzielt wird, ist die streitentscheidende Tatsache nicht beweisbedürftig. § 287 ist daher vor der Frage abzuhandeln, ob eine Beweisaufnahme durchzuführen ist bzw. welches Ergebnis durch eine bereits erfolgte Beweisaufnahme erzielt wurde. Diese Vorschrift kann außerdem die Darlegungslast beeinflussen.

145 Greift eine *gesetzliche* (§ 292) oder *tatsächliche* Vermutung ein, ist die vermutete Tatsache selbst nicht beweisbedürftig. Auf die Besonderheiten der Vermutungen, die sich bereits in den Darlegungsstationen auswirken können, wird in einem besonderen Kapitel noch näher eingegangen.[276]

146 Unter denselben Gesichtspunkten haben *Hilfstatsachen* (= echte Indizien[277]) für die Beweisbedürftigkeit eine Bedeutung. Hilfstatsachen sind Tatsachen, die nicht unmittelbar ein Tatbestandsmerkmal ausfüllen, jedoch allein oder in Zusammenwirken mit anderen Tatsachen den Schluss auf die Haupttatsache, die unmittelbar das Tatbestandsmerkmal ergibt, zulassen. Greift eine Hilfstatsache ein, ist die Haupttatsache selbst nicht beweisbedürftig. Die Hilfstatsache ist aber nur dann brauchbar, wenn sie unbestritten oder bewiesen ist, sodass sie ihrerseits beweisbedürftig sein kann. Ob die Hilfstatsachen bereits in den Darlegungsstationen zu prüfen sind und welche Konsequenzen sich daraus ergeben, wird noch näher erörtert werden.[278]

3. Beweiswürdigung

147 Ist Beweis erhoben worden, prüft das Gericht, ob es von der Wahrheit einer Behauptung überzeugt ist, wobei Ausgangspunkt die richtige, an der Beweislast orientierte Beweisfrage sein muss.[279] Das bedeutet nicht, dass die Wahrheit mit absoluter Sicherheit feststehen muss. Erforderlich ist jedoch ein hoher Grad von Wahrscheinlichkeit, »der Zweifeln Schweigen gebietet, ohne sie völlig auszuschließen«.[280]

Die »leitenden« Gründe der Beweiswürdigung müssen im Urteil und damit auch im Gutachten angegeben werden (§ 286 I 2). Leere Redensarten reichen nicht aus, viel-

---

273 BGH MDR 1995, 306 = NJW 1995, 533 mwN (Zustellungsmängel).

274 Zu den allgemeinen Grundsätzen der Beweisvereitelung vgl. BGH NJW 1986, 60; *Baumgärtel/Laumen/Prütting* Beweislast § 242 Rn. 18 ff.; auch → F Rn. 150 f.

275 → F Rn. 152 ff.

276 → F Rn. 106 ff. (gesetzliche Vermutung); 114 ff. (tatsächliche Vermutung).

277 → F Rn. 91 ff.

278 → F Rn. 95 ff.

279 → Rn. 133 f., → F Rn. 71 ff.

280 BGH NJW 1993, 935; 2000, 953; VersR 2007, 1429; Thomas/Putzo/*Reichold* ZPO § 286 Rn. 2; näher → F Rn. 75; zu den geringeren Anforderungen bei der *Glaubhaftmachung* vgl. → F Rn. 57 f.

mehr ist im Einzelnen darzustellen, aus welchen konkreten Umständen welche Schlussfolgerungen gezogen werden.[281]

Freie Beweiswürdigung im Sinne des § 286 I 1 bedeutet, dass das Gericht bei der Bildung seiner Überzeugung abgesehen von den gesetzlichen Beweisregeln (§ 286 II) keiner Bindung unterliegt und völlig frei den Beweiswert der einzelnen Beweismittel beurteilen kann. Dabei sind allerdings keine Verallgemeinerungen erlaubt. Es gibt zB keine allgemeine Beweisregel, dass Aussagen naher Angehöriger und Ehegatten unbrauchbar sind.[282]

Grundlage der *Beweiswürdigung* ist nicht nur das Vorbringen der Parteien, sondern der gesamte Inhalt der mündlichen Verhandlung einschließlich des persönlichen Eindrucks, den das Gericht von allen am Verfahren Beteiligten gewonnen hat. Eine besondere Bedeutung hat in diesem Zusammenhang der Inhalt von Urkunden, insbesondere von *Beiakten*. Verwertbar sind Urkunden allerdings nur, wenn sie Gegenstand der mündlichen Verhandlung waren.[283] Der Tatrichter kann auch aufgrund der Parteianhörung iSd § 141, die anders als die Parteivernehmung nicht als Beweismittel, sondern als Vortrag zu werten ist, dem Zeugen nicht glauben.[284] Das bedeutet allerdings nicht, dass der Richter bei streitigem Vortrag ohne Beweisaufnahme dem Vortrag einer Partei folgen kann, den er für glaubhafter hält als den der anderen.[285]

Die Beweiswürdigung gliedert sich in drei Teile, nämlich **148**

1. Auslegung des Inhalts des Beweismittels,
2. Ergiebigkeit des Beweismittels und
3. Überzeugungskraft des ergiebigen Beweismittels.

Zu 1.: Wird die Beweisfrage eindeutig positiv oder negativ beantwortet, entfällt naturgemäß eine *Auslegung*. Insbesondere bei Zeugenaussagen liegt ein solch klares Ergebnis jedoch nicht immer vor. Dann kann eine Auslegung der Aussage erforderlich sein.

Zu 2.: Die Beweismittel können, bezogen auf die richtige Beweisfrage, positiv-ergiebig, negativ-ergiebig oder unergiebig sein. Die Einzelheiten zu diesem Punkt werden in dem Kapitel »Beweis und Beweiswürdigung« besprochen.[286]

Merke: Nur das positiv-ergiebige Beweismittel muss zwingend auf seine Überzeugungskraft überprüft werden. Bei negativer Ergiebigkeit und bei Unergiebigkeit kann von einem »non liquet« ausgegangen werden.[287]
Wichtig ist, vorher die Beweisfrage richtig, dh nach der Beweislast, zu formulieren.[288]

281 BGH NJW 1991, 1894; 1998, 2736; Thomas/Putzo/*Reichold* ZPO § 286 Rn. 3 ff. mwN; vgl. auch → F Rn. 71 ff.
282 Vgl. → F Rn. 71.
283 BGH NJW 1993, 2382; vgl. auch → Rn. 15, → F Rn. 43.
284 BGH MDR 2006, 990 = NJW-RR 2006, 672; zur Abgrenzung der Parteianhörung von der Parteivernehmung vgl. → Rn. 19.
285 BGH NJW-RR 1989, 898; vgl. zum Verhältnis des § 141 zu § 286 näher *Eschelbach/Geipel* MDR 2012, 198; *Stackmann* NJW 2012, 1249.
286 → F Rn. 73 f.
287 Vgl näher → Rn. 152, → F Rn. 73.
288 Vgl. näher → Rn. 133, 150 ff.; allgemein zur Beweislast → F Rn. 133 ff.

Zu 3.: Die Beweiswürdigung im engeren Sinne, dh die Feststellung der *Überzeugungskraft*, ist die schwierigste Aufgabe, da man sich hier nicht auf juristische Argumentationen beschränken kann. Insoweit wird auf die Ausführungen in dem Kapitel »Beweis und Beweiswürdigung« und die dort angegebene Fachliteratur Bezug genommen.[289]

149 Was die *Darstellung* der Beweiswürdigung im Urteil/Gutachten anbelangt, gilt Folgendes:

Sind mehrere Beweismittel vorhanden und ist die Beweisfrage erwiesen, beginnt man mit den positiv-ergiebigen Beweismitteln. Dabei wird zunächst erörtert, was für die Überzeugungskraft dieser Beweismittel spricht. Im Anschluss daran ist festzustellen, dass der Beweiswert dieser Beweismittel weder durch die unergiebigen noch durch die negativ-ergiebigen Beweismittel in Frage gestellt wird. Bei der Abhandlung der negativ-ergiebigen Beweismittel ist zu erörtern, welche Umstände gegen deren Überzeugungskraft sprechen.

Ist eine Tatsache nicht bewiesen, beginnt man bei mehreren Beweismitteln am besten mit dem unergiebigen. Im Anschluss daran werden die positiv-ergiebigen dargestellt. In diesem Zusammenhang ist aufzuzeigen, was gegen deren Überzeugungskraft spricht. Dabei spielen auch die negativ-ergiebigen Beweismittel eine Rolle. Im Einzelfall kann die Feststellung genügen, dass den positiv-ergiebigen Beweismitteln die negativ-ergiebigen Beweismittel entgegenstehen und keine Anhaltspunkte dafür ersichtlich sind, warum den zuerst genannten mehr Überzeugungskraft zukommt als den negativ-ergiebigen.

4. Beweislast, non liquet und Beweisfälligkeit

150 Beweis wird, soweit dies nicht von Amts wegen geschieht (§ 144), nur erhoben, wenn die beweisbelastete Partei ordnungsgemäß Beweis antritt (sogenannter Hauptbeweis).[290] Die Beweisantritte des Gegners stellen dagegen einen Gegenbeweis dar, durch den der Hauptbeweis erschüttert werden soll. Ein Gegenbeweis ist daher nur relevant, wenn der Hauptbeweis ohne einen solchen erfolgreich geführt sein würde. Eine Beweisaufnahme über den Gegenbeweis findet nur statt, wenn eine solche auch über den Hauptbeweis erfolgt.

151 Soweit keine gesetzlichen Regeln bestehen (zB § 280 I 2 BGB), trägt die jeweilige Partei die Beweislast für die Tatsachen, die eine ihr günstige Norm ausfüllen, dh, der Kläger trägt grundsätzlich die *Beweislast* für die anspruchsbegründenden und der Beklagte die Beweislast für die einredebegründenden Tatsachen.[291]

152 Ist eine Beweisaufnahme durchgeführt und dabei kein eindeutiges Ergebnis erzielt worden, spricht man von einem *»non liquet«*. Von einem »eindeutigen« Ergebnis ist dann auszugehen, wenn die (richtige) Beweisfrage positiv beantwortet, dh die vom Beweispflichtigen vorgetragene Tatsache bewiesen wird (= positive Ergiebigkeit). Der Fall des »non liquet« ist dagegen schon dann anzunehmen, wenn die erhobenen Beweise nicht positiv ergiebig waren; auf die Frage, ob das Gegenteil feststeht, kommt

289 → F Rn. 75 ff.

290 Zum Beweisangebot vgl. → F Rn. 3 (Zeuge), → F Rn. 18 (Sachverständiger), → F Rn. 32 (Augenschein), → F Rn. 41 (Urkunde), → F Rn 51 f. (Parteivernehmung).

291 Thomas/Putzo/*Reichold* ZPO Vorbem. § 284 Rn. 23; vgl. auch → F Rn. 133 f.

es nicht an[292]. Bei einem »non liquet« stellt sich die Frage, ob eine weitere Beweiserhebung durchgeführt werden muss. Das hängt davon ab, ob die beweisbelastete Partei ordnungsgemäß weiteren Beweis angetreten hat. Wenn unerledigte Beweisangebote vorliegen, muss nunmehr – soweit nicht bereits vorher geschehen[293] – schriftlich erörtert werden, wer die *Beweislast* trägt, obwohl man sich schon vorher gedanklich damit beschäftigen musste, nämlich bei der Formulierung der Beweisfrage. Neben der Frage, ob die Beweisangebote ordnungsgemäß sind, muss auch festgestellt werden, ob sie von der richtigen Partei, dh von dem Beweispflichtigen stammen. Ist dies der Fall, wird eine weitere Beweisaufnahme erforderlich. Wenn im Ausgangsfall (»non liquet« nach durchgeführter Beweisaufnahme) keine Partei weiteren Beweis angeboten hat, ist zu klären, zu wessen Lasten das »non liquet« geht. Das Gericht muss nämlich bei seiner Entscheidung den Vortrag der nicht beweisbelasteten Partei zugrunde legen, obwohl dieser Vortrag nicht feststeht. Man spricht in derartigen Fällen von einem »Beweislasturteil«.

Ein solches Beweislasturteil ergeht ferner dann, wenn keine Beweisaufnahme durchgeführt worden ist und die beweisbelastete Partei keinen ordnungsgemäßen Beweis angetreten sowie auf einen Hinweis des Gerichts nach § 139 I 2 – ein solcher Hinweis ist immer erforderlich – nicht reagiert hat. Auch bei dieser Fallkonstellation sind jedenfalls am Ende der Beweisstation Ausführungen zur Beweislast erforderlich. Ist der beweisbelasteten Partei der Beweis nicht gelungen oder hat sie trotz Hinweises nach § 139 keinen ordnungsgemäßen Beweis angetreten, spricht man von *Beweisfälligkeit*. **153**

5. Die Beweiserhebung

Ist die Beweisbedürftigkeit bejaht worden, muss weiter geprüft werden, ob eine Beweisaufnahme durchzuführen ist. Grundsätzlich setzt eine Beweiserhebung einen ordnungsgemäßen *Beweisantrag* der beweisbelasteten Partei voraus. Wie der Beweisantrag auszusehen hat, ist in den §§ 371 (Augenschein), 373 (Zeugen), 403 (Sachverständigengutachten), 420 ff. (Urkunden) und 445, 447 (Parteivernehmung) geregelt.[294] Die Einnahme des Augenscheins und die Begutachtung durch einen Sachverständigen können auch gemäß § 144 in Ausnahmefällen[295] nach freiem Ermessen von Amts wegen angeordnet werden. Hier wird der *Beibringungsgrundsatz* durchbrochen. Dasselbe gilt für eine Parteivernehmung von Amts wegen nach § 448. **154**

Zum ordnungsgemäßen Antrag, einen Zeugen zu hören, zählt grundsätzlich nicht die Angabe, aufgrund welcher Wahrnehmung er die Tatsache erfahren hat, die in sein Wissen gestellt wird; etwas anderes soll nur bei inneren Tatsachen gelten.[296] Notwendiger Inhalt eines ordnungsgemäßen Beweisantrags ist aber die Bezeichnung der Tatsachen, die bewiesen werden sollen; wie konkret die jeweiligen Tatsachenbehauptungen sein müssen, ist unter Berücksichtigung der Wahrheits- und Vollständigkeitspflicht (§ 138 I) anhand der Umstände des Einzelfalles, insbesondere der Einlassung **155**

292 → Rn. 133, 148.
293 Vgl. → Rn. 133, → F Rn. 75.
294 Vgl. → F Rn. 3, 18, 32, 41, 51.
295 → F Rn. 19, 32.
296 BGH NJW 1987, 1403; 1992, 2489; zum sog. »Ausforschungsbeweis« vgl. BGH NJW 1989, 227 (25) = NJW-RR 1988, 1529; s. auch → F Rn. 4.

des Gegners, zu beurteilen.[297] Eine Beweiserhebung zur Feststellung der beweiserheblichen Tatsachen ist nur dann abzulehnen, wenn diese so ungenau bezeichnet sind, dass ihre Erheblichkeit nicht beurteilt werden kann, oder wenn die Behauptung aufs Geratewohl gemacht wird (Gesichtspunkt des Rechtsmissbrauchs).[298] Im ersten Fall wird in der Regel schon die Schlüssigkeit bzw. die Erheblichkeit zu verneinen sein;[299] dann stellt sich das Problem in der Beweisstation nicht. Grundsätzlich unschädlich ist, wenn die Partei ihren Vortrag berichtigt, dh widersprechende Tatsachen schildert, aber klarstellt, in welchem Verhältnis die verschiedenen Sachverhalte zueinander stehen.[300]

156 Liegt ein ordnungsgemäßer Beweisantrag der beweisbelasteten Partei vor, muss jedenfalls gedanklich weiter geprüft werden, ob eine Beweisaufnahme *zulässig* ist. Ausführungen zu dieser Frage sind nur dann erforderlich, wenn insoweit Zweifel bestehen. Unzulässig kann eine Beweisaufnahme zB sein, wenn verspätet Beweis angetreten (§ 296), ferner, wenn das falsche oder nicht erreichbare Beweismittel angeboten wird

Beispiele:
- Der Geschäftsführer einer GmbH, die Partei ist, wird als Zeuge benannt. Er kann jedoch nur als Partei vernommen werden.[301]
- Ein Zeuge im Ausland ist unerreichbar.[302]

oder wenn ein Verstoß gegen Verfahrensgrundsätze vorliegt, wobei sich bei bereits vorhandenen Beweismitteln hier die Frage der Verwertbarkeit stellt.

Beispiele:
- Verwertung heimlicher Tonbandaufnahmen (= Augenschein), wenn nicht die Bandaufnahme ausnahmsweise aufgrund überwiegend berechtigter Interessen gerechtfertigt ist.[303]
  Diese Grundsätze gelten nicht für die Vernehmung eines Zeugen, der ein geschäftliches Gespräch über eine Mithöranlage wahrgenommen hat.[304]
- Verwertung höchstpersönlicher Tagebuchaufzeichnungen ohne Zustimmung des Autors.[305]
- Belauschen eines Gesprächs unter vier Augen ohne Wissen eines Gesprächspartners; bei Lauschzeugenaussagen muss aber in jedem Einzelfall über die Frage der Verwertbarkeit aufgrund einer Interessen- und Güterabwägung entschieden werden.[306]
- Heimlich eingeholtes DNA-Gutachten: unverwertbar.[307]

157 Liegt ein ordnungsgemäßer Beweisantrag der beweisbelasteten Partei vor – auch hier sind Ausführungen zur Beweislast erforderlich – und ist eine Beweisaufnahme zulässig, hat grundsätzlich eine Beweisanordnung zu erfolgen. In diesem Abschnitt (Beweisstation) ist darzustellen, welche Beweise zu erheben sind und welche Maßnahmen getroffen werden müssen (zB prozessleitende Verfügung nach § 273 II oder förmlicher Beweisbeschluss nach §§ 358 ff.; Anforderung eines Auslagenvorschusses

---

297 BGH NJW-RR 1994, 377 (Umfang eines Warenbestandes); vgl. näher → Rn. 34, 101.
298 BGH NJW-RR 1995, 722; 1995, 724; vgl. auch → F Rn. 4; zur Ungeeignetheit eines Beweismittels vgl. BGH NJW-RR 2015, 158 Rn. 17; NJW 2015, 2344 (Gebot der Zurückhaltung).
299 Vgl. → Rn. 101, 118.
300 BGH NJW 2015, 2344.
301 → F Rn. 5.
302 Vgl. BGH NJW 1992, 1768 mwN.
303 BGH NJW 1982, 277; WM 1997, 2046 mwN; OLG Köln NJW 1987, 262.
304 BVerfG NJW 2002, 3619; 2003, 2375; BGH NJW 2003, 1727.
305 BGH NJW 1964, 1139 ff.
306 BVerfG NJW 2002, 3619 (Einwilligung); BVerfG NJW 2003, 2375; BGH NJW 1991, 1180; 1994, 2289; 2003, 1123 (Beweislast); BGH NJW 2003, 1727; BAG NJW 2010, 104.
307 BGH NJW 2006, 1657.

nach § 379, Fristsetzung nach § 356 pp.). Ausnahmsweise kann der Richter von der Erhebung zulässiger und rechtzeitig angetretener Beweise absehen, wenn das Beweismittel völlig ungeeignet ist; ansonsten ist eine *vorweggenommene* Beweiswürdigung unzulässig.[308] Ausnahmsweise kann auch auf die Einholung eines *Sachverständigengutachtens verzichtet* werden, wenn der Richter über eigene Sachkunde verfügt und dies in einem entsprechenden Hinweis offenlegt.[309]

Fest steht an dieser Stelle des Gutachtens, dass die von der beweisbelasteten Partei ordnungsgemäß angebotenen und zulässigen Beweise bedeutsam sind. Da eine Beweisaufnahme möglichst nur einmal in einem Haupttermin durchgeführt werden soll (vgl. § 278 II), muss man sich hier mit der Frage auseinandersetzen, ob die von der nicht beweisbelasteten Partei angebotenen *Gegenbeweise* ebenfalls erhoben werden müssen. Dies wiederum hängt davon ab, ob die Gegenbeweise ordnungsgemäß angeboten und zulässig sind. Insoweit wird auf die obigen Ausführungen Bezug genommen. **158**

Grundsätzlich hat die Beweisanordnung durch einen förmlichen *Beweisbeschluss* im Sinne des § 359 zu erfolgen. Ein solcher Beweisbeschluss muss die entscheidungserheblichen Tatsachen enthalten, die sich bereits aus der eingangs der Beweisstation formulierten Frage **159**

Ist bewiesen, dass …?

ergeben. Darüber hinaus sind die Beweismittel und der Beweisführer anzugeben. Auch hier ist bedeutsam, dass möglichst nur ein Beweistermin durchgeführt werden soll. Daher muss der Beweisbeschluss alle entscheidungserheblichen Tatsachen enthalten, auch wenn gegebenenfalls durch Klärung eines der streitentscheidenden Punkte je nach Ausgang der Beweisaufnahme ein endgültiges Ergebnis erzielt wird.[310] In derartigen Fällen bleibt es dem Richter unbenommen, die Beweisaufnahme vorzeitig abzubrechen.

Examenshinweis: Nach den amtlichen Weisungen einzelner Prüfungsämter ist in Examensarbeiten in den Fällen, in denen der Kandidat eine nicht durchgeführte Beweiserhebung für erforderlich hält, *(fiktiv)* zu unterstellen, dass eine solche angeordnet worden ist und zu einem bestimmten Ergebnis geführt hat. Grundsätzlich ist dabei zu unterstellen, dass der Beweis nicht erbracht wurde. Die fiktive Beweisaufnahme sollte in einer Fußnote kenntlich gemacht werden. **160**

> III. Beweisstation
> Ist bewiesen, dass …?
>
> Dies könnte bewiesen sein durch die Aussagen der Zeugen X und Y (diese sind entsprechend den Beweisangeboten der Parteien namentlich zu bezeichnen). Die Zeugen haben jedoch keine Angaben zu der Beweisfrage gemacht, sondern lediglich darauf hingewiesen, dass sie den Vorfall nicht wahrgenommen haben.*) Daher sind ihre Aussagen nicht ergiebig. Die Behauptung … ist also nicht bewiesen. Zu prüfen ist weiter, zu wessen Lasten dieses negative Beweisergebnis geht … (es folgen Ausführungen zur Beweislast).
>
> *) Eine Beweisaufnahme zu der Beweisfrage ist nicht durchgeführt worden. Gemäß den amtlichen Weisungen des … wird jedoch unterstellt, dass eine solche erfolgt ist und zu dem dargelegten Ergebnis geführt hat. (= Fußnote)

308 BVerfG NJW 1993, 254; NJW-RR 1995, 441; 1986, 1400.
309 BGH NJW 2015, 1311.
310 Wegen der Einzelheiten zum Inhalt eines Beweisbeschlusses vgl. *Muster eines Beweisbeschlusses* → B Rn. 70.

6. Strengbeweis und Freibeweis

161 Die vorstehend dargestellten Regeln für das Beweisverfahren und die Beweismittel gelten uneingeschränkt nur dort, wo die Beweiserhebung der Parteiherrschaft unterliegt. Insoweit spricht man vom »Strengbeweis«. Dieser unterliegt grundsätzlich den Verfahrensvorschriften der §§ 355 ff. und dient der Gewinnung einer vollen richterlichen Überzeugung.[311] Daneben gibt es den gesetzlich nicht geregelten »Freibeweis« in Fällen, in denen eine Ermittlung von Amts wegen zu erfolgen hat und die Fragen betreffen, die der Parteiherrschaft nicht unterliegen, so die unverzichtbaren Prozessvoraussetzungen, die Zulässigkeit von Rechtsmitteln und die Ermittlung ausländischer Rechtsnormen (§ 293).[312] Auch für den Freibeweis genügt nicht die bloße Glaubhaftmachung (§ 294); vielmehr ist hier ebenfalls ein voller Beweis erforderlich; das Gericht ist im Rahmen pflichtgemäßen Ermessens nur freier bei der Gewinnung der Beweismittel und im Beweisverfahren.[313] § 284 S. 2–4 lockert die Strengbeweisregeln auf.

7. Aufbau anhand von Schaubildern

162 Die nachfolgenden Schaubilder betreffen den Fall, dass nur eine Frage streitentscheidend ist. In anderen Fällen ist das Schema für jede Beweisfrage gesondert zu verwenden, wobei dann andere Ergebnisse erzielt werden können.

Wenn zwar Beweis erhoben wurde, jedoch noch nicht alle Beweismittel erschöpft sind, müssen die beiden Schemata kombiniert werden.

Es sind keine Beweise erhoben worden:

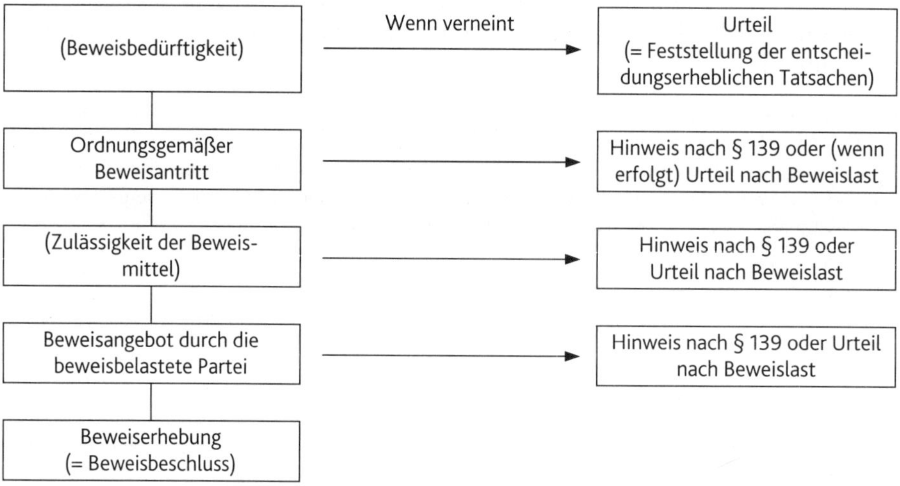

(Die dargestellte Reihenfolge der Merkmale »ordnungsgemäßer Beweisantritt«, »Zulässigkeit der Beweismittel« und »Beweisangebot durch die richtige Partei« ist nicht zwingend und kann umgestellt werden.)

---

311 Vgl. Zöller/*Greger* ZPO Vor § 284 Rn. 6; MüKoZPO/*Prütting* § 284 Rn. 32; vgl. näher → F Rn. 1.

312 Zöller/*Greger* ZPO Vor § 284 Rn. 7; MüKoZPO/*Prütting* § 284 Rn. 26 ff.

313 BGH NJW 1987, 2875; NJW-RR 1992, 1338, jeweils mwN; vgl. auch → S Rn. 24 und zur Glaubhaftmachung → F Rn. 57 ff.

Es ist Beweis erhoben worden:

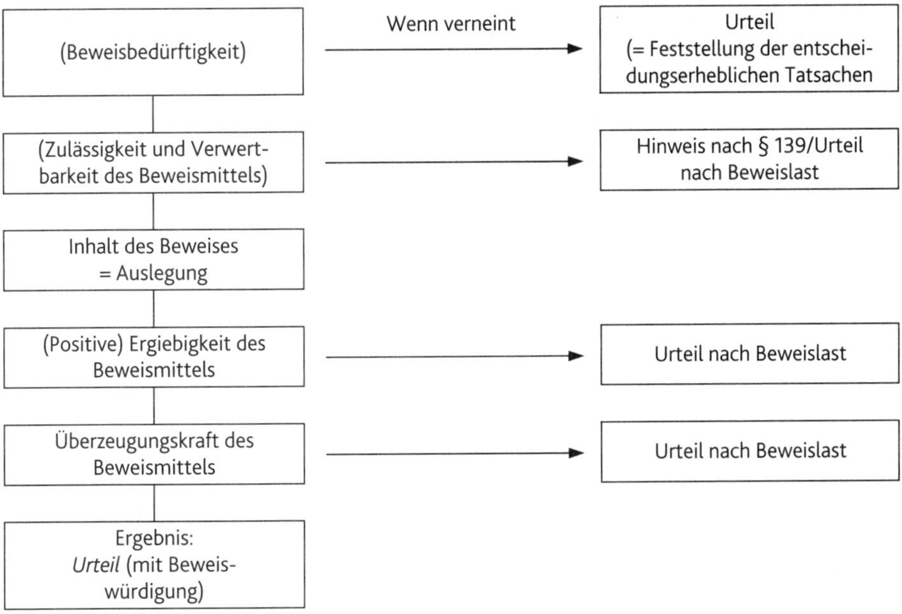

VI. Die Tenorierung

1. Allgemeine Fragen

Im Anschluss an den Abschnitt, in dem die Entscheidungsreife festgestellt wurde, ist **163**
der Urteilstenor zu erarbeiten. Er setzt sich in der Regel aus drei Teilen zusammen, nämlich aus der Hauptsachenentscheidung sowie der Kostenentscheidung und der Entscheidung über die vorläufige Vollstreckbarkeit. Letztere gehören zu den sogenannten *prozessualen Nebenentscheidungen*, die streng von den materiellen Nebenansprüchen, wie Zinsen, vorgerichtliche Mahnkosten pp., zu unterscheiden sind. Diese müssen in den Darlegungsstationen behandelt werden.[314]

Am Ende dieses Abschnittes kann der Urteilstenor formuliert und mit folgendem Satz eingeleitet werden:

> Ich schlage daher folgenden Tenor vor: … (= Tenor)

Auch der Abschnitt »Tenorierung« ist im Gutachtenstil abzuhandeln.

2. Abgrenzung zur sogenannten Entscheidungsstation

Wie bereits mehrfach betont,[315] kann eine Auseinandersetzung mit der Frage erfor- **164**
derlich sein, ob der Rechtsstreit zur Entscheidung reif ist oder ein Hinweis nach § 139 I 2, II zu erfolgen hat. Das ist zB dann der Fall, wenn eine Partei nicht genügend substantiiert vorträgt, nicht ausreichend bestreitet oder überhaupt nicht bzw.

314 Vgl. → Rn. 106 ff.
315 → Rn. 93, 124.

nicht ordnungsgemäß Beweis antritt. Die betreffenden Ausführungen gehören nicht in die Darlegungsstationen, da hier nur geprüft wird, ob der Klageantrag nach dem Vortrag des Klägers und nach dem des Beklagten gerechtfertigt ist. Sie passen auch nicht in die Beweisstation, da hier lediglich eine Tatsachenfeststellung zu erfolgen hat. Schließlich kann unter der Überschrift »Tenorierung« nur der Tenor erarbeitet werden. Daher ist es besser, in den Fällen, in denen die betreffenden Erörterungen erforderlich sind, nicht von Tenorierung, sondern von Entscheidungsstation zu sprechen. In dieser Entscheidungsstation ist zunächst die Entscheidungsreife abzuhandeln. Falls sie bejaht wird, sind im Anschluss daran in dieser Station die Fragen der Tenorierung, dh Hauptsachenentscheidung, Kosten und vorläufige Vollstreckbarkeit, zu erörtern.

Merke: In einer Examensarbeit ist immer Entscheidungsreife anzunehmen, da nach den Bearbeitervermerken zu unterstellen ist, dass Hinweise erfolgt sind und zu einem bestimmten Ergebnis geführt haben.

3. Hauptsachenentscheidung

165 Die Hauptsachenentscheidung hat maßgebliche Bedeutung für die Rechtskraftwirkungen des Urteils[316] und stellt für die Durchsetzung eines der obsiegenden Partei zuerkannten Anspruchs die Vollstreckungsgrundlage dar. Sie ist daher der wichtigste Teil des Urteils. Auf ihre Formulierung ist besondere Sorgfalt zu verwenden. Ungenauigkeiten in dieser Hinsicht wiegen schwer.

Examenshinweis: Manche Prüfer stehen sogar auf dem Standpunkt, dass ein Urteilsentwurf ohne hinreichend bestimmten bzw. nicht vollstreckungsfähigen Tenor in jedem Fall unbrauchbar ist.

Die Formulierung muss daher *eindeutig* und aus sich heraus verständlich sein. Maßgeblich ist der Horizont eines verständigen Dritten. Die Sicht der Parteien oder des erkennenden Gerichts ist nicht entscheidend, da die Bestimmtheit des Titels nicht den Belangen der Parteien dient, sondern dem öffentlichen Interesse an eindeutigen Grundlagen der Zwangsvollstreckung.[317]

Wendungen wie:

- Die Klage ist begründet. (Ein nicht seltener, schwerer Fehler!)
- Der Beklagte wird verurteilt, an den Kläger 1.000 EUR nebst … Zinsen seit Rechtshängigkeit zu zahlen. (Seit welchem Tag genau?)
- Der Beklagte wird verurteilt, an den Kläger den Pkw VW-Golf mit dem amtlichen Kennzeichen K-YX 302 herauszugeben. (Das Kennzeichen kann sich ändern.)
- Der Beklagte wird verurteilt, Störungen des Klägers zu unterlassen. (Welche Störungen?)

genügen diesen Anforderungen *nicht*.[318] Auch die im Falle einer *Zug-um-Zug-Verurteilung* vom obsiegenden Teil zu erbringende Gegenleistung muss präzise beschrieben werden, damit die Zwangsvollstreckung nach § 756 durchgeführt werden kann.[319]

316 Vgl. Zöller/*Vollkommer* ZPO § 322 Rn. 31 mwN.

317 BGH NJW 1993, 1394; OLG Hamm RPfleger 1974, 28 = NJW 1974, 652; OLG Karlsruhe OLGZ 1984, 341; zu unbestimmten Formulierungen eines Prozessvergleichs vgl. *Christopoulos* MDR 2014, 438; zu den typischen Fehlern zivilprozessualer Anträge vgl. *Kaiser* NJW 2017, 1223.

318 Vgl. hingegen die Beispiele unten → Rn. 171; zur Bestimmtheit vgl. BGH NJW 2015, 2812.

Ausnahmsweise darf im Hauptsachentenor auf *Anlagen* Bezug genommen werden, die ihrerseits jedoch mit dem Urteil fest verbunden, also sein Bestandteil sein müssen.[320] **166**

> Der Beklagte wird verurteilt, der Abmarkung der Grenze zwischen den Grundstücken X und Y, deren Verlauf aus dem beigehefteten Lageplan der Stadt Z vom … – Az.: … – zu ersehen ist, zuzustimmen und die Vornahme der Abmarkung durch die zuständige Vermessungsstelle zu dulden.
>
> (oder:)
>
> Der Beklagten wird untersagt, auf den Spülmittelflaschen der Marke »Blitzblank« das nachfolgend bildlich dargestellte Etikett anzubringen:

Ein unklarer Tenor, der nicht nach § 319 zu berichtigen ist, kann *ausgelegt* werden. **167** Hierbei sind in erster Linie die Entscheidungsgründe heranzuziehen,[321] bei abgekürzten Urteilen auch der aus den Akten ersichtliche Parteivortrag.[322] Keine Frage der Auslegung ist es allerdings, wenn der Tenor eindeutig ist, es aber an der Bestimmtheit des Klagegrundes fehlt.

> **Beispiele:**
> - Es ist bei einer Teilklage nicht erkennbar, über welchen Teil des Gesamtanspruchs entschieden wurde.
> - Es fehlt die Festlegung des Typs des einzutragenden dinglichen Rechts.[323]

In diesem Fall ist das Urteil vollstreckbar, aber nicht der materiellen Rechtskraft fähig; der Schuldner kann analog § 767 I eine Klage auf Unzulässigkeit der Zwangsvollstreckung erheben; § 767 II, III sind nicht anwendbar.[324]

Zu problematisieren ist die Formulierung des Tenors nur selten. Im Normalfall ori- **168** entiert man sich am Klageantrag. War dieser inhaltlich unklar und daher auslegungsbedürftig, hat man sich hiermit grundsätzlich bereits in dem Abschnitt »Auslegung des Klageantrags« auseinandergesetzt.[325] Eine Notwendigkeit, die genaue Fassung der Hauptsachenentscheidung eingehender zu behandeln, ergibt sich am ehesten bei bloßem Teilerfolg des Klägers, wenn nicht lediglich der Teil eines Geldbetrages zu beziffern ist, sondern anderweitige Leistungs- bzw. Unterlassungspflichten in Rede stehen. So kann etwa bei der nur teilweisen Verurteilung auf eine Unterlassungsklage die Formulierung näher zu begründen sein.[326] Im Übrigen sind komplizierte Formulierungen kurz zu erläutern, wenn man sich hiermit nicht schon vorher befasst hat.

Teile der *Begründung*, wie »Der Beklagte wird verurteilt, wegen Schmerzensgel- **169** des/wegen einer Kaufpreisforderung/wegen Sittenwidrigkeit/an den Kläger … EUR zu zahlen.« gehören grundsätzlich nicht in den Tenor, da sie das Vollstreckungsorgan nicht interessieren und die Parteien sich Klarheit durch die Entscheidungsgründe

---

319 BGH NJW 1993, 347; 1994, 586; 1994, 3221; 2016, 3455 (Gegenleistung: Übertragung einer Fondsbeteiligung).

320 BGHZ 94, 276 (291) = NJW 1986, 192 (197); 2008, 3630 (3633 aE).

321 BGH NJW 1993, 1928; 1994, 460; 2012, 530; MDR 2011, 839 = NJW-RR 2011, 1382.

322 BGH NJW 1994, 460; OLG Köln FamRZ 1992, 1446.

323 BGH NJW 2012, 530.

324 BGH NJW 1994, 460; OLG Düsseldorf NJW 1993, 2691; vgl. auch → K Rn. 20 f.

325 Vgl. → Rn. 77.

326 Vgl. OLG Stuttgart WRP 1992, 132; *Anders/Gehle* Antrag und Entscheidung Teil A, Einl. Rn. 28 (Unterlassungsklage) und Stichwort »Unterlassen«.

verschaffen können.[327] Aus denselben Gründen ist es in der Regel auch nicht erforderlich, ein Prozessurteil als solches kenntlich zu machen[328] (»Die Klage wird als unzulässig abgewiesen«) zumal das Vollstreckungsorgan sich mit der Frage des Umfangs der Rechtskraft nicht auseinanderzusetzen hat. Nur für diese Frage aber ist von Bedeutung, ob ein Sachurteil oder ein Prozessurteil ergeht. Etwas anderes gilt nur, wenn der Gesetzgeber eine besondere Tenorierung vorgeschrieben hat, wie zB in §§ 341 I 2, 522 I 2, 552 I 2, 597 II.[329]

170 Ist der Rechtsstreit in vollem Umfang zur Entscheidung reif, muss bei der Formulierung des Tenors (gedanklich) geprüft werden, ob der Klageantrag erschöpfend behandelt und nicht mehr zugesprochen wird als beantragt wurde (§ 308 I 1).[330]

Immer dann, wenn die Klage ganz oder teilweise keinen Erfolg hat, muss sie (teilweise) abgewiesen werden. In derartigen Fällen wird wie folgt formuliert:

> Die Klage wird abgewiesen.
>
> (oder:)
>
> Unter Abweisung der Klage im Übrigen wird der Beklagte verurteilt, an den Kläger ... EUR zu zahlen.
>
> (oder:)
>
> Der Beklagte wird verurteilt, ...; im Übrigen wird die Klage abgewiesen.

Von einem Teilerfolg ist schon dann auszugehen, wenn nur ein Teil des materiellen Nebenanspruches, sei es auch nur ganz geringfügig,

> **Beispiel:** 1 Tag Zinsen

nicht gerechtfertigt ist. Dasselbe gilt, wenn der Kläger eine unbeschränkte Verurteilung beantragt, das Gericht jedoch eine Verurteilung nur *Zug um Zug* ausspricht.[331] Auch hier muss die Klage im Übrigen abgewiesen werden.

171 Die *Formulierung* des Hauptsachentenors bei einem stattgebenden Urteil hängt (auch) von der Klageart ab.

> **Beispiele:**
>
> - *Leistungsklagen*
>
>   Der Beklagte wird verurteilt,
>   - an den Kläger 1.000 EUR nebst Zinsen in Höhe von 5 Prozentpunkten über dem Basiszinssatz seit dem 1.1.2014 zu zahlen.[332]
>   - an den Kläger 1.000 EUR nebst 9% Zinsen seit dem 1.1.2010 zu zahlen, Zug um Zug gegen Beseitigung folgender Mängel: (es folgt eine genaue Bezeichnung der einzelnen Mängel).
>   - an den Kläger den Pkw Marke ..., Typ ..., Baujahr ..., Fahrgestell-Nr. ... zu übereignen und herauszugeben.

---

327 Zu Ausnahmen etwa beim Bürgen vgl. Zöller/*Vollkommer* ZPO § 313 Rn. 8.

328 Thomas/Putzo/*Reichold* ZPO § 313 Rn. 10.

329 Zum Urkundenprozess vgl. → Q Rn. 26.

330 Zu Abgrenzungsproblemen und Einzelfällen vgl. MüKoZPO/*Musielak* § 308 Rn. 5 ff.; Zöller/*Vollkommer* ZPO § 308 Rn. 3.

331 Vgl. zur Zug-um-Zug-Verurteilung näher → G Rn. 24 ff.

332 Zum Zinstenor *Hartmann* NJW 2004, 1358; *Reichenbach* MDR 2001, 13; zur Auslegung bei verfehlter Formulierung OLG Hamm NJW 2005, 2238.

- dem Kläger das Grundstück, eingetragen im Grundbuch von ... aufzulassen und dessen Eintragung im Grundbuch zu bewilligen.
- dem Kläger Auskunft über den Bestand und den Verbleib des Nachlasses des am ... in ... verstorbenen ... zu erteilen.
- zu dulden, dass der Kläger den Fußball, Marke ..., Farbe ..., aus seinem Garten holt.
- es bei Vermeidung eines Ordnungsgeldes bis zu ... EUR oder Ordnungshaft bis zu ... für jeden Fall des Zuwiderhandelns zu unterlassen, den Kläger als einen ... zu bezeichnen.

• *Feststellungsklagen*

Es wird festgestellt,
- dass der Kläger Eigentümer des Apfelschimmels »Weißer Blitz« ... ist.
- dass der Kläger nicht verpflichtet ist, dem Beklagten wegen der Kirmesschlägerei am ... in ... um ... Uhr Schadensersatz zu leisten.

Bei Feststellungsurteilen kann auch nur die Feststellung ausgesprochen werden:

Der Kläger ist Eigentümer des ...

• *Zwischenurteile* (§§ 280, 303 = Feststellungsurteile)

Es wird festgestellt, dass der zwischen den Parteien am ... vor dem Gericht ... geschlossene Vergleich wirksam ist.

Zwischenurteil über den Grund = *Grundurteil* (§ 304 = Feststellungsurteil)[333]

- Es wird festgestellt, dass die Klage dem Grunde nach gerechtfertigt ist

(oder kürzer:)

- Die Klage ist dem Grunde nach gerechtfertigt.

Ist die Klage nur zu einem Bruchteil dem Grunde nach gerechtfertigt, wird das Grundurteil üblicherweise mit einem Teilurteil (§ 301) verbunden (Grund- und Teilurteil), mit dem die Klage zu dem anderen Bruchteil abgewiesen wird:

Es wird festgestellt, dass die Klage dem Grunde nach zu ⅓ gerechtfertigt ist; im Übrigen (oder in Höhe von ... EUR) wird die Klage abgewiesen.

• *Gestaltungsklagen*

- Die Zwangsvollstreckung aus dem Urteil des ... vom ... (Az.: ...) wird für unzulässig erklärt (= prozessuale Gestaltungsklage).

• *Sonstige Besonderheiten:*

Bei *teilweise auf den Sozialversicherungsträger übergegangenen Ansprüchen* ist wie folgt zu tenorieren:

- Es wird festgestellt, dass der Beklagte dem Kläger den aus dem Verkehrsunfall vom ... in ... entstandenen materiellen Schaden ersetzen muss, soweit dieser nicht kraft Gesetzes auf den Sozialversicherungsträger übergegangen ist.

Bei *beschränkter Erbenhaftung* (§ 780) ist wie folgt zu tenorieren:

- Der Beklagte wird verurteilt, an den Kläger ... zu zahlen. Dem Beklagten bleibt vorbehalten, seine Haftung auf den Nachlass des am ... verstorbenen ... zu beschränken.

333 Vgl. → R Rn. 30.

4. Kostenentscheidung

a) Kosten des Rechtsstreits

172 Zu den Kosten des Rechtsstreits[334] gehören die Gerichtskosten und die außergerichtlichen Kosten der Parteien. Am 1.8.2013 ist das Zweite Kostenrechtsmodernisierungsgesetz (23.7.2013, BGBl. I 2586) in Kraft getreten.[335] Bei älteren Veröffentlichungen muss man prüfen, ob ihr Inhalt fortgilt.

173 In welcher Höhe die *Gerichtskosten* entstehen, zu denen die Gebühren und die Auslagen zählen, richtet sich nach dem Gerichtskostengesetz (GKG), neu bekannt gemacht mit Wirkung seit dem 1.1.2014. Sie werden gemäß § 3 II GKG nach dem Kostenverzeichnis (Anlage 1 zum GKG) erhoben. Aus dieser Anlage ergibt sich die Anzahl der zu erhebenden *Gebühren* (= Gebührensatz) und die Höhe der Auslagen. Die Regelungen des Kostenverzeichnisses (KV) sind *abschließend*, da gemäß § 1 GKG Kosten »nur nach diesem Gesetz« erhoben werden. Soweit sich im GKG keine Grundlage für die Erhebung von Kosten findet, können sie nicht in Ansatz gebracht werden.

174 Zu den *Auslagen* gehören alle erstattungspflichtigen Aufwendungen des Gerichts in einem Rechtsstreit, wie die Schreibauslagen, die Kosten für Zeugen und Sachverständige, die Beförderungskosten, bestimmte Postgebühren sowie Kosten für Telekommunikationsdienstleistungen. Der Ansatz und die Höhe der Auslagen richten sich nach Nr. 9000 ff. des KV (Teil 9).

175 Für die *Gebühren* gilt Folgendes:

In bürgerlich-rechtlichen Streitigkeiten *erster Instanz* fällt nach Nr. 1210 KV für das Verfahren im Allgemeinen eine Gebühr mit dem dreifachen Gebührensatz an. Der einfache Gebührensatz richtet sich nach dem Streitwert und ist der Gebührentabelle (Anlage 2 zum GKG/Anhang – Schönfelder) zu entnehmen. Bei einem Streitwert von 16.000 EUR sind also 879 EUR (3 × 293 EUR) zu zahlen. Mit der Nr. 1210 KV-Gebühr sind alle Tätigkeiten des Gerichts abgegolten, auch die Durchführung eines Mediationsverfahrens bzw. eines Verfahrens vor dem Güterichter. Eine Urteilsgebühr oder eine Vergleichsgebühr werden nicht erhoben. Unter den Voraussetzungen der Nr. 1211 KV, so zB bei frühzeitiger Klagerücknahme oder bei Anerkenntnis- und Verzichtsurteil nach § 313a II, ermäßigt sich die Nr. 1210 KV-Gebühr auf den einfachen Satz.

Für *Berufung und Revision* fallen nach Nr. 1220, 1230 KV erhöhte Verfahrensgebühren an; auch hier gelten Sonderregelungen für besondere Verfahrenssituationen, so zB für die Rücknahme.

Die Gebühr Nr. 1210 KV wird mit Einreichung der Klageschrift bei Gericht *fällig* (§ 6 I Nr. 1 GKG). Solange der Kläger diese Gebühr nicht entrichtet, soll die Klageschrift nicht zugestellt werden (§ 12 I 1 GKG); Entsprechendes gilt nach § 12 III GKG im Mahnverfahren sowie bei Klageerweiterung (§ 12 I 2 GKG), nicht hingegen für die Widerklage (§ 12 II Nr. 1 GKG).

---

334 OLG Hamburg NJW 2014, 3046 (auch Kosten des *Prozessvergleichs*, wenn keine andere Regelung getroffen wurde).

335 Vgl. etwa *Fischer* MDR 2013, 881.

Die Gebührenhöhe richtet sich, soweit nichts anderes geregelt ist, nach dem (Gebühren-)Streitwert[336] (= Wert des Streitgegenstandes) (§ 3 I GKG), und bestimmt sich nach der Gebührentabelle (Anlage 2 zum GKG).

Die Gebührentabelle ist immer nach oben zu lesen, da Werte »bis zu EUR ...« angegeben sind. Bei einem Streitwert von zB 28.000 EUR beläuft sich eine Gerichtsgebühr nach dem Streitwert »bis 30.000 EUR« auf 406 EUR. Der prozentuale Anteil der Gebühr am Streitwert wird gemäß § 34 I GKG von Stufe zu Stufe geringer; er entwickelt sich mithin *degressiv*. Das kann für die Kostenentscheidung Bedeutung haben.[337]

Zu den *außergerichtlichen Kosten* zählen insbesondere die Anwaltskosten und die Kosten der Parteien selbst, wie zB die Kosten für die Wahrnehmung von Terminen. **176**

Die Vergütung eines *Rechtsanwalts* (= Gebühren und Auslagen) bestimmt sich nach dem Rechtsanwaltsvergütungsgesetz (RVG). In einem Zivilrechtsstreit kann ein Rechtsanwalt, wenn ein Termin stattgefunden hat, folgende Gebühren geltend machen: **177**

- 1 Verfahrensgebühr (Nr. 3100 des Vergütungsverzeichnisses, Anlage 1 zu § 2 II RVG [= VV] – 1,3facher Satz)
- 1 Terminsgebühr (Nr. 3104 VV – 1,2facher Satz)

Wird ein Vergleich geschlossen, erhält der Rechtsanwalt neben den bereits entstandenen Gebühren eine Einigungsgebühr nach Nr. 1000, begrenzt durch Nr. 1003. Die Verfahrensgebühr fällt in voller Höhe mit der Einreichung der Klageschrift unabhängig von der weiteren Entwicklung des Prozesses an. Die Terminsgebühr entsteht mit der Wahrnehmung des Termins. Der Rechtsanwalt kann in einem Rechtszug grundsätzlich nur eine Terminsgebühr geltend machen, auch wenn mehrere mündliche Verhandlungstermine stattgefunden haben (§ 15 II RVG).

Die Gebühren werden nach dem Gegenstandswert, der grundsätzlich mit dem gerichtlich festgesetzten Streitwert identisch ist (§ 2 I RVG), berechnet. Die Höhe einer vollen Gebühr bestimmt sich gemäß § 2 II RVG nach dem Vergütungsverzeichnis (VV) zum RVG und der Gebührentabelle (Anhang im Schönfelder und § 13 I RVG). Zu beachten ist der jeweils maßgebliche Gebührensatz.

Beispiel: Streitwert: 37.000 (= bis 40.000) EUR
Es entstehen für die Prozessbevollmächtigten jeder Partei folgende Gebühren:
- 1 Verfahrensgebühr, Nr. 3100 VV 1.013 EUR × 1,3 = 1.316,90 EUR
- 1 Terminsgebühr, Nr. 3104 VV 1.013 EUR × 1,2 = 1.215,60 EUR

Zu den *Auslagen* des Rechtsanwalts gehören die Entgelte für Post- und Telekommunikationsdienstleistungen im Sinne der Nr. 7001, 7002 VV. Der Rechtsanwalt kann entweder bei einem entsprechenden Nachweis die tatsächlich entstandenen Auslagen oder einen Pauschsatz verlangen, der 20% der gesetzlichen Gebühren, höchstens jedoch 20 EUR beträgt (= *Kostenpauschale*). Außerdem erhält der Rechtsanwalt nach Nr. 7008 VV *Mehrwertsteuer* auf die Gebühren und die Kostenpauschale. **178**

336 Zu den Streitwertarten vgl. → Rn. 189.
337 Vgl. → Rn. 181.

b) Kostengrundentscheidung und Kostenerstattung

179 Über die Kosten des Rechtsstreits hat das Gericht gemäß § 308 II von Amts wegen zu entscheiden, sodass ein Antrag der Parteien nicht erforderlich ist.

Der Richter entscheidet nur über den *Kostengrund*, dh, er bestimmt, welche Partei die Kosten des Rechtsstreits zu tragen hat. Erst in einem sich an die Kostengrundentscheidung anschließenden *Kostenfestsetzungsverfahren* wird der Betrag der Kosten festgesetzt. Dieses Verfahren ist in den §§ 103 ff. in Verbindung mit § 21 Nr. 1 Rechtspflegergesetz geregelt. Der Rechtspfleger entscheidet über die Höhe der zu erstattenden Kosten auf der Grundlage der richterlichen Kostengrundentscheidung in einem sogenannten Kostenfestsetzungsbeschluss, der gemäß § 794 I Nr. 2 einen Vollstreckungstitel darstellt. Mit Aufhebung oder Abänderung der Kostengrundentscheidung verliert der Kostenfestsetzungsbeschluss seine Wirkungen.[338]

Die Kostengrundentscheidung im Urteil betrifft primär nur die *Erstattungspflicht unter den Parteien*. Wer die Gerichtskosten an den Staat (Justizfiskus) zu zahlen hat, ergibt sich hingegen unmittelbar aus dem Gerichtskostengesetz. Nach § 22 I GKG ist Kostenschuldner zunächst unabhängig von dem Ausgang des Rechtsstreits der Antragsteller, dh der Kläger. Gleichwohl hat die Kostengrundentscheidung im Urteil auch hier eine Bedeutung, da nach § 29 Nr. 1 GKG derjenige ebenfalls Kostenschuldner ist, dem durch das Urteil die Kosten des Rechtsstreits auferlegt sind. Trägt danach der Beklagte die Kosten des Rechtsstreits, besteht zwischen ihm und dem Kläger gemäß § 31 I GKG ein Gesamtschuldverhältnis, wobei sich die Gerichtskasse als Vollstreckungsbehörde primär an den Beklagten und erst sekundär an den Antragsteller zu halten hat (§ 31 II 1 GKG). §§ 29, 31 GKG haben an Bedeutung verloren, weil durch die vom Kläger vorschussweise einzuzahlende Nr. 1210 KV-Gebühr (3-facher Gebührensatz) alle Tätigkeiten des Gerichts abgegolten sind und eine Urteilsgebühr nicht anfällt.[339]

c) Prozessualer und materiell-rechtlicher Kostenerstattungsanspruch

180 Die Kostenentscheidung im Urteil wird im Wesentlichen auf der Grundlage der §§ 91 ff. getroffen. Die Entscheidung hängt vorrangig davon ab, welche Partei in welchem Umfang in dem Rechtsstreit unterlegen ist. Man spricht insoweit von einem *prozessualen Kostenerstattungsanspruch*, über den das Gericht in demselben Rechtsstreit entscheidet. Der prozessuale Kostenerstattungsanspruch entsteht als aufschiebend bedingter Anspruch mit der Rechtshängigkeit. Die Bedingung ist der Erlass der Entscheidung, nach der dem Gegner die Kosten des Rechtsstreits auferlegt werden.[340]

Von dem prozessualen Kostenerstattungsanspruch zu unterscheiden ist der *materiell-rechtliche Kostenerstattungsanspruch*, der – jedenfalls grundsätzlich – in einem gesonderten Rechtsstreit geltend zu machen ist. Besonderheiten ergeben sich insoweit nur bei der Erledigungserklärung.[341] Der materiell-rechtliche Kostenerstattungsanspruch ist unabhängig von dem Ausgang des betreffenden Rechtsstreits. Er kann sich aus Vertrag, in dem eine der Parteien die Kosten des Rechtsstreits übernommen hat, oder

338 Zöller/*Herget* ZPO § 104 Rn. 21, Stichwort »Aufhebung«.
339 Vgl. → Rn. 173.
340 BGH NJW 1983, 284; 1988, 3204; Thomas/Putzo/*Hüßtege* ZPO Vorbem. § 91 Rn. 9.
341 Vgl. → P Rn. 19, 64 ff.; allgemein: *Anders/Gehle* Antrag und Entscheidung Teil B, Rn. 142 ff.

zB aus § 280 I 1 BGB, § 823 BGB sowie aus §§ 241 II, 280 I 1 BGB ergeben.[342] Eine Analogie zu den Vorschriften über die verfahrensrechtliche Kostentragungspflicht – §§ 91 ff. – kommt nicht in Betracht.[343] Auf der anderen Seite kann ein entgegengerichteter materiell-rechtlicher Kostenerstattungsanspruch nicht geltend gemacht werden, wenn sich der Sachverhalt, der zur prozessualen Kostenentscheidung nach § 269 III 2 führte, nicht verändert hat.[344]

d) Einheit der Kostenentscheidung und Kostentrennung

Im Zivilprozess gilt der Grundsatz der Einheit der Kostenentscheidung, dh, es wird **181** grundsätzlich einheitlich über alle Kosten des Rechtsstreits unabhängig von einzelnen Prozesshandlungen und Prozessabschnitten entschieden.[345] Daher darf zB nicht tenoriert werden: »Der Kläger trägt die Kosten der Klage, der Beklagte trägt die Kosten der Widerklage.«[346] Eine solche Kostengrundentscheidung ließe sich insbesondere mit Rücksicht auf die *degressive Gebührentabelle*[347] nicht in einen bezifferten Kostenfestsetzungsbeschluss umsetzen *(vgl. auch § 45 I 1 GKG)*.

Wegen des Grundsatzes der Kosteneinheit kann über die Kosten des Rechtsstreits **182** auch erst in dem Urteil entschieden werden, das die Instanz beendet (= sogenanntes *Schlussurteil*). Daher dürfen Teilurteile (§ 301), Zwischenurteile (§§ 280 II, 303) und Grundurteile (§ 304) – diese Urteile beenden die Instanz nicht insgesamt – grundsätzlich keine Kostenentscheidung enthalten. Der zweite Satz des Tenors wird bei derartigen Urteilen entweder weggelassen, oder es wird zur Klarstellung formuliert:

> Die Kostenentscheidung bleibt dem Schlussurteil vorbehalten.

Ausnahmsweise enthalten auch die vorgenannten Urteile eine Kostenentscheidung, so zB Zwischenurteile, die gegenüber einem Dritten ergehen (zB § 71), und Teilurteile, mit denen der Rechtsstreit gegen einen der Streitgenossen endgültig entschieden wird.[348]

> Teilurteil
> Die Klage gegen den Beklagten zu 2) wird abgewiesen.
> Der Kläger trägt die außergerichtlichen Kosten des Beklagten zu 2).
>
> (Über die Gerichtskosten und die sonstigen Kosten kann hingegen erst im Schlussurteil entschieden werden, da noch nicht feststeht, inwieweit sie von dem Beklagten zu 1) oder dem Kläger endgültig zu tragen sind. Auch eine Quotierung im Hinblick auf bereits entstandene Kosten ist im Regelfall uneffektiv und sollte daher unterbleiben.)

Nur in den im Gesetz hervorgehobenen Fällen **183**

> **Beispiele:** §§ 94–96, 101 I, 238 IV, 269 III 2 Alt. 2, 281 III 2, 344

gilt die sogenannte **Kostentrennung.** Das bedeutet, dass unabhängig von dem Ausgang des Rechtsstreits über die Kosten einzelner Prozesshandlungen oder einzelner Prozessabschnitte gesondert von den übrigen Kosten des Rechtsstreits entschieden wird.

---

342 Zur Geltendmachung weitergehender Ersatzansprüche vgl. *Jerger/Zehentbauer* NJW 2016, 1353.
343 BGH NJW 2007, 1458; erneut grundlegend dargestellt in NJW 2013, 2201.
344 BGH NJW 2011, 2368.
345 OLG Stuttgart MDR 2006, 1317 = BeckRS 2006, 05191 (Klage und Widerklage); Thomas/Putzo/*Hüßtege* ZPO § 91 Rn. 5.
346 OLG Stuttgart MDR 2006, 1317 = BeckRS 2006, 05191.
347 Vgl. → Rn. 175 aE.
348 Thomas/Putzo/*Hüßtege* ZPO Vorbem. § 91 Rn. 18.

e) Kostenentscheidung nach § 91 und Ausnahmen

184 Wird dem Klageantrag in vollem Umfang entsprochen oder wird die Klage in vollem Umfang abgewiesen, ist grundsätzlich eine Kostenentscheidung nach § 91 I 1 Hs. 1 zu treffen. Die übrigen Regelungen des § 91 ZPO beziehen sich nicht auf die Kostengrundentscheidung, sondern wirken sich erst im Kostenfestsetzungsverfahren aus. Nach § 91 I 1 Hs. 1 werden die Kosten des Rechtsstreits der Partei auferlegt, die in vollem Umfang unterlegen ist. Als »notwendig« im Sinne des § 91 I 1 werden, was die Anwaltskosten angeht, nach ganz hM diejenigen Kosten angesehen, welche sich aus der Gebührentabelle ergeben.[349] Gebührenvereinbarungen (vgl. §§ 3a, 4a RVG) bleiben unberücksichtigt. Das ist heute Gegenstand streitiger Auseinandersetzungen.[350] Unsere Beispiele beruhen auf den Gebührentabellen.

Grundsätzlich kann man sich bei Anwendung des § 91 I 1 Hs. 1 auf die Feststellung beschränken, dass der Kläger bzw. der Beklagte die Kosten des Rechtsstreits nach § 91 I 1 Hs. 1 zu tragen hat. Erörterungen zum Streitwert sind an dieser Stelle nicht erforderlich.

185 Der Tenor wird wie folgt formuliert:

> Der Kläger/der Beklagte trägt die Kosten des Rechtsstreits.
>
> (oder:)
>
> Dem Kläger/dem Beklagten werden die Kosten des Rechtsstreits auferlegt.

Ungenau ist dagegen die Formulierung »Kosten des Verfahrens«, da sich ein Rechtsstreit aus verschiedenen Verfahren (zB Prozesskostenhilfeverfahren und Hauptsachenverfahren) oder verschiedenen Verfahrensabschnitten zusammensetzen kann und im Schlussurteil über alle Kosten einheitlich zu entscheiden ist (= Grundsatz der Kosteneinheit).

186 **Ausnahmen** von dem Grundsatz, dass die unterlegene Partei die gesamten Kosten des Rechtsstreits zu tragen hat, sind in den §§ 93 bis 96, 97 II und in den §§ 238 IV, 281 III 2, 344 enthalten.

Die Vorschriften, die teilweise eine getrennte Kostenentscheidung vorsehen, sind für die Formulierung des Kostentenors nur dann bedeutsam, wenn die betreffende Partei nicht ohnehin die Kosten des Rechtsstreits nach § 91 I 1 Hs. 1 zu tragen hat. Im Falle des § 281 III 2 zB lautet der Kostentenor bei vollem Obsiegen des Klägers wie folgt:

> Dem Kläger werden die durch die Anrufung des unzuständigen Gerichts entstandenen Mehrkosten auferlegt. Die übrigen Kosten des Rechtsstreits trägt der Beklagte.

Bei Klageabweisung und Anwendung des § 344[351] zum Nachteil des Beklagten heißt es zB:

> Der Beklagte trägt die Kosten seiner Säumnis. Die übrigen Kosten des Rechtsstreits werden dem Kläger auferlegt.

---

349 Zur Definition der Notwendigkeit näher BGH NJW 2016, 2751.

350 Eingehend *Saenger/Uphoff* NJW 2014, 1412; Einzelheiten bei Zöller/*Herget* ZPO § 91 Rn. 13.

351 § 344 gilt auch bei Klagerücknahme, vgl. BGH NJW 2004, 2309; NJW-RR 2005, 1662.

Dabei prüft der Richter nicht, ob tatsächlich Mehrkosten durch die Verweisung bzw. ob Säumniskosten entstanden sind. Dies bleibt dem Kostenfestsetzungsverfahren vorbehalten.

Unterliegt hingegen die Partei, die auch nach § 281 III 2 bzw. § 344 die betreffenden (Mehr-)Kosten zu tragen hat, ist eine getrennte Kostenentscheidung nicht erforderlich. Hier wird vielmehr nur wie folgt formuliert:

> Der Kläger/Beklagte trägt die Kosten des Rechtsstreits.
>
> (oder:)
>
> Dem Kläger/Beklagten werden die Kosten des Rechtsstreits auferlegt.

f) Kostenentscheidung nach § 92

aa) § 92 I

Bei teilweisem Obsiegen und Unterliegen der Parteien ist eine Kostenentscheidung ausschließlich nach § 92 zu treffen.[352] Dies gilt selbst bei einem ganz geringfügigen Unterliegen, wie zB bei Abweisung der Klage wegen Zinsen für einen Tag oder zB auch bei einer Zug-um-Zug-Verurteilung statt der begehrten uneingeschränkten Verurteilung.[353] Die Kostenentscheidung nach § 92 muss im Gutachten und auch im Urteil in der Regel näher begründet werden. **187**

§ 92 I bestimmt, dass bei einem teilweisen Obsiegen und teilweisen Unterliegen beider Parteien die Kosten gegeneinander aufzuheben oder verhältnismäßig zu teilen sind. Hier wird der Grundgedanke des § 91 I 1 Hs. 1 fortgesetzt, dass eine Partei nämlich die Kosten des Rechtsstreits in dem Umfang zu tragen hat, in dem sie unterlegen ist. **188**

Daher können die Kosten dann *gegeneinander aufgehoben* werden, wenn die Parteien in etwa in demselben Umfang obsiegen und unterliegen. Bei einem »Gegeneinanderaufheben« werden die Gerichtskosten hälftig geteilt (§ 92 I 2); außerdem trägt jede Partei ihre außergerichtlichen Kosten selbst. Der Kostentenor wird in einem solchen Fall wie folgt formuliert:

> Die Kosten des Rechtsstreits werden gegeneinander aufgehoben.

Ist bei einem etwa hälftigen Obsiegen und Unterliegen beider Parteien für das Gericht erkennbar, dass auf der einen Seite weitaus höhere außergerichtliche Kosten entstanden sind,

> **Beispiel:** Nur eine Partei ist anwaltlich vertreten oder nur eine Partei hat einen Korrespondenzanwalt.

ist zu überlegen, die Kosten des Rechtsstreits ebenso wie in den Fällen, in denen eine Partei zu mehr als der Hälfte unterliegt, verhältnismäßig zu teilen. Allerdings steht dies im Ermessen des Gerichts.[354]

Eine *verhältnismäßige Teilung* wird grundsätzlich nach dem Grad des Teilunterliegens im Verhältnis zum Streitwert, und zwar zum Gebührenstreitwert ermittelt.

---

352 Vgl. zur Kostenentscheidung nach § 92 im Einzelnen: *Anders/Gehle* Antrag und Entscheidung Teil B Rn. 193 ff.; *Nöhre* JA 2005, 366.

353 OLG Köln NJW-RR 2008, 763; Thomas/Putzo/*Hüßtege* ZPO § 92 Rn. 4.

354 LG Hamburg Rpfleger 1985, 374; LG Berlin Rpfleger 1992, 175 (hälftige Quotelung).

189 Es gibt drei **Arten von Streitwerten**, nämlich den Zuständigkeitsstreitwert, den Rechtsmittelstreitwert und den Gebührenstreitwert. Der *Zuständigkeitsstreitwert* ist maßgeblich für die sachliche Zuständigkeit im Sinne der §§ 23 Nr. 1, 71 I GVG. Er bestimmt sich unmittelbar nach den §§ 2 ff. Unter dem *Rechtsmittelstreitwert* wird nach dem Wortlaut des Gesetzes der Wert des Beschwerdegegenstandes (vgl. §§ 511 II Nr. 1 [Berufung], 567 II [Kostenbeschwerde], § 26 Nr. 8 EGZPO [Nichtzulassung der Revision – bis 31.12.2014]) verstanden.[355] Er muss für die Zulässigkeit des Rechtsmittels erreicht sein. Auch insoweit gelten die §§ 3 bis 9 unmittelbar (vgl. § 2). Nach dem *Gebührenstreitwert* werden die Gebühren für Gericht und Rechtsanwälte berechnet. Maßgeblich sind hier primär die §§ 39 ff. GKG (§ 23 I 1 RVG). Nur wenn eine Sonderregelung im GKG nicht vorhanden ist, sind über § 48 I 1 GKG (§ 23 I 1 RVG) auch die §§ 3 bis 9 anwendbar. Der Gebührenstreitwert wird durch einen gesonderten Beschluss festgesetzt (§ 63 GKG, § 32 I RVG). Er wird nach § 63 I GKG für Gebühren, die im Voraus zu entrichten sind, vorläufig festgesetzt, soweit es sich nicht um eine Zahlungsklage handelt. Die endgültige Streitwertfestsetzung erfolgt grundsätzlich nach § 63 II 1 GKG von Amts wegen, sobald eine Endentscheidung vorliegt oder sich das Verfahren anderweitig erledigt.[356] Nach § 48 I 1 GKG sind Grundlage der Wertfestsetzung die §§ 39 ff. GKG und hilfsweise die §§ 3 ff.

190 Der Gebührenstreitwert muss bereits bei der Feststellung der Kostenquote im Sinne des § 92 I geklärt werden. Im Gutachten ist zunächst festzustellen, dass ein teilweises Obsiegen und Unterliegen vorliegt und eine *Kostenquote* gemäß § 92 I zu ermitteln ist. Sodann sind Ausführungen zum Gebührenstreitwert zu machen. Grundsätzlich ergibt sich die Kostenquote aus dem Verhältnis des Unterliegens einer Partei (= Verlustquote) zum Gebührenstreitwert der Klage. Dabei sind mathematische Spitzfindigkeiten nicht gefordert. Die Kostenquote sollte jedoch annähernd dem Verhältnis von Obsiegen und Unterliegen entsprechen. Ausgedrückt wird die Kostenquote durch *Brüche oder Prozentzahlen*. Brüche sollten aus Praktikabilitätsgründen im Kostenfestsetzungsverfahren in der Regel keinen höheren Nenner als 20 haben. Ausnahmen können sich nur bei einem sehr hohen Streitwert ergeben. Grundsätzlich sind die Brüche aber zu begradigen.

Beispiel: Ermittelte Quoten: $^{107}/_{150}$ und $^{43}/_{150}$; begradigt: $^{2}/_{3}$ und $^{1}/_{3}$

Wird bei der Ermittlung der Kostenquote ein Taschenrechner/Computer verwendet, ist es einfacher, sie in Prozentzahlen auszudrücken. Dadurch wird auch eine größere Genauigkeit erzielt. Außerdem hat dies einen Vorteil für den Rechtspfleger im Kostenfestsetzungsverfahren, da er in der Regel einen Rechner benutzt und deshalb Brüche erst in Prozentzahlen umsetzen muss. Aus Praktikabilitätsgründen sind Kommastellen zu vermeiden.

Beispiele:

- Gebührenstreitwert: 10.000 EUR
  Hauptsachentenor:
  »Unter Abweisung der Klage im Übrigen wird der Beklagte verurteilt, an den Kläger 6.000 EUR zu zahlen.«
  Der Kläger hat zu tragen: 4.000 (= Verlustquote)/10.000 (= Streitwert) = $^{2}/_{5}$ = 40%
  Der Beklagte hat zu tragen: $^{6.000}/_{10.000}$ = $^{3}/_{5}$ = 60%
  Der Kostentenor lautet:

---

355 Vgl. → S Rn. 33.

356 Vgl. zur Handhabung im Urteil → B Rn. 58 f.

Von den Kosten des Rechtsstreits tragen der Kläger $^{2}/_{5}$ und der Beklagte $^{3}/_{5}$

(oder:)

Die Kosten des Rechtsstreits werden dem Kläger zu 40% und dem Beklagten zu 60% auferlegt.

- Gebührenstreitwert: 10.000 EUR
  Hauptsachentenor:
  »Der Beklagte wird verurteilt, an den Kläger 3.580 EUR zu zahlen. Im Übrigen wird die Klage abgewiesen. «
  Der Kläger hat zu tragen: $^{6.420}/_{10.000}$ = begradigt $^{2}/_{3}$ oder genau 64%
  Der Beklagte hat zu tragen: $^{3.580}/_{10.000}$ = begradigt $^{1}/_{3}$ oder genau 36%
  Der Kostentenor lautet begradigt:

Von den Kosten des Rechtsstreits tragen der Kläger $^{2}/_{3}$ und der Beklagte $^{1}/_{3}$.

(oder:)

Die Kosten des Rechtsstreits werden dem Kläger zu $^{2}/_{3}$ und dem Beklagten zu $^{1}/_{3}$ auferlegt.

- Der Kläger verlangt von dem Beklagten, seinem Nachbarn, die Beseitigung einer auf der Grundstücksgrenze errichteten Mauer (= Streitwert: 1.400 EUR) und die Beseitigung von 7 Nadelbäumen (= Streitwert: 2.450 EUR).
  Der Hauptsachentenor lautet:
  »Der Beklagte wird verurteilt, 2 auf seinem Grundstück ... stehende Nadelbäume, Höhe: ..., genauer Standort ..., zu beseitigen. Im Übrigen wird die Klage abgewiesen.«
  Der Gesamtstreitwert beträgt 3.850 EUR. Die Verlustquote des Klägers beträgt 1.400 EUR (= 1. Klageantrag) und 1.750 EUR (= 5 Bäume – 2. Klageantrag).
  Der Kläger hat zu tragen: $^{3.150}/_{3.850} = {}^{9}/_{11}$ (81,8%)
  Der Beklagte hat zu tragen: $^{700}/_{3.850} = {}^{2}/_{11}$ (18,2%)
  Der Kostentenor lautet:

Von den Kosten des Rechtsstreits tragen der Kläger $^{9}/_{11}$ (82%) und der Beklagte $^{2}/_{11}$ (18%).

(oder:)

Die Kosten des Rechtsstreits werden dem Kläger zu $^{9}/_{11}$ (82%) und dem Beklagten zu $^{2}/_{11}$ (18%) auferlegt.

Zur Vereinfachung wird in der Praxis bisweilen die Kostenlast einer Partei beziffert ausgeworfen. **191**

Von den Kosten des Rechtsstreits trägt der Kläger einen Betrag von 130 EUR; die übrigen Kosten werden dem Beklagten auferlegt.

(oder:)

Der Beklagte trägt die Kosten des Rechtsstreits mit Ausnahme von 130 EUR, die dem Kläger auferlegt werden.

Das erspart die Bildung einer Quote, setzt aber voraus, dass man die Mehrkosten genau ausrechnet.

bb) Fiktiver Streitwert

Nicht immer kann die Kostenquote ausschließlich nach dem Gebührenstreitwert berechnet werden. Dies gilt zB, wenn mit einem Zahlungsanspruch gleichzeitig Nebenforderungen, wie Zinsen oder vorprozessuale Kosten,[357] in nicht unbeträchtlicher **192**

357 Vgl. näher zu den Nebenforderungen → Rn. 106 ff.

Höhe geltend gemacht werden und die Klage im Hinblick auf die Nebenforderungen abgewiesen wird.[358] Nach § 43 I GKG (vgl. auch § 4 I Hs. 2 für den Zuständigkeits- und Rechtsmittelstreitwert) bleiben die Nebenforderungen bei der Festsetzung des Streitwertes unberücksichtigt. Sie müssen jedoch bei der Ermittlung der Kostenquote jedenfalls dann berücksichtigt werden, wenn sie im Verhältnis zur Hauptforderung nicht unbeträchtlich sind; davon ist auszugehen, wenn die abgewiesene Nebenforderung mehr als 10% der Hauptforderung beträgt. Wir bezeichnen den nur für die Ermittlung der Kostenquote maßgeblichen, die Nebenforderung mit berücksichtigenden Streitwert, da er von dem Gebührenstreitwert abweicht, als *fiktiven Streitwert*.

Beispiele:

- Der Kläger macht 10.000 EUR nebst 20% Zinsen für drei Jahre geltend. Zugesprochen werden 10.000 EUR nebst 20% Zinsen für ein Jahr. Der Gebührenstreitwert beträgt hier 10.000 EUR (vgl. § 43 I GKG). Bei der Ermittlung der Kostenquote muss jedoch fiktiv der Wert der geltend gemachten Zinsen (= 20% für 3 Jahre = 6.000 EUR) hinzugerechnet werden, sodass sich insgesamt 16.000 EUR ergeben.
  Der Kläger hat danach zu tragen:
  4.000 (Verlustquote = Zinsen für 2 Jahre): $^{4.000}/_{16.000} = \frac{1}{4} = 25\%$
  Der Beklagte hat zu tragen: $^{12.000}/_{16.000} = \frac{3}{4} = 75\%$
  Der Tenor lautet:

  Der Beklagte wird verurteilt, an den Kläger 10.000 EUR nebst 20% Zinsen seit dem ... bis zum ... zu zahlen; im Übrigen wird die Klage abgewiesen. Die Kosten des Rechtsstreits tragen der Kläger zu ¼ (= 25%) und der Beklagte zu ¾ (= 75%).

- Wie im Ausgangsfall.
  Zugesprochen werden 4.000 EUR nebst Zinsen für ein Jahr (insgesamt also 4.800 EUR). Würde man hier die Kostenquote nur nach dem Streitwert (keine Nebenforderungen wegen § 43 I 1 GKG) berechnen, ergäbe sich Folgendes:
  Kläger: $^{6}/_{10}$ und Beklagter: $^{4}/_{10}$
  Bei Berücksichtigung der Zinsen lautet die Kostenquote:
  Kläger: $^{11.200}/_{16.000} = ^{7}/_{10}$
  Beklagter: $^{4.800}/_{16.000} = ^{3}/_{10}$

In dem ersten Beispielsfall wurde nur ein Teil der geltend gemachten Zinsen abgewiesen. Ein fiktiver Streitwert muss aber auch zugrunde gelegt werden, wenn – wie im zweiten Beispielsfall – ein erheblicher Zinsanspruch geltend gemacht und ein nicht unerheblicher Teil der Klageforderung und damit auch der Nebenforderung abgewiesen wird.

Von einem fiktiven Streitwert bei der Ermittlung der Kostenquote ist ferner bei Klage und Widerklage auszugehen, wenn der Streitwert gemäß § 45 I 1, 3 GKG nach dem »einfachen Wert des Gegenstandes« zu berechnen ist und eine Kostenentscheidung nach § 92 I erfolgen muss.[359] Entsprechendes gilt auch bei einer gesamtschuldnerischen Inanspruchnahme mehrerer Beklagter, wenn der Kläger gegen diese nur teilweise und unterschiedlich obsiegt (sog. Baumbach'sche Kostenformel).[360]

---

358 BGH FamRZ 2006, 1789.

359 Vgl. → M Rn. 17; für Haupt- und Hilfsantrag wird nach aA kein fiktiver Streitwert zugrunde gelegt; vgl. → K Rn. 15.

360 Vgl. → Rn. 202 ff.

cc) § 92 II

Eine Sonderregelung zu § 92 I stellt *§ 92 II* dar. Diese Vorschrift ist jedenfalls gedanklich immer zu prüfen, bevor eine verhältnismäßige Teilung erfolgt. Nach § 92 II können trotz Teilunterliegens einer Partei der anderen Partei die gesamten Kosten des Rechtsstreits auferlegt werden. Der Hauptanwendungsfall ist § 92 II Nr. 1, der zwei Voraussetzungen hat, nämlich (1.) eine geringfügige Zuvielforderung **und** (2.) kein besonderer oder ein nur geringfügig höherer Kostenanfall durch die Zuvielforderung. Die Zuvielforderung ist geringfügig, wenn sie unter 10% der Klageforderung liegt; das gilt auch bei überhöhten Zinsforderungen.[361] Keine höheren Kosten sind verursacht worden, wenn durch die Zuvielforderung kein Gebührensprung eingetreten ist und dadurch auch keine Beweisaufnahme erforderlich wurde. Höhere Kosten sind dann geringfügig, wenn sie unter 10% liegen.[362] **193**

Hinweisen möchten wir auch auf § 92 II Nr. 2, der nach unseren Erfahrungen wesentlich weniger als die erste Alternative angewendet wird. § 92 II Nr. 2 betrifft die Konstellation, dass die Klage teilweise abgewiesen wird und der Betrag der Forderung von der Festsetzung durch richterliches Ermessen, von der Ermittlung durch Sachverständige oder von einer gegenseitigen Berechnung abhängig war. Es werden demnach Fälle erfasst, bei denen die teilweise Klageabweisung nicht in die Sphäre des Klägers fällt oder jedenfalls von ihm nicht vorauszusehen war. Der Hauptanwendungsbereich ist der des § 287. Darüber hinaus können als Beispiele §§ 315, 319 BGB genannt werden. Ob auch bei einer Schmerzensgeldklage (§ 253 II BGB) § 92 II Nr. 2 anwendbar ist, hängt davon ab, ob man mit der hM in diesem Fall eine unbezifferte Leistungsklage für möglich und welche Anforderungen man im Hinblick auf die Bestimmtheit bzw. Bestimmbarkeit für erforderlich hält.[363] **194**

g) Kostenentscheidung nach § 93

Nach § 93 können dem Kläger bei vollem Obsiegen abweichend von § 91 I Hs. 1 die Kosten des Rechtsstreits auferlegt werden, wenn der Beklagte den Anspruch sofort anerkennt und keine Veranlassung zur Klageerhebung gegeben hat. Die Beweislast für die Voraussetzungen des § 93 liegt beim Beklagten.[364] **195**

Voraussetzung für die Wirksamkeit eines *Anerkenntnisses* (iSd § 307[365]) ist, dass es in der mündlichen Verhandlung – oder im schriftlichen Verfahren durch Schriftsatz – ohne Einschränkung oder Vorbehalte erklärt wird und die Prozesshandlungsvoraussetzungen vorliegen. Ein Zug-um-Zug-Anerkenntnis kann ausreichen.[366] Die in der Praxis meist ausdrücklich erklärte »Verwahrung gegen die Kostenlast« ist unschädlich, da dies nur einen Hinweis auf die bei einem Anerkenntnis immer zu prüfende Vorschrift des § 93 darstellt.[367]

---

361 Vgl. Zöller/*Herget* ZPO § 92 Rn. 10 f.

362 Zöller/*Herget* ZPO § 92 Rn. 10.

363 Vgl. zu diesem Problemkreis OLG München NJW 1988, 1396; Zöller/*Herget* ZPO § 3 Rn. 16 »unbezifferte Klageanträge«; *Gerstenberg* NJW 1988, 1352; *Husmann* NJW 1989, 3126, jeweils mwN; vgl. auch unten → F Rn. 156.

364 OLG Frankfurt a.M. NJW-RR 2009, 1437; OLG Koblenz NJW 2016, 2964.

365 Zum Anerkenntnisurteil vgl. auch → Rn. 105 – Beispiele aE.

366 BGH NJW 2016, 572.

367 *Anders/Gehle* Antrag und Entscheidung Teil B, Rn. 246; Thomas/Putzo/*Reichold* ZPO § 307 Rn. 3.

Grundsätzlich muss das Anerkenntnis in der ersten mündlichen Verhandlung (vgl. § 307 S. 2) oder im ersten Schriftsatz abgegeben werden (= *sofort*).[368] Allerdings gilt dies nicht für den Schriftsatz, mit dem lediglich die Verteidigungsbereitschaft erklärt wird.[369] Ob das schriftsätzliche Bestreiten des Klageanspruchs und die Ankündigung eines Klageabweisungsantrages der Anwendbarkeit des § 93 entgegenstehen, ist bestritten.[370] Wir folgen der Auffassung, die in derartigen Fällen ein »sofortiges« Anerkenntnis verneint. Das ergibt sich aus dem Ausnahmecharakter des § 93. Außerdem ist ein derartiges Verhalten ein Indiz dafür, dass der Beklagte »Anlass zur Klageerhebung« gegeben hat.

War die Klage ursprünglich unbegründet und wird sie erst durch ein nachträgliches Ereignis begründet, kommt es auf die erste mündliche Verhandlung bzw. auf den ersten Schriftsatz nach Eintritt dieser Änderung an.[371]

196 Schwierigkeiten kann die Beurteilung der Frage bereiten, ob der Beklagte *Anlass zur Klage* gegeben hat. Immer dann, wenn der Kläger annehmen durfte, sein Ziel nur durch die Klage erreichen zu können, ist diese Voraussetzung zu bejahen.[372] Der Beklagte hat mithin in der Regel dann Anlass zur Klage gegeben, wenn er in Verzug geraten ist, den Anspruch bestritten oder die Leistung unberechtigterweise verweigert bzw. unberechtigterweise nur zum Teil angeboten hat. Bei Unterhaltsansprüchen wird sogar angenommen, dass der Beklagte Anlass zur Klageerhebung gegeben hat, wenn er sich nach entsprechender Aufforderung weigert, an der Erstellung einer vollstreckbaren Urkunde iSv § 794 I Nr. 5 mitzuwirken[373] oder wenn nur Teilleistungen erbracht werden.[374] Ob darüber hinaus die alsbaldige oder sofortige Erfüllung des anerkannten Anspruchs für die Freistellung des Beklagten von den Prozesskosten erforderlich ist, wird nicht einheitlich beantwortet.[375] Wir vertreten die Auffassung, dass neben dem verbalen Anerkenntnis eine sofortige Erfüllung nicht zwingend ist. Ansonsten könnte sich ein zahlungsunfähiger Schuldner nie durch ein sofortiges Anerkenntnis vor der Auferlegung der Prozesskosten schützen; mehr als einen günstigen Titel kann der Kläger aber im Erkenntnisverfahren nicht erwarten.

---

368 Bis zur Klärung der Zuständigkeit möglich: OLG Bremen NJW 2005, 228; Abwarten eines Hinweises zu spät: OLG Karlsruhe FamRZ 2004, 1659 = BeckRS 2003, 09475; bis zum Fortfall aller Einwendungen möglich: OLG Karlsruhe NZV 2012, 189; ab Eintritt der Schlüssigkeit möglich: BGH MDR 2004, 896 = NJW-RR 2004, 999; nach Berücksichtigung eines Zurückbehaltungsrechts möglich: BGH NJW-RR 2005, 1005; eingehend: *Vossler* NJW 2006, 1034; Prütting/Gehrlein/*Schneider* ZPO § 93 Rn. 3.

369 BGH NJW 2016, 572.

370 Übersicht bei Zöller/*Herget* ZPO § 93 Rn. 4; Thomas/Putzo/*Hüßtege* ZPO § 93 Rn. 9 f.

371 OLG Nürnberg NJW-RR 1997, 636.

372 BGH NJW 1979, 2040; 2016, 572 (nicht, wenn Schuldner erklärt, die Leistung nur wegen eines Gegenanspruchs zurückzuhalten); OLG Köln NJW-RR 1992, 1528 = JurBüro 1992, 120; OLG Frankfurt a.M. NJW-RR 1993, 1472.

373 OLG Düsseldorf FamRZ 1994, 1484.

374 BGH NJW 2010, 238.

375 Vgl. hierzu KG MDR 1987, 767; OLG Köln NJW-RR 1992, 1528 = JurBüro 1992, 120 (Veranlassung der Überweisung einen Tag vor der mündlichen Verhandlung); OLG Frankfurt a.M. NJW-RR 1993, 1472 = MDR 1993, 1246 (sofortige Erfüllung nicht erforderlich); OLG Düsseldorf NJW-RR 1994, 827; KGR Berlin 1998, 20 (in Anlehnung an BGH NJW 1979, 2041); OLG München MDR 2003, 1134 = BeckRS 2003, 04240; OLG Nürnberg NJW-RR 2003, 352 (Auskunft muss alsbald erteilt werden).

Da ein Anerkenntnis sich auch auf einen *Teil* des Klageanspruchs beziehen kann, ist es denkbar, dass die Kostenentscheidung teilweise auf § 91 I 1 Hs. 1 bzw. § 92 und teilweise auf § 93 beruht.

h) Kostenentscheidung bei Klagerücknahme

Nimmt der Kläger die Klage zurück, muss er grundsätzlich unabhängig von der materiellen Rechtslage nach § 269 III 2 die Kosten des Rechtsstreits tragen.[376] Für eine entsprechende Anwendung des § 93 ist kein Raum.[377] Die Kostentragungspflicht des Klägers ist auf Antrag des Beklagten durch Beschluss auszusprechen (§ 269 IV). Der Tenor eines solchen *Kostenbeschlusses* lautet: 197

> Der Kläger trägt die Kosten des Rechtsstreits (§ 269 III 2 ZPO).

Ausgenommen hiervon sind die Mehrkosten der Säumnis.[378] Sie sind dem Beklagten gem. § 344 und damit im Sinne des § 269 III 2 »aus einem anderen Grund« aufzuerlegen.

Eine Ausnahme bildet auch der Fall des § 269 III 3. Kommt die Klage vor Rechtshängigkeit zur Erledigung und nimmt der Kläger sie zurück, kann er die Kosten des Rechtsstreits mit einem Antrag nach § 269 III 3 geltend machen. Alternativ kann er eine Kostenerstattungsklage erheben; ihm fehlt für eine solche Klage nicht das Rechtsschutzbedürfnis.[379] Bei einem Streit über die *Wirksamkeit* der Rücknahme ist durch Zwischenurteil nach mündlicher Verhandlung zu entscheiden.[380]

Wird die Klage nur **teilweise zurückgenommen**, kann wegen des Grundsatzes der Kosteneinheit nicht tenoriert werden: 198

> Der Kläger trägt die Kosten des Rechtsstreits, soweit er die Klage zurückgenommen hat; die übrigen Kosten des Rechtsstreits werden dem Beklagten auferlegt.

Vielmehr ist eine Kostenquote zu bilden. Über die gesamten Kosten des Rechtsstreits einschließlich der Kosten, die auf den zurückgenommenen Teil entfallen, ist einheitlich durch das (Schluss-)Urteil zu entscheiden, und zwar wegen § 308 II auch ohne Antrag des Beklagten.[381]

Schwierigkeiten kann in diesen Fällen allerdings die Berechnung der Kostenquote bereiten. Nicht richtig ist es, für die Kostenquote, soweit sie auf § 269 III 2 beruht, nur von dem Verhältnis des zurückgenommenen Teils zum ursprünglichen Streitwert auszugehen.

> **Beispiel:** Eingeklagt: 10.000 EUR. Der Kläger nimmt vor mündlicher Verhandlung die Klage in Höhe von 5.000 EUR zurück. Der Beklagte wird letztlich zur Zahlung von 5.000 EUR an den Kläger verurteilt.
> **Falsch** wäre es, dem Kläger die Kosten des Rechtsstreits zu $^{5.000}/_{10.000}$ = ½ aufzuerlegen.

Dabei bliebe unberücksichtigt, dass die Terminsgebühren der Rechtsanwälte nur noch nach dem infolge der Klageermäßigung verringerten Streitwert anfallen. Auf der

376 BGH NJW 2004, 223.
377 OLG Karlsruhe NJW-RR 1995, 955.
378 BGH NJW 2004, 2309; NJW-RR 2005, 1662; vgl. auch → H Rn. 18 (Kosten der Säumnis).
379 BGH NJW 2013, 2201; VersR 2013, 1212; zu § 269 III 3 vgl. näher → P Rn. 61.
380 OLG Celle MDR 2012, 669 = BeckRS 2011, 26863.
381 MüKoZPO/*Becker-Eberhard* 3 269 Rn. 73; Zöller/*Greger* ZPO § 269 Rn. 19a mwN.

anderen Seite fallen die mit dreifachem Satz erhobene Nr. 1210-Gebühr und die Verfahrensgebühr nach Nr. 3100 VV nach dem ursprünglichen Streitwert und daher auch für den zurückgenommenen Teil an.[382]

Unter Berücksichtigung der vorgenannten Besonderheiten werden zwei Meinungen zu der Frage vertreten, wie die Kostenquote bei einer teilweisen Klagerücknahme zu ermitteln ist. Einer Auffassung nach[383] entspricht die Teilrücknahme einem *teilweisen Unterliegen* gemäß § 92 I; da die Parteien an den einzelnen Gebühren verschieden beteiligt sind, ist für jede Gebühr eine unterschiedliche Quote zu ermitteln (sog. Quotenmethode). Dementsprechend wird die Kostenquote im obigen Ausgangsbeispiel wie folgt ermittelt (Steuern und Nebenkosten bleiben unberücksichtigt):

Gerichtskosten:

Gebühren	Streitwert	Betrag (insgesamt)	Verlustquote des Klägers
3 × KV-Nr. 1210	10.000 EUR	723,00 EUR	½ = 361,50 EUR
Anwaltsgebühren des Klägervertreters:			
1 Verfahrensgebühr	10.000 EUR	725,40 EUR	½ = 362,70 EUR
1 Terminsgebühr	5.000 EUR	363,60 EUR	
Anwaltsgebühren des Beklagtenvertreters, ebenfalls:		1.089,00 EUR	
Anteil des Klägers:			362,70 EUR
Gesamtsummen:		2.901,00 EUR	1.086,90 EUR

Es sind daher insgesamt Kosten von 2.901 EUR entstanden. Daran ist der Kläger mit einem Betrag von 1.086,90 EUR zu beteiligen. Dies entspricht einer Quote von $^{1.086}/_{2.901}$ = rd. 37%)
Die Kostenentscheidung, die nach dieser Meinung auf §§ 91 I 1 Hs. 1, 92 I, 269 III 2 beruht, lautet:

Die Kosten des Rechtsstreits tragen der Kläger zu 37% und der Beklagte zu 63%.

Nach anderer Ansicht[384] wird die Kostenquote dadurch ermittelt, dass die *Mehrkosten*, die auf den zurückgenommenen Teil fallen, errechnet und diese in Relation zu den tatsächlich entstandenen Kosten des Rechtsstreits gesetzt werden (sog. Mehrkostenmethode). Auch nach dieser Ansicht können Steuern und Nebenkosten außer Acht gelassen werden, da sie die Quote nicht entscheidend beeinflussen. Nach dieser Meinung errechnet sich für das obige Ausgangsbeispiel die Kostenquote wie folgt:

Zunächst werden die tatsächlich entstandenen Kosten in derselben Weise errechnet, wie vorstehend geschehen. Es ergibt sich also, dass insgesamt Kosten von 2.901 EUR entstanden sind.
Alsdann wird ermittelt, welche Kosten entstanden wären, wenn der Kläger von Anfang an lediglich 5.000 EUR eingeklagt hätte. Das wären 1.953 EUR. Die Differenz beläuft sich auf 948 EUR.
Folglich beträgt die Kostenquote des Klägers 948 / 2.901 = rd. 33 %.
Die Kostenentscheidung, die nach dieser Meinung auf §§ 91 I 1 Hs. 1, 269 III 2 beruht, lautet:

Die Kosten des Rechtsstreits werden dem Kläger zu 33% und dem Beklagten zu 67% auferlegt.

Der Gesetzgeber hat den Fall der teilweisen Klagerücknahme kostenmäßig nicht geregelt. Aus diesem Grund sind beide Meinungen vertretbar. Den Unterschied

382 → Rn. 175, 177.

383 *Schneider* NJW 1964, 1055; MüKoZPO/*Becker-Eberhard* § 269 Rn. 73; vgl. näher *Anders/Gehle* Antrag und Entscheidung Teil B, Rn. 404, 408 f.; wohl auch (mit nicht mehr gültigen Erwägungen zu § 92 II) OLG München BauR 1988, 634.

384 OLG Schleswig MDR 2008, 353; vgl. näher *Anders/Gehle* Antrag und Entscheidung Teil B, Rn. 404, 410 ff.

zwischen den beiden Ansichten sollte man nicht zu hoch bewerten. Je geringer nämlich die Teilrücknahme ausfällt, umso mehr nähern sich infolge der Gebührendegression die Ergebnisse einander an.

Für die zweite Meinung kann Folgendes angeführt werden: Es ist nicht einzusehen, warum der Beklagte bei einer teilweisen Klagerücknahme, zu der er uU sogar seine Zustimmung geben muss, besser gestellt werden soll als er stehen würde, wenn der Kläger von vornherein nur den reduzierten Betrag geltend gemacht hätte. Dabei ist insbesondere zu berücksichtigen, dass bei einer Klagerücknahme rückwirkend die Rechtshängigkeit entfällt (§ 269 III 1). Die materielle Rechtslage zwischen den Parteien bleibt daher offen. Aus diesem Grund ist die teilweise Klagerücknahme einem Teilunterliegen iSd § 92 I wohl nicht gleichzustellen; § 269 III 2 beruht vielmehr auf dem Gedanken des Verursacherprinzips. Für die herrschende Meinung hingegen spricht insbesondere der unterschiedliche Wortlaut des § 269 III 2 einerseits und derjenige der §§ 281 III 2, 344 andererseits – nur die letztgenannten Regelungen betreffen eindeutig die verursachten Mehrkosten.

Dieselben Grundsätze gelten bei einer teilweise übereinstimmenden Erledigungserklärung.[385]

i) Kostenentscheidung bei Streitgenossenschaft

§ 100 regelt die Kostenfrage bei Streitgenossenschaft iSd §§ 59 ff. nur unvollständig, nämlich nur für das Verhältnis der Prozessgegner zueinander und nicht für das Innenverhältnis sowie nur für den Fall, dass alle Streitgenossen gleichmäßig unterliegen. 199

aa) § 100 I, IV und Baumbach'sche Formel

Nach § 100 I haften die Streitgenossen für die Kostenerstattung grundsätzlich nach Kopfteilen. 200

> **Beispiel:** Auf der Klägerseite sind 3 Personen beteiligt. Die Klage wird abgewiesen. Die Kostenentscheidung lautet unabhängig davon, in welchem Rechtsverhältnis die 3 Kläger stehen, wie folgt: Die Kosten des Rechtsstreits tragen die Kläger zu je $^1/_3$ (= §§ 91 I Hs. 1, 100 I).

§ 100 I gilt sowohl bei einer Streitgenossenschaft auf der Klägerseite als auch bei einer solchen auf der Beklagtenseite.

Bei einer Streitgenossenschaft auf der Beklagtenseite trifft § 100 IV eine von § 100 I abweichende Regelung, wenn die unterlegenen Beklagten in der Hauptsache als Gesamtschuldner verurteilt werden; dann haften die Beklagten auch für die Kostenerstattung als Gesamtschuldner. Es wird in der Praxis üblicherweise wie folgt tenoriert: 201

> Die Kosten des Rechtsstreits tragen die Beklagten als Gesamtschuldner.
>
> (oder – da sich die gesamtschuldnerische Haftung ohnehin aus dem Gesetz ergibt:)
>
> Die Kosten des Rechtsstreits tragen die Beklagten.

Obsiegt der Kläger nur teilweise, werden die Kosten zwischen ihm und den gesamtschuldnerisch haftenden Beklagten entsprechend geteilt. Müssen ihm die auf Zahlung 202

385 → P Rn. 29.

von 10.000 EUR gesamtschuldnerisch in Anspruch genommenen Beklagten nur 7.000 EUR zahlen, haften sie als Gesamtschuldner auf 70% der Kosten; 30% trägt der Kläger.

Nicht im Gesetz geregelt ist der Fall, dass der Kläger bei einer gesamtschuldnerischen Inanspruchnahme mehrerer Beklagter hinsichtlich der gesamtschuldnerischen Haftung in unterschiedlichem Umfang obsiegt, dh das Gesamtschuldverhältnis der Beklagten in seinem Inneren beeinflusst wird. Hierfür ist die sogenannte *Baumbach'sche Kostenformel*[386] entwickelt worden, die in der Praxis weitgehend Anerkennung gefunden hat.[387] Diese Formel beruht auf folgenden Grundgedanken:

Zwischen den Streitgenossen besteht kein Prozessrechtsverhältnis. Deshalb darf der unterlegene Streitgenosse nicht an den außergerichtlichen Kosten des obsiegenden Streitgenossen beteiligt werden. Diese außergerichtlichen Kosten werden unter Berücksichtigung des Grundgedankens der §§ 91, 92 nach dem Grad des Obsiegens und Unterliegens zwischen dem Kläger und dem betreffenden Streitgenossen aufgeteilt. Obsiegt einer der Streitgenossen in vollem Umfang, ist er von allen Kosten freizustellen. Bei den Gerichtskosten und den außergerichtlichen Kosten des Klägers wird berücksichtigt, dass der Kläger mehrere Angriffe, nämlich gegen jeden der verklagten Streitgenossen, vornimmt und teilweise unterliegt, wenn er mit seiner Klage nicht gegen alle Streitgenossen (gleichmäßig) durchdringt; er muss deshalb an diesen Kosten nach dem Grad seines Unterliegens unter Berücksichtigung der Anzahl seiner Angriffe beteiligt werden, während die restlichen Kosten die unterliegenden Streitgenossen zu tragen haben. Dabei wird der Grad des Unterliegens an einem fiktiven Streitwert[388] gemessen. Verlangt der Kläger zB von zwei Beklagten als Gesamtschuldnern Zahlung von 10.000 EUR, beträgt der tatsächliche Streitwert 10.000 EUR. Wird hingegen das Gesamtschuldverhältnis der Beklagten in seinem Inneren beeinflusst, weil der Kläger nur gegenüber einem von ihnen obsiegt, wird für die Quotenverteilung hinsichtlich der Gerichtskosten und der außergerichtlichen Kosten des Klägers dieser tatsächliche Streitwert mit der Anzahl der Angriffe des Klägers multipliziert, mithin fiktiv auf 20.000 EUR verdoppelt. Nur auf diese Weise lässt sich die nunmehr unterschiedliche Haftung der Beklagten auch zueinander richtig gewichten.

203 • **Grundfall**

Der Kläger begehrt von A (Beklagter zu 1) und B (Beklagter zu 2) als Gesamtschuldnern Zahlung von 10.000 EUR. Der Hauptsachentenor lautet: Der Beklagte zu 1) wird verurteilt, an den Kläger 10.000 EUR zu zahlen; im Übrigen wird die Klage abgewiesen.

In einem derartigen Fall wird die Kostenquote wie folgt ermittelt:

- Außergerichtliche Kosten des Beklagten zu 1):
  Da der Beklagte zu 1) im Verhältnis zum Kläger in vollem Umfang unterlegen ist, trägt er seine außergerichtlichen Kosten selbst.

386 BGHZ 8, 325; OLG Stuttgart Rpfleger 1990, 183; hierzu eingehend *Anders/Gehle* Antrag und Entscheidung Teil B, Rn. 259 ff.; *Gemmer* JuS 2012, 702.

387 Vgl. im Hinblick auf die Diskussion zur Brauchbarkeit der Baumbach'schen Formel: Zöller/*Herget* ZPO § 100 Rn. 7, 8, mwN.

388 Allgemein zum fiktiven Streitwert vgl. → Rn. 192 mwN.

- Außergerichtliche Kosten des Beklagten zu 2):
  Da der Kläger im Verhältnis zum Beklagten zu 2) in vollem Umfang unterlegen ist, trägt er dessen außergerichtliche Kosten.
- Gerichtskosten und außergerichtliche Kosten des Klägers:
  Der Kläger hat gegenüber A in Höhe von 10.000 EUR gewonnen und gegenüber B in Höhe von 10.000 EUR verloren. Hier liegt ein zweifacher Angriff vor. Unter Berücksichtigung eines fiktiven Streitwerts von 20.000 EUR (= 2 Angriffe × 10.000 EUR – tatsächlicher Streitwert) ergibt sich für den Kläger eine Kostenquote von ½.
- Die andere Hälfte der Gerichtskosten und der außergerichtlichen Kosten des Klägers trägt der unterliegende Streitgenosse A.

Die *Kostenentscheidung* lautet:

> Die Gerichtskosten und die außergerichtlichen Kosten des Klägers tragen der Kläger und der Beklagte zu 1) je zur Hälfte. Die außergerichtlichen Kosten des Beklagten zu 1) trägt dieser selbst. Die außergerichtlichen Kosten des Beklagten zu 2) werden dem Kläger auferlegt.
>
> (oder:)
>
> Die Gerichtskosten tragen der Kläger und der Beklagte zu 1) je zur Hälfte. Die außergerichtlichen Kosten des Beklagten zu 2) werden dem Kläger auferlegt; die außergerichtlichen Kosten des Klägers trägt der Beklagte zu 1) zur Hälfte. Im Übrigen findet eine Kostenerstattung nicht statt.

In eine Kostentabelle, in die wir für jede Partei die verlorenen Wertanteile eintragen, lassen sich die Bezugszahlen nach folgendem Schema einstellen:

Einzelangriffe	Kläger	Beklagter A	Beklagter B
1.) Anspruch Kläger gegen A, 10.000 EUR		10.000 EUR	
2.) Anspruch Kläger gegen B, 10.000 EUR	10.000 EUR		
Verluste	10.000 EUR	10.000 EUR	
Kostenquote (Verlust ./. fiktiven Streitwert von 20.000 EUR)	½	½	0

Die Tabelle beruht auf dem Erfolg der Einzelangriffe. Die in dieser Hinsicht eingetretenen Verluste werden in die Rubrik der jeweiligen Prozesspartei eingetragen. Bei B findet sich dementsprechend keine Eintragung, da er in vollem Umfang obsiegt hat, wohingegen der insoweit eingetretene Verlust beim Kläger erscheint. Die auf diese Weise ermittelten Verluste werden durch die Summe der Einzelangriffe, den fiktiven Streitwert, geteilt. Es ergibt sich die Beteiligung des Klägers und des Beklagten A an den Gerichtskosten und den außergerichtlichen Kosten des Klägers. Die außergerichtlichen Kosten der Beklagten verteilen sich nach dem Schicksal des jeweiligen Einzelangriffs, sodass sich dort in horizontaler Linie 1.) die Kostentragungspflicht des A für die eigenen außergerichtlichen Kosten und 2.) die Kostentragungspflicht des Klägers für die außergerichtlichen Kosten des B ablesen lässt.

- **Fall mit drei Beklagten** 204

Der Kläger begehrt von A (Beklagter zu 1), B (Beklagter zu 2) und C (Beklagter zu 3) als Gesamtschuldnern Zahlung von 10.000 EUR. Der Hauptsachentenor lautet: Die Beklagten zu 1) und 2) werden verurteilt, als Gesamtschuldner an den Kläger 10.000 EUR zu zahlen; im Übrigen wird die Klage abgewiesen.

- Außergerichtliche Kosten von A und B:
  Da A und B im Verhältnis zum Kläger in vollem Umfang unterlegen sind, tragen sie jeweils ihre außergerichtlichen Kosten selbst.
- Außergerichtliche Kosten des C:
  Da der Kläger im Verhältnis zu C in vollem Umfang unterlegen ist, trägt er dessen außergerichtliche Kosten.

In der Tabelle erscheinen nunmehr neben dem Kläger die Beklagten A und B als Gesamtschuldner, da sie nur in dieser Eigenschaft verurteilt werden. Auf eine Rubrik für C wird abweichend vom vorherigen Beispiel der Einfachheit halber verzichtet. Die Zahl der Einzelangriffe erhöht sich wegen der gestiegenen Zahl der Beklagten auf drei, sodass sich der fiktive Streitwert auf 30.000 EUR addiert.

Einzelangriffe	Kläger	Beklagte A + B als Gesamtsch.
Anspruch gegen A, 10.000 EUR		10.000 EUR
Anspruch gegen B, 10.000 EUR		10.000 EUR
Anspruch gegen C, 10.000 EUR	10.000 EUR	
Verluste	10.000 EUR	20.000 EUR
Kostenquote (Verlust ./. fiktiven Streitwert von 30.000 EUR)	$^1/_3$	$^2/_3$

Die Kostenentscheidung lautet also:

> Die Gerichtskosten werden dem Kläger zu $^1/_3$ und den Beklagten zu 1) und 2) als Gesamtschuldnern zu $^2/_3$ auferlegt; von den außergerichtlichen Kosten tragen der Kläger diejenigen des Beklagten zu 3) in vollem Umfang und die Beklagten zu 1) und 2) als Gesamtschuldner diejenigen des Klägers zu $^2/_3$; im Übrigen findet eine Kostenerstattung nicht statt.

Betrachtet man das Gesamtergebnis, so ist die Drittelbelastung des Klägers ohne Weiteres vertretbar, weil er von drei gesamtschuldnerisch in Anspruch genommenen Beklagten nur gegenüber zweien obsiegt. Obwohl das Gesamtschuldverhältnis von A und B zueinander in seinem Inneren unbeeinflusst bleibt, ist es also richtig, den fiktiven Streitwert dreifach anzusetzen. Auf diese Weise wird das Verhältnis von Klagebegehren und Erfolg zutreffend gewichtet.

205 • **Fall mit teilweiser Gesamtschuld und Einzelverurteilung**

Der Kläger begehrt von A und B als Gesamtschuldnern Zahlung von 10.000 EUR. Der Hauptsachentenor lautet: Die Beklagten werden verurteilt, als Gesamtschuldner an den Kläger 5.000 EUR zu zahlen. Der Beklagte A wird darüber hinaus verurteilt, 2.500 EUR an den Kläger zu zahlen. Im Übrigen wird die Klage abgewiesen.
Da das Gesamtschuldverhältnis der Beklagten auch hier in seinem Inneren beeinflusst wird, führt der Weg zur Lösung über den mit der Zahl der Beklagten multiplizierten, also verdoppelten Streitwert. Die Kopfzeile der Tabelle muss nunmehr entsprechend der Hauptsachenentscheidung neben dem Kläger die Beklagten A und B als Gesamtschuldner und zusätzlich den Beklagten A alleine aufführen. Denn in jeweils dieser Stellung haben die Parteien Anteile am Streitgegenstand verloren.

Einzelangriffe	Kläger	Beklagte A + B als Gesamtsch.	Beklagter A
Anspruch gegen A, 10.000 EUR	2.500 EUR	5.000 EUR	2.500 EUR
Anspruch gegen B, 10.000 EUR	5.000 EUR	5.000 EUR	
Verluste	7.500 EUR	10.000 EUR	2.500 EUR
Kostenquote (Verlust ./. fiktiven Streitwert von 20.000 EUR)	$^3/_8$ (= 37,5%)	½ (= 50%)	$^1/_8$ (= 12,5%)

Als Endergebnis lässt sich in der untersten Zelle wiederum die Verteilung der Gerichtskosten und der außergerichtlichen Kosten des Klägers ablesen. Die außergerichtlichen Kosten des A trägt der Kläger nach dem Verlust beim diesbezüglichen Einzelangriff zu ¼ (2.500 ./. 10.000); diejenigen des B trägt er zu ½ (5.000 ./. 10.000).

Die Kostenentscheidung lautet:

> Die Gerichtskosten werden dem Kläger zu $^3/_8$, den Beklagten als Gesamtschuldnern zu $^4/_8$ und dem Beklagten A darüber hinaus allein zu einem weiteren $^1/_8$ auferlegt. Von den außergerichtlichen Kosten trägt der Kläger die des Beklagten A zu ¼ sowie die des Beklagten B zu ½; die außergerichtlichen Kosten des Klägers werden den Beklagten als Gesamtschuldnern zu ½ und darüber hinaus dem Beklagten A zu einem weiteren $^1/_8$ auferlegt. Eine weitergehende Kostenerstattung findet nicht statt.

Bei einer Gesamtbetrachtung ist das Ergebnis ohne Weiteres vertretbar. Der Kläger gewinnt die erste Hälfte der Klageforderung voll und die zweite Hälfte zu ½, also ein weiteres ¼. Auch hier zeigt sich, dass es richtig ist, angesichts des in seinem Inneren beeinflussten Gesamtschuldverhältnisses der Beklagten zueinander den Streitwert fiktiv zu verdoppeln.

bb) Unterschiedliche Beteiligung, § 100 II

Bei einer Streitgenossenschaft kann der Grad der Beteiligung einzelner Streitgenossen **206** am Rechtsstreit unterschiedlich sein, so zB bei einer unterschiedlich hohen Inanspruchnahme der beklagten Streitgenossen durch den Kläger oder in den Fällen, in denen gegen einen von mehreren Streitgenossen ein Anerkenntnis- bzw. Versäumnisurteil ergeht, während im Anschluss daran durch die restlichen Streitgenossen eine umfangreiche Beweisaufnahme verursacht wird. Zu nennen sind ferner die Fälle, in denen nur einer von mehreren Streitgenossen Widerklage erhebt. Hier ist *§ 100 II* zu beachten, wonach die Beteiligung bei einer erheblichen Verschiedenheit zum Maßstab der Kostenquote genommen werden kann.

> **Beispielsfall:**
>
> **Anerkenntnis eines Streitgenossen**
> Der Kläger macht gegen A und B als Gesamtschuldner einen Anspruch in Höhe von 10.000 EUR geltend. A erkennt nach Erörterung die Klageforderung im Termin vom 16.10. … (= 1. Termin) an, worauf gegen ihn auf Antrag des Klägers sofort ein Teilanerkenntnisurteil ergeht.
> Gegen B wird auf die mündliche Verhandlung am 30.10. … folgender Hauptsachentenor verkündet:
>
> Der Beklagte zu 2) wird verurteilt, als Gesamtschuldner mit dem am 16.10. … durch Teilanerkenntnisurteil verurteilten Beklagten zu 1) an den Kläger 10.000 EUR zu zahlen.

Von der Tenorierung »Die bis zum 16.10. … entstandenen Kosten des Rechtsstreits tragen die Beklagten als Gesamtschuldner; die übrigen Kosten des Rechtsstreits trägt der Beklagte zu 2) allein« raten wir ab. Sie führt zu einer ungerechten Verteilung der (dreifachen) Verfahrensgebühr nach Nr. 1210 KV (Anlage 1 zum GKG) und bringt im Kostenfestsetzungsverfahren Unsicherheiten mit sich, weil unter Umständen nicht klar ist, wie einzelne Kosten (zB die Auslagenpauschale der Rechtsanwälte, Reisekosten, Kopien) zu verteilen sind. Unserer Ansicht nach berechnet sich die Kostenverteilung wie folgt:

Da der Kläger in vollem Umfang obsiegt hat, müssen die Beklagten die Gerichtskosten tragen. Nach § 100 II ist hierbei jedoch das Anerkenntnis des Beklagten zu 1) zu berücksichtigen. Wäre dieser der einzige Beklagte gewesen, hätte sich gemäß Nr. 1211 Ziff. 2 KV die mit dreifachem Satz angefallene Verfahrensgebühr (Nr. 1210 KV als Anlage 1 zum GKG) auf den einfachen Satz ermäßigt. Demnach tragen A und B billigerweise nur $^1/_3$ der Gerichtskosten als Gesamtschuldner, wohingegen auf B allein $^2/_3$ entfallen.

Die außergerichtlichen Kosten des Klägers tragen beide Beklagte als Gesamtschuldner. Der Umstand, dass im Verhältnis des Klägers zum Beklagten zu 1) nicht streitig verhandelt worden ist, hat nach Nr. 3104 VV (Anlage 1 zum RVG) keine Bedeutung.

Ihre eigenen außergerichtlichen Kosten tragen die Beklagten jeweils selbst. Es ergibt sich also nachstehender Kostentenor:

> Die Gerichtskosten werden den Beklagten als Gesamtschuldnern zu $^1/_3$ und dem Beklagten zu 2) alleine zu weiteren $^2/_3$ auferlegt. Die außergerichtlichen Kosten des Klägers tragen die Beklagten als Gesamtschuldner. Im Übrigen findet eine Kostenerstattung nicht statt.

Wenn nach dem Anerkenntnis des Beklagten zu 1) eine Beweisaufnahme stattgefunden hat, empfiehlt sich mit Rücksicht auf § 100 III[389] insoweit eine getrennte Kostenentscheidung[390] wie folgt:

207 Die Kosten der Beweisaufnahme trägt der Beklagte zu 2). Im Übrigen werden die Kosten wie folgt verteilt: (weiter wie im vorigen Beispiel)

Weiteres Beispiel: Widerklage eines Streitgenossen
Der Kläger nimmt A und B als Gesamtschuldner in Höhe von 2.500 EUR in Anspruch. A erhebt gegen den Kläger Widerklage in Höhe von 7.500 EUR. Der Hauptsachentenor lautet:
»Die Beklagten werden als Gesamtschuldner verurteilt, an den Kläger 1.000 EUR zu zahlen. Auf die Widerklage wird der Kläger verurteilt, an den Beklagten zu 1) (= A) 4.500 EUR zu zahlen. Im Übrigen werden Klage und Widerklage abgewiesen.«
Der Gesamtstreitwert beträgt nach § 19 I 1 GKG 10.000 EUR.[391] Zur Bildung eines fiktiven Streitwertes für die gesamtschuldnerische Inanspruchnahme der beiden Beklagten besteht kein Anlass, weil das Gesamtschuldverhältnis in seinem Inneren nicht berührt ist; die Beklagten werden, ohne dass zwischen ihnen eine Differenzierung stattfände, auf einen Teilbetrag als Gesamtschuldner verurteilt. Die Kostenquote wird wie folgt berechnet:

- Außergerichtliche Kosten des A:
  A ist in Höhe von 1.000 EUR (= Klage) und in Höhe von 3.000 EUR (= Widerklage) unterlegen. Er trägt $^{4.000}/_{10.000} = {}^4/_{10}$ seiner außergerichtlichen Kosten selbst, während die restlichen $^6/_{10}$ der Kläger zu tragen hat.
- Außergerichtliche Kosten des B:
  Da B nur in Höhe von 2.500 EUR an dem Rechtsstreit beteiligt ist, sind seine außergerichtlichen Kosten nach diesem Streitwert zu berechnen.
  Er trägt insoweit $^{1.000}/_{2.500} = {}^4/_{10}$, während dem Kläger die restlichen $^6/_{10}$ aufzuerlegen sind.

---

389 Vgl. → Rn. 208.

390 Vgl. → Rn. 183, 186.

391 Zum Streitwert bei Klage und Widerklage (vgl. § 45 I 1, 3 GKG) vgl. näher → M Rn. 13 und *Anders/Gehle/Kunze* Streitwert-Lexikon Stichwort »Widerklage«.

- Gerichtskosten und außergerichtliche Kosten des Klägers:
  Hier wirkt sich § 100 II, IV aus:
  Die Verlustquote des B beträgt: $^{1.000}/_{10.000}$ = $^{1}/_{10}$; insoweit haftet er zusammen mit A als Gesamtschuldner.
  Die Verlustquote des Klägers beträgt: $^{6.000}/_{10.000}$ = $^{6}/_{10}$
  Die Verlustquote des A beträgt: $^{4.000}/_{10.000}$ = $^{4}/_{10}$, davon $^{1}/_{10}$ als Gesamtschuldner mit B

Die *Kostenentscheidung* lautet:

Die Gerichtskosten werden dem Kläger zu $^{6}/_{10}$, den Beklagten als Gesamtschuldnern zu $^{1}/_{10}$ und dem Beklagten zu 1) allein zu weiteren $^{3}/_{10}$ auferlegt. Von den außergerichtlichen Kosten tragen die des Klägers die Beklagten als Gesamtschuldner zu $^{1}/_{10}$ und der Beklagte zu 1) allein zu weiteren $^{3}/_{10}$, die des Beklagten zu 1) der Kläger zu $^{6}/_{10}$ und die des Beklagten zu 2) der Kläger zu $^{6}/_{10}$. Im Übrigen findet eine Kostenerstattung nicht statt (= §§ 92 I, 100 II, IV; nicht III, da die Widerklage kein Angriffsmittel, sondern der Angriff selbst ist).

cc) Besondere Angriffs- und Verteidigungsmittel, § 100 III

Hat ein Streitgenosse besondere Angriffs- oder Verteidigungsmittel geltend gemacht, haften die anderen Streitgenossen nach *§ 100 III* nicht für die dadurch veranlassten Kosten. In § 282 I sind Beispiele für Angriffs- und Verteidigungsmittel aufgeführt. Nicht hierzu zählt der Angriff selbst, wie zB die Widerklage durch einen von mehreren Streitgenossen. § 100 III stellt eine sog. Mussvorschrift dar und greift unabhängig davon ein, ob das Mittel Erfolg hat. Ist dies nicht der Fall, kann außerdem § 96 zur Anwendung kommen. 208

Beispiel: Ein Streitgenosse beruft sich auf entscheidungserhebliche Tatsachen, die sich die anderen nicht zu eigen machen, und verursacht dadurch eine Beweisaufnahme (und damit besondere Kosten).

j) Kostenentscheidung nach § 101 bei Streithilfe

Tritt ein Dritter dem Rechtsstreit auf Seiten einer Partei bei (§§ 66, 74), muss auch über dessen (außergerichtliche) Kosten entschieden werden. Wird dies im Urteil vergessen, kommt eine Urteilsergänzung gemäß § 321 in Betracht.[392] Aus der Existenz des § 101 folgt, dass die Kosten des Streithelfers nicht zu den Kosten des Rechtsstreits iSd §§ 91 ff. gehören. Die Partei, der der Streithelfer beigetreten ist, hat dessen Kosten nach prozessualen Vorschriften nie zu tragen. Soweit der Gegner dieser Partei unterliegt und nach §§ 91 ff. die Kosten des Rechtsstreits zu tragen hat, sind ihm auch die Kosten des Streithelfers aufzuerlegen; im Übrigen trägt der Streithelfer seine Kosten selbst (§ 101). 209

Beispiel: D tritt dem Rechtsstreit auf Seiten des Klägers bei. Der Kläger obsiegt nur teilweise und muss ein Viertel der Kosten des Rechtsstreits tragen. Der Kostentenor lautet:

Die Kosten des Rechtsstreits tragen der Kläger zu ¼ und der Beklagte zu ¾. Die Kosten der Streithilfe werden dem Beklagten zu ¾ und dem Streithelfer zu ¼ auferlegt.

Im Falle der Streitverkündung nach § 72 gilt § 101 nur dann, wenn der Dritte tatsächlich dem Rechtsstreit auf Seiten einer Partei beitritt. Dazu ist er nicht verpflichtet. Wenn er nicht beitritt, ist er am Rechtsstreit nicht beteiligt (§ 74 II) und wird im Urteil auch an keiner Stelle erwähnt. Allerdings trifft ihn auch ohne Beitritt die sogenannte Nebeninterventionswirkung iSd § 68 (vgl. § 74 III), was jedoch erst im Nachfolgeprozess zwischen dem Streitverkünder und dem Dritten bedeutsam ist.

---

392 BGH MDR 2013, 807 = BeckRS 2013, 07617; OLG Köln MDR 1992, 301; vgl. auch OLG Jena MDR 2009, 1066 = BeckRS 2009, 26237, das bei versehentlicher Nichtberücksichtigung in Tenor § 319 anwendet; ausführlich *Jungemeyer/Teichmann* MDR 2011, 1019.

In der Praxis wird die Entscheidung über die Kosten der Streithilfe leider nicht selten vergessen. Eine Korrektur nach § 319 I kommt nur in Betracht, wenn der Fehler »offenbar« ist, mithin sich dies aus dem Zusammenhang der Entscheidung selbst oder zumindest aus den Vorgängen bei ihrem Erlass oder ihrer Verkündung nach außen deutlich ergibt und damit auch für Dritte ohne Weiteres erkennbar ist. Die bloße Erwähnung der Streithilfe im Rubrum der Entscheidung genügt insoweit nicht; es bleibt dann nur der (fristgebundene!) Weg über § 321 I.[393]

5. Vorläufige Vollstreckbarkeit

a) Allgemeine Fragen

210 Nach § 704 findet die Zwangsvollstreckung aus Endurteilen nur statt, wenn sie formell rechtskräftig[394] oder für vorläufig vollstreckbar erklärt worden sind. Daher muss grundsätzlich jedes Endurteil von Amts wegen für vorläufig vollstreckbar erklärt werden (§§ 708, 709). Der (häufig gestellte) Antrag, das Urteil »für vorläufig vollstreckbar zu erklären«, ist überflüssig und bleibt daher im Tatbestand unerwähnt.

211 Als *Endurteile* werden solche Urteile bezeichnet, mit denen für die Instanz endgültig in vollem Umfang oder zu einem Teil (Teilurteil iSd § 301) über den Streitgegenstand entschieden wird.[395] Nicht zu den Endurteilen gehören daher Zwischenurteile (§§ 280, 303), Grundurteile als besondere Art des Zwischenurteils (§ 304) und Vorbehaltsurteile (§§ 302, 599). Letztere müssen dennoch für vorläufig vollstreckbar erklärt werden, weil sie kraft Gesetzes für die Zwangsvollstreckung als Endurteil anzusehen sind (§§ 302 III, 599 III).

212 In Ausnahmefällen[396] ist bei Endurteilen ein Ausspruch über die vorläufige Vollstreckbarkeit entbehrlich, wenn auch nicht falsch.[397] Das ist bei folgenden Urteilen der Fall:

- Urteile, die von Natur aus oder kraft Gesetzes vorläufig vollstreckbar sind.[398]

  Beispiele: Urteile, durch die ein Arrest bzw. eine einstweilige Verfügung angeordnet oder bestätigt wird; Urteile des Arbeitsgerichts (vgl. §§ 62 I, 64 VII, 85 II ArbGG).

- Urteile, die keinen vollstreckungsfähigen Inhalt haben.

  Beispiele: Feststellungsurteile, klageabweisende Urteile, Leistungsurteile auf Abgabe einer Willenserklärung (vgl. § 894 – Ausnahme: § 895), Gestaltungsurteile mit Ausnahme der vollstreckungsrechtlichen Gestaltungsurteile nach §§ 767, 768, 771, die wegen §§ 775 Nr. 1, 776 für vorläufig vollstreckbar erklärt werden müssen.[399]

---

393 BGH NJW 2016, 2754.

394 Zum Umfang der Rechtskraft vgl. BGH NJW 1993, 2684; 1995, 967; vgl. auch Thomas/Putzo/*Seiler* ZPO § 704 Rn. 2.

395 Thomas/Putzo/*Reichold* ZPO Vorbem. § 300 Rn. 7.

396 Die frühere Regelung der § 704 II aF, nach der ein Urteil in Ehe- und Kindschaftssachen *nicht* für vorläufig vollstreckbar erklärt werden durfte, gilt nicht mehr; die nun maßgeblichen Regelungen im FamFG (vgl. zB §§ 116 II, III, 184 I 1 FamFG) bestimmen, dass die Endentscheidung mit Rechtskraft wirksam wird; beispielsweise kann das Gericht aber in Familienstreitsachen die sofortige Wirksamkeit anordnen (§ 116 III 2 FamFG); vgl. Thomas/Putzo/*Seiler* ZPO § 704 Rn. 5; Thomas/Putzo/*Hüßtege* FamFG § 116 Rn. 6, 9; § 184 Rn. 1.

397 Thomas/Putzo/*Seiler* ZPO § 704 Rn. 4.

398 Prütting/Gehrlein/*Kroppenberg* ZPO § 704 Rn. 13; Thomas/Putzo/*Seiler* ZPO § 704 Rn. 4.

399 HM, vgl. *Anders/Gehle* Antrag und Entscheidung Teil C, Rn. 9; Thomas/Putzo/*Seiler* ZPO § 767 Rn. 30.

Diese Ausnahme hat keine große praktische Bedeutung, da eine in dem Urteil enthaltene *Kostenentscheidung* in jedem Fall für vorläufig vollstreckbar erklärt werden muss, auch wenn der Hauptsachentenor keinen vollstreckungsfähigen Inhalt hat.[400] Eine Klarstellung, wie: »Das Urteil ist wegen der Kosten vorläufig vollstreckbar«, ist überflüssig und deshalb wegzulassen. In der Praxis ist sie dennoch häufiger vorzufinden und unschädlich.

- Urteile, die *mit* ihrem *Erlass* (Verkündung oder Zustellung – vgl. § 310 III) *rechtskräftig* werden.[401]

Der Ausspruch über die vorläufige Vollstreckbarkeit hat nur für den Zeitraum zwischen der Verkündung eines Urteils und dem Eintritt der Rechtskraft eine Bedeutung, sodass in dem zuletzt genannten Beispiel ein regelungsbedürftiger Zeitraum nicht besteht. Nur solche Urteile werden mit der Verkündung rechtskräftig, für die der Gesetzgeber keine Rechtsmittel vorgesehen hat. **213**

Beispiele:
- Berufungsurteile bei Arrest und einstweiliger Verfügung (vgl. § 542 II 1)
- Revisionsurteile des BGH

Nicht hierzu zählen Urteile, bei denen nur eine Partei auf die Einlegung von Rechtsmitteln verzichtet hat oder bei denen der Rechtsmittelstreitwert nicht erreicht (vgl. § 511 II Nr. 1 und § 26 Nr. 8 EGZPO – relevant bis 31.12.2014) bzw. das Rechtsmittel nicht zugelassen wurde (§§ 511 II Nr. 2, 543 I, 544). Derartige Urteile werden nämlich nicht mit ihrer Verkündung rechtskräftig und müssen deshalb für vorläufig vollstreckbar erklärt werden.[402] Das folgt daraus, dass über die Zulässigkeit des Rechtsmittels die nächst höhere Instanz zu entscheiden hat (iudex ad quem) und nicht der iudex a quo. Außerdem ergibt sich dies aus der Existenz des § 713,[403] der ansonsten überflüssig wäre.

b) § 709, Vollstreckung gegen Sicherheitsleistung

aa) Allgemeines: Zweck der Sicherheit

Grundsätzlich ist jedes Urteil nach § 709 S. 1 gegen Sicherheitsleistung für vorläufig vollstreckbar zu erklären. Eine Sicherheitsleistung hat nur in den Sonderfällen des § 708 sowie dann zu unterbleiben, wenn das Gericht dies auf Antrag des Gläubigers gem. § 710 im Urteil anordnet. Wird das Urteil gegen Sicherheitsleistung für vorläufig vollstreckbar erklärt, kann bis zum Eintritt der Rechtskraft eine Vollstreckung nur erfolgen, soweit die Sicherheitsleistung erbracht und dies nach § 751 II nachgewiesen worden ist. **214**

Die Sicherheitsleistung dient dem Schutz des Vollstreckungsschuldners. Er soll für den Fall, dass das für vorläufig vollstreckbar erklärte Urteil keinen Bestand hat, vor einem Schaden bewahrt werden. Auch wenn die **Art** und die **Höhe** der Sicherheitsleistung nach dem Wortlaut des § 108 I 1 im freien Ermessen des Gerichts stehen, muss der Richter diesen gesetzgeberischen Zweck beachten. Daraus folgt, dass die **215**

400 *Anders/Gehle* Antrag und Entscheidung Teil C, Rn. 3, 9 f.; Thomas/Putzo/*Seiler* ZPO Vorbem. § 708–720 Rn. 1.
401 Prütting/Gehrlein/*Kroppenberg* ZPO § 704 Rn. 13.
402 Zöller/*Stöber* ZPO § 705 Rn. 6, 7, 9; *Anders/Gehle* Antrag und Entscheidung Teil C; s. auch → Rn. 14.
403 → Rn. 232.

Sicherheitsleistung der Art nach sicher sein muss. Außerdem hat sich die Höhe der Sicherheitsleistung an einem möglichen Schadensersatzanspruch des Vollstreckungsschuldners aus § 717 II zu orientieren.

bb) Art der Sicherheitsleistung

216 Die Art der Sicherheitsleistung kann das Gericht nach freiem Ermessen bestimmen, § 108 I 1. Den Regelfall bildet die Sicherheitsleistung durch Bankbürgschaft. Soweit das Gericht keine Bestimmung zu der Art der Sicherheitsleistung trifft – dies ist nicht erforderlich –, ist die Sicherheitsleistung nach § 108 I 2 durch eine dort näher beschriebene Bankbürgschaft oder durch Hinterlegung zu erbringen. Allerdings können die Parteien auch eine andere Vereinbarung treffen.

Lässt das Gericht – ein seltener Ausnahmefall! – auf Parteiantrag eine andere Art der Sicherheit zu, ist diese im Tenor zu bezeichnen.

> Dem Kläger wird gestattet, als Sicherheit (näher bezeichnete) Schuldverschreibungen der X-Elektrizitäts-AG zum Nennbetrag von ... EUR zu hinterlegen.

Merke: In Klausuren ist zu der **Art** der Sicherheitsleistung grundsätzlich nichts im Tenor auszuführen. Es gilt dann § 108 I 2.

cc) Höhe der Sicherheitsleistung

217 Wie bereits ausgeführt,[404] muss sich die Höhe der Sicherheitsleistung an einem möglichen Schadensersatzanspruch des Vollstreckungsschuldners aus § 717 II orientieren. Sie ist immer in Geld zu bestimmen.[405] Soweit keine Besonderheiten bestehen, ist der Wert des vollstreckbaren Hauptanspruchs, der materiell-rechtlichen Nebenansprüche (zB die Zinsen, vorgerichtliche Mahnkosten[406]) und der Wert der vollstreckbaren Prozesskosten, dh die gesamten Gerichtskosten und die außergerichtlichen Kosten,[407] zu berücksichtigen. Dabei ist eine mathematische Genauigkeit schon wegen des Ermessensspielraums des Gerichtes nicht erforderlich. Eine *Zug um Zug* zu erbringende Gegenleistung des Gläubigers wird von der Sicherheit nicht abgezogen; denn nach §§ 726 II, 756, 765 ist es durchaus denkbar, dass der Gläubiger vollstreckt, ohne die Gegenleistung zuvor tatsächlich zu erbringen.[408]

218 Für vollstreckbare **Geldforderungen**, der in der Praxis wichtigste Fall, ist eine Berechnung der Höhe der Sicherheitsleistung nicht erforderlich. Vielmehr kann das Gericht es nach **§ 709 S. 2** bei einer unbezifferten Formulierung, die alle Nebenforderungen und auch den Kostenerstattungsanspruch umfasst, bewenden lassen und die Sicherheit in einem bestimmten Verhältnis zur Höhe der jeweils zu vollstreckenden Forderung angeben.[409]

Bei der Festlegung des Verhältnisses ist der Schutzzweck der Norm zu beachten. Ein unter dem zu vollstreckenden Betrag liegender Anteil ist grundsätzlich verfehlt, da er

---

404 Vgl. → Rn. 215.

405 Thomas/Putzo/*Seiler* ZPO Vorbem. § 708–720 Rn. 10.

406 Vgl. → Rn. 106 ff., 225 (Beispiel); im Rahmen der Sicherheitsleistung sind Zinsen bis zu etwa einem halben Jahr nach Urteilsverkündung zu berücksichtigen.

407 Vgl. BGH NJW 2015, 77 zu §§ 709, 711; zu den Kosten → Rn. 172 ff.

408 HM, vgl. Zöller/*Herget* ZPO § 709 Rn. 6; MüKoZPO/*Krüger* § 709 Rn. 7; *Anders/Gehle* Antrag und Entscheidung Teil C, Rn. 19.

409 Vgl. zur Tenorierung → Rn. 221.

den denkbaren Schaden des Schuldners nicht abdeckt.[410] Wenn keine Anhaltspunkte für ein höheres Schadensrisiko vorhanden sind, halten wir eine Bemessung mit 110 bis höchstens 120% für richtig.[411] Eine höhere Bemessung mag angebracht sein, wenn zB der Schuldner für die Bezahlung der Geldschuld unter dem Druck der Zwangsvollstreckung einen Kleinkredit aufnimmt, der bis zum Abschluss des Rechtsmittelverfahrens rund ein Jahr läuft. In der praktischen Ausbildung empfehlen wir, sich an den Vorgaben des Ausbilders zu orientieren.

Die Rechenarbeit trifft alsdann den Gläubiger. Andererseits ist ihm, wie die Formulierung »soweit« in § 709 S. 2 zeigt, die Möglichkeit der Teilvollstreckung eröffnet. Wenn ihm also für die gesamte Sicherheit die Mittel fehlen, kann er mit einer geringeren Sicherheitsleistung Teilbeträge eintreiben (und auf diese Weise die nächste Teilsicherheit finanzieren). **219**

§ 709 S. 2 ist nur anwendbar, **soweit** wegen einer Geldforderung vollstreckt wird. Darunter fällt auch der Kostenerstattungsanspruch.[412] Mithin ist § 709 S. 2 immer bezüglich der Kosten, auch bei (teilweiser) Klageabweisung, unabhängig von der Klageart und unabhängig von der Art der geltend gemachten Ansprüche, anwendbar. Ansonsten gilt **§ 709 S. 1.** Das bedeutet, dass die Sicherheitsleistung für den vollstreckbaren Teil, der keine Geldforderung beinhaltet, betragsmäßig ausgewiesen werden muss. So ist bei Herausgabeansprüchen der Wert der Sache zu schätzen. Sind Anhaltspunkte für einen Nutzungsausfallschaden aus der Akte verlässlich zu ersehen, kann auch dieser berücksichtigt werden. Bei Auskunftsansprüchen kommt es auf den Aufwand des Beklagten oder ein Geheimhaltungsinteresse an. Im Zweifel ist nach oben zu runden. **220**

Bei der Bewertung des vollstreckbaren Anspruchs, der keine Geldforderung darstellt, gelten im Wesentlichen dieselben Gesichtspunkte, die auch bei der Feststellung des (Rechtsmittel-)Streitwertes[413] von Bedeutung sind.

dd) Fragen der Tenorierung

Ist nur ein Vollstreckungsgläubiger vorhanden, ist es nicht erforderlich, klarzustellen, dass nur dieser vollstrecken kann. Wer Vollstreckungsgläubiger bzw. -schuldner ist, ergibt sich schon aus dem Hauptsachentenor und dem Tenor zu den Kosten des Rechtsstreits. Es braucht also nicht etwa wie folgt tenoriert zu werden: »Das Urteil ist *für den Kläger* (gegen Sicherheitsleistung in Höhe ...) ... vorläufig vollstreckbar.«, wenn der Kläger ohnehin voll obsiegt hat. **221**

Sind demgegenüber *mehrere Vollstreckungsgläubiger* vorhanden, ist vorweg für jeden getrennt zu prüfen, ob eine Vollstreckung mit (§ 709) oder ohne Sicherheitsleistung (vgl. § 708) auszusprechen ist. Wenn für beide Vollstreckungsgläubiger § 709 S. 1 gilt, ist die Sicherheitsleistung für jeden Gläubiger gesondert zu errechnen und bei der Formulierung des Tenors dem jeweiligen Gläubiger (zB Kläger und Widerkläger) zuzuordnen.

---

410 So *Hartmann* NJW 2001, 2577 (2585, XVII).

411 Eingehend *König* NJW 2003, 1372; für 120%: Zöller/*Herget* ZPO § 709 Rn. 6; für 110–115%: Thomas/Putzo/*Seiler* ZPO § 709 Rn. 4; wohl für 110%: Prütting/Gehrlein/*Kroppenberg* ZPO § 709 Rn. 5.

412 Thomas/Putzo/*Seiler* ZPO § 709 Rn. 4.

413 Vgl. → S Rn. 28 ff.

222 Soweit nur ein Vollstreckungsschuldner vorhanden ist und es nur um die Vollstreckung von Geldforderungen geht, lautet die Standardformulierung zu § 709 S. 2:

> Das Urteil ist gegen Sicherheitsleistung in Höhe von 110% [120%][414] des jeweils zu vollstreckenden Betrages vorläufig vollstreckbar.

223 Die Formulierung »soweit« zeigt darüber hinaus, dass § 709 S. 2 auch dann eingreift, wenn der Tenor nur zum Teil einen Ausspruch über Zahlungspflichten zum Inhalt hat, und ebenso, wenn beide Seiten mit einer Kostenquote belastet werden. Andernfalls wäre das Ziel der Arbeitsersparnis gerade in komplizierten Fällen nicht zu erreichen, und man müsste nach wie vor die Kosten ausrechnen. Die in solchen Fällen denkbare Kostenausgleichung nach § 106 I wirkt sich auf die Formulierung nicht aus, zumal nicht sicher ist, ob sie überhaupt stattfindet, vgl. § 106 II.

> **Formulierungsbeispiel bei mehreren Vollstreckungsschuldnern:**
> Der Beklagte wird verurteilt, an den Kläger den Pkw ... herauszugeben und 25.000 EUR nebst 11% Zinsen seit dem ... an ihn zu zahlen. Im Übrigen wird die Klage abgewiesen.
> Die Kosten des Rechtsstreits tragen der Kläger zu 45%, der Beklagte zu 55%.
> Das Urteil ist vorläufig vollstreckbar, hinsichtlich der Herausgabe gegen Sicherheitsleistung von 30.000 EUR, im Übrigen gegen Sicherheitsleistung von 110% des jeweils zu vollstreckenden Betrages.
> (weiterer Tenorierungsvorschlag vgl. → Rn. 231 aE).

c) § 708, Vollstreckung ohne Sicherheitsleistung

224 Bevor die vorläufige Vollstreckbarkeit gegen Sicherheitsleistung nach § 709 S. 1 ausgesprochen wird, muss – jedenfalls gedanklich – überprüft werden, ob ein Ausnahmetatbestand des § 708 eingreift. Im Falle des § 708 wird wie folgt tenoriert:

> Das Urteil ist vorläufig vollstreckbar.

Zusätze, wie »ohne Sicherheitsleistung«, sind überflüssig.

225 Der Hauptanwendungsfall im kontradiktorischen Urteil der ersten Instanz ist der des § 708 Nr. 11. Diese Vorschrift gilt nur bei *vermögensrechtlichen Streitigkeiten*, dh für solche, bei denen der prozessuale Anspruch auf Geld oder auf geldwerte Gegenstände gerichtet ist. Sie setzt weiter voraus, dass der Gegenstand der Verurteilung in der Hauptsache – hierzu zählen nicht die materiellen Nebenansprüche[415] und die Kosten des Rechtsstreits – einen Betrag von 1.250 EUR nicht übersteigt oder dass, soweit nur wegen der Kosten zu vollstrecken ist,

> **Beispiele:**
> - Klageabweisung
> - Feststellungsurteil

der zu schätzende Kostenerstattungsanspruch des Vollstreckungsgläubigers nicht mehr als 1.500 EUR beträgt. Der Unterschied zwischen den beiden Beträgen erklärte sich ursprünglich daraus, dass bei einer Hauptsachenverurteilung auf 1.250 EUR die Kosten des Klägers in der Regel überschlägig 250 EUR kaum überstiegen und damit

---

414 110–120% ist die übliche Höhe der Sicherheitsleistung bei Geldforderungen, wenn keine Besonderheiten bestehen; vgl. Prütting/Gehrlein/*Kroppenberg* ZPO § 709 Rn. 5; Thomas/Putzo/*Seiler* ZPO § 709 Rn. 4; Zöller/*Herget* ZPO § 709 Rn. 6; kritisch zum Aufschlag *König* NJW 2003, 1377; vgl. auch → Rn. 218.

415 Vgl. → Rn. 106 ff.

ein vergleichbarer Gesamtbetrag zur Vollstreckung anstand. Das ist in Grenzbereichen heute nicht mehr der Fall; dennoch wurde die Regelung beibehalten.[416]

Der Kostenerstattungsanspruch setzt sich zusammen aus den tatsächlich gezahlten Gerichtskosten und den voraussichtlichen außergerichtlichen Kosten.

Beispiel: Der Kläger begehrt Zahlung von 10.000 EUR nebst ... Zinsen. Beide Parteien sind anwaltlich vertreten. Nach mündlicher Verhandlung wird ein Urteil verkündet, das im Hauptsachen- und im Kostentenor wie folgt lautet:

»Der Beklagte wird verurteilt, an den Kläger 1.000 EUR nebst ... Zinsen zu zahlen; im Übrigen wird die Klage abgewiesen.

Die Kosten des Rechtsstreits werden dem Kläger zu $^9/_{10}$ und dem Beklagten zu $^1/_{10}$ auferlegt.«

Für die Vollstreckung des Klägers ist § 708 Nr. 11 maßgeblich, da die Verurteilung in der Hauptsache einen Betrag von 1.250 EUR nicht übersteigt. Auf Zinsen und Kosten kommt es in diesem Zusammenhang nicht an.

Ob für die Vollstreckung des Beklagten ebenfalls § 708 Nr. 11 eingreift, hängt davon ab, in welcher Höhe dieser einen Kostenerstattungsanspruch gegen den Kläger hat.

Gerichtskosten sind dem Beklagten (soweit ersichtlich) nicht entstanden. (Beim Kläger ist immer an den Kostenvorschuss zu denken – vgl. §§ 6 I Nr. 1, 12 I 1 GKG; beim Beklagten können sie aufgrund einer Beweisaufnahme anfallen, die jedoch im Beispiel nicht stattgefunden hat.) An außergerichtlichen Kosten sind dem Beklagten entstanden:

1 Verfahrensgebühr Nr. 3100 VV:	725,40 EUR.
1 Terminsgebühr Nr. 3104 VV:	669,60 EUR.
Auslagenpauschale Nr. 7002 VV:	20,00 EUR.
19% Mehrwertsteuer:	268,85 EUR.
	= 1.683,85 EUR.

Davon kann der Beklagte $^9/_{10}$ gegenüber dem Kläger geltend machen, also *1.515,47 EUR* vollstrecken. Hier liegt daher ein Fall des § 708 Nr. 11 nicht mehr vor. Dem Beklagten ist daher, wie vorstehend zu § 709 erörtert, die Zwangsvollstreckung nur gegen Sicherheitsleistung zu gestatten. Ohnehin sollte in solchen Fällen aus Sicherheitsgründen eine Aufrundung stattfinden, weil man im Voraus nicht genau abschätzen kann, ob nicht zusätzlicher Kostenaufwand, etwa für Fahrten und Fotokopien, in die Berechnung mit einzubeziehen ist. Bei Annäherung an die Grenze von 1.500 EUR und insbesondere bei Anhaltspunkten für zusätzliche Kosten sollte im Zweifel ein Sicherheitszuschlag gemacht werden, der zur Anwendung von § 709 führt.

Die Kostenausgleichung nach §§ 104, 106 bleibt bei der Ermittlung der vollstreckbaren Kostenforderung außer Betracht, weil im Voraus nicht absehbar ist, ob der Gegner seine Forderung rechtzeitig anmeldet und alsdann die vollstreckbare Forderung infolge Verrechnung kleiner wird.

Probleme hinsichtlich der Stimmigkeit des Ergebnisses bereitet § 708 Nr. 11, wenn 226
nach überwiegender Erledigung der Hauptsache und nur einer geringen Restforderung (zB aufgelaufene Zinsen) nach der Alt. 1 eine Vollstreckung ohne Sicherheitsleistung stattfinden könnte, die dem obsiegenden Kläger zu erstattenden Kosten jedoch die Grenze der Alt. 2 weit überschreiten. Wir halten es für vertretbar, in diesen Fällen § 709 anzuwenden.[417]

Bei Anwendung des § 708 Nr. 4 bis 11 sind immer §§ 711 und 713 zu beachten, die nachstehend behandelt werden.

d) § 711, Abwendungsbefugnis

In den Fällen des § 708 Nr. 4 bis 11 ist von Amts wegen grundsätzlich gem. § 711 227
zugunsten des Vollstreckungsschuldners eine Abwendungsbefugnis vorzusehen. Auch

416 Zu Detailproblemen *Dölling* NJW 2014, 2468.

417 *Anders/Gehle* Antrag und Entscheidung Teil C, Rn. 67.

diese Vorschrift bezweckt den Schutz des Schuldners. In den Fällen, in denen die vorläufige Vollstreckbarkeit nicht von der Erbringung einer Sicherheitsleistung durch den Vollstreckungsgläubiger abhängt, soll der Schuldner die Möglichkeit haben, den Schaden abzuwenden, der ihm durch die Vollstreckung im Falle einer späteren Aufhebung des Urteils entstehen kann. Andererseits soll dem Vollstreckungsgläubiger die Möglichkeit einer Vollstreckung vor Eintritt der Rechtskraft nicht genommen werden, sodass er bei einer Sicherheitsleistung durch den Schuldner die Vollstreckungsmöglichkeit wieder herstellen kann, wenn er seinerseits Sicherheit leistet.

228 Die Abwendungsbefugnis sollte immer entsprechend dem *Wortlaut* des § 711 tenoriert werden. Eine Hinterlegung ist nur in den Fällen statthaft, in denen das Urteil auf Herausgabe von Sachen gerichtet ist.[418] Im Übrigen hat eine Sicherheitsleistung zu erfolgen. Insoweit gilt dasselbe wie im Rahmen des § 709, sodass auf die obigen Ausführungen Bezug genommen werden kann. Insbesondere gilt gem. **§ 711 S. 2** die Regelung des § 709 S. 2 entsprechend; es ist für den Schuldner lediglich auf den gesamten nach dem Urteil vollstreckbaren Betrag abzustellen, nicht hingegen auf den jeweils zu vollstreckenden Betrag. Der Schuldner muss also eine Sicherheitsleistung erbringen, welche die Forderung des Gläubigers insgesamt abdeckt. Wir schlagen für den Anwendungsfall des § 711 S. 2 wiederum grundsätzlich 110 bis 120% vor.[419]

Demgegenüber bleibt dem Gläubiger nach dem eindeutigen Wortlaut der gesetzlichen Regelung trotz der in Rede stehenden, verhältnismäßig kleinen Beträge nach § 709 S. 2 die Möglichkeit der Teilvollstreckung. Die Formulierung lautet also:

> Das Urteil ist vorläufig vollstreckbar. Der Kläger/Beklagte (= Vollstreckungsschuldner) darf die Vollstreckung durch Sicherheitsleistung in Höhe von 110% des aufgrund des Urteils vollstreckbaren Betrages abwenden, wenn nicht der Beklagte/Kläger (= Vollstreckungsgläubiger) vor der Vollstreckung in Höhe von 110% des jeweils zu vollstreckenden Betrages Sicherheit leistet.

Merke: Der Tenor »der ... (= Vollstreckungsschuldner) darf ..., wenn nicht ... (= Vollstreckungsgläubiger) vor der Vollstreckung *Sicherheit in gleicher Höhe leistet*« entspricht **nicht** der Gesetzesvorlage (§ 711 S. 2 iVm § 709 S. 2). Es ist leider häufig – auch bei Praktikern – in Urteilen zu lesen, weil in früherer Zeit die Teilvollstreckung gegen Teilsicherheit für unzulässig gehalten wurde.

229 Nur wenn §§ 711 S. 2, 709 S. 2 nicht eingreifen, zB bei Urteilen auf Herausgabe, ist die Sicherheitsleistung zu beziffern. Es gelten die zu § 709 dargelegten Grundsätze. Die *Höhe* der Sicherheitsleistung orientiert sich ebenfalls an dem möglichen Schaden des Vollstreckungsschuldners (§ 717 II).

230 Häufig findet sich in Urteilen auch die Formulierung: »wenn nicht der Kläger *zuvor* Sicherheit ... leistet.« Diese Tenorierung entspricht nicht dem Willen des Gesetzgebers. Es kommt nicht darauf an, dass der Vollstreckungsgläubiger zeitlich vor dem Vollstreckungsschuldner die Sicherheit erbringt. Entscheidend ist vielmehr, dass er im Falle der Sicherheitsleistung durch den Vollstreckungsschuldner erst vollstrecken kann, wenn er vor der Vollstreckung seinerseits Sicherheit geleistet hat.

231 Sind *zwei Vollstreckungsgläubiger* vorhanden, insbesondere Kläger und Beklagter bei Teilerfolg der Klage und Kostenquotierung, und gilt für beide § 708 Nr. 11, muss die

418 Thomas/Putzo/*Seiler* ZPO § 711 Rn. 3a.
419 Vgl. → Rn. 218, 221.

Abwendungsbefugnis nach § 711 unter Berücksichtigung von § 711 S. 2 in Bezug auf beide ausgesprochen werden.

> Das Urteil ist vorläufig vollstreckbar. Beide Parteien können die Zwangsvollstreckung gegen Sicherheitsleistung in Höhe von 110% des aufgrund des Urteils vollstreckbaren Betrages abwenden, wenn nicht die jeweils andere Seite vor der Vollstreckung Sicherheit in Höhe von 110% des jeweils zu vollstreckenden Betrages leistet.

Gegebenenfalls müssen bei einem teilweisen Obsiegen und Unterliegen der Parteien §§ 708 Nr. 11, 711 und § 709 kombiniert werden. Der Tenor ist dann zB wie folgt zu formulieren (für den Fall einer Geldforderung):

> Das Urteil ist vorläufig vollstreckbar, für den Kläger jedoch nur gegen Sicherheitsleistung in Höhe von 110% des jeweils zu vollstreckenden Betrages. Der Kläger darf die Zwangsvollstreckung gegen Sicherheitsleistung in Höhe des aufgrund des Urteils gegen ihn vollstreckbaren Betrages abwenden, wenn nicht der Beklagte vor der Vollstreckung Sicherheit in Höhe des jeweils zu vollstreckenden Betrages leistet.

e) § 713, keine Schutzanordnung

§ 713 stellt eine Ausnahmeregelung zu § 711 dar und ist daher – jedenfalls gedanklich – immer in Erwägung zu ziehen, bevor eine Abwendungsbefugnis gem. § 711 ausgesprochen wird. Sind die Voraussetzungen des § 713 erfüllt, wird ebenso wie in den Fällen des § 708 Nr. 1 bis 3 – hier gilt § 711 von vornherein nicht – der dritte Satz des Tenors (nur) wie folgt formuliert: **232**

> Das Urteil ist vorläufig vollstreckbar.

Zusätze wie »Das Urteil ist unanfechtbar/rechtskräftig« sind nicht angezeigt und inhaltlich fragwürdig. § 713 greift ein, wenn das Urteil zwar nicht mit Verkündung rechtskräftig wird – in diesem Fall ist eine vorläufige Vollstreckbarkeit überhaupt nicht auszusprechen[420] –, jedoch ein Rechtsmittel offensichtlich unzulässig ist. In diesen Fällen soll der Vollstreckungsschuldner nicht nach § 711 geschützt werden, da aus der Sicht des iudex a quo das Urteil in jedem Fall rechtskräftig wird. Das Gericht hat die Frage nach pflichtgemäßem Ermessen zu prüfen. Häufigster Fall ist die Nichterreichung der Berufungssumme, § 511 II Nr. 1 bei gleichzeitig unterbliebener Zulassung des Rechtsmittels; bei Vorliegen beider Voraussetzungen findet § 711 wegen § 713 keine Anwendung. Entsprechendes gilt für Berufungsurteile bis zum 30.6.2018, wenn das Berufungsgericht die Revision nicht zulässt (§ 543 I Nr. 1) **und** der Wert der Beschwer 20.000 EUR nicht übersteigt. Ab dem 1.7.2018 gilt die Wertgrenze für die Nichtzulassungsbeschwerde iSd § 544 ZPO nach der derzeitigen Regelung – entsprechende Regelungen wurden schon mehrfach verlängert – nicht mehr (vgl. § 26 Nr. 8 EGZPO), sodass dann § 713 auch unterhalb dieser Wertgrenze nicht eingreift, vielmehr § 711 wegen der Möglichkeit des § 544 grundsätzlich gilt.[421] Grundlage für die Anwendbarkeit der § 713 kann auch ein Rechtsmittelverzicht der Parteien sein.

---

420 Vgl. → Rn. 212 f.

421 Vgl. auch → S Rn. 71.

VII. Rechtsmittelbelehrung

233 Seit dem 1.1.2014 gilt grundsätzlich auch für zivilgerichtliche Entscheidungen nach § 232 eine allgemeine Rechtsmittelbelehrungspflicht, soweit kein Anwaltszwang besteht.[422] Diese Rechtsmittelbelehrung ist Bestandteil der Entscheidung. Deswegen muss man sich in einem gerichtlichen Gutachten damit auseinandersetzen.

Praxistipp: Es gibt hierzu Formulare und man sollte den Ausbilder fragen.

VIII. Übungsfälle

1. Grundfall

234 Ein Übungsfall, der alle Schritte zur Erarbeitung eines zivilrechtlichen Gutachtens einschließlich der Erarbeitung des Sachverhaltes enthält, findet sich im Internet unter www.vahlen.de (s. genaue Fundstelle im Literaturverzeichnis). Der Vorteil der Internetveröffentlichung besteht darin, dass der Übungsfall ständig aktualisiert werden kann; außerdem kann er ausgedruckt und mit Anmerkungen versehen werden. Der Übungsfall wird bei der Besprechung des Urteils und des Aktenvortrages (Teil B.I. und Teil E.) sowie des Gutachtens aus Anwaltssicht (Teil D.) fortgesetzt

2. Verkehrsunfall und Berufung

235 An gleicher Stelle (www.vahlen.de) finden sich weitere Übungsfälle zum Verkehrsunfall und zur Berufung.

422 Vgl. hierzu näher → B Rn. 57.

B. Urteil und Beschluss

I. Das Urteil[1]

1. Allgemeine Fragen

Bevor der Richter die mündliche Verhandlung durchführt und sein Urteil absetzt, muss er den Fall gutachterlich durchdenken. Deshalb gelten alle vorstehenden Ausführungen zu Teil A. Lediglich die Darstellung und der Aufbau unterscheiden sich. 1

Hinweis für Referendare: Lautet die Aufgabe für eine Hausarbeit oder Klausur eine **Relation** zu erstellen, ist bei Entscheidungsreife das Urteil der zweite Teil nach dem Gutachten.[2]
Wenn in Klausuren nur ein Urteil zu schreiben ist, muss gleichwohl der Fall zuvor gutachterlich durchdacht und der Sachverhalt entsprechend ausgewertet werden. Es gelten die Ausführungen zu A in allen Facetten.

Das Urteil setzt sich nach § 313 I aus folgenden Abschnitten zusammen: 2

1. Rubrum (§ 313 I Nr. 1 bis 3)
2. Tenor (§ 313 I Nr. 4)
3. Tatbestand (§ 313 I Nr. 5)
4. Entscheidungsgründe (§ 313 I Nr. 6)

Das Rubrum wiederum enthält die Bezeichnung der Prozessbeteiligten (§ 313 I Nr. 1), des Gerichts und der beteiligten Richter (§ 313 I Nr. 2) und die Angabe des Tages der letzten mündlichen Tatsachenverhandlung (§ 313 I Nr. 3).

Mitunter wird in Urteilen nach dem ersten Teil des Rubrums auch der Gegenstand des Rechtsstreites

Beispiel: »wegen Werklohnforderung«

angegeben. Unserer Ansicht nach sollte eine solche Angabe, wenngleich sie unschädlich ist, weggelassen werden, da die Kurzbezeichnung häufig ungenau ist, der Gegenstand des Rechtsstreits sich aber aus Tatbestand und Entscheidungsgründen ergibt. Die Praxis ist allerdings uneinheitlich.

In den Fällen der §§ 313a[3], 313b I 1 bedarf es nicht des Tatbestandes und – gegebenenfalls – auch nicht der Entscheidungsgründe.

Nicht üblich – wenn auch unschädlich – sind im Urteil Gliederungspunkte. Der Aufbau eines Urteils ergibt sich aus dem Gesetz. Verschiedene Gedankengänge können durch Absätze kenntlich gemacht werden.

2. Rubrum

Die Form des Rubrums soll anhand eines Beispielsfalles erläutert werden. 3

1 Vgl. hierzu Übungsfall zu Teil B.I. – veröffentlicht im Internet unter www.vahlen.de (genaue Fundstelle s. nach Literaturverzeichnis).
2 Vgl. → A Rn. 7.
3 Vgl zur Frage der Zulässigkeit des Rechtsmittels → A Rn. 232, → S Rn. 71 (vergleichbarer Fall des § 713): allg. zur Zulässigkeit der Berufung → S Rn. 24 ff.

Dabei ist vorwegzuschicken, dass diese in der Praxis übliche Form vom Gesetzgeber nicht in allen Einzelheiten vorgeschrieben ist. Es gibt sicherlich andere Darstellungsmöglichkeiten. Wir können nur den Rat erteilen, sich an die übliche Form zu halten. Das ist einmal unter Examensgesichtspunkten sinnvoll, da nicht auszuschließen ist, dass ein Prüfer eine Abweichung von der üblichen Form nicht akzeptiert; zum anderen ist für die Praxis zu bedenken, dass das Urteil die Vollstreckungsgrundlage bildet. Wenn von der auch für die Vollstreckungsorgane üblichen Form abgewichen wird, besteht die Gefahr, dass sich Schwierigkeiten im Rahmen der Vollstreckung ergeben.

Landgericht Köln Verkündet am: 04.03.2016[b)]

– 29 O 311/15 –[a)][4]

IM NAMEN DES VOLKES[c)]

In dem Rechtsstreit

des Herrn Alfred Müller, Bäcker, Veilchenweg 20, 50226 Frechen,

Klägers und Widerbeklagten,

– Prozessbevollmächtigter: Rechtsanwalt Dr. Findig in Köln –

gegen

1. Frau Siglinde Schmitz, Maklerin, Lillenweg 2, 50226 Frechen,

Beklagte zu 1) und Widerklägerin,

– Prozessbevollmächtigte: Rechtsanwälte Groß pp., Markt 5, 50226 Frechen –

2. die Firma Harald Meter, Hohlweg 5, 50933 Köln,

Beklagte zu 2),

3. den am 29.05.2001 geborenen Schüler Fritz Kraus, gesetzlich vertreten durch seine Eltern, die Eheleute Franz und Maria Kraus,
alle wohnhaft: Friedrichstraße 5, 50933 Köln,

Beklagten zu 3),

– Prozessbevollmächtigte der Beklagten zu 2) u. 3): Rechtsanwälte Klug und Schneider aus Köln –[d)]

Streithelfer[f)] des Beklagten zu 3:
Otto Gelb, Kaufmann, Großer Weg 18, 50226 Frechen,

– Prozessbevollmächtigter: Rechtsanwalt Klein aus Köln –

hat die 29. Zivilkammer des Landgerichts Köln
durch den Vorsitzenden Richter am Landgericht Dr. Frankel,
den Richter am Landgericht Rothe und
die Richterin Fein
(oder: durch ihre Richter Dr. Frankel, Rothe und Fein)
auf die mündliche Verhandlung vom 19.02.2016
für Recht erkannt:[e)]

4 Die hochgestellten Buchstaben verweisen auf die unter → B Rn. 4 ff. stehenden Abschnitte.

a) Aktenzeichen

Üblicherweise werden auf der ersten Seite des Urteils oben links das entscheidende Gericht und darunter das Aktenzeichen in Parenthese angegeben. In der Praxis sind allerdings auch Vordrucke vorhanden, bei denen das entscheidende Gericht nach der Überschrift (§ 311 I) in der Mitte gesperrt gedruckt ist und oben links lediglich das Aktenzeichen vermerkt wird. 4

Das Aktenzeichen gibt Aufschluss über verschiedene Daten. Die erste Zahl links bezeichnet beim Amtsgericht die betreffende Abteilung, in der die Sache bearbeitet wird, und beim Landgericht die Kammer, die für die Entscheidung zuständig ist. Bei den Buchstaben handelt es sich um sogenannte *Registerzeichen*, die im Schönfelder im Anhang »Registerzeichen« abgedruckt sind. Anhand des Registerzeichens können die Art des Verfahrens sowie das entscheidende Gericht bzw. die entscheidende Behörde abgelesen werden. Danach bedeutet »C«: Allgemeine Zivilsachen beim Amtsgericht und »O«: Allgemeine Zivilsachen beim Landgericht 1. Instanz. Die Zahl hinter dem Strich bezeichnet das Jahr, in dem die Sache bei dem entscheidenden Gericht (bzw. bei der Behörde) eingegangen ist. Jede eingehende Sache enthält eine fortlaufende Nummer, die vor der Jahreszahl angegeben wird. 5

- 110 C 680/16 – = die 680ste allgemeine Zivilsache beim Amtsgericht in der Abteilung 110 im Jahr 2016.
- 29 O 311/15 – = die 311te allgemeine Zivilsache 1. Instanz beim Landgericht in der 29. Zivilkammer im Jahre 2015.[5]

b) Verkündungsvermerk

Nach § 315 III hat der Urkundsbeamte der Geschäftsstelle auf dem Urteil den Tag der Verkündung oder der Zustellung nach § 310 III zu vermerken und diesen Vermerk zu unterschreiben. Üblicherweise wird der Verkündungsvermerk auf die erste Seite des Urteils oben rechts gesetzt. Der Richter und damit auch der Referendar brauchen bei Abfassung des Urteils diesen Verkündungsvermerk nicht vorzubereiten. In manchen Kammern des Landgerichts bzw. Abteilungen des Amtsgerichts diktiert der Richter allerdings den Verkündungsvermerk mit, um dem Urkundsbeamten der Geschäftsstelle die Arbeit zu erleichtern. Der Referendar sollte sich in der praktischen Ausbildung nach seinem Ausbilder richten. In Klausuren hingegen ist der Verkündungsvermerk wegzulassen. 6

Das Urteil wird erst durch seine förmliche Verlautbarung, dh durch Vorlesung der Urteilsformel, §§ 310 f., *existent*; das setzt voraus, dass zumindest die Urteilsformel zur Zeit der Verkündung schriftlich niedergelegt ist; eine wirksame Verkündung gemäß § 311 II 1 wird durch das Protokoll nachgewiesen, ohne dass es darauf ankommt, ob das Urteil durch Bezugnahme auf die Urteilsformel oder durch deren Vorlesen verkündet wurde; unerheblich ist auch, ob es zu diesem Zeitpunkt bereits vollständig abgefasst war.[6]

5 Vgl. zu den einzelnen Registern: → Anhang Registerzeichen im Schönfelder.
6 BGH NJW-RR 2015, 508; NJW 2015, 2342; OLG Hamm MDR 2015, 1203 = BeckRS 2015, 15080 (keine Unwirksamkeit bei förmlicher Zustellung).

c) Überschrift

7 An der ersten Stelle des Urteils muss die in § 311 I vorgeschriebene Überschrift

IM NAMEN DES VOLKES

stehen.

Handelt es sich um eine besondere Urteilsart, wird unter dieser Überschrift die Bezeichnung des Urteils, wie »Teilurteil« (§ 301), »Vorbehaltsurteil« (§§ 302, 599), »Zwischenurteil« (§§ 280, 303), »Versäumnis«-, »Anerkenntnis«- oder »Verzichtsurteil« (vgl. § 313b I 2) gesetzt.

IM NAMEN DES VOLKES
Versäumnisurteil

Bei Endurteilen, dh solchen, mit denen die Instanz vollständig abgeschlossen wird[7] und denen kein Urteil vorausgegangen ist, kann auf die Bezeichnung »Urteil« verzichtet werden. Allerdings findet sich eine derartige Bezeichnung häufig in den Vordrucken oder Programmen der Praxis. In einzelnen Bundesländern lautet die Überschrift »Endurteil«. Da sie unschädlich ist, sollte bei Verwendung eines solchen Vordrucks bzw. Programms auf eine Streichung verzichtet werden.

d) Bezeichnung der Prozessbeteiligten

8 Im Rubrum werden die Parteien, ihre gesetzlichen Vertreter und ihre Prozessbevollmächtigten angegeben, die zum Zeitpunkt der letzten mündlichen Tatsachenverhandlung (noch) an dem Prozess beteiligt sind.

Das Rubrum wird eingeleitet durch die Überschrift:

In dem Rechtsstreit

und es wird üblicherweise als ein einheitlicher Satz mit den Angaben des § 313 I Nr. 1 bis 3 fortgesetzt. Dabei sollte die Grammatik beachtet werden. Der Kläger wird im Genitiv und der Beklagte bzw. die Beklagten im Akkusativ dargestellt. Da die Prozessbevollmächtigten nicht Parteien sind, werden sie in Parenthese gesetzt.

9 Wenn auch im § 313 I Nr. 1 nicht ausdrücklich die Angabe der *Parteistellung* vorgeschrieben ist, wird diese in Anlehnung an §§ 130 Nr. 1, 253 IV üblicherweise rechts eingerückt unter der Bezeichnung der jeweiligen Partei in das Rubrum aufgenommen, und zwar ebenfalls im Genitiv bzw. Akkusativ. Dabei werden alle Parteistellungen, wie Kläger, Beklagter, Widerkläger, Berufungskläger, angegeben. In den nachfolgenden Abschnitten des Urteils und auch im Gutachten hingegen werden die Parteien aus Gründen der besseren Übersicht nur nach der ursprünglichen Parteirolle, dh nur als Kläger bzw. Beklagter, bezeichnet.[8]

10 Da das Urteil die Grundlage der Vollstreckung bildet, muss die Bezeichnung der Prozessbeteiligten so genau erfolgen, dass Verwechslungen vermieden werden. Bei unrichtiger äußerer Bezeichnung ist grundsätzlich die Person als Partei angesprochen, die erkennbar durch die Parteibezeichnung betroffen ist.[9] Daher ist es auch sinnvoll,

---

7 Vgl. → A Rn. 211.

8 Für das Berufungsverfahren vgl. → S Rn. 78.

9 BGH NJW-RR 1995, 764 (auch zu weiteren Fragen, wenn an eine *Scheinpartei* zugestellt wurde und gegen diese ein Titel ergangen ist).

dass die bekannten Daten iSd §§ 130 Nr. 1, 253 IV – diese sind evtl. durch Ausübung des Fragerechts zu ermitteln – in das Rubrum aufgenommen werden. Bei natürlichen Personen sind in jedem Fall der Vor- und Zuname sowie die genaue Adresse anzugeben. Es ist außerdem empfehlenswert, aus Höflichkeitsgründen die Anredeform »Frau« und »Herr« zu verwenden. Bei juristischen Personen ist die Angabe der vollständigen Firmen- bzw. Personenbezeichnung und der gesetzlichen Vertreter[10] erforderlich.

Sind *Streitgenossen* vorhanden, werden diese im Rubrum fortlaufend nummeriert. 11 Eine Zusammenfassung mehrerer Streitgenossen unter einer fortlaufenden Nummer ist zu vermeiden, auch wenn es sich um Eheleute oder enge Verwandte handelt. Insbesondere bei einem unterschiedlichen Ausgang des Rechtsstreits können nämlich ansonsten Verwechslungen entstehen. Möglicherweise ergeben sich auch Schwierigkeiten bei der Vollstreckung der Kostenentscheidung. Zulässig ist es aber, bei derselben Adresse, derselben Parteistellung oder der Prozessvertretung durch denselben Rechtsanwalt mit einer Art Klammerwirkung zu arbeiten und alle gemeinsamen Angaben unter die Parteibezeichnung zu setzen. In den nachfolgenden Abschnitten werden die Streitgenossen dann mit einem Zusatz entsprechend der im Rubrum vorgenommenen Nummerierung bezeichnet.

Beispiele: Kläger zu 1), Kläger zu 2), Beklagter zu 2), Beklagter zu 3)

Wenn sich Unterschiede in der Parteistellung oder im Hinblick auf die Prozessbevollmächtigung ergeben, empfiehlt sich eine Darstellung wie im Ausgangsbeispiel. Scheidet ein Streitgenosse während des Rechtsstreites aus, zB durch Klagerücknahme oder Teilurteil, wird er nur dann noch im Urteil erwähnt, wenn er an der Kostenentscheidung beteiligt ist.

Nach § 17 II HGB kann ein Kaufmann (vgl. § 1 I HGB) auch unter seiner *Firma* 12 klagen und verklagt werden. Ergibt sich aus dem Firmennamen gleichzeitig deren Inhaber – dieser allein ist Partei –, reicht die Angabe der Firma aus. Wenn jedoch der Firmeninhaber und die Firmenbezeichnung nicht identisch sind, empfiehlt sich folgende Formulierung:

des unter der Firma Harald Meier handelnden Kaufmanns Erwin Klein,

Klägers,

Bei *Parteien kraft Amtes* 13

Beispiele:
- Insolvenzverwalter
- Testamentsvollstrecker

ist neben dem Namen auch deren besondere Stellung zu erwähnen. Die Zwangsvollstreckung kann nämlich nur in das von der Partei kraft Amtes verwaltete fremde Vermögen erfolgen. Das Rubrum lautet dann wie folgt:

des Herrn Friedrich Schöler, Friedensweg 1, 50933 Köln, in seiner Eigenschaft als Insolvenzverwalter über das Vermögen der … GmbH und Co. KG, Wiesenstraße 4, 50933 Köln,

Klägers,

10 Vgl. → B Rn. 15.

14 Verstirbt eine Partei während des Prozesses und wird der Rechtsstreit mit den *Erben* fortgesetzt (vgl. §§ 239, 246), sind diese als Partei im Rubrum namentlich aufzuführen; die Bezeichnung »Erbengemeinschaft nach …« reicht hingegen nicht. Üblicherweise wird das Rubrum in derartigen Fällen wie folgt formuliert:

> der Erben des am … verstorbenen …, nämlich
> 1) …
> 2) …
> 3) …,
>
> Kläger,

15 Die *gesetzlichen Vertreter* der Parteien sind entsprechend §§ 130 Nr. 1, 253 II Nr. 1 so genau wie möglich zu bezeichnen, zumal an sie zugestellt werden muss (vgl. §§ 170 I, 191).

Bei *Minderjährigen* empfiehlt sich die Angabe des Geburtsdatums, soweit dieses bekannt ist. Ansonsten ist zu formulieren:

> des minderjährigen Schülers …

Auch müssen bei Minderjährigen, die unter elterlicher Sorge (§ 1626 BGB) stehen, beide Elternteile erwähnt werden, soweit ihnen die gesetzliche Vertretungsmacht zusteht. Entsprechendes gilt bei einer Vormundschaft (vgl. § 1773 BGB), Pflegschaft (vgl. §§ 1909 ff. BGB, § 53) und Betreuung (vgl. § 1896 BGB, § 53).

16 Bei *juristischen Personen des bürgerlichen Rechts* und bei *Personenhandelsgesellschaften* ist ebenfalls der gesetzliche Vertreter so genau wie möglich zu bezeichnen, wobei hier, soweit die Angaben nicht vollständig sind, von dem Fragerecht Gebrauch gemacht werden muss.

Examenshinweis: In Examensarbeiten ist je nach Bearbeitervermerk mit einer Unterstellung zu arbeiten, nämlich in dem Sinne, dass die Parteien die Namen aufgrund eines Hinweises des Gerichts genau angegeben haben. Dann sind in das Rubrum Phantasienamen einzusetzen, und die Fiktion ist in einer Fußnote kenntlich zu machen:

> der … GmbH, Markt 1, 50933 Köln, gesetzlich vertreten durch ihre Geschäftsführer Herbert Müller und Franz Simon, ebenda,
>
> Klägerin,
>
> (oder:)
>
> der … AG, Markt 1, 50933 Köln, gesetzlich vertreten durch ihre Vorstandsmitglieder Herbert Müller und Franz Simon, ebenda,
>
> Klägerin,
>
> (oder:)
>
> der … OHG, Markt 1, 50933 Köln, gesetzlich vertreten durch ihre Gesellschafter Herbert Müller und Franz Simon, ebenda,
>
> Klägerin,
>
> (oder:)
>
> der … GmbH & Co. KG, gesetzlich vertreten durch die GmbH, diese wiederum vertreten durch ihre Geschäftsführer Herbert Müller und Franz Simon, Markt 1, 50933 Köln,
>
> Klägerin,

Nachdem der BGH die Parteifähigkeit der **BGB-Gesellschaft**, die am Rechtsverkehr teilnimmt, anerkannt hat,[11] müssen im Rubrum nicht mehr alle Mitglieder aufgeführt werden, sondern nur noch die Gesellschaft als solche und deren Vertreter. Dasselbe gilt für die **Wohnungseigentümergemeinschaft**, soweit deren Teilrechtsfähigkeit anerkannt wurde.[12] 17

Bei *juristischen Personen des öffentlichen Rechts* brauchen die Namen der Vertretungsberechtigten nicht angegeben zu werden. Es empfiehlt sich jedoch, die Stelle zu bezeichnen, die nach dem Gesetz, der Satzung pp. die juristische Person vertritt. 18

> des Landes Nordrhein-Westfalen, vertreten durch das Ministerium ...[13]

Da die *Prozessbevollmächtigten* nicht Partei sind, ist es falsch, sie *vor* Angabe der Parteistellung zu erwähnen. In Anwaltsprozessen können sich die Parteien grundsätzlich nur durch einen Rechtsanwalt vertreten lassen (§ 78 I), während sie den Rechtsstreit im Parteiprozess durch jede prozessfähige Person als Bevollmächtigten führen lassen können (§ 79). Ausnahmen vom *Anwaltszwang* in Anwaltsprozessen ergeben sich unter anderem aus § 78 II, III, wobei Prozesshandlungen, die vor dem Urkundsbeamten der Geschäftsstelle vorgenommen werden können (zB §§ 44 I, 91a I 1, 118 I, 486 I, 920 III, 936), von besonderer Bedeutung sind. Erfolgt die Vertretung durch einen Rechtsanwalt, ist dies im Rubrum kenntlich zu machen, wobei die Bezeichnung »Rechtsanwalt« ausgeschrieben und nicht mit »RA« abgekürzt werden sollte. Wird eine Partei durch eine *Anwaltssozietät* vertreten, sind entweder alle Mitglieder der betreffenden Sozietät zu nennen – dies ist in jedem Fall zu empfehlen, wenn die Sozietät nur aus wenigen Mitgliedern besteht – oder aber es ist wie folgt zu formulieren: 19

> – Prozessbevollmächtigte: Rechtsanwälte Dr. Maler (= der im Briefkopf zuerst genannte Sozius) und Partner –

Hat der Prozessbevollmächtigte bei dem entscheidenden Gericht ein *Postfach*, erfolgt die Zustellung der Schriftstücke über dieses Fach. Dann reicht es aus, lediglich den Kanzleiort anzugeben, wie dies im Ausgangsbeispiel → Rn. 3 zB bei dem Prozessbevollmächtigten des Klägers geschehen ist. Ist kein Fach vorhanden, was der Geschäftsstellenverwalter normalerweise durch den Vermerk »k.F.« auf dem Aktendeckel kenntlich macht, wird die Zustellung per Post vorgenommen. Dann muss die vollständige Adresse, wie es in dem Ausgangsfall → Rn. 3 bei den Prozessbevollmächtigten der Beklagten zu 1) erfolgt ist, angegeben werden. Hat der Prozessbevollmächtigte am Gerichtsort seinen Kanzleisitz, kann davon ausgegangen werden, dass er auch ein Fach bei Gericht hat. Ist hingegen der Kanzleiort mit dem Gerichtsort nicht identisch, sollte, soweit keine anderen Erkenntnisse vorliegen, die Zustellung per Post vorgesehen werden.

In das Rubrum sind nur die Prozessbevollmächtigten aufzunehmen, die die Parteien in der letzten mündlichen Verhandlung vertreten haben. Auch ein *Terminsvertreter*, ein *Unterbevollmächtigter* oder ein *Verkehrsanwalt* gehören nicht in das Rubrum.

---

11 BGHZ 146, 341; BGH MDR 2004, 330; 2005, 584; NJW 2009, 1610; vgl. auch BVerfG NJW 2002, 3533; *Wertenbruch* NJW 2002, 324 (326), mit umfassender Darstellung der sich aus der neuen Rechtsprechung ergebenden Konsequenzen.

12 BGHZ 163, 154 = NJW 2005, 2061 (vgl. § 10 VI WEG).

13 Vgl. zur hinreichenden Bezeichnung einer beteiligten Körperschaft des öffentlichen Rechts BGH MDR 2005, 530 = NVwZ-RR 2005, 148.

e) Bezeichnung des Gerichts und der Richter sowie Angabe des Tages der letzten mündlichen Tatsachenverhandlung

20 Unter der Angabe des Beklagten bzw. seines Prozessbevollmächtigten werden jeweils durch einen Absatz getrennt folgende Angaben gemacht:

> hat … (Bezeichnung des Gerichts)
> durch … (Bezeichnung der Richter)
> auf … (Angabe der letzten mündlichen Tatsachenverhandlung)
> für Recht erkannt:

Diese Reihenfolge entspricht der Reihenfolge in § 313 I. In manchen Bundesländern ist die Reihenfolge »hat …«, »auf …«, »durch …« üblich. Man sollte sich insoweit der üblichen Handhabung bei dem einzelnen Gerichten anschließen, wobei der Examenskandidat mit der gesetzlichen Reihenfolge in jedem Fall nicht falsch liegen kann.

Bei der *Bezeichnung des Gerichts* wird der Spruchkörper angegeben. Das ist beim Landgericht die Kammer, die die Entscheidung trifft, oder der Einzelrichter. Da es beim Landgericht auch Strafkammern gibt, ist es üblich, hier von Zivilkammern zu sprechen.

Bei den Amtsgerichten hat sich keine einheitliche Praxis herausgebildet, ob auch die Abteilung zu nennen ist. Der Referendar sollte in der praktischen Ausbildung die Handhabung seines Ausbilders übernehmen. Unseres Erachtens ist die Angabe der Abteilung nicht zwingend erforderlich, wenn auch unschädlich, da es sich insoweit nicht um einen Spruchkörper im engeren Sinne handelt. Daher empfehlen wir, die Abteilung in den Übungsarbeiten der Arbeitsgemeinschaft und in den Examensarbeiten wegzulassen:

> … hat die 29. Zivilkammer des Landgerichts Köln … (auch bei einer Einzelrichterentscheidung)
>
> (oder:)
>
> … hat die 2. Kammer für Handelssachen des Landgerichts Köln …
>
> (oder:)
>
> … hat das Amtsgericht Köln …
>
> (oder:)
>
> … hat die 110. Abteilung des Amtsgerichts Köln …

21 Die Namen der am Urteil *mitwirkenden Richter* und deren Amtsbezeichnung ergeben sich aus dem Sitzungsprotokoll über die letzte mündliche Tatsachenverhandlung. Die Amtsbezeichnung, die richtig und vollständig sein muss, kann auch ersetzt werden durch die Formulierung:

> durch ihre Richter …

Die Funktion der mitwirkenden Richter – »als Vorsitzender«, »als Beisitzender« – gehört nicht in das Rubrum.

Entscheidet bei einem Kollegialgericht der Einzelrichter (§§ 348, 348a, 349 II, III), ist dies im Rubrum wie folgt zu kennzeichnen:

> durch den Richter am Landgericht Rothe als Einzelrichter …

Zusätze wie »als originärer/obligatorischer« Einzelrichter unterbleiben.

Um den Umfang der Rechtskraft und die Präklusionswirkung (vgl. § 767 II) klarzustellen, hat der Gesetzgeber die Angabe des *Tages der letzten mündlichen Tatsachenverhandlung* vorgeschrieben. Üblich ist die Formulierung, wie sie in dem Ausgangsbeispiel → Rn. 3 verwendet worden ist. 22

Der Tag der letzten mündlichen Verhandlung wird im Fall der *Entscheidung nach Lage der Akten* (§§ 251a, 331a) durch den versäumten Termin ersetzt. In diesem Termin fand keine mündliche Verhandlung statt, da wegen der Säumnis einer oder beider Parteien die Anträge nicht gestellt werden konnten (vgl. § 137 I). Statt »auf die mündliche Verhandlung vom …« wird formuliert: 23

> nach Lage der Akten am … (= Datum des versäumten Termins).[14]

Wird gemäß § 128 II eine Entscheidung ohne mündliche Verhandlung erlassen, muss das Gericht auch den Zeitpunkt bestimmen, bis zu dem Schriftsätze eingereicht werden können (§ 128 II 2 Hs. 1). Dieser Zeitpunkt entspricht dem Tag der letzten mündlichen Tatsachenverhandlung. Statt »auf die mündliche Verhandlung vom …« wird formuliert: 24

> im schriftlichen Verfahren mit einer Erklärungsfrist bis zum … (= Datum der gesetzten Frist)
>
> (oder:)
>
> nach der Sachlage am … (= Datum der gesetzten Frist).[15]

Am Ende des Rubrums wird der Tenor wie folgt eingeleitet:

> … für Recht erkannt:

f) Streithelfer

Der Nebenintervenient oder der Streitverkündete, der dem Rechtsstreit beigetreten ist – beide werden als »Streithelfer« bezeichnet –, wird an der Kostenentscheidung beteiligt (§ 101). Außerdem kann der Streithelfer selbstständig Rechtsmittel einlegen (vgl. § 67).[16] Daher ist er im Rubrum zu erwähnen, und zwar – wie im Ausgangsbeispiel – unter der Partei, der er beigetreten ist. Dabei ist auch sein Prozessbevollmächtigter anzugeben, soweit eine entsprechende Vertretung stattfindet. 25

Wenn kein Beitritt erfolgt, ist die Tatsache der Streitverkündung weder im Rubrum noch an einer sonstigen Stelle des Urteils zu erwähnen. Sie kann sich erst im Nachfolgeprozess auswirken, wenn es um die Nebeninterventionswirkung iSd §§ 68, 74 I geht.

3. Tenor

Der Tenor, der auch als Urteilsformel oder Urteilssatz bezeichnet wird, ist äußerlich von dem übrigen Teil des Urteils hervorzuheben. Dies ist zwar in § 313 nicht vorgeschrieben, wird aber in der Praxis in Anlehnung an die Anträge im Tatbestand (vgl. § 313 II) allgemein so gehandhabt. Die Hervorhebung geschieht dadurch, dass der 26

---

14 Thomas/Putzo/*Hüßtege* ZPO § 251a Rn. 6; Zöller/*Vollkommer* ZPO § 313 Rn. 6.

15 Zöller/*Vollkommer* ZPO § 313 Rn. 6.

16 BGH NJW 1986, 257 – danach muss allerdings das Urteil nicht von Amts wegen dem Streithelfer zugestellt werden.

Tenor eingerückt wird. Zur inhaltlichen Ausgestaltung des Tenors wird auf die Ausführung in dem Abschnitt »Tenorierung«[17] Bezug genommen.

4. Tatbestand

27 Nach dem Tenor folgt grundsätzlich unter der Überschrift »*Tatbestand*« die Darstellung des Sach- und Streitstandes. Zum Inhalt und zur Form des Tatbestands wird auf die obigen Ausführungen[18], die in vollem Umfang für das Urteil gelten, Bezug genommen. In den gesetzlich hervorgehobenen Fällen

> **Beispiele:** §§ 313a, 313b

kann von der Darstellung des Tatbestandes abgesehen werden. In den Examensarbeiten wird eine solche Möglichkeit grundsätzlich im Bearbeitervermerk ausgeschlossen. In der Praxis wird dann teilweise nach dem Tenor Folgendes vermerkt, und zwar nicht mehr wie der Tenor eingerückt:

> Von der Darstellung eines Tatbestandes wird gemäß § 313a abgesehen.

Erforderlich ist dies nicht. Im Einzelfall mag der Hinweis jedoch überflüssigen Berichtigungsanträgen vorbeugen.

Was die Darstellung im Berufungsurteil angeht, verweisen wir auf die Besprechung an anderer Stelle.[19]

5. Entscheidungsgründe

28 Im Anschluss an den Tatbestand ist nach einer Trennung durch einen Absatz unter der Überschrift »Entscheidungsgründe« grundsätzlich die Entscheidung, wie sie im Tenor wiedergegeben ist, zu begründen. Nur in den gesetzlich geregelten Ausnahmefällen

> **Beispiele:** §§ 313a, 313b

kann darauf verzichtet werden. Für das Berufungsurteil gelten spezielle Regeln.[20]

a) Inhalt der Entscheidungsgründe

aa) Allgemeine Fragen

29 Nach § 313 III enthalten die Entscheidungsgründe eine kurze Zusammenfassung (nur) der Erwägungen, auf denen die Entscheidung in tatsächlicher und rechtlicher Hinsicht beruht. Das gilt wegen des eindeutigen Wortlauts des § 313 III auch dann, wenn es den Parteien erkennbar auf die Klärung einer – nicht entscheidungserheblichen – Frage ankommt. Nicht selten wird die praktische Brauchbarkeit der Entscheidungsgründe herabgesetzt, wenn umfänglich nicht entscheidungserhebliche Gesichtspunkte erörtert werden.

30 *Rechtsfragen*, die keinen Einfluss auf den Rechtsstreit haben, sind wegzulassen. Sie müssen jedoch bei Meinungsstreitigkeiten und auch im Übrigen dargestellt werden,

17 Vgl. → A Rn. 165 ff.
18 Vgl. → A Rn. 39 ff. und Rn. 9 ff. Zu den Unterschieden zwischen Sachbericht und Tatbestand vgl. → A Rn. 9.
19 Vgl. → S Rn. 86.
20 Vgl. → S Rn. 86.

wenn es für die Entscheidung darauf ankommt. Dabei sind *Zitate*, die immer auf das Wesentliche beschränkt werden müssen, in Klammern und nicht – wie im Gutachten – in Fußnoten zu setzen. Gibt es eine ständige Rechtsprechung des Bundesgerichtshofs, reicht es aus, sich unter Hinweis auf die ständige höchstrichterliche Rechtsprechung auf die letzte Entscheidung, in der erfahrungsgemäß die vorangegangenen Entscheidungen zitiert sind, zu beziehen.

(so ständige Rechtsprechung des BGH, vgl. hierzu zuletzt BGHZ ... mwN).

Klausurhinweis: In Klausuren können nur die Kommentare zitiert werden, die dem Referendar zur Verfügung stehen. Ist in einem solchen Kommentar eine BGH-Entscheidung erwähnt, kann wie folgt verfahren werden:

BGHZ ..., zitiert bei Palandt, ...

Ein **Zitat** ersetzt die Begründung nicht. Diese muss gesondert erfolgen, wobei man sich bei unproblematischen Punkten auf das Wesentliche beschränken kann. Zu einem Meinungsstreit muss eine eigene Stellungnahme abgegeben werden, wenn es darauf ankommt. Das wird, wohl in dem Bestreben sich kurz zu fassen, häufig übersehen. **31**

Neben der Subsumtion des feststehenden Sachverhalts unter die einzelnen Tatbestandsmerkmale einschließlich der Klärung von Rechtsfragen muss in den Entscheidungsgründen auch eine *Wertung des Sachverhalts* erfolgen, soweit dies nicht bereits bei der Erstellung des Tatbestandes (zulässigerweise) geschehen ist. Es ist im Einzelnen klarzustellen, durch welche konkreten Tatsachen die Tatbestandsmerkmale ausgefüllt werden. Soweit dies problematisch ist, hat der Verfasser eines Urteils auch die Grundlagen der Tatsachenfeststellung anzugeben. Daher sind uU Ausführungen zu den Fragen erforderlich, ob ein wirksames Geständnis vorliegt, welche Tatsachen zulässigerweise bestritten oder ob Tatsachen wegen Widersprüchlichkeit, mangelnder Substantiierung, Verspätung pp. unbeachtlich sind.[21] Hierzu gehören auch Ausführungen zur Beweiswürdigung gem. § 286 I 2. Danach müssen bei einer Beweiswürdigung immer die Gründe angegeben werden, die für die richterliche Überzeugung leitend gewesen sind.[22] Bloße Leerformeln erfüllen diese gesetzlichen Anforderungen nicht. Ist hingegen eine Wertung in tatsächlicher Hinsicht unproblematisch und bereits bei Erstellung des Tatbestandes vorgenommen worden, **32**

Beispiele:
- Eine Tatsache ist im Tatbestand als unstreitig dargestellt worden.
- Pauschales Bestreiten ist im Tatbestand weggelassen worden.
- Überholtes Vorbringen ist in den Tatbestand nicht aufgenommen worden.

sind Ausführungen in den Entscheidungsgründen entbehrlich.

Die Entscheidungsgründe werden *einschichtig* aufgebaut, dh nicht nach Stationen des Klägers bzw. Beklagten gegliedert. Das folgt daraus, dass zum Zeitpunkt ihrer Abfassung der Sachverhalt bereits feststeht. Soweit das Vorbringen der Parteien voneinander abweicht, muss im Rahmen des betreffenden Tatbestandsmerkmals klargestellt **33**

21 Vgl. näher zur Substantiierung, sekundären Darlegungslast, Bindung des Gerichts → A Rn. 100 ff., 118; zur Verspätung vgl. → I Rn. 1 ff.; zu den Besonderheiten in der Berufung → S Rn. 5 ff.

22 → A Rn. 147 ff., → F Rn. 72 ff., insbes. → F Rn. 75 ff.

werden, von welchem Sachverhalt ausgegangen wird. Dabei ist aus Gründen der besseren Übersicht der festgestellte Sachverhalt zunächst rechtlich zu würdigen, und im Anschluss daran ist auszuführen, warum das Gericht von diesem Sachverhalt ausgeht (= tatsächliche Würdigung).

Beispiele: Der Kläger verlangt von dem Beklagten Schadensersatz. Unstreitig wurde er von einem ihm bis dahin Unbekannten niedergeschlagen und dabei erheblich verletzt. Unstreitig ist auch die Höhe des ihm entstandenen Schadens. Die Parteien streiten lediglich darüber, ob der Beklagte der Täter war.

- Nach einer umfangreichen Beweisaufnahme ist das Gericht von der Richtigkeit des Sachvortrages des Klägers überzeugt. Dann können die Entscheidungsgründe etwa wie folgt lauten:

  Dem Kläger steht gegen den Beklagten ein Anspruch auf Zahlung von ... gem. § 823 I BGB zu. Der Tatbestand dieser Norm ist in der Alternative der Körperverletzung zu bejahen. In der Nacht vom ... hat der Beklagte den Kläger niedergeschlagen und ihn dabei erheblich verletzt ... Dass der Beklagte der Täter war, steht nach der durchgeführten Beweisaufnahme fest. Der Zeuge ... hat in glaubhafter Weise bekundet, ... Für die Richtigkeit seiner Aussage spricht ... (Beweiswürdigung). Der Beklagte handelte ferner rechtswidrig und schuldhaft ...

- Hält das Gericht den Vortrag des Klägers nicht für bewiesen, können die Entscheidungsgründe wie folgt formuliert werden:

  Dem Kläger steht gegen den Beklagten kein Anspruch aus § 823 I BGB zu. Der Beklagte ist nämlich an dem Vorfall vom ... – nur insoweit kommt eine unerlaubte Handlung in Betracht – nicht beteiligt gewesen. Davon muss das Gericht ausgehen, weil dem insoweit beweispflichtigen Kläger nicht der Beweis gelungen ist, dass der Beklagte der Täter war. Die Aussagen der Zeugen ... sind bereits unergiebig ... Der Aussage des Zeugen ..., ..., konnte das Gericht nicht folgen. Zweifel an der Richtigkeit dieser Aussage bestehen deshalb, weil ... Der negative Ausgang der Beweisaufnahme geht zulasten des Klägers, weil dieser die Beweislast trägt. Dies ergibt sich daraus, dass ...

bb) Prozessualer Vorrang und Offenlassen von Fragen

34 Fragen des prozessualen Vorranges[23] können auch in den Entscheidungsgründen nicht offengelassen werden. Der Grundsatz des prozessualen Vorranges gilt in folgenden Fällen:

- Vorrang der Zulässigkeit vor der Begründetheit,[24]
- Hauptantrag vor Hilfsantrag,[25]
- Hauptverteidigung vor Hilfsaufrechnung.[26]

Verfehlt ist es, in derartigen Fällen wie folgt zu formulieren:

»Es kann dahinstehen,

- ob die Klage zulässig ist; in jedem Fall ist sie unbegründet.«
- ob die Klage mit dem Hauptantrag begründet ist; jedenfalls ist ihr mit dem Hilfsantrag stattzugeben.«
- ob dem Kläger der geltend gemachte Anspruch zustand; jedenfalls ist ein evtl. entstandener Anspruch durch die erklärte Hilfsaufrechnung erloschen.«

---

23 Vgl. → A Rn. 86, → G Rn. 16, → K Rn. 5.
24 Vgl. → A Rn. 86.
25 → K Rn. 5.
26 → G Rn. 16.

Soweit ein prozessualer Vorrang nicht besteht, können alle Fragen, die letztlich das Ergebnis nicht tragen, *offengelassen* werden. Dies gilt auch für Fragen, die an sich logisch vorrangig sind. 35

Beispiele:
- Anspruch entstanden – Anspruch untergegangen.
- Rechtswidrigkeit – Verschulden (§ 823 I BGB).

Verliert der Kläger den Prozess, ist unerheblich, ob der von ihm geltend gemachte Anspruch gegen den Beklagten ursprünglich einmal bestand, wenn letztlich der evtl. entstandene Anspruch wieder untergegangen ist. In derartigen Fällen können die Entscheidungsgründe wie folgt formuliert werden:

Die Klage ist unbegründet.
Dem Kläger steht kein Anspruch aus … zu.
Es kann dahinstehen, ob der Anspruch wirksam entstanden ist. Jedenfalls ist der evtl. entstandene Anspruch gemäß § 362 BGB (= tragender Gesichtspunkt) durch Erfüllung erloschen …

Allerdings müssen bei der Abfassung der Entscheidungsgründe auch praktische Gesichtspunkte berücksichtigt werden. Führen zwei Punkte zu demselben Ergebnis, ist grundsätzlich derjenige allein zu erörtern, der am leichtesten und am wenigsten angreifbar abzuhandeln ist. Etwas anderes kann jedoch dann gelten, wenn der kompliziertere Punkt auch für andere Anspruchsgrundlagen maßgeblich ist, weil man dann nämlich gleichzeitig das Ergebnis zu den anderen Anspruchsgrundlagen begründet.

Beispiel: Schadensmerkmal bei mehreren Schadensersatzansprüchen.

cc) Begründetheit der Klage

Welche Umstände in den Entscheidungsgründen zu erörtern sind, hängt von dem Ergebnis des Rechtsstreits ab. Wird der Klage stattgegeben, ist nur die Anspruchsgrundlage zu erörtern, die den Anspruch ergibt. Sind im Gutachten mehrere Anspruchsgrundlagen bejaht worden, empfiehlt es sich, diejenige auszuwählen, die am leichtesten zu begründen ist. Dass auch andere Anspruchsgrundlagen zu demselben Ergebnis führen, interessiert die Parteien hingegen nicht. Innerhalb der bejahten Anspruchsgrundlage müssen *alle Tatbestands*merkmale, auch wenn einzelne von ihnen unproblematisch sind, erörtert werden. Nur das Vorliegen aller Tatbestandsmerkmale ergibt nämlich den betreffenden Anspruch. Unproblematische Merkmale sind allerdings so kurz wie möglich darzustellen, ggf. zusammenfassend in einem Satz. In den Entscheidungsgründen sind auch Bezugnahmen, etwa auf frühere Entscheidungen oder auf einen bestimmten Schriftsatz, zulässig, wenn eine eindeutige Kenntnisnahme durch die Parteien möglich war (Gegenstand der mündlichen Verhandlung) und das Gericht zu erkennen gibt, welche tatsächlichen Feststellungen und rechtlichen Erwägungen für die Entscheidung maßgeblich waren.[27] 36

Hat sich der Beklagte auf *Einreden* im Sinne der ZPO[28] berufen, gehört auch die Auseinandersetzung mit diesen Einreden in die Entscheidungsgründe. Bei einem positiven Ausgang des Rechtsstreits für den Kläger ist nur das Merkmal der Einredenorm zu behandeln, das verneint wird. Die anderen Merkmale dieser Norm gehören hingegen nicht zu den tragenden Gründen. Fehlen mehrere Merkmale der Einredenorm, ist dasjenige zu erörtern, das am leichtesten verneint werden kann. 37

---

27 BGH NJW-RR 1991, 1406.
28 Vgl. → A Rn. 66, 97.

38 Verteidigt sich der Kläger seinerseits erfolgreich mit einer Einrede gegen eine Einrede des Beklagten, kann offengelassen werden, ob die Voraussetzungen der Einredenorm des Beklagten zu bejahen sind. Hier reicht die Feststellung aus, dass der evtl. Einrede des Beklagten die Einrede des Klägers entgegensteht. Allerdings sind alle Tatbestandsmerkmale dieser Einrede abzuhandeln.

39 Werden neben den Hauptansprüchen auch materielle *Nebenansprüche*[29] bejaht, sind diese ebenfalls anhand der einzelnen Tatbestandsmerkmale in der gebotenen Kürze zu begründen. Ausführungen, wie »Der Zinsanspruch ist gemäß § 288 I BGB/§§ 280, 286 I BGB gerechtfertigt«, reichen nicht. Vielmehr ist in diesem Zusammenhang kurz klarzustellen, wodurch der Beklagte zu welchem Zeitpunkt in Verzug geraten ist.

> Der Zinsanspruch ist gemäß § 288 I BGB in Höhe von 5 Prozentpunkten über dem Basiszinssatz ab ... gerechtfertigt. Der Beklagte ist durch das Schreiben des Klägers vom ..., in dem eine Mahnung iSd § 286 I 1 BGB enthalten ist, am ... in Verzug geraten. Gemäß § 187 I BGB (analog) ist deshalb die Forderung ab dem ... (1 Tag danach) zu verzinsen.[30]
>
> (oder:)
>
> Der Zinsanspruch ist in der zuerkannten Höhe gem. §§ 280 I, II, 286 I BGB gerechtfertigt. Der Beklagte ist durch das Schreiben des Klägers vom ..., in dem eine Mahnung iSd § 286 I 1 BGB enthalten ist, am ... in Verzug geraten. Dadurch ist dem Kläger ein Schaden in Höhe von 16% Zinsen von ... EUR ab diesem Zeitpunkt entstanden, da er ständig mit Bankkredit in Höhe der Klageforderung zu einem derartigen Zinssatz arbeitet und durch die rechtzeitige Bezahlung von seiten des Beklagten seinen Sollstand hätte ausgleichen können.

dd) Abweisung der Klage

40 Wird die Klage abgewiesen, müssen *alle* in Betracht kommenden *Anspruchsgrundlagen*, nicht jedoch die fernliegenden, behandelt werden. Dabei ist jeweils nur das zu verneinende Tatbestandsmerkmal zu erörtern. Auch hier muss man bei mehreren negativen Merkmalen grundsätzlich das auswählen, das am leichtesten abgehandelt werden kann.

41 Wird die Klage abgewiesen, weil eine *Einrede* im Sinne der ZPO eingreift, interessiert es grundsätzlich nicht, ob die anspruchsbegründenden Tatsachen vorliegen (Ausnahme: Aufrechnung wegen der zu prüfenden Aufrechnungslage und der Rechtskraft). In diesem Fall ist die Anspruchsgrundlage nur mit der Einredenorm zu verneinen, wobei alle einredebegründenden Merkmale erörtert werden müssen, und zwar auch diejenigen, die unproblematisch sind.

Erhebt der Kläger seinerseits gegenüber der Einrede des Beklagten erfolglos eine Einrede, ist auch diese abzuhandeln. Insoweit beschränken sich jedoch die Erörterungen auf das Merkmal, das verneint wird.

ee) Teilweise Begründetheit der Klage

42 Wird der Klage teilweise stattgegeben, werden die vorgenannten Gesichtspunkte kombiniert. Grundsätzlich beginnt man mit dem Teil der Klage, der begründet ist – diese Reihenfolge ist allerdings nicht zwingend – und verfährt entsprechend den Ausführungen zu cc). Im Anschluss daran muss dargelegt werden, warum die Klage

29 Vgl. → A Rn. 106 ff.

30 Vgl. zum Zinsbeginn → A Rn. 107; 112 (Rechtshängigkeitszinsen).

im Übrigen keinen Erfolg hat. Dabei ist entsprechend dd) zu verfahren, dh, es müssen alle in Betracht kommenden Anspruchsgrundlagen erörtert werden.

b) Der Urteilsstil

Bei Abfassung der Entscheidungsgründe steht das Ergebnis bereits fest und soll nur begründet werden. Deshalb werden die Entscheidungsgründe im Urteilsstil abgefasst. Dieser Stil bereitet insbesondere dem Anfänger nicht unerhebliche Schwierigkeiten, da er an der Universität mehrere Jahre fast ausschließlich den Gutachtenstil geübt hat. 43

Tipp für Ausbildung und Examen: Wir können den Referendaren nur den Rat geben, schwierige, umfangreiche Erörterungen jedenfalls stichwortartig im Gutachtenstil niederzuschreiben und in den Entscheidungsgründen die Gedankengänge von hinten darzustellen.

Vor dem Niederschreiben der Entscheidungsgründe muss der Fall immer gutachterlich durchdacht werden, weil nur dann festgestellt werden kann, welche Gesichtspunkte die Entscheidung tragen und daher darzulegen sind.

Beim Urteilsstil steht am Anfang das Ergebnis. Es folgt eine Begründung dieses Ergebnisses. Setzt sich das Gesamtergebnis aus mehreren Teilstücken zusammen, sind diese hintereinander wiederum im Urteilsstil abzuhandeln und jeweils mit Obersätzen zum betreffenden Zwischenergebnis zu versehen. Die einzelnen, in sich abgeschlossenen Gedankengänge müssen mit einem »Denn« verbunden werden können. 44

> Dem Kläger steht gegen den Beklagten ein Kaufpreisanspruch in Höhe von 1.000 EUR gemäß § 433 II BGB zu. (Denn) Er hat mit dem Beklagten am 1.6.2016 einen Kaufvertrag über sein Fahrrad geschlossen und dabei mit diesem einen Kaufpreis von 1.000 EUR vereinbart. Das Angebot zum Abschluss des Kaufvertrages ist darin zu sehen, dass der Kläger gegenüber dem Beklagten an dem betreffenden Tag sinngemäß geäußert hat: »Du kannst mein Rad für 1.000 EUR haben; ich möchte mir ein neues kaufen.« Dieses Angebot hat der Beklagte durch die Äußerung »einverstanden« angenommen. Soweit er sich insgeheim vorbehalten haben sollte, in Wirklichkeit das Fahrrad nicht kaufen zu wollen, ist dies gem. § 116 I BGB unbeachtlich (Denn) …

Von dem Bindewort *»Denn«* sollte aus stilistischen Gründen nur zurückhaltend Gebrauch gemacht werden. Außerdem ist immer wieder festzustellen, dass dieses Bindewort nicht richtig verwendet wird. Es ist nur gerechtfertigt, wenn der »Denn«-Satz das vorangegangene Ergebnis umfassend begründet. Folgen hingegen später weitere Teilstücke der Begründung, ist der »Denn«-Satz verfehlt. 45

> **Beispiel:** Dem Kläger steht gegen den Beklagten ein Werklohnanspruch in Höhe von 1.000 EUR gemäß § 631 I BGB zu.
> **(Falsch):** »Denn die Parteien haben einen entsprechenden Werkvertrag geschlossen.«
> Diese Begründung trägt das gefundene Ergebnis nicht. Da der Werkunternehmer vorleistungspflichtig ist, kann er nämlich den Werklohnanspruch nur geltend machen, wenn er das Werk erstellt und der Beklagte dieses abgenommen hat bzw. eine Abnahme ausnahmsweise entbehrlich ist.
>
> **(Richtig):** Dem Kläger steht gegen den Beklagten ein Werklohnanspruch in Höhe von 1.000 EUR gemäß § 631 I BGB zu. Die Parteien haben einen entsprechenden Werkvertrag geschlossen. (Denn) … Ferner hat der Kläger die Werkleistung erbracht (Denn) … Schließlich ist die Werklohnforderung gem. § 641 I BGB fällig, da der Beklagte gegenüber dem Kläger die Abnahme erklärt hat …

Der Urteilsstil ist am besten einzuhalten, wenn klare, verständliche und kurze Sätze gebildet werden. Dabei sind Fremdworte, insbesondere Fachausdrücke, soweit möglich, zu umschreiben. 46

Es ist verfehlt, zwischendurch an den gefundenen Ergebnissen zu zweifeln. Daher gehören folgende Sätze nicht in die Entscheidungsgründe:

- »Es ist allerdings fraglich,«
- »Es ist zu prüfen, ob ...«
- »Problematisch ist die Frage, ob ...«
- »Meines Erachtens ...«

Auch Wendungen wie »sodass«, »folglich«, »mit der Folge« oder ähnliches sind zu vermeiden, da nach dem Urteilsstil zunächst das Ergebnis aufgezeigt und dieses dann begründet wird.

Häufig finden sich am Ende eines Gedankengangs nochmals kurze Zusammenfassungen des Ergebnisses, wie

- »Nach alledem war die Klage abzuweisen.«
- »Die Klage ist folglich begründet.«

Diese Schlussfloskeln, die nichts Neues bringen, sondern bereits Dargelegtes wiederholen, verstoßen eindeutig gegen den Urteilsstil und sind daher grundsätzlich zu vermeiden.

47 Bei der sogenannten *Zwar-Aber-Begründung*, die sich immer wieder in den Entscheidungsgründen findet, handelt es sich um einen verdeckten Gutachtenstil. Die »Zwar-Aber-Begründung« ist grundsätzlich entbehrlich und in jedem Fall verfehlt, wenn umfangreichere Ausführungen im Zusammenhang mit dem »Zwar«-Satz erfolgen. Grundsätzlich müssen alle Fragen offengelassen werden, die die Entscheidung nicht tragen.[31] Wenn ausnahmsweise ein problematischer Punkt, auf den es letztlich bei der Entscheidung nicht ankommt, aus Verständnisgründen angesprochen werden soll, kann wie folgt formuliert werden:

> Dem Kläger steht gegen den Beklagten kein Anspruch auf Zahlung von ... EUR gemäß § 433 II BGB zu. *Es kann dahinstehen*, ob zwischen den Parteien ein Kaufvertrag über den Pkw ... zustande gekommen ist. In jedem Fall ist der Beklagte von diesem eventuellen Kaufvertrag wirksam zurückgetreten.
>
> (Anhand dieses Beispiels wird deutlich, dass eine »Zwar-Begründung« die Entscheidung nicht tragen würde. Wenn zwischen den Parteien kein Kaufvertrag zustande gekommen ist, kann der Kläger ohnehin keine Rechte aus § 433 II BGB geltend machen. Wenn dies jedoch der Fall sein sollte, ist der Beklagte jedenfalls wirksam zurückgetreten.)

c) Aufbau der Entscheidungsgründe

48 Die Entscheidungsgründe sind wie folgt aufzubauen, wobei die Punkte bb) bis dd) je nach Fallgestaltung gänzlich entfallen:

aa) Gesamtergebnis
bb) Auslegung des Klageantrages
cc) Sonstige Vorfragen[32]
dd) Zulässigkeit der Klage
ee) Begründetheit der Klage
- Hauptanspruch
- Nebenanspruch

31 Vgl. auch → Rn. 35.
32 Vgl. → A Rn. 78.

oder bei mehreren Klageanträgen:
- Klageantrag zu 1)
- Hauptanspruch
- Nebenanspruch
- Klageantrag zu 2)

…

ff) Prozessuale Nebenentscheidungen.

Besonderheiten ergeben sich zB bei Klage und Widerklage, Haupt- und (echtem/unechtem) Hilfsantrag, Hauptverteidigung und Hilfsaufrechnung pp. Der Aufbau der Entscheidungsgründe in diesen besonderen Fällen wird jeweils in den speziellen Kapiteln besprochen.

aa) Gesamtergebnis

Am Anfang der Entscheidungsgründe ist immer das Gesamtergebnis darzustellen. Es kann wie folgt formuliert werden: **49**

Die Klage ist unzulässig.

(oder:)

Die Klage ist zulässig und begründet.

(oder:)

Die Klage ist mit dem Klageantrag zu 1) unzulässig und im Übrigen begründet.

(oder:)

Die Klage ist zulässig, aber nicht begründet.

(oder:)

Die Klage ist begründet/unbegründet.

(oder:)

Die Klage ist in Höhe von … EUR begründet, im Übrigen unbegründet.

(oder:)

Die Klage ist mit dem Klageantrag zu 1) begründet, mit dem Klageantrag zu 2) unbegründet.

(oder:)

Die Klage ist mit dem Hauptantrag unbegründet und mit dem Hilfsantrag begründet.

(oder:)

Die Klage ist unbegründet. Der Kaufpreisanspruch des Klägers in Höhe von … ist zwar entstanden. Er ist jedoch durch die von dem Beklagten erklärte Hilfsaufrechnung erloschen.

(oder:)

Die Klage ist unbegründet. Die Widerklage ist zulässig und begründet.

Eine Wiederholung des Tenors, wie »Die Klage war abzuweisen, …« oder »Der Klage war stattzugeben, …« gehört hingegen nicht in die Entscheidungsgründe. Die Verwendung der Vergangenheitsformen empfiehlt sich ohnehin nicht, da das Urteil in der Gegenwart ergeht.

bb) Auslegung des Klageantrages und andere Vorfragen

50 Ist der Klageantrag auslegungsbedürftig,[33] erfolgt diese Auslegung im Anschluss an die Darstellung des Gesamtergebnisses, und zwar vor der Zulässigkeit und der Begründetheit. Nur wenn nämlich festgestellt worden ist, über welchen Antrag zu entscheiden war, können Zulässigkeits- und Begründetheitsfragen erörtert werden. In einem solchen Fall kann wie folgt formuliert werden:

> Die Klage ist unbegründet.
> Der Antrag des Klägers ist dahin gehend auszulegen, dass er … Für diese Auslegung spricht Folgendes: … (= Begründung).

Vor der Zulässigkeit und Begründetheit sind im Einzelfall auch andere Vorfragen

> **Beispiele:**
> - Wirksamkeit des Prozessvergleichs oder Wirksamkeit des Widerrufs
> - Klageänderung
> - Teilweise Klagerücknahme
> - Parteiänderung

zu klären. Hier gilt dasselbe wie bei der Auslegung des Klageantrages.[34]

cc) Zulässigkeit der Klage

51 Ausführungen zur Zulässigkeit der Klage sind nur erforderlich, wenn diese unzulässig ist oder einzelne Zulässigkeitsvoraussetzungen zwar vorliegen, aber äußerst problematisch sind. Hier gelten dieselben Grundsätze wie für das Gutachten.[35] Ist die Zulässigkeit unproblematisch, wird sie in den Entscheidungsgründen nicht erwähnt. In diesem Fall ist es auch überflüssig, im Gesamtergebnis floskelhaft festzustellen, dass die Klage zulässig ist. Dann lautet der erste Satz der Entscheidungsgründe vielmehr:

> Die Klage ist begründet/unbegründet/in Höhe von … EUR begründet, im Übrigen unbegründet.

Wird die Zulässigkeit der Klage verneint, erfolgen im Anschluss an das Gesamtergebnis

> Die Klage ist unzulässig.

nur Erörterungen zu der Zulässigkeitsvoraussetzung, die nicht vorliegt. Sind mehrere Zulässigkeitsvoraussetzungen abzulehnen – dies ist im Gutachten im Einzelnen zu prüfen –, ist die Voraussetzung abzuhandeln, die am leichtesten zu verneinen ist. Ausführungen zu anderen Zulässigkeitsvoraussetzungen oder zur Begründetheit der Klage sind in diesem Fall verfehlt.

> **Examenshinweis:** In Examensarbeiten ist es bei Unzulässigkeit der Klage nach einem Bearbeitervermerk in der Regel erforderlich, zur Begründetheit in einem *Hilfsgutachten* Stellung zu nehmen.

52 Sind einzelne Zulässigkeitsvoraussetzungen problematisch, werden sie jedoch letztlich bejaht, sind (nur) diese unmittelbar nach Darstellung des Gesamtergebnisses und in jedem Fall vor den Ausführungen zur Begründetheit zu erörtern:[36]

---

33 → A Rn. 77 f.
34 Vgl. → A Rn. 78 f.
35 → A Rn. 83.
36 Zur Reihenfolge vgl. → A Rn. 84.

Die Klage ist zulässig und begründet.
Die örtliche Zuständigkeit des angerufenen Gerichts ergibt sich aus § 32. Der Kläger macht einen Anspruch aus unerlaubter Handlung geltend, die im Zuständigkeitsbereich des angerufenen Gerichts begangen worden sein soll. (Denn) ...
Der Beklagte ist auch prozessfähig. Dies steht aufgrund des Gutachtens des Sachverständigen ... fest. Das Gericht folgt diesem Gutachten, weil ...

Examenshinweis: Immer wieder finden sich in Examensarbeiten unter der Überschrift »Zulässigkeit der Klage« Ausführungen zur Aktivlegitimation/Passivlegitmation. Das ist ein grober Fehler, weil diese Fragen (wem steht das geltend gemachte Recht zu = Aktivlegitimation/gegen wen richtet sich dieses Recht = Passivlegitimation) zur Begründetheit gehören (zB steht der Anspruch aus Gewährleistung nur dem Inhaber der vertraglichen Rechte zu; auf das Eigentum kommt es nicht an; dies ist aber bedeutsam für einen Anspruch aus § 985 BGB).
Nur die Frage, ob der Kläger ein fremdes Recht im eigenen Namen geltend machen kann, ist eine Frage der Zulässigkeit, dh eine Frage der Prozessführungsbefugnis.[37]

dd) Begründetheit der Klage

Im Anschluss an die Darstellung des Gesamtergebnisses und ggf. nach den Ausführungen zur Auslegung des Klageantrages sowie zur Zulässigkeit der Klage ist in einem neuen Absatz auf die Begründetheit einzugehen. 53

Liegt nur ein Antrag vor, werden zunächst der Hauptanspruch und dann die Nebenansprüche abgehandelt. Bei einer *objektiven Klagenhäufung* empfiehlt sich aus Gründen der Übersichtlichkeit, die einzelnen Klageanträge vollständig, dh die Haupt- und Nebenansprüche, getrennt hintereinander darzustellen.

Die Klage ist begründet.
Dem Kläger steht gegen den Beklagten ein Anspruch auf Zahlung von ... EUR aus *§ 433 II BGB* zu. (Denn) ...
Der Zinsanspruch ist gemäß *§ 280 I 1 BGB* gerechtfertigt. (Denn) ...

(oder:)

Die Klage ist unbegründet.
Dem Kläger steht kein Anspruch gegen den Beklagten aus *§ 433 II BGB* zu. (Denn) ...
Das Klagebegehren ist auch nicht aus *§ 812 I 1 Alt. 1 BGB* gerechtfertigt.

(oder:)

Die Klage ist in Höhe von ... nebst 9% Zinsen begründet, wegen des weitergehenden Zinsanspruches hingegen unbegründet.
Dem Kläger steht gegen den Beklagten ein Anspruch auf Zahlung von ... gemäß *§ 433 II BGB* zu. (Denn) ...
Die zuerkannten Zinsen sind aus *§ 288 I BGB* gerechtfertigt. (Denn) ...
Den weitergehenden Zinsanspruch kann der Kläger gegen den Beklagten nicht mit Erfolg geltend machen.
Die Voraussetzungen des *§ 280 I 1 BGB* sind nicht erfüllt. (Denn) ...

Am Anfang der rechtlichen Ausführungen muss immer die betreffende **Anspruchsgrundlage** genannt werden, die zu bejahen oder abzulehnen ist: 54

Wie die obigen Beispielsfälle zeigen, werden die Anspruchsgrundlagen zu den Nebenansprüchen nicht im Zusammenhang mit dem Hauptanspruch, sondern erst an der Stelle genannt, an der die Nebenansprüche im Einzelnen abgehandelt werden.

37 Vgl. auch *Schmitt-Gaedke/Arz* JA 2016, 770.

Soweit der Hauptanspruch verneint wird, braucht auf die Nebenansprüche nicht eingegangen zu werden, da es selbstverständlich ist, dass diese ebenfalls nicht gegeben sind.

Sind entscheidungserhebliche Tatsachen streitig und hat eine Beweisaufnahme stattgefunden, müssen bei dem betreffenden Tatbestandsmerkmal zunächst eine Subsumtion mit der bewiesenen Tatsache und dann die Beweiswürdigung erfolgen.

Examenstipp: In Prüfungsarbeiten wird häufig ohne vorangegangene Rechtsprüfung und ohne Berücksichtigung der Beweisfrage nach der Beweislast[38] eine Beweiswürdigung vorgenommen. Das ist grob fehlerhaft und führt auch oft zu falschen Ergebnissen. In diesem Zusammenhang wird auch nicht genau zwischen Tatsachen und Rechtsansichten (Wertungen) unterschieden.

Richtig ist folgende Vorgehensweise:

> Das Tatbestandsmerkmal X ist zu bejahen, weil ... (es folgt eine Subsumtion mit der bewiesenen (feststehenden) Tatsache).
> Dass ... (Beweisfrage und Beweislast), steht nach dem Ergebnis der Beweisaufnahme fest.
> Die Zeugen ... haben den Vortrag des beweisbelasteten Klägers ... bestätigt, indem sie aussagten, ... (= Ergiebigkeit[39]).
> Den Aussagen der Zeugen ist zu folgen, ... (Es folgt eine Beweiswürdigung im engeren Sinn[40], wobei hier auch die nicht ergiebigen und gegenteiligen Aussagen abgehandelt werden. – »Der Glaubhaftigkeit der Aussage ... steht nicht entgegen, ...«[41]).

Es empfiehlt sich nicht, *Hilfsnormen*

> **ZB** § 346 I BGB (= Anspruchsgrundlage), §§ 433, 437 Nr. 2, 440, 323 BGB (= Hilfsnormen).

im Zusammenhang mit der Anspruchsgrundlage zu zitieren. Übersichtlicher ist es, auf die Hilfsnormen erst im Zusammenhang mit dem Tatbestandsmerkmal hinzuweisen, für das sie von Bedeutung sind. Welche Ausführungen nach Bekanntgabe der zu erörternden Anspruchsgrundlage erforderlich sind, hängt, wie schon dargelegt,[42] von dem Ergebnis ab.

ee) Prozessuale Nebenentscheidungen

55 In den Entscheidungsgründen wird nach der Begründetheit – wenn die Klage unzulässig ist, nach der Zulässigkeit – zu der Kostenentscheidung[43] und zu der Entscheidung über die vorläufige Vollstreckbarkeit[44] (= prozessuale Nebenentscheidungen) Stellung genommen. Grundsätzlich reicht hier ein Hinweis auf die einschlägigen Vorschriften aus, die Grundlage für diese Entscheidung waren, wie

> Die prozessualen Nebenentscheidungen beruhen auf (= folgen aus) §§ 91 I 1 Hs. 1, (§§ 281 III, 344), 709 S. 1, 2 ZPO.
>
> (oder:)
>
> Die Kostenentscheidung folgt aus § 92 I, die Entscheidung über die vorläufige Vollstreckbarkeit beruht auf §§ 708 Nr. 11, 709 S. 1 und 2, 711 S. 1 und 2 ZPO.

---

38 Vgl. → A Rn. 150 ff.
39 Vgl. → A Rn. 148.
40 Vgl. → A Rn. 148.
41 Vgl. → A Rn. 149.
42 → Rn. 36 ff.
43 Vgl. → A Rn. 172 ff.
44 Vgl. → A Rn. 210 ff.

Nur komplizierte prozessuale Nebenentscheidungen sollen kurz begründet werden.

Abgesehen davon ist eine Begründung der *Kostenentscheidung* immer dann erforderlich, wenn diese isoliert anfechtbar ist. Grundsätzlich ist eine isolierte *Anfechtung* gem. § 99 I nicht möglich. Vielmehr findet eine Überprüfung der Kostenentscheidung nur im Zusammenhang mit dem Rechtsmittel in der Hauptsache statt. Ausnahmsweise ist eine selbstständige Anfechtung eines Teils der Kostenentscheidung zulässig, und zwar zB in den Fällen der §§ 91a II (teilweise beiderseitige Erledigungserklärung),[45] 99 II (Anerkenntnisurteil), 99 II analog (Verzichtsurteil)[46] und 269 V 1 (Teilrücknahme). Etwas anderes gilt nunmehr auch für Kostengrundentscheidungen nach dem FamFG; diese können ohne gleichzeitiges Rechtsmittel gegen die Hauptsache mit der Beschwerde nach §§ 58 ff. FamFG isoliert angegriffen werden, sofern die Beschwerdesumme von 600 EUR gemäß § 61 I FamFG überschritten wird.[47] 56

ff) Rechtsmittelbelehrung

Seit dem 1.1.2014 besteht gem. § 232 S. 1 grundsätzlich für jede anfechtbare Entscheidung eine allgemeine Rechtsmittelbelehrungspflicht. Ausgenommen werden davon nach § 232 S. 2 Verfahren, bei denen ein **Anwaltszwang**[48] besteht. Das sind Verfahren vor dem Landgericht, dem Oberlandesgericht und dem BGH (§ 78 I), soweit nicht in § 78 II–IV Ausnahmen geregelt sind, 57

> **Beispiele:** Verfahren vor dem beauftragten und ersuchten Richter sowie Rechtshandlungen, die vor dem Urkundsbeamten der Geschäftsstelle vorgenommen werden können.

sowie selbstständige Familienstreitsachen vor dem Amtsgericht, dem Oberlandesgericht und dem BGH (§ 114 I, II FamFG), soweit nicht in § 114 III, IV FamFG Ausnahmen geregelt sind. Hier gilt allerdings nicht § 232, sondern § 39 FamFG.

Auch beim Anwaltszwang muss eine Rechtsmittelbelehrung über einen Einspruch oder Widerspruch sowie dann erfolgen, wenn die Belehrung an einen Zeugen oder Sachverständigen zu richten ist oder aber wenn eine anwaltlich nicht vertretene Partei Berufung einlegt und die Berufung deshalb unzulässig ist.[49]

Fehlt eine Rechtsmittelbelehrung oder ist sie unwirksam, wird die Entscheidung nicht unwirksam oder angreifbar; auch wird die Rechtsmittelfrist nicht beeinflusst.[50] Das folgt aus dem ebenfalls ab dem 1.1.2014 geltenden § 233 S. 2, wonach das für die Wiedereinsetzung in den vorigen Stand erforderliche Fehlen des Verschuldens vermutet wird.

Die Rechtsmittelbelehrung ist Bestandteil der Entscheidung und gehört, soweit sie erforderlich ist, an das Ende des Urteils vor die Unterschrift.[51]

> **Examenshinweis:** Im Examen ist insoweit der Bearbeitervermerk sorgfältig zu lesen. Nur wenn den Kandidaten eine erforderliche Rechtsmittelbelehrung erlassen ist, kann darauf verzichtet werden. Häufig werden für eine Rechtsmittelbelehrung nur Stichworte, nicht aber ein ausformulierter Text erwartet, weil es in der Gerichtspraxis hierzu Formulare gibt. Anzugeben sind nach § 232 folgende Punkte:

45 → P Rn. 33.
46 OLG Schleswig NJW 2013, 2765.
47 OLG Stuttgart NJW 2010, 383.
48 Vgl. näher zum Anwaltszwang und den Ausnahmen Zöller/*Vollkommer* ZPO § 78 Rn. 13 ff. S. auch BGH NJW 2016, 1827.
49 BGH NJW 2016, 1827.
50 Zöller/*Greger* ZPO § 232 Rn. 1.
51 Zöller/*Greger* ZPO § 232 Rn. 5.

- statthafter Rechtsbehelf, zB Berufung, Einspruch, Widerspruch, Erinnerung
  - auf die Zulässigkeit kommt es nicht an[52]
- Gericht, bei dem der Rechtsbehelf einzulegen ist
- Sitz des Gerichts mit vollständiger Anschrift[53]
- Form und Frist des Rechtsbehelfs
  - nicht Form und Frist der Rechtsmittelbegründung[54]
- Notwendigkeit der Vertretung durch einen Rechtsanwalt[55]

Häufig schreibt der Bearbeitervermerk für den Fall der erforderlichen Rechtsmittelbelehrung nur die Benennung des statthaften Rechtsbehelfs vor.

Achtung: § 232 S. 2 wird häufig übersehen! In diesem Fall (*Anwaltszwang*) müssen Ausführungen zur Rechtsmittelbelehrung weggelassen werden. Einen Hinweis auf § 232 S. 2 halten wir für entbehrlich.

d) Streitwertfestsetzung

58 Mit den Ausführungen zu den prozessualen Nebenentscheidungen endet das Urteil. Es folgen lediglich noch die Unterschriften der Richter, die bei der Entscheidung mitgewirkt haben (§ 315 I). In der Praxis ist es jedoch üblich, vor den Unterschriften der Richter den Gebührenstreitwert[56] festzusetzen. Gemäß § 63 II GKG hat eine endgültige Streitwertfestsetzung[57] grundsätzlich mit der endgültigen Entscheidung in der betreffenden Instanz (Ausnahme: bindende Entscheidung nach § 62 GKG) von Amts wegen zu erfolgen, und zwar nach unserer Auffassung wegen der unterschiedlichen Fassungen der Abs. 1 und 2 des § 63 GKG auch bei Zahlungsklagen.[58] Aus Praktikabilitätsgründen sollte daher immer der Gebührenstreitwert vor den Unterschriften der Richter festgesetzt werden.

59 Diese Streitwertfestsetzung ist eigentlich kein Bestandteil des Urteils, da sie in Form eines Beschlusses (§ 63 II 1 GKG) zu ergehen hat, der selbstständig anfechtbar ist (§ 68 I 1 GKG).[59] Sie wird jedoch deshalb unter das Urteil vor die Unterschriften gesetzt, weil man sich dadurch die nochmalige Angabe der Parteien und der sonstigen Förmlichkeiten – diese Angaben gehören ohnehin zwingend ins Urteil – erspart. Üblicherweise wird die Streitwertfestsetzung, soweit sie unter das Urteil gesetzt wird, nicht begründet; es werden lediglich die Vorschriften des Gerichtskostengesetzes und ggf. der Zivilprozessordnung unter Hinweis auf § 48 I GKG in Klammern gesetzt.

II. Der Beschluss

1. Allgemeine Fragen

60 Der Zivilrichter fertigt Urteile, Beschlüsse oder Verfügungen. Verfügungen sind Anordnungen des Vorsitzenden bzw. des beauftragten oder ersuchten Richters, die

---

52 Zöller/*Greger* ZPO § 232 Rn. 3.
53 Vgl. BGH NJW 2011, 2887; Thomas/Putzo/*Hüßtege* ZPO § 232 Rn. 6.
54 Vgl. BGH NJW 2011, 2887; Thomas/Putzo/*Hüßtege* ZPO § 232 Rn. 6.
55 Vgl. BGH NJW-RR 2010, 1297; Thomas/Putzo/*Hüßtege* ZPO § 232 Rn. 6.
56 Zu den Streitwertarten vgl. → A Rn. 189.
57 OLG Düsseldorf NJW 2011, 2979 (Gericht ist an die Angaben der Parteien nicht gebunden).
58 Vgl. eingehend hierzu: *Anders/Gehle/Kunze* Streitwert-Lexikon 1. Abschnitt, Rn. 45 ff.
59 Vgl. näher: *Anders/Gehle/Kunze* Streitwert-Lexikon 1. Abschnitt, Rn. 60 ff.

gegenüber der Geschäftsstelle ausgesprochen werden und meistens prozessleitender Natur sind (vgl. §§ 216 II, 227 II, 273 II, 329 II 1).[60]

Entscheidungen des erkennenden Gerichts werden in Form eines Urteils oder eines Beschlusses getroffen. Es gilt die Grundregel, dass Entscheidungen über den Streitgegenstand nach zwingend vorgeschriebener mündlicher Verhandlung in Form eines Urteils erfolgen, während in allen übrigen Fällen Beschlüsse ergehen. Nach § 128 IV ist eine mündliche Verhandlung grundsätzlich nicht erforderlich, wenn die Entscheidung nicht in Form des Urteils zu ergehen hat. Von diesen Grundsätzen gibt es Ausnahmen. 61

Beispiele:
- § 320 III, § 1063 III (Beschluss).
- Entscheidungen durch Beschluss nach § 91a I (beiderseitige Erledigung), und zwar auch, wenn eine – nicht zwingend vorgeschriebene – mündliche Verhandlung stattgefunden hat.[61]
- Urteile bei durchgeführter mündlicher Verhandlung, die freigestellt ist in den Fällen der §§ 128 II, 331 III, 341 II.

2. Form und Inhalt

In welcher Form Beschlüsse ergehen sollen, hat der Gesetzgeber nicht geregelt. § 329 betrifft nur die Verkündung und Zustellung von Beschlüssen sowie von Verfügungen. Diese Regelung verweist zwar auf einzelne Vorschriften der ZPO über das Urteil; § 313 ist jedoch in § 329 nicht zitiert. Da aber auch der Beschluss auf der Subsumtion eines dargelegten Sachverhalts unter eine Rechtsnorm beruht, werden in der Praxis die Grundregeln des § 313 entsprechend berücksichtigt, soweit sie auf den jeweiligen Beschluss passen.[62] 62

Ein Beschluss kann bzw. muss aus folgenden Teilen bestehen:

Beschluss[a)]
In dem Rechtsstreit/Verfahren
Egon Meyer ./. Franz Müller

hat ...
durch ...
am ...
beschlossen:[b)]

... (Tenor)[c)]

Gründe:[d)]

... (Sachverhalt)

... (Begründung des Ergebnisses)

Unterschrift Unterschrift Unterschrift[e)]

a) Überschrift

Beschlüsse werden als solche überschrieben. 63

Da § 311 I in § 329 nicht zitiert ist, ergehen Beschlüsse auch dann nicht »Im Namen des Volkes«, wenn eine mündliche Verhandlung vorgeschrieben ist.

---

60 S. → Anhang Rn. 1 ff.
61 → P Rn. 11.
62 Vgl. näher Thomas/Putzo/*Reichold* ZPO § 329 Rn. 9 ff.

b) Rubrum

64 Auch bei Beschlüssen wird das Rubrum eingeleitet durch die weitere Überschrift »in dem Rechtsstreit« oder, soweit ein Beschluss außerhalb eines Erkenntnisverfahrens ergeht,

> **Beispiele:** Beschlüsse im Prozesskostenhilfeverfahren, wenn noch kein Rechtsstreit anhängig ist; Beschlüsse im Vollstreckungsverfahren.

durch die Überschrift »In dem Verfahren« oder genauer »In dem Prozesskostenhilfeverfahren«, »In dem Vollstreckungsverfahren« usw.

Im Anschluss daran werden die Parteien bzw. »Verfahrensbeteiligten« angegeben. Grundsätzlich reicht, wie im Ausgangsbeispiel, die Angabe ihrer Namen aus. Bilden die Beschlüsse jedoch die Grundlage eines Vollstreckungstitels und/oder sind sie zuzustellen (§ 329 III), müssen sie ein sogenanntes volles Rubrum im Sinne des § 313 I Nr. 1 enthalten. Denn dann ist nämlich ebenso wie bei Urteilen jede Verwechslung mit anderen Personen zu vermeiden.

Es ist üblich, in den Beschluss die in § 313 I Nr. 2 genannten Angaben sowie den Tag seines Erlasses bzw. den Tag der mündlichen Verhandlung (§ 313 I Nr. 3) aufzunehmen. Dies kann entsprechend dem Urteil im Anschluss an die Bezeichnung der Parteien, wie im Ausgangsbeispiel, geschehen. Ebenso gut können diese Angaben am Ende des Beschlusses erfolgen:

> Gründe:
>
> ...
>
> Landgericht Köln, den ... (= Datum)
> 30. Zivilkammer
>
> Unterschrift (Vorsitzender Richter am LG) — Unterschrift (Richter am LG) — Unterschrift (Richter)

c) Tenor

65 Im Anschluss an das Rubrum wird immer der Tenor eingerückt.

Der Hauptsachentenor ist entsprechend dem Wortlaut des Gesetzes zu formulieren. Er muss in jedem Fall klar und eindeutig sein. Ob ein Beschluss auch eine Kostenentscheidung zu enthalten hat, hängt unter anderem davon ab, ob durch diese Entscheidung erstattungsfähige Kosten (außergerichtliche Kosten und vorschussweise eingezahlte Gerichtskosten) entstanden sind (Beispiel: Beschwerde). Es gibt im Übrigen folgende Grundregeln:[63]

- Es ergeht keine Kostenentscheidung, soweit nach dem Gesetz eine Kostenerstattung unterbleibt.
- Eine Kostenentscheidung ist nur in selbstständigen, nicht in unselbstständigen Beschlussverfahren zu treffen (zB Hinweisbeschluss).
- Eine gesonderte Kostenentscheidung unterbleibt, wenn diese ohnehin Regelungsgegenstand des Beschlusses ist (zB §§ 91a, 269 IV).

63 Vgl. näher *Anders/Gehle* Antrag und Entscheidung Teil B, Rn. 632 ff.

In jedem Fall ist ein Beschluss nicht für vorläufig vollstreckbar zu erklären. Soweit er überhaupt einen vollstreckungsfähigen Inhalt hat, ist er kraft Gesetzes und nicht erst kraft richterlicher Anordnung mit seinem Erlass vollstreckbar (vgl. § 794 I Nr. 2, 3, 4b).

d) Gründe

Im Anschluss an den Tenor muss der Beschluss begründet werden, wenn gegen ihn ein Rechtsmittel statthaft ist.[64] In allen anderen Fällen (zB Hinweisbeschlüsse, Beweisbeschlüsse) ist eine Begründung nicht erforderlich. 66

Welchen Umfang die zwingende Begründung haben muss, hängt vom Einzelfall ab. Bei Beschlüssen iSd § 269 IV reicht uU der Hinweis auf diese Vorschrift aus. In anderen Fällen hingegen, so zB bei Beschlüssen nach § 91a, ist sowohl eine Sachverhaltsdarstellung als auch eine rechtliche Würdigung erforderlich. In jedem Fall wird die Begründung des Beschlusses immer mit »Gründe« überschrieben. Nach dieser Überschrift erfolgt zunächst eine Sachverhaltsdarstellung und im Anschluss daran die rechtliche Würdigung.

Auch bei Beschlüssen muss die Rechtsmittelbelehrungspflicht des § 232 beachtet werden.[65]

e) Unterschriften

Beschlüsse sind von den Mitgliedern des erkennenden Gerichts zu unterzeichnen. § 315 I ist zwar in § 329 nicht ausdrücklich genannt. Dies folgt jedoch schon aus der Bezugnahme in § 329 I 2 auf § 317 II 2. 67

3. Muster eines Hinweis- und Auflagenbeschlusses sowie eines Beweisbeschlusses

Am häufigsten hat der Referendar in der praktischen Ausbildung einen Hinweis- und Auflagenbeschluss oder einen Beweisbeschluss zu erstellen. Diese Beschlüsse sind nicht selbstständig anfechtbar, und durch sie entstehen auch keine gesondert erstattungsfähigen Kosten. Daher enthalten solche Beschlüsse keine Kostenentscheidung, keine Begründung und auch keine Rechtsmittelbelehrung.[66] 68

a) Hinweis- und Auflagenbeschluss

Ein Hinweis- und Auflagenbeschluss ergeht auf der Grundlage der §§ 139, 273 II Nr. 1, 5. Haben die Parteien rechtliche Gesichtspunkte erkennbar übersehen oder für unerheblich gehalten, muss das Gericht vor der Endentscheidung nach § 139 II 1 einen Hinweis geben. Dasselbe gilt nach § 139 II 2 für einen Gesichtspunkt, den das Gericht anders beurteilt als die Parteien. Aufgrund des Gebots des rechtlichen Gehörs kann es erforderlich sein, dass der Hinweis bereits vor der mündlichen Verhandlung in Form eines Hinweisbeschlusses erfolgt. Entsprechendes gilt gem. § 139 I bei Unklarheiten im Sachvortrag oder im Hinblick auf die Beweismittel sowie auf die Anträge. Soweit das Gericht neben einem Hinweis die Parteien auch zur Vornahme bestimmter Handlungen auffordert, spricht man von einem Hinweis- und Auflagenbeschluss. 69

---

64 OLG Köln NJW-RR 1991, 1280; *Schellhammer* Zivilprozess Rn. 936 mwN; Thomas/Putzo/*Reichold* ZPO § 329 Rn. 10.

65 Vgl. näher → Rn. 57.

66 Vgl. → Rn. 57.

Hinweis- und Auflagenbeschluss
In dem Rechtsstreit
Müller ./. Fa. Maler GmbH

(I)

Die Parteien werden auf Folgendes hingewiesen:

(1) Wenn der Geschäftsführer der Beklagten zum Zeitpunkt des Vertragsabschlusses unerkennbar geisteskrank war, kann die Klageforderung unter dem Gesichtspunkt einer ungerechtfertigten Bereicherung gegeben sein.

(2) Der Kläger, der von der Beklagten die übliche Vergütung verlangt, ist darlegungs- und beweispflichtig dafür, dass die Parteien keinen Festpreis, wie es die Beklagte behauptet, vereinbart haben.

(3) Die Beklagte wird darauf hingewiesen, dass ihr Beweisantritt »Zeugnis des Geschäftsführers ...« unzulässig ist. Der Geschäftsführer kann unter den in §§ 445 ff. ZPO genannten weiteren Voraussetzungen nur als Partei vernommen werden.

(II)

Die Parteien mögen im Hinblick auf die Hinweise zu Ziff. (I) ihren Vortrag ergänzen und ordnungsgemäß unter Beweis stellen.

(III)

Frist zur Stellungnahme: 3 Wochen ab Zustellung dieses Beschlusses.

(IV)

Termin zur mündlichen Verhandlung wird bestimmt auf

...

Köln, den ...
Landgericht, 30. Zivilkammer, der Einzelrichter
(Es folgt die Unterschrift des Richters)

b) Beweisbeschluss

70 Der Inhalt eines Beweisbeschlusses ergibt sich aus § 359. Ergänzend zu beachten sind insbesondere die §§ 356, 379.

Der Beweisbeschluss in dem Übungsfall (www.vahlen.de – s. genaue Fundstelle nach dem Literaturverzeichnis) kann wie folgt lauten:

30 O 125/16

Beweisbeschluss
In dem Rechtsstreit
Beck ./. Reich

(I)

Es soll Beweis erhoben werden über folgende Fragen:

(1) Welchen Pauschalpreis haben die Parteien für die Durchführung der Dachdeckerarbeiten durch den Kläger am Haus der Beklagten vereinbart?

(2) Wann hat die Beklagte gegenüber dem Kläger erklärt, die von ihr durchgeführten Dachdeckerarbeiten an ihrem Haus seien in Ordnung?

(3) Wann hat die Beklagte dem Kläger die zweite Rate für die Durchführung der Dachdeckerarbeiten an ihrem Haus gezahlt?

durch Vernehmung folgender Zeugen:

(a) Frau Marianne Beck, zu laden über den Kläger, zu (1) bis (3);

– vom Kläger benannt –

(b) Herrn Georg Fleiß, zu (1);

– vom Kläger benannt –

(c) Herrn Friedrich Reich, zu laden über die Beklagte, zu (1) bis (3);

– von der Beklagten benannt

(II)

Dem Kläger wird aufgegeben, die ladungsfähige Anschrift des Zeugen Fleiß anzugeben.[67]

(III)

Die Ladung der Zeugen wird außerdem davon abhängig gemacht, dass die Parteien für jeden von ihnen benannten Zeugen einen Auslagenvorschuss[68] von 100 EUR bei der Gerichtskasse Köln einzahlen oder entsprechende Zeugengebührenverzichtserklärungen beibringen.

(IV)

Frist zur Erfüllung der Auflagen: 3 Wochen ab Zugang dieses Beschlusses.

(V)

Termin zur mündlichen Verhandlung und Durchführung der Beweisaufnahme wird bestimmt auf

den 04.08.2016, 10.00 Uhr, Saal ...

Köln, den ...
Landgericht, 30. Zivilkammer
(Es folgen die Unterschriften der Richter)

III. Übungsfall

Zu der im Internet abgedruckten Übungsakte und dem Gutachten aus Richtersicht findet sich unter unserer Internetadresse www.vahlen.de (s. genaue Fundstelle im Literaturverzeichnis) auch ein Urteilsentwurf. 71

67 Hier wird unterstellt, dass der Kläger – anders als im Übungsfall – die Adresse nicht angegeben hat.

68 Vgl. § 379 S. 1.

C. Die Examensklausur aus dem Tätigkeitsbereich eines Zivilgerichts

I. Allgemeines

1 In allen Ländern werden Examensklausuren geschrieben. Als zivilrechtliche Klausuren werden unter anderem praktische Aufgaben aus dem Tätigkeitsbereich eines Zivilgerichts (Erkenntnisverfahren oder Vollstreckungsverfahren) gestellt. Dabei kann die Aufgabe darin bestehen, dass Urteile oder zu begründende Beschlüsse, wie zB ein Beschluss nach § 91a, verfasst werden müssen. Es kann aber auch ein Gutachten – ein einschichtiges Gutachten ohne Stationen oder ein relationsmäßiges Gutachten – verlangt werden.

II. Besonderheiten bei Urteils- oder Beschlussklausuren

1. Inhalt und Form

2 Der *Inhalt eines Urteils* ist bereits ausführlich besprochen worden.[1] Seine Bestandteile ergeben sich zwingend aus dem Gesetz, nämlich aus § 313, sodass es einer näheren Beschreibung in den gesetzlichen Bestimmungen zur Juristenausbildung, den Weisungen oder den Bearbeitervermerken nicht bedarf. Wird ein *Beschluss nach § 91a* verlangt, gilt § 313 entsprechend, wobei allerdings die Grundsätze des § 91a I zu berücksichtigen sind.[2] In ähnlicher Weise ist auch bei anderen Beschlüssen zu verfahren.[3] In der Regel wird sich dabei aus den gesetzlichen Bestimmungen zur Juristenausbildung, den Weisungen oder den Bearbeitervermerken ergeben, wann eine Sachverhaltsdarstellung und eine Begründung niederzuschreiben sind. Dann aber sollte man sie in der Form, auch wenn dies nicht zwingend vorgeschrieben ist, an § 313 orientieren.

2. Praktische Hinweise

3 Die Erstellung von Klausuren[4] steht immer unter einem gewissen Zeitdruck. Der Referendar muss während des Vorbereitungsdienstes lernen, seine Zeit richtig einzuteilen und sich auf die wesentlichen Punkte zu konzentrieren. Überflüssige Ausführungen, dh Ausführungen, die nicht von der Fragestellung umfasst sind, kosten nur Zeit und werden nicht honoriert. Erfahrungsgemäß bereitet die richtige Zeiteinteilung insbesondere einem Anfänger erhebliche Schwierigkeiten. Mangels praktischer Erfahrung ver(sch)wendet er viel Zeit auf den Sachverhalt. Diese Arbeit ist zwar sehr wichtig, und es ist auch äußerste Sorgfalt geboten. Der Schwerpunkt liegt jedoch in der Erarbeitung der richtigen Lösung. Für die Erarbeitung und Niederschrift des Sachverhalts sollten daher in der Regel nicht mehr als 1 bis 1 ½ Stunden verwendet werden. Grundsätzlich reicht die Zeit nicht aus, um einen vollständigen Aktenauszug zu fertigen. Nach dem ersten Lesen des Klausurtextes sollte man sich daher beim zweiten

---

1 Vgl. → B Rn. 1–59.
2 Vgl. → P Rn. 11 ff.
3 Zur Form von Beschlüssen allg. vgl. → B Rn. 62 ff.
4 Vgl. auch *Schafraneck* JA 2016, 765.

Durchlesen eine Zeittabelle mit kurzen Notizen zum unstreitigen Sachverhalt machen und das Streitige im Text selbst kennzeichnen. Ferner kann man durch eine andersartige Kennzeichnung im Text die Rechtsansichten herausfiltern.

Beim zweiten oder evtl. beim dritten Durchlesen kann auch sofort das Rubrum erstellt werden. Dabei ist daran zu denken, dass nachträglich noch der Tenor einzufügen ist. Für diesen muss Platz gelassen werden. 4

Im Anschluss daran empfiehlt es sich, jedenfalls im Regelfall, den Tatbestand sofort niederzuschreiben, und zwar, bevor die rechtliche Lösung überlegt, aber noch nicht endgültig erarbeitet ist. Dabei wird nicht verkannt, dass eine Wechselbeziehung zwischen der rechtlichen Beurteilung und der Sachverhaltserfassung besteht, sodass sich der Tatbestand nach der Erarbeitung der rechtlichen Lösung ändern kann; gleichwohl halten wir aus praktischen Erwägungen an der dargestellten Empfehlung für die Examensklausur fest. Beim sofortigen Niederschreiben des Tatbestandes muss man gegebenenfalls einzelne Punkte, auf die es bei der Entscheidung nicht ankommt, später wieder streichen. Diese Nachteile sollten jedoch in Kauf genommen werden, da man auf diese Weise schon nach kurzer Zeit das Rubrum und den Tatbestand »stehen hat« und sich auf das Wesentliche konzentrieren kann. Abgesehen davon, dass dieses »Erfolgserlebnis« beruhigt, stellt ein solches Vorgehen auch ein rationelles Arbeiten dar, weil man erfahrungsgemäß beim Niederschreiben des Tatbestandes sich weitere Gedanken über die rechtliche Lösung machen kann. Im Übrigen enthalten die Klausurtexte nach unseren Erfahrungen im Wesentlichen fast nur für die Lösung relevante Angaben. Daher wird jedenfalls in der Regel nur selten eine Kürzung erforderlich werden. Eine andere Vorgehensweise, nämlich zuerst die endgültige Erarbeitung der rechtlichen Lösung, kann geboten sein, wenn sehr viele Tatsachen streitig sind. 5

Nach dem Niederschreiben des Tatbestandes ist die rechtliche Lösung vollständig zu durchdenken. Wenn die Entscheidung nach Abfassung eines Teils der Entscheidungsgründe geändert wird, müssen diese neu geschrieben werden – dies ist eine Folge des Urteilsstils. Dafür reicht die Zeit jedoch in aller Regel nicht aus. Deshalb muss vor dem Niederschreiben der Entscheidungsgründe die Lösung »stehen«. Am besten wird die Lösung stichwortartig gutachterlich – zu streitigen Sachverhaltsteilen relationsmäßig – skizziert. Das hat den Vorteil, dass auf der Grundlage dieser Skizzen die Niederschrift einfacher im Urteilsstil zu fassen ist und darüber hinaus durch die gutachterliche Denkweise vermieden wird, dass man einzelne Punkte übersieht. 6

Danach sollte der Tenor eingesetzt werden. Der Tenor ist die Grundlage der Vollstreckung. Ist er ungenau oder unrichtig, kann es in diesem Bereich Schwierigkeiten geben. Im Einzelfall ist die Vollstreckung sogar unmöglich und damit das Urteil unbrauchbar. Daher stehen manche Prüfer auf dem Standpunkt, dass bei einem nicht vollstreckbaren Tenor die gesamte Klausur mangelhaft oder ungenügend ist. Wird der Tenor erst zum Schluss niedergeschrieben, kommt es aber erfahrungsgemäß häufig zu Fehlern, die auf Zeitnot zurückzuführen sind. Dies kann vermieden werden, wenn der Tenor vor Abfassung der Entscheidungsgründe niedergeschrieben wird. 7

Bei den Entscheidungsgründen ist zunächst das Gesamtergebnis festzuhalten. Im Anschluss daran sind alle entscheidungserheblichen Umstände im Urteilsstil niederzuschreiben. Passagen, die schwierige rechtliche oder tatsächliche Ausführungen enthalten müssen, sollten zunächst, soweit die Zeit reicht, im Gutachtenstil (stichwortartig) notiert und dann in Reinschrift in den Urteilsstil umgesetzt werden. Nicht zu 8 vergessen sind die Zinsforderungen und die sonstigen Nebenansprüche – die kurz zu begründen sind – und die prozessualen Nebenentscheidungen.

9 Der Klausurtext enthält grundsätzlich im Bearbeitervermerk eine Klausel, nach der ein *Hilfsgutachten* erstellt werden muss, wenn der Bearbeiter die Klage für unzulässig oder eine durchgeführte Beweisaufnahme für überflüssig hält. Eine solche Lösung sollte man sich reiflich überlegen. Der Verfasser des Klausurtextes wird sie grundsätzlich nicht im Auge gehabt haben, kann sich allerdings – ausnahmsweise! – auch einmal irren oder es sind mehrere Lösungen vertretbar. Im Falle der Unzulässigkeit der Klage enthält ein Hilfsgutachten, das als solches auch überschrieben wird, Ausführungen zur Begründetheit. Enthält der Aufgabentext eine Beweisaufnahme und wird die Notwendigkeit der durchgeführten Beweisaufnahme verneint, ist der Standpunkt aufzuzeigen, nach dem die Beweisaufnahme nicht überflüssig war. Im Anschluss daran sind die erhobenen Beweise unter Berücksichtigung des § 286 I 2 zu würdigen. Soweit im Bearbeitervermerk nichts Gegenteiliges aufgeführt ist, sollte nach unserer Auffassung jedenfalls bei den Klausuren ein Hilfsgutachten nur gefertigt werden, wenn die Beweisaufnahme *insgesamt* überflüssig ist. Werden nur einzelne Punkte für nicht beweiserheblich gehalten, kann der Kandidat im Hinblick auf die anderen Punkte seine Fähigkeiten, Beweise zu würdigen, zeigen. Dann bedarf es nach unserer Auffassung keines Hilfsgutachtens, es sei denn, nach dem Bearbeitervermerk ist auch dann ein solches vorgeschrieben.

III. Besonderheiten bei Gutachtenklausuren

1. Inhalt und Form

a) Allgemeines

10 Bei einer zivilrechtlichen Klausur kann die Aufgabe darin bestehen, ein »relationsmäßiges Gutachten« oder ein (einschichtiges) »Gutachten« zu erstellen.

In beiden Fällen sollte der Kandidat grundsätzlich den *Gutachtenstil* beachten.[5] Die Nichtbeachtung wird in der Regel als Fehler gewertet. Ein *Literaturverzeichnis* ist entbehrlich, da ohnehin nur die zugelassenen Kommentare benutzt werden dürfen, deren Auflagen, soweit der Bearbeitervermerk dies vorsieht, am Ende der Klausur anzugeben sind.

b) Relationsmäßiges Gutachten

11 Bei einem relationsmäßigen Gutachten sind die in Betracht kommenden *Stationen* niederzuschreiben. Es gelten die bereits dargestellten Grundsätze.[6] Das Gutachten sollte mit einem Vorschlag beginnen. Eine Auslegungsstation[7], sonstige Vorfragen[8] und eine Zulässigkeitsstation[9] sind nur erforderlich, wenn sich hier Probleme ergeben. Ansonsten beginnt das Gutachten nach dem Vorschlag sofort mit der Schlüssig-

5 Vgl. → A Rn. 76.
6 Vgl. im Einzelnen → A Rn. 74 ff. und Übungsfall unter www.vahlen.de, s. genaue Fundstelle nach dem Literaturverzeichnis.
7 Vgl. → A Rn. 77 und → B Rn. 50.
8 Vgl. → A Rn. 78 f. und → B Rn. 50.
9 Vgl. → A Rn. 80 ff. und → B Rn. 51.

keit (Klägerstation) im Rahmen der Begründetheit.[10] Die Erheblichkeit (Beklagtenstation) schließt sich nur an, wenn das Klägervorbringen ganz oder teilweise schlüssig ist.[11] Je nach Ergebnis in der Beklagtenstation, dh bei Erheblichkeit des Beklagtenvorbringens, ist eine Beweisstation erforderlich.[12] Die letzte Station ist immer die Tenorierungsstation oder die Entscheidungsstation.[13] Wenn der Rechtsstreit *entscheidungsreif* ist, endet das Gutachten mit der Tenorierungsstation und diese üblicherweise mit dem Tenorierungsvorschlag.[14] Soweit allerdings in den Weisungen oder Bearbeitervermerken der Tenorierungsvorschlag ausdrücklich neben dem Gutachten verlangt wird, ist er nicht Bestandteil des Gutachtens, vielmehr wird er dann in einem gesonderten Abschnitt dargestellt.

Ist die Sache *nicht entscheidungsreif*, endet die dann zu fertigende Entscheidungssta- **12**
tion als letzte Station des Gutachtens mit einem zusammenfassenden Vorschlag zum weiteren prozessualen Vorgehen. Demgegenüber liegt Examensarbeiten, die ein gerichtliches Verfahren zum Gegenstand haben, häufig ein entscheidungs*reifer* Aktenfall zugrunde. Das Prüfungsamt erreicht in jedem Fall eine Entscheidungsreife durch eine Fiktion in den Weisungen oder Bearbeitervermerken, wonach zu unterstellen ist, dass ein erforderlicher Hinweis erteilt bzw. eine erforderliche Beweisaufnahme durchgeführt wurde; der Examenskandidat hat dann in der Regel ein bestimmtes, zum Teil näher beschriebenes Ergebnis zu unterstellen.[15] In einem solchen Fall endet die Klausur immer mit einem Urteil. Eine Entscheidungsreife ist hingegen bei einer Klausur nicht zwingend. Grundsätzlich kann auch bei einer Gutachtenklausur, ebenso wie bei Aktenfällen in der praktischen Ausbildung, je nach Verfahrenssituation ein Beweisbeschluss, ein Hinweis- oder Auflagenbeschluss bzw. eine andere sachdienliche Entscheidung des Gerichts, wie zB ein Prozesskostenhilfebeschluss, vorzuschlagen sein.

Fomulierungsbeispiele für den zusammenfassenden Vorschlag:
Daher ist über die Frage, ... Beweis zu erheben, und zwar durch Vernehmung ... als Zeugen.

(oder:)

Daher ist der Kläger darauf hinzuweisen, dass ...

Ob neben dem relationsmäßigen Gutachten weitere Leistungen von dem Kandidaten erwartet werden, wie zB der Sachverhalt, ein Hinweisbeschluss, Beweisbeschluss oder Urteilsentwurf (oder Teile hiervon), hängt letztlich von der Aufgabenstellung ab. Diese kann sich aus Bestimmungen zur Juristenausbildung, den Weisungen oder den Bearbeitervermerken ergeben. Die zusätzlichen Leistungen sind nicht integraler Bestandteil des Gutachtens, sondern sind in einem gesonderten Gliederungspunkt darzustellen.

10 Vgl. → A Rn. 89 ff. und 129 (Replik).
11 Zur Beklagtenstation vgl. → A Rn. 115 ff. und 130 (Duplik).
12 Vgl. → A Rn. 131 ff.
13 Vgl. → A Rn. 163, 164.
14 Vgl. → A Rn. 163: »Ich schlage daher folgenden Tenor vor: ... (es folgt der Tenorierungsvorschlag).«
15 **Beispiel für amtliche Weisungen:** Hält ein Kandidat einen richterlichen Hinweis oder die Durchführung einer (weiteren) Beweisaufnahme für erforderlich, so ist zu unterstellen, dass die erforderlichen Maßnahmen erfolgt sind und zu keinem (anderen) Ergebnis geführt haben.

c) Einschichtiges Gutachten

13 Lautet die Aufgabe »Erstellung eines Gutachtens«, wird keine Relation, dh eine Aufteilung nach Stationen, erwartet, sondern ein einschichtiges Gutachten ohne Stationen, wie es üblicherweise während des Studiums und in der ersten juristischen Staatsprüfung gefertigt wird. Diese Aufgabenstellung ist denkbar, wenn der Sachverhalt unstreitig oder jedenfalls im Wesentlichen unstreitig ist. Soweit einzelne Tatsachen streitig sind, muss dies bei dem betreffenden Tatbestandsmerkmal berücksichtigt werden; für diese Punkte muss eine relationsmäßige Darstellung erfolgen.

> **Beispiel:** Es geht um einen Schadensersatzanspruch wegen Zerstörung eines Pkws. Streitig ist nur der Wiederbeschaffungswert.
>
> ... Also hat der Beklagte dem Kläger den Schaden zu ersetzen, der durch die Zerstörung der Sache entstanden ist. Art und Umfang des Schadensersatzes richten sich nach §§ 249 ff. BGB. Eine Herstellung des ursprünglichen Zustandes ist nicht möglich. Daher hat der Beklagte nach § 251 I BGB den Kläger in Geld zu entschädigen, dh ...
> Dabei kommt es auf den Wiederbeschaffungswert an ...
> Nach dem Vortrag des Klägers beträgt dieser ... Dementsprechend müsste der Beklagte Schadensersatz in Höhe von ... leisten. Nach dem Vortrag des Beklagten dagegen ...
> Daher ist entscheidend, welcher Vortrag der Entscheidung zugrunde gelegt ist. Der Vortrag des Klägers könnte durch die durchgeführte Beweisaufnahme bewiesen sein ...

Im Übrigen gelten für das einschichtige Gutachten dieselben Grundsätze, wie sie für das relationsmäßige Gutachten und die eventuell zusätzlich geforderten Leistungen dargestellt worden sind. Insbesondere kann auch ein einschichtiges Gutachten mit einem Vorschlag beginnen und mit einem Tenorierungsvorschlag (bei Entscheidungsreife) oder einem zusammenfassenden Vorschlag enden. Man sollte hier nicht von »Klägerstation« und »Beklagtenstation«, sondern von »Schlüssigkeit« und »Erheblichkeit« des jeweiligen Vortrags sprechen.

2. Praktische Hinweise

14 Die für Urteils- und Beschlussklausuren dargestellten praktischen Hinweise gelten für die Gutachtenklausuren entsprechend. Unabhängig von der Frage, ob eine Sachverhaltsdarstellung als schriftliche Leistung gefordert wird, muss zunächst der Sachverhalt erarbeitet werden. In jedem Fall sollte er, wie bereits empfohlen, beim zweiten oder dritten Durchlesen des Aufgabentextes stichwortartig oder – soweit es als Prüfungsleistung verlangt wird – ausformuliert niedergeschrieben werden.

15 Sobald das Ergebnis feststeht, sollte am Anfang des Gutachtens auf dem eventuell dafür freigehaltenen Platz der Vorschlag festgehalten werden. Anders als bei den Urteilsklausuren muss das Ergebnis zu Beginn des Gutachtens noch nicht feststehen. Es besteht deshalb eine besondere Gefahr, dass der Vorschlag vergessen wird.

16 Die Gutachtenklausur kann im Einzelfall umfänglicher sein als die Urteilsklausur. Deshalb ist die richtige Zeiteinteilung hier noch wichtiger. Wegen des Vorteils, dass das Ergebnis zu Beginn des Gutachtens noch nicht feststehen muss, sollte man möglichst schnell mit dem Niederschreiben des Gutachtens beginnen. Allerdings halten wir auch bei den Gutachtenklausuren eine Lösungsskizze mit den wesentlichen Gedankenschritten grundsätzlich für erforderlich, damit diese stringent dargestellt werden können.

D. Besonderheiten beim Gutachten aus Anwaltssicht

I. Allgemeine Anforderungen an eine Anwaltsklausur

In vielen Bundesländern können die Examensklausuren auch aus dem Tätigkeitsbereich 1 eines Anwaltes gestellt werden. Dieser Tätigkeitsbereich ist vielfältiger Natur; er umfasst zB die Erstellung von Gutachten, Vermerken, Gesprächsnotizen, Schriftsätzen an Gerichte oder Behörden, Schreiben an den Mandanten oder Schreiben an den Prozessgegner. Möglich sind auch sogenannte Kautelarklausuren, bei denen der Schwerpunkt in der Erstellung eines Vertragstextes oder in der Ausübung von Gestaltungsrechten bestehen kann. Welche einzelne Leistung von den Kandidaten verlangt wird, ergibt sich jeweils aus dem Aufgabentext, den Weisungen und/oder dem Bearbeitervermerk. Da die Chancengleichheit zu wahren ist und die Examensleistungen der Kandidaten überprüfbar sein müssen, werden im Examen in der Regel ein *Gutachten* sowie eine *Sachverhaltsdarstellung* und evtl. zusätzlich *Mandantenschreiben, Schriftsätze* oder ein *Vertragstext* verlangt. Das ergibt sich aus Folgendem: Zwar wird ein Rechtsanwalt in der Praxis in vielen Fällen kein Gutachten niederschreiben; er muss jedoch vor jedem Tätigwerden die Sach- und Rechtslage vollständig überprüfen, um seinem Mandanten einen optimalen Rat zu erteilen und ihn optimal zu vertreten. Aus Zweckmäßigkeitsgründen, insbesondere aus taktischen Erwägungen, wird er aber meist nicht zu allen Punkten in Schriftsätzen Stellung nehmen. Das gilt insbesondere für seine rechtlichen Überlegungen, sodass allein mit einem Schriftsatz an das Gericht die Gedankengänge des Examenskandidaten nicht oder nicht vollständig überprüft werden können. Entsprechendes gilt für ein Mandantenschreiben, soweit der Mandant juristisch nicht vorgebildet ist. Dann kann er die rechtlichen Überlegungen seines Anwalts nicht in allen Einzelheiten erfassen. Deshalb wird der Anwalt auch in Mandantenschreiben seine Gedankengänge nicht vollständig niederlegen, sondern sich auf das Ergebnis und eine verkürzte Begründung beschränken; dabei muss er zudem Formulierungen wählen, die auch ein juristischer Laie verstehen kann. Entsprechend werden die rechtlichen Überlegungen viel weitgehender sein als der dann zu entwerfende Vertragstext. Wird im Examen aber ein schriftliches Gutachten verlangt, können alle für den Anwalt notwendigen Gedankenschritte nachvollzogen und es kann überprüft werden, ob der Kandidat die Fähigkeit zur sachgerechten Bearbeitung einer praktischen Aufgabe in tatsächlicher, rechtlicher und verfahrensmäßiger Hinsicht besitzt. Soweit zusätzlich ein Schriftsatz, ein Schreiben an den Mandanten oder ein Vertrag zu erstellen ist, kann der Kandidat sein praktisches Geschick und sein Einfühlungsvermögen unter Beweis stellen.

Der Anwalt darf sich, anders als der Richter, nicht auf die Überprüfung der Sach- und 2 Rechtslage beschränken. Vielmehr muss er genau klären, welches Ziel der Mandant vernünftigerweise verfolgen kann. Außerdem muss er *Zweckmäßigkeitserwägungen* anstellen, dh taktische Überlegungen zu dem für seinen Mandanten wirtschaftlichsten, insbesondere kostengünstigsten Vorgehen. So kommt es möglicherweise in erster Linie darauf an, dass schnell ein Titel erlangt wird, weil die Insolvenz des Gegners droht. Dann ist uU ein Mahnverfahren oder ein Urkundsverfahren anzuraten. Wichtig ist es auch, immer vor Augen zu haben, dass der Mandant nicht zu stark mit Kosten belastet wird. Bei der Frage, welche taktischen Überlegungen sinnvoll sind, kommt es auf die einzelne Situation und die besondere Interessenlage des Mandanten an. Die möglichen Zweckmäßigkeitserwägungen können daher in diesem Buch nicht vollständig dargestellt werden. In allen nachfolgenden Abschnitten des Besonderen Teils werden aber weitere Beispiele zu den jeweiligen Themenkomplexen aufgezeigt. Die richtige Einschätzung des zweckmäßigen Vorgehens erfordert viel Kreativität, die allerdings nur dann entfaltet werden kann, wenn der Kandidat das Prozessrecht und das materielle Recht erfasst hat und wirtschaftlich sowie sozial denkt. Außerdem muss er willens und in der Lage sein, die Wünsche und Ziele der Mandanten herauszuarbeiten.

II. Begutachtung

1. Ausgangspunkt

3 In einzelnen Bundesländern werden in Klausuren »(relationsmäßige) Gutachten« aus Anwaltssicht[1] verlangt. Wie schon dargelegt,[2] muss der Anwalt einen Fall relationsmäßig durchdenken, wenn sich sein Mandant auf eine andere Sachverhaltsdarstellung als der Prozessgegner beruft. Nur dann kann er den voraussichtlichen Prozessausgang einschätzen und sich Klarheit darüber verschaffen, zu welchen Fragen er vortragen und Beweismittel anbieten muss – Fragen der Darlegungs- und Beweislast[3] –, über welche Punkte das Gericht voraussichtlich Beweis erheben wird und welche Fragen er vorher abklären muss. Das Gutachten (Relation) aus Anwaltssicht ist von der Grundstruktur identisch mit der Begutachtung (Relation) aus Richtersicht, sodass die Ausführungen in Abschnitt A weitgehend gelten. Daher werden sich die nachfolgenden Ausführungen darauf beschränken, die Besonderheiten einer gutachterlichen (relationsmäßigen) Anwaltsklausur herauszustellen.

2. Einzelne Denkschritte[4]

4 Bei einem gutachterlichen (relationsmäßigen) Durchdenken muss sich der Anwalt wie jeder andere Jurist zunächst über den Sachverhalt im Klaren sein und feststellen, welche Tatsachen streitig sind. Es schließt sich eine Rechtsprüfung auf der Grundlage des Klägervortrages an. Vertritt der Anwalt den Beklagten und kommt er bereits zur Unschlüssigkeit des Klägervorbringens, hat er sich im Rahmen der dann folgenden Zweckmäßigkeitserwägungen lediglich mit der Frage auseinanderzusetzen, was er aus Gründen äußerster Vorsicht vortragen und inwieweit er Rechtsansichten darstellen soll. Ggf. sind hier außerdem prozessuale Erwägungen erforderlich. Bei Schlüssigkeit des Klägervorbringens muss der Anwalt die Rechtslage auf der Grundlage des Beklagtenvorbringens überprüfen. Kommt er zur Unerheblichkeit, besteht seine Aufgabe darin, dem Beklagten, seinem Mandanten, im Rahmen der Zweckmäßigkeitserwägungen kostengünstige Lösungen, so zB ein Anerkenntnis oder die sofortige Zahlung, anzuraten. Kommt er hingegen zur Erheblichkeit, muss er weiter überlegen, ob Anhaltspunkte dafür bestehen, aufgrund welchen Sachverhalts das Gericht voraussichtlich entscheiden wird. Dabei muss er eine *Beweisprognose* vornehmen, die bei durchgeführter Beweisaufnahme eine Beweiswürdigung einschließt.[5]

5 Das nachfolgende Schaubild soll die vorstehenden Überlegungen zur Begutachtung aus Anwaltssicht näher verdeutlichen.

---

1 Vgl. hierzu auch *Grüneberg/Manteufel* JuS 1996, 55; vgl. auch von *v. Katte/Danfa* JA 2016, 847 und 932 (zu den Zweckmäßigkeitserwägungen aus Klägersicht).

2 Vgl. → A Rn. 4 f.

3 Vgl. hierzu → A Rn. 34, 101, 104, 122, → F Rn. 134.

4 Vgl. → A Rn. 4 f., insbes. Schaubild aus Richtersicht.

5 Vgl. näher → Rn. 5 (Schaubild).

Schaubild Rechtsanwaltssicht/Mandant = Beklagter

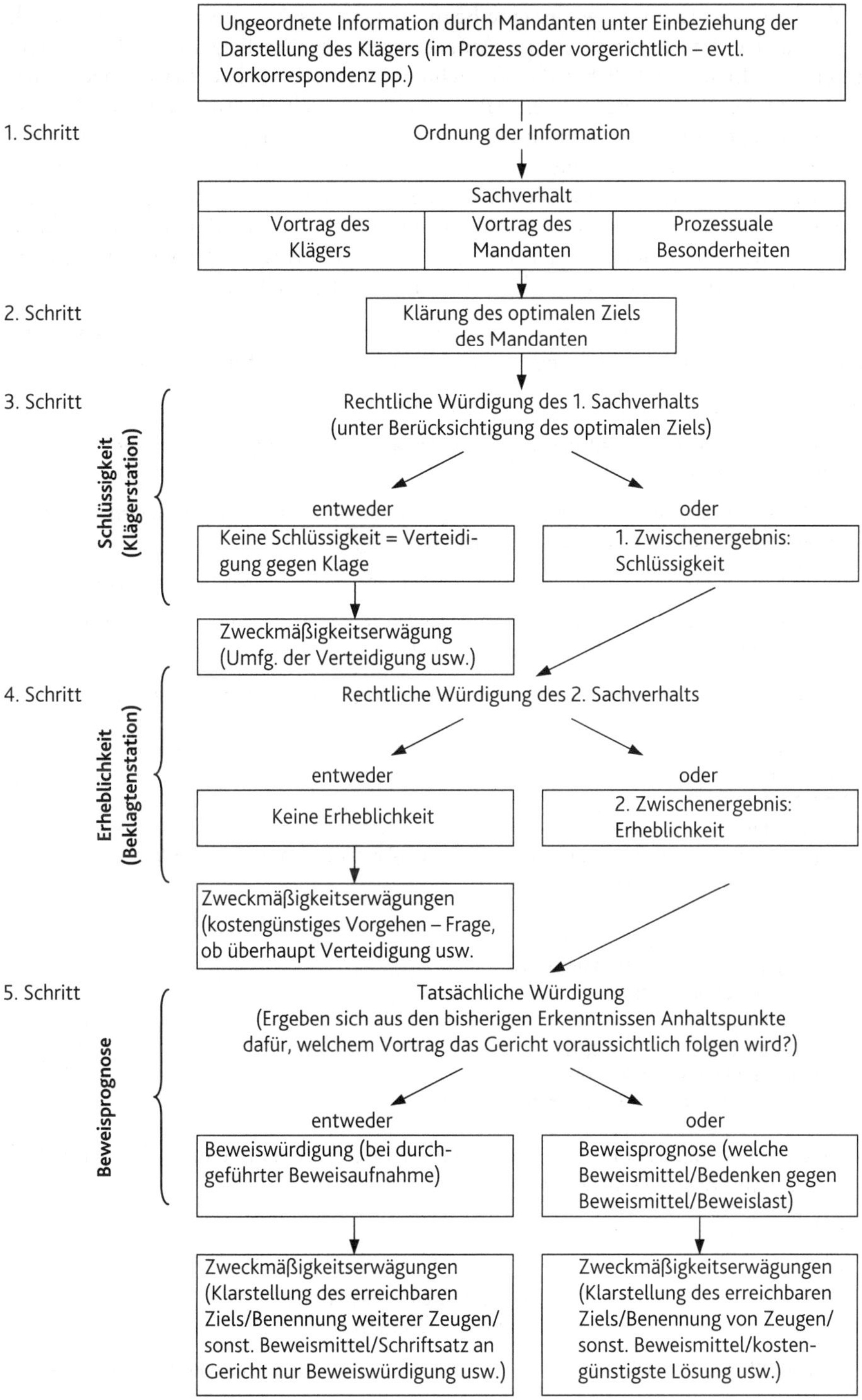

3. Aufbau

6 Der Aufbau einer Klausur, bei der eine Begutachtung aus Anwaltssicht verlangt wird, hängt von der Aufgabenstellung im Aufgabentext oder im beigefügten Bearbeitervermerk ab. In jedem Fall hat das Gutachten neben rechtlichen Erwägungen auch Zweckmäßigkeitserwägungen zu enthalten, zu denen auch die Ausübung von Gestaltungsrechten gehört, da ein Anwalt nach umfassender Prüfung der Sach- und Rechtslage aufgrund der verschiedenen Sachvorträge seinem Mandanten das sinnvollste Vorgehen anraten und dabei auch verschiedene Möglichkeiten aufzeigen muss. Ob zusätzliche Leistungen, wie eine Sachverhaltsdarstellung, ein Mandantenschreiben, ein Schriftsatz an das Gericht oder der Entwurf eines Vertragstextes von dem Kandidaten erwartet werden, hängt von der weiteren Aufgabenstellung ab.

Derzeit kann bei Anwaltsklausuren, die eine Beratung des Beklagten zum Gegenstand haben, die Aufgabenstellung im Bearbeitervermerk wie folgt lauten:

> Die Angelegenheit ist (relationsmäßig) zu begutachten.
>
> Das Gutachten soll auch Überlegungen zur Zweckmäßigkeit des Vorgehens enthalten. Es soll mit einem zusammenfassenden Vorschlag enden.
>
> Dem Gutachten ist eine Sachverhaltsschilderung voranzustellen, die den Anforderungen des § 313 II ZPO entspricht und der Verfahrenssituation Rechnung trägt.
>
> Werden Anträge an ein Gericht empfohlen, so sind diese am Ende des Gutachtens auszuformulieren.
>
> Sollte eine Frage für beweiserheblich gehalten werden, so ist eine Prognose zu der Beweislage (zB Beweislast, Qualität der Beweismittel etc.) zu erstellen.

7 Bei einer derartigen Aufgabenstellung kann sich folgender Aufbau ergeben:

A. Sachverhalt
B. Gutachten
  Vorschlag
  I. Stationen
    (1. Auslegungsstation bzw. Klärung des Ziels der Mandanten oder andere Vorfragen)
    (2. Zulässigkeit der Klage)
    3. Begründetheit der Klage
      a) Schlüssigkeit (Klägerstation)
      b) Erheblichkeit (Beklagtenstation)
      c) Beweisprognose
    4. Ergebnis
  II. Zweckmäßigkeitserwägungen
  III. Gesamtergebnis (und Anträge)
C. Mandantenschreiben/Schriftsatz an das Gericht

Der Sachverhaltsdarstellung kann ein Beiblatt oder jedenfalls eine Passage mit folgendem Inhalt vorangestellt werden.

> Rechtsanwalt …
>
> Köln, den …
>
> In dem Rechtsstreit (In der Sache)
> Meier ./. Schmitz
>
> – vertr. durch Rechtsanwalt … – — vertr. durch Rechtsanwalt … –
>
> LG Köln – 25 O 313/16 –

Der vorstehende Aufbau ist nur beispielhaft, da die Aufgabenstellung bei jeder Klausur anders lauten kann und der Aufbau dann entsprechend angepasst werden muss. Im Übrigen sind – wie auch bei einem Gutachten aus Richtersicht[6] – die Auslegungsstation, sonstige Vorfragen und die Zulässigkeitsstation, nur darzustellen, wenn sich hier Probleme ergeben. 8

In der Regel wird keine Relation, sondern nur ein Gutachten verlangt. Dann ist die Sach- und Rechtslage einschichtig zu überprüfen. Eine Aufteilung nach Stationen erfolgt nicht. Soweit einzelne Tatsachen streitig sind, wird eine Sachverhaltsauswertung und eine rechtliche Bewertung nach den unterschiedlichen Vorträgen im Zusammenhang mit dem betreffenden Tatbestandsmerkmal vorgenommen. Dann gilt das Vorstehende entsprechend.

Formulierungsbeispiel:
Der Werklohnanspruch ist nur fällig, wenn eine Abnahme erfolgt ist. Nach dem Klägervortrag hat der Beklagte am … bei dem Treffen auf der Baustelle erklärt, dass er mit dem Bauwerk zufrieden sei. In dieser Erklärung ist eine Abnahme zu sehen, sodass nach dem Klägervortrag von der Fälligkeit auszugehen ist. Der Mandant hingegen bestreitet, am … eine solche Erklärung abgegeben zu haben, sodass bei diesem Treffen eine Abnahme nicht erfolgt ist. Jedoch könnte er konkludent die Abnahme erklärt haben, als er mit seiner Familie am …, wie er darstellt, in das Haus eingezogen ist. Dann müsste er mit dieser Handlung zum Ausdruck gebracht haben, das Werk im Wesentlichen als vertragsgemäß anzuerkennen …

Im Einzelfall ist ein Prozess (noch) nicht anhängig und die Aufgabenstellung umfasst die Prüfung, ob Klage erhoben werden oder ein anderes Vorgehen, so zB Zahlung, außergerichtliche Einigung pp., empfohlen werden soll. Dann kann es erforderlich werden, die Position des Gegners einschließlich der unterschiedlichen Sachverhalte aus der Vorkorrespondenz oder den Erklärungen des Mandanten abzuleiten. Für den Aufbau des Gutachtens gilt das Vorstehende entsprechend.

4. Erarbeitung des Sachverhalts

Dem Anwalt stehen als Grundlage für die Erarbeitung des Sachverhalts die Angaben seines Mandanten, die bei Klausuren in der Regel in einem Aktenvermerk festgehalten sind, und die ihm übergebenen bzw. von ihm verschafften Unterlagen zur Verfügung, so Schriftsätze des Prozessgegners oder seines Mandanten, Schreiben des Gerichts, Vertragsurkunden, vorgerichtliche Korrespondenz, sonstige Kopien aus den Prozessakten oder Beiakten (Protokolle über mündliche Verhandlungen, Beweisaufnahme pp.), schriftliche Sachverständigengutachten oder ähnliches. Der Anwalt muss aufgrund dieser Unterlagen in derselben Weise wie der Richter[7] den Sachverhalt erarbeiten. Dabei sind seine Erkenntnisquellen möglicherweise umfangreicher als die des Gerichts, so zB, wenn ihm Unterlagen vorliegen, die der Gegner nicht zum Gegenstand seines Vortrages gemacht hat. Für den Examenskandidaten bedeutet dies, dass er sich aus allen ihm zugänglichen Quellen einen Aktenauszug fertigen, sodann das Streitige vom Unstreitigen sowie die Ansichten von den Tatsachen trennen, den unstreitigen Sachverhalt grundsätzlich historisch ordnen, die entscheidungserhebliche Prozessgeschichte festhalten und darüber hinaus – soweit ein Prozess bereits anhängig ist – kenntlich machen sollte, welche Tatsachen bisher nicht bei Gericht vorgetragen 9

6 Vgl. → A Rn. 77 ff. (Auslegungsstation/sonstige Vorfragen), → A Rn. 80 ff. (Zulässigkeitsstation).
7 Vgl. → A Rn. 8.

worden sind. Im Rahmen der Zweckmäßigkeitsüberlegungen ist nämlich auch die Frage zu behandeln, welche Tatsachen vorzutragen sind. In *Form und Sprache* wird der Sachverhalt bei Anwaltsklausuren im Wesentlichen wie der Tatbestand eines Urteils (§ 313 II) dargestellt.[8] Er sollte mit »Sachverhalt« überschrieben werden. *Blattzahlen*[9] *sind nur zu vermerken, soweit dies im Bearbeitervermerk gefordert wird.*

10 Ist schon Klage erhoben worden, kann der Kandidat von Kläger und Beklagtem sprechen, wobei er bei der erstmaligen Benennung des Mandanten das Vertretungsverhältnis klarstellen sollte:

> Die Parteien des Rechtsstreits Meier ./. Schmitz, 25 O 313/16, LG Köln, schlossen am … einen Kaufvertrag über einen Pkw. Nach dem schriftlichen Vertrag sollte der Beklagte, der Mandant, einen Kaufpreis von … zahlen.

Ist noch keine Klage erhoben worden und soll etwa die Frage, ob dies überhaupt zu geschehen hat, gerade erst durch den Anwalt überprüft werden, können naturgemäß die Bezeichnungen »Kläger« und »Beklagter« nicht gewählt werden. In diesem Fall kann von dem »Mandanten« und von »Herrn/Frau …« gesprochen werden.[10]

11 Der unstreitige Sachverhalt wird grundsätzlich an erster Stelle im Imperfekt geschildert. Es folgen der streitige Vortrag des (künftigen) Klägers sowie seine Rechtsansichten, soweit diese darzustellen sind. Dabei sollten auch hier die Begriffe »behaupten« für Tatsachen und »ist der Ansicht/vertritt die Meinung« verwendet werden. Wird der Beklagte vertreten, sind im Anschluss daran die gestellten oder vom Kläger angekündigten Anträge wiederzugeben. Es folgt die streitige Darstellung des Beklagten und im Anschluss daran unter Umständen die Prozessgeschichte, soweit sie für die Sache von Bedeutung ist.

> **Beispiele:** Durchgeführte Beweisaufnahme; vom Gericht gesetzte Fristen; Anordnung des schriftlichen Vorverfahrens (vgl. §§ 331 III, 307 II).

12 Wird der Kläger vertreten und/oder ist noch keine Klage anhängig, wird die Aufgabe des Anwalts unter anderem darin bestehen, einen sachdienlichen Antrag zu formulieren. In allen Fällen, in denen noch kein Antrag gestellt oder angekündigt ist und sich auch das Ziel des Mandanten nicht ohne Weiteres aus dem Klausurtext ergibt, folgt nach dem streitigen Vortrag des (künftigen) Klägers durch einen Absatz getrennt unmittelbar der streitige Vortrag des (künftigen) Beklagten:

> Der Kläger behauptet, die Beklagte habe am 5.1.2012 die Abnahme erklärt. Am 3.4.2012 habe sie einen zweiten Teilbetrag von 10.000 EUR auf den Werklohn gezahlt.
>
> Demgegenüber behauptet die Beklagte, die Abnahme sei bereits am 28.12.2011 erfolgt. Außerdem habe sie einen Teilbetrag von 10.000 EUR nicht erst im April 2012, sondern schon Ende 2011 gezahlt.

13 Ergeben sich die Zielvorstellungen der Parteien eindeutig aus dem Klausurtext, können sie anstelle der noch nicht gestellten Anträge im Sachverhalt ebenfalls dargestellt werden:

---

8 Vgl. → A Rn. 39 ff., → B Rn. 27.
9 Vgl. → A Rn. 10.
10 So auch: *Grüneberg/Manteufel* JuS 1996, 55 ff.

Der Mandant möchte erreichen, dass Herr ... den Pkw zurücknimmt und ihm dafür den gezahlten Kaufpreis erstattet.

(oder:)

Der Kläger hat den Antrag angekündigt, ...

(oder:)

Der Beklagte möchte sich gegen die Klage verteidigen und gleichzeitig eine Verurteilung des Klägers auf Rückgabe des Pkw erreichen.

Er behauptet, ...

Vom *Umfang* her entspricht die Sachverhaltsdarstellung eher dem Sachbericht als dem Tatbestand.[11] Allerdings sind offensichtlich irrelevante Umstände von vornherein wegzulassen. Auch ist im Sachverhalt einer Anwaltsklausur von der Bezugsnahmeklausel des § 313 II 2 Gebrauch zu machen.[12] Das bedeutet, dass Einzelheiten nur mitzuteilen sind, soweit dies zum Verständnis erforderlich ist. Ansonsten können Obersätze ausreichen, während wegen der Einzelheiten konkret auf Teile der dem Anwalt zur Verfügung stehenden Unterlagen Bezug genommen werden sollte. **14**

Herr ... und der Mandant schlossen einen notariellen Kaufvertrag über das Grundstück ... zu einem Kaufpreis von ... Nach § 5 der Vertragsurkunde sind Gewährleistungsrechte ausgeschlossen. Wegen der Einzelheiten wird auf den von dem Mandanten übergebenen notariellen Vertrag vom ... Bezug genommen.

Das Ergebnis einer Anwaltsklausur kann sein, dass der Sachverhalt weiter aufzuklären ist. **15**

Beispiele:
- Einsichtnahme in amtliche Unterlagen, zB Katasteramt, Grundbuchamt, Handelsregister
- Einholung eines Privatgutachtens
- Einleitung eines selbstständigen Beweisverfahrens[13]

Dieser Gesichtspunkt darf bei der Erstellung des Sachverhalts nicht berücksichtigt werden. Entsprechende Überlegungen gehören vielmehr zu den Zweckmäßigkeitserwägungen, während in den einzelnen Stationen ausschließlich eine Sach- und Rechtsprüfung auf der Grundlage der vorhandenen Erkenntnisquellen zu erfolgen hat.

Soweit *Beweisanträge* noch nicht erledigt sind, sollten diese – anders als beim Tatbestand[14] – in Klammern hinter die streitige Tatsache gesetzt werden. Mit diesen Anträgen muss sich der Anwalt nämlich bei der Beweisprognose auseinandersetzen; der Sachverhalt dient ihm zunächst ausschließlich als Arbeitsgrundlage.[15] **16**

5. Vorschlag

Erstellt der Anwalt für einen Dritten ein schriftliches Gutachten, empfiehlt sich aus Gründen des besseren Verständnisses auch hier zu Beginn ein zusammenfassender Vorschlag. **17**

11 Vgl. zur Terminologie → A Rn. 9 f.
12 Vgl. → A Rn. 72.
13 Vgl. → F Rn. 60 ff.
14 Vgl. → A Rn. 55.
15 Vgl. zur Beweisprognose → Rn. 33 ff.

Klausurhinweise: Wie bereits für die Gutachtenklausur aus Richtersicht empfohlen[16], sollte auch die Gutachtenklausur aus Anwaltssicht mit einem Vorschlag beginnen. Das hat den Vorteil, dass der Leser sofort weiß, worauf das Gutachten hinausläuft. Dann kann er die Gedankengänge möglicherweise besser zuordnen. Für die Anwaltsklausur sind viele verschiedene Vorschläge denkbar:

> Ich schlage vor, dem Beklagten zu raten, die Klageforderung in Höhe von 1.000 EUR anzuerkennen und sich im Übrigen gegen die Klage zu verteidigen.
>
> (oder:)
>
> Ich schlage vor, dem Mandanten zu raten, dass zunächst ein selbstständiges Beweisverfahren zur Frage der Mängel durchgeführt und dann entschieden wird, ob Klage erhoben werden soll.

Da das Ergebnis erst am Ende des Gutachtens feststeht, sollte der Kandidat zu Beginn etwas Freiraum für den später einzutragenden Vorschlag lassen.

6. Antrag oder andere Vorfragen

18 Hat der Kläger den Klageantrag formuliert und wird der Beklagte vertreten, kann ausnahmsweise eine Auslegung erforderlich sein, wenn der Antrag unklar ist. Insoweit gelten gegenüber der Begutachtung aus Richtersicht keine Besonderheiten.[17]

19 Wird der künftige Kläger vertreten und möchte er eine umfassende Rechtsberatung bzw. Vertretung, ist grundsätzlich kein Raum für eine Auslegungsstation. Hier muss der Anwalt die richtigen Anträge erarbeiten, dh, er muss zunächst das optimale Ziel abklären und kann erst iRd Zweckmäßigkeit klarstellen, inwieweit dies zu erreichen ist. Zur Frage des optimalen Zieles sind an dieser Stelle Ausführungen erforderlich. Eine Auslegung kann allerdings auch bei Vertretung des Klägers erforderlich werden, wenn dieser seine Zielvorstellungen mitteilt und insoweit Unklarheiten bestehen.

Beispiele:

- Ein möglicher Leistungsantrag ist derzeit nicht zu beziffern. Steht nicht fest, ob der Mandant diesen überhaupt (derzeit) geltend machen möchte, kann im Rahmen dieses Abschnittes zu erörtern sein, ob eine Stufenklage in Betracht zu ziehen ist.[18] Je nach Fallkonstellation sind hierzu aber auch Ausführungen bei der Zulässigkeit oder im Rahmen der Zweckmäßigkeitserwägungen (isolierte Auskunftsklage oder Stufenklage?) erforderlich.
- X hat veranlasst, dass der Gerichtsvollzieher bei dem Mandanten (M) auf der Grundlage eines gegen diesen gerichteten Urteils ein Klavier gepfändet hat. M möchte den kurz bevorstehenden Versteigerungstermin verhindern. Außerdem hält er die Zwangsvollstreckung für nicht ordnungsgemäß, weil er das Klavier für seine Berufsausübung – er ist Klavierlehrer – benötigt und zudem einen Teil der Forderung beglichen hat.
  In der Auslegungsstation könnte Folgendes überlegt werden:
  Zunächst ist zu prüfen, mit welchen prozessualen Möglichkeiten M seine Ziele bei Vorliegen der jeweiligen Voraussetzungen überhaupt erreichen könnte. Soweit er sich auf seine Berufsausübung beruft, geht es ihm um die Art und Weise der konkreten Zwangsvollstreckungsmaßnahme (vgl. § 811 Nr. 5). Insoweit kommt eine Erinnerung nach § 766 I in Betracht, mit der bei Erfolg weitere Vollstreckungsmaßnahmen bezüglich des Klaviers verhindert werden können (§§ 766 I, 775 Nr. 1). Außerdem ist bei einem derartigen Vorgehen ein Antrag auf einstweilige Einstellung der Zwangsvollstreckung statthaft (§§ 766 I 2, 732 II), sodass das Ziel des M, die unmittelbar bevorstehende Versteigerung des Klaviers durch Eilmaßnahmen zu verhindern, bei Vorliegen der weiteren Voraussetzungen erreicht werden kann. Die Einwendung, »ich habe teilweise bezahlt«, kann eine materielle Einwendung im Sinne des § 767 dar-

16 Vgl. → C Rn. 11 ff.
17 Vgl. → A Rn. 77.
18 Vgl. → N Rn. 40.

stellen (§ 362 I BGB). Mit der Klage nach § 767 kann die weitere Vollstreckung aus dem Urteil generell bzw. teilweise verhindert werden, was ebenfalls von der Zielvorstellung des M, die sich insoweit durch die Berufung auf die Zahlung ermitteln lässt, erfasst ist. Da zwischen § 766 und § 767 kein Konkurrenzverhältnis besteht, sind beide Möglichkeiten in Erwägung zu ziehen und deshalb auf ihre Zulässigkeit und Begründetheit hin zu überprüfen.

Auch die Fragen der *Zulässigkeit* einer *Klageänderung* (§§ 263 ff.), einer *Klagerücknahme* (§ 269) und einer *Parteiänderung* müssen jedenfalls grundsätzlich als Vorfrage vor der Zulässigkeit und Begründetheit behandelt werden, weil nur dann klar ist, über welchen Antrag zu entscheiden, mit welchem Antrag die Klage anhängig und wer Partei ist.[19] Bei der Klageänderung muss der Anwalt des Beklagten im besonderen § 267 beachten, da dessen Einwilligung zur Klageänderung bei rügelosem Einlassen unwiderlegbar vermutet wird. In diesem Abschnitt[20] kann in derartigen Fällen Folgendes ausgeführt werden: 20

... Für die Umstellung des Klageantrages durch den Kläger ist somit gemäß § 263 eine Einwilligung erforderlich, wenn nicht das Gericht diese für sachdienlich hält. Ob der Mandant (= Beklagter) die Einwilligung erteilen oder sich rügelos einlassen sollte mit der Folge, dass seine Einwilligung unwiderlegbar vermutet wird, hängt ebenso wie die Frage der Sachdienlichkeit von den Erfolgsaussichten des nunmehr gestellten Klageantrags ab. Daher sind nunmehr zunächst dessen Zulässigkeit und Begründetheit zu prüfen.

Erst im Rahmen der Zweckmäßigkeitserwägungen muss der Kandidat auf §§ 263, 267 zurückkommen.

Wenn es um die Wirksamkeit eines Prozessvergleichs oder um dessen wirksamen Widerruf geht, muss in einer Vorfrage die »Rechtshängigkeit« mit entsprechender Überschrift thematisiert werden.[21] 21

7. Zulässigkeit der Klage

Gedanklich hat der Anwalt alle Zulässigkeitsvoraussetzungen durchzugehen. Ausführungen sind hingegen, ebenso wie bei dem Gutachten aus Richtersicht, nur zu machen, soweit einzelne Prozessvoraussetzungen zweifelhaft sind oder die Partei eine Erörterung erwartet.[22] 22

Ist zB der Mandant minderjährig, muss ausgeführt werden, dass die Klage nur zulässig ist, wenn er von seinen Eltern vertreten wird (§ 51). In diesen Abschnitt gehören zB auch Fragen der Statthaftigkeit (vgl. zB § 256 I) und der Zuständigkeit. Ist bereits Klage erhoben worden und ist die Zuständigkeit des angerufenen Gerichts zweifelhaft, sollte der Anwalt des Klägers grundsätzlich immer zu einem Hilfsantrag auf Verweisung raten.[23] Sind zB mehrere Gerichte örtlich zuständig und geht es um die Frage, ob Klage erhoben werden soll, sind die in Betracht kommenden Gerichte im Rahmen der Zulässigkeit aufzuzeigen. Bei den Zweckmäßigkeitserwägungen ist dann zu entscheiden, welches Gericht tatsächlich angerufen werden soll.

---

19 Vgl. näher → A Rn. 78 f.

20 Man kann die Überschrift, »Auslegungsstation«, »Zulässigkeit der Klageänderung« oder Ähnliches verwenden, vgl. → A Rn. 78.

21 Vgl. → A Rn. 78.

22 Vgl. → A Rn. 83; allg. zur Zulässigkeit vgl. → A Rn. 80 ff.

23 Vgl. → K Rn. 24.

23 Soweit der Beklagte vertreten wird, muss im Besonderen berücksichtigt werden, in welchen Fällen eine Rüge zu erfolgen hat und welche Zulässigkeitsvoraussetzungen nur auf die Einrede des Beklagten hin überprüft werden.

Beispiele:
- §§ 39, 295 (Wird zB vor einem unzuständigen Gericht des ersten Rechtszuges rügelos verhandelt, wird unter den in § 39 genannten Voraussetzungen die Zuständigkeit des Gerichts begründet.)
- §§ 110 I, 269 VI, 1032 I (= Einreden, die nicht von Amts wegen berücksichtigt werden, sondern auf die sich der Beklagte berufen muss)

Das hat der Anwalt in diesem Abschnitt nur festzustellen; ob er dem Mandanten zu der Rüge oder Einrede raten soll, hängt von der Rechtslage im Übrigen ab und ist erst bei den Zweckmäßigkeitserwägungen zu behandeln.

24 Ist der Sachverhalt zu einzelnen Zulässigkeitsvoraussetzungen streitig, muss nach Stationen aufgebaut werden, und zwar entweder im getrennten oder im einheitlichen Aufbau.[24] Im Übrigen ist aus Gründen der besseren Übersicht auch bei der Anwaltsklausur der vereinfachte getrennte Aufbau zu empfehlen.[25]

8. Schlüssigkeit und Erheblichkeit

25 Für die Schlüssigkeits- und Erheblichkeitsprüfung (*Klägerstation, Beklagtenstation, Replik, Duplik* – sog. Darlegungsstationen)[26] gelten gegenüber der Begutachtung aus Richtersicht keine wesentlichen Besonderheiten, sodass auf die allgemeinen Ausführungen Bezug genommen werden kann.[27] Hier sollen nur nochmals einige wenige Punkte hervorgehoben werden.

26 Bei der Schlüssigkeit (*Klägerstation*) sind auch im Gutachten aus Anwaltssicht alle in Betracht kommenden Anspruchsgrundlagen, nicht aber die fernliegenden oder gar abwegigen abzuhandeln. Das sollte grundsätzlich im Gutachtenstil erfolgen, zumal dieser den Kandidaten zu einem systematischen Vorgehen bei den sich stellenden Problemen zwingt. Bei unproblematischen Punkten ist aber nach unserer Auffassung ohne Weiteres auch der Urteilsstil zulässig.[28] Im Übrigen liegt gerade bei Klausuren der Schwerpunkt nicht in Stilfragen.

27 In der Erheblichkeit (*Beklagtenstation*) – dasselbe gilt für den Kläger im Rahmen der Replik – ist bei einer Vertretung des Beklagten im besonderen zu beachten, dass bestimmte Einreden im Sinne der ZPO nicht von Amts wegen, sondern nur dann berücksichtigt werden, wenn sich der Beklagte darauf beruft.[29] Das ist in diesem Abschnitt nur festzustellen. Für die weitere Prüfung ist die Erhebung der Einrede zu unterstellen; ob die Einrede tatsächlich erhoben werden soll, ist hingegen eine Frage der Zweckmäßigkeitserwägungen.[30] Hat der Beklagte allerdings schon vorprozessual die Einrede erhoben und hat der Kläger dies auch vorgetragen, ist von diesem Sach-

24 Vgl. → A Rn. 85.
25 Vgl. → A Rn. 85.
26 Vgl. zur Terminologie → A Rn. 5, 89, 115, 129, 130.
27 Vgl. → A Rn. 89 ff. (Schlüssigkeit = Klägerstation), → A Rn. 115 ff. (Erheblichkeit = Beklagtenstation), → A Rn. 129 (Replik), → A Rn. 130 (Duplik).
28 Vgl. → A Rn. 76.
29 Vgl. näher → A Rn. 97.
30 Vgl. zu dem ähnlichen Problem bei § 267 sowie zu Einreden im Rahmen der Zulässigkeit → D Rn. 20, 23.

verhalt auszugehen. Dann kann sich aber bei den Zweckmäßigkeitserwägungen die Frage stellen, ob sich der Beklagte sinnvollerweise noch einmal in seinem Schriftsatz auf die Einrede berufen soll, da der Kläger seinen diesbezüglichen Vortrag zurücknehmen kann. Wird der Kläger vertreten, gehören derartige Überlegungen, nämlich die Frage, ob der Kläger in seinen Schriftsätzen auf die Erhebung der Einrede durch den Beklagten Bezug nehmen soll, ebenfalls zur Frage der Zweckmäßigkeit.

Für den *Aufbau* bei *Einreden im Sinne der ZPO* gelten dieselben Grundsätze wie bei einer Begutachtung aus Richtersicht. **28**

Eine zwingende Aufbauregel vertreten wir nicht, sondern meinen, dass es ausschließlich auf die Verständlichkeit ankommt.[31] Die Einreden können, wenn die Verständlichkeit darunter nicht leidet, schon in der ersten Schlüssigkeitsprüfung (Klägerstation), sie können aber auch erstmalig im Rahmen der Erheblichkeitsprüfung (Beklagtenstation) behandelt werden; bei dem zweiten Vorgehen muss zwingend eine Replik (= zweite Klägerstation) erfolgen, wenn die Einrede im Sinne der ZPO in der Beklagtenstation bejaht wird; ansonsten bliebe offen, ob die Einrede auch nach dem Klägervortrag besteht und ob insoweit keine Beweiserheblichkeit gegeben ist.[32]

Soweit sich ein Recht des Mandanten, Klageanspruch oder Gegenrecht, nur durch Ausübung eines Gestaltungsrechts herbeiführen lässt, ist grundsätzlich in den Darlegungsstationen genauso vorzugehen wie bei der Geltendmachung von Einreden im Sinne der ZPO, die nicht von Amts wegen berücksichtigt werden. In den Abschnitten ist die Ausübung des Gestaltungsrechts, soweit noch nicht geschehen, zu unterstellen, und auf dieser Grundlage ist die Rechtslage zu überprüfen. Bei der Zweckmäßigkeitsprüfung wird dann die Frage behandelt, ob das Gestaltungsrecht tatsächlich ausgeübt werden soll.[33] Dabei kann im Einzelfall die Notwendigkeit bestehen, die Rechtslage alternativ, dh mit der Sachverhaltsvariante »keine Ausübung des Gestaltungsrechts« und mit der »Ausübung des Gestaltungsrechts« zu begutachten. **29**

Beispiel: X hat über einen Gegenstand verfügt, dessen Eigentümer der Mandant ist. Diese Verfügung ist wegen § 935 BGB nicht wirksam. Der Mandant möchte von dem Anwalt einen umfassenden Rat haben, ob und gegen wen er gerichtlich vorgehen soll. Bei dieser Konstellation besteht gegen den Erwerber ein Herausgabeanspruch nach § 985 BGB. Gegen den Veräußerer kann er hingegen nach § 816 I BGB vorgehen, wenn er dessen Verfügung genehmigt. Hier ist der Sachverhalt einmal mit der Variante »Genehmigung« und einmal mit der Variante »keine Genehmigung« zu überprüfen.

In allen Fällen, in denen mehrere Sachverhalte oder Sachverhaltsvarianten bzw. mehrere Anträge in Betracht kommen, sind diese grundsätzlich in den Darlegungsstationen, dh sowohl bei der Schlüssigkeit als auch bei der Erheblichkeit, zu behandeln. Aus Gründen der besonderen Übersicht können die einzelnen Sachverhaltsalternativen, die sich uU gegenseitig ausschließen, **30**

Beispiel: Haupt- und Hilfsvorbringen[34]

jeweils durch entsprechende Überschriften kenntlich gemacht werden. Ob sich der Mandant tatsächlich auf die verschiedenen Sachverhalte oder Sachverhaltsvarianten

31 Vgl. → A Rn. 97, 120.
32 Vgl. → A Rn. 97, 120.
33 Vgl. → Rn. 52.
34 Vgl. → J Rn. 10.

berufen soll, ist eine Frage der Zweckmäßigkeit.[35] In jedem Fall darf der Sachverhalt nicht konstruiert werden. Vielmehr müssen konkrete Anhaltspunkte für Sachverhaltsvarianten oder verschiedene Sachverhalte vorliegen.

31 Der Vortrag des Gegners muss vom Anwalt auch tatsächlich bewertet werden. Es gelten die allgemeinen Grundsätze.[36] Für den Vortrag des Mandanten sind die betreffenden Grundregeln ebenfalls zu beachten.

> **Beispiel:** Der Vortrag des Klägers (= Mandant) reicht für die Bejahung der in Betracht kommenden Anspruchsgrundlage nicht aus. Dann ist der Vortrag nicht hinreichend substantiiert und nicht schlüssig. Ergeben sich Anhaltspunkte dafür, dass der Kläger seinen Vortrag ergänzen kann, ist eine entsprechende Aufklärung des Sachverhalts im Rahmen der Zweckmäßigkeit vorzuschlagen.

32 Ist der Vortrag des Beklagten gegenüber dem schlüssigen Klägervorbringen erheblich, ergibt sich jedoch danach eine andere Anspruchsgrundlage für den Klageantrag, kann sich das Problem des *gleichwertigen Parteivorbringens stellen*.[37] Hat sich der Kläger den Vortrag des Beklagten ausdrücklich oder konkludent hilfsweise zu eigen gemacht, ist bereits bei der Schlüssigkeitsprüfung (Klägerstation) das Haupt- und Hilfsvorbringen zu behandeln. Nur wenn der Kläger ein hilfsweises Zueigenmachen ausnahmsweise eindeutig abgelehnt hat, stellt sich bei der Erheblichkeitsprüfung (Beklagtenstation) die Frage, ob der Bearbeiter der Lehre vom gleichwertigen Parteivorbringen folgen will.

9. Beweisprognose

a) Allgemeines

33 Da nach § 286 I eine *freie Beweiswürdigung* vorgesehen ist und der Anwalt im vorhinein nicht feststellen kann, inwieweit das Gericht von der Wahrheit einer Tatsache überzeugt ist, hat bei Anwaltsklausuren nur eine *Beweisprognose* zu erfolgen. Eine vollständige »Beweiswürdigung« kann grundsätzlich nur vorgenommen werden, wenn die Beweisaufnahme bereits durchgeführt worden ist. Ansonsten können alle Umstände, die sich *unmittelbar* aus der Beweisaufnahme selbst ergeben, wie zB das Aussageverhalten der Zeugen bzw. der Partei oder der Inhalt eines noch zu erstellenden Gutachtens bzw. der genaue Inhalt der Zeugenaussage, noch nicht abschließend beurteilt werden. Hier hat sich die Beweisprognose auf bereits bekannte Umstände zu beschränken. Spekulationen über den Ausgang der noch nicht durchgeführten Beweisaufnahme haben nur zu erfolgen, wenn und soweit sich dafür konkrete Anhaltspunkte ergeben.[38] Der Anwalt hat die ihm bereits bekannten Umstände unter Berücksichtigung der Beweisregeln zu überprüfen, um seinen Mandanten auch in dieser Hinsicht optimal zu beraten und zu vertreten. Dabei unterscheidet sich die Beweisprognosestation – abgesehen von den vorgenannten Besonderheiten – nicht wesentlich von einer Beweisstation in einer Begutachtung (Relation) aus Richtersicht, sodass im Wesentlichen auf die allgemeinen Ausführungen Bezug genommen werden kann.[39]

---

35 Vgl. → J Rn. 24 f., → K Rn. 27 f. (Haupt- und Hilfsanträge).
36 Vgl. → A Rn. 100 ff., 118.
37 Vgl. → A Rn. 126.
38 Vgl. → Rn. 37.
39 Vgl. → A Rn. 131 ff.

b) Bereits durchgeführte Beweisaufnahme

Ist bereits umfassend Beweis erhoben worden und sind weitere Beweisangebote nicht ersichtlich, muss Folgendes beachtet werden: 34

Die Beweisprognose sollte nicht mit den Formulierungen »Steht fest, dass ...?« oder »Ist bewiesen, dass ...?« eingeleitet werden, weil dies eher die Fragestellung des Gerichts ist. Vielmehr kann wie folgt formuliert werden:

> Wird das Gericht davon überzeugt sein, dass ...?

Diese Frage richtet sich nach der Beweislast. Im Anschluss daran sollte man – jedenfalls gedanklich – die Beweisbedürftigkeit überprüfen. Sodann ist eine Beweiswürdigung vorzunehmen, die nach dem Einleitungssatz wie folgt formuliert werden kann:

> Dies könnte aufgrund der Aussage der Zeugen ... der Fall sein.

Die *Beweiswürdigung* gliedert sich auch bei einem Anwaltsgutachten in drei Teile, 35
nämlich in eine Auslegung des Beweismittels, in die Prüfung der Ergiebigkeit und in die Prüfung der Überzeugungskraft des ergiebigen Beweismittels.[40] Ergibt sich die Unergiebigkeit des Beweismittels und damit ein non liquet, müssen spätestens an dieser Stelle Ausführungen zur Beweislast erfolgen, soweit dies nicht bereits bei der Formulierung der Beweisfrage geschehen ist.[41] Bei Beweispflichtigkeit des Gegners kann damit die Beweisprognose beendet werden. Es ist lediglich im Rahmen der Zweckmäßigkeitserwägungen zu erörtern, ob in einem Schriftsatz auf die Unergiebigkeit und die Beweislast hingewiesen werden soll. Sind diese Punkte eindeutig unproblematisch, kann darauf auch verzichtet werden. Ist im Falle der Unergiebigkeit der Mandant beweispflichtig, muss im Rahmen der Zweckmäßigkeitserwägungen überlegt werden, ob es prozessuale Möglichkeiten gibt, trotz Prozessverlustes kostengünstig wegzukommen.

> **Beispiele:** Klagerücknahme bzw. Anerkenntnis oder Verzicht vor Schluss der letzten mündlichen Verhandlung (vgl. Nr. 1211 KV als Anlage 1 zum GKG)[42]

Ist die Beweisaufnahme positiv ergiebig, ist zu überprüfen, ob die Beweismittel über- 36
zeugungskräftig sind. Wird dabei ein für den Mandanten günstiges Ergebnis erzielt, muss lediglich im Rahmen der Zweckmäßigkeit erörtert werden, ob zur Beweisaufnahme schriftsätzlich Stellung genommen werden sollte, um das Gericht zu überzeugen. Daran ist in jedem Fall zu denken, wenn der Mandant die Beweislast trägt. Ist die Beweissituation für den Mandanten ungünstig, muss wiederum im Rahmen der Zweckmäßigkeitserwägungen über ein kostengünstiges prozessuales Vorgehen nachgedacht werden.

c) Keine Beweisaufnahme

Ist noch kein Beweis erhoben worden, hat man sich mit der Frage zu beschäftigen, ob 37
das Gericht Beweis erheben wird.[43] Dabei kommt es darauf an, ob die beweisbelastete Partei einen Beweisantrag gestellt hat bzw. ob der Anwalt für seinen Mandanten, soweit dieser beweispflichtig ist, einen solchen Antrag stellen kann. Ist dies nicht der

---

40 Vgl. → A Rn. 148.
41 Vgl. → A Rn. 132.
42 Vgl. näher → Rn. 70 ff.
43 Vgl. → A Rn. 154.

Fall, ist von einer *Beweisfälligkeit* auszugehen mit dem Ergebnis, dass das Gericht bei der Entscheidung den Vortrag der nicht beweisbelasteten Partei zugrunde legen wird. Allerdings muss auch berücksichtigt werden, dass dem Gericht eine Hinweispflicht nach § 139 obliegt und einzelne Beweise auch von Amts wegen erhoben werden können (vgl. § 144).[44] Daher kann sich je nach Einzelfall die Situation noch verändern. Dieser Gesichtspunkt ist aber nur bedeutsam, wenn der Gegner die Beweislast trägt. Ansonsten darf sich der Anwalt nicht darauf verlassen, dass das Gericht auch wirklich einen Hinweis erteilt oder von Amts wegen Beweis erhebt. Ist der Mandant nicht beweispflichtig, besteht für ihn aber die Möglichkeit, Beweis anzutreten, muss mit Rücksicht darauf ferner überlegt werden, ob dies vorsorglich geschehen soll.[45] Dann sollte der Beweisantrag »unter Protest (Verwahrung) gegen die Beweislast« gestellt werden.

38 Liegen Beweisangebote vor bzw. kann der Mandant Beweis anbieten, muss jedenfalls kurz darauf eingegangen werden, wie der Beweis *ordnungsgemäß* angetreten wird und ob die beantragte oder zu beantragende Beweiserhebung zulässig ist. Es kann wie folgt formuliert werden:

> Für die Entscheidung des Rechtsstreits kommt es darauf an, ob die an sich unstreitige Abnahme des Werkes Ende Dezember 2011 oder erst im Januar 2012 erfolgte. Davon hängt ab, ob die Beklagte mit ihrer Verjährungseinrede gemäß § 214 BGB Erfolg hat. Bei § 214 BGB handelt es sich um eine für den Schuldner günstige Einredenorm. Daher trägt die Beklagte für deren tatsächliche Voraussetzungen die Beweislast. Sie hat bei der Erteilung des Mandates angegeben, dass ihr Ehemann bestätigen könne, die Abnahme sei Ende 2011 erfolgt. Der Ehemann könnte somit nach Bezeichnung der streitentscheidenden Tatsache als Zeuge benannt werden. Nicht erforderlich ist es hingegen darzulegen, warum der Zeuge die betreffende Wahrnehmung machen konnte. Anhaltspunkte dafür, dass die Beweisaufnahme unzulässig ist, bestehen nicht. Daher wird das Gericht bei einem entsprechenden Beweisantrag über die entscheidungserhebliche Frage durch Vernehmung des Ehemannes als Zeuge Beweis erheben. Außerdem wird das Gericht den vom Kläger hierzu ordnungsgemäß benannten Zeugen … vernehmen.

39 Bei der Beweisprognose ist dann weiter eine unter Umständen verkürzte Beweiswürdigung im engeren Sinne vorzunehmen.[46] Hierbei ist zwischen den einzelnen Beweismitteln zu unterscheiden.[47]

40 *Für den Zeugenbeweis*[48] gilt Folgendes: Nicht möglich sein wird im Regelfall eine Bewertung der Wahrnehmungs- und der Wiedergabebereitschaft; jedenfalls sind insoweit aus der Luft gegriffene Spekulationen zu vermeiden. Bei entsprechenden Anhaltspunkten im Klausurtext können jedoch im Einzelfall die Wahrnehmungs- oder Wiedergabefähigkeit bzw. die Wahrnehmungs- oder Wiedergabemöglichkeit zu problematisieren sein.

> **Beispiele:**
> - Ergibt sich, dass der vom Mandanten benannte Zeuge schwerhörig ist und aus einiger Entfernung komplizierte Vertragsverhandlungen gehört haben soll, bestehen Bedenken gegen seine Wahrnehmungsfähigkeit.
> - Soll die Ehefrau als sogenannte »Telefonzeugin« mitbekommen haben, dass ihr Ehemann mit dem Gesprächspartner bestimmte Vereinbarungen getroffen hat, sind Bedenken gegen ihre

44 Vgl. → A Rn. 153, → F Rn. 32.
45 Vgl. → A Rn. 139 (sog. Gegenbeweis).
46 Vgl. → A Rn. 147.
47 Vgl. → F Rn. 1 ff.
48 Vgl. → F Rn. 2, 77.

Wahrnehmungsmöglichkeit nur dann ausgeräumt, wenn es einen plausiblen Grund dafür gibt, dass sie die Erklärungen beider Parteien wahrnehmen konnte (zB Einschalten der Mithöranlage – soweit kein Verwertungsverbot besteht und es deshalb auf die Wahrnehmungsmöglichkeit dann nicht ankommt).

- Soll jemand komplizierte Vertragsverhandlungen in fremder Sprache mitbekommen haben, sind Bedenken gegen die Wahrnehmungsmöglichkeit und die Wahrnehmungsfähigkeit nur ausgeräumt, wenn der Betreffende die fremde Sprache beherrscht und die Vertragsmaterie in etwa nachvollziehen kann.

Können die objektivierbaren Bedenken gegen den Zeugen nicht ausgeräumt werden, handelt es sich ferner um das einzige Beweismittel und ist der Mandant beweispflichtig, muss am Ende der Beweisprognosestation festgestellt werden, dass das Gericht zwar eine Beweisaufnahme durchführen wird, aber erhebliche Bedenken gegen einen für den Mandanten günstigen Ausgang des Rechtsstreits bestehen. Im Rahmen der Zweckmäßigkeitserwägungen muss sich der Kandidat dann mit der Frage auseinandersetzen, ob überhaupt Beweis angeboten werden soll und/oder ob nicht ein anderes, kostengünstigeres prozessuales Vorgehen sinnvoller ist. In jedem Fall muss im Ergebnis festgehalten werden, dass der Mandant auf das bestehende Risiko aufmerksam zu machen ist.

Die vorstehenden Ausführungen gelten entsprechend für die *Parteivernehmung*,[49] wobei hier im Besonderen die Subsidiarität dieses Beweismittels zu beachten ist (vgl. §§ 445, 447, 448). **41**

Soweit *Urkunden*[50] als Beweismittel in Betracht kommen, wird Beweis angetreten durch Vorlage der Urkunde (§ 420). Befindet sich ein Abdruck dieser Urkunde im Klausurtext, kann eine vollständige Beweiswürdigung im engeren Sinne vorgenommen, dh der Umfang der Beweiskraft überprüft werden. Hier ergeben sich gegenüber der Beweisstation bei der Begutachtung (Relation) aus Richtersicht keine Unterschiede. Liegt kein Abdruck der Urkunde vor, muss in jedem Fall die Frage der Ordnungsmäßigkeit der Urkunde offengelassen werden. Im Einzelfall wird auch der Umfang der Beweiskraft nicht vollständig zu ermitteln sein. Dann ist im Ergebnis auf die offenen Fragen sowie auf § 420 hinzuweisen. **42**

Im Falle der Augenscheinseinnahme[51] kann eine Würdigung im engeren Sinne vorgenommen werden, wenn entsprechende Unterlagen, wie zB Pläne, Skizzen oder Fotografien, bzw. ein Aktenvermerk über die Örtlichkeiten vorhanden sind, die das Gericht oder der Anwalt anlässlich einer von ihm durchgeführten Besichtigung aufgenommen hat. Ansonsten muss man zunächst nachvollziehbar darlegen, weshalb die beweiserhebliche Tatsache durch eine Augenscheinseinnahme bewiesen werden kann, da dies zum ordnungsgemäßen Beweisantrag gehört.[52] Auch wenn eine Augenscheinseinnahme von Amts wegen denkbar ist (§ 144), sollte der Anwalt eine solche in jedem Fall im Zusammenhang mit der entscheidungserheblichen Tatsache beantragen. Ist nicht sicher, ob die Augenscheinseinnahme das richtige Beweismittel ist, kann im Ergebnis die Aufforderung an den Mandanten sachgerecht sein, maßgebliche Unterlagen zur Klärung dieser Frage, so zB Fotografien, zu überreichen. **43**

---

49 Vgl. → F Rn. 49 ff.
50 Vgl. → F Rn. 35 ff., 79 ff.
51 Vgl. → F Rn. 31, 79.
52 Vgl. → F Rn. 32.

Beispiel: Der Kläger macht Ansprüche aus § 912 II BGB geltend. Die Parteien streiten darüber, wo die Grenze verläuft und dementsprechend, ob überhaupt ein Überbau anzunehmen ist. Bevor der Anwalt die Angaben seiner Partei schriftsätzlich gegenüber dem Gericht vorträgt, kann es sachgerecht sein, den Grenzverlauf selbst zu überprüfen. Dies kann möglicherweise dadurch geschehen, dass der Mandant zur Einreichung der Katasterpläne aufgefordert wird.

44 Eine Beweiswürdigung im engeren Sinn zu einem noch nicht erstellten *Sachverständigengutachten* kann naturgemäß nicht erfolgen. Bei der Beweisprognose ist dann nur festzustellen, dass ein Sachverständiger die beweiserhebliche Frage klären könnte. Allerdings kann im Einzelfall auch eine eigene Ermittlung durch den Anwalt oder den Mandanten erfolgversprechend sein, so zB die Einholung eines Privatgutachtens oder einer behördlichen Auskunft. Diese Fragen gehören allerdings erst zu den Zweckmäßigkeitserwägungen. Soweit das Gericht bereits einen Sachverständigen beauftragt hat, muss man sich bei Vorliegen entsprechender Anhaltspunkte auch mit dessen Sachkunde oder mit evtl. Ablehnungsgründen nach § 406 beschäftigen. Außerdem sollte, auch wenn ein Sachverständigengutachten von Amts wegen eingeholt werden kann (§ 144), immer ein entsprechender Antrag gestellt werden.

45 Ist ein Sachverständigengutachten bereits eingeholt worden, muss sich der Anwalt mit diesem in derselben Weise wie das Gericht auseinandersetzen.[53] Ist das Gutachten für den Mandanten nachteilig und sind Schwachstellen vorhanden, ist eine schriftsätzliche Stellungnahme und uU ein Antrag auf mündliche Erläuterung durch den Sachverständigen (§ 411 III)[54] anzuraten. Möglicherweise ist auch die Einschaltung eines Privatgutachters zur Überprüfung des Gutachtens in Erwägung zu ziehen (= Frage der Zweckmäßigkeit). Allerdings ist eine Partei grundsätzlich nicht verpflichtet, Einwendungen gegen ein Gerichtsgutachten bereits in der ersten Instanz auf ein Privatgutachten zu stützen, wenn ihr Vortrag eine besondere Sachkunde erfordert.[55]

d) Erhobene Beweise, weitere Beweismittel

46 Soweit Beweise erhoben worden sind, aber weitere Beweismittel in Betracht kommen, müssen die zu b) und c) dargestellten Gesichtspunkte kombiniert werden.

10. Zweckmäßigkeitserwägungen[56]

a) Allgemeines

47 Die Überprüfung der Sach- und Rechtslage einschließlich der Beweisprognose auf der Grundlage des dem Anwalt bisher bekannten Sachverhalts erfolgt uU in den Stationen (bei einem relationsmäßigen Gutachten) oder einschichtig bei Überprüfung der Rechtslage. Daneben muss überlegt werden, wie der Anwalt unter Berücksichtigung des erarbeiteten Ergebnisses seinen Mandanten optimal beraten und vor Gericht vertreten kann (Zweckmäßigkeitserwägungen).

48 Die Zweckmäßigkeitserwägungen können im Einzelfall knapp ausfallen und möglicherweise nur in wenigen Sätzen bestehen. Dies gilt zB in der Regel dann, wenn

---

53 Vgl. → F Rn. 16, 78.

54 Vgl. → F Rn. 26 f.

55 BGH NJW 2006, 152.

56 *Grüneberg/Manteufel* JuS 1996, 57, sprechen von »Entscheidungsstation«; dies halten wir für vertretbar, wenn auch vielleicht für etwas ungenau, weil der Anwalt eher eine Grundlage für die Beratung seiner Mandanten erarbeitet, nicht aber die »Entscheidung« trifft; vgl. auch *v. Kattel Danfa* JA 2016, 847; 2016, 932.

vorher ein eindeutiges Ergebnis zugunsten des Mandanten erarbeitet worden und eine Veränderung des Sachverhalts auszuschließen ist. In derartigen Fällen kann Folgendes ausgeführt werden:

> Dem Beklagten ist anzuraten, sich gegen die Klage zu verteidigen. In die Klageerwiderung kann der von dem Beklagten geschilderte Sachverhalt aufgenommen und es können im Anschluss daran kurz die bei der Erheblichkeitsprüfung (Beklagtenstation) dargestellten rechtlichen Aspekte dargestellt werden.
>
> (oder:)
>
> Dem Kläger ist anzuraten, Klage vor dem ...-Gericht zu erheben. Ein gewisses Prozessrisiko besteht zwar immer, es ist jedoch als gering einzuschätzen. In die Klageschrift sollte die Sachverhaltsdarstellung des Klägers aufgenommen werden. Im Anschluss daran ist auf die rechtlichen Aspekte, wie sie in der Klägerstation dargestellt wurden, kurz einzugehen. Es empfiehlt sich folgender Antrag:
>
> ...

Ähnlich kurz können die Zweckmäßigkeitserwägungen ausfallen, wenn noch keine Klage erhoben worden ist und die Erfolgsaussichten für den potenziellen Kläger eindeutig negativ zu beurteilen sind. Dann kann dem Mandanten nur angeraten werden, von der Klage abzusehen, soweit sich keine anderen Aspekte ergeben, zB ein Vorgehen gegen einen Dritten.

Welche Zweckmäßigkeitserwägungen im Übrigen in Betracht kommen, hängt von der jeweiligen Fallkonstellation ab. An dieser Stelle kann kein allgemeingültiges Strickmuster entwickelt werden. Vielmehr können nur Beispiele aufgezeigt werden, um denkbare Vorgehensweisen zu verdeutlichen.

b) Überlegungen zum Sachverhalt

aa) Allgemeines

Das Gericht hat den Sachverhalt zu beurteilen, den die Parteien beibringen. Nur bei ergänzungsbedürftigem Sachvortrag ist ein Hinweis nach § 139 oder eine Auflage nach § 273 II Nr. 1 vorgesehen. Auf die Gestaltung des Sachverhalts kann das Gericht aber keinen Einfluss nehmen, ohne sich zugleich der Gefahr einer Parteilichkeit auszusetzen. Der Anwalt hingegen kann und muss unter Umständen auf seinen Mandanten einwirken, dass dieser Maßnahmen zur weiteren Gestaltung des Sachverhalts ergreift. In gewissem Umfang kann der Anwalt auch Einfluss auf den Streitstoff nehmen, indem er unter Beachtung des § 138 I dem Gericht in bestimmter Weise vorträgt. Soweit Überlegungen zu diesen Punkten angebracht sind, gehören sie in den Abschnitt »Zweckmäßigkeitserwägungen«. **49**

bb) Gestaltung der Sachlage

Eine weitreichende Gestaltungsmöglichkeit in materieller Hinsicht ist die *Erfüllung* eines Anspruchs, weil dieser grundsätzlich dadurch erlischt (§ 362 I BGB, vgl. aber § 367 BGB). Ergibt sich, dass der vom Gegner seines Mandanten geltend gemachte Anspruch ohne jeden Zweifel zu bejahen ist, kann es sinnvoll sein, dem Mandanten neben einem sonstigen prozessual taktischen Vorgehen[57] zu einer Erfüllung zu raten. Dann aber dürfen sich keine Anhaltspunkte für ein Leistungshindernis, insbesondere für die Insolvenz des Mandanten, ergeben. Außerdem sollte ein derartiger Rat grund- **50**

57 Vgl. → Rn. 47 ff.

sätzlich nur erteilt werden, wenn dem Mandanten ein Vorteil aufgezeigt werden kann, den er allein bei einem prozessualen Vorgehen nicht erlangt.

Beispiele:
- Der geltend gemachte Zinssatz übersteigt die üblichen Sollzinsen erheblich.
- Der Kläger (= Mandant) macht eine dem Grunde und der Höhe nach berechtigte Werklohnforderung geltend. Der Beklagte beruft sich wegen unstreitiger Mängel, deren Beseitigung er verlangt, auf ein Zurückbehaltungsrecht. Der Kläger hat die prozessuale Möglichkeit, seinen Zahlungsantrag einzuschränken und eine Zug-um-Zug-Verurteilung zu beantragen. Da sich der Streitwert bei einer solchen Vorgehensweise nicht verändert,[58] wird es sich prozesskostenmäßig nicht nachteilig auswirken. Die Erfüllung, dh die Beseitigung der Mängel durch den Kläger während des Prozesses, kann demgegenüber den zusätzlichen Vorteil haben, dass ohne die dann zu erfolgende Zug-um-Zug-Verurteilung im Vollstreckungsverfahren kein Streit über die Ordnungsmäßigkeit der Mängelbeseitigung aufkommen kann (vgl. § 756); dieser eventuelle Streitpunkt müsste schon im Erkenntnisverfahren geklärt werden. Außerdem kann die frühzeitige Mängelbeseitigung deshalb vorteilhaft sein, weil der Kläger möglicherweise nur dann seinen Subunternehmer in Anspruch nehmen könnte, während ansonsten die Verjährung droht. Je nach Art des Mangels kann auch der Beseitigungsaufwand im Laufe der Zeit größer werden, so zB bei Eintritt von Feuchtigkeit.

51 Eine Erfüllung ist dem Mandanten ferner in jedem Fall anzuraten, wenn erst dadurch das von ihm geltend gemachte Recht entsteht bzw. durchsetzbar wird.

Beispiel: Der Mandant macht einen Werklohnanspruch geltend; die Abnahme ist nicht erfolgt. Es bestehen unstreitig Mängel, deren Beseitigung der Beklagte verlangt. Bei dieser Konstellation ist die Werklohnforderung nicht fällig (vgl. § 641 I BGB). Nur wenn der Kläger die Mängel ordnungsgemäß beseitigt, ist die Berufung des Beklagten auf die fehlende Abnahme treuwidrig mit der Folge, dass dann Fälligkeit eintritt.
In derartigen Fällen ist nach Feststellung der fehlenden Fälligkeit die Mängelbeseitigung zu unterstellen und hiervon ausgehend die Rechtslage zu überprüfen. Im Rahmen der Zweckmäßigkeitserwägungen kann dann ausgeführt werden:

Wie bereits festgestellt, ist die Werklohnforderung nur dann fällig und die Klage damit begründet, wenn der Kläger die Mängel … ordnungsgemäß beseitigt. Hierzu ist der Mandant unter Aufzeigen der Konsequenzen aufzufordern.

52 Der Anwalt kann auch insoweit Einfluss auf den Sachverhalt nehmen, als er dem Mandanten zur Ausübung eines *Gestaltungsrechts* oder zur Geltendmachung einer nicht von Amts wegen zu beachtenden *Einrede im Sinne der ZPO*[59] rät.

Beispiele:
- Gestaltungsrechte: Kündigung, Rücktritt, Anfechtung, Minderung, Genehmigung, Geltendmachung eines Vorkaufsrechts, Aufrechnung, Ausschlagung der Erbschaft
- Einreden im Sinne der ZPO: Verjährungseinrede (§ 214 BGB), Zurückbehaltungsrecht (§ 273 I, II BGB), Bereicherungseinrede (§ 821 BGB)

Ob diese Rechte zu einem für den Mandanten günstigen Ausgang des Rechtsstreites führen, ist grundsätzlich schon in den Stationen zu erörtern; dabei ist nur festzustellen, dass das Gestaltungsrecht ausgeübt bzw. die Einrede erhoben werden muss; sodann ist hiervon ausgehend die Rechtslage zu überprüfen. Die Frage, ob das Recht tatsächlich geltend gemacht werden soll, ist dagegen im Rahmen der Zweckmäßigkeitserwägungen zu behandeln. Wird ein Einredetatbestand bejaht, reicht insoweit in der Regel folgende Feststellung aus:

---

58 Vgl. → G Rn. 26; eingehend *Anders/Gehle* Streitwert-Lexikon Stichwort »Zug-um-Zug-Leistung«, Rn. 1.

59 Vgl. zur Terminologie → A Rn. 97.

Erhebt der Beklagte die Einrede der Verjährung, wird die Klage abgewiesen. Ein solches Vorgehen ist ihm anzuraten.

Weitere taktische Überlegungen werden bei dieser Konstellation selten zu stellen sein, da eine Einrede für den Mandanten grundsätzlich günstig ist. Eine Ausnahme kann sich zB beim Zurückbehaltungsrecht ergeben, das lediglich zu einer Zug-um-Zug-Verurteilung führt (vgl. § 274 BGB). Hier kann es sinnvoll sein, das Zurückbehaltungsrecht nur hilfsweise neben einer Aufrechnung wegen derselben Forderung geltend zu machen.

Die Ausübung von Gestaltungsrechten ist für den Mandanten nicht in jedem Fall günstig, sodass hier Ausführungen im Rahmen der Zweckmäßigkeitserwägungen erforderlich sein können. Dabei ist in jedem Fall gedanklich zu prüfen, wie sich die Rechtslage nicht nur im Hinblick auf den Gegenanspruch, sondern auch im Übrigen entwickelt. 53

Beispiel: Hat ein Nichtberechtigter über einen Gegenstand verfügt, der dem Mandanten gehörte, und ist die Verfügung diesem gegenüber wegen § 935 BGB unwirksam, ergibt sich gegenüber dem Verfügenden ein Anspruch auf Herausgabe des Erlangten nach § 816 I BGB, wenn der Mandant das Rechtsgeschäft genehmigt. Für den Mandanten kann es jedoch vorteilhafter sein, die Genehmigung nicht zu erteilen und von dem Erwerber die Herausgabe zu verlangen, so zB, wenn unter Wert veräußert worden oder wenn der Veräußerer insolvent ist.

Eine weitere Gestaltungsmöglichkeit besteht für den Anwalt des Beklagten im Hinblick auf prozessuale Rügen (§§ 39, 267, 269 II 4, 295), die prozesshindernden Einreden (§§ 110 I, 269 VI, 1032 I) und das Erfordernis der Zustimmung (§§ 263, 269 II 1, 3).[60] Ist der Ausgang eines Rechtsstreits für den Beklagten auch materiell positiv zu beurteilen, wird in der Regel von der Rüge oder Geltendmachung der Einrede abzuraten sein. 54

Beispiel: Das von dem Kläger angerufene Gericht ist nicht zuständig. Bei rügelosem Einlassen würde eine Zuständigkeit nach § 39 begründet. Ist das Klagevorbringen zB unschlüssig, sollte auf die Rüge verzichtet werden. Ansonsten würde der Rechtsstreit auf Antrag an das zuständige Gericht verwiesen – dies führt zu Verzögerungen – oder die Klage würde als unzulässig abgewiesen mit der Folge, dass sie erneut bei dem zuständigen Gericht erhoben werden könnte.

Ist die Klage auch im Übrigen unzulässig, sollte grundsätzlich die Rüge oder die prozesshindernde Einrede erhoben werden. Besonderheiten ergeben sich aber auch hier wegen der Möglichkeit einer Verweisung an das zuständige Gericht.

Würde der Prozess ohne Rüge oder Geltendmachung der prozesshindernden Einrede zuungunsten des Beklagten ausgehen, kann sein Interesse darin bestehen, ein Prozessurteil zu seinen Gunsten zu erstreiten oder zu erreichen, dass zB eine Klageänderung als unzulässig angesehen wird. Auch in diesem Fall muss der Anwalt dem Mandanten zur Rüge oder zur Geltendmachung der prozesshindernden Einrede raten.

Beispiel: Der Kläger hat das unzuständige Gericht angerufen. Der Beklagte befindet sich in vorübergehenden Liquiditätsschwierigkeiten, hofft aber, in Kürze die Klageforderung begleichen zu können.

cc) Umfang des Vortrags

Der Anwalt kann in gewissem Umfang den Streitstoff durch eine entsprechende Fassung der Schriftsätze oder der mündlichen Erklärungen bestimmen. Das bedeutet 55

60 Vgl. → A Rn. 78 ff. (§§ 263, 269).

allerdings nicht, dass er unvollständig oder nicht wahrheitsgemäß vortragen kann. Die Parteien unterliegen nach § 138 I der Wahrheitspflicht.[61] Deshalb stellt es einen groben Fehler dar, wenn Kandidaten in der Zweckmäßigkeitsstation Überlegungen zu einer Sachverhaltsmanipulation anstellen. Gleichwohl muss der Anwalt, der seinem Mandanten zur Klageerhebung oder zur Verteidigung gegen eine erhobene Klage rät, immer überlegen, wie der Sachverhalt darzustellen ist. Von besonderer Bedeutung sind in diesem Zusammenhang die Verspätungsvorschriften.[62] Bei allen taktischen Überlegungen muss der Anwalt immer vor Augen haben, dass uU der Sachvortrag, den er zunächst zurückhalten will, möglicherweise zu einem späteren Zeitpunkt wegen Verspätung unbeachtlich ist.[63]

56 Im Einzelfall kann es problematisch sein, ob neben den streiterheblichen *Tatsachen* auch *Rechtsansichten* vorzutragen sind. Bei komplizierten Rechtsfragen ist sicherlich die Darstellung von Rechtsansichten geboten. Außerdem sind Ausführungen zu Rechtsansichten erforderlich, wenn es sich um Rechtstatsachen handelt oder wenn ansonsten einzelne Tatsachen nicht verständlich wären, wie zB innere Tatsachen oder Hilfstatsachen.[64] Zu der Frage, ob in den Schriftsätzen auch Rechtsansichten dargestellt werden sollen, hat man nur Stellung zu nehmen, wenn dies problematisch ist.

57 Im Einzelfall muss ferner überlegt werden, in welchem Umfang Tatsachen in den Schriftsätzen darzustellen sind. Hier sind insbesondere Fragen der *Substantiierung*, des einfachen oder qualifizierten Bestreitens sowie des Bestreitens mit Nichtwissen (§ 138 IV) zu behandeln, wobei auch Überlegungen zur Darlegungslast erforderlich werden können.[65] Dabei sollte immer zu einem ausdrücklichen Bestreiten geraten werden, da die ansonsten vom Gericht vorzunehmende Abgrenzung eines konkludenten Bestreitens von einem konkludenten Zugestehen (§ 138 III) für den Mandanten risikoreich sein kann. Ferner muss der Anwalt überprüfen, ob seinen Mandanten eine *sekundäre Darlegungslast* trifft, so zB bei negativen Tatsachen.[66] Außerdem muss der Anwalt überlegen, ob und in welchem Umfang er Beweise antreten soll. Hier spielt die Beweislast eine wesentliche Rolle.

58 Der Anwalt kann auch darüber entscheiden, ob er sich neben dem *Hauptvorbringen* auf ein *Hilfsvorbringen* berufen will, sei es dadurch, dass er sich den Vortrag des Gegners oder einen neuen Sachverhalt, den Zeugen dargestellt haben, hilfsweise zu eigen macht, sei es, dass er sich hilfsweise auf eine bisher nicht vorgetragene Sachverhaltsvariante beruft, um seinen prozessualen Anspruch zweifach zu begründen.[67] Ein Verstoß gegen die Wahrheitspflicht ist in derartigen Fällen nicht anzunehmen.[68] In der Regel sollten die rechtlichen Erwägungen zu Haupt- und Hilfsvorbringen bereits in den Darlegungsstationen erfolgen. Die Frage, ob sich der Mandant tatsächlich auf

---

61 Vgl. zum Umfang der Erklärungspflicht: Thomas/Putzo/*Seiler* ZPO § 138 Rn. 4 ff.

62 Vgl. näher → I Rn. 1 ff.

63 BGH NJW 2010, 376 (Nachlässigkeit iSv § 531 II Nr. 3 bejaht, wenn Sachverhalt für die erste Instanz unstreitig gestellt und sich das Bestreiten für das Berufungsverfahren vorbehalten wurde); vgl. auch → S Rn. 21.

64 Vgl. näher → A Rn. 27 ff.

65 Vgl. → A Rn. 34 f., 101 ff., 118; vgl. auch *Dötsch* MDR 2014, 1363.

66 Vgl. → A Rn. 34.

67 Vgl. näher → J Rn. 8 ff.

68 Vgl. → A Rn. 126, → J Rn. 11.

ein Hilfsvorbringen berufen soll, gehört in die Zweckmäßigkeitserwägungen und hängt unter anderem vom Ergebnis der Darlegungsstationen ab.

Der Anwalt des Klägers kann auch bestimmen, ob er sich auf einen oder mehrere Streitgegenstände beruft.[69] Er hat zB die Möglichkeit, mehrere Sachverhalte vorzutragen und/oder mehrere Anträge kumulativ, alternativ, eventualiter oder in einem Stufenverhältnis darzustellen.[70] Entsprechendes gilt für den Anwalt des Beklagten im Hinblick auf eine Widerklage und teilweise im Hinblick auf eine Aufrechnung, die primär oder hilfsweise erfolgen kann.[71] Die rechtlichen Erwägungen zu den Sachverhaltsvarianten und zu den Anträgen sollten in der Regel bereits in den Stationen erfolgen. Im Rahmen der Zweckmäßigkeitserwägungen sind in diesem Zusammenhang zB die Fragen zu behandeln, in welchen Fällen sich der Streitwert und damit das Kostenrisiko erhöht, in welchen Fällen eine zusätzliche Beweisaufnahme und damit unter Umständen eine Verzögerung zu erwarten ist, in welchen Fällen das Gericht an die Reihenfolge gebunden ist und wann bei einer nachträglichen Begründung § 263 eingreifen kann. Unter Berücksichtigung dieser Umstände ist zu überlegen, welche Vorgehensweise für den Mandanten günstig ist. 59

c) Prozessuale Überlegungen

aa) Rat vor Klageerhebung

Soll der Anwalt den Mandanten darüber beraten, ob gerichtliche Schritte einzuleiten sind, und werden die Erfolgsaussichten positiv beurteilt, können folgende Überlegungen anzustellen sein: 60

- Ist der Gegner noch nicht zur Leistung aufgefordert worden und hat er eine solche auch nicht von sich aus abgelehnt, ist immer *§ 93* zu berücksichtigen. Das bedeutet, dass der Kandidat vorschlagen muss, vor Klageerhebung den Gegner unter Fristsetzung zur Leistung aufzufordern. Ansonsten besteht die Gefahr, dass dieser den Klageanspruch im Sinne des § 93 »sofort« anerkennt und dem Mandanten dann die Kosten des Rechtsstreits auferlegt werden.[72]
- Geht es darum, möglichst *schnell einen Titel* zu erlangen, etwa, weil die Insolvenz des Gegners droht, ist zu überlegen, ob ein Mahnverfahren mit dem Ziel, einen Vollstreckungsbescheid zu erlangen (vgl. §§ 699 f., 794 I Nr. 4), empfehlenswert ist.[73] Davon ist wegen des erhöhten Zeitaufwandes abzuraten, wenn von vornherein mit einem Widerspruch gegen den Mahnbescheid (§ 694 I) gerechnet werden muss, etwa, weil der Gegner seine Verteidigungsabsicht bereits deutlich zu erkennen gegeben hat. 61
- Ein *schneller Titel*, nämlich ein Vorbehaltsurteil, ist auch im Urkunds-, Wechsel- und Scheckprozess zu erlangen (vgl. §§ 592 ff.). Die Zulässigkeit eines solchen Verfahrens und die Frage, ob die anspruchsbegründenden Tatsachen durch Urkunden sowie die anderen Tatsachen durch Urkunden oder durch Parteivernehmung auf Antrag zu beweisen sind, müssen in der Regel schon in den Darlegungsstationen behandelt worden sein (Zulässigkeitsstation, Beweisprognosestation).

---

69 Vgl. zum Streitgegenstand → J Rn. 1.
70 Vgl. → J Rn. 13 (Alternativantrag), → K Rn. 1 (Haupt- und Hilfsantrag), → N Rn. 1, 8 ff. (Stufenklage).
71 Vgl. → G Rn. 1 ff. (Aufrechnung); → M Rn. 1 ff. (Widerklage).
72 Vgl. zu § 93 Rn. → A Rn. 195.
73 Vgl. zum Vollstreckungsbescheid → H Rn. 25.

Bei den Zweckmäßigkeitserwägungen sind uU die Vor- und Nachteile eines normalen Verfahrens und eines Urkundsverfahrens einschließlich evtl. Risiken abzuwägen.[74]

62 • Im Einzelfall kann es ferner angebracht sein, zunächst nur *einen Teil der Forderung* einzuklagen, wenn dieser Teil unstreitig ist, im Übrigen aber eine umfangreiche Beweisaufnahme erwartet werden kann, die zu erheblichen Verzögerungen führen würde, eine Verjährung aber nicht droht. Dabei ist die Möglichkeit in Erwägung zu ziehen, dass der Kläger immer noch während des Prozesses den anderen Teil der Forderung anhängig machen kann (vgl. § 264 Nr. 2). Auf der anderen Seite kann nicht sicher damit gerechnet werden, dass das Gericht ein Teilurteil nach § 301 I erlässt, zumal dies in seinem Ermessen steht (§ 301 II).

63 • Droht der *Ablauf der Verjährungsfrist*, muss der Anwalt des Gläubigers Sorge dafür tragen, dass die Verjährung gehemmt wird. Dabei ist insbesondere § 204 BGB zu berücksichtigen, wonach die Verjährung zB gehemmt wird durch Erhebung der Klage (Abs. 1 Nr. 1) oder durch Zustellung eines Mahnbescheides (Abs. 1 Nr. 3). Besondere Bedeutung hat in diesem Zusammenhang § 167, nach dem ausnahmsweise die Verjährungshemmung bereits mit Eingang der Antragsschrift bei Gericht eintritt, wenn die Zustellung »demnächst« erfolgt. Entsprechendes ist in § 691 II für die Zustellung der Zurückweisung des Mahnantrages und in § 696 III für die Abgabe nach Erhebung des Widerspruchs geregelt. Sinn dieser Vorschriften ist, dass die Partei keinen unmittelbaren Einfluss auf den Zeitpunkt der Zustellung bzw. die Abgabe hat; dementsprechend ist das Merkmal »demnächst« bzw. »alsbald« dann zu bejahen, wenn die Zustellung (oder Abgabe) innerhalb einer nach den Umständen angemessenen, selbst längeren Frist erfolgt, sofern die Partei alles ihr Zumutbare für eine alsbaldige Zustellung getan hat und schutzwürdige Belange der Gegenpartei nicht entgegenstehen.[75] Daher muss der Anwalt insbesondere darauf achten, dass die Förmlichkeiten eingehalten und die erforderlichen Vorschüsse (vgl. §§ 6 ff. GKG) bezahlt werden. Darauf hat er seine Partei hinzuweisen.

64 • Werden *mehrere Forderungen* geltend gemacht, ist auf deren genaue Individualisierung zu achten.[76]

65 • Geht es dem Mandanten um *wiederkehrende*, schon fällige *Leistungen* (zB rückständige Mieten oder Gehaltsforderungen), kann Anlass zu Überlegungen bestehen, ob neben den fälligen gleich auch die künftig fällig werdenden Beträge eingeklagt werden sollen. Neben der Frage, ob das Gericht die Voraussetzungen der §§ 258, 259 voraussichtlich bejahen wird, müssen insoweit Streitwertfragen und das Kostenrisiko mit berücksichtigt werden.[77]

---

74 Vgl. → Q Rn. 1; zu den Besonderheiten der Anwaltsklausur → Q Rn. 40.

75 Vgl. BGH NJW 2006, 3206 (mehrere Monate); BGH NJW 2008, 1672 (§ 696 III); BGH NJW 2009, 1213 (§ 696 III); BGH NJW 2011, 1227 (zur Berechnung der Verzögerung); BGH NJW 2015, 1761 (§ 167 erfasst auch die durch Heilung wirksam gewordene Zustellung); BGH NJW 2015, 3101 (zuzurechnende Verzögerung von 14 Tagen unschädlich); BGH NJW 2016, 568 (Zeit bis zum Ablauf der Klagefrist des § 46 I 2 WEG wird nicht mit berücksichtigt – fehlende Gerichtskostenvorschussaufforderung); BGH NJW-RR 2006, 789 (2 Wochen unschädlich auch bei Nachlässigkeit); BGH MDR 2003, 568 (Kausalität); OLG Hamm MDR 2002, 1211 (4 Monate); OLG Hamburg NJW-RR 2003, 286 (fehlerhaft ausgefüllter Mahnbescheid); OLG Frankfurt a.M. NJW 2014, 3667 (Untätigkeit nach Streitwertfestsetzung); BAG NJW 2013, 252 (Auslandszustellung – 19 Monate); zum Merkmal »demnächst« in § 204 I Nr. 14 BGB: BGH NJW 2016, 151 (falsche Adresse des Schuldners im PKH-Antrag). Vgl. auch → A Rn. 63.

76 BGH Rpfleger 2001, 89; NJW 2005, 2004.

77 Vgl. *Anders/Gehle* Streitwert-Lexikon Stichwort »Künftige Leistung«.

- Bekundet der Mandant von vornherein (auch) sein Interesse an noch nicht fälligen oder anderen künftigen Leistungen oder soll die Rechtslage umfassend geprüft werden, gehören Ausführungen zu *§§ 258, 259* bereits in die Zulässigkeitsstation. Eine Frage der Zweckmäßigkeit kann es dann aber sein, ob man den höheren Streitwert bei Geltendmachung künftiger Leistungen in Kauf nimmt. In diesem Zusammenhang kann auch eine Feststellungsklage in die Überlegungen mit einbezogen werden. Dabei ist aber zu berücksichtigen, dass ein Vollstreckungstitel zur Hauptsache nicht erlangt wird. 66
- Kommen *mehrere Möglichkeiten für ein gerichtliches Vorgehen* in Betracht, 67

  Beispiele:
  - § 766 und § 767/§ 771
  - § 732 und § 768

  ist grundsätzlich schon bei der Frage der optimalen Zielerreichung darauf sowie auf das Verhältnis der betreffenden Möglichkeiten untereinander einzugehen. Stehen diese nebeneinander, sind sie rechtlich kumulativ zu überprüfen. Bei den Zweckmäßigkeitserwägungen müssen dann wirtschaftliche, insbesondere Kostengesichtspunkte behandelt werden. Dabei hat sich der Kandidat auch mit den jeweiligen Folgen in der Zukunft zu beschäftigen.
- Zu den prozessualen Möglichkeiten, die vor Klageerhebung zu erwägen sind, gehören ferner Fragen, *wie viele Anträge* in welchem Verhältnis gestellt werden sollen. Diese Frage ist bereits behandelt worden, weil dadurch gleichzeitig auf den Prozessstoff unmittelbar Einfluss genommen wird.[78] 68
- Es kann auch zu überlegen sein, ob neben einer Klageerhebung *einstweiliger Rechtsschutz*, Arrest oder einstweilige Verfügung (§§ 916 ff.), begehrt werden soll. Anlass hierzu besteht immer dann, wenn sich der Rechtsrat nach der Aufgabenstellung auf ein Klageverfahren bezieht, aber Anhaltspunkte für einen Arrest- oder Verfügungsgrund gegeben sind. In derartigen Fällen sind im Rahmen der Zweckmäßigkeitserwägungen neben Kostengesichtspunkten und einer eventuellen Erörterung zu §§ 923, 924, 926 die Zulässigkeit und Begründetheit des Arrestes bzw. der einstweiligen Verfügung zu behandeln. Dabei kann im Hinblick auf den Arrest- bzw. Verfügungsanspruch auf die Ausführungen in den Darlegungsstationen weitgehend Bezug genommen werden. Wenn die Aufgabenstellung von vornherein eine Prüfung des einstweiligen Rechtsschutzes vorgibt, gehören diese Ausführungen naturgemäß schon in die einzelnen vorgeschalteten Abschnitte. 69

bb) Kostengesichtspunkte

Von wesentlicher Bedeutung für die Zweckmäßigkeitserwägungen sind unabhängig von der Parteistellung Kostengesichtspunkte. In jedem Fall muss der Anwalt seinen Mandanten zu einem möglichst kostengünstigen Verhalten veranlassen. 70

- Ob Reisekosten eines nicht ansässigen Rechtsanwalts erstattungsfähig nach § 91 II 1 sind, hängt davon ab, ob die Zuziehung zur zweckentsprechenden Rechtsverfolgung oder zur Rechtsverteidigung erforderlich ist.[79]
- Stellt der Anwalt des Klägers fest, dass die Klage keine Aussicht auf Erfolg hat, sollte er grundsätzlich unter Hinweis auf Kostengesichtspunkte von einer Klage abraten. 71

78 Vgl. → A Rn. 12 ff.; → K Rn. 1 ff. (Haupt- und Hilfsantrag).
79 Zöller/*Herget* ZPO § 91 Rn. 13, »Auswärtiger Anwalt«.

72 • Wird die Klage nach Klageerhebung durch ein Ereignis unzulässig oder unbegründet, wie zB durch Zahlung der Klageforderung nach Rechtshängigkeit, muss der klägerische Anwalt in jedem Fall den Rechtsstreit für *erledigt* erklären.[80] Ansonsten würde die Klage abgewiesen, und zwar mit einer für den Kläger ungünstigen Kostenentscheidung, weil es auf den Zeitpunkt der letzten mündlichen Tatsachenverhandlung ankommt. Wird der Beklagte vertreten und hat der Kläger den Rechtsstreit für erledigt erklärt, muss der Anwalt überlegen, ob er sich der Erledigungserklärung anschließen soll mit der Folge, dass dann die Rechtshängigkeit entfällt und nur noch über die Kosten nach § 91a zu entscheiden ist.[81] Schließt sich der Beklagte der Erledigung nicht an, entscheidet das Gericht über den dann gestellten Antrag, festzustellen, dass der Rechtsstreit erledigt ist.[82]

73 • Stellt der Anwalt des Klägers nach Klageerhebung fest, dass die *Klage* von vornherein *unzulässig* oder *unbegründet* war, sollte er nicht zu einer Erledigungserklärung raten. Dabei ist zu berücksichtigen, dass sich der Beklagte einer Erledigungserklärung möglicherweise nicht anschließt. Dann wird ein streitiges Verfahren mit allen Kostenfolgen durchgeführt, obwohl von vornherein feststeht, dass der Kläger verliert. In einem derartigen Fall kann der Kläger das Verfahren aber abkürzen und sich einen Teil der Kosten ersparen, wenn er die Klage zurücknimmt (§ 269) oder auf die Klageforderung verzichtet (§ 306). Dann hat er zwar die Kosten des Rechtsstreits zu tragen, nach § 269 III 2 bei der Klagerücknahme und nach § 91 I 1 beim Klageverzicht. Der Vorteil für ein solches Vorgehen besteht aber darin, dass sich nach Nr. 1211 KV als Anlage 1 zum GKG der Gebührensatz für die Verfahrensgebühr der ersten Instanz von drei auf eins ermäßigt (vgl. Nr. 1210 KV als Anlage 1 zum GKG). In der zweiten und dritten Instanz ermäßigt sich der Gebührensatz ebenfalls bei Zurücknahme des Rechtsmittels bzw. bei Klagerücknahme (vgl. Nr. 1221, 1222, 1231, 1232 des KV als Anlage 1 zum GKG). Entsprechende Gebührentatbestände gelten auch für die Rechtsanwaltsgebühren (vgl. Nr. 3101, 3201 des VV als Anlage 1 zum RVG). Darüber hinaus hat der Kläger auch die Möglichkeit, in der mündlichen Verhandlung nicht zu erscheinen oder nicht zu verhandeln (§ 333), dh säumig zu sein. Stellt der Beklagte in dieser Situation einen Antrag auf Erlass eines Versäumnisurteils und ergeht ein solches, ermäßigt sich der Gebührensatz für die Terminsgebühr des Rechtsanwalts (vgl. Nr. 3104, 3105 VV als Anlage 1 zum RVG). Der Unterschied zwischen den aufgezeigten Möglichkeiten besteht darin, dass ein Versäumnisurteil gegen den Kläger nur ergeht, wenn der Beklagte dies beantragt. Auch bei der Klagerücknahme ist eine Mitwirkung des Beklagten, nämlich seine Einwilligung, erforderlich, wenn bereits mündlich verhandelt wurde. Beim Verzicht kann hingegen ein Urteil im Sinne des § 306 auch ergehen, wenn der Beklagte dies nicht beantragt.[83] Im Übrigen entfällt nur bei der Klagerücknahme die Rechtshängigkeit (§ 269 III 1), und es ergeht keine der Rechtskraft fähige Entscheidung über den Klageanspruch. Welche Möglichkeit dem Mandanten günstig ist, hängt vom Einzelfall ab.[84]

---

80 Vgl. → P Rn. 1; zu den Besonderheiten der Anwaltsklausur → P Rn. 73 f.

81 Vgl. → P Rn. 4; zu den Besonderheiten der Anwaltsklausur → P Rn. 73 f.

82 Vgl. zur einseitigen Erledigung → P Rn. 34; zu den Besonderheiten der Anwaltsklausur → P Rn. 73 f.

83 Vgl. → P Rn. 1.

84 Zu Kostengesichtspunkten vgl. auch → A Rn. 179 ff.

- Stellt der Anwalt des Beklagten fest, dass die *Verteidigung keine Aussicht* auf Erfolg hat, kann eine Erfüllung der Klageforderung ratsam sein.[85] Wenn dies geschieht, wird der Kläger regelmäßig eine Erledigungserklärung abgeben, der sich der Beklagte anschließen sollte.[86] Besonders günstig ist ein solches Vorgehen für den Beklagten, wenn im Rahmen der Entscheidung nach § 91a zu seinen Gunsten andere Billigkeitserwägungen unabhängig vom bisherigen Sach- und Streitstand zu berücksichtigen sind. Bei dieser Konstellation ergeben sich deshalb auf dem materiell-rechtlichen Weg, nämlich der Erfüllung, besondere Vorteile. **74**
  Unabhängig von einer Erfüllung kann der Beklagte prozessual reagieren, wenn seine Verteidigung keine Aussicht auf Erfolg hat. Er kann zB die Klageforderung anerkennen mit der Folge, dass unabhängig von einem Antrag des Klägers ein Anerkenntnisurteil ergeht.[87] Das hat den kostenmäßigen Vorteil, dass sich der Satz der Verfahrensgebühr ermäßigt (vgl. Nr. 1210, 1211, 1222, 1232 KV als Anlage 1 zum GKG). Darüber hinaus sind bei Vorliegen der weiteren Voraussetzungen des § 93 die Kosten des Rechtsstreits dem Kläger aufzuerlegen.[88] Zwingende Voraussetzung für die Anwendbarkeit des § 93 ist im Übrigen nicht, dass der Beklagte erfüllt,[89] sodass das prozessuale Vorgehen – Anerkenntnis – ausreichen kann.
- Der Beklagte hat auch die Möglichkeit, in der mündlichen Verhandlung nicht zu erscheinen oder nicht zu verhandeln (§ 333). Bei einem entsprechenden Antrag des Klägers ergeht gegen ihn ein Versäumnisurteil, das gegenüber einem streitigen Urteil kostengünstiger ist.[90] Für den Beklagten ist der Umstand, dass eine Mitwirkung des Klägers erforderlich ist, grundsätzlich kein Nachteil, zumal er keinen Vorschuss nach §§ 6 ff. GKG entrichten musste. Im Einzelfall kann es ihm allerdings um die Rückerstattung von nicht verbrauchten Kostenvorschüssen für Zeugen und Sachverständige (§ 379) gehen. **75**
- Bei den Kostenüberlegungen ist immer an *§ 93* zu denken. Wie bereits dargestellt,[91] muss der Kläger diese Vorschrift schon vor der Klageerhebung berücksichtigen und den Beklagten, soweit noch nicht geschehen, zuvor zur Leistung auffordern. Für den Beklagten ist ein Anerkenntnis eine der Möglichkeiten, bei mangelnden Erfolgsaussichten der Verteidigung in gewissem Umfang Kosten zu sparen.[92] Wegen § 93 muss er auch berücksichtigen, dass das Anerkenntnis »sofort«, dh bei der ersten sich bietenden Gelegenheit, zu erklären ist. Das ist in der Regel in der ersten mündlichen Verhandlung. Im Einzelfall kann dies aber auch ein späterer Zeitpunkt sein, so zB unter Umständen bei einer Klage nach § 771 oder in einem Haftpflichtprozess. **76**

cc) Vollstreckungsgesichtspunkte

Im Rahmen der Zweckmäßigkeitserwägungen können Vollstreckungsfragen von Bedeutung sein. **77**

---

85 Vgl. hierzu → Rn. 50 f.
86 Vgl. näher → P Rn. 75 ff.
87 Vgl. → A Rn. 105; BGH MDR 2014, 982 = NJW-RR 2014, 831 (Anerkenntnis des Revisionsbeklagten durch den zweitinstanzlichen Prozessbevollmächtigten vor der Revisionsbegründung).
88 Vgl. → A Rn. 195.
89 Vgl. → A Rn. 195 mwN.
90 Vgl. → H Rn. 1 ff.
91 Vgl. oben → Rn. 60.
92 Vgl. oben → A Rn. 195; oben → Rn. 60.

- Auch wenn die Art der Sicherheitsleistung vom Gericht nach freiem Ermessen bestimmt wird (§ 108 I 1),[93] ist zu überlegen, ob eine andere Art der Sicherheitsleistung angeregt werden soll. Da nach § 108 I 2 die Sicherheitsleistung durch die schriftliche, unwiderruflich, unbedingte und unbefristete Bürgschaft eines im Inland zum Geschäftsbetrieb befugten Kreditinstituts oder durch Hinterlegung von Geld bzw. Wertpapieren zu erfolgen hat, wenn das Gericht keine andere Bestimmung trifft oder die Parteien etwas anderes nicht vereinbart haben, ist die Anregung einer Bankbürgschaft nicht erforderlich.

78 - Der Anwalt muss sich gedanklich immer mit der Frage beschäftigen, ob er für seinen Mandanten einen Antrag nach §§ 710, 711 S. 3, 712, 720a III oder 721 stellen soll. Diese Vorschriften dienen dem Schutz des Vollstreckungsgläubigers oder des Vollstreckungsschuldners und setzen deshalb eine besondere Notsituation voraus.[94] Nur wenn sich insoweit Anhaltspunkte ergeben, besteht Anlass, hierzu Ausführungen zu machen.

79 - Liegt bereits ein vollstreckbarer Titel vor und geht es um die Fortsetzung des Verfahrens mit dem Ziel, den Titel zu beseitigen,

> **Beispiele:** Berufung, Revision, Einspruch gegen Versäumnisurteil oder Vollstreckungsbescheid, Wiederaufnahme des Verfahrens, Nachverfahren nach Vorbehaltsurteil

muss der Anwalt des Vollstreckungsschuldners immer einen Antrag auf *vorläufige Einstellung der Zwangsvollstreckung* nach §§ 707, 719 in Erwägung ziehen.[95] Dasselbe gilt für die Wiedereinsetzung in den vorigen Stand (§ 707), die Erinnerung nach § 732 I oder nach § 766 (vgl. §§ 732 II, 766 I 2) und für die Gestaltungsklagen nach §§ 766, 768 (vgl. § 769) sowie nach § 771 (§§ 771 III, 769). Darüber hinaus findet § 707 auf verschiedene weitere Fallkonstellationen entsprechende Anwendung, wie zB bei § 924 III 2 und bei einem Streit um die Wirksamkeit des Prozessvergleichs.[96] Dabei ist insbesondere zu berücksichtigen, dass in den Fällen, in denen der Gläubiger nur gegen Sicherheitsleistung vollstrecken kann, zwar wohl das Rechtsschutzbedürfnis für einen Einstellungsantrag besteht, dieser Antrag gleichwohl in der Regel zurückgewiesen werden muss.[97] Außerdem kommt es unter anderem auf die Erfolgsaussichten im Hauptsacheverfahren an.[98]

dd) Streitverkündung

80 Kommen im Falle eines ungünstigen Prozessausganges Ansprüche gegen einen Dritten in Betracht, ist eine Streitverkündung nach §§ 72 f. in Erwägung zu ziehen.

> **Beispiel:** Der Kläger möchte den zahlungskräftigen X auf Zahlung des Kaufpreises verklagen. Er legt dar, dass dessen Bruder Z den Kaufvertrag im Namen und in Vollmacht des X geschlossen habe. X bestreitet dies.
> Wenn die Klage gegen X abgewiesen wird, weil Z nicht in fremdem Namen gehandelt hat – dies ist vom Kläger zu beweisen –, kann Z nach § 433 II BGB in Anspruch genommen werden. In diesem Fall sollte von vornherein eine Streitverkündigung gegenüber Z in Betracht gezogen werden.

Im Rahmen der Zweckmäßigkeitserwägungen hat sich der Kandidat mit der möglichen Haftung des Dritten, mit Beweislastfragen im laufenden und im erwarteten

93 Vgl. → A Rn. 216.
94 Vgl. näher *Anders/Gehle* Antrag und Entscheidung Teil C, Rn. 84 ff.
95 Vgl. näher *Anders/Gehle* Antrag und Entscheidung Teil C, Rn. 113 ff.
96 Vgl. näher *Anders/Gehle* Antrag und Entscheidung Teil C, Rn. 114 f.; vgl. auch → A Rn. 78.
97 Vgl. *Anders/Gehle* Antrag und Entscheidung Teil C, Rn. 117.
98 Vgl. *Anders/Gehle* Antrag und Entscheidung Teil C, Rn. 119.

Prozess, den Nebeninterventionswirkungen gemäß §§ 74 I, 68 im Nachfolgeprozess und mit Kostenfragen im Falle des Beitritts des Dritten (§ 101) zu beschäftigen. Bedeutsam können auch hier Verjährungsfragen sein, insbesondere deshalb, weil die Zustellung der Streitverkündung nach § 204 I Nr. 6 BGB die Verjährung hemmt. Auch insoweit findet § 167 Anwendung.[99] Es ist aber auch in Erwägung zu ziehen, auf die Streitverkündung zu verzichten, wenn der Dritte zu einem Verzicht auf die Verjährungseinrede veranlasst werden kann.

Bei der Frage der Streitverkündung ist zu berücksichtigen, dass deren Wirkungen, so die Nebeninterventionswirkung und auch die Verjährungshemmung, nur eintreten, wenn die Zulässigkeitsvoraussetzungen der §§ 72 f. beachtet werden; das wird erst im Nachfolgeprozess geprüft. Unter diesem Gesichtspunkt kann dem Mandanten zweckmäßigerweise anzuraten sein, von einer Streitverkündung abzusehen, wenn er durch genaue Darstellung der Drittbeziehungen seine Chance im Ausgangsprozess verschlechtert. Denn vom Inhalt der Streitverkündungsschrift nehmen auch Gericht und Gegner des laufenden Rechtsstreits Kenntnis.

ee) Vergleichsüberlegungen und Frage einer Mediation

Nach § 278 soll das Gericht **in jeder Lage des Verfahrens** auf eine (teilweise) gütliche Beilegung des Rechtstreits bedacht sein. Dem liegt die Erkenntnis zugrunde, dass eine gütliche Streitbeilegung dem Rechtsfrieden nachhaltiger dienen kann als eine Streitentscheidung.[100] Der Rechtsanwalt muss bei seinen Zweckmäßigkeitserwägungen die verschiedenden Streitbeilegungsmöglichkeiten immer vor Augen haben, wenn er einen sachgerechten Rat erteilen will. **81**

Dabei muss er auch die Kosten berücksichtigen. Bei einem gerichtlichen Vergleich ermäßigt sich der Satz der Verfahrensgebühr (vgl. Nr. 1211 Nr. 3, Nr. 1222 Nr. 3, Nr. 1232 Nr. 3 der KV als Anlage 1 zum GKG). Im Vergütungsverzeichnis als Anlage 1 zum RVG sind in derartigen Fällen zusätzliche Gebühren vorgesehen (vgl. Einigungsgebühr, Nr. 1000). Ist der Ausgang des Rechtsstreits ganz oder teilweise ungewiss und ist eine aufwendige Beweisaufnahme zu erwarten, deren Ausgang völlig offen ist, können im Einzelfall *Vergleichsüberlegungen* angebracht sein, allerdings nur, wenn die grundsätzliche Vergleichsbereitschaft des Gegners angenommen werden kann oder jedenfalls nicht auszuschließen ist. Dabei sind wirtschaftliche Gesichtspunkte von Bedeutung, dh, das Risiko eines ungünstigen Prozessausganges für den Mandanten ist gegenüber den Nachteilen im Falle eines Vergleichsabschlusses abzuwägen. Dieselben Gesichtspunkte sind auch für den Gegner zu überdenken, weil nur dann ein Ansatz für dessen Vergleichsbereitschaft gefunden werden kann. Im Einzelfall kann das Ergebnis im Rahmen der Zweckmäßigkeitserwägungen sein, dem Gegner einen Vergleichsvorschlag zuzuleiten.

Hält der Rechtsanwalt einen Vergleich für zweckmäßig, muss er weiter überlegen, ob ein *Prozessvergleich* oder ein *außergerichtlicher Vergleich* angestrebt werden soll. Dabei spielen zum einen Kostenfragen eine Rolle. Zum anderen muss Folgendes berücksichtigt werden: Zunächst sind die Vorschriften über die Hemmung der Verjährung, insbesondere § 204 I Nr. 1, 3–7 BGB, zu beachten.[101] Außerdem ist bedeutsam, dass ein Prozessvergleich nicht nur den Prozess beendet, sondern zugleich einen voll- **82**

99 Vgl. → A Rn. 69, → Rn. 63.
100 Zöller/*Greger* ZPO § 278 Rn. 1; vgl. auch → S Rn. 81.
101 Zu § 204 I Nr. 1, 4 vgl. näher *Riehm* NJW 2017, 113.

streckbaren Titel (§ 794 I Nr. 1) schafft. Darüber hinaus wird bei einem gerichtlichen Vergleich, der Vereinbarungen zur Gestaltung der materiellen Rechtslage enthält, eine eventuell erforderliche notarielle Beurkundung ersetzt (§ 127a BGB[102]). Nach § 796a besteht allerdings auch bei einem sog. *Anwaltsvergleich* die Möglichkeit, diesen unter den dort genannten Voraussetzungen für vorläufig vollstreckbar erklären zu lassen. Bei den Überlegungen, ob ein gerichtlicher Vergleich angestrebt werden soll, stellt sich ferner die Frage nach einen Vorgehen gemäß § 278 VI. Danach können die Parteien zB dem Gericht einen Vergleich schriftlich vorschlagen und das Gericht entscheidet dann durch Beschluss über das Zustandekommen und den Inhalt des Vergleichs.[103]

83 Soweit der Streit zwischen den Parteien Ausdruck eines Grundkonflikts ist, der durch den anbahnenden oder anhängigen Rechtsstreit nicht (vollständig) erledigt werden kann, bietet sich eine *Mediation* an, die auf einen Vergleich abzielt.[104] Der Unterschied zu einem herkömmlichen Vergleich besteht darin, dass der – ausgebildete – Mediator nicht selbst Lösungsvorschläge unter Einbeziehung der Sach- und Rechtslage des konkreten Falles unterbreitet, sondern auf eine Konfliktlösung durch die Parteien selbst hinwirkt. Nach § 278a I besteht für das Gericht die Möglichkeit, den Parteien eine außergerichtliche Mediation vorzuschlagen und im Falle des Einverständnisses das Ruhen des Verfahrens während der Mediation gemäß §§ 251, 278a II anzuordnen.[105] Nach § 278 V kann aber auch der Güterichter, der mit dem Streitrichter nicht identisch ist, eine Mediation durchführen. Der Rechtsanwalt muss uU überlegen, ob er gegenüber dem Gericht eine Mediation im Güterichterverfahren anregt. Die Besonderheit ist, dass ein solches Verfahren freiwillig ist und jederzeit das streitige Verfahren vor dem Spruchrichter fortgesetzt werden kann. Die im Mediationsverfahren erlangten Informationen sind bei entsprechender Vereinbarung aller Beteiligten vertraulich zu behandeln und können dann im Streitverfahren nicht verwertet werden.[106] Darüber hinaus fallen bei einer Mediation im Güterichterverfahren, die mit einem von den Parteien erarbeiteten und gestalteten Gerichtsvergleich endet, keine höheren Kosten an als bei einem (normalen) Gerichtsvergleich in der ersten Instanz.

Es ist zu erwarten, dass in Zukunft die Mediation vor dem Güterichter noch stärker als bisher bei den Zweckmäßigkeitserwägungen eine Rolle spielen wird. Denn das Güterichtermodell wird flächendeckend angeboten und ist in geeigneten Fällen eine kostengünstige Alternative für ein bereits rechtshängiges Verfahren. Außerdem setzt sich zunehmend die Erkenntnis durch, dass bei einem Vergleich, den die Parteien in geeigneten Fällen selbst erarbeitet haben, die besten Chancen zu einer raschen, interessengerechten und nachhaltigen Konfliktlösung bestehen.[107] Zu den geeigneten Fällen zählen folgende:

- Die Parteien sind persönlich verbunden (Beispiele: Nachbar-, Erb-, Familien-, Miet- und WEG-Streitigkeiten).

---

102 Vgl. näher *Zempel* NJW 2015, 2859; zur Frage des isolierten Mehrvergleichs vgl. OLG Koblenz NJW 2015, 1316.

103 BGH NJW 2015, 2965 (zum Erfordernis der Schriftform und Folge des Fehlens, § 242 BGB).

104 Vgl. Zöller/*Greger* ZPO § 278 Rn. 3c, 26a; *Greger* MDR 2014, 993.

105 Vgl. hierzu auch → S Rn. 81 (Berufungsbegründungsfrist läuft weiter!).

106 Zöller/*Greger* ZPO § 278 Rn. 26a; vgl. auch *Greger* MDR 2014, 993 ff.

107 *Greger* MDR 2014, 993.

- Die Parteien sind oder waren (längere Zeit) wirtschaftlich verbunden (Beispiele: Gesellschaftsstreitigkeiten, Baustreitigkeiten – insbesondere bei mehreren Unternehmern).
- Verfahren mit hohen Streitwerten, bei denen umfangreiche Beweisaufnahmen und damit eine lange Verfahrensdauer zu erwarten sind.

Es kann sich in derartigen Fällen lohnen, dass ein in Mediation geschulter Güterichter die Parteien anleitet, den Konflikt nicht für die Vergangenheit juristisch aufarbeiten zu lassen, sondern den Blick nach vorne zu richten und nachhaltige Lösungen für eine künftige Konfliktvermeidung zu entwickeln.[108]

ff) Weitere Erwägungen

Zweckmäßigkeitserwägungen können zu Verspätungsfragen, bei der Aufrechnung und dem Zurückbehaltungsrecht, beim Säumnisverfahren, bei Haupt- und Hilfsanträgen, bei der Stufenklage, bei der Widerklage, bei der Feststellungsklage, bei einer Parteiänderung oder bei der Berufung erforderlich sein. Diese Punkte werden in den besonderen Kapiteln jeweils am Ende abgehandelt. 84

11. Ergebnis und Antrag

Am Ende des Gutachtens aus Anwaltssicht kann in einem zusammenfassenden Vorschlag das Ergebnis festgehalten werden. 85

Examenstipp: Je nach Aufgabenstellung in der Anwaltsklausur ist der an das Gericht zu stellende Antrag zu formulieren. Es könnte wie folgt ausgeführt werden:

> Nach alledem ist dem Mandanten zu raten, ...
> In dem Schriftsatz an das Gericht ist folgender Antrag anzukündigen:
> »Namens und im Auftrag des Klägers wird beantragt,
> den Beklagten zu verurteilen, an den Kläger ... EUR nebst Zinsen in Höhe von ...% Punkten über dem jeweiligen Basiszinsatz zu zahlen.«

Auch die Anträge nach §§ 710 I, 711 S. 3, 712 I 2 sowie der Einstellungsantrag nach §§ 707 I, 719 I 1 sind zu formulieren. Eine bestimmte Art der Sicherheitsleistung sollte nur beantragt werden, wenn etwas anderes als Bankbürgschaft oder Hinterlegung iSd § 108 I 2 in Erwägung gezogen wird.[109]

12. Schreiben an den Mandanten

Ist der Mandant selbst Jurist, ergeben sich für das Mandantenschreiben keine Besonderheiten. Die Ergebnisse des Gutachtens mit dem Vorschlag sind in der gebotenen Kürze darzustellen, oder es sind nur die Kernpunkte herauszugreifen und im Übrigen ist wegen der Einzelheiten auf das beizufügende Gutachten Bezug zu nehmen. 86

In der Regel handelt es sich aber bei dem Mandanten um einen juristischen Laien, von dem anzunehmen ist, dass er die juristischen Feinheiten nicht nachvollziehen kann oder diese ihn gar nicht interessieren. Dann besteht die Aufgabe des Anwalts darin, in dem Mandantenschreiben die Ergebnisse in einer für den juristischen Laien verständlichen Form darzustellen, ihm Möglichkeiten zu einem prozessualen Vorgehen aufzuzeigen und ihm einen Vorschlag zu unterbreiten.

In jedem Fall ist eine Belehrung über die Chancen und Risiken, insbesondere zu den Zweckmäßigkeitserwägungen, erforderlich. Das Regressrisiko eines Anwalts ist nämlich bei sich eventuell als falsch herausstellenden taktischen Erwägungen besonders hoch. 87

---

108 Vgl. näher *Greger* MDR 2014, 993.
109 Vgl. → A Rn. 216.

13. Übungsfall

88 Ein Übungsbeispiel für ein Mandantenschreiben ist im Internet unter www.vahlen.de (s. genaue Fundstelle nach dem Literaturverzeichnis) zu finden. Es liegt der dort abgedruckte Übungsfall zugrunde.

14. Schriftsatz an das Gericht

89 Damit ein an das Gericht gerichteter Schriftsatz der zuständigen Abteilung des Amtsgerichts bzw. der zuständigen Kammer des Landgerichts zugeordnet werden kann, muss am Anfang eines jeden Schriftsatzes der Name der Parteien und, soweit bereits zugestellt, das Aktenzeichen vermerkt werden. Darüber hinaus sind die Formvorschriften, wie zB §§ 130, 253 II, 340 II, zu beachten. Soweit es sich um einen bestimmenden Schriftsatz handelt, muss dieser eigenhändig unterschrieben werden.[110] Bei der Abfassung eines Schriftsatzes sind die Grundsätze des Zivilprozesses zu beachten.[111] Soweit Anträge zu formulieren sind, sollten diese am Anfang stehen. Dies ist die übliche Vorgehensweise und schließt die Gefahr aus, dass das Gericht den Antrag übersieht.

90 Die von dem Mandanten vorzutragenden Tatsachen sollten möglichst umfassend und vollständig in einem Schriftsatz unter Bezeichnung der Beweismittel dargestellt werden (§ 138 I). Aus Gründen der besseren Übersicht ist es grundsätzlich günstig, die historische Reihenfolge einzuhalten. Zwingend ist dies allerdings nicht. In welchem Umfang vorgetragen wird, hängt von der Frage der Darlegungslast und von taktischen Erwägungen ab. Hierzu sind bereits Ausführungen im Gutachten (Zweckmäßigkeitserwägungen) erforderlich.[112] Bei der Abfassung der Schriftsätze ist ferner zu berücksichtigen, dass wegen der Einzelheiten auf einzureichende Urkunden oder Beiakten, deren Beiziehung dann zu beantragen ist, Bezug genommen werden kann (§ 137 III). Dabei ist eine konkrete Bezugnahme erforderlich, dh, es muss klargestellt werden, welcher Teil der Urkunde oder Beiakte zur Ergänzung des Vortrages herangezogen werden soll. Eine pauschale Bezugnahme ist hingegen nicht möglich. Dasselbe gilt für die Ersetzung des Vortrages durch Bezugnahmen auf Urkunden.[113]

91 Soweit Rechtsausführungen erforderlich sind oder für zweckmäßig gehalten werden,[114] sollten diese grundsätzlich im Anschluss an die Darstellung der Tatsachen erfolgen. Aus Gründen der besseren Übersicht können die Sachvorträge mit »Sachverhalt« und die Rechtsansichten mit »Rechtliche Würdigung« oder ähnlichen Begriffen überschrieben werden. Im Einzelfall kann aber von der empfohlenen Reihenfolge abgewichen werden, insbesondere dann, wenn die Tatsachen erst im Zusammenhang mit den Rechtsausführungen verständlich werden. Insoweit gelten die zur Abfassung eines Tatbestandes oder Sachberichtes entwickelten Grundsätze.[115]

Wegen der äußeren Form der Schriftsätze wird auf den Aktenauszug zum Übungsfall im Internet (www.vahlen.de) Bezug genommen.

110 Vgl. → S Rn. 40.
111 Vgl. → A Rn. 8, 12.
112 Vgl. → Rn. 55.
113 Vgl. → A Rn. 15.
114 Vgl. → Rn. 56.
115 Vgl. → A Rn. 42 ff.

E. Der mündliche Vortrag (Aktenvortrag)

I. Allgemeines

Eine der wichtigsten Tätigkeiten des Anwalts ist der Vortrag. Auch der Richter muss in mündlicher Verhandlung und bei der Bewertung im Spruchkörper diese Aufgabe beherrrschen. Dasselbe gilt in anderen juristischen Berufen entsprechend. Deswegen ist in fast allen Bundesländern als Teil der mündlichen Prüfung ein Aktenvortrag zu halten. Er wird entweder drei Werktage vor der mündlichen Prüfung oder – was die Regel ist – 1 bzw. 1 ½ Stunden vor Beginn der mündlichen Prüfung ausgegeben. Durch den Aktenvortrag soll der Kandidat zeigen, dass er in der Lage ist, einen Sachverhalt innerhalb kurzer Zeit zu erfassen, die richtige Entscheidung zu erarbeiten und in *freier Rede* (vgl. § 137 II) die wesentlichen Punkte des Sachverhalts und der rechtlichen Lösung klar sowie überzeugend darzustellen. Die Dauer der Redezeit ist dabei je nach Bundesland auf 10 bis 15 Minuten beschränkt. 1

Wie es in den Richtlinien von Baden-Württemberg für den Aktenvortrag aus Richtersicht in der mündlichen Prüfung heißt, ist der Vortrag vom Standpunkt des Richters zu halten, der die den Zuhörern noch unbekannte Streitsache in der Beratung vorträgt; dabei soll der Zuhörer in die Lage versetzt werden, die wesentlichen Gesichtspunkte des Falles aufzunehmen und sich ein selbstständiges Urteil zu bilden. Entsprechendes gilt, wenn der Vortrag aus Rechtsanwaltssicht dargestellt werden muss.

Besonders wichtig ist daher die *Vortragsart*. Sie soll frei und lebendig sein und sich auf eine knappe, klare und übersichtliche Darstellung beschränken. Der Vortrag in freier Rede muss geübt werden.

Examenstipp: Wir können den Referendaren nur den Rat erteilen, so oft wie möglich sowohl in den Arbeitsgemeinschaften als auch in der praktischen Ausbildung Vorträge zu halten, und zwar je nach Prüfungsordnung mit einer 1- bis 2-stündigen oder einer mehrtägigen Vorbereitung.

II. Aufbau

Es kann sich empfehlen, den Vortrag im Zivilrecht in folgende Abschnitte zu gliedern: 2

1. Einleitung
2. Sachverhalt
3. Vorschlag
4. Stellungnahme (rechtliche Wertung)
5. Tenor oder anderer Entscheidungsvorschlag

1. Einleitung

In der Einleitung werden die wesentlichen Daten des Rubrums genannt. In jedem Fall zählen dazu die Namen und Wohnorte der Parteien sowie das Gericht und der eventuelle Zeitpunkt der Anhängigkeit bzw. das Datum der Beratungsgespräche bei dem Rechtsanwalt. Weitere Angaben, wie die genauen Adressen der Parteien oder die Namen ihrer gesetzlichen Vertreter, können weggelassen werden, es sei denn, es 3 kommt bei der Entscheidung ausnahmsweise darauf an. Aus Gründen der besseren Übersicht kann es sich im Einzelfall auch empfehlen, kurz den Gegenstand des Rechtsstreits und evtl. die Prozesslage (Beispiel: Es ist über ein Prozesskostenhilfegesuch zu entscheiden) zu beschreiben. Üblich ist folgende Formulierung:

> Es handelt sich um einen Rechtsstreit, der im Jahre ... (oder: seit dem ...) beim Landgericht Köln anhängig war (ist). Es klagt Frau ... aus Düsseldorf gegen Herrn ... aus Köln (evtl.: auf Zahlung eines Restwerklohnes in Höhe von ...). Dem Rechtsstreit liegt folgender Sachverhalt zugrunde:
> ...

2. Sachverhalt

4 Der Sachverhalt entspricht im Aufbau und in der Darstellungsweise weitgehend einem Tatbestand im Urteil.[1]

Ebenso wie bei einem Tatbestand sind hier keine Einzelheiten anzugeben, auf die es bei der Entscheidung offensichtlich nicht ankommt. Zu berücksichtigen ist allerdings der Zweck eines Aktenvortrages, nämlich den nicht aktenkundigen Zuhörer in den Sach- und Streitstand einzuführen. Daher kann es erforderlich sein, auch einzelne Tatsachen mitzuteilen, auf die es bei der vorgeschlagenen Lösung nicht ankommt, dann nämlich, wenn nur dadurch der Zuhörer in die Lage versetzt wird, sich selbst ein Urteil zu bilden. Insoweit ist der Sachverhalt mit einem Sachbericht vergleichbar.

5 In jedem Fall muss man sich verdeutlichen, dass der Zuhörer nicht alle Einzelheiten des Sachverhalts verstehen und speichern kann. Deshalb hat er sich auf das Wesentliche zu beschränken. Dabei sind Daten nur ausnahmsweise zu nennen, dann nämlich, wenn es bei der rechtlichen Wertung auf das genaue Datum ankommt. So ist das Datum der Klagezustellung nur mitzuteilen, wenn es für die Lösung von Bedeutung ist. Grundsätzlich reichen bei Daten pauschale Angaben aus. Entsprechendes gilt auch für Zahlen.

> **Beispiele:** Innerhalb von zwei Wochen/10 Tage später/rund 10.000 EUR/über 10.000 EUR

6 Konkrete *Bezugnahmen* auf Schriftsätze können – anders als im Tatbestand eines Urteils – im Vortrag nicht erfolgen. Jedoch soll wegen der Einzelheiten des Sachverhalts auf den vierten Teil des Vortrages, dh auf die rechtliche Wertung, Bezug genommen werden, um zu vermeiden, dass der Sachverhalt unübersichtlich wird und die Einzelheiten an zwei Stellen des Vortrages erwähnt werden. Im Abschnitt »Sachverhalt« werden dann nur die wesentlichen Punkte beschrieben, und zwar wie folgt:

> Die Parteien schlossen am ... einen notariellen Kaufvertrag über das dem Kläger gehörende Grundstück in ... zu einem Kaufpreis von ... Nach diesem schriftlichen Vertrag sind Gewährleistungsrechte des Beklagten ausgeschlossen. Auf die Einzelheiten der Vertragsurkunde komme ich, soweit erforderlich, im Rahmen der rechtlichen Wertung zurück.
>
> (oder:)
>
> Der Kläger macht gegen den Beklagten aus dem Verkehrsunfall Schadensersatzansprüche geltend und beziffert seinen materiellen Schaden mit insgesamt ... EUR. Auf die einzelnen Schadenspositionen komme ich im Rahmen der rechtlichen Bewertung zurück.
>
> (oder:)

1 Vgl. → A Rn. 39 ff., → B Rn. 27.

Das Gericht hat Beweis erhoben über die Frage, ob ..., durch Vernehmung der Zeugen X, Y und Z. Auf den Inhalt der Zeugenaussagen komme ich, soweit erforderlich, im Rahmen der rechtlichen Würdigung zurück.

Eine wörtliche Wiedergabe von Vertragstexten oÄ ist nur erforderlich, wenn es auf den genauen Wortlaut, etwa bei einer Auslegung, ankommt. In diesem Fall braucht der Kandidat das wörtliche Zitat, das in jedem Fall auf das Wesentliche zu beschränken ist, nicht auswendig zu lernen. Vielmehr kann er zu diesem Zweck die Akten aufschlagen und die betreffende Passage mit folgender Bemerkung vorlesen: 7

Ziffer 3 des Kaufvertrages lautet wie folgt: Ich zitiere wörtlich: ...

Dasselbe gilt für komplizierte Klageanträge. Nach dem Vorlesen sollten die Akten aber sofort wieder zugeschlagen werden, weil man ansonsten in den Verdacht geraten kann, den Sachverhalt aus den Akten abzulesen. Dies würde aber der geforderten Prüfungsleistung – Vortrag in freier Rede – nicht entsprechen. 8

Rechtsansichten der Parteien sind im Sachverhalt grundsätzlich nur wiederzugeben, wenn sie gleichzeitig Tatsachen enthalten (= Rechtstatsachen) oder ihre Mitteilung zum Verständnis erforderlich ist. Insoweit gilt dasselbe wie bei einem Tatbestand/Sachbericht. 9

3. Vorschlag

Nach Darstellung des Sachverhalts wird das Ergebnis der rechtlichen Bewertung genannt, und zwar in Form eines Vorschlages, wie er auch am Anfang des Gutachtens steht. 10

Formulierungsbeispiele:
Ich schlage vor,
- der Klage stattzugeben
- die Klage abzuweisen
- der Klage in Höhe von ... stattzugeben und die Klage im Übrigen abzuweisen.

Diese Darstellungsweise hat den Vorteil, dass der Zuhörer das Ergebnis kennt und deshalb der rechtlichen Würdigung besser folgen kann. Außerdem werden dadurch Sachverhalt und rechtliche Würdigung eindeutig getrennt.

4. Stellungnahme

Der Vortrag unterliegt in der Darstellungsweise keinen so festen Regeln wie das Gutachten und die Entscheidungsgründe des Urteils. Die Stellungnahme (= rechtliche Wertung) stellt daher eine Mischform zwischen Entscheidungsgründen und Gutachten dar. Die Ausführungen erfolgen grundsätzlich im Urteilsstil. Allerdings sollten problematische Punkte im Gutachtenstil abgehandelt werden, weil der Zuhörer dann besser folgen kann. 11

Die Stellungnahme wird ebenso wie ein Urteil *einschichtig* abgegeben. Verfehlt ist es, sie in einzelne Stationen zu gliedern, weil dies für den Zuhörer unverständlich ist. Sind Tatsachen streitig, erfolgt eine Wertung in tatsächlicher Hinsicht bei dem betreffenden Tatbestandsmerkmal. Auch hier ergeben sich keine Unterschiede zu den Entscheidungsgründen des Urteils.

12 Alle die Entscheidung tragenden Gesichtspunkte müssen abgehandelt werden. Aber auch die darüber hinausgehenden weiteren rechtlichen Erwägungen, die in einem Gutachten niederzuschreiben wären, sollten jedenfalls in den Kernpunkten behandelt werden. Um die Schwerpunkte richtig zu setzen, sollte dies allerdings nicht in epischer Breite erfolgen. Dies ist im Gegensatz zu einem Urteil vom Sinn und Zweck des Vortrages gerechtfertigt. Danach soll nämlich der Zuhörer, der sich mit dem Aktenfall noch nicht beschäftigt hat, in die Lage versetzt werden, sich selbst ein Urteil zu bilden und den aufgezeigten Lösungsweg kritisch zu überprüfen. Dabei können ihm auch Gedankengänge helfen, die nach Auffassung des Vortragenden die Entscheidung selbst nicht tragen.

13 Am Ende der Stellungnahme, die auch die Nebenansprüche umfassen muss, wird eine Begründung zu den prozessualen Nebenentscheidungen und gegebenenfalls zur Rechtsmittelbelehrung gegeben, es sei denn, nach den amtlichen Weisungen des Prüfungsamtes oder dem Bearbeitervermerk ist davon abzusehen. Sind die prozessualen Nebenentscheidungen unproblematisch, reicht der Satz:

> Die prozessualen Nebenentscheidungen folgen aus …

Im Einzelfall sind jedoch weitere Ausführungen, so zB zum Streitwert, erforderlich. Hier gilt nichts anderes als bei der Abfassung der Entscheidungsgründe in einem Urteil.

5. Tenor oder anderer Entscheidungsvorschlag

14 Am Ende des Vortrages wird der Tenor zur Hauptsache sowie gegebenenfalls zu den Kosten des Rechtsstreits und zur vorläufigen Vollstreckbarkeit formuliert und wie folgt eingeleitet:

> Ich schlage daher folgenden Tenor vor: …

Ist der Hauptsachentenor kompliziert, kann er schriftlich fixiert oder anhand des Klageantrages formuliert werden.

Handelt es sich um eine Anwaltsklausur oder geht es um eine andere gerichtliche Entscheidung als ein Urteil, muss natürlich ein entsprechender anderer Vorschlag gemacht werden:

> Ich schlage vor, dass sich der Beklagte gegen die Klage … verteidigt und in einem Schriftsatz, der bis zum … bei Gericht eingegangen sein muss, auf die Punkte … eingeht.

III. Praktische Hinweise

15 Der Vortrag sollte möglichst aus kurzen, verständlichen Sätzen bestehen.

Je nach Einzelfall kann der Vortrag verständlicher sein, wenn dem Zuhörer sogenannte Übersichtshilfen gegeben werden.

> Problematisch sind drei Fragen, nämlich 1. …, 2. …, 3. …
> Zur ersten Frage gilt Folgendes …
> Ich komme jetzt zur 2. Frage …
>
> (oder:)
>
> Ich fasse noch einmal kurz zusammen: … Nunmehr stellt sich die Frage, …

Besondere Aufmerksamkeit sollten Sie der Erarbeitung des Sachverhalts widmen, wenn Sie einen sog. Kurzvortrag halten müssen. Nach unseren Erfahrungen misslingen die Kurzvorträge nicht selten deshalb, weil der Sachvortrag der Parteien nicht richtig erarbeitet wurde. Wegen der Kürze der Vorbereitungszeit können die sog. Kurzvorträge keinen hohen Schwierigkeitsgrad haben. Man sollte daher während der Vorbereitungsphase nicht (krampfhaft) nach einem »Problem« suchen, sondern sich darauf konzentrieren, einen richtigen Sachverhalt zu erarbeiten und zunächst versuchen, die richtige Lösung anhand des Gesetzes zu finden. Dann kann auch besser beurteilt werden, wann ausnahmsweise ein Blick in die zur Verfügung stehenden Kommentare erforderlich ist. Dies ist keineswegs immer der Fall. 16

Der Vortrag muss, auch wenn Stichworte benutzt werden können, *frei* gehalten werden. Das bedeutet, dass er nicht monoton heruntergebetet werden darf; vielmehr muss die Sprechweise verständlich sein, es sind Pausen einzulegen, und es muss an der richtigen Stelle betont werden. 17

Eine besondere Gefahr des »Herunterbetens« besteht bei den Vorträgen, die zu Hause vorbereitet werden. In der Regel werden diese ausformuliert und auswendig gelernt. Bei einer solchen Arbeitsweise können wir nur empfehlen, mit einem Tonbandgerät/Diktiergerät zu arbeiten. Wenn der Vortrag immer wieder auf Tonband gesprochen und abgehört wird, erkennt man selbst, an welchen Stellen die Vortragsart unverständlich und zu verbessern ist. Wer den Vortrag auswendig lernt, sollte sich in jedem Fall auch ein Stichwortgerüst erarbeiten. Ansonsten besteht nämlich die Gefahr, dass man den Faden verliert – was an sich noch nicht schlimm ist –, ihn aber auch nicht wiederfindet. Eine andere Möglichkeit, den Vortrag zu Hause zu erarbeiten, besteht darin, nur den Sachverhalt auszuformulieren und im Übrigen den Vortrag anhand von Stichworten immer wieder mit Hilfe eines Tonbandgerätes zu halten. Dadurch kann die Vortragsart von vornherein lebendiger sein. Ein allgemein gültiges »Strickmuster« können wir Ihnen nicht geben. Sie sollten im juristischen Vorbereitungsdienst selbst ausprobieren, mit welcher Methode Sie am besten zurechtkommen. 18

Müssen Sie einen sogenannten Kurzvortrag halten, dh einen Vortrag, den Sie am Tage der mündlichen Prüfung vorzubereiten haben, können Sie diesen schon aus Zeitgründen nicht ausformulieren. Vielmehr müssen Sie sich auf Stichworte beschränken. Dabei empfiehlt es sich, den Sachverhalt anhand einer Zeittabelle und Angaben von Stichworten zum Streitigen und Unstreitigen sowie der Blattzahlen, auf denen sich die Anträge finden, zu skizzieren, das Endergebnis mit einem »+«- oder »–«-Zeichen zu vermerken und die rechtlichen Lösungsschritte in der richtigen Reihenfolge ebenfalls stichwortartig aufzuschreiben. Einen Zettel mit solchen Stichworten können Sie grundsätzlich in die mündliche Prüfung nehmen, sollten jedoch nicht allzu häufig darauf schauen, weil ansonsten die Prüfungsleistung – freier Vortrag – nicht erbracht wird. 19

In jedem Fall ist darauf zu achten, dass das vom Prüfungsamt gesetzte Zeitlimit nicht überschritten wird. Handelt es sich um einen sogenannten Kurzvortrag, bestehen insoweit in der Regel keine besonderen Probleme. Da nur 1 oder 1 ½ Stunden zur Vorbereitung zur Verfügung stehen, kann der Aktenfall nicht allzu kompliziert und umfangreich sein. Bei einem Vortrag, der innerhalb mehrerer Tage zu Hause vorbereitet wird, ergeben sich erfahrungsgemäß Zeitprobleme. Hier empfiehlt es sich, bei Abfassung des Vortrages die Zeit zu stoppen und den Vortrag so lange zu kürzen, bis 20 er in einem vernünftigen Tempo in maximal 10 bzw. 15 Minuten gehalten wird. Die vorgegebene Zeit sollte in keinem Fall überschritten, vielmehr eher unterschritten werden, da erfahrungsgemäß durch die Aufregung im juristischen Staatsexamen Füllsätze eingeschoben werden.

21 Wichtig bei der Erarbeitung des Aktenvortrags ist die richtige Zeiteinteilung. Bei einem Kurzvortrag sollte der Aktenfall zweimal durchgelesen werden, wobei bereits beim zweiten Durchlesen kurze Notizen zum Sachverhalt zu empfehlen sind. Nach etwa ¼ der zur Verfügung stehenden Zeit sollte der Kandidat den Sachverhalt verinnerlicht haben, um sich auf die rechtliche Lösung zu konzentrieren. Soweit Zeit bleibt, empfiehlt es sich, sich selbst den Vortrag einmal oder sogar mehrfach zu halten oder jedenfalls diesen noch mal in Gedanken durchzugehen. Bei einer 3-tägigen Vorbereitungszeit sollte am ersten Tag der Sachverhalt niedergeschrieben und die Lösung – mit Hilfe von Literatur – skizziert werden. Der zweite Tag sollte dazu verwendet werden, die Lösung niederzuschreiben (oder im Einzelnen zu skizzieren), den Sachverhalt im Hinblick auf die gefundene Lösung zu überarbeiten und den Vortrag auf 10 bzw. 15 Minuten zu bringen. Es empfiehlt sich dann, den letzten Tag für Generalproben zu nutzen. Man kann diese Proben mit Spaziergängen oder ähnlichem verbinden, um so genügend Kraft für die mündliche Prüfung zu sammeln.

IV. Übungsfall zum Aktenvortrag (Übung zu Teil E.)

22 Ein Muster eines Vortrages ist im Internet unter www.vahlen.de (s. genaue Fundstelle nach dem Literaturverzeichnis) zu finden. Er ist aus der Übungsakte gebildet worden, die ebenfalls unter dieser Adresse abrufbar ist.

V. Exkurs: Das Votum

23 Unter einem Votum versteht man eine schriftliche Ausarbeitung, die der Richter zur Vorbereitung auf die Beratung und mündliche Verhandlung in einer Zivilkammer oder einem Zivilsenat erstellt. Durch das Votum sollen die Kollegen in den Sach- und Streitstand eingeführt und dadurch in die Lage versetzt werden, den Fall selbstständig zu beurteilen.

Feste Aufbauregeln für ein Votum existieren nicht. In der Praxis sind auch unterschiedliche Handhabungen festzustellen. Erhält der Referendar keine besonderen Weisungen von seinem Ausbilder, sollte er ein Votum genauso aufbauen wie einen Vortrag, allerdings mit dem Unterschied, dass der Entscheidungsvorschlag an erster Stelle genannt wird. In jedem Fall ist es nicht üblich, ein Votum nach Stationen aufzubauen. Es wird ebenso wie die Entscheidungsgründe und die Stellungnahme im Vortrag einschichtig dargestellt, auch wenn der Sachverhalt streitig ist.

2. Abschnitt. Besonderer Teil

F. Beweis und Beweiswürdigung

I. Die Beweismittel

Wie aus § 359 Nr. 1 zu ersehen, wird Beweis über Tatsachen erhoben.[1] *Beweismittel* des Strengbeweises[2] sind Augenschein, Zeuge, Sachverständiger, Urkunde und Parteivernehmung. Darüber hinaus kann das Gericht zu Beweiszwecken *amtliche Auskünfte* einholen.[3] Durch § 284 S. 2 und 3 wird die Möglichkeit eröffnet, mit Zustimmung der Parteien von den Strengbeweisregeln abzusehen, namentlich von der Unmittelbarkeit der Beweisaufnahme, § 355 I, und von der Beschränkung auf die genannten fünf Beweismittel. Zu denken ist etwa an telefonische Auskünfte oder E-Mail-Nachrichten von Zeugen und Sachverständigen zur Ergänzung vorhandener Beweisergebnisse.[4] Auswirkungen auf die Beweiswürdigung hat die Regelung nicht. Geben die Umstände der Beweiserhebung Anlass zu Zweifeln, muss das Gericht zu den Regeln des Strengbeweises zurückkehren. Bei fehlendem oder zweifelhaftem Einverständnis der Parteien kann § 295 I einschlägig sein, wenn das Vorgehen des Gerichts durch rügeloses Verhandeln gebilligt wird. 1

1. Der Zeuge

a) Aufgaben und Grenzen

Die Aufgaben des Zeugen hat der Gesetzgeber in § 414 näher umschrieben: 2

Der Zeuge dient dem Beweis vergangener Tatsachen oder Zustände.[5] Nicht hingegen soll er aus tatsächlichen Gegebenheiten wertende Rückschlüsse ziehen oder gar Rechtsfragen beantworten; auch über hypothetische Sachverhalte kann er nicht vernommen werden.[6] Entscheidend ist, ob der unter Beweis gestellte Streitpunkt für den Zeugen mit den Sinnen wahrnehmbar war. Dem muss man bei der Formulierung der Beweisfrage Rechnung tragen.[7] Rechtliche Fragen an Zeugen sind verfehlt.

Ein nicht ganz unproblematischer Abgrenzungsfall kann sich im Rechtsstreit um die Folgen eines *Verkehrsunfalls* ergeben. Hier werden die Polizeibeamten, die nachträglich am Unfallort Spuren gesichert haben, häufig global als Zeugen für den Hergang des Schadensereignisses benannt. Soweit sie lediglich Rückschlüsse aus dem Spurenbild oder sonstigen örtlichen Feststellungen ziehen sollen, können sie nicht Zeuge

1 Vgl. → A Rn. 131 ff.
2 Vgl. → A Rn. 161.
3 Hierzu näher → Rn. 56.
4 Zu den Grenzen der Zulässigkeit LG Saarbrücken NJW-RR 2010, 496; zur Tragweite der Regelung Prütting/Gehrlein/*Laumen* ZPO § 284 Rn. 53 ff.
5 Zur Abgrenzung von Tatsachen und Rechtsfragen vgl. → A Rn. 8, 27 ff.
6 BGH NJW 1993, 1796.
7 BGH DRiZ 1974, 27; Näheres oben → A Rn. 132 ff.

sein. Die Unfallrekonstruktion ist Aufgabe des Sachverständigen.[8] Die Spuren selbst sind oft unstreitig, etwa weil sie aus Augenscheinsobjekten wie Fotografien oder Skizzen zu ersehen sind,[9] sodass es der Zeugenvernehmung über ihr Erscheinungsbild nicht bedarf. Über streitige Unfallspuren oder bestrittene Äußerungen von Unfallbeteiligten können natürlich auch Polizeibeamte als Zeugen vernommen werden.[10]

Wie ein Zeuge seine Kenntnisse erlangt hat, ist für die Zulässigkeit der Vernehmung grundsätzlich ohne Belang, sodass auch ein Zeuge vom *Hörensagen* als Beweismittel in Betracht kommt.[11] Ob durch einen solchen Zeugen die streitige Tatsache bewiesen werden kann, ist eine Frage der Beweiswürdigung. Die Erhebung und Verwertung von Zeugenaussagen über den Inhalt eines *mitgehörten* Telefongesprächs verstößt allerdings, wenn nicht das Mithören durch höherrangige Interessen oder von einer Zustimmung des Gesprächspartners gedeckt war, gegen dessen Recht am gesprochenen Wort als Ausprägung des allgemeinen Persönlichkeitsrechts, Art. 2 I GG iVm Art. 1 I GG.[12]

Merke: Zeugen vom Hörensagen sind zu vernehmen, wenn nicht die Beweiserhebung verfassungswidrig ist. Der Beweiswert der Aussage ist erst in der Beweiswürdigung zu diskutieren.

b) Das Beweisangebot

aa) Vollständiges Angebot

3 Gemäß § 373 wird der Zeugenbeweis angetreten durch die Benennung des Zeugen mit ladungsfähiger Anschrift und die Bezeichnung der Tatsachen, über welche die Vernehmung stattfinden soll.

> Der Kläger hat die Straße überquert, obwohl die Fußgängerampel rotes Licht zeigte.
>
> **Beweis:** Zeugnis des Herrn Klaus X, Burgacker 29, 51067 Köln.

3a Die sorgfältig vorgehende Partei ist in aller Regel bestrebt, die von ihr benannten Zeugen mit vollem Namen und der ladungsfähigen Anschrift anzugeben.[13] Häufig findet man jedoch »Beweisangebote«, mit denen nur auf den »Zeugen N.N.« verwiesen wird. In derartigen Fällen kann von der gesetzlich geforderten »Benennung« nicht die Rede sein. Vielmehr liegt hierin nur die Ankündigung eines Beweisangebots, sodass man über solche »Anträge« grundsätzlich ohne nähere Begründung hinweggehen darf.[14]

Anders liegen die Dinge, wenn die Partei nachvollziehbar darlegt, weshalb sie zur namentlichen Benennung des Zeugen derzeit nicht in der Lage ist, wenn der Name des Zeugen, zB als Mitarbeiter eines bestimmten Behörden-Referats, erst ermittelt werden muss oder wenn die Partei lediglich den Namen angibt, weil sie die ladungs-

8 Vgl. → Rn. 20.
9 Vgl. → Rn. 32 f.
10 Vgl. auch → Rn. 22 ff.
11 BGH NJW 2006, 3416; 2017, 386.
12 BVerfGE 106, 28 = NJW 2002, 3619; BVerfG NJW 2003, 2375; BGH NJW 2003, 1727; OLG Koblenz MDR 2014, 743 = BeckRS 2014, 11138; LG Berlin MDR 2014, 860 = BeckRS 2014, 12691; *Kiethe* MDR 2005, 965; *Pötters/Wybitul* NJW 2014, 2074; kritisch Prütting/Gehrlein/*Laumen* ZPO § 284 Rn. 29 ff.
13 Allgem. zum Beweisantrag → A Rn. 154.
14 BGH NJW 1983, 1905 (1908); 1989, 227, Nr. 12: Beachtlichkeit »fraglich«; BGH NJW-RR 1989, 1323 (1324); eingehend *Gottschalk* NJW 2004, 2939.

fähige Anschrift noch nicht kennt. Dann ist der Partei gemäß § 356 zur vollständigen Beibringung des Beweisangebotes eine angemessene Frist zu setzen.[15] Wird ohnehin ein Beweisbeschluss erlassen, nimmt man zweckmäßigerweise auch die unvollständig bezeichneten Zeugen in die Reihe der Beweismittel auf und bestimmt die Frist nach § 356 in einem Unterpunkt des Beschlusses.

> III. Dem Kläger wird für die Mitteilung der ladungsfähigen Anschrift des Zeugen X und für die Benennung des mit »N.N.« bezeichneten Mitarbeiters der Y-Versicherung eine Frist von **3 Wochen** ab Zustellung dieses Beschlusses gesetzt. [Nach fruchtlosem Ablauf der Frist kann das Beweismittel nur benutzt werden, wenn dadurch das Verfahren nicht verzögert wird.][16]

Das – ebenfalls häufig zu findende – Beweisangebot: »Beweis: wie vor« oder: »Beweis: Zeuge X, b.b. (= bereits benannt)« ist zulässig, wenn es sich auf einen bereits ausformulierten Beweisantritt bezieht.[17]

bb) Nähere Angaben und Ausforschung

Nicht zum Beweisantrag gehört die Angabe darüber, wie der Zeuge sein unter Beweis 4
gestelltes Wissen erlangt hat; das ist eine Frage der Beweiswürdigung, die nicht vorweggenommen werden darf.[18] Eine Ausnahme wird gemacht, wenn der benannte Zeuge über eine *innere Tatsache* aussagen soll, welche die Partei selbst[19] oder einen Dritten betrifft.[20] Ähnlich liegen die Dinge, wenn es um die willentliche Übereinstimmung beim Vertragsschluss geht. Hier ist zur Äußerung des Willens vorzutragen.

Der *Ausforschungsbeweis* (engl.: fishing expedition) ist nicht zulässig, da er mit dem Beibringungsgrundsatz nicht zu vereinbaren ist. Ausforschung liegt vor, wenn die beweisbelastete Partei ohne greifbare Anhaltspunkte für das Vorliegen eines bestimmten Sachverhalts willkürliche Behauptungen aufs Geratewohl oder ins Blaue hinein aufstellt, um durch die Beweisaufnahme beweiserhebliche Tatsachen erst zu erfahren und sie dann zur Grundlage ihres Parteivortrages zu machen.[21] Die Rechtsprechung lässt in Grenzfällen Beweisanträge eher großzügig zu.[22] Der BGH geht mit dem Vorwurf, Behauptungen würden ins Blaue hinein aufgestellt, äußerst zurückhaltend um.[23] Der Praktiker sollte einen Beweisantrag aus den genannten Gesichtspunkten

---

15 BGH NJW 1993, 1926; 1998, 2368; offen gelassen in NJW 1998, 981 (982); OLG Celle ZfSch 2005, 294; LG Berlin NJW-RR 2002, 284; vgl. auch Ziff. 2 des Muster-Beweisschlusses → B Rn. 70; ob daneben § 273 anwendbar ist, hat der BGH bislang nicht entschieden, BGH NJW 1989, 227; für Durchgreifen des § 273 Zöller/*Greger* ZPO § 356 Rn. 4; zum anders gelagerten Fall der Unerreichbarkeit eines bekannten Zeugen und zur analogen Anwendung von § 244 III 2 StPO BGH NJW-RR 2015, 1151.

16 Der in Klammern gesetzte Zusatz wird zT für erforderlich gehalten, vgl. Thomas/Putzo/*Reichold* ZPO § 356 Rn. 4 unter Bezugnahme auf OLG Braunschweig NJW-RR 1992, 124; obwohl wegen §§ 230 f., so zutreffend Prütting/Gehrlein/*Lindner* ZPO § 356 Rn. 8, nicht erforderlich, erkundige man sich nach der Praxis des Ausbilders.

17 OLG Celle NJW-RR 1992, 703.

18 BGH NJW 1994, 2289; MDR 2016, 1111 = BeckRS 2016, 14157; OLGR München 2007, 365; vgl. auch → A Rn. 155.

19 BGH DB 2010, 1578; MDR 2015, 1191.

20 BGH NJW-RR 1987, 1403; NJW 1992, 2489; OLG Koblenz r+s 2007, 121 = BeckRS 2006, 14367; zur Frage der vorweggenommenen Beweiswürdigung BVerfG NJW 1993, 254; NJW-RR 1995, 441.

21 BGH NJW 2001, 2632; 2003, 140; 2006, 3413; *Gremmer* MDR 2007, 1172; Ergebnisse sind aber verwertbar: BGH NJW 2006, 1657 (1659); → A Rn. 8, 155.

22 BGH NJW-RR 2003, 69; 2004, 247; 2004, 337; 2012, 2427 Rn. 40; 2013, 9; vgl. auch die Beispiele bei BLAH/*Hartmann* ZPO Einf § 284 Rn. 30 f.

23 BGH NJW-RR 2015, 829; NZG 2015, 1432.

nur ablehnen, wenn die Behauptung erkennbar aus der Luft gegriffen ist. Selbst Ansätze von Plausibilität reichen aus, ihn zu beachten.[24] Die Zeichen stehen also auf Klärung des Sachverhalts. Das geforderte minimale Maß an Substantiierung hinsichtlich der gemäß § 487 Nr. 2 zu bezeichnenden Beweistatsachen ist erst dann nicht erreicht, wenn der Antragsteller in lediglich formelhafter und pauschaler Weise Tatsachenbehauptungen aufstellt, ohne diese zu dem zugrunde liegenden Sachverhalt in Beziehung zu setzen.[25]

Des Weiteren braucht der Zeugenbeweis dann nicht erhoben zu werden, wenn der Tatsachenvortrag hierzu so wenig substantiiert ist, dass seine Schlüssigkeit/Erheblichkeit nicht beurteilt werden kann.[26] Dann sind die streitigen Tatsachen nicht beweiserheblich. Wie konkret die Angaben sein müssen, bestimmt sich nach den Umständen des Einzelfalls unter Berücksichtigung des § 138 I und insbesondere nach dem Vortrag des Gegners.[27] Der BGH ist – im Lichte des Rechts auf Gehör vor Gericht – auch hier großzügig. Sachvortrag zur Begründung eines Anspruchs ist seiner Auffassung dann schlüssig und erheblich, wenn die Partei Tatsachen vorträgt, die in Verbindung mit einem Rechtssatz geeignet und erforderlich sind, das geltend gemachte Recht als in der Person der Partei entstanden erscheinen zu lassen. Die Angabe näherer Einzelheiten ist nicht erforderlich, soweit diese für die Rechtsfolgen nicht von Bedeutung sind.[28] Das ist für die Praxis der maßgebliche Leitfaden. Allerdings darf der Beweisführer Tatsachen, deren Vorliegen er lediglich vermutet, als gesichert behaupten, um so eine Aufklärung des Sachverhalts herbeizuführen. Hierin ist kein Verstoß gegen § 138 I zu sehen, es sei denn, es liegt Rechtsmissbrauch vor.[29]

cc) Verzicht

4a Mit der Einschränkung des § 399 können die Parteien bis zum Abschluss der Vernehmung auf die von ihnen benannten Zeugen *verzichten*. War das bisherige Beweisergebnis hinreichend klar, kann es taktisch sogar klug sein, bei eindeutiger Beweislage nicht zu viele Zeugen vernehmen zu lassen; andernfalls können sich zwischen den einzelnen Aussagen Widersprüche ergeben, welche die Überzeugungskraft mindern.[30] Im Einzelfall wird sich die Frage stellen, ob eine Partei auf die Vernehmung von Zeugen *konkludent* verzichtet hat. Dies mag sich zB aus Sachvortrag ergeben, dem zufolge es angesichts einer veränderten prozessualen Lage der Vernehmung zweifelsfrei nicht mehr bedarf.[31] Im laufenden Rechtsstreit fragt man die Parteien; in der Klausur kann hier der Schlüssel zur Lösung liegen. Der Verzicht wirkt nur für die Instanz; vorsorglich stellen die Anwälte dies ausdrücklich klar (»Auf den Zeugen X wird für diese Instanz verzichtet.«). Ein Freibrief für die zweite Benennung in der Berufung liegt hierin dennoch nicht, vgl. § 531 II![32]

---

24 Prütting/Gehrlein/*Laumen* ZPO § 284 Rn. 24 f.; *Dölling* NJW 2013, 3121.

25 BGH NJW-RR 2016, 63; allgemein zu den Anforderungen an die Substantiierung *Schultz* NJW 2017, 16.

26 BGH NJW-RR 1993, 1116; 1995, 722; 1995, 724; 1996, 56; 1999, 360; NJW 1996, 1826.

27 BGH NJW-RR 2004, 1362; vgl. auch → A Rn. 101.

28 BGH NJW 2012, 382.

29 BGH NJW-RR 1988, 1529; 1995, 722; 1995, 724; 1995, 1160; → A Rn. 155.

30 Vgl. → Rn. 82.

31 BGH NJW 1994, 329; NJW-RR 1996, 1459.

32 BGH NJW-RR 2007, 774; NJW 2010, 376; OLGR Berlin 2009, 836; → S Rn. 14.

c) Die Abgrenzung des Zeugenbeweises von der Parteivernehmung

aa) Grundsatz und Einzelfälle

Wer nicht Partei des Rechtsstreites ist und auch nicht gemäß § 455 I als Partei zu vernehmen wäre, kann grundsätzlich als Zeuge vernommen werden.[33] 5

Beispiele:

- *Zeugen sind:* der Kommanditist[34], die nicht vertretungsberechtigten Organe sowie Mitglieder und Gesellschafter juristischer Personen, der Betreuer außerhalb des Aufgabenkreises, in dem er den Betreuten nach § 1902 BGB vertritt,[35] der Gemeinschuldner im Prozess des Insolvenzverwalters[36], der einfache Streithelfer, der Zedent im Rechtsstreit des Zessionars, auch wenn die Forderung nur zum Zweck der gerichtlichen Geltendmachung übertragen worden ist.[37]
- *Als Partei werden vernommen:* die vertretungsberechtigten *Organe* juristischer Personen, für die AG also der Vorstand (und im Einzelfall die Mitglieder des Aufsichtsrats, wenn dieser gesetzlicher Vertreter ist), für die GmbH der Geschäftsführer, weiterhin der Komplementär einer KG und grundsätzlich alle Gesellschafter einer OHG, soweit sie nicht im Einzelfall oder generell von der Vertretung ausgeschlossen sind.[38] Partei ist weiterhin der streitgenössische Nebenintervenient nach § 69.[39]

bb) Prozessunfähige Partei

Wenn eine *nicht prozessfähige Partei* am Rechtsstreit beteiligt ist, muss gemäß § 455 I grundsätzlich ihr gesetzlicher Vertreter als Partei vernommen werden, wohingegen der Prozessunfähige selbst entgegen seiner formalen Rechtsstellung als Zeuge in Betracht kommt. Das kann in einem Rechtsstreit, in dem zB ein 14-jähriges Kind Schadensersatzansprüche aus einer Unfallverletzung geltend macht, für die Klägerseite von Vorteil sein, insbesondere dann, wenn andere Zeugen nicht zur Verfügung stehen.[40] Umgekehrt liegt der Fall, wenn ein Minderjähriger, der das 16. Lebensjahr vollendet hat, oder ein unter Betreuung stehender Erwachsener Partei ist. Diese können, wenn die Voraussetzungen der §§ 445 ff., 455 II vorliegen, über eigene Handlungen oder Wahrnehmungen selbst als Partei vernommen werden. Ihr gesetzlicher Vertreter ist jetzt Zeuge.[41] 6

cc) Maßgeblicher Zeitpunkt

Entscheidend für die Frage, ob eine Person als Zeuge oder als Partei vernommen werden muss, ist der *Zeitpunkt der Vernehmung*.[42] 7

Beispiele:

- Einer von mehreren Klägern hat die Klage zurückgenommen. Er steht ab sofort als Zeuge zur Verfügung.

---

33 BGH NJW 1965, 2253; BFH NJW-RR 1992, 63.

34 BGH NJW 1965, 2253.

35 Vgl. auch → Rn. 7.

36 BFH NJW-RR 1998, 63.

37 BGH WM 1985, 613; NJW 2001, 826; danach ist aber bei der Beweiswürdigung das rechtliche und wirtschaftliche Eigeninteresse des Zedenten besonders zu berücksichtigen.

38 OLG Koblenz NJW-RR 1987, 809; OLG München NZG 1999, 775; MüKoAktG/*Spindler* § 378 Rn. 15; MüKoGmbHG/*Stephan*/*Tieves* § 35 Rn. 114.

39 Weitere Beispiele bei Thomas/Putzo/*Reichold* ZPO Vor § 373 Rn. 6 f.; Zöller/*Greger* ZPO § 373 Rn. 5 ff.

40 Vgl. BGH NJW 2000, 289 (291); OLG Hamm VersR 2003, 181; kritisch Prütting/Gehrlein/*Müller-Christmann* ZPO § 455 Rn. 1.

41 BGH NJW 1965, 2253; Zöller/*Greger* ZPO § 455 Rn. 3.

42 Wohl allgemeine Ansicht, vgl. Thomas/Putzo/*Reichold* ZPO Vor § 373 Rn. 8; zu einem besonderen Fall aus dem Bereich der Widerklage s. → M Rn. 30.

- Der zeugenschaftlichen Vernehmung einer vormaligen Partei steht nicht entgegen, dass diese nur im Hinblick auf die einheitlich zu treffende Kostenentscheidung noch Partei ist.[43]
- Ein noch nicht vernommener Zeuge ist als Erbe einer Partei in deren Rechtsstellung eingerückt. Für ihn gelten nunmehr §§ 445 ff.

Hat eine zulässige Zeugen- oder Parteivernehmung einmal stattgefunden, bleibt sie als solche verwertbar, auch wenn die Stellung des Vernommenen im Rechtsstreit sich später ändert. Inwieweit derartige Aussagen überzeugungskräftig sind, spielt nur im Rahmen der Beweiswürdigung eine Rolle.[44] Die Vernehmung eines Zeugen als Partei oder umgekehrt die Vernehmung einer Partei als Zeuge sind nach § 295 heilbare *Verfahrensmängel.*[45] Eine missliche Situation tritt ein, wenn infolge der Verbindung von Verfahren, § 147, ein Zeuge zur Partei wird. Hier kann die persönliche Anhörung geboten sein.[46]

d) Die Vernehmung des Zeugen

aa) Durchführung

8 Grundsätzlich werden Zeugen vor dem erkennenden Gericht vernommen, § 355 I 1 (Grundsatz der Unmittelbarkeit). Nach §§ 362, 375 I ZPO iVm §§ 156 ff. GVG kann eine Vernehmung im Wege der *Rechtshilfe* vor einem auswärtigen Amtsgericht erfolgen (Beweisaufnahme vor dem *ersuchten Richter*). Die Voraussetzungen hierfür sind in § 375 I detailliert umschrieben. Maßgeblicher Gesichtspunkt ist die Bedeutung der Aussage für die Wahrheitsfindung. Für § 375 I Nr. 3 sind die Verkehrsverhältnisse entscheidend, nicht die Entfernung als solche. Die Arbeitsbelastung des ersuchenden Gerichts bleibt unberücksichtigt. In den Beweisbeschluss ist in den Fällen der Rechtshilfevernehmung die Anordnung aufzunehmen:

> Um die Vernehmung des Zeugen … soll das für seinen Wohnsitz zuständige Amtsgericht … ersucht werden.

Sind mehrere Zeugen benannt, die in verschiedenen Gerichtsbezirken wohnen, ist der Vernehmung vor dem erkennenden Gericht grundsätzlich Vorrang einzuräumen, damit die Akten nicht allzu lange »auf Reisen« gehen. Bedeutung könnte allerdings zunehmend die Video-Vernehmung nach § 128a II erlangen, der zT Vorrang vor § 375 I gegeben wird.[47] Wie diese Möglichkeit gehandhabt wird, hängt von den Gepflogenheiten der jeweiligen Ausbildungsstelle ab, nach denen man sich erkundigen muss.

9 Die Aufnahme des Zeugenbeweises kann auch einem Mitglied des Prozessgerichts als *beauftragtem Richter* übertragen werden. Große praktische Bedeutung hat hierbei § 375 Ia. Die Vorschrift dient der Entlastung der Spruchkörper von umfangreichen Zeugenvernehmungen.[48] Das Gericht hat einen weiten Ermessensspielraum. Es empfiehlt sich daher, den Ausbilder nach der üblichen Praxis zu fragen. Das Verfahren richtet sich nach § 361, wobei die Beauftragung des Richters zur praktischen Vereinfachung oft mit im Beweisbeschluss erfolgt. Dort heißt es dann:

> Die Zeugenvernehmung wird dem Berichterstatter als beauftragtem Richter übertragen.

43 OLG Koblenz NJW-RR 2003, 283; → A Rn. 181.
44 BGH NJW 1965, 106; 1965, 2253.
45 BGH LM § 295 ZPO Nr. 2; Zöller/*Greger* ZPO § 295 Rn. 3, § 373 Rn. 7; Prütting/Gehrlein/*Trautwein* ZPO § 373 Rn. 15.
46 OLG Koblenz NJW-RR 2014, 507; → F Rn. 53.
47 Prütting/Gehrlein/*Trautwein* ZPO § 375 Rn. 3.
48 Restriktiv OLG Köln NJW-RR 1998, 1143 = VersR 1998, 1565.

Kommt es auf den persönlichen Eindruck von dem Zeugen an, darf das Gericht diesen bei der Beweiswürdigung nur berücksichtigen, wenn der beauftragte Richter die maßgeblichen Kriterien aktenkundig gemacht und den Parteien rechtliches Gehör gewährt hat; ansonsten muss die Beweisaufnahme spätestens in der Berufungsinstanz wiederholt werden.[49]

Eine Möglichkeit der Arbeitserleichterung in der Beweisaufnahme bietet die Vorschrift des § 377 III. Danach kann das Gericht eine *schriftliche Beantwortung* der Beweisfrage anordnen, wenn dies im Hinblick auf deren Inhalt und auf die Person des Zeugen ausreicht. Die Beweisfrage eignet sich hierfür in erster Linie dann, wenn sie voraussichtlich ohne ergänzende Fragen des Gerichts oder der Parteien anhand von Unterlagen beantwortet werden kann und insbesondere eine Gegenüberstellung mehrerer Zeugen nicht geboten ist. 10

Beispiele:
- Vernehmung des Mitarbeiters einer Bank über deren Zinssätze
- Aussage, die ein Arzt auf der Grundlage seiner Krankenunterlagen machen kann (zB über Verletzungen eines Unfallopfers); je nach Lage des Falles nicht zuletzt im Interesse des Zeugen empfehlenswert[50] (vgl. aber auch § 144 I 2)
- Aussage eines Steuerberaters auf der Grundlage von Buchführungs- und Steuerunterlagen

Die persönliche Eignung des Zeugen kann regelmäßig bejaht werden, wenn an seiner Aussagefähigkeit und -bereitschaft kein Zweifel besteht.[51]

Im Beweisbeschluss heißt es in diesem Falle zB:

Die schriftliche Beantwortung der Beweisfrage wird angeordnet,

(oder:)

Im Hinblick auf die Beweisfrage Nr. .../Zeuge X wird die schriftliche Beantwortung der Beweisfrage angeordnet,

(oder:)

Der Zeuge X soll die Beweisfrage schriftlich beantworten.

Weitergehende Möglichkeiten eröffnet § 284 S. 2.[52]

bb) Vernehmungstechnik

Für die Zeugenvernehmung ist Folgendes zu beachten: Vor der Vernehmung wird der Zeuge gemäß § 395 I zur Wahrheit ermahnt und darauf hingewiesen, dass er seine Aussage unter Umständen zu beeiden habe. 11

Nach den einschlägigen gesetzlichen Bestimmungen muss ich Sie über Ihre Pflichten belehren. Darin liegt kein Misstrauen Ihnen gegenüber. Sie müssen jedoch über die rechtliche Lage informiert sein, bevor Sie aussagen. Sie sind verpflichtet, als Zeuge die Wahrheit zu sagen. Das bedeutet, dass Sie den Sachverhalt, über den Sie vernommen werden, vollständig schildern müssen. Sie dürfen nichts auslassen, auch wenn Sie nicht nach jeder Einzelheit eigens gefragt werden; andererseits dürfen Sie nichts hinzufügen, was Sie nicht selbst wahrgenommen oder nicht mehr in

49 BGH NJW 2006, 896 (898); NJW-RR 2016, 175; OLG Hamm MDR 2007, 1153 = BeckRS 2007, 17503 (Wechsel des Einzelrichters); vgl. auch → Rn. 88, → S Rn. 14 (Wiederholung in der Berufungsinstanz).
50 Hierzu → Rn. 19.
51 Zöller/*Greger* ZPO § 377 Rn. 8.
52 Vgl. Prütting/Gehrlein/*Laumen* ZPO § 284 Rn. 53 ff.; oben → Rn. 1.

> Erinnerung haben. Unter Umständen kommt auch eine Beeidigung der Aussage in Betracht. Eine falsche Aussage ist strafbar; soweit Sie vereidigt werden, gilt dies auch für eine fahrlässige Falschaussage.

Da die Belehrung dem Zeugen auch einen ersten Eindruck von der Vernehmungsperson vermittelt, mag man sie mit Kollegen oder notfalls vor dem Spiegel ein paar Mal üben. Gefragt sind zugewandtes und sachliches Auftreten sowie aktives Zuhören.

Die eigentliche Zeugenvernehmung beginnt mit der Aufnahme der Personalien, § 395 II, also Name, Vorname, Alter in vollen Jahren, Beruf und Wohnort. Danach fragt man den Zeugen, ob er mit einer Partei verwandt oder verschwägert ist.

Kommt ein Recht zur Zeugnisverweigerung nach § 383 I Nr. 1 bis 3 in Betracht, ist der Zeuge vor der Vernehmung zur Sache hierauf gesondert hinzuweisen.

> Sie sind als Ehemann der Klägerin berechtigt, die Aussage zu verweigern. Hierüber dürfen Sie frei entscheiden. Wenn Sie aussagen, sind Sie wie jeder andere Zeuge zur Wahrheit und Vollständigkeit verpflichtet.

Danach erfolgt die Vernehmung zum Beweisthema. Gemäß § 396 hat der Vernehmende den Zeugen zu veranlassen, dasjenige, was ihm von dem Gegenstand seiner Vernehmung bekannt ist, im Zusammenhang anzugeben. Da die Zeugenladung nach § 377 II Nr. 2 auch eine Mitteilung der Beweisfrage enthält, wird der Zeuge, wenn er nicht gar von »seiner« Partei eingehend vorbereitet worden ist, normalerweise eine verständliche Aussage machen. Hierbei sollte man ihn nicht unterbrechen. Nur wenn er überhaupt nichts zuwege bringt, sind Hilfen des Vernehmenden angebracht. Wenn der Zeuge seine Aussage beendet hat, ist – soweit erforderlich – mit Hilfe von ergänzenden Fragen das Beweisthema näher auszuleuchten.

12 Generell haben *offene* Fragen Vorrang.

> - Sagen Sie uns am besten zuerst, wo Sie sich befanden, als der Unfall passierte und schildern Sie dann, was Sie gesehen haben.
> - Wie hat die Schlägerei angefangen? Wie ging es weiter?
> - Was ist denn bei den Verkaufsverhandlungen so alles besprochen worden? Was hat Sie an dem Gespräch besonders interessiert?
> - Wer war außer Ihnen sonst noch dabei?

Verfehlt ist es, den Zeugen einengende Fragen zu stellen, mit denen man ihnen die Antworten bereits in den Mund legt (hat der Beklagte danach ja oder nein gesagt?). Solche Fragen wird ein Zeuge in der Regel ebenfalls nur mit »ja« oder »nein« beantworten; Details entlockt man ihm dann nur noch durch weitere Fragen, mit denen die Initiative endgültig auf den Vernehmenden übergeht. Dann kommt eine unbeeinflusste, zusammenhängende Sachverhaltsschilderung und damit die wichtigste Grundlage der Beweiswürdigung erst gar nicht zustande.

Bei unpräzisen Angaben muss man darauf hinwirken, dass der Zeuge sich zum Umfang seiner Wahrnehmung klar äußert, damit er sein Wissen nicht mit Mutmaßungen und eigenen Rückschlüssen vermengt. Sind Örtlichkeiten zu beschreiben, kann es Sinn machen, wenn man die Zeugen Skizzen anfertigen lässt, die als Anlage zum Protokoll genommen werden.

13 Dem Zeugen sind alsdann eventuelle Widersprüche seiner Aussage, etwa zum Vortrag der Parteien oder zu Erkenntnissen, die in einem anderen, ebenfalls die Streitsache

betreffenden Verfahren gewonnen worden sind, so eindringlich vorzuhalten, dass er sich bestimmt genug hierzu äußern kann. Das gilt insbesondere für polizeiliche Ermittlungsakten, in denen möglicherweise bereits die Niederschrift einer Aussage des Zeugen enthalten ist. Auch sollte man dem Zeugen Hinweise geben, wenn andere, vor ihm vernommene Zeugen eine von seinen Bekundungen abweichende Aussage gemacht haben.

Den für die Beweisaufnahme wesentlichen Akteninhalt muss der Vernehmende sich vorher einprägen. Es hat keinen Zweck, während der Vernehmung in den Unterlagen zu blättern, um nach Anhaltspunkten für weitere Fragen zu suchen. Hierdurch erhält der auf eine Falschaussage bedachte Zeuge nur zusätzliche Gelegenheit, sich genau zu überlegen, wie er Widersprüche und sonstige verräterische Äußerungen vermeidet.

Wenn die Vernehmung durch den oder die Richter abgeschlossen ist, sind nach § 397 II Fragen der Prozessbevollmächtigten zuzulassen. Wer es demgegenüber gestattet, dass der Zeuge schon vorher durch Zwischenfragen unterbrochen wird, lässt sich nur unnötig das Heft aus der Hand nehmen und ermöglicht es den Parteien darüber hinaus, »ihrem« Zeugen wichtige Stichworte zuzurufen. Es ist üblich, Fragen an den Zeugen erst der Seite zu erlauben, die ihn benannt hat. Der Gegner ist als zweiter an der Reihe. Den Parteien selbst kann man ebenfalls Fragen gestatten; man muss jedoch drauf achten, dass es bei Fragen bleibt; sonst riskiert man nur unnötige Streitereien.

Hinweis für die Ausbildung: Gemäß § 10 GVG dürfen Referendare unter Aufsicht des Richters Beweise erheben.[53] Man sollte sich diese Gelegenheit, falls sie angeboten wird, nicht entgehen lassen, zumal sie auch für eine Tätigkeit als Rechtsanwalt oder als Staatsanwalt Bedeutung hat.

cc) Das Protokoll

Gemäß § 160 III Nr. 4 sind die Aussagen der Zeugen in das Sitzungsprotokoll aufzunehmen. Das Diktat des Protokolls ist im Zivilprozess Aufgabe des Vernehmenden. Er hat hierbei Folgendes zu beachten: Das Protokoll soll die Zeugenaussage in der Ich-Form nur ihrem wesentlichen Inhalt nach, nicht hingegen wörtlich wiedergeben. Ausschmückungen, auf die es schlechthin nicht ankommen kann, dürfen übergangen werden. Andererseits ist es verfehlt, Äußerungen eines Menschen, der sich lediglich in einfachen Worten auszudrücken vermag, in gestelztes Juristendeutsch zu übertragen. Nur eindeutige sprachliche Fehler sind zu berichtigen. Wenn es auf die Wiedergabe einzelner Äußerungen ankommt, müssen sie wörtlich protokolliert und als solche kenntlich gemacht werden. 14

Der Zeuge erklärt wörtlich: …

Man sollte den Zeugen grundsätzlich nicht durch das Diktat unterbrechen, insbesondere nicht bei der ersten, zusammenhängenden Sachverhaltsschilderung. Erst danach, bei Vorhalten und Gegenfragen, kann man abschnittweise vorgehen. Wer Sorge hat, die (Kern-)Aussage wegen ihrer Länge nicht im Kopf behalten zu können, mag sich Notizen machen, in denen Anhaltspunkte für Gegenfragen sofort kenntlich gemacht werden.

Verwickelt sich der Zeuge in Widersprüche, berichtigt er sich oder schränkt er seine ursprünglich präzise Schilderung nachträglich durch Wendungen wie »vielleicht«, »es könnte so gewesen sein« oder »ich meine« wieder ein, muss auch dies im Interesse

53 Vgl. *Pfeiffer/Buchinger* JA 2005, 138.

möglichst umfassender Grundlagen der Beweiswürdigung aus dem Protokoll hervorgehen. Das kann bei einem Richterwechsel nach der Beweisaufnahme, aber vor der letzten mündlichen Verhandlung, und in der Berufungsinstanz von erheblicher Bedeutung sein.[54]

Daher ist es wichtig, den wesentlichen Inhalt der Aussage detailreich zu protokollieren. Das gleiche gilt für Vorhalte, namentlich von Seiten der Parteien, weil sich dahinter Suggestivfragen oder versteckte Hinweise verbergen können.

> Auf Vorhalt des Beklagtenvertreters, ob er es denn wirklich beschwören könne, dass sein Freund dem Kläger mit der Faust mitten auf das linke Auge geschlagen hat, oder ob er vielleicht doch nur vor Schreck einem Irrtum erlegen sei, erklärt der Zeuge: »Wenn ich es mir genau überlege, bin ich mir jetzt nicht mehr ganz sicher.«

15 Nach Abschluss der Vernehmung muss der Zeuge das Protokoll genehmigen, § 162 I. Die Verwendung des Diktiergeräts ist in §§ 160a, 162 I 2, II 2 geregelt. Auf das Abspielen kann von den Beteiligten verzichtet werden. Die Anwälte sind hierzu fast immer bereit. Ein Verzicht sollte ins Protokoll diktiert werden. Der Vernehmende fragt alsdann den Zeugen am besten, ob das, was er diktiert habe, richtig gewesen sei. Der Zeuge wird diese Frage in aller Regel mit »ja« beantworten. Damit ist die Genehmigung ausgesprochen. Die Schreibkraft vermerkt die entsprechende Äußerung des Zeugen in der Sitzungsniederschrift häufig mit »geheimnisvollen« Abkürzungen, die Berufsanfängern meist unverständlich sind. Die gebräuchlichsten Kürzel lauten:

> l.d.u.g. (laut diktiert und genehmigt)
> n.D.g. (nach Diktat genehmigt).

Eine ausführliche Protokollierung erübrigt sich in den Fällen des § 161, namentlich bei Unanfechtbarkeit des Urteils. Der nach § 161 II in das Protokoll aufzunehmende Vermerk mag etwa lauten:

> Der Zeuge/Die Zeugin bekundete zur Sache.

Die Personalien der Zeugen müssen demgegenüber nach § 160 I Nr. 4 immer vollständig aufgenommen werden.

2. Der Sachverständige

Am 15.10.2016 sind Änderungen der §§ 404, 407a und 411 in Kraft getreten, die auf eine weitere Straffung des Sachverständigenbeweises abzielen.[55] Insbesondere bei der Auswahl von Sachverständigen und im Konfliktfall bei verzögerlicher Tätigkeit ist auf aktuellen Text zu achten. Bei den zitierten Verfahrensvorschriften und den nunmehrigen Neuregelungen geht es vorrangig darum, den tendenziell zeitraubenden Sachverständigenbeweis nach Möglichkeit von Anfang an so konzentriert durchzuführen, dass Verzögerungen vermieden werden.

a) Aufgaben, Abgrenzung zum Zeugen

aa) Sachkunde

16 Im Gegensatz zum Zeugen soll der Sachverständige sich nicht über in der Vergangenheit liegende Tatsachen äußern, sondern dem Gericht die Kenntnis von abstrakten

54 S. → S Rn. 12 ff.
55 *Lüblinghoff* NJW 2016, 3329.

Erfahrungssätzen vermitteln.[56] Er urteilt nachträglich über einen feststehenden Sachverhalt, aus dem er aufgrund seiner Sachkunde Schlussfolgerungen zieht. Sachverständige sind damit ersetzbar; Zeugen sind es nicht. Auch an § 404a zeigt sich der Unterschied zwischen Zeugen und Sachverständigen sehr deutlich.[57]

Soweit der Sachverständige Tatsachen wahrnimmt, kommt er selbstverständlich als Zeuge in Betracht.

Beispiele:
- Der Sachverständige bekundet als Zeuge streitige Äußerungen der Parteien bei einem von ihm durchgeführten Ortstermin.
- Vernehmung eines entpflichteten Sachverständigen zu Tatsachen, die er im selbstständigen Beweisverfahren oder in einem früheren Stadium des Rechtsstreits wahrgenommen hat.

bb) Sachverständiger Zeuge

Der sachverständige Zeuge, § 414, ist Zeuge im Sinne der §§ 373 ff. Er soll bekunden, 17
was er tatsächlich beobachtet hat, jedoch im Wesentlichen aufgrund seiner besonderen Sachkunde überhaupt erst zu erfassen imstande war. Gängiges Beispiel ist der Arzt, der ein Unfallopfer am Ort des Geschehens oder etwa im Krankenhaus untersucht hat und vor Gericht über den Umfang der unfallbedingten Verletzungen aussagt.[58]

Gerade bei sachverständigen Zeugen muss man besonders darauf achten, dass sie ihre Aussage auf die tatsächliche Seite des Geschehens konzentrieren und sich mit Schlussfolgerungen zurückhalten. Denn ihre Bekundung kann im Einzelfall erst die Grundlage eines Gutachtens sein, das ein (anderer) Sachverständiger zu erstatten hat. Dessen Wertungen soll der Zeuge nicht vorwegnehmen. Andererseits ist die Sachkunde des Zeugen wertvolle Grundlage der Beweiswürdigung.

cc) Rechtsfragen an den Sachverständigen

Abgesehen von wenigen Ausnahmefällen, etwa denjenigen des § 293, ist es nicht Auf- 17a
gabe des Sachverständigen, sich zu Rechtsfragen zu äußern. Dem muss man bereits bei der Abfassung des Beweisbeschlusses Rechnung tragen. Sind zB Baumängel im Streit, darf die Beweisfrage nicht etwa lauten: »Welche Werklohnminderung rechtfertigt sich aus den festgestellten Mängeln?« Damit gibt der Richter unzulässig die allein ihm obliegende Entscheidung aus der Hand. Zu fragen ist:

Hat der Beklagte den Keller des Hauses … im Einklang mit den Regeln der Baukunst gegen andrängendes Grundwasser hinreichend abgedichtet? Wenn dies nicht der Fall ist: In welchem Umfang dringt in den Keller Wasser ein? Lassen sich die Ursachen beseitigen? Welche Kosten entstehen ggf. hierdurch?

Gerade in Bausachen weicht die Praxis hiervon nicht selten ab und fragt nach »Mängeln« und »Minderung«.[59] Solange der Sachverständige auf dieser Grundlage arbeiten kann und die Parteien keine Einwände erheben, kommt man auch damit zum richtigen Ergebnis. Man schafft jedoch das Risiko, dass eine – mit Kosten verbundene – Ergänzung des Gutachtens erforderlich wird.

---

56 Zur Abgrenzung vgl. BGH NJW 1993, 1796 (Wertermittlung); BGH NJW-RR 2004, 1248 (Verkehrssitte); BGH NJW 2007, 2122; KG NJW-RR 2011, 608.

57 Vgl. auch → Rn. 22; zur Ausarbeitung der Beweisfragen an den Sachverständigen und der Leitung seiner Tätigkeit durch das Gericht vgl. *Seibel* NJW 2014, 1628.

58 Zur Entschädigung beachte § 10 JVEG.

59 Vgl. OLG Hamm NJW-RR 2002, 1674; OLG Stuttgart NZBau 2005, 640.

b) Das Beweisangebot

aa) Voraussetzungen

18 Gemäß § 403 wird der Sachverständigen-Beweis durch die Bezeichnung der zu begutachtenden Punkte angetreten. Der Beweisführer muss also grundsätzlich die beweiserhebliche Tatsache nachvollziehbar darlegen; der nur auf eine Ausforschung des Sachverhalts durch den Gutachter gerichtete Antrag ist nicht zulässig. In dieser Hinsicht gelten dieselben Grundsätze wie beim Zeugen.[60] Soweit allerdings, wie zB in Arzthaftungsprozessen, die genaue Darlegung der maßgeblichen Tatsachen mangels Sachkunde nicht möglich ist, gilt nur eine eingeschränkte Darlegungspflicht.[61]

Zu benennen braucht der Beweisführer den Sachverständigen nicht. Die Auswahl ist Aufgabe des Gerichts, § 404. Bei Erlass des Beweisbeschlusses wird in der Regel ein Sachverständiger ausgewählt und dessen Name den Parteien mitgeteilt, damit sie Einwände nach § 406 alsbald vorbringen können. In dem Beschluss heißt es dann:

> Mit der Erstattung des Gutachtens soll beauftragt werden: …

Das Gericht kann den Gutachter durch die örtliche Industrie- und Handelskammer oder eine andere geeignete Institution, wie zB die Ärztekammer, benennen lassen. Eine dahingehende Entscheidung wird ebenfalls in den Beweisbeschluss aufgenommen. Es ist empfehlenswert, sich beim Ausbilder nach der insoweit gepflogenen Praxis erkundigen.

bb) Erhebung von Amts wegen

19 Gemäß § 144 I 1 kann das Gericht die Erhebung des Sachverständigenbeweises auch von Amts wegen anordnen. Hiervon wird nur in seltenen Ausnahmefällen Gebrauch gemacht, etwa wenn ein technischer Sachverhalt sich als so schwierig darstellt, dass er ohne Hilfe eines Sachverständigen erst gar nicht erfasst oder beurteilt werden kann.[62] Keinesfalls ist die Regelung des § 144 I als Lückenbüßer für unterlassene Beweisanträge zu verstehen.[63] Große praktische Bedeutung haben die §§ 142 I 1, 144 I 2 insbesondere im Arztprozess, weil sie dem Gericht eine Grundlage dafür geben, bei Ärzten und Krankenhäusern zum Zweck der sachverständigen Begutachtung die Krankenunterlagen des Patienten anzufordern. Wegen §§ 383 I Nr. 6, 385 II, die nach §§ 142 II 1, 144 II 1 entsprechend gelten, muss der Patient die Ärzte von der Schweigepflicht entbinden. §§ 390, 142 II 2, 144 II 2 bieten dem Gericht ein allerdings kaum einmal benötigtes Druckmittel.

c) Beweisbedürftigkeit

aa) Ermessen

20 Das Gericht entscheidet über die Einholung eines Sachverständigengutachtens nach pflichtgemäßem Ermessen. Sieht es sich aufgrund eigener, im Urteil eingehend zu begründender *Sachkunde* in der Lage, die Beweisfrage selbst zu beantworten, bedarf es des Sachverständigenbeweises nicht; fehlt die Sachkunde, ist ein Gutachten einzu-

---

60 Vgl. → A Rn. 154 ff., → Rn. 4.
61 BGH NJW 1995, 1160; 2004, 2825; 2008, 2846.
62 BGH NJW 1995, 665; GRUR 2004, 413.
63 Allgem. → A Rn. 154 ff.

holen.[64] Umgekehrt muss das Gericht, wenn etwa mangels Vorschusszahlung kein Gutachten eingeholt wird, seine Sachkunde einsetzen, bevor eine Beweislastentscheidung ergeht.[65]

Ein in der Praxis häufig vorkommendes Beispiel ist die *Rekonstruktion von Verkehrsunfällen*. Einfache Unfallabläufe kann der Richter ohne Weiteres selbst nachvollziehen, wobei ihm Bremswegtabellen oder entsprechende Computerprogramme behilflich sein mögen. Kommt es hingegen auf schwierige Weg-Zeit-Berechnungen an oder müssen aus dem Schadensbild Rückschlüsse auf die Aufprallgeschwindigkeit gezogen werden, ist Sachverständigenbeweis zu erheben.

Entscheidet das Gericht aufgrund eigener Sachkunde, muss es die Parteien in der mündlichen Verhandlung oder auf sonstigem Wege darauf hinweisen,[66] deren Grundlagen näher darlegen und das von ihm erzielte Ergebnis eingehend begründen. Beim Rückgriff auf Fachliteratur muss mitgeteilt werden, aufgrund welcher Kenntnisse die Richter zu ihrer Auswertung in der Lage sind.[67] Eine Begründungspflicht besteht auch, wenn das Gericht von den Schlussfolgerungen eines Gutachters abweicht oder auf der Grundlage divergierender Gutachten entscheiden muss.[68]

bb) Gutachten aus anderen Verfahren, Privatgutachten

Nach § 411a kann die schriftliche Begutachtung durch die Verwertung eines gericht- 21
lich oder von der Staatsanwaltschaft eingeholten Gutachtens aus einem anderen Verfahren ersetzt werden. Es handelt sich hierbei, im Wesentlichen deckungsgleiche Beweisfragen unterstellt, um einen vollwertigen Sachverständigenbeweis. Die Rechte der Parteien aus §§ 402 ff. bleiben unberührt, was insbesondere für die Ablehnung und die Anhörung des Gutachters Bedeutung hat. Selbstverständlich müssen die Parteien das Recht auf Gehör wahrnehmen und zu dem Gutachten Stellung nehmen können.[69]

Der Sachverständigenbeweis kann sich erübrigen, wenn andere schriftliche Gutachten beigebracht werden. Hierbei kann es sich um *Privatgutachten* handeln oder um Gutachten, die im Auftrag einer Behörde oder einer anderen Einrichtung erstattet worden sind.

Beispiele:
- Begutachtung eines ärztlichen Kunstfehlers durch die Gutachterkommission der Ärztekammer
- Gutachten einer handwerklichen Schlichtungsstelle
- Beurteilung der MdE (Minderung der Erwerbsfähigkeit) im Auftrag einer Berufsgenossenschaft
- Bewertungsgutachten der DEKRA[70]

Solche Gutachten sind Urkunden, die den Parteivortrag belegen und zu dessen Substantiierung beitragen.[71] Des Weiteren kann ein fundiertes Privatgutachten auch

64 BGH NJW 1995, 1619; MDR 2007, 538 = BeckRS 2007, 00022; großzügig OLG Jena MDR 2012, 213 = BeckRS 2012, 04774; zur eigenen Sachkunde in der Schriftvergleichung OLG Koblenz NJW-RR 2014, 505.
65 BGH NJW 2007, 2122.
66 BGH NJW 2015, 1311.
67 BGH NJW 2000, 1946; NJW-RR 2007, 357; 2015, 158 Rn. 18.
68 → Rn. 78; BGH NJW 1997, 1446; NJW-RR 2009, 387.
69 BGH MDR 2016, 1022 = BeckRS 2016, 09619; MDR 2016, 1468 = BeckRS 2016, 19362.
70 Deutscher Kraftfahrzeug Überwachungsverein.
71 BGH NJW 1993, 2382; vgl. auch → A Rn. 15 f.; → Rn. 47, 78 f.

beim Gegner der beweisbelasteten Partei eine erhöhte Substantiierungslast zur Folge haben.[72]

Nur bei einer Zustimmung der Parteien, die selten erteilt wird, können sie ein vom Gericht nach §§ 402 ff. einzuholendes Gutachten ersetzen.[73] Im Übrigen ist jedoch generell zu prüfen, ob angesichts einer bereits vorliegenden Begutachtung der gerichtliche Sachverständigenbeweis noch erforderlich ist. Ein Privatgutachten kann zur Wahrheitsfindung ausreichen, wenn es der kritischen Würdigung standhält und damit geeignet ist, tragfähige Grundlage richterlicher Überzeugung zu sein.[74] Für Gutachten von Behörden oder neutralen Gutachterkommissionen und Schlichtungsstellen gilt dies erst recht. Die gebotene Neutralität des Sachverständigen ist hier regelmäßig gewahrt.

Das Schwergewicht liegt meist auf der Frage, ob dem Gutachter die im Rechtsstreit vorgetragenen Tatsachen vollständig vorgelegen haben oder ob die Begutachtung aufgrund neuer Anschlusstatsachen[75] ergänzungsbedürftig ist bzw. wiederholt werden muss.[76] Des Weiteren mögen die Kritik einer Partei sowie die Vorlage von Gegengutachten Anlass zu erneuter Sachprüfung bilden. In all diesen Fällen kann das Gericht den bereits tätig gewordenen Sachverständigen nach § 404 ernennen und ihn ggf. sogar ohne weitere schriftliche Stellungnahme nach § 411 III sofort anhören, was die Beweisaufnahme wegen der Vorkenntnisse des Gutachters kostengünstig macht. Bei Privatgutachten sieht die Praxis hiervon allerdings in der Regel ab, damit nicht Streit um die Neutralität des Gutachters aufkommt und dieser am Ende wegen Befangenheit abgelehnt wird.[77]

d) Grundlagen der Begutachtung

aa) Anschlusstatsachen

22 Der Gutachter soll sein Werturteil grundsätzlich nur auf der Basis eines feststehenden Sachverhalts abgeben.[78] Man spricht insoweit von *Anschlusstatsachen*, also von tatsächlichen Umständen, an die der Sachverständige sich »anschließt«, weil er sie als gegeben voraussetzt.[79]

Lässt sich aus dem Akteninhalt nicht ohne Weiteres ersehen, auf genau welche tatsächliche Grundlage das Gutachten aufgebaut werden soll, muss das Gericht je nach Sachlage den Parteien Gelegenheit zu ergänzendem Vortrag geben und dem Sachverständigen nach § 404a Weisungen und Hinweise erteilen.[80] Streiten die Parteien zB über den Umfang eines Einbruch-Schadens, wird das Gericht zuerst die Zeugen vernehmen und daran anschließend ein Gutachten über den Wert der abhanden gekommenen Stücke einholen. Stellt sich im Zuge der Zeugenvernehmung heraus, dass der Kläger lediglich den Verlust einer kleineren Zahl von Gegenständen beweisen kann,

72 OLG Köln NJW 2015, 2046; eingehend zum Privatgutachten *Ghassemi-Tabar/Nober* NJW 2016, 552.
73 BGH NJW-RR 1994, 255; vgl. auch → A Rn. 15.
74 Vgl. BGH VersR 1987, 1007; NJW 1993, 2882; zur Würdigung von Gutachten vgl. → Rn. 78, 82.
75 Vgl. → Rn. 22.
76 BGH NJW 1997, 3381; 2002, 2324.
77 Vgl. BGH NJW 2017, 1247; 2017, 1248.
78 OLG Köln NJW 1994, 394.
79 Zöller/*Greger* ZPO § 402 Rn. 5.
80 BGH NJW 1997, 1446; VersR 2009, 517.

braucht sich das Wertgutachten nur auf diese Teile zu beziehen. Um unnötige Arbeit (und Kosten) zu vermeiden, beschränkt man entweder die an den Sachverständigen zu richtende Beweisfrage auf die nachgewiesenen Umstände (welchen Wert hatten (a) das Fernsehgerät, (b) der Videorecorder usw.), oder man lässt die Beweisfrage in ihrer allgemeinen Formulierung bestehen (welchen Wert hatten die abhanden gekommenen Gegenstände?) und weist den Gutachter im Auftragsschreiben darauf hin, dass er sich nur mit einzelnen, näher bezeichneten Stücken befassen soll.

bb) Befundtatsachen

Je nach der Lage des Falles kommt der Sachverständige nicht umhin, selbst Tatsachen festzustellen, die neben den Anschlusstatsachen der Begutachtung als Grundlage dienen. **23**

> **Beispiele:**
> - Zur Beantwortung der Frage, in welchem Umfang der Kläger als Folge eines Unfalls körperliche Beeinträchtigungen davongetragen hat, muss der Kläger zunächst ärztlich untersucht werden.
> - Streitig ist der Mangel eines Gebrauchtwagens, der nach der Behauptung des Klägers im Fahrbetrieb ein auffallendes Rasseln von sich gibt. Der Sachverständige muss sich zuerst Klarheit darüber verschaffen, ob dieses Geräusch tatsächlich entsteht, um alsdann dessen Ursachen und die Frage zu klären, ob bei Gefahrübergang ein Mangel vorgelegen hat.

Die Ergebnisse dahingehender Untersuchungen werden als *Befundtatsachen* bezeichnet.[81] Selbstverständlich muss der Gutachter sie offen legen.[82] Das Problem liegt in der Wahrung des Unmittelbarkeitsgrundsatzes, § 355 I 1. Denn im Regelfall muss das Gericht den entscheidungserheblichen Sachverhalt selbst feststellen.[83] Allgemein lässt sich sagen, dass die Ermittlung von Tatsachen dem Sachverständigen nur insoweit überlassen werden darf, als dessen besondere Sachkunde es erforderlich macht.[84]

Das wird im Hinblick auf *Zeugenvernehmungen* praktisch nie zu bejahen sein.[85] Hat das Gericht Sorge, ob seine Sachkunde ausreicht, in der Zeugenvernehmung die richtigen Fragen zu stellen, **24**

> **Beispiel:** Bekundungen von Zeugen über Indizien, aus denen Rückschlüsse auf die altersbedingte Geschäftsunfähigkeit einer inzwischen verstorbenen Person gezogen werden sollen

so mag es zur Vernehmung einen Sachverständigen hinzuziehen, damit dieser sachdienliche Hinweise geben und ergänzende Fragen anregen kann. Ist danach ein Gutachten erforderlich, kann derselbe Sachverständige damit beauftragt werden.

Kein Problem ergibt sich im vorliegenden Zusammenhang, wenn der Unmittelbarkeitsgrundsatz bei Einholung eines Sachverständigengutachtens durch andere übergeordnete Gesichtspunkte eingeschränkt wird:

> **Beispiel:** Ist eine Person körperlich zu untersuchen, steht ihr Geheimhaltungsinteresse der Anwesenheit weiterer Beteiligter entgegen; dieser Gesichtspunkt geht dem Grundsatz der Unmittelbarkeit vor.[86]

---

81 BGH NJW-RR 2011, 1459.
82 BGH WM 2007, 1901.
83 BGH NJW 1997, 1446.
84 BGH VersR 1960, 998; NJW 1962, 1770 (1771); 1974, 1710; NJW-RR 1995, 715 (Augenschein); BVerfG NJW 1995, 40; 1997, 1909; OLG Karlsruhe VersR 2003, 977; Prütting/Gehrlein/*Katzenmeier* ZPO § 404a Rn. 8 ff.
85 BGH NJW 1957, 906.
86 OLG Hamm MedR 2004, 60; MDR 2006, 889.

Von den Befundtatsachen sind die *Zusatztatsachen* zu unterscheiden, die der Sachverständige bei Erfüllung seines Auftrags nur zufällig wahrnimmt.

Beispiel: Beim Ortstermin hört der Sachverständige, wie einer der Unfallbeteiligten seine Unaufmerksamkeit einräumt. Insoweit kann er normaler Zeuge sein.[87]

cc) Reaktion der Parteien

25 Hat der Sachverständige ausnahmsweise über seinen Auftrag hinaus Tatsachen ermittelt, muss vorweg geprüft werden, ob nicht eine Partei diese Umstände ausdrücklich oder konkludent zu ihrem Sachvortrag macht.[88] Bleibt dieser unbestritten, kommt es auf Verfahrensfragen nicht mehr an. Darüber hinaus ist anerkannt, dass die Parteien einen in eigener Tatsachenermittlung des Sachverständigen liegenden Verfahrensfehler über § 295 – also auch durch rügelose Einlassung – heilen können.[89] Der Bearbeiter eines Aktenstücks muss daher, wenn er Bedenken hat, eine eventuell unzulässige Tatsachenaufklärung des Gutachters beweismäßig zu verwerten, zuerst prüfen, inwieweit der Verfahrensfehler im Lichte des § 295 überhaupt beachtlich ist. Liegt ein (stillschweigender) Rügeverzicht der Parteien vor, bleibt der Punkt ohne jede Erwähnung. In Bausachen und Arzthaftungsprozessen zB ist dies nicht selten der Fall. Nur wenn die Parteien das Vorgehen des Sachverständigen als Verfahrensfehler beanstandet haben, ist zu prüfen, inwieweit die gebotene richterliche Tatsachenfeststellung durch unmittelbare Verwertung weiterer Beweismittel (zB Zeugen, Inaugenscheinnahme) nachgeholt werden muss.[90]

e) Die Anhörung des Gutachters

26 § 411 I überlässt dem Gericht die Entscheidung, ob es eine schriftliche Begutachtung anordnet oder den Sachverständigen zum Termin lädt. Im Zivilprozess ist ersteres der Regelfall, jedoch kann sich das Gericht gemäß § 411 III den Inhalt des Gutachtens anschließend mündlich erläutern lassen. Für die Überzeugungskraft einer Begutachtung ist die Anhörung oft sehr vorteilhaft.

Bei der Ladung des Sachverständigen kann es ratsam sein, die anstehenden Fragen, soweit sie schon bekannt sind, schriftlich mitzuteilen. Das empfiehlt sich insbesondere dann, wenn der Gutachter für die Beantwortung Literaturrecherchen anstellen oder Berechnungen ausführen muss. Des Weiteren sollte man dem Sachverständigen eine Zeit vor dem Termin die Akten oder zumindest die Schriftsätze zuleiten, in denen sein Gutachten kritisiert worden ist, damit er sich sachgerecht vorbereiten kann.

Gemäß §§ 397 I, 402 können die Parteien dem Sachverständigen in der Verhandlung sachdienliche Fragen stellen. Das Gericht ist nach Art. 103 I GG grundsätzlich verpflichtet, einem darauf abzielenden Antrag stattzugeben.[91] Ihm ist nur dann nicht zu folgen, wenn er verspätet (§§ 411 IV 2, 296 I) oder rechtsmissbräuchlich, insbesondere

87 Prütting/Gehrlein/*Katzenmeier* ZPO § 414 Rn. 2.

88 Vgl. BGH VersR 2001, 1174 = NJW 2001, 2177.

89 BGH VersR 2001, 1174 = NJW 2001, 2177.

90 BGH NJW 1962, 1770 (1771).

91 BVerfG NJW 2012, 1346; NJW-RR 2013, 626; stRspr: BGH VersR 2002, 120; 2003, 926; NJW 2004, 2828 (2830) betr. Berufung; BGH VersR 2005, 1555; NJW-RR 2006, 428 (1503); NJW 2006, 3054; NJW-RR 2007, 212; 2008, 303; 2009, 1361; auch nach selbst. Beweisverfahren: BGH NJW-RR 2007, 1294; der Anhörungsantrag ist Rechtsmittel im Sinne der §§ 839a II, 839 III BGB: BGH MDR 2007, 210.

in offensichtlicher Verschleppungsabsicht gestellt wird.[92] Das Gericht kann nach §§ 379, 402 die Ladung des Sachverständigen von der Einzahlung eines Auslagenvorschusses abhängig machen.[93] Einer einschränkenden Sachdienlichkeitsprüfung steht die Rechtsprechung deutlich ablehnend gegenüber.[94] Von den Parteien kann nicht verlangt werden, dass sie ihre Fragen dem Gericht vorher mitteilen; Angaben zum Gegenstand der Befragung reichen generell aus.[95] Es ist immer ratsam, im Zweifel den Gutachter zu hören, anstatt die Entscheidungsgründe auf Erwägungen zur fehlenden Notwendigkeit der Anhörung aufzubauen! Oft lösen sich nach kurzer Erläuterung kompliziert scheinende Sachverhaltsprobleme zur allseitigen Überzeugung in Nichts auf.

Selbst wenn eine Partei ihr Antragsrecht aus einem der dargestellten Gründe verloren hat, kann das Gericht verpflichtet sein, den Sachverständigen zu hören, etwa weil wegen Lücken oder Widersprüchen im schriftlichen Gutachten nur eine weitere Aufklärung ermessensfehlerfrei ist.[96] So ist zB ein Sachverständiger auch ohne Antrag von Amts wegen mündlich zu vernehmen, wenn die zweite Instanz seine Ausführungen anders als die erste Instanz würdigen oder ihnen aufgrund neuer Erkenntnisse ohne eigene Sachkunde folgen will.[97] Zu behandeln ist die Frage im Rahmen der Beweiswürdigung/Beweisstation, die mit der Feststellung schließen kann, dass eine weitere Begutachtung oder die mündliche Erläuterung geboten ist. 27

Für die Anhörung selbst gelten die zur Zeugenvernehmung dargelegten Grundsätze entsprechend,[98] wobei naturgemäß Sachkunde und Neutralität des Gutachters eine Konzentration auf Einzelpunkte erlauben. Das Ergebnis der Anhörung ist im Protokoll festzuhalten.[99] Legt der Sachverständige in der Anhörung neue Erkenntnisse dar oder zeigt der Fall besondere Schwierigkeiten, ist den Parteien Gelegenheit zur Stellungnahme einzuräumen.[100]

In Anbetracht der Entschädigungsregelungen in §§ 198 ff. GVG (überlange Verfahrensdauer) achten die Gerichte noch mehr auf einen möglichst zügigen Abschluss des Zivilprozesses. Eine der Hauptursachen für lange Verfahrensdauer ist die Einholung von schriftlichen Sachverständigengutachten. Deswegen sollte in geeigneten Fällen, wenn das Beweisthema überschaubar ist, mehr über die mündliche Anhörung des Gutachters nachgedacht werden als über schriftliche (Ergänzungs-)Gutachten. 27a

f) Weitere Verfahrensfragen

Hat der Sachverständige, zB in einer Bausache oder bei einer Unfallrekonstruktion, eine Ortsbesichtigung durchzuführen, muss er die Parteien sowie deren Prozess- 28

92 BGH NZBau 2000, 249; NJW-RR 2001, 1431; VersR 2005, 1555; zur angemessenen Frist vgl. OLG Düsseldorf NJW-RR 2001, 141; OLG Celle NJW-RR 2001, 142; MDR 2001, 108 = BeckRS 2000, 31053439.
93 BGH NJW 1989, 227; OLG Düsseldorf MDR 2015, 236 = BeckRS 2014, 22427.
94 BGH NJW-RR 2008, 303; 2009, 1361; so wohl auch Prütting/Gehrlein/*Katzenmeier* ZPO § 411 Rn. 22 ff.; Vorsicht also bei älterer Rechtsprechung.
95 BGH VersR 2015, 257 = NJW-RR 2015, 510.
96 BGH NJW-RR 1994, 1112; MDR 1995, 199 = BeckRS 9998, 95096; MDR 1997, 287 = NJW 1997, 803; NJW 2001, 2791; 2003, 2311.
97 BGH NJW 2001, 3269; 2004, 2828.
98 Vgl. → Rn. 12 ff.
99 BGH NJW-RR 1993, 1034.
100 BGH NJW 2001, 2796; 2009, 2604.

bevollmächtigte hiervon in Kenntnis setzen und ihnen die Teilnahme an dem Termin gestatten (Parteiöffentlichkeit, § 357).[101] Rügt eine Partei die Verletzung dieses Verfahrensgrundsatzes, darf das Gutachten vor erneuter Durchführung eines Ortstermins nicht verwertet werden.

29 Zwecks Einhaltung vertretbarer Bearbeitungsfristen soll das Gericht dem Sachverständigen gem. § 411 I eine Frist setzen. Wie dies im Auftragsschreiben formuliert wird, ob förmlich oder als unverbindliche Vorstellung, mag man im Bedarfsfalle beim Ausbilder erfragen. Meist finden Formularschreiben oder Textvorlagen der EDV Verwendung. Bei Säumnis sind schriftliche oder telefonische Anfragen üblich. Unter den Voraussetzungen des § 411 II kann, wenn dies nichts nützt, ein Ordnungsgeld festgesetzt werden, dessen Höhe gem. § 411 II 4 den Betrag von 3.000 EUR nicht überschreiten darf.[102]

30 Bisweilen beantragt die Partei, die mit den vom Sachverständigen erzielten Ergebnissen nicht einverstanden ist, die Einholung eines weiteren Gutachtens (bei uneinheitlichem Sprachgebrauch zT als »*Obergutachten*« bezeichnet). Nach § 412 ist das Gericht hierzu – dies allerdings auch ohne entsprechenden Antrag – grundsätzlich nur verpflichtet, wenn das Gutachten nicht verwertbar ist, weil es etwa bestrittene Tatsachen als unstreitige Grundlage hinstellt oder weil das Gericht sich aus anderen Gründen von der Richtigkeit der vom Gutachter erzielten Ergebnisse nicht zu überzeugen vermag.[103] Auch in diesem Falle haben ergänzende Fragen an den Gutachter sowie die mündliche Anhörung nicht zuletzt aus Kostengründen Vorrang.[104]

3. Der Augenschein

a) Funktion

31 Die Einnahme des Augenscheins dient der unmittelbaren Wahrnehmung von Tatsachen. Sie kann sich auf jeden Gegenstand beziehen, der mit den Sinnen zu erfassen ist. Der neben dem Sondergebiet des § 372a häufigste praktische Fall ist der »Ortstermin«, also die Inaugenscheinnahme einer Örtlichkeit zur Aufklärung etwa von Unfallereignissen, Nachbarstreitigkeiten oder Baumängeln. Die Einnahme des Augenscheins kann gemäß §§ 372 II, 361 einem Mitglied des Prozessgerichts als beauftragtem Richter übertragen werden, ohne dass es auf die strengeren Voraussetzungen des § 375 ankommt.

Wichtige Augenscheinsobjekte sind zudem Pläne, Skizzen und Fotografien, insbesondere von Unfallorten. Ton- und Videobänder sowie Datenaufzeichnungen, etwa einer Dashcam,[105] zählen ebenfalls dazu. Allerdings beschränkt sich das Beweismittel der Inaugenscheinnahme nicht auf den Wahrnehmungskreis des Gesichtssinns. Das Gehör (mangelnder Schallschutz in einem Gebäude), der Tastsinn (Elastizität eines Werkstoffs), der Geschmack (richterliche Weinprobe) und der Geruchssinn (störender Geruch eines Isoliermaterials) können ebenfalls eingesetzt werden. Zu den Augen-

101 OLG Köln NJW-RR 1996, 1277.

102 S. auch → Anh. Rn. 9 »Retent«.

103 BGH NJW 1999, 1778; NJW-RR 2007, 1293 zur Ablehnung des Sachverständigen.

104 BGH NJW 2001, 1787; 2011, 852 Rn. 30: »häufig zweckmäßig«; Prütting/Gehrlein/Katzenmeier ZPO § 412 Rn. 4.

105 Zur hoch streitigen Verwertbarkeit von Dashcam-Aufnahmen zB im Verkehrsunfallprozess LG Landshut MDR 2016, 792, Anm. *Laumen* MDR 2016, 813.

scheinsobjekten rechnet das Gesetz, wie § 371a zeigt, auch die *elektronischen Dokumente*; die Vorschriften über die Beweiskraft von Urkunden können daher nur entsprechend herangezogen werden. Erst der Ausdruck des Dokuments unterliegt direkt den Regeln des Urkundenbeweises, § 416a.[106]

b) Das Beweisangebot

Gemäß § 371 I 1 besteht der Beweisantritt in der Angabe des Gegenstandes, welcher in Augenschein genommen werden soll, sowie der Mitteilung der zu beweisenden Tatsache. Daneben kann das Gericht nach § 144 I aus freiem Ermessen die Einnahme des Augenscheins anordnen.[107] **32**

In Anlehnung an § 244 V 1 StPO wird vertreten, auch bei Vorliegen eines Beweisantrages stehe es allein im pflichtgemäßen Ermessen des Gerichts, die Beweiserhebung durchzuführen.[108] Diese Auffassung teilen wir nicht. **33**

Halten wir uns die beiden Voraussetzungen des § 371 noch einmal vor Augen: Der Gegenstand des Augenscheins ist leicht bezeichnet (»Einmündung der Albertus- in die Magnusstraße«). Hinzu kommen muss aber, dass die beweiserhebliche Tatsache gerade durch den Augenschein festgestellt werden kann. Die in Verkehrsunfallprozessen bisweilen zu lesende Wendung: »Im Übrigen wird Beweis angetreten durch: Augenschein«, stellt also keinen zulässigen Beweisantrag dar.[109] Außerdem sind örtliche Gegebenheiten, weil etwa Fotografien oder eine polizeiliche Unfallskizze vorliegen, häufig unstreitig.

Die Erheblichkeit des Beweisantrages wird zu bejahen sein, wenn das Verschulden eines unfallbeteiligten Pkw-Fahrers nur bei bestimmten Sichtverhältnissen angenommen werden kann, diese jedoch ohne örtliche Feststellung nicht zu klären sind. Auch muss die Behauptung, ein Zeuge habe die geschilderten Beobachtungen von seinem Standpunkt aus schlechthin nicht wahrnehmen können, im Rahmen des § 371 berücksichtigt werden, wenn es auf den Wahrheitsgehalt der Zeugenaussage ankommt.

Wie dann das Gericht noch eine Ermessensentscheidung treffen soll, ist nicht recht nachvollziehbar. Zu denken wäre äußerstenfalls an eigene Ortskenntnis des Richters, die aber ggf. bereits über § 291 berücksichtigt werden muss. Unzulässig ist es, dass der Richter sich im laufenden Verfahren die Kenntnis der Örtlichkeiten nebenbei auf dem Heimweg verschafft, ohne die Parteien zu informieren, vgl. § 357 I.[110]

c) Verfahrensfragen

Das Ergebnis der Inaugenscheinnahme ist grundsätzlich gemäß § 160 III Nr. 5 (Ausnahmen: vgl. § 161) im Sitzungsprotokoll festzuhalten.[111] Kleinere Augenscheinsob- **34**

106 Näher *Berger* NJW 2005, 1016.

107 Allg. → A Rn. 154 ff.; zur Ausübung des Ermessens BGH NJW-RR 2006, 1677.

108 Zöller/*Greger* ZPO § 371 Rn. 4; der Hinweis auf BGH NJW 1970, 946 (949 f.) geht in dieser Allgemeinheit jedoch fehl; Prütting/Gehrlein/*Trautwein* ZPO § 371 Rn. 8; offenbar ablehnend BLAH/*Hartmann* ZPO § 371 Rn. 5; kurz und einleuchtend BGH NZBau 2006, 783 (784) Rn. 13; nicht zu verwechseln mit BGH NJW-RR 2013, 9 betr. die analoge Anwendung von § 244 III 2 StPO.

109 BGH VersR 1959, 30; RGZ 170, 264.

110 BGH NJW 2007, 3211.

111 Zur Darstellung im Tatbestand → A Rn. 71.

jekte werden bisweilen in der Sitzung von allen Beteiligten eingehend betrachtet und zu den Akten genommen. Auf eine Protokollierung wird dann im Einverständnis mit den Parteien meist verzichtet. Nach der Einnahme des Augenscheins kommt es häufig vor, dass die Parteien das Beweisergebnis ausdrücklich oder konkludent unstreitig stellen. Es ist empfehlenswert, den Parteien diese Möglichkeit in der Sitzung aufzuzeigen. Das kann zu erheblicher Arbeitsersparnis bei der Beweiswürdigung führen.

Gemäß § 372 I kann das Gericht zur Inaugenscheinnahme Sachverständige hinzuziehen. Das ist geboten, wenn das Beweisergebnis seinerseits Grundlage eines Sachverständigengutachtens sein soll.

> **Beispiel:** Zeugenvernehmung am Unfallort und Inaugenscheinnahme der Örtlichkeiten in Gegenwart des Sachverständigen, der ein Gutachten zur Unfallrekonstruktion erstatten soll.

Entsprechendes Vorgehen empfiehlt sich darüber hinaus, wenn zu erwarten ist, dass allein der Gutachter auf für die Wahrheitsfindung bedeutsame Punkte hinweisen oder zu einer abschließenden Klärung des Streits beitragen kann.

4. Die Urkunde

a) Arten von Urkunden

35 Der Urkundsbegriff des Zivilprozessrechts umfasst, wie sich aus § 142 I und §§ 415 ff. ersehen lässt, nur schriftlich verkörperte Gedankenäußerungen.[112] Das Gesetz unterscheidet hinsichtlich der Beweiskraft zwischen öffentlichen[113] und privaten Urkunden.

> **Beispiele für öffentliche Urkunden:**
> - notariell beurkundete Erklärungen und Verträge, § 415[114]
> - Gerichtsurteile sowie Vernehmungsprotokolle aus gerichtlichen oder behördlichen Verfahren, § 417
> - Zustellungsurkunden[115] und Eingangsstempel[116], § 418

> **Beispiele für Privaturkunden, § 416:**
> - privatschriftlicher Vertrag
> - Quittung und andere schriftliche rechtsgeschäftliche Erklärungen
> - Schriftliche Zeugenaussage gegenüber einem Versicherer[117]
> - Empfangsbekenntnis[118]

Elektronische Dokumente sind nach § 371a Augenscheinsobjekte; Urkunden können sie mangels Verkörperung nicht sein. Die Vorschriften über den Urkundenbeweis finden aber entsprechende Anwendung. Nach § 416a gelten die Vorschriften über öffentliche Urkunden erst dann, wenn ein Ausdruck gefertigt wird.[119]

---

112 Thomas/Putzo/*Reichold* ZPO Vorbem. § 415 Rn. 3; Prütting/Gehrlein/*Preuß* ZPO § 415 Rn. 1 ff.; § 416 Rn. 1 ff.

113 Das können auch ausländische Urkunden sein, BGH NJW-RR 2007, 1006.

114 Zur Frage, inwieweit die not. Urkunde die Existenz der erschienenen Person beweist, BGH NJW 2011, 778.

115 Wegen § 33 I 2 PostG weiterhin öff. Urkunde: OLG Frankfurt a.M. NJW 1996, 3159; zur Beweiskraft BGH NJW 2004, 2386; OLG Stuttgart NJW 2006, 1887.

116 BGH DB 1998, 821 = VersR 1998, 1439; zur Beweiskraft BGH NJW-RR 2005, 75.

117 BGH NJW-RR 2007, 1077.

118 Zöller/*Stöber* ZPO § 174 Rn. 20; OLG Jena NJOZ 2016, 457.

119 Prütting/Gehrlein/*Preuß* ZPO § 416a Rn. 9.

Häufig werden mit den Schriftsätzen Unterlagen zu den Akten gereicht, insbesondere Fotokopien von Verträgen, Schriftstücken, Urteilen aus anderen Verfahren und ähnliches, die nicht als Beweismittel, sondern zur Ergänzung des Parteivortrages dienen sollen. Insoweit geht es nur um die Frage, ob und in welchem Umfang die Partei durch Vorlage von Dokumenten ihren Vortrag substantiiert hat und ob dieser gegebenenfalls wegen Widerspruchs zu dem Inhalt der Urkunden nach § 138 I unbeachtlich ist.[120] Beweisfragen spielen hier noch keine Rolle.

Beweiswirkungen kommen Urkunden naturgemäß nur zu, wenn sie echt sind. Dem Gegner des Beweisführers ist in dieser Hinsicht grundsätzlich das Bestreiten mit Nichtwissen eröffnet, jedenfalls solange er an der Errichtung nicht beteiligt war.[121] Für das Gericht bieten sich zur Aufklärung vornehmlich der Augenschein und das Sachverständigengutachten.[122]

b) Formelle Beweiskraft

aa) Bedeutung

Um die Bedeutung des Urkundsbeweises zu erfassen, muss man sich zuerst Inhalt **36**
und Grenzen der den Urkunden vom Gesetzgeber beigemessenen formellen Beweiskraft vergegenwärtigen. Sie ist in §§ 415 ff. geregelt. Der dort mehrfach erwähnte »volle« Beweis bedeutet eine nachhaltige Einschränkung des in § 286 normierten Grundsatzes der freien Beweiswürdigung.[123] Bei öffentlichen Urkunden setzt nur der volle Beweis der unrichtigen Beurkundung die gesetzliche Beweisregel außer Kraft, §§ 415 II, 418 II.[124] Nach § 416a genießen Ausdrucke öffentlicher elektronischer Dokumente unter näher geregelten Voraussetzungen entsprechende Beweiskraft.[125] Bei Privaturkunden ist die formelle Beweiskraft nach § 416 deutlich geringer. Hier muss man sich in der Praxis eher einmal mit der Echtheit und mit den Vermutungswirkungen befassen.[126]

Zunehmende praktische Bedeutung kommt eingescannten Urkunden zu, bei denen die Echtheit nur eingeschränkt nachprüfbar ist. Formelle Beweiskraft kann einem Scan nicht zukommen.[127]

Leidet die Urkunde an den in § 419 aufgeführten Mängeln, greifen die Beweisregeln der §§ 415 ff. nicht ein; es bleibt dann bei der freien Beweiswürdigung.[128]

bb) Öffentliche Urkunden

Öffentliche Urkunden können nur Beweis für die Tatsache erbringen, auf die sich **37**
ihre formelle Beweiskraft erstreckt. Das ist alleine der beurkundete Vorgang selbst.

---

120 → A Rn. 15; 16.
121 BGH MDR 2013, 486 = BeckRS 2013, 01754.
122 Zu Fragen eigener Sachkunde OLG Koblenz NJW-RR 2014, 505; zum Problem der Echtheit bei der Urkundsvermutung → Rn. 121.
123 BGH NJW 2013, 3306 Rn. 29; NJW-RR 2015, 819, 820 f. Rn. 14; s. → Rn. 71.
124 BGH NJW 2005, 3501; 2006, 150; NJW-RR 2005, 75; zu den Anforderungen an die Führung des Gegenbeweises nach § 415 II BGH NJW 2011, 778.
125 Näher *Berger* NJW 2005, 1016.
126 S. → Rn. 114 ff.
127 Eingehend *Roßnagel/Wilke* NJW 2006, 2145; *Roßnagel/Nebel* NJW 2014, 886; Zöller/*Geimer* ZPO § 416 Rn. 3.
128 BGH MDR 1987, 915; NJW 1994, 2768; OLG Hamm NJW-RR 2008, 21.

So beweist ein notarieller Kaufvertrag, eine *öffentliche Urkunde* im Sinne des § 415 I, nur die Tatsache seines Abschlusses, nicht hingegen etwa die Richtigkeit der von den Vertragsparteien erklärten vertraglichen Zusicherungen oder eine bestimmte, am Wortlaut orientierte Auslegung. Denn nur der Vertragsschluss als solcher ist der beurkundete Vorgang.[129] Es ist sogar streitig, ob und unter welchen Voraussetzungen eine notarielle Urkunde Beweis für die Existenz der als erschienen aufgeführten Person erbringt.[130]

Die *Zustellungsurkunde* beweist die Zustellung als tatsächlichen Vorgang; sie erbringt jedoch keinen Beweis für den Wohnsitz; ihre Beweiskraft erstreckt sich auch nicht auf Vermerke des Postzustellers zu einem angeblichen Wohnsitzwechsel oÄ; maßgeblich ist, ob der Zusteller die beurkundete Tatsache aufgrund eigener Wahrnehmung verlässlich feststellen kann.[131] Der *Eingangsstempel* des Gerichts beweist Datum und Uhrzeit des Eingangs. An den nach § 418 II zulässigen Beweis der Unrichtigkeit dürfen, da der Einsender die Einzelheiten des Gerichtsbetriebs nicht kennt, keine überspannten Anforderungen gestellt werden. Daher ist es im Streitfall zunächst Sache des Gerichts, den ordnungsgemäßen Ablauf der Beurkundung, namentlich auch die einwandfreie Funktion einer automatischen Einrichtung, die bei Einwurf von Post außerhalb der Dienststunden die Dokumentation des Datums sicherstellen soll, in Einzelheiten aufzuklären; wenn dies geschehen ist, sind die vom Beweisführer angebotenen Beweismittel zu verwerten.[132] Dem Verkündungsprotokoll kommt Beweiskraft für die Verlesung der Urteilsformel zu.[133]

38 Aufmerksamkeit erfordert die Verwertung von *Urteilen* aus Gerichtsverfahren, die dem anstehenden Zivilrechtsstreit vorausgegangen sind.

> **Beispiel:** Der Kläger verlangt von dem Beklagten Schmerzensgeld. Er behauptet, der Beklagte, der wegen vorsätzlicher Körperverletzung inzwischen zu einer Geldstrafe verurteilt worden ist, habe ihn – unter näher beschriebenen Umständen – misshandelt.

Die Täterschaft des Beklagten ist allein aufgrund des Strafurteils nicht bewiesen. Gemäß § 417 begründet das Urteil den vollen Beweis seines Inhalts; das bedeutet, es beweist nichts anderes, als dass das betreffende Strafgericht den Beklagten wegen vorsätzlicher Körperverletzung verurteilt und hierzu die in den Gründen des Strafurteils nach § 267 StPO dargestellten tatsächlichen Feststellungen getroffen hat. Deren Richtigkeit ergibt sich aus der Urkunde nicht. Das Zivilgericht muss also im Rahmen einer eigenständigen Sachverhaltsaufklärung alle Umstände des Falles selbst würdigen, wobei es an die Wertungen des Strafrichters nicht gebunden ist.[134] Im Rahmen der Beweiswürdigung sind jedoch die tatsächlichen Feststellungen des Strafurteils ähnlich wie Vernehmungsprotokolle eines Ermittlungsverfahrens mit heranzuziehen.[135] So ist es etwa von Bedeutung, wenn Zeugen im Strafverfahren andere Angaben gemacht

129 BGH NJW 1994, 320; 1994, 2768; für not. Quittung OLG Hamburg MDR 1999, 375 = BeckRS 1998, 12036.

130 BGH NJW 2011, 778.

131 BGH NJW 2004, 2386; OLG Stuttgart NJW 2006, 1887.

132 BGH NJW 2000, 1872; 2005, 3501; 2008, 3501; NJW-RR 2010, 217; MDR 2012, 667.

133 BGH NJW 2015, 2342.

134 BGH NJW 2005, 1024; MDR 2013, 1184 = BeckRS 2013, 14948; OLG Zweibrücken NJW-RR 2011, 496; vgl. näher → Rn. 43.

135 BGH WM 1973, 560; NJW-RR 1988, 1527; NJW 1995, 1025; KG MDR 2010, 265; näher vgl. → Rn. 44.

haben als im Zivilprozess; dasselbe gilt für die Einlassung des Beklagten und die Angaben der Parteien bei ihrer Parteivernehmung. Lassen sich die Widersprüche nicht klären, bestehen Zweifel an der Richtigkeit der Angaben. Strafurteile können also wichtige Fakten für die Beweiswürdigung bieten. Dabei kommt es – anders als bei der Verwertung als Sachvortrag[136] – nicht darauf an, ob die Parteien sich auf die Beiakten berufen haben.

Da das Zivilgericht an die Wertungen des Strafgerichts nicht gebunden ist, sollte die strafrechtliche Verurteilung einer Partei im Tatbestand grundsätzlich nicht mitgeteilt werden. Man erweckt dadurch nur den Eindruck, das Zivilgericht sei der Sache nicht unvoreingenommen gegenübergetreten. Sachlichen Gehalt hat der Hinweis auf die Verurteilung ohnehin nicht.

cc) Privaturkunden

Privaturkunden begründen unter den Voraussetzungen des § 416 lediglich den Beweis für die Abgabe der beurkundeten Erklärung durch den Aussteller;[137] es handelt sich um eine gesetzliche Beweisregel.[138] In keinem Falle beweisen sie als solche die inhaltliche Richtigkeit der Erklärung.[139] 39

> **Beispiel:** Der Vermieter verlangt vom Mieter die Bezahlung von Renovierungskosten. Als »Beweis« für die Berechtigung des Anspruchs legt er die Rechnung des von ihm beauftragten Malermeisters vor. »Bewiesen« ist durch die Rechnung, ihre Echtheit einmal angenommen, nur die (ohnehin selten streitige) Tatsache, dass der Malermeister den ausgewiesenen Geldbetrag in Rechnung gestellt hat. Die Voraussetzungen des Ersatzanspruches und dessen Höhe beweist die Rechnung nicht.

Zu den Privaturkunden zählt auch das *Telefax-Protokoll*. Der BGH hat ausdrücklich betont, dass es aufgrund nicht auszuschließender Störanfälligkeit technischer Einrichtungen zwar ein Indiz für den Zugang liefert, dass es jedoch weder den Zugang des Fax beweist noch auch nur einen Anschein des Zugangs schafft.[140] Letzteres wird zum Teil bezweifelt.[141]

c) Materielle Beweiskraft

Zu unterscheiden von der in §§ 415 ff. geregelten *formellen Beweiskraft* ist die *materielle Beweiskraft*, dh die Bedeutung der durch die Urkunde formell bewiesenen Tatsache für das Beweisthema.[142] 40

Bei öffentlichen Urkunden enthält der beurkundete Vorgang (Zustellung eines Schriftstücks mit Ort und Zeit in der Zustellungsurkunde) nicht selten die Beantwortung der Ausgangsfrage (Wann wurde Klage erhoben?), sodass insoweit wenig Streit aufkommt. Ein gerichtliches Vernehmungsprotokoll beweist nach § 415 I die Erstattung der Aussage, wohingegen deren Richtigkeit nach § 286 frei zu würdigen ist.[143]

---

136 Vgl. → A Rn. 15.
137 BGH MDR 1993, 1119 = NJW-RR 1993, 1379; MDR 2003, 406 = NJW-RR 2003, 384; NJW-RR 2006, 847 (einschließlich der Begebung).
138 Sehr eingehend BGH NJW-RR 2006, 847, auch zur Anwendung des § 292.
139 BGH NJW 2002, 2707; NJW-RR 2015, 819 (820) Rn. 13.
140 BGH NJW 2013, 2514; → Rn. 115 aE.
141 Vgl. OLG Karlsruhe VersR 2009, 245; OLG Jena NJW-RR 2007, 255 (für die Besonderheiten der wettbewerbsrechtlichen Abmahnung); *Gregor* NJW 2005, 2885.
142 BGH NJW 1986, 3086; NJW-RR 2007, 1006.
143 S. → Rn. 48, 70 ff.

Privaturkunden sind zunächst auszulegen und alsdann auf ihre materielle Beweiskraft zu untersuchen. Ein praktisches Beispiel ist die *Quittung*, die bei echter Unterschrift und eindeutigem Inhalt formell lediglich beweist, dass der Gläubiger dem Schuldner den Empfang einer Leistung bestätigt hat. Auf die Tatsache der Leistung selbst kann erst aus den Gesamtumständen und aufgrund der Lebenserfahrung (tatsächliche Vermutung) geschlossen werden.[144] Bei Bankquittungen hat diese Vermutung eine große Tragweite, sodass sie nur im Ausnahmefall zu erschüttern ist.[145] Quittungen über den Erhalt von verschlossenen Verpackungen haben demgegenüber einen weit geringeren Beweiswert,[146] indes kann man sich in der Regel nicht mit Erfolg darauf berufen, »blind« unterschrieben zu haben.[147] Im Übrigen kommt es auf den Einzelfall an.[148] Man sollte durchgehend bestrebt sein, ein Plausibilitätsargument zu liefern, wenn man auf den Inhalt der Quittung aufbauen oder von ihm abweichen will. Das wird in den zitierten Entscheidungen über die Bankquittung sehr deutlich dargestellt. Bei der Privatquittung mag die Möglichkeit eines Irrtums oder das Vorliegen einer Vorausquittung[149] Zweifel am Erhalt der Leistung begründen.

d) Der Beweisantrag

41 Gemäß § 420 wird der Urkundenbeweis durch *Vorlegung* des betreffenden Dokuments im Original angetreten.[150] Normalerweise reichen die Parteien schon mit den vorbereitenden Schriftsätzen Ablichtungen der in ihrem Besitz befindlichen Urkunden zu den Gerichtsakten. Bei unstreitiger Echtheit reicht das aus.[151] Häufig wird auch nach § 432 die Beiziehung von Akten anderer Gerichte oder Behörden beantragt, etwa bei polizeilich aufgenommenen Verkehrsunfällen. Zum ordnungsgemäßen Beweisantrag gehören die genaue Angabe der aktenführenden Behörde und des Aktenzeichens. Der bloßen Anregung, nicht näher individualisierte Ermittlungsakten beizuziehen, braucht das Gericht nicht nachzugehen.[152] Sind die Beiakten von größerem Umfang, muss der Beweisführer mitteilen, auf genau welche Unterlagen er Bezug nimmt, zB auf ein bestimmtes Vernehmungsprotokoll, das mit Datum und Blattzahl zu bezeichnen ist.[153]

Formulierungsbeispiele:

- **Beweis:** Beiziehung der Ermittlungsakten der StA Köln – 114 Js 962/07 –
- **Beweis:** Protokoll über die polizeiliche Vernehmung des Zeugen X vom 13.5.2006, Bl. 1492 der Ermittlungsakten der StA Köln – 116 Js 926/06 –

Befindet sich die Urkunde in den Händen des Gegners oder eines Dritten, muss der Beweisführer nach §§ 421 ff. vorgehen, wenn er sich das Dokument nicht auf einfachere Weise beschaffen kann. Abgesehen von der Aktenbeiziehung, die auch

144 BGH NJW-RR 2015, 819.
145 BGH NJW-RR 1988; 882; OLG Köln NJW 1993, 3079; näher → Rn. 106, 121.
146 BGH NJW-RR 2005, 1557; vgl. auch BGH NJW-RR 2013, 813.
147 BGH MDR 2014, 1455.
148 BGH NJW-RR 1993, 1379; zu den Vermutungswirkungen der Urkunde vgl. näher → Rn. 121.
149 Die Beweislast liegt insoweit beim Gläubiger, BGH NJW 2011, 2785.
150 BGH NJW-RR 1993, 1379; allg. → A Rn. 154 ff.
151 OLGR Schleswig 2009, 921.
152 Thomas/Putzo/*Reichold* ZPO § 432 Rn. 2.
153 S. → A Rn. 17.

§ 273 II Nr. 2 ermöglicht, sind praktische Fälle aus diesem Bereich allerdings selten, sodass eine kurze Lektüre der einschlägigen Regelungen genügt.[154]

Weit mehr Beachtung verdient die Frage, ob der Beweisführer die Urkunde überhaupt zu Beweiszwecken vorlegt oder ob nicht in Wirklichkeit der Urkundeninhalt zur Substantiierung des Parteivortrags dient, möglicherweise sogar unstreitig ist und sich gegensätzliche Standpunkte nur bei der Auslegung ergeben.[155]

e) Verwertung von Beiakten

Nicht selten beziehen sich die Parteien auf Beweisergebnisse, die in anderen Verfahren erzielt worden sind. Es stellt sich dann die Frage, inwieweit die in den dortigen Akten enthaltenen Unterlagen beweismäßig verwertet werden dürfen. 42

aa) Der Inhalt von Beiakten

In Beiakten findet sich eine Vielzahl von Dokumenten, die beweisrechtlich als Urkunden eingestuft werden können. Hervorzuheben sind insbesondere die Vernehmungsprotokolle, wobei noch einmal darauf hingewiesen werden soll, dass ein solches Protokoll vollen Beweis nur für die Tatsache der von dem Vernommenen abgegebenen Erklärung bietet, nicht hingegen für deren Wahrheit.[156] Hat zB ein inzwischen verstorbener Zeuge vor der Polizei bekundet, er habe beobachtet, wie der beklagte Pkw-Fahrer unter Missachtung des Rotlichts in die Kreuzung einfuhr, hat das Zivilgericht die Aussage als tatsächlich geschehen zu erachten. Damit allein ist aber noch nicht der Beweis für ihre Richtigkeit erbracht. Diese Frage unterliegt der freien Beweiswürdigung. 43

Neben Vernehmungsprotokollen finden sich in den Beiakten häufig Aufzeichnungen, in denen die Ergebnisse örtlicher Inaugenscheinnahmen geschildert werden, sowie zB Sachverständigengutachten. Bedeutung hat dies insbesondere im Verkehrsunfall-Prozess. Auch hierbei handelt es sich um Urkunden, die beweismäßig verwertet werden können. Skizzen und Fotografien sind demgegenüber *Augenscheinsobjekte*, derer sich das Gericht nach §§ 371 f. bedienen kann.[157]

bb) Zulässigkeit der Verwertung

Obwohl in anderen Verfahren durchgeführte Zeugen- und Parteivernehmungen urkundlich verwertet werden dürfen, geht, soweit eine Partei dies beantragt, die unmittelbare Verwertung des Beweismittels dem Rückgriff auf die Urkunde vor.[158] Denn nach Sinn und Zweck des § 355 I soll die Beweiswürdigung grundsätzlich vom persönlichen Eindruck des Richters getragen werden – eine Bedingung, die allein anhand von Beweisprotokollen kaum zu erfüllen ist. Aus dem gleichen Grunde darf das Gericht Ergebnisse von Zeugenvernehmungen in anderen Verfahren nicht als gerichtsbekannt behandeln und auf die erneute Vernehmung verzichten.[159] Bietet also eine Partei nicht nur den Urkundenbeweis an, sondern darüber hinaus auch das betreffende Beweismittel selbst, darf der Richter sich nicht ausschließlich auf die Urkunde 44

154 Zur Bedeutung von § 427 vgl. → Rn. 150.
155 S. → A Rn. 15 f.
156 Vgl. → Rn. 37.
157 Vgl. → Rn. 31.
158 BGH NJW 1995, 1294; 2004, 1324; MDR 2013, 1184 = BeckRS 2013, 14948.
159 BGH NJW-RR 2011, 608.

stützen, auch wenn die Beweisaufnahme ein über den Akteninhalt hinausreichendes Ergebnis kaum erwarten lässt.[160]

Der Beweisführer hat demnach die Wahl zwischen zwei Möglichkeiten:

- Antrag auf unmittelbare Erhebung des (Zeugen-)Beweises[161]
- Antrag auf Verwertung alleine der Beiakten, namentlich der Vernehmungsprotokolle

Man prüfe sorgfältig, ob der Beweisführer trotz vollständiger Beweisangebote mit einer Auswertung alleine der Beiakten einverstanden ist, was sich daraus ergeben kann, dass er die unmittelbare Beweiserhebung nur »vorsorglich« oder »hilfsweise« anbietet. Wer sich in der mündlichen Verhandlung mit der Verwertung von Beiakten einverstanden erklärt, gibt uE damit nicht zu erkennen, dass er den früheren Antrag auf Zeugenvernehmung fallen lässt und für die betreffende Instanz auf das Beweismittel verzichtet.[162] Das Risiko für die Berufung ist zu hoch.[163] Aktenvermerke und andere Hinweise aus Beiakten können zur Klärung der Glaubwürdigkeit grundsätzlich nicht verwertet werden, da das Gericht sich hierüber selbst einen Eindruck verschaffen muss.[164]

Auch aus diesem Grunde ist verständlich, dass der Antrag auf persönliche Vernehmung in der Praxis den Regelfall bildet. Er muss nicht eigens begründet werden; das Gericht hat ihm zu entsprechen.[165]

45 Die Verwertung der Beiakten ist nur zulässig, wenn sie Gegenstand der mündlichen Verhandlung waren, dh wenn ihr maßgeblicher Inhalt erörtert worden ist.[166] Das wird im Protokoll festgehalten mit Wendungen wie

> Die Akten der StA Rostock – Az.: … – waren Gegenstand der mündlichen Verhandlung

Das Gericht muss die Parteien auf die beabsichtigte Auswertung von Vernehmungsprotokollen deutlich hinweisen.[167] Alles Weitere richtet sich nach den Gegebenheiten des Falles. Insbesondere wenn die Prozessbevollmächtigten schon Akteneinsicht hatten bzw. sich Kopien gemacht haben, wird die Akte meist nur formelhaft »zum Gegenstand gemacht«, ohne dass man sie in der Sitzung überhaupt noch aufschlägt.

Der Gegner des Beweisführers muss den Urkundenbeweis als solchen hinnehmen; sein (in der Praxis häufig erklärter) bloßer »Widerspruch« gegen die Verwertung der Beiakten ist als solcher unbeachtlich. Er kann das Gericht jedoch zu einer umfassenden Beweisaufnahme dadurch verpflichten, dass er gegenbeweislich die unmittelbare Erhebung beantragt.[168] Auch kann im Einzelfall der »Widerspruch« als konkludenter

160 BGH NJW 2000, 1420.
161 BGH NJW 2000, 3072 f.; OLG Koblenz MDR 2006, 771 = BeckRS 2005, 12841 mwN.
162 Für Annahme eines sehr weitgehenden Verzichts OLG Karlsruhe NJW-RR 1986, 846; gegen Verzicht OLGR Hamm 2002, 292; allg. BGH NJW-RR 1997, 342.
163 S. → Rn. 4a.
164 BGH NJW 2000, 1420.
165 BGH MDR 2013, 1184 = BeckRS 2013, 14948.
166 BGH NJW 2004, 1324.
167 BGH NJW-RR 2016, 957 (Hinweis, beigezogene Akten hätten vorgelegen und seien Gegenstand der mündlichen Verhandlung gewesen, nicht ausreichend) mAnm *Bacher* MDR 2016, 1191; *Laumen* MDR 2017, 70.
168 BGH VersR 1970, 322; NJW-RR 1992, 1214; NJW 1995, 1294.

Antrag auf unmittelbare Verwertung des Beweismittels aufzufassen sein; dies muss das Gericht nach § 139 aufklären.[169]

Dennoch verlieren die Beiakten für das Gericht nicht ihre Bedeutung. Bei der Zeugenvernehmung sind sie eine wertvolle Grundlage für Vorhalte und Gedächtnishilfen. Im Rahmen der Beweiswürdigung haben die beurkundeten Beweisergebnisse erhebliches Gewicht.[170] Hervorzuheben ist nicht zuletzt ihre Bedeutung für Vergleichsverhandlungen, weil den Prozessbevollmächtigten bewusst ist, dass Zeugen ihre einmal beurkundeten Aussagen normalerweise bestätigen. Ein Vorgriff auf die erneute Vernehmung darf damit natürlich nicht einhergehen.

cc) Erwähnung im Tatbestand

Die Beiziehung von Akten muss zur Klarstellung in der Prozessgeschichte erwähnt **46**
werden, insbesondere wenn ihr Inhalt für die Beweiswürdigung von Bedeutung ist.[171] Praktisch geschieht dies etwa durch die Wendung:

> Die Ermittlungsakten der StA … – Az.: … – sind beigezogen worden und waren Gegenstand der mündlichen Verhandlung.

f) Gutachten und andere schriftliche Äußerungen

Eine bedeutsame Regelung enthält § 411a für Gutachten aus anderen gerichtlichen **47**
Verfahren. Das Gericht entscheidet über ihre Verwertung nach freiem Ermessen. Zu beachten ist, dass die Parteien ihre Beteiligungsrechte aus §§ 402 ff. nicht verlieren. Das gilt insbesondere für den Antrag auf mündliche Anhörung.[172]

Als Urkunden verwertbar sind auch von der Partei selbst veranlasste Äußerungen, wie zB schriftliche Zeugenaussagen oder Privatgutachten. Die Beschränkung des § 411a auf Gutachten aus gerichtlichen oder staatsanwaltschaftlichen Verfahren ergibt, dass für andere Gutachten, zB der Gutachterkommission der Ärztekammern, die allgemeinen Regelungen gelten. Der Fall, dass eine Partei sich allein auf solche Dokumente beruft und keinen unmittelbaren Beweis anbietet, kommt nicht häufig vor.[173] In der Beweiswürdigung sind jedoch auch derartige Urkunden mit zu berücksichtigen.[174]

Ein weiterer Fall des Urkundenbeweises sind amtliche Auskünfte, die im Normalfall schriftlich erteilt werden.[175]

g) Typische Fehler beim Urkundenbeweis

Da der Urkundenbeweis in Entscheidungsentwürfen und auch in Klausuren nicht **48**
selten falsch gehandhabt wird, seien nachstehend die besonders typischen Fehlergruppen erwähnt:

---

169 OLG Köln VersR 1993, 1366; NJW-RR 2000, 1073.
170 Vgl. näher → Rn. 80 ff.
171 BGH NJW 1989, 3161; vgl. auch → A Rn. 17, → Rn. 81.
172 Prütting/Gehrlein/*Katzenmeier* ZPO § 411a Rn. 8; in Einzelheiten harrt die Norm noch der praktischen Aufarbeitung, vgl. die Kommentarliteratur.
173 Vgl. auch → Rn. 45.
174 Vgl. → Rn. 80 ff.
175 Näher s. → Rn. 56.

Meist ist der *Inhalt* von Urkunden unstreitig; der Streit dreht sich nur um die aus ihrem Inhalt zu ziehenden Rückschlüsse bzw. die Auslegung.[176] Dennoch werden Erwägungen zu der Frage angestellt, ob ein bestimmtes Ergebnis durch die Urkunde bewiesen ist.

Beispiel: Der Bearbeiter verneint die hinreichende Nachvollziehbarkeit einer in Kopie vorliegenden Handwerkerrechnung; er prüft, ob die Nachvollziehbarkeit durch Vorlage des Originals bewiesen werden könne. (Was soll im Original denn anderes stehen?!)

Oft wird die Tragweite der gesetzlichen Beweisregeln in §§ 415 ff. verkannt. Die Richtigkeit beurkundeter Erklärungen wird als bewiesen angesehen, weil eine Beurkundung vorliegt. Eine Beweiswürdigung wird fälschlich nicht vorgenommen.

Beispiele:
- Der Kläger muss die Richtigkeit einer Abrechnung beweisen. Er legt zur Substantiierung seines Vortrags Belege, insbes. Rechnungen und Quittungen vor. Mit diesen Belegen kann der Nachweis der Richtigkeit nicht geführt werden, vgl. § 416 ZPO.
- Eine im strafrechtlichen Ermittlungsverfahren protokollierte Zeugenaussage wird ohne Beweiswürdigung als richtig angesehen.[177]
- Häufig führt auch die zur Höhe des Zinsanspruchs eingereichte *Bankbescheinigung* zu Missverständnissen. Die Bescheinigung beweist die Richtigkeit des klägerischen Sachvortrags gerade nicht. Sie dient ausschließlich der Substantiierung. Erfolgt allerdings auf ihre Vorlage hin kein weiterer Vortrag des Gegners, ist dessen anfängliches Bestreiten meist nicht ausreichend.[178]
- Ein Privatgutachten wird ohne Würdigung als belanglos eingestuft.[179]

Offenbar lassen sich viele Bearbeiter dadurch in die Irre leiten, dass Urkunden in Anwaltsschriftsätzen meist als »Beweis« bezeichnet werden, obwohl es nur darum geht, auf eine Anlage Bezug zu nehmen und damit den Parteivortrag zu ergänzen.[180] Auch deshalb ist eine besonders kritische Prüfung vonnöten, bevor man Urkunden als Beweismittel verwertet!

5. Die Parteivernehmung

a) Zweck

49 Die Parteivernehmung dient, wie der Zeugenbeweis, der Aufklärung vergangener Tatsachen oder Zustände.[181] Die Partei soll eigene Wahrnehmungen wiedergeben, nicht aber den Streitstoff würdigen. Auf diesen Unterschied ist bei der Beweiserhebung und bei Auswertung der Beweisergebnisse besonderes Augenmerk zu richten, da die Partei in der Regel dazu neigt, den eigenen Rechtsstandpunkt in den Vordergrund ihrer Äußerungen zu stellen.

50 Gemäß § 445 I ist die Parteivernehmung *subsidiär*. Sie steht nur derjenigen Partei als Beweismittel zu, welche den »ihr obliegenden Beweis« mit anderen Beweismitteln nicht vollständig geführt oder andere Beweismittel nicht vorgebracht hat. Gegenbeweislich kann sie also nicht angeboten werden; sie dient ausschließlich dem Haupt-

176 Vgl. etwa BGH NJW 1995, 1683 (Auslegung im Urkundenprozess); BGH NJW 2002, 3164.
177 Vgl. auch BGH NJW 1982, 580.
178 → A Rn. 107 (evtl. auch Schätzung, § 287).
179 → Rn. 21.
180 Vgl. → A Rn. 15 ff.
181 Thomas/Putzo/*Reichold* ZPO Vorbem. § 445 Rn. 1 mit Vorbem. § 373 Rn. 1; *Greger* MDR 2014, 313; vgl. auch → Rn. 2.

beweis.[182] Die nicht immer einfach zu klärende Beweislast[183] kann mithin für die Zulässigkeit des Beweisantrags wichtige Vorfrage sein. Auf der Grundlage des § 445 I kann nur der Gegner des Beweisführers vernommen werden, nicht hingegen die beweisbelastete Partei selbst. Von weiteren Voraussetzungen ist der Beweisantrag allerdings nicht abhängig; insbesondere setzt die Parteivernehmung nach § 445 I keinen vorherigen sonstigen Beweis und auch nicht die Wahrscheinlichkeit der unter Beweis gestellten Behauptung voraus.[184]

b) Grundlagen der Parteivernehmung

aa) Beweisantrag

Der Beweis wird durch den Antrag angetreten, den Prozessgegner über eine bestimmte Tatsache zu vernehmen, für die der Antragsteller die Beweislast trägt, § 445 I.[185] Wird (versehentlich) eine Partei als Zeuge benannt, kann dies im Regelfall als Antrag auf Parteivernehmung verstanden werden.[186] Bisweilen wird aus den Schriftsätzen der Parteien nicht mit hinreichender Bestimmtheit deutlich, ob der Antragsteller die eigene Vernehmung oder diejenige des Gegners wünscht (»Beweis: Parteivernehmung«). Der Antrag muss dann aus dem Textzusammenhang heraus ausgelegt werden. Im Termin kann das Gericht Unklarheiten durch Rückfrage klären. In der Klausur hat die Auslegung Vorrang vor der nach den Richtlinien (dem Bearbeitervermerk) ggf. vorzunehmenden Unterstellung. 51

Ist das Gericht bereits vom Gegenteil überzeugt, darf es nach § 445 II den Antrag nicht berücksichtigen.

Gemäß § 447 kann auch die beweispflichtige Partei vernommen werden, wenn eine Seite dies beantragt und die andere ihr zustimmt – ein äußerst seltener Fall. Dennoch kann die Vorschrift aufgrund voreiliger Antragstellung zur Anwendung kommen.

Beispiel: Der Kläger verlangt von dem Beklagten im Anwaltsprozess die Rückzahlung eines Geldbetrages. Er behauptet, die seinerzeitige Zahlung sei darlehensweise erfolgt. Der Beklagte beruft sich auf Schenkung und bietet dafür die Parteivernehmung des Klägers an.

Dieser wird gerne darauf eingehen und sich vernehmen lassen, weil hierin für ihn, bei Fehlen anderer Beweismittel, die einzige Möglichkeit liegt, das Gericht mit Hilfe eines klassischen Beweismittels vom Wahrheitsgehalt seiner Behauptung zu überzeugen. Der prozesstaktische Fehler des Beklagten liegt darin, dass er, obwohl nicht beweisbelastet, die Vernehmung des Klägers beantragt hat. Finden sich Anhaltspunkte, dass er im erkennbaren Irrtum über die Beweislast gehandelt oder von vornherein nur den Gegenbeweis fälschlich durch Parteivernehmung angetreten hat, mag der Richter erwägen, ob nicht der Beweisantrag unwirksam ist und hierauf in der Verhandlung nach § 139 hinweisen.[187] Dennoch müsste der Anwalt des Beklagten einräumen, dass er von Beweislast nichts versteht! Nach Beginn der Vernehmung ist die einseitige Zurücknahme des Beweisantrags entsprechend § 399 nicht mehr zulässig.[188]

182 Vgl. zur Terminologie → A Rn. 139.
183 Vgl. → Rn. 133.
184 BGH NJW 2012, 2427 Rn. 39.
185 Zöller/*Greger* ZPO § 445 Rn. 2; OLG Düsseldorf MDR 1995, 959 = BeckRS 1995, 02571.
186 BGH NJW-RR 1994, 1143; zur Abgrenzung der Partei vom Zeugen vgl. → Rn. 5.
187 Vgl. Zöller/*Greger* ZPO § 447 Rn. 2; Prütting/Gehrlein/*Müller-Christmann* ZPO § 447 Rn. 4.
188 Zöller/*Greger* ZPO § 447 Rn. 3; BLAH/*Hartmann* ZPO § 447 Rn. 4: nach der Vernehmung.

bb) Vernehmung von Amts wegen

52 Größeres Gewicht kommt in der Praxis der gemäß § 448 von Amts wegen angeordneten Parteivernehmung zu. Sie dient als subsidiäres Beweismittel der Ergänzung bereits erfolgter Beweis- oder Sachverhaltswürdigung und ist nur dann zulässig, wenn für die Richtigkeit der streitigen Behauptung ohnehin eine gewisse Wahrscheinlichkeit spricht.[189] Das Gebot der *Waffengleichheit* kann ein Anlass sein, die Parteivernehmung von Amts wegen anzuordnen.[190]

Beispiel: Beweisnot beim Vieraugengespräch[191], übertragbar auch auf das Sechsaugengespräch.[192]

Einer überwiegenden Wahrscheinlichkeit der streitigen Behauptung bedarf es in diesen Fällen nicht.[193]

Das Gericht entscheidet nach pflichtgemäßem Ermessen. Lehnt es die Parteivernehmung ab, müssen die hierfür sprechenden Gründe im Urteil nur dann näher dargelegt werden, wenn die Umstände des Falles eine Anwendung des § 448 aus besonderem Anlass nahe legten; bei klarer Beweislage erübrigt sich eine Erörterung des Themas.

Einen Sonderfall der Parteivernehmung von Amts wegen behandelt § 287 I 3.

c) Abgrenzung von Parteivortrag und Geständnis

53 Das Gericht soll auch im Anwaltsprozess die Parteien persönlich hören, soweit es zur Klarstellung des Sachvortrags von Bedeutung ist.[194] Eine Sachverhaltsaufklärung von Amts wegen oder eine Überprüfung der Anwaltsschriftsätze ist nicht Sinn der Anhörung. Zweifel, ob in das Sitzungsprotokoll aufgenommener Parteivortrag sich als das Ergebnis einer Beweisaufnahme oder nur einer Parteianhörung darstellt, können nicht aufkommen, da die Parteivernehmung gemäß § 450 I 1 einen förmlichen Beweisbeschluss voraussetzt.

Nur die Parteivernehmung ist Beweisaufnahme. Sie ist kein Sachvortrag. Räumt die Partei im Rahmen der Vernehmung Tatsachen ein, die der Gegner behauptet hat, liegt hierin *kein Geständnis* im Sinne der §§ 288 ff.[195] Denkbar ist, dass das Gericht nach Abschluss der Parteivernehmung im Rahmen der anschließenden mündlichen Verhandlung die betreffenden Punkte des Sachvortrags erneut aufgreift und die Partei alsdann zu einem (eventuell konkludenten) Geständnis veranlasst. Enthält die Aussage neue Tatsachen, sind diese jedenfalls dann als Sachvortrag zu werten, wenn die Partei in der Verhandlung hierauf Bezug nimmt.[196] Das wiederum kann konkludent geschehen.

---

189 BGH NJW 1999, 363; 2013, 1299 (1301) Rn. 39; GRUR 2016, 184; OLG Brandenburg VersR 2003, 344; OLG Hamm NJW 2007, 611; OLG Koblenz MDR 2014, 857; anders bei § 287 I 3, vgl. → Rn. 153.

190 EGMR NJW 1995, 1413; BVerfG NJW 2001, 2531; BGH NJW 1999, 363; 2002, 2247; OLG Koblenz MDR 2014, 679 = BeckRS 2014, 05668; eingehend Prütting/Gehrlein/*Müller-Christmann* ZPO § 448 Rn. 8 ff.

191 Für Parteivernehmung BAG NJW 2007, 2427; OLG Oldenburg MDR 2010, 1078: Beweisantrag erforderlich; Anm. *Noethen* NJW 2008, 334; für Anhörung nach § 141 OLGR München 2004, 139; der BGH lässt Parteivernehmung und Anhörung nach § 141 nebeneinander zu, vgl. NJW 2010, 3292.

192 BGH NJW 2013, 2601.

193 BGH NJW-RR 2006, 61.

194 S. → A Rn. 19; eingehend *Lange* NJW 2002, 476.

195 BGH NJW 1995, 1432; *Hülsmann* NJW 1997, 617.

196 BGH NJW 1965, 2253.

d) Verfahrensfehler

Wird entgegen der Regelung des § 445 die beweisbelastete Partei vernommen, ohne dass die Voraussetzungen der §§ 447 f. erfüllt sind, ist die Aussage nicht verwertbar; selbst die Möglichkeit einer Heilung nach § 295 I ist streitig.[197] 54

e) Vernehmung

Gemäß § 450 I 3 wird die Partei ungeachtet einer anwaltlichen Vertretung mit einfacher Post zum Termin geladen. Es steht ihr frei, sich vernehmen zu lassen. Die Folgen einer Weigerung ergeben sich aus § 446. Die von der Partei vorgebrachten Gründe können auch gegen sie verwendet werden.[198] 55

Gemäß §§ 395 I, 451 ist die Partei vor Beginn der Vernehmung zur Wahrheit zu ermahnen; zweckmäßigerweise wird man sie zudem in diesem Zusammenhang auf die Strafbarkeit der Falschaussage hinweisen. Beachten Sie für die Belehrung, dass die falsche Aussage der Partei als solche nur im Falle der Beeidigung nach § 154 StGB strafbar ist, wohingegen die Regelung des § 153 StGB nur auf Zeugen und Sachverständige Anwendung findet. Auch bei der – den Regelfall bildenden – uneidlichen Parteiaussage kommt aber eine Bestrafung nach §§ 263, 23 StGB in Betracht und sei es nur hinsichtlich der Kostenentscheidung. Man sollte die Partei außerdem auf die sich aus §§ 446 und 453 II ergebenden Konsequenzen hinweisen.

Was die Vernehmungstechnik betrifft, gelten die zur Zeugenvernehmung entwickelten Grundsätze entsprechend.[199]

6. Amtliche Auskünfte

Nicht selten ist der Richter bei der Wahrheitsfindung auf Auskünfte von Behörden angewiesen. 56

Beispiele für schriftliche Auskünfte:
- Auskunft aus dem Handelsregister über die Frage, wer zu welcher Zeit Geschäftsführer einer GmbH war
- Grundbuchauszug
- Mitteilung des Ordnungsamtes, dass eine Person an einem bestimmten Tag (nicht) Inhaber einer Fahrerlaubnis war
- Schaltplan einer Ampelanlage zur Aufklärung eines Unfallhergangs
- Auskunft des Wetteramtes über Witterungsverhältnisse zum Unfallzeitpunkt
- Nachweise des Katasteramtes über einen Grenzverlauf
- Übersendung von Bebauungs- oder Lageplänen bzw. einer Fotodokumentation

Beispiel für mündliche Auskunft: Bei einem Ortstermin im Nachbarstreit wird ein Beamter des Katasteramtes zur Klärung des Grenzverlaufs hinzugezogen.

Eine ausdrückliche, allgemeine Regelung hierzu enthält das Gesetz nicht. Jedoch setzen einzelne gesetzliche Vorschriften die Verwertung amtlicher Auskünfte als selbstverständlich voraus, so zB §§ 273 II Nr. 2, 358a S. 2 Nr. 2 und 437 II. Es ist daher anerkannt, dass die amtliche Auskunft im Rechtsstreit grundsätzlich als Beweismittel

197 Vgl. Zöller/*Greger* ZPO § 445 Rn. 7; Prütting/Gehrlein/*Müller-Christmann* ZPO § 445 Rn. 4.
198 BGH NJW-RR 1991, 888.
199 S. → Rn. 11.

verwertet werden darf.[200] Die Auskunft wird praktisch immer schriftlich erteilt und ist *Urkunde*.[201] Ihre eigentliche Besonderheit liegt im zulässigen Verzicht auf die Unmittelbarkeit der Beweisaufnahme; sie kann insbesondere die Zeugenvernehmung des betreffenden Sachbearbeiters ersetzen, solange Letzterer für die Behörde handelt.

Beispiele:
- Sachbearbeiter S teilt mit, welche Bauarbeiten in einem bestimmten Straßenabschnitt während der letzten 10 Monate ausgeführt worden sind: amtliche Auskunft in schriftlicher Form.
- Sachbearbeiter S soll schildern, wie es zu einem Verkehrsunfall kam, den er gelegentlich eines Dienstgangs wahrgenommen hat: grds. persönliche Vernehmung als Zeuge vor dem erkennenden Gericht.

Im Einzelfall kann die amtliche Auskunft auch den Charakter eines Gutachtens haben oder ein Augenscheinsobjekt liefern.[202] Die Zulässigkeit ihrer Verwertung bedarf normalerweise keiner näheren Erörterung. Häufig wird ihr Inhalt unstreitig, sodass es nicht erforderlich ist, sie einer Würdigung zu unterziehen. Bei beweismäßiger Verwertung gelten die allgemeinen Grundsätze der Beweiswürdigung.[203] Das Schwergewicht der Prüfung liegt hier auf der Ergiebigkeit. Beschränkt die Auskunft sich auf tatsächliche Mitteilungen, hat sie also den Charakter einer Zeugenaussage, konzentriert ihre Würdigung sich auf die inhaltliche Vollständigkeit. Bei Zweifeln sind Nachfragen angezeigt. Liegt der Schwerpunkt der Auskunft auf einer sachverständigen Äußerung, ist insbesondere auf die zutreffende Auswertung der Anschlusstatsachen zu achten.[204]

7. Die Glaubhaftmachung

a) Zulässigkeit und Voraussetzungen

57 Die Glaubhaftmachung nach § 294 zählt nicht zu den fünf »klassischen« Beweismitteln des Zivilprozesses (Strengbeweismittel); es handelt sich um eine Beweisführung mit reduziertem Beweismaß, bei der ein geringerer Grad an Wahrscheinlichkeit ausreicht.[205] Eine Behauptung ist schon dann glaubhaft gemacht, wenn eine überwiegende Wahrscheinlichkeit dafür besteht, dass sie zutrifft.[206] Nicht zu verwechseln ist sie mit dem sog. Freibeweis, bei dem eine Glaubhaftmachung nicht ausreicht, bei dem vielmehr, wenn auch nicht notwendig unter Beachtung der §§ 355 ff., voller Beweis erforderlich ist.[207]

Die Glaubhaftmachung ist nur da ausreichend, wo das Gesetz sie ausdrücklich zulässt.[208] Hauptanwendungsbereiche in der Praxis sind die Wiedereinsetzung, § 236 III, Arrest und einstweilige Verfügung, §§ 920 II, 936, sowie das selbstständige Beweisverfahren, § 487 Nr. 4. Der Beweisführer kann sich zur Glaubhaftmachung aller erdenklichen Beweismittel einschließlich der – notfalls eigenen – eidesstattlichen

200 BGHZ 89, 114 (119) = NJW 1984, 438; BGH NJW 1979, 266, 268; Prütting/Gehrlein/*Katzenmeier* ZPO vor § 402 Rn. 11.
201 Vgl. → Rn. 35 ff., 42 ff.
202 BGH BB 1976, 480; BGHZ 89, 114 (119) = NJW 1984, 438.
203 Vgl. → Rn. 71 ff.
204 Vgl. → Rn. 22; OLGR Bremen 2006, 105 würdigt als Sachverständigengutachten.
205 BGH NJW 2003, 3558; NJW-RR 2011, 136.
206 BGH NJW-RR 2011, 136; NJW 2015, 3517 Rn. 13.
207 BGH NJW 1997, 3319; → A Rn. 161; → S Rn. 24.
208 BGH VersR 1973, 186: grds. keine Analogie.

Versicherung bedienen. Diese muss eine eigenständige Darstellung des Sachverhalts enthalten; sie darf sich, abgesehen allenfalls von kurzen, einfachen Darstellungen, nicht in der bloßen Bezugnahme auf einen Anwaltsschriftsatz erschöpfen.[209]

Fraglich ist, ob eine als *Telefax* vorgelegte eidesstattliche Versicherung hinreichend **58**
überzeugungskräftig sein kann. Das berechtigte Interesse der fern vom Gerichtsort ansässigen Partei spricht sicher für die Verwertung.[210] Andererseits kann im Streit um einen Ersatzanspruch aus § 945 die Echtheit des Dokuments bei unterbliebener Vorlage des Originals nicht nachgewiesen werden.

Als Mittel der Glaubhaftmachung kommt, insbesondere für Wiedereinsetzungsfälle,[211] auch die anwaltliche Versicherung in Betracht.[212] Wichtig ist, dass die angebotenen Beweismittel nach § 294 II »präsent« sein, also in der mündlichen Verhandlung sofort zur Verfügung stehen müssen. Eine Vertagung oder etwa die Vernehmung von Zeugen durch den beauftragten Richter sind daher nicht zulässig.

Da die Glaubhaftmachung eine Frage der Beweisführung ist, kommt ihr nur dann Bedeutung zu, wenn die betreffende Tatsache streitig und streitentscheidend ist, und wenn die nach allgemeinen Regeln beweisbelastete Partei in zulässiger Weise Mittel der Glaubhaftmachung verwendet. Daher kann auf eine umfassende rechtliche Prüfung des widerstreitenden Sachvortrags nicht verzichtet werden.

> **Beispiel:** In einem Arrestverfahren beruft sich der Antragsteller auf Tatsachen, die einen Kaufpreisanspruch (= Arrestanspruch) ergeben. Deren Vorliegen versichert er an Eides statt. Der Antragsgegner erhebt nur die Einrede der Verjährung und trägt hierzu Tatsachen vor, die er eidesstattlich versichert und die vom Antragsteller bestritten werden.
> Ergibt die Rechtsprüfung, dass der Kaufpreisanspruch besteht und die Einrede der Verjährung nicht durchgreift, ist der Arrestanspruch zu bejahen. Auf die Glaubhaftmachung kommt es nicht an. Ergibt die Rechtsprüfung, dass der Kaufpreisanspruch nicht besteht, gilt dasselbe. Wenn aber die Einrede der Verjährung nach dem streitigen Vortrag des Antragsgegners berechtigt ist, kommt es auf die Glaubhaftmachung des ihr zugrunde liegenden Vortrags an.

b) Wiedereinsetzungsantrag

Bei Versäumung einer Frist im Sinne des § 233 kann unter den dort genannten Vor- **59**
aussetzungen und bei Einhaltung der Förmlichkeiten (§§ 234 ff.) Wiedereinsetzung in den vorigen Stand gewährt werden.[213] Die Tatsachen, aus denen sich das fehlende Verschulden ergibt, sind glaubhaft zu machen, § 236 II.[214] Wiedereinsetzungsanträge sind im Tatbestand mit den Sachanträgen optisch hervorzuheben. Es empfiehlt sich, in diesem Zusammenhang auch den Anlass und die tatsächlichen Grundlagen des Antrags mitzuteilen:

> Das Gericht hat in der Sitzung vom … gegen den Beklagten antragsgemäß ein Versäumnisurteil erlassen. Dieses ist dem Beklagten am 3.7. … zugestellt worden. Mit einem am Donnerstag, dem 19.7. …, bei Gericht eingegangenen Schriftsatz hat der Beklagte gegen das Versäumnisurteil Einspruch eingelegt.

---

209 BGH NJW 1988, 2045; 1996, 1682; großzügiger OLG Koblenz MDR 2005, 827.

210 So wohl BLAH/*Hartmann* ZPO § 294 Rn. 7, wenn auch unter Bezugnahme auf eine strafrechtliche Entscheidung.

211 S. → Rn. 59.

212 BGH NJW 2004, 3491; 2015, 349; OLG Köln MDR 1986, 152.

213 Eingehend *Bernau* NJW 2014, 2007.

214 Zu den für Anwälte hohen Anforderungen BGH NJW 2015, 171; Anschluss an BGH NJW-RR 2013, 1011.

Der Kläger beantragt,
1. den Einspruch als unzulässig zu verwerfen,
2. hilfsweise, das Versäumnisurteil aufrechtzuerhalten.

Der Beklagte beantragt,
1. ihm hinsichtlich der Versäumung der Einspruchsfrist Wiedereinsetzung in den vorigen Stand zu gewähren,
2. das Versäumnisurteil aufzuheben und die Klage abzuweisen.

Er behauptet, zu der Fristversäumung sei es nur deshalb gekommen, weil die bis dahin stets zuverlässige Sekretärin seines Prozessbevollmächtigten das Einspruchsschreiben einer eindeutigen Anweisung zuwider nicht noch am Abend des 17.7. ... zum Nachtbriefkasten des Gerichts gebracht, sondern es zur übrigen Post gelegt habe.[215] Weiter behauptet er, ...

II. Das selbstständige Beweisverfahren

1. Aufgaben und Grundlagen

a) Beweissicherung

60 § 485 I regelt die Voraussetzungen einer während oder außerhalb des Rechtsstreits stattfindenden selbstständigen Beweisaufnahme durch ausschließlich drei Beweismittel:

- Zeuge
- Sachverständiger
- Augenschein

Da die Zustimmung des Gegners in der Gerichtspraxis selten vorkommt, liegt der Schwerpunkt auf der Beweissicherung zur Abwehr von Rechtsnachteilen, die dem Antragsteller durch den drohenden Verlust von Beweismitteln oder ihrer erschwerten Benutzung entstehen können. Dies ist zum Beispiel der Fall bei gefährlicher Erkrankung oder der bevorstehenden längeren Auslandsreise eines Zeugen und bei drohender Veränderung einer zu begutachtenden bzw. in Augenschein zu nehmenden Sache, insbesondere in baurechtlichen Streitigkeiten.[216]

61 Auf die Beweiserheblichkeit und die Beweisbedürftigkeit der aufzuklärenden Tatsache kommt es nicht an;[217] denn die Beweiserhebung nach § 485 I dient auch im laufenden Rechtsstreit lediglich Sicherungszwecken. Nur wenn das Beweismittel unzulässig oder offensichtlich ungeeignet ist oder (zB beim Gericht der letzten Tatsacheninstanz) eine Entscheidungserheblichkeit schlechthin ausscheidet, kann der Antrag aus diesem Grunde als unzulässig zurückgewiesen werden.[218]

b) Sachverständigenbeweis bei rechtlichem Interesse

62 Darüber hinaus kann vor Anhängigkeit eines Rechtsstreits bei Vorliegen eines rechtlichen Interesses nach § 485 II der Sachverständigenbeweis erhoben werden. Der

215 Vgl. BGH NJW-RR 2003, 862.

216 OLG Köln MDR 1994, 94 = BeckRS 2010, 06118 (geplante Beseitigung von Baumängeln); OLG Nürnberg NJW-RR 1998, 575 (hohes Alter eines Zeugen); ausführliche Beispiele bei Zöller/*Herget* ZPO § 485 Rn. 5; Prütting/Gehrlein/*Ulrich* ZPO § 485 Rn. 21 ff.

217 BGH NJW 2000, 960.

218 Vgl. Zöller/*Herget* ZPO § 485 Rn. 4; OLGR Saarbrücken 2008, 26: Parteivernehmung unzulässig; OLGR Celle 2003, 241; OLGR Zweibrücken 2006, 174: Verjährungseinrede unbeachtlich.

Katalog von Abs. 2 ist streng zu handhaben.[219] Nach S. 2 ist ein rechtliches Interesse jedenfalls dann zu bejahen, wenn auf diese Weise ein Rechtsstreit vermieden werden kann; daraus wird der Hauptzweck der Regelung ersichtlich. Im Übrigen ist streitig, unter welchen sonstigen Voraussetzungen der Antrag zulässig ist. Nach Sinn und Zweck der Norm ist das Merkmal »rechtliches Interesse« im Sinne der Verfahrensökonomie und der Förderung von Vergleichen großzügig auszulegen;[220] es schließt eine drohende Verjährung ein (vgl. § 204 I Nr. 7 BGB).[221] Eine Schlüssigkeitsprüfung findet grundsätzlich nicht statt, es sei denn, ein Rechtsverhältnis der Parteien, ein möglicher Prozessgegner oder ein Anspruch sind von vornherein nicht erkennbar.[222]

c) Verfahren

Die Verfahrensfragen sind in §§ 486 ff. geregelt. Hervorzuheben ist die Zuständigkeit des Gerichts der Hauptsache auch vor Beginn eines Streitverfahrens, § 486 I. Das Amtsgericht ist unter den Voraussetzungen des § 486 III in Eilfällen zuständig. **63**

Für den Beweisantrag gelten die allgemeinen Regeln.[223] Gemäß § 492 sind die für das jeweils betreffende Beweismittel geltenden Vorschriften anwendbar. Das bedeutet für den Sachverständigenbeweis, dass das Gericht und nicht der Antragsteller den Sachverständigen auszuwählen und zu ernennen hat, § 404 I; nähere Mitwirkungsrechte der Parteien sind in § 404 detailliert geregelt; den Parteien bleibt im Übrigen das Ablehnungsrecht nach § 406.[224] Denkbar ist auch eine Anhörung des Gutachters.[225]

Streitverkündung und Nebenintervention sind zulässig,[226] Anträge, die sich auf das Rechtsverhältnis zu einem Dritten beziehen, hingegen nicht.[227]

2. Verwertung im Rechtsstreit

Bei Beweissicherung im laufenden Rechtsstreit ist die anschließende Verwertung der Beweisergebnisse im Rahmen der allgemein hierfür geltenden Grundsätze eine Selbstverständlichkeit. Sie hat nach § 493 I grundsätzlich auch dann zu erfolgen, wenn die Beweisaufnahme außerhalb des Rechtsstreits stattgefunden hat. Die Parteien müssen sich lediglich auf die betreffenden Tatsachen berufen. Das Gericht darf die Beweisaufnahme nur wiederholen, wenn sich neue tatsächliche Gesichtspunkte ergeben, zB die Notwendigkeit, einen bereits vernommenen Zeugen einem neuen Zeugen gegenüberzustellen, oder wenn das im Beweisverfahren gewonnene Ergebnis für eine Sachentscheidung nicht ausreicht. **64**

Erhebliche verfahrensrechtliche Bedeutung kommt in diesem Zusammenhang dem § 493 II zu, durch den die in § 491 I geregelte Wahrung des rechtlichen Gehörs für **65**

219 BGH NJW-RR 2014, 180.
220 BGH NJW 2013, 3654.
221 OLG Celle BauR 2000, 601 = BeckRS 1999, 13140; OLG Stuttgart BauR 2000, 923 = BeckRS 1999, 09178; OLG Nürnberg MDR 2008, 997 = BeckRS 2008, 17548.
222 BGH NJW 2004, 3488; zum besonderen Problem in der Arzthaftung BGH NJW 2003, 1741; OLG Oldenburg MDR 2008, 1059 = BeckRS 2008, 14049.
223 BGH NJW-RR 2016, 63; → F Rn. 3, 18, 32, 41, 51.
224 OLG Köln NJW-RR 1993, 63.
225 BGH VersR 2006, 95.
226 BGH MDR 2014, 392; NJW 2015, 559; MDR 2016, 230; OLG Naumburg BauR 2004, 1670; eingehend der Beitrag von *Schwenker* NJW 2016, 989.
227 OLG Hamm NJW 2009, 1009.

den Gegner abgesichert wird. Bei Verletzung des § 491 und Nichterscheinen des Gegners im Beweistermin ist das Beweisergebnis als solches nicht verwertbar. Die Regelung unterliegt allerdings dem Rügeverzicht nach § 295 I.[228] Der Beweisführer kann bei mangelnder Verwertbarkeit des Gutachtens die Ergebnisse des Beweisverfahrens als Urkunde in den Rechtsstreit einführen und damit im Rahmen der Beweiswürdigung verwertbar machen, wie dies auch bei einem Privatgutachten möglich ist.[229] Außerdem kann das Gericht den im Beweisverfahren tätig gewordenen Sachverständigen als Zeugen vernehmen, um so die Grundlage für eine neue Begutachtung zu schaffen.[230] Die *Beweiswürdigung* erfolgt nach allgemeinen Grundsätzen.[231]

3. Kosten

a) Entscheidung im selbstständigen Beweisverfahren[232]

66 Erhebt der Antragsteller auf die Fristsetzung nach § 494a I nicht rechtzeitig Klage, sind ihm auf Antrag nach § 494a II die dem Gegner entstandenen Kosten aufzuerlegen.[233] Die Fristversäumnis ist unschädlich, wenn vor der Kostenentscheidung die Klage noch erhoben wird.[234] Die *Aufrechnung* der sich aus dem betreffenden Sachverhalt herleitenden Forderung in einem Rechtsstreit steht der Klage gleich; an einer Entscheidung nach § 494a besteht wegen § 322 II kein rechtliches Interesse.[235] Im Übrigen ist eine Kostenentscheidung für das selbstständige Beweisverfahren in den §§ 485 ff. nicht vorgesehen. Insbesondere wird der Beweisbeschluss nicht mit einer Kostenentscheidung versehen. Dies leuchtet für eine Beweiserhebung im laufenden Rechtsstreit ohne Weiteres ein, da es sich insoweit um Kosten des Rechtsstreits handelt, über die im Regelfall erst bei Erlass des Urteils nach §§ 91 ff. zu entscheiden ist.

67 Außerhalb eines laufenden Rechtsstreits ergeht im selbstständigen Beweisverfahren eine Kostenentscheidung deshalb nicht, weil das Gericht bei Erlass seiner Entscheidung die materielle Berechtigung des Antrags nicht prüfen und daher nicht feststellen kann, welche Partei letztlich die Kosten zu tragen hat.[236] Der Antragsteller trägt mithin die Gerichtskosten nach § 22 I GKG; außergerichtliche Kosten, zB Anwaltskosten, werden in diesem Verfahren nicht erstattet. Entsprechendes gilt für die außergerichtlichen Kosten des Gegners und eines Nebenintervenienten.[237]

Eine Ausnahme ist für den Fall zuzulassen, dass der Antrag unzulässig war und der Gegner am Verfahren beteiligt worden ist. Hier muss der Antragsteller mit den außergerichtlichen Kosten des Gegners belastet werden, da es insoweit auf die materielle

228 Vgl. MüKoZPO/*Schreiber* § 493 Rn. 3.
229 Vgl. OLG Frankfurt a.M. MDR 1985, 853; Zöller/*Herget* ZPO § 493 Rn. 5; zu den Grenzen dieses Urkundenbeweises vgl. aber insbes. → Rn. 37 ff.
230 Vgl. → Rn. 17 f.
231 Vgl. → Rn. 71 ff.
232 Eingehend *Fellner* MDR 2014, 1301.
233 Zur verzögerlichen Antragstellung BGH NJW 2010, 1460; die Anordnung ist unanfechtbar BGH MDR 2010, 1144 = NJW-RR 2010, 1318; zur Kostenhaftung gegenüber einem Antragsteller nach § 494a, wenn nur gegen weitere Gegner des Verfahrens Klage erhoben wird OLG Frankfurt a.M. NJW 2014, 3256.
234 BGH MDR 2007, 1089 = NJW 2007, 3357.
235 BGH NJW-RR 2005, 1688; vgl. aber auch OLG Hamburg JurBüro 1990, 1470.
236 BGH NJW-RR 2004, 1005; Zöller/*Herget* ZPO § 490 Rn. 5; weitere Fälle bei § 91 Rn. 13 »selbstständiges Beweisverfahren«.
237 BGH NJW 2009, 3240; vgl. aber → Rn. 68.

Rechtslage nicht ankommt.[238] In gleicher Weise ist entsprechend § 269 III 2 bei Rücknahme des Antrags zu entscheiden; ist allerdings ein Hauptsacheverfahren anhängig, kann auch insoweit erst hier über die Kosten entschieden werden.[239] Gleiches gilt bei Nichteinzahlung der Kosten[240] bzw. des Auslagenvorschusses.[241]

Führt etwa der Antragsteller ein laufendes Beweisverfahren nicht weiter (indem er zB einen zusätzlich angeforderten Vorschuss für den Sachverständigen nicht einzahlt), kann zu seinen Lasten keine isolierte Kostenentscheidung ergehen.[242] Das OLG Köln zeigt für diesen Fall den Weg des § 494a auf.[243]

§ 269 III 3 findet keine Anwendung, weil es auf den Sach- und Streitstand ja gerade nicht ankommt. Für eine Erledigungserklärung ist ebenfalls kein Raum, indes kann sie regelmäßig in eine Rücknahme umgedeutet werden.[244]

b) Entscheidung im Hauptsacheverfahren

Wenn sich dem durchgeführten selbstständigen Beweisverfahren ein Streitverfahren **68**
mit identischem Streitgegenstand anschließt, sind die angefallenen Gerichtskosten, insbesondere also auch die Kosten eines Sachverständigengutachtens, als Gerichtskosten des Streitverfahrens anzusehen.[245] Über ihre Verteilung wird bei Beendigung des Rechtsstreits in der Kostengrundentscheidung des Urteils mit befunden. Von maßgeblicher Bedeutung ist die Identität der Gegenstände von Beweisverfahren und Klage, die bereits dann bejaht werden kann, wenn Teile des Streitgegenstands eines selbstständigen Beweisverfahrens zum Gegenstand der Klage gemacht werden oder nur einer von mehreren Antragstellern klagt.[246] Die bloße Inanspruchnahme eines Streithelfers reicht nicht aus.[247] Bei Teilidentität kommt eine Teilkostenentscheidung alleine über die Kosten des eingeklagten Teils im Beweisverfahren nicht in Betracht, weil der Grundsatz der Kosteneinheit verletzt wäre. Die Kosten des nicht weiterverfolgten Teils, Mehrkosten wegen früherer Antragsteller oder fruchtloser Kostenaufwand können dem Antragsteller im Urteil analog § 96 auferlegt werden.[248]

---

238 OLG Karlsruhe MDR 2000, 975 = BeckRS 2000 30116925; OLG Zweibrücken JurBüro 2004, 663; OLG Stuttgart NJW-RR 2010, 1679; nach BGH NJW 1983, 284 »spricht manches dafür«.

239 BGH BauR 2005, 133 = BeckRS 2004, 10913 und BauR 2005, 396; NJW 2015, 2590; OLG Karlsruhe BauR 2009, 139; OLG Stuttgart NJW-RR 2011, 1438.

240 OLG Saarbrücken NJW-RR 2011, 500; 2014, 767.

241 BGH NJW 2017, 1399.

242 OLG Düsseldorf NJW 2014, 1748; in Einzelheiten str.

243 OLG Köln NJW 2015, 708.

244 BGH BauR 2005, 133 = BeckRS 2004, 10913 (einseitig); BGH MDR 2011, 502 = NJW-RR 2011, 931 (übereinstimmend); BGH MDR 2011, 317 = NJW-RR 2011, 932 (Umdeutung); OLG München MDR 2014, 1346 = BeckRS 2014, 21231; NJW 2015, 1896 (Umdeutung in einen Antrag nach § 269 III 2); aA für Rücknahme nach außergerichtlichem Vergleich OLG Köln JurBüro 1992, 632; OLG München MDR 2001, 108.

245 BGH NJW 2003, 1322; 2004, 3121; 2009, 3240; NJW-RR 2004, 1651; MDR 2005, 87 = BeckRS 2004, 08282; BauR 2006, 865 = NJW-RR 2006, 810; NJW-RR 2006, 810; KG MDR 2009, 954 = NJW-RR 2009, 1439: auch bei Hinzutreten von Streitgenossen.

246 BGH NJW 2014, 1018; MDR 2013, 1495 = BeckRS 2013, 18563.

247 BGH NJW 2013, 3452.

248 Vgl. BGH NJW 2004, 3121; NZBau 2004, 507 = NJW 2004, 3121; NJW 2005, 294; BauR 2006, 865 = BauR 2006, 865; NJW-RR 2006, 810; NZBau 2007, 248 = NJW 2007, 1282; NJW-RR 2008, 330; NJW 2013, 3586.

Für einen im selbstständigen Beweisverfahren beigetretenen *Streithelfer* gilt der Grundsatz der Kostenparallelität, § 101 I, auch dann, wenn er dem Hauptsacheverfahren nicht beitritt. Dem Gegner der unterstützten Partei sind die Kosten der Nebenintervention also immer insoweit aufzuerlegen, als Letztere obsiegt.[249]

Die Kosten eines außerhalb des Rechtsstreits durchgeführten Beweisverfahrens sollten jedenfalls zur Klarstellung im Tenor besonders erwähnt werden, da der Rechtspfleger andernfalls Bedenken haben könnte, ihre Notwendigkeit im Kostenfestsetzungsverfahren zu bejahen.[250]

> Die Kosten des Rechtsstreits und des selbstständigen Beweisverfahrens LG Bremen – 4 OH 17/11 – tragen der Kläger zu ..., die Beklagte zu ... [Die Kosten des Ergänzungsgutachtens vom ... trägt der Kläger in vollem Umfang.][251]

Sind einzelne Beteiligte des Beweisverfahrens nicht Partei des Rechtsstreits, ist dies bei der Kostenentscheidung zu berücksichtigen.[252] Bei Klagerücknahme erfasst die Kostenentscheidung nach § 269 III 2 auch die Kosten des Beweisverfahrens.[253]

Wenn kein Streitverfahren stattfindet und § 494a II nicht anzuwenden ist, kann der Antragsteller Kostenerstattung nur nach materiell-rechtlichen Vorschriften verlangen, namentlich nach den Regeln des Schuldrechts über die Pflicht zur Leistung von Schadensersatz.[254] Dasselbe gilt, wenn das Beweisverfahren nur hilfsweise in den Rechtsstreit eingeführt wird, so zB wenn sich ein Bauherr gegen die Werklohnforderung erfolgreich mit fehlender Baufertigstellung und nur hilfsweise mit einer Aufrechnung wegen Baumängeln verteidigt, wegen derer das Beweisverfahren eingeleitet wurde.[255]

4. Streitwert

69 Der Gebührenstreitwert bemisst sich nach dem Sicherungsinteresse des Antragstellers; er ist nach herrschender Ansicht in der Regel mit dem vollen Wert der Hauptsache bzw. mit dem Anteil anzusetzen, auf den die Beweiserhebung sich bezieht. Seine Höhe beurteilt sich nach dem Sachvortrag des Antragstellers zu Beginn des Verfahrens (§ 40 GKG, § 4 ZPO); die Ergebnisse der Beweisaufnahme sind jedoch bezogen auf den Zeitpunkt der Antragstellung mit zu berücksichtigen, um den »richtigen« Hauptsachewert zu ermitteln. Ein prozentualer Abschlag, wie etwa bei der Feststellungsklage, ist nicht vorzunehmen.[256]

249 BGH NJW 2014, 1018 (1021).

250 OLG München Rpfleger 1981, 203; nach Prütting/Gehrlein/*Ulrich* ZPO § 485 Rn. 28 nicht erforderlich.

251 In Klammern ein Beispiel für eine getrennte Kostenentscheidung nach § 96.

252 OLG Hamburg JurBüro 1994, 105.

253 BGH NJW 2007, 1279; 2007, 1282 (Teilidentität).

254 BGHZ 45, 251 (257) = NJW 1966, 1513; BGH NJW 1983, 284; NJW-RR 2010, 674 (Aufrechenbarkeit); Zöller/*Herget* ZPO § 490 Rn. 6.

255 OLG Koblenz NJW-RR 1994, 1277.

256 BGH NJW 2004, 3488; JurBüro 2008, 369; OLG Frankfurt a.M. NJW 2010, 1822; OLG Saarbrücken MDR 2012, 733 = BeckRS 2011, 26640; OLG Köln JurBüro 2013, 423; Prütting/Gehrlein/*Gehle* ZPO § 3 Rn. 73.

III. Die Beweiswürdigung

Wo immer es auf die Feststellung streitiger Tatsachen nach Beweisaufnahme ankommt, ist die Beweiswürdigung ein zentraler Teil der Entscheidungsgründe. Ihr ist besondere Sorgfalt zu widmen. Da dies nicht selten eine eingehende Fallprüfung und nachhaltige Überlegungen voraussetzt, ist die nach § 279 III »soweit bereits möglich« vorzunehmende Erläuterung des Beweisergebnisses in der mündlichen Verhandlung nicht immer durchführbar.[257]

1. Allgemeines

a) Ausgangspunkt: Die Beweisfrage

Wie bereits dargelegt[258], muss vor der Beweiswürdigung das richtige Beweisthema festgestellt werden. Die Fragestellung richtet sich nach der Beweislast.[259] 70

Macht zB der Kläger einen vertraglichen Anspruch geltend und bestreitet der Beklagte den Abschluss des Vertrages, trägt der Kläger insoweit die Beweislast. Im Rahmen der Beweiswürdigung muss geklärt werden, ob dem Kläger der ihm obliegende Beweis gelungen ist. Wer demgegenüber nach Anhaltspunkten dafür sucht, ob der Beklagte etwa die Ablehnung des Angebots bewiesen hat, gerät leicht in ein falsches Fahrwasser und wird eine überzeugende Begründung des von ihm erzielten Ergebnisses kaum zustande bringen. Zum Streit um Vertragsmodalitäten geben wir Hinweise weiter unten.[260]

Vorsicht ist im Hinblick auf die in Beweisbeschlüssen enthaltenen Beweisfragen geboten. Meist sind sie so allgemein gehalten, dass sie Rückschlüsse auf die Beweislast nicht zulassen.

Beispiele:
- »Wie kam es zu dem Verkehrsunfall, der sich am … in … auf der X-Straße ereignet hat?«[261]
- »Was wurde am … zwischen den Parteien besprochen?«

Hierdurch sollen die Zeugen zu einer möglichst umfassenden, unbeeinflussten Sachverhaltsschilderung angehalten werden.[262] Der Bearbeiter – insbesondere auch einer Klausur – darf sich jedoch nicht dazu verleiten lassen, eine genau so allgemein gehaltene Beweiswürdigung vorzunehmen. Vielmehr muss er in jedem Falle vorweg Beweisthema und Beweislast klären und die Auswertung des Beweisergebnisses daran orientieren. Auch sind in der Praxis vorkommende Formulierungen, die der Beweislast zuwiderlaufen (»Hat der Beklagte das Angebot des Klägers abgelehnt?«), für die Beweiswürdigung nicht maßgeblich.

Das gilt erst recht, wenn nach § 273 II Nr. 4 vorbereitend geladene Zeugen vernommen werden. Das Gericht erlässt in diesen Fällen in der Regel keinen Beweisbeschluss, vgl. auch § 358.[263] Ausformulierte Beweisfragen liegen in solchen Fällen erst

---

257 BGH NJW 2016, 3100; *Greger* MDR 2016, 1057.
258 S. → A Rn. 132.
259 Vgl. → Rn. 133 ff.
260 Vgl. → Rn. 123.
261 Zulässig, vgl. OLG Frankfurt a.M. NJW-RR 1995, 637.
262 Vgl. auch → Rn. 12.
263 Vgl. Zöller/*Greger* ZPO § 358 Rn. 2.

gar nicht vor. Oft heißt es im Sitzungsprotokoll: »Die Zeugen sollen über die in ihr Wissen gestellten Behauptungen vernommen werden.« Umso wichtiger ist im Nachhinein die präzise Ausarbeitung des maßgeblichen Beweisthemas.

Da hier die Schaltstelle manch einer Examensklausur und erst recht vieler praktischer Fälle liegt, kann man dem nicht genug Bedeutung beimessen!

b) Freie Beweiswürdigung

71 Gem. § 286 I ist das Gericht in der Beweiswürdigung frei, dh grds. nicht an gesetzliche Vorgaben gebunden. Beweisregeln, wie diejenigen der §§ 415 ff., sind selten.[264] Glaubhaftigkeit und Plausibilität des Parteivortrags können im Einzelfall sogar ein höheres Gewicht haben als der Ertrag der verwerteten Beweismittel.[265] Im Urteil hat das Gericht die Gründe anzugeben, die für seine Überzeugung leitend gewesen sind, § 284 I 2. Demnach ist der Grundsatz der freien Beweiswürdigung in erster Linie als die Pflicht zu begreifen, den Sachverhalt vollständig auszuschöpfen, das Ergebnis der Beweisaufnahme umfassend zu überprüfen und die hieraus gewonnene Überzeugung ausführlich und ohne formelhafte Wendungen zu begründen.[266] Erforderlich ist nicht eine bloß überwiegende, andererseits aber auch keine an Sicherheit grenzende Wahrscheinlichkeit, sondern ein für das praktische Leben brauchbarer Grad von Gewissheit, der Zweifeln Schweigen gebietet.[267] Ausgangspunkt für die Beweiswürdigung sind immer die besonderen Gegebenheiten der Streitsache selbst, nicht aus der Literatur zusammengetragene Erfahrungswerte. Die nachstehenden Ausführungen können daher nur als Wegweiser verstanden werden.

c) Hauptteile der Beweiswürdigung

72 Die Beweiswürdigung gliedert sich in drei Teile, nämlich:

- Erfassen und Auslegen des Inhalts
- Ergiebigkeit des Beweismittels
- Überzeugungskraft des ergiebigen Beweismittels[268]

Wird die Beweisfrage eindeutig positiv oder negativ beantwortet, entfällt naturgemäß eine *Auslegung*. Insbesondere bei Zeugenaussagen liegt ein solch klares Ergebnis jedoch nicht immer vor. Dann kann eine nähere Befassung mit der Frage erforderlich sein, welchen Inhalt die Aussage hat. Hierfür gelten die bei der Auslegung von Willenserklärungen maßgeblichen Grundsätze entsprechend.[269] Bleibt das Ergebnis unklar, muss das Gericht notfalls die Vernehmung wiederholen. In der Klausur ist als ultima ratio die Ergebnislosigkeit weiterer Bemühungen zu unterstellen (man beachte den Bearbeitervermerk).

264 Vgl. → Rn. 36 ff.; Prütting/Gehrlein/*Laumen* ZPO § 286 Rn. 18; BLAH/*Hartmann* ZPO § 286 Rn. 71.

265 OLG Saarbrücken NJW-RR 2011, 178.

266 BGH MDR 2000, 323 = NJW-RR 2000, 432; NJW-RR 2004, 425; 2005, 568; 2009, 786; 2013, 1240; NJW 2014, 688; oben → A Rn. 147.

267 BGH NJW 2008, 2845.

268 OLG Köln OLGZ 1986, 60 (62); → A Rn. 148 mwN.

269 BGH NJW 1998, 384.

2. Die Ergiebigkeit des Beweismittels

a) Positive und negative Ergiebigkeit

Ergiebigkeit liegt nur dann vor, wenn das Beweismittel zur Klärung der Beweisfrage positiv etwas beigetragen hat. Nicht selten endet die Beweiswürdigung bereits bei diesem Punkt. 73

Beispiele:
- Der Zeuge sagt aus, er könne sich an den streitigen Vorfall nicht erinnern. Es ist nicht ersichtlich, dass er die Erinnerungslücke nur vorschiebt.
- Der Sachverständige teilt mit, das vorhandene Tatsachenmaterial reiche für eine Begutachtung nicht aus.
- Die Inaugenscheinnahme des Unfallortes bleibt ohne Ergebnis, weil die Straße umgebaut worden ist.

In all diesen Fällen fehlt es an der Ergiebigkeit des Beweismittels. Bei *Unergiebigkeit* bedarf es im Regelfall keiner weiteren Prüfung.

Von *positiver Ergiebigkeit* spricht man, wenn durch das Beweismittel die Beweisfrage positiv beantwortet wurde. Nur in diesem Fall ist weiter zu prüfen, ob das Beweismittel Überzeugungskraft hat. Wird durch das Beweismittel der Vortrag des Gegners bestätigt, kann man von *negativer Ergiebigkeit* sprechen. Bei negativ ergiebigen Beweismitteln ist die Überzeugungskraft nicht zwingend zu prüfen. Vielmehr sollte man sich grundsätzlich auf die Feststellung beschränken, dass der Vortrag der beweisbelasteten Partei durch das Beweismittel nicht bestätigt worden ist und dementsprechend nach der Beweislast entscheiden. Man spricht auch in derartigen Fällen von einem *non liquet*.[270] In den Entscheidungsgründen sollte man Begriffe wie »positive, negative Ergiebigkeit« oder »non liquet« vermeiden, da sie dem Laien nicht verständlich sind.

b) Beweis des Gegenteils

Aus arbeitsökonomischen Gründen kann es im Einzelfall sinnvoller sein, bei negativ ergiebigen Beweismitteln zunächst festzustellen, ob der *Beweis des Gegenteils*[271] erbracht ist. Das gilt insbesondere dann, wenn die Frage der Beweislast schwierig zu beantworten und die Überzeugungskraft der negativ ergiebigen Beweismittel leicht festzustellen ist. In einem solchen Fall ist bei Feststellung des Gegenteils der zu beweisenden Tatsache das Urteil weniger angreifbar und für die Parteien auch eher nachvollziehbar als ein solches, das rechtstheoretische Erörterungen zur Beweislast enthält. In der Regel jedoch erscheint uns bei negativ ergiebigen Beweismitteln ein Beweislasturteil empfehlenswert. Es dürfte für die unterlegene Partei nämlich grundsätzlich eher akzeptabel sein, wenn man sich auf die Feststellung beschränkt, die Beweismittel hätten die entscheidungserhebliche Tatsache nicht zu ihren Gunsten bestätigt als wenn man Ausführungen dazu macht, dass das Gericht von der Wahrheit des gegnerischen Sachvortrags überzeugt ist. Außerdem bereitet die Beweiswürdigung nicht nur dem Anfänger Schwierigkeiten. Sie kann Fehler enthalten, die bei einer Beschränkung auf das non liquet zu vermeiden gewesen wären. 74

270 Vgl. oben → A Rn. 150, 152.
271 Zur Terminologie vgl. oben → A Rn. 139; 150.

3. Die Überzeugungskraft des Beweismittels

75 Wenn das Beweismittel ergiebig ist, muss der Bearbeiter prüfen, ob es auch geeignet ist, das Gericht von der streitigen Tatsache zu überzeugen. Absolute Gewissheit wird nicht verlangt. Von einer hinreichenden richterlichen Überzeugung ist bereits dann auszugehen, wenn für das Beweisergebnis ein so hoher Grad von Wahrscheinlichkeit spricht, dass vernünftigerweise in Betracht kommende Zweifel ausgeschlossen sind.[272]

a) Die innere Beweiskraft

76 Als erstes ist jedes einzelne Beweismittel *für sich* daraufhin zu untersuchen, inwieweit es zur Wahrheitsfindung beiträgt. Hinsichtlich der verschiedenen Beweismittel empfehlen sich unter anderem folgende Testfragen:

aa) Zeuge und Partei

77
- Ist die Aussage präzise oder verliert sie sich in schwammigen Umschreibungen?[273]
- Werden Tatsachen bekundet oder lediglich Wertungen bzw. Schätzungen wiedergegeben?
- Ist die Aussage reich an Details? Der »präparierte« Zeuge beschränkt sich gerne auf die Kernfrage. Von den Begleitumständen, die ihm ebenfalls bekannt sein müssten, will er aus Angst, sich in Widersprüche zu verwickeln, nichts wissen.
- Enthält die Aussage originelle, situationstypische Details, die man »schwer erfinden kann«? Der Lügner bewegt sich aus Unsicherheit gerne im Rahmen vermeintlicher Erfahrungswerte (»Wie soll es denn sonst gewesen sein?«).
- Werden eigene Wahrnehmungen bekundet oder lediglich Kenntnisse vom Hörensagen? Letztere mögen einen gewissen Indizwert haben, bleiben aber in der Überzeugungskraft hinter unmittelbar gewonnenen Erkenntnissen zurück.[274]
- Ist die Aussage in sich widerspruchsfrei? Insbesondere: Ist der Vernommene auf Gegenfragen bei seiner Bekundung geblieben; hat er sie präzisiert oder abgeschwächt?
- Fehlt der Aussage die innere Wahrscheinlichkeit?[275]

Diese – hier beispielhaft herausgegriffenen – Testfragen sind allerdings nur als Grobraster für den ersten Durchgang gedacht. Auf die weiteren Prüfungskriterien gehen wir im nachstehenden Abschnitt c) näher ein.

bb) Der Sachverständige

78
- Wird die Beweisfrage präzise beantwortet oder verliert der Gutachter sich in allgemein gehaltenen wissenschaftlichen Erläuterungen?
- Ist der Sachverständige von den zutreffenden Anschlusstatsachen ausgegangen?[276] Hat er den Sachverhalt vollständig gewürdigt und nicht etwa Streitiges als unstreitig behandelt? Sind seine Ausführungen in sich verständlich? Es ist schon vorgekommen, dass ein medizinischer Sachverständiger das Gutachten von mehreren Assistenzärzten erstellen ließ, die in einzelnen Abschnitten zu unterschiedlichen Ergebnissen kamen. Ein solches Gutachten ist unbrauchbar.

---

272 S. → A Rn. 147 f.

273 Zur Auslegung der Aussage auch → A Rn. 148.

274 Vgl. hierzu BGH NJW 1986, 1541; NStZ 1988, 144.

275 BGH NJW 1995, 966.

276 Vgl. BGH NJW 1987, 442; 1997, 1446; LG Köln NJW-RR 1994, 1487 (Streit über Software – Gutachter hatte Originaldiskette nicht zur Verfügung).

- Hat der Sachverständige die Grundlagen seiner Erkenntnisse, etwa Fachliteratur, Rechenformeln etc. mitgeteilt oder ist der Leser darauf angewiesen, ihm einfach zu glauben?[277]
- Stimmen die Berechnungen? Komplizierte mathematische Gedankenschritte braucht man nicht unbedingt nachzuvollziehen. Bei Additionen sind hingegen Kontrollen angebracht.
- Hat der Sachverständige die Beweisfrage richtig verstanden? Nicht selten schleichen sich Rechtsfragen in den Beweisbeschluss ein, die zu beantworten allein das Gericht befugt ist. So mag der Sachverständige etwa nach der »Geschäftsfähigkeit« oder der »Invalidität« einer Person gefragt worden sein. Schwierig wird die Lage, wenn er diese Rechtsbegriffe falsch auslegt. Dennoch können wir die von ihm ermittelten Werte im Einzelfall berücksichtigen, wenn nämlich das Gericht anhand der vom Sachverständigen dargelegten Gedankengänge selbst das richtige Ergebnis zu erkennen vermag.
- Hat er sich im Falle mehrerer Stellungnahmen (zB Nachtragsgutachten) einheitlich geäußert?[278]
- Sind die Ergebnisse eines Zusatzgutachtens (zB eines Radiologen im Rahmen einer orthopädischen Begutachtung) berücksichtigt worden? Stehen die Erkenntnisse von Gutachten verschiedener Fachgebiete miteinander in Einklang?[279] Das Gericht verstößt gegen Art. 103 I GG, wenn es Widersprüche zwischen verschiedenen Gutachten nicht aufklärt.[280]

Die Anforderungen an die Kritik der Parteien richten sich nach deren Möglichkeiten; sie muss nicht auf ein Privatgutachten gestützt werden.[281] Liegt ein solches vor, ist es allerdings in der Beweiswürdigung zu berücksichtigen.[282] Fehlende Überzeugungskraft des Gutachtens führt nicht unmittelbar zu einem (negativen) Beweisergebnis. Der gerichtliche Sachverständige muss vielmehr zur Ergänzung oder Erläuterung des Gutachtens angehalten werden.[283] UU muss das Gericht ein weiteres Gutachten einholen.[284]

cc) Augenschein und Urkunde

- Ist das Augenscheinsprotokoll inhaltlich genau und detailliert? Enthält es tatsächliche Angaben oder Wertungen des Protokollanten? Notfalls ist die Inaugenscheinnahme zu wiederholen. 79
- Ist die Urkunde äußerlich unversehrt (§ 419)? Schon manch eine raffinierte Fälschung ist dadurch aufgefallen, dass der nachträglich eingefügte Text mit einer Schreibmaschine geschrieben worden war, deren Typen sich bei nur einem Buchstaben von der ursprünglich verwendeten unterschieden! Auch lässt sich bei Fälschungen der Rand schlecht einhalten.

277 BGH NJW 1994, 2899.
278 Vgl. BGH NJW 1993, 269.
279 BGH NJW-RR 2009, 387.
280 BGH NJW 2016, 639.
281 BGH NJW 2003, 1400; 2004, 2825; 2006, 152 = VersR 2006, 242; NJW 2007, 1531; 2008, 2848.
282 BGH NJW-RR 2011, 609: Missachtung Verstoß gegen Art. 103 I GG.
283 BGH MDR 1995, 199 = NJW 1995, 779; NJW 1995, 779; 1995, 1294; 2008, 1381; VersR 1996, 1535; 2007, 376; allg. → Rn. 27.
284 Auch im zweiten Rechtszug, BGH NJW 2004, 2828.

- Auch auf einer eingescannten Urkunde lassen sich Manipulationen erkennen, wenn etwa Text oder eine Unterschrift nachträglich einkopiert worden sind, durchgezogene Linien aber das Namenszeichen schneiden und nicht umgekehrt.
- Enthält eine Notarurkunde handschriftliche Änderungen am Rand des Textes, die vom Notar nicht gesondert unterzeichnet sind, entfällt insgesamt die Beweiskraft der Urkunde nach § 415, und das Gericht hat darüber in freier Überzeugung zu entscheiden.[285]

b) Das Beweismittel im Gesamtrahmen des Rechtsstreits

80 Wenn das Beweismittel für sich gesehen überzeugt, muss der Bearbeiter über seinen Inhalt hinausgreifen und prüfen, welche Rückschlüsse die übrigen im Rechtsstreit gewonnenen Erkenntnisse zulassen.

aa) Vergleich mit anderen Beweisen

81 Normalerweise erschöpft sich die Beweisaufnahme nicht in der Verwertung eines einzigen Beweismittels. Empfehlenswert ist es daher, mehrere zu einer Frage gewonnene Erkenntnisse einander gegenüberzustellen.

Häufig weichen die Zeugenaussagen inhaltlich voneinander ab. Der eine Zeuge bestätigt die Behauptung des Beweisführers, wohingegen der andere deren Wahrheitsgehalt in Abrede stellt. Abgesprochene Aussagen kennzeichnen sich durch Übereinstimmung in den Kernpunkten und Widersprüche in den Randbereichen – ein großes Risiko für Parteien, die der Meinung sind, sie könnten mit einer größeren »Mannschaft« an Zeugen die Wahrheitsfindung beeinflussen. Lässt sich anhand gesicherter Anhaltspunkte nicht ermitteln, welcher Zeuge die Wahrheit gesagt hat, ist die Beweisführung gescheitert.[286]

Gegensätzliches findet sich nicht selten dann, wenn man Bekundungen, die ein Zeuge bei verschiedenen Vernehmungen gemacht hat, vor Gericht und bei der Polizei etwa, miteinander vergleicht.[287] Hierbei kommt es nicht darauf an, ob eine der Parteien das polizeiliche Vernehmungsprotokoll ausdrücklich zum Gegenstand ihres Sachvortrags gemacht hat. Denn in der Beweiswürdigung ist auch der nicht vorgetragene Inhalt von Beiakten zu berücksichtigen, soweit diese Gegenstand der mündlichen Verhandlung waren.[288] Stimmt die Zeugenaussage im Wesentlichen mit dem überein, was der Zeuge bei einer früheren Vernehmung bekundet hat, spricht man von einer konstanten Aussage oder von Aussagenkonstanz – ein starkes Indiz für die Richtigkeit des Bekundeten.

Protokolle früherer Vernehmungen müssen allerdings immer aus dem Rahmen heraus interpretiert werden, in dem sie abgefasst worden sind. Die polizeiliche Vernehmung zB erfolgt meist recht kurze Zeit nach dem streitigen Vorfall, was den Vorteil größerer Nähe zum Geschehen für sich hat. Andererseits gehen die Interessen der vernehmenden Polizeibeamten bisweilen in eine andere Richtung als diejenigen des Zivilgerichts. So werden bei einem Einbruchsdiebstahl die Geschädigten von den am Tatort erschienenen Polizeibeamten zum genauen Schadensumfang oft nur kursorisch ver-

285 BGH NJW 1994, 2768; OLG Düsseldorf MDR 2014, 242 = BeckRS 2014, 01786.
286 S. → A Rn. 152.
287 BGH NJW-RR 2004, 1001.
288 Vgl. → A Rn. 147; BGH NJW 1989, 3161; r+s 1998, 372; OLG Stuttgart VersR 1998, 1114.

nommen und aufgefordert, nachträglich eine Auflistung der entwendeten Gegenstände einzureichen. Das führt zu vielen Streitigkeiten mit den Hausratversicherern, die aufgrund der in den Strafakten befindlichen Vernehmungsprotokolle zu der Auffassung gelangen, der wahre Schadensumfang sei weit geringer als ihn der Betroffene später zur Regulierung angemeldet hat. Anders mag die Lage sich wiederum darstellen, wenn ein wertmäßig aus dem Rahmen fallender Verlust erst nachträglich »entdeckt« wird.

Beachtung verdienen auch *Privatgutachten*, die von den Parteien vorgelegt werden, 82
um die Überzeugungskraft eines durch das Gericht eingeholten Sachverständigengutachtens zu erschüttern. Dies ist nicht erforderlich, wenn man ein Gutachten angreifen will,[289] oft aber sinnvoll. Man lasse sich nicht von dem Vorurteil leiten, es handele sich hierbei in der Regel um Gefälligkeitsäußerungen. Denn trotz allem ist es möglich, dass erst das Privatgutachten den Richter auf eine in den Darlegungen des gerichtlich beauftragten Sachverständigen enthaltene Schwachstelle aufmerksam macht. Widersprüchliche Äußerungen eines oder mehrerer im Rechtsstreit tätig gewordener Sachverständiger sind vorrangig darauf zu untersuchen, inwieweit sie das Ergebnis beeinflussen und nachteilige Rückschlüsse auf die Überzeugungskraft der Begutachtung zulassen. Das Gericht ist grundsätzlich verpflichtet, erhebliche Diskrepanzen von Amts wegen aufzuklären, bevor es zu einem bestimmten Beweisergebnis oder zu einem »non liquet« gelangt.[290]

Weitere Erkenntnisse ergeben sich aus Vergleichen unterschiedlicher Beweismittel. So kann etwa die Inaugenscheinnahme eines Unfallortes zu der Überzeugung führen, dass ein Zeuge schlechthin nicht in der Lage war, das geschilderte Ereignis von seinem Standort aus genau zu beobachten. Der Sachverständige mag zu dem Ergebnis gelangen, von Zeugen bekundete Vorgänge, etwa ein Unfallablauf, seien naturgesetzlich ausgeschlossen. Angesichts der vielen Imponderabilien, mit denen der Zeugenbeweis belastet ist, neigt die Praxis in derartigen Fällen dazu, dem objektiveren Sachverständigen- oder Augenscheinsbeweis den Vorrang einzuräumen.

bb) Vergleich mit dem Sachvortrag

Wichtige Anhaltspunkte bietet der Sachvortrag der Parteien,[291] insbes. auch das Er- 83
gebnis der Parteianhörung, § 141 I 1.[292] Stimmt er in wesentlichen Fragen nicht mit den Ergebnissen der Beweisaufnahme überein und versucht die betroffene Partei gar, zwischen ihren Behauptungen sowie den Zeugenaussagen nachträglich eine Synthese herzustellen, darf der Wahrheitsgehalt ihrer Sachverhaltsschilderung mit Recht bezweifelt werden.[293] Gleiches gilt bei Widersprüchen im Parteivortrag.[294] Zusätzliche Erkenntnisse lassen sich vielfach aus der zwischen den Parteien gewechselten vorgerichtlichen Korrespondenz gewinnen.

Verwertbar sind darüber hinaus auch die erst nach dem Schluss der mündlichen Verhandlung eingereichten Schriftsätze, in denen die Parteien zum Ergebnis der Beweis-

289 BGH NJW 2003, 1400; zum Privatgutachten im Arztprozess *Hattemer/Rensen* MDR 2012, 1384.
290 BGH NJW 2001, 77; NJW-RR 2009, 35; MDR 1995, 199 = NJW 1995, 779; vgl. auch → Rn. 27.
291 BGH NJW-RR 2004, 425.
292 Näher hierzu *Eschelbach/Geipel* MDR 2012, 198.
293 BGH NJW 2002, 1276; OLG Köln r+s 1995, 42.
294 BGH NJW-RR 2012, 728.

aufnahme Stellung nehmen. Bisweilen erhält man auf diesem Wege wertvolle Anregungen, die man bei der Beweiswürdigung nicht übergehen sollte.

c) Besonderheiten bei Zeugenbeweis und Parteivernehmung

84 Während gegen die Qualifikation des Sachverständigen normalerweise keine Einwände erhoben werden, kommt den in der Persönlichkeit des Zeugen liegenden Kriterien eine große Bedeutung zu. Dasselbe gilt für die Parteivernehmung.

Schneider hat für die Beurteilung gerade der Zeugenaussage folgendes Schema herausgearbeitet.

• Wahrnehmungs- – Möglichkeit – Fähigkeit – Bereitschaft	• Wiedergabe- – Möglichkeit – Fähigkeit – Bereitschaft[295]

Dieses Schema ist für eine Überprüfung von Aussagen gut geeignet und leicht einprägsam. Allerdings sind bei einer Beweiswürdigung nicht alle sich aus ihm ergebenden Gesichtspunkte abzuhandeln. Darzustellen sind immer nur diejenigen Aspekte, für die der Fall den erforderlichen Tatsachenstoff hergibt.

aa) Wahrnehmungsfehler[296]

85 Die deutlichste Schwäche des Zeugenbeweises liegt in der Begrenztheit der menschlichen Sinne. Schilderungen eines Zeugen muss man also auch darauf hin untersuchen, ob der Vernommene überhaupt die Möglichkeit hatte, die streitigen Vorgänge wahrzunehmen, ob seine Fähigkeiten hierzu ausreichten und ob er dem damaligen Geschehen das nötige Interesse entgegengebracht hat. Maßgeblich sind etwa:

- örtliche Gegebenheiten, Lichtverhältnisse, Hintergrundlärm, Wetterbedingungen (Das Auge kann sich nur der Helligkeit, nicht aber der Dunkelheit schnell anpassen. Die Richtung, aus der ein Geräusch kommt, ist schwer zu bestimmen.)
- Alter, Seh- und Hörschwäche, intellektuelle Fähigkeiten (schlichter Mensch, der sich nur mit Mühe verständlich auszudrücken vermag, schildert Hergang eines streitigen Gesprächs unter Verwendung seltener Fremdwörter), Trunkenheit (Teilnehmer an einer gemeinsamen Trunkenheitsfahrt will Fahrverhalten des Unfallgegners genauestens mitbekommen haben), Müdigkeit, Stress
- das Unvermögen, schnell ablaufende Bewegungen zutreffend zu erfassen und abzuschätzen (Bekundet etwa der Zeuge: »Ich bin auf das von dem Beklagten gesteuerte Kraftfahrzeug aufmerksam geworden, als es mit mindestens 90 Sachen im Tiefflug unter der Eisenbahnunterführung hervorgeschossen kam.«, kann man der Aussage im Grunde nur entnehmen, dass der Zeuge sich bei der Wahrnehmung des Vorganges höchstwahrscheinlich erschreckt hat. Demgegenüber kommt es kaum in Betracht, aus einer dermaßen unbestimmten Sachverhaltsschilderung zu schließen, der Beklagte habe die zulässige Höchstgeschwindigkeit überschritten.[297])
- kurze Zeiträume und Entfernungen werden überschätzt, lange werden unterschätzt.

295 *Schneider* Beweis Rn. 872 ff.

296 *Schneider* Beweis Rn. 917 ff.

297 Anders für Entfernungsschätzungen BGH MDR 1985, 566 Rn. 31.

- Sachkunde (Ein sachkundiger Zeuge – zB ein Handwerker, der über den Zustand von Bauleistungen aussagt – kann sehr detaillierte Aussagen liefern; andererseits besteht die Gefahr, dass er sich von fachlichen Interessen leiten lässt und außerhalb dieses Horizonts liegende Tatsachen übergeht.)
- Interesse an dem streitigen Vorgang bzw. Aufmerksamkeit (Zeuge schildert detailliert den Hergang eines Verkehrsunfalls, obwohl er als argloser Fußgänger erst durch den Zusammenstoß auf das Geschehen aufmerksam gemacht worden ist, sog. »Knallzeuge«. Die große Gefahr liegt hier nicht darin, dass der Zeuge bewusst lügt, sondern darin, dass er Vorgänge schildert, die er sich – unbewusst – erst nachträglich zusammengereimt hat.)
- fragwürdiges Interesse an Allerweltsereignissen (Beifahrer will Betätigen des Blinkers beobachtet haben. Fangfrage: »Rechts oder links?«)
- Voreingenommenheit bereits bei der Wahrnehmung (streitige Gespräche im Familienkreis); »Der Wunsch ist der Vater der Wahrnehmung.«

bb) Wiedergabefehler[298]

Auch in die Wiedergabe eines richtig wahrgenommenen Ereignisses können sich – eventuell wiederum unbewusst – Fehler einschleichen. Um diesen auf die Spur zu kommen, fragen wir zB: 86

- Kann der Zeuge hinsichtlich des streitigen Geschehens überhaupt eine Erinnerung haben? (Bei Verkehrsunfall verletzter Mitfahrer, der eine schwere Gehirnerschütterung erlitten hat, will trotz nahe liegender retrograder Amnesie noch genau wissen, dass der Blinker des Vordermannes in die falsche Richtung wies).
- Ist der Zeuge intellektuell in der Lage, sich zu erinnern? (Insbesondere alte Menschen mit schlechtem Kurzzeitgedächtnis können dazu neigen, Erinnerungslücken mit Gedankenverbindungen auszufüllen, die ihnen als plausibel erscheinen, sogenanntes »Konfabulieren«; nach längerer Zeit neigt praktisch jeder dazu, Erinnerungslücken durch Erfahrungswerte auszufüllen, »Anreicherungstendenz«.)
- Hat der Zeuge Hemmungen, sich genau auszudrücken? (Vornehme Frau soll vulgäre Beleidigungen schildern; ehrenrührige Vorfälle im Familienkreis; Rechtfertigungsdruck eines Zeugen, der sich strafrechtlichen Vorwürfen oder Regressansprüchen ausgesetzt sieht.)

cc) Eigene Interessen

Von Bedeutung ist auch das Interesse des Zeugen am Ausgang des Rechtsstreits. Es mag sich aus vielfältigen Gesichtspunkten herleiten lassen, zB aus familiären oder geschäftlichen Bindungen an eine Partei. Auf dem Zeugen lastender Regressdruck kann verharmlosende Falschaussagen zur Folge haben. Ausführungen hierzu berühren oft das Ansehen des Zeugen. Der Bearbeiter sollte sich deshalb fragen, ob nicht andere Überlegungen den Vorrang haben und ob er Hinweise auf persönliche Interessen, die einer Verurteilung des Zeugen gleichkommen mögen, guten Gewissens verantworten kann. Floskelhafte, bloß andeutende Wendungen (»… der im Übrigen mit dem Kläger befreundete Zeuge …«) sind fehl am Platz. Ausschließliches Abstellen auf die Nähe eines Zeugen zu einer Partei ohne Auseinandersetzung mit den sonstigen Kriterien der Beweiswürdigung verstößt gegen § 286 I.[299] Grundsätzlich 87

298 *Schneider* Beweis Rn. 1000 ff.
299 BGH NJW 1995, 955.

muss das Gericht sich einen persönlichen Eindruck von dem Zeugen verschaffen, bevor dessen Beziehungen zu einer Partei verwertet werden.[300]

dd) Verhalten des Zeugen, persönlicher Eindruck

88 Kritisch zu würdigen ist auch die Art und Weise, in welcher der Zeuge sich vor Gericht aufgeführt hat. Rotwerden, Stottern, schuljungenhafte Aufsässigkeit oder hilflose Blicke zu einem der Anwälte hinüber können Anzeichen für eine Falschaussage sein. Vielleicht ist der Zeuge aber auch nur nervös, weil er mit dem Gericht noch nie etwas zu tun hatte. Selbstverständlich darf man persönliche Eindrücke nur dann verwerten, wenn man Gelegenheit hatte, von dem Beweismittel einen eigenen Eindruck zu gewinnen oder wenn der Akteninhalt in dieser Hinsicht nähere Aufschlüsse bietet.[301]

Erhebliche praktische Bedeutung hat diese Frage für die Vernehmung eines Zeugen durch den beauftragten Richter oder das Rechtshilfegericht.[302] Das erkennende Gericht darf die Persönlichkeit des Zeugen, auch auf substantiierten Vortrag der Parteien hin, nur berücksichtigen, wenn sie auf der Wahrnehmung aller an der Entscheidung beteiligten Richter beruht oder wenn der nicht mit dem entscheidenden Richter identische Vernehmende den von ihm gewonnenen Eindruck im Protokoll oder in einem Aktenvermerk niedergelegt hat und die Parteien hierzu Stellung nehmen konnten.[303] Wenn der vernehmende Richter selbst entscheidet, reicht es aus, die Eindrücke in den Entscheidungsgründen des Urteils darzulegen.[304] Ansonsten ist die Beweisaufnahme zu wiederholen.[305] Alle übrigen Kriterien der Beweiswürdigung sind auszuschöpfen, bevor auf den persönlichen Eindruck abgestellt wird.[306] Wenn es geschieht, dann mit klaren Worten, nicht mit einem Schlenker am Rande (... der nervös wirkende, mit dem Kläger befreundete Zeuge ...)!

ee) Vereidigung

89 Der Gesetzgeber hat eine Vereidigung nicht zwingend vorgeschrieben (§ 391). Da der Eid nur die *Wiedergabebereitschaft* fördern kann, hat er wenig praktische Bedeutung. Der bewusst lügende Zeuge wird außerdem vor einem Meineid kaum zurückschrecken.

90 **Klausurhinweise:** Für die Bearbeitung des Klausurfalls, in dem Zeugen häufig ohne Beweisbeschluss vernommen worden sind, lassen sich die vorstehenden Ausführungen zur Beweiswürdigung zu folgendem, vereinfachten Kurzschema zusammenfassen:

- Erarbeitung der Beweisfrage(n)
  (Begutachtung des Falles [Prüfung der Rechtslage nach dem Klägervortrag und dem Beklagtenvortrag], beweisbedürftige Fragen, Beweislast)
- Ergiebigkeit der einzelnen Aussagen
- Getrennte Würdigung der ergiebigen Aussagen
- Verhältnis mehrerer Aussagen/verschiedener Beweismittel zueinander
- Verwertung des Parteivortrags und sonstiger Anhaltspunkte aus dem gesamten Akteninhalt
- Verwertung von Vermerken zum persönlichen Eindruck

300 BGH NJW-RR 1995, 1210.

301 BGHZ 53, 245 (257 f.); BGH NJW 1991, 1302; MDR 1992, 803 = NJW-RR 1992, 1214.

302 → Rn. 9 f.

303 BGH NJW 1991, 1180; 1992, 609; MDR 1995, 305 = NJW 1995, 1292; OLG Düsseldorf NJW 1992, 187; zu den Gefahren eines Berichterstattervermerks *Dötsch* MDR 2014, 755.

304 BGH NJW 2015, 1678 Rn. 31.

305 OLG Naumburg MDR 2014, 743 = BeckRS 2014, 09212.

306 BGH NJW 1995, 966.

IV. Indizien

1. Allgemeine Grundsätze

a) Indizien im engeren Sinne

aa) Haupt- und Hilfstatsachen

Wenn die von einer Partei vorgetragenen Tatsachen den Tatbestand einer Norm unmittelbar ausfüllen, hat man es mit sogenannten »Haupttatsachen« zu tun. Ohne Bedeutung ist in diesem Zusammenhang, ob es sich um ein tatsächliches (§ 891 I BGB, Eintragung im Grundbuch) oder um ein normatives Tatbestandsmerkmal (§ 823 I BGB, »vorsätzlich oder fahrlässig«) handelt. 91

Beispiel: »Der Beklagte hat mir bei Abschluss des Kaufvertrages einen Vorschaden am Pkw verschwiegen, obwohl er wusste, dass der Wagen nur kurze Zeit zuvor von einem Lkw gerammt worden war und ich unter keinen Umständen einen Unfallwagen kaufen wollte.«

Der Kläger hat mit diesem Sachvortrag das Merkmal der Arglist ausgefüllt. Seinen gegen den Beklagten erhobenen Vorwurf arglistigen Verhaltens mag er nun aber zusätzlich mit der Behauptung untermauern, der Unfallschaden sei dem Beklagten schon deshalb bekannt gewesen, weil er den Wagen auf einem Schrottplatz erworben und selbst wieder aufgebaut habe. Diese Tatsache füllt für sich gesehen das Tatbestandsmerkmal nicht aus. Sie erlaubt aber den Schluss auf die dem Beklagten vorgeworfene Arglist. Sie dient für den Bestreitensfall dem Nachweis, dass der Beklagte von dem Vorschaden Kenntnis hatte. Es handelt sich um ein Indiz, eine sogenannte »Hilfstatsache«.

bb) Logischer Beweiswert

Unter Indizien versteht man Tatsachen, die für sich allein oder in ihrer Gesamtheit den Rückschluss auf das Vorliegen der Haupttatsache zulassen. Mit ihrer Hilfe wird ein mittelbarer Beweis geführt. 92

Beispiel: Geständnis einer Partei im Strafverfahren.[307]

Der Richter ist berechtigt, sich in freier Beweiswürdigung ausschließlich auf Indizien zu stützen,[308] mag auch der reine Indizienbeweis in der Praxis selten vorkommen. Hauptsächlich findet er dort Anwendung, wo eine Partei den Nachweis innerer Tatsachen führen muss, wie etwa Arglist, Vorsatz oder Kenntnis.[309] In Fällen dieser Art ist ein Beweisangebot nur beachtlich, wenn Indiztatsachen genannt werden, aus denen sich die innere Tatsache notwendig ergibt.[310] Liegt indes ein Beweisangebot zur Haupttatsache vor, darf es nicht übergangen werden, weil aufgrund von Indizien das Gegenteil feststehe.[311]

Verwertbar sind Indizien nur dann, wenn sie unbestritten oder bewiesen sind. Daher können sie selbst Gegenstand einer Beweisaufnahme sein. Die beweisbelastete Partei ist nicht einmal gehalten, Beweis für die Haupttatsache anzubieten; sie kann von

307 BGH MDR 2004, 954 = NJW-RR 2004, 1001.
308 BGH NJW 2004, 3423.
309 BGH NJW 1992, 1899.
310 BGH DB 2010, 1578 = BeckRS 2010, 17004.
311 BGH NJW-RR 2002, 1072 = VersR 2003, 127; MDR 2009, 936 = BeckRS 2009, 16274.

vornherein alleine die Indizien unter Beweis stellen.[312] Nehmen wir noch einmal den obigen

> **Beispielsfall:** Der Beklagte mag etwa vortragen, er habe den Wagen in repariertem Zustand von Privat erworben. Dass der Verkäufer Schrotthändler sei, habe er nicht gewusst. Der Kläger bietet nunmehr für seine gegenteilige Behauptung das Zeugnis des Schrotthändlers an.

93 Bevor allerdings eine Beweisaufnahme über Indizien angeordnet wird, muss der Bearbeiter – und darin liegt die Besonderheit des Indizienbeweises – prüfen, ob das Indiz, seinen Nachweis unterstellt, geeignet ist, das Gericht vom Vorliegen der Haupttatsache zu überzeugen. Er hat sich also Klarheit darüber zu verschaffen, ob dem streitigen Indiz ein *logischer oder naturwissenschaftlich begründbarer Beweiswert* zukommt. Bestehen hieran Zweifel, liegt eine Beweiserheblichkeit der streitigen Indiztatsache nicht vor, sodass die Beweisaufnahme über das Vorliegen des Indizes zu unterbleiben hat.[313] Entsprechendes gilt, wenn erst die *Gesamtschau* mehrerer Indizien den Schluss auf die Haupttatsache ermöglicht.[314] Kann auf die Verwertung einzelner streitiger Indizien verzichtet werden, ohne dass die Überzeugungskraft der verbleibenden Tatsachen darunter leidet, sind die streitigen Indiztatsachen ebenfalls nicht beweiserheblich. Eine kritische Prüfung dieser Frage kann mithin die Beweisaufnahme vereinfachen und in der Klausur der Schlüssel zur Lösung sein.

Im Beispielsfall muss man davon ausgehen, dass nach dem Vortrag des Klägers eine Kenntnis des Beklagten von dem Unfallschaden gegeben war. Demnach wäre über den Erwerb des Wagens auf dem Schrottplatz Beweis zu erheben. Anders liegen die Dinge, wenn der Kläger als einziges Indiz bestimmte Reparaturen an dem Fahrzeug aufführt, die am ehesten noch für einen Sachverständigen, nicht aber unbedingt für den Beklagten erkennbar waren. Hieraus auf dessen Arglist zu schließen, wäre verfehlt. Hat der Kläger allein dieses eine Indiz unter Beweis gestellt, muss die Klage ohne Beweisaufnahme abgewiesen werden (Beweislasturteil).

cc) Zweistufige Prüfung

94 Ist über ein Indiz Beweis erhoben worden, ergibt sich somit die Notwendigkeit einer *zweistufigen Prüfung*:

- 1. Stufe: Lässt das Indiz den Schluss auf die Haupttatsache zu?[315]
- 2. Stufe: Ist die Indiztatsache aufgrund der allgemeinen Regeln der Beweiswürdigung bewiesen?[316]

b) Auswirkungen auf Darlegung, Substantiierungslast und Beweisführung

95 Wer Hilfstatsachen vorträgt, beruft sich in der Regel konkludent auch auf die Haupttatsache. Von Indizien oder Hilfstatsachen wird des Weiteren sowohl im Zusammenhang mit der Substantiierung des Parteivortrags gesprochen als auch in Bezug auf Beweisaufnahme und Beweiswürdigung.

---

312 BGH NJW 1992, 1899.

313 BGH NJW 2012, 2427; NJW-RR 2013, 743; BeckRS 2014, 14952; Thomas/Putzo/*Reichold* ZPO Vorbem. § 284 Rn. 11.

314 BGH NJW-RR 1994, 1112; NJW 1994, 2289; NJW-RR 2007, 312; VersR 2008, 776.

315 Der Beweiswert eines Indizes kann in selten gelagerten Fällen für sich bereits Gegenstand einer Beweiserhebung, namentlich des Sachverständigenbeweises sein, wenn die Sachkunde des Gerichts für die Klärung der Frage nicht ausreicht.

316 BGH NJW 1989, 2947; 1991, 1894.

aa) Substantiierung

Wie bereits gezeigt[317], muss die darlegungspflichtige Partei je nach Vortrag des Gegners substantiiert vortragen. Hier können Indizien Bedeutung erlangen. 96

Beispiel: Der Kläger trägt vor, die Kenntnis des Beklagten von dem Unfallschaden des Pkw ergebe sich daraus, dass jener das Fahrzeug auf dem Schrottplatz des Zeugen X erworben habe. Erwidert nun der Beklagte, X handele nur in geringem Umfang mit Schrott, im Wesentlichen aber mit Gebrauchtwagen durchschnittlicher Art und Güte, muss der Kläger reagieren. Er kann zum einen den Vortrag des Beklagten bestreiten. Dann ist seine Behauptung, der Beklagte habe von dem Vorschaden gewusst, mit dem von ihm vorgetragenen Indiz »Kauf auf einem Schrottplatz« weiterhin in ausreichendem Maße substantiiert. Weiterhin kann er, insbesondere wenn der Vortrag des Beklagten schlechthin nicht zu bestreiten ist, für die behauptete Kenntnis des Prozessgegners von dem Unfallschaden neue Indizien angeben. Unternimmt er jedoch überhaupt nichts, wird sein Vortrag als unsubstantiiert zurückgewiesen. Denn einfach »ins Blaue hinein« darf er die dem Beklagten vorgeworfene Täuschung nicht behaupten; gewisse äußere Anhaltspunkte dafür muss er schon angeben.[318]

Ähnliches gilt, wenn der Vortrag des Klägers zu unstreitigen Indizien in Widerspruch steht. Dann kann er nach § 138 I unbeachtlich sein.

Bestreitet der Gegner der darlegungspflichtigen Partei deren mit Indizien untermauerten Vortrag, so kann der Einwand unsubstantiiert sein, wenn im Lichte der Indizien eine nähere Darlegung zumutbar erscheint. 97

Beispiel: Die Klägerin hat als Kasko-Versicherer den Beklagten für dessen abgebrannten Wohnwagen entschädigt. Sie verlangt ihre Leistung zurück mit der Begründung, der Beklagte habe das Fahrzeug selbst angezündet (§ 812 I 1 Alt. 1 BGB iVm § 81 VVG). Als Indizien führt sie an, der Beklagte habe den Wohnwagen abseits der von ihm angeblich geplanten Fahrtroute an einer einsamen Stelle geparkt und sei dort 10 Minuten nach der Entstehung des Schadensfeuers noch gesehen worden. Einen Tag vorher habe er zwei große Kanister Nitro-Verdünnung erworben, ohne angeben zu können, aus welchem Grunde. Ursache des Brandes sei jedoch ausgerechnet die Explosion einer größeren Menge Verdünnung gewesen. Schließlich habe der Beklagte sich in bedrohlichen finanziellen Schwierigkeiten befunden.

Wenn der Beklagte nur die vorsätzliche Herbeiführung des Brandes bestreitet, ohne auf die von der Klägerin vorgetragenen Indizien einzugehen, ist sein Vortrag unsubstantiiert. Denn es ist für ihn zumutbar, sich zu den näheren Umständen des Brandes zu äußern und damit qualifiziert zu bestreiten. Erleichtern kann er die ihn treffende Darlegungslast dadurch, dass er die Indizien bestreitet; denn deren Vorliegen muss die Klägerin darlegen und beweisen. Erstrecken sich die Einwände des Beklagten nur auf einzelne Indizien, ist die hinreichende Substantiierung seines Bestreitens an den verbleibenden, unstreitigen Hilfstatsachen zu messen. Reichen diese für die Beweisführung aus, ist das Bestreiten des Beklagten unerheblich.

bb) Beweisführung

Liegt schlüssiger bzw. erheblicher Sachvortrag vor, können Indizien sich auf Beweisbedürftigkeit und Beweiswürdigung auswirken. Eine Tatsache, die mit Hilfe feststehender Indizien bewiesen werden kann, bedarf keines Beweises. Von »Hilfstatsachen des Beweises« oder »Beweiseinreden«[319] spricht man, wenn das Indiz sich nicht auf 98

317 S. → A Rn. 101.

318 Vgl. zB BGH NJW-RR 2001, 887; OLG Köln NJW-RR 1992, 910 und OLG Hamm VRS 1992, 241 (Täuschung durch Verschweigen); vgl. auch → Rn. 4.

319 Vgl. → A Rn. 56.

das Vorliegen einer Haupttatsache bezieht, sondern auf die Verwertbarkeit oder die Überzeugungskraft eines Beweismittels.

Beispiel: Der Zeuge hat bei seiner Vernehmung abgestritten, den Kläger näher zu kennen. Der Beklagte bietet nunmehr Beweis dafür an, dass Zeuge und Kläger gemeinsam einem Kegelklub angehören, was der Kläger bestreitet. Kann das Gericht den Rechtsstreit nicht entscheiden, ohne sich über diese für die Glaubwürdigkeit des Zeugen maßgebliche Tatsache Klarheit verschafft zu haben, muss der angebotene Beweis erhoben werden.

2. Gutachten und Urteil

a) Gutachten

99 Im Rahmen gutachtlicher Vorüberlegungen ist zu beachten, dass Indizien an zwei verschiedenen, wichtigen Schaltstellen erscheinen können:

- Schlüssigkeit und Erheblichkeit des Sachvortrags
- Beweisbedürftigkeit und Beweiswürdigung

So sehr beides ineinander übergehen mag, ist doch bei der Vorbereitung von Urteil oder Anwaltsschriftsatz zwischen diesen beiden Punkten gedanklich streng zu unterscheiden. Grundsätzlich reicht es aus, die vorgetragenen Haupttatsachen unter die einschlägige Norm zu subsumieren. Haben Indizien aber einmal Bedeutung für die Substantiierung des Sachvortrags, kann sich bei der Prüfung der Schlüssigkeit alleine wegen der Indizienlage ein negatives Ergebnis einstellen. Das ist dann der Fall, wenn der Kläger nur die Haupttatsache vorträgt und sich zu den gegen ihn sprechenden Indizien nicht nachvollziehbar äußert. In solchen Fällen ist es verfehlt, im Urteil auf Fragen der Beweisbedürftigkeit und auf Beweisangebote der Parteien einzugehen. Angesichts der fehlenden Schlüssigkeit mag man allenfalls erwähnen, dass es hierauf nicht ankommt. Umgekehrt können Einwände des Beklagten unsubstantiiert sein, wenn sie sich mit den zugunsten des Klägers streitenden Indizien nicht auseinandersetzen. Mit einem Anwaltsschriftsatz, der dies prägnant erfasst, läuft man bei Gericht offene Türen ein. Springt man gedanklich zu früh in den Bereich der Beweisaufnahme, sind überflüssige Erwägungen und Darstellungen die Folge.

100 Liegt eine schlüssige bzw. erhebliche Sachverhaltsschilderung vor, stellt sich im Falle des Bestreitens zunächst die Frage nach der Beweisbedürftigkeit. Da eine streitige Tatsache alleine mit Indizien bewiesen werden kann, muss das Gericht von einer Beweisaufnahme möglicherweise absehen. Hier mag die Lösung einer Klausur liegen, in der etwa ein angebotener Beweis nicht erhoben worden ist oder die Anschrift eines Zeugen fehlt. Daneben kann die logische Eignung des Indizes zur Beweisführung zu prüfen sein, wenn es um die Frage geht, ob über das Indiz Beweis zu erheben ist. Reichen aus einer Vielzahl von Indizien die unstreitigen aus, bedürfen die streitigen nicht des Beweises.

Im Rahmen der Beweiswürdigung sind Indizien an der jeweils geeigneten Stelle frei zu verwerten.

b) Urteil

aa) Tatbestand

101 Im Tatbestand sollte man Indizien im Zusammenhang mit der Haupttatsache darstellen.[320]

320 S. → A Rn. 42.

Der Kläger behauptet, dem Beklagten sei der Unfallschaden des Pkw bei Vertragsschluss bekannt gewesen. Dies ergibt sich seiner Ansicht nach daraus, dass der Beklagte – was unstreitig ist – den Wagen drei Monate zuvor bei dem Schrotthändler X erworben hat. Außerdem behauptet er, der Beklagte habe selbst noch Schweißarbeiten am Bodenblech des Fahrzeugs vorgenommen. Das Schweißgerät habe ihm der Zeuge Y einen Monat vor dem Verkauf des Wagens geliehen.

bb) Entscheidungsgründe

In den Entscheidungsgründen sind Indizien immer im Zusammenhang mit dem betreffenden Tatbestandsmerkmal darzustellen. Unter Umständen hat der Bearbeiter sich mit zwei Fragen auseinanderzusetzen, nämlich zum einen, ob die Indizien den Schluss auf die Haupttatsache zulassen, zum anderen, ob sie bewiesen sind. Auch in der Frage, welche Beweiskraft er den Indizien beimisst, ist der Richter grundsätzlich frei, § 286; er muss jedoch die wesentlichen Gesichtspunkte seiner Überzeugungsbildung darlegen.[321] 102

Der Beklagte kann sich nach § 444 BGB nicht mit Erfolg auf den im Kaufvertrag vereinbarten Gewährleistungsausschluss berufen, weil er den Mangel des Fahrzeugs arglistig verschwiegen hat.

Ihm war der Unfallschaden bekannt. Das ist durch die Begleitumstände des Falles und die Ergebnisse der Beweisaufnahme bewiesen. Der Beklagte hat den Wagen am ... auf dem Lagerplatz des C erworben, wo ausschließlich unfallbeschädigte Fahrzeuge abgestellt sind. Das ist durch die Aussage des Zeugen X bewiesen (Würdigung der Zeugenaussage). Dem Beklagten war zudem bekannt, dass es sich um einen schweren Unfallschaden mit Rahmenbeteiligung gehandelt hat. Denn er hat kurz vor dem Verkauf selbst Schweißarbeiten am Bodenblech des Wagens vorgenommen. Das ergibt sich aus dem Gutachten des Sachverständigen S, dem zufolge die Schweißarbeiten jüngeren Datums waren, und aus der Aussage des Zeugen Y, der bekundet hat, er habe am ... dem Kläger ein Schweißgerät geliehen. Die Gesamtwürdigung all dieser Umstände lässt keinen anderen Schluss zu. ... Die hiergegen erhobenen Einwände des Beklagten greifen nicht durch ...

3. Exkurs: Der fingierte Verkehrsunfall

a) Beweislast und Beweisführung

Im *Verkehrsunfall-Prozess*[322] kommt es nicht selten vor, dass vom beklagten Haftpflichtversicherer der Einwand erhoben wird, das Schadensereignis sei vorgetäuscht. Bei der Frage, wer insoweit die Beweislast[323] trägt, sind drei Fallgruppen voneinander zu unterscheiden: 103

- Das Vorliegen eines schadenstiftenden Ereignisses muss der Kläger beweisen. Der Versicherer darf sich nach § 138 IV mit Nichtwissen erklären.
- Steht der vorgetragene Zusammenstoß fest, trägt der Versicherer die Beweislast dafür, dass der geschädigte Kläger in die Herbeiführung des Schadens eingewilligt hat.
- Den unfallbedingten Schadensumfang muss der Kläger beweisen.[324]

321 BGH NJW 1991, 1894; BVerfG NJW 1992, 2217; → Rn. 71.

322 Grundlegend zum fingierten Verkehrsunfall *Staab*, Betrug in der Kfz-Haftpflichtversicherung, 1991; *Staab/Halm* DAR 2014, 66; *van Bühren* ZfSch 2011, 549; zum aktuellen Stand vgl. *Franzke/Nugel* NJW 2015, 2071; das Thema ist, wenn auch mit starken Schwankungen, in bis zu 50% der Verkehrsunfall-Prozesse einschlägig! Allgemein zum Verkehrsunfall vgl. → U Rn. 1 ff.

323 BGH NJW 1978, 2154; VersR 1979, 514; anschaulich OLG Koblenz VersR 2006, 523; allg. → Rn. 133 ff.

324 BGH NJW 1978, 2154; OLG München NZV 2006, 261.

Was die erste Fallgruppe anbetrifft, muss man darauf achten, dass der Kläger die Darlegungs- und Beweislast für das von ihm im Detail zu schildernde Unfallgeschehen trägt und nicht nur für irgendeinen Zusammenstoß (»So-nicht-Unfall«)[325]. Indizien, die für einen abweichenden Unfallverlauf sprechen, und sei es ein nach dem Schadensbild anzunehmender, deutlich anderer Anstoßwinkel, können mithin dazu führen, dass der Kläger bereits für die tatbestandlichen Voraussetzungen des § 7 StVG beweisfällig bleibt.[326] Grundsätzlich können indes aufgrund des feststehenden Zusammenstoßes die Voraussetzungen der Anspruchsnorm bejaht werden.

Hinsichtlich der zweiten Fallgruppe hat die Rechtsprechung verschiedentlich die Möglichkeit des Anscheinsbeweises in Erwägung gezogen;[327] da indes die Einwilligung des Klägers auf einem persönlichen Entschluss beruht, dürfte eine Lösung dieser Fälle über allgemeine Erfahrungssätze ausscheiden.[328] Die einverständliche Herbeiführung des Unfalls muss also, da sich Zeugen insoweit kaum finden lassen, regelmäßig aufgrund von Indizien festgestellt werden, meist im Rahmen einer Gesamtschau mehrerer verdächtiger Umstände.[329] Häufiger vorzufindende Anzeichen für ein Zusammenwirken der Unfallbeteiligten sind:[330]

- Ein einleuchtender Grund für die Unfallfahrt oder die Wahl der Fahrtstrecke ist nicht ersichtlich,
- Beschädigung eines Wagens der Luxusklasse,
- Schädiger benutzt ein kürzlich erst angemeldetes, wertloses Fahrzeug oder ein vollkaskoversichertes Mietfahrzeug mit hoher Betriebsgefahr (Lkw),
- abgelegener Unfallort,
- Unfall zur Nachtzeit,
- keine neutralen Zeugen,
- Unfallbeteiligte sind einander bekannt (dies wird verschwiegen),
- wirtschaftlich desolate Lage zumindest eines Unfallbeteiligten,
- Schädiger benutzt ein in der Nähe des Unfallortes entwendetes Fahrzeug und verlässt den Unfallort unerkannt (»Berliner Modell«)[331],
- Vorschäden werden verschwiegen.

Aufgrund der dargestellten Zweistufigkeit des Indizienbeweises können diese Umstände ihrerseits Gegenstand einer Beweisaufnahme sein, wenn sie vom Gegner bestritten werden.

325 OLGR Hamm 2005, 154; OLG Saarbrücken NJW-RR 2012, 356; OLG Nürnberg NJW-RR 2012, 720.

326 Anschaulich: OLG Hamm r+s 1996, 437.

327 BGH NJW 1978, 2154; OLG München NZV 1990, 32; OLG Frankfurt a.M. MDR 1991, 351, wo aber in Wahrheit ein Indizienbeweis vorliegen dürfte; OLG Hamm VersR 1999, 335.

328 BGH NJW 1987, 1944; 1988, 2040; 2002, 1643 (Vorsatz); 2003, 1118 (grobe Fahrlässigkeit); aA für Letzteres Prütting/Gehrlein/*Laumen* ZPO § 286 Rn. 44 f.; vgl. → Rn. 114.

329 Vgl. zB OLG Köln S-P 2004, 118; OLG Hamm S-P 2004, 222; OLG Frankfurt a.M. ZfSch 2004, 501; OLG Koblenz NJW-RR 2006, 95; OLG Frankfurt a.M. NJW-RR 2007, 603; OLG Köln VersR 2010, 1361; KG VRR 2011, 105; OLG Köln BeckRS 2014, 09399; VersR 2014, 996; OLG Celle NJW Spezial 2013, 11.

330 Ausführlich *Schneider* Beweis Rn. 399; *Himmelreich/Halm*, Handbuch des Fachanwalts Verkehrsrecht, 4. Aufl. 2012, Kap. 25; gegen mathematische Wahrscheinlichkeitsbewertung von Indizien BGH NJW 1989, 3161; vgl. auch KG NZV 2003, 231 (233); 2006, 88; VersR 2007, 126; OLGR Berlin 2004, 133.

331 OLG Hamm r+s 1995, 212 ff.; OLG Frankfurt a.M. VersR 1997, 1507; OLGR Celle 2006, 273; *Freyberger* VersR 1998, 1214.

b) Prozessuale Fragen

Meist ist der Unfallgegner selbst im Rechtsstreit säumig oder er versucht, dem Kläger mit einem gerichtlichen Geständnis, § 288, beizustehen. Dieses ist grundsätzlich nur dann unbeachtlich, wenn eine Kollusion zwischen Kläger und beklagtem Unfallgegner zum Nachteil des Versicherers feststeht, zB bei Unmöglichkeit oder offenkundiger Unwahrheit.[332] **104**

Der Klageabweisung beantragende Unfallgegner muss trotzdem nicht befürchten, dass er alleine am Ende den Schaden zu tragen hat, während die gegen den Versicherer gerichtete Klage abgewiesen wird. Denn diese Abweisung wirkt gem. § 124 I VVG jedenfalls bei Rechtskraft auch zu seinen Gunsten.[333] Die Vorschrift setzt nicht voraus, dass der Kläger in getrennten Prozessen vorgeht; sie ist vielmehr auch dann anwendbar, wenn, wie üblich, Unfallgegner und Versicherer im selben Rechtsstreit als Gesamtschuldner in Anspruch genommen werden.[334] Ein in letzter Instanz erkennendes Gericht kann demzufolge die gesamte Klage abweisen, wenn nur der gegen den Versicherer gerichtete Anspruch abweisungsreif ist.[335] Denn die Rechtskraft des Urteils tritt bereits mit der Verkündung ein, sodass die Voraussetzungen des § 124 I VVG auf jeden Fall erfüllt sind. Die Frage, ob Gerichte, gegen deren Urteile Rechtsmittel eingelegt werden können, ebenfalls in dieser Weise verfahren dürfen, hat der BGH bisher offengelassen.[336] In Anbetracht der höchstrichterlichen Rechtsprechung zur petitorischen Widerklage[337] sprechen wir uns für diese Lösung aus.

Ist die Klage hinsichtlich des Haftpflichtversicherers abweisungsreif, kann gegen den säumigen Unfallgegner kein Versäumnisurteil ergehen; vielmehr ist die Klage auch insoweit abzuweisen (unechtes VU).[338] Streitig ist, ob vor Erlass eines Urteils betreffend den Haftpflichtversicherer ein Versäumnisurteil gegen den Unfallgegner erlassen werden kann. Dies dürfte, da die Beklagten keine notwendigen Streitgenossen im Sinne des § 62 sind, grundsätzlich keinen prozessualen Bedenken begegnen.[339] Die Praxis setzt jedoch das Verfahren gegen den Säumigen bis zur Entscheidung über die gegen den Haftpflichtversicherer gerichtete Klage aus, um divergierende Entscheidungen zu vermeiden.[340] Der gut beratene Haftpflichtversicherer bestellt sich als Streithelfer des Unfallgegners.[341]

---

332 BGH NJW 1978, 2154, Thomas/Putzo/*Reichold* ZPO § 288 Rn. 6 f.; Prütting/Gehrlein/*Laumen* ZPO § 288 Rn. 8.

333 BGH NJW-RR 2003, 1327 zu § 3 Nr. 8 PflVG aF = § 124 I VVG.

334 BGH NJW 1982, 996, anders beim Vergleich, BGH VersR 1985, 849; Abweisung der Klage gegen den Halter hindert nicht die Klage gegen den Fahrer und umgekehrt, BGH NJW 1986, 1611.

335 OLG Karlsruhe MDR 1990, 729 = NJW-RR 1990, 1369; OLG Hamm r+s 1996, 437; VersR 2000, 1139; vgl. auch BGH VersR 2008, 485.

336 BGH NJW 1982, 996.

337 Vgl. näher → M Rn. 20 ff.

338 S. → H Rn. 1 f.

339 BGH NJW 1974, 2124, bestätigt in NJW 1982, 999; OLG Karlsruhe VersR 1988, 1192; MDR 1990, 729 = NJW-RR 1990, 1369.

340 OLG Celle VersR 1988, 1286; OLG Düsseldorf VersR 1974, 965.

341 Vgl. BGH MDR 2012, 181 = NJW-RR 2012, 233; OLGR Köln 1998, 384; OLG Düsseldorf VersR 2004, 1020.

Die sich aus § 124 I VVG ergebenden Wirkungen verdrängen das gerichtliche Geständnis des Unfallgegners, nicht hingegen ein von diesem am Unfallort abgegebenes deklaratorisches Schuldanerkenntnis.[342]

Wenn § 124 I VVG eingreift, muss zuerst der gegen den Versicherer erhobene Anspruch abgehandelt werden. Wenn dieser verneint wird, sind nämlich bei der Prüfung der Ansprüche gegen den Unfallgegner nur noch kurze Ausführungen erforderlich.

V. Vermutungen und Anscheinsbeweis

1. Grundlage: Erfahrungssätze

105 Die Beweismittel der ZPO und der im vorigen Kapitel behandelte Indizienbeweis haben eines gemeinsam: Sie ermöglichen die Wahrheitsfindung aufgrund der Umstände des Einzelfalles. Demgegenüber finden Vermutungen ihre Grundlage in besonders zuverlässigen Erfahrungssätzen. Man unterscheidet gesetzliche und tatsächliche Vermutungen.

2. Gesetzliche Vermutungen

a) Vermutungstatbestand

106 Gesetzliche Vermutungen findet man im BGB und in der ZPO recht häufig. Sie können sich auf Tatsachen richten (Tatsachenvermutungen, zB §§ 476,[343] 1117 III, 1253 II, 1377 I, III BGB, §§ 437 I, 440 II ZPO, § 34 GenTG), oder auf Rechte (Rechtsvermutungen, zB §§ 891, 1006, 1362 BGB).

107 In allen Fällen muss zwischen dem *Vermutungstatbestand* und der *Vermutungsfolge* unterschieden werden. Den Vermutungstatbestand bilden die tatsächlichen Voraussetzungen der Norm. Hierzu gehören etwa die unzweideutige, echte Eintragung im Grundbuch für die Anwendung des § 891 I BGB oder die Vernichtung des Testaments gerade durch den Erblasser für die Anwendung des § 2255 S. 2 BGB. Welche Tatsachen im Einzelnen vorliegen müssen, damit die Norm eingreifen kann, ist durch *Auslegung* zu klären.[344]

108 Den Vermutungstatbestand muss die Partei dartun, die sich auf das Eingreifen der Norm zu ihren Gunsten beruft. Insoweit gelten normalerweise die allgemeinen Grundsätze der Darlegungs- und Beweislast.[345] Ist etwa in einem Fall des § 2255 S. 2 BGB streitig, ob der Erblasser oder der übergangene gesetzliche Erbe das Testament zerrissen hat, muss diese Frage notfalls in einer Beweisaufnahme geklärt werden. Unklarheiten gehen zum Nachteil desjenigen, der sich auf die Unwirksamkeit des Testaments beruft.[346] Erst wenn feststeht, dass der Erblasser selbst die Urkunde vernichtet hat, kann die gesetzliche Vermutungsfolge eintreten.

---

342 BGH NJW 1978, 2154; 1982, 996; 1984, 799.

343 Zur richtlinienkonformen Auslegung BGH NJW 2017, 1093.

344 Vgl. etwa zu § 252 S. 2 BGB: BGH NJW 2000, 506; 2000, 1409; zu § 476 BGB vgl. BGH NJW 2005, 3490; 2006, 2250 (2252); 2014, 1086; *Klöhn* NJW 2007, 2811.

345 Zöller/*Greger* ZPO § 292 Rn. 2; näher → A Rn. 104; 151; → Rn. 133 ff.

346 OLG Zweibrücken Rpfleger 1987, 373; BayObLG NJW-RR 1992, 1358; OLG Zweibrücken FamRZ 2001, 379; BayObLGR 2005, 422.

Eine Vermutungsnorm enthebt die von ihr begünstigte Partei der Darlegungslast. Wer sich auf eine Vermutung stützen kann, braucht die tatsächlichen Voraussetzungen einer ihm günstigen gesetzlichen Regelung nicht vorzutragen, wenn nur seine Sachverhaltsdarstellung die Tatbestandsmerkmale der Vermutungsnorm selbst ausfüllt.[347]

Beispiel (zu § 1253 I 1, II BGB): Das vom Kläger behauptete Pfandrecht ist erloschen. Der Beklagte ist wieder im Besitz der verpfändeten Armbanduhr.

b) Ein Beispielsfall zu § 1006 BGB

Die sich bei der Auslegung einer Vermutungsnorm ergebenden Probleme sollen anhand des nachstehenden Beispielsfalls exemplarisch erläutert werden. **109**

Beispielsfall: Der Kläger verlangt vom Beklagten die Herausgabe eines Computers. Er behauptet, das Gerät vor einiger Zeit dem zwischenzeitlich verstorbenen Onkel des Beklagten, dessen Alleinerbe dieser ist, geliehen zu haben. Der Beklagte bestreitet die Leihe und äußert, wahrscheinlich liege eine Schenkung vor.

Die Prüfung des § 604 I BGB bereitet keine Schwierigkeiten. Wenn der Kläger für den Abschluss eines Leihvertrages keinen Beweis anbietet, kann er seinen vermeintlichen Rückgabeanspruch auf vertraglicher Grundlage nicht durchsetzen.

Im Rahmen des Herausgabeanspruchs aus § 985 BGB könnte der Kläger nun wie folgt argumentieren: »Ich hatte einmal Eigentum an dem Computer. Nun mag der Beklagte die ihm günstige Tatsache beweisen, dass sich hieran etwas geändert hat.« Im Ansatz ist dieser Gedankengang aufgrund der allgemeinen Rechtsfortdauervermutung berechtigt.[348] Zugunsten des Beklagten könnte sich indes die gesetzliche Eigentumsvermutung des § 1006 I 1 BGB auswirken.

Die Auslegung des § 1006 I 1 BGB führt zur Annahme folgender tatbestandlicher Voraussetzungen: **110**

- Besitz dessen, der das Eigentum vorträgt.
- Es muss sich um Eigenbesitz handeln. Das ergibt die Auslegung der Norm nach Sinn und Zweck. Es wäre widersinnig das Eigentum dessen zu vermuten, der nur Fremdbesitz (zB Miete, Leihe) vorträgt.
- Der Eigenbesitz muss bereits mit dem Besitzerwerb begründet worden sein.[349] Ausreichend ist jeder auf Eigenbesitz angelegte, erlaubte Besitzerwerb, sodass Schenkung ausreicht.[350]
- Die Eigentumsvermutung knüpft an den Erfahrungssatz an, dass der Besitzer aufgrund seiner Herrschaftsgewalt im Regelfall als Eigentümer angesehen werden kann. Behauptet er den Erwerb des Eigenbesitzes indes erst für einen Zeitpunkt nach dem Besitzerwerb, zB Schenkung nach anfänglicher Leihe, ist Grundlage für die Annahme des Eigentums nicht der Besitz, sondern nur die nachträgliche Vereinbarung. Das ist von Sinn und Zweck der Norm nicht mehr erfasst; vielmehr muss eine solche Vereinbarung nach allgemeinen Regeln dargelegt und bewiesen werden.[351]

---

347 BGH NJW 2010, 363 Rn. 13; → Rn. 117, 126 ff.

348 BGH DB 1995, 276; allgemein zur Beweislast vgl. → A Rn. 151; → Rn. 133 ff.

349 HM, vgl. BGH NJW 2002, 2101; 2004, 217 (219 b); NJW-RR 2005, 280; OLG Düsseldorf NJW-RR 1996, 839.

350 BGH NJW 2015, 1678.

351 OLGR Hamm 2000, 237.

- Da der ursprüngliche Erwerb des Eigenbesitzes eine dem Beklagten günstige tatbestandliche Voraussetzung der Norm ist, muss dieser nach allgemeinen Regeln dessen Vorliegen beweisen.[352] Dann wäre ihm mit der gesetzlichen Vermutung aber wenig geholfen, weil er de facto ja doch einen dem Eigentumserwerb entsprechenden Sachverhalt nachzuweisen hätte. Es wird daher vermutet, dass der Besitzer bereits bei Besitzerwerb Eigenbesitz erlangt hat, wobei sich diese (im Kern tatsächliche) Vermutung unmittelbar aus Sinn und Zweck des § 1006 I 1 BGB herleitet (Auslegung der Norm!) und nicht nur aus der allgemeinen Lebenserfahrung.[353] Lückenhafter und unglaubhafter Vortrag zum Besitzerwerb steht dem Eingreifen dieser Vermutung entgegen.[354] Der Besitzerwerb ist als solcher ebenfalls kritisch zu prüfen. Wenn die rechtliche Würdigung ergibt, dass der vermutete Besitzerwerb nur zur Stellung eines Besitzdieners führte, ist § 1006 I 1 BGB nicht anwendbar.[355]
- Ob der Besitzer einer Sache im Rahmen einer sekundären Behauptungslast nähere Angaben über seinen Eigentumserwerb machen muss, um sich auf die Eigentumsvermutung des *§ 1006 BGB* berufen zu können, ist eine in den Focus der Wissenschaft gerückte Frage.[356]

Zusätzlich wird nach § 1006 I 1 BGB vermutet, dass der Besitzer während der Besitzdauer Eigentümer geblieben ist; den Fortbestand des Eigentums muss er nicht beweisen.[357] Die Wirkungen des § 1006 BGB setzen sich wegen § 857 BGB zugunsten des Erben und über die Beendigung des Besitzes hinaus fort.[358]

111 Die *Darlegungslast* des Beklagten wird durch § 1006 I 1 BGB erleichtert. Es reicht grundsätzlich aus, dass lediglich der Besitz als tragendes Merkmal des Vermutungstatbestandes vorgetragen wird.[359] Die Vermutungswirkungen sind Rechtsfolge dieser Tatsache und brauchen daher nicht substantiiert dargelegt zu werden. Das ist insbesondere für den Erben günstig, da er oft nicht weiß, wie der Erblasser an den Gegenstand gelangt ist. Er sieht sich also nicht der Notwendigkeit ausgesetzt, ins Blaue hinein etwa Kauf oder Schenkung zu behaupten, sondern kann sich durch Vortrag zur Besitzlage die Wirkungen des § 1006 BGB zunutze machen.

Im Endergebnis ist bei Anwendung des § 985 BGB die Beweislage nicht anders als bei § 604 BGB. Der Kläger muss die Eigentumsvermutung nach § 292 widerlegen. Er obsiegt nur dann, wenn er sein Eigentum beweisen kann, etwa indem er das Gericht von der ursprünglichen Leihe oder von einer späteren Rückübereignung überzeugt.[360]

c) Möglichkeiten des Beweisgegners

aa) Zwei Ebenen

112 Viele Bearbeiter machen den Fehler, sich voreilig auf die Regelung des § 292 zu konzentrieren. In Wirklichkeit stehen dem Beweisgegner, wenn die Vermutungsnorm

352 Vgl. → Rn. 134.
353 BGH NJW 1992, 1162; 1994, 939; 2002, 2101; 2005, 1581; NJW-RR 2005, 280; OLG Hamm NJW 2014, 1894.
354 OLG Koblenz NJW 2016, 331; vgl. insbes. auch → Rn. 124.
355 BGH NJW 2015, 1678.
356 Eingehend *Laumen* MDR 2016, 370.
357 BGHZ 64, 395; BGH NJW 1992, 1162; OLG Düsseldorf NJW-RR 1996, 839.
358 BGH NJW 1993, 935; 2005, 359.
359 Vgl. → Rn. 126 ff.
360 Zu Gutachten und Urteil vgl. → Rn. 126 ff.

nach dem Vortrag des Beweisführers eingreift, zwei grundverschiedene Möglichkeiten offen:

Als erstes und nicht selten aussichtsreiches Verteidigungsvorbringen bietet es sich an, die Voraussetzungen des Vermutungstatbestandes zu bestreiten, weil insoweit der Beweisführer die volle Darlegungs- und Beweislast trägt.[361]

Beispiel: Der Gegner des Beweisführers bestreitet die Vernichtung des Testaments durch den Erblasser (§ 2255 S. 2 BGB).

Eine Sonderregelung stellt § 1006 I 2 BGB dar. Werden die Voraussetzungen der Vorschrift vom Gegner des Besitzers dargelegt und im Streitfall bewiesen, greift die Vermutung aus S. 1 nicht ein; vielmehr kommt umgekehrt § 1006 II BGB zum Zuge. Mithin stellt der Einwand aus § 1006 I 2 BGB einen Angriff gegen den Vermutungstatbestand dar, der mit § 292 nichts zu tun hat.[362] Selbstverständlich kann der Beweisgegner zusätzlich Rechtsansichten zur Auslegung der Vermutungsnorm vorbringen, um deren Anwendungsbereich klarer einzugrenzen.

Erst wenn die Voraussetzungen der Vermutungsnorm zu bejahen sind, ist zu prüfen, ob der Gegner das Gegenteil vorgetragen und im Bestreitensfall zur vollen Überzeugung des Gerichts bewiesen hat, § 292. Zunächst kommt es also auf den Sachvortrag an, da § 292 nicht nur die Beweislast regelt, sondern selbstverständlich auch die Darlegungslast vorgibt.[363] Bei der Auswertung des Sachvortrags sollte man sein Augenmerk vorsorglich auf die Frage richten, ob nicht in Wahrheit der Vortrag zum Vermutungstatbestand konkludent bestritten wird. Angesichts der großen Unsicherheit in diesen Fragen ist eine wohlwollende Betrachtung angezeigt.

bb) Tragweite

Welche Anforderungen an den Beweis des Gegenteils zu stellen sind, beurteilt sich anhand der *Tragweite* der Vermutungsnorm. Diese ist insbesondere nach dem Sinn und Zweck der Regelung durch Auslegung zu klären. **113**

Die Eigentumsvermutung des § 1006 I 1 BGB zB kann bereits dann als widerlegt angesehen werden, wenn der bedingungslosen Übereignung eine Verkehrssitte oder die Begleitumstände des Falles entgegenstehen[364] oder wenn der Kläger die vom Beklagten alleine behauptete Erwerbstatsache widerlegt.[365] Vermutung und Einzelfall gehen hier deutlich ineinander über. Anders entscheidet die Rechtsprechung in den Anwendungsfällen des § 891 I BGB. Hier setzt der Beweis des Gegenteils[366] nicht nur den Nachweis voraus, dass das betreffende Recht bei seiner Eintragung nicht entstanden sei. Vielmehr muss der Beweisführer außerdem jede sich aus dem Grundbuch oder aus Behauptungen des Gegners ergebende Möglichkeit einer späteren Entstehung des

361 OLG Koblenz NJW-RR 2000, 1606; Zöller/*Greger* ZPO § 292 Rn. 2; Prütting/Gehrlein/*Laumen* ZPO § 292 Rn. 4; die gegenteilige Aussage in BGH NJW 2004, 217 (219c) beruht alleine auf dem genauen Einblick der Gesellschaft in die streitigen Rechtsbeziehungen und auf der Vermutung des Eigenbesitzerwerbs; von den Vermutungswirkungen geht auch BGH NJW 2005, 1581 (1583 o.) aus.

362 BGH NJW 1995, 1292; nicht klar genug Palandt/*Herrler* BGB § 1006 Rn. 7, wo von »Widerlegung« die Rede ist.

363 BGH NJW 2010, 363 Rn. 13; → Rn. 137.

364 BGH NJW 2005, 1581.

365 BGH NJW-RR 1989, 1453.

366 OLG Saarbrücken NJW-RR 2013, 1498.

Eigentumsrechts ausräumen.[367] Die Auslegung der Vermutungsnorm kann im Ausnahmefall sogar die Unwiderleglichkeit ergeben.[368]

3. Tatsächliche Vermutungen, Anscheinsbeweis

a) Vermutungsgrundlage

aa) Lebenserfahrung

114 Den gesetzlichen Vermutungen sind die tatsächlichen Vermutungen im Ausgangspunkt vergleichbar. Als *Vermutungsgrundlage* tritt an die Stelle des gesetzlichen Tatbestandes ein *Satz der Lebenserfahrung*.[369]

Bei jeder Beweiswürdigung spielen die Erfahrungen des täglichen Lebens eine wichtige Rolle, da Beweisergebnisse regelmäßig nur unter Rückgriff hierauf gewürdigt werden können.[370] Ein Erfahrungssatz kann indes so stark sein, dass für die Überzeugungsbildung vorrangig auf ihn abzustellen ist und die Umstände des Einzelfalls in den Hintergrund treten. Man spricht hier von »typischen« Geschehensverläufen oder von »Typizität«.[371] Der streitige Sachverhalt wird in diesen Fällen nicht im Detail aufgeklärt, sondern von vornherein als gegeben angenommen. Es handelt sich um einen »Beweis auf erste Sicht« oder den sogenannten »Anscheinsbeweis« (Prima-Facie-Beweis).

115 Dieser kann sich sowohl auf Ursachen als auch auf deren Wirkungen richten.[372] Von der Struktur her können also grds. zwei verschiedene Erfahrungssätze gebildet werden:

- Immer wenn die Folge A eingetreten ist, so ist sie in aller Regel durch B verursacht worden.[373]

> **Beispiel:** Fährt ein Pkw-Fahrer ohne erkennbaren Grund auf das vorausfahrende Fahrzeug auf (Folge A), liegt die Ursache hierfür in mangelnder Sorgfalt, mithin in einer Fahrlässigkeit des Fahrers (Ursache B).[374]

Oder:

- Immer wenn die Ursache A vorliegt, ist die Folge B darauf zurückzuführen.

367 BGH NJW 1984, 2157; 1996, 1890 (1892); NJW-RR 1999, 376; 2006, 662.

368 BGH NJW-RR 2006, 1272: zum alten Gesellschaftsrecht, aber als Denkansatz weiterhin verwertbar; zu § 9 I 2 VerbrKrG vgl. BGH NJW 2007, 3200; NJW 2006, 1788; zu § 574 ZPO BGH WuM 2009, 145 = BeckRS 2009, 04728.

369 BGH NJW 2010, 1072; NZBau 2014, 496; LG Saarbrücken NJW 2015, 2823; *Laumen* MDR 2015, 1.

370 BGH NJW 1961, 777 (779); 1963, 953.

371 BGH NJW 2009, 1591; NJW-RR 2014, 270; MDR 2014, 899 = BeckRS 2014, 12121; NJW 2016, 1098; 2016, 1100; 2017, 1175; 2017, 1177.

372 BGH NJW 1991, 230; *Schneider* Beweis Rn. 334 ff.

373 BGH NJW 1997, 528; 2002, 2708; VersR 2005, 272 (PIN auf der Bankkarte); BGH NJW 2006, 2043.

374 Man beachte die exakte Umschreibung der Vermutungsgrundlage! BGH NJW 2012, 608; KG MDR 2014, 339 = NJW-RR 2014, 809; OLG Hamm MDR 2014, 462 = NJW 2014, 3790 (Kettenunfall); OLG Düsseldorf NJW 2015, 3586 (Abbiegeunfall); *Heß/Burmann* NJW 2016, 1138 (1139 f.); für Parkplatzunfälle *Laumen* MDR 2016, 636; ältere Rspr. ist vielfach überholt; die Vermutung hat große Bedeutung für die Haftungsverteilung nach § 17 StVG; näher vgl. → U Rn. 2.

Beispiel: Ist eine (frisch geputzte oder gebohnerte) Treppe gefährlich glatt (Ursache A), so besteht dem ersten Anschein nach zwischen dieser Glätte und einem Sturz (Folge B) ein Ursachenzusammenhang.[375]

In den beiden Sätzen bildet A jeweils die Vermutungsgrundlage.

Die tatsächliche Vermutung kann sich auf Tatsachen (zB Kausalität) und auf normative Tatbestandsmerkmale (zB Fahrlässigkeit) beziehen,[376] ohne dass es notwendig auf die Frage ankommt, welche von mehreren Sachverhaltsvarianten genau den Vorwurf trägt.[377] Individuelle Verhaltensweisen, wie etwa vorsätzliches Handeln oder Vertragsgestaltungen, können grundsätzlich nicht Gegenstand eines Vermutungssatzes sein, weil die an allgemeinen Erkenntnissen orientierte Lebenserfahrung in dieser Hinsicht kaum Rückschlüsse erlaubt.[378] Entsprechendes wird für die subjektiven Voraussetzungen der groben Fahrlässigkeit vertreten.[379] Für den Zugang eines Briefes spricht wegen der zwar seltenen, aber immer denkbaren Störungen auf dem Postweg keine Vermutung.[380] Gleiches gilt trotz »O.K.« im Sendebericht für ein Fax; insoweit kann allerdings der Sachverständigenbeweis zu erheben sein.[381]

In die Ausarbeitung von Vermutungssätzen fließen nicht nur rein tatsächliche Erwägungen, sondern notwendig auch *Wertungen* ein. Man befasst sich also auch mit der Frage, ob die Vermutung im Kontext des jeweils relevanten Lebenssachverhalts und der diesen beeinflussenden Normen angemessen ist und vertretbare Ergebnisse mit sich bringt.[382]

bb) Klare Formulierung des Vermutungssatzes

Der beim Anscheinsbeweis angewandte Satz der Lebenserfahrung muss, ähnlich einer **116**
Norm, allgemein gehalten und präzise formuliert werden. Wer den Vermutungssatz ungenau abfasst, gerät leicht in ein falsches Fahrwasser. Er wird nämlich das Schwergewicht auf die Frage legen, ob der Gegner des Beweisführers die Vermutung widerlegt hat, obwohl sie in Wirklichkeit überhaupt nicht eingreift.[383] So ist etwa in der Rechtsprechung seit langem folgender Vermutungssatz anerkannt:

»Gerät ein Kraftfahrer auf einwandfreier Straße und bei guten Sichtverhältnissen von der Fahrbahn ab, so spricht der erste Anschein dafür, dass er den hierdurch hervorgerufenen Schaden fahrlässig verursacht hat.«[384]

Geschieht der Unfall bei ungünstigen Straßen- und Witterungsverhältnissen, greift diese Verschuldensvermutung grundsätzlich nicht ein, weil unter so gelagerten Um-

375 BGH NJW 1994, 945 = MDR 1994, 613.

376 BGH NJW 1991, 230 (Sicherheitsgurt); BGH NJW 2002, 3165 (verwerfliche Gesinnung); BGH NJW 2004, 3623; KG NZV 2002, 79 (Verschulden bei Vorfahrtverletzung).

377 BGH NJW 2004, 3623; bestätigt in NJW 2012, 1277; dazu auch *Schulte* NJW 2012, 1262.

378 BGH NJW 1996, 1051; 2001, 1127; VersR 2002, 613; NJW-RR 2006, 1645; OLG Köln VersR 1992, 88; OLG Hamm r+s 1994, 125; ZfSch 1994, 170 f., 1997, 327 (Indizienbeweis für Vorsatz).

379 OLG Karlsruhe TransportR 1995, 439.

380 BGH NJW 1957, 1230; 2006, 300 (Nachnahme); OLG Hamm NJW-RR 1995, 363 mwN.

381 BGH NJW 2013, 2514 (nur Indizwert); vgl. auch NJW 2014, 2047 und → Rn. 39.

382 Lesenswert zu tatsächlichen Vermutungen im Online-Banking und zum Einfluss von § 675w BGB: BGH NJW 2016, 2024.

383 Zu den Anforderungen an einen Vermutungssatz vgl. BGH VersR 1991, 460; NJW 1996, 1828.

384 BGH NJW 2011, 685; OLG Frankfurt a.M. NJW 2007, 87 (atypische Gegebenheiten); zur Rechtslage bei Unfällen im Geltungsbereich der Rom-II-Verordnung *Staudinger* NJW 2011, 650 mit Besprechung von AG Geldern NJW 2011, 686.

ständen alleine aufgrund der Lebenserfahrung das Verschulden des Fahrers normalerweise nicht mit hinreichender Gewissheit bejaht werden kann.[385] Gleiches gilt für Unfälle im Zusammenhang mit riskanten Überholmanövern anderer Verkehrsteilnehmer[386] oder in einer atypischen Situation beim Verlassen der Autobahn.[387] Anderes mag bei Glatteis gelten, weil man sich hierauf einrichten muss.[388] Beim Auffahrunfall ist der Anscheinsbeweis regelmäßig nicht anwendbar, wenn bei Unaufklärbarkeit im Übrigen ein voraufgegangener Spurwechsel des vorausfahrenden Fahrzeugs stattgefunden hat.[389]

cc) Darlegungs- und Beweisfragen

117 Die Vermutungsgrundlage muss feststehen, damit der Erfahrungssatz zum Tragen kommen kann.[390] Dabei sind sämtliche bekannten Umstände des Falles zu berücksichtigen.[391] Wäre etwa streitig, ob der Fahrer eines Pkw von der Fahrbahn abgekommen oder ob der Wagen durch einen auf der Straße liegenden Begrenzungspfahl beschädigt worden ist, müsste diese Frage durch eine Beweiserhebung über die tatsächlichen Voraussetzungen der Vermutungsgrundlage vorab geklärt werden. Insoweit gelten, wie auch beim Tatbestand einer gesetzlichen Vermutungsnorm, grundsätzlich die allgemeinen Darlegungs- und Beweisregeln.[392] Man achte indes auch in dieser Hinsicht auf den genauen Inhalt und die Tragweite des Vermutungssatzes.

Eine tatsächliche Vermutung erleichtert die Darlegungslast, enthebt die Partei aber nicht der Notwendigkeit, die vermutete Tatsache vorzutragen; nur die nähere Substantiierung ist nicht erforderlich.[393] Wenn eine tatsächliche Vermutung für das Vorliegen einer beweiserheblichen Tatsache spricht, ist diese nicht beweisbedürftig. Die Verwertung evtl. angebotener Beweismittel hat also zu unterbleiben.[394]

b) Beispiele

aa) Kasuistik

118 Zum Anscheinsbeweis hat sich eine umfangreiche Kasuistik entwickelt.[395] Bei der Fallbearbeitung ist es daher empfehlenswert, zuerst nach Vergleichsfällen zu suchen, die von der Rechtsprechung bereits als gesichert anerkannt sind. Die Ausarbeitung neuer Erfahrungssätze wird kaum einmal erforderlich sein. Ist sie ausnahmsweise geboten, sollte man nach Möglichkeit gesicherte Grundlagen fortentwickeln, anstatt gänzlich neue Sätze aufzustellen. Auf Fachgebieten, wie etwa der Medizin, die be-

385 BGH VersR 1967, 1142; r+s 1998, 370.

386 BGH NJW 1996, 1828.

387 BGH NJW 2011, 685.

388 BGH VersR 1971, 842; OLG Düsseldorf VersR 1982, 777; 1995, 311; OLG Schleswig NZV 1998, 411.

389 BGH NJW 2012, 608.

390 BGH NJW-RR 1993, 1117; NJW 2006, 2262; KG NJW-RR 2014, 809.

391 BGH NJW 2001, 1140.

392 BGH NJW 1994, 1880 (2478); vgl. → Rn. 108.

393 BGH NJW 2010, 363 Rn. 18 f.; anders bei der gesetzliche Vermutung, vgl. → Rn. 108, 126 ff.

394 Zur Beweisbedürftigkeit beim Anscheinsbeweis näher → A Rn. 140, 145, → Rn. 129.

395 Vgl. zB die ausführliche Zusammenstellung bei *Schneider* Beweis Rn. 403 ff.; Zöller/*Greger* ZPO Vor § 284 Rn. 30–31; Prütting/Gehrlein/*Laumen* ZPO § 286, Rn. 30 ff.; BLAH/*Hartmann* ZPO Anh § 286 Rn. 22 ff.

sondere Sachkunde erfordern, wird man in aller Regel Anscheinsgrundlagen nicht ohne Beratung durch einen Sachverständigen klären können.[396]

Nachfolgend werden zwei typische und häufiger vorkommende Fallgruppen behandelt.

bb) Verkehrssicherungspflichten

Bei der Verletzung von Verkehrssicherungspflichten ist der Ursachenzusammenhang 119
zwischen Pflichtverletzung und Schadenseintritt regelmäßig Gegenstand des Anscheinsbeweises.[397]

Beispiel: Der Beklagte betreibt eine Kiesgrube. Der Kläger, ein Junge von 8 Jahren, ist durch ein seit längerem vorhandenes Loch in dem das Gelände umgebenden Zaun geschlüpft, in die Grube gerutscht und dabei verletzt worden. Er verlangt Schadensersatz. Der Beklagte wendet ein, selbst wenn der Zaun in Ordnung gewesen wäre, hätte dies den Kläger sicher nicht daran gehindert hinüberzuklettern, wie es leider die Kinder aus der Umgebung hin und wieder unternähmen; dann wäre der Schaden ebenfalls eingetreten.

Der Beklagte hat, indem er den Zaun unrepariert ließ, eine Verkehrssicherungspflicht verletzt.[398] Sein Einwand richtet sich gegen die Kausalität, die in der Tat bei strenger Einzelfallprüfung fraglich sein könnte. Da nämlich nicht nur spielende Kinder, sondern auch andere unbedacht handelnde Zeitgenossen sich über Sicherheitseinrichtungen hinwegsetzen, bleibt die nicht ganz fern liegende Möglichkeit, dass auch ein intakter Zaun den Schadenseintritt nicht verhindert hätte.

Es ist jedoch nachstehender Erfahrungssatz anerkannt:

»Für den Ursachenzusammenhang zwischen der Verletzung einer Verkehrsicherungspflicht und dem Eintritt eines Schadens spricht eine tatsächliche Vermutung, wenn sich in dem Schadensfall gerade diejenige Gefahr verwirklicht hat, der durch die Sicherungspflicht entgegengewirkt werden sollte.«[399]

Dem liegt im Wesentlichen folgende Überlegung zugrunde:

Verkehrssicherungspflichten ebenso wie auch Schutzgesetze und Unfallverhütungsvorschriften[400] zielen darauf ab, einen Sicherheitsstandard zu schaffen, der die konkreten Schadensrisiken deutlich verringert.[401] Werden sie verletzt und stellt sich der Schadenseintritt als ein typischer, auf der Verletzung beruhender Geschehensverlauf dar, lässt grundsätzlich bereits die Lebenserfahrung den Schluss auf einen Ursachenzusammenhang zu, da der infolge der Verletzung gesunkene Sicherheitsstandard das Risiko eines Schadenseintritts deutlich erhöht hat.

Bei der Prüfung eines Falles der vorliegenden Art muss mithin zuerst der Zweck der 120
Verkehrssicherungspflicht präzise beschrieben und außerdem geklärt werden, in welchem Umfang sie zur Schadensabwendung tatsächlich geeignet ist. Daraus ergibt sich

396 Vgl. *Schneider* Beweis Rn. 332, 339.

397 Einen Überblick über aktuelle Probleme aus dem Bereich der Verkehrssicherungspflichten bieten *Mergner/Matz* NJW 2015, 197.

398 Vgl. zB BGH NJW 1997, 582; VersR 2013, 1322; zu den Grundlagen der Verkehrssicherungspflicht BGH NJW 2014, 2104; allgem. Palandt/*Sprau* BGB § 823 Rn. 191 f.

399 BGH NJW 1999, 2273 (Warnhinweis); VersR 2005, 1086; NJW 2008, 3775 (3777); OLG Köln VersR 2002, 859; OLG Hamm NZV 2002, 129 (131); ThürOLG r+s 2004, 331; OLG Celle NJW-RR 2004, 1251; OLG Frankfurt a.M. MDR 2006, 1170 = BeckRS 2006, 12432.

400 Vgl. BGH VersR 1986, 916; NJW 1984, 432; OLG Köln VersR 1992, 115 (Brandverhütung).

401 Vergleichbar BGH r+s 1997, 109; für die subj. Anforderungen vgl. BGH NJW 2007, 1684.

die *Tragweite* der Vermutung.[402] So schützt zB die Pflicht, übermäßige Glätte einer Treppe zu vermeiden, nicht nur den vorsichtigen, sondern auch den eiligen Benutzer.[403] Alsdann muss der Bearbeiter die typische Verwirklichung der Pflichtverletzung in dem konkreten Schaden prüfen. Sie wird im Beispielsfall zu bejahen sein, da der Zaun insbesondere auch spielende Kinder vom Betreten des Grubengeländes abhalten soll, er sich hierzu wegen des auf diese Weise geschaffenen Hindernisses und wegen seiner zusätzlichen Warnfunktion generell eignet und gerade die defekte Stelle vom Kläger ausgenutzt worden ist.

Letzteres muss der Kläger als Teil der Vermutungsgrundlage darlegen und beweisen,[404] sodass der denkbare Einwand des Beklagten, der Kläger sei nicht durch das einzige Loch im Zaun eingedrungen, sondern an anderer Stelle hinübergeklettert, ohne Rücksicht auf die Vermutungswirkungen erheblich wäre.[405]

Art und Ausmaß der Pflichtverletzung können für das Eingreifen der Vermutung ebenfalls Bedeutung gewinnen. Hatte etwa der Zaun nicht nur ein Loch, sondern war er so stark beschädigt, dass er ein Bild von Verwahrlosung bot, entfiel seine Warnfunktion. In diesem Falle käme es wohl nicht darauf an, ob ein Kind ausgerechnet ein Loch ausnutzt oder an einer intakten Stelle hinüberklettert. Die Vermutung müsste ohne Rücksicht hierauf eingreifen, da die besonders schwere Verletzung der Verkehrssicherungspflicht der Lebenserfahrung nach jedwedes Eindringen spielender Kinder in das Grubengelände gefördert hat.

Im Beispielsfall wird der Beklagte mit seiner Verteidigung nicht durchdringen, da er die Vermutung nicht entkräften kann.

cc) Vermutungswirkungen der Urkunde

121 Gemäß § 440 II hat der über einer Unterschrift stehende Text die gesetzliche Vermutung der Echtheit für sich, wenn die Echtheit der Unterschrift (eine Paraphe reicht nicht![406]) feststeht. Das gilt auch bei einer Blankounterschrift und sogar beim Blankettmissbrauch, sodass der Gegner des Beweisführers gem. § 292 die Fälschung beweisen muss. An den Beweis des Gegenteils gegen eine gesetzliche Vermutung sind strenge Anforderungen zu stellen. Der Beweis ist nicht schon dann geführt, wenn die Möglichkeit besteht, dass der Text der Urkunde ohne den Willen des Ausstellers nachträglich über dessen Unterschrift gesetzt worden ist, die Vermutung also nur erschüttert ist. Die Vermutung der Echtheit des Textes über der Unterschrift muss nach der Überzeugung des Gerichts – die gem. § 286 ZPO allerdings auch aus den Gesamtumständen gewonnen werden kann – widerlegt sein.[407] Die Echtheit der Unterschrift muss nach § 440 I beweisen, wer sich darauf beruft.[408] Dem Gegner ist das Bestreiten mit Nichtwissen eröffnet, wenn er an der Errichtung der Urkunde nicht beteiligt war.[409]

402 Näher zu diesem Ansatz → Rn. 124a, 113.
403 BGH NJW-RR 1990, 409.
404 Vgl. → Rn. 117; anderes Beispiel: OLG Köln VersR 2004, 486.
405 Zu einem vergleichbaren Fall von bestehender und zT nicht bestehender Streupflicht KG NJW-RR 2016, 1116.
406 BGH NJW-RR 2007, 351.
407 BGH NJW 1963, 1971; 1986, 3086; 1988, 2741; NJW-RR 2006, 847; 2015, 819 (821) Rn. 17 ff.: Die Beweislast trifft auch den Erben; Zöller/*Geimer* ZPO § 416 Rn. 4.
408 BGH NJW 2001, 448.
409 BGH MDR 2013, 486 = BeckRS 2013, 01754.

Die sich aus dem Wortlaut der Norm ergebende Voraussetzung, dass der Text »über« der Unterschrift steht, ist in bildlichem Sinne streng zu handhaben. Textstellen, die der Unterschrift nachfolgen, sind von deren Deckungswirkungen grundsätzlich nicht erfasst, sodass § 440 II nicht eingreift.[410]

Vermutungsgrundlage ist die äußere Unversehrtheit des Dokuments, § 419.[411] Über die Frage, ob insoweit Mängel vorliegen, die der Beweiskraft der Urkunde entgegenstehen, ist nach § 286 zu entscheiden.[412] Denkbar ist also, dass über die Frage, ob eine Urkunde durch nachträgliche Veränderungen inhaltlich verfälscht worden ist, ein Sachverständigengutachten eingeholt oder Zeugenbeweis erhoben wird.

Für den Inhalt der in eine echte Vertragsurkunde aufgenommenen rechtsgeschäftlichen Erklärungen spricht die *tatsächliche Vermutung der Richtigkeit und Vollständigkeit*.[413] Wegen der großen Bedeutung, die auch und gerade der juristisch nicht bewanderte Laie dem schriftlichen Dokument beimisst, ist der Lebenserfahrung nach grundsätzlich davon auszugehen, dass beurkundete Erklärungen in erhöhtem Maße durchdacht sind und den betreffenden Gegenstand abschließend regeln sollen. Die Tragweite der Vermutung hängt von dem durch Auslegung zu ermittelnden Inhalt der Urkunde ab.[414] Vermutungsgrundlage ist insoweit alleine der Text der Urkunde; die Vermutung besteht bereits dann, wenn dieser einen bestimmten Geschäftswillen zum Ausdruck bringt. Außerhalb des Textes liegende, zur Auslegung mit heranzuziehende Umstände bleiben als Vermutungsgrundlage außer Betracht; sie können zur Widerlegung der Vermutung herangezogen werden.[415] **122**

Bei klarer, eindeutiger Formulierung eines Vertragstextes ging die Rechtsprechung früher von einer so weit gehenden Vermutungswirkung aus, dass ein Vertragspartner, der geltend machte, abweichend vom Urkundeninhalt sei mündlich etwas anderes vereinbart worden (Nebenabrede), hierfür nicht nur die volle Beweislast trug,[416] sondern in der Regel zusätzlich erklären musste, aus welchem Grund die mündliche Abrede nicht in die Urkunde aufgenommen worden war.[417] Davon ist der BGH unter Hinweis auf die allgemein an das Angebot des Zeugenbeweises zu stellenden Anforderungen abgegangen und lässt die Behauptung der abweichenden Vereinbarung ausreichen; die Darlegung weiterer Umstände wird der Beweiswürdigung zugeordnet.[418]

Für die Praxis ergibt sich in dem Zusammenhang allerdings ein weiteres Problem, das mit dem Indizienbeweis verzahnt ist.[419] Häufig wird nämlich für die Behauptung eines vom Vertragsrecht abweichenden Inhalts auf die Vorverhandlungen Bezug genommen. Das kann durchaus Bedeutung haben.[420] Beweiserheblichkeit setzt indes voraus, dass Inhalte der Vorverhandlungen für die Auslegung des Urkundentextes oder die Behauptung einer abweichenden Vereinbarung einen logischen Beweiswert

410 BGH NJW 1989, 2137; 1991, 487; 1995, 43.
411 Vgl. → Rn. 41, 77 f.
412 OLG Köln NJW-RR 1999, 1509.
413 BGH NJW 2003, 2380; 2008, 2852.
414 BGH WM 1985, 1206; NJW 1986, 3086; 2002, 3164.
415 BGH NJW 2002, 3164; NJW-RR 2003, 1432.
416 BGH NJW 1980, 1680; 1995, 3258; ZiP 2005, 391 (393).
417 RGZ 68, 15.
418 BGH NJW 2015, 409; → Rn. 4.
419 → Rn. 93, 94.
420 BGH BeckRS 1992, 07987.

haben: erst dann sind Zeugen zu vernehmen. Der Beweiswert wird in der Regel fehlen, wenn der endgültige Vertragstext mit nachvollziehbaren Gründen über Vorstellungen der Beteiligten in den Vorverhandlungen hinweggeht.

Der Punkt muss allerdings mit Bezug auf die besonderen Gegebenheiten und damit im Einzelfall großzügig gehandhabt werden. So genügt es zB, wenn die Vertragsparteien in der Überzeugung, es sei rechtlich nicht erforderlich, eine auch ohne Beurkundung als bindend gewollte Nebenabrede mit in die Urkunde aufzunehmen, von der schriftlichen Festlegung des betr. Punktes absehen. Die Urkundsvermutung steht der Wirksamkeit einer solchen Abrede nicht entgegen.[421] Andererseits hat eine notarielle Urkunde wegen der besonderen Umstände ihrer Errichtung eine so starke Vermutungswirkung, dass die Vorlage eines abweichenden Vertragsentwurfs zur Erschütterung nicht ausreicht.[422]

123 Ist nur die *Auslegung* des beurkundeten Vertragstextes streitig, führt die Urkundsvermutung nicht weiter.[423] Dem Antrag auf Vernehmung eines Zeugen zum Beweis für die Tatsache, dass die Parteien einen Vertragspassus in einem bestimmten Sinne verstanden haben, ist vielmehr grundsätzlich nachzugehen. Eine Ausnahme gilt nur dann, wenn die Behauptung gemessen am Vertragswortlaut unsubstantiiert ist.[424]

c) Möglichkeiten des Beweisgegners

aa) Zwei Ebenen

124 Ein Hinweis zu Beginn: Bevor man sich mit Einwendungen des Gegners befasst, prüfe man noch einmal kritisch, ob der gefundene Erfahrungssatz die Annahme der streitigen Tatsache wirklich trägt.[425] Erst danach kommt man zu den Einwendungen.

Auch im Anwendungsbereich von tatsächlichen Vermutungen sind – wie bei der gesetzlichen Vermutung[426] – zwei Verteidigungsmöglichkeiten gegeben. Der Beweisgegner kann zunächst die Vermutungsgrundlage bestreiten. Insoweit gelten die allgemeinen Darlegungs- und Beweisregeln.[427] Es obliegt also dem Beweisführer, die tatsächlichen Voraussetzungen des Vermutungssatzes nachzuweisen.

Beispiele:
- Wer behauptet, er sei infolge extremer Glätte einer Treppe zu Fall gekommen, trägt für die Glätte die Beweislast.[428]
- Bei Geltendmachung von Schadensersatzansprüchen wegen Befolgung falschen anwaltlichen Rates muss der Mandant den Umfang des Auftrags sowie den falschen Ratschlag dartun und beweisen; der Anwalt muss lediglich die richtige Beratung substantiiert darlegen.[429]

---

421 BGH NJW 1989, 898.
422 BGH NJW 2017, 175.
423 Vgl. → Rn. 37, 49.
424 BGH NJW 1992, 2489.
425 Vgl. → Rn. 116; aufschlussreich auch OLG Hamm VersR 2000, 55 (es kommen mehrere typische Geschehensverläufe in Betracht, von denen nicht jeder die Voraussetzungen der anspruchsbegründenden Norm trägt).
426 Vgl. → Rn. 112 f.
427 Vgl. BGH NJW 1987, 705; 2006, 300; → A Rn. 104; 151.
428 BGH NJW 1994, 945.
429 BGH NJW 1994, 3295 (3299); 1999, 2437; MDR 2008, 235 = NJW 2008, 371.

Wie bei der gesetzlichen Vermutung kann der Gegner daneben durch Vorbringen von Rechtsansichten über den genauen Inhalt des Vermutungssatzes zur Klärung der Entscheidungsgrundlage beitragen.[430]

Greift die tatsächliche Vermutung ein, kann als zweite Verteidigungsmöglichkeit die Vermutungsfolge widerlegt werden. Da der Anscheinsbeweis nicht auf gesetzlichen Regelungen aufbaut, sondern lediglich auf typischen Geschehensverläufen, gilt § 292 nicht;[431] auch kommt eine Beweislastumkehr entsprechend § 292 grundsätzlich nicht in Betracht. Vielmehr reicht es aus, wenn der Beweisgegner dartut, dass im konkreten Fall die ernsthafte Möglichkeit eines anderweitigen, untypischen Verlaufs gegeben ist.[432] Die Umstände, aus denen die ernsthafte Möglichkeit oder ernsthafte Zweifel gefolgert werden sollen, bedürfen des vollen Beweises.[433] Umfasst die Vermutung mehrere denkbare Sachverhaltsvarianten, muss der Beweisgegner jede einzelne widerlegen; haftet er aber nicht für alle, sind die Grundsätze des Anscheinsbeweises nicht anwendbar.[434]

Beispiel: Aus einem Industriebetrieb sind unerlaubt Giftstoffe in einen Fluss eingeleitet worden, und diese haben ein Fischsterben verursacht. Der erste Anschein spricht für schuldhaftes Verhalten des Unternehmensleiters. Dessen Verschulden mag sich daraus ergeben, dass er die Einleitung des Giftes selbst angeordnet hat, dass der für die Lagerung der Stoffe vorgesehene Tank infolge unzulänglicher Wartung ein Leck hatte oder dass die Arbeiter nicht mit dem erforderlichen Nachdruck auf die Gefährlichkeit des betreffenden Abfallproduktes hingewiesen worden sind. Hinsichtlich aller in Frage kommenden Varianten muss der Verantwortliche die ernsthafte Möglichkeit eines anderen Geschehensverlaufs dartun und evtl. streitige Indizien beweisen. Ergibt sich, dass das Leck im Tank unvermeidbar war, scheidet der Anscheinsbeweis insoweit aus.

bb) Tragweite

Ähnlich wie bei der gesetzlichen Vermutung[435] kommt es auch bei der tatsächlichen Vermutung auf die Tragweite an, dh man muss – wegen der fehlenden Umschreibung der Vermutungsgrundlage in einer gesetzlichen Regelung sogar in erhöhtem Maße – prüfen, wie verlässlich die Vermutung ist und unter Wahrung welcher Anforderungen sie gemessen hieran erfolgreich erschüttert werden kann. Das sind zwei verschiedene Teilaspekte.[436] Die Frage lässt sich nicht allgemein beantworten. Vielmehr ist für jeden Einzelfall genau zu klären, welche Umstände die Rechtsprechung für die Erschütterung einer Vermutung hat ausreichen lassen. Vergleicht man die vorstehend behandelten Beispielsfälle für die Verkehrssicherungspflicht und die Urkunde miteinander,[437] wird man sagen könne, dass im ersteren Falle die Tragweite sicher geringer ist als im zweiten. **124a**

Die Anforderungen an die Widerlegung des Anscheins dürfen grundsätzlich nicht so hoch geschraubt werden, dass am Ende der Beweis des Gegenteils verlangt wird. Ein Beispiel hoher Praxisrelevanz für das Zusammenspiel von normativem Vermutungszweck und Tragweite ist die *Vermutung aufklärungsgerechten Verhaltens.* Steht die Verletzung einer Aufklärungspflicht fest, streitet zugunsten des Beratenen die Ver-

430 Vgl. → Rn. 112.
431 BGH NJW 2010, 363 Rn. 15.
432 BGH VersR 1995, 723; NJW 2004, 3623; VersR 2006, 931; OLG Saarbrücken MDR 2006, 329 (Spurwechsel); OLG München NJW-RR 2014, 601 (rückwärtsgerichtetes Ausparken).
433 BGHZ 8, 239 (240 f.); BGH NJW 1994, 945 aE.
434 BGH VersR 1956, 53 (54); 1962, 60 (61); NJW 2004, 3623.
435 → Rn. 113
436 Vgl. den deutlichen Hinweis in BGH NJW 2010, 1077 Rn. 24 aE.
437 → Rn. 118 ff.

mutung, dass er dem hypothetisch richtigen Rat gefolgt wäre. Hiervon ausgehend hat der BGH für die Tragweite der Vermutung sehr differenzierte Lösungen entwickelt.

In *allgemeinen Beratungsfällen* führt sie zur Beweislastumkehr, sie hat also im Ansatz ausgesprochen starke Wirkungen.[438] Andererseits greift sie nur dann ein, wenn es vernünftigerweise nur eine Möglichkeit der Reaktion auf den hypothetisch richtigen Rat gab oder wenn mehr als eine für sich geeignete Handlungsalternative mit gleichem Ergebnis bestand.[439] Hätte sich demnach der Beratene bei richtiger Beratung in einem Entscheidungskonflikt befunden, hätte es mithin nicht nur bestimmte Möglichkeiten beratungsgerechten Verhaltens gegeben, greift die Vermutung nicht ein.[440]

In *Kapitalanlagefällen* gibt der BGH der Vermutung eine größere Tragweite. Hier fordert der Schutzweck eine Beweislastumkehr, die ohne Rücksicht auf denkbare Handlungsalternativen des Beratenen, dh ohne Rücksicht auf das Fehlen eines Entscheidungskonflikts eingreift.[441] Das gilt auch für den Kauf von Immobilien zum Zweck der Kapitalanlage.[442] Gerade hier lässt sich das Ineinandergreifen von tatsächlichen Erwägungen und Wertungen (Anlegerschutz) sehr gut nachvollziehen.

Wiederum anders ist die Lage bei der *Rechtsberatung*, wo eine Beweislastumkehr nicht eintritt, sondern der Anscheinsbeweis nach allgemeinen Grundsätzen erschüttert werden kann; ein Entscheidungskonflikt schließt die Geltung der Vermutung aus.[443] Sie greift also grundsätzlich nur dann, wenn im Hinblick auf die Interessenlage oder andere objektive Umstände eine bestimmte Entschließung des zutreffend unterrichteten Mandanten mit Wahrscheinlichkeit zu erwarten gewesen wäre.[444] Lässt der klagende Mandant offen, für welche von mehreren möglichen Vorgehensweisen er sich bei pflichtgemäßer Beratung entschieden hätte, ist die notwendige Schadenswahrscheinlichkeit nur gegeben, wenn diese sich für alle in Betracht kommenden Ursachenverläufe ergibt; die Darlegungs- und Beweislast liegt für alle Ursachenverläufe beim Kläger.[445] Der im Einzelfall ganz unterschiedlichen Entscheidungsfreiheit, die dem rechtlich Beratenen verblieb, kommt erhebliche Bedeutung zu, weil nur mit Blick hierauf die für einen Anscheinsbeweis erforderliche Typizität geprüft und bejaht werden kann.[446]

cc) Fortgang bei erfolgreicher Verteidigung

125 Gelingt es dem Beweisgegner, die Vermutung zu erschüttern, ist die Sache für den Beweisführer noch nicht verloren. Er kann nunmehr versuchen, die streitige Tatsache unabhängig von einer Vermutung aufgrund der Umstände des konkreten Falls zu beweisen.[447] Dabei können ihm die Beweiserleichterungen des § 287 zugute kommen, sodass sich seine Lage jedenfalls im Anwendungsbereich dieser Regelung nicht allzu sehr verschlechtert.[448]

---

438 BGH NJW 2012, 2427; NJW-RR 2015, 158.

439 BGH NJW 2002, 2703; MDR 2004, 1387 = NJW 2004, 2817.

440 BGH NJW 2011, 3227; 2015, 74.

441 BGH NJW 2012, 2427 (2430); *Oppenheim/Ulmrich* WM 2017, 164.

442 BGH NZG 2017, 542, Aufgabe voraufgegangener, selbst jüngerer Rechtsprechung!

443 BGH NJW 2014, 2795; 2015, 3447 Ls. 1 (Festhaltung an NJW 2014, 2795).

444 BGH NJW 2015, 3347 Rn. 25.

445 BGH NJW 2015, 3447.

446 BGH NJW-RR 2006, 923 (925); NJW 2008, 2041; 2015, 3447 Rn. 26; → Rn. 124; ausführlich zur Beweisführung bei Beratungsfehler *Schwab* NJW 2012, 3274; *Möllers* NZG 2012, 1019.

447 BGHZ 2, 1; OLG Zweibrücken NJW-RR 2002, 749.

448 BGH NJW-RR 2004, 1210; wdh. in GI aktuell 2010, 46; NJW 2005, 3275; näher → Rn. 152.

Die Lage des Beweisgegners verbessert sich in dem Umfang, in dem die beweisbelastete Partei den Gegner vorwerfbar an der Durchsetzung seiner Verteidigungsmöglichkeiten hindert. Je nach Schwere und Auswirkungen einer darauf abzielenden *Beweisvereitelung*[449] kann es dem Beweisführer verwehrt sein, sich auf die Grundsätze des Anscheinsbeweises zu berufen.[450] Die Typizität des Geschehens ist in solchen Fällen fraglich.

4. Gutachten und Urteil

a) Gutachten

Bei der tatsächlichen und rechtlichen Bewertung eines Falles ist zu beachten, dass Vermutungen sich nicht nur unter dem Gesichtspunkt der Beweisbedürftigkeit auswirken, sondern bereits die Darlegungslast beeinflussen. Wer sich auf eine gesetzliche Vermutung stützt, braucht lediglich die tatsächlichen Voraussetzungen der Vermutungsnorm substantiiert vorzutragen, nicht hingegen die Vermutungsfolge.[451] Geht es etwa um die Unterlassung von störenden Einwirkungen auf ein Grundstück, kann das Tatbestandsmerkmal »Eigentum« schon dann bejaht werden, wenn der Kläger vorträgt, dass er als Eigentümer ins Grundbuch eingetragen ist, § 891 I BGB. Er muss hingegen nicht sein Eigentum oder den Eigentumserwerb näher darlegen. Das Vorbringen des Beklagten wird daraufhin untersucht, ob es geeignet ist, die Vermutung zu widerlegen. Nur dann ist der Einwand erheblich. 126

Entsprechendes gilt, wenn zugunsten des Beklagten eine gesetzliche Vermutung eingreift, bei einer auf § 985 BGB gestützten Herausgabeklage etwa die Regelung des § 1362 II BGB. 127

Beispiel: Die Parteien sind geschiedene Eheleute. Der Kläger verlangt von der Beklagten die Herausgabe eines Diamant-Colliers, das die Beklagte, als sie noch mit dem Kläger verheiratet war, unstreitig zu einer ganzen Reihe von festlichen Gelegenheiten getragen und ansonsten immer in ihrer Schmuckschatulle aufbewahrt hat. Der Kläger behauptet, das Collier sei sein Eigentum. Er habe es gekauft und aus eigenen Mitteln bezahlt. Dies belegt er durch Vorlage der auf ihn lautenden Kaufpreisquittung.

Die Vermutung des § 1362 II BGB wird durch den Vortrag des Klägers nicht widerlegt, weil es bei ausschließlich persönlichem Gebrauch eines Ehegatten auf die ursprüngliche Eigentumslage nicht mehr ankommt.[452] Das Vorbringen des Klägers ist daher nicht schlüssig.

Können die Parteien alle tatsächlichen Voraussetzungen der für die Beurteilung des Falles maßgeblichen anspruchsbegründenden oder -vernichtenden Normen vortragen, ohne sich auf Vermutungen stützen zu müssen bzw. ohne mit Vermutungen in Konflikt zu geraten, werden diese erstmalig unter dem Gesichtspunkt der *Beweisbedürftigkeit* geprüft. Eine Tatsache ist nicht beweisbedürftig, wenn sie vermutet wird. 128

Im Ansatz anders, aber im Ergebnis ähnlich liegen die Dinge bei den *tatsächlichen Vermutungen*. Zwar entheben sie den Darlegungspflichtigen nicht gänzlich der Darlegungslast – die betreffenden Tatsachen muss er schon vortragen! – indes erleichtern 129

449 Vgl. → Rn. 150.
450 BGH NJW 1998, 79 = MDR 1998, 122 = VersR 1998, 338.
451 BGH VersR 2005, 1086; NJW 2010, 363 Rn. 13; → Rn. 108.
452 Vgl. Palandt/*Brudermüller* BGB § 1362 Rn. 8 f.

sie im Umfang der Vermutungswirkungen den Sachvortrag, indem sie eine nähere Substantiierung entbehrlich machen.[453]

Beispiel: Der Kläger trägt Folgendes vor:
»Ich war Beifahrer des Beklagten in dessen Pkw. Der Beklagte ist am … gegen 15.00 Uhr bei trockenem Wetter in Höhe der Ortschaft … von der Landstraße abgekommen und gegen einen Baum gefahren. An den genauen Unfallverlauf kann ich mich infolge der bei dem Aufprall erlittenen schweren Verletzungen nicht mehr erinnern. Ich verlange die Zahlung von Schadensersatz.«

Nehmen wir an, die Höchstgrenzen des § 12 StVG sind überschritten, sodass es auf die Verschuldenshaftung nach § 823 BGB ankommt. Für diesen Fall bietet der Unfallhergang dem Kläger eine Erleichterung der Darlegungslast, da das Verschulden des Fahrers vermutet wird.[454] Es kommt nicht darauf an, ob der Beklagte aufgrund überhöhter Geschwindigkeit, wegen mangelnder Konzentration oder infolge übermäßigen Alkoholgenusses die Gewalt über sein Fahrzeug verloren hat. Der Kläger hat genug vorgetragen. Die Einzelheiten des Unfallhergangs braucht er nicht zu schildern. Die gegen den Verschuldensvorwurf erhobenen Einwände, etwa die Behauptung, die Lenkung habe versagt oder dem Beklagten sei ein Reh vor den Wagen gesprungen, werden nunmehr darauf untersucht, ob die ernsthafte Möglichkeit eines untypischen Verlaufs besteht; nur dann sind sie erheblich.[455]

Soweit die Parteien Tatsachen vortragen, die unmittelbar die Tatbestandsmerkmale ausfüllen, werden tatsächliche Vermutungen bei der Sachprüfung nicht erörtert. Sie wirken sich erst unter dem Gesichtspunkt der *Beweisbedürftigkeit* aus.

130 Häufig werden Angriffe gegen die Vermutungsfolge auf *Indizien* gestützt. Sind diese streitig, kommen wir wiederum zu der bereits im vorigen Kapitel besprochenen zweistufigen Prüfung.[456] Zum einen muss geklärt werden, ob die Indizien geeignet sind, den Schluss auf die ernsthafte Möglichkeit eines anderweitigen Geschehensverlaufs zuzulassen. Erst wenn dies der Fall ist, kann eine Beweiserheblichkeit der Indizien bejaht werden. Anschließend wird geprüft, ob die Indizien bewiesen sind.

b) Urteil

131 Für den Aufbau der Entscheidungsgründe gelten die im Einführungsteil bereits dargelegten allgemeinen Grundsätze,[457] dh, man argumentiert vom Ergebnis her zu den Voraussetzungen und beginnt immer mit dem übergeordneten Gesichtspunkt. Das gilt auch für das Verhältnis des Vermutungssatzes zu dessen tatbestandlichen Elementen. Die folgenden kurzgefassten Formulierungsbeispiele sollen dies näher verdeutlichen:

1. Beispiel (Klageabweisung aufgrund gesetzlicher Vermutung)[458]:
(Anspruchsgrundlage mit Hervorhebung des abgelehnten Tatbestandsmerkmals:) Dem Kläger steht gegen den Beklagten kein Anspruch aus § 985 I BGB auf Herausgabe des Computers zu, da sein Eigentum nicht zur hinreichenden Überzeugung des Gerichts feststeht.
(Vermutung als tragendes Element der Begründung:) Nach § 1006 I 1 BGB spricht eine Vermutung dafür, dass die Sache sich im Eigentum des Beklagten befindet.
(Tatbestandsmerkmal der Vermutungsnorm:) Der Beklagte ist Besitzer des Computers. Sein Onkel hat, wie von der hM (… Zitat) für das Eingreifen der Vermutung verlangt, bereits bei der Übergabe Eigenbe-

453 BGH NJW 2010, 363 Rn. 18 f.; → Rn. 117.
454 BGH NJW-RR 1986, 383; OLG Köln VersR 1990, 390; vgl. oben → Rn. 116.
455 Vgl. → Rn. 124.
456 Vgl. → Rn. 94.
457 Vgl. → B Rn. 48 ff., 54.
458 Nach dem Beispielsfall → Rn. 109.

sitz an ihm begründet. (Die Begründung von Eigenbesitz wird zu seinen Gunsten vermutet; dessen Wirkungen setzen sich nach § 857 BGB beim Beklagten fort.) Es ist dagegen nicht davon auszugehen, dass der Kläger das Gerät dem Onkel des Beklagten nur leihweise zur Verfügung gestellt hat.
(Kein Beweis des Gegenteils:) Der Kläger hat die Vermutung nicht entkräftet. Den ihm angesichts dieser Gegebenheiten nach § 292 ZPO obliegenden vollen Beweis seines Eigentums hat er nicht geführt ...

2. Beispiel (Zuspruch aufgrund Anscheinsbeweises)[459]:
Der Beklagte ist dem Kläger nach § 823 I BGB zur Leistung von Schadensersatz verpflichtet, weil er die von diesem erlittene Verletzung widerrechtlich verursacht hat. Er hat eine Verkehrssicherungspflicht verletzt, indem er nicht dafür Sorge trug, dass der die Kiesgrube umgebende Zaun sich in ordnungsgemäßem Zustand befand. Die vom Kläger behaupteten Schäden an dem Zaun sind durch die Aussagen der Zeugen X und Y bewiesen. Der Beklagte ist seiner Pflicht, diese Schäden alsbald beheben zu lassen, nicht nachgekommen. Zwischen der Pflichtverletzung und der Verletzung des Klägers besteht ein Ursachenzusammenhang.
Der Einwand des Beklagten, der Kläger sei nicht durch ein Loch im Zaun in das Kiesgrubengelände eingedrungen, sondern an einer intakten Stelle hinübergeklettert, greift nicht durch. Durch die Aussagen der Zeugen X und Y ist bewiesen, dass der Kläger das Loch im Zaun ausgenutzt hat. (Oder: Da der Zaun aufgrund seiner vielfältigen Schäden ein Bild der Verwahrlosung bot, spricht für den Ursachenzusammenhang eine tatsächliche Vermutung.)
Der Einwand des Beklagten, der Kläger hätte auch einen intakten Zaun überwunden, greift ebenfalls nicht durch. Für den Ursachenzusammenhang zwischen der Verletzung der Verkehrssicherungspflicht und dem Eintritt des Schadensereignisses spricht eine tatsächliche Vermutung. Diese hat der Beklagte nicht durch Darlegung eines ernsthaft denkbaren untypischen Geschehensverlaufs entkräftet.

5. Schema

Das nachstehende Schema fasst die Grundlagen der gesetzlichen bzw. tatsächlichen Vermutungen sowie die dem Beweisgegner möglichen Einwendungen noch einmal zusammen: 132

Grundlage	Verteidigung des Gegners	
	gegen Grundlage	gegen Vermutungsfolge
ges. Vermutung: Regelung im Gesetz, zB §§ 891, 1006 BGB	Bestreiten der dem Beweisführer günstigen tatbestandlichen Voraussetzungen der Vermutungsnorm, allgemeine Regeln der Darlegungs- und Beweislast. Rechtsansicht zur Tragweite der Vermutung (Auslegung der Vermutungsnorm).	Beweis des Gegenteils, § 292 ZPO.
tats. Vermutung: Satz der Lebenserfahrung	Bestreiten der tats. Voraussetzungen des Vermutungssatzes, allgem. Regeln der Darlegungs- und Beweislast. Rechtsansicht zum Inhalt des Erfahrungssatzes und zu dessen Tragweite.	Erschüttern der Vermutung. Bestreiten nicht ausreichend, in der Regel kein Beweis des Gegenteils. Nachweis der ernsthaften Möglichkeit eines anderweitigen Geschehensverlaufs.

459 Nach dem Beispielsfall → Rn. 119.

VI. Die Beweislast

1. Gesetzliche Grundlagen

a) Definition

133 Unter Beweislast versteht man das eine Partei aufgrund einer generalisierenden Risikozuweisung des Gesetzgebers treffende *Risiko des Prozessverlustes* wegen Nichterweislichkeit der ihr Begehren tragenden Tatsachen.[460] Sie ist eine Folge des Beibringungsgrundsatzes, aufgrund dessen es zu den Aufgaben der Parteien gehört, dem Gericht den Tatsachenstoff und die Beweismittel zu liefern. Beweislastentscheidungen können daher nur aufgrund nicht bewiesener Tatsachen, nicht aber hinsichtlich streitiger Rechtsprobleme ergehen, da das Gericht zu deren Klärung verpflichtet ist.[461]

Zur näheren Differenzierung unterscheidet man zwischen der objektiven Beweislast, unter der man ohne Rücksicht auf in der Materie oder der Partei liegende Besonderheiten das vorstehend beschriebene Risiko des Prozessverlustes versteht, und der subjektiven Beweisführungslast. Letztere ist die Obliegenheit der Partei zur Beibringung von Beweismitteln; sie ist im Falle der Amtsermittlung erleichtert.[462]

b) Grundregeln

134 Für die Beweislast sind die Vorschriften des materiellen Rechts maßgebend.[463] Nach der Grundregel trägt jede Partei für die ihr günstigen Tatsachen die Darlegungs- und Beweislast, dh, wer eine Rechtsfolge für sich in Anspruch nimmt, hat die rechtsbegründenden und -erhaltenden Tatsachen vorzutragen und zu beweisen, sein Gegner die rechtshindernden, rechtsvernichtenden und rechtshemmenden (= Einreden iSd ZPO).[464] Trifft das Gericht in dieser Frage eine falsche Entscheidung, liegt eine Verletzung des materiellen Rechts vor, nicht ein Verfahrensmangel iSd §§ 538 II Nr. 1, 562 II. Von einem solchen ist nur dann auszugehen, wenn gegen Beweisregeln in der ZPO verstoßen wird (zB §§ 286, 355 ff., 427, 444, 445 II, 446).[465]

Das materielle Recht enthält zum Teil ausdrückliche Beweislastregeln, vgl. etwa §§ 363, 2336 III BGB, § 1 III 3 KSchG, § 93 II 2 AktG. § 476 BGB hat abweichend von der Überschrift eine gesetzliche Vermutung zum Inhalt.[466]

---

460 BGH NJW-RR 2010, 1378 Rn. 12; OLG Düsseldorf MDR 2012, 757; Zöller/*Greger* ZPO Vor § 284 Rn. 15; Prütting/Gehrlein/*Laumen* ZPO § 286 Rn. 58 ff.; eingehend *Baumgärtel/Laumen/Prütting* Beweislast.

461 Thomas/Putzo/*Reichold* ZPO Vorbem. § 284 Rn. 18.

462 BGH NJW 1996, 1059.

463 BGH NJW 2001, 2096; 2007, 1126 (Erkennen der Beweislast aufgrund Auslegung der Norm).

464 BGH NJW 1999, 352; 2005, 2395; 1976, 42 (Notwehr); BGH NJW 1987, 121 (Deliktsunfähigkeit); BGH NJW 1991, 1052; 1995, 49 (Vertragsänderung); BGH VersR 1997, 127; 2006, 286 (Mitverschulden); BGH NJW 2002, 2862 (unbedingter Vertragsschluss); BGH MDR 2005, 675 = MDR 2005, 675 (Einwilligung); BGH NJW 2007, 1058 (AGB); BGH NJW-RR 2007, 488 (Schenkung); BGH NJW 1995, 2161 (Bürge); BGH NJW 1999, 3481 (fehlende Ernstlichkeit eines Rechtsgeschäfts); BGH NJW 2009, 3426 (Abrechnung); BGH NJW-RR 2009, 1425 (Leistungskondiktion); BGH NJW 2013, 1299 (Miete); BGH NJW 2017, 386 (Baukostenobergrenze).

465 BGH NJW 1995, 3258; 2001, 2096 (2098).

466 BGH NJW 2004, 2299, 2005, 3490; 2006, 2250.

Aus der besonderen Formulierung einzelner Regelungen kann sich ergeben, dass für bestimmte Ausnahmen von der für den Normalfall bestehenden Beweislastverteilung abgewichen werden soll.

Beispiele:
- »es sei denn, dass« (§§ 153, 178 S. 1, 284, 287, 406 f., 434 I 3, 651 I, 676g I 1 und 2, 932 I 1, 932a BGB, Art. 17 WG)[467]
- »nicht« oder »sofern nicht« (§§ 122 II[468], 179 I, 370, 814 BGB)
- »das gilt nicht« (§ 280 I 2 BGB)
- »jedoch« (§§ 179 II, 502 III 3 BGB)
- »ausgeschlossen« (§§ 815, 861 II, 1004 II BGB)

In diesen Fällen muss der Gegner des Beweisführers, um dessen Anspruch wirksam entgegentreten zu können, die Voraussetzungen eines ihm günstigen Ausnahmetatbestands beweisen. Das Regel-Ausnahme-Prinzip kann auch auf andere von Erfahrungssätzen abweichende Fallkonstellationen angewandt werden.[469] Ein Volljähriger zB, der seine Geschäftsunfähigkeit behauptet, muss diese nachweisen, da ein Erwachsener grundsätzlich als geschäftsfähig anzusehen ist.[470]

Den gesetzlichen Beweisregelungen ist gemeinsam, dass generell die aus der Lebenserfahrung gewonnenen praktischen Erkenntnisse zu beachten sind und niemand in unerträgliche Beweisnot gebracht werden soll.[471]

c) Negative Tatsachen

Im Einzelfall sind von einem Anspruchsteller auch *negative Tatsachen* zu beweisen. **135**

Beispiele:
- Wer als Werkunternehmer nach § 632 II BGB die übliche Vergütung fordert, muss den substantiierten Einwand des Schuldners, es sei pauschal ein niedrigerer Werklohn vereinbart worden, widerlegen.[472]
- Das Fehlen des rechtlichen Grundes im Sinne von § 812 I 1 BGB muss der Gläubiger beweisen; den Gegner trifft nur eine nach den Umständen des Falles zu bemessende sekundäre Darlegungslast (qualifiziertes Bestreiten).[473]
- Die unterbliebene Aufklärung ist vom Aufklärungsberechtigten zu beweisen, indes muss der Aufklärungspflichtige die Wahrnehmung der Pflicht substantiiert darlegen.[474]

Den Schwierigkeiten der beweisbelasteten Partei ist generell durch eine gesteigerte Darlegungslast des Gegners Rechnung zu tragen, soweit dieser zu weiterem Vortrag in der Lage ist.[475]

---

467 BGH NJW 2008, 2033 (2035).

468 Palandt/*Ellenberger* BGB § 122 Rn. 7.

469 BGH NJW 1989, 1728; 1995, 49; Thomas/Putzo/*Reichold* ZPO Vorbem. § 284 Rn. 24 mwN.

470 BGH NJW 1996, 918; OLG Saarbrücken NJW 1973, 2065 betreffend die Behauptung, zum Zeitpunkt eines Vertragsabschlusses noch minderjährig gewesen zu sein; *Baumgärtel/Laumen/Prütting* Beweislast § 104 Rn. 1.

471 *Schneider* Beweis Rn. 118.

472 BGH NJW 1983, 1782; NJW-RR 1992, 848; 1996, 952; OLG München NJW-RR 2010, 64.

473 BGH NJW 2003, 1039 (begrenzt auf die vom Gegner dargelegten Rechtsgründe); NJW-RR 2004, 556; NJW 2014, 2275; vgl. näher → A Rn. 34.

474 BGH NJW 1994, 3295 (3299); 2001, 64; 2006, 1429; 2006, 3065 (Notar); BGH IMR 2012, 332.

475 BGH NJW-RR 1993, 746.

d) Parteistellung

136 Auf die *Stellung der Parteien im Rechtsstreit* kommt es für die Beweislast nicht an. Wer zB das Bestehen eines Leistungsanspruchs behauptet, muss dessen Voraussetzungen beweisen, sei es, dass er auf Leistung klagt, sei es, dass sein vermeintlicher Schuldner mit der zulässigen negativen Feststellungsklage gegen ihn vorgeht.[476] Auch bei der *Vollstreckungsabwehrklage* richtet sich die Beweislast nach dem materiellen Recht.[477]

e) Darlegungslast und Beweislast

137 Darlegungslast und subjektive Beweislast sind korrespondierende Begriffe. Wer aufgrund materiell-rechtlicher Vorschriften die Beweislast trägt, muss die entsprechenden Tatsachen auch darlegen.[478] Kann sich die beweisbelastete Partei die Vorteile etwa des Anscheinsbeweises zunutze machen, wird in gleichem Umfang ihre Darlegungslast reduziert.[479]

f) Gutachten und Urteil

Ausführungen zur Darlegungs- und Beweislast haben in *Gutachten* und *Urteil* keinen festen Platz. Es kommt ausschließlich auf die Frage an, ob und in welchem gedanklichen Zusammenhang das Thema Bedeutung hat. So kann eine Erörterung zB bereits bei der Prüfung von Schlüssigkeit oder Erheblichkeit angezeigt sein, wenn der Sachvortrag einer Partei die Anspruchs- oder die Einredenorm nicht vollständig ausfüllt und die diesbezügliche Darlegungslast (möglicherweise auch unter Berücksichtigung von Vermutungssätzen, welche die Darlegungslast erleichtern) näher behandelt werden muss.[480] Bei der Beweiswürdigung wird man im Regelfall die Beweislast dem Aufbau als gedanklichen Aufhänger zugrunde legen und – falls überhaupt Anlass besteht – nur im Falle des non liquet näher begründen, aus welchem Grunde die verbliebene Ungewissheit zum Nachteil einer Partei geht. Vorangestellte Ausführungen zur Beweislast dürften am ehesten in schwierig gelagerten, umfangreichen Sachen angezeigt sein, wenn es für das Verständnis der Beweiswürdigung erforderlich ist, insbesondere wenn sich der Inhalt der Beweisfrage, die nach der Beweislast formuliert werden muss, nicht ohne Weiteres erschließt.[481]

2. Beweislastumkehr

138 Von Beweislastumkehr spricht man, wenn die Beweislast dem Gegner der an sich beweispflichtigen Partei aufgebürdet wird. Sie nimmt der Partei, der sie zum Nachteil gereicht, naturgemäß nicht die Möglichkeit, den Beweis des Gegenteils zu führen.[482] Gerade hierin liegt ihre wesentliche Wirkung.

Wegen der in vielen Bereichen entscheidenden Bedeutung der Beweislast für den Ausgang des Rechtsstreits hat sich zu diesem Thema eine reichhaltige Kasuistik ent-

476 BGH NJW 2001, 2096; 2012, 3294; NJW-RR 2013, 948; vgl. → O Rn. 27.
477 OLG Düsseldorf NJW-RR 1997, 444.
478 Vgl. → A Rn. 104.
479 → Rn. 129.
480 Vgl. etwa → Rn. 126 ff., 155.
481 → A Rn. 134.
482 BGH NJW 2016, 1117.

wickelt.[483] Nachfolgend können daher nur die grundlegenden Fragen sowie einige Fallgruppen behandelt werden.

a) § 280 I 2 BGB (Gefahrenbereich)

Mit § 280 I 2 BGB ist der Gesetzgeber von der normalen Beweislastverteilung abgewichen. Grundsätzlich hätte der Gläubiger das Tatbestandsmerkmal des Vertretenmüssens mit Tatsachen auszufüllen und deren Vorliegen zu beweisen. Diese Last wird ihm durch § 280 I 2 BGB abgenommen, weil die Pflichtverletzung normalerweise in einem Verantwortungs- oder Gefahrenbereich eintritt, den allein der Schuldner beherrscht.[484] Der Gläubiger befände sich daher in einer Beweisnot, wenn ihn insoweit die Darlegungs- und Beweislast träfe. Der Schuldner ist demgegenüber wegen seiner größeren Sachnähe zur Aufklärung streitiger Umstände eher in der Lage.[485] Grundsätzlich hat der Schuldner nach § 280 I 2 BGB den vollen Beweis zu erbringen. Die Anforderungen an den Entlastungsbeweis hängen indes vom Einzelfall ab. Soweit etwa der Schuldner den Gefahrenbereich nicht allein beherrscht, ist der Entlastungsbeweis bereits dann geführt, wenn sein Verschulden in hohem Maße unwahrscheinlich und eine anderweitige Ursache demgegenüber wahrscheinlicher ist.[486] 139

Der Lösungsansatz legt den Gedanken nahe, die Beweislast allgemein mit dem Gefahrenbereich zu verknüpfen. Eine Schwierigkeit besteht allerdings darin, den Gefahrenbereich des Schuldners genau zu umschreiben. Die gängige Definition, es handele sich um den »vom Schuldner tatsächlich beherrschten Lebensbereich«,[487] führt nicht sehr weit. Unserer Auffassung nach muss man nicht nur überprüfen, inwieweit der Schuldner den Bereich der Schadensursache überblicken und beeinflussen kann, sondern darüber hinaus negativ eine weitere Abgrenzung anhand der Frage vornehmen, ob der Gläubiger von diesem Bereich soweit ausgeschlossen ist, dass ihm eine Beweisführung schlechterdings nicht zugemutet werden darf. Die Literatur hat in zunehmendem Umfang die Bedeutung betont, die dem Inhalt der verletzten Pflicht für die Beweislastverteilung zukommt.[488] 140

Auf *deliktische Ansprüche* ist § 280 I 2 BGB grundsätzlich nicht entsprechend anzuwenden. Wie etwa §§ 831 I 2, 832 I 2, 836 I 2 BGB zeigen, verfügt das Deliktsrecht über ein eigenes System der Beweislastverteilung. Wollte man hier dem Schädiger für Schadensursachen, die in seinem Gefahrenkreis liegen, generell eine Exkulpationspflicht auferlegen, führte dies im Endergebnis zu einer Lage, die der Gefährdungshaftung sehr nahe käme, die aber § 823 I BGB, im Gegensatz etwa zu § 7 I StVG, gerade nicht vorsieht.[489] 141

483 Eine ausführliche Zusammenstellung zu Beweislastfragen findet sich bei *Baumgärtel/Laumen/Prütting* Beweislast.

484 BGH NJW 2000, 2812; 2012, 2427.

485 BGH NJW-RR 2005, 1542; NJW 2007, 1862 (Arzt); BGH NJW 2009, 142; *Baumgärtel/Laumen/Prütting* Beweislast § 282 Rn. 3; eingehend *Zieglmeier* JuS 2007, 701.

486 BGH NJW-RR 1992, 1337; Prütting/Wegen/Weinreich/*Schmidt-Kessel* BGB § 280 Rn. 21 f.

487 BGH NJW 2009, 142; *Baumgärtel/Laumen/Prütting* Beweislast Anh. § 282 Rn. 11.

488 *Baumgärtel/Laumen/Prütting* Beweislast § 280 Rn. 21 ff.

489 *Baumgärtel/Laumen/Prütting* Beweislast § 831 Rn. 13 ff.; § 832 Rn. 11; Zöller/*Greger* ZPO Vor § 284 Rn. 20 »Deliktsgl«.

b) Von der Rechtsprechung entwickelte Fallgruppen

142 Um einer unzumutbaren Beweisnot der beweisbelasteten Partei Rechnung zu tragen, bejaht die Rechtsprechung für bestimmte, typisierte Fälle die Beweislastumkehr. Nachfolgend werden Fallgruppen, anhand derer sich die insoweit maßgeblichen, als solche verallgemeinerungsfähigen Gedanken veranschaulichen lassen, exemplarisch dargestellt.

143–145 **Beispiele:**

- Arzthaftung
  Die Beweislast für die vertragliche Haftung des Arztes ist in § 630h BGB geregelt. Hergebrachte Grundsätze der Beweislastverteilung gelten seitdem nur noch für die deliktische Haftung. In die gesetzliche Regelung sind die Erfahrungswerte der Rechtsprechung umfassend eingeflossen; sie stellt sich damit als Kompendium der in vielen Jahren gewonnenen Erkenntnisse dar. Ältere Rechtsprechung dürfte daher, mit gebotener Vorsicht, weiter zu berücksichtigen sein.[490]
- Produzentenhaftung
  Wird bei bestimmungsgemäßer Verwendung eines Industrieerzeugnisses eine Person oder eine Sache dadurch geschädigt, dass das Produkt fehlerhaft hergestellt ist, muss der Hersteller beweisen, dass ihn hinsichtlich des Fehlers kein Verschulden trifft.[491] Anknüpfungspunkt ist der vom Unternehmer beherrschte Gefahrenkreis.[492] Beweiserleichterungen kommen dem Geschädigten zugute, wenn der Unternehmer seiner Produktbeobachtungspflicht nicht nachgekommen ist und seine Ergebnisse nicht hinreichend dokumentiert hat.[493]
- Verletzung sonstiger Pflichten
  Werden Berufspflichten verletzt, deren Zweck darin liegt, Menschen vor Gefahren an Körper und Gesundheit zu schützen, kehrt sich, ähnlich wie bei der Arzthaftung, im Falle grober Pflichtverletzung die Beweislast hinsichtlich der haftungsausfüllenden Kausalität um.[494] Für den Anwaltsvertrag hat der BGH dies verneint, die Ausdehnung auf andere Berufspflichten aber offen gelassen.[495] Die gesellschaftsrechtliche Pflicht zur Offenlegung kann eine Beweislastumkehr nach sich ziehen[496] ebenso die Verletzung einer vertraglichen Hinweis- und Beratungspflicht[497] oder einer erbrechtlichen Auskunftspflicht.[498]

3. Beweiserleichterungen[499]

a) Allgemeines

146 Vielfach ist in Entscheidungen auch ohne Zusammenhang mit dem Anscheinsbeweis die Rede davon, dass an die Beweisführung der beweisbelasteten Partei keine »übertriebenen«[500] oder »überspannten«[501] Anforderungen gestellt werden dürften. In an-

---

490 Vgl. BGH NJW 2012, 227; 2012, 850; MDR 2014, 154 = NJW 2014, 688; NJW-RR 2016, 1360; Prütting/Gehrlein/*Laumen* ZPO § 286 Rn. 74 ff.; zur Beweislastumkehr bei tierärztlicher Heilbehandlung BGH NJW 2016, 2502.

491 BGH NJW 1969, 269 (Hühnerpest); BGH NJW 1996, 2507; 1999, 1028; ZfSch 2010, 435.

492 BGH NJW 1987, 1694.

493 BGH NJW 1988, 2611 (Mineralwasserflasche); BGH NJW 1993, 538; NJW-RR 1993, 369; 1993, 988.

494 BGH NJW 1962, 959 (Schwimmmeister); BGH NJW 1971, 241 (Krankenpfleger); BGH NJW 1994, 2541; 1994, 3295 (3299).

495 BGH NJW 1988, 200 (203, dd); 1993, 3259.

496 BGH DB 2012, 1024 (1030) Rn. 41 f.

497 BGH NJW-RR 2013, 536.

498 BGH NJW-RR 2010, 1378.

499 Vgl. Prütting/Gehrlein/*Laumen* ZPO § 286 Rn. 81.

500 BGH NJW 1985, 1399; VersR 1987, 801.

501 BGH NJW 1985, 17; 1988, 2303.

derem Zusammenhang heißt es, bestimmte Pflichtverletzungen einer Partei führten zu »Beweiserleichterungen« (bis hin zur Beweislastumkehr)[502], zB bei Verletzung einer Dokumentationspflicht.[503] In solchen Fällen ist nicht gemeint, dass das Gericht sich mit einem geringeren Grad an Überzeugung zufrieden geben darf.[504] Vielmehr wird im jeweiligen Zusammenhang nur darauf hingewiesen, dass das Gericht fehlende konkrete Anhaltspunkte durch Erfahrungswerte ersetzen und hierauf seine volle Überzeugung gründen kann. Das findet seine Stütze letztlich in dem verfassungsrechtlichen Gebot, die Durchsetzung grundrechtlich geschützter Positionen nicht durch überhöhte Anforderungen an die Beweisführung zu vereiteln.[505] Einen gesetzlich geregelten Fall der Beweiserleichterung finden wir zB in § 252 S. 2 BGB[506] und in § 287 ZPO.[507] Für den groben ärztlichen Behandlungsfehler hat der BGH den Gesichtspunkt der Beweiserleichterung ausdrücklich aufgegeben und nur noch auf die Umkehr der Beweislast abgestellt.[508]

b) Versicherungsfälle

Ein weites Anwendungsfeld findet der Gedanke der Beweiserleichterung beim Nachweis von Versicherungsfällen. **147**

Beispiel: Der Kläger verlangt von der beklagten Versicherungsgesellschaft die Regulierung eines Einbruchschadens. Er behauptet, die Täter seien in sein Haus eingedrungen und hätten dort eine Reihe von Wertgegenständen entwendet. Die Tatsache des Einbruchs soll sich daraus ergeben, dass der Schließzylinder der Verandatüre abgebrochen und im Hause große Unordnung angerichtet worden ist.
Unstreitig hat der Kläger unter anderem den Diebstahl eines angeblich wertvollen Orient-Teppichs gemeldet. Die geschwätzige Nachbarin hat dem Sachbearbeiter der Beklagten jedoch erzählt, der Kläger habe überhaupt keine echten Teppiche besessen; außerdem meint die Beklagte herausgefunden zu haben, dass der Kläger vor einiger Zeit in einen fingierten Autounfall verwickelt war. Auch behauptet die Beklagte unter Hinweis auf ein Sachverständigengutachten, der Schließzylinder der Verandatüre habe angesichts des Schadensbildes nur bei geöffneter Türe abgebrochen werden können, was ihrer Auffassung nach für eine Vortäuschung des Einbruchdiebstahls spricht.

Der Kläger befindet sich in *Beweisnot.* Nach allgemeinen Grundsätzen trägt er für den Eintritt des Versicherungsfalls die Beweislast.[509] Ob er unter Hinweis auf den Schließzylinder und den von ihm vorgefundenen Zustand der Wohnung einen lückenlosen Indizienbeweis des Einbruchdiebstahls führen kann, ist fraglich.[510] Auch der Anscheinsbeweis führt nicht ohne Weiteres zum Ziel, da es bei kriminellen Handlungen häufig an den hierfür erforderlichen typischen Geschehensabläufen fehlt.[511]

Die Rechtsprechung lässt in Fällen dieser Art, namentlich bei Kfz-Diebstahl, Raub, Nachschlüsseldiebstahl und Einbruch, aufgrund ergänzender Auslegung des Ver-

---

502 BGH NJW 1986, 2366; 1987, 1482; BGHZ 146, 298 = NJW 2001, 1127; BVerfG NJW 2004, 2079; *Laumen* NJW 2002, 3739.
503 BGH NJW 1996, 779; 2015, 1026.
504 Allg. zur Überzeugungskraft: → Rn. 75.
505 BVerfG NJW 2000, 1483.
506 BGH NJW-RR 2007, 325 (329).
507 BGH NJW-RR 2014, 545
508 BGH NJW 2004, 2011.
509 BGH MDR 2007, 401 = BeckRS 2006, 13859; MDR 2015, 589 = NJW-RR 2015, 1247.
510 Allg. zu Indizien → Rn. 91 ff.
511 Näher → Rn. 114 ff.

sicherungsvertrags dem Versicherungsnehmer eine Beweiserleichterung dahingehend zukommen, dass dieser lediglich Tatsachen vorzutragen hat, aus denen sich das äußere Bild des Versicherungsfalls ergibt.[512] Das Gericht darf seine Überzeugung auch auf die persönliche Anhörung der Klagepartei stützen.[513] Begründen lässt sich die Herabsetzung der an die Beweisführung zu stellenden Anforderungen damit, dass sich die Parteien bei Abschluss des Versicherungsvertrages mit Rücksicht auf die besonderen Schwierigkeiten, einen Versicherungsfall lückenlos nachzuweisen, über eine materiellrechtliche Risikoverschiebung stillschweigend einigen, weshalb im Ergebnis zugunsten des Versicherungsnehmers eine Redlichkeitsvermutung spricht.[514] Falls indes Zeugen vorhanden sind, müssen diese vernommen werden, da insoweit eine Beweisnot des Klägers nicht gegeben ist.[515]

Der Vortrag des Klägers ist also nur hilfsweise heranzuziehen. Das Vorliegen der erforderlichen Indiztatsachen für das äußere Bild des Versicherungsfalles muss der Kläger im Streitfall beweisen.[516] Daher könnte man nicht vom äußeren Erscheinungsbild eines Einbruchs ausgehen, wenn ernsthafte Zweifel blieben, ob der Schließzylinder wirklich bei verschlossener Tür abgebrochen worden ist. Was die Verteidigungsmöglichkeiten des Versicherers anbetrifft, steht der Versicherungsnehmer etwas günstiger als im Falle des Anscheinsbeweises. Da es nämlich nicht auf einen typischen Geschehensablauf ankommt, reicht es folgerichtig nicht aus, dass nur die ernsthafte Möglichkeit eines atypischen Geschehens, also eines vorgetäuschten Versicherungsfalls besteht. Vielmehr bedarf es der Darlegung und des Nachweises von Tatsachen, welche die Vortäuschung mit erheblicher Wahrscheinlichkeit nahe legen.[517] Indizien für mangelnde Glaubwürdigkeit des Versicherungsnehmers haben unter diesem Gesichtspunkt nicht unerhebliche Bedeutung. Daher können die hierauf abzielenden Einwände der Beklagten, wenn man aufgrund des dem Kläger vorgeworfenen Verhaltens seine Glaubwürdigkeit in Zweifel zieht, dem Nachweis des Versicherungsfalls entgegenstehen.[518]

c) Weitere Hinweise

148 Falsch ist es, im Zusammenhang mit Beweiserleichterungen von einer »Erleichterung der Beweislast« zu sprechen. Denn das Risiko der Aufklärbarkeit hat die beweisbelastete Partei weiterhin uneingeschränkt zu tragen. Erleichtert wird lediglich die Beweisführungslast, dh die an die Beibringung von geeignetem Beweismaterial zu stellenden Anforderungen. Bei der Darlegungslast entspricht der *Beweisführungslast* die Substantiierungslast.[519]

512 Umfassend zum Thema BGH MDR 2007, 720 = NJW-RR 2007, 608; NJW 2011, 1975; NJW-RR 2015, 1247 (keine durchgehende Stimmigkeit des äußeren Bildes zu verlangen); OLG Köln NJW-RR 2014, 345; OLG Naumburg VersR 2014, 495; 2014, 702; OLG Düsseldorf VersR 2015, 748; Prütting/Gehrlein/*Laumen* ZPO § 286 Rn. 55; grundlegend *Laumen* MDR 2016, 560.

513 BGH NJW 2011, 1364.

514 BGH VersR 1999, 1535; NJW-RR 2002, 671; 2007, 372; eingehend *Zopfs* VersR 1993, 140; *Römer* NJW 1996, 2329; *Kollhosser* NJW 1997, 969; Prütting/Gehrlein/*Laumen* ZPO § 286 Rn. 52 ff.

515 BGH NJW 1997, 1988; 2011, 1364.

516 BGH NJW-RR 1998, 1243; VersR 1999, 1535; OLG Hamm NJW-RR 2005, 333.

517 BGH r+s 1993, 190.

518 Vgl. BGH NJW-RR 2002, 671; OLG Köln VersR 1983, 921; r+s 1987, 79; OLG Düsseldorf NJW 1999, 587.

519 → A Rn. 101, → Rn. 137.

Auch tatsächliche Vermutungen haben in der Regel eine Erleichterung der Beweisführungslast zur Folge, nur selten eine Beweislastumkehr,[520] ebenso der weite Bereich der Dokumentationsmängel.[521] Die nachfolgend unter VII. behandelte Beweisvereitelung ist ebenfalls diesem Bereich zuzuordnen.

4. Beweisvereinbarungen

149 Da die Beweisregeln Ausfluss des Beibringungsgrundsatzes sind,[522] unterliegen sie der Disposition der Parteien. Diesbezügliche Vereinbarungen sind daher grundsätzlich zulässig und insbesondere in AGB bisweilen enthalten.[523] Im Einzelnen lassen sich folgende Fälle voneinander unterscheiden:

- Vereinbarungen über die Beweisbedürftigkeit (»Zum Nachweis genügt die Erklärung des Vertragspartners.«)
- Beweismittelvereinbarung (»Zum Nachweis genügt die schriftliche Erklärung eines Zeugen/das Gutachten eines vereidigten Sachverständigen.«)[524]
- Beweislastvereinbarung (»Die Beweislast trägt .../Unklarheiten gehen zulasten ...«)[525]

Unwirksam sind solche Regelungen nur bei Verstößen etwa gegen §§ 138, 242 BGB, bei Eingreifen von gesetzlichen Regelungen, aufgrund derer AGB unwirksam sind,[526] oder bei Unzumutbarkeit der vertraglich bedungenen Beweisführung.[527] Die Vollstreckungsunterwerfung hat auf die Beweislast keinen Einfluss.[528]

Beweisverträge, die unmittelbar in die freie richterliche Beweiswürdigung eingreifen sollen (Beweiswürdigungs- und Beweismaßvereinbarungen), werden demgegenüber für unzulässig gehalten, da dies mit dem Grundsatz des § 286 nicht zu vereinbaren ist.[529] In derartigen Fällen ist allerdings zu prüfen, ob nicht die Auslegung zur Annahme einer zulässigen Beweisvereinbarung führt. Das mag zB bei der vertraglichen Regelung »Kündigung mittels eingeschriebenen Briefs« der Fall sein.

VII. Beweisvereitelung

150 Ein Sonderproblem stellt die Beweisvereitelung dar, die sich in Gutachten und Urteil und damit auch im Vorgehen des Anwalts an verschiedenen Stellen auswirken kann. Sie liegt vor, wenn jemand seinem beweispflichtigen Gegner die Beweisführung schuldhaft erschwert oder unmöglich macht.[530]

---

520 → Rn. 114 ff.
521 BGH NJW 2012, 2800.
522 Prütting/Gehrlein/*Laumen* ZPO § 286 Rn. 98 ff.; → Rn. 133.
523 Zum Beibringungsgrundsatz vgl. → A Rn. 8.
524 Prütting/Gehrlein/*Laumen* ZPO § 286 Rn. 100; MüKoZPO/*Prütting* § 286 Rn. 164.
525 BGH Betrieb 1974, 1283; zu der Beurteilung von Klauseln wie »Kasse gegen Dokumente« etc. BGH NJW 1987, 2435; 2003, 347 (zu § 139 BGB); Zöller/*Greger* ZPO Vor § 284 Rn. 23.
526 BGH NJW 2004, 3183.
527 Zöller/*Greger* ZPO Vor § 284 Rn. 23.
528 BGH NJW 2001, 2096; MDR 2006, 510 = NJW 2006, 434.
529 BGH NJW 1993, 1856 (1860).
530 BGH NJW 2002, 825 (827); 2004, 222; 2006, 434; zusammenfassend BGH NJW 2008, 982 (984 f.); auch OLG Bremen MDR 2008, 1061 = BeckRS 2008, 11544; Prütting/Gehrlein/*Laumen* ZPO § 286 Rn. 92 ff.

Beispiel: Eine Partei verwehrt beim Ortstermin dem Sachverständigen den Zugang zum Grundstück[531] oder zu einem zu begutachtenden Bauteil.[532]

Für bestimmte Fälle ist sie im Gesetz geregelt, vgl. §§ 371 III, 427, 441 III 3, 444, 446, 453 II, 454 I. Beim Lesen der Vorschriften fällt auf, dass das Gericht in keinem einzigen Fall verpflichtet ist, von bestimmten Beweisergebnissen auszugehen. Ihm wird lediglich das Recht eingeräumt, die Beweisvereitelung im Rahmen der Beweiswürdigung zu berücksichtigen. Damit stellen sich die zitierten Regelungen als besondere Ausprägung des in § 286 enthaltenen Grundsatzes der freien Beweiswürdigung dar. Das Gericht muss also trotz Beweisvereitelung weiterhin alle Umstände des Falls würdigen; es hat in diesem Zusammenhang das unredliche Verhalten des Vereitelnden in seine Überlegungen mit einzubeziehen.

So sind nach überwiegender Ansicht analog den zitierten Vorschriften in allen anderen Fällen der pflichtwidrigen Unterdrückung von Beweismitteln oder der vorwerfbaren Unterlassung weitere Aufklärungsmaßnahmen erforderlich, wobei der Grad des Verschuldens zu berücksichtigen ist.[533] Bedeutung kommt in dem Zusammenhang auch der vorwerfbar unterlassenen Dokumentation zu,[534] namentlich bei Verstoß gegen die Pflicht zur Führung und Aufbewahrung von Büchern und Belegen.[535] Die Weigerung, die Identität eines Zeugen preiszugeben oder ihn von der Verschwiegenheitspflicht zu befreien, stellt sich als Beweisvereitelung dar, wenn sie vorwerfbar und missbilligenswert ist.[536]

151 Die Beweisvereitelung führt mithin nur zu einer Verschiebung der *Beweisführungslast*. Ihr kommt im Rahmen der Beweiswürdigung der Rang eines Indizes zu. Dieses kann einerseits gänzlich unbedeutend sein, andererseits kann es jedoch im Einzelfall auch ein solches Gewicht haben, dass das Gericht berechtigt ist, von weiteren Beweiserhebungen über die streitige Tatsache abzusehen, weil es eben wegen der Beweisvereitelung des näheren Beweises nicht mehr bedarf.[537] Das kann bis zur Umkehr der Beweislast führen.[538] Die Vorteile des § 287 kommen dem Vereitelnden ebenso wenig zugute[539] wie die Grundsätze des Anscheinsbeweises.[540] Erörtert wird das Thema grundsätzlich im Rahmen der Beweiswürdigung. Kann wegen Beweisvereitelung von einer Beweisaufnahme ausnahmsweise abgesehen werden, befassen wir uns hiermit bei der Erörterung der *Beweisbedürftigkeit*.[541]

531 OLG Koblenz NJW-RR 2013, 796.
532 OLG Düsseldorf BauR 2016, 299 = BeckRS 2015, 00228.
533 BGH BB 1984, 568; NJW 1986, 59; 1986, 2371; 1998, 79; Thomas/Putzo/*Reichold* ZPO § 286 Rn. 17; BLAH/*Hartmann* ZPO Anh § 286 Rn. 30 ff.
534 BGH NJW 2009, 360 = MDR 2009, 80; → Rn. 143.
535 BGH DB 2012, 794, Anm. *Podewils* ZiP 2012, 523.
536 BGH NJW-RR 1996, 1534.
537 BGH NJW 1993, 1391; NJW-RR 2005, 1051; für Annahme eines bestimmten Beweisergebnisses *Laumen* MDR 2009, 177.
538 BGH NJW 1987, 1482.
539 BGH NJW 1981, 1454; OLG Hamm NJW-RR 1990, 42.
540 BGH NJW 1998, 79 = MDR 1998, 122 = VersR 1998, 338.
541 Vgl. hierzu näher → A Rn. 140 ff.

VIII. Die Schadensschätzung nach § 287

1. Anwendungsbereich

Streiten die Parteien über die Entstehung eines Schadens oder dessen Höhe, so ist das Gericht in der Wahrheitsfindung freier als im Normalfall: Es darf sein Urteil auf eine Schätzung stützen.[542] Ausreichend ist insoweit eine erhebliche, auf gesicherter Grundlage beruhende Wahrscheinlichkeit.[543] Es gilt mithin für die subjektive, nicht für die objektive Beweislast ein anderes Beweismaß als im Falle des § 286.[544] § 287 ist also Grundlage einer Beweiserleichterung.[545] **152**

Der *Anwendungsbereich* des § 287 I erstreckt sich, was oft verkannt wird, nicht alleine auf die Schadenshöhe, sondern auf die gesamte haftungsausfüllende Kausalität.[546] Hat etwa der Beklagte dem Kläger widerrechtlich eine etwas zu deftige Ohrfeige versetzt, muss das Gericht über die Frage, ob gerade hierdurch ein Hörschaden und eine damit einhergehende Invalidität des Klägers hervorgerufen worden ist, auf der Grundlage des § 287 I entscheiden. Nur die – haftungsbegründende – schadensstiftende Handlung selbst muss nach § 286 festgestellt werden.[547] Das gilt namentlich bei der Arzthaftung, wo der Patient den Primärschaden, dh die als erste Verletzungsfolge geltend gemachte, konkret ausgeprägte Schädigung der körperlichen Integrität, nach § 286 beweisen muss, wohingegen für den sich daran anschließenden Folgeschaden § 287 gilt.[548] Bei einem HWS-Schleudertrauma muss der Geschädigte die Primärverletzung beweisen, wohingegen deren Folge (zB Tinnitus) nach § 287 festzustellen ist.[549]

Deutlich wird der Unterschied zwischen den Regelungsbereichen der §§ 286 und 287 auch im Falle des *Mitverschuldens*, § 254 I BGB. Der Beweis für die Umstände, die dem Geschädigten als Verschulden angelastet werden, unterliegt den Regeln des § 286. Über die Frage, inwieweit ein auf diese Weise festgestelltes Verhalten oder Unterlassen des Geschädigten von Einfluss auf das Entstehen und die Höhe des Schadens gewesen ist, hat das Gericht dagegen unter Anwendung des § 287 zu befinden.[550]

Materielle Voraussetzung für die Anwendbarkeit des § 287 ist des Weiteren, dass der Schaden zum Zeitpunkt der letzten mündlichen Verhandlung in einem nicht unerheblichen Ausmaß bereits entstanden ist. Auf dieser Grundlage darf das Gericht auch die künftige Schadensentwicklung bei der Bemessung des Ersatzanspruchs berücksichtigen. Ist demgegenüber ein gegenwärtiger Schaden nicht vorhanden, kann der Kläger wegen seines Anspruchs auf Ersatz künftigen Schadens nur Feststellung nach § 256 I verlangen.[551]

---

542 Zu den Anforderungen einer Schätzung nach § 287 vgl. BGH NJW 1986, 1329 (1331); 1992, 2427; NJW-RR 2010, 679: »besonders frei«; eingehend Prütting/Gehrlein/*Laumen* ZPO § 287 Rn. 4 ff.

543 BGH NJW 2005, 3275; MDR 2013, 774 = NJW 2013, 2584.

544 BGH NJW 2003, 358; NJW-RR 2006, 1238; → Rn. 133.

545 BGH NJW-RR 2014, 545; → Rn. 146.

546 BGH NJW 1987, 705; 1993, 201; 1993, 3073 (3076); 1998, 1633; WM 1996, 1830 = WM 1996, 1830; Beispiele in BLAH/*Hartmann* ZPO § 287 Rn. 16 ff.

547 BGH NJW 1987, 705; 1992, 3298; 2005, 1650; für den umgekehrten Fall der Feststellung einer Vorerkrankung bei Unfallschaden BGH NJW 2012, 392.

548 BGH VersR 1998, 1153; NJW 2008, 1381; NJW-RR 2007, 569 (572); 2009, 409.

549 OLG München NJW 2011, 396.

550 BGH NJW 1986, 2945; 2000, 3069 (3071); OLG Köln NJW-RR 2005, 1042 (1044).

551 BGH NJW 1992, 1035; vgl. → O Rn. 19.

153 Nach § 287 I 2 und 3 steht es im pflichtgemäßen Ermessen des Gerichts zu entscheiden, inwieweit eine beantragte Beweisaufnahme durchgeführt und ob von Amts wegen ein Sachverständigengutachten eingeholt oder eine Parteivernehmung angeordnet wird; auch in der Gestaltung der Beweisaufnahme ist das Gericht also freier.[552] In Nebenpunkten wird von der Möglichkeit einer Schätzung eher Gebrauch gemacht.

Beispiele:
- Nebenkostenpauschale im Verkehrsunfall-Prozess (zZ ca. 25 bis 30 EUR), dies aber begrenzt auf das Massengeschäft der Unfallregulierung, nicht hingegen verallgemeinerungsfähig[553]
- Zinsanspruch[554], es sei denn, die Zinsen könnten anhand der vorliegenden Tatsachen ausgerechnet werden[555]

In Hauptpunkten neigt die Praxis unserer Erfahrung nach dazu, dem Strengbeweis, insbesondere dem Sachverständigengutachten, den Vorrang einzuräumen. Die Schadensschätzung hat eher Auffangfunktion. Sie kommt zum Zuge, wenn die Mittel des Strengbeweises nicht ausreichen. Häufig wird es sich um Fälle handeln, in denen nur wenige gesicherte Tatsachen feststehen. Abweisen darf das Gericht das Leistungsbegehren aber nur dann, wenn die Feststellung eines Schadens schlechthin nicht in Betracht kommt und sie daher willkürlich wäre.[556] Nur in diesem Fall kann gegen den Anspruchsteller eine Beweislastentscheidung ergehen.[557] Zuvor ist jedoch sorgfältig zu prüfen, ob nicht wenigstens hinreichend konkrete Anhaltspunkte für einen nicht rein abstrakt zu schätzenden *Mindestschaden* vorhanden sind.[558]

154 Große praktische Bedeutung hat § 287 II, wonach die Regelungen des Abs. 1 S. 1 und 2 bei vermögensrechtlichen Streitigkeiten in recht weitem Umfang entsprechend anzuwenden sind. Zu prüfen ist die Anwendung der Norm generell bei kleinen Werten, zu denen die Kosten einer Beweisaufnahme (insbesondere: Sachverständigengutachten) in keinem sinnvollen Verhältnis stünden.[559] Im Übrigen lassen sich auf diese Weise Nebenpunkte kostensparend bereinigen.[560]

Beispiele:
- Im Bauprozess (Stunden- und Materialaufwand für Nebenarbeiten)
- Im Rechtsstreit um eine Kasko-Entschädigung (Beide Seiten legen jeweils Wertgutachten vor, die im Endergebnis nicht erheblich differieren. Hier kann es vertretbar sein, den Mittelwert zu schätzen.)

2. Prozessuale Situation des Klägers

a) Darlegungs- und Beweislast

155 Zu substantiiertem Sachvortrag ist der Anspruchsteller nur im Rahmen des Zumutbaren verpflichtet; dieser Pflicht muss er indes im Rahmen des Möglichen nach-

552 BGH NJW 2008, 1519; 2012, 2026; 2012, 2267; 2016, 1245 Rn. 10 (zur Nachprüfbarkeit in der Revision).
553 BGH NJW 2012, 2267.
554 BGH NJW 1995, 733; vgl. auch → A Rn. 107.
555 BVerfG NJW 2010, 1870.
556 BGH NJW-RR 1992, 202; WM 2001, 2450; NJW-RR 2004, 1023; NJW 2005, 3348.
557 *Schneider* Beweis Rn. 296.
558 BGH NJW 2005, 3348; 2013, 525; MDR 2013, 774 = NJW 2013, 2584; OLG Hamm MDR 2014, 984 = BeckRS 2014, 12542.
559 BGH NJW 2005, 2074.
560 BGH NJW 2006, 1873.

kommen. § 287 erleichtert also die Darlegungslast, nimmt sie der Partei aber nicht gänzlich ab.[561] Auch statistisches Material ist verwertbar.[562] Über bestrittene Anknüpfungstatsachen, auf welche die Schätzung sich stützen soll, ist vorweg Beweis zu erheben.[563] Die Beweislast trägt der Anspruchsteller.[564]

Die Schadensschätzung ist allerdings auch dann noch zulässig, wenn der Anspruchsteller die haftungsausfüllende Kausalität nur mit schwachen Sachverhaltsangaben zu untermauern vermag, weil er selbst nicht weiß, wie die Dinge sich bei ungestörtem Verlauf weiterentwickelt hätten.

Beispiele:
- Vermutliche Lebensdauer des getöteten Ehemannes (bei Fehlen konkreter Anhaltspunkte Rückgriff auf die Sterbetabelle)
- Entgangener Gewinn bei gescheiterter Gründung eines Geschäftsbetriebes[565]

b) Unbezifferter Leistungsantrag

Da man vom Kläger in Fällen, die erkennbar auf eine Schadensschätzung hinauslaufen, nicht verlangen kann, dass er das vom Richter zu findende Ergebnis kraft Intuition vorwegnimmt, lässt die Rechtsprechung hier mit Rücksicht auf die Ungewissheit, in welcher der Kläger sich befindet, abweichend von § 253 II Nr. 3 unbezifferte Klageanträge zu. Der Kläger muss allerdings die ungefähre Größenordnung seines Begehrens mitteilen. Die Untergrenze kann notfalls der Streitwertangabe entnommen werden.[566] Sie ist auch für die Beschwer maßgeblich.[567] **156**

Gleiches gilt für Klagen auf Zahlung von Schmerzensgeld, § 253 II BGB,[568] und auf Leistung einer angemessenen Entschädigung wegen nutzlos aufgewendeter Urlaubszeit.[569] Weitere Fälle finden sich zB in §§ 315 III 2, 319 I 2, 343, 660 BGB.

Der BGH hat klargestellt, dass die Mindestangaben des Klägers vom Gericht *grenzenlos* überschritten werden dürfen; § 308 I wird hierdurch nicht verletzt.[570] Das leuchtet aus praktischen Erwägungen ein. Hätte das Gericht mit dem Zuspruch § 308 I verletzt, bliebe dem Beklagten die Möglichkeit der Berufung. Im Verfahren des zweiten Rechtszuges indes kann der Kläger durch den bloßen Antrag auf Zurückweisung des Rechtsmittels die Klage konkludent auf den Umfang des Zuspruchs erweitern. Dies ist abweichend von § 533 gemäß § 264 Nr. 2 ohne Zustimmung des Beklagten und ohne gesonderte Bejahung von Sachdienlichkeit zulässig.[571] Bei sach-

561 BGH NJW-RR 1992, 202; 1992, 792; 1998, 748; VersR 1993, 1284; WM 2007, 1097 = NJW 2007, 1806; BAG NJW 2013, 331; allg. vgl. → A Rn. 101.
562 BGH NJW 1998, 66.
563 BGH NJW 1998, 1634; NJW-RR 1998, 331; NJW 2012, 2267.
564 BGH NJW-RR 1998, 331; allg. → Rn. 133 ff.
565 BGH VersR 1993, 1284.
566 BGH VersR 1996, 2425; NJW 1999, 353; 2002, 3769; zur verjährungsunterbrechenden Wirkung nach altem Recht: BGH NJW 2002, 2769; NJW-RR 2015, 188 (auch in der Berufung zulässig); OLG München NJW 1988, 1396; *Anders/Gehle* Streitwert-Lexikon, Stichwort »Unbezifferter Leistungsantrag«; eingehend *Mertins* VersR 2006, 47.
567 BGH VersR 2001, 1578 = NJW 2002, 212; NJW-RR 2004, 102; 2004, 863.
568 BGH NJW 1974, 1551; *Diederichsen* VersR 2005, 433 (438 ff.).
569 LG Hannover NJW 1989, 1936.
570 BGH NJW 1996, 2425; 2002, 3769 (Schmerzensgeld).
571 BGH NJW 2004, 2152; OLG Saarbrücken MDR 2006, 227.

licher Berechtigung des Zuspruchs ist die Berufung also zurückzuweisen, ohne dass es auf eine Verletzung des § 308 I ankommt.

3. Streitwert und Kostenentscheidung

157 Wenn der Kläger in einem Fall der Schadensschätzung einen bezifferten Leistungsantrag stellt, ergeben sich für den Streitwert keine Besonderheiten.[572] Bei der Kostenentscheidung ist § 92 II Nr. 2 (richterliches Ermessen) zu beachten.[573]

Wird hingegen ein unbezifferter Leistungsantrag gestellt,[574] muss das Gericht bei der Wertfestsetzung den Sachvortrag des Klägers als unstreitig zugrunde legen und hiervon ausgehend gemäß § 3 einen angemessenen Wert schätzen.[575] Da die Klägerseite bei der erforderlichen Angabe der Größenordnung ihres Begehrens in aller Regel einen Mindestwert angibt, welcher dem nach dem Sachvortrag festzusetzenden Geldbetrag entspricht, sind diese beiden Werte in der Praxis meist identisch; man darf sich hierdurch aber nicht davon abhalten lassen, die Wertfestsetzung nach dem klägerischen Sachvortrag eigenständig zu prüfen. Ergibt sich im Rechtsstreit, dass der Kläger weniger zugesprochen erhält, als sein anfänglicher, der Wertfestsetzung zugrunde liegender Vortrag es erwarten ließ, stellt sich die Frage nach einer angemessenen Kostenbelastung.[576] Um der mangelnden Gewissheit des Klägers bei Klageerhebung Rechnung zu tragen, lässt die Rechtsprechung insoweit Abweichungen von etwa 20 bis 25% unberücksichtigt und belastet den Beklagten trotz Teilabweisung der Klage mit den vollen Kosten.[577] Erst bei einem höheren Verlust ist der Kläger nach dem Verhältnis von Streitwert und Zuspruch an den Kosten zu beteiligen.[578]

Beispiel: Der Streitwert ist nach den tatsächlichen Angaben des Klägers auf 15.000 EUR festgesetzt worden; zugesprochen werden 10.000 EUR. Der Kläger trägt $^1/_3$ der Kosten; der Toleranzwert von 20 bis 25% wird bei der Kostenquote also nicht mehr berücksichtigt.

Entsprechendes gilt bei Durchgreifen eines Mitverschuldenseinwands.[579]

Wird dem Kläger ein Betrag zuerkannt, dessen Größenordnung er genannt hat, fehlt es an der Rechtsmittelbeschwer.[580]

4. Gutachten und Urteil

158 Besondere Probleme stellen sich kaum. Zur Zulässigkeit des unbezifferten Antrags werden nur in Zweifelsfällen eingehende Ausführungen erwartet. Grundsätzlich reicht ein kurzer Hinweis. Die Frage, ob die Darlegung des Klägers zur Schadenshöhe hinreichend substantiiert ist oder ob im Licht der vom Gericht vorzunehmenden

572 KG VersR 2008, 1234; allg. → A Rn. 189.

573 → A Rn. 194.

574 Vgl. → Rn. 155 f.

575 HM, vgl. Prütting/Gehrlein/*Gehle* ZPO § 3 Rn. 218; BGH MDR 2012, 875 = BeckRS 2012, 13528; KG MDR 2010, 888 = BeckRS 2010, 10186.

576 BGH NJW 1974, 1551.

577 OLG Frankfurt a.M. MDR 1982, 674; OLG Köln NJW 1989, 720; OLG Koblenz VersR 1990, 402.

578 OLG Köln NJW 1989, 720.

579 KG JurBüro 1969, 1205 (1207) = MDR 1970, 152; OLG München VersR 1989, 862.

580 BGH VersR 1999, 902; NJW 2002, 212; NJW-RR 2004, 863.

Schadensschätzung auf nähere Ausführungen verzichtet werden kann, ist im Rahmen der Schlüssigkeitsprüfung zu erörtern.

Wenn der Kläger einen unbezifferten Klageantrag stellt, muss bereits bei der Schlüssigkeit untersucht werden, welcher Zahlungsanspruch sich der Höhe nach aus seinem Sachvortrag ergibt. Bei den Einwänden des Beklagten ist zu prüfen, welche Schadenshöhe nach dessen Sachdarstellung verbleibt. Erst auf diese Weise kann der Bearbeiter sich Klarheit darüber verschaffen, ob die Einwendungen des Beklagten erheblich sind.

Die Frage, ob der Schadensumfang zu schätzen ist, hat Vorrang vor der Auswertung von Beweisanträgen, § 287 I 2. Eine streitige Tatsache, deren Vorliegen alleine durch Schätzungen geklärt werden kann, ist nicht *beweisbedürftig*.[581]

Die Beweiswürdigung sollte sich in erster Linie auf die konkreten Umstände des Falles stützen, mögen die hieraus zu gewinnenden Grundlagen auch schwach sein. Plausibler Parteivortrag ist in diesem Zusammenhang mit zu berücksichtigen.[582] Allgemeine Erfahrungswerte dienen eher der Lückenschließung. Die tragenden Gründe der Beweiswürdigung müssen im Urteil ausführlich dargestellt werden. Soweit in diesem Zusammenhang von »gemildertem Begründungszwang« die Rede ist,[583] wird damit nur auf die eingeschränkte Überprüfbarkeit der Schadensschätzung in der Revision Bezug genommen.[584] Herabgesetzte Anforderungen an die Überzeugungskraft der Entscheidungsgründe sind damit nicht gemeint.

---

581 Vgl. → A Rn. 140, 144.

582 BGH NJW 1993, 2383; OLG Frankfurt a.M. VersR 1991, 1070.

583 *Schneider* Beweis Rn. 260.

584 Vgl. BGH NJW-RR 1992, 1050; MDR 2000, 817 = BeckRS 2000, 04632; NJW-RR 2005, 1157.

G. Die Aufrechnung des Beklagten im Prozess

I. Rechtsnatur und Wirkungen

1 Der Beklagte kann sich gegen eine Zahlungsforderung des Klägers mit der Aufrechnung verteidigen. Geschieht dies unbedingt, liegt eine *Hauptaufrechnung* (andere Bezeichnung: Primäraufrechnung) vor; soll die Aufrechnung nur unter der Bedingung zum Zuge kommen, dass die vorrangige Verteidigung – zB das Bestreiten der anspruchsbegründenden Voraussetzungen – ohne Erfolg bleibt, haben wir es mit einer *Hilfsaufrechnung* zu tun, von der weiter unten die Rede ist.[1] Zu unterscheiden ist zwischen der Erklärung der Aufrechnung und der Geltendmachung des Aufrechnungseinwands im Prozess.

Die *Erklärung* der Aufrechnung (§ 388 I BGB) stellt die Ausübung eines materiellrechtlichen Gestaltungsrechts dar. Eine konkludente Aufrechnung ist außergerichtlich und auch im Prozess möglich.[2] Die maßgeblichen Grundlagen finden sich ausschließlich im materiellen Recht (§§ 387 ff. BGB). Unter drei Voraussetzungen,

- Zulässigkeit der Aufrechnung, insbesondere kein Aufrechnungsverbot (zB §§ 390, 393 f. BGB, § 269 VI[3], § 96 InsO, AGB[4]),
- Aufrechnungslage (§ 387 BGB),
- wirksame Aufrechnungserklärung (§ 388 BGB),

bewirkt die Aufrechnungserklärung, dass die beiden Forderungen, soweit sie sich decken, von dem Zeitpunkt an als erloschen gelten, zu dem sie sich erstmalig aufrechenbar gegenüberstanden (§ 389 BGB). Die Vorschrift stellt demnach eine rechtsvernichtende Einwendungsnorm im materiellen Sinn (= Einrede iSd ZPO)[5] dar.

Die Wirkung einer Aufrechnungserklärung tritt – grundsätzlich – unabhängig davon ein, ob sie außerhalb oder im Prozess abgegeben wird.[6] Erklärt der Schuldner vorgerichtlich wirksam die Aufrechnung, erlischt die Forderung des Gläubigers. Eine vom Kläger vorgetragene Aufrechnung des Beklagten kann mithin die Klage unschlüssig machen.[7] Beruft sich der Beklagte mit Recht auf eine vorgerichtliche Aufrechnung, ist die Klage wegen Erfüllung der Forderung abzuweisen. Hierauf abzielender streitiger Vortrag ist ein erheblicher Einwand, der zur Beweisaufnahme führen kann. Prozessuale Besonderheiten ergeben sich insoweit nicht.

Wenn der Beklagte die Aufrechnung erstmals im Prozess erklärt (Prozessaufrechnung), verteidigt er sich mit einer Einrede iSd ZPO.[8] Sein Ziel ist es auch hier, mit der Aufrechnung eine Klageabweisung zu erreichen. Sein Verteidigungsmittel hat diesen Er-

---

1 S. → Rn. 15 ff.

2 BGH MDR 1994, 1144 = NJW-RR 1994, 1203 (Bezugnahme auf außergerichtlich erklärte Aufrechnung); für den Prozess ablehnend Zöller/*Greger* ZPO § 145 Rn. 11.

3 BGH NJW 1992, 2034.

4 Vgl. BGH NJW 2011, 1729 sowie einschlägige Fundstellen zur Wirksamkeit von Aufrechnungsverboten in AGB.

5 → A Rn. 97.

6 Thomas/Putzo/*Reichold* ZPO § 145 Rn. 12; Zöller/*Vollkommer* ZPO § 33 Rn. 8.

7 Prütting/Gehrlein/*Dörr* ZPO § 145 Rn. 11; BLAH/*Hartmann* ZPO § 145 Rn. 10.

8 Vgl. → A Rn. 97 ff.

folg, wenn es prozessual zulässig ist und die Aufrechnung durchgreift. Als Geltendmachung eines Verteidigungsmittels stellt die Aufrechnung eine Prozesshandlung dar, deren Voraussetzungen und Wirkungen sich nach dem Prozessrecht richten.[9]

Die materiell-rechtlichen Wirkungen der Prozessaufrechnung treten grundsätzlich 2
sofort ein. Die *Gegenaufrechnung* des Klägers geht daher selbst bei der Hilfsaufrechnung ins Leere.[10] Andererseits bleiben die Wirkungen der Prozessaufrechnung davon abhängig, dass diese bis zum Schluss der mündlichen Verhandlung als Verteidigungsmittel eingesetzt wird. Geht der Beklagte – was aufgrund der Dispositionsmaxime zulässig ist – hiervon ab und lässt den Aufrechnungseinwand fallen, treten die materiell-rechtlichen Wirkungen nicht ein, so als sei die Aufrechnung nie erklärt worden.[11]

II. Rechtskraft und Rechtshängigkeit

1. Wirkungen des § 322 II ZPO

a) Rechtskraftwirkungen 3

Eine Sachentscheidung über die zur Aufrechnung gestellte Gegenforderung erwächst gemäß § 322 II in *Rechtskraft*. Das bedeutet, dass eine Klage, mit der die Gegenforderung erneut geltend gemacht wird, als unzulässig abzuweisen ist. § 322 II gilt nicht nur für ein stattgebendes Urteil, mit dem die Gegenforderung verneint wird, sondern auch dann, wenn die Klage wegen einer erfolgreichen Aufrechnung abgewiesen wird.[12] In derartigen Fällen wird nämlich festgestellt, dass die Gegenforderung zwar bestanden hat, aber durch die Aufrechnung gem. § 389 BGB erloschen ist und deshalb nicht (mehr) besteht. Das gilt selbst dann, wenn die Entscheidung sachlich falsch ist. Ihre Rechtskraft geht jedweder Sachprüfung vor.[13]

Die Rechtskraftwirkung des § 322 II tritt nur ein, soweit das Gericht über die Gegenforderung in der Sache entschieden hat.

Beispiele: Die Klageforderung beträgt 10.000 EUR. Der Beklagte erklärt im Prozess die Aufrechnung mit einer angeblichen Gegenforderung in Höhe von 15.000 EUR.

- Wird der Klage stattgegeben und in den Entscheidungsgründen unter anderem ausgeführt, dass die Gegenforderung nicht besteht, wird über diese in Höhe von 10.000 EUR entschieden. Auch nach Eintritt der Rechtskraft kann der Beklagte die angebliche Gegenforderung in einer Höhe von 5.000 EUR einklagen, während eine darüber hinausgehende Klage von vornherein unzulässig ist.
- Wird die Klage alleine wegen der Aufrechnung abgewiesen, ist über die Gegenforderung in Höhe von 10.000 EUR entschieden worden. Das Bestehen der Klage- und der Gegenforderung sowie deren Erlöschen werden damit im Umfang von 10.000 EUR rechtskraftfähig festgestellt.[14]

---

9 Thomas/Putzo/*Reichold* ZPO § 145 Rn. 14; Zöller/*Greger* ZPO § 145 Rn. 11.

10 BGH NJW 2008, 2429.

11 Vgl. BGH NJW 2009, 1071; 1671; ablehnend Zöller/*Greger* ZPO § 145 Rn. 11a; näher und zusätzlich zur abweichenden Lage bei einer vorgerichtlich bereits erklärten Aufrechnung → Rn. 6.

12 BGH NJW 2002, 900; NJW-RR 2004, 1000; die Entscheidung über die Klage muss indes ihrerseits Rechtskraftwirkungen entfalten, widrigenfalls die Entscheidung über die Gegenforderung nicht rechtskräftig werden kann, vgl. für einen Fall aus dem Insolvenzrecht BGH NJW 2006, 3068.

13 BGH NJW 2002, 900.

14 OLG Düsseldorf MDR 2009, 1355 = BeckRS 2009, 27110.

- Wird die Klage mit der Begründung abgewiesen, die Klageforderung sei nur in Höhe von 5.000 EUR entstanden und in dieser Höhe durch die erklärte Aufrechnung erloschen, ist über die Gegenforderung in Höhe von 5.000 EUR entschieden worden.
- Wird das Bestehen der Gegenforderung verneint, weil sie nicht hinreichend substantiiert begründet worden ist, hat dies im Umfang der bestehenden Klageforderung nach § 322 II materielle Rechtskraftwirkungen. In diesem Umfang geht die Gegenforderung also unter.
- Den bedeutsamen Fall einer Präklusion wegen Verspätung behandeln wir unter → Rn. 4a.

Rechnet der Beklagte mit mehreren, die Klageforderung insgesamt übersteigenden Gegenforderungen in einer bestimmten Reihenfolge auf und hat die Klage Erfolg, werden dem Beklagten bei Eintritt der Rechtskraft gem. § 322 II diese Forderungen in der von ihm bestimmten Reihenfolge bis zur Höhe der Klageforderung aberkannt.[15]

b) Aufrechnung des Klägers

4 Seinem Wortlaut nach greift § 322 II nur ein, wenn der Beklagte aufrechnet. Nach gefestigter Rechtsprechung gilt die Norm aber entsprechend, wenn der Kläger die Aufrechnung erklärt. Voraussetzung ist, dass er Schuldner derjenigen Forderung ist, die den Gegenstand des Rechtsstreits bildet und die im Wege der Aufrechnung getilgt werden soll. So liegt es zB im Falle der negativen Feststellungsklage und der Vollstreckungsabwehrklage nach § 767.[16]

c) Verneinung der Zulässigkeit, Besonderheiten bei der Präklusion

4a § 322 II greift nicht ein, wenn das Gericht, sei es aus prozessualen, sei es aus materiell-rechtlichen Gründen, bereits die Zulässigkeit der Aufrechnung verneint[17] oder auch nur offengelassen[18] hat.

Beispiele:
- bestehendes Aufrechnungsverbot, zB nach §§ 390, 393 BGB[19] oder nach § 556 III 3 BGB (materiell-rechtliche Unzulässigkeit)[20]
- keine hinreichend bestimmte Bezeichnung der Gegenforderung (prozessuale Unzulässigkeit)[21]
- Unzulässigkeit wegen Präklusion des Aufrechnungseinwandes nach § 767 II[22] oder nach § 533[23]
- Vorsicht! Bei Zurückweisung als verspätet (§§ 296, 531) ergeben sich zwei Möglichkeiten.[24] Zunächst kann der Aufrechnungseinwand als solcher wegen Verspätung zurückgewiesen werden. Dann ist er als unzulässig behandelt worden, ohne dass in der Sache über die Forderung

15 BGHZ 73, 248 (249); OLG Frankfurt a.M. NJW-RR 1986, 1063; OLG Celle Niedersächsische Rechtspflege 1985, 278.
16 BGH NJW-RR 2006, 1628; NJW 2015, 955 Rn. 48 ff.; Zöller/*Greger* ZPO § 145 Rn. 12; § 322 Rn. 24; Thomas/Putzo/*Reichold* ZPO § 322 Rn. 44; zur neg. Feststellungsklage → O Rn. 25; zu weiteren Fragen der Rechtskraft bei Aufrechnung *Foerste* NJW 1993, 1183.
17 BGH NJW 1984, 128; Rpfleger 1987, 37; Thomas/Putzo/*Reichold* ZPO § 145 Rn. 18; Zöller/*Vollkommer* ZPO § 322 Rn. 18.
18 BGH NJW-RR 1991, 971.
19 BGH NJW 2001, 3616 (die dort zitierte Regelung des § 390 S. 2 BGB aF findet sich nunmehr in § 215 BGB).
20 BGH WuM 2011, 421 = NJW 2011, 2284.
21 Näher hierzu → Rn. 8 ff.
22 BGH NJW 1994, 2769; 2009, 1671; 2014, 2045 Rn. 16.
23 BGH NJW 1992, 2575 (2576) Ziff. 3; fortgeltend auch für § 533.
24 BGH NJW 2015, 955 Rn. 48; zum alten Berufungsrecht mit gleichem Ergebnis BGH NJW-RR 1987, 1196 3.

entschieden worden wäre.[25] Alsdann kann Tatsachenvortrag zur Begründung der Gegenforderung als verspätet zurückgewiesen und auf dieser Grundlage in der Sache über das Nichtbestehen der Gegenforderung entschieden werden, mit dem Ergebnis ihres Untergangs nach § 322 II. Die Lage ist hier nicht anders als bei unsubstantiierter oder eben verspäteter Begründung einer Forderung.[26] Die Frage nach einer Präklusion der Aufrechnung hat im Aufbau Vorrang. Kann allerdings trotz Verspätung der Aufrechnungserklärung über die Gegenforderung sofort entschieden werden, tritt keine Verzögerung ein, sodass eine nach § 322 II bindende Sachentscheidung zu ergehen hat. Es gelten die für Präklusionsfälle entwickelten Aufbaugrundsätze.[27]

Bei Verneinung der Zulässigkeit wird über die Gegenforderung keine Sachentscheidung getroffen. Hierbei kommt es nicht darauf an, ob die Entscheidung richtig oder falsch war; maßgeblich ist alleine der Inhalt der Entscheidung selbst, dh die Aussage des Gerichts über seine Einschätzung der materiellen und prozessualen Rechtslage und hieraus abgeleitet die Rechtskraftwirkung.[28] Das gilt auch dann, wenn das Gericht nur im Rahmen von Hilfserwägungen die Gegenforderung für unbegründet erachtet hat. Ausführungen zur materiellen Rechtslage entfalten bei Verneinung der Zulässigkeit keine materielle Rechtskraft; sie sind als unverbindlich zu betrachten.[29] Erachtet das Gericht die Begründung der Gegenforderung für unsubstantiiert, liegt eine Sachentscheidung vor, sodass § 322 II eingreift; Unklarheiten sind durch Auslegung des Urteils zu beseitigen.[30] Im Urteilsentwurf sind eindeutige Aussagen unverzichtbar!

d) Verrechnung

Einen Sonderfall bildet die **Verrechnung**[31], bei der es an selbstständigen, sich auf- **4b**
rechenbar gegenüberstehenden Forderungen fehlt. Stammen die betreffenden Forderungen aus demselben Rechtsverhältnis (zB Vertrag), ist an eine Verrechnung zu denken, namentlich wenn für wechselseitige Forderungen ein Abrechnungsverhältnis besteht. Hier greift § 322 II nicht ein.[32]

2. Keine Rechtshängigkeit

Die zur Aufrechnung gestellte Forderung wird *nicht rechtshängig*.[33] Daher kann we- **5**
der in einem anderen Verfahren, in dem die Gegenforderung klageweise geltend gemacht wird, noch gegenüber der Aufrechnung selbst der Einwand der anderweitigen Rechtshängigkeit erfolgreich geltend gemacht werden. Das ergibt sich aus § 261. Die Vorschrift bezieht sich, wie deren Abs. 1 verdeutlicht, ausschließlich auf die Erhebung einer Klage (bzw. Widerklage). Ein weiteres Argument liefert § 322 II, der eine Ausnahme von dem Grundsatz darstellt, dass Rechtshängigkeit und Rechtskraft deckungsgleich sind. Schließlich hätte die spezielle Regelung des § 204 I Nr. 5 BGB

---

25 BGH NJW-RR 1991, 971 f.; NJW 1994, 2769 f.
26 BGH NJW-RR 1987, 1196.
27 Zum Aufbau → I Rn. 9.
28 BGH NJW 2001, 3616; deutlich hierauf abstellend BGH NJW 2015, 955 Rn. 48.
29 BGH NJW 1984, 128; vgl. auch BGH NJW 1988, 3210 (Nichtberücksichtigung der Hilfsaufrechnung für die Beschwer bei Offenlassen der Zulässigkeit der Hilfsaufrechnung).
30 BGH NJW-RR 2000, 285; OLGR Stuttgart 2001, 267.
31 Vgl. → Rn. 7 aE betr. Bauvertrag.
32 BGH NJW 2002, 900; NJW-RR 2004, 1715 (Übererlös aus Zwangsvollstreckung).
33 BGH NJW 1977, 1687; 1999, 1179; NJW-RR 2004, 1000.

für die Hemmung der Verjährung bei Rechtshängigkeit der Gegenforderung neben § 204 I Nr. 1 BGB keine Bedeutung.[34]

Wird die Aufrechnung mit einer Forderung erklärt, die bereits in einem anderen Rechtsstreit zur Aufrechnung gestellt ist, muss das Gericht also eigenständig prüfen, ob die Forderung (noch) besteht.[35] Im Allgemeinen ist es zweckmäßig, den zweiten Prozess bis zur Erledigung des ersten auszusetzen.[36] Nach Auffassung des OLG Frankfurt a.M. rechtfertigt indes eine Aufrechnung des Beklagten mit einer Gegenforderung, die er selbst in einem anderen Verfahren eingeklagt hat, nicht die Aussetzung des Verfahrens, in dem die Aufrechnung geltend gemacht wird.[37] Notfalls muss ein Vorbehaltsurteil nach § 302 ergehen.

III. Aufrechnung als Verteidigungsmittel – Prozessuale Auswirkungen

1. Prozessuale Besonderheiten

6 Der Beklagte beabsichtigt, mit der Aufrechnung im Prozess die Klage zu Fall zu bringen. Daher stellt die Aufrechnung ein Verteidigungsmittel, nicht hingegen ein Angriffsmittel (wie zB die Widerklage) dar, auch wenn sie sich im Hinblick auf die Rechtskraftwirkung des § 322 II von den übrigen Verteidigungsmitteln unterscheidet. Anders als die Widerklage hat die Geltendmachung der Aufrechnung im Prozess keinen Einfluss auf die Zulässigkeit der Klage, insbesondere nicht auf die Zuständigkeit des Gerichts.[38]

Wird die Klage wegen der Aufrechnung abgewiesen, trägt der Kläger in vollem Umfang (Hauptaufrechnung) oder jedenfalls teilweise (Hilfsaufrechnung) die Kosten des Rechtsstreits, und zwar auch dann, wenn der Beklagte erst nach Prozessbeginn die Aufrechnung erklärt.[39] Bei einer begründeten Hauptaufrechnung mag der Kläger erwägen, der für ihn nachteiligen Kostenlast durch eine Erledigungserklärung zu entgehen. Da erst die Erklärung der Aufrechnung und nicht die Aufrechnungslage (§ 389 BGB) das *erledigende Ereignis* darstellt, hat der Kläger bei streitiger Entscheidung gute Aussichten, wohingegen es bei übereinstimmend erklärter Erledigung auf die Frage ankommen kann, ob er selbst nicht schon vorprozessual hätte aufrechnen können; das kann zu einer Kostenbelastung aus Billigkeitsgründen führen.[40] Bei unverzüglicher Klagerücknahme ist des Weiteren an eine Anwendung des § 269 III 3 zu denken, die eine Billigkeitsentscheidung wie im Fall des § 91a nach sich ziehen kann.

---

34 Zur Verjährung vgl. auch → Rn. 16a und BGH NJW 2008, 2429.

35 Vgl. BGH NJW-RR 2004, 1000; eingehend *Schröder* NJW 2004, 2203; *Althammer/Löhnig* NJW 2004, 3077; → P Rn. 46.

36 BGH NJW-RR 2004, 1000; Zöller/*Greger* ZPO § 145 Rn. 18a; eingehend zur Aufrechnung mit einer rechtshängigen Gegenforderung *Skamel* NJW 2015, 2460.

37 OLG Frankfurt a.M. NJW 2015, 2512; gegen OLG Dresden NJW 1994, 139.

38 Thomas/Putzo/*Reichold* ZPO § 145 Rn. 19.

39 Zur Kostenentscheidung bei der Hauptaufrechnung s. → Rn. 14 und bei der Hilfsaufrechnung s. → Rn. 22.

40 BGH NJW 2003, 3134; vgl. auch *Anders/Gehle* Antrag und Entscheidung Teil B, Rn. 433, 454; zur Aufrechnung mit einer Forderung, die bereits in einem anderen Rechtsstreit aufgerechnet worden ist: BGH NJW-RR 2004, 1000; eingehend *Schröder* NJW 2004, 2203; *Althammer/Löhnig* NJW 2004, 3077; näher → P Rn. 46.

Das ist uU nach Nr. 1211 Nr. 1a KV Anl. 1 zum GKG kostenmäßig immer noch günstiger als eine aussichtslose Erledigungserklärung.

Von der Geltendmachung der Aufrechnung im Prozess kann jederzeit *Abstand* genommen werden mit der Folge, dass das Gericht dann nicht über das Bestehen der zur Aufrechnung gestellten Forderung entscheiden kann.[41] Auch die materiell-rechtlichen Wirkungen treten in diesem Fall nicht ein.[42] Mit entsprechenden Ergebnissen kann der Beklagte von der Haupt- zur Hilfsaufrechnung übergehen. Bleibt diese ohne Wirkungen, weil die Hauptverteidigung Erfolg hat, ist sie auch materiell-rechtlich folgenlos. Eines muss man dennoch bedenken: War die Aufrechnung außergerichtlich bereits erklärt und wird dies als Tatsache vorgetragen, bleibt es bei den ggf. eingetretenen Wirkungen! Die Möglichkeit der Abstandnahme besteht nur, wenn die Aufrechnung erstmals im Prozess als Verteidigungsmittel vorgebracht wird.

Für die Aufrechnung gelten ebenso wie für die sonstigen Verteidigungsmittel die §§ 277 I, 282, sodass ggf. die Geltendmachung der Aufrechnung sowie die ihr zugrunde liegenden Tatsachen wegen Verspätung unbeachtlich sind (§§ 296, 530 f.). Das kann auch dann gelten, wenn eine rechtzeitig zur Aufrechnung gestellte Forderung erst verspätet hinreichend individualisiert oder zB substantiiert begründet wird. Macht der Beklagte erstmalig in der zweiten Instanz eine Aufrechnung geltend, ist diese nur unter den Voraussetzungen des § 533 zuzulassen.

2. Vorbehaltsurteil

Eine Prozesstrennung von Klage und Aufrechnung kommt nicht in Betracht (vgl. 7
§ 145 I, III). Um jedoch eine Verschleppung der Entscheidung über die Klageforderung zu vermeiden, ist eine getrennte Verhandlung und ggf. Entscheidung über die Klage und die Aufrechnungsforderung möglich (§§ 145 III, 146, 302). Ist nur die Klageforderung zur Entscheidung reif, »kann« (= Ermessensentscheidung!) nach § 302 ein *Vorbehaltsurteil*[43] erlassen werden. In derartigen Fällen wird der Rechtsstreit im Hinblick auf die Aufrechnung in derselben Instanz weitergeführt. Der Tenor eines Vorbehaltsurteils nach § 302 lautet zB:

> Der Beklagte wird verurteilt, an den Kläger … EUR zu zahlen.
> Die Kosten des Rechtsstreits trägt der Beklagte.
> Das Urteil ist gegen Sicherheitsleistung … vorläufig vollstreckbar.
> Die Entscheidung über die Aufrechnung mit der im Tatbestand dieses Urteils näher bezeichneten Kaufpreisforderung bleibt vorbehalten.

Für die bloße **Verrechnung** unselbstständig einander gegenüber stehender Ansprüche gilt § 302 hM nach nicht.[44]

41 BGH NJW-RR 1991, 156; NJW 2009, 1071; 1671; Prütting/Gehrlein/*Dörr* ZPO § 145 Rn. 16; näher → Rn. 10; OLG Schleswig NJW-RR 2004, 651; OLG München BeckRS 2013, 10251; ausführlich auch zu Nebenfragen *Leichsenring* NJW 2013, 2155.

42 BGH NJW 2009, 1671; OLG Schleswig NJW-RR 2010, 216.

43 Zu den Besonderheiten eines Vorbehaltsurteils vgl. → Q Rn. 30; zur Kombination mit einem Grundurteil OLGR Hamm 2008, 105.

44 BGH NJW 2002, 900; NJW-RR 2004, 1715; NJW 2005, 2771 (Werklohnforderung); OLG Celle NJW-RR 2005, 654; Zöller/*Vollkommer* ZPO § 302 Rn. 3; BLAH/*Hartmann* ZPO § 302 Rn. 4; vgl. auch → Rn. 4 aE.

Der BGH hat für die im **Bauprozess** praktisch bedeutsamen Ansprüche des Werkbestellers auf Schadensersatz wegen Mängeln und auf Ersatz von Mängelbeseitigungskosten klargestellt, dass sie der Werklohnforderung aufrechenbar und nicht verrechenbar gegenüberstehen.[45] Dennoch darf ein Vorbehaltsurteil im Regelfall nicht ergehen, soweit die Gegenforderungen dazu dienen, das vertragliche Äquivalenzverhältnis herzustellen. Es wäre in solchen Fällen ermessensfehlerhaft, dem klagenden Werkunternehmer einen Titel an die Hand zu geben, bevor über die Gegenforderungen entschieden ist. Faktisch hat nämlich das Vorbehaltsurteil zunächst die Wirkungen eines Aufrechnungsverbotes; soweit ein solches nicht durchgreift, soll in den genannten Fällen grundsätzlich auch der Gläubiger nicht über ein Vorbehaltsurteil im Vorteil sein.[46] Die Regelung des § 302 I wird trotz ihres weiten Wortlautes dadurch nachhaltig begrenzt. Sie gilt im praktischen Ergebnis nur noch für Gegenforderungen, die nicht im Synallagma stehen und die daher am Äquivalenzverhältnis nicht teilhaben.[47]

IV. Zulässigkeit der Aufrechnung im Einzelnen

1. Unzulässigkeit aus prozessualen Gründen

a) Fallkonstellationen

8 Die Geltendmachung der Aufrechnung im Prozess unterliegt verschiedenen prozessualen Regeln, die sich aus ihrer Eigenschaft als Prozesshandlung und aus der Rechtskraftwirkung gem. § 322 II ergeben. Die prozessualen Voraussetzungen des Aufrechnungseinwandes sind gedanklich immer zu prüfen. Ausführungen hierzu sind im Gutachten und in den Entscheidungsgründen nur erforderlich, wenn sich insoweit Probleme ergeben. Da es hier nicht um die Aufrechnungserklärung, sondern um die Geltendmachung der Aufrechnung im Prozess geht, ist nicht von »Unzulässigkeit der Aufrechnung« zu sprechen; es sollte vielmehr wie folgt formuliert werden:

> Die Berufung auf die (oder: Die Geltendmachung der) Aufrechnung ist zulässig/unzulässig.

An den folgenden *Beispielen* soll verdeutlicht werden, welche Umstände zu den prozessualen Voraussetzungen des Aufrechnungseinwandes zählen:

- Wie bei jeder Prozesshandlung müssen auch für die Geltendmachung der Aufrechnung im Prozess die Prozesshandlungsvoraussetzungen, wie Parteifähigkeit, Prozessfähigkeit, Postulationsfähigkeit, vorliegen.
- Nicht zuletzt wegen der Rechtskraftwirkung des § 322 II unterliegt der Aufrechnungseinwand, der ja einen abgrenzbaren Teil-Streitgegenstand betrifft, dem Bestimmtheitsgrundsatz des § 253 II Nr. 2.[48] Dieser wirkt sich insbesondere dann aus, wenn der Beklagte mit *mehreren Forderungen* aufrechnet, die betragsmäßig insgesamt die Klageforderung übersteigen. In derartigen Fällen muss der Beklagte – für das Gericht bindend – angeben, in welcher Reihenfolge er die einzelnen Forde-

45 Vgl. BGH NJW 2005, 2771; 2006, 698; 2011, 1729.
46 Vgl. auch *Kessen* BauR 2005, 1691; der BGH hat in NJW 2006, 698 hierauf ausdrücklich Bezug genommen.
47 BGH NJW-RR 2008, 31.
48 BGH NJW 2002, 2182; 2011, 1227 betr. die Abgrenzbarkeit; OLG Köln NJW 2005, 1127.

rungen zur Aufrechnung stellen will, wie auch bei der Aufrechnung gegen mehrere Klageforderungen geklärt werden muss, in welcher Reihenfolge sie getilgt werden sollen. Vorrangig ist durch Ausübung des Fragerechts nach § 139 auf eine Klarstellung hinzuwirken. Gibt der Beklagte gleichwohl die Reihenfolge nicht ausdrücklich an, ist sein Vortrag auszulegen. Oft schafft bereits die Reihenfolge der Auflistung im Schriftsatz hinreichenden Aufschluss. §§ 396 I 2, 366 II BGB können ergänzend herangezogen werden.[49] Erst wenn keine Klarheit geschaffen werden kann, ist die Aufrechnung prozessual unzulässig.

- Für die Zulässigkeit der Aufrechnung kommt es auf die sachliche und die örtliche Zuständigkeit des erkennenden Zivilgerichts nicht an. Unzulässig ist die Aufrechnung grundsätzlich nur dann, wenn das Prozessgericht für die Gegenforderung international nicht zuständig ist.[50] 9
- Gehört die Gegenforderung in einen *anderen Gerichtszweig*, ist die Geltendmachung der Aufrechnung nur zulässig, wenn die Gegenforderung unbestritten ist oder über sie bereits rechtskräftig entschieden wurde.[51] Ansonsten muss das Gericht das Verfahren nach § 148 aussetzen und – falls in dem anderen Gerichtszweig noch keine Klage erhoben wurde – eine Frist zur Klageerhebung setzen; bei fruchtlosem Fristablauf ist die Berufung auf die Aufrechnung unzulässig (analoge Anwendung des § 296 II). All dies gilt nach Auffassung des BAG[52] auch für Forderungen, deren Geltendmachung in die Zuständigkeit des Arbeitsgerichts fällt. Befürwortet wird bei nicht rechtskräftig titulierter Gegenforderung der Erlass eines Vorbehaltsurteils und zugleich die Verweisung des Nachverfahrens an das Gericht des anderen Rechtszweigs.[53] Eine beachtliche Mindermeinung befürwortet unter Hinweis auf § 17 II 1 GVG die Entscheidungskompetenz des Zivilgerichts für alle rechtswegfremden Gegenforderungen.[54]
- Fällt die Gegenforderung unter eine Schiedsvereinbarung, darf sie auf Rüge des Gegners im laufenden Rechtsstreit nicht berücksichtigt werden.[55]
- Bei einer *Vollstreckungsgegenklage* gemäß § 767 ist die Berufung auf eine Aufrechnung gegenüber der titulierten Forderung nach § 767 II unzulässig, wenn die Aufrechnungslage schon zur Zeit der letzten mündlichen Tatsachenverhandlung des Vorprozesses bestand; auf den Zeitpunkt der Aufrechnungserklärung kommt es nicht an.[56] Nicht ausreichend ist allerdings die bloße Möglichkeit, eine Aufrechnungslage (zB über § 637 BGB) erst noch zu schaffen.[57]

49 BGH NJW 2000, 958; 2002, 2182.

50 BGH NJW 1993, 2753; MDR 2014, 795 = NJW 2014, 2798; OLGR Jena 2009, 63; für EG-Bereich vgl. BGH NJW 2002, 2182; Zöller/*Greger* ZPO § 145 Rn. 19; betr. Vollstreckungsgegenklage BGH NJW 2014, 2798.

51 Wohl weiterhin hM, vgl. Thomas/Putzo/*Reichold* ZPO § 145 Rn. 24, GVG § 17 Rn. 9; Zöller/*Greger* ZPO § 145 Rn. 19a, GVG § 17 Rn. 10; Prütting/Gehrlein/*Dörr* ZPO § 145 Rn. 20; für den Verwaltungsrechtsstreit BVerwG NJW 1987, 2530; 1993, 2255.

52 BAG NJW 2002, 317.

53 BAG MDR 2008, 464 = NJW 2008, 1020.

54 *Gaa* NJW 1997, 3343; für die wohl hM Zöller/*Lückemann* GVG § 17 Rn. 10 mwN; Prütting/Gehrlein/*Bitz/Steinfatt* GVG § 17 Rn. 15.

55 OLG Zweibrücken MDR 2013, 1368 = BeckRS 2013, 17613.

56 BGH NJW 1994, 2769; WM 1995, 634 = BeckRS 1994, 31009448.

57 BGH NJW 2005, 2926.

- Nach überwiegender Meinung[58] ist die Aufrechnung im Betragsverfahren (§ 304) nicht mehr möglich, wenn die Aufrechnungslage bereits während des Verfahrens über den Grund bestand oder jedenfalls wenn sie dort erfolglos geltend gemacht worden ist. Denkbar ist folgerichtig ein *Vorbehaltsurteil dem Grunde nach*, §§ 302, 304. Nur darf in diesem Fall die Gegenforderung die Klageforderung nicht erreichen, weil andernfalls für das Höheverfahren keine Forderung mehr übrig bleibt.[59]
- Einen eng umschriebenen Sonderfall der prozessualen Zulässigkeit der Aufrechnung regelt § 533 für die Berufungsinstanz.[60]

b) Auswirkungen der prozessual unzulässigen Aufrechnung

10 Ist der Aufrechnungseinwand prozessual unzulässig, wird der Prozess ohne Berücksichtigung der Aufrechnung entschieden. § 389 BGB setzt zwar nicht voraus, dass die Geltendmachung der Aufrechnung im Prozess prozessual zulässig ist. Es wäre aber ungerecht, wenn der Beklagte einerseits aus prozessualen Gründen mit seiner Aufrechnung ausgeschlossen und deshalb antragsgemäß verurteilt wird, auf der anderen Seite aber wegen § 389 BGB die zur Aufrechnung gestellte Gegenforderung verlieren würde. Um dies zu vermeiden, wird – neben anderen Lösungsansätzen – der Rechtsgedanke des § 139 BGB angewendet.[61] Danach haben die erstmalig im Prozess erfolgte Aufrechnungserklärung und deren Geltendmachung eine Doppelnatur; ist die Berufung auf die Aufrechnung prozessual unzulässig, hat auch die materiell-rechtliche Aufrechnungserklärung keine Gültigkeit.

2. Unzulässigkeit aus materiell-rechtlichen Gründen

11 Die Wirkung des § 389 BGB – Erlöschen der Forderungen – tritt ein, wenn eine wirksame Aufrechnungserklärung abgegeben wird, kein Aufrechnungsverbot besteht und die Aufrechnungslage iSd § 387 BGB zu bejahen ist. Die Aufrechnungserklärung und das Nichtbestehen eines Aufrechnungsverbots zählen zu den materiell-rechtlichen Zulässigkeitsvoraussetzungen der Aufrechnung, während die Aufrechnungslage die Begründetheitsvoraussetzung darstellt.[62] Diese Unterscheidung ist im Hinblick auf § 322 II bedeutsam. Nur die Entscheidung über die Aufrechnungslage (= Begründetheit der Aufrechnung) kann nämlich in Rechtskraft erwachsen, während dies bei einer Entscheidung über die prozessuale oder über die materiell-rechtliche Zulässigkeit der Aufrechnung nicht der Fall ist. Vertragliche Aufrechnungsverbote unterliegen, wenn sie in AGB vereinbart sind, der Inhaltskontrolle. Ein Aufrechnungsverbot kann sich auch aus § 242 BGB ergeben.[63] In jedem Fall muss nach der Rechtsprechung des BGH bei vertraglichen und bei gesetzlichen Aufrechnungsverboten sorgfältig geprüft werden, ob nicht das Verbot einschränkend zu interpretieren ist.[64]

---

58 Zöller/*Vollkommer* ZPO § 304 Rn. 24; Thomas/Putzo/*Reichold* ZPO § 304 Rn. 23; BLAH/*Hartmann* ZPO § 304 Rn. 11 »Aufrechnung«; Prütting/Gehrlein/*Thole* ZPO § 304 Rn. 15.
59 BGH NJW-RR 1994, 379 (380) aE.
60 Vgl. näher → S Rn. 63.
61 BGH NJW 1994, 2769; 2009, 1071; 2009, 1671; vgl. auch → Rn. 2, 4, 6.
62 Vgl. zu dieser Terminologie BGH NJW 1984, 128.
63 BGH NJW 2016, 636.
64 Vgl. BGH NJW 2005, 2771.

V. Gutachten und Urteil

1. Prüfungsreihenfolge

Für die Begutachtung ist zu beachten: Auch hier gilt der Vorrang der Zulässigkeit vor der Begründetheit.[65] Daher ist in folgender *Reihenfolge* zu prüfen: 12

- Prozessuale Zulässigkeitsvoraussetzungen
- Aufrechnungserklärung
- kein materiell-rechtliches Aufrechnungsverbot
- Aufrechnungslage (= Begründetheit der Aufrechnung)

Die Zulässigkeit der Aufrechnung kann nicht mit der Erwägung offengelassen werden, die zur Aufrechnung gestellte Gegenforderung sei jedenfalls zu verneinen.[66] Eine derartige Entscheidung könnte nämlich zu Unklarheiten über den Umfang der Rechtskraft führen, vgl. § 322 II.[67] Darüber hinaus soll dem Beklagten nicht ohne Not eine Forderung genommen werden. Daher ist in jedem Fall über die Aufrechnungslage erst zu entscheiden, wenn feststeht, dass der Aufrechnungseinwand in prozessualer und materiell-rechtlicher Hinsicht zulässig ist.

2. Gutachten

Ob im Gutachten bei einer Hauptaufrechnung die Voraussetzungen von § 389 BGB bereits in der Schlüssigkeit oder erstmalig bei der Erheblichkeit zu prüfen sind und sich daran dann evtl. eine Replik anschließen muss, hängt vom Einzelfall ab. Insoweit wird auf die Ausführungen im einleitenden Teil zu den Einreden im Sinne der ZPO Bezug genommen.[68] Grundlegende aufbaumäßige Besonderheiten gelten für die Hauptaufrechnung nicht. Auf die Besonderheiten bei der Hilfsaufrechnung wird unten noch näher eingegangen.[69] 12a

3. Urteil

Die Aufrechnung ist im Tatbestand eines Urteils nicht als Antrag des Beklagten, sondern im Rahmen des Sachvortrags darzustellen. Wenn die tatsächlichen Grundlagen der Gegenforderung streitig sind, erwähnt man die Aufrechnung im Abschnitt »Streitiger Vortrag des Beklagten« wie folgt: 13

> Antrag des Beklagten …
> Der Beklagte erklärt die Aufrechnung mit einer angeblichen Forderung in Höhe von … Hierzu behauptet er …

Ist die tatsächliche Grundlage der Gegenforderung unstreitig und wendet der Kläger sich nur gegen die Zulässigkeit der Aufrechnung, kann man die Aufrechnung in der Geschichtserzählung darstellen, um alsdann beim streitigen Vortrag des Klägers dessen Ansicht zur fehlenden Zulässigkeit wiederzugeben.[70] Beim Vortrag des Beklagten wird alsdann nur noch dessen gegenteilige Auffassung kurz dargestellt.

65 Vgl. hierzu → A Rn. 86.
66 BGH NJW 1988, 320; WM 1991, 731; NJW 2012, 3300.
67 S. → Rn. 3.
68 → A Rn. 97.
69 Vgl. → Rn. 17.
70 Allg. → A Rn. 66.

In den *Entscheidungsgründen* ist grundsätzlich im Einzelnen darzulegen, dass die Klageforderung entstanden und durch die Aufrechnung erloschen ist (§ 389 BGB). Das folgt schon daraus, dass die Entstehung der Klageforderung zu den Voraussetzungen der Aufrechnungslage gehört. Außerdem ist es für die Rechtskraftwirkungen nach § 322 II von eminenter Bedeutung, dass die Entscheidungsgründe erkennen lassen, ob und in welchem Umfang eine Sachentscheidung über die Gegenforderung ergangen ist.[71]

> Die Klage ist unbegründet. Die im Umfang von ... EUR bestehende Forderung des Klägers ist infolge der von der Beklagten erklärten (zulässigen) Aufrechnung erloschen.

Nur in Fällen, in denen der Beklagte die anspruchsbegründenden Tatsachen bestreitet, aber gleichwohl erklärt, er wolle unbedingt aufrechnen,[72] kann wie folgt formuliert werden:

> Die Klage ist unbegründet. Dem Kläger steht kein Anspruch aus § ... zu. Es kann dahinstehen, ob die Forderung entstanden ist. Jedenfalls ist sie durch die vom Beklagten unbedingt erklärte Aufrechnung nach § 389 BGB erloschen. Denn ...

Der Fall kommt selten vor. Eher erklärt der Beklagte bei dieser Ausgangslage die Hilfsaufrechnung, die wir nachfolgend besprechen.

4. Streitwert und Kosten

14 Die Hauptaufrechnung hat nach § 45 GKG keinen Einfluss auf den *Streitwert*. Dementsprechend hängt die *Kostenentscheidung*, gemessen am Wert der Klageforderung, nur von dem Grad des Obsiegens und Unterliegens mit eben dieser Klageforderung ab.[73] Das ist ohne Weiteres sachgerecht, mag der Kläger die Gegenforderung bestreiten oder nicht. Bestreitet er sie nicht, kann er eine Erledigungserklärung abgeben und auf diese Weise – sachliche Gründe vorausgesetzt – die Kostenlast auf den Beklagten abwälzen.[74]

VI. Hilfsaufrechnung

1. Abgrenzung von Haupt- und Hilfsaufrechnung

a) Unbedingte Aufrechnung

15 Von einer unbedingten Aufrechnung (= Primäraufrechnung, Hauptaufrechnung) ist auszugehen, wenn sich der Beklagte ausschließlich mit einer Aufrechnung verteidigt. Das ist dann der Fall, wenn er die anspruchsbegründenden Tatsachen nicht bestreitet und außer der Aufrechnung keine weiteren Einreden iSd ZPO geltend macht. Ist in derartigen Fällen das Vorbringen des Klägers schlüssig, hängt das Ergebnis des Rechtsstreits ausschließlich von Zulässigkeit und Begründetheit der Aufrechnung ab.

---

71 Vgl. → Rn. 3.

72 Vgl. → Rn. 15.

73 HM, vgl. *Anders/Gehle* Antrag und Entscheidung Teil B, Rn. 336; Prütting/Gehrlein/*Schneider* ZPO § 92 Rn. 15 mwN; aA OLG Celle VersR 1976, 50; OLG Karlsruhe JurBüro 1989, 1008; zur Erledigung vgl. → Rn. 6; → P Rn. 46.

74 Vgl. → P Rn. 1 ff.

Was die Darstellung der Hauptaufrechnung in Gutachten und Urteil angeht, verweisen wir auf die voraufgegangenen Ausführungen.[75] In diesem Bereich zeigen sich die nachfolgend darzustellenden Unterschiede zur Hilfsaufrechnung sehr deutlich.

b) Hilfsaufrechnung

aa) Einführung in den Prozess

Die Hilfsaufrechnung des Beklagten bildet in der Praxis den Normalfall. Verteidigt **16**
sich der Beklagte gegenüber der Klageforderung mehrfach, dh, beruft er sich zum einen auf eine Aufrechnung und bestreitet er zum anderen die anspruchsbegründenden Voraussetzungen oder/und beruft sich gleichzeitig auf sonstige Einreden iSd ZPO, will er im Zweifel nur hilfsweise aufrechnen. Davon ist jedenfalls dann auszugehen, wenn sich keine anderweitigen Anhaltspunkte ergeben. Eine ausdrückliche Erklärung (»hilfsweise rechnet der Beklagte …«) ist nicht erforderlich.[76] Bei einer Hilfsaufrechnung soll nach dem Willen des Beklagten über die Aufrechnung erst entschieden werden, wenn feststeht, dass die Klage ansonsten Erfolg hat. Das ist in der praktischen Arbeit/Klausur vorrangig zu klären, ggf. durch Auslegung. Typische Wendungen für eine konkludente Hilfsaufrechnung sind zB:

> Vorsorglich wird mit … die Aufrechnung erklärt
>
> (oder:)
>
> Für den Fall, dass das Gericht diesen Einwand für unerheblich halten sollte, wird mit … aufgerechnet.
>
> (oder:)
>
> Im Übrigen rechnet der Beklagte mit … gegen die Klageforderung auf.

Rechnet der Beklagte hilfsweise mit *mehreren selbstständigen Forderungen* auf, welche insgesamt die Klageforderung übersteigen, muss er zur Wahrung des Bestimmtheitsgrundsatzes, § 253 II Nr. 2, die Reihenfolge festlegen.[77] An diese ist das Gericht gebunden.[78] Der Kläger kann allerdings nach § 396 I 2 BGB widersprechen; dann gilt für die materiell-rechtlichen Wirkungen § 366 II BGB.[79]

Wie der Beklagte die Aufrechnung als prozessualen Einwand fallen lassen kann,[80] so kann er auch von der Hilfsaufrechnung auf die Hauptaufrechnung übergehen. Beschränkt er in der Berufung seine Einwände gegen das (die Gegenforderung verneinende) Urteil des Gerichts erster Instanz auf die Aufrechnung, liegt ebenfalls eine Hauptaufrechnung vor; hinsichtlich der Klageforderung ist das Urteil der ersten Instanz nicht angefochten und daher vom Berufungsgericht auch nicht zu überprüfen.[81]

75 S. → Rn. 12 ff.
76 Vgl. → Rn. 1.
77 Vgl. → Rn. 8.
78 Vgl. BGH NJW-RR 1995, 508; MDR 2003, 769 = BeckRS 2003, 02036.
79 Vgl. BGH NJW 2009, 1071.
80 S. → Rn. 6.
81 BGH WM 1996, 1153; 2001, 2023; MDR 2014, 181 = NJW 2014, 624.

bb) Sachbehandlung

16a Nach der herrschenden *Beweiserhebungstheorie*[82] bindet der Beklagte das Gericht an die von ihm gewollte Prüfungsreihenfolge. Das Gericht darf über die Hilfsaufrechnung nur entscheiden, wenn feststeht, dass die Klageforderung entstanden ist, was notfalls durch eine Beweisaufnahme geklärt werden muss. Es besteht daher ein prozessualer Vorrang der Hauptverteidigung vor der Hilfsaufrechnung.[83] Dies dient dem Schutz des Beklagten. Wenn über die zur Aufrechnung gestellte Gegenforderung entschieden wird, verliert der Beklagte sie bei Eintritt der Rechtskraft endgültig. Das ist aber nur gerechtfertigt, wenn feststeht, dass die Klageforderung ursprünglich bestanden hat. Unter einer anderen Voraussetzung will der Beklagte die Gegenforderung nicht opfern.[84] Umgekehrt hat der Beklagte ein Recht auf Berücksichtigung der Hilfsaufrechnung, sobald seine Verteidigung im Übrigen erschöpft ist. Das hat zB in der Berufung seine Bedeutung, wenn der Kläger in erster Instanz mangels Begründetheit seines Anspruchs unterlegen ist und dieser erst im zweiten Rechtszug bejaht wird.[85]

Die Hilfsaufrechnung hemmt in Höhe des Betrags der Klageforderung nach § 204 I Nr. 5 BGB den Ablauf der *Verjährungsfrist.*[86] Die Regelung hat nur Bedeutung, wenn über die Gegenforderung keine nach § 322 II bindende Sachentscheidung ergeht.[87] Die Verjährungshemmung setzt voraus, dass die Forderung Gegenstand des Rechtsstreits ist. Wegen § 322 II kann dies nur insoweit der Fall sein, als die aufgerechnete Gegenforderung die Forderung des Klägers nicht übersteigt. Soweit die Gegenforderung höher ist, tritt keine verjährungshemmende Wirkung ein.[88] Die Lage ist ähnlich wie bei der Teilklage hinsichtlich des nicht eingeklagten Teils.[89]

In besonders gelagerten Fällen kommt auch die Hilfsaufrechnung des Klägers in Betracht.

Beispiel: Der Kläger erhebt negative Feststellungsklage. Er bestreitet die Entstehung einer vom Beklagten behaupteten Forderung. Hilfsweise erklärt er die Aufrechnung mit einer Gegenforderung.[90]

2. Besonderheiten beim Gutachten

a) Aufbauschemata

17 Wegen des prozessualen Vorrangs der Hauptverteidigung vor der Hilfsaufrechnung sind Ausführungen zur Hilfsaufrechnung erst dann zulässig, wenn feststeht, dass die Klage ohne die Hilfsaufrechnung erfolgreich wäre. Daher darf die Hilfsaufrechnung – anders als die sonstigen Einreden iSd ZPO[91] – nie bereits im Rahmen der Schlüssigkeitsprüfung untersucht werden. Es ergeben sich folgende Fallkonstellationen:

- Ist das Vorbringen des Klägers bereits unschlüssig, kommt es auf die Hilfsaufrechnung nicht an.

82 Thomas/Putzo/*Reichold* ZPO § 145 Rn. 15.
83 → A Rn. 86 ff., → B Rn. 34.
84 BGH NJW-RR 1995, 508; MDR 2003, 769 = BeckRS 2003, 02036.
85 BGH NJW-RR 2013, 1105.
86 BGH NJW 2008, 2429; 2015, 1007.
87 Vgl. auch BGH NJW 2004, 3772.
88 BGH NJW-RR 2009, 1169.
89 BGH NJW 2002, 2167; NJW-RR 2005, 1037.
90 Zur Rechtskraftwirkung s. → O Rn. 20.
91 → A Rn. 66, 97.

- Ist das Vorbringen des Klägers schlüssig und ist die Hauptverteidigung des Beklagten zumindest teilweise unerheblich, ergibt sich folgender Aufbau:

(Vorschlag):
I. Schlüssigkeit (Klägerstation)
II. Erheblichkeit (Beklagtenstation)
   1. Hauptverteidigung
      a) Wenn …
      b) Wenn …
      c) Ergebnis
   2. Hilfsaufrechnung
      a) (Zulässigkeit in prozessualer Hinsicht)
      b) Aufrechnungserklärung
      c) kein Aufrechnungsverbot
      d) Aufrechnungslage +
III. Replik des Klägers: § 389 BGB auch nach dem Klägervortrag? –
IV. Feststellung des Sachverhalts und Ergebnis (Beweisstation)
(Wenn nach dem Vorbringen des Beklagten die Voraussetzungen der Hilfsaufrechnung zu verneinen sind, schließt sich an die Beklagtenstation unter III. die Ausarbeitung des Tenors [Tenorierungsstation] an.)

- Ist das Vorbringen des Klägers schlüssig und ist die Hauptverteidigung des Beklagten erheblich, muss zunächst in einer Beweisstation geklärt werden, ob die Klageforderung ohne die Aufrechnung besteht. Es ergibt sich folgender Aufbau:

(Vorschlag)
I. Forderung des Klägers
   1. Schlüssigkeit (Klägerstation) +
   2. Erheblichkeit (Beklagtenstation)
      a) Bestreiten der anspruchsbegründenden Tatsachen
      b) Einreden iSd ZPO – mit Ausnahme der Hilfsaufrechnung
      c) Ergebnis +
   3. Beweisaufnahme (Beweisstation) (Zugunsten des Klägers)
II. Hilfsaufrechnung des Beklagten
   1. Schlüssigkeit des Vorbringens zur Gegenforderung (Beklagtenstation)
   2. Verteidigung des Klägers (Klägerstation)
   3. Feststellung des Sachverhalts und Ergebnis (Beweisstation)
III. Ausarbeitung des Urteilstenors (Tenorierungsstation)
(Ergibt sich im Rahmen des Prüfungspunkts I., dass die Forderung des Klägers unabhängig von der Hilfsaufrechnung nicht besteht, schließt sich unter II. nur noch die Tenorierungsstation an.)

b) Beweisaufnahme in der Praxis

In der Praxis wird häufig zur Vermeidung mehrerer Beweistermine über die Voraussetzungen der Klageforderung, der Hauptverteidigung und der Hilfsaufrechnung gleichzeitig Beweis erhoben. Wir halten dies grundsätzlich für zulässig (Ausnahme zB: die Beweisaufnahme zur Hilfsaufrechnung führt zu einer erheblichen Kostensteigerung, deren Berechtigung erst nach Klärung der Klageforderung beurteilt werden kann) und sogar für geboten, wenn für beide Teile im Wesentlichen dieselben Beweismittel in Betracht kommen. Dass eine Beweiserhebung im Hinblick auf die Hilfsaufrechnung nur unter Umständen bedeutsam ist, kann im Beweisbeschluss durch Einfügung von »gegebenenfalls« vor den Beweisfragen zur Aufrechnung kenntlich gemacht werden. Im Gutachten sollte in derartigen Fällen vor Teil II. (= Gegenforderung des Beklag- 18 ten) kurz dargelegt werden, dass es auf die Hilfsaufrechnung nur ankommt, wenn die Beweisaufnahme zur Hauptverteidigung des Beklagten zu dessen Lasten ausgeht. Es kann wie folgt formuliert werden:

> Sollte die Beweisaufnahme zulasten des Beklagten ausgehen, kommt es darauf an, ob dieser mit seiner Hilfsaufrechnung Erfolg hat. Deshalb wird diese bereits jetzt vorsorglich geprüft. Das hat insbesondere den Vorteil, dass uU zwei Beweistermine vermieden werden

Examenstipp: In Examensarbeiten ergeben sich insoweit keine Besonderheiten, da der Rechtsstreit immer entscheidungsreif ist. Ausführungen zur Hilfsaufrechnung dürfen nur erfolgen, wenn feststeht, dass das Vorbringen des Beklagten zu seiner Hauptverteidigung unerheblich ist (Schema 1) oder die Beweisaufnahme zur Hauptverteidigung zugunsten des Klägers ausgegangen ist (Schema 2).

3. Besonderheiten beim Tatbestand und bei den Entscheidungsgründen

19 Die Hilfsaufrechnung gehört ebenso wie die Hauptaufrechnung zu den Verteidigungsmitteln des Beklagten. Sie hat in den Anträgen nichts zu suchen. Vielmehr wird sie grundsätzlich am Ende des Abschnitts »Streitiger Vortrag des Beklagten« dargestellt,[92] und zwar wie folgt:

> … (= Anträge)
> … (Hauptverteidigung).
> Hilfsweise erklärt der Beklagte die Aufrechnung mit einer angeblichen Gegenforderung in Höhe von … Hierzu behauptet er, …

Die Erklärung der Aufrechnung ist als solche grundsätzlich unstreitig, auch wenn sie hilfsweise erfolgt. Gleichwohl sollte sie nicht am Ende der Geschichtserzählung erwähnt werden, da sie gegenüber den sonstigen Verteidigungsmitteln subsidiär ist.

Von einer Hilfsaufrechnung ist grds. immer auszugehen, wenn der Beklagte sich nicht ausschließlich mit der Aufrechnung verteidigt. Im Tatbestand kann auch bei Verwendung von Umschreibungen durch die beklagte Partei direkt eine Wertung erfolgen, indem man formuliert:

> Hilfsweise erklärt der Beklagte die Aufrechnung mit …

Ist hingegen eine Begründung zur Auslegung angezeigt, so gibt man die Erklärungen des Beklagten im Tatbestand wörtlich wieder und nimmt die Auslegung in der Regel dort, wo die Aufrechnung zu behandeln ist, in den Entscheidungsgründen vor.

20 Da sowohl über die Klageforderung als auch über die Hilfsaufrechnung rechtskräftig entschieden wird, kann in den Entscheidungsgründen keinesfalls formuliert werden:

> Es kann dahinstehen, ob die Klageforderung entstanden ist. Jedenfalls ist sie nach § 389 BGB erloschen.

Vielmehr gehören sowohl Ausführungen zur Entstehung der Klageforderung unter Berücksichtigung der Hauptverteidigung des Beklagten als auch Ausführungen zur Hilfsaufrechnung zu den die Entscheidung tragenden Gesichtspunkten. Wird die Klage abgewiesen, wird neben dem Gesamtergebnis am Anfang der Entscheidungsgründe kurz auf die Klageforderung und die Gegenforderung eingegangen. Im Anschluss daran folgen zunächst Ausführungen zur Klageforderung einschließlich der Hauptverteidigung und danach Ausführungen zur Hilfsaufrechnung.

92 Zum Tatbestand bei der Hauptaufrechnung vgl. → Rn. 13.

Entscheidungsgründe

Die Klage ist unbegründet.
Die Klageforderung ist zwar entstanden, sie ist jedoch durch die vom Beklagten erklärte Hilfsaufrechnung gemäß § 389 BGB erloschen.
Dem Kläger stand ursprünglich eine Forderung in Höhe von … gem. § … zu. Denn …
Die somit entstandene Forderung ist gem. § 389 BGB infolge der vom Beklagten erklärten Hilfsaufrechnung erloschen. Denn …
Die prozessualen Nebenentscheidungen beruhen auf …

Wird der Klage stattgegeben, hat also die Hilfsaufrechnung keinen Erfolg, gehört die Auseinandersetzung mit der Hilfsaufrechnung ebenfalls zu den die Entscheidung tragenden Gesichtspunkten. Jedoch reichen hier am Anfang folgende Ausführungen aus:

Die Klage ist begründet.
Dem Kläger steht gegen den Beklagten ein Anspruch aus § … in Höhe von … zu. Denn …
Schließlich ist die Klageforderung nicht durch die vom Beklagten erklärte Hilfsaufrechnung erloschen. Denn …

4. Streitwert und Kosten

a) Streitwert

Die Aufrechnung hat keinen Einfluss auf den Zuständigkeitsstreitwert. Eine Hilfsaufrechnung, nicht hingegen eine Hauptaufrechnung, kann aber für den *Gebührenstreitwert* bedeutsam sein.[93] Wird mit einer bestrittenen Gegenforderung hilfsweise die Aufrechnung erklärt, erhöht sich der Gebührenstreitwert nach § 45 III GKG um den Wert der Gegenforderung im Umfang der sich aus § 322 II ergebenden Rechtskraftwirkung. § 45 III GKG greift demnach nicht ein, wenn die Gegenforderung unstreitig ist, wenn die Klage bereits wegen mangelnder Schlüssigkeit oder wegen der Hauptverteidigung abgewiesen wird oder wenn die Hilfsaufrechnung – sei es aus prozessualen, sei es aus materiell-rechtlichen Gründen – unzulässig ist.[94] Dann nämlich ergeht über die Gegenforderung keine Sachentscheidung. 21

Beispiele für § 45 III GKG:
Klageforderung: 10.000 EUR; Gegenforderung: 15.000 EUR
(a) Die Klage wird abgewiesen, weil die Klageforderung zwar entstanden, aber durch die Hilfsaufrechnung untergegangen ist.
Umfang der Rechtskraftwirkung des § 322 II: 10.000 EUR
Streitwert: 20.000 EUR
(b) Die Klage wird abgewiesen, weil die Klageforderung nur in Höhe von 5.000 EUR entstanden und in dieser Höhe durch die Hilfsaufrechnung untergegangen ist.
Umfang der Rechtskraftwirkung des § 322 II: 5.000 EUR
Streitwert: 15.000 EUR[95]
(c) Der Klage wird in Höhe von 7.500 EUR stattgegeben, weil die Klageforderung zwar in vollem Umfang entstanden, aber in Höhe von 2.500 EUR infolge der Hilfsaufrechnung untergegangen ist; im Übrigen wird die Gegenforderung für nicht gerechtfertigt gehalten.
Umfang der Rechtskraftwirkung des § 322 II: 10.000 EUR
Streitwert: 20.000 EUR

93 Prütting/Gehrlein/*Gehle* ZPO § 5 Rn. 10 f.

94 BGH NJW 2001, 3616 (unmittelbar nur zur Beschwer, aber auch zu § 322 II); OLG Frankfurt a.M. JurBüro 1991, 1387; OLG Hamm MDR 2000, 296 = BeckRS 1999 30085491; OLG Dresden JurBüro 2003, 475; OLG Karlsruhe MDR 2013, 424 = NJW-RR 2013, 638 (Vergleich); Prütting/Gehrlein/*Gehle* ZPO § 5 Rn. 10.

95 OLG Düsseldorf NJW-RR 1994, 1279.

§ 45 III GKG und § 322 II greifen nicht ein, wenn die hilfsweise geltend gemachte Gegenforderung nur einen *Rechnungsposten* im Rahmen der vertraglichen Abrechnung darstellt[96] oder das wirtschaftliche Interesse der einander gegenüber stehenden Forderungen identisch ist (Differenztheorie).[97] In der Berufung ist genau zu prüfen, inwieweit die Hilfsaufrechnung noch Gegenstand des Rechtsstreits ist; nur in dem Umfang kann sie sich werterhöhend auswirken.[98]

b) Kostenentscheidung

22 Findet § 45 III GKG keine Anwendung, ergeben sich im Rahmen der *Kostenentscheidung* keine Besonderheiten. Führt jedoch die Hilfsaufrechnung über § 45 III GKG zur Erhöhung des Streitwerts, muss dies berücksichtigt werden. Wenn der Beklagte antragsgemäß verurteilt wird, weil die mit der Hilfsaufrechnung geltend gemachte Gegenforderung nicht besteht, ist er sowohl im Hinblick auf die Klageforderung als auch im Hinblick auf die Gegenforderung in vollem Umfang unterlegen. Dann beruht die Kostenentscheidung auf § 91 I Hs. 1. Der Beklagte trägt die gesamten Kosten des Rechtsstreits. In allen anderen Fällen, in denen § 45 III GKG Anwendung findet, ergibt sich die Kostenentscheidung aus § 92.

Maßgeblich für die Bildung der Kostenquote sind folgende Überlegungen: Soweit die Klageforderung ohne Rücksicht auf die Hilfsaufrechnung besteht, scheitert der Beklagte mit seiner Hauptverteidigung; er erleidet also einen Verlust, der durch das nachrangig zum Zuge kommende, unfreiwillige Vermögensopfer der Hilfsaufrechnung nur unterstrichen wird. Soweit die Hilfsaufrechnung durchgreift, erleidet der Kläger einen Verlust, weil er die Gegenforderung trotz seines Bestreitens mit dem Erlöschen der Klageforderung ausgleichen muss.[99]

Bei der Ermittlung der Kostenquote werden demzufolge die Verlustbeträge der Parteien für die Klage (ohne Aufrechnung) und für die Aufrechnung getrennt errechnet und diese Beträge ins Verhältnis zum Gebührenstreitwert gesetzt.

> **Beispiel:** Der Kläger verlangt Zahlung von 10.000 EUR. Der Beklagte erklärt hilfsweise die Aufrechnung mit einer vom Kläger bestrittenen Gegenforderung, deren Höhe er mit 15.000 EUR angibt. Klageforderung und Gegenforderung bestehen in vollem Umfang, sodass die Klage abgewiesen wird.

Der Streitwert beläuft sich auf (10.000 + 10.000 =) 20.000 EUR (§ 45 III GKG, § 322 II); über einen höheren Anteil der Gegenforderung ergeht keine der Rechtskraft fähige Entscheidung.[100]

Die Kostenverteilung errechnet sich gemäß nachstehender Tabelle, in welche die anzurechnenden Verlustanteile der Parteien eingetragen werden:

---

96 BGH AnwBl. 1992, 498; NJW-RR 1995, 508 (zum Rechtsmittelstreitwert); OLG Hamm NJW-RR 1992, 448 (Werkvertrag – verschiedene Mängelansprüche); OLG Köln JurBüro 1992, 683; OLG Hamm BauR 2005, 1803 = BeckRS 2005, 08223; OLG Düsseldorf BauR 2005, 1962; vgl. auch *Anders/Gehle* Streitwert-Lexikon Stichwort »Aufrechnung« Rn. 3, 4; oben Rn. → 4, 7.

97 Vgl. BGH JurBüro 2010, 368; OLG Hamm NJW-RR 2006, 456; OLG Stuttgart NJW 2011, 540; JurBüro 2012, 363.

98 Vgl. OLG Köln JurBüro 1995, 144; OLG Stuttgart NJW-RR 2005, 507.

99 BGH WM 1985, 264 (267 f. III 2); OLG Schleswig SchleswHA 1986, 143; OLG Oldenburg JurBüro 1991, 1257; Thomas/Putzo/*Hüßtege* ZPO § 92 Rn. 4; Zöller/*Herget* ZPO § 92 Rn. 3.

100 Vgl. → Rn. 21.

	Kläger	Beklagter
Klageforderung, 10.000 EUR Hilfsaufrechnung, 10.000 EUR	 10.000 EUR	10.000 EUR
Gesamtverlust (= Streitwert), 20.000 EUR	10.000 EUR	10.000 EUR
Kostenanteil (Verlust ./. Streitwert)	½	½

Die Kosten des Rechtsstreits tragen mithin der Kläger und der Beklagte je zur Hälfte; sie können dementsprechend auch gegeneinander aufgehoben werden.

Abwandlung: Die Klageforderung ist ohne Rücksicht auf die Aufrechnung nur zu einem Betrag von 7.500 EUR begründet. Die Hilfsaufrechnung greift mit 4.000 EUR durch; im Übrigen besteht die Gegenforderung nicht. Der Beklagte wird also zu einer Zahlung von 3.500 EUR verurteilt. Der Streitwert beläuft sich nach § 45 III GKG, § 322 II auf 17.500 EUR. Auf den Wert der Zahlungsklage sind lediglich 7.500 EUR zu addieren. Die Klageforderung besteht nur in dieser Höhe. Über die Hilfsaufrechnung kann daher nur in diesem Umfang eine der Rechtskraft fähige und damit streitwerterhöhende Entscheidung ergehen.

Die Ermittlung der Kostenquote stellt sich nunmehr wie folgt dar: Der Kläger hat auf die Klageforderung 2.500 EUR und bei der Hilfsaufrechnung 4.000 EUR verloren; das macht rd. 37% aus (6.500 : 17.500). Beim Beklagten ergeben sich folglich 63% ([7.500 + 3.500] : 17.500).

Der Kostentenor würde demnach lauten:

Die Kosten des Rechtsstreits tragen der Kläger zu 37%, der Beklagte zu 63%.

c) Mehrere Gegenforderungen

Wird über *mehrere* hilfsweise zur Aufrechnung gestellte Forderungen iSd § 322 II entschieden, vervielfältigt sich der Gebührenstreitwert entsprechend der Anzahl dieser Forderungen, jeweils begrenzt durch die Höhe der noch verbleibenden Klageforderung.[101] Wird mit mehreren im Eventualverhältnis stehenden Gegenforderungen, die insgesamt die Klageforderung wertmäßig übersteigen, die (Haupt-)Aufrechnung erklärt, findet § 45 III GKG entweder direkt oder analog für den Teil der Gegenforderungen Anwendung, die die Klageforderung übersteigen.[102] Auch dieser Teil wird nämlich nur hilfsweise geltend gemacht. **23**

Wandeln wir den unter b) behandelten Fall weiter dahin ab, dass der Beklagte im ersten Rang mit einer Gegenforderung von 10.000 EUR aufrechnet, die in Höhe von 5.000 EUR besteht, und an zweiter Stelle hilfsweise mit einer weiteren Forderung von 4.000 EUR, von der 1.000 EUR begründet sind. Dem Kläger werden also (7.500 – 5.000 – 1.000 =) 1.500 EUR zugesprochen. Der Streitwert beträgt jetzt 10.000 EUR für die Klage, 7.500 EUR für die 1. Hilfsaufrechnung und 2.500 EUR (7.500 – 5.000) für die zweite Hilfsaufrechnung. In der Tabelle stellt sich der Fall so dar:

---

101 BGHZ 73, 249 (251); OLG Düsseldorf NJW-RR 1994, 129; *Anders/Gehle* Streitwert-Lexikon Stichwort »Aufrechnung« Rn. 9; zur Kostenentscheidung bei mehreren Gegenforderungen, *Anders/Gehle* Antrag und Entscheidung Teil B, Rn. 349 ff.

102 BGH NJW-RR 1992, 316; OLG Köln JurBüro 1992, 683; 1993, 163; OLG Celle Niedersächsische Rechtspflege 1985, 249; OLG Hamm AnwBl. 1986, 204; OLG Frankfurt a.M. JurBüro 1986, 1388; OLG Schleswig JurBüro 1987, 737; Prütting/Gehrlein/*Gehle* ZPO § 5 Rn. 11; § 92 Rn. 23.

	Kläger	Beklagter
Klageforderung, 10.000 EUR 1. Hilfsaufrechnung, 7.500 EUR 2. Hilfsaufrechnung, 2.500 EUR	2.500 EUR 5.000 EUR 1.000 EUR	7.500 EUR 2.500 EUR 1.500 EUR
Gesamtverlust, 20.000 EUR	8.500 EUR	11.500 EUR
Kostenanteil (Verlust ./. Streitwert)	42,5%	57,5%

VII. Exkurs: Das Zurückbehaltungsrecht

1. Materiell-rechtliche und prozessuale Grundlagen

24 Ein Zurückbehaltungsrecht (zB §§ 273, 1000, 2022 BGB, § 369 HGB) bzw. die Einrede des nicht erfüllten Vertrags (§ 320 BGB), gehört zu den anspruchshemmenden Einreden iSd materiellen Rechts.[103] Ein Zurückbehaltungsrecht wird nur berücksichtigt, wenn sich der Schuldner darauf beruft. Das Gericht darf aus Gründen der Unparteilichkeit nicht auf sein Bestehen hinweisen.[104] Das Zurückbehaltungsrecht führt – anders als die Aufrechnung – nicht zum Erlöschen der einander gegenüberstehenden Forderungen. Vielmehr zielt es lediglich auf die Sicherung der Gegenforderung ab. Nach dem *materiellen Recht* setzt das Leistungsverweigerungsrecht Folgendes voraus:

- Berufung auf das Zurückbehaltungsrecht
- Vorliegen des Zurückbehaltungsrechts
- kein Ausschluss des Zurückbehaltungsrechts[105]

25 Beruft sich der Beklagte *im Prozess* auf ein Zurückbehaltungsrecht – eine Berücksichtigung von Amts wegen findet nicht statt –, verteidigt er sich mit einer Einrede iSd ZPO[106]. Hat diese Verteidigung Erfolg, wird die Klage nicht abgewiesen; vielmehr kommt es zu einer *Verurteilung Zug um Zug* (§§ 274, 322 BGB).[107] Nur bei Unmöglichkeit der Gegenleistung muss diese unterbleiben;[108] in Fällen des § 986 I BGB mag die Entscheidung davon abhängen, ob man im Zurückbehaltungsrecht ein Recht zum Besitz sieht,[109] indes gelangt der BGH auch hier zur Zug-um-Zug-Verurteilung.[110]

Der Beklagte kann die Klage (ggf. mit der Kostenfolge des § 93) mit dem Ziel einer bloßen Verurteilung Zug um Zug anerkennen. Zwar ergeht hierauf kein Anerkenntnisurteil nach § 307. Dennoch ist das Gericht hinsichtlich der Klageforderung an das *Anerkenntnis* gebunden und prüft lediglich das Gegenrecht. Nur wenn der Kläger seinerseits das Gegenrecht anerkennt, ergeht ein Urteil nach § 307.[111]

---

103 BGH NJW 1999, 53; 2002, 3541; vgl. zur Terminologie → A Rn. 122.

104 BGH WM 1995, 159; NJW 2004, 164.

105 BGH NJW 1985, 189; Palandt/*Grüneberg* BGB § 273 Rn. 12 ff.; im Einzelfall kann ein Aufrechnungsverbot gleichzeitig einen Ausschluss des Zurückbehaltungsrechts ergeben, wenn seine Ausübung einen der unzulässigen Aufrechnung gleichkommenden Erfolg haben würde; das ist aber nicht zwingend.

106 Zur Terminologie vgl. → A Rn. 66, 122; vgl. auch → A Rn. 97 (Aufbau).

107 Zur Verzinsung bei Zug-um-Zug-Verurteilung BGH NJW 2014, 854 Rn. 28.

108 BGH NJW 1993, 1381.

109 Vgl. Palandt/*Bassenge* BGB § 986 Rn. 5.

110 BGH NJW 2002, 1050.

111 BGH NJW 1989, 1934; 2016, 572.

Im Rahmen der *Zwangsvollstreckung* gelten für einen Zug-um-Zug-Titel folgende Besonderheiten: Bei der Erteilung der vollstreckbaren Ausfertigung (§§ 724 ff.) hat eine Verurteilung Zug um Zug grundsätzlich keine Bedeutung (vgl. § 726 II). Jedoch stellt die Gegenleistung des Gläubigers eine besondere Vollstreckungsvoraussetzung iSd § 756 dar, die das Vollstreckungsorgan zu beachten hat. Der Gläubiger kann auf der Grundlage eines solchen Titels nach § 756 gegen das Angebot der Zug-um-Zug-Leistung vollstrecken, ohne dass der Schuldner die Gegenleistung zwangsläufig erhält.[112] Daher wird die Sicherheitsleistung nach §§ 709, 711 ohne Rücksicht auf die vom Gläubiger zu erbringende Gegenleistung festgesetzt.[113]

§ 322 II greift beim Zurückbehaltungsrecht wegen seines eindeutigen Wortlauts nicht ein.[114] Eine der Rechtskraft fähige Entscheidung wird, anders als bei der Aufrechnung, über die Gegenforderung also nicht getroffen. Bereits daher leuchtet ein, dass seine Geltendmachung die Verjährung der Gegenforderung nicht hemmt.[115]

2. Hauptsachentenor, Streitwert und Kosten

Begehrt der Kläger von vornherein eine Verurteilung Zug um Zug oder verteidigt sich der Beklagte erfolgreich mit dem Zurückbehaltungsrecht, lautet der *Hauptsachentenor bei einer Verurteilung Zug um Zug:* **26**

> Der Beklagte wird verurteilt, an den Kläger … zu zahlen, Zug um Zug gegen Herausgabe des …

Worauf bereits hingewiesen wurde[116], muss auch die Zug-um-Zug-Leistung so genau bezeichnet sein, dass das Vollstreckungsorgan ohne Schwierigkeit beurteilen kann, ob die besonderen Vollstreckungsvoraussetzungen des § 756 erfüllt sind.[117] Soweit der Kläger eine Verurteilung Zug um Zug begehrt und dabei die Gegenleistung nicht hinreichend bezeichnet, ist sein gesamter Klageantrag mangels hinreichender Bestimmtheit unzulässig.[118]

Die Verurteilung Zug um Zug stellt ein Minus gegenüber der unbeschränkten Verurteilung dar.[119] Begehrt der Kläger eine unbeschränkte Leistung, wird der Beklagte aber nur zu einer Zug-um-Zug-Leistung verurteilt, muss daher das teilweise Unterliegen des Klägers im Tenor zum Ausdruck kommen:

> …; im Übrigen wird die Klage abgewiesen.
>
> (oder:)
>
> Unter Abweisung der Klage im Übrigen wird der Beklagte verurteilt, Zug um Zug gegen …

Die Geltendmachung des Zurückbehaltungsrechts beeinflusst den *Gebührenstreitwert* nicht, selbst wenn die Gegenleistung höher zu bewerten ist als die Klageforderung.[120] Bei der Höhe dieses Streitwerts kommt es nämlich auf das Interesse des

---

112 Palandt/*Grüneberg* BGB § 274 Rn. 4.
113 Vgl. → A Rn. 217.
114 Vgl. BGH NJW-RR 1996, 828; Zöller/*Vollkommer* ZPO § 322 Rn. 15 mwN.
115 BGH NJW 2015, 1007.
116 Vgl. → A Rn. 165.
117 Zur Bestimmtheit auch BGH NJW 2015, 2812.
118 BGH NJW 1993, 324; 1994, 586; 1994, 3221; OLG Koblenz NJW 2009, 3519.
119 BGH NJW 1992, 1172.
120 BGH NJW 1982, 1048; Prütting/Gehrlein/*Gehle* ZPO § 3 Rn. 272.

Beklagten normalerweise nicht an. Die Ausnahmeregel des § 45 III GKG findet bei Geltendmachung eines Zurückbehaltungsrechts keine Anwendung.

Für die *Kostenentscheidung* ergeben sich keine Besonderheiten, wenn der Kläger von vornherein eine Verurteilung Zug um Zug erstrebt. Verlangt er eine unbeschränkte Verurteilung, wird der Beklagte jedoch nur zu der begehrten Leistung Zug um Zug verurteilt, ist grundsätzlich eine Kostenentscheidung nach § 92 zu treffen.[121]

Wir schlagen folgende Methode vor, die Verlustquote iSd § 92 I zu ermitteln:

Man bildet aus der Leistung, die der Kläger vom Beklagten verlangt, und aus der vom Kläger zu erbringenden Gegenleistung einen fiktiven Gesamtstreitwert[122], setzt die Gegenleistung als Verlust des Klägers ein und bildet auf diese Weise eine Quote. Der Wert der Gegenleistung ist von vornherein auf den Wert der Leistung zu begrenzen. Da der Beklagte keinen Titel auf die Gegenleistung erhält, lässt es sich rechtfertigen, dass man deren Wert weiter reduziert, zB auf die Hälfte. Dann kann sich eine maximale Quote zulasten des Klägers in Höhe von $^{1}/_{3}$ ergeben.

Beispielsfall:
Der Kläger verlangt uneingeschränkt Zahlung von 10.000 EUR. Der Beklagte macht ein Zurückbehaltungsrecht geltend.

- Der Beklagte wird zur Zahlung der vollen 10.000 EUR verurteilt, dies jedoch nur Zug um Zug gegen eine Leistung, deren Wert sich nach dem Stand der letzten mündlichen Verhandlung auf 15.000 EUR beläuft; im Übrigen wird die Klage abgewiesen. Die Gegenleistung kann von vornherein nur mit 10.000 EUR angesetzt werden; ihr Wert halbiert sich nach unserem Lösungsvorschlag auf 5.000 EUR. Der fiktive Streitwert beträgt also 15.000 EUR (10.000 für die Klage, 5.000 für die Gegenleistung), wovon der Kläger 5.000 EUR verliert. Die Kostenverteilung lautet demnach $^{1}/_{3}$ zu $^{2}/_{3}$.
- Abwandlung: Die vom Kläger zu erbringende Gegenleistung hat einen Wert von 5.000 EUR. Setzt man ihn zur Hälfte an, beträgt der fiktive Streitwert 12.500 EUR, wovon der Kläger 2.500 EUR verloren hat. Die Kostenverteilung lautet also $^{1}/_{5}$ zu $^{4}/_{5}$.
- Abwandlung: Der Beklagte muss lediglich 5.000 EUR Zug um Zug gegen eine Gegenleistung im Wert von 4.000 EUR zahlen. Der fiktive Streitwert beträgt (10.000 + 2.000 =) 12.000 EUR. Hiervon hat der Kläger 5.000 EUR auf die Klageforderung und 2.000 EUR auf die Gegenleistung verloren. Er trägt die Kosten also zu $^{7}/_{12}$, der Beklagte trägt $^{5}/_{12}$.

Ist die Gegenleistung im Verhältnis zur Klageforderung geringwertig, muss an eine Kostenentscheidung nach *§ 92 II Alt. 1* gedacht werden.[123]

Wenn der Beklagte den Klageanspruch mit der Maßgabe anerkennt, dass nur eine Verurteilung Zug um Zug erfolgt, kommt eine Kostenentscheidung nach § 93 in Betracht.[124]

3. Weitere Besonderheiten in Gutachten und Urteil

27 Das Zurückbehaltungsrecht ist aus praktischen, nicht wie die Hilfsaufrechnung aus prozessualen Gründen[125] grundsätzlich erst nach der Klageforderung zu prüfen, da es

---

121 OLG Köln MDR 2008, 621 = NJW-RR 2008, 763; *Anders/Gehle* Antrag und Entscheidung Teil B, Rn. 220; Thomas/Putzo/*Hüßtege* ZPO § 92 Rn. 4; Zöller/*Herget* ZPO § 92 Rn. 3; *Hensen* NJW 1999, 395.

122 Vgl. → A Rn. 192.

123 OLGR Frankfurt 2006, 1057.

124 Prütting/Gehrlein/*Schneider* ZPO § 92 Rn. 36.

125 → Rn. 16.

– anders als die üblichen Verteidigungsmittel – nicht zur Klageabweisung, sondern nur zu einer eingeschränkten Verurteilung führen kann. Es bestehen indes keine grundsätzlichen Bedenken, das Zurückbehaltungsrecht bereits im Rahmen der Schlüssigkeitsprüfung zu behandeln. Hier gelten gegenüber anderen Einreden iSd ZPO in der Regel keine Besonderheiten.[126] Wenn der Beklagte jedoch hilfsweise die Aufrechnung erklärt und sich für den Fall, dass die Aufrechnung keinen Erfolg hat – etwa, weil ein Aufrechnungsverbot in Betracht kommt –, wegen derselben Gegenforderung auf ein Zurückbehaltungsrecht beruft, kann das Zurückbehaltungsrecht erst nach der Hilfsaufrechnung geprüft werden. Das folgt daraus, dass der Beklagte mit dem Zurückbehaltungsrecht nur eine Zug-um-Zug-Verurteilung erreicht, während die – erfolgreiche – Hilfsaufrechnung zur Klageabweisung führt. In einem solchen Ausnahmefall wird das Gutachten wie folgt aufgebaut:

I. Forderung des Klägers
   (... Schema wie üblich)[127]
II. Gegenforderung des Beklagten
   1. Schlüssigkeit des Beklagtenvortrags (Beklagtenstation)
      a) Hilfsaufrechnung
      b) Zurückbehaltungsrecht
   2. Verteidigung des Klägers (Klägerstation)
      a) Hilfsaufrechnung
      b) Zurückbehaltungsrecht
   3. Erforderlichkeit einer Beweisaufnahme (Beweisstation)

...

III. Ausarbeitung des Urteilstenors (Tenorierungsstation)

Im *Tatbestand* ist streitiger Tatsachenvortrag des Beklagten zum Zurückbehaltungsrecht als typisches Verteidigungsmittel grundsätzlich im Abschnitt »Streitiges des Beklagten«[128] wie folgt darzustellen:

> Der Beklagte beruft sich auf ein Zurückbehaltungsrecht und behauptet hierzu, ...
>
> (oder:)
>
> Der Beklagte erhebt die Einrede des nicht erfüllten Vertrags. In diesem Zusammenhang behauptet er, ...

Da die Geltendmachung des Zurückbehaltungsrechts als solche immer unstreitig ist, kann es im Einzelfall auch sinnvoll sein, sie bereits in der Geschichtserzählung zu erwähnen, insbesondere wenn ihm streitige Tatsachen nicht zugrunde liegen.

Wenn die Klage wegen der Verurteilung Zug um Zug teilweise abzuweisen ist, muss bei Darstellung des Gesamtergebnisses in den Entscheidungsgründen wie folgt formuliert werden:

> Die Klage ist nur teilweise begründet. Dem Kläger steht zwar ein Anspruch auf ... zu. Jedoch war der Beklagte zu dieser Leistung nur Zug um Zug gegen ... zu verurteilen, weil das von ihm geltend gemachte Zurückbehaltungsrecht besteht.
>
> ...
>
> Der Anspruch des Klägers ergibt sich aus ...

126 Zur Möglichkeit, Einreden bereits in der Klägerstation zu prüfen, vgl. → A Rn. 97.
127 → A Rn. 74 ff.
128 → A Rn. 63 ff.

> ...
> Dem Beklagten steht aber gegenüber dem somit bestehenden Anspruch aus ... ein Zurückbehaltungsrecht nach ... zu ...

Im Übrigen gelten hier keine Besonderheiten.

VIII. Weitere Überlegungen des Anwalts

28 Besteht nach dem Sachvortrag des Beklagten eine Gegenforderung, muss man immer die Aufrechnung in Erwägung ziehen. Bei einer solchen Konstellation ist § 389 BGB bereits in den Darlegungsstationen abzuhandeln, wobei die Aufrechnungserklärung – soweit noch nicht abgegeben – zu unterstellen ist.[129] Ob die Aufrechnung tatsächlich zu erklären ist bzw. ob sich der Beklagte bei schon erfolgter Aufrechnung vor dem Prozess darauf berufen sollte, ist eine Frage der Zweckmäßigkeit. Unter diesem Gesichtspunkt ist auch zu behandeln, ob die Aufrechnung unbedingt oder nur hilfsweise zu erfolgen hat. Die Hilfsaufrechnung ist für den Beklagten das geringere Risiko, vorausgesetzt natürlich, man kann eine Hauptverteidigung aufbauen. Vorteile der Hilfsaufrechnung sind:

- Eine rechtskraftfähige Entscheidung des Gerichts über die Gegenforderung ergeht nur dann, wenn feststeht, dass die Klageforderung ohne die Hilfsaufrechnung gerechtfertigt ist;[130]
- der Streitwert erhöht sich nach § 45 III GKG nur, wenn über die Hilfsaufrechnung in der Sache entschieden wird; nur in diesem Fall besteht auch ein erhöhtes Kostenrisiko;[131] bei Unzulässigkeit ist die Zurückweisung kostenmäßig risikolos;
- auch bei der Hilfsaufrechnung wird die Verjährung gehemmt.[132]

Wenn zweifelsfrei feststeht, dass die Klageforderung ohne die Aufrechnung besteht, ist eine Hauptaufrechnung anzuraten, weil in diesem Fall nicht mit einer Streitwerterhöhung nach § 45 III GKG zu rechnen ist und die Hauptaufrechnung für sich kein Kostenrisiko mit sich bringt. Daneben bietet gerade eine Hauptaufrechnung die Gelegenheit, eine verjährte Forderung sinnvoll einzusetzen, wenn sie der Hauptforderung in unverjährter Zeit gegenüber gestanden hat, § 215 BGB.

29 Der Anwalt der Partei, die sich auf die Aufrechnung beruft, muss § 253 II Nr. 2 beachten, da der Aufrechnungseinwand dem Bestimmtheitsgrundsatz unterliegt.[133] Mit dieser Frage hat sich der Kandidat gegebenenfalls im Rahmen der Zweckmäßigkeitserwägungen auseinanderzusetzen. Je nach Fallkonstellation kann dem Mandanten anzuraten sein, auf die Aufrechnung zu verzichten, wenn er den Gegenanspruch nicht ausreichend begründen oder seine Voraussetzungen nicht verlässlich beweisen kann. Denn wird die Aufrechnung aus diesen Gründen zurückgewiesen, geht die Gegenforderung mit den Wirkungen des § 322 II verloren. Planloses Aufrechnen ist insbesondere im Bauprozess ein nicht seltener Anwaltsfehler! Soweit mit mehreren Forderungen aufgerechnet werden soll, die insgesamt die Klageforderung übersteigen,

129 Vgl. → D Rn. 28.
130 Vgl. hierzu → Rn. 16.
131 Vgl. → Rn. 21.
132 Vgl. → Rn. 16.
133 Vgl. → Rn. 8.

muss auch über die Reihenfolge nachgedacht werden.[134] An die Spitze stellt man eher die sicheren Ansprüche, indes kann es das Risiko wert sein, schwächere, bereits verjährte Forderungen an die Spitze zu stellen, weil sie eigenständig nicht mehr erfolgreich eingeklagt werden können, § 215 BGB.

Da die Aufrechnung ein Verteidigungsmittel ist, nicht dagegen ein eigenständiger Angriff, kann ihre Geltendmachung wegen Verspätung in zweifacher Hinsicht erfolglos sein. Geht es um Tatsachen, aus denen die Gegenforderung sich herleitet, droht der Verlust, § 322 II; ist der Aufrechnungseinwand selbst verspätet, droht lediglich Zurückweisung ohne die Wirkungen des § 322 II.[135] Die Aufrechnung stellt kein Mittel dar, wegen nicht fristgerecht vorgebrachter anderer Tatsachen eine Zurückweisung wegen Verspätung zu vermeiden (wie etwa die Flucht in die Säumnis).[136] 30

Beruft sich der Beklagte auf eine Aufrechnung, muss der klägerische Anwalt, wenn er die Voraussetzungen des § 389 BGB nach dem Vortrag seines Mandanten bejaht, überlegen, ob der Rechtsstreit in der Hauptsache für erledigt zu erklären ist; dabei spielt eine Rolle, zu welchem Zeitpunkt sich die Forderungen erstmalig aufrechenbar gegenüberstanden. Auch ist an eine Klagerücknahme zu denken, jedenfalls solange der Beklagte ihr noch nicht zustimmen muss. Denn es erscheint vertretbar, an eine (analoge) Anwendung von § 269 III 3 zu denken, wenn man zugunsten des Klägers Billigkeitsgesichtspunkte vorbringen kann.[137] Solange verlässliche Grundsatzentscheidungen dazu noch nicht ergangen sind, ist allerdings Vorsicht geboten. 31

Stellt sich während des Prozesses heraus, dass die Aufrechnung keinen Erfolg haben wird, so zB nach einer durchgeführten Beweisaufnahme, sollte im Rahmen der Zweckmäßigkeitsfrage in Erwägung gezogen werden, von dem Aufrechnungseinwand Abstand zu nehmen. Dadurch kann bei einer Hilfsaufrechnung in jedem Fall eine Streitwerterhöhung mit der daraus resultierenden negativen Kostenfolge vermieden werden.[138] Jedoch muss die Partei damit rechnen, dass ihr nach § 96 die durch die Aufrechnung verursachten Kosten, wie zB die Kosten der Beweisaufnahme, auferlegt werden, wenn sie nicht ohnehin die Kosten des Rechtsstreits zu tragen hat. Ein weiterer Vorteil der Abstandnahme (die anders als im Fall des § 269 keiner Einwilligung bedarf) besteht darin, dass die Gegenforderung neu eingeklagt werden kann. Das ist wichtig, wenn es derzeit an Möglichkeiten der Substantiierung oder an Beweismitteln mangelt. Ergeht auf solcher Grundlage eine verneinende Sachentscheidung, ist die Forderung wegen § 322 II verloren! 32

134 Vgl. → Rn. 16.
135 Vgl. → Rn. 4a, 6.
136 Vgl. → H Rn. 28.
137 Vgl. → Rn. 6.
138 Vgl. → Rn. 21 f.

H. Versäumnisurteil und Einspruchsverfahren

I. Das Versäumnisurteil

1. Echte und unechte Versäumnisurteile

1 Eine mündliche Verhandlung wird durch die Anträge der Parteien eingeleitet, § 137 I. Erscheint nur eine Partei in dem anberaumten Verhandlungstermin oder stellt nur eine der erschienenen Parteien einen Antrag, kann eine mündliche Verhandlung nicht stattfinden. Um das Verfahren gleichwohl zum Abschluss zu bringen, wird unter den in §§ 330 ff. genannten Voraussetzungen ein Versäumnisurteil erlassen. Bei teilweiser Säumnis

Beispiel: Der Beklagte stellt nur teilweise einen Abweisungsantrag.

ist ein Teil-Versäumnisurteil möglich.[1] Kontradiktorisches und Versäumnisurteil können in einer Entscheidung kombiniert werden. Zu unterscheiden ist zwischen einem echten und einem unechten Versäumnisurteil. Das echte Versäumnisurteil ergeht gegen die säumige Partei aufgrund ihrer Säumnis; ein unechtes Versäumnisurteil wird gegen die erschienene Partei oder gegen die säumige Partei ohne Rücksicht auf ihre Säumnis erlassen.[2]

Beispiele für unechte Versäumnisurteile:
- Klageabweisung als unzulässig oder unbegründet bei Säumnis des Beklagten, § 331 II Hs. 2
- Abweisung der Klage als unzulässig bei Säumnis des Klägers
- Verwerfung eines Einspruchs nach § 341 I 2 bei Säumnis des Einspruchsführers im nachfolgenden Termin[3]

2 Das *unechte* Versäumnisurteil unterscheidet sich weder in der Form noch im Rechtsmittel von den sonstigen streitigen (= *kontradiktorischen*) Urteilen, dh von solchen, die aufgrund einer mündlichen Verhandlung oder im schriftlichen Verfahren nach § 128 II ergangen sind.[4]

3 Das *echte* Versäumnisurteil ist zwar ein Endurteil, dh, es beendet die Instanz. Da indes beim ersten Versäumnisurteil der Streitstoff wegen der Säumnis der unterlegenen Partei nicht in vollem Umfang berücksichtigt wurde, besteht hier die Möglichkeit, durch zulässigen Einspruch nach §§ 338 ff. den Prozess in die Lage vor der Säumnis zurückzuversetzen, vgl. § 342. Soweit der Einspruch zulässig ist, findet gem. § 514 I keine Berufung statt. Beim zweiten Versäumnisurteil ist demgegenüber nicht der Einspruch, sondern die Berufung eröffnet, die nur darauf gestützt werden kann, dass ein Fall schuldhafter Säumnis nicht vorgelegen habe, §§ 345, 514 II 1.

Das echte Versäumnisurteil ist der *materiellen Rechtskraft* fähig. Es unterscheidet sich von einem streitigen Urteil im Wesentlichen wie folgt:

- Überschrift
  Das Versäumnisurteil muss als solches überschrieben werden (§ 313b I 2).

1 BGH NJW 2002, 145.
2 Zöller/*Herget* ZPO vor § 330 Rn. 11; eingehend *Reiter* JA 2005, 129.
3 BGH NJW 1995, 1561 (wegen § 341 II Ausnahme).
4 OLG Dresden NJW-RR 2000, 1337.

IM NAMEN DES VOLKES
Versäumnisurteil

Beruht das Urteil nur teilweise auf einer Säumnis, ergeht es als »Teil-Versäumnis- und Endurteil«.

- Tenor
  Für die Hauptsachenentscheidung gelten grundsätzlich keine Besonderheiten; es ist nicht erforderlich, den Beklagten ausdrücklich »aufgrund seiner Säumnis« zu verurteilen. Wenn das Urteil nur teilweise als Versäumnisurteil ergeht, etwa weil der Sachantrag des Beklagten nur einen Teil der Klage erfasst, sollte die gebotene Klarstellung in den Entscheidungsgründen, nicht im Tenor vorgenommen werden. Die Kostenentscheidung folgt den üblichen Regeln.
  Ein Versäumnisurteil ist nach § 708 Nr. 2 immer ohne Sicherheitsleistung für vorläufig vollstreckbar zu erklären. § 711 findet keine Anwendung.

  (Versäumnisurteil gegen den Kläger/Beklagten):
  Die Klage wird abgewiesen/Der Beklagte wird verurteilt, ...
  Die Kosten des Rechtsstreits trägt der Kläger/der Beklagte
  Das Urteil ist vorläufig vollstreckbar.

  Beim Teil-Versäumnisurteil sind für den kontradiktorischen und den auf der Säumnis beruhenden Teil jeweils getrennte Vollstreckbarkeitsentscheidungen zu erlassen.

- Tatbestand und Entscheidungsgründe
  Nach § 313b I 1 bedarf das Versäumnisurteil nicht des Tatbestands und der Entscheidungsgründe (Ausnahme: § 313b III, Vollstreckung im Ausland).

- Gebühren
  Für den Erlass eines Versäumnisurteils sehen Nr. 1210 ff., Nr. 1220 ff. KV als Anlage 1 zum GVG keine Ermäßigung der Gerichtsgebühr vor. Für die Anwaltsgebühren ist Nr. 3105 VV als Anlage 1 zum RVG zu beachten: Die Gebühr Nr. 3104 beträgt nur 0,5.

- Schriftliches Vorverfahren
  Ein Versäumnisurteil kann nach § 331 III im *schriftlichen Vorverfahren* ergehen, wenn der Beklagte entgegen §§ 276 I 1, 697 II 2 nicht rechtzeitig seine Verteidigungsbereitschaft angezeigt hat. Es wird in diesem Falle durch die Zustellung an beide Parteien existent, sodass erst mit der letzten Zustellung die Einspruchsfrist in Lauf gesetzt wird.[5] Nach § 331 III 3 ist – insoweit durch unechtes Versäumnisurteil – die Abweisung von Nebenforderungen zulässig; ist die Klage hinsichtlich weiterer Forderungen unschlüssig, muss terminiert werden. Man prüfe, ob die Hinweispflicht beachtet worden ist. Wegen der relativ geringen Bedeutung der Nebenforderungen erscheint ein allgemein gehaltener Hinweis in der einleitenden richterlichen Verfügung ausreichend.

---

5 BGH MDR 1995, 308 = NJW 1994, 3359; Zöller/*Herget* ZPO § 339 Rn. 4; kritisch *Rau* MDR 2001, 794; vgl. auch unten → Rn. 13.

2. Voraussetzungen für den Erlass eines echten Versäumnisurteils

a) Versäumnisurteil gegen den Beklagten

4 Ein Versäumnisurteil gegen den säumigen Beklagten kann nach § 331 unter folgenden Voraussetzungen erlassen werden:

aa) Der Begriff der Säumnis

5 Zum Begriff der *Säumnis* (oder Versaumung) iSd § 331, der inhaltsgleich in den §§ 251a, 330, 331a, 514 verwendet wird, gehört, dass der Beklagte zum Verhandlungstermin nicht erscheint oder nicht verhandelt, §§ 331 I 1, 333.[6] Die Säumnis tritt zu Beginn der anberaumten mündlichen Verhandlung ein. § 220 II steht dem nicht entgegen, da diese Vorschrift lediglich sicherstellen soll, dass die Partei auch durch späteres Auftreten den Erlass des Versäumnisurteils noch verhindern kann.[7] Andererseits kann die einmal begonnene mündliche Verhandlung, § 137, nicht mehr ungeschehen gemacht werden; die von Anwälten bisweilen abgegebene Erklärung (etwa angesichts einer ungünstigen Beweisaufnahme), jetzt »nicht mehr aufzutreten« oder »keinen Antrag mehr zu stellen«, führt keine Säumnis herbei.[8]

In Anwaltsprozessen kommt es nicht auf die Partei selbst, sondern auf den bei Gericht zugelassenen Rechtsanwalt, dh auf die postulationsfähige Person an. Der anberaumte Termin muss ferner zur mündlichen Verhandlung vor dem erkennenden Gericht bestimmt sein, wobei es unerheblich ist, ob es sich um einen frühen ersten Termin, einen Haupttermin oder einen Fortsetzungstermin handelt; zu einem Verhandlungstermin iSd § 331 I gehören aber nicht reine Gütetermine nach § 278, die ohne Ladung zu einem Verhandlungstermin durchgeführt werden (seltene Ausnahme), ferner nicht Verkündungstermine, § 310 I, und Termine zur Beweisaufnahme vor dem beauftragten oder ersuchten Richter.

Im schriftlichen Vorverfahren tritt an die Stelle der Säumnis die fehlende oder nicht rechtzeitige Anzeige der Verteidigungsbereitschaft gemäß § 276 I 1. Vertretbar erscheint es, einen Antrag auf Bewilligung von Prozesskostenhilfe der Verteidigungsanzeige gleichzustellen.[9]

6 Zum Begriff der Säumnis gehört weiterhin, dass keine der Voraussetzungen des *§ 335 Nr. 2–4* vorliegt. Der Beklagte muss daher unter Berücksichtigung der Ladungsfrist ordnungsgemäß geladen worden sein, §§ 214 ff., 217 I. Außerdem kann ein Versäumnisurteil gegen den Beklagten nicht ergehen, wenn ihm das Vorbringen des Klägers oder dessen Antrag nicht rechtzeitig mittels eines Schriftsatzes mitgeteilt wurde, vgl. §§ 132, 274 III, 282.

Im *schriftlichen Vorverfahren* kann ein Versäumnisurteil nicht ergehen, wenn dem Beklagten die 2-Wochen-Frist des § 276 I 2 nicht mitgeteilt wurde oder keine ordnungsgemäße Belehrung iSd § 276 II erfolgte. Eine missverständliche Belehrung über die möglichen Folgen der Säumnis soll sich allerdings dann nicht auswirken, wenn

6 Vgl. Auch BGH NJW 2016, 642.

7 Zöller/*Stöber* ZPO § 220 Rn. 4.

8 BAG MDR 2007, 1025 = BeckRS 2007, 44734; OLG Frankfurt a.M. NJW-RR 1992, 1405; Prütting/Gehrlein/*Czub* ZPO § 333 Rn. 5.

9 OLG Brandenburg NJW-RR 2002, 285.

die Partei über die Notwendigkeit, sich durch einen Rechtsanwalt vertreten zu lassen, ordnungsgemäß belehrt wurde, gleichwohl aber keinen Rechtsanwalt bestellte.[10]

Liegen die Voraussetzungen des § 335 I vor, ist der Antrag auf Erlass eines Versäumnisurteils durch Beschluss, gegen den die sofortige Beschwerde stattfindet, zurückzuweisen, oder die Sache ist zu vertagen, §§ 335 II, 336, 337.

Zum Begriff der Säumnis gehört schließlich, dass sich die säumige Partei nicht ausreichend *entschuldigt* hat; die Gründe müssen dem Gericht nach Möglichkeit bis zum Termin mitgeteilt werden.[11] Liegt eine ausreichende Entschuldigung vor, ist die Sache gemäß § 337 zu vertagen (= Ermessensschrumpfung auf Null). Dabei kann das Gericht nur die ihm bekannten Tatsachen berücksichtigen. Eine Amtsermittlung ist nicht erforderlich. Das Nichterscheinen eines *Rechtsanwalts* ist dann entschuldigt, wenn er mit dem Gegenanwalt vereinbart hatte, er solle auf ihn warten, dieser aber unter Bruch der Vereinbarung gleichwohl ein Versäumnisurteil beantragt.[12] Standesrecht (vgl. § 43 BRAO) hindert das Gericht nicht am Erlass eines Versäumnisurteils.[13] 7

bb) Antrag des Klägers

Der Kläger muss in jedem Fall den Sachantrag und daneben einen Antrag auf Erlass eines Versäumnisurteils gegen den Beklagten stellen. Dies kann allerdings auch konkludent geschehen. Es wird sogar die Meinung vertreten, dass in dem Sachantrag gleichzeitig ein Antrag auf Erlass eines Versäumnisurteils enthalten ist.[14] Das erscheint praxisnah, insbesondere wenn das Gericht durch Hinweis den Punkt hätte klären können. 8

Der Antrag muss zulässig sein, insbesondere müssen die Prozesshandlungsvoraussetzungen vorliegen. Im schriftlichen Vorverfahren muss der Antrag schriftsätzlich gestellt werden, wobei er üblicherweise schon in der Klageschrift enthalten ist, vgl. § 331 III 2. Bestritten ist, ob ein in der Klageschrift nicht enthaltener, aber später gestellter Antrag auf Erlass eines Versäumnisurteils nach § 331 III dem Beklagten noch eigens übermittelt werden muss.[15] Wir halten dies nicht für erforderlich; wie § 335 I Nr. 3 verdeutlicht, muss dem Beklagten lediglich der Sachantrag zu Kenntnis gebracht werden; mit einem Versäumnisurteil muss er hingegen im schriftlichen Vorverfahren aufgrund der gesetzlichen Bestimmungen immer rechnen, wenn er seine Verteidigungsbereitschaft nicht anzeigt. Darauf muss er auch vom Gericht hingewiesen werden (§ 276 II 1).

cc) Prozessvoraussetzungen

Da es sich bei dem Versäumnisurteil um ein Sachurteil handelt, kann es ebenso wie ein Urteil nach streitiger Verhandlung nur bei Vorliegen der Zulässigkeitsvorausset- 9

10 OLG Düsseldorf MDR 1987, 769.

11 BGH NJW 2006, 448; 2009, 687; OLG Brandenburg NJW-RR 1998, 1678 (Partei kann wegen Mittellosigkeit die Fahrtkosten nicht aufbringen; dies wird dem Gericht rechtzeitig mitgeteilt); zur Darlegung der Entschuldigungsgründe BGH NJW 1999, 2120 (2121); 2007, 2047; OLG Celle NJW 2004, 2534; OLG Hamm NJW 2014, 1603.

12 BGH NJW 1976, 196; 1991, 42; LG Mönchengladbach NJW-RR 1998, 1287.

13 Vgl. Zöller/*Herget* ZPO Vor § 330 Rn. 12 mwN.

14 OLG Koblenz WM 1997, 1566; Thomas/Putzo/*Reichold* ZPO § 331 Rn. 2.

15 Bejahend: OLG München MDR 1980, 235; verneinend: KG NJW-RR 1994, 1344; Thomas/Putzo/*Reichold* ZPO § 331 Rn. 2.

zungen ergehen.[16] Liegt insoweit ein behebbarer Mangel vor, greift § 335 I Nr. 1 ein, dh, der Antrag auf Erlass eines Versäumnisurteils wird zurückgewiesen. Andernfalls ergeht ein Prozessurteil als unechtes Versäumnisurteil.

Der Kläger trägt für das Vorliegen der Prozessvoraussetzungen die Darlegungs- und Beweislast, vgl. § 335 I Nr. 1. Die Geständnisfiktion des § 331 I 1 gilt nicht für das Vorbringen zur Zuständigkeit des Gerichts nach §§ 29 II, 38, vgl. § 331 I 2. Das ist für den Gläubiger sehr misslich, wenn die Parteien eine Gerichtsstandsvereinbarung getroffen haben. Klagt er am allgemeinen Gerichtsstand des Schuldners, kann dieser sich dort auf die Prorogation berufen; klagt er am prorogierten Gerichtsstand, darf dort kein Versäumnisurteil ergehen, es sei denn, der Kläger kann die Vereinbarung nachweisen.[17]

dd) Schlüssigkeit des Klägervorbringens

10 Das gesamte Vorbringen des Klägers zu den anspruchsbegründenden und zu den von ihm selbst vorgetragenen anspruchsfeindlichen (= klageschädlichen) Tatsachen[18] wird gem. § 331 I 1 als zugestanden gewertet (Geständnisfiktion), soweit nicht ausnahmsweise auch ein tatsächlich erklärtes Geständnis keine Wirkungen entfalten würde. Das Klägervorbringen muss darauf überprüft werden, ob es den Klageantrag rechtfertigt (Schlüssigkeit). Bei fehlender Schlüssigkeit ist die Klage gem. § 331 II durch Sachurteil abzuweisen. Man halte sich auch bei dieser Gelegenheit die weittragende Bedeutung des § 331 II für die gesamte Fallprüfung im Zivilprozess noch einmal vor Augen.

b) Versäumnisurteil gegen den Kläger

11 Grundsätzlich müssen für das echte Versäumnisurteil gegen den Kläger nach § 330 dieselben Voraussetzungen vorliegen wie für das gegen den Beklagten. Insbesondere muss die Klage zulässig sein, andernfalls wird sie durch Prozessurteil und damit durch unechtes Versäumnisurteil abgewiesen. Die Schlüssigkeitsprüfung entfällt, da die Abweisung ausschließlich auf der Säumnis des Klägers beruht. Die Rechtskraftwirkung der Abweisung ist – wie bei einem prozessualen Verzicht – umfassend; sie beschränkt sich zB nicht auf mangelnde Fälligkeit, selbst wenn die Klage bei streitiger Entscheidung alleine hierwegen als derzeit unbegründet hätte abgewiesen werden müssen.[19]

II. Das Einspruchsverfahren

12 Gegen ein echtes Versäumnisurteil sind weder Berufung noch Revision zulässig. Der alleine zulässige Einspruch bewirkt nach § 342, dass der Prozess umfassend in die Lage vor der Säumnis zurückversetzt wird.[20] Im Regelfall ist also neu zu terminieren.

16 Zöller/*Herget* ZPO § 330 Rn. 2; § 331 Rn. 1; auch unzulässig während Unterbrechung des Verfahrens, vgl. OLG Köln NJW-RR 1995, 891; vgl. auch Prütting/Gehrlein/*Anders* ZPO vor §§ 239 ff. Rn. 1.

17 Vgl. OLG Karlsruhe MDR 2002, 1269 = BeckRS 9998, 04220; Zöller/*Herget* ZPO § 331 Rn. 6.

18 → A Rn. 97.

19 BGH NJW 2003, 1044; Nachweise zur lebhaften Diskussion dieser Entscheidung vgl. Zöller/*Herget* ZPO § 330 Rn. 9.

20 Vgl. zB BGH NJW 1993, 1717: Wirkung eines früheren Anerkenntnisses bleibt erhalten.

Dies darf indes erst nach Eingang des Einspruchs geschehen; eine Terminierung bereits bei Erlass des Versäumnisurteils »für den Fall des Einspruchs« ist nicht zulässig und entfaltet keine Wirkungen, die den Erlass eines zweiten Versäumnisurteils ermöglichten.[21] Der Einspruch ist mangels Devolutiveffekts kein Rechtsmittel, sondern ein Rechtsbehelf.[22] Durch seine Einlegung wird das Versäumnisurteil nicht beseitigt. Es kann grundsätzlich weiter aus ihm vollstreckt werden. Lediglich der Eintritt der Rechtskraft wird gem. § 705 S. 2 gehemmt. Auf Antrag kann zudem nach §§ 707, 719 unter den dort genannten weiteren Voraussetzungen die Vollstreckung aus dem Versäumnisurteil bis zur Entscheidung über den Einspruch eingestellt werden, und zwar grundsätzlich nur gegen Sicherheitsleistung.[23]

1. Zulässigkeit des Einspruchs

a) Zulässigkeitsvoraussetzungen

Zu den Zulässigkeitsvoraussetzungen, die gem. § 341 I 1 von Amts wegen zu prüfen **13**
sind, gehören neben den allgemeinen Prozesshandlungsvoraussetzungen

- die Statthaftigkeit (§ 338),
- die Einhaltung der Einspruchsfrist (§ 339),
- die Einhaltung der Einspruchsform (§ 340 I, II).

Merke: Die Begründung nach § 340 III ist keine Zulässigkeitsvoraussetzung. Eine Beschwer wie bei der Berufung wird nicht vorausgesetzt.

aa) Statthaftigkeit

Ein Einspruch gegen ein Versäumnisurteil ist grundsätzlich nur *statthaft*, wenn es sich um ein echtes Versäumnisurteil handelt – gegen ein unechtes Versäumnisurteil findet Berufung oder Revision statt – und von der Partei eingelegt wird, gegen die das Versäumnisurteil erlassen wurde. Für die Statthaftigkeit kommt es nicht auf die Bezeichnung des Urteils, sondern ausschließlich auf seinen Inhalt an, dh ob die Verurteilung auf der Säumnis einer Partei beruht.[24] Auch wenn das Urteil gesetzeswidrig ergangen ist, zB weil ein Fall der Säumnis tatsächlich nicht vorlag, ist nur der Einspruch, nicht hingegen die Berufung statthaft, vgl. § 514 I.[25] Beruht die Entscheidung demgegenüber auf anderen Erwägungen, steht die fehlerhafte Bezeichnung als Versäumnisurteil der Berufung nicht entgegen; nach dem Grundsatz der Meistbegünstigung kann alternativ auch Einspruch eingelegt werden.[26]

bb) Frist

Die *Einspruchsfrist* beträgt nach § 339 I zwei Wochen und beginnt mit der Zustellung des Versäumnisurteils.[27] Maßgeblich bei verkündeten Urteilen ist die Zustellung an

---

21 BGH NJW 2011, 928.

22 Vgl. → S Rn. 3.

23 Zu der Streitfrage, ob bei einer Einstellung ohne Sicherheitsleistung, § 719 I 2, zusätzlich die Voraussetzungen des § 707 I 2 vorliegen müssen, vgl. Prütting/Gehrlein/*Kroppenberg* ZPO § 719 Rn. 5.

24 BGH NJW-RR 1995, 257 (Folgesache).

25 BGH NJW 1994, 665; OLG Zweibrücken NJW-RR 1997, 1087.

26 BGH NJW 1999, 583.

27 BGH NJW 2011, 522; Beifügung der Anlagen keine Wirksamkeitsvoraussetzung: BGH NJW 2013, 387.

den Einspruchsführer. Ist das Versäumnisurteil im *schriftlichen Vorverfahren* erlassen worden, beginnt die Einspruchsfrist mit der letzten von Amts wegen zu bewirkenden Zustellung zu laufen; vorher ist das Versäumnisurteil nicht existent.[28] Wird das Versäumnisurteil nicht oder nicht ordnungsgemäß zugestellt, ist es zwar in der Welt, jedoch beginnt die Einspruchsfrist nicht zu laufen.[29] Die Einspruchsfrist ist eine *Notfrist*; sie kann weder verlängert noch verkürzt werden, §§ 339 I, 224. Zu berücksichtigen sind die Vorschriften über die Rechtsbehelfsbelehrung und die Wiedereinsetzung in den vorigen Stand, §§ 233 ff.[30]

cc) Form

Der Einspruch muss grundsätzlich durch einen *bestimmenden Schriftsatz*[31] beim Prozessgericht eingelegt werden, wobei dies in Anwaltsprozessen durch einen zugelassenen Rechtsanwalt erfolgen muss. Die Einspruchsschrift muss die in § 340 II genannten Angaben enthalten. Ansonsten ist der Einspruch unzulässig. Allerdings muss das Wort »Einspruch« nicht verwendet werden; vielmehr ist insoweit eine Auslegung möglich.[32] Hat der Beklagte keine Kenntnis von dem gegen ihn ergangenen Versäumnisurteil, kann sein Schriftsatz, mit dem er sich gegen die Klage verteidigt, uU im Wege der Umdeutung als Einspruch gewertet werden.[33]

dd) Begründung keine Zulässigkeitsvoraussetzung

§ 340 III, wonach der Einspruch begründet werden soll, stellt trotz seiner systematischen Stellung keine Zulässigkeitsvoraussetzung dar.[34] Vielmehr handelt es sich um eine Konkretisierung der allgemeinen Prozessförderungspflicht aus §§ 277, 282. Das folgt schon daraus, dass auf Verspätungsregeln Bezug genommen wird, die sich nur im Rahmen der Begründetheit auswirken können. Das wird durch einen Vergleich zwischen § 340 III und § 520 verdeutlicht. § 522 I stellt für § 520 den Charakter der Zulässigkeitsvoraussetzung klar, eine entsprechende Regelung für § 340 III fehlt. Außerdem ergibt sich dies aus dem Wortlaut der Normen (§ 340 III: »hat«, »soweit«; § 520 I, III 2: »muss«).

ee) Keine Beschwer

Die Zulässigkeit eines Einspruchs setzt nicht voraus, dass eine durch das Urteil geschaffene *Beschwer* angegriffen werden soll. Daher führt zB ein mit dem Einspruch vorgenommener Parteiwechsel nicht zur Verwerfung als unzulässig.[35]

b) Entscheidung bei Unzulässigkeit

14 Fehlt es an einer Zulässigkeitsvoraussetzung, ist der Einspruch nach § 341 I 2 als unzulässig zu verwerfen. Eine erneute Sachprüfung oder eine Klärung der Frage, ob das

28 → Rn. 3 aE.

29 Zur Wirksamkeit der Zustellung eines Vollstreckungsbescheides an eine prozessunfähige Partei s. BGH MDR 1988, 766; aA für Versäumnisurteil LG Berlin MDR 1998, 588.

30 Vgl. für die Berufung → S Rn. 48, 50.

31 OLG Zweibrücken MDR 1992, 998 hält Einspruch zu Protokoll des Gerichts für zulässig; abl. LG Berlin NJW 2000, 3291; BGH NJW 1989, 530 für Einspruch unter Bezugnahme auf eine früher eingereichte Einspruchsschrift; vgl. näher zu bestimmenden Schriftsätzen → S Rn. 41.

32 BGH MDR 1995, 308 = NJW 1994, 3359.

33 OLG Braunschweig FamRZ 1995, 237 = BeckRS 1994, 09626; aA OLG Köln NJW-RR 2002, 1231.

34 BGH NJW-RR 1992, 957.

35 OLG Köln NJW-RR 1993, 1408.

VU ordnungsgemäß zustande gekommen ist, findet nicht statt.[36] Eine mündliche Verhandlung ist nicht erforderlich, § 341 II. Die Entscheidung ergeht durch Urteil; ein Urteil ist bereits dann geboten, wenn Wiedereinsetzung versagt wird; gegen einen fälschlich erlassenen Beschluss sind nach dem Grundsatz der Meistbegünstigung die Urteils-Rechtsmittel eröffnet.[37] Findet nach § 341a ein Einspruchstermin statt, weil der Einspruch nicht als unzulässig zu verwerfen ist, wird durch Sachurteil entschieden.

Da das Versäumnisurteil bereits eine Kostenentscheidung enthält, ist in dem Urteil nach § 341 I 2 nur über die *weiteren Kosten* des Rechtsstreits zu entscheiden. Nach unserer Auffassung ergibt sich die Kostenentscheidung aus § 91, während andere § 97 I analog anwenden.[38] Das Urteil ist für vorläufig vollstreckbar zu erklären, und zwar gemäß § 708 Nr. 3 ohne Sicherheitsleistung. § 711 findet keine Anwendung. Der Tenor einer Entscheidung nach § 341 I 2 lautet:

> Der Einspruch des Beklagten/Klägers gegen das Versäumnisurteil vom … wird als unzulässig verworfen.
> Der Beklagte/Kläger trägt die weiteren Kosten des Rechtsstreits.
> Das Urteil ist vorläufig vollstreckbar.

2. Das zweite Versäumnisurteil

Ein zweites Versäumnisurteil setzt gemäß § 345 voraus, dass die Partei, die den Einspruch eingelegt hat, im Einspruchstermin wiederum säumig ist. Der Einspruchstermin darf erst nach Eingang des Einspruchs bestimmt werden. Setzt das Gericht bereits mit Erlass des ersten Versäumnisurteils einen Verhandlungstermin »für den Fall des Einspruchs« fest, darf mangels ordnungsgemäßer Terminierung und damit fehlender Säumnis kein zweites Versäumnisurteil ergehen.[39] Besonderheiten des Vollstreckungsbescheids besprechen wir weiter unten.[40] 15

Der Säumnisbegriff ist derselbe wie der des § 331, sodass auf die obigen Ausführungen Bezug genommen werden kann.[41] Unter einem Einspruchstermin versteht man den ersten Termin nach Einlegung des Einspruchs oder – falls die Sache ohne Verhandlung vertagt oder ausgesetzt[42] wurde – den nachfolgenden Termin; hat hingegen der Säumige nach Erlass des Versäumnisurteils zur Zulässigkeit oder zur Hauptsache verhandelt oder den Erlass eines Versäumnisurteils gegen den Gegner beantragt, kann kein zweites Versäumnisurteil, sondern nur erneut ein »erstes Versäumnisurteil« ergehen.[43]

§ 345 setzt über seinen Wortlaut hinaus voraus, dass der Einspruch zulässig ist; das folgt aus § 341.[44] Streitig ist, ob außerdem das Versäumnisurteil in gesetzmäßiger Weise ergangen sein muss. Davon hängt ab, ob erneut zu prüfen ist, ob die Klage zu-

---

36 BGH MDR 2007, 901 = NJW-RR 2007, 1363; anders beim Vollstreckungsbescheid, s. → Rn. 25.
37 BGH NJW-RR 2008, 218.
38 Thomas/Putzo/*Reichold* ZPO § 341 Rn. 5 (§ 97 analog).
39 BGH NJW 2015, 3661.
40 → Rn. 25.
41 → Rn. 5–7; vgl. auch BGH NJW 1998, 3125.
42 BGH AnwBl. 1986, 536.
43 OLG Dresden NJW-RR 2001, 792.
44 BGH NJW 1995, 1561; Thomas/Putzo/*Reichold* ZPO § 345 Rn. 1; Zöller/*Herget* ZPO § 345 Rn. 3.

lässig und – falls es sich um ein Versäumnisurteil gegen den Beklagten handelt – das Vorbringen des Klägers schlüssig ist.[45] Für eine Überprüfung des ersten Versäumnisurteils sprechen die Restitutionswirkung des Einspruchs nach § 342 und die materielle Gerechtigkeit. Der Umkehrschluss zu § 700 VI und der Gedanke der Prozessbeschleunigung legen jedoch eine Verwerfung des Einspruchs alleine aufgrund der Säumnis nahe, wenn sich der Einspruch gegen ein Versäumnisurteil richtet. Für den Vollstreckungsbescheid gilt hingegen § 700 VI.[46] Der BGH hat sich eindeutig gegen die erneute Schlüssigkeitsprüfung entschieden.[47]

16 Das zweite Versäumnisurteil ist ein echtes Versäumnisurteil, allerdings mit der Besonderheit, dass kein Einspruch statthaft ist. Es kann nur mit dem jeweils zulässigen Rechtsmittel, vgl. §§ 514 II, 565, darauf hin überprüft werden, ob ein Fall der Versäumung vorlag.[48] Gegen die Säumnis kann auch mangelndes Verschulden eingewendet werden.[49] Wenn ein zweites Versäumnisurteil erlassen wird, obwohl lediglich ein Versäumnisurteil nach § 330 I oder § 331 hätte ergehen dürfen, kann nach dem Grundsatz der Meistbegünstigung Einspruch oder Berufung eingelegt werden.[50]

Das zweite Versäumnisurteil wird als solches überschrieben. Da das erste Versäumnisurteil bereits eine Kostenentscheidung enthält, muss nur noch über die *weiteren* Kosten des Rechtsstreits entschieden werden. Das Urteil ist ferner nach § 708 Nr. 2 ohne Sicherheitsleistung für vorläufig vollstreckbar zu erklären. § 711 findet keine Anwendung.

Formulierungsbeispiel zweites Versäumnisurteil:

…

Der Einspruch des Klägers/Beklagten gegen das Versäumnisurteil vom … wird verworfen.
Der Kläger/Beklagte trägt die weiteren Kosten des Rechtsstreits.
Das Urteil ist vorläufig vollstreckbar.

3. Sachentscheidung nach Einspruch

17 Ist der Einspruch zulässig und liegt kein Fall des § 345 vor, ist zu prüfen, ob das Versäumnisurteil inhaltlich richtig, dh die Klage zulässig und begründet ist. Man spricht wegen der Wirkungen des § 342 nicht von »Begründetheit des Einspruchs«. Ob das Versäumnisurteil zu Recht ergangen ist, hat für die Hauptsachenentscheidung keine Bedeutung. Darüber ist nur im Rahmen der Kostenentscheidung zu befinden, wenn neben den §§ 91 ff. auch § 344 Anwendung findet. Nach dieser Vorschrift werden dem Einsprechenden die Kosten seiner Säumnis auferlegt, wenn er im Ergebnis ganz oder teilweise obsiegt und das Versäumnisurteil in gesetzlicher Weise ergangen ist. In diesem Fall erfolgt eine getrennte Kostenentscheidung.[51] Ob tatsächlich Mehrkosten entstanden sind, wird nicht vom Richter geprüft, sondern erst im Kostenfestsetzungsverfahren. Unterliegt der Einsprechende in vollem Umfang, kommt § 344 nicht

45 Bejahend: BAG NZA 1994, 1102; Zöller/*Herget* ZPO § 345 Rn. 3 f.; vgl. hierzu auch → Rn. 25.
46 Vgl. → Rn. 25 f.
47 BGH NJW 1999, 2599.
48 BGH NJW-RR 2008, 876; 2015, 3661 zu § 565.
49 BGH NJW 1999, 2120.
50 BGH NJW 1997, 1448; OLG Frankfurt a.M. NJW-RR 1992, 1468.
51 Formulierungsbeispiele nachfolgend → Rn. 18; die Mehrkosten trägt der säumige Beklagte auch dann, wenn der Kläger die Klage später zurücknimmt, BGH NJW 2004, 2309; NJW-RR 2005, 1662.

zur Anwendung, und es ist dann an keiner Stelle die Gesetzmäßigkeit des Versäumnisurteils zu prüfen.

a) Aufhebung des Versäumnisurteils

Steht nach Überprüfung von Zulässigkeit und Begründetheit der Klage fest, dass das Versäumnisurteil in vollem Umfang sachlich unrichtig ist, wird es aufgehoben (vgl. § 343) und die sachlich richtige Entscheidung getroffen. Bei der Kostenentscheidung ist § 344 zu beachten, der auch bei Klagerücknahme gegen den Beklagten zu beachten ist.[52] Im Hinblick auf die vorläufige Vollstreckbarkeit ergeben sich keine Besonderheiten; es gelten die allgemeinen Regeln für das kontradiktorische Urteil, so zB §§ 708 Nr. 11, 709, 711, 713.[53] **18**

Formulierungsbeispiele:

- (Klageabweisung nach Versäumnisurteil gegen den Beklagten auf Zahlung von 250.000 EUR:)
  Das Versäumnisurteil vom ... wird aufgehoben. Die Klage wird abgewiesen.
  Der Beklagte trägt die Kosten seiner Säumnis. Die übrigen Kosten des Rechtsstreits werden dem Kläger auferlegt.
  Das Urteil ist vorläufig vollstreckbar, für den Beklagten jedoch nur gegen Sicherheitsleistung in Höhe von 110% des jeweils zu vollstreckenden Betrages. Der Beklagte darf die Zwangsvollstreckung gegen Sicherheitsleistung in Höhe von 110% des vollstreckbaren Betrages abwenden, wenn nicht der Kläger vor der Vollstreckung in Höhe von 110 % des jeweils zu vollstreckenden Betrages Sicherheit leistet.
  (Die prozessualen Nebenentscheidungen beruhen auf §§ 91 I 1 Hs. 1, 344, 709 S. 1 und 2, 711.)
- (Klageforderung: 20.000 EUR; nach abweisendem Versäumnisurteil gegen den Kläger Verurteilung des Beklagten:)
  Unter Aufhebung des Versäumnisurteils vom ... wird der Beklagte verurteilt, an den Kläger 20.000 EUR zu zahlen.
  Der Kläger trägt die Kosten seiner Säumnis; die übrigen Kosten des Rechtsstreits werden dem Beklagten auferlegt.
  Das Urteil ist vorläufig vollstreckbar, für den Kläger jedoch nur gegen Sicherheitsleistung in Höhe von 110% des jeweils zu vollstreckenden Betrages. Der Kläger darf die Vollstreckung gegen Sicherheitsleistung in Höhe von 110% des vollstreckbaren Betrages abwenden, wenn nicht der Beklagte vor der Vollstreckung in Höhe von 110 % des jeweils zu vollstreckenden Betrages Sicherheit leistet.
  (Die prozessualen Nebenentscheidungen beruhen auf §§ 91 I 1 Hs. 1, 344, 709 S. 1 und 2, 711.)

b) Aufrechterhaltung des Versäumnisurteils

Ist das Versäumnisurteil sachlich richtig, wird es aufrechterhalten (§ 343). Die weiteren Kosten des Rechtsstreits sind dem Unterlegenen aufzuerlegen. § 344 findet keine Anwendung. Ebenso wenig greift § 708 Nr. 2 ein, da das Schlussurteil kein Versäumnisurteil, sondern ein kontradiktorisches Urteil ist. Bei der Frage, ob das Urteil ohne (§ 708 Nr. 11) oder mit Sicherheitsleistung (§ 709 S. 1) für vorläufig vollstreckbar zu erklären ist, sind das Versäumnisurteil und das auf den Einspruch ergehende Schlussurteil als Einheit zu betrachten. Es ist zu prüfen, ob das Urteil, wenn es nicht ein Versäumnisurteil aufrechterhalten, sondern die Rechtsfolge eigenständig aussprechen würde, ohne Sicherheitsleistung vorläufig vollstreckbar wäre. Liegt danach ein Fall des § 708 vor, gelten keine Besonderheiten. Es ist wie in allen anderen Fällen an §§ 711, 713 zu denken. Ist das Urteil hingegen nach § 709 S. 1 gegen Sicherheitsleis- **19**

52 BGH NJW 2004, 2309; vgl. → Rn. 17.
53 Vgl. auch → Rn. 19.

tung für vorläufig vollstreckbar zu erklären, muss auch eine Entscheidung nach § 709 S. 3 getroffen werden. In derartigen Fällen ist zunächst gemäß § 709 S. 1, 2 in der üblichen Weise zu tenorieren. Im Anschluss daran ist entsprechend dem Wortlaut des § 709 S. 3 auszusprechen, dass die Vollstreckung aus dem Versäumnisurteil nur gegen Leistung der Sicherheit fortgesetzt werden kann. Die Einschränkung, mit der das Versäumnisurteil im Hinblick auf die vorläufige Vollstreckbarkeit aufrechterhalten wird, ist im Hauptsachentenor zum Ausdruck zu bringen.

Formulierungsbeispiele für die Hauptsachenentscheidung:
(Klage auf Zahlung von 250.000 EUR. Im ersten Termin ergeht ein Versäumnisurteil gegen den Kläger. Der Kläger unterliegt nach zulässigem Einspruch. Im Schlussurteil heißt es:)
Das Versäumnisurteil vom ... wird mit der Maßgabe aufrechterhalten, dass sich seine vorläufige Vollstreckbarkeit nach diesem Urteil richtet.
Der Kläger trägt die weiteren Kosten des Rechtsstreits.
Das Urteil ist gegen Sicherheitsleistung in Höhe von 110% des jeweils zu vollstreckenden Betrages vorläufig vollstreckbar. Die Vollstreckung aus dem Versäumnisurteil darf nur gegen Leistung dieser Sicherheit fortgesetzt werden.
(Die prozessualen Nebenentscheidungen beruhen auf §§ 91 I 1 Hs. 1, 709.)

c) Teilweise Aufhebung und teilweise Aufrechterhaltung des Versäumnisurteils

20 Ist das Versäumnisurteil nur teilweise sachlich richtig, werden die zuvor dargestellten Tenorierungsmöglichkeiten kombiniert. In diesem Fall kann der Hauptsachentenor, nicht hingegen die Entscheidung über Kosten und vorläufige Vollstreckbarkeit, teilweise aufrechterhalten werden:

Das Versäumnisurteil vom ... wird in Höhe von 10.000 EUR nebst ...% Zinsen seit dem ... aufrechterhalten; im Übrigen wird es aufgehoben und die Klage wird abgewiesen.
Der Beklagte trägt die Kosten seiner Säumnis. Die übrigen Kosten des Rechtsstreits werden dem Kläger zu $^1/_3$ und dem Beklagten zu $^2/_3$ auferlegt.
Das Urteil ist vorläufig vollstreckbar, für den Kläger jedoch nur gegen Sicherheitsleistung in Höhe von 110% des jeweils zu vollstreckenden Betrages. Die Vollstreckung aus dem Versäumnisurteil darf nur gegen Leistung der Sicherheit fortgesetzt werden. Der Kläger darf die Zwangsvollstreckung gegen Sicherheitsleistung in Höhe von 110% des zu vollstreckenden Betrages abwenden, wenn nicht der Beklagte vor der Vollstreckung Sicherheit in Höhe des jeweils zu vollstreckenden Betrages leistet.
(Die prozessualen Nebenentscheidungen beruhen auf §§ 92 I, 344, 709 S. 1 und 2, 711.)

Das Versäumnisurteil kann in derartigen Fällen auch teilweise aufgehoben und insgesamt neu gefasst werden. Das hat den Vorteil, dass ein Zurückgreifen auf das Versäumnisurteil vermieden wird, der neue Tenor vielmehr aus sich heraus verständlich ist:[54]

Das Versäumnisurteil vom ... wird teilweise aufgehoben und insgesamt wie folgt neu gefasst: Der Beklagte wird verurteilt, an den Kläger 10.000 EUR zu zahlen. Im Übrigen wird die Klage abgewiesen. ...

Nach unserer Auffassung steht diese Tenorierung mit § 343 in Einklang. Nachteile können dem Kläger, der bereits Vollstreckungsmaßnahmen eingeleitet hat (beachte § 804 III!), nicht entstehen, weil das Versäumnisurteil nur »teilweise aufgehoben« wird; die Voraussetzungen der §§ 775, 776 liegen damit nicht vor, soweit die beiden Tenorierungen übereinstimmen. Falsch ist es demgegenüber, zur sprachlichen Verein-

54 So *Schneider* Kosten S. 316, der deshalb diese Tenorierung empfiehlt; aA wohl OLG Köln NJW 1976, 113, jedenfalls wenn tenoriert wird: »Das VU ... wird aufgehoben.«

fachung das Versäumnisurteil insgesamt aufzuheben und den Leistungstenor vollständig neu zu formulieren. Hier droht dem Gläubiger in der Zwangsvollstreckung ein Rangverlust. Bei der Kostenentscheidung ist dies wiederum unschädlich, weil ein evtl. bereits ergangener Kostenfestsetzungsbeschluss bei jeder Änderung der Quotenverteilung ohnehin seine Wirkungen verliert und neu erlassen werden muss.[55] Das mag für einen Gläubiger, der bereits wegen der Kosten vollstreckt hat, misslich sein, ist aber wegen der erforderlichen Kostenausgleichung nach § 106 mangels Alternativen hinzunehmen.

4. Gutachten und Urteil

a) Gutachten

An erster Stelle ist im Gutachten immer die Zulässigkeit des Einspruchs zu prüfen. 21
Anders als bei den Zulässigkeitsvoraussetzungen der Klage werden hier kurze Ausführungen erwartet, auch wenn die einzelnen Punkte völlig unproblematisch sind. Dies kann damit begründet werden, dass der Gesetzgeber in § 341 I 1 ausdrücklich eine Prüfung von Amts wegen vorgeschrieben hat. Auch in der Berufung sollte man die Zulässigkeit eines in erster Instanz eingelegten Einspruchs vorsichtshalber erneut prüfen. Ist die Zulässigkeit unzweifelhaft gegeben, kann man sich auf eine kurze Erörterung beschränken:

> Zulässigkeit des Einspruchs.
> Der Einspruch ist nach § 338 statthaft. Ferner ist er 10 Tage nach Zustellung des Versäumnisurteils und damit fristgemäß iSd § 339 I bei Gericht eingegangen. Schließlich hat der ... den Einspruch schriftsätzlich unter Angabe der in § 340 II vorgeschriebenen Daten durch seinen Prozessbevollmächtigten erhoben, sodass die Voraussetzungen des § 340 I, II erfüllt sind. Folglich ist der Einspruch zulässig. Das hat gemäß § 342 zur Folge, dass ...

Im Anschluss daran wird geprüft, ob die Klage zulässig – hier erfolgen nur Ausführungen, soweit einzelne Punkte problematisch sind – und begründet ist. Wie schon dargelegt, spricht man in diesem Zusammenhang nicht von »Begründetheit des Einspruchs«. Das Gutachten ist dementsprechend wie folgt aufzubauen:

Gutachten *(Vorschlag)*
I. Zulässigkeit des Einspruchs
(II. Zulässigkeit der Klage)
III. Begründetheit der Klage
  1. Schlüssigkeit (Klägerstation)
  2. Erheblichkeit (Beklagtenstation)
  3. Tatsächliche Würdigung (Beweisstation)
IV. Erarbeiten des Urteilstenors (Tenorierungsstation)

b) Tatbestand

In den Tatbestand sind der ursprüngliche Klageantrag, der Inhalt des Versäumnisurteils und alle Umstände aufzunehmen, die eine Überprüfung der Zulässigkeit des Einspruchs ermöglichen. Das ist ein Teil der Prozessgeschichte, der allerdings unmittelbar vor den aktuellen Anträgen dargestellt werden muss. Diese sind im Einklang mit § 343 zu formulieren; ohne voraufgehenden Hinweis auf das Versäumnisurteil 22

55 HM, vgl. Zöller/*Herget* ZPO § 104 Rn. 21, Stichworte »Aufhebung der Kostengrundentscheidung« und »Wegfall des Titels«; Prütting/Gehrlein/*Schmidt* ZPO § 103 Rn. 7.

wären sie nicht verständlich. Auch die »vorgezogene« Prozessgeschichte ist im Perfekt darzustellen:

> (Geschichtserzählung und streitiges Vorbringen des Klägers ...)
> Ursprünglich hat der Kläger beantragt,
> den Beklagten zu verurteilen, ...
> Auf diesen Antrag ist in der Sitzung vom ... gegen den Beklagten ein Versäumnisurteil ergangen ...
> (alternativ: ohne Hervorhebung des ursprünglichen Antrags »Auf Antrag des Klägers ist am ... ein Versäumnisurteil erlassen worden, mit dem der Beklagte verurteilt worden ist, an den Kläger ... EUR zu zahlen.«)
> Gegen dieses Versäumnisurteil, das dem Beklagten am ... zugestellt worden ist, hat er mit einem am ... bei Gericht eingegangenen Anwaltsschriftsatz Einspruch eingelegt und diesen begründet.
> Der Kläger beantragt nunmehr,
> das Versäumnisurteil aufrechtzuerhalten.
> Der Beklagte beantragt,
> das Versäumnisurteil aufzuheben
> und die Klage abzuweisen.

c) Entscheidungsgründe

23 Aus den unter a) dargelegten Gründen sollte auch in den Entscheidungsgründen kurz auf die Zulässigkeit des Einspruchs eingegangen werden:

> Entscheidungsgründe:
> Die Klage ist begründet.
> Aufgrund des Einspruchs des Beklagten gegen das Versäumnisurteil vom ... ist der Prozess nach § 342 ZPO in die Lage vor dessen Säumnis zurückversetzt worden. Der Einspruch ist zulässig; er ist statthaft sowie form- und fristgemäß iSd §§ 338 ff. ZPO eingelegt worden.
> Dem Kläger steht ein Anspruch auf Zahlung von ... aus § ... zu. Denn ...

Bei den prozessualen Nebenentscheidungen dürfen die §§ 344, 709 nicht vergessen werden, soweit sie auch auf diesen Vorschriften beruhen.

III. Entscheidung nach Lage der Akten

24 Eine Entscheidung nach Lage der Akten kann abweichend vom Mündlichkeitsgrundsatz unter den Voraussetzungen des § 251a oder des § 331a ergehen. Die Vorschriften dienen ebenfalls der Prozessförderung. Insbesondere soll eine Prozessverschleppung durch – wiederholte – Säumnis vermieden werden. §§ 251a, 331a unterscheiden sich insoweit, als bei § 251a beide Parteien säumig[56] sind und eine Entscheidung nach Lage der Akten von Amts wegen in Ausübung pflichtgemäßen Ermessens beschlossen wird, wohingegen bei § 331a nur eine Partei säumig und ein Antrag der anderen Partei erforderlich ist; bei Entscheidungsreife ist der Antrag bindend. Im Übrigen setzen beide Vorschriften voraus, dass mindestens einmal vorher mündlich verhandelt wurde. Gelangt das Gericht zu dem Entschluss, dass nach Lage der Akten durch Urteil entschieden werden soll, bestimmt es einen Verkündungstermin, der durch formlose Mitteilung bekannt zu geben ist und frühestens zwei Wochen nach dem versäumten Termin stattfinden darf (§§ 251a II 2, 331a S. 2).

Bei einer Entscheidung nach Lage der Akten ist der gesamte Prozessstoff, der mündlich oder schriftsätzlich bis zu dem Termin von beiden Parteien vorgetragen worden

---

56 Zum Begriff der Säumnis vgl. → Rn. 5–7.

ist, zugrunde zu legen.[57] Die Geständnisfiktion des § 331 I gilt hier nicht. Ist der Rechtsstreit nicht zur Entscheidung reif, ergeht als Entscheidung nach Lage der Akten die nächste zu treffende Entscheidung; das kann ein Hinweis-, Auflagen- oder Beweisbeschluss sein. Im Anschluss daran muss wiederum mündlich verhandelt werden. Das Urteil nach Lage der Akten ist ein streitiges Endurteil, gegen das Berufung oder Revision, nicht hingegen der Einspruch stattfindet. Es unterscheidet sich in Form und Inhalt nicht von sonstigen streitigen Urteilen nach mündlicher Verhandlung oder im schriftlichen Verfahren. Lediglich im Rubrum ist anstelle von »auf die mündliche Verhandlung vom« wie folgt zu formulieren:

> nach Lage der Akten am … (= Datum des versäumten Termins).[58]

Die Festlegung dieses Stichtags hat Bedeutung für die Frage, auf welchen Sachstand das Urteil aufbaut, s. insbesondere § 767 II.

Außerdem ist bei einem Urteil nach § 331a im Rahmen der vorläufigen Vollstreckbarkeit § 708 Nr. 2 zu beachten.

IV. Exkurs: Vollstreckungsbescheid

Wird gegen einen Mahnbescheid gemäß § 692 nicht rechtzeitig Widerspruch erhoben, 25
ergeht auf Antrag nach § 699 ein Vollstreckungsbescheid. Auf der Grundlage des Vollstreckungsbescheids kann nach § 794 I 1 Nr. 4 vollstreckt werden.

Der Vollstreckungsbescheid steht nach § 700 I einem für vorläufig vollstreckbar erklärten – echten – Versäumnisurteil gleich.[59] Das bedeutet, dass auch gegen den Vollstreckungsbescheid Einspruch eingelegt werden kann und sich dessen Voraussetzungen sowie Wirkungen nach den §§ 338 ff. richten. Es gelten lediglich die in § 700 III bis VI aufgeführten Besonderheiten; insbesondere ist in Abs. 6 ausdrücklich bestimmt, dass vor Erlass eines zweiten Versäumnisurteils gegen den Beklagten die Voraussetzungen des § 331 I, II Hs. 1 vorliegen müssen. Das bedeutet: Legt der Beklagte gegen den ihm zugestellten Vollstreckungsbescheid form- und fristgemäß iSd §§ 338–340 I Einspruch ein und erscheint er in dem darauf anberaumten Termin nicht, kann nur unter folgenden Voraussetzungen ein zweites Versäumnisurteil nach §§ 345, 700 ergehen:

- Antrag des Klägers
- Säumnis des Beklagten[60]
- Zulässigkeit der Klage[61]
- Schlüssigkeit des Klagevorbringens[62]

57 BGH NJW 2002, 301; allg. Prütting/Gehrlein/*Anders* ZPO § 251a Rn. 3 ff.

58 → B Rn. 23 (§ 137).

59 Im Zusammenhang mit der Frage, ob bei einem Vollstreckungsbescheid, dem ein sittenwidriger Ratenkredit zugrunde liegt, die Rechtskraft durchbrochen werden kann, hat der BGH (AnwBl. 1988, 175) ausdrücklich entschieden, dass Vollstreckungsbescheide der materiellen Rechtskraft fähig sind; zuletzt NJW 2005, 2191 (2194); einschränkend NJW 2005, 1663; 2006, 2922; zum Streitstand Zöller/*Vollkommer* ZPO § 700 Rn. 15.

60 S. → Rn. 5–7.

61 S. → Rn. 9.

62 S. → Rn. 10.

Der Grund für die Regelung des § 700 VI liegt darin, dass weder bei Erlass des Mahnbescheids (vgl. § 692) noch bei Erlass des Vollstreckungsbescheids (vgl. § 699) eine Schlüssigkeitsprüfung erfolgt; durch § 700 VI soll sichergestellt werden, dass vor Erlass eines zweiten Versäumnisurteils eine gerichtliche Kontrolle stattfindet.

Im Tenor muss neben dem Datum des Vollstreckungsbescheids auch dessen Aktenzeichen angegeben werden, da dieses mit dem Aktenzeichen des streitigen Verfahrens nicht identisch ist:

> Schlussurteil
> Der Vollstreckungsbescheid des Amtsgerichts ... vom ... (Az.: 17 B 4313/09) wird aufrechterhalten. Der Beklagte trägt die weiteren Kosten des Rechtsstreits. Das Urteil ist gegen Sicherheitsleistung in Höhe von 110% des jeweils zu vollstreckenden Betrages vorläufig vollstreckbar. Die Vollstreckung aus dem Vollstreckungsbescheid vom ... darf nur gegen Leistung der Sicherheit fortgesetzt werden. (Die prozessualen Nebenentscheidungen beruhen auf §§ 91 I 1 Hs. 1, 700 I, 709.)

26 Ergeht ein *zweites Versäumnisurteil*, kann nach § 514 II Berufung eingelegt werden, wobei dann zu überprüfen ist, ob ein Fall der Säumnis nicht vorgelegen hat. Der BGH[63] hat entschieden, dass in der Berufung trotz des engen Wortlauts des § 514 II (»Fall der Versäumnis«) alle Umstände zu überprüfen sind, die für den Einspruchsrichter von Bedeutung waren, dh also bei Erlass eines zweiten Versäumnisurteils nach vorangegangenem Vollstreckungsbescheid wegen § 700 VI auch die Prozessvoraussetzungen und die Schlüssigkeit der Klage. Entsprechend seinem Grundgedanken soll nach seiner Ansicht § 514 II dahin zu verstehen sein, »dass der Fall der Versäumung nur dann gegeben ist, wenn wegen der Säumnis des Einspruchsführers ein zweites Versäumnisurteil ergehen durfte, dass er aber auch dann nicht vorliegt, wenn dem Erlass eines zweiten Versäumnisurteils entgegenstand, dass eine Prozessvoraussetzung oder die Schlüssigkeit der Klage fehlte.« Der Entscheidung des BGH ist zusätzlich zu entnehmen, dass dies nur bei vorangegangenem Vollstreckungsbescheid, nicht aber auch bei einem vorausgegangenen ersten Versäumnisurteil gilt, weil dann nämlich – anders als bei § 700 VI – im Rahmen des § 345 keine erneute Schlüssigkeitsprüfung stattfindet.[64]

27 Wenn der Antragsgegner den Widerspruch gegen einen Mahnbescheid nach § 697 IV zurücknimmt, endet das streitige Verfahren. Dennoch wird auf Antrag des Antragstellers der Vollstreckungsbescheid vom Rechtspfleger des Prozessgerichts erlassen, an welches die Streitsache gemäß § 696 I abgegeben worden ist, um eine unnötige Verzögerung der Sache zu vermeiden.[65]

V. Weitere Überlegungen des Anwalts

28 Eine Partei kann uU vermeiden, dass ihr Vortrag wegen Verspätung zurückgewiesen wird, wenn sie im mündlichen Verhandlungstermin nicht verhandelt oder nicht erscheint. Wenn daraufhin ein Versäumnisurteil gegen sie ergeht, muss der an sich verspätete Vortrag im Einspruchstermin mangels Verzögerung berücksichtigt werden.

63 BGH NJW 1991, 43, zu § 513 II aF, der dem § 514 II iW entspricht; Zöller/*Heßler* ZPO § 514 Rn. 8a.

64 Vgl. hierzu näher → Rn. 15.

65 Thomas/Putzo/*Hüßtege* ZPO § 697 Rn. 17.

Die sog. *Flucht in die Säumnis* ist nicht rechtsmissbräuchlich.[66] Sie ist vom Anwalt immer in Erwägung zu ziehen, wenn seiner Partei eine Zurückweisung wegen Verspätung droht. Der Richter hingegen kann sich bei einem entsprechenden Hinweis der Gefahr aussetzen, wegen Besorgnis der Befangenheit abgelehnt zu werden.[67] Bevor der Anwalt zur Flucht in die Säumnis rät, muss er berücksichtigen, dass bei Einspruchseinlegung höhere Kosten anfallen können und seine Partei mit diesen zu belasten ist, wenn das Versäumnisurteil aufrechterhalten wird.[68] Daher muss der Anwalt den Ausgang des Rechtsstreits oder jedenfalls die Chancen für seinen Mandanten bei Berücksichtigung des verspäteten Vorbringens immer vor Augen haben. Er muss auch berücksichtigen, dass das Versäumnisurteil ohne Sicherheitsleistung vorläufig vollstreckbar ist (§ 708 Nr. 2) und eine Abwendung nach § 711 ausscheidet.

Darüber hinaus muss der Anwalt in seine Überlegungen einbeziehen, dass ein Versäumnisurteil gegen seine Partei einen Antrag des Prozessgegners voraussetzt. Ist bereits mündlich verhandelt worden, kann dieser hingegen auch eine Entscheidung nach Lage der Akten gemäß § 331a beantragen, sodass die Flucht in die Säumnis scheitert.[69] Daneben sollte er prüfen, ob er seinem Mandanten nicht ebenfalls zu einem Nichtverhandeln raten soll. Soweit nicht eine Entscheidung nach Lage der Akten von Amts wegen ergeht (vgl. § 251a), ist in einem derartigen Fall mit der Anordnung des Ruhens des Verfahrens zu rechnen (§ 251a III). Dies kann für die im Termin erschienene Partei von Interesse sein, wenn sie noch entscheidungserhebliche Tatsachen vortragen muss, hierzu aber einige Zeit benötigt.

Die sogenannte *Flucht in die Säumnis* ist nicht Erfolg versprechend, wenn es um das zweite Versäumnisurteil nach § 345 bzw. nach §§ 700 I, 345 geht. In derartigen Fällen ist jedoch an eine Klageerweiterung oder eine Widerklage zu denken.[70]

Der Abschluss eines Rechtsstreits durch Versäumnisurteil stellt eine ***kostengünstigere Variante*** gegenüber einem kontradiktorischen Urteil zulasten des Mandanten dar, weil die Anwälte nur eine halbe Verhandlungsgebühr nach Nr. 3105 VV als Anl. 1 zum RVG erhalten. Das Nichtauftreten oder Nichterscheinen in der mündlichen Verhandlung sollte daher neben der Klagerücknahme, dem Klageverzicht, der Erklärung, dass der Rechtsstreit in der Hauptsache erledigt ist, oder dem Anerkenntnis als Variante in Erwägung gezogen werden, die hinsichtlich der Gerichtskosten allerdings nicht so kostengünstig ist wie die übrigen, vgl. Nr. 1211, 1221 ff., 1231 f. KV Anl. 1 zum GKG. Die Nachteile gegenüber einzelnen anderen Möglichkeiten können darin bestehen, dass mit dem Versäumnisurteil eine rechtskraftfähige Entscheidung ergeht,[71] dass der Erlass des Versäumnisurteils einen Antrag des Gegners voraussetzt und dass das Versäumnisurteil ohne Sicherheitsleistung nach § 708 Nr. 2 vorläufig vollstreckbar ist. Liegt bereits ein Mahnbescheid vor, ist es kostengünstiger, durch Rücknahme des Widerspruchs den Erlass eines Vollstreckungsbescheids zu ermög- **29**

66 Vgl. BGH NJW 1995, 1223 (zur Widerklage); 2002, 290; Zöller/*Greger* ZPO § 296 Rn. 40; Prütting/Gehrlein/*Czub* ZPO § 340 Rn. 12; von der Zulässigkeit als selbstverständlich ausgehend OLG Koblenz MDR 2011, 576 = NJW-RR 2011, 1205; für Verhängung einer Verzögerungsgebühr OLG Celle NJW-RR 2007, 1726.

67 OLG München NJW 1994, 60; aA Zöller/*Vollkommer* ZPO § 42 Rn. 26.

68 Vgl. → Rn. 19.

69 Vgl. → Rn. 24.

70 Vgl. hierzu → I Rn. 14, → M Rn. 35.

71 Vgl. → Rn. 11.

lichen[72], anstatt ein Versäumnisurteil hinzunehmen. Denn die Rücknahme des Widerspruchs führt gem. Ziff. 1211 aE KV, Anl. 1 zum GKG zur Ermäßigung der Verfahrensgebühr auf 1,0. Demgegenüber fällt bei Erlass eines Versäumnisurteils die Verfahrensgebühr mit dem vollen Satz an, was die Kostenlast des unterliegenden Beklagten erhöht.

30 Legt der Anwalt für seine Partei Einspruch gegen ein Versäumnisurteil ein, sollte er immer einen Antrag auf einstweilige *Einstellung der Zwangsvollstreckung* nach §§ 707, 719 in Erwägung ziehen.

31 Wird zu einer Klageerhebung geraten, sollte der Kandidat im Rahmen der Zweckmäßigkeitserwägungen auch einen Antrag auf *Erlass eines Versäumnisurteils im schriftlichen Vorverfahren* nach § 331 III vorschlagen. Das hat den Vorteil, dass bei einem bereits in der Klageschrift gestellten Antrag – zulässig nach § 331 III 2 – keine unnötigen Verzögerungen eintreten und der Antrag auch nicht vergessen wird.

32 Mit Unklarheiten zu der Frage, ob überhaupt ein Versäumnisurteil erlassen worden ist, muss sich der Anwalt bereits im Rahmen der Statthaftigkeit des Einspruchs oder der Berufung beschäftigen.[73] Im Rahmen der Zweckmäßigkeitserwägungen kann zusätzlich von Bedeutung sein, ob zur Wahrung der Förmlichkeiten sowohl Einspruch als auch Berufung eingelegt werden soll. Dabei ist auch das Kostenrisiko jedenfalls für eine der beiden Möglichkeiten zu berücksichtigen und ferner zu bedenken, dass es *keine Meistbegünstigung* gibt.

---

72 Vgl. → Rn. 27.
73 Vgl. → Rn. 13.

I. Verspätete Angriffs- und Verteidigungsmittel

I. Bedeutung der Verspätungsvorschriften

Nach dem Grundsatz der Einheit der mündlichen Verhandlung[1] ist der gesamte Sachvortrag der Parteien der Entscheidung zugrunde zu legen. Etwas anderes gilt nach den Verspätungsvorschriften, §§ 296, 530 ff. Unter den dort genannten Voraussetzungen sind Angriffs- oder Verteidigungsmittel wegen Verspätung nicht zuzulassen, dh, sie dürfen bei der Entscheidung nicht berücksichtigt werden; vielmehr ist alleine vom nicht verspäteten Vortrag der Parteien auszugehen. 1

Die Verspätungsvorschriften dienen der Beschleunigung des Verfahrens. Sie haben keinen Strafcharakter, sie schränken aber in verfassungsrechtlich zulässiger Weise[2] das grundrechtsgleiche Recht auf rechtliches Gehör (Art. 103 I GG) ein.

II. Systematik des Gesetzes

§ 296 gilt für das erstinstanzliche und über § 525 auch für das zweitinstanzliche Verfahren. Während § 296 I zwingend die Zurückweisung wegen Verspätung vorschreibt und nur bei Versäumung von gerichtlichen Fristen gilt, handelt es sich bei § 296 II um eine Ermessensvorschrift für den Fall, dass ein Verstoß gegen die allgemeine Prozessförderungspflicht des § 282 vorliegt. § 296 III bezieht sich auf verzichtbare Prozessrügen. Unverzichtbare Prozessrügen müssen von Amts wegen berücksichtigt werden und können daher nicht den Verspätungsvorschriften unterliegen. Die größte praktische Bedeutung kommt § 296 I in Verbindung mit den dort in Bezug genommenen Vorschriften über Fristsetzungen zu. § 296 II mit § 282 I hat geringere Bedeutung, zumal Letzterer nur einschlägig ist, wenn in der Sache mehrere Verhandlungstermine stattfinden.[3] 2

Die §§ 530 ff. gelten für die *zweite Instanz*. § 530 regelt die Zurückweisung von Vorbringen, das in der Berufungsinstanz nicht während einer dort genannten richterlichen Frist erfolgt. § 531 I bezieht sich auf Vorbringen, das in der ersten Instanz als verspätet zurückgewiesen wurde. § 531 II gilt für die erstmalig in der zweiten Instanz vorgetragenen Angriffs- und Verteidigungsmittel. § 532 ist mit § 296 III vergleichbar, dh, diese Vorschrift regelt für den Berufungsrechtszug die Zulassung von Rügen zur Zulässigkeit der Klage.[4]

III. Die Tatbestandsvoraussetzungen der Verspätungsvorschriften

Im Rahmen des § 296 sind im Überblick folgende Tatbestandsmerkmale von Bedeutung: 3

---

1 S. → A Rn. 12.

2 BVerfG NJW 1987, 2733; 1989, 3112; 1992, 680; 2000, 945; BGH NJW-RR 1995, 377; 2006, 428; für den Anwalt: *Schneider* MDR 2002, 684.

3 BGH NJW 2012, 3787.

4 Zu den Einzelheiten der Anwendbarkeit von Verspätungsvorschriften im Berufungsrechtszug vgl. → S Rn. 15 ff., 87.

1. Angriffs- und Verteidigungsmittel
2. Verstoß gegen
   - eine vom Gericht wirksam gesetzte Frist oder
   - die Prozessförderungspflicht
3. Verzögerung des Rechtsstreits
   - Begriff
   - Zurechenbarkeit
   - Ausschluss bei einem Durchlauftermin
   - Ausschluss bei Verletzung der richterlichen Fürsorgepflicht oder bei Verhalten Dritter (Zeugen pp.)
4. Verschulden

Besonderheiten ergeben sich bei den §§ 530, 531, auf die im Kapitel »Berufung« noch eingegangen wird.[5] Zu den einzelnen Tatbestandsvoraussetzungen des § 296 I bzw. II, die nach dem obigen Schema geprüft werden können, ist Folgendes zu bemerken:[6]

1. Angriffs- und Verteidigungsmittel

4 Die Verspätungsvorschriften gelten nur für Angriffs- und Verteidigungsmittel iSd § 282 I. Die Zurückweisung kann sich mithin nur auf bestimmten Tatsachenvortrag beziehen, nicht hingegen global auf einen (verspätet eingereichten) Schriftsatz.[7]

Kein Angriffsmittel ist der Angriff selbst, wie die Klage, die Klageerweiterung, die Widerklage oder die (notwendige) Aufgliederung der Streitgegenstände.[8] Daher kann ohne Gefahr einer Zurückweisung wegen Verspätung bis zum Schluss der letzten mündlichen Verhandlung (nicht aber erst danach!)[9] eine Widerklage erhoben oder die Klage selbst erweitert werden, und zwar nach § 261 II allein durch Geltendmachung in der mündlichen Verhandlung. Bei einem derartigen Vorgehen dürfen auch Angriffs- und Verteidigungsmittel, die sich auf den schon bisher anhängigen Teil beziehen, nicht wegen Verspätung in einem Teilurteil zurückgewiesen werden, wenn der Rechtsstreit im Hinblick auf die Klageerweiterung oder die Widerklage noch nicht zur Entscheidung reif ist. Das gilt selbst dann, wenn eine an sich zulässige Klageänderung oder -erweiterung in erster Linie darauf abzielt, mit den dazu vorgebrachten Angriffs- und Verteidigungsmitteln den bisherigen unzureichenden Klageantrag, wenn auch insoweit verspätet, zu rechtfertigen.[10]

Verspätet ist ein Angriffs- und Verteidigungsmittel von vornherein auch dann nicht, wenn die Partei seine materiell-rechtlichen Grundlagen erst im Rechtsstreit schafft und alsdann vorträgt, zB wenn sie durch Erstellung und Vorlage einer Schlussrechnung die Fälligkeit herbeiführt oder durch Fristsetzung eine Anspruchsvoraussetzung schafft.[11]

---

5 → S Rn. 15 ff.

6 Vgl. auch *Baudewin/Wegner* NJW 2014, 1479.

7 OLG Celle NJW 2010, 1535.

8 BGH NJW-RR 1996, 961; NJW 1997, 870 (Aufgliederung des Klageantrages in der zweiten Instanz); NJW 2001, 1210, bestätigt in BGH NJW 2017, 491.

9 BGH NJW-RR 2009, 853.

10 BGH NJW 1980, 1105; 2355; 1981, 1217; 1986, 134; 1995, 1223; bestätigt in BGH ZIP 2017, 152 = NJW 2017, 411.

11 BGH NJW-RR 2004, 167; 2005, 1687; 2007, 494; NJW 2009, 2532 (zum Thema »neu« in der Berufung).

2. Gerichtliche Fristen

§§ 296 I, 530 kommen nur zur Anwendung, wenn das Gericht eine Frist nach den dort genannten Vorschriften oder nach den Vorschriften, die § 296 I für entsprechend anwendbar erklären (§§ 340 III 3, 697 III 2 Hs. 2, 700 V Hs. 2), gesetzt hat. Da die Verspätungsregeln wegen ihrer weit reichenden Folgen Ausnahmecharakter haben, sind sie nicht analogiefähig.[12] Deshalb gelten sie nicht für die Fristen des § 697 I[13] sowie des § 379.[14] 5

Voraussetzung ist, dass eine Frist wirksam durch das Gericht gesetzt wurde. Mit Rücksicht darauf, dass der Grundsatz des rechtlichen Gehörs eingeschränkt wird, hat die Rechtsprechung insoweit enge Kriterien aufgestellt. Im Einzelnen:

- Die Verfügung, in der die Frist gesetzt wird, muss einschließlich ihrer Ausfertigung die volle Unterschrift des zuständigen Richters – grundsätzlich des Vorsitzenden – tragen; eine Paraphe reicht hingegen nicht.[15]
- Beginn und Dauer der gesetzten Frist müssen eindeutig sein.[16]
- Die Partei ist ordnungsgemäß über die Folgen der Fristversäumnis zu belehren, wobei eine bloße Wiederholung des Gesetzestextes nicht ausreicht;[17] dies gilt auch, wenn die Partei anwaltlich vertreten ist.[18]
- Erforderlich ist ferner eine förmliche Zustellung, soweit die Fristsetzung nicht mündlich verkündet wurde (vgl. § 329 II 2).[19]
- Wird dem Beklagten eine Frist zur Klageerwiderung gesetzt, kann nicht gleichzeitig dem Kläger eine Frist zur Erwiderung auf diese Erwiderung gesetzt werden, zumal die Dauer der Frist von Art und Umfang der Klageerwiderung abhängt.[20] Dennoch ist dieses Vorgehen in der Praxis durchaus üblich, um die Dezernatsarbeit zu rationalisieren. Der Wert ist alleine wegen der häufigen Fristverlängerungen zweifelhaft.
- Eine Zurückweisung wegen Verspätung kann auch nicht erfolgen, wenn die gesetzte Frist unangemessen kurz ist.[21]

3. Verzögerung des Rechtsstreits

Da die Verspätungsvorschriften ausschließlich der Beschleunigung dienen, kann verspätetes Vorbringen nur zurückgewiesen werden, wenn seine Berücksichtigung die Erledigung des Rechtsstreits verzögert. Unerheblich ist eine Verspätung hingegen dann, wenn sie für die Verzögerung nicht kausal ist.[22] Nach höchstrichterlicher 6

12 BVerfG NJW 1983, 1307.
13 BGH NJW 1982, 1533; OLG Nürnberg NJW-RR 2000, 445.
14 BVerfG NJW 1985, 1150; BGH NJW 1980, 343; 1982, 2559.
15 BGH NJW 1980, 1167; 1980, 1960; 1991, 2774 (Erfordernis der Einhaltung der gesetzlichen Zuständigkeitsregelungen); BGH NJW 2009, 515; OLG Frankfurt a.M. NJW-RR 2011, 1001.
16 BVerfG NJW 1982, 1453.
17 BGH NJW 1983, 822; 1986, 133.
18 BGH NJW 1983, 2507.
19 BGH NJW 1990, 2389, vgl. aber § 189.
20 BGH NJW 1980, 1167.
21 BGH NJW 1994, 736; OLG Dresden MDR 1998, 1117 = NJW-RR 1999, 214; aA Zöller/*Greger* ZPO § 296 Rn. 9b: Verschuldensfrage.
22 BVerfG NJW 1994, 1417; BGH BauR 2013, 1441 = BeckRS 2013, 11218.

Rechtsprechung[23] kommt es für die Feststellung der Verzögerung darauf an, ob der Prozess bei Zulassung des verspäteten Vorbringens länger dauern würde als bei dessen Zurückweisung (= sogenannter *realer oder absoluter Verzögerungsbegriff*).

> **Beispiel für die Verzögerung:** Der Rechtsstreit ist ohne Berücksichtigung des verspäteten Vorbringens im Ganzen entscheidungsreif, bei seiner Beachtung aber nicht. Könnte ohnehin nur ein Teilurteil ergehen, fehlt es an der Entscheidungsreife »im Ganzen«.[24] Möglich bleibt hingegen der Erlass eines Grundurteils, weil hierdurch die Erledigung des Rechtsstreits »im Ganzen« gefördert wird.[25]

Eingeschränkt wird dieser Ansatz durch das Verbot der Überbeschleunigung, dh, verspätetes Vorbringen darf nicht ausgeschlossen werden, wenn offenkundig ist, dass dieselbe Verzögerung auch bei rechtzeitigem Vortrag eingetreten wäre.[26] Aus all dem folgt, dass die Verspätungsvorschriften bei unstreitigem oder jedenfalls nicht beweisbedürftigem Vorbringen nicht eingreifen können.[27] Da zudem unschlüssiger oder unerheblicher Vortrag nie zu einer Verzögerung führen kann, ist es falsch, ihn als unbeachtlich hinzustellen und zusätzlich »hilfsweise« wegen Verspätung zurückzuweisen.

Generell sollte von einer Verzögerung nur ausgegangen werden, wenn aufgrund einer Beweisaufnahme über das verspätete und bestrittene Vorbringen ein weiterer mündlicher Verhandlungstermin stattfinden müsste. Kann sich der Gegner zu dem verspäteten Vorbringen nicht äußern, ist ihm auf seinen Antrag ein Schriftsatznachlass gem. § 283 zu gewähren und gleichzeitig ein Verkündungstermin zu bestimmen. Erst nach Eingang des nachgelassenen Schriftsatzes kann beurteilt werden, ob die Verspätungsvorschriften eingreifen. Die durch den Nachlass entstehende Verlängerung der Verfahrensdauer ist keine Verzögerung im Sinne des § 296 I.[28]

7 Die hM[29] hält die Verspätungsvorschriften auch im frühen ersten Termin für anwendbar, soweit es sich nicht erkennbar um einen *Durchlauftermin* handelt, bei dem die Parteien aufgrund der gerichtlichen Verfahrensgestaltung davon ausgehen dürfen, dass er nur der Vorbereitung eines abschließenden Haupttermins dient und es noch nicht zu einer Entscheidung kommt. Dann ist der Partei die Verzögerung *nicht zuzurechnen*.[30] Zulässig ist es außerdem, Zeugen, die nicht mehr rechtzeitig benannt worden sind, im Verhandlungstermin zu stellen.[31] Das Gericht muss sie im Rahmen des Zumutbaren vernehmen.[32] Da hiermit jedenfalls in erster Instanz der in der Regel gut

23 BGH NJW 2012, 2808; Zöller/*Greger* ZPO § 296 Rn. 22; Thomas/Putzo/*Reichold* ZPO § 296 Rn. 13 f.
24 BGH NJW 1980, 2355.
25 BGH MDR 1980, 50.
26 BGH NJW 2012, 2808.
27 OLG Stuttgart NJW 2009, 1089; für die Berufung, bei der es aber auf die Verzögerung nicht ankommt, BGH NJW 2009, 2432; so auch Prütting/Gehrlein/*Deppenkemper* ZPO § 296 Rn. 20; vgl. auch → S Rn. 18, 21.
28 BVerfG NJW 1987, 2733; OLG Hamm NJW-RR 1994, 958.
29 BGH NJW-RR 2005, 1296; Thomas/Putzo/*Reichold* ZPO § 296 Rn. 8. Das BVerfG NJW 1985, 1149, hat diese Frage nicht endgültig beantwortet, aber für § 296 II klargestellt, dass jedenfalls dann ein Verstoß gegen Art. 103 I GG vorliegt, wenn es sich bei dem frühen ersten Termin um einen Durchlauftermin handelt; vgl. auch BVerfGE 92, 299.
30 Vgl. BGH NJW-RR 2005, 1296.
31 BVerfG NJW-RR 1995, 377.
32 BGH NJW 1991, 2759; 1999, 3272.

gefüllte Terminplan des Gerichts nicht selten tiefgreifend gestört wird, entspricht es allerdings gutem Stil, die Präsentation von Zeugen vorher anzukündigen.

Die Verzögerung soll ferner dann einer Partei *nicht zuzurechnen* sein, wenn sie auf der Verletzung der richterlichen Fürsorgepflicht beruht.[33] Davon ist auszugehen, wenn das Gericht die Verzögerung durch ihm zumutbare Maßnahmen nach § 139 IV, § 273 II oder § 358a hätte vermeiden können; wenn allerdings bei derartigen Maßnahmen eine weitere Beweiserhebung in einem neuen Termin notwendig würde, besteht, von einfachen, überschaubaren Fällen abgesehen, keine richterliche Fürsorgepflicht, die genannten Maßnahmen zu ergreifen; vielmehr ist dann die Verzögerung der Partei *zuzurechnen*.[34] Eine Zurückweisung wegen Verspätung soll auch dann nicht erfolgen, wenn das Gericht die Vorbereitungspflicht aus § 273 II oder die Aufklärungspflicht bzw. die Hinweispflicht aus §§ 139, 273 III verletzt hat[35] oder wenn der Sachvortrag erst durch einen Hinweis veranlasst worden ist.[36] Grundsätzlich erlaubt ist neuer Vortrag als Reaktion auf §§ 279 III, 285.[37]

Bleibt ein von der Partei zu spät benannter, aber gleichwohl geladener Zeuge aus, ist die dadurch entstandene Verzögerung ebenfalls nicht dem Verhalten der Partei zuzurechnen.[38] Sie beruht auf dem Verhalten eines Dritten.

4. Verschulden

Eine Zurückweisung wegen Verspätung kommt nicht in Betracht, wenn die Partei die 8
Verspätung ausreichend entschuldigt. Während das Verschulden iSd § 296 I u. III vermutet wird und hier jeder Grad von Fahrlässigkeit ausreicht, muss eine grobe Nachlässigkeit iSd § 296 II unter Würdigung aller Umstände nachgewiesen sein.[39]

Merke:
- Der Partei ist das Verschulden ihres gesetzlichen Vertreters (§ 51 II) und ihres Prozessbevollmächtigten (§ 85 II) zuzurechnen.
- Einer *Glaubhaftmachung* des Entschuldigungsgrundes bedarf es nur, wenn das Gericht sie für erforderlich hält und verlangt (§ 296 IV). Dabei muss der Partei in angemessener Weise Gelegenheit gegeben werden, einer solchen Aufforderung nachzukommen.[40]
- Ein Verschulden ist zu verneinen, wenn die Partei ihren nicht ausreichenden Vortrag oder Beweisantritt in der mündlichen Verhandlung ergänzt und das Gericht nach § 139 hätte hinweisen müssen.[41]
- Die Frage, ob ein Angriffs- oder Verteidigungsmittel aus taktischen Erwägungen zurückgehalten werden kann, wird nicht ganz eindeutig beantwortet, indes ist das Risiko für die Partei sehr (besser: zu) hoch.[42]

33 BVerfG NJW 1987, 2003; 1990, 566; 1992, 680; BGH NJW 1999, 585; 1999, 3272; Beispiele bei BLAH/*Hartmann* ZPO § 296 Rn. 16 ff.
34 BGH NJW 1983, 575; 1983, 1495; 1991, 1181; BVerfG NJW-RR 1999, 1079.
35 BVerfG NJW 1987, 2003.
36 BGH NJW-RR 2007, 1612.
37 BGH MDR 2013, 487 = BeckRS 2012, 04075.
38 BGH NJW 1987, 1949.
39 Zöller/*Greger* ZPO § 296 Rn. 27, 30; zur Ermittlungspflicht des Anwalts BGH NJW 2003, 200 (202).
40 BGH NJW 1986, 3194.
41 OLG Saarbrücken NJW-RR 1994, 573.
42 Vgl. BGH VersR 2007, 373.

IV. Gutachten und Urteil

1. Aufbau des Gutachtens 1. Instanz

9 Liegen die Voraussetzungen einer Verspätungsvorschrift vor, käme es bei Berücksichtigung des neuen Vorbringens also zu einer Verzögerung des Rechtsstreits, ist das verspätete Angriffs- oder Verteidigungsmittel nicht zuzulassen, dh, es darf bei der Entscheidung nicht zugrunde gelegt werden. Vielmehr ist dann nur noch von dem übrigen, nicht verspäteten Sachvortrag auszugehen.

Da eine Zurückweisung wegen Verspätung nur in Betracht kommt, wenn die Berücksichtigung des neuen Vorbringens zu einer Verzögerung des Rechtsstreits führt, hat die Subsumtion des Sachverhalts, also auch des verspäteten Sachvortrags, unter die einschlägigen Rechtsnormen Vorrang. Ist nämlich der betreffende Sachvortrag für sich schon ohne rechtliche Bedeutung, kann er eine Verzögerung des Rechtsstreits nicht zur Folge haben. Steht etwa verspätetes Vorbringen des Klägers im Raum, kommt es auf eine Verspätung nicht an, wenn die Schlüssigkeit fehlt. Ist die Verteidigung des Beklagten unerheblich, kann sie das Ergebnis der Begutachtung auch ohne Rücksicht auf eine Verspätung nicht beeinflussen. Entsprechendes gilt für eine Replik des Klägers. Daraus ergibt sich folgender, erster Aufbaugrundsatz:

- Grundsätzlich wird der Sachvortrag der Parteien auf Schlüssigkeit und Erheblichkeit geprüft, ohne dass Fragen der Verspätung in diesem Zusammenhang zu erwähnen wären.

Da es darüber hinaus für eine Verzögerung darauf ankommt, ob der Rechtsstreit unmittelbar auf den anberaumten Termin oder erst nach einer Beweisaufnahme erledigt werden kann, gilt der weitere Grundsatz:

- Grundsätzlich sind auch die Beweiserheblichkeit und die Beweisbedürftigkeit von Sachvortrag zu prüfen, bevor eine Zurückweisung wegen Verspätung erörtert werden kann.

Beispiel: Der Kläger verlangt vom Beklagten Bezahlung des Kaufpreises für einen Pkw. Nach Ablauf der Erwiderungsfrist erklärt der Beklagte den Rücktritt vom Kaufvertrag; er behauptet unter Angebot des Sachverständigenbeweises einen erheblichen Unfallschaden, der als Mangel des Fahrzeugs anzusehen ist. Der Aufbau des Gutachtens sieht wie folgt aus:
I. Schlüssigkeit (Klägerstation): Die Klage ist schlüssig.
II. Erheblichkeit (Beklagtenstation): Der Einwand ist erheblich.
III. Erforderlichkeit einer Beweisaufnahme (Beweisstation): Der Vortrag des Beklagten ist beweiserheblich und beweisbedürftig.
IV. Auswirkung der Verspätung, Ergebnis
   1. Verspätung (wirksame Fristsetzung, Verschulden etc.)
   2. Verzögerung (Erforderlichkeit einer Beweisaufnahme, eines neuen Termins)
   3. Ergebnis: Mängeleinwand bleibt unbeachtet, die Sache ist entscheidungsreif, der Klage ist zuzusprechen.

- Der Gutachtenaufbau zeigt deutlich auf, dass es denknotwendig ausgeschlossen ist, unschlüssigen oder unerheblichen bzw. nicht beweisbedürftigen Vortrag »jedenfalls« oder »hilfsweise« nach § 296 zurückzuweisen.

Ist der Sachverhalt umfangreich und sind bei der Schlüssigkeit und bei der Erheblichkeit viele Gesichtspunkte zu erörtern, kann man erwägen, zur Vereinfachung die Verspätung bereits im Zusammenhang mit dem betreffenden Tatbestandsmerkmal zu prüfen, aber nur dann, wenn die Voraussetzungen der Verspätungsnorm unabhängig von der Verzögerung zu verneinen sind, so etwa bei fehlendem Verschulden. Das hat den Vorteil, dass man das Thema in unmittelbarem Zusammenhang mit dem betreffenden Sachvortrag anschneiden kann und es im Anschluss an die Beweisbedürftigkeit nicht noch einmal aufgreifen muss. Insbesondere wenn der Gegner zu dem Thema vertieft vorträgt oder sich sonst ein Anlass bietet, die Verspätung eingehend zu behandeln, macht man dem Leser die Arbeit mit dem Gutachten auf diese Weise leichter.

Auf Besonderheiten in der zweiten Instanz, namentlich auf § 531, gehen wir im Kapitel »S. Berufung« ein.[43]

2. Urteil

Verspätete Angriffs- und Verteidigungsmittel werden im Urteil innerhalb der Entscheidungsgründe,[44] nicht hingegen durch gesonderten Beschluss zurückgewiesen.[45] Daher ergeben sich keine Besonderheiten im Tenor. 10

Sind Verspätungsvorschriften im Urteil zu behandeln, müssen alle in diesem Zusammenhang bedeutsamen Daten in den Tatbestand aufgenommen werden. Hierzu gehören zB die gerichtliche Fristsetzung und der Eingang des betreffenden Schriftsatzes bei Gericht. Insoweit handelt es sich um Teile der Prozessgeschichte. Die Daten des Eingangs der Schriftsätze sind, wie bereits ausgeführt,[46] am besten im Zusammenhang mit dem Tatsachenvortrag mitzuteilen.

> Der Beklagte behauptet mit einem am ... bei Gericht eingegangenen Schriftsatz, ...

Die Fristsetzung durch das Gericht und die in diesem Zusammenhang evtl. weiter bedeutsamen Umstände können in unmittelbarem Zusammenhang mit dem verspäteten Vortrag oder am Ende des Tatbestandes in der Prozessgeschichte dargestellt werden.

> **Formulierungsbeispiel für Darstellung im laufenden Text:**
> Der Vorsitzende hat frühen ersten Termin bestimmt und dem Beklagten eine Frist zur Klageerwiderung von ... gesetzt. Diese Anordnung ist dem Beklagten zusammen mit der Ladung und Belehrung am ... zugestellt worden. In einem am ... bei Gericht eingegangenen Schriftsatz behauptet der Beklagte, (der Wagen habe vor der Veräußerung einen schweren Unfallschaden erlitten ...).

In den Entscheidungsgründen geht man auf die Verspätungsregeln bei Erörterung des betreffenden Tatbestandsmerkmals ein, das durch den evtl. verspäteten Vortrag ausgefüllt werden soll: 11

> Dem Kläger steht ein Anspruch aus § ... zu. Das Tatbestandsmerkmal X ist zu bejahen. ... (= Subsumtion des Sachverhalts unter X). Der diesbezügliche Vortrag des Klägers war auch bei der Entscheidung zugrunde zu legen, da er nicht wegen Verspätung zurückzuweisen war. § 296 I greift nicht ein, weil ...
>
> (oder:)
>
> Der Anspruch des Klägers auf Zahlung des Kaufpreises ist nicht infolge des vom Beklagten erklärten Rücktritts nach §§ ... BGB untergegangen. Der Einwand des Beklagten, das Fahrzeug habe vor der Veräußerung einen schweren Unfallschaden erlitten und sei daher mangelhaft, wird nach § 296 I ZPO

43 → S Rn. 15 ff., 87.
44 BGH NJW-RR 1996, 961: unter klarer Angabe des zurückgewiesenen Vorbringens!
45 BGH NJW 2002, 290.
46 → A Rn. 70.

nicht zugelassen. Der Beklagte hat seine Behauptung unter Missachtung der mit Verfügung vom ... durch den Vorsitzenden nach § 273 II Nr. 1 ZPO gesetzten Frist verspätet in den Rechtsstreit eingeführt. (ggf. Erörterung einzelner Punkte wie Wirksamkeit der Fristsetzung, Verschulden). Die Berücksichtigung des Vortrags würde die Erledigung des Rechtsstreits verzögern ...

(oder:)

Dem Kläger steht kein Anspruch aus § ... zu. Das Tatbestandsmerkmal X ist nicht gegeben, weil ... (= Vortrag des Beklagten). Das Gericht muss hier ohne Durchführung einer Beweisaufnahme von dem Vortrag des Beklagten ausgehen, weil die Darlegung des Klägers, ..., wegen Verspätung gem. § 296 I zurückzuweisen ist. Die Voraussetzungen dieser Verspätungsvorschrift liegen vor. Denn ...

V. Weitere Überlegungen des Anwalts

12 Der Anwalt muss alles für ihn Mögliche veranlassen, um eine Zurückweisung wegen Verspätung zulasten seiner Partei zu vermeiden. Deshalb muss sich der Kandidat bei entsprechenden Anhaltspunkten im Rahmen der Zweckmäßigkeitsüberlegungen mit den Voraussetzungen der in Betracht kommenden Verspätungsnormen auseinandersetzen. Das gilt insbesondere dann, wenn gerichtliche Fristen versäumt werden oder ein Schriftsatz in Rede steht, der kurz vor dem mündlichen Verhandlungstermin bei Gericht eingereicht oder in der mündlichen Verhandlung übergeben werden müsste. Im zweiten Fall stellt sich die Frage einer Verletzung der Prozessförderungspflicht iSd § 282 (vgl. § 296 II). Ist eine gerichtliche Frist gesetzt und noch nicht versäumt worden, muss im Rahmen der Zweckmäßigkeitserwägungen ein Hinweis an den Mandanten vorgeschlagen werden, rechtzeitig vor Ablauf der Frist noch ausstehende Informationen zu erteilen und sich in dieser Zeit für eine von mehreren möglichen Vorgehensweisen zu entscheiden; es ist grundsätzlich auch zu einem Antrag auf Fristverlängerung zu raten, soweit dieser Aussicht auf Erfolg hat. Darüber hinaus ist zu überlegen, ob zunächst ohne Klärung des Sachverhalts vorgetragen werden soll und eventuell später zu gewinnende Erkenntnisse nachzuschieben sind. Unter besonderen Umständen kann sich eine Ermittlungspflicht des Anwalts ergeben.[47]

13 Kommt eine Zurückweisung wegen Verspätung in Betracht, muss der Anwalt einen entsprechenden Hinweis erteilen und auf die Folgen aufmerksam machen. Dabei ist § 531 I[48] in die Überlegungen einzubeziehen; je nach Fallkonstellation kann es im Hinblick auf diese Vorschrift taktisch günstig sein, auf den betreffenden Vortrag in der ersten Instanz zu verzichten und insoweit eine Prozessniederlage zu riskieren. Dann ist die Partei in der zweiten Instanz jedenfalls nicht nach § 531 I mit dem betreffenden Vortrag ausgeschlossen; normalerweise scheitert sie jedoch an § 531 II; selbst im Falle ihres Obsiegens geht sie wegen § 97 II ein Kostenrisiko ein.[49] Grundsätzlich ist von einer Nachlässigkeit iSd § 531 II Nr. 3 auszugehen, wenn die Partei einen Sachverhalt für die erste Instanz unstreitig stellt und sich das Bestreiten für das Berufungsverfahren vorbehält.[50]

14 Da die Klageerweiterung oder die Widerklage kein Angriffsmittel, sondern den Angriff selbst darstellen, kommt insoweit keine Zurückweisung wegen Verspätung in

47 BGH NJW 2003, 200 (202).
48 Vgl. → S Rn. 23.
49 Vgl. → S Rn. 70.
50 BGH NJW 2010, 376; vgl. auch → S Rn. 21.

Betracht; dann kann über den bereits anhängigen Teil kein Teilurteil unter Einbeziehung von Verspätungsvorschriften ergehen.[51] Daher stellen eine Klageerweiterung und eine Widerklage Möglichkeiten dar, eine Zurückweisung wegen Verspätung zu verhindern, auch wenn hierin das vorrangige Ziel liegt. Man kann auf diese Weise sogar Tatsachen in den Rechtsstreit einführen, deren Vortrag für bereits geltend gemachte Rechtspositionen verspätet wäre.

Dasselbe gilt für die sog. »Flucht in die Säumnis«.[52] Grundsätzlich wird bei diesen Vorgehensweisen ein missbräuchliches Verhalten nicht angenommen werden können, da die ZPO sie ermöglicht; dies hat der BGH für eine Widerklage entschieden, die eine *drohende Präklusion* verhindert und sich auf den Differenzbetrag zwischen Klageforderung und Gegenforderung bezieht,[53] wie auch für Klageänderung und -erweiterung.[54] Dahin gehendes Prozessverhalten ist also generell möglich. Der Rechtsanwalt muss die Partei entsprechend beraten, während der Richter bei einem Hinweis jedenfalls nach einer, beachtlichen Ansicht Gefahr läuft, erfolgreich wegen Besorgnis der Befangenheit abgelehnt zu werden.[55]

Hat der Gegner verspätet vorgetragen, ist entweder dessen neuer Vortrag in der mündlichen Verhandlung zu bestreiten, oder es ist jedenfalls ein Antrag auf Schriftsatznachlass zu stellen (§ 283). Dies ist deswegen bedeutsam, weil jedenfalls nach hM nur bestrittener Vortrag zu einer Verzögerung führen kann.[56]

51 Vgl. → Rn. 4, → M Rn. 35, ganz abgesehen von der Divergenzgefahr, → N Rn. 11.
52 Vgl. BGH NJW 2002, 290; näher → H Rn. 28.
53 BGH NJW 1995, 1223; s. auch → Rn. 4.
54 BGH NJW 2017, 491.
55 OLG München NJW 1994, 603.
56 Vgl. → Rn. 6.

J. Haupt- und Hilfsvorbringen

I. Der Streitgegenstand

1 Wir werden uns in diesem und den folgenden beiden Abschnitten mit Fällen befassen, in denen der Kläger seine Klage im weitesten Sinne auf mehrere Gründe stützt. Dabei ist die Bestimmung des *Streitgegenstands* im Zivilprozess von Bedeutung, sodass wir zunächst zu diesem Themenkreis einen kurzen Überblick geben.

1. Gesetzliche Ausgangslage

2 Die ZPO und die weiteren einschlägigen Gesetze kennen keine Legaldefinition des Begriffs »Streitgegenstand«, obwohl sie ihn wörtlich oder im übertragenen Sinn verwenden. So ist etwa in §§ 2 und 148 vom »Streitgegenstand« bzw. vom »Gegenstand des Rechtsstreits« die Rede. Andere Regelungen, zB §§ 5 und 261 II, handeln vom geltend gemachten bzw. erhobenen klägerischen »Anspruch«, worunter ebenfalls nichts anderes als der Gegenstand des Rechtsstreits zu verstehen ist. Nach § 253 II Nr. 2 muss die Klageschrift »die bestimmte Angabe des Gegenstandes und des Grundes des erhobenen Anspruchs, sowie einen bestimmten Antrag« enthalten; hiermit werden die inhaltlichen Anforderungen an die Festlegung des Streitgegenstands durch den Kläger näher umschrieben.[1]

Die Bedeutung, die dem Fragenkreis bei der Fallbearbeitung zukommt, ist erheblich. So bestimmt sich aufgrund des Streitgegenstands zB die Zuständigkeit des angerufenen Gerichts, § 2 ZPO, §§ 23 Nr. 1, 71 I GVG. Die Wirkungen der Rechtshängigkeit, § 261 III Nr. 1, und der Rechtskraft, § 322 I, hängen entscheidend davon ab, auf welchen Gegenstand sich Klage und Urteil erstrecken. Eine objektive Klagenhäufung im Sinne des § 260 setzt das Vorhandensein mehrerer Streitgegenstände voraus. Eine Klageänderung nach § 263 liegt nur dann vor, wenn der Gegenstand des Rechtsstreits sich ändert.

2. Praktische Handhabung

a) Der zweigliedrige Streitgegenstandsbegriff

3 Nach der vorherrschenden, am Wortlaut des § 253 II Nr. 2 orientierten Auffassung ist der Streitgegenstand grundsätzlich »zweigliedrig«, dh anhand des Klageantrags und des zur Begründung vorgetragenen Lebenssachverhalts zu bestimmen.[2] Für die Leistungsklage ist der Standpunkt der Rechtsprechung einleuchtend. Einem auf die Zahlung einer bestimmten Geldsumme gerichteten Klageantrag ist ohne Rückgriff auf den vorgetragenen Lebenssachverhalt nicht zu entnehmen, welchen Anspruch der Kläger gegenüber dem Beklagten geltend macht. Er mag ihm den betreffenden Geldbetrag geliehen und ihm außerdem zu einem Preis derselben Höhe eine Ware verkauft haben. Nur wenn der Kläger angibt, auf welcher tatsächlichen Grundlage er

---

1 Eingehend Thomas/Putzo/*Reichold* Einl. II; Zöller/*Vollkommer* Einleitung Rn. 60 ff.; Prütting/Gehrlein/*Prütting* Einl Rn. 14 ff.

2 BGH NJW 2008, 3711 (Unterlassung); BGH NJW 2009, 56 (auch: Klage aus eigenem oder aus abgetretenem Recht); BGH NJW 2010, 522; 2010, 998 (Verjährungshemmung); BGH NJW 2013, 540; 2013, 1015; 2013, 1093 (Übergang vom vertraglichen Anspruch auf GoA keine Klageänderung).

Zahlung verlangt, hat er den Gegenstand des Rechtsstreits in einer § 253 II Nr. 2 genügenden Art und Weise umschrieben, und nur unter diesen Voraussetzungen ist das Urteil der materiellen Rechtskraft fähig.[3]

Bei anderen Klagearten gelten Besonderheiten:

- Der Streitgegenstand der Feststellungsklage ergibt sich regelmäßig bereits aus dem Antrag, da in diesem das streitige Rechtsverhältnis umschrieben werden muss.[4]
- Bei der Unterlassungsklage bilden die konkret vorgetragenen Verletzungshandlungen den maßgeblichen Lebenssachverhalt (Klagegrund).[5]

Das Thema ist nicht auf das Klagebegehren selbst begrenzt. Ist etwa eine Klage in Antrag und Sachverhalt so undurchsichtig, dass sich schlechthin nicht erkennen lässt, worauf der Kläger hinaus will (was im Parteiprozess am Amtsgericht durchaus vorkommen kann), ist trotz der Zweifel am Vorliegen eines Streitgegenstands iSd §§ 253 II Nr. 2, 322 I nach § 2 f., §§ 61 ff. GKG ein Streitgegenstandswert festzusetzen. Denn auch bei einer unzulässigen Klage muss Klarheit geschaffen werden über die Zuständigkeit des Gerichts und die für die Gebührenberechnung maßgebliche Bemessungsgrundlage. 4

Deshalb sollte man in einer praktischen Arbeit begriffliche Lösungen und theoretische Abhandlungen, die der BGH schon vor langer Zeit als unfruchtbar bezeichnet hat,[6] vermeiden und immer beim konkreten Problem des Einzelfalls und der jeweils einschlägigen Norm ansetzen.

Beispiele: Liegt eine Klageänderung vor?[7] Beruht diese auf einem neuen Lebenssachverhalt?[8] Beachte auch § 264!
Macht der Kläger eventualiter, kumulativ oder alternativ einen oder mehrere Ansprüche geltend?
Hat die Widerklage denselben Anspruch zum Gegenstand wie die Klage? Muss das Gericht nach § 127a BGB einen Vergleich protokollieren?[9]
Kommt für einen abgrenzbaren Streitgegenstand die Teilzulassung eines Rechtsmittels in Betracht?[10]
Erstreckt sich nach § 322 I die Rechtskraft eines früheren Urteils auf die vorliegende Sache?[11] Inwieweit genügt das Gericht der Begründungspflicht, wenn der Streitgegenstand aus der Entscheidung nicht klar zu ersehen ist?[12]

b) Prozessualer Anspruch

Für die Festlegung des Streitgegenstands ist allein der vom Kläger erhobene prozessuale Anspruch maßgeblich, dh das sich aus dem Klageantrag und dem tatsächlichen Klagegrund zusammensetzende Klagebegehren oder anders formuliert: die aufgrund 5

3 BGH NJW 1994, 460; 2003, 668; 2016, 708; 2016, 1094; vgl. allg. → A Rn. 165 ff.
4 Vgl. Zöller/*Vollkommer* ZPO Einl. Rn. 77 mwN zum Stand der Literatur; beachte BGH NJW 2006, 3068; NJW-RR 2006, 712.
5 BGH NJW 2003, 2317; 2009, 56; 2011, 2787; NJW-RR 2006, 1118.
6 BGH Warn 1970, 46.
7 BGH NJW 2007, 2414; NZBau 2016, 298 (Vorschuss und Schadensersatz).
8 BGH NJW 2007, 83 (»Kern«).
9 BGH NJW 2011, 3451.
10 BGH NJW 2005, 748; 2014, 1441.
11 Vgl. BGH NJW 2010, 2210; 2014, 1306; NJW-RR 2006, 712; MDR 2011, 1252 = NJW-RR 2011, 1528; NJW 2016, 1818; vgl. auch OLG München MDR 2016, 415 (Abweisung als »derzeit unbegründet«).
12 BGH NJW-RR 2014, 315.

eines bestimmten Lebenssachverhalts aufgestellte Forderung, über deren Berechtigung ein Ausspruch des Gerichts begehrt wird.[13] Auf den Sachvortrag des Beklagten und auf dessen Anträge kommt es in diesem Zusammenhang nicht an.[14]

Prozessualer Anspruch und materielle Rechtslage sind streng voneinander zu unterscheiden. Für den prozessualen Anspruch ist nicht zu verlangen, dass der klägerische Sachvortrag eine materiell-rechtliche Anspruchsnorm ausfüllt, also schlüssig ist. Die unbegründete Klage, etwa auf Erfüllung eines mündlich erteilten Schenkungsversprechens, hat demnach einen Streitgegenstand, über den eine mit Rechtskraftwirkung versehene Entscheidung ergeht.[15] Bei der Klage auf Rückzahlung eines Darlehens wird der Streitgegenstand durch die Einzelheiten des Darlehensvertrags und durch das Rückzahlungsbegehren umschrieben; auf eine möglicherweise erforderliche Kündigung des Darlehens kommt es nicht an. Generell sind daher Detailfragen des Sachverhalts, die den prozessualen Anspruch unberührt lassen, für die Festlegung des Streitgegenstandes ohne Bedeutung. Unerheblich ist auch, ob sich der Anspruch des Klägers materiell-rechtlich aus mehreren Anspruchsgrundlagen ergibt.[16]

Beispiel: Der Kläger nimmt die städtische Nahverkehrs-Gesellschaft auf Leistung von Schadensersatz in Anspruch. Er behauptet, als Fahrgast in einem Autobus der Gesellschaft zu Schaden gekommen zu sein, weil der Busfahrer die vorgeschriebene Geschwindigkeit nicht eingehalten habe. Er stützt seine Klage auf Ansprüche aus § 7 I StVG und § 823 I BGB. Das Gericht weist die Klage ab, weil aufgrund des Ergebnisses der Beweisaufnahme nicht davon ausgegangen werden könne, dass dem Kläger ein Schaden entstanden sei.

6 Wollte nun der Kläger erneut Klage erheben mit der Begründung, das beklagte Unternehmen hafte ihm zusätzlich aus dem Gesichtspunkt einer Verletzung vertraglicher Pflichten, so wäre diese Klage aufgrund § 322 I unzulässig. Denn das schadensstiftende Ereignis war bereits Klagegrund des ersten Prozesses und damit Gegenstand des abweisenden Urteils. Dass auch das Gericht möglicherweise den Gesichtspunkt der Verletzung vertraglicher Pflichten übersehen hat, ist ohne Belang. Für den Streitgegenstand sind die vom Gericht und vom Kläger gezogenen rechtlichen Schlussfolgerungen unbeachtlich.[17]

Sehr deutlich zeigt sich der Unterschied zwischen Streitgegenstand und materieller Rechtslage am Beispiel der *Gestaltungsklage*, bei der sich der prozessuale Anspruch auf den Erlass eines rechtsgestaltenden Urteils richtet, ohne dass materiell-rechtliche Anspruchsgrundlagen überhaupt berührt wären.[18]

Man darf aus dem Vorstehenden allerdings nicht den Rückschluss ziehen, die Festlegung des Streitgegenstands erfordere allgemein weniger Sachvortrag als die Ausfüllung der einschlägigen materiell-rechtlichen Vorschriften. Vielmehr muss der Kläger über deren Voraussetzungen hinaus den Lebenssachverhalt, aus dem das Streitverhältnis sich entwickelt hat, so genau darstellen, dass insbesondere die historische Einordnung des prozessualen Anspruchs möglich ist.[19] So wird etwa bei der Geltendmachung vertraglicher Ansprüche in aller Regel zu verlangen sein, dass der Kläger

13 BGH NJW 1999, 1407; 2000, 3492; 2009, 56.
14 BGH NJW 1994, 2363.
15 Zöller/*Vollkommer* ZPO Einl. Rn. 62.
16 BGH NJW 1981, 978; 1984, 615; 1990, 1795; 1995, 967.
17 BGH NJW 2000, 3492; 2004, 1252 (1254); 2005, 748.
18 BGH NJW 2002, 3465.
19 BGH NJW-RR 2004, 639; 2005, 216.

das Datum und evtl. weitere nähere Umstände des Vertragsschlusses angibt, obwohl die gesetzlichen Anspruchsgrundlagen dies nicht voraussetzen. Denn andernfalls könnte später Streit um die Frage aufkommen, auf welchen von möglicherweise mehreren zwischen den Parteien geschlossenen Verträgen das Urteil sich bezieht.

Zusammenfassend lässt sich daher feststellen, dass für den prozessualen Anspruch ohne Bedeutung sind:

- die materielle Rechtslage
- Details des klägerischen Sachvortrags, die die Bestimmung des Lebenssachverhalts unberührt lassen
- Sachvortrag und Anträge des Beklagten

c) Der Lebenssachverhalt (Klagegrund)

Die meisten praktischen Schwierigkeiten ergeben sich bei der Frage, ob man es im Sinne des »zweigliedrigen« Streitgegenstands mit einem oder mit verschiedenen Lebenssachverhalten (= Klagegründen) zu tun hat.[20] Nach gängiger Definition ist ein Lebenssachverhalt dann gegeben, wenn es sich um ein tatsächliches Geschehen handelt, das bei natürlicher Betrachtungsweise nach der Verkehrsauffassung einen einheitlichen Vorgang darstellt;[21] ein anderer Streitgegenstand soll demgegenüber dann gegeben sein, wenn der betr. Sachverhalt seinem Wesen nach anders ist, wenn er als neues, selbstständiges Geschehen erscheint,[22] bzw. er sich im Kern vom vorgetragenen Sachverhalt unterscheidet.[23] Angesichts dieser recht unsicheren Ausgangslage kann man sich größere Klarheit nur durch Rückgriff auf die reichhaltige Kasuistik verschaffen. 7

- Verschiedene Beratungsfehler in einem einheitlichen Beratungsgespräch sind Teil eines einzigen Lebenssachverhalts.[24] Der Anspruch auf Schadensersatz wegen (vor-)vertraglichen Aufklärungsverschuldens und der Anspruch auf Rückabwicklung eines widerrufenen Finanzierungsvertrags sind verschiedene Streitgegenstände,[25] desgleichen Darlehenszinsen für die Finanzierung der Anlage und entgangene Zinsen einer alternativen Anlage.[26]
- Die Ansprüche des Bauunternehmers auf Abschlags- und auf Schlusszahlung entspringen einem einheitlichen Lebenssachverhalt, der Errichtung des Bauwerks. Die Abschlagszahlung hat gegenüber der Schlusszahlung nur vorbereitenden Charakter. Der Übergang vom ersten auf den zweiten Anspruch ist daher keine Klageänderung.[27] Gleiches gilt für die Neuerstellung der Schlussrechnung.[28] Vorschuss- und Schadensersatzanspruch sind demgegenüber zwei Streitgegenstände.[29]
- Stützt der Vermieter den Räumungsanspruch auf eine weitere Kündigung, führt er einen neuen Lebenssachverhalt und dementsprechend einen neuen Streitgegenstand in den Rechtsstreit ein.[30]

---

20 S. → Rn. 3; BGH NJW 2004, 1252.
21 BGH MDR 1997, 1021; NJW 2000, 1958; 2004, 1252; Beispiele bei Thomas/Putzo/*Reichold* ZPO Einl. II Rn. 31 f.
22 BGH NJW 1981, 2306; 1996, 2869; 2008, 3570.
23 BGH NJW 2007, 83.
24 BGH NJW 2014, 314; Bespr. *K. Schmidt* JuS 2014, 557.
25 BGH NJW 2017, 61.
26 OLG Schleswig NJW-RR 2015, 636.
27 BGH NJW-RR 2005, 318; 2006, 390.
28 BGH NJW-RR 2002, 1596.
29 BGH NJW-RR 1998, 1006, wegen der Abrechnungspflicht eindeutig; wohl aA OLG Brandenburg NJW-RR 2001, 386 = BauR 2000, 1523.
30 BGH NJW-RR 1994, 61.

- Innerhalb eines aus dem Klagegrund erwachsenen Schadens sind die einzelnen Berechnungsgrundlagen nur Rechnungsposten, keine selbstständigen Streitgegenstände.[31]
- Die Geltendmachung von Ansprüchen aus eigenem Recht einerseits und aus abgetretenem Recht andererseits betrifft auch bei einheitlichem Klageziel zwei Streitgegenstände, weil der Antrag auf unterschiedliche Lebenssachverhalte gestützt wird.[32] Anderes gilt beim Wechsel vom Pfändungs- und Überweisungsbeschluss zur Abtretung.[33]
- Ansprüche aus Vertrag und aus c.i.c. beruhen auf verschiedenen Lebenssachverhalten.[34] Der BGH sieht allerdings im Übergang von einem vertraglichen Anspruch auf Zahlung einer Vergütung zu einer gesetzlichen Anspruchsgrundlage (GoA, ungerechtfertigte Bereicherung) bei iÜ identischem Lebenssachverhalt keine Klageänderung.[35]

Als Grobraster mag man folgende Fragen stellen:

- Erscheinen verschiedene Sachverhalte bei natürlicher Betrachtung nur als Varianten eines einheitlichen, sich ggf. nur fortentwickelnden Vorgangs? (Abschlags- und Schlussrechnung, verschiedene Folgen eines einzigen Schadensereignisses)
- Haben verschiedene Sachverhalte trotz inneren Zusammenhangs eigenständige Bedeutung? (Vertrag und c.i.c., Vorschuss und Schadensersatz)
- Kann der Kläger die Leistung in jedem Falle nur einmal oder evtl. zweimal fordern?[36]

II. Mehrfache Anspruchsbegründung

1. Grundsätze

8 Solange der Kläger sich im Rahmen eines Streitgegenstands bewegt, kann er seinen prozessualen Anspruch mehrfach begründen, sei es mit Rechtsausführungen, sei es mit Tatsachen (Haupt- und Hilfsvorbringen, Alternativbegründung).[37] Im Einzelnen bedeutet dies Folgendes:

- Der Streitgegenstand ist trotz mehrerer, evtl. einander sogar widersprechender Begründungen im Sinne des § 253 II Nr. 2 hinreichend bestimmt.
- Ein Nachschieben von Begründungen ist keine unter § 263 fallende Klageänderung.[38]
- Das Gericht ist an die Reihenfolge der vom Kläger gegebenen Begründungen nicht gebunden, da der Kläger nur den Streitgegenstand festlegen, dem Gericht aber dessen Beurteilung nicht vorschreiben kann.[39]
- Der Erlass eines Teilurteils betreffend einzelne rechtliche oder tatsächliche Ausführungen des Klägers ist nicht zulässig.[40]

31 BGH NJW 1992, 2080; NJW-RR 2006, 253.
32 BGH NJW-RR 2006, 275; NJW 2005, 2004; 2007, 2414; 2008, 2922; 2009, 56; MDR 2014, 980 = BeckRS 2014, 11030.
33 BGH NJW 2007, 2560.
34 BGH NJW 2001, 1210.
35 BGH NJW 2015, 1093.
36 BGH WM 1996, 2063 = NJW 1996, 3151; MDR 1997, 1021 = NJW-RR 1997, 1374; → auch K Rn. 22 ff.
37 Vgl. *Saenger* MDR 1994, 860.
38 BGH NJW-RR 1996, 891.
39 OLG Köln MDR 1970, 686.
40 BGH NJW 1984, 615; 1993, 2173; unten → N Rn. 10.

- Wird die Klage aufgrund nur einer Begründung zugesprochen, bedarf es nicht der Klageabweisung im Übrigen, da der Streitgegenstand von dem Urteil vollständig erfasst ist.

Bei unterschiedlichen Lebenssachverhalten (= historischen Geschehnisabläufen) ist demgegenüber von verschiedenen Streitgegenständen mit folgenden Besonderheiten auszugehen:

- Nur wenn der Kläger bei mehrfachen Begründungen deren Verhältnis zueinander (kumulativ, im Einzelfall alternativ,[41] eventualiter) angibt, sind die Voraussetzungen des § 253 II Nr. 2 erfüllt.
- Auswechseln eines Lebenssachverhalts oder Nachschieben eines solchen stellen eine Klageänderung dar.[42]
- Das Gericht ist an die vom Kläger angegebene Reihenfolge gebunden.[43]
- Der Erlass eines Teilurteils ist denkbar.[44]
- Wird der Klageanspruch mit einem Lebenssachverhalt verneint, muss insoweit eine Klageabweisung erfolgen, auch wenn der Klage mit dem zweiten Lebenssachverhalt stattgegeben wird.[45]

Die einzelnen aufgezeigten Aspekte wollen wir an Beispielsfällen näher verdeutlichen.

2. Beispielsfälle

a) Rechtsausführungen oder konkludenter Sachvortrag

Wie Rechtsausführungen der Parteien für das Gericht allgemein nur unverbindliche Denkanstöße sind,[46] haben auch rechtliche Hilfs- oder Alternativbegründungen bzw. Änderungen des von einer Partei vertretenen Rechtsstandpunkts auf die Bestimmung des Streitgegenstandes grundsätzlich keinen Einfluss. Anders liegen die Dinge nur dann, wenn sich hinter rechtlichen Erwägungen ein konkludenter Sachvortrag verbirgt.[47] 9

Beispiele zur Abgrenzung:

- Der Kläger verlangt Ersatz für einen wegen fehlerhafter Werkleistung eingetretenen Mangelfolgeschaden. Er beruft sich in erster Linie auf vertragliche, »hilfsweise« auf deliktische Ansprüche.
- Der Kläger verlangt von den Beklagten die Zahlung eines Geldbetrags, den er ihnen angeblich darlehensweise überlassen hat. Aufgrund des Parteivortrags gelangt das Gericht zu der Erkenntnis, das Darlehen sei evtl. in einen später zwischen den Parteien geschlossenen Gesellschaftsvertrag einbezogen worden. Auf entsprechenden Hinweis erklärt der Kläger, er berufe sich nunmehr auf § 733 II BGB.

Im ersten Beispiel ist der Sachvortrag des Klägers zur Pflichtverletzung und zum Schaden einheitlich, und es lässt sich lediglich darüber streiten, welche Anspruchsgrundlagen in Betracht kommen. Mithin liegen Rechtsausführungen vor, die für den

41 → Rn. 12 f.
42 Vgl. auch → K Rn. 16.
43 BGH NJW-RR 1989, 650.
44 Vgl. → K Rn. 4, wenn es nicht wegen Divergenzgefahr unzulässig ist, vgl. → N Rn. 11.
45 Vgl. → K Rn. 19.
46 Vgl. → A Rn. 28.
47 S. → A Rn. 33 f.

Streitgegenstand keine weitergehende Bedeutung haben. Im zweiten Fall stellt sich demgegenüber die Frage, ob nicht der Kläger eine Klageänderung (§ 263) erklärt hat. Mag er auch weiterhin die Rückzahlung des Geldbetrags verlangen, so sind doch Darlehens- und Gesellschaftsvertrag derart grundverschieden, dass von einem einheitlichen Lebenssachverhalt nicht mehr ausgegangen werden kann.[48] Indem der Kläger sich abweichend von seinem bisherigen Vortrag auf den neuen Lebenssachverhalt »Auseinandersetzung einer Gesellschaft« stützt, wechselt er den Grund des Klageanspruchs aus, er führt also einen neuen Streitgegenstand in den Prozess ein. Darin liegt eine, hier hinter Rechtsausführungen verborgene, Klageänderung iSd § 263; der Fall ist nicht anders zu beurteilen als wenn der Kläger einen anderen Antrag stellt.

Schildert der Kläger verschiedene Lebenssachverhalte, muss er, um den Anforderungen des § 253 II Nr. 2 zu genügen, klarstellen, aus welchem er den prozessualen Anspruch herleitet. In diesem Zusammenhang kann den von ihm geäußerten Rechtsansichten und zitierten Anspruchsgrundlagen im Sinne eines konkludenten Sachvortrags ebenfalls Bedeutung zukommen.

b) Hilfsvorbringen

10 Hilfsvorbringen liegt vor, wenn der Kläger zur Stütze ein und desselben prozessualen Anspruchs entweder im Rahmen der einschlägigen Anspruchsgrundlage hilfsweise eine Sachverhaltsvariante vorträgt oder sich hilfsweise auf Tatsachen beruft, die eine andere Anspruchsgrundlage ausfüllen.

Beispiele:
- Der Kläger trägt zur Begründung der am 2.6.2009 erhobenen Klage vor: »Ich habe dem Beklagten am 1.3. dieses Jahres 3.000 EUR geliehen, die ich nunmehr zurückverlange. Wir haben nämlich bereits damals vereinbart, dass das Darlehen auf die Dauer von lediglich zwei Monaten gewährt werden solle. Hilfsweise berufe ich mich darauf, dass der Beklagte mir am 15.4. noch einmal versichert hat, er werde das Geld spätestens nach zwei Wochen zurückzahlen. Vorsorglich habe ich das Darlehen außerdem Ende April gekündigt.«
- Der Kläger verlangt von dem Beklagten die Zahlung von 10.000 EUR. Sein Vortrag: »Ich habe dem Beklagten aufgrund eines Kaufvertrags für 10.000 EUR Ware geliefert, bisher aber keine Zahlung erhalten, obwohl dies fest vereinbart war. Der Beklagte hat mir durch seinen Anwalt mitteilen lassen, zum Abschluss eines Kaufvertrags sei es damals überhaupt nicht gekommen. Er habe sich lediglich nach meinen Preisen erkundigen wollen, woraufhin ich ihm die Ware einfach übersandt hätte. Darauf kommt es jedoch nicht an. Denn selbst wenn der Vertrag, was ich weiterhin in Abrede stelle, nicht zustande gekommen sein sollte, steht mir der Anspruch aus bereicherungsrechtlichen Vorschriften zu, weil der Beklagte die gelieferten Sachen, deren Handelswert sich auf mindestens 10.000 EUR belief, inzwischen sogar mit Gewinn weiterveräußert hat. Hierauf berufe ich mich hilfsweise.«

Im ersten Beispielsfall ist zweifelsfrei nur ein Streitgegenstand gegeben. Denn der Kläger verfolgt das alleinige Ziel, den ihm aufgrund des Darlehensvertrags zustehenden Rückzahlungsanspruch durchzusetzen. Seine mehrfach gestaffelten Ausführungen zur Fälligkeit dieses Anspruchs betreffen lediglich nachgeordnete Modalitäten, sie sind hingegen keine neuen, selbstständigen Lebenssachverhalte,[49] was sich auch daraus ergibt, dass der Kläger die Leistung unter keinen Umständen zweimal fordern

48 BGH NJW 1985, 1841; 2001, 224.
49 S. → Rn. 7.

könnte. Bei dem hilfsweisen Sachvortrag zum Rückzahlungsversprechen und zur Kündigung handelt es sich also um Hilfsvorbringen.[50]

Der zweite Fall ist schwieriger, weil der Kläger zwei Sachverhalte vorträgt, die sich gegenseitig ausschließen. Denn die Lieferung ist entweder auf vertraglicher Grundlage erfolgt oder diese fehlt. Dennoch wird für solche Fälle das Vorliegen eines einzigen Streitgegenstands bejaht.[51] Bei natürlicher Betrachtungsweise bildet die Tatsache, dass der Kläger aufgrund einer bestimmten Warenlieferung eine Geldleistung verlangt, den Kern des dem prozessualen Anspruch zugrunde liegenden Lebenssachverhalts. Die Frage, ob die Lieferung nach vertraglicher Vereinbarung oder ohne Rechtsgrund erfolgt ist, tritt demgegenüber in den Hintergrund. Zudem könnte der Kläger die Leistung nur einmal fordern, entweder aus Vertrag oder aus Bereicherungsrecht. Da der Kläger sich auf die zweite Sachverhaltsvariante hilfsweise beruft, ist insoweit ein (zulässiges) Hilfsvorbringen gegeben.

c) Hilfsweise Übernahme von gegnerischem Vortrag oder von Beweisergebnissen

Wie der Kläger mehrere Sachverhaltsvarianten in den Rechtsstreit einführen darf, so **11** kann er sich selbstverständlich auch den von ihm bestrittenen prozessualen Vortrag seines Gegners hilfsweise zu eigen machen. Wenn etwa der Beklagte des zuletzt erörterten Beispielsfalls erstmals im Prozess den Abschluss eines Kaufvertrages bestreitet, darf der Kläger diesen Vortrag hilfsweise übernehmen und die Klage auf den Bereicherungsanspruch stützen. Er verstößt damit nicht gegen die in § 138 I normierte Wahrheitspflicht.[52]

Nicht immer drückt die darlegungspflichtige Partei sich so klar aus wie in den Beispielsfällen. Dem ist zunächst durch Hinweis nach § 139 III abzuhelfen.[53] In der Klausur hat die Auslegung des Parteivorbringens größere Bedeutung. So müssen zB Äußerungen wie »vorsorglich«, »jedenfalls«, »selbst wenn« usw. im Sinne eines Hilfsvorbringens verstanden werden, wenn nur die Partei irgendwie erkennen lässt, dass sie ihren prozessualen Anspruch nachrangig auch auf weitere Tatsachen stützen will, und sofern sie sich nicht zum eigenen Vortrag in Widerspruch setzt. Denn es ist nun einmal ihr Ziel, den Prozess zu gewinnen. Das muss bei der Auslegung des Sachvortrags berücksichtigt werden.[54] Das in der Literatur kontrovers erörterte Thema des *gleichwertigen (= äquipollenten) Parteivorbringens*[55] hat daher, was hier noch einmal hervorgehoben werden soll, nur geringe praktische Bedeutung.

Ebenso kann eine Partei sich die *Ergebnisse einer Beweisaufnahme* hilfsweise zu eigen machen, wovon im Zweifel auch ohne ausdrückliche Bezugnahme auszugehen ist.[56] Der Sachvortrag wird indes überzeugender, wenn die Partei das Gericht eindeutig hierauf aufmerksam macht.

---

50 S. → Rn. 8.
51 BGH NJW 2004, 1252 (1254); OLG Köln MDR 1984, 151.
52 BGH NJW 1995, 2843 (2846); 2014, 1804; OLG Braunschweig ZIP 2017, 590.
53 BGH WM 2009, 1155.
54 BGH NJW-RR 1995, 684; NJW 2000, 1641; 2001, 2177.
55 → A Rn. 126.
56 BGH NJW 1991, 1541; 2001, 2177.

d) Alternative Begründung eines prozessualen Anspruchs

12 Das im Vorstehenden Besprochene gilt auch dann, wenn der Kläger die von ihm dargelegten Sachverhaltsvarianten nicht rangmäßig einander zuordnet, sondern alternativ nebeneinander stehen lässt.

Beispiel: Der Kläger führt aus: »Ich habe dem Beklagten Ware im Wert von 10.000 EUR geliefert. Meiner Erinnerung nach hat der Beklagte die Ware zu diesem Preis bei mir bestellt. Es kann aber auch sein, dass er sich, wie vorgerichtlich durch seinen Anwalt behauptet, seinerzeit lediglich nach den geltenden Preisen hat erkundigen wollen und meine Mitarbeiter ihm die Lieferung nur aufgrund eines Irrtums zugesandt haben. Das ändert jedoch nichts, da er die Ware inzwischen mit Gewinn weiterverkauft hat und mir deshalb auf jeden Fall aus dem Gesichtspunkt der ungerechtfertigten Bereicherung haftet.«

Auch hier lässt der Kläger keinen Zweifel daran aufkommen, dass er nur einen prozessualen Anspruch geltend macht.[57] Seine alternative Klagebegründung ist daher zulässig.[58] Ob er die Voraussetzungen des Bereicherungsanspruchs hinreichend vorgetragen hat, ist eine Frage der Begründetheit.

e) »Alternativklage«

13 Die Grenzen der zulässigen Alternativbegründung sind überschritten, wenn der Kläger, mag er auch äußerlich nur einen Klageantrag stellen, durch die Klagebegründung zwei Streitgegenstände in den Rechtsstreit einführt, ohne deren Verhältnis zueinander festzulegen.[59]

Beispiel:
Der Kläger führt aus:
»Der Beklagte hat die Ware bei mir fest bestellt. Er hat sich außerdem bei einer anderen Gelegenheit nach den geltenden Preisen erkundigt, woraufhin meine Mitarbeiter ihm versehentlich eine zweite Lieferung im Wert von 10.000 EUR haben zukommen lassen. Da der Beklagte diese zweite Lieferung zwischenzeitlich verkauft hat, steht mir ein Bereicherungsanspruch zu.« Der Kläger beantragt, den Beklagten zur Zahlung von 10.000 EUR zu verurteilen.

Die beiden Warenlieferungen sind zwei verschiedene, eigenständige Lebenssachverhalte; aus ihnen lassen sich Zahlungsansprüche herleiten, die auch kumulativ geltend gemacht werden können. Es ist die Aufgabe des Klägers klarzustellen, aus welchem der beiden Streitgegenstände er den Zahlungsanspruch herleitet. Lässt er diese Frage offen, verstößt er gegen den in § 253 II Nr. 2 normierten Bestimmtheitsgrundsatz. Zudem wäre einem Urteil, das ohne Klärung des Streitgegenstands dem Antrag des Klägers entspricht, der Umfang der Rechtskraft nicht zu entnehmen.[60] Die wahlweise auf gleichrangige Streitgegenstände gestützte sog. »Alternativklage« ist daher im Gegensatz zur alternativen Begründung ein und desselben Streitgegenstands unzulässig.[61]

Der Kläger hat allerdings in Fällen dieser Art je nach Sachlage verschiedene Möglichkeiten, die Zulässigkeit der Klage herbeizuführen. Er kann zB zur kumulativen Klagenhäufung übergehen, § 260. Daneben kommt der Übergang zu Haupt- und Hilfsantrag in Betracht, wobei der Kläger die beiden Lebenssachverhalte auch unter

57 Vgl. → Rn. 10.
58 BGH WM 1987, 1013 (eigene Verpflichtung und § 179 BGB); NJW-RR 1997, 1374.
59 BGHZ 189, 56; BGH MDR 2014, 980 = BeckRS 2014, 11030.
60 BGH NJW 1984, 2346; 1994, 460.
61 *Baumgärtel* Anm. zu BGH JZ 1960, 28 (28 f.); BGH NJW-RR 1990, 122; 1997, 1374; MDR 2011, 812 = BeckRS 2011, 08631 Ls. und 2011, 1311 = BeckRS 2011, 22669.

demselben Zahlungsantrag in ein Eventualverhältnis stellen kann; es liegt dann ein verdeckter Hilfsantrag vor.[62] In all dem liegt eine Klageänderung, deren Sachdienlichkeit im Regelfall zu bejahen ist, § 263.[63]

3. Gutachten und Urteil

a) Gutachten[64]

aa) Auslegung des Klageantrags

14 Ist fraglich, ob der Kläger den von ihm erhobenen Anspruch durch Hilfsvorbringen untermauern will oder ob er in Wirklichkeit, etwa hilfsweise, einen weiteren Streitgegenstand in den Prozess einführt, so muss der Bearbeiter diesen Zweifel im Rahmen einer an die Spitze der Begutachtung zu stellenden Auslegung des Klageantrags ausräumen.[65] Gelangt er zu dem Ergebnis, es liege eine Alternativklage vor, so ist deren fehlende Zulässigkeit in der sich anschließenden Zulässigkeitsprüfung festzustellen. Am Rande sei allerdings erwähnt, dass das Vorliegen einer unzulässigen Alternativklage im praktischen Fall kaum zu bejahen sein dürfte. Normalerweise wird dem Sachvortrag des Klägers zu entnehmen sein, dass, wenn schon Hilfsvorbringen nicht in Betracht kommt, ein verdeckter Hilfsantrag gewollt ist.[66] Ohnehin muss das Gericht in der Praxis auf Unklarheiten dieser Art hinweisen und eine Klärung herbeiführen.

bb) Zulässigkeit

15 Im Rahmen der (ggf. durchzuführenden) Zulässigkeitsprüfung kann sich ein Problem ergeben, wenn das angerufene Gericht ausnahmsweise nur für einen materiellrechtlichen Teilaspekt des prozessualen Anspruchs zuständig ist.

> **Beispiel:** Der Kläger ist Eigentümer einer Berghütte. Er verlangt vom Beklagten Schadensersatz mit der Behauptung, jener habe zu Silvester die Tür der Hütte aufgebrochen, um dort zu stehlen. Der Kläger erhebt vor dem Gericht, in dessen Bezirk die Berghütte liegt, Schadensersatzklage. Der Beklagte, dessen Wohnsitz in einem anderen Gerichtsbezirk liegt, rügt die Zuständigkeit des angerufenen Gerichts. Zur Sache wendet er ein, er sei lediglich Ende Januar in die Hütte eingedrungen, weil er sich vor einem Schneesturm habe in Sicherheit bringen müssen. Diesen Vortrag macht der Kläger sich hilfsweise zu eigen, indes sieht der Beklagte nicht ein, weshalb er sich vor dem angerufenen Gericht verteidigen soll.

Die Zuständigkeit des angerufenen Gerichts ergibt sich nach dem Vortrag des Klägers aus § 32. Nach heute hM[67] ist dort der Fall unter allen rechtlichen Gesichtspunkten zu prüfen, wenn ein einheitlicher prozessualer Anspruch geltend gemacht wird und die Entscheidung der Sache insgesamt in die Zuständigkeit deutscher Gerichte fällt. Ist dies nach den näheren Gegebenheiten des Falles zu bejahen, ist der Einwand des Beklagten wegen § 904 S. 2 BGB unerheblich. Andernfalls fehlt es für die Prüfung des

62 Näher zum Hilfsantrag Kapitel → K Rn. 1 ff.

63 Für nachträgliche Kumulierung BGH MDR 2011, 1311 = BeckRS 2011, 22669; iÜ vgl. → K Rn. 7.

64 Zum Gutachtenaufbau ausführlich s. oben → A Rn. 126 (äquipollentes = gleichwertiges Parteivorbringen).

65 → A Rn. 77.

66 → K Rn. 16 ff.

67 BGH NJW 2003, 828 mit eingehender Erörterung der Gegenmeinungen; Anm. *Kiethe* NJW 2003, 1294; KG NJW 2006, 2336; OLG Brandenburg MDR 2008, 1094 = BeckRS 2008, 15510; Prütting/Gehrlein/*Wern* ZPO § 32 Rn. 15 f.; Zöller/*Vollkommer* ZPO § 32 Rn. 20.

Anspruchs aus § 904 S. 2 BGB an der Zuständigkeit und demzufolge an einer Zulässigkeitsvoraussetzung.

cc) Schlüssigkeit

16 Im Rahmen der Schlüssigkeitsprüfung (Klägerstation) sind Haupt- und Hilfsvorbringen im Normalfall in der vom Kläger gewählten Reihenfolge hintereinander zu untersuchen.[68] Zwar ist das Gericht an die Reihenfolge der vorgetragenen Sachverhaltsvarianten nicht gebunden, sodass man auch mit dem Hilfsvorbringen beginnen könnte;[69] indes liegt ein am Vortrag des Klägers orientierter Aufbau aus Gründen der größeren Klarheit näher.

Grundsätzlich darf man das Hilfsvorbringen nicht wie den Hilfsantrag[70] erst hinter der Erheblichkeit (Beklagtenstation) abhandeln; hierdurch würde der sich auf einen Streitgegenstand beziehende Klägervortrag auseinander gerissen. Im Übrigen käme man dann möglicherweise zu einer überflüssigen Prüfung von Beweisthemen, falls der Beklagtenvortrag gegenüber dem Hauptvorbringen, nicht aber gegenüber dem Hilfsvorbringen erheblich ist.

17 Eine (seltene) Ausnahme gilt allerdings dann, wenn das Hauptvorbringen dem Kläger günstiger ist, weil es ihm in der Zwangsvollstreckung einen Vorteil bringt.

Beispiel: Ein Anspruch wird auf vorsätzlich begangene unerlaubte Handlung, hilfsweise auf Haftung für Handeln im Notstand, § 904 S. 2 BGB, oder auf Bereicherung gestützt.

Da der Kläger den Vorteil des § 850f II nur dann in Anspruch nehmen kann, wenn der Beklagte aufgrund des Hauptvorbringens verurteilt wird,[71] ist hierüber ggf. Beweis zu erheben.[72] Zu prüfen ist jedoch, ob nicht der Kläger auf diesen Vorteil, der sich nur in seltenen Fällen wirtschaftlich auswirkt, (konkludent) verzichtet, weil er etwa erklärt, es komme ihm nicht darauf an, aufgrund welcher Vorschriften der Beklagte ihm hafte.

Wenn fraglich ist, ob der Kläger sich den Vortrag des Beklagten hilfsweise zu eigen machen will, kann die Frage, sofern sie nicht im Rahmen einer Auslegung des Klageantrags zu behandeln war, ebenfalls innerhalb der Schlüssigkeitsprüfung (*Klägerstation*) beantwortet werden.

18 Auch wenn der Hauptvortrag schlüssig ist, muss das Hilfsvorbringen geprüft werden, da die Einwendungen des Beklagten allein aufgrund des Hilfsvortrags insgesamt unerheblich sein können. Die Schlüssigkeit des Klägervortrags kann bereits dann bejaht werden, wenn der Klageantrag aufgrund einer der beiden Begründungen gerechtfertigt ist. Entscheidend kommt es nämlich nur darauf an, dass sich auf der Grundlage des Streitgegenstands ein materiell-rechtlicher Anspruch ergibt. Ob dem eine oder mehrere Begründungsvarianten zugrunde liegen, ist ohne Belang, solange sich der Anspruch nur aus einem Vorbringen sicher herleiten lässt.[73] Das Hauptvorbringen muss also nicht unbedingt schlüssig sein. Die Schlüssigkeit kann sich auch allein

---

68 So auch *Schuschke/Kessen/Höltje* Arbeitstechnik Rn. 274.

69 OLG Köln MDR 1970, 686.

70 → K Rn. 8.

71 Erwähnung der unerlaubten Handlung im Titel erforderlich: BGH NJW 2003, 515; NJW-RR 2011, 791.

72 MüKoZPO/*Musielak* § 300 Rn. 4.

73 OLG Köln NJW-RR 1987, 505.

aus dem Hilfsvorbringen ergeben.[74] Die Schlüssigkeitsprüfung ist dementsprechend grundsätzlich wie folgt zu gliedern:

1) Hauptvorbringen
2) Hilfsvorbringen
3) Ergebnis

Anderes gilt, wenn der Kläger innerhalb eines prozessualen Anspruchs alternativ mehrere gleichrangige Sachverhaltsvarianten vorträgt. Dann nämlich müssen sämtliche Varianten zu einem materiell-rechtlichen Anspruch führen, damit die Schlüssigkeit bejaht werden kann. 19

Beispiel: Der aufgrund der Warenlieferung klagende Kläger trägt vor: »Ich bin mir nicht sicher, ob es wirklich zum Abschluss eines Kaufvertrags gekommen ist. Wenn wir uns entsprechend geeinigt haben, so schuldet der Beklagte mir die Kaufpreiszahlung von 10.000 EUR. Andernfalls haftet er jedoch aus dem Gesichtspunkt des Bereicherungsrechts, da er die Ware immerhin erhalten hat.«

Da in diesem Fall die Voraussetzungen eines Zahlungsanspruchs aus § 818 II BGB nicht vorgetragen sind, muss die Klage als unbegründet abgewiesen werden. Denn der Kläger hat nun einmal die beiden Sachverhaltsvarianten gleichrangig nebeneinander gestellt und erklärt, er wisse selbst nicht genau, wie es zu der Warenlieferung gekommen sei. Wollte man seinen Sachvortrag alleine deshalb für schlüssig erachten, weil der Beklagte aufgrund einer der beiden Varianten, nämlich des Vertragsschlusses, zur Zahlung verpflichtet ist, so träte an die Stelle der Schlüssigkeit die bloße Möglichkeit eines Anspruchs. Prozesstaktisch klüger verhält der Kläger sich also dann, wenn er auf einen Alternativvortrag verzichtet und verschiedene Sachverhaltsvarianten in ein Haupt- und Hilfsverhältnis stellt, da in diesem Fall bereits schlüssiger Vortrag zu einer Alternative den Erlass eines Versäumnisurteils rechtfertigt.

Bei alternativer Klagebegründung empfiehlt es sich, in die einleitende Frage sämtliche evtl. einschlägigen Anspruchsgrundlagen aufzunehmen.

I. Schlüssigkeit (Klägerstation)
   Der vom Kläger erhobene Zahlungsanspruch könnte sich wahlweise aus §§ 433 II oder 812 I 1 Alt. 1, 818 II BGB ergeben.
   1. Anspruch aus § 433 II BGB
      (Prüfung der näheren Voraussetzungen)
   2. Anspruch aus §§ 812 I 1 Alt. 1, 818 II BGB (dto.)
   3. Ergebnis
   Das Klagevorbringen ist (nicht) schlüssig.

dd) Erheblichkeit

Das *Bestreiten des Beklagten* ist grundsätzlich nur dann erheblich, wenn es sich gegen den *gesamten* schlüssigen Vortrag des Klägers richtet. Lässt der Beklagte das Haupt- oder das Hilfsvorbringen oder eine von mehreren gleichrangigen Sachverhaltsvarianten unbestritten, so wird er ohne Beweisaufnahme verurteilt. Das Gericht ist grundsätzlich nicht verpflichtet, über den Hauptvortrag des Klägers eine Beweisaufnahme durchzuführen, wenn die Sache aufgrund des Hilfsvorbringens entscheidungsreif ist.[75] 20

74 Von seinem Standpunkt zum gleichwertigen Parteivorbringen aA *Schneider* Zivilrechtsfall Rn. 881; vgl. hierzu auch → A Rn. 126.

75 OLG Köln MDR 1970, 686; oben → Rn. 8, 16; anderes gilt für den Fall des Hilfsantrags, s. → K Rn. 8; zu einem Ausnahmefall vgl. auch → Rn. 17 (Anwendbarkeit des § 850 f II).

b) Urteil

21 Für die Darstellung des Hilfsvorbringens im Tatbestand bieten sich zwei Möglichkeiten:

Grundsätzlich wird auch das Hilfsvorbringen bereits vor den Anträgen beim Sachvortrag des Klägers wiedergegeben. Wenn der Kläger eine Behauptung des Beklagten hilfsweise übernimmt, kann es sich demgegenüber aus sprachlichen Gründen empfehlen, dies im Zusammenhang mit dem Beklagtenvortrag zu erwähnen.

> (Anträge)
> Der Beklagte behauptet, ... Diese Behauptung macht der Kläger sich hilfsweise zu eigen und vertritt dazu die Ansicht, ...

Was den nicht selten auslegungsbedürftigen Sachvortrag des Klägers anbetrifft, weisen wir erneut darauf hin, dass das Ergebnis der Auslegung nicht bereits im Tatbestand wiedergegeben werden darf.[76] Hat also zB der Kläger auf Vortrag des Beklagten, der zu seiner eigenen Sachverhaltsschilderung in Widerspruch steht (Kaufvertrag – irrtümlich erfolgte Warenlieferung; Einbruch in Berghütte – Rettung vor Schneesturm) lediglich erwidert, trotz allem bestehe er auf Zahlung, so ist alleine diese – auslegungsbedürftige – Erklärung als solche im Tatbestand wiederzugeben. Die Auslegung selbst, die etwa darauf hinauslaufen kann, dass der Kläger sich den Vortrag des Beklagten hilfsweise zu eigen gemacht hat, wird erst innerhalb der Entscheidungsgründe vorgenommen.

22 Soweit es um die Begründung der Sachentscheidung geht, kann man Sachverhaltsvarianten und die daraus hergeleiteten Ansprüche, auf welche es für die Entscheidung nicht ankommt, dahingestellt sein lassen:

> Die Klage ist begründet. Offenbleiben kann, ob das Hauptvorbringen oder das Hilfsvorbringen des Klägers zutrifft. Aus beiden Gesichtspunkten ergibt sich nämlich der Klageanspruch, wohingegen der Beklagte nur dem Hauptvorbringen, nicht aber dem Hilfsvorbringen entgegengetreten ist.
> Unter Zugrundelegung des Hauptvorbringens steht dem Kläger ein Anspruch aus ... zu. Denn ...
> Mit dem Hilfsvorbringen ist der Klageanspruch nach ... gerechtfertigt. Denn ...

III. Weitere Überlegungen des Anwalts

23 Wird der Beklagte vertreten und hat sich der Kläger auf Haupt- und Hilfsvorbringen berufen, ergeben sich für den Anwalt keine Besonderheiten. Bei der Verteidigung gegen ein mit Hilfsvorbringen untermauertes Vorbringen des Gegners ist lediglich darauf zu achten, dass Einwände erst dann Erfolg haben, wenn sie alle Varianten des Vortrags zu Fall bringen.

24 Anders liegen die Dinge, wenn es um die Frage geht, auf welchen Sachverhalt der Kläger (oder der Beklagte zB bei einer Widerklage) seinen Angriff stützten soll. Beim Hilfsvorbringen besteht insoweit das Problem vorrangig darin, in der Begutachtung die Möglichkeiten der mehrfachen Klagebegründung und der hilfsweisen Übernahme des gegnerischen Sachvortrags zu erkennen. Sind solche Möglichkeiten gegeben, sollten die einzelnen Sachverhaltsvarianten grundsätzlich bereits bei der Schlüssigkeit

76 → B Rn. 50.

bzw. bei der Erheblichkeit geprüft werden.[77] Dabei empfiehlt es sich aus Gründen der besseren Übersicht, die einzelnen Prüfungsabschnitte mit entsprechenden Überschriften zu versehen. Die Frage, ob sich der Mandant tatsächlich auf Haupt- und Hilfsvorbringen berufen soll, gehört hingegen in die Zweckmäßigkeitserwägungen. Die Zweckmäßigkeit entsprechenden Vorgehens dürfte regelmäßig zu bejahen sein, zumal sich der Streitwert nicht erhöht, also kein zusätzliches Kostenrisiko entsteht, die Voraussetzungen des § 260 nicht erfüllt sein müssen und eine Verzögerung des Rechtsstreits nicht zu erwarten ist.

Obwohl die Rechtsprechung den Sachvortrag der Parteien in dieser Hinsicht recht großzügig auslegt,[78] sollte man bestrebt sein, sich in Schriftsätzen deutlich auszudrücken. Die Verbindung von Sachvortrag und Rechtsansichten kann sich hier als eine gut verständliche Lösung anbieten:

> Selbst wenn der Beklagte das Angebot vom … nicht angenommen haben sollte und ihm die Ware nur zur Ansicht übersandt worden ist, steht dem Kläger der Zahlungsanspruch jedenfalls aus bereicherungsrechtlichen Anspruchsgrundlagen zu. Der Beklagte behauptet nämlich, was zwar bestritten bleibt, aber hilfsweise auch vom Kläger vorgetragen wird, dass er die Ware zwischenzeitlich für … EUR weiterveräußert hat. Um diesen Betrag ist er auf Kosten des Klägers ungerechtfertigt bereichert.

Besonders wichtig ist eine eindeutige (hilfsweise) Übernahme in den eigenen Sach- **25**
vortrag, wenn erst die Beweisaufnahme, namentlich eine Zeugenvernehmung, neue Tatsachen erbracht hat, welche der Partei günstig sind:

> Zwar hat der Zeuge X den Vortrag des Klägers zur Annahme seines Angebots nicht bestätigt. Er hat aber ausgesagt, der Beklagte habe die zur Ansicht übersandte Ware zwischenzeitlich für … EUR weiterverkauft. Der Kläger macht sich die Aussage hilfsweise zu eigen, da ihm in diesem Falle gegen den Beklagten in Höhe der Klageforderung ein Bereicherungsanspruch zusteht.

77 Vgl. → Rn. 16, 20.
78 Vgl. → A Rn. 126, → 9 ff.; BGH DRiZ 1968, 422 (423); NJW-RR 1995, 684.

K. Haupt- und Hilfsantrag

I. Prozessuale Fragen

1. Grundlagen und Grenzen der Zulässigkeit

1 Der Hilfsantrag unterscheidet sich vom Hilfsvorbringen dadurch, dass der Kläger mehrere Streitgegenstände in ein Eventualverhältnis stellt.[1] Sinn und Zweck solchen Vorgehens mag folgender Fall verdeutlichen:

> **Beispiel:** Der Kläger verlangt vom Beklagten die Lieferung einer Ware, die er im Voraus bezahlt hat. Der Beklagte wendet ein, er habe den mit dem Kläger abgeschlossenen Kaufvertrag wirksam angefochten. Den Kaufpreis will der Beklagte dennoch nicht zurückzahlen, da er entreichert sei.

Beschränkt sich der Kläger darauf, lediglich die Lieferung zu verlangen, und wird er mit diesem Klagebegehren abgewiesen, muss er möglicherweise den Beklagten auf Rückzahlung des Kaufpreises erneut gerichtlich in Anspruch nehmen. Diese Verzögerung umgeht er, indem er den Zahlungsanspruch im laufenden Rechtsstreit hilfsweise geltend macht. Er wird also beantragen:

> den Beklagten zu verurteilen,
> an ihn ... zu übereignen und herauszugeben,
> hilfsweise
> an ihn ... EUR zu zahlen.

Der auf die Geldzahlung gerichtete Klageantrag ist durch den Zuspruch auf den Hauptantrag auflösend bedingt.[2] Es darf über ihn nur entschieden werden, wenn das Gericht den Hauptantrag abweist oder die Hauptsache insoweit für erledigt erklärt wird.[3] Andernfalls bleibt er unberücksichtigt, weil seine Rechtshängigkeit rückwirkend entfällt. Trotz der Bedingungsfeindlichkeit des Prozessrechts ist die eventuelle Klagenhäufung zulässig. Der Hilfsantrag ist nämlich nicht von dem Eintritt eines außerhalb des Prozesses liegenden, ungewissen Ereignisses abhängig. Die Entscheidung über den Hauptantrag stellt vielmehr eine *innerprozessuale Bedingung* dar, deren Eintritt das Gericht durch die Entscheidung über den Hauptantrag selbst herbeiführt. Der Prozessgegner kann nicht einwenden, das Vorgehen des Klägers belaste ihn mit einer nicht zumutbaren Ungewissheit. Denn der Kläger muss den Hilfsantrag wie jeden anderen Klageantrag rechtzeitig ankündigen und begründen, sodass der Beklagte zur Verteidigung hinreichend Gelegenheit hat. Selbstverständlich kann man auch mehrere Hilfsanträge hintereinander stellen.[4] Bei Unklarheiten ist der Klägervortrag auszulegen.[5]

2 Das Vorliegen einer innerprozessualen Bedingung ist für die Zulässigkeit grundlegend. Die Existenz eines Prozessrechtsverhältnisses zwischen den Parteien darf für sich

---

1 Vgl. BGH NJW-RR 1987, 59 (60); 1991, 759; → J Rn. 8.

2 Vgl. RGZ 117, 112 (114); BGH NJW 1989, 1486; 2002, 3478; 2017, 1180 (auch in der Berufung); denkbar ist im Einzelfall zB auch der Erlass eines Prozessurteils, wie etwa auf Aufhebung der angefochtenen Entscheidung im Verfahren des höheren Rechtszuges, vgl. BGH NJW 1996, 3147 (3150).

3 → Rn. 5 aE.

4 BGH NJW 1992, 2080.

5 BGH NJW-RR 2002, 1617; näher → Rn. 17.

gesehen nicht ungewiss sein.[6] Die Grenze des Zulässigen ist daher zB überschritten, wenn der Kläger hilfsweise eine weitere Partei in den Rechtsstreit einbeziehen will oder hilfsweise ein weiterer Kläger dem Rechtsstreit beitritt.[7] Die damit gesetzte Bedingung würde sich nicht mehr innerhalb eines laufenden Prozesses verwirklichen, sondern aus der Sicht des nur hilfsweise beteiligten Dritten die Grundlage des Prozessrechtsverhältnisses selbst berühren. Der gegen Dritte gerichtete Hilfsantrag oder der Hilfsantrag eines Klägers, der hilfsweise in einer anderen Parteistellung auftritt (im eigenen Namen statt als Insolvenzverwalter), ist daher unzulässig.[8] Des Weiteren muss der Hauptantrag als solcher unbedingt sein.[9] Nicht zulässig ist es daher, einen Hilfsantrag unter der Bedingung zu stellen, dass über den Hauptantrag Beweis erhoben werden muss. Damit bliebe nämlich offen, ob zum Hauptantrag überhaupt eine Sachentscheidung ergeht, was für den Beklagten eine nicht hinnehmbare Ungewissheit bedeuten würde.[10]

Zum Teil wird verlangt, Haupt- und Hilfsbegehren müssten in einem wirtschaftlichen Zusammenhang stehen,[11] zumindest müsse der Kläger mit beiden Anträgen ein gleichartiges Ziel verfolgen.[12] Diese Auffassung teilen wir im Hinblick auf den eindeutigen Wortlaut des § 260 nicht. Gefestigter Rechtsprechung nach dürfen die Ziele von Haupt- und Hilfsantrag einander widersprechen.[13] Ein zulässiger Hilfsantrag muss auch nicht im Wert hinter dem Hauptantrag zurückbleiben.[14] Die Grenze der Unzulässigkeit wird erst überschritten, wenn die Begehren nicht nach § 147 verbunden werden dürfen.[15]

Für die Zulässigkeit des Hilfsantrags gelten im Übrigen die allgemeinen Regeln, namentlich die Voraussetzung der Bestimmtheit eines Antrags.[16] Soweit die Zuständigkeit des angerufenen Gerichts vom Streitwert abhängt, ist auf denjenigen Antrag abzustellen, welcher für sich gesehen den höchsten Streitwert hat, gleich ob es sich hierbei um den Haupt- oder den Hilfsantrag handelt.[17]

Beispiele: Der Kläger begehrt mit der Klage von dem Beklagten Zahlung eines Restkaufpreises von 4.500 EUR. Hilfsweise beantragt er, den Beklagten zur Rückgabe der Kaufsache zu verurteilen, deren Wert er mit 5.500 EUR angibt.

Zuständig ist nach §§ 71 I, 23 Nr. 1 GVG von Anfang an das Landgericht, da es hierfür wegen der zwar auflösend bedingten, dennoch aber vorläufig eintretenden Rechtshängigkeit des Hilfsantrages nach § 4 auf den Zeitpunkt der Klageeinreichung ankommt, nicht hingegen auf die Frage, ob über den Hilfsantrag entschieden wird.

6 BGH NJW 2007, 913.
7 BGH NJW-RR 2004, 640; OLG Karlsruhe NJW 2010, 621 (Beweisverfahren).
8 BGH WM 1972, 1315 (1318); MDR 1973, 742; NJW 2001, 2094; NJW-RR 2004, 640 (Klägerwechsel); OLG Hamm MDR 2005, 533 = BeckRS 9998, 05356 (Streitgenosse).
9 BGH NJW 1995, 1353.
10 BGH NJW 1995, 1353; vgl. auch BGH NJW 1994, 2765.
11 *Rosenberg/Schwab/Gottwald* ZivilProzR § 96 Rn. 21; Prütting/Gehrlein/*Geisler* ZPO § 260 Rn. 6.
12 MüKoZPO/*Becker-Eberhard* § 260 Rn. 12.
13 RGZ 144, 71; BGH BeckRS 2014, 15565; Zöller/*Greger* ZPO § 260 Rn. 4.
14 BGH NJW-RR 2009, 1196.
15 BGH NJW 2007, 913.
16 OLG Hamm FamRZ 1995, 106.
17 Zöller/*Herget* ZPO § 3 Rn. 16 »Eventual- u. Hauptantrag«; Prütting/Gehrlein/*Gehle* ZPO § 5 Rn. 14 ff.

2. Besondere Teilaspekte

a) Abgrenzung zum Hilfsvorbringen

3 Das Hilfsvorbringen bezieht sich auf denselben prozessualen Anspruch wie der Hauptvortrag des Klägers, es bewegt sich also im Rahmen ein und desselben Streitgegenstands.[18] Demgegenüber führt der Kläger mit dem Hilfsantrag einen neuen Streitgegenstand in den Rechtsstreit ein. Er könnte die beiden Ansprüche auch in getrennten Verfahren geltend machen.[19] Die eventuelle Klagenhäufung ist mithin nichts anderes als ein besonderer Anwendungsfall des § 260.

Man hüte sich jedoch davor, in jedem Fall, in dem der Kläger einen »Hilfsantrag« stellt, von einer Eventual-Klagenhäufung auszugehen.

Beispielsfall: Der Kläger ist Versicherungsnehmer der beklagten Zusatzversorgungskasse. Als er in den Ruhestand tritt, entsteht zwischen den Parteien Streit darüber, welche Dienstzeiten der Rentenbemessung zugrunde zu legen sind. Der Kläger ist der Auffassung, dass sein Wehrdienst sowie seine Studienjahre berücksichtigt werden müssten. Von seinem Standpunkt aus gesehen hätte die Beklagte monatlich 500 EUR mehr zu zahlen. Wenn indes, was der Kläger für denkbar hält, nur der Wehrdienst, nicht aber die Studienzeit anrechnungsfähig ist, ergibt sich immer noch eine zusätzliche Rentenforderung von 200 EUR im Monat. Der Kläger verlangt Nachzahlung der Differenzbeträge für zwei Jahre.
Er beantragt,
die Beklagte zu verurteilen, an ihn 12.000 EUR zu zahlen.
Hilfsweise beantragt er,
die Beklagte zu verurteilen, an ihn 4.800 EUR zu zahlen.

Ein Eventualantrag iSd § 260 kann hier nicht gegeben sein, weil der Kläger mit dem »Hilfsantrag« keinen neuen Streitgegenstand in den Prozess eingeführt hat. Sein Hilfsbegehren ist vielmehr als Minus im Hauptantrag enthalten.[20] Wir empfehlen, solche Anträge im Tatbestand des Urteils so darzustellen, wie sie der Kläger schriftsätzlich angekündigt hat, sie im Übrigen aber, wenn die Besonderheiten des Falles keine nähere Erörterung erforderlich machen, kommentarlos zu übergehen. Denn aus den in der Klägerstation des Gutachtens bzw. in den Entscheidungsgründen des Urteils enthaltenen Ausführungen wird sich in aller Regel mit hinreichender Deutlichkeit ersehen lassen, dass sich der Bearbeiter mit dem Klagebegehren umfassend auseinandergesetzt hat. Äußerstenfalls lässt man in einem Nebensatz durchblicken, dass der »Hilfsantrag« der besonderen Erörterung nicht bedarf, da er im Hauptantrag enthalten ist. Ergeben sich ausnahmsweise Zweifelsfragen, weil etwa nicht ganz klar ist, ob der Kläger mit dem zweiten Klageantrag einen weiteren prozessualen Anspruch geltend machen will, befasst man sich mit den in diesem Zusammenhang zu behandelnden Fragen im Rahmen einer noch vor die Zulässigkeits- bzw. die Schlüssigkeitsprüfung zu setzenden »Auslegung des Klageantrags«.

4 Da Haupt- und Hilfsantrag verschiedene Streitgegenstände betreffen, sind sie nach § 301 I in dem Sinne teilurteilsfähig, dass der Hauptantrag abgewiesen werden kann, bevor über den nunmehr zur Entscheidung anstehenden Hilfsantrag entschieden

18 → J Rn. 10.

19 Bei der Möglichkeit kumulativer Geltendmachung sind immer zwei Streitgegenstände gegeben, vgl. Zöller/*Vollkommer* ZPO Einleitung Rn. 72 ff.; ob bei ausgeschlossener Kumulation notwendigerweise nur ein Streitgegenstand vorliegen muss, ist zweifelhaft, vgl. → J Rn. 7, → Rn. 22; *Schneider* Zivilrechtsfall Rn. 825 f. geht wohl davon aus.

20 Vgl. zu ähnlichen Fällen BGH NJW-RR 1987, 59 (60); 1987, 124; 1991, 759.

wird.[21] Erachtet etwa das Gericht den Hauptantrag für unbegründet, wohingegen wegen des Hilfsantrags Beweis zu erheben ist, muss es den Hauptantrag durch *Teilurteil* abweisen und kann gleichzeitig Beweisbeschluss erlassen. Das ist allerdings unzulässig, wenn auf diese Weise die Gefahr divergierender Entscheidungen heraufbeschworen wird.[22] Dann kann man nur am Ende über alle Anträge zugleich entscheiden. Selbstverständlich darf wegen der Bedingung nicht zuerst über den Hilfsantrag entschieden werden.[23]

b) Inhalt und Tragweite der Bedingung

aa) Rechtshängigkeit des Hilfsantrags

Wie bereits dargestellt,[24] steht der Hilfsantrag nach herrschender Auffassung regelmäßig unter der auflösenden Bedingung einer positiven Entscheidung über den Hauptantrag. Das bedeutet, dass der Hilfsantrag bereits mit der Klageerhebung rechtshängig wird.[25] Im Einzelnen hat dies zahlreiche Konsequenzen: 5

Die Rechtshängigkeit entfällt rückwirkend, wenn das Gericht dem Hauptantrag stattgibt und diese Entscheidung rechtskräftig wird.[26] Das kann auch erst im Verfahren des höheren Rechtszuges eintreten, wenn der Kläger bei Abweisung des Hauptantrags trotz Erfolges mit dem Hilfsantrag ein *Rechtsmittel* einlegt; in diesem Fall ist das auf den Hilfsantrag ergangene Urteil von Amts wegen aufzuheben.[27] Das ist aus Gründen der Rechtskraftwirkung und zur Vermeidung der Zwangsvollstreckung geboten. Bis zur Rechtskraft der Entscheidung des Berufungsgerichts über den Hauptantrag bleibt der Hilfsantrag nun einmal rechtshängig, ist also auch Gegenstand des Berufungsverfahrens und muss daher vom Berufungsgericht beschieden werden.[28] Hat das Gericht erster Instanz Haupt- und Hilfsantrag abgewiesen und hat die Berufung des Klägers mit identischen Anträgen im Hauptantrag Erfolg, ist die Abweisung des Hilfsantrags gegenstandslos.[29] Der Aufhebung bedarf sie nicht, zumal sie keine Zwangsvollstreckung nach sich ziehen kann.

Auf eine Berufung des Beklagten gegen das Urteil, mit welchem dem Hauptantrag stattgegeben wurde, kann also über den Hilfsantrag entschieden werden, wenn das Berufungsgericht den Hauptantrag nunmehr abweist.[30] Hat das Gericht der 1. Instanz unter Abweisung des Hauptantrags dem Hilfsantrag stattgegeben und legt nur der Beklagte Berufung ein, wird der Hauptantrag nicht geprüft.[31] Aus Sicherheitsgründen muss der Kläger sich also gut überlegen, ob er gegen die Abweisung des Hauptantrags Berufung einlegen sollte oder sich nicht zumindest der Berufung des Beklagten anschließt.[32]

---

21 BGH NJW 1992, 2080; 1995, 2361; allg. zum Teilurteil → N Rn. 10.
22 Näher hierzu vgl. → N Rn. 11.
23 BGH NJW 1998, 1160; NJW-RR 1989, 650; → Rn. 1.
24 → Rn. 1.
25 BGH NJW 1968, 692
26 Vgl. BGH NJW 2002, 3478; 2017, 1180; zu Sonderfällen vgl. RGZ 144, 71 (73) u. → L Rn. 1.
27 BGH NJW 1998, 1633; 2001, 1127 (1130); aA BAG MDR 2009, 164 = BeckRS 2008, 57821.
28 BGH MDR 2013, 1115 = NJW-RR 2013, 1334.
29 BGH NJW 2017, 1180.
30 BGH NJW-RR 1990, 518 (auch betr. Revision).
31 BGH NJW 1964, 772.
32 S. → S Rn. 74; BGH NJW 1994, 2765.

Wird fälschlich über den Haupt- und Hilfsantrag zugleich ein Grundurteil erlassen, verliert es hinsichtlich des Hilfsantrages mit Erlass eines Schlussurteils über den Hauptantrag seine Wirkungen, weil dieses Urteil die Rechtshängigkeit des Hilfsantrages entfallen lässt.[33]

bb) Teilerfolg des Hauptantrags

5a Ist der Hauptantrag nur zum Teil erfolgreich, müssen die Auswirkungen auf den Hilfsantrag nach den Gegebenheiten des Falles durch Auslegung der vom Kläger vorgegebenen Bedingung geklärt werden. Je nach dem Inhalt der Bedingung kann ein Teilerfolg mit dem Hauptantrag die Rechtshängigkeit des Hilfsantrags entfallen lassen.[34] Möglicherweise bleibt aber auch Raum für eine (teilweise) Entscheidung über den Hilfsantrag.

Beispielsfall: Der Kläger begehrt von dem Beklagten die Rückzahlung eines Darlehens in Höhe von 10.000 EUR. Hilfsweise stützt er die Klage auf eine weitere Darlehensforderung in Höhe von 5.000 EUR. In der Beweisaufnahme stellt sich heraus, dass der Beklagte auf das erste Darlehen bereits 2.000 EUR zurückgezahlt hat. Auf das zweite, ebenfalls fällige Darlehen sind Zahlungen nicht erfolgt.

Wird nunmehr der Hauptantrag in Höhe von 2.000 EUR abgewiesen, bleibt die Rechtshängigkeit des Hilfsbegehrens in genau diesem Umfang erhalten. Denn die Anträge des Klägers sind dahin auszulegen, dass er nicht mehr und nicht weniger als 10.000 EUR erstreiten will. Im Hinblick auf die sich aus dem zweiten Darlehen herleitende weitergehende Forderung in Höhe von 3.000 EUR fällt die Rechtshängigkeit rückwirkend fort.

Weitere Beispiele für seltener vorkommende Fälle:

- Über einen Hilfsantrag soll entschieden werden, wenn der Hauptantrag lediglich nicht entscheidungsreif ist.[35]
- Ausschließlich bei Unzulässigkeit des Hauptantrags soll über den Hilfsantrag entschieden werden,[36] oder nur bei Unbegründetheit.
- Ein Hilfsantrag ist auch unter der Bedingung zulässig, dass der Hauptantrag mangels Fälligkeit der Klageforderung lediglich derzeit unbegründet ist.[37]
- Auch die übereinstimmend erklärte Erledigung des Hauptantrages kann den Hilfsantrag zum Zuge bringen.[38]

cc) Verjährung

6 Da der Hilfsantrag mit seiner Einführung in den Rechtsstreit auflösend bedingt rechtshängig wird, hemmt er den Ablauf einer *Verjährungsfrist*.[39] Das steht mit Sinn und Zweck des § 204 BGB in Einklang. Denn auch durch einen Hilfsantrag wird dem Schuldner hinreichend deutlich vor Augen geführt, dass der Kläger nunmehr eine gerichtliche Klarstellung seines Anspruchs begehrt. Kommt allerdings der Hilfsantrag nicht zum Zuge, weil der Kläger mit dem Hauptantrag obsiegt, liegt der Fall

33 BGH NJW-RR 1992, 290; BB 1998, 916; NJW 2002, 3478.
34 BGH NJW 2001, 1127 (1130).
35 BGH NJW 1996, 3147 (3150).
36 BGH NJW-RR 1999, 1157.
37 BGH NJW 1998, 1633 (Hauptantrag auf Zahlung, Hilfsantrag auf Feststellung).
38 BGH NJW 2003, 3202.
39 BGH NJW 2014, 920 Rn. 19; zu unabgegrenzten Teilforderungen, auch im Mahnantrag → Rn. 21.

grundsätzlich so, als wenn in Bezug auf den Hilfsantrag Klage nie erhoben worden wäre. Gleichwohl kann sich der Beklagte, wenn der Kläger den Hilfsanspruch erneut gerichtlich geltend macht, auf die evtl. in der Zwischenzeit eingetretene Verjährung nicht berufen. Das wäre unbillig, da er, solange der erste Rechtsstreit nicht abgeschlossen war, auf den Ablauf der Verjährungsfrist nicht vertrauen durfte. Der BGH hat auf Fälle der vorliegenden Art die Regelung des § 212 II BGB aF entsprechend angewendet.[40] Der Kläger konnte sich die unterbrechende Wirkung der Eventualklage also dadurch erhalten, dass er den im ersten Rechtsstreit nicht behandelten Hilfsanspruch innerhalb von 6 Monaten erneut einklagte. Das dürfte nach § 204 II 1 BGB ebenfalls gelten, da der Wegfall der Rechtshängigkeit als »anderweitige Beendigung« des eingeleiteten Verfahrens anzusehen ist; zumindest wird es bei der Analogie bleiben.[41]

c) Antragsänderung

Macht der Kläger den Hilfsantrag erst im weiteren Verlauf des Prozesses rechtshän- 7
gig, liegt eine nachträgliche objektive Klagenhäufung vor, die wie eine Klageänderung zu behandeln ist.[42] Man muss lediglich darauf achten, dass der Kläger einen neuen Streitgegenstand einführt, also nicht in Wahrheit nur Hilfsvorbringen erfolgt, das in einen vermeintlich eigenständigen Antrag eingekleidet wird.[43]

Erklärt der Kläger, dass er die Reihenfolge von Haupt- und Hilfsantrag umkehren wolle, bejaht der BGH ebenfalls eine Anwendbarkeit des § 263.[44] Die Sachdienlichkeit dieser Art Klageänderung ist im Regelfall zu bejahen, weil ihre Zulassung der Erledigung des gesamten Streites nur förderlich sein kann; außerdem hatte der Beklagte hinreichend Gelegenheit, sich mit beiden Anträgen des Klägers auseinanderzusetzen.[45] Haben die Parteien über den ursprünglichen Hauptantrag bereits mündlich verhandelt, so ist dessen »Herabstufung« zum Hilfsantrag nur unter den Voraussetzungen des § 269 I, also bei Einwilligung des Beklagten zulässig.[46]

Ob der Kläger einen Hilfsantrag nach mündlicher Verhandlung ohne Einwilligung des Beklagten fallen lassen kann, ist, soweit erkennbar, bislang nicht entschieden. Verhandelt wird auch über den Hilfsantrag; andernfalls könnte er bei Abweisung des Hauptantrags nicht Gegenstand einer Sachentscheidung sein. Das spricht für die Anwendung des § 269 I. Da indes bei Zuspruch auf den Hauptantrag die Rechtshängigkeit des Hilfsantrags ohne Weiteres entfällt, mithin keine Sachentscheidung ergeht, bleibt fraglich, ob der Beklagte die Rechtshängigkeit des Hilfsantrags über § 269 I soll erzwingen können. Sie ist nun einmal nur auflösend bedingt, womit die Frage einhergeht, ob nicht der Kläger die auflösende Bedingung durch eine Rücknahmeerklärung selbst herbeiführen kann.

---

40 BGH NJW 1968, 692 (693); die Regelung entsprach § 204 BGB nF.

41 In die Richtung der früheren Lösung weisend BGH NJW 2004, 3772; auch MüKoBGB/*Grothe* § 204 Rn. 73 nimmt auf die Streichung von § 212 aF Bezug.

42 BGH NJW 2004, 2152 (2154); 2007, 913 (in der Revision nicht mehr zulässig); BGH NJW 2014, 3314.

43 → J-1 ff., 9; BGH MDR 2015, 174 = NJW 2015, 1093.

44 BGH NJW 2007, 913.

45 Vgl. BGH NJW 1985, 1841.

46 Beachte BGH NJW 1990, 2682.

II. Gutachten und Urteil

1. Gutachten

8 Die einzige, aber weittragende Besonderheit beim Aufbau des Gutachtens liegt darin, dass die vom Kläger vorgegebene Reihenfolge von Haupt- und Hilfsantrag den Richter bindet. Es besteht also ein prozessualer Vorrang des Hauptantrags.[47] Der Hilfsantrag ist nur dann zu begutachten, wenn feststeht, dass die Klage im Hauptantrag ganz oder teilweise abgewiesen wird.[48] Zuerst muss demnach der Hauptantrag abschließend geprüft werden, bevor man auf den Hilfsantrag eingeht. Schematisch gesehen stellt sich das Gutachten daher im Regelfall wie folgt dar:

Entscheidungsvorschlag
(evtl. vorweg: I. Auslegung des Klageantrags oder sonstige Vorfragen)
I. Hauptantrag
   1. Schlüssigkeit (Klägerstation)
   2. Erheblichkeit (Beklagtenstation)
      (ggf. weitere Darlegungsstationen)
   3. Tatsächliche Würdigung (Beweisstation)
II. Hilfsantrag
   Wie I.
III. (ggf. weitere Hilfsanträge, die dem ersten Hilfsantrag nachgeordnet sind)
IV. Ausarbeitung des Urteilstenors (Tenorierungsstation)

Hat der Hauptantrag in vollem Umfang Erfolg, sollte man im Gutachten nur kurz darauf hinweisen, dass unter diesen Voraussetzungen der Hilfsantrag nicht näher zu prüfen ist. Gleiches gilt für die Entscheidungsgründe des Urteils.

Führt die Begutachtung des Hauptantrags in der praktischen Ausbildung zu einem Beweisbeschluss, ist der Hilfsantrag dennoch zu prüfen. Ergibt sich auch insoweit das Erfordernis einer Beweisaufnahme, sollte man grundsätzlich einen Beweisbeschluss entwerfen, der die für beide Anträge maßgeblichen Streitfragen umfasst. Ob dieser Beschluss dann einheitlich oder stufenweise ausgeführt wird, bleibt dem Ermessen des Gerichts überlassen. Sind etwa über alle Beweisfragen dieselben Zeugen zu vernehmen und ist der Streitstoff einfach gelagert, wird man die Beweisaufnahme in einem einzigen Vernehmungstermin durchführen und allenfalls Beweisfragen zum Hilfsantrag offenlassen, wenn vorher bereits das Ergebnis erzielt wird, dass dem Hauptantrag stattzugeben ist. Nur bei außergewöhnlichem Umfang und fehlenden Berührungspunkten der beiden streitigen Sachverhalte wird man über die Grundlagen des Hauptantrages isoliert Beweis erheben.

2. Urteil

9 Für den Aufbau des Tatbestandes empfehlen wir folgendes Schema:

- Geschichtserzählung (Unstreitiges zu Haupt- und Hilfsantrag)
- Streitiges des Klägers zum Hauptantrag
- Streitiges des Klägers zum Hilfsantrag

47 BGH NJW-RR 1989, 650; vgl. auch → B Rn. 34.

48 BGH BB 1998, 916; im Gegensatz dazu der Aufbau bei Haupt- und Hilfsvorbringen → A Rn. 126, → J Rn. 16.

- Anträge
- Verteidigung des Beklagten zum Hauptantrag
- Verteidigung des Beklagten zum Hilfsantrag

Wenn dem Hilfsantrag des Klägers unstreitige Tatsachen zugrunde liegen, deren Darstellung im Rahmen der (ersten) Geschichtserzählung keinen Sinn ergäbe, ist es vertretbar, sie im Anschluss an den streitigen Vortrag des Klägers zum Hauptantrag mitzuteilen:

- 1. Geschichtserzählung (Unstreitiges zum Hauptantrag)
- Streitiges des Klägers zum Hauptantrag
- 2. Geschichtserzählung (Unstreitiges zum Hilfsantrag – etwa mit folgender Einleitung:)

> Mit dem Hilfsantrag begehrt der Kläger die Bezahlung von ... Dem liegt folgender Sachverhalt zugrunde ...

- Streitiges des Klägers zum Hilfsantrag

Der Aufbau der *Entscheidungsgründe* hat sich an der Reihenfolge der vom Kläger gestellten Anträge zu orientieren. Im Einleitungssatz ist das Ergebnis aller beschiedenen Klageanträge kurz zu umschreiben.[49] 10

> Die Klage ist lediglich nach dem Hilfsantrag begründet. Der Hauptantrag bleibt ohne Erfolg.
>
> (oder:)
>
> Der Hauptantrag ist unbegründet, wohingegen der Kläger mit dem Hilfsantrag (zum überwiegenden Teil) durchdringt.

Soweit der Hauptantrag, der Hilfsantrag oder ein unter mehreren vorrangiger Hilfsantrag erfolglos bleiben, muss die Klage selbstverständlich »im Übrigen« abgewiesen werden.[50] Wer diese Wendung, was häufig geschieht, im Tenor vergisst, begeht einen Fehler.

III. Streitwert und Kostenentscheidung

1. Streitwert

Für die *Zuständigkeit* des Gerichts kommt es auf den höherwertigen der beiden Anträge an; eine Wertaddition findet nicht statt.[51] Liegt also der Streitwert des Hauptantrags oder eines Hilfsantrags isoliert betrachtet über 5.000 EUR (§§ 23 Nr. 1, 71 I GVG), ist in erster Instanz, wenn nicht eine Sondervorschrift eingreift, das Landgericht zuständig; nur wenn kein Einzelwert über 5.000 EUR liegt, fällt die Sache in die Zuständigkeit des Amtsgerichts. 11

Für den Gebührenstreitwert kommt es nach § 45 I 2, 3 GKG auf den höheren Anspruch an, wenn beide Anträge denselben Gegenstand betreffen; ansonsten sieht § 45 I 2 GKG eine Wertaddition vor, soweit über einen Hilfsantrag entschieden wird. 12

49 S. → B Rn. 49.
50 BGH NJW 1994, 2765.
51 Prütting/Gehrlein/*Gehle* ZPO § 5 Rn. 14.

Damit ist die Rechtslage an entsprechende Fallkonstellationen bei Klage und Widerklage[52] angeglichen.[53]

Entschieden wird über den Hilfsantrag – ebenso wie bei der Hilfsaufrechnung[54] – im Sinne der zitierten Vorschrift, wenn eine Sachentscheidung ergeht.[55] Daher hat der Hilfsantrag in folgenden Fällen für den Gebührenstreitwert keine Bedeutung:

- Über den Hauptantrag wird positiv entschieden, sodass die Rechtshängigkeit des Hilfsantrags rückwirkend wieder entfällt.[56]
- Der Hilfsantrag wird als unzulässig abgewiesen, zB mangels bestimmten Antrags, § 253 II Nr. 2[57], oder weil er im Wege einer nicht zulässigen Klageänderung in den Rechtsstreit eingeführt worden ist[58], sodass eine Sachentscheidung nicht ergeht.

Auch bei einer Sachentscheidung über den Hilfsantrag findet nach § 45 I 3 GKG keine Zusammenrechnung statt, wenn beide Anträge *denselben Gegenstand* betreffen; dann ist nur der Wert des höheren Anspruchs für den Gebührenstreitwert maßgeblich. Auf den Leitgedanken des zweigliedrigen Streitgegenstandsbegriffs[59] kann man in diesem Zusammenhang nicht abstellen, da ein Hilfsantrag in jedem Fall einen eigenen Streitgegenstand hat und damit für eine Anwendung des § 45 I 3 GKG kein Raum bliebe. In Anlehnung an den vergleichbaren Fall der Widerklage ist unserer Ansicht nach daher auch im vorliegenden Zusammenhang auf die Abgrenzungsformel des Reichsgerichts abzustellen, derzufolge derselbe Gegenstand vorliegt, wenn die beiden Ansprüche sich einander ausschließen und damit notwendigerweise die Zuerkennung des einen die Aberkennung des anderen bedingt.[60] Von verschiedenen Streitgegenständen wird dann auszugehen sein, wenn die betreffenden Ansprüche aus unterschiedlichen Lebenssachverhalten hergeleitet werden, zB auch bei verdeckten Hilfsanträgen.[61] Ergeben sich demgegenüber die Ansprüche lediglich aus unterschiedlichen Varianten desselben Sachverhalts, ist vom selben Gegenstand auszugehen; es zählt dann der höhere Wert.[62]

Beispiele:
- Der Kläger verlangt mit dem Hauptantrag die Rückzahlung eines Darlehens aus dem Jahr 2003 und mit dem Hilfsantrag die Rückzahlung eines Darlehens aus dem Jahr 2004. Er gewinnt auf den Hilfsantrag. Die Werte sind zu addieren, da die beiden Ansprüche nicht denselben Gegenstand betreffen.
- Der Kläger verlangt Zahlung eines Kaufpreisvorschusses und hilfsweise die Rückgabe der Kaufsache für den Fall, dass der Vertrag unwirksam ist. Hier liegt derselbe Gegenstand vor, da nur einer der Anträge Erfolg haben kann und der Kläger auch mit dem Hilfsantrag im Wesentlichen denselben wirtschaftlichen Wert erstrebt, den er mit dem Hauptantrag verfolgt. Eine Werterhöhung ist nur in dem Umfang möglich, in dem der Wert des beschiedenen Hilfsantrags denjenigen des Hauptantrags übersteigt.

---

52 Vgl. → M Rn. 13.
53 OLG Köln NJW-RR 2012, 615; Prütting/Gehrlein/*Gehle* ZPO § 5 Rn. 16.
54 Vgl. → G Rn. 21.
55 OLGR Brandenburg 1998, 70; OLG Köln JurBüro 1997, 435.
56 Vgl. → Rn. 5.
57 Allg. → A Rn. 80.
58 OLG Nürnberg MDR 1980, 238.
59 Vgl. → J Rn. 3.
60 Bis heute gültig: RGZ 145, 164; BGH NJW-RR 1992, 1404; 2003, 713; vgl. auch → M Rn. 13; näher Prütting/Gehrlein/*Gehle* ZPO § 5 Rn. 16.
61 Dazu → Rn. 16 ff.; OLG Frankfurt a.M. JurBüro 2006, 538.
62 Prütting/Gehrlein/*Gehle* ZPO § 5 Rn. 16 mN zur aA.

2. Kostenentscheidung

a) Ausgangsfälle

Wenn der Kläger mit dem Hauptantrag obsiegt, sodass der Hilfsantrag nicht zum Zuge kommt, oder wenn er mit beiden Anträgen verliert, bereitet die Kostenentscheidung keine Schwierigkeiten. Sie ergibt sich aus § 91 I; im ersten Fall trägt der Beklagte die Kosten des Rechtsstreits, im zweiten der Kläger. 13

Wird nach Abweisung des Hauptantrags über den Hilfsantrag oder über mehrere Hilfsanträge ganz oder teilweise im Sinn des Klägers erkannt, sind die Kosten nach Maßgabe von Erfolg und Misserfolg zu quotieren. Hierbei kommt es entscheidend auf die Festsetzung des Gebührenstreitwerts an,[63] sodass zwischen den Fällen der Wertaddition nach § 45 I 2 GKG und den übrigen Fallkonstellationen zu unterscheiden ist.

b) Fälle der Wertaddition

Wenn die Werte von Haupt- und Hilfsantrag zu addieren sind, liegt es auf der Hand, dass die Kostenquote aufgrund des Verhältnisses der Misserfolgsanteile zum Gesamtstreitwert ermittelt wird.[64] 14

> **Beispiel:** Der Kläger verlangt mit dem Hauptantrag die Bezahlung einer Darlehensschuld von 25.000 EUR aus dem Jahr 2003 und hilfsweise die Bezahlung einer Kaufpreisforderung von 19.000 EUR aus dem Jahr 2004. Unter Abweisung der Klage im Übrigen werden ihm auf den Hilfsantrag 13.000 EUR zugesprochen.

Das Verhältnis von Obsiegen und Unterliegen ermittelt sich nach der Kostentabelle wie folgt:

Antrag/Streitwert	Kläger	Beklagter
Hauptantrag: 25.000 EUR Hilfsantrag: 19.000 EUR	25.000 EUR 6.000 EUR	 13.000 EUR
Gesamtwert: 44.000 EUR	31.000 EUR	13.000 EUR
Quote (Verlust ./. Gesamtwert)	70%	30%

Stellt der Kläger mehrere Hilfsanträge kumulativ oder hintereinander, gilt das Vorstehende entsprechend. In die Tabelle wären sämtliche Anträge, über die sachlich entschieden wird, untereinander einzusetzen und nach Maßgabe von Obsiegen und Unterliegen auf die Parteien zu verteilen. Wenn nur über einen der Anträge eine kostenträchtige Beweisaufnahme stattfindet, sind die hierbei anfallenden Kosten nach dem Schicksal dieses Antrags zu verteilen. Beruht etwa alleine die Abweisung des Hauptantrags auf dem Ergebnis einer Beweisaufnahme, trägt diese Kosten entsprechend § 96 der Kläger.[65] Im Tenor kann man, vergleichbar dem entsprechenden Fall bei der Widerklage,[66] die Kosten der Beweisaufnahme getrennt auswerfen.

> Die Kosten des Rechtsstreits tragen der Kläger zu 70% und der Beklagte zu 30%, indes trägt der Kläger die Kosten der Beweisaufnahme in vollem Umfang.

Man kann aber auch auf der Grundlage der tatsächlich angefallenen Gebühren und Auslagen sowie deren überschlägiger Verteilung auf die Parteien eine Gesamtquote bilden.

63 Vgl. vorstehend → Rn. 12.
64 BGH NJW 2010, 2197 Rn. 24 ff.
65 Zur Analogie vgl. BGH NJW 2005, 294.
66 Vgl. → M Rn. 16 ff.

c) Fälle ohne Wertaddition

15 Wenn über den Hilfsantrag zwar entschieden wird, die Werte aber nicht zu addieren sind,

Beispiele:
- Ein Hilfsantrag wird als unzulässig abgewiesen; nur ein weiterer hat Erfolg.
- Haupt- und Hilfsantrag haben im Sinne des § 45 I 3 GKG denselben Gegenstand.[67]

stellt sich die Frage, auf welcher Grundlage eine gerechte Kostenentscheidung gefunden werden soll.

Beispiel: Der Kläger verlangt mit dem Hauptantrag die Zahlung eines Kaufpreises von 25.000 EUR für einen Pkw, den er dem Beklagten bereits geliefert hat. Letzterer wendet Unwirksamkeit des Kaufvertrags ein. Daher beantragt der Kläger hilfsweise, den Beklagten zur Herausgabe des Wagens zu verurteilen, dessen Wert sich auf 28.000 EUR (alt.: 22.000 EUR) beläuft. Nur der Hilfsantrag hat Erfolg.
Der Streitwert beträgt 28.000 EUR (alt.: 25.000 EUR).[68]

Wir sind der Ansicht, dass die Kostenquote in Fällen der vorliegenden Art nur nach dem Unterliegen des Beklagten gemessen am tatsächlich festgesetzten Gebührenstreitwert zu ermitteln ist.[69] Dieser ist für die Gebühren maßgeblich. Ein als unzulässig abgewiesener Hilfsantrag kann ihn nicht beeinflussen, sodass es von daher bereits fraglich ist, ob eine Berücksichtigung bei der Kostenquote sachgerecht wäre. In den Fällen des § 45 I 3 GKG geht es letztlich um denselben Gegenstand. Es ist also auch hier nicht unbillig, trotz Abweisung des Hauptantrags den Beklagten mit allen Kosten zu belasten, wenn er letztlich auf den Hilfsantrag, dessen Wert nicht hinter dem Streitwert zurückbleibt, verurteilt wird. Um zu verhindern, dass der Kläger eine vom Beklagten nicht bestrittene Forderung nur hilfsweise geltend macht, um an erster Stelle ohne Kostenrisiko eine »faule« Forderung vom Gericht überprüfen zu lassen, kann der Beklagte auf den Hilfsantrag mit der Kostenfolge des § 93 ein sofortiges Anerkenntnis erklären, sodass der Kläger bei Abweisung des Hauptantrags gemäß §§ 91, 93 die Kosten in vollem Umfang zu tragen hat.[70]

Im Beispielsfall hat mithin bei einem Wert des Wagens von 28.000 EUR der Beklagte die Kosten zu tragen. Ist der Wagen lediglich 22.000 EUR wert, trägt der Beklagte die Kosten zu 88% (22.000 ./. 25.000); der Kläger wird mit 12% belastet.

Entstehen nur wegen des abgewiesenen Hauptantrags besondere Kosten, zB für eine Beweisaufnahme, ist es sachgerecht, diese entsprechend § 96 dem Kläger aufzuerlegen.

IV. Sonderfälle

1. Verdeckte Hilfsanträge

16 Die Abgrenzung des Hilfsantrags vom bloßen Hilfsvorbringen kann besondere Probleme bereiten, wenn der Kläger äußerlich nur einen Antrag stellt, sich aber

67 Vgl. oben → Rn. 12.
68 Vgl. oben → Rn. 12.
69 Thomas/Putzo/*Hüßtege* ZPO § 92 Rn. 2; Prütting/Gehrlein/*Schneider* ZPO § 92 Rn. 22.
70 OLG Dresden ZiP 1995, 1278; Zöller/*Herget* ZPO § 93 Rn. 6 »Hilfsanspruch«; Prütting/Gehrlein/*Schneider* ZPO § 92 Rn. 22.

hilfsweise auf einen zweiten Lebenssachverhalt beruft und dies zur Annahme von zwei Streitgegenständen führt.[71]

a) Auslegung des Klageantrags

In Fällen der vorliegenden Art muss sich der Bearbeiter zuerst einmal Klarheit über das vom Kläger verfolgte Klageziel verschaffen. Dies kann im Einzelfall schwierig sein, weil nicht immer klar ist, ob der Kläger den weiteren Lebenssachverhalt vielleicht nur beiläufig und damit ohne prozessuale Relevanz vorträgt.[72] Im Zweifel wird allerdings von dem Willen auszugehen sein, das Klageziel durch weiteren rechtserheblichen Vortrag zu fördern. Entsprechende Überlegungen sind in einem Gutachten an die Spitze zu stellen.[73] Die Auslegung von Prozesshandlungen orientiert sich an dem Grundsatz, dass im Zweifel dasjenige gewollt ist, was vernünftig ist und dem recht verstandenen Interesse der Partei entspricht.[74] Da der Kläger nicht darauf aus ist, seiner Klage die Zulässigkeit zu nehmen, wird der Auslegung im Sinne eines Hilfsantrags regelhaft der Vorrang zu geben sein. 17

Beispielsfall: Der klagende Bauherr nimmt den beklagten Bauunternehmer auf Vorschusszahlung von 25.000 EUR in Anspruch. Er behauptet, zu diesem Preis müssten aufgrund eines Planungsfehlers in dem betreffenden Bauobjekt die Wasserleitungen erneuert werden. Als sich in der Beweisaufnahme herausstellt, dass die Erneuerung der Wasserleitungen allenfalls 15.000 EUR kosten wird, trägt der Kläger vor, außerdem sei, was unstreitig bleibt, für schätzungsweise 10.000 EUR der Isolierputz zu erneuern, weil der Beklagte minderwertiges Material verwendet habe.

Die Mängel am Isolierputz stellen einen eigenständigen Lebenssachverhalt dar. Daher kommt die Qualifizierung des diesbezüglichen Vortrags als bloßes Hilfsvorbringen nicht in Betracht.[75] Immerhin könnte der Kläger nach seinem Vortrag aufgrund der beiden Mängel kumulierte Zahlung verlangen. Es liegen also zwei Streitgegenstände vor.

Denkbar ist, dass der Kläger die beiden Lebenssachverhalte dem Gericht gleichsam »zur Auswahl« vortragen will, was allerdings nach § 253 II Nr. 2 mangels hinreichender Bestimmtheit des Klagegrunds unzulässig wäre (»Alternativklage«).[76] Trotz der mehrdeutigen Formulierung »außerdem« liegt daher die Annahme näher, dass der Kläger einen Anspruch wegen Mängeln an den Putzarbeiten nur hilfsweise in den Rechtsstreit einführen will, um sein Zahlungsbegehren mit einem zweiten Anspruch aufzufüllen. Dafür spricht insbesondere, dass er seinen Sachvortrag erst unter dem Eindruck der Beweisaufnahme erweitert hat.

b) Zulässigkeit

Der Kläger des vorstehenden Beispielsfalles stellt konkludent einen verdeckten Hilfsantrag, den er nicht eigens ausformuliert, weil sich sein Begehren, ihn hilfsweise wegen der Mängel am Isolierputz zu entschädigen, auf einen Geldbetrag richtet, der im Klageantrag bereits enthalten ist. Es wäre reiner Formalismus, von ihm zu verlangen, er solle zusätzlich einen auf die Zahlung von 10.000 EUR gerichteten »Hilfsantrag« stellen.[77] 18

71 Vgl. → J Rn. 3, 7.
72 Vgl. BGH NJW-RR 1992, 1069; 1996, 1962; MDR 2001, 949 = BeckRS 2001, 04426.
73 Vgl. → A Rn. 77 ff.
74 BGH NJW-RR 2000, 1446.
75 BGH BB 1998, 916; s. → J Rn. 10.
76 S. → J Rn. 13.
77 Vgl. auch das Beispiel → Rn. 3.

Verdeckte Hilfsanträge sind zulässig.[78] Sie rechtfertigen sich aus dem zweigliedrigen Streitgegenstandsbegriff.[79] Denn diesem zufolge macht es in der Tat keinen Unterschied, ob der Kläger einen eigens formulierten Hilfsantrag stellt, oder ob er im Rahmen eines Klageantrags hilfsweise einen weiteren Lebenssachverhalt vorträgt, solange nur klar ist, dass er damit in abgestufter Reihenfolge zwei prozessuale Ansprüche verfolgt.

Gleichzeitig ergibt sich hieraus, dass auch der erst im weiteren Verlauf des Rechtsstreits in den Prozess eingeführte verdeckte Hilfsantrag eine nachträgliche objektive Klagehäufung im Sinne des § 260 darstellt, die nach Ansicht des BGH wie eine Klageänderung zu behandeln ist.[80] Deren Sachdienlichkeit, § 263, dürfte in aller Regel zu bejahen sein.[81]

c) Entscheidung

19 Im Beispielsfall[82] ergeht also ein Sachurteil, in welchem dem Kläger 25.000 EUR zugesprochen werden. Was aber geschieht hinsichtlich der 10.000 EUR aus der Sanierung der Wasserleitungen, die der Kläger nicht bekommt? Insoweit muss die Klage abgewiesen werden. Denn das Gericht ist selbstverständlich verpflichtet, den Hauptantrag vollständig zu bescheiden.[83] Die Formulierung des Tenors bereitet dem Anfänger indes häufig Schwierigkeiten, weil ja der Kläger nun einmal genau so viel Geld zugesprochen erhält, wie er mit dem Klageantrag verlangt hat. In der Tat liest es sich seltsam, wenn man den Beklagten im Einklang mit dem Klageantrag zur Zahlung von 25.000 EUR verurteilt und die Klage »im Übrigen« abweist.

Besser ist es, die Abweisung so präzise zu formulieren, dass bereits aus dem Tenor hervorgeht, welcher Anspruch ohne Erfolg geblieben ist. Man könnte im vorliegenden Fall zB schreiben:

> Die Beklagte wird verurteilt, an den Kläger 25.000 EUR zu zahlen. Hinsichtlich der weiteren, auf Mängel der Wasserleitungen gestützten Ansprüche wird die Klage abgewiesen.

Mit entsprechender Formulierung könnte man, wenn die Prozesslage es rechtfertigt, die auf die Wasserleitungen entfallende Zuvielforderung gem. § 301 I durch Teilurteil abweisen und wegen der Isolierarbeiten bei Erforderlichkeit Beweis erheben. Denn da Haupt- und Hilfsanträge selbstständige prozessuale Ansprüche betreffen und die Gefahr einer Divergenz nicht besteht, muss bei teilweiser Entscheidungsreife ein Teilurteil ergehen.[84]

78 BGH NJW 1985, 1841.

79 Vgl. oben → J Rn. 3.

80 BGH NJW 1985, 1841; näher → Rn. 7.

81 Zu vergleichbaren Fällen BGH WM 1981, 798; 1983, 1161 (1163); allg. zur Sachdienlichkeit BGH NJW 2000, 800 (803); 2007, 2414.

82 → Rn. 17.

83 BGH NJW 1975, 163 (164 oben: »wie es geboten gewesen wäre«); BGH NJW 1994, 2765; auch MDR 1953, 164; *Schuschke/Kessen/Höltje* Arbeitstechnik Rn. 824; das gleiche Ergebnis kann notfalls den Entscheidungsgründen durch Auslegung entnommen werden, BGH NJW 1999, 3564.

84 BGH NJW 1971, 1316; NJW-RR 1986, 579; missverständlich Thomas/Putzo/*Reichold* ZPO § 260 Rn. 3, da die dort angezogene Entscheidung BGHZ 13, 145 einen Fall betrifft, in dem ein einziger prozessualer Anspruch lediglich unter verschiedenen rechtlichen Aspekten gewürdigt worden war. Betr. die Vermeidung von Divergenzen vgl. → Rn. 4 und → N Rn. 11.

Ergeht ein Urteil über alle Klageanträge gleichzeitig, sollte bereits im Einleitungssatz der Entscheidungsgründe das Ergebnis des gesamten Klagebegehrens kurz umschrieben werden.[85]

> Die Klage ist, soweit der Kläger Ansprüche wegen der Erneuerung der Wasserleitungen geltend macht, zum größeren Teil und hinsichtlich der Putzarbeiten in vollem Umfang begründet.

Die Entscheidungsgründe müssen eindeutig erkennen lassen, aus welchem der verschiedenen Lebenssachverhalte der zuerkannte Anspruch hergeleitet wird bzw. welchen Anspruch das Gericht abweist. Andernfalls entfaltet das Urteil keine Rechtskraftwirkungen.[86]

2. Teilklagen

Bestimmtheitsprobleme stellen sich auch dann, wenn der Kläger im Rahmen einer Teilklage mehrere selbstständige Positionen geltend macht. 20

> **Beispielsfall:** Der Beklagte hat in der Gaststätte des Klägers Feuer gelegt. Hierdurch sind dem Kläger folgende Schäden entstanden:
> - Gebäudeschaden: 20.000 EUR
> - Inventar: 10.000 EUR
> - entgangener Gewinn: 10.000 EUR
>
> Der Kläger ist sich nicht ganz sicher, ob er die Schadenshöhe in vollem Umfang wird nachweisen können. Deshalb erhebt er aus Kostengründen Teilklage mit dem Antrag, den Beklagten zur Zahlung von 20.000 EUR zu verurteilen.

Jeder seiner Natur nach teilbare Anspruch, insbesondere also der Zahlungsanspruch, kann mit der Klage teilweise geltend gemacht werden;[87] die Praxis macht von dieser Möglichkeit bei zahlungsschwachen Schuldnern aus Kostengründen Gebrauch. Die Klage des Beispielsfalls ist jedoch mangels hinreichender *Bestimmtheit*, § 253 II Nr. 2, unzulässig. Denn solange der Kläger nicht angibt, auf welche der drei Schadenspositionen der Teilbetrag von 20.000 EUR entfällt, bleibt letztlich offen, auf welchen Schaden das Urteil sich beziehen soll. Schadenspositionen, denen jeweils ein eigenständiger Lebenssachverhalt zugrunde liegt, sind als verschiedene Streitgegenstände anzusehen, die der Kläger eindeutig voneinander abgrenzen muss.[88] Nur Sachgesamtheiten, wie das Inventar, oder unselbstständige Teilbeträge einer Forderung, die sich als bloße Rechnungsposten darstellen, braucht er nicht näher aufzuschlüsseln.[89] Klare, hintereinander gestaffelte Teilforderungen empfehlen sich im Verkehrsunfall-Prozess,[90] wenn der Kläger nicht sicher sein kann, ob er die Unabwendbarkeit des Unfalls zu beweisen vermag oder ob er nicht doch eher mit einer Haftungsquote belastet werden wird, § 17 III StVG.

Ob man dem Kläger mit einer interessengerechten Auslegung[91] helfen kann, ist fraglich, da sich zwei verschiedene Möglichkeiten anbieten. 21

85 → B Rn. 49.
86 BGH NJW 1994, 460; OLG Hamm NJW-RR 1992, 1279.
87 BGH NJW 1994, 3165; 2004, 1243 (Schmerzensgeld).
88 BGH MDR 2003, 824; NJW-RR 2006, 275; 2009, 56.
89 BGH NJW 2008, 1741; MDR 2013, 1421; zur Hemmung der Verjährung in solchen Fällen NJW 2013, 3509 im Anschluss an BGH NJW 2002, 520; 2011, 613.
90 Vgl. → U Rn. 1 ff.
91 Vgl. dazu BGH NJW-RR 2000, 1446.

Zulässig ist die Klage sicher, wenn der Kläger angibt, dass von jeder der drei genannten Schadenspositionen nur die Hälfte verlangt werde. Besser stellt er sich allerdings, wenn er die einzelnen Positionen eventualiter hintereinander geltend macht; er muss in diesem Falle nur die Reihenfolge eindeutig festlegen.[92] So mag er zB erklären, er stütze die Klage in erster Linie auf den Gebäudeschaden, hilfsweise auf die Inventarverluste und weiter hilfsweise auf den entgangenen Gewinn. In diesem Falle werden ihm die vorrangig geltend gemachten Ansprüche in der vollen nachgewiesenen Höhe zugesprochen, bevor das Gericht auf die Hilfsansprüche zurückgreift. Die sich hieraus ergebenden Vorteile verdeutlicht folgendes Rechenbeispiel:

> **Beispiel:** Die Beweisaufnahme bestätigt zu der erst in der Beratung gewonnenen Überzeugung des Gerichts nachstehend aufgeführte Schäden:
> - Gebäudeschaden: 12.000 EUR
> - Inventar: 3.000 EUR
> - entgangener Gewinn: 5.000 EUR

Hat der Kläger von jeder Position nur die Hälfte geltend gemacht, erhält er, da das Gericht ihm gemäß § 308 I nicht mehr zusprechen darf als verlangt, insgesamt 18.000 EUR (10.000 + 3.000 + 5.000). Stützt er sich demgegenüber auf die weiteren Schadenspositionen nur hilfsweise, muss der Beklagte an ihn 20.000 EUR zahlen, da nunmehr der Gebäudeschaden mit dem vollen Wert von 12.000 EUR zu Buche schlägt.

Was die Hemmung der Verjährung nach § 204 I BGB angeht, hat der BGH Klarheit geschaffen.[93]

Fehlt in einem *Mahnbescheid*, der sich auf mehr als eine Teilforderung bezieht, die gebotene Abgrenzung, kann der Mangel nach Ablauf der Verjährungsfrist zwar hinsichtlich der Zulässigkeit der Klage durch Klarstellung des Klageziels noch geheilt werden, die Hemmung der Verjährung kann der Kläger auf diese Weise aber selbst für den bezifferten Teilbetrag rückwirkend auf die Klagezustellung nicht mehr herbeiführen. Ältere Rechtsprechung, die jedenfalls bis zur Höhe dieses Teilbetrages die Hemmung (damals noch: Unterbrechung) der Verjährung annahm, ist überholt. Die Hemmung tritt erst mit der Zustellung des klarstellenden Schriftsatzes ein.[94]

Für die Klage gilt etwas anderes: Eine in unverjährter Zeit erhobene unabgegrenzte *Teilklage* hemmt trotz mangelnder Zulässigkeit die Verjährung auch über den eingeklagten Geldbetrag hinaus für alle in der Klage individualisierten Forderungen, bei Klageerweiterung also bis zu ihrer Gesamtsumme, wenn sie bis zum Schluss der mündlichen Verhandlung durch Klarstellung der eingeforderten Beträge zulässig gemacht wird. Dies kann noch nach Ablauf der Verjährungsfrist geschehen.[95]

Die Unterscheidung zwischen Mahn- und Klageverfahren wird damit begründet, dass im Mahnverfahren für den Erlass eines Vollstreckungsbescheids die Möglichkeit der Klarstellung nicht vorgesehen ist, eine solche im Klageverfahren aber in Betracht

---

92 BGH NJW 2000, 3718.

93 Allgem. → Rn. 6.

94 BGH NJW 2009, 56; überholt NJW 2001, 305; zu allgemeinen Bestimmtheitsanforderungen BGH NJW 2016, 1083.

95 BGH WM 2014, 1544 = NJW 2014, 3298 mit Nachweisen zur insoweit bereits vorher starken Literaturansicht und zu Gegenmeinungen; zur Tragweite der Hemmungswirkung BGH NJW 2015, 3160 und 2015, 3162.

kommt. Der in den Vorauflagen enthaltene gute Ratschlag, durch klare Abgrenzung der Teilbeträge bzw. durch Staffelung von Hilfsanträgen hinsichtlich der Verjährung auf »Nummer sicher« zu gehen, hat damit für das Klageverfahren an Bedeutung verloren. Der sichere Weg bleibt die von Anfang an klar abgegrenzte Klage dennoch. Allenfalls wenn Ansprüche kurz vor Ablauf der Verjährungsfrist gerichtlich geltend gemacht werden müssen, eine Abgrenzung aber Probleme bereitet, kann die zunächst unabgegrenzte Teilklage der bessere Weg sein. Bis zum Schluss der mündlichen Verhandlung muss indes Klarheit herbeigeführt werden; andernfalls kann das Gericht die Klage als unzulässig abweisen; ein Urteil, das trotz fehlender Bestimmtheit des Antrags zugunsten des Klägers ergeht, erwächst nicht in materielle Rechtskraft.[96]

Man beachte, dass bei einer Klageforderung, die sich aus bloßen *Rechnungsposten* zusammensetzt, auch bei voraufgegangenem Mahnverfahren die Hemmung der Verjährung nur von der notfalls nachgeholten Individualisierung abhängt.[97]

Bei Vorliegen besonderer Anhaltspunkte (zB Wendungen wie »zusätzlich«, »außerdem« jedenfalls im Zusammenhang mit weiteren, fallbezogenen Aspekten) mag die *Auslegung* unabgegrenzter Teilklagen ergeben, dass der Kläger verdeckte Hilfsanträge stellt. Gerade in der Examensklausur, in der Fragen an die Parteien nicht mehr möglich sind, ist hierauf besonderes Augenmerk zu richten. Einen Weg zur Rettung hat der BGH in einem Fall aufgezeigt, in dem das Landgericht bei mangelnder Bestimmtheit der Abgrenzung das Zulässigkeitsproblem übergangen und zugunsten des Klägers ein hinreichend bestimmtes Urteil erlassen hatte; dessen Verteidigung in der Berufung hat der BGH als zulässige Herstellung der erforderlichen Bestimmtheit angesehen.[98]

3. Wechsel- (Scheck-) und Kausalforderung

Zwei voneinander abzugrenzende Streitgegenstände liegen auch dann vor, wenn der Kläger einen Wechselanspruch[99] und die Kausalforderung geltend macht. Denn mag auch dem Kläger die vom Beklagten verlangte Geldleistung letztlich nur einmal zustehen, beruhen seine Ansprüche wegen der Abstraktheit der Wechselforderung dennoch auf zwei voneinander verschiedenen Lebenssachverhalten.[100] 22

Der Kläger kann mithin Wechsel- und Kausalforderung in zwei getrennten Prozessen geltend machen.[101] Beachten muss er nur, dass die Kausalklage zwar zulässig, wegen der erfüllungshalber erfolgten Wechselhingabe und der damit einhergehenden Stundungsvereinbarung jedoch derzeit unbegründet ist.[102] Wird die Wechselklage rechtskräftig abgewiesen, tritt Fälligkeit der Kausalforderung ein. Die Rechtskraft des Urteils beschränkt sich auf den Streitgegenstand »Wechselforderung«. Wird demgegenüber zuerst die Zahlungsklage aus dem Grundgeschäft rechtskräftig abgewiesen,

96 BGH WM 2014, 1544 = NJW 2014, 3298 unter Bezugnahme auf BGH NJW 1984, 2346.
97 BGH NJW 2013, 3509 im Anschluss an BGH NJW 2002, 520; 2011, 613.
98 BGH NJW-RR 1995, 1119.
99 Für den Scheck gilt nichts anderes.
100 RGZ 160, 338 (347 f.); BGH WM 1986, 1200; NJW-RR 1987, 58; NJW 1992, 117 (Scheck); BGH NJW 2004, 1456 (1458): Klageänderung!; BGH MDR 2003, 824 = NJW-RR 2003, 1075; OLG Koblenz MDR 2013, 365 = BeckRS 2013, 00049.
101 Vgl. BGH NJW 1982, 523.
102 BGH WM 1974, 570 (571).

weil ein Vertrag nicht zustande gekommen sei, bleibt die Wechselklage zwar zulässig, sie hat jedoch keine Aussicht auf Erfolg, weil der Schuldner aufgrund der Rechtskraftwirkungen dieses Urteils, in dem das Nichtbestehen eines vertraglichen Anspruchs festgestellt wird, nunmehr mit dem Bereicherungseinwand auf jeden Fall durchdringt.

23 Der Kläger kann nach dem Vorstehenden eine der beiden Forderungen hilfsweise hinter der anderen geltend machen. Das geht nur im ordentlichen Streitverfahren, wegen § 592 aber nicht im Wechselprozess.[103] Stellt der Kläger die Kausalforderung hilfsweise hinter den Wechselanspruch, mag man prüfen, ob über die Echtheit des Wechsels Beweis zu erheben ist, wenn der Beklagte die Kausalforderung nicht bestreitet. Ein rechtliches Interesse besteht hieran eher nicht. Da keine Wertaddition vorzunehmen ist, können die Kosten dem Beklagten auferlegt werden.[104]

4. Hilfsantrag auf Verweisung

24 Nach inzwischen wohl allgemeiner Ansicht kann auch ein Prozessantrag hilfsweise gestellt und damit insbesondere die Verweisung des Rechtsstreits, vgl. § 281, beantragt werden.[105] Das hat durchaus praktische Bedeutung.

> **Beispiel:** Der Kläger nimmt den Beklagten auf Begleichung einer Darlehensschuld in Anspruch. Aufgrund einer zwischen den Parteien getroffenen Gerichtsstandsvereinbarung hat er die Klage am Landgericht Köln erhoben. Der Beklagte, Wohnsitz in Stuttgart, hält die Prorogation für unwirksam und rügt daher die Zuständigkeit des angerufenen Gerichts. Welche von beiden Parteien im Recht ist, lässt sich nicht ohne Weiteres ersehen.

Beantragt der Kläger ausschließlich die Verweisung des Rechtsstreits, kann es geschehen, dass das Gericht sich für zuständig hält und die Verweisung ablehnt. Hierdurch kann eine Verzögerung eintreten, da der Kläger nunmehr gemäß § 139 II auf die Ansicht des Gerichts hingewiesen werden muss, damit er sich hierauf einrichten und sein Klagebegehren sachgerecht weiter verfolgen kann. Stellt der Kläger demgegenüber nur den Sachantrag, so läuft er Gefahr, mit der Klage, wenn das Gericht seine Zuständigkeit verneint, als unzulässig abgewiesen zu werden. Beantragt er jedoch zusätzlich hilfsweise die Verweisung des Rechtsstreits an das Landgericht Stuttgart, so wird die Kammer, einer weit verbreiteten Praxis folgend, sofort den entsprechenden Verweisungsbeschluss erlassen. Ein abweisendes Prozessurteil ergeht nicht. Der Verweisungsbeschluss ist gem. § 281 II 5 für das Landgericht Stuttgart bindend[106] – eine Wirkung, die dem abweisenden Prozessurteil nicht zukäme. Sein Erlass wäre also überflüssig.

---

103 BGH NJW 1982, 523 aE; 1982, 2258 aE; näher → Q Rn. 1 ff.

104 S. → Rn. 15.

105 BGHZ 5, 105 = NJW 1952, 619; BGH NJW-RR 2007, 1509: nicht in der Revision; GRUR-RR 2012, 312; OLG Karlsruhe FamRZ 2014, 1476 = BeckRS 2013, 19830; Thomas/Putzo/*Reichold* ZPO § 281 Rn. 7; Zöller/*Greger* ZPO § 280 Rn. 6; § 281 Rn. 11; Prütting/Gehrlein/*Geisler* ZPO § 281 Rn. 27.

106 Gilt auch für Verweisung im Urteil, vgl. BGH NJW-RR 2000, 1731; allgem. zur Bindungswirkung BGH MDR 2015, 908 = NJW-RR 2015, 1016; Ausnahme bei Klageänderung BGH NJW 1990, 53.

V. Weitere Überlegungen des Anwalts

1. Vollständige Prüfung

Neben dem Hauptantrag muss der Anwalt immer auch den Hilfsantrag prüfen.[107] Er muss nämlich im Schriftsatz von vornherein Ausführungen sowohl zum Haupt- als auch zum Hilfsantrag machen, und zwar unabhängig davon, ob er den Kläger oder den Beklagten vertritt. Steht nach Prüfung des Hauptantrags noch nicht fest, ob dieser ganz oder teilweise abgewiesen wird – etwa weil das Ergebnis einer zu erwartenden Beweisaufnahme offen ist –, kann im Gutachten nach der Überschrift »Hilfsantrag« Folgendes ausgeführt werden, um das Hilfsverhältnis klarzustellen: 25

> Sollte der Hauptantrag ganz oder teilweise unbegründet sein, muss das Gericht in dem betreffenden Umfang über den Hilfsantrag entscheiden. Insoweit gilt Folgendes: …

2. Vertretung des Beklagten

Wird der *Beklagte* vertreten, kann es im Rahmen der Zweckmäßigkeit bedeutsam sein, dass der Hilfsantrag unter einer auflösenden Bedingung steht.[108] Ergibt sich, dass die Klage jedenfalls mit dem Hilfsantrag begründet ist, das Ergebnis zum Hauptantrag aber noch nicht feststeht, ist nicht sicher, ob das Gericht überhaupt über den Hilfsantrag entscheiden wird. Die prozesstaktischen Maßnahmen, die zu einem kostengünstigeren Ausgang des Rechtsstreits für den Mandanten führen können,[109] sind in diesem Stadium verfrüht. Im Rahmen der Zweckmäßigkeitsprüfung muss man sich mit dieser Frage auseinandersetzen und aufzeigen, zu welchem Zeitpunkt die prozesstaktische Maßnahme sinnvoll sein kann. 26

> **Beispiel:** Für den Ausgang des Rechtsstreits hinsichtlich des Hauptantrags kommt es auf das Ergebnis einer ausstehenden Beweisaufnahme an. Der Hilfsantrag ist begründet.
> Dann kann ein Anerkenntnis bezüglich des mit dem Hilfsantrag geltend gemachten Anspruchs zweckmäßig sein, wenn und sobald feststeht, dass die Beweisaufnahme zuungunsten des Klägers ausgeht. Dieses Anerkenntnis dürfte auch noch »sofort« iSd § 93 sein.[110]

3. Vertretung des Klägers

Wird der *Kläger* vertreten, stellt sich die Frage nach der Zweckmäßigkeit eines Hilfsantrages in erster Linie dann, wenn die Grundlage des vom Kläger erhobenen Anspruchs zweifelhaft ist, für den Fall des Scheiterns jedoch ein anderer Anspruch in Betracht kommt. Auch wenn dieser wirtschaftlich weniger bedeutsam ist, muss man berücksichtigen, dass ein Obsiegen mit dem Hilfsantrag für den Mandanten vorteilhafter sein kann als ein gänzlicher Verlust des Rechtsstreits. 27

In der Regel wird sich der Hilfsantrag anbieten, wenn das Recht des Klägers zwar nicht aussichtslos, aber fraglich erscheint, die Durchsetzung eines weiteren Anspruchs indes nahe liegt.

---

107 Zum Aufbauschema vgl. → Rn. 8.

108 Vgl. → Rn. 5.

109 Vgl. → D Rn. 70.

110 Zöller/*Herget* ZPO § 93 Rn. 6, Stichwort »Hilfsanspruch«, meint, es komme darauf an, ob der Beklagte aufgefordert worden war, auch zum Hilfsanspruch vorzutragen. Das kommt uns praxisfern vor, da der Beklagte in aller Regel global Gelegenheit zur Stellungnahme auf die Klage erhält.

Beispiele:
- Der Kläger hat vom Beklagten ein Wohnmobil erworben, dessen Mangelhaftigkeit mit guter Prognose durch ein Beweissicherungsgutachten nachgewiesen werden kann. Der Kläger möchte den Kaufpreis zurückfordern. Fraglich ist allerdings, ob der Rücktritt zulässig war. Die Klage verfolgt daher mit dem Hauptantrag die Rückzahlung des Kaufpreises; hilfsweise wird Nachbesserung verlangt.
- Entsprechendes gilt, wenn der Kläger einen Vertrag wegen arglistiger Täuschung angefochten hat, sich jedoch die Frage stellt, ob er nicht lediglich Schadensersatz aus dem Gesichtspunkt einer Verletzung vertraglicher Nebenpflichten verlangen kann.

Mit den verschiedenen möglichen Anträgen muss sich der Kandidat bereits im Rahmen der Rechtsprüfung auseinandersetzen, auch wenn noch keine Klage erhoben ist. Ob bei einer derartigen Ausgangslage die Anträge kumulativ, alternativ oder eventualiter gestellt werden sollen, ist alsdann im Rahmen der Zweckmäßigkeitsprüfung zu behandeln.[111] Ergeben sich Unsicherheiten im Hinblick auf die Erfolgsaussichten des Hauptantrags, bietet sich aus Kostengesichtspunkten ein Eventualverhältnis an.

28 Gegenüber einer Geltendmachung von Ansprüchen im selbstständigen Prozess oder kumulativ im selben Prozess bietet der Hilfsantrag nicht nur im Fall des § 45 I 3 GKG, sondern auch im Fall des § 45 I 2 GKG einen Kostenvorteil. Die vorschussweise zu zahlende Verfahrensgebühr (§ 12 I GKG) ist geringer. Ob der Streitwert sich nach § 45 I 2 GKG durch die »Entscheidung« über den Hilfsantrag erhöht, steht erst bei Urteilserlass fest. Aber auch dann bleiben die Kosten wegen der Gebührendegression hinter den Kosten zweier Prozesse zurück; bei einem Erfolg allein des Hilfsantrags wird zudem der Kläger nur mit einer Kostenquote belastet. Des Weiteren führt der Hilfsantrag, verglichen mit der Dauer von zwei Prozessen, normalerweise zu einer beschleunigten Erledigung des Streits. Im Rahmen der Zweckmäßigkeitserwägungen kann auch die Verjährungsfrage eine Rolle spielen. Da der Hilfsantrag ebenfalls rechtshängig wird, tritt insoweit eine Hemmung der Verjährung ein, auf die der Kläger sich (analog) § 204 II 1 BGB[112] unter den dort genannten Voraussetzungen auch berufen kann, wenn die auflösende Bedingung eintritt. Für eine kumulative Antragstellung kann im Rahmen der Zweckmäßigkeit ferner angeführt werden, dass das Gericht bei Zulässigkeit in jedem Fall eine der Rechtskraft fähige Entscheidung über alle Anträge treffen muss. Geht es daher dem Kläger um die endgültige Klärung hinsichtlich aller Ansprüche, sollte uU von einem Hilfsantrag abgesehen werden.

Ist die Zuständigkeit des angerufenen Gerichts zweifelhaft, sollte dem Mandanten zur Vermeidung einer Klageabweisung immer angeraten werden, einen *Hilfsantrag auf Verweisung* zu stellen.[113]

4. Sonderfälle

29 Wenn die hilfsweise Begründung etwa einer Zahlungsklage mit einem weiteren Lebenssachverhalt in Betracht kommt, sollte man dem Gericht nicht mit einem *»verdeckten« Hilfsantrag*[114] Rätsel aufgeben, sondern die Lage möglichst klar darstellen:

Hilfsweise stützt der Kläger den Zahlungsanspruch auf folgenden, weiteren Sachverhalt:

---

111 Vgl. → D Rn. 47.
112 Vgl. → Rn. 6.
113 Vgl. → Rn. 24.
114 Vgl. → Rn. 16.

Selbst wenn sich nicht verlässlich abschätzen lässt, ob das Gericht den weiteren Sachvortrag als neuen Lebenssachverhalt oder lediglich als Hilfsvorbringen ansehen wird,[115] entsteht der Partei hieraus kein Schaden, da auch eine vom Gericht für falsch erachtete Einordnung dieses Vortrags als selbstständiger Streitgegenstand allenfalls dazu führt, dass der Vortrag als Hilfsvorbringen gewürdigt wird. Ein »Hilfsantrag«, der in Wahrheit keinen neuen Streitgegenstand einführt, ist also unschädlich und kann deshalb in Zweifelsfällen ohne Risiko gestellt werden.

Wenn der Kläger für mehrere selbstständige Positionen Schadensersatz verlangt, deren (quotenmäßige) Bewertung durch das Gericht nicht genau vorauszusagen ist, empfiehlt sich die eindeutig abgegrenzte Teilklage.[116]

Beispiel: Der Mandant hat einen Verkehrsunfall erlitten. Seinen Sachschaden beziffert er auf 20.000 EUR; außerdem verlangt er Verdienstausfall von 10.000 EUR. Die Auswertung des Beweismaterials ergibt, dass eine Mithaftung des Klägers von mindestens 20% ernsthaft erwogen werden muss. Außerdem erhebt die Gegenseite Einwände zur Höhe, aufgrund deren der ersatzfähige Sachschaden sich möglicherweise auf 15.000 EUR verringert.
Hier kann es sich zur Vermeidung von Kostenrisiken empfehlen, mit der Klage 20.000 EUR zu verlangen, also im Ansatz die Mithaftung von 20% und den Einwand zur Höhe des Sachschadens hinzunehmen, gleichzeitig aber in der Klagebegründung von der Alleinhaftung der Gegenseite auszugehen, den Sachschaden mit 20.000 EUR zu behaupten und die Klage nur hilfsweise auf den Verdienstausfall zu stützen. Wenn das Gericht erwartungsgemäß entscheidet, gewinnt der Mandant den Prozess. Fällt die Entscheidung zur Mithaftung und zur Höhe des Sachschadens günstiger aus, kann der nicht »verbrauchte« Teil des Verdienstausfalls ohne Verjährungsrisiko[117] nachgefordert werden.

Bei der Kündigung eines Mietvertrags mit anschließender Räumungsklage kann es 30
sich empfehlen, mit Klageerhebung oder im Laufe des Rechtsstreits eine weitere Kündigung auszusprechen und den Räumungsanspruch hilfsweise hierauf zu stützen.[118]

Beispiel: Der Mieter einer Wohnung kürzt seit drei Monaten wegen angeblicher Mängel die Miete um 50%. Der Vermieter hat daraufhin die Kündigung erklärt, da er die Wohnung ohnehin gerne frei hätte. Wenn Anhaltspunkte für Mängel vorliegen, aber nicht genau bekannt ist, ob das Gericht sie evtl. mit einer geringeren Minderungsquote bewerten wird, ist entsprechendes Vorgehen zB nach weiteren drei Monaten dringend zu empfehlen, da nach Ablauf dieser Zeit die Voraussetzungen von §§ 543 II Nr. 3, 569 III BGB eher erfüllt sein können. Das denkbare Kostenrisiko aus § 93 kann hingenommen werden, da der Kläger bei Unbegründetheit der ersten Kündigung den Rechtsstreit ohnehin verliert.

115 Vgl. → Rn. 3.
116 Vgl. → Rn. 20.
117 Vgl. → Rn. 6.
118 Vgl. → J Rn. 7.

L. Unechte Hilfsanträge (Der Unvermögensfall)

I. Begründetheit als Bedingung

1 Über echte Hilfsanträge kann in der Sache nur entschieden werden, wenn und soweit auf den vorrangigen Hauptantrag keine vom Kläger angestrebte Sachentscheidung ergeht.[1] Unechte Hilfsanträge hingegen setzen einen Zuspruch auf den Hauptantrag voraus. Ihre Rechtshängigkeit steht unter eben dieser innerprozessualen Bedingung.[2] Die Rechtsprechung hält sie grundsätzlich für zulässig.

Beispiele:
- Klage aus Vorvertrag auf Abschluss des Hauptvertrages und für den Fall, dass diese Klage begründet ist, auf dessen dinglichen Vollzug[3]
- desgleichen Klage auf Abschluss eines Kaufvertrages und zugleich auf Kaufpreiszahlung[4]
- Teilklage auf Leistung und Antrag auf Verurteilung zur vollen Leistung, falls die Teilklage begründet ist[5]
- Klage auf Weiterbeschäftigung für den Fall, dass die Kündigungsschutzklage Erfolg hat[6]
- Klage auf Leistung (Herausgabe) und Schadensersatz nach Fristablauf für den Fall, dass der Hauptantrag Erfolg hat[7]

Abgesehen von dem besonderen Inhalt der Bedingung gelten dieselben Grundsätze wie bei den echten Hilfsanträgen.[8]

II. Frist zur Erfüllung und Schadensersatz

1. Materiell-rechtliche Grundlagen

2 Für den weiten Bereich der unechten Hilfsanträge kommt den Regelungen Bedeutung zu, die es dem Gläubiger ermöglichen, dem Schuldner eine Frist zu setzen und je nach Fortgang auf diesem Wege anstelle des ursprünglichen Erfüllungsanspruchs einen neuen Anspruch zur Entstehung zu bringen. Es handelt sich in erster Linie um § 281 I 1 BGB. Daneben haben weitere Vorschriften Praxisrelevanz, namentlich §§ 250, 323 I, 637 BGB. § 281 I 1 BGB gilt für alle Schuldverhältnisse, wohl hM nach auch für § 985 (jedenfalls analog),[9] § 812[10] und § 1020 BGB.[11] Was § 985 BGB angeht,

1 Vgl. → K Rn. 1 ff., 5 f.
2 RGZ 144, 71 (73); kritisch zur Terminologie *Schneider* Zivilrechtsfall Rn. 802, indes liegt ein bedingter Antrag auf jeden Fall vor; zustimmend Zöller/*Greger* ZPO § 260 Rn. 4.
3 BGH NJW 1986, 2820.
4 BGH NJW 2001, 1285.
5 BGH NJW 1996, 2306 (2308); bestätigt in NJW-RR 2009, 1196: Das soll auch unter dem Gesichtspunkt der Kostenersparnis vorteilhaft sein. Im Regelfall sieht sich der Beklagte allerdings veranlasst, den offenen Teil des Hilfsanspruchs über eine negative Feststellungswiderklage zum Streitgegenstand zu machen, damit der gesamte Streit erledigt wird. Vgl. auch OLG Köln VersR 1995, 679; kritisch *Lüke/Kerner* NJW 1996, 2121.
6 BAG NZA 1988, 741.
7 Dazu eingehend → Rn. 2 ff.
8 Vgl. → K Rn. 1 ff.
9 Vgl. Palandt/*Grüneberg* BGB § 281 Rn. 4; Palandt/*Herrler* BGB § 985 Rn. 14; Prütting/Wegen/Weinreich/*Schmidt-Kessel* BGB § 280 Rn. 49; so auch OLG München Urt. v. 23.4.2008 – 15 U 5245/07, BeckRS 2008, 09857; OLG Karlsruhe NJW-RR 2014, 313; in Einzelheiten str., vgl. Staudinger/*Gursky*, 2013, BGB § 985 Rn. 71 ff.; ablehnend MüKoBGB/*Baldus* § 985 Rn. 83 ff.; *Gruber/Lösche* NJW 2007, 2815; eingehend *Weiss* JuS 2012, 965.
10 BGH NJW 2000, 1031 (für die insoweit gleichlautende Regelung des § 283 BGB aF).
11 BGH NJW 2005, 894.

muss man wegen der streitigen Erörterung der Frage in der Literatur die Rechtsprechung kritisch beobachten.

2. Fristsetzung im Urteil

Gemäß § 255 I kann ein Kläger verlangen, dass das Gericht bereits im Urteil dem Schuldner eine Frist setzt, innerhalb derer die Leistung zu bewirken ist. Die Regelung gilt auch für § 281 I 1 BGB.[12] 3

Beispiel:
Der Kläger beantragt,
1. den Beklagten zu verurteilen, den Pkw Typ …, Fahrgestell-Nr. …, an ihn herauszugeben,
2. eine angemessene Frist zu bestimmen, innerhalb derer der Beklagte die Herausgabe zu bewirken hat.

Hier liegt ein besonderer Fall zulässiger objektiver Klagenhäufung vor.

Das Fristsetzungsersuchen stellt einen Sachantrag dar, bei dem sowohl die Zulässigkeit als auch die Begründetheit zu prüfen sind.

Der Kläger darf die Dauer der Frist in das Ermessen des Gerichts stellen[13], er kann aber auch die Festsetzung einer bestimmten Frist beantragen. Ist diese unangemessen kurz, wird das Gericht sie verlängern und die Klage als im Übrigen unbegründet abweisen. Eine nach Auffassung des Gerichts unzweckmäßig lange Frist darf demgegenüber mit Rücksicht auf die Regelung des § 308 I 1 (»ne ultra petita«) nicht abgekürzt werden.[14]

Fraglich ist, wann die im Urteil gesetzte Frist zu laufen beginnt. Verzichtet der Gläubiger auf die Mitwirkung des Gerichts, kann er die Frist jederzeit in Gang setzen. Die gerichtliche Fristsetzung hat demgegenüber den Vorteil besonderer Klarheit für sich. Einwände gegen die Angemessenheit der Frist können nur mit einem Rechtsmittel vorgebracht werden; ist das Urteil einmal rechtskräftig, bleibt dieser Punkt dem Streit entzogen. Es liegt mithin sehr nahe, die Frist mit der Rechtskraft des Urteils beginnen zu lassen.[15] Die Praxis hält sich hieran und tenoriert:

Der Beklagte wird verurteilt, an den Kläger (die näher beschriebene Leistung zu erbringen).
Ihm wird hierfür eine Frist von … ab Rechtskraft des Urteils gesetzt.

3. Leistungsantrag für den Fall des fruchtlosen Fristablaufs

a) Allgemeines

Der Kläger kann für den Fall des fruchtlosen Fristablaufs in einem weiteren Klageantrag zusätzlich von vornherein die Verurteilung des Beklagten zu der im materiellen Recht vorgesehenen Leistung, insbesondere die Verurteilung zur Zahlung von Schadensersatz beantragen.[16] 4

12 OLG Hamm NJOZ 2013, 1006; OLG Karlsruhe NJW-RR 2014, 313; Palandt/*Grüneberg* BGB § 281 Rn. 49; Prütting/Wegen/Weinreich/*Schmidt-Kessel* BGB § 281 Rn. 9.

13 Zöller/*Greger* ZPO § 255 Rn. 4; Thomas/Putzo/*Reichold* ZPO § 255 Rn. 5.

14 Zöller/*Greger* ZPO § 255 Rn. 4.

15 So die wohl hM, vgl. Zöller/*Greger* ZPO § 255 Rn. 4; Thomas/Putzo/*Reichold* ZPO § 255 Rn. 1; Prütting/Gehrlein/*Geisler* ZPO § 255 Rn. 2; eingehend *Wieser* NJW 2003, 2432 mN zum Literaturstreit.

16 BGH NJW 1999, 954; 2016, 3235 Rn. 23; Zöller/*Greger* ZPO § 255 Rn. 4; OLG Köln ZiP 1991, 1369 (1371); *Gruber*/*Lösche* NJW 2007, 2815.

Beispiel: Der Kläger verlangt von dem Beklagten die Rückgabe eines Gemäldes, dessen Wert sich auf 20.000 EUR beläuft. Er möchte für den Fall, dass der Beklagte das Urteil nicht befolgt, mit der Herausgabevollstreckung keine Zeit verlieren, sondern möglichst bald einen Schadensersatzanspruch durchsetzen.
Daher beantragt er,
1. den Beklagten zu verurteilen, das (näher bezeichnete) Gemälde an ihn herauszugeben.
2. dem Beklagten für die Herausgabe eine Frist von zwei Wochen (oder: eine angemessene Frist) ab Rechtskraft des Urteils zu setzen und
3. den Beklagten für den Fall, dass die Herausgabe nicht fristgerecht erfolgt, zur Zahlung von 20.000 EUR zu verurteilen.

Unter Ziff. 3 begegnen wir dem typischen Fall eines unechten Hilfsantrags. Von den echten Eventualanträgen unterscheidet er sich dadurch, dass er nicht bei Abweisung des Hauptantrags zum Zuge kommt, sondern im Gegenteil ein insoweit zusprechendes Urteil voraussetzt. Unter dieser, vom Kläger gesetzten Bedingung steht auch die Vollstreckbarkeit des Zahlungstitels. Eine Zwangsvollstreckung darf nämlich nur erfolgen, wenn der Beklagte dem Herausgabebegehren nicht fristgerecht nachkommt. Selbstverständlich ist der Kläger berechtigt, bis zum Ablauf der Frist nach §§ 883 ff. die Zwangsvollstreckung aus dem Herausgabetitel gegen den Beklagten zu betreiben.[17] Ist sie erfolgreich, tritt mit den vollstreckungsrechtlichen Folgen des § 757 Erfüllung des Herausgabeanspruchs ein. Die Vollstreckung aus dem Zahlungstitel wird damit hinfällig.

b) Zulässigkeit der Bedingung

4a Die vom Kläger gesetzte Bedingung für den Zahlungstitel macht den Hilfsantrag nicht unzulässig. Es handelt sich um eine zulässige auflösende Bedingung.[18] Letzten Endes hat es der Beklagte selbst in der Hand, dem Kläger die Durchsetzung des Zahlungsanspruchs dadurch unmöglich zu machen, dass er die mit dem Hauptantrag verlangte Leistung fristgerecht erbringt. Den Interessen des Beklagten ist damit hinreichend Rechnung getragen.[19] Er ist, wie im vergleichbaren Fall der innerprozessualen Bedingung eines echten Hilfsantrags,[20] keiner unzumutbaren Ungewissheit ausgesetzt. Das Vollstreckungsgericht kann anhand der Zustellungsurkunde den Fristablauf prüfen, sodass er innerhalb des Vollstreckungsverfahrens zu klären ist. Vor Fristablauf genießt der Beklagte nicht den Schutz der §§ 726, 731; der Weg des § 767 reicht aus.[21]

c) § 259 ZPO

5 Der unechte Hilfsantrag ist auf eine künftige Leistung gerichtet, sodass § 259 Anwendung findet. Der Regelung zufolge sind Klagen auf künftige Leistung nur zulässig, wenn die Besorgnis gerechtfertigt ist, dass der Schuldner sich der rechtzeitigen Erfüllung entziehen werde.[22] Die hM[23] nimmt an, dass die Besorgnis der Nichterfül-

17 BGH NJW 2006, 1198.
18 BGH NJW 1999, 954.
19 OLG Köln VersR 1995, 679; vgl. auch *Kaiser* MDR 2004, 311.
20 → K Rn. 1.
21 BGH NJW 1999, 954.
22 BGH NJW 1999, 954; 2003, 1395.
23 BGH NJW 1999, 954; 2003, 1395; NJW-RR 2005, 1518 (Zurückbehaltungsrecht); OLG Schleswig NJW 1966, 1929; OLG Hamm NJOZ 2013, 1006; ähnlich bereits BGH NJW 1965, 440 (441); 1978, 1262; einschränkend OLG Koblenz AnwBl. 1990, 107.

lung bereits dann gegeben ist, wenn der Schuldner ohne triftigen Grund die Erfüllung des mit dem Hauptantrag geltend gemachten Leistungsbegehrens verweigert oder den Anspruch ernsthaft bestreitet. Da aber der Hilfsantrag nur bei begründetem Hauptantrag zum Zuge kommt, ist die Leistungsverweigerung des Schuldners in der Regel unberechtigt. Damit sind die Voraussetzungen des § 259 zu bejahen.

d) Materiell-rechtliche Fragen

Das den Leistungsanspruch ausschließende Ersatzverlangen (§ 281 IV BGB) kann auch nach materiellem Recht mit der Klageerhebung bedingt geltend gemacht werden, sodass mit Fristablauf der Anspruch auf Schadensersatz an die Stelle des Leistungsanspruchs tritt und sich das Ersatzverlangen erst dann auswirkt.[24] Was die Schlüssigkeit bezüglich des dritten Klageantrags anbetrifft, braucht der Kläger lediglich zum Nichterfüllungsschaden vorzutragen. Denn dem Grunde nach ergibt sich sein Anspruch aus § 280 I 1 BGB, ohne dass es hierzu noch näherer Ausführungen bedürfte. Gründe, aus denen sein Verhalten schuldlos sein könnte, § 280 I 2 BGB, legt der Beklagte nicht dar. 5a

e) Schadensersatz für den Fall, dass der Kläger diesen verlangt

Der BGH hat klargestellt, dass der Gläubiger auch nach Ablauf der gem. § 281 I 1 BGB gesetzten Frist noch Erfüllung verlangen kann und zum Übergang auf das Schadensersatzverlangen, das nach § 281 IV BGB den Erfüllungsanspruch zum Erlöschen bringt, keine neue Frist mehr setzen muss.[25] Das führt zu der Überlegung, ob nicht der Kläger alternativ zum Antrag zu 3. des Beispiels → Rn. 4 einen unechten Hilfsantrag formulieren kann, der ihm nach Fristablauf noch die Wahl lässt, weiter den Erfüllungstitel zu vollstrecken oder jetzt erst ein Schadensersatzverlangen mit der Wirkung des § 218 IV BGB zu erklären, und alsdann aus den Zahlungstitel zu vollstrecken. Der Antrag würde lauten: 5b

> 3. den Beklagten für den Fall, dass die Herausgabe nicht fristgerecht erfolgt und der Kläger die Leistung von Schadensersatz verlangt, zur Zahlung von 20.000 EUR zu verurteilen.

Materiell-rechtlich ist dieses Vorgehen unbedenklich; es entspricht dem Normalfall bei einer Fristsetzung nach § 281 I 1 BGB. Fraglich ist die prozessuale Zulässigkeit des Antrags. Wir bejahen sie.[26] Eine innerprozessuale Bedingung liegt in dem späteren Schadensersatzverlangen zwar nicht. Es kann jedoch in der Zwangsvollstreckung mit hinreichender Sicherheit geklärt werden, ob beide Bedingungen erfüllt sind, da das Schadensersatzverlangen bereits aus dem Vollstreckungsantrag hervorgeht.

4. § 510b ZPO

In § 510b zeigt sich, dass die unter b) geschilderte Art der Antragsverbindung dem Gesetz nicht fremd ist. Einem Kläger, der vor dem Amtsgericht auf die Vornahme einer Handlung klagt, wird durch diese Vorschrift die Möglichkeit eröffnet, dem Be- 6

---

24 Vgl. *Wieser* NJW 2003, 2432 (2433); Palandt/*Grüneberg* BGB § 281 Rn. 49 (elektive Konkurrenz); *Gruber/Lösche* NJW 2007, 1815.

25 BGH NJW 2006, 1198 (1199).

26 So auch: *Gruber/Lösche* NJW 2007, 2815; *Gsell* JZ 2004, 110 (116).

klagten eine Frist setzen und ihn für den Fall, dass er die Handlung nicht fristgerecht vornimmt, zur Zahlung des Nichterfüllungsschadens verurteilen zu lassen. Die Voraussetzungen des § 259 braucht er nicht darzutun.

Die Rechte des Klägers in der Zwangsvollstreckung sind jedoch begrenzt. Denn gemäß § 888a kann er den auf seinen Hauptantrag hin erlassenen Titel nicht nach §§ 887 ff. durchsetzen. Es liegt allein beim Schuldner, ob er nun die von ihm verlangte Handlung vornimmt oder ob er die im Urteil gesetzte Frist ungenutzt verstreichen lässt. Wählt er den letzteren Weg, so kann der Kläger erst wegen des Zahlungsanspruchs gegen ihn vollstrecken.

Da die §§ 510b, 888a einen Ausnahmefall regeln, sind sie der erweiternden Interpretation oder gar der Analogie nicht zugänglich.[27]

5. Gutachten und Urteil

7 Für das Gutachten kommt in den geschilderten Fällen grundsätzlich ein dreigliedriger Aufbau in Betracht:

Der erste Antrag ist bis zur endgültigen Entscheidung durchzuprüfen, weil man sich erst im Fall seiner positiven Bescheidung mit den folgenden Anträgen auseinandersetzen darf. Schematisch dargestellt, sieht das Gutachten demnach so aus:

A. Erster Klageantrag (Leistung)
  I. Schlüssigkeit (Klägerstation)
  II. Erheblichkeit (Beklagtenstation, ggf. weitere Darlegungsstationen)
  III. ggf. Feststellung des Sachverhalts und Ergebnis (Beweisstation)
B. Zweiter Antrag (Fristsetzung)
  I. ggf. Zulässigkeit
  II. Begründetheit (Voraussetzungen des § 255)
C. Dritter Klageantrag (Schadensersatz)
  I. Zulässigkeit (§§ 259, 510b)
  II. Begründetheit
D. Ausarbeitung des Urteilstenors (Tenorierungsstation)

Die Entscheidungsgründe des Urteils gliedern sich entsprechend. Wird bereits der erste Klageantrag abgewiesen, reicht ein kurzer Hinweis, dass unter diesen Voraussetzungen die weiteren Anträge gegenstandslos sind. Die prozessualen Nebenentscheidungen behandeln wir im übernächsten Abschnitt.

6. Streitwert

8 Die Einzelwerte des ersten und des dritten Klageantrags dürften im Regelfall unschwer zu ermitteln sein. Indes ist auch für den Fristsetzungsantrag nach § 3 ein Streitwert zu schätzen. Da die Fristsetzung wegen der mit ihr einhergehenden materiell-rechtlichen Wirkungen dem Beklagten zusätzlichen Anlass gibt, den titulierten Leistungsanspruch zu erfüllen, weil sie also aus der Sicht des Klägers ein weiteres Druckmittel darstellt, erscheint es als vertretbar, den auf § 255 gestützten Antrag mit

27 OLG Köln OLGZ 1976, 477.

¼ des dem ersten (Haupt-)Klageantrag zukommenden Wertes in Ansatz zu bringen.[28] In dem unter 2b) erörterten Beispielsfall kämen wir also zu folgenden Werten:

1. Antrag: 20.000 EUR
2. Antrag: 5.000 EUR
3. Antrag: 20.000 EUR

Diese Einzelwerte könnten, soweit es um die *Zuständigkeit* des Gerichts geht, gemäß § 5 zu addieren sein. Wegen der letztlich gegebenen wirtschaftlichen Identität der Klageziele lässt sich indes auch die Orientierung am höchsten Einzelwert vertreten.[29]

Für den *Gebührenstreitwert* gilt Folgendes:

Die Regelung des § 45 I 2, 3 GKG ist ihrem Wortlaut nach (»soweit eine Entscheidung über ihn ergeht«) nur auf den echten Hilfsantrag zugeschnitten. Eine ausdrückliche gesetzliche Regelung für den unechten Hilfsantrag liegt nicht vor. Unserer Ansicht nach ist den §§ 44, 45 I 3 GKG der Rechtsgedanke zu entnehmen, dass bei einer Häufung von aufeinander aufbauenden Anträgen, mit denen letztlich dasselbe wirtschaftliche Ziel verfolgt wird, für die Gebühren nur der höchste Einzelwert angesetzt werden soll. Für Fälle der vorliegenden Art liegt hierin eine sachgerechte Lösung. Die Leistungsfrist unterstützt lediglich die Durchsetzung des ersten Antrags; der Antrag auf Schadensersatz kommt erst gleichzeitig mit dem Erlöschen des mit dem Hauptantrag geltend gemachten Anspruchs zum Zug. Es wäre daher unangemessen, für die Gebühren die Einzelwerte zu addieren.[30]

7. Prozessuale Nebenentscheidungen

a) Kosten

Probleme bei der Bildung der Kostenquote können sich ergeben, wenn der Kläger mit einzelnen Anträgen nur in eingeschränktem Umfang durchdringt. 9

> **Beispiel:** Der Kläger verlangt vom Beklagten die Herausgabe eines Bildes im Wert von unstreitig 10.000 EUR. Weiterhin beantragt er, dem Beklagten für die Erfüllung seiner Herausgabepflicht eine Frist von zwei Wochen zu setzen und den Beklagten für den Fall des fruchtlosen Fristablaufs zu einer Schadensersatzleistung in Höhe von 15.000 EUR zu verurteilen, da er bei einer Ersatzbeschaffung hohe Nachforschungskosten aufwenden müsse.

Es ergeht folgendes Urteil:

> Der Beklagte wird verurteilt, das (näher bezeichnete) Bild an den Kläger herauszugeben.
> Ihm wird hierfür eine Frist von vier Wochen ab Rechtskraft des Urteils gesetzt.
> Für den Fall des fruchtlosen Fristablaufs wird er zu einer Zahlung von 10.000 EUR verurteilt.
> Im Übrigen wird die Klage abgewiesen.

---

28 Vergleichbar der Wert des Auskunftsbegehrens bei der Stufenklage, vgl. Prütting/Gehrlein/*Gehle* ZPO § 3 Rn. 55, 143.

29 Vgl. Zöller/*Herget* ZPO § 5 Rn. 8; ob der Hinweis auf BGH NJW-RR 2004, 638 einschlägig ist, erscheint fraglich; eindeutig OLGR Jena 1999, 100; so auch Prütting/Gehrlein/*Gehle* ZPO § 5 Rn. 15.

30 So zu der insoweit entsprechenden Regelung des § 19 IV GKG aF LG Köln MDR 1984, 501 = VersR 1984, 1177 mit Anm. *Schneider* MDR 1984, 853; LAG Düsseldorf JurBüro 1989, 955; 90, 243; aA wohl Zöller/*Herget* ZPO § 3 Rn. 16, Stichwort »Eventual- und Hauptantrag«; wie hier Prütting/Gehrlein/*Gehle* ZPO § 5 Rn. 16.

Der Gebührenstreitwert wird wie folgt festgesetzt:

- Herausgabeanspruch: 10.000 EUR
- Fristsetzung: 2.500 EUR
- Schadensersatzanspruch: 15.000 EUR
- Gesamt-Streitwert[31] 15.000 EUR

Eine gerechte Kostenverteilung lässt sich unseres Erachtens nach nur dann erzielen, wenn man für jeden Antrag unter Berücksichtigung des Einzelstreitwertes das Maß des Unterliegens ermittelt und alsdann die Verlustanteile durch die Summe der Einzelwerte, also den fiktiven Gesamtstreitwert teilt.[32]

Es ergibt sich danach:

	Kläger	Beklagter
1. Antrag, 10.000 EUR 2. Antrag, 2.500 EUR 3. Antrag, 15.000 EUR	 1.250 5.000	10.000 1.250 10.000
Gesamtverluste (fiktiver Gesamtwert) 27.500 EUR	6.250	21.250
Quote (Verlust ./. Wert)	23%	77%

Man geht also ähnlich wie bei der Stufenklage[33] vor.

b) Vorläufige Vollstreckbarkeit

10 Das Urteil kann nur im Hinblick auf den ersten Klageantrag und die Kosten für vorläufig vollstreckbar erklärt werden. Die Fristsetzung ist nicht vollstreckbar; der auf den unechten Hilfsantrag hin titulierte Schadensersatzanspruch kommt erst nach Rechtskraft des Urteils zum Tragen, da die Frist nach hM erst ab Rechtskraft laufen kann.[34]

Für die Bemessung der Sicherheitsleistung nach § 709 S. 1 darf dementsprechend nur auf den zum ersten Klageantrag erlassenen Herausgabe-Tenor und auf die Kosten abgestellt werden.

III. Der Einwand des Unvermögens

11 Nicht selten versucht der Beklagte, sich mit dem Einwand zu verteidigen, es sei ihm nicht möglich, dem Klagebegehren nachzukommen. Behauptet der Kläger demgegenüber das Leistungsvermögen des Beklagten, handelt es sich nicht ohne Weiteres um eine beweiserhebliche Streitfrage. Das soll anhand einiger Beispielsfälle näher demonstriert werden:

31 Vgl. → Rn. 8.
32 Allg. → A Rn. 192, 202.
33 Vgl. → N Rn. 30 ff.
34 S. → Rn. 3.

1. Die Veräußerung des streitbefangenen Gegenstands

1. Beispielsfall: Der Kläger verlangt mit der Klage von dem Beklagten die Rückgabe eines Buches, das er ihm einige Zeit zuvor geliehen hat. Der Beklagte macht zu seiner Verteidigung geltend, er habe das Buch in der irrigen Annahme, es sei sein Eigentum, nach Zustellung der Klageschrift an einen Dritten verkauft. 12

Der Kläger mag sich nun überlegen, wie er hierauf reagieren soll. Glaubt er dem Beklagten nicht, wird er möglicherweise dessen fortdauernden Besitz an dem Buch unter Beweis stellen. Auf das Beweisangebot käme es aber nicht an. Die vom Beklagten eingewandte Veräußerung des Buchs hat nämlich nach § 265 II 1 auf den Prozess keinen Einfluss. Bleibt der Kläger bei seinem ursprünglichen Klageantrag, wird der Beklagte zur Herausgabe des Buchs verurteilt. Sein auf Unvermögen gestützter Einwand ist unerheblich.[35]

Die Vorschrift dient dem Schutz des Prozessgegners und der Prozessökonomie. Der Beklagte verliert trotz Veräußerung nicht seine Stellung als Partei und führt den Rechtsstreit als gesetzlicher Prozesstandschafter im eigenen Namen und für den Rechtsnachfolger weiter. Die Vorschrift ist von ihrem Zweck her weit auszulegen. Streitbefangen ist daher jeder Gegenstand, dessen Übertragung die Sachlegitimation beseitigt.[36] Der Kläger steht sich mithin recht günstig. Er braucht auf den Einwand des Beklagten grundsätzlich nicht näher einzugehen. Hat er den Herausgabetitel einmal in Händen, kann er den Gerichtsvollzieher gem. §§ 883 I, 758 etwa in der Wohnung des Beklagten nach dem Buch suchen lassen oder von seinem Gegner die Abgabe einer eidesstattlichen Versicherung verlangen, § 883 II. Das ist zumindest im Einzelfall effektiver als eine Beweisaufnahme über die Richtigkeit des Beklagteneinwands. Bleibt die Zwangsvollstreckung ohne Erfolg, steht dem Kläger immer noch der Weg der §§ 280 I 1, 281 I 1, IV BGB offen.[37] Damit tut man dem Beklagten kein Unrecht. Denn wenn er das Buch wirklich veräußert hat, ist er dem Kläger gem. §§ 280 I, 989 BGB ohnehin zur Leistung von Schadensersatz verpflichtet.[38]

Alternativ kann der Kläger den Einwand des Beklagten unstreitig stellen und gem. § 264 Nr. 3 sofort auf das Interesse übergehen. Unter den Voraussetzungen der §§ 727, 325 kann er aber auch den Herausgabetitel gegen den Rechtsnachfolger des Beklagten umschreiben lassen.[39] Seine Belange bleiben also umfassend gewahrt.

2. Die gegen den mittelbaren Besitzer gerichtete Herausgabeklage

2. Beispielsfall: Der Kläger hat sich mit dem Beklagten über die Veräußerung eines Gartenlands geeinigt; der Beklagte ist als Eigentümer in das Grundbuch eingetragen worden. Kurz darauf hat er das Grundstück für 20 Jahre verpachtet. Da der Kläger – man verzeihe uns den Rückgriff auf die früheste Studienzeit – bereits bei der Veräußerung unerkennbar geisteskrank war, verlangt er nunmehr, vertreten durch seinen Betreuer, neben der Grundbuchberichtigung die Herausgabe des Grundstücks. Der Beklagte wendet ein, zu Letzterem mit Rücksicht auf den Pachtvertrag nicht imstande zu sein. 13

35 Vgl. Thomas/Putzo/*Reichold* ZPO § 265 Rn. 12 f.
36 BGH NJW 2000, 291; 2001, 3339; MDR 2002, 1185 = NJW 2002, 2874.
37 Vgl. → Rn. 4.
38 Eingehende Auseinandersetzung mit diesem Gesichtspunkt in BGH NJW 2016, 3235.
39 OLG Brandenburg NJW-RR 1996, 724.

Der Anspruch des Klägers könnte sich aus § 985 BGB ergeben. Nach der vorherrschenden Auffassung kann Herausgabe auch vom mittelbaren Besitzer verlangt werden.[40] Das ergibt sich aus § 868 BGB und aus § 886 ZPO.

Ein erhebliches Problem liegt im Verschuldenserfordernis des § 280 I BGB. Die hM nimmt an, dass eine Verurteilung des mittelbaren Besitzers ohne Rücksicht auf Verschulden möglich ist und die Voraussetzungen des § 280 I BGB erst in einem späteren Schadensersatzprozess geprüft werden.[41] Damit wäre der Unvermögenseinwand des Beklagten relationstechnisch gesehen unerheblich. Das erscheint problematisch, wenn der Beklagte unverschuldet in diese Lage geraten ist. Ihn angesichts dessen Vollstreckungsmaßnahmen auszusetzen (§ 886) und ihn mit den Prozesskosten zu belasten, die sich materiell-rechtlich immerhin als Schadensersatz darstellen,[42] ist schwer vertretbar. Alte Rechtsprechung, die für eine Verurteilung des mittelbaren Besitzers eine ohnehin bestehende Pflicht zur Leistung von Schadensersatz voraussetzte,[43] ist seit Aufhebung des § 283 BGB aF (Geltung bis 31.12.2001) überholt. Wie in der Frage heute vorzugehen ist, hat der BGH ausdrücklich offen gelassen.[44] Andererseits kommt der BGH in einer jüngeren Entscheidung zur Anwendbarkeit der §§ 280 f. BGB auf Ansprüche aus § 985 BGB gegen den unmittelbaren Besitzer auf die alte Rechtslage ausdrücklich zurück.[45] Die weitere Entwicklung bleibt abzuwarten.

3. Streitige Unmöglichkeit

14 **3. Beispielsfall:** Der Kläger verlangt von dem Beklagten die Rückgabe eines leihweise überlassenen Buches. Der Beklagte wendet ein, er sei zur Herausgabe nicht in der Lage. Er habe das Buch versehentlich in der Straßenbahn liegengelassen und nicht zurückerhalten. Hierfür bietet er Zeugenbeweis an. Der Kläger erwidert, der Beklagte schiebe diesen Einwand nur vor, weil er das inzwischen vergriffene Werk für sich behalten wolle.

a) Zulässigkeit

15 Die Verurteilung zu einer unmöglichen Leistung ist nicht zulässig.[46] Es mangelt dem Kläger in diesen Fällen am erforderlichen Rechtsschutzbedürfnis. Dennoch ist der Unvermögenseinwand des Beklagten nicht bereits in der Zulässigkeitsstation zu behandeln. Für die Zulässigkeit der Klage reicht es unter Berücksichtigung der für die qualifizierten Prozessvoraussetzungen geltenden Grundsätze[47] aus, dass der Kläger das Leistungsvermögen des Beklagten behauptet.[48]

---

40 BGH NJW-RR 2004, 570; Palandt/*Herrler* BGB § 985 Rn. 9; Prütting/Wegen/Weinreich/*Englert* BGB § 985 Rn. 5, 10 f.

41 HM, vgl. Palandt/*Herrler* BGB § 985 Rn. 9; Prütting/Wegen/Weinreich/*Englert* BGB § 985 Rn. 10 f.; MüKoBGB/*Baldus* § 985 Rn. 17 f, will § 280 BGB nicht auf den Anspruch aus § 985 anwenden und das Problem auf diese Weise lösen; vgl. auch die jeweiligen weiteren Nachweise.

42 Vgl. → P Rn. 64 ff.

43 BGH NJW 1970, 241; 2002, 1574; NJW-RR 2004, 570.

44 BGH NJW-RR 2004, 570.

45 BGH NJW 2016, 3235.

46 BGH NJW 1972, 152; 1974, 1553 f.; 1986, 1676; 1999, 2034; OLG Schleswig NJW 1982, 2672.

47 S. → A Rn. 87.

48 BGH NJW 1974, 943 (944); 1974, 2317.

b) Begründetheit

aa) Schlüssigkeit (Klägerstation)

An der Schlüssigkeit des klägerischen Sachvortrags bezüglich der anspruchsbegründenden Voraussetzungen besteht kein Zweifel: Der geltend gemachte Anspruch ergibt sich aus §§ 604 und 985 BGB. 16

Wenn der Kläger dem Unvermögenseinwand des Beklagten (= anspruchsfeindliche Tatsache) nicht substantiiert entgegentritt, ist sein Vortrag nicht schlüssig. Die Klage muss dann als unbegründet abgewiesen werden.[49] Im Beispielsfall erscheint die Entgegnung des Klägers ausreichend. Denn mehr kann er nicht vortragen.

bb) Erheblichkeit (Beklagtenstation)

Damit stellt sich die Frage, ob der Einwand des Beklagten, er sei aufgrund seiner Nachlässigkeit zur Herausgabe des Buches nicht mehr in der Lage, erheblich ist. 17

Bis zur Schuldrechtsreform vom 1.1.2002 war mit Blick auf § 283 aF ausgemacht, dass der Einwand unerheblich ist.[50] Die heute ganz herrschende Literaturansicht nimmt an, nach § 275 I BGB werde der Schuldner auch bei zu vertretender Unmöglichkeit von der Primärleistungspflicht frei, ein dahin gehender Einwand sei in einer Beweisaufnahme zu klären.[51] Wir sind skeptisch. Die Vorteile, die dem Kläger bei einer Verurteilung des Beklagten in der Zwangsvollstreckung (§§ 883 ff., 758 f.) zugute kommen (eidesstattliche Versicherung und Durchsuchungsrecht!), sollten nicht ganz außer Acht gelassen werden. Dem Beklagten geschieht durch die Verurteilung kein Unrecht, weil er angesichts seines Verschuldens deren Nachteile mit Recht zu tragen hat. Eine Konkordanz zu § 265 II 1[52] ist herstellbar, wenn der Einwand des zu vertretenden Unvermögens als prozessual unerheblich angesehen wird.[53] Für die Ausbildung geht unsere Empfehlung naturgemäß dahin, der hM zu folgen. Der BGH ist allerdings im Zusammenhang mit der Anwendbarkeit der §§ 280 I, III, 281 I, II BGB auf den Herausgabeanspruch aus § 985 BGB ausdrücklich auf die frühere Rechtslage und die dazu ergangene Rechtsprechung zurückgekommen und hat hervorgehoben, dass dem Gläubiger durch die gesetzlichen Neuregelungen kein Nachteil habe entstehen sollen.[54] Man sollte das Thema kritisch im Blick behalten.

---

49 Zu § 985 BGB vgl. BGH DB 1976, 573.

50 Vgl. Palandt/*Grüneberg* BGB § 275 Rn. 34; RGZ 54, 28 (31 ff.); OLG Koblenz NJW 1960, 1253 (1255).

51 Vgl. *Zimmer* NJW 2002, 1 (2); *Schur* NJW 2002, 2518; *Gsell* JZ 2004, 110 (117 ff.); Palandt/*Grüneberg* BGB § 275 Rn. 34; Staudinger/*Caspers*, 2014, BGB § 275 Rn. 79 ff.; kritisch Prütting/Wegen/Weinreich/*Schmidt-Kessel* BGB § 275 Rn. 12 ff.

52 Vgl. → Rn. 11 f.

53 Unserer abweichenden Ansicht seinerzeit noch folgend *Kaiser* MDR 2004, 311, anders jetzt *Kaiser* NJW 2014, 3497; wohl ebenfalls unserer Ansicht *Kohler* AcP 2005, 93. Die Entscheidung OLGR Köln 2005, 411 hat leider noch keine Klarheit gebracht, da hier ein unmittelbarer Besitzer betroffen war und es um das Besitzmerkmal ging.

54 BGH NJW 2016, 3235.

4. Hilfsantrag: »im Unvermögensfall«

18 **4. Beispielsfall:** Der Kläger des im vorigen Abschnitt 3 erörterten Beispielsfalls möchte sich zusätzlich zu dem von ihm geltend gemachten Herausgabeanspruch in ein und demselben Urteil auch die Schadensersatzforderung titulieren lassen, die ihm zusteht, wenn der Beklagte das Buch (Wert: 50 EUR) wirklich in der Straßenbahn vergessen hat. Er beantragt, den Beklagten zu verurteilen, an ihn das (näher bezeichnete) Buch herauszugeben und ihm für den Fall des Unvermögens 50 EUR zu zahlen.

a) Zulässigkeit

19 Der »für den Fall des Unvermögens« gestellte Hilfsantrag ist zulässig.[55] Es handelt sich wiederum um einen unechten Hilfsantrag, der nicht die Abweisung des auf Herausgabe gerichteten Antrags voraussetzt, sondern ein zusprechendes Urteil. Die Bedingung, unter welcher der Hilfsantrag zum Zuge kommt, ist der erfolglose Versuch, wegen der Herausgabe beim Beklagten zu vollstrecken. Wir können auch insoweit von einer »innerprozessualen« Bedingung sprechen, da die Frage, ob der Unvermögensfall vorliegt, wenn schon nicht vom Gericht, so aber doch im Rahmen der Zwangsvollstreckung geklärt wird.[56]

b) Aufbaufragen

20 Für Fälle der vorliegenden Art empfiehlt sich ein mehrstufiger Aufbau. Im Gutachten sollte man zuerst allein den Hauptantrag abhandeln. Denn dessen Begründetheit ist für den Fortgang der Begutachtung entscheidend. In einem weiteren Abschnitt folgt dann die Überprüfung des unechten Hilfsantrags auf Zulässigkeit und Begründetheit. Letztere ergibt sich hier aus § 280 I BGB. Im Beispielsfall ergeht also eine Entscheidung nach Antrag. Die Gründe des Urteils sind im Regelfall entsprechend aufzubauen.

c) Zwangsvollstreckung

21 Dem Kläger wird gem. § 724 auf beide Sätze des Urteilstenors gleichzeitig die Vollstreckungsklausel erteilt. Er kann dann einen Gerichtsvollzieher beauftragen, bei dem Beklagten nach dem Buch zu suchen und, falls er es nicht findet, sofort wegen der Geldforderung zu vollstrecken.

Nicht hingegen gilt für den Zahlungstitel § 726 I. Fände diese Vorschrift auf den vorliegenden Fall Anwendung, müsste der Kläger, etwa durch Vorlage einer Fruchtlosigkeitsbescheinigung, zuerst den Unvermögensfall nachweisen, bevor ihm für den Zahlungsanspruch die Klausel erteilt werden könnte. Von diesem umständlichen Verfahren ist abzusehen.[57] Die Regelung des § 726 I soll den Schuldner nur davor schützen, dass die durch den Eintritt einer Tatsache (etwa einer Vorleistung des Gläubigers) bedingte Zwangsvollstreckung voreilig eingeleitet wird. Deshalb muss der Gläubiger, will er die Vollstreckungsklausel erlangen, den Bedingungseintritt grundsätzlich durch öffentliche oder öffentlich beglaubigte Urkunden nachweisen. In § 726 sind indes zwei Ausnahmefälle geregelt, in denen von diesem Erfordernis abge-

55 BAG NJW 1965, 1042; Zweifel an der hinreichenden Bestimmtheit des Antrags bestehen nicht, da das Unvermögen durch den Nachweis der fruchtlosen Vollstreckung unschwer geklärt werden kann, vgl. BGH NJW 1999, 954; BLAH/*Hartmann* ZPO § 260 Rn. 13.

56 Allg. → K Rn. 1.

57 OLG Hamburg MDR 1972, 1040; Zöller/*Stöber* ZPO § 726 Rn. 12.

sehen wird: Die Vollstreckung gegen Sicherheitsleistung und die Zug-um-Zug-Verurteilung. Der Grund hierfür liegt darin, dass in solchen Fällen die beteiligten Vollstreckungsorgane ohnehin vorher prüfen, ob die Voraussetzungen der Zwangsvollstreckung erfüllt sind, vgl. §§ 751 II, 756 und 765.

Dem entspricht der vorliegende Beispielsfall. Denn der Gerichtsvollzieher wird aufgrund des Urteilstenors zuerst versuchen, die herauszugebende Sache in Besitz zu nehmen, bevor er wegen des Zahlungsanspruchs vollstreckt. Das Vollstreckungsgericht wird Maßnahmen nach §§ 828 ff. nur dann einleiten, wenn das Unvermögen des Beklagten durch einen ergebnislos verlaufenen Vollstreckungsversuch oder sonstwie zweifelsfrei festgestellt worden ist. Eines besonderen Nachweises des Unvermögensfalls bereits im Klauselverfahren bedarf es also nicht. Es bleibt bei der Regelung des § 724.

d) Doppelbedeutung des Hilfsantrags

Der »für den Unvermögensfall« gestellte Hilfsantrag kann bei besonderer Fallkonstellation inhaltlich mehrdeutig sein. Das soll folgendes Beispiel verdeutlichen: 22

Beispiel: Der Kläger verlangt mit der Klage die Übereignung eines Fahrrads, das er von dem Beklagten für 500 EUR gekauft und bereits bezahlt hat. Der Beklagte wendet ein, ihm sei das Fahrrad kurz vor der geplanten Übergabe aus der ordnungsgemäß verschlossenen Garage entwendet worden. Der Kläger bestreitet den Diebstahl und behauptet hilfsweise, dieser sei, sollte er stattgefunden haben, mit Sicherheit auf mangelnde Vorsicht des Beklagten zurückzuführen, der seine Garage so gut wie nie verschlossen halte.
Der Kläger beantragt,
den Beklagten zu verurteilen, ihm das (näher bezeichnete) Fahrrad zu übereignen und herauszugeben sowie im Unvermögensfall an ihn 500 EUR zu zahlen.

Wenn der Beklagte mit dem ihm obliegenden Beweis des schuldlosen Unvermögens scheitert, ergibt sich im Verhältnis zu dem im Vorstehenden erörterten Beispielsfall kein Unterschied. Er wird auf Haupt- und Hilfsantrag hin in vollem Umfang verurteilt.

Anderes gilt, wenn die Beweisaufnahme zugunsten des Beklagten ausgeht. Dann ist der Hauptantrag wegen § 275 I BGB abzuweisen. Mit dem Hilfsantrag muss der Kläger jedoch durchdringen, da er gemäß §§ 326 IV, 346 I BGB den bereits gezahlten Kaufpreis zurückverlangen kann. Bei Begründetheit des Hauptantrags stellt das Zahlungsbegehren des Klägers demnach einen unechten Hilfsantrag dar. Ist der Hauptantrag jedoch nach § 275 I BGB unbegründet, haben wir es bezüglich des Zahlungsanspruchs mit einem echten Hilfsantrag zu tun. Trotz der damit gegebenen alternativen Bedingtheit ist die Zulässigkeit des Zahlungsantrags zu bejahen. Denn beide Bedingungen – entweder Zuspruch auf den Hauptantrag oder Abweisung wegen befreienden Unvermögens – lassen sich innerhalb des Prozesses klären, ohne dass der Beklagte einer unzumutbaren Ungewissheit ausgesetzt würde.

Im Aufbau des Gutachtens ergeben sich keine Besonderheiten. Allerdings muss die Auslegung der Anträge ergebnisorientiert erfolgen. Am Anfang des Gutachtens kann aufgezeigt werden, dass der zweite Antrag je nach Ergebnis des Hauptantrags einen echten oder unechten Hilfsantrag darstellt und in beiden Fällen der Hauptantrag zunächst vollständig durchgeprüft werden muss. Am Anfang der Erörterung zum Hilfsantrag muss dann unter Berücksichtigung des Ergebnisses über den Hauptantrag erneut eine Auslegung des Hilfsantrags erfolgen.

(Der Tenor des Urteils lautet, je nach Ausgang der Beweisaufnahme, entweder:)

Der Beklagte wird verurteilt, dem Kläger das (näher bezeichnete) Fahrrad zu übereignen und es herauszugeben. Für den Fall des Unvermögens wird er verurteilt, an den Kläger 500 EUR zu zahlen.

(oder:)

Der Beklagte wird verurteilt, an den Kläger 500 EUR zu zahlen. Im Übrigen wird die Klage abgewiesen.

5. Fristsetzung bei Unerheblichkeit des Unvermögenseinwands

23 Letztlich bleibt es dem Kläger unbenommen, bei einem unerheblichen Unvermögenseinwand des Beklagten nach § 255 Fristsetzung und für den Fall des fruchtlosen Fristablaufs die Verurteilung des Beklagten zur Leistung von Schadensersatz zu beantragen.[58]

Beispiel: Der Kläger verlangt vom Beklagten die Herausgabe des leihweise überlassenen Buches. Der Beklagte beruft sich darauf, er habe das Buch versehentlich in der Straßenbahn liegengelassen. Der Kläger behauptet den fortdauernden Besitz des Beklagten an dem streitbefangenen Objekt und beantragt:
1. Herausgabe
2. Fristsetzung
3. Schadensersatz

Die einzige Frage ist, ob der Kläger an der Fristsetzung ein rechtliches Interesse hat. Denn ein Schadensersatzanspruch steht ihm ja ohnehin zu. Andererseits kann der Kläger im Fall der Fristsetzung auf Maßnahmen der Herausgabevollstreckung gänzlich verzichten und abwarten, was der Beklagte freiwillig unternehmen wird. Daher ist ein Rechtsschutzinteresse an der Fristsetzung nach § 255 zu bejahen.

IV. Weitere Überlegungen des Anwalts

24 Bei der Frage, ob tatsächlich ein unechter Hilfsantrag (eventuell auf der Grundlage des § 510b) gestellt werden soll und ob er mit einem Fristsetzungsantrag nach § 255 zu verbinden ist, sind die nachstehenden Ausführungen zu den Besonderheiten eines solchen Vorgehens zu berücksichtigen,[59] und zwar im Wesentlichen wie folgt:

Die Praxis macht von den Möglichkeiten des § 510b und des unechten Hilfsantrags mit Fristsetzung im Allgemeinen nur zurückhaltend Gebrauch. Häufig werden die Vorteile dieses Vorgehens nicht erkannt. Sie liegen in kostenmäßiger Hinsicht darin, dass beim Gebührenstreitwert eine Wertaddition unterbleibt.[60] Außerdem erhält der Kläger einen Titel auf den Ersatzanspruch im Regelfall schneller als wenn er erst nachträglich über die Fristsetzung vorgeht und alsdann möglicherweise einen weiteren Rechtsstreit führen muss. Bei einem streitigen Unvermögenseinwand findet unter den von der Rechtsprechung entwickelten, von uns weiterhin befürworteten Grundsätzen keine Beweisaufnahme statt.[61] Die herrschende Literaturansicht mahnt allerdings zur Vorsicht.

58 So jetzt unter ausdrücklicher Bezugnahme auf die Rechtsprechung zu § 283 BGB aF BGH NJW 2016, 3235.
59 Vgl. → Rn. 2 ff.
60 Vgl. → Rn. 8; Prütting/Gehrlein/*Gehle* ZPO § 5 Rn. 16.
61 Vgl. → Rn. 17.

Gegen den Antrag auf Fristsetzung und Leistung nach Fristablauf können sachliche Gesichtspunkte sprechen. Der wichtigste ist der Verlust der Vollstreckungsmöglichkeit nach § 888a bei Anwendung des § 510 b. Dies muss im Einzelfall sorgfältig abgewogen werden, insbesondere wenn die Zahlungsfähigkeit des Gegners zweifelhaft ist. Nach § 281 I 1, IV BGB bleibt dem Gläubiger demgegenüber die Wahlmöglichkeit zwischen Erfüllung und Schadensersatz erhalten, bis er den Ersatzanspruch geltend macht.[62] In jedem Falle kann sich der Zuspruch auf den Hauptantrag verzögern, wenn allein die Höhe des Schadensersatzanspruchs vom Gegner bestritten wird. Ob in einem solchen Fall das Gericht auf den Hauptantrag ein Teilurteil erlässt, ist wegen des nach § 301 II immer noch verbleibenden Entscheidungsspielraums fraglich, sodass die Durchsetzung des Herausgabeanspruchs sich verzögern kann.

Letzteres gilt auch für den Antrag auf Ersatzleistung »im Unvermögensfall«.[63]

62 BGH NJW 2006, 1198.
63 Vgl. → L Rn. 18.

M. Die Widerklage

I. Prozessuale Gegebenheiten

1. Ausgangslage

1 Mit der Erhebung einer Widerklage löst sich der Beklagte von der Rolle des Verteidigers und geht zum Gegenangriff über. § 296 ist daher insoweit nicht anwendbar.[1] Grundlegende Voraussetzung für die Zulässigkeit einer Widerklage ist das Bestehen eines Prozessrechtsverhältnisses zwischen den Parteien.[2] Diese müssen als solche einander gegenüberstehen;[3] die Widerklage zwischen Streitgenossen ist unzulässig.[4] Der früheste Zeitpunkt für ihre Erhebung ist die Klagezustellung, der letzte der Schluss der mündlichen Verhandlung.[5] Eine erst danach erhobene Widerklage kann, wenn nicht eine Trennung gemäß § 145 II erwogen wird, ohne mündliche Verhandlung als unzulässig abgewiesen werden.[6] Auch nach übereinstimmend erklärter Erledigung des Rechtsstreits oder nach Klagerücknahme ist trotz offener Kostenentscheidung die Widerklage nicht mehr zulässig.[7]

Hat der Beklagte die Widerklage einmal wirksam erhoben, kommt es auf das weitere Schicksal der Klage nicht an. Die Rücknahme der Klage oder deren übereinstimmend erklärte Erledigung lassen die Zulässigkeit der Widerklage unberührt.[8] Der Kläger kann auf die Widerklage seinerseits mit einem Gegenangriff reagieren und bis zur rechtskräftigen Entscheidung über die Widerklage (hilfsweise) Wider-Widerklage erheben.[9] Sie unterliegt nicht den einschränkenden Voraussetzungen des § 263.[10] Hilfsweise kann sie zB erhoben werden, wenn der Kläger sich gegen die Widerklage mit einer Aufrechnung verteidigt, deren Erfolg aufgrund eines möglicherweise durchgreifenden Aufrechnungsverbots fraglich ist.[11]

2 Die Widerklage muss nicht von vornherein als solche erhoben werden, damit sich die Parteien mit wechselseitig geltend gemachten Klageansprüchen in ein und demselben Rechtsstreit wiederfinden. Dasselbe kann sich aufgrund der Verbindung zweier Prozesse nach § 147 ergeben.

> **Beispiel:** Der Kläger verlangt aufgrund eines Verkehrsunfalls von dem Beklagten und dessen Haftpflichtversicherer Schadensersatz. Der Beklagte hat wegen desselben Unfalls den Kläger und dessen Haftpflichtversicherer vor demselben Gericht verklagt. Wegen des rechtlichen Zusammenhangs der wechselseitig erhobenen Ansprüche verbindet das Gericht die beiden Sachen.

1 → I Rn. 4.
2 BGH NJW-RR 2001, 60.
3 BGH NJW 2014, 1670.
4 OLG Köln NZBau 2013, 375; zu Besonderheiten in der Berufung OLG Naumburg NJOZ 2014, 852.
5 BGH NJW-RR 1992, 1085; WM 1994, 311; NJW 2000, 2512; OLG Stuttgart BauR 2003, 1424 = BeckRS 2003 30316460; OLG Köln MDR 2004, 962 Ls. = OLGR Köln 2004, 137 = BeckRS 2004, 03019.
6 BGH NJW 2000, 2512.
7 BGH NJW-RR 2001, 60.
8 BGH NJW 1964, 44 (45); LG München I NJW 1978, 953; OLG Koblenz FamRZ 1983, 939 = BeckRS 2010, 06662.
9 BGH NJW-RR 1996, 65; NJW 2009, 148.
10 BGH NJW-RR 1996, 65.
11 Vgl. → Rn. 25.

In dem Beschluss heißt es:

> Die Sachen A ./. 1) B, 2) Y-Vers. – Az.: 20 O 19/17 – und B ./. 1) A, 2) Z-Vers. – Az.: 20 O 98/17 – werden zur gemeinsamen Verhandlung und Entscheidung miteinander verbunden.
> Die Sache 20 O 19/17 führt.

Durch den zweiten Satz des Beschlusses wird klargestellt, welcher der beiden Prozesse mit ursprünglichem Rubrum und Aktenzeichen weitergeführt wird. Sein Aktenzeichen bleibt alleine maßgeblich. Normalerweise führt nach dem Geschäftsverteilungsplan derjenige Rechtsstreit, welcher zuerst bei Gericht anhängig gemacht worden ist. Die später eingegangene Sache tritt zurück. Ihr Kläger B wird zum Beklagten und Widerkläger des verbundenen neuen Rechtsstreits; die Z-Versicherung als Haftpflichtversicherer des A wird (ausschließlich) Widerbeklagte, während die Y-Versicherung Beklagte bleibt.

Die einmal zulässige Widerklage bleibt zulässig, unabhängig vom weiteren Schicksal der Klage, also auch bei deren Rücknahme oder Erledigung (konnex, aber nicht akzessorisch, arg. § 303 I 1).[12]

2. Zur Zulässigkeit im Einzelnen

a) Allgemeine Prozessvoraussetzungen

Wie jede Klage unterliegt auch die Widerklage den allgemeinen Prozessvoraussetzungen. Wird sie erst in der Berufungsinstanz erhoben, ist außerdem § 533 zu beachten.[13] **3**

Da die besondere Regelung des § 33 zur Frage der sachlichen Zuständigkeit keine Aussage enthält, gelten auch insoweit die allgemeinen Grundsätze.[14] Eine vor dem Arbeitsgericht zu erhebende Klage kann selbst unter den Voraussetzungen des § 33 nicht vor dem Zivilgericht erhoben werden. Erhebt der Beklagte eine arbeitsrechtliche Widerklage, ist diese gemäß § 145 II abzutrennen und nach § 17a II 1 GVG an das zuständige Arbeitsgericht zu verweisen.[15]

Besonderheiten können sich bei der Frage ergeben, ob Amts- oder Landgericht zuständig sind. Gemäß § 5 dürfen die Einzelwerte von Klage und Widerklage für die Ermittlung des Zuständigkeitsstreitwerts nicht addiert werden.[16] Das Amtsgericht bleibt also zuständig, auch wenn die Parteien mit den wechselseitig erhobenen Klagen Ansprüche in einer Gesamthöhe von mehr als 5.000 EUR geltend machen, für die einzelnen Klagen jedoch gemäß § 23 Nr. 1 GVG jeweils das Amtsgericht zuständig ist.

Beispiel:

Klageforderung:	4.000 EUR
Widerklageforderung:	3.500 EUR

Anders ist zu entscheiden, wenn die Widerklage den Wert von 5.000 EUR übersteigt und für sie das Landgericht zuständig ist (§§ 71 I, 23 Nr. 1 GVG).

Beispiel:

Klageforderung:	4.000 EUR
Widerklageforderung:	21.000 EUR.

12 BGH NJW 1964, 44.
13 Vgl. zu § 533 näher → S Rn. 62.
14 Eingehend Zöller/*Vollkommer* ZPO § 33 Rn. 12.
15 BGH NJW 1996, 1532; beachte § 17a V GVG!
16 Vgl. näher Prütting/Gehrlein/*Gehle* ZPO § 5 Rn. 24; unten → Rn. 13 f.

Dann hat sich das Amtsgericht auf Antrag einer Partei durch Beschluss für unzuständig zu erklären und den Rechtsstreit gemäß § 506 insgesamt, also unter Einschluss der Klage, an das zuständige Landgericht zu verweisen.

Wird andererseits in einem landgerichtlichen Verfahren eine Widerklage erhoben, die wegen ihres Streitwerts vor dem Amtsgericht zu verhandeln wäre, so bleibt das Landgericht zuständig.

Beispiel:
Klageforderung: 21.000 EUR
Widerklageforderung: 1.000 EUR.

Das Landgericht ist auch für die Widerklage zuständig, wofür der Umkehrschluss aus § 506 I spricht. Einen Ausnahmefall regeln §§ 33 II, 40 II (unzulässige Gerichtsstandsvereinbarung).

4 Die Widerklage ist unzulässig, wenn sie die bloße Verneinung des Anspruchs zum Gegenstand hat.

Beispiel: Der Kläger verlangt mit der Klage von dem Beklagten Kaufpreiszahlung. Er beantragt, den Beklagten zu verurteilen, an ihn 7.000 EUR zu zahlen.
Der Beklagte beantragt, unter gleichzeitiger Feststellung, dass der klageweise geltend gemachte Anspruch nicht besteht, die Klage abzuweisen.

Da der den Streitgegenstand bildende Klageanspruch bereits mit dem Leistungsantrag rechtshängig gemacht ist, steht der Zulässigkeit einer negativen Feststellungs-(Wider-) Klage § 261 III Nr. 1 (anderweitige Rechtshängigkeit) entgegen.[17]

Gerade in solchen Fällen muss der Bearbeiter sich jedoch fragen, ob nicht der Beklagte seinen Abweisungsantrag in Wirklichkeit nur hat ausschmücken wollen, ohne ein selbstständiges Feststellungsbegehren zu verfolgen.[18] Das dürfte, wenn der Sachvortrag des Beklagten nicht in eine andere Richtung weist, die Auslegung des Antrags für den Normalfall ergeben.

b) Konnexität, § 33

5 Gemäß § 33 kann bei dem Gericht der Klage eine Widerklage erhoben werden, wenn der Gegenanspruch mit dem in der Klage geltend gemachten Anspruch in Zusammenhang steht.

Die Praxis handhabt das Konnexitätserfordernis recht großzügig. Sie lässt im Allgemeinen ein innerlich zusammengehörendes einheitliches Lebensverhältnis, also auch einen rein wirtschaftlichen Zusammenhang zwischen dem Gegenstand der Klage und der Widerklage oder etwa auch einen Zusammenhang der Angriffs- oder Verteidigungsmittel ausreichen.[19] Man mag sich, wenn es (ausnahmsweise) darauf ankommt, an den zu § 273 BGB entwickelten Grundsätzen orientieren, nach denen es nicht erforderlich ist, dass die gegenseitig erhobenen Ansprüche aus demselben Rechts- oder Schuldverhältnis herrühren. Vielmehr reicht das Vorhandensein eines die beiden Ansprüche verbindenden einheitlichen Lebensverhältnisses aus.[20] Hierfür spricht insbe-

17 BGH NJW 1989, 2064; 2002, 751; eingehend zur neg. Feststellungsklage → O Rn. 25 ff.; 32 ff.
18 Thomas/Putzo/*Hüßtege* ZPO § 33 Rn. 21; Zöller/*Vollkommer* ZPO § 33 Rn. 7.
19 BGH NJW 2001, 2094; KGR 2004, 91.
20 BGH NJW 1991, 2645; 1997, 2944.

sondere die engere Fassung des § 145 II, der bei fehlendem rechtlichem Zusammenhang, wenn also die beiden Ansprüche nicht aus dem gleichen Rechtsverhältnis hervorgehen, die Trennung von Klage und Widerklage ermöglicht. Mit anderen Worten: Das Gesetz kennt eine zulässige Widerklage, die mit der Klage in tatsächlichem, nicht aber in rechtlichem Zusammenhang steht.

Streit herrscht zwischen Rechtsprechung und Literatur über die systematische Einordnung des § 33. Nach der Rechtsprechung des BGH ist die Konnexität der Widerklage als besondere Zulässigkeitsvoraussetzung (= Statthaftigkeit) anzusehen,[21] wohingegen die in der Literatur vorherrschende Ansicht in § 33 nur eine Regelung der örtlichen Zuständigkeit sieht.[22] 6

Die praktische Relevanz dieses sicherlich jedermann geläufigen Seminarthemas ist nicht besonders groß.

Wenn die Parteien, abweichende Zuständigkeiten vorausgesetzt, die fehlende Konnexität nicht rügen, wird der Mangel nach der Literaturmeinung gemäß § 39,[23] der Ansicht des BGH zufolge nach § 295 I geheilt.[24] Ist ein solcher Fall gegeben, braucht der Bearbeiter sich mit dem Problem der Konnexität nicht oder jedenfalls nur ganz kurz zu befassen. Die Praxis geht darüber hinweg.

II. Darstellung in Gutachten und Urteil

1. Gutachten

Bei der Abfassung des Gutachtens ist zu beachten, dass die Widerklage *kein* bloßes *Verteidigungsmittel* des Beklagten ist, sondern ein selbstständiger Angriff. Klage und Widerklage sind also grundsätzlich in zwei verschiedenen Abschnitten zu behandeln. Dabei besteht kein Vorrangverhältnis, jedoch sollte man, wenn sich keine Besonderheiten ergeben[25], mit der Klage anfangen. Das ist nicht zwingend, aber üblich. Ist nur eine der beiden Klagen entscheidungsreif, kann unter Umständen ein Teilurteil ergehen, sofern nicht hierdurch die Gefahr einer Divergenz zwischen Teil- und Schlussurteil entsteht.[26] 7

a) Grundschema

Es bietet sich demnach folgendes Grundschema an: 8

A. Klage
   I. Schlüssigkeit (Klägerstation)
   II. Erheblichkeit (Beklagtenstation)
   III. Tatsächliche Würdigung (Beweisstation)

21 BGH LM § 1025 ZPO Nr. 7, III; NJW 1975, 1228, lit a; als selbstverständlich vorausgesetzt in BGH NJW 2001, 2094.
22 Zöller/*Vollkommer* ZPO § 33 Rn. 1 f.; Thomas/Putzo/*Hüßtege* ZPO § 33 Rn. 1.
23 Zöller/*Vollkommer* ZPO § 33 Rn. 2.
24 BGH BB 1954, 811; Thomas/Putzo/*Hüßtege* ZPO § 33 Rn. 7.
25 Vgl. → Rn. 9.
26 BGH NJW 2002, 1806; MDR 2012, 992 = NJW-RR 2012, 849; OLG Köln NZM 1999, 417 (Teilurteil vor Rechtshängigkeit der Widerklage generell zulässig); näher unten → N Rn. 11.

B. Widerklage
   I. Schlüssigkeit (Widerklägerstation)
   II. Erheblichkeit (Widerbeklagtenstation)
   III. Tatsächliche Würdigung (Beweisstation)
C. Erarbeitung des Urteilstenors/Fortgang des Verfahrens

Wenn die Prüfung von Klage und Widerklage im Kern zu denselben Beweisfragen führt oder wenn hinsichtlich beider Klagebegehren bereits eine Beweisaufnahme stattgefunden hat, liegt es näher, für die Feststellung des Sachverhalts einen einheitlichen, gesonderten Abschnitt zu bilden. Das gilt insbesondere im Verkehrsunfallprozess für die Beweisaufnahme über den Unfallhergang.[27]

A. Darlegungsstationen
   I. Klage
   II. Widerklage
B. Tatsächliche Würdigung (Beweisstation)
C. Erarbeitung des Urteilstenors (Tenorierungsstation)

Soweit einzelne Fragen im Rahmen des Abschnitts A.I. umfassend geprüft werden, reicht, wenn dieselben Probleme auch bei der Widerklage von Bedeutung sind, eine Bezugnahme.

b) Sonderfälle

9 Wenn die Besonderheiten des Falls es gebieten, muss der Bearbeiter sich vom Grundschema lösen. Nehmen wir etwa nachstehenden

> **Beispielsfall:** Der Kläger verlangt von dem Beklagten Schadensersatz. Aus Kostengründen macht er nur einen Teil des ihm angeblich entstandenen Schadens geltend. Der Beklagte bestreitet den Schadensumfang und erhebt Widerklage mit dem Antrag festzustellen, dass er dem Kläger aus dem streitigen Ereignis zu Ersatzleistungen insgesamt nicht verpflichtet sei.

Wer hier die Klageforderung zuerst prüft, läuft Gefahr, dass er sich, wenn die Klage dem Grund nach unbegründet ist, die negative Feststellungs-Widerklage also Erfolg hat, betreffend die streitige Höhe der geltend gemachten Ansprüche in überflüssigen Ausführungen verliert. Näher liegt es im Beispielsfall, mit der Behandlung der Widerklage zu beginnen, das Grundschema also auf den Kopf zu stellen. Ähnliches kann sich im Verkehrsunfall-Prozess ergeben, wenn der Kläger nur eine Quote, der widerklagende Beklagte aber vollen Ersatz verlangt.[28] Ist die Begründetheit der Widerklage erkannt, kann hinsichtlich der Klage auf das zuvor erzielte Ergebnis verwiesen werden, ohne noch die Höhe der Klageforderung eingehender auf ihre Schlüssigkeit hin zu überprüfen.[29] Dasselbe gilt bei einer petitorischen Widerklage im possessorischen Besitzschutzprozess.[30]

27 Zur gleichen Frage bei der Aufrechnung vgl. → G Rn. 17.
28 Vgl. → U Rn. 2 ff.
29 Vgl. BGHZ 34, 122 (123) = NJW 1961, 499. Aufbauüberlegungen sollte man dem Leser allerdings nicht eigens mitteilen. Wenn der umgekehrte Aufbau in der Darstellung Vorteile bietet, leuchten diese auch so ein.
30 → Rn. 20 ff.

2. Urteil

a) Rubrum und Tenor

Im *Rubrum* des Urteils ist klarzustellen, in welcher Parteirolle die Streitenden auftreten: 10

(Der Kläger nimmt den Beklagten und dessen Haftpflichtversicherer aus einem Verkehrsunfall auf Schadensersatz in Anspruch. Der Beklagte begehrt seinerseits aus demselben Ereignis widerklagend Schadensersatz vom Kläger und dessen Haftpflichtversicherer. Das Rubrum sieht wie folgt aus:)
In dem Rechtsstreit
1) des Herrn Siegfried Schnell, ...,

Klägers und Widerbeklagten,

2) der Pecunia-Versicherungs-AG, ...,

Widerbeklagten,

– Prozessbevollmächtigter: ... –

gegen

1) Herrn Ulrich Sanft, ...

Beklagten und Widerkläger,

2) die Solventia-Versicherungs-AG, ...,

Beklagte,

– Prozessbevollmächtigter: ... –

Im Text des Urteils werden die Parteien zur Vermeidung umständlicher Wendungen nur mit ihrer ursprünglichen Parteirolle bezeichnet, der Kläger zB als »Kläger zu 1)«, nicht hingegen als »Kläger zu 1) und Widerbeklagter«. Gleiches gilt für das Gutachten.

Der *Tenor* des Urteils muss deutlich erkennen lassen, inwieweit die Entscheidung sich auf die Klage oder die Widerklage bezieht:

Klage und Widerklage werden abgewiesen.

(Bei Erfolg nur auf einer Seite heißt es:)

Der Beklagte wird verurteilt, an den Kläger ... zu zahlen. Die Widerklage wird abgewiesen.

(oder umgekehrt:)

Die Klage wird abgewiesen. Auf die Widerklage wird der Kläger verurteilt, an den Beklagten ... zu zahlen.

Haben im obigen Beispielsfall Klage und Widerklage nur zum Teil Erfolg, lautet der Tenor zB:

Die Beklagten werden verurteilt, als Gesamtschuldner an den Kläger ... EUR zu zahlen.

Auf die Widerklage werden der Kläger und die Widerbeklagte verurteilt, als Gesamtschuldner an den Beklagten zu 1) ... EUR zu zahlen.

Im Übrigen werden Klage und Widerklage abgewiesen.

b) Tatbestand

Für den Tatbestand gilt, dass der Sachverhalt, soweit er für Klage und Widerklage 11
eine einheitliche Grundlage bildet, grundsätzlich im Rahmen der Geschichtserzählung mitzuteilen ist. Das dient dem Verständnis der Sachlage mehr, als wenn der Be-

arbeiter das Unstreitige auseinander reißt. Anderes gilt nur dann, wenn die wechselseitig erhobenen Klagen auf verschiedenen Lebenssachverhalten beruhen.

Was die Darstellung der Anträge betrifft, schlagen wir folgendes Schema vor:

- Geschichtserzählung zu Klage und Widerklage (Normalfall)
- Streitiger Vortrag des Klägers zur Klage
- Der Kläger beantragt,
  den Beklagten zu verurteilen, ...
- Der Beklagte beantragt,
  die Klage abzuweisen.
- Widerklagend beantragt er,
  den Kläger zu verurteilen, ...
- Der Kläger beantragt,
  die Widerklage abzuweisen.
- Streitiges des Beklagten Vortrag des Beklagten zur Widerklage
- Ggf. Erwiderung des Klägers

Es mag gedanklich durchaus nahe liegen, den Antrag des Klägers zur Widerklage erst nach dem Vortrag des Beklagten darzustellen. Die Gefahr ist nur, dass man ihn (insbesondere in der Klausur) dann vergisst. Die Darstellung in einem Block beugt dem vor.

Beruhen Klage und Widerklage auf verschiedenen Lebenssachverhalten, kann sich eine getrennte Darstellung empfehlen:

- Geschichtserzählung zur Klage
- Streitiger Vortrag des Klägers
- Klageantrag des Klägers und Abweisungsantrag des Beklagten
- Streitiges des Beklagten
- Geschichtserzählung zur Widerklage, etwa eingeleitet mit dem Satz:

  > Mit der Widerklage begehrt der Beklagte von dem Kläger (die Rückzahlung eines Darlehens). Dem liegt folgender Sachverhalt zugrunde: ...

- Streitiger Vortrag des Beklagten zur Widerklage
- Anträge des Beklagten und des Klägers
- Streitiges des Klägers zur Widerklage

c) Entscheidungsgründe

12 Für den Aufbau der Entscheidungsgründe gibt es keine festen Grundsätze. Im Einleitungssatz sollte man das Schicksal von Klage und Widerklage in der üblichen Form kurz mitteilen:

> Die Klage ist mit Ausnahme eines Teils der erhobenen Zinsansprüche begründet, wohingegen die Widerklage keinen Erfolg hat.

Vom Fall der erfolgreichen negativen Feststellungs-Widerklage abgesehen, wird man in aller Regel mit den Ausführungen zur Klage beginnen.[31]

31 Zu Ausnahmen vgl. → Rn. 9.

III. Streitwert und Kostenentscheidung

1. Streitwert

Nach § 5 Hs. 2 sind für den *Zuständigkeitsstreitwert* die Einzelwerte von Klage und Widerklage nicht zu addieren, sondern getrennt zu berücksichtigen.[32] Für den *Rechtsmittelstreitwert* gilt dies nicht. Ist eine Partei hinsichtlich beider Klagen beschwert, **13**

Beispiele: Der Kläger verliert die Klage und wird auf die Widerklage verurteilt.

sind beide Werte insoweit zu addieren.[33] Übersteigt die Summe den Betrag von 600 EUR, ist die Berufung nach § 511 II Nr. 1 zulässig.

Für den *Gebührenstreitwert* ergeben sich Besonderheiten aus § 45 I 1, 3 GKG. Der Bearbeiter muss sich hier unter Berücksichtigung der allgemeinen Wertvorschriften zunächst klarmachen, welcher Gegenstandswert Klage und Widerklage jeweils für sich gesehen zukommt. Diese Gegenstandswerte sind nach § 45 I 1 GKG zu addieren, es sei denn, Klage und Widerklage betreffen denselben Gegenstand. Dann sind gemäß § 45 I 3 GKG die Gebühren nach dem einfachen Wert dieses Gegenstandes zu berechnen. Der zweigliedrige Streitgegenstandsbegriff gilt hier nicht. Maßgeblich ist die bereits vom Reichsgericht entwickelte Abgrenzungsformel, wonach ein- und derselbe Streitgegenstand dann vorliegt, »wenn die beiderseitigen Ansprüche einander ausschließen, dergestalt, dass die Zuerkennung des einen Anspruchs notwendig die Aberkennung des anderen bedingt«.[34]

Beispiele:
- Der Kläger klagt auf Kaufpreiszahlung in Höhe von 5.000 EUR. Der Beklagte begehrt widerklagend die Feststellung, dass der Kaufvertrag nichtig sei.
- Der Kläger hat gegen den Beklagten einen Vollstreckungsbescheid erwirkt und aus diesem bereits vollstreckt. In der auf Einspruch des Beklagten anberaumten mündlichen Verhandlung beantragt dieser widerklagend, den Kläger zur Rückzahlung des erlangten Geldbetrags zu verurteilen.[35]

Verschiedene Streitgegenstände sind dann gegeben, wenn die wechselseitigen Klagebegehren sich einander nicht ausschließen, sondern möglicherweise beide Erfolg haben könnten. In diesem Fall sind die Einzelwerte nach § 45 I 1 II GKG zu addieren. **14**

Beispiel: Der Kläger verlangt von dem Beklagten Mietzahlung. Widerklagend begehrt der Beklagte Zahlung von Schadensersatz, da die Mieträume feucht und daher seine Möbel aus dem Leim gegangen seien.[36]

Die Gegenstände von Klage und Widerklage sind uU nur teilweise identisch.

Beispiel: Der Kläger klagt auf Kaufpreiszahlung in Höhe von 5.000 EUR. Der Beklagte begehrt widerklagend die Feststellung, dass der Kaufvertrag nichtig sei. Er behauptet, der Kläger habe geäußert, bei Wirksamkeit des Vertrags stünden ihm Ansprüche in Höhe von insgesamt 10.000 EUR zu.

---

32 Vgl. → Rn. 3; Prütting/Gehrlein/*Gehle* ZPO § 5 Rn. 24.

33 BGH NJW 1994, 3292; Prütting/Gehrlein/*Gehle* ZPO § 5 Rn. 28; näher → S Rn. 37.

34 RGZ 145, 164 (166); BGH NJW-RR 1992, 1404; 2005, 506; Prütting/Gehrlein/*Gehle* ZPO § 5 Rn. 25 ff.

35 BGHZ 38, 237.

36 BGH NJW 2014, 1456 (unterschiedliche Teilforderungen); OLGR Düsseldorf 2009, 225; Prütting/Gehrlein/*Gehle* ZPO § 5 Rn. 27.

Dann beläuft sich der Wert der Feststellungsklage auf 10.000 EUR. Den Einzelwert der Klage dürfen wir nicht hinzurechnen, da insoweit Identität der beiden Streitgegenstände gegeben ist.[37]

2. Kostenentscheidung

a) Grundsatz der Kosteneinheit

15 Über die Kosten muss im Rahmen einer *einheitlichen* Quotenbildung entschieden werden. Wer etwa tenoriert: »Die Kosten der Klage tragen der Kläger zu $^2/_3$, der Beklagte zu $^1/_3$; die Kosten der Widerklage trägt der Kläger«, begeht einen Fehler, weil der Rechtspfleger diese Entscheidung im Kostenfestsetzungsverfahren nicht verwerten kann.[38]

Keine Schwierigkeiten ergeben sich, wenn eine Partei sowohl hinsichtlich der Klage wie auch hinsichtlich der Widerklage voll obsiegt:

> Der Beklagte wird verurteilt, an den Kläger … zu zahlen.
> Die Widerklage wird abgewiesen.
> Die Kosten des Rechtsstreits trägt der Beklagte.

Einfach liegt der Fall auch dann, wenn im Fall des § 45 I 1 GKG sowohl die Klage als auch die gleich zu bewertende Widerklage abgewiesen werden. Dann heißt es im Tenor:

> Die Kosten des Rechtsstreits werden gegeneinander aufgehoben.

Haben jedoch Klage und/oder Widerklage nur teilweise Erfolg, muss für die Kosten des Rechtsstreits unter Berücksichtigung des Grades von Obsiegen und Unterliegen eine Quote gebildet werden. Hierbei ist zu beachten, dass Kosten, die nur für eine der beiden Klagen aufgewendet worden sind (zB Beweisaufnahme ausschließlich über die mit der Widerklage geltend gemachte Forderung) nach Möglichkeit gesonderte Berücksichtigung finden sollen.[39]

Die für die Bildung einer Kostenquote maßgeblichen Grundsätze werden anhand einiger Beispiele näher erläutert:

b) Beispielsfälle

16 > **1. Fall (Grundfall):** Der Kläger verlangt mit der Klage Kaufpreiszahlung in Höhe von 6.000 EUR. Der Beklagte begehrt widerklagend Schadensersatz in Höhe von 4.000 EUR. Die Streitwerte sind gemäß § 45 I 1 GKG auf 10.000 EUR zu addieren. Der Kläger erhält 3.000 EUR, der Beklagte erhält 1.000 EUR zugesprochen.

Die Quote wird anhand der Tabelle ermittelt, in die wir die von den Parteien auf Klage und Widerklage jeweils verlorenen Streitwertanteile eintragen:

---

37 OLG Düsseldorf MDR 2003, 236 = BeckRS 2003, 04366.

38 S. → A Rn. 181.

39 BGHZ 19, 172 (173); OLG Stuttgart MDR 2006, 1317 = BeckRS 2006, 05191; Prütting/Gehrlein/*Schneider* ZPO § 92 Rn. 33 aE.

	Kläger	Beklagter
Klage: 6.000 EUR Widerklage: 4.000 EUR	3.000 EUR 1.000 EUR	3.000 EUR 3.000 EUR
Gesamtverlust (Streitwert): 10.000 EUR	4.000 EUR	6.000 EUR
Kostenanteil (Verlust ./. Streitwert)	2/5	3/5

2. Fall (Streitwertneutrale Widerklage): Der Kläger verlangt Kaufpreiszahlung in Höhe von 6.000 EUR. Der Beklagte begehrt widerklagend die Feststellung, dass der Kaufvertrag nicht wirksam zustande gekommen sei. Der Streitwert beläuft sich nach § 45 I 1 GKG auf 6.000 EUR. Der Einzelwert der negativen Feststellungs-Widerklage wird nicht addiert. Dem Kläger werden 3.000 EUR zugesprochen. Die weitergehende Klage und die Widerklage werden abgewiesen.

Orientiert man sich hier ausschließlich am Streitwert, sind die Kosten des Rechtsstreits hälftig zu teilen. Die Widerklage bleibt unberücksichtigt. Eine andere Kostenquote ergibt sich, wenn man den Wert der Widerklage (6.000 EUR) in die Berechnung mit einbezieht:[40] 17

	Kläger	Beklagter
Klage: 6.000 EUR Widerklage: 6.000 EUR	3.000 EUR	3.000 EUR 6.000 EUR
Gesamtverlust (fiktiver Streitwert): 12.000 EUR	3.000 EUR	9.000 EUR
Kostenanteil (Verlust ./. fiktiven Streitwert)	¼	¾

Bei der zweiten Quotenrechnung haben wir uns am fiktiven Streitwert[41] orientiert. Vertretbar sind beide Berechnungsmethoden. Da die Widerklage lediglich eine Vorfrage des Klageanspruchs zum Gegenstand hat, liegt die Anwendung der ersten Methode hier näher; die zweite verleiht der Widerklage ein recht hohes Gewicht. Beim Hilfsantrag ergibt sich ein vergleichbares Problem.[42]

3. Fall (Teilweise Berücksichtigung der Widerklage): Der Kläger verlangt vom Beklagten Schadensersatz. Er beziffert seinen Sachschaden auf 5.000 EUR. Weiterhin behauptet er, ihm sei ein Gewinn in Höhe von 3.000 EUR entgangen. Aus Kostengründen klagt er vorläufig nur den Sachschaden ein. Der Beklagte erhebt negative Feststellungsklage mit dem Antrag festzustellen, dass dem Kläger aus dem streitigen Schadensereignis keine Ansprüche zustehen.

Der Streitwert beläuft sich auf insgesamt 8.000 EUR (§ 45 I 1 GKG). Dem Kläger werden 4.000 EUR zugesprochen. Auf die Widerklage wird unter Abweisung des weitergehenden Begehrens festgestellt, dass dem Kläger über einen Betrag von 1.000 EUR entgangenen Gewinns hinaus keine weiteren Ansprüche gegen den Beklagten zustehen. 18

Die Frage ist hier, mit welchem Wert wir die Widerklage bei der Quotenbildung berücksichtigen sollen. Unseres Erachtens ist sie im Anschluss an unsere zu Fall 2 vertretene Ansicht nur mit 3.000 EUR in Ansatz zu bringen. Denn das auf die Zahlung

40 So wohl MüKoZPO/*Schulz* § 92 Rn. 5.
41 Vgl. oben → A Rn. 192.
42 Näheres hierzu → K Rn. 14 ff.

von 5.000 EUR gerichtete Begehren des Klägers ist mit der Zahlungsklage umfassender geltend gemacht. Das wirtschaftliche Interesse des Beklagten richtet sich nur darauf, festgestellt zu wissen, dass dem Kläger keine weiteren Ansprüche zustehen.

Es gilt also:

	Kläger	Beklagter
Klage: 5.000 EUR Widerklage: 3.000 EUR	1.000 EUR 2.000 EUR	4.000 EUR 1.000 EUR
Gesamtverlust (Streitwert): 8.000 EUR	3.000 EUR	5.000 EUR
Kostenanteil (Verlust ./. Streitwert)	$^{3}/_{8}$	$^{5}/_{8}$

4. Fall (Besondere Kosten für eine der Forderungen): Der Kläger begehrt mit der Klage die Zahlung von 6.000 EUR. Der Beklagte verlangt widerklagend die Herausgabe einer Sache im Wert von 3.000 EUR. Über Grund und Höhe der Klageforderung wird Beweis erhoben, wofür Auslagen von 3.000 EUR anfallen. Der Streitwert beläuft sich auf insgesamt 9.000 EUR (§ 45 I 1 GKG). Der Kläger erhält 2.000 EUR zugesprochen, der Beklagte obsiegt mit der Widerklage.

19 Nach unserer Quotentabelle sieht das Ergebnis zunächst wie folgt aus:

	Kläger	Beklagter
Klage: 6.000 EUR Widerklage: 3.000 EUR	4.000 EUR 3.000 EUR	2.000 EUR
Gesamtverlust (Streitwert): 9.000 EUR	7.000 EUR	2.000 EUR
Kostenanteil (Verlust ./. Streitwert)	$^{7}/_{9}$ (ca. 78%)	$^{2}/_{9}$ (ca. 22%)

Bei diesem Vorgehen bliebe jedoch außer Betracht, dass die Kosten der Beweisaufnahme nur bei der Klage zu Buche schlagen und dementsprechend nur nach der für die Klage bei isolierter Betrachtung maßgeblichen Erfolgsquote unter den Parteien zu verteilen sind, dh im Verhältnis von $^{2}/_{3}$ zulasten des Klägers und $^{1}/_{3}$ zulasten des Beklagten. Die Kosten der Beweisaufnahme sollten daher entsprechend § 96 getrennt ausgeworfen werden:

Die Kosten des Rechtsstreits tragen der Kläger zu 7/9, der Beklagte zu 2/9; die Kosten der Beweisaufnahme tragen der Kläger zu $^{2}/_{3}$, der Beklagte zu $^{1}/_{3}$.

Erhebt nur einer von mehreren Beklagten Widerklage, ist § 100 II zu beachten.[43]

IV. Sonderfälle

1. Die petitorische Widerklage

20 Gemäß § 863 BGB kann der Beklagte sich gegenüber possessorischen Ansprüchen des Klägers mit petitorischen Gegenrechten grundsätzlich nicht verteidigen. Daher ist fraglich, ob er berechtigt ist, sein Recht zum Besitz mit der Widerklage geltend zu machen.

43 Vgl. → A Rn. 206.

Beispielsfall: Der Beklagte hat dem Kläger eine Präzisions-Drehbank geliefert. Der Kaufpreis soll in Raten bezahlt werden. Als diese ausbleiben, erklärt der Beklagte den Rücktritt vom Kaufvertrag. Er verlangt die Herausgabe der Drehbank. Der Kläger kommt dem nicht nach. Daraufhin dringt der Beklagte mit einigen Gehilfen bei Nacht und Nebel in die Werkstatt des Klägers ein und schafft die Drehbank fort. Der Kläger begehrt, gestützt auf § 861 I BGB, Herausgabe. Der Beklagte macht geltend, er sei dank Eigentumsvorbehalts Eigentümer der Drehbank geblieben. Da der Kläger eine dahingehende Vereinbarung bestreitet, beantragt er widerklagend, sein Eigentum festzustellen.

a) Problemstellung

Wenn Klage und Widerklage gleichzeitig zur Entscheidung reif sind, etwa weil der Kläger die von ihm behauptete unbedingte Übereignung nicht näher dargelegt oder nicht unter Beweis gestellt hat, ergibt sich folgendes Problem: Bei Berücksichtigung des § 863 BGB könnte man in Erwägung ziehen, auf Klage und Widerklage ein jeweils zusprechendes Urteil zu erlassen. Damit indes wäre dem Rechtsfrieden kein guter Dienst erwiesen, da der Kläger, wenn er seinen Anspruch aus § 861 I BGB durchsetzte, die Sache sofort wieder an den Beklagten herausgeben müsste. Gerade das hat der Gesetzgeber nach § 864 II BGB ausschließen wollen. Direkt gilt die Vorschrift nur, wenn nach Begehung der verbotenen Eigenmacht durch *rechtskräftiges* Urteil festgestellt wird, dass dem Täter ein Recht an der Sache zusteht, vermöge dessen er die Herstellung eines seiner Handlungsweise entsprechenden Besitzstandes verlangen kann. Im Beispielsfall liegt ein rechtskräftiges Urteil noch nicht vor. Erginge nun auf Klage und Widerklage ein zusprechendes Urteil, müsste der Beklagte sein Heil darin suchen, die Vollstreckung des Herausgabetitels bis zur Rechtskraft des feststellenden Ausspruchs zu vereiteln, sei es durch tatsächliches Handeln, sei es durch Einlegen von Rechtsmitteln, wohingegen der Kläger bestrebt wäre, die Rechtskraft des auf die Widerklage erlassenen Feststellungsurteils durch Einlegen von Rechtsmitteln hinauszuzögern, damit dem Beklagten der Weg des § 767 versperrt bliebe. Dieses Ergebnis ist nur schwer tragbar. Daher hat sich der BGH für eine analoge Anwendung des § 864 II BGB ausgesprochen: 21

Wenn Klage und Widerklage entscheidungsreif sind, ist die Klage in Analogie zu § 864 II BGB unter Zuspruch auf die Widerklage abzuweisen.[44]

Der Besitzer ist der unerlaubten Selbsthilfe dennoch nicht schutzlos ausgeliefert. § 864 II BGB kann nur im Fall gleichzeitiger Entscheidungsreife analog angewendet werden. Häufig wird daher dem Kläger durch Erlass eines Teilurteils zu helfen sein,[45] während über den mit der Widerklage geltend gemachten Anspruch noch Beweis erhoben werden muss. Die Gefahr einer Divergenz, die dem Erlass eines Teilurteils entgegensteht,[46] wird hier kaum bestehen. Nach weit verbreiteter Ansicht kann zudem der in seinem Recht gestörte Besitzer im Wege der einstweiligen Verfügung Herausgabe verlangen.[47] Hierfür spricht § 940a. Wenn sogar die Räumung von Wohnraum bei verbotener Eigenmacht angeordnet werden darf, muss entsprechendes erst

44 BGH NJW 1979, 1358; bestätigt in NJW 1999, 425; *Lehmann-Richter* NJW 2003, 1717; nicht kritisiert in BGH NJW-RR 2005, 280.

45 BGH NJW 1979, 1359 (1360), wo das Vorgehen des Landgerichts, das über die Widerklage Beweis erhoben hatte, bevor es über die Klage entschied, als »verfehlt« bezeichnet wird.

46 Vgl. → N Rn. 11.

47 OLG Saarbrücken MDR 2003, 1198 = NJW-RR 2003, 1717.

recht für den normalen Besitzschutz gelten.[48] Allerdings wird vertreten, dass der Gegner in diesem Verfahren einen petitorischen Gegenantrag stellen kann.[49]

Erkennt der Kläger, dass er wegen der Entscheidungsreife der Widerklage unterliegen wird, so mag er den Rechtsstreit in der Hauptsache für erledigt erklären.[50]

b) Besonderheiten bei der Zulässigkeit

22 Wegen der aufgezeigten Möglichkeit einer analogen Anwendung des § 864 II BGB ist die Konnexität im Sinn des § 33 immer zu bejahen.[51] Aus demselben Grund besteht Interesse an einer alsbaldigen Feststellung nach § 256 I.[52]

c) Streitwert

23 Die Streitwerte von Klage und Widerklage sind gemäß § 45 I 1 GKG zu addieren. Denn aus der Begründetheit der Klage folgt nicht zwingend die Unbegründetheit der Widerklage.[53]

d) Aufbau des Gutachtens und der Entscheidungsgründe

24 Da im Rahmen der auf § 861 BGB gestützten Klage § 864 II BGB geprüft werden muss, ist die petitorische Widerklage übergreifend. Um eine Inzidentprüfung zu vermeiden, ist sie im Gutachten und in den Entscheidungsgründen vorrangig zu erörtern.

Formulierungsbeispiel für die Einleitung der Entscheidungsgründe:
Die Klage bleibt im Ergebnis ohne Erfolg, weil die Widerklage begründet ist und die Klage aus diesem Grunde abgewiesen werden muss.

2. Die Hilfs-Widerklage

25 Nicht nur der Kläger kann Hilfsanträge stellen, vielmehr darf auch der Beklagte gegen den Kläger die Widerklage hilfsweise erheben.[54]

Beispiel: Der Kläger nimmt den Beklagten mit der Klage auf Bezahlung einer Geldschuld in Anspruch. Der Beklagte erklärt die Aufrechnung mit einer Gegenforderung. Als der Kläger sich diesem Einwand gegenüber auf ein Aufrechnungsverbot beruft, erhebt der Beklagte hilfsweise Widerklage mit dem Antrag, den Kläger zur Erfüllung des evtl. nicht aufrechenbaren Gegenanspruchs zu verurteilen.

Die vom Beklagten des Beispielsfalls erhobene Hilfs-Widerklage ist zulässig. Sie steht unter der – innerprozessualen – Bedingung, dass der Beklagte mit dem Aufrechnungseinwand nicht durchdringt. Hat er mit diesem Erfolg, so fällt die Rechtshängigkeit der Widerklage rückwirkend fort.[55] Daraus erhellt zugleich, dass eine Hilfswider-

48 Im Einzelnen Zöller/*Vollkommer* ZPO § 940 Rn. 8, Stichwort »Herausgabe« mwN; LG Freiburg FamRZ 2005, 1252 = BeckRS 2008, 26224.
49 Prütting/Gehrlein/*Wern* ZPO § 33 Rn. 25 mwN.
50 Allg. → P Rn. 4, 34.
51 Vgl. → Rn. 6.
52 Vgl. → O Rn. 12 ff.
53 S. → Rn. 13.
54 BGH NJW 1996, 2165, II 3; 1996, 2306; zur Auslegung von Vortrag im Sinne einer Hilfswiderklage BGH NJW 2001, 2094.
55 BGH NJW 1973, 98; näher zum Hilfsantrag → K Rn. 1 ff.

klage gegen einen Dritten nicht zulässig ist, da es ein bedingtes Prozessrechtsverhältnis nicht geben darf.[56] Das Gericht ist im Beispielsfall nicht berechtigt, den Einwand des Aufrechnungsverbots dahingestellt sein zu lassen. Denn nach dem insoweit bindenden Willen des Beklagten soll die Widerklage erst dann zum Zug kommen, wenn über die Aufrechnung entschieden ist.

Die Tatsache, dass der Beklagte den hilfsweise eingeklagten Anspruch gleichzeitig zur Aufrechnung gestellt hat, steht der Erhebung der Widerklage auch aus dem Gesichtspunkt des § 261 III Nr. 1 nicht entgegen. Denn allein durch die im Prozess erklärte Aufrechnung wird der Anspruch nicht rechtshängig.[57]

Beim Zuständigkeitsstreitwert wird die Hilfs-Widerklage von ihrer Erhebung ab berücksichtigt, § 506 ist also unabhängig davon anzuwenden, ob das Gericht über die Widerklage letztlich entscheidet.[58] Für den Gebührenstreitwert erlangt die Hilfswiderklage demgegenüber erst dann Bedeutung, wenn über sie im Urteil entschieden werden muss. Insoweit gilt § 45 III GKG analog.[59] Wird allerdings die durch die Hilfswiderklage geltend gemachte Forderung in einen Prozessvergleich einbezogen, erhöht sich der Wert des Vergleichsgegenstands um den Wert der Hilfswiderklage.[60]

3. Widerklagen unter Beteiligung Dritter

Die Frage, unter welchen Voraussetzungen im Wege der Widerklage bisher nicht am 26
Prozess beteiligte Dritte in den Rechtsstreit einbezogen werden können, stellt sich in der Praxis nicht selten. Der BGH lässt die Drittwiderklage unter deutlich einschränkenden Voraussetzungen zu, um die Vervielfältigung und Zersplitterung von Prozessen zu vermeiden.[61] Vorweg ist klarzustellen, dass einem neuen Widerbeklagten im Verfahren keine Nachteile entstehen dürfen. Er kann insbesondere verlangen, dass eine bereits durchgeführte Beweisaufnahme wiederholt wird.[62] Im Ansatz muss man zwei grundverschiedene Fallkonstellationen auseinander halten.

a) Widerklage ausschließlich gegen einen Dritten

Beispiel: Der Kläger nimmt den Beklagten aus einer geschäftlichen Beziehung auf Geldzahlung in Anspruch. Der Beklagte besinnt sich bei dieser Gelegenheit darauf, dass ihm aus demselben Zusammenhang heraus noch eine Forderung gegen die Ehefrau des Klägers zusteht. Er erhebt gegen sie Widerklage.

Da in § 33 nur der Gegenangriff des Beklagten zugelassen wird, hält die Rechtspre- 27
chung Widerklagen, die ausschließlich gegen bisher unbeteiligte Dritte erhoben werden, grundsätzlich für unzulässig.[63] Das Gericht kann allerdings bei Vorliegen der gesetzlichen Voraussetzungen die beiden Sachen nach § 147 miteinander verbinden,

56 BGH NJW 2001, 2094; → Rn. 2.

57 BGH NJW-RR 1994, 379 für den entsprechenden Fall von Hilfsaufrechnung und Widerklage; OLG Düsseldorf NJW-RR 1995, 575; vgl. auch → G Rn. 5.

58 Vgl. → K Rn. 11, → Rn. 3.

59 BGH NJW 1961, 1862; 1965, 440; NJW-RR 1999, 1736 (jeweils für die iW gleichlautende Regelung des § 19 GKG aF); OLG Bamberg JurBüro 1994, 112; zum Prozessurteil über die Hilfswiderklage OLG Stuttgart Rpfleger 1980, 487.

60 OLG Bamberg JurBüro 1994, 112.

61 BGH NJW 2014, 1670.

62 BGH NJW 1996, 196; Anm. *Luckey* JuS 1998, 499; zum Verkehrsunfall vgl. Kap. → U Rn. 1 ff.

63 BGH NJW 2014, 1670; eingehend *Korte* JA 2005, 534.

womit die Ehefrau des Klägers letztlich doch als »Widerbeklagte« in den Rechtsstreit einbezogen wird.[64]

Der BGH hat Ausnahmen zugelassen, die der isolierten Drittwiderklage eine gewisse Offenheit verleihen. So kann etwa der Beklagte mit der Widerklage im Rechtsstreit des Zessionars eine Forderung, die er zur Hilfsaufrechnung gestellt hat, gegenüber dem Zedenten geltend machen,[65] eine eigenständige Forderung gegen den Zedenten einklagen[66] oder gegen ihn negative Feststellungsklage erheben.[67] Erforderlich sind nur ein enger tatsächlicher und rechtlicher Zusammenhang mit der Klage und die Wahrung der schützenswerten Belange des Dritten.[68] Ein zulässiger Sonderfall ist auch die persönliche Inanspruchnahme des als Partei kraft Amtes vorgehenden Insolvenzverwalters mit der (Dritt-)Widerklage.[69]

Nach seinem Wortlaut begründet § 33 für einen Widerbeklagten, der nicht zugleich als Kläger an dem Verfahren beteiligt ist, keinen Gerichtsstand. Die Klage könnte mithin unzulässig sein, wenn sich die örtliche Zuständigkeit des Gerichts nicht aus anderen Vorschriften ergibt[70] oder infolge rügeloser Einlassung nach § 39 herbeigeführt wird. Dann allerdings hätte die Zulassung von Drittwiderklagen durch die jüngere Rechtsprechung wenig Sinn. Der BGH wendet daher jedenfalls bei der isolierten Drittwiderklage gegen den Zedenten § 33 analog an; eine entsprechende Anwendung des § 36 Nr. 3 wird demgegenüber für diese Fallkonstellation abgelehnt.[71]

b) Widerklage gegen den Kläger und weitere Personen

aa) Voraussetzungen der Zulässigkeit

28 Großzügiger entscheidet die Rechtsprechung, wenn die Widerklage sich nicht nur gegen Dritte, sondern zugleich auch gegen den Kläger richtet (streitgenössische Drittwiderklage).

> **Beispiel:** Der Kläger verlangt vom Beklagten die Lieferung bestimmter Waren. Der Beklagte macht mit der Widerklage Zahlungsansprüche geltend, die mit der Klageforderung in Zusammenhang stehen. Da die Ehefrau des Klägers für diese Ansprüche als beigetretener Mitschuldner haftet, richtet der Beklagte die Widerklage auch gegen sie und verlangt gesamtschuldnerische Verurteilung. Die Ehefrau äußert demgegenüber, sie halte die Widerklage für unzulässig.

Die Zulässigkeit dieser Art Widerklage ist nach Auffassung des BGH in Anlehnung an die Parteierweiterung[72] von folgenden Voraussetzungen abhängig:

- Die gegen den Kläger gerichtete Widerklage muss nach § 33 (oder über § 39) zulässig sein.[73]

---

64 S. → Rn. 2.

65 BGH NJW 2001, 2094; zu einem Ausnahmefall aus dem Bereich des Gesellschaftsrechts BGH NJW 1984, 2104; LG Bonn NJW-RR 2002, 1399; vgl. auch *Luckey* MDR 2002, 743.

66 BGH NJW 2007, 1753.

67 BGH NJW 2008, 2852; → O Rn. 25.

68 Zusammengefasst dargestellt in BGH NJW 2011, 460; bestätigt in NJW 2014, 1670; eingehend zur Drittwiderklage auf Freistellung *Schweer/Todorow* NJW 2013, 3004; ablehnend wegen Ausschaltung des Zedenten als Zeuge *Foerste* MDR 2016, 1123.

69 BGH NZG 2016, 838.

70 BGH NJW 1991, 2838; 1993, 2120; vgl. allg. zu § 33: → Rn. 5.

71 BGH NJW 2011, 460 mit Anm. *Vossler*; ältere Rechtsprechung ist überholt! Vgl. auch *Fellner* MDR 2011, 146; *Skusa* NJW 2011, 2697

72 BGH NJW 2011, 460; zur Parteierweiterung → R Rn. 22.

73 Allg. hierzu → Rn. 6.

- Die Widerbeklagten müssen Streitgenossen im Sinne der §§ 59 ff. sein.
- Die Widerklage muss, soweit sie sich gegen den Dritten richtet, dessen Zustimmung finden oder im Sinne des § 263 sachdienlich sein.[74]
- Die Widerklage muss unbedingt erhoben werden.[75]

Die örtliche Zuständigkeit des Gerichts ist für die neuen Widerbeklagten selbstständig zu prüfen.[76] Die Regelung des § 33 gilt für den Dritten nicht.[77] Auf die Sachdienlichkeit der Widerklage kommt es insoweit nicht an. Ob der BGH die Analogie auch bei der streitgenössischen Drittwiderklage befürworten wird, ist offen.[78] Lässt sich die Zuständigkeit aus den allgemeinen Vorschriften nicht herleiten und erfolgt auch keine Prorogation nach §§ 38 ff., ist das zuständige Gericht gemäß § 36 Nr. 3 zu bestimmen; regelmäßig entspricht es dabei der Prozessökonomie, den Ort zu wählen, an dem der Rechtsstreit stattfindet, da der Kläger gemäß § 33 für die Widerklage gebunden ist.[79] Diese Lösung scheidet indes aus, wenn Kläger und Widerbeklagter anderweit einen gemeinsamen Gerichtsstand haben.[80]

bb) Verkehrsunfall

Ein häufiger Fall ist die Widerklage im Verkehrsunfall-Prozess, mit welcher der Haftpflichtversicherer des Klägers in den Rechtsstreit einbezogen wird. Da sich in diesen Fällen die Zuständigkeit des Gerichts meist aus § 20 StVG ergibt und da es im Übrigen praktisch nie zu einer Zuständigkeitsrüge des Versicherers kommt, bedürfen Fragen der Zulässigkeit keiner Erörterung. 29

cc) Unterlassungs-Widerklage

Nicht zulässig ist es, den Kläger und/oder die von diesem benannten Zeugen auf Unterlassung von Behauptungen in Anspruch zu nehmen, die zu Prozesszwecken aufgestellt werden. Eine dahingehende Widerklage ist vor der Durchführung einer Beweisaufnahme über die Voraussetzungen des Klageanspruchs mangels Rechtsschutzbedürfnisses durch Teilurteil abzuweisen, damit nicht ihr Ziel, Sachvortrag und Zeugen auszuschalten, trotz Unzulässigkeit de facto dennoch erreicht wird.[81] 30

c) Hinzutreten eines neuen »Widerklägers«

Die Erhebung einer »Widerklage« durch einen bis dahin nicht am Rechtsstreit beteiligten Dritten ist nach Ansicht der Rechtsprechung unzulässig, da dieser Dritte sich nicht in der nach § 33 privilegierten Lage eines Beklagten befindet.[82] Es ist sogar fraglich, ob es sich nicht in Wahrheit nur um eine neue Klage mit Antrag auf Verbindung 31

74 BGH NJW 1984, 2104; 1987, 3138; 1996, 196; 2001, 2094.

75 BGH NJW 2001, 2094; vgl. → K Rn. 2; allg. zur Bedingungsfeindlichkeit der Klage BGH NJW 2007, 913; beachte auch die Parallele zum Hilfsantrag, → K Rn. 2.

76 BGH NJW 1991, 2838 unter Aufgabe von BGH NJW 1966, 1028.

77 BGH NJW 2000, 1871; MDR 2008, 1178 = NJW-RR 2008, 1516.

78 Beachte die Anm. zu BGH NJW 2011, 460 (462).

79 BGH NJW 1992, 982; 2000, 1871; MDR 2008, 1178 = NJW-RR 2008, 1516; zum Stand der Literatur vgl. Zöller/*Vollkommer* ZPO § 33 Rn. 22 f.; Thomas/Putzo/*Hüßtege* ZPO § 33 Rn. 13; Prütting/Gehrlein/*Wern* ZPO § 33 Rn. 18.

80 BGH NJW 2000, 1871.

81 BGH NJW 1987, 3138; 2006, 1432; 2008, 996 (Unterlassungsklage eines Dritten); vgl. auch → F Rn. 7.

82 BGH LM § 33 ZPO Nr. 12; OLG Hamburg NJW-RR 2004, 62; OLG Köln FamRZ 2005, 1259 = BeckRS 2005, 00719; beachte den Zusammenhang mit dem Thema »Parteiwechsel« → R Rn. 4 ff.

handelt.[83] Die Praxis wird die Voraussetzungen des § 147 prüfen, im Bejahensfalle die Verbindung beschließen und andernfalls nach § 145 trennen.

V. Weitere Überlegungen des Anwalts

32 Der Anwalt hat einen offenen Sachverhalt zu bearbeiten. Deshalb kann eine Rechtsprüfung zur Widerklage auch schon erforderlich sein, wenn sie noch nicht erhoben ist. Besteht ein Gegenanspruch des Beklagten, ist neben der (Hilfs-)Aufrechnung generell die Möglichkeit einer Widerklage zu überlegen.

33 Ob sie dann tatsächlich erhoben werden soll, ist im Rahmen der Zweckmäßigkeit zu behandeln. Die Widerklage bietet bei Konnexität im Sinne des § 33 I[84] gegenüber einer Geltendmachung in einem anderen Prozess entscheidende Vorteile. In aller Regel kann bei Erhebung der Widerklage mit einer schnelleren Erledigung des Streites gerechnet werden, weil ein Verhandlungstermin bereits bestimmt bzw. ein schriftliches Vorverfahren angeordnet ist; außerdem spart der Anwalt bei der Widerklage in erheblichem Umfang Arbeitsaufwand, da mit der Erhebung einer eigenständigen Klage in aller Regel zumindest die Wahrnehmung weiterer Termine einhergeht, wenn nicht gar ein anderes Gericht angerufen werden muss. Des Weiteren führt die Widerklage, auch wenn die Streitwerte nach § 45 I 1[85] GKG zu addieren sind, wegen der Gebührendegression[86] zu einer Reduzierung der Prozesskosten.

Hat der Kläger seine Klage am Amtsgericht erhoben und fällt die Widerklage in die sachliche Zuständigkeit des Landgerichts, sollte man zur Vermeidung von Verzögerungen mit Erhebung der Widerklage gleichzeitig den Verweisungsantrag nach § 506 I stellen. Wenn der Kläger die Zuständigkeit rügt, kann das Amtsgericht sofort entscheiden.

Führen die Parteien bereits Prozesse, die in rechtlichem Zusammenhang stehen, ist aus den vorgenannten Gründen zu prüfen, ob die Verbindung nach § 147 beantragt werden soll.

34 Wenn eine *Aufrechnung* in Betracht kommt, besteht im Regelfall für eine Widerklage kein praktisches Bedürfnis. Die Hauptaufrechnung ist ohnehin kostengünstiger, weil sie den Streitwert nicht erhöht, § 45 III GKG. Falls ein Aufrechnungsverbot in Erwägung zu ziehen ist, bietet sich zusätzlich zur Aufrechnungserklärung die *Hilfswiderklage* an. Sie ist nur bei Durchgreifen des Aufrechnungsverbots zu bescheiden und erhöht auch nur in diesem Fall den Streitwert.[87]

35 Nicht unerhebliche praktische Bedeutung hat die Widerklage, wenn dem Beklagten der Ausschluss seines Verteidigungsvorbringens wegen *Verspätung* droht.

Beispiel: Der klagende Installateur verlangt vom Beklagten Zahlung des Werklohns für ausgeführte und abgenommene Installationsarbeiten, die er als mangelfrei bezeichnet. Er hat im Mahnverfahren den Erlass eines Vollstreckungsbescheids erwirkt, gegen den der Beklagte fristgerecht Einspruch erhoben hat. Der Beklagte lässt die gemäß § 275 I gesetzte Frist zur Klageerwiderung

83 BGH WM 1985, 1507 (1510).
84 Vgl. → Rn. 5.
85 Vgl. → Rn. 13.
86 Vgl. → A Rn. 173, 181.
87 Prütting/Gehrlein/*Gehle* ZPO § 5 Rn. 29; zur Hilfswiderklage vgl. auch → Rn. 25.

verstreichen und erscheint erst danach bei seinem Anwalt. Er legt detailliert Mängel der Werkleistung dar, die eine Neuherstellung der gesamten Leistung erfordern und die aufgrund einer Beweisprognose als beweisbar erscheinen.

Die Begutachtung des Falls ergibt, dass dem Beklagten eine Zurückweisung seines Vortrags wegen Verspätung droht.[88] Hierauf muss der Anwalt sich einstellen. Die Möglichkeit, ein Versäumnisurteil ergehen zu lassen, um alsdann die Mängelrügen in der Einspruchsbegründung vorzubringen[89], besteht nach Erlass eines Vollstreckungsbescheids nicht mehr, §§ 700 I, 345. Auch in der Berufung hätte der Beklagte, ein gesetzmäßig ergangenes zweites Versäumnisurteil unterstellt, keine Aussicht auf Durchsetzung seiner materiell-rechtlich begründeten Einwände, § 514 II. Er kann jedoch der drohenden Verurteilung entgehen, indem er den Anspruch auf Mängelbeseitigung mit der Widerklage geltend macht und gleichzeitig gegenüber der Werklohnforderung aufgrund des Mängelbeseitigungs- oder Nacherfüllungsanspruchs die Einrede aus § 320 I BGB erhebt.

Er entgeht hierdurch der Zurückweisung seines verspäteten Vorbringens nach § 296 I. Das Gericht könnte aufgrund der Widerklage über die Klage nur durch ein Teilurteil entscheiden, das allerdings wegen der Gefahr widersprechender Entscheidungen grundsätzlich nicht ergehen darf.[90] Die Anwendung des § 296 I zwecks Erlass eines Teilurteils ist nach hM grundsätzlich ebenfalls nicht zulässig.[91] Die Erhebung einer Widerklage als Flucht vor der drohenden Präklusion ist nicht missbräuchlich.[92]

Im Einzelfall muss sich der Anwalt auch mit den Besonderheiten einer Widerklage **36**
gegen einen Dritten[93] oder der petitorischen Widerklage[94] auseinandersetzen.

88 Allg. hierzu → I Rn. 1 ff.
89 Vgl. → H Rn. 28, → I Rn. 14.
90 Vgl. → N Rn. 11.
91 Vgl. näher → I Rn. 4, → N Rn. 11.
92 BGH NJW 1995, 1223 (jedenfalls wenn der Differenzbetrag zwischen Klageforderung und Gegenforderung geltend gemacht wird); vgl. auch → H Rn. 28, → I Rn. 12.
93 Vgl. → Rn. 26 ff.
94 Vgl. → Rn. 20 ff.

N. Die Stufenklage

I. Einführung

1 Die Stufenklage, § 254, hat in Teilbereichen erhebliche Bedeutung. Insbesondere bei Erb- und Gesellschaftsauseinandersetzungen sowie bei Streitigkeiten um die Zahlung von Zugewinnausgleich oder Unterhalt und um die Provisionen der Handelsvertreter ist sie häufig anzutreffen.

1. Verfahrensrechtliche Fragen

a) Klagenhäufung und Bestimmtheitsgrundsatz

2 Prozessual stellt die Stufenklage einen Sonderfall der objektiven Klagehäufung dar. Die Besonderheit liegt darin, dass bei Obsiegen des Klägers über die Klageanträge nicht gleichzeitig, sondern stufenweise entschieden wird. Denn das vom Kläger verfolgte Leistungsbegehren kann erst im Anschluss an die vorrangig verlangte Auskunftserteilung so präzise umrissen werden, dass eine bestimmte Antragstellung und der Erlass eines vollstreckungsfähigen Urteils möglich sind. Bei der Klageerhebung darf daher der Kläger abweichend von § 253 II Nr. 2 den Leistungsantrag noch unbestimmt lassen.[1] Er braucht noch nicht einmal mitzuteilen, ob er am Ende Zahlung oder Herausgabe verlangen wird.[2]

Beispiel: Die Parteien sind die alleinigen gesetzlichen Erben ihres verstorbenen Vaters. Dieser hat den Beklagten durch Testament zu seinem Universalerben eingesetzt und den Kläger auf den Pflichtteil verwiesen. Da der Beklagte den Kläger über den Nachlass im Unklaren lässt, ist der Kläger nicht imstande, seinen sich aus § 2303 BGB herleitenden Pflichtteilsanspruch zu berechnen. Gemäß § 2314 I BGB ist der Beklagte daher verpflichtet, dem Kläger über den Bestand des Nachlasses Auskunft zu geben.
Der Kläger beantragt, den Beklagten zu verurteilen,

1. über den Bestand und den Verbleib des Nachlasses des am ... verstorbenen Herrn ... Auskunft zu erteilen,[3]
2. hilfsweise[4] an Eides Statt zu versichern, dass er den Bestand des Nachlasses nach bestem Wissen so vollständig angegeben habe, als er dazu imstande sei,
3. an den Kläger ¼ des sich anhand der nach Ziff. 1 zu erteilenden Auskunft errechnenden Betrags zu zahlen.

Erst wenn der Beklagte die verlangte Auskunft erteilt und ggf. die eidesstattliche Versicherung abgegeben hat, muss der Kläger die begehrte Leistung gemäß § 253 II Nr. 2 beziffern. Unterlässt er dies, wird die Klage als unzulässig abgewiesen.[5]

Es ist dem Kläger nicht verwehrt, bei Erhebung der Stufenklage einen bestimmten Leistungsantrag zu stellen. Ein rechtliches Interesse an der Stufenklage ist nämlich

---

1 Zur Feststellungsklage auf der 3. Stufe vgl. BGH NJW 1995, 188; zu einer Stufenklage ohne Leistungsantrag KG FamRZ 1997, 503; zum unbezifferten Antrag in der Berufung BGH MDR 2015, 232 = NJW-RR 2015, 188; andere Erwägungen als die noch offene Bestimmbarkeit des Leistungsantrags rechtfertigen die Stufenklage nicht, BGH NJW 2002, 2952.

2 BGH NJW 2003, 2748.

3 Zu den Anforderungen an die Bestimmtheit des Auskunftsantrags BGH NJW 2016, 708.

4 Um einen echten Hilfsantrag handelt es sich hier nicht. Der Kläger stellt lediglich klar, dass er den Antrag nur im Bedarfsfalle stellen wird. Er kann ihn auch gem. § 264 Nr. 2 nachschieben, vgl. OLG Köln FamRZ 1990, 1128.

5 OLG Köln NJW 1973, 1848; OLG Zweibrücken FamRZ 1983, 1154 = BeckRS 2010, 09594.

bereits dann zu bejahen, wenn er von den zu erteilenden Auskünften bei der Begründung des Leistungsanspruchs ergänzend Gebrauch machen will, wenn er einen Mindestbetrag beziffert und lediglich wegen weitergehender Ansprüche Auskunft verlangt oder wenn er nur für einen Teil der Klage auf Auskünfte angewiesen ist.[6] Entscheidend ist der Gesichtspunkt, dass die Auskunft als Hilfsmittel für die noch fehlende Formulierung eines bestimmten Antrags dient.[7] Nur wenn eine Auskunft des Beklagten schlechthin nicht erforderlich ist oder wenn die Auskunftsklage gänzlich andere Zwecke hat, als die Bestimmung des Leistungsbegehrens zu ermöglichen, muss die Zulässigkeit verneint werden.[8] Es bleibt aber auch in solchen Fällen zu prüfen, ob nicht die Umdeutung in eine zulässige objektive Klagenhäufung in Betracht kommt.[9]

b) Umfang der Rechtshängigkeit

Mit der Klageerhebung werden alle vom Kläger geltend gemachten Ansprüche, auch 3
das noch unbestimmte Leistungsverlangen, sofort rechtshängig.[10] Lässt der Kläger die auf den unteren Stufen gestellten Anträge fallen und geht zum Leistungsantrag über, liegt folglich keine Klageänderung vor.[11] Der Ablauf der Verjährungsfrist wird im Hinblick auf sämtliche Klageansprüche nach 204 I Nr. 1 BGB gehemmt.[12] Beziffert der Kläger den Leistungsantrag nach Abschluss der unteren Stufe(n) nicht, indem er etwa das Verfahren nicht weiter betreibt, endet die Hemmung nach § 204 II 2 BGB. Sie bleibt nur im Umfang einer Bezifferung erhalten.[13] Es versteht sich also, dass die reine Auskunftsklage die Verjährung für Leistungsansprüche nicht hemmt.

2. Materiell-rechtliche Fragen

a) Gesetzlich geregelte Auskunftsansprüche

Ansprüche auf Auskunftserteilung oder Rechnungslegung finden sich im Gesetz in 4
großer Zahl.

Beispiele: §§ 402, 666, 740 II, 1379, 1580, 1605, 2027 ff., 2057 und 2127 BGB, § 87c HGB.

Allen dort geregelten Fällen ist gemeinsam, dass der materiell Anspruchsberechtigte auf Auskünfte des Schuldners angewiesen ist, um seinen Leistungsanspruch in hinreichend bestimmter Form gerichtlich geltend machen zu können. Aufgrund dieser Funktion ist der Auskunftsanspruch grundsätzlich nicht isoliert, sondern nur gemeinsam mit dem Hauptanspruch abtretbar, dessen Vorbereitung und Berechnung er dient.[14]

b) Anspruch aus § 242 BGB

Auf die §§ 259 ff. BGB lässt sich ein Auskunfts- oder zB ein Rechnungslegungs- 5
anspruch nicht stützen, da diese Vorschriften nur Modalitäten der Auskunftserteilung

6 BGH FamRZ 1996, 1070 = NJW-RR 1996, 833; NJW-RR 2003, 68.
7 BGH NJW 2011, 1815.
8 BGH NJW 2000, 1645; 2002, 2952; MDR 2016, 700 mAnm *Greger* MDR 2016, 751.
9 BGH NJW 2011, 1815.
10 BGH NJW-RR 1995, 513; MDR 2015, 174 f. = NJW-RR 2015, 299; OLG Nürnberg MDR 2010, 835 = BeckRS 2010, 08699.
11 BGH NJW 1991, 1893; 2001, 833.
12 BGH NJW 2006, 948 (950); 2012, 2180; OLG Brandenburg NJW-RR 2005, 871.
13 BGH NJW 1992, 2563; 1999, 1109.
14 BGH NJW 1989, 1601.

(bzw. der Rechnungslegung) regeln. Es bedarf in jedem Fall einer eigenständigen Anspruchsgrundlage.[15] Ständiger höchstrichterlicher Rechtsprechung zufolge ist jedoch nach Treu und Glauben eine Pflicht zur Auskunftserteilung gegeben, wenn die zwischen den Parteien bestehenden Rechtsbeziehungen es mit sich bringen, dass der Berechtigte in entschuldbarer Weise über Bestehen oder Umfang seines Rechts im Ungewissen ist und der Verpflichtete die zur Beseitigung der Ungewissheit erforderliche Auskunft unschwer geben kann.[16] Der Auskunftsanspruch besteht aufgrund seiner vorbereitenden Funktion allerdings nur insoweit, als der Leistungsanspruch, dessen Durchsetzung er ermöglichen soll, gegeben ist.[17]

c) Die eidesstattliche Versicherung

6 Besteht Grund zu der Annahme, dass die Rechnung oder das vom Beklagten abgelieferte Verzeichnis nicht mit der erforderlichen Sorgfalt erstellt worden sind, kann der Kläger nach §§ 259 II, 260 II BGB die Abgabe einer eidesstattlichen Versicherung verlangen. Das rechtliche Interesse hieran kann fehlen, wenn der Kläger ein Bucheinsichtsrecht hat, das ihm hinreichend verlässlich Erkenntnisse bietet.[18] Begründet ist der Antrag nur dann, wenn der Kläger die mangelnde Sorgfalt mit bestimmten Anhaltspunkten belegen kann, die im Streitfalle zu beweisen sind.

Beispiele:
- Der Auskunftspflichtige hat einzelne Gegenstände verschwiegen.
- Er hat sich über das Begehren des Klägers abfällig geäußert.
- Er hat seine Angaben im Nachhinein (mehrfach) berichtigt.[19]

Die bloße Weigerung, eine Auskunft zu erteilen, führt demgegenüber zur Zwangsvollstreckung.[20]

d) Erfüllung des Auskunftsanspruchs

7 Wenn der Auskunftspflichtige, und sei es nur im negativen Sinne, auf die Fragen des Berechtigten eine bestimmte Antwort gegeben hat, ist die Auskunft erteilt, der dahingehende Anspruch also durch Erfüllung erloschen. Zweifelt der Kläger daran, dass der Beklagte die Wahrheit gesagt hat, so mag er nach § 260 II BGB vorgehen.

Schwieriger liegt der Fall, wenn sich nicht auf Anhieb erkennen lässt, ob die Äußerung des Gegners eine Auskunft darstellt.

Beispiel: Der kraft Testaments von der Erbfolge ausgeschlossene Pflichtteilsberechtigte verlangt vom Erben Auskunft über den Bestand des Nachlasses. Er erhält einen Schmierzettel zugesandt, auf dem es heißt: »Erbschaft: unter anderem ein paar wertlose Möbel und diverse Sparbücher.«

Soll der Kläger nun auf Auskunftserteilung oder auf Abgabe der eidesstattlichen Versicherung klagen?

---

15 BGH NJW 2007, 679 (682 aE); 2014, 2651; OLG München NJW-RR 1998, 1144.

16 BGH 2014, 38; 2014, 155; 2015, 1525; OLG Hamm NJW 2013, 1167.

17 BGH NJW 1986, 2948; OLG Düsseldorf NJW 1988, 2389 (keine Auskunftspflicht bei Verjährung des Leistungsanspruchs); OLG Frankfurt a.M. NJW-RR 2015, 306.

18 BGH NJW 1998, 1636.

19 BGH LM § 259 BGB Nr. 8; NJW 1984, 484 (487); OLG Köln NJW-RR 1998, 126; Palandt/*Grüneberg* BGB § 259 Rn. 13; § 260 Rn. 19.

20 Näher → Rn. 7.

Nach ihrem Sinn und Zweck soll die Auskunft den Kläger in die Lage versetzen, die Richtigkeit seiner Ansprüche zu überprüfen und diese den Anforderungen des § 253 II Nr. 2 entsprechend zu formulieren. Daher muss sie inhaltlich bestimmt und nachvollziehbar sein.[21] Die Auskunft erfordert eine eigene, verkörperte Erklärung des Schuldners; diese braucht allerdings die Anforderungen des § 126 BGB nicht zu erfüllen, sondern kann zB auch vom Anwalt des Schuldners abgegeben werden.[22] Enthält sie Lücken, die der Auskunftspflichtige seiner Einlassung nach in tatsächlicher Hinsicht noch ausfüllen kann, ergeht ein Urteil auf Auskunftserteilung, das im Regelfall nach § 888[23] vollstreckt wird; nur wenn ein Dritter die Auskunft erteilen kann, gilt § 887.[24] Zumutbare Maßnahmen der Informationsbeschaffung muss der Schuldner ergreifen.[25] Der Beklagte des Beispielsfalls wäre also aufgrund der §§ 2314, 260 I BGB zu verurteilen, da er seiner Pflicht zur Abgabe einer inhaltlich bestimmten Auskunft noch nicht nachgekommen ist.[26] Gleiches gilt, wenn der Leistungspflichtige nach erteilter Auskunft klarstellt, dass seine Angaben falsch waren.[27]

Erklärt indes der auf Vorlage eines Bestandsverzeichnisses in Anspruch genommene testamentarische Erbe, genaueres könne er nicht mitteilen, da die Wohnung des Verstorbenen kurz nach dessen Tode ausgebrannt sei, liegt eine vollständige Auskunft vor; dem Kläger bleibt also nur der Weg des § 260 II BGB. Die Zwangsvollstreckung richtet sich insoweit nach § 889.

Die gleiche Lage ist gegeben, wenn ein Urteil auf Auskunftserteilung bereits vorliegt und sich die Frage stellt, ob der Kläger den Anspruch zwangsweise durchsetzen soll, §§ 887, 888, oder ob die Auskunft erteilt und nunmehr der Weg des § 260 II BGB zu beschreiten ist. Bei offensichtlich falscher oder unvollständiger Auskunft spricht das OLG Frankfurt a.M. sich in Fortsetzung der vorstehend dargelegten Erwägungen für Maßnahmen der Zwangsvollstreckung aus.[28]

II. Charakteristische Merkmale der Stufenklage

1. Stufenweises Vorgehen

Da der Kläger auf die von dem Beklagten zu erteilende Auskunft angewiesen ist und 8
sich mit ihr evtl. erst nach Abgabe der eidesstattlichen Versicherung zufrieden geben kann, bevor er seinen Leistungsantrag präzisiert, wird bei der Stufenklage über jede Stufe grundsätzlich separat verhandelt und entschieden.[29] Denn zu der Frage, ob der Beklagte eine eidesstattliche Versicherung abzugeben hat bzw. ob der Kläger seinem Leistungsantrag nunmehr einen bestimmten Inhalt geben muss, kann das Gericht in der Regel erst dann Stellung nehmen, wenn der Beklagte zur Auskunftserteilung

21 BGH NJW 1998, 3492; OLG Hamburg NJW-RR 2002, 1292.
22 BGH NJW 2008, 917.
23 BGH NJW 2008, 2919.
24 BGH LM § 260 BGB Nr. 1; OLG Hamm NJW 2001, 1870; vgl. auch OLG Stuttgart Justiz 1994, 241.
25 BGH NJW 2009, 2308.
26 BayObLG NJW-RR 2002, 1381 (1383).
27 BGH NJW 1986, 423 (424).
28 OLG Frankfurt a.M. NJW-RR 2016, 960.
29 BGH NJW-RR 2015, 188; auch bei umfassendem Anerkenntnis: OLG Brandenburg FamRZ 1998, 1247 = BeckRS 1998, 01142.

rechtskräftig verurteilt ist und er den Auskunftsanspruch (gegebenenfalls aufgrund von Maßnahmen der Zwangsvollstreckung) erfüllt hat.[30]

9 Seinen Abschluss findet der auf den beiden ersten Stufen geführte Streit jeweils durch Erlass eines Teilurteils, mit dem der Beklagte zunächst zur Auskunftserteilung und dann zur Abgabe der eidesstattlichen Versicherung verurteilt wird. Bis zur Rechtskraft des jeweiligen Teilurteils und bis zur Erfüllung des dem Kläger darin zuerkannten Anspruchs, ggf. im Wege der Zwangsvollstreckung, ist der Rechtsstreit unterbrochen. Termin zur Fortsetzung der mündlichen Verhandlung auf der nächst höheren Stufe wird auf Antrag einer der Parteien bestimmt.[31] Das soll nach hM sogar dann geschehen, wenn gegen das Teilurteil ein Rechtsmittel eingelegt ist.[32] Normalerweise warten die Parteien jedoch einvernehmlich die Rechtskraft ab, bis sie den Rechtsstreit auf der folgenden Stufe fortsetzen. Bisweilen treten nicht zuletzt aus diesem Grunde in der Stufenklage längere Verfahrensstillstände ein. Das kann nach Abschluss der Zwangsvollstreckung bzw. freiwilliger Erfüllung der Auskunftspflicht wegen § 204 II BGB die Gefahr der Verjährung heraufbeschwören.[33] Der BGH hat indes klargestellt, dass die bloße, rechtzeitige Antragstellung des Klägers auf Fortsetzung des Verfahrens wegen der alsdann beim Gericht liegenden Pflicht zur Verfahrensleitung dem Eingreifen der Norm entgegensteht.[34] In der mündlichen Verhandlung wird der in der Stufenfolge nächste Antrag erstmals verlesen. Sachvortrag, der auf der unteren Stufe wegen Verspätung zurückgewiesen worden ist, muss also nunmehr berücksichtigt werden.[35]

Ist der Beklagte säumig, kann gegen ihn nur auf der jeweiligen Stufe ein (Teil-)Versäumnisurteil ergehen.[36] Gleiches gilt bei einem umfassenden Anerkenntnis, da der Kläger zuerst die Auskunft benötigt, um den Leistungsantrag beziffern zu können.[37]

Im Einzelfall kann der Prozess in der ersten Stufe vollständig beendet werden.

Beispiele:
- Klagerücknahme
- Vergleich über alle Stufen
- Abweisung wegen Unbegründetheit des Leistungsanspruchs[38]

2. Exkurs: Das Teilurteil im Allgemeinen

a) Grundlagen und Gegenstand

10 Gemäß § 301 I 1 hat das Gericht, wenn der Rechtsstreit teilweise zur Entscheidung reif ist, ein Teilurteil zu erlassen. Ein Ermessen nach § 301 II besteht bei der Stufenklage nicht, weil hier die unteren Stufen ausschließlich durch Teilurteil abgeschlossen werden können.

Das Teilurteil kann sich auf einen von mehreren (allein mit der Klage oder mit Klage und Widerklage) geltend gemachten Ansprüchen oder auf den entscheidungsreifen

30 BGH NJW-RR 1996, 833; vgl. auch OLG Karlsruhe NJW 1985, 1349.
31 BGH MDR 2015, 232 = NJW-RR 2015, 188; OLG Stuttgart NJW 2012, 2289.
32 OLG München NJW 2013, 2690 mwN.
33 BGH NJW 2012, 2180.
34 BGH NJW 2013, 1666.
35 OLG Karlsruhe NJW 1985, 1349.
36 Thomas/Putzo/*Reichold* ZPO § 254 Rn. 6.
37 OLG Brandenburg FamRZ 1998, 1247 = BeckRS 1998, 01142.
38 Vgl. → Rn. 19.

Teil eines einzelnen Anspruchs beziehen, mithin auf einen von mehreren Streitgegenständen oder auf einen Teil davon. Verteidigungsmittel des Beklagten sind folglich nicht teilurteilsfähig.[39] Für bloße rechtliche Teilaspekte eines prozessualen Anspruchs, etwa die Frage, ob von mehreren Anspruchsgrundlagen einzelne außer Betracht bleiben, gilt dasselbe.[40] Sie sind kein Teil des Streitgegenstands.[41]

b) Zulässigkeit

Ein Teilurteil muss einen klar abgrenzbaren Teil des Streitgegenstands betreffen; es darf nicht erlassen werden, wenn die Gefahr besteht, dass in einem späteren Urteil, namentlich im Schlussurteil, eine zum Teilurteil in Widerspruch stehende Entscheidung ergeht (Gefahr der Divergenz).[42] Das Gebot der Widerspruchsfreiheit ist in einem weiten Sinne zu verstehen. Es ist bereits verletzt, wenn auch nur die Gefahr widersprüchlicher Begründungen von Teil- und Schlussurteil selbst in Vorfragen besteht oder wenn sich bei erneuter Vernehmung eines Zeugen eine andere Beurteilung seiner Glaubwürdigkeit ergeben kann.[43] Selbst eine möglicherweise abweichende Beurteilung durch das Rechtsmittelgericht steht dem Erlass eines Teilurteils entgegen.[44] Auch bei nur teilweiser Wiederaufnahme eines unterbrochenen Verfahrens kann all dem Bedeutung zukommen.[45] Das Gebot der Widerspruchsfreiheit wird vom BGH sehr hoch gewertet; es ist noch in der Revisionsinstanz von Amts wegen zu berücksichtigen.[46] 11

Beispiele: [47]
- Klage auf Zugewinnausgleich: Teilurteil generell fraglich, da sich die Bewertung des Anfangs- und des Endvermögens noch ändern kann;[48]
- Teilurteil über Klage oder Widerklage: bei Gefahr der Divergenz nicht zulässig;[49]
- Bei Klage auf Räumung und Zahlung rückständiger Miete im Fall der Divergenzgefahr kein Teilurteil auf Räumung.[50]
- Der Erlass eines Teilurteils über einen Vorschussanspruch in Höhe der für die Beseitigung von Schallschutzmängeln erforderlichen Kosten ist unzulässig, wenn der Besteller daneben einen auf dieselben Mängel gestützten Schadensersatzanspruch geltend macht.[51]
- Die Gefahr, dass eine spätere (wiederholte) Zeugenvernehmung, etwa auch durch das Berufungsgericht, zu einem anderen Ergebnis führt, steht dem Erlass eines Teilurteils entgegen.[52]
- Kein Teilurteil, wenn an sich selbstständige Klageforderungen durch eine mindestens zwei von ihnen erfassende Hilfsaufrechnung miteinander verklammert werden.[53]

39 BGH NJW 1992, 511 (Aufrechnung).
40 BGHZ 13, 145 (154).
41 → J Rn. 1 ff.
42 BGH NJW-RR 2014, 23; NJW 2015, 2648 Rn. 25; OLG Rostock JurBüro 2014, 207.
43 BGH NJW 2000, 1405; 2001, 105; 2004, 1452; 2007, 156; zu Sonderproblemen des Teilurteils im Bauprozess *Sonntag* NZBau 2006, 91.
44 Zusammenfassend BGH NJW 2012, 844.
45 BGH NJW-RR 2013, 683.
46 BGH NJW 2011, 2736; alte Rechtsprechung ist überholt! Wegen der gefährlichen Nähe zu § 21 GKG vgl. OLG Hamburg MDR 2013, 424 = BeckRS 2013, 00744.
47 Wir geben nur eine repräsentative Auswahl und verweisen iÜ auf die Kommentarliteratur zu § 301.
48 BGH NJW 1989, 2821 (offengelassen); OLG Brandenburg FamRZ 2005, 1921.
49 BGH NJW-RR 2005, 22.
50 BGH MDR 2008, 331 = NJW-RR 2008, 460.
51 BGH NJW-RR 2014, 1298.
52 BGH NJW-RR 1992, 253.
53 OLGR Koblenz 2009, 802.

- Die Bestätigung eines Teilurteils durch das Berufungsgericht kann unzulässig sein, wenn hierdurch die Gefahr der Divergenz entsteht.[54]
- Ist die Klage nur teilweise schlüssig und ist der Beklagte säumig, darf nicht gleichzeitig ein Teil-Versäumnisurteil und ein abweisendes Teilurteil ergehen, da sich nach Einspruch gegen das Versäumnisurteil und/oder nach Berufung gegen die abweisende Entscheidung die Gefahr der Divergenz ergibt. Das Gericht erlässt also zweckmäßig nur das Teil-Versäumnisurteil und beraumt einen weiteren Verhandlungstermin an, der nach dem voraussichtlichen Ablauf der Einspruchsfrist liegt.
- Diese Grundsätze gelten für eine teilweise Aufhebung und Zurückverweisung durch das Berufungsgericht entsprechend.[55]
- Ein nur teilweise angefochtenes Teilurteil darf im unangefochtenen Teil nicht aufgehoben werden. Das Verbot der reformatio in peius geht dem Gebot, die Widerspruchsfreiheit herzustellen, vor.[56]

Die Strenge, mit welcher der BGH das Thema angeht, wird durch Ausnahmen durchbrochen.

Beispiele:
- Teilurteil für oder gegen einen Streitgenossen: grundsätzlich ja, es sei denn, notwendige Streitgenossenschaft oder notwendig einheitliche Beweiswürdigung hinsichtlich der einfachen Streitgenossen;[57] ist das Verfahren gegen einen Streitgenossen unterbrochen, muss aus Gründen der Prozessförderung die Gefahr der Divergenz zurücktreten.[58]
- Wenn nach Unterbrechung wegen Insolvenzeröffnung (oder wegen Tod einer Partei) die Aufnahme des Rechtsstreits nur hinsichtlich eines Teils (oder nur betr. eine andere Partei) möglich ist, muss die Divergenzgefahr hingenommen werden.[59]
- Bei Grund- und Teilurteil über verschiedene Ansprüche (Leistung und Feststellung) steht die Gefahr einer Divergenz aufgrund Rechtsmittels nur betr. einen von ihnen der Zulässigkeit nicht entgegen.[60]

Die Gefahr der Divergenz kann im Einzelfall durch Klagerücknahme des nicht beschiedenen Teils beseitigt und damit das Teilurteil zulässig werden.[61] Denkbar ist auch ein Zwischenfeststellungsurteil, das die Gefahr widersprüchlicher Beurteilung einer Vorfrage beseitigt.[62] Das Berufungsgericht kann Rechtsmittel gegen Teilurteile verbinden, § 147, und dadurch die Divergenzgefahr beseitigen.[63] Auch kann es einen noch in erster Instanz anhängigen, entscheidungsreifen Teil heraufholen und mit erledigen.[64]

Wird, was nicht selten geschieht, das Teilurteil nicht angefochten und damit rechtskräftig, wird die Unzulässigkeit geheilt; Rechtskraft geht dem Gebot der Widerspruchsfreiheit vor.[65]

Zu den Besonderheiten bei der Stufenklage s. unten.[66]

---

54 BGH MDR 2009, 343 = NJW-RR 2009, 494.
55 BGH NJW 2016, 2662
56 BGH NJW 2013, 1009.
57 Thomas/Putzo/*Reichold* ZPO § 301 Rn. 3; BGH WM 1992, 242; MDR 2004, 898 = BeckRS 2004, 03578.
58 BGH NJW-RR 2003, 1002; NJW 2007, 156.
59 BGH MDR 2012, 180 = BeckRS 2012, 00013.
60 BGH NJW 2017, 268.
61 KG MDR 2005, 291 = BeckRS 2004, 08275.
62 BGH MDR 2012, 992 = NJW-RR 2012, 849 Rn. 13.
63 BGH NJW 2009, 839.
64 BGH NJW 2001, 78 (79).
65 BGH NJW-RR 2014, 270.
66 Vgl. → Rn. 15 aE.

c) Grund- und Teilurteil

Ist der Anspruch nach Grund und Höhe streitig, kann gemäß § 301 I 2 ein zusprechendes Teilurteil nur ergehen, wenn zugleich nach § 304 (unter den Voraussetzungen dieser Regelung!) über den Grund des betreffenden Anspruchs mit entschieden (Grund- und Teilurteil)[67] oder der Gefahr der Divergenz durch ein Zwischenfeststellungsurteil begegnet wird.[68] In § 301 I 2 ist ein wichtiger Fall dieses Problembereiches im Gesetz geregelt, ohne dass jedoch die reichhaltige Kasuistik hierzu an Bedeutung verlöre. Insbesondere steht der Streit alleine über den Grund eines einheitlichen Anspruchs einerseits dem Erlass eines Teilurteils, andererseits aber auch dem Erlass eines Grund- und Teilurteils entgegen, weil die Voraussetzungen des § 304 I (Streit um Grund und Betrag) nicht vorliegen. In der Praxis ist die Divergenzgefahr häufiger Quell von Fehlern. Dazu nur ein 12

Beispiel: Der Kläger verlangt die Zahlung von Schadensersatz und die Feststellung seines künftigen Interesses. Das Gericht erlässt ein Grundurteil, ohne die begehrte Feststellung im Tenor oder in den Entscheidungsgründen zu erwähnen.

Es liegt in Wahrheit lediglich ein Teil-Grundurteil über den Zahlungsantrag vor. Über einen nicht bezifferten Feststellungsantrag kann ein Grundurteil nicht ergehen.[69] Das Gericht müsste also die beantragte Feststellung neben dem Ausspruch zum Grund ausdrücklich in den Tenor aufnehmen, um die Gefahr der Divergenz zu vermeiden. Es mag denkbar sein, dass das Gericht konkludent das Feststellungsurteil mit erlassen hat; wenn jedoch jeder Anhalt dafür im Urteil fehlt, ist diese Lösung nicht gangbar. Auch die Umdeutung des Urteils in ein Teil-Grundurteil über den Leistungsantrag und ein Teil-Endurteil über den Feststellungsantrag scheidet in der Regel aus.[70] Das Grundurteil ist also nicht zulässig.

d) Besonderheiten im Urteil

Aus den Entscheidungsgründen muss unzweideutig hervorgehen, über welchen Teil des Anspruchs entschieden worden ist.[71] Bei Erlass eines Grund- und Teilurteils muss der Verfasser ebenfalls darauf bedacht sein, den abschließend und den nur dem Grunde nach beschiedenen Teil deutlich voneinander abzugrenzen. Geschieht dies nicht, bleiben die Rechtskraftwirkungen des Urteils unklar![72] 13

Über die Kosten des Rechtsstreits ist im Teilurteil grundsätzlich nicht zu befinden, da dies dem Grundsatz der Einheitlichkeit der Kostenentscheidung zuwiderliefe.[73] Über abgesondert errechenbare Kosten darf jedoch entschieden werden. Hat der Kläger zB zwei Streitgenossen verklagt und wird die Klage gegen einen von ihnen durch Teilurteil abgewiesen, können die außergerichtlichen Kosten dieses Streitgenossen bereits im Teilurteil dem Kläger auferlegt werden, da Komplikationen im Kostenfestset-

67 BGH NJW 2001, 760; 2004, 949 (Auslegung eines Teilurteils als Grund- und Teilurteil!).
68 Für Zwischenfeststellungsurteil BGH NJW-RR 2003, 303; allg. zum Grundurteil → R Rn. 30.
69 BGH NJW 2002, 302.
70 BGH NJW-RR 2002, 1576.
71 BGH NJW 2000, 958; NJW-RR 2009, 790 Rn. 18 (die Bedeutung für die Rechtskraftwirkungen hervorhebend).
72 BGH NJW 1989, 2745.
73 OLG Frankfurt a.M. NJW-RR 1998, 1536; OLGR Köln 2001, 394; OLG Karlsruhe FamRZ 2003, 943 = BeckRS 2002 30247441; OLG Brandenburg FamRZ 2007, 161 = BeckRS 2006, 10017; → A Rn. 181.

zungsverfahren nicht zu befürchten sind.[74] Im Interesse des obsiegenden Streitgenossen ist eine dahin gehende Entscheidung empfehlenswert.

Normalerweise heißt es im Tenor des Teilurteils klarstellend:

> Die Kostenentscheidung bleibt dem Schlussurteil vorbehalten.

In dieser Kostenentscheidung ist das Ergebnis des Teilurteils für die Bildung der Kostenquote nach § 318 bindend. Ungeachtet der Regelung des § 99 I kann die im Schlussurteil enthaltene Kostenentscheidung in dem Umfang, in welchem sie auf dem Teilurteil beruht, mit Berufung oder Revision isoliert angefochten werden; dies setzt allerdings voraus, dass auch gegen das Teilurteil selbst ein zulässiges Rechtsmittel eingelegt und noch nicht beschieden ist.[75]

Soweit das Teilurteil einen vollstreckbaren Inhalt hat, bedarf es selbstverständlich einer Vollstreckbarkeitsentscheidung.

e) Rechtsmittel

14 Das Teilurteil ist ein Endurteil[76] und als solches rechtsmittelfähig.[77] Für die Beschwer kommt es allein auf den durch das Teilurteil beschiedenen Teil des Streitgegenstands an.[78] Ein Urteil auf Erteilung von Auskunft ist wegen der häufig sehr begrenzten Beschwer des Beklagten nicht in allen Fällen anfechtbar.[79] Die Entscheidung des Berufungsgerichts über das gesamte Teilurteil stellt hingegen ein die Berufungsinstanz abschließendes Urteil dar und ist daher kein Teilurteil. Was die Aufhebung und Zurückverweisung nach §§ 538 II 1 Nr. 7 angeht, vertritt der BGH eine eher restriktive Linie; schematische Handhabung ist fehl am Platz.[80]

3. Teilurteil auf einer der ersten Stufen

a) Begrenzte Rechtskraft

15 Da der Auskunftsanspruch in der Regel das Bestehen des Leistungsanspruchs voraussetzt, muss sich das Gericht normalerweise bereits auf der ersten Stufe mit der Frage befassen, ob der auf der letzten Stufe zu verhandelnde Leistungsanspruch dem Kläger überhaupt zusteht.

> **Beispiel:** Der Kläger verlangt mit der Behauptung, er sei von dem Erblasser per Testament zum Alleinerben eingesetzt worden, von dem Beklagten nach § 2027 I BGB Auskunft und Herausgabe des noch näher zu bezeichnenden Erbguts. Der Beklagte bestreitet die Echtheit des Testaments.

Zur Auskunftserteilung wird der Beklagte nur verurteilt, wenn es dem Kläger schon auf der ersten Stufe gelingt, seine im Testament begründete Erbenstellung zu beweisen. Angenommen, er hat hiermit Erfolg und erstreitet bezüglich des Auskunftsanspruchs ein obsiegendes Teilurteil. Wenn nun der Beklagte im weiteren Verlauf des

---

74 BGH NJW-RR 2001, 642; OLGR Köln 2005, 488.

75 BGH WM 1982, 1336; NJW 1987, 2997 mwN; 2004, 3045 aE; Thomas/Putzo/*Hüßtege* ZPO § 99 Rn. 8; Zöller/*Herget* ZPO § 99 Rn. 10.

76 Allg. zum Endurteil vgl. → A Rn. 211; vgl. auch → S Rn. 26 (Berufung).

77 Zu den Voraussetzungen vgl. → S Rn. 24 ff.

78 BGH NJW 1996, 3216; 2000, 217; allg. zur Beschwer → S Rn. 28 ff.

79 Vgl. → Rn. 29a, Rn. 37.

80 BGH NJW-RR 2012, 101; auch → Rn. 39 allg. → S Rn. 73

Rechtsstreits neue Indizien für die Fälschung vortragen kann, stellt sich die Frage, ob dem die Rechtskraft des Teilurteils entgegensteht.

Es sind zwei Fälle zu unterscheiden:

- Eidesstattliche Versicherung: Wenn der Kläger den Beklagten mit dem zweiten Stufenantrag auf Abgabe der eidesstattlichen Versicherung in Anspruch nimmt, geht der Streit nur noch um die Frage, ob der Beklagte die erforderliche Sorgfalt hat walten lassen. Einwände gegen den Grund des Auskunftsanspruchs sind ihm hier wegen der Rechtskraftwirkungen des Auskunftsurteils verwehrt.[81]
- Leistungsantrag: Anders liegen die Dinge, wenn der Kläger auf der letzten Stufe die Leistung verlangt. Hier bleibt es bei dem Grundsatz, dass die Rechtskraft eines Teilurteils sich auf den beschiedenen Anspruch beschränkt. Teilurteile, mit denen der Beklagte zur Auskunftserteilung oder zur Abgabe der eidesstattlichen Versicherung verurteilt wird, entfalten im Hinblick auf den Leistungsanspruch also keine Rechtskraftwirkungen;[82] sie binden das Gericht auch nicht über § 318.[83]

Der zweite Fall zeigt auf, dass bei der Stufenklage die Gefahr einer Divergenz zwischen Teilurteilen auf einer unteren Stufe und dem abschließenden Urteil auf der Leistungsstufe durchaus besteht. Das muss aufgrund der Besonderheiten der Stufenklage aus dem Gesichtspunkt sachlicher Notwendigkeit hingenommen werden.[84]

b) Möglichkeit von Grund- und Teilurteil? Zwischenfeststellung?

Dies führt zu der Frage, ob es nicht zweckmäßig ist, auf der ersten Stufe zB ein »Grund- und Teilurteil« zu erlassen, dessen Tenor lauten mag: 16

1. Der Beklagte wird verurteilt, dem Kläger … Auskunft zu erteilen.
2. Die Leistungsklage ist dem Grunde nach gerechtfertigt.
3. Die Kostenentscheidung bleibt dem Schlussurteil vorbehalten.
4. Das Urteil ist hinsichtlich der Auskunftspflicht gegen Sicherheitsleistung in Höhe von … vorläufig vollstreckbar.[85]

Der Erlass eines solchen Urteils ist nur zulässig, wenn ein Leistungsanspruch auch in der Höhe streitig, aber mit großer Wahrscheinlichkeit zumindest teilweise gegeben ist. Denn andernfalls wäre ein Urteil über den Grund des Anspruchs ohne praktischen Nutzen.[86] In der Regel darf also mit dem zusprechenden Urteil über den Auskunftsanspruch ein Grundurteil zum Leistungsanspruch nicht ergehen, weil der Kläger zur inhaltlichen Präzisierung des Leistungsantrags noch die Auskünfte des Beklagten benötigt. Diese Auskünfte können durchaus zu dem Ergebnis führen, dass nichts vorhanden ist. Der BGH hält daher ein Grundurteil auf der unteren Stufe nur

81 BGH WM 1975, 1086 (1087).

82 BGH NJW 1969, 880; 1989, 2821; OLG Düsseldorf NJW-RR 1996, 839; allg. BGH NJW 1997, 1990.

83 BGH LM § 254 ZPO Nr. 10; NJW 1989, 2821; OLG Karlsruhe JurBüro 1992, 763; ganz hM vgl. Zöller/*Greger* ZPO § 254 Rn. 9; Prütting/Gehrlein/*Geisler* ZPO § 254 Rn. 22; Thomas/Putzo/*Reichold* ZPO § 254 Rn. 10.

84 BGH NJW-RR 2011, 189; NJW 2011, 1815 (1817) Rn. 17.

85 Für die Höhe der Sicherheit sind die voraussichtlichen Kosten des Beklagten anzusetzen; Maßstab mögen auch die Kosten eines Bestandsverzeichnisses sein, wobei selbstverständlich § 708 Nr. 11 Anwendung finden kann, vgl. OLG München NJW-RR 1990, 1022. Für die Abwendungsbefugnis nach § 711 kommt es auf den denkbaren Verzögerungsschaden des Klägers an.

86 BGH VersR 1979, 281 (282).

dann für zulässig, wenn der Kläger einen Teil des Leistungsanspruchs bereits ohne Rücksicht auf Auskünfte des Beklagten beziffern kann und insoweit ein Anspruch mit hoher Wahrscheinlichkeit besteht.[87]

Andererseits ist denkbar, dass das Gericht in Fällen, in denen der Kläger einen bezifferten Leistungsantrag stellt und der Auskunftsanspruch sich nur auf weitergehende Ansprüche bezieht,[88] über den bezifferten Leistungsantrag ein Grund- und Teilurteil erlässt, soweit Entscheidungsreife vorliegt.[89]

Schließlich ist auf entsprechenden Antrag nach § 256 II mit dem Teilurteil über eine untere Stufe auch der Erlass eines *Zwischenfeststellungsurteils* möglich.[90]

c) Erledigung auf einer unteren Stufe?

17 Probleme können sich stellen, wenn nach Erhebung einer Stufenklage der Beklagte die verlangte Auskunft erteilt und nur noch hinsichtlich der weiteren Klageansprüche Einwände vorträgt.

Falls der Kläger den Auskunftsantrag unverändert verliest, wird er mit diesem Klagebegehren abgewiesen. Die Frage ist, ob er den Rechtsstreit nicht insoweit für erledigt erklären darf. Immerhin macht er auf der ersten Stufe einen Anspruch geltend, der an sich Gegenstand einer Erledigungserklärung sein kann. Dennoch wird die Frage anhaltend kontrovers diskutiert.[91] Da der Kläger wegen der Hilfsnatur der auf den unteren Stufen erhobenen Ansprüche jederzeit ohne Erledigungserklärung auf den Klageantrag der höheren Stufe übergehen kann,[92] ist die Notwendigkeit einer Erledigungserklärung, damit aber auch das erforderliche rechtliche Interesse hieran fraglich. Es mag im Einzelfall gegeben sein, wenn etwa die in einem Teilurteil enthaltene Feststellung, dass der Rechtsstreit hinsichtlich des Auskunftsanspruchs in der Hauptsache erledigt ist, die Durchsetzung des Anspruchs aus §§ 259 II, 260 II BGB erleichtert.[93] Wenn der Beklagte widerspricht, kann der Antrag auf Feststellung der Erledigung Gegenstand eines Teilurteils sein.[94] Die Ansichten, die eine Erledigungserklärung auf der unteren Stufe generell für zulässig halten,[95] mag man unter diesem Aspekt betrachten.

4. Unbegründetheit der Klage

18 Wenn der Bearbeiter zu dem Ergebnis gelangt, dem Kläger stehe ein Auskunftsanspruch nicht zu, sind zwei Fälle streng voneinander zu unterscheiden:

87 BGH NJW 1999, 1706 (1709).
88 Vgl. → Rn. 2 aE.
89 OLG Nürnberg FamRZ 1994, 1594.
90 BGH ZIP 1999, 447; allg. zur Zwischenfeststellungsklage → O Rn. 30.
91 Vgl. BGH NJW 1979, 925; OLG München FamRZ 1983, 629; OLG Köln FamRZ 1984, 1029; OLG Düsseldorf NJW-RR 1996, 839.
92 Vgl. BGH NJW 2001, 833; OLG Köln MDR 1996, 637 = BeckRS 1996, 00271; oben → Rn. 3.
93 S. → Rn. 15.
94 Bejahend jedenfalls für die Rechtsmittelinstanz BGH NJW 1999, 2520 (2522); allgemein befürwortend Prütting/Gehrlein/*Geisler* ZPO § 254 Rn. 13; ablehnend Zöller/*Greger* ZPO § 254 Rn. 12; BLAH/*Hartmann* ZPO § 254 Rn. 6.
95 Vgl. OLG Düsseldorf JurBüro 1983, 1876; OLG Frankfurt a.M. MDR 1989, 1108; OLG München MDR 1990, 636 = BeckRS 1990, 01607; FamRZ 1993, 454 und 1993, 725; BGH NJW 1991, 1893 geht hiervon aus; Stein/Jonas/*Roth* ZPO § 254 Rn. 31; Prütting/Gehrlein/*Geisler* ZPO § 254 Rn. 13; ablehnend Zöller/*Vollkommer* ZPO § 91a Rn. 58, Stichwort »Stufenklage«.

a) Fehlen eines Leistungsanspruchs

Die Auskunftsklage kann schon deshalb unbegründet sein, weil der Kläger nicht berechtigt ist, von dem Beklagten überhaupt eine Leistung zu verlangen. 19

Beispiele:
- Der sich auf § 666 BGB stützende Kläger kann die Erteilung eines Auftrags nicht nachweisen.
- Der nach § 2027 BGB vorgehende Kläger ist nicht Erbe.

In diesen Fällen wird – selbst wenn die Parteien bis dahin nur auf der ersten Stufe verhandelt haben und der Kläger nur einen Antrag zur ersten Stufe gestellt hat[96] – die gesamte Stufenklage als unbegründet abgewiesen.[97] Denn das Schicksal auch des Leistungsbegehrens steht bereits fest. Gleiches gilt bei Säumnis des Klägers für das Versäumnisurteil nach § 330.[98]

Die Unbegründetheit des Leistungsanspruchs kann im Einzelfall die Zulässigkeit des Auskunftsantrags berühren. Verlangt zB ein Miterbe von anderen Auskunft über den Bestand des Nachlasses und alsdann Zahlung eines Geldbetrags, welcher seinem Anteil am Erbe wertmäßig entspricht, so mag der Auskunftsanspruch nach § 2027 I BGB begründet sein, der Leistungsanspruch ist es jedoch aufgrund §§ 2042 ff. BGB nicht. Daher ist die Auskunftsklage aufgrund ihrer im Rahmen des § 254 vorbereitenden Funktion und mangels rechtlichen Interesses unzulässig.

b) Fehlen anderer Voraussetzungen

Ist demgegenüber der Auskunftsanspruch aus anderen Gründen nicht gegeben, etwa deshalb, weil das Gericht ihn aufgrund von Erklärungen des Beklagten für erfüllt hält, darf der Leistungsanspruch nicht in einem mit abgewiesen werden. Es ergeht vielmehr hinsichtlich des Auskunftsanspruchs ein abweisendes Teilurteil.[99] Der Kläger hat nunmehr Gelegenheit, seinem Leistungsantrag bis zur nächsten mündlichen Verhandlung die gebotene inhaltliche Bestimmtheit zu geben; andernfalls wird die Klage als unzulässig abgewiesen.[100] 20

5. Ergebnislosigkeit der Auskunft und »Erledigung« der dritten Stufe

Wenn sich aufgrund der durch den Beklagten erteilten Auskunft (und ggf. bei Abgabe der eidesstattlichen Versicherung) ergibt, dass nichts vorhanden ist und aus diesem Grunde ein Leistungsanspruch nicht besteht, muss die Klage bei unveränderter Antragstellung abgewiesen werden. Eine (einseitige) Erledigungserklärung hilft dem Kläger nicht, da der Leistungsantrag zu keiner Zeit begründet war.[101] Auch die analoge Anwendung des § 93 ist ohne Nutzen.[102] In Frage käme eine Rücknahme des letzten 21

96 Vgl. hierzu → Rn. 8.

97 BGH NJW 1982, 235; 2002, 71 (auch zur Beschwer); OLG Stuttgart NJW-RR 1990, 766; OLG Celle NJW-RR 1995, 1021; Thomas/Putzo/*Reichold* ZPO § 254 Rn. 5.

98 OLG Stuttgart NJW-RR 1990, 766.

99 BGH NJW 1982, 235 (236); 2002, 1042 (1044); OLG Saarbrücken NJW-RR 2000, 229.

100 Vgl. auch den Fall unterbleibender Bezifferung → Rn. 2.

101 BGH NJW 1994, 2895; OLG Stuttgart NJW 1969, 1216 (1217); aA OLG Karlsruhe FamRZ 1989, 1100; anders liegt der Fall, wenn bei Klageerhebung noch Gegenstände vorhanden waren, die später erst untergegangen sind.

102 BGH NJW 1994, 2895.

Klageantrags, allerdings mit der Kostenfolge des § 269 III 2.[103] § 269 III 3 ist keiner erweiternden Auslegung und erst recht keiner Analogie zugänglich.[104]

Unserer Ansicht nach ist es im Ergebnis gerechtfertigt, dem Beklagten sämtliche Kosten des Rechtsstreits aufzuerlegen. Denn der Beklagte war immerhin mit der Auskunftserteilung in Verzug. Die Erhebung einer Stufenklage stellt normalerweise die adäquate Folge dieses Verzugs dar, sodass der Beklagte nach §§ 280 II, 286 BGB im Hinblick auf die hierdurch verursachten Kosten zur Zahlung von Schadensersatz verpflichtet ist. Fälle der vorliegenden Art sind daher über einen auf das Kosteninteresse gerichteten Feststellungsantrag zu lösen.[105]

Bei übereinstimmenden Erledigungserklärungen können iRd § 91a der Schadensersatzanspruch im Hinblick auf die durch den Rechtsstreit verursachten Kosten sowie Erfolge des Klägers auf den unteren Stufen als Billigkeitskriterium berücksichtigt werden.[106] Anfänglich überhöhte Erwartungen des Klägers und damit einhergehend eine entsprechende Wertfestsetzung können jedenfalls bei willkürlicher Übersteigerung zum Nachteil des Klägers ausgehen.[107]

III. Darstellung in Gutachten und Urteil

1. Gutachten

22 Auch im Gutachten hat der Bearbeiter den Grundsatz des stufenweisen Vorgehens zu beachten. Die Prüfung bezieht sich auf die jeweils anstehende Stufe. Wer bei der ersten Stufe zu dem Ergebnis gelangt, dass kein Auskunftsanspruch besteht, weil der Leistungsanspruch dem Grunde nach nicht gegeben ist, hat sich in einem weiteren Abschnitt (Entscheidungsstation)[108] zunächst mit der »Entscheidung über die weiteren Klageanträge« zu befassen. Hier ist kurz darzulegen, dass bei der gegebenen Sach- und Rechtslage die gesamte Klage abgewiesen werden muss. Es folgt dann die Erarbeitung des Tenors.

2. Urteil

23 Im Tatbestand eines Teil- oder Schlussurteils sollten evtl. vorausgegangene Teilurteile vor den nunmehr gestellten Anträgen als Prozessgeschichte kurz Erwähnung finden:

> Mit Teilurteil vom ... hat das Gericht den Beklagten verurteilt, über den Nachlass des am ... verstorbenen Herrn ... Auskunft zu erteilen. Dem ist der Beklagte durch Vorlage eines Bestandsverzeichnisses nachgekommen. Das Verzeichnis befindet sich in Ablichtung bei den Akten; auf seinen Inhalt wird Bezug genommen. Durch Teilurteil vom ... ist der Beklagte verurteilt worden, an Eides

103 Für volle Kostentragung des Klägers in diesem Falle OLG Hamm NJW-RR 1991, 1407; allg. OLG Stuttgart FamRZ 1995, 370; aA OLG Stuttgart FamRZ 1994, 1595.

104 BGH NJW-RR 2005, 1662 (1664); → P Rn. 61.

105 BGH NJW 1994, 2895 und wohl OLG Frankfurt a.M. MDR 1987, 508, aber unter Beschränkung des gesamten Streitwerts auf den Wert der Auskunftsklage; wie hier: OLG Naumburg FamRZ 2001, 502; Prütting/Gehrlein/*Geisler* ZPO § 254 Rn. 18 unter Verweisung auf BGH NJW 1994, 2895.

106 Vgl. OLG Brandenburg NJW-RR 2003, 795; OLG Frankfurt a.M. NJW-RR 2006, 1581; OLG Stuttgart FamRZ 2008, 529 = BeckRS 2008, 04435; OLG Düsseldorf NJW-RR 2013, 124; allgemein zu den Grundsätzen iRd § 91a: → P Rn. 14 ff.

107 OLG Düsseldorf NJW-RR 2013, 124.

108 Allg. zu »Entscheidungsstationen« s. → A Rn. 164.

Statt zu versichern, dass er nach bestem Wissen den Bestand des Nachlasses so vollständig angegeben habe, als er dazu imstande sei. Der Beklagte hat daraufhin am ... eine entsprechende eidesstattliche Versicherung abgegeben.
Nunmehr beantragt der Kläger, den Beklagten zu verurteilen, an ihn ... EUR zu zahlen.

Soweit die vorausgegangenen Teilurteile den Sach- und Streitstand bereits wiedergeben, kann auf ihren Inhalt Bezug genommen werden.

Ergibt sich, dass auf der ersten Stufe die gesamte Klage abgewiesen wird, muss der Bearbeiter dies auch in den Entscheidungsgründen deutlich zum Ausdruck bringen, damit keine Unklarheit aufkommen kann. 24

IV. Streitwert und Kostenentscheidung

1. Streitwert[109]

a) Für die Zuständigkeit

Nach teilweise vertretener Auffassung[110] sind bei der Berechnung des Zuständigkeitsstreitwerts die Einzelwerte der mit der Klage geltend gemachten Ansprüche nach § 5 zusammenzurechnen. Andere befürworten wegen wirtschaftlicher Identität der Ansprüche die Orientierung am höchsten Einzelwert.[111] In jedem Fall hat man sich Klarheit darüber zu verschaffen, welcher Gegenstandswert den Ansprüchen auf Auskunftserteilung, eidesstattliche Versicherung und Leistung zukommt. 25

aa) Der Leistungsanspruch

Der Wert des Leistungsanspruchs ist nach § 3 zu schätzen, wobei es gemäß § 4 ZPO, § 40 GKG grundsätzlich auf den Zeitpunkt der Klageeinreichung ankommt. Die Schwierigkeit liegt meist darin, dass der Kläger selbst nicht genau weiß, in welchem Umfang der Beklagte ihm zur Leistung verpflichtet ist, dass er sich aber gleichwohl zum Gegenstandswert äußern muss, vgl. § 61 GKG. Maßgeblich sind die Vorstellungen des Klägers unter realistischer Würdigung der Sach- und Rechtslage.[112] Dabei bleibt es, auch wenn über den Leistungsantrag nicht mehr entschieden wird.[113] Nur bei späterer Erhöhung des Leistungsantrags steigt dessen Wert.[114] 26

bb) Der Auskunftsanspruch

Der Wert des Auskunftsanspruchs bemisst sich nach dem Interesse, das der Kläger im Hinblick auf das Leistungsbegehren an der Auskunft hat. Zuerst ist also der Leistungsanspruch zu bewerten. Kann der Kläger diesen auch ohne Mitwirkung des Beklagten weitgehend präzisieren und benötigt er nur einige ergänzende Hinweise, ist 27

109 Zum Rechtsmittelstreitwert vgl. → Rn. 37; näheres zum Streitwert vgl. *Anders/Gehle* Streitwert-Lexikon Stichwort »Stufenklage«.

110 So OLG Brandenburg MDR 2002, 536 = BeckRS 2001, 30220067; Zöller/*Herget* ZPO § 3 Rn. 16 Stichwort »Stufenklage«.

111 Prütting/Gehrlein/*Gehle* ZPO § 3 Rn. 211, § 5 Rn. 18 mwN.

112 BGH NJW 1977, 1016; KG JurBüro 2006, 594; OLGR Celle 2009, 42; Prütting/Gehrlein/*Gehle* ZPO § 3 Rn. 210.

113 OLG Köln JurBüro 2013, 477; gilt auch für die Berufung: OLG Schleswig MDR 2014, 494 = BeckRS 2014, 03996.

114 KG Jur Büro 1994, 108; OLG Bamberg FamRZ 1994, 640 = BeckRS 2011, 03706.

der Wert des Auskunftsanspruchs naturgemäß niedriger, als wenn der Kläger ohne Auskünfte des Beklagten überhaupt nicht weiß, woran er ist.[115] In der Praxis haben sich Werte von $^1/_{10}$ bis $^2/_5$ des Leistungsbegehrens eingespielt; im Einzelfall kann aber auch der Wert des Auskunftsanspruchs an denjenigen der dritten Stufe heranreichen.[116]

cc) Der Anspruch auf Abgabe der eidesstattlichen Versicherung

28 Hier kommt es auf das Interesse des Klägers an der eidesstattlichen Versicherung an. Es ist also zu fragen, welche weiteren Auskünfte er sich von der Strafdrohung des § 156 StGB verspricht. In der Regel nimmt man $^1/_{20}$ bis $^1/_4$ der geschätzten zusätzlichen Leistung.[117] Zum Teil wird auf den erwarteten Mehrbetrag abgestellt.[118]

b) Für die Gebühren

29 Gemäß § 44 GKG ist für den Gebührenstreitwert der Stufenklage allein der am höchsten bewertete Anspruch maßgeblich. Im Regelfall orientiert man sich daher am Leistungsantrag, der, wenn er unbeziffert ist, gemäß § 3 nach den Vorstellungen des Klägers zur Zeit der Klageerhebung geschätzt werden muss und auch maßgeblich bleibt, wenn sich später ein niedriger Betrag ergibt (vgl. § 4 I).[119]

Von Bedeutung ist dieser Streitwert zunächst aber nur für die Prozessgebühren der Anwälte, die Verfahrensgebühr des Gerichts sowie die auf der letzten Stufe anfallenden Gebühren.[120] Auf den unteren Stufen können demgegenüber Terminsgebühren nach dem dort geltenden Einzelwert entstehen, vgl. § 15 III RVG.[121] Die Summe dieser Teilgebühren darf allerdings gemäß § 15 III RVG den Betrag einer nach der Gesamtsumme der Teilwerte errechneten Gebühr nicht überschreiten, um dem Prinzip der Gebührendegression Rechnung zu tragen.[122] Wenn die Klage bereits nach Verhandlung auf der ersten Stufe abgewiesen wird,[123] ist die Terminsgebühr vorzugswürdiger Ansicht nach auf den höchsten Einzelwert angefallen; vertretbar ist indes auch die Ansicht, man müsse sich am Wert der unteren Stufe orientieren.[124]

Wenn das Gericht nach § 63 GKG den Streitwert festsetzt, müssen daher die Einzelwerte jeweils getrennt angegeben werden.

---

115 BGH NJW 2006, 3060.

116 OLG Köln FamRZ 1984, 1029; OLG Bamberg JurBüro 1986, 1062; 1989, 1306; aA OLG Koblenz JurBüro 2005, 39; Prütting/Gehrlein/*Gehle* ZPO § 3 Rn. 55; zur Beschwer des Beklagten vgl. → Rn. 37.

117 BGH Kostenrechtsprechung § 3 ZPO Nr. 113; MDR 1992, 302 = NJW-RR 1991, 1467; OLG Celle MDR 2003, 55 = BeckRS 2002, 30286796; Prütting/Gehrlein/*Gehle* ZPO § 3 Rn. 100.

118 OLG Rostock NJW-RR 2013, 1015.

119 OLG Köln FamRZ 2005, 1847 = BeckRS 2006, 00756; OLG Stuttgart FamRZ 2008, 533 = BeckRS 2007, 18499.

120 Zu den Gebühren allg. vgl. → A Rn. 173 f.; zu den Besonderheiten in der Rechtsmittelinstanz vgl. → Rn. 37.

121 OLG Koblenz MDR 2014, 243 = BeckRS 2014, 01056.

122 Näher → A Rn. 175, 181.

123 S. → Rn. 19.

124 KG MDR 2008, 45 = BeckRS 2007, 12939; Prütting/Gehrlein/*Gehle* ZPO § 3 Rn. 212; aA OLG Celle FamRZ 2009, 1855 = BeckRS 2009, 08697; OLG Koblenz MDR 2014, 243 = BeckRS 2014, 01056.

(Der Kläger hat mit der Stufenklage Auskunftserteilung, Abgabe der eidesstattlichen Versicherung und Leistung begehrt. Der nach § 63 GKG ergehende Wertfestsetzungsbeschluss lautet:)

BESCHLUSS
In pp.

Der Gegenstandswert wird wie folgt festgesetzt:
- Für den Klageantrag zu 1: 5.000 EUR
- für den Klageantrag zu 2: 2.500 EUR
- für den Klageantrag zu 3: 20.000 EUR
- Gesamtwert nach § 44 GKG: 20.000 EUR

(Wenn bei diesen Streitwerten auf jeder Stufe verhandelt wird, wirkt sich § 15 III RVG folgendermaßen aus:

Die Terminsgebühren (Nr. 3104 VV Anl. 1 RVG) betragen
- auf der ersten Stufe: 361,20 EUR
- auf der zweiten Stufe: 193,20 EUR
- auf der dritten Stufe: 775,20 EUR
- insgesamt also: 1.329,60 EUR

Bei einem Gesamtstreitwert von 27.500 EUR ergäbe sich eine Terminsgebühr in Höhe von 909,60 EUR. Über diesen Betrag hinaus stehen den Rechtsanwälten Ansprüche nicht zu.)

Die Verfahrensgebühr nach Nr. 3101 VV Anl. 1 RVG bemisst sich nach dem Gesamtwert von 20.000 EUR und fällt in Höhe von 839,80 EUR nur einmal an.

c) Rechtsmittelstreitwert

Für den Kläger, der mit der Auskunftsklage abgewiesen wird, bleibt es in der Rechtsmittelinstanz beim Streitwert der Klage. Anders liegt es beim verurteilten Beklagten. Für diesen kommt es auf die Belastung an, die ihm aus der Auskunftserteilung erwächst.[125] Wenn sich insoweit für ihn keine Probleme ergeben, wird selbst die Berufungsbeschwer, § 511 II Nr. 1, verfehlt – ein nicht seltener Anwaltsfehler! 29a

2. Die Kostenentscheidung

Wenn eine Partei in vollem Umfang obsiegt, bereitet die Kostenentscheidung nach § 91 keine Schwierigkeiten. Probleme ergeben sich aber, wenn der Kläger nur Teilerfolge erzielen kann. 30

a) Grundfall

Der Kläger verlangt von dem Beklagten aufgrund eines gemeinsam betriebenen Geschäfts Rechnungslegung für die Jahre 2005 und 2006. Weiterhin begehrt er die Abgabe der eidesstattlichen Versicherung. Den Zahlungsantrag lässt er vorerst unbeziffert, teilt dem Gericht aber mit, dass er sich für jedes Jahr einen Gewinnanteil von 25.000 EUR verspricht. 31

Auf der ersten Stufe gibt das Gericht dem Klagebegehren nur hinsichtlich des Jahres 2006 statt. Im Übrigen weist es die Klage ab, weil die Unterlagen, die der Beklagte für 2005 vorgelegt hat, die Auskunft enthielten.

Auf der zweiten Stufe verurteilt das Gericht den Beklagten zur Abgabe der eidesstattlichen Versicherung hinsichtlich beider Jahre. Auf der dritten Stufe beziffert der Kläger seine Ansprüche auf 50.000 EUR, wovon er 40.000 EUR zugesprochen erhält.

125 → Rn. 14, 37.

> Das Gericht hat den Streitwert wie folgt festgesetzt:
> 1. Stufe 20.000 EUR
> 2. Stufe 10.000 EUR
> 3. Stufe 50.000 EUR
> Gesamtwert (§ 44 GKG): 50.000 EUR.

32 Die Kostenentscheidung muss einheitlich ergehen.[126] Eine gerechte Kostenquote kann allein auf der Basis der Einzelwerte ermittelt werden.[127] Zu diesem Zweck bilden wir zwei Rubriken, in die wir jeweils denjenigen Teil des Streitwerts eintragen, welchen die Parteien »verloren« haben. Es gilt also:

	Kläger	Beklagter
1. Stufe, 20.000 EUR 2. Stufe, 10.000 EUR 3. Stufe, 50.000 EUR	10.000 EUR 10.000 EUR	10.000 EUR 10.000 EUR 40.000 EUR
Gesamt: (fiktiv)[128] 80.000 EUR	20.000 EUR	60.000 EUR
Verlustanteile	¼	¾

33 Bei dem Gesamtwert von 80.000 EUR handelt es sich nicht um den Streitwert nach § 44 GKG, sondern nur um den im Hinblick auf die Kostenquote gebildeten fiktiven Wert.[129] Das Verhältnis der Einzelverluste zu diesem Wert führt zu den angegebenen Kostenquoten. Der Streitwert nach § 44 GKG beläuft sich auf 50.000 EUR.

b) Besondere Kosten auf einzelnen Stufen

34 Eine Orientierung allein am Streitwert führt nicht zu einer gerechten Kostenentscheidung, wenn auf einzelnen Stufen besondere Kosten entstanden sind.

> **Beispiele:**
> - Aufwendige Beweisaufnahme auf der ersten Stufe über die Echtheit des Testaments.
> - Beweisaufnahme auf der dritten Stufe über den Wert von Nachlassgegenständen.

Es empfiehlt sich in solchen Fällen, über diese Kosten entsprechend § 96 getrennt zu entscheiden:

> Die Kosten des Rechtsstreits tragen der Kläger zu ¼, der Beklagte zu ¾; die Kosten des Sachverständigengutachtens tragen die Parteien zu je ½.

Will man eine einheitliche Quote bilden, muss man die auf den einzelnen Stufen angefallenen Kosten nach dem jeweiligen Maß des Obsiegens und Unterliegens überschlägig auf die Parteien verteilen und anhand der sich ergebenden Gesamtbeträge die Kostenquote ermitteln.[130] Diese ergibt sich aus dem Verhältnis der Geldbeträge zueinander. In der Klausur ist die Methode wegen des Zeitaufwands nicht empfehlenswert.

---

126 Vgl. OLG Karlsruhe FamRZ 2003, 943 = BeckRS 2002, 30247441; OLG Brandenburg FamRZ 2007, 161 = BeckRS 2006, 10017; allg. → A Rn. 181.

127 Vgl. auch OLG München MDR 1988, 782 = JurBüro 1988, 1238; FamRZ 1993, 725; OLG Hamm NJW-RR 1995, 959; OLGR Brandenburg 2009, 519; zur Ermittlung der Kostenquote *Anders/Gehle* Antrag und Entscheidung Teil B, Rn. 373 ff.

128 S. → A Rn. 192.

129 Vgl. → A Rn. 192.

130 *Anders/Gehle* Antrag und Entscheidung Teil B, Rn. 383 f.; vgl. auch → M Rn. 18, 4. Beispielsfall.

c) Kostenentscheidung bei teilweiser Rücknahme

Weitere Besonderheiten gelten, wenn der Kläger die Klage teilweise zurücknimmt. 35

Beispiel: Das Gericht hat aufgrund des anfänglichen klägerischen Sachvortrags den Streitwert auf 50.000 EUR festgesetzt. Der Beklagte wird in den beiden ersten Stufen antragsgemäß verurteilt. Seiner Auskunft nach kann der Kläger indes nur die Zahlung von 25.000 EUR verlangen. Auf diesen Betrag beziffert der Kläger den Leistungsantrag. Der Kläger hat damit vor der auf der dritten Stufe durchgeführten mündlichen Verhandlung die Klage teilweise zurückgenommen.[131]
Man muss daher die Verfahrensgebühren, die sämtlich nach dem alten Streitwert angefallen sind und ungemindert erhalten bleiben,[132] unter Anwendung der für die Teilrücknahme entwickelten Grundsätze auf die Parteien verteilen.[133] Hinsichtlich der auf den einzelnen Stufen anfallenden Terminsgebühren bleibt es beim Maßstab des Obsiegens und Unterliegens.

V. Besonderheiten in der Rechtsmittelinstanz

Da die auf den einzelnen Stufen erlassenen Teilurteile berufungsfähig sind, ergeben sich verfahrensmäßige Besonderheiten, wenn die höhere Instanz bereits auf der ersten Stufe zu einem anderen Ergebnis gelangt als die erste Instanz. 36

1. Berufung gegen Teilurteil auf einer unteren Stufe

Beispielsfall: In der ersten Instanz ist der Beklagte auf der ersten Stufe antragsgemäß zur Errichtung eines umfangreichen Inventarverzeichnisses verurteilt worden. Der Beklagte hat gegen dieses Teilurteil Berufung eingelegt. Das Berufungsgericht kommt zu dem Ergebnis, dass ein Leistungsanspruch des Klägers bereits dem Grunde nach nicht gegeben ist (etwa: der über § 2027 BGB vorgehende Kläger ist nicht Erbe).

a) Beschwer

Besonderheiten ergeben sich bei der Berechnung der Beschwer, wenn der verurteilte Beklagte Rechtsmittel einlegt. Das für die Beschwer alleine maßgebliche Abwehrinteresse des Beklagten ist danach zu bewerten, welche Nachteile für ihn mit der Erfüllung des Urteils verbunden sind, so zB der Aufwand an Arbeitszeit und die mit der Auskunft verbundenen Kosten;[134] das Geheimhaltungsinteresse[135] ist nur ausnahmsweise von Belang; das Interesse des Beklagten an der Vermeidung einer für ihn nachteiligen Kostenentscheidung[136] sowie Maßnahmen der Zwangsvollstreckung[137] bleiben außer Betracht. Gleiches gilt, wenn der Beklagte zur Abgabe einer eidesstattlichen Versicherung verurteilt wird und hiergegen Berufung einlegt.[138] Trotz eines 37

---

131 Vgl. OLG Köln NJW-RR 1992, 1480; OLG Hamm NJW-RR 1995, 959.

132 OLG Düsseldorf AnwBl. 1992, 286.

133 OLG Koblenz NJW-RR 1998, 70; → A Rn. 198.

134 BGH NJW-RR 2007, 1009; 2007, 1300; 2009, 793; MDR 2014, 980 = NJW-RR 2014, 1028.

135 BGH NJW 2005, 3349; NJW-RR 2007, 1009.

136 BGH MDR 1988, 568; NJW-RR 1992, 188 (Duldung); BGH NJW-RR 1992, 322 (Bilanz pp.); BGH NJW-RR 1992, 1474 (Honorar des Steuerberaters, auch wenn es ohnehin später angefallen wäre); BGH NJW-RR 1993, 1468 (fremde Hilfe ohne Notwendigkeit); BGH MDR 1994, 839 = NJW 1994, 735 (Beseitigung der Eigentumsstörung); BGH FamRZ 1995, 349 = NJW 1995, 664 (Jahresabschlussbericht einer GmbH und Co. KG); BGH NJW-RR 1995, 764 (Auskunftserteilung durch Makler); BGH NJW 1999, 3050 (Aufwand des Bekl.); vgl. auch Prütting/Gehrlein/*Gehle* ZPO § 3 Rn. 57.

137 BGH MDR 2016, 45 = NJW-RR 2016, 9.

138 BGH MDR 1992, 302 = NJW-RR 1991, 1467.

hohen Streitwertes der Stufenklage, der aber nun einmal nur nach dem Interesse des Klägers festgesetzt wird, kann das Teilurteil auf der unteren Stufe daher mangels hinreichender Beschwer des Beklagten nicht berufungsfähig sein, § 511 II Nr. 1. Das wird in der Praxis nicht selten übersehen!

b) Entscheidungsumfang

38 Grundsätzlich darf das Berufungsgericht nur über den Auskunftsanspruch entscheiden, weil die weiteren mit der Stufenklage geltend gemachten Ansprüche noch in der ersten Instanz anhängig sind.[139] Wenn aber durch eine Abweisung des Auskunftsanspruchs den Klageansprüchen die Grundlage entzogen wäre, darf das Berufungsgericht nach herrschender Meinung in Fällen dieser Art die gesamte Klage abweisen.[140] Man mag sogar erwägen, ob zur Vermeidung einer Divergenz nicht eine entsprechende Pflicht besteht.[141] Der Gebührenstreitwert richtet sich in solchen Fällen am ehesten nach dem vollen Wert des Leistungsantrags.[142]

Anders ist zu entscheiden, wenn der Auskunftsanspruch zB wegen Erfüllung nicht mehr besteht, ein Leistungsanspruch aber gegeben sein kann. In diesem Falle wird das Berufungsgericht unter Abänderung des Teilurteils den Kläger nur mit der Auskunftsklage abweisen und die weitere Bearbeitung der Sache dem Gericht erster Instanz überlassen.[143]

2. Berufung gegen klageabweisendes Urteil

Beispielsfall: Das Gericht des ersten Rechtszuges hat die Stufenklage insgesamt abgewiesen, weil ein Leistungsanspruch nicht bestehe.[144] Das Berufungsgericht gelangt zu dem Ergebnis, ein Auskunfts- und ein Leistungsanspruch sei gegeben. Auf der ersten Stufe ist die Sache entscheidungsreif.

39 Das Berufungsgericht kann nach Zuspruch auf den Auskunftsantrag die Sache wegen der weiteren Anträge analog § 538 II 1 Nr. 4 an das Gericht er ersten Instanz zurückverweisen.[145] Dies setzt einen entsprechenden Antrag voraus.[146] Fehlt es an dem Antrag oder ist die Zurückverweisung nicht sachdienlich,[147] wird der Rechtsstreit beim Berufungsgericht fortgesetzt.

Formulierungsbeispiel für eine Zurückverweisung:
Das Urteil des Landgerichts X vom … – Az.: … – wird hinsichtlich des Klageantrags zu 1)[148] abgeändert und wie folgt neu gefasst:
Der Beklagte wird verurteilt, dem Kläger über … Auskunft zu erteilen.
Im Übrigen wird das Urteil des Landgerichts aufgehoben. Zur Entscheidung über die weiteren Ansprüche des Klägers und über die Kosten des Rechtsstreits einschließlich derjenigen des zweiten Rechtszuges wird die Sache an das Landgericht zurückverwiesen.[149]
Das Urteil ist vorläufig vollstreckbar.

139 BGH NJW 1995, 2229, betr. § 537 aF; nach § 528 nF dürfte nichts anderes gelten.
140 BGH NJW 1985, 862; NJW-RR 1990, 390; NJW 2006, 2323 (2326 aE).
141 Vgl. → Rn. 11.
142 Prütting/Gehrlein/*Gehle* ZPO § 3 Rn. 212.
143 BGH NJW 2001, 821 (822 u.); 2006, 2323 (2326 aE); s. → Rn. 20.
144 Vgl. → Rn. 19.
145 BGH NJW 2006, 2626.
146 BGH NJW 2009, 431.
147 BGH NJW 2001, 2551 gilt für § 538 II 1 Nr. 4 fort.
148 Hierbei soll es sich um den Auskunftsantrag handeln.
149 Zu einem vergleichbaren Fall im Urkundenprozess s. → Q Rn. 26.

VI. Weitere Überlegungen des Anwalts

In den Fällen, in denen eine Stufenklage in Betracht kommt, liegt das Problem für den Anwalt des Gläubigers in erster Linie darin, die Ausgangslage richtig zu erfassen. 40

Beispiele:
- Der Mandant fühlt sich zu Unrecht enterbt und möchte seine Rechte als Erbe durchsetzen.
- Ein Handelsvertreter hat sich mit seinem Prinzipal überworfen. Er will seine Provisionsansprüche geltend machen, legt aber nur bruchstückhaft Unterlagen über den Umfang der Geschäftstätigkeit vor, wobei er angibt, die übrigen Dokumente befänden sich beim Gegner.

Hier kommt es nach Beantwortung der Frage, ob der Mandant zum Gegner überhaupt in einer Rechtsbeziehung steht, aus welcher heraus er Ansprüche geltend machen kann, vorrangig auf einen Auskunftsanspruch an, der sich mangels spezieller gesetzlicher Regelung möglicherweise aus § 242 BGB ergibt.[150] Denn ohne vorherige Auskünfte des Beklagten lässt sich ein Anspruch nicht mit einer den Anforderungen des § 253 II Nr. 2 genügenden Bestimmtheit formulieren.

Meist bietet die Stufenklage trotz der regelmäßig längeren Verfahrensdauer[151] gegenüber der isolierten Auskunftsklage und anschließender weiterer Klage den Vorteil, dass die Ansprüche des Klägers in einem Prozess umfassend geltend gemacht werden. Außerdem steht der Kläger sich wegen § 44 GKG kostenmäßig etwas günstiger.[152] Ein weiterer Vorteil der Stufenklage gegenüber der isolierten Auskunftsklage besteht darin, dass auch im Hinblick auf den noch unbezifferten Leistungsanspruch die Verjährung gehemmt wird.[153] Die isolierte Auskunftsklage wird man daher nur dann wählen, wenn die Auskunft als solche den Interessen des Mandanten genügt. Die Stufenklage dürfte in den zu Eingang aufgeführten Fällen den Regelfall bilden.

Soweit noch keine Klage erhoben ist, stellt man für ein Gutachten zweckmäßig die Frage an die Spitze, ob eine Stufenklage den Interessen des Mandanten am ehesten dient. Im Anschluss sind für Auskunft und Leistung alle Anspruchsgrundlagen mit den (noch) bestehenden Unwägbarkeiten durchzuprüfen. Im Rahmen der Zweckmäßigkeitsstation stellt sich dann die Frage, ob tatsächlich die Stufenklage sofort erhoben oder ob nicht nur Auskunft begehrt werden soll. Soweit bereits Klage erhoben wurde, gelten die vorstehenden Überlegungen naturgemäß entsprechend.

Besonderes Augenmerk ist auf die Frage zu richten, ob nicht der Gegner mit seinen Äußerungen bereits eine (negative) Auskunft erteilt hat.[154] In der Praxis wird in diesem Zusammenhang häufig der Fehler gemacht, dennoch auf der ersten Stufe Auskunft zu verlangen, anstatt, bei Vorliegen der gesetzlichen Voraussetzungen,[155] sofort auf Abgabe der eidesstattlichen Versicherung zu klagen. 41

Wenn der Anwalt einen Beklagten zu beraten hat, gegen den Stufenklage erhoben ist, können sich aus dem vorerwähnten Gesichtspunkt Erfolg versprechende Einwände gegen eine Klage herleiten lassen. Ergibt sich auf der anderen Seite, dass der Auskunftsanspruch begründet ist, wird man dem Beklagten grundsätzlich dazu raten, die

150 Vgl. → Rn. 5.
151 Vgl. → Rn. 8 f.
152 Vgl. → Rn. 29.
153 Vgl. → Rn. 3.
154 Vgl. → Rn. 7.
155 Vgl. → Rn. 6.

Auskunft sofort zu erteilen. Eine Weigerung, wie sie bei Streitigkeiten gerade im familiären Umfeld häufig vorkommt, führt nicht weit. Wird der Beklagte durch Teilurteil auf der ersten Stufe zur Auskunft verurteilt, ist der Wert der Beschwer jedenfalls bei einer Auskunftsmöglichkeit ohne hohen Aufwand sehr niedrig und liegt häufig unter der Berufungssumme von 600 EUR, § 511 II Nr. 1.[156] Der Beklagte sieht sich daher alsbald der Zwangsvollstreckung ausgesetzt, die für ihn eine zusätzliche Kostenbelastung mit sich bringt. Erteilt er demgegenüber die Auskunft sofort, wird der Kläger zur nächsten Stufe übergehen. Mit einer Erledigungserklärung ist eher in Ausnahmefällen zu rechnen.[157]

Ein auf der ersten Stufe ergangenes Versäumnisurteil auf Auskunftserteilung sollte der Beklagte bei Begründetheit der Auskunftsklage hinnehmen und die Auskunft erteilen. Der Einspruch führt nur zur Entstehung weiterer Kosten in Form von zwei Verhandlungsgebühren.[158] Vorteile brächte er nicht. Selbst wenn man in Erwägung zieht, dass Einwände zum Grund des Auskunfts- und des Leistungsanspruchs evtl. erst später erkannt werden, setzt ihre Geltendmachung den Einspruch gegen dieses Versäumnisurteil nicht voraus, da sie auch auf der Leistungsstufe noch erhoben werden können, ohne dass ihnen die Wirkungen der Verurteilung auf der ersten Stufe entgegenstünden.[159]

Gerät das Verfahren nach Erlass des Auskunftsurteils und Abschluss der Zwangsvollstreckung in Stillstand, ist § 204 II BGB einschlägig. Man beachte indes die restriktive Rechtsprechung des BGH.[160]

42 Bei einer negativen Auskunft, die der Beklagte auch bei Einwänden gegen den Grund des Anspruchs generell sofort erteilen sollte, liegt für den Kläger nach der Rechtsprechung des BGH der Antrag auf Feststellung des Kosteninteresses nahe.[161]

Wenn der Beklagte zur Klageerhebung keinen Anlass gegeben hat, wird die Kostenentscheidung grundsätzlich zu seinen Gunsten ausgehen. Im Übrigen bietet die Auskunft gleich welchen Inhalts aller Erfahrung nach eine ideale Vergleichsgrundlage, welche die Anwälte beider Parteien gerade in der Stufenklage von vornherein in Erwägung ziehen sollten, um einen über alle Stufen geführten, langwierigen Rechtsstreit zu vermeiden. Es zeugt daher von praktischem Geschick, wenn zB der Beklagtenvertreter mit der Klageerwiderung dem Anwalt des Gegners außergerichtlich ein Vergleichsangebot übermittelt oder die Klägerseite auf eine teilweise positive Auskunft des Beklagten hin gleiches unternimmt.

156 Vgl. → S Rn. 30.
157 Vgl. → Rn. 17.
158 Vgl. → Rn. 29.
159 Vgl. → Rn. 15.
160 Vgl. → Rn. 9.
161 Vgl. → Rn. 21.

O. Die Feststellungsklage

I. Bedeutung und Voraussetzungen

Die Feststellungsklage hat in der Praxis große Bedeutung, namentlich im Rahmen von Verkehrsunfall- und sonstigen Haftpflichtprozessen, wenn es um die Frage geht, inwieweit die Beklagten dem verletzten Kläger auf Ersatz von Folgeschäden haften, deren Ausmaß sich noch nicht genau absehen lässt. Nach § 204 I Nr. 1 BGB hemmt die Feststellungsklage die Verjährung. Das ist insbesondere wegen der dreijährigen Verjährungsfrist für Deliktsansprüche, §§ 195, 199 I BGB, vom Anwalt mit Sorgfalt zu beachten. Ist der Anspruch einmal festgestellt, verjährt er nach § 197 Nr. 3 BGB in 30 Jahren. 1

Den selteneren, in § 256 II geregelten Fall der Zwischenfeststellungsklage besprechen wir unter IV.[1]

1. Zulässigkeit

Wie jedes andere Zivilverfahren unterliegt die Feststellungsklage den allgemeinen Zulässigkeitsvoraussetzungen. Insbesondere muss zur Wahrung des Bestimmtheitsgrundsatzes, § 253 II Nr. 2, das streitige Rechtsverhältnis im Antrag genau bezeichnet werden.[2] Im Einzelfall kann ein Leistungsantrag als Minus einen Feststellungsantrag enthalten.[3] Darüber hinaus ist eine Reihe von Besonderheiten hervorzuheben: 2

a) Rechtsverhältnis

aa) Definition und Zweck

Unter »Rechtsverhältnis« versteht man eine aus dem vom Kläger vorgetragenen Sachverhalt abgeleitete, bestimmte, rechtlich geregelte Beziehung von Personen zueinander oder zu Gegenständen.[4] 3

Beispiel: Konkrete Mängel einer Werkleistung, aus denen Ansprüche hergeleitet werden.[5]

Für die Zulässigkeit reicht es aus, dass der Kläger das Rechtsverhältnis vorträgt; ob es tatsächlich besteht, ist eine Frage der Begründetheit.[6]

Die Klärung eines bestimmt umschriebenen Rechtsverhältnisses ist nach § 256 I erste Voraussetzung der zulässigen Feststellungsklage. Der Sinn der Beschränkung liegt in der Prozessökonomie. Der Kläger soll nicht die Möglichkeit haben, den Prozessgegner und die Gerichte wiederholt mit derselben Rechtssache zu befassen.[7] Der Geschädigte erleidet hierdurch keine Nachteile, solange sein Ersatzanspruch vor Eintritt

---

1 → Rn. 30.

2 BGH NJW-RR 1994, 1272; NJW 2001, 445; 2008, 2647; → J Rn. 3.

3 BGH NJW 1995, 188; 2007, 506 (508 aE); zur Umdeutung einer Klage BGH NJW-RR 2006, 1485.

4 BGH NJW 2013, 1744; 2015, 873 Rn. 23; ZIP 2016, 2158; NJW 2017, 402 Rn. 25; Beispiele bei Thomas/Putzo/*Reichold* ZPO § 256 Rn. 5 ff.; Zöller/*Greger* ZPO § 256 Rn. 4; Prütting/Gehrlein/*Geisler* ZPO § 256 Rn. 3 ff.; MüKoZPO/*Becker-Eberhard* § 256 Rn. 11 ff.; BLAH/*Hartmann* ZPO § 256 Rn. 7 mit vielen Stichworten.

5 Vgl. BGH NJW-RR 2010, 750 mit NJW 1992, 697.

6 BGH NJW 1972, 168; vgl. näher *Balzer* NJW 1992, 2724; s. auch → Rn. 19.

7 BGH NJW 1995, 1097.

des Schadens nicht zu verjähren beginnt. Durch Abweisung aus prozessualen Gründen verliert er den Anspruch ohnehin nicht.[8]

Wegen der naturgemäß reichhaltigen Kasuistik verweisen wir auf die Kommentarliteratur. Bevor man zur Unzulässigkeit gelangt, sollte immer gefragt werden, ob nicht durch Auslegung dem Klageziel ein zulässiger Inhalt abzugewinnen ist.[9] Das wird nicht selten der Fall sein. Die wesentlichen Zulässigkeits-Gesichtspunkte fassen wir wie folgt zusammen:

bb) Rechte, nicht Tatsachen

4 Festgestellt werden können nur rechtliche Beziehungen, nicht hingegen Tatsachen.

> **Beispiel für bloße Tatsachen:**
> - Die Unwahrheit einer ehrenrührigen Tatsachenbehauptung[10]
> - Berechnungsgrundlagen eines Anspruchs[11]
> - Klage auf Feststellung, dass eine Abmahnung aus tatsächlichen Gründen unzulässig war[12]

cc) Elemente von Ansprüchen

5 Bei der festzustellenden Rechtsbeziehung muss es sich des Weiteren um ein konkret ausgestaltetes rechtliches Verhältnis handeln. Einzelne, unselbstständige Elemente oder Vorfragen[13] eines Anspruchs reichen hierfür nicht aus.

> **Beispiele für das Fehlen eines Rechtsverhältnisses:**
> - Frage nach der Schuldfähigkeit des Beklagten[14]
> - Stichtag des Zugewinnausgleichs[15]
> - Annahmeverzug,[16] Schuldnerverzug[17]

Anderes gilt für selbstständige Anspruchsgrundlagen.

> **Beispiel:** Der Kläger war für den Beklagten als Vermögensverwalter tätig. Als der Beklagte die Abrechnung überprüft, bleibt ihm die Verwendung eines höheren Geldbetrags unklar. Er äußert die Vermutung, der Kläger habe ihm pflichtwidrig über den Verbleib dieses Betrags keine Auskunft erteilt. Der Kläger begehrt daraufhin die Feststellung, dass dem Beklagten gegen ihn keine Schadensersatzansprüche wegen widerrechtlicher Entziehung von Teilen seines Vermögens zustünden.

Die Klage ist zulässig, weil einzelne Ansprüche (hier: aus unerlaubter Handlung) neben weiteren in Frage kommenden Anspruchsgrundlagen (zB § 280 I BGB) durchaus eine selbstständige rechtliche Beziehung begründen, die ohne Rücksicht auf die Gesamtheit der im Übrigen gegebenen Rechtsverhältnisse festgestellt werden kann.[18] Auch eine innerhalb von Rechtsbeziehungen eingetretene eigenständige Rechtsfolge kann Gegenstand einer Feststellungsklage sein.

8 BGH NJW 1993, 648 (654).
9 Vgl. als Beispiel nur BGH NJW 2001, 3789.
10 BGH NJW 1977, 1288.
11 BGH NJW 1995, 1097.
12 BGH NJW 2008, 1303.
13 BGH NJW 2006, 378.
14 BGH NJW 1977, 1288; NJW-RR 1992, 252.
15 OLG Köln FamRZ 2003, 539 = BeckRS 2003, 05025.
16 BGH NJW 2000, 2663; vgl. aber → Rn. 38.
17 BGH NJW 2000, 2280.
18 BGH NJW 1984, 1556; vgl. auch BGH NJW 1990, 834.

Beispiele:
- Verbindlichkeit der Entscheidung einer Wettbewerbs-Jury[19]
- Laufzeit eines Mietvertrags[20]
- Fortbestehen eines Vertragsverhältnisses zu den ursprünglichen Bedingungen[21]
- Bestehen eines Zurückbehaltungsrechts[22]
- Geltung eines Tarifvertrags[23]

dd) Abstrakte Rechtsfragen

Da Sinn und Zweck der Feststellungsklage darin liegen, zur Klärung konkreter Streitfälle beizutragen, fallen abstrakte Rechtsfragen nicht in den Anwendungsbereich des § 256.[24] 6

Wenn sich ein Feststellungsantrag dem Wortlaut nach auf eine abstrakte Rechtsfrage bezieht, muss jedoch geprüft werden, ob er nicht in Wirklichkeit auf die Feststellung konkreter Ansprüche gerichtet ist. Diese Auslegung kann sich uU daraus ergeben, dass der Kläger bestimmte Schäden behauptet, um deren Ersatz er fürchtet.[25]

ee) Gegenwärtiges Rechtsverhältnis

Gegenstand einer Feststellungsklage kann grundsätzlich nur ein gegenwärtiges Rechtsverhältnis sein.[26] 7

Beispiel: Die Parteien des Rechtsstreits sind Adoptivkinder ihres noch lebenden (Adoptiv-)Vaters. Der Kläger hält die Adoption des Beklagten für unwirksam und beantragt festzustellen, dass er der alleinige gesetzliche Erbe des Vaters sei.

Sein Vorgehen ist nicht zulässig. Die rechtlichen Beziehungen zwischen den Parteien müssen schon bei Erhebung der Feststellungsklage die Grundlage bestimmter Ansprüche bilden.[27] Die Feststellung des Erbrechts nach noch lebenden Personen kommt daher nicht in Betracht, selbst wenn die Erbfolge mit hoher Wahrscheinlichkeit zu erwarten ist.[28] Denn eine erbrechtliche Beziehung zwischen den Erben entsteht erst mit dem Tod des Erblassers, § 1922 I BGB.

Anderes gilt für den Fall des § 2333 Nr. 4 BGB[29] und des § 2337 BGB[30], weil hier gegenwärtige Rechtsverhältnisse vorliegen.

Das Erfordernis des gegenwärtigen Rechtsverhältnisses bedeutet nicht, dass der dem Kläger evtl. zustehende Anspruch zum Zeitpunkt der letzten mündlichen Verhandlung bereits bestehen müsste. Auch ein bedingter Anspruch kann ein Rechtsverhältnis begründen, und zwar selbst dann, wenn der Eintritt der Bedingung im Ungewissen liegt. Erforderlich ist nur, dass für die Entstehung des Anspruchs der Grund in

---

19 BGH NJW 1984, 1118.
20 BGH NJW 2001, 221.
21 BGH NJW-RR 2002, 1377.
22 BGH NJW 2009, 3505.
23 BAG NZA 2016, 177.
24 Beispiele bei BLAH/*Hartmann* ZPO § 256 Rn. 12 f.
25 BGH NJW 1995, 1097.
26 Beispiele bei BLAH/*Hartmann* ZPO § 256 Rn. 16 ff.
27 BGH NJW 2001, 3789; NJW-RR 2006, 678.
28 BGH NJW 1962, 1723; MDR 1992, 519 (Mangel); OLG Koblenz FamRZ 2003, 542 = BeckRS 9998, 52780.
29 BGH NJW 1962, 1723 und DB 1974, 2051.
30 BGH NJW 2004, 1874.

der Art gelegt ist, dass eine gegenwärtige Rechtsbeziehung schon besteht und sie die Grundlage bestimmter Ansprüche bilden kann.[31]

> **Beispiel:** Der Versorgungsanwärter einer Betriebsrente klagt vor Eintritt des Insolvenzfalles gegen den Pensionssicherungsverein auf Feststellung der Zahlungspflicht.[32]

8 Ein vergangenes Rechtsverhältnis kann ausnahmsweise Gegenstand einer Feststellungsklage sein, wenn aus ihm zur Zeit der letzten mündlichen Verhandlung noch Rechtsfolgen hergeleitet werden können.[33] Man mag allerdings erwägen, ob nicht in diesem Falle in Wahrheit ein fortdauerndes, mithin gegenwärtiges Rechtsverhältnis vorliegt.

ff) Drittbeziehungen

9 Das streitige Rechtsverhältnis muss nicht notwendig zwischen den Parteien des Rechtsstreits vorliegen. Auch die im Verhältnis zu einem Dritten bestehende rechtliche Beziehung kann Gegenstand der Feststellungsklage sein, wenn der Bestand dieses Rechtsverhältnisses die zwischen den streitenden Parteien gegebenen Rechtsbeziehungen berührt.[34] Voraussetzung für das Feststellungsinteresse ist allerdings, dass der Kläger eine Klärung nicht durch eine Klage gegen den unmittelbar am Rechtsverhältnis Beteiligten herbeiführen kann.

> **Beispiele:**
> - Feststellungsklage zwischen zwei möglichen Schuldnern, mit der die Feststellung der Haftung des anderen für eine bestimmte Verbindlichkeit begehrt wird.[35] Ein rechtliches Interesse besteht allerdings auch in diesen Fällen nur, wenn von der Feststellung eine Klärung des Rechtsverhältnisses der Parteien zu erwarten ist.[36]
> - Klage des Geschädigten gegen den Haftpflichtversicherer des Schädigers auf Feststellung des Deckungsschutzes[37]
> - Klage eines Aktionärs wegen pflichtwidrigen Handelns der Organe der AG[38]
> - Klage eines Dritten auf Feststellung der Unwirksamkeit eines Gesellschafterbeschlusses[39]

gg) »Feststellung« eines Urteils

10 Im Einzelfall kann sich erst nachträglich herausstellen, dass ein Urteil, namentlich ein Leistungstitel, keinen vollstreckbaren oder sonstwie hinreichend bestimmten Inhalt hat.

> **Beispiele:**
> - Der Kläger verlangt mit der Klage die Herausgabe des Sparbuchs Nr. 1741 und erlangt ein zusprechendes Versäumnisurteil. Erst nach Rechtskraft stellt sich heraus, dass das betreffende Sparbuch in Wahrheit die Nr. 1742 trägt. Der Gerichtsvollzieher lehnt (mit Recht) die Zwangsvollstreckung ab.[40]
> - Die Parteien streiten um die Frage, ob ein bestimmtes Verhalten gegen einen Unterlassungstitel verstößt.[41]

---

31 BGH NJW 1992, 697; 1993, 648 (Amtspflichtverletzung begründet Rechtsverhältnis); BGH VersR 2001, 1005; NJW 2003, 521.

32 BGH NJW-RR 2005, 637.

33 BAG VersR 2001, 478; MDR 2004, 817; BGH NJW 2010, 534.

34 BGH VersR 2000, 866; NJW 2006, 510; MDR 2011, 782 = NJW 2011, 2195.

35 BGH NJW 1993, 2539; § 115 I VVG dürfte eine Ausnahme hierzu darstellen.

36 OLG Hamm NJW 1993, 3274.

37 BGH NJW-RR 2001, 316.

38 BGH NJW 2006, 374.

39 BGH NJW 2009, 230.

40 Nach BGH NJW 1972, 2268.

41 BGH NJW 2008, 1001.

Eine Urteilsberichtigung nach § 319 scheidet aus, da in dem damaligen Rechtsstreit die zutreffende Kontonummer nicht mitgeteilt worden ist und es daher an einer offenbaren Unrichtigkeit fehlt. Entsprechendes gilt für § 321. Auch vollstreckungsrechtliche Rechtsbehelfe, etwa nach §§ 766 und 793, versprechen keine Aussicht auf Erfolg.

Der Kläger kann eine Feststellungsklage mit dem Antrag erheben, dass das Sparbuch im Tenor des (näher bezeichneten) Urteils richtig die Nr. 1742 und nicht die Nr. 1741 trägt. Er hat hieran ein rechtliches Interesse, da er seinen Anspruch allein mit dem vorliegenden Titel nicht durchsetzen kann.[42] Vergleichbares ist mit Blick auf § 850f II denkbar.[43]

b) Echtheit oder Unechtheit einer Urkunde

11 Die Klage auf Feststellung der Echtheit oder Unechtheit einer Urkunde ist der einzige Fall, in dem eine Tatsache den Gegenstand der Feststellungsklage bildet. Die Beweiskraft von Urkunden soll hierdurch zusätzlich abgesichert werden. In der Praxis spielt diese Alternative des § 256 I keine große Rolle.

c) Das Feststellungsinteresse

12 Als weiteres muss der Kläger bis zum Schluss der mündlichen Verhandlung[44] ein rechtliches Interesse an der alsbaldigen Feststellung haben. Denn angesichts der Vielzahl von Rechtsbeziehungen, in die der Bürger eingebunden ist, bedarf es besonderer Voraussetzungen, wenn einzelne Rechtsverhältnisse gerichtlich geklärt werden sollen.

aa) Beseitigung einer Ungewissheit

13 Zusätzlich zum allgemeinen Rechtsschutzbedürfnis[45] verlangt § 256 I ein rechtliches Interesse an der alsbaldigen Feststellung; es ist dann gegeben, wenn dem Recht oder der rechtlichen Lage des Klägers, und sei es nur, weil der Beklagte dessen Rechte ernstlich bestreitet, eine gegenwärtige Gefahr oder Unsicherheit droht und das erstrebte Urteil geeignet ist, diese Gefahr zu beseitigen.[46] Es entfällt daher, wenn der Schuldner seine Einstandspflicht auch für die Zukunft anerkennt und Nachteile bei der Verjährung hierdurch ausgeschlossen sind.[47] Ein Rehabilitierungsinteresse reicht nur bei fortdauernden Auswirkungen.[48] Die Frage nach dem rechtlichen Interesse an der alsbaldigen Feststellung ist unabhängig von der materiellen Rechtslage zu prüfen; ausschlaggebend ist allein der Vortrag des Klägers, aus dem sich für die Zulässigkeit nur das Rechtsverhältnis als Rechtsbehauptung sowie die vorgenannte Gefahr oder Unsicherheit ergeben müssen.

14 Häufige praktische Fälle sind die drohende Verjährung oder der bevorstehende Ablauf einer Klagefrist, selbst wenn im Streit um Schadensersatz ein künftiger Schadenseintritt noch ungewiss ist.[49] Bei drohender Verjährung darf das Feststellungs-

42 Vgl. BGH NJW 1973, 803; 1997, 2320; OLG Karlsruhe MDR 2005, 533 = BeckRS 2004, 09242.
43 BGH NJW 2005, 1663; 2006, 2922.
44 BGH NJW-RR 1993, 391.
45 Zu einem solchen Fall vgl. BGH NJW 2006, 2922.
46 BGH NJW 1999, 3774; 2010, 1877.
47 BGH NJW 1985, 791; NJW-RR 2006, 929; OLG Karlsruhe VersR 2001, 1175.
48 BGH NJW-RR 2016, 1404.
49 BGH NJW 2005, 3275; NJW-RR 2006, 923.

interesse nicht abgesprochen werden.[50] Gemäß § 204 I Nr. 1 BGB hemmt die Feststellungsklage den Ablauf der Verjährung in vollem Umfang, also hinsichtlich aller dem Grunde nach mit dem Feststellungsantrag geltend gemachten Ansprüche, auch wenn die Höhe der einzelnen Forderungen noch nicht feststeht.[51]

> **Ein gängiges Beispiel:** Der Kläger ist bei einem Verkehrsunfall verletzt worden und hat eine Gehbehinderung zurückbehalten. Die ärztliche Behandlung ist noch nicht abgeschlossen. Inwieweit sich sein Zustand bessern wird, lässt sich nicht absehen. Im Rechtsstreit gegen den Unfallgegner und dessen Haftpflichtversicherer beantragt der Kläger daher festzustellen, dass die Beklagten als Gesamtschuldner verpflichtet sind, ihm denjenigen materiellen und immateriellen Schaden zu ersetzen, der ihm infolge des Verkehrsunfalls vom … entstanden ist oder noch entstehen wird.

Die Verjährungshemmung tritt auch bei unzulässiger Klage ein.[52] Neben den Wirkungen des § 204 I Nr. 1 BGB bietet der Feststellungsantrag dem Kläger den Vorteil, dass der Grund seiner Schadensersatzansprüche ein für allemal geklärt wird.[53] Kommt es später zu weiteren Folgeschäden, braucht er nur noch den Ursachenzusammenhang mit dem Unfall sowie die Schadenshöhe nachzuweisen. Es ist deshalb insbesondere im Verkehrsunfallprozess, soweit Spätschäden zu erwarten sind, weitgehend üblich, entsprechende Feststellungsanträge zu stellen. Wer dies als Anwalt unterlässt, kann sich später Regressansprüchen ausgesetzt sehen.[54] Mit einem Leistungsurteil wird nämlich das dem Anspruch zugrunde liegende Rechtsverhältnis gerade nicht rechtskräftig festgestellt.[55] Das ergibt sich mittelbar auch aus der Existenz des § 256 II.

15 Bei der Verletzung eines absoluten Rechtsgutes reicht es mit Blick auf die Verjährung aus, dass künftige Schadensfolgen möglich sind.[56] Das ist nur dann nicht der Fall, wenn bei verständiger Würdigung kein Grund besteht, mit einem Schadenseintritt zu rechnen, wenn mit anderen Worten die Möglichkeit »sehr, sehr gering« ist.[57] Bei reinen Vermögensschäden muss die Schadensfolge demgegenüber wahrscheinlich sein.[58] Die Anforderungen dürfen nicht überspannt werden.[59] Fehlt es an der Wahrscheinlichkeit irgendeines Schadens, ist die Klage unzulässig.[60]

Das rechtliche Interesse fehlt, wenn der Kläger auf einfacherem Weg zum Ziel gelangen kann oder wenn die Feststellungsklage den Streit deshalb nicht endgültig aus der Welt zu schaffen vermag, weil der Gegner auch zur Höhe der vom Kläger behaupteten Ansprüche Einwendungen erhebt.[61] In so gelagerten Fällen muss der Kläger im Wege der Leistungsklage vorgehen, etwa auch in Form der Freistellungsklage oder

---

50 Deutlich BGH NJW-RR 2010, 750.
51 BGH NJW 1993, 648 (653); 1996, 1743 (betr. künftigen Schadenseintritt).
52 BGH NJW 2004, 3772.
53 Zum Umfang der Hemmung vgl. Palandt/*Ellenberger* BGB § 204 Rn. 13 ff.
54 BGH NJW 1981, 2741.
55 Thomas/Putzo/*Reichold* ZPO § 322 Rn. 29.
56 BGH NJW 2006, 830 (832 f.); 2007, 224 (227); NJW-RR 2007, 601.
57 So BGH MDR 2014, 796 = NJW-RR 2014, 840.
58 Vgl. BGH NJW-RR 2001, 1351; NJW 2006, 830; offen gelassen in BGH NJW-RR 2010, 750; gefordert in BGH NJW 2012, 2427 Rn. 73 unter ausdrücklicher Bezugnahme auf NJW 2006, 830; BGH MDR 2014, 1341 = NJW-RR 2015, 626; Zöller/*Greger* ZPO § 256 Rn. 9; MüKoZPO/*Becker-Eberhard* § 256 Rn. 30.
59 BGH NJW 2017, 265.
60 BGH NJW 2015, 1683.
61 BGH NJW-RR 2008, 1578.

der Stufenklage.[62] Die in diesem Zusammenhang sehr häufig geäußerte Auffassung, die Feststellungsklage sei der Leistungsklage gegenüber *subsidiär*, ist allerdings in ihrer Allgemeinheit *nicht richtig*.[63] Eine Ausnahme liegt zB dann vor, wenn der Beklagte sich nur zum Grund verteidigt und zu erwarten ist, dass er bei einer Verurteilung auch ohne Rücksicht auf den von einem Leistungstitel ausgehenden Vollstreckungsdruck zahlen wird.[64] Das ist bei Behörden und Versicherungsgesellschaften generell anzunehmen.[65]

Im Normalfall entfällt indes das rechtliche Interesse, wenn der mit einer Feststellungsklage verfolgte Anspruch auch mit der Leistungsklage geltend gemacht wird.[66]

bb) Möglichkeit der teilweisen Bezifferung

Zweifel können sich ergeben, wenn der Kläger die ihm zustehenden, vom Beklagten 16
nach Grund und Höhe bestrittenen Ansprüche bei Klageerhebung bereits teilweise beziffern kann und ihm die Bezifferung im Verlauf des Rechtsstreits in zunehmenden Umfang möglich wird.

Beispiele:
- Der Kläger ist bei einem Verkehrsunfall schwer verletzt worden. Er befindet sich in ständiger ärztlicher Behandlung. Auch während des Rechtsstreits werden ihm fortlaufend Arztrechnungen zugesandt.
- Die Klage hat ihren Anlass in der Störung eines Dauerschuldverhältnisses; Zahlungsansprüche können nur teilweise beziffert werden.

In der Regel wird der Kläger allein aus wirtschaftlichem Interesse seinen bezifferten Antrag vor der mündlichen Verhandlung entsprechend erweitern, was nach § 264 Nr. 2 zulässig ist. Wenn aber die Beklagtenseite sich hartnäckig zeigt und jede zusätzlich geltend gemachte Forderung bestreitet, kommt der Prozess nie zu einem Ende. Deshalb darf sich der Kläger bei einer noch nicht abgeschlossenen Schadensentwicklung grundsätzlich auf einen Feststellungsantrag beschränken, ohne die bereits feststehenden Einzelansprüche beziffern zu müssen.[67] Selbst wenn der Schadensverlauf während des Rechtsstreits zum Abschluss kommt, muss der Kläger nicht auf die Leistungsklage übergehen.[68] Die bezifferbaren Ansprüche stellen sich insoweit nur als Teil des festzustellenden Gesamtschadens dar.[69]

cc) Das rechtliche Interesse als Zulässigkeitsvoraussetzung eigener Art

Nach der Rechtsprechung des BGH muss das rechtliche Interesse nur bei einer be- 17
gründeten Klage vorliegen. Steht fest, dass die Klage unbegründet ist, kann sie durch Sachurteil abgewiesen werden, ohne dass es auf das Vorliegen eines rechtlichen Inte-

62 Beispiele bei Thomas/Putzo/*Reichold* ZPO § 256 Rn. 18; BGH NJW 1992, 1897; 1993, 2993; 1994, 2765; 1996, 2725 und 2007, 1809 (Freistellung); BGH NJW 2003, 3274 (Stufenklage; insoweit anders für Wettbewerbssache BGH NJW-RR 2002, 834).
63 Vgl. BGH NJW 1995, 2119; 1996, 2725; MDR 2016, 786 = NJW-RR 2016, 759.
64 BGH NJW 1999, 3774; 2005, 2221; NJW-RR 2006, 61; NJW 2007, 1588.
65 BGH NJW 1984, 1118; 1999, 3774; NJW-RR 2006, 61.
66 BGH MDR 2013, 1058 = NJW-RR 2013, 1105.
67 BGH NJW 2003, 2827; 2006, 2397; MDR 2008, 461 = NJW-RR 2008, 1520; r+s 2012, 461; MDR 2016, 786 = NJW-RR 2016, 759.
68 BGH NJW 2006, 433.
69 BGH MDR 2016, 786 = NJW-RR 2016, 759.

resses an der Feststellung ankäme.[70] Der Grundsatz des prozessualen Vorrangs der Zulässigkeit vor der Begründetheit wird also bei diesem – und nur bei diesem – Merkmal des § 256 I eingeschränkt.[71] Wie wir oben bereits dargelegt haben,[72] soll die besondere Zulässigkeitsvoraussetzung des Feststellungsinteresses lediglich verhindern, dass Rechtsverhältnisse zum Gegenstand einer Klage gemacht werden, obwohl sie entweder der Feststellung nicht bedürfen oder auf einfacherem Wege geklärt werden könnten. Dieser Gesichtspunkt ist ohne Bedeutung, wenn die Klage in der Sache keinen Erfolg hat. Außerdem enthält jedes Urteil, mit dem eine Leistungsklage abgewiesen wird, die (in Rechtskraft erwachsende) Feststellung, dass der geltend gemachte Anspruch nicht besteht. Nach einem besonderen rechtlichen Interesse an dieser Feststellung wird nicht gefragt. Warum sollte man insoweit bei der Feststellungsklage anders entscheiden?

Von dem Grundsatz des prozessualen Vorrangs der Zulässigkeit vor der Begründetheit kann unter denselben Voraussetzungen auch bei der Zwischenfeststellungsklage nach § 256 II im Hinblick auf das Merkmal der Vorgreiflichkeit abgewichen werden.[73]

18 Aus all dem darf man jedoch nicht den Schluss ziehen, das Gericht sei ungeachtet eines fehlenden Feststellungsinteresses in jedem Fall verpflichtet, die Begründetheit des Klagebegehrens notfalls auch durch eine Beweiserhebung zu klären. Nur wenn die Klage (etwa infolge Unschlüssigkeit oder weil eine bereits durchgeführte Beweisaufnahme den Vortrag des Klägers nicht bestätigt hat) zur Sachabweisung reif ist, muss regelmäßig ein Sachurteil ergehen. Im Übrigen bleibt es beim prozessualen Vorrang der Zulässigkeit.[74] Denn letztlich hat der Standpunkt des BGH seine Grundlage in der Prozessökonomie, die in ihr Gegenteil verkehrt würde, wenn man zur Prüfung der Begründetheit eine Beweisaufnahme durchführte, um dann – je nach Ergebnis – die Klage durch Prozessurteil abzuweisen.

Andererseits kann man bei Unbegründetheit der Klage einen Streit um die tatsächlichen Voraussetzungen des Feststellungsinteresses offenlassen.[75] Ist allerdings § 256 unschwer zu bejahen, sollte auf die Darstellung des etwas komplizierten Gedankengangs von vornherein verzichtet werden.

2. Begründetheit

19 Die Regelung des § 256 betrifft ausschließlich Zulässigkeitsfragen; sie ist nicht Grundlage einer Sachentscheidung. Die Frage, inwiefern die Feststellungsklage begründet ist, beurteilt sich vielmehr nach den Vorschriften des materiellen Rechts. Nur soweit die Parteien um die Echtheit einer Urkunde streiten, sind allein tatsächliche Fragen maßgeblich.

---

70 BGH NJW 2010, 361; 2012, 1209 Rn. 45; 2014, 3360 Rn. 18; 2016, 1578 Rn. 51; OLG Saarbrücken GmbHR 2012, 209; so auch Prütting/Gehrlein/*Geisler* ZPO § 256 Rn. 18; aA Thomas/Putzo/*Reichold* ZPO § 256 Rn. 4 *Balzer* NJW 1992, 2721 (2724 ff.).

71 BGH NJW 2012, 1209, Rn. 44 f.; s. → A Rn. 86, 88.

72 → Rn. 15.

73 OLG Bremen MDR 1986, 765 Nr. 77; s. auch → A Rn. 88, → Rn. 30 f.

74 OLG Düsseldorf NJW-RR 1996, 1389; → A Rn. 88.

75 BGH NJW 1989, 2616; 2010, 361.

Ausgangspunkt der Sachprüfung ist jedoch auch bei der Feststellung eines Rechtsverhältnisses nicht notwendig eine bestimmte Anspruchsgrundlage. Man muss in jedem Einzelfall fragen, welche Feststellung genau der Kläger begehrt.

Etwa:

- Bestehen oder Nichtbestehen eines Vertrags
- eines Leistungsanspruchs
- des Eigentums an einer Sache

Die Ausgangsfrage bestimmt den Aufbau des Gutachtens und der Entscheidungsgründe. Besonderheiten ergeben sich, wenn der Kläger die Feststellung von Schadensersatzansprüchen begehrt, da sich der genaue Schadensverlauf noch nicht absehen lasse. Welche Anforderungen sind in diesem Fall an die Begründetheit der Klage zu stellen? Der volle Schadensnachweis kann vom Kläger nicht verlangt werden; denn die insoweit bestehende Ungewissheit ist ja gerade die Grundlage der zulässigen Feststellungsklage. Zugunsten des Klägers begnügt sich die Rechtsprechung daher mit einer summarischen Prüfung. Die Klage ist jedenfalls bereits dann begründet, wenn für den Eintritt eines Schadens eine Wahrscheinlichkeit spricht.[76] Hierin liegt also nicht, wie vielfach fälschlich angenommen wird, eine Zulässigkeitsvoraussetzung, sondern ein Element des materiellen Feststellungsanspruchs. Der BGH hat zuletzt ausdrücklich offen gelassen, ob bei Verletzung eines absoluten Rechtsgutes die Wahrscheinlichkeit eines künftigen Schadenseintritts für die Begründetheit überhaupt verlangt werden muss.[77] Da das Gericht die Frage nach der Wahrscheinlichkeit eines künftigen Schadenseintritts in Anwendung des § 287 zu klären hat,[78] steht der Kläger sich also insgesamt recht günstig. Andererseits stellt das Urteil nur den Grund des Anspruchs fest, sodass Einwände zum Ursachenzusammenhang oder zur Höhe auch später noch erhoben werden können.[79]

3. Rechtskraft

Das feststellende Sachurteil ist nach Maßgabe seines Tenors der materiellen Rechts- 20
kraft fähig; hilfsweise kann auf Tatbestand, Entscheidungsgründe und Parteivortrag zurückgegriffen werden.[80] Das gilt auch für die Klageabweisung, mit der rechtskräftig festgestellt wird, dass das Rechtsverhältnis nicht besteht.[81] Einwände, die der Beklagte zum Stand der letzten mündlichen Verhandlung gegen den festgestellten Anspruch erheben konnte, sind präkludiert.[82]

Hieraus folgt für diejenigen Fälle, in welchen die Wahrscheinlichkeit künftigen Schadensverlaufs im Streit ist, dass die Klage durch Sachurteil nur dann abgewiesen werden darf, wenn das Gericht sich – notfalls in der Beweisaufnahme – über das Nichtvorhandensein eines Schadens bzw. dessen fehlende Wahrscheinlichkeit Gewissheit

76 BGH NJW 1972, 198; 1991, 2707; 1992, 697; 2001, 1431.
77 BGH VersR 2001, 874; erneut offen gelassen in NJW-RR 2007, 601.
78 Vgl. hierzu → F Rn. 152 ff.
79 BGH NJW-RR 2005, 1517.
80 BGH NJW 2008, 2716.
81 Zum Umfang der Rechtskraft vgl. BGH NJW 1986, 2508; 1989, 393.
82 BGH NJW 1982, 2257; zur Präklusion des Aufrechnungseinwands BGH NJW 1988, 2542; NJW-RR 2005, 1517.

verschafft hat.[83] Denn die summarische Sachprüfung soll dem Kläger nur den Vorteil bieten, dass er den Eintritt eines künftigen Schadens im Stadium des Rechtsstreits noch nicht zur vollen Überzeugung des Gerichts nachzuweisen braucht. Wird indes zu seinem Nachteil entschieden, verliert er den Anspruch endgültig. Daher darf das Gericht es in diesem Falle nicht bei der summarischen Prüfung bewenden lassen.[84] Je höher insbesondere ein Personenschaden ist, umso höher sind die Anforderungen an einen die Abweisung rechtfertigenden Ausschluss künftiger Schäden.[85]

21 Wegen der Rechtskraftwirkungen des Feststellungsurteils darf das Gericht bei einer Entscheidung zulasten des Beklagten die Frage, inwieweit den Kläger, etwa aus § 254 BGB oder aus § 17 StVG, eine Mithaftungsquote trifft, nicht dahingestellt sein lassen. Denn das Feststellungsurteil bindet die Parteien hinsichtlich aller Schäden, die aus dem mit der Klage geltend gemachten Schadensereignis entstanden sind, bzw. noch entstehen werden. Einwendungen gegen den Grund des Anspruchs müssen daher, soweit sie durchgreifen, im Tenor des Feststellungsurteils berücksichtigt werden.[86]

> **Beispiel:** Der Kläger ist bei einem Verkehrsunfall verletzt worden. Er begehrt unter anderem die Feststellung, dass der Beklagte verpflichtet sei, ihm künftigen unfallbedingten materiellen und immateriellen Schaden zu ersetzen. Für den Schadenseintritt spricht eine hohe Wahrscheinlichkeit, indes ergibt die Beweisaufnahme, dass der Kläger den Eintritt des Unfalls in nicht ganz unerheblichem Maße mitverschuldet hat. Das Gericht bewertet die Mitverschuldensquote des Klägers mit $^1/_3$.

22 Hinsichtlich des materiellen Schadens ist die Tenorierung des Urteils nicht schwierig. Was den immateriellen Schaden (Schmerzensgeld) betrifft, verbietet sich jedoch eine schematische, quotenmäßige Bemessung,[87] sodass die Feststellung, der Beklagte hafte auf $^2/_3$ des immateriellen Schadens, nicht in Betracht kommt.

Wir schlagen folgenden Tenor vor:

> Es wird festgestellt, dass der Beklagte verpflichtet ist, dem Kläger $^2/_3$ des diesem als Folge des Unfalls vom ... entstandenen oder noch entstehenden materiellen Schadens zu ersetzen.
>
> Weiterhin wird festgestellt, dass der Beklagte dem Kläger den infolge dieses Unfalls entstandenen oder noch entstehenden immateriellen Schaden zu ersetzen hat, wobei zu berücksichtigen ist, dass den Kläger hinsichtlich der Unfallursache ein Mitverschulden von $^1/_3$ trifft.
>
> Im Übrigen wird die Klage abgewiesen.

II. Aufbau des Gutachtens

23 Wir empfehlen für die Feststellungsklage grundsätzlich den herkömmlichen Gutachtenaufbau.[88] Die Voraussetzungen des § 256 I sind im Rahmen der Zulässigkeitsprüfung zu untersuchen.

83 BGH NJW 1969, 2014.
84 Thomas/Putzo/*Reichold* ZPO § 256 Rn. 21.
85 BGH NJW 1998, 160; OLG Karlsruhe NZV 1998, 412.
86 BGH NJW 1986, 2703; 1997, 3176; 2009, 1066; 2010, 3299; zur anders gelagerten Problematik beim Grundurteil s. → R Rn. 30 ff.
87 BGH NJW 2001, 3414; OLG Düsseldorf VersR 1975, 1052; Thomas/Putzo/*Reichold* ZPO § 304 Rn. 17.
88 S. → A Rn. 76.

Schwierigkeiten können sich beim Merkmal des Feststellungsinteresses ergeben. Hier ist unter Umständen die materiell-rechtliche Lage von Bedeutung, sodass die Begründetheit inzidenter geprüft werden muss. Dann kann sich im Einzelfall unter Berücksichtigung der BGH-Rechtsprechung[89] folgender Aufbau empfehlen:

Gutachten *(Vorschlag)*

I. Zulässigkeit mit Ausnahme des Merkmals »Feststellungsinteresse«
(Wenn abgesehen von dem Feststellungsinteresse die Zulässigkeitsvoraussetzungen vorliegen:)

II. Begründetheit

III. Zulässigkeitsmerkmal »Feststellungsinteresse«
(Ist die Klage unbegründet, ist lediglich unter Hinweis auf die Rechtsprechung des BGH darzulegen,[90] dass es bei der gegebenen Fallkonstellation auf das rechtliche Interesse an der Feststellung nicht ankommt. Ist die Klage hingegen begründet, muss nunmehr das Merkmal »Feststellungsinteresse« geprüft werden.)

Vergleichbare Probleme stellen sich im Urkundenprozess.[91]

Dieser Aufbau sollte nur in Ausnahmefällen gewählt werden. Grundsätzlich ist das Feststellungsinteresse unproblematisch und ohne vorherige Erörterung der materiellrechtlichen Lage zu bejahen. 24

III. Die negative Feststellungsklage

Nach § 256 I kann der Kläger auch auf die Feststellung antragen, dass ein bestimmtes Rechtsverhältnis nicht bestehe, sogenannte verneinende oder negative Feststellungsklage.[92] 25

1. Zulässigkeit: Antrag und rechtliches Interesse

Der Kläger muss das von ihm in Abrede gestellte Rechtsverhältnis so genau umschreiben, dass auf den Antrag hin eine Entscheidung mit eindeutig umgrenzter Rechtskraft ergehen kann. Die Regelung des § 253 II Nr. 2 ist also auch hier von Bedeutung. 26

> Es wird festgestellt, dass der Beklagten (einer Bank) aus dem Kontokorrent Nr. … gegen den Kläger keine Ansprüche zustehen.

Wie genau der Kläger das Rechtsverhältnis umschreiben muss, ist naturgemäß nur anhand der Umstände des Einzelfalls zu beantworten. Der Antrag, das Gericht möge feststellen, dass der Kläger dem Beklagten nichts schulde, ist mangels Bestimmtheit immer unzulässig.[93] Im Einzelfall kann der Zulässigkeit die Rechtskraft einer voraufgegangenen Entscheidung über eine Vollstreckungsgegenklage entgegenstehen.[94]

Ein rechtliches Interesse an der Feststellung ist nicht bereits dann gegeben, wenn der Kläger die Möglichkeit eines gegen ihn erhobenen Anspruchs aufzeigt, vielmehr ist es erforderlich, dass der Beklagte die Gefahr eines ernsthaften Hindernisses schafft oder

89 S. → Rn. 17.
90 S. → Rn. 17.
91 S. → Q Rn. 24 ff.
92 Vgl. *Thole* NJW 2013, 1192.
93 BGH NJW 1984, 1556.
94 BGH NJW 2009, 1671.

treuwidrig keine klarstellende Erklärung abgibt; insbesondere ist das rechtliche Interesse gegeben, wenn er sich eines Anspruchs oder eines sonstigen Rechts berühmt, indem er etwa behauptet, der Kläger schulde ihm noch Geld aus Darlehensverbindlichkeiten.[95] Die Frage, ob der behauptete Anspruch bedingt ist oder ob er bereits durchsetzbar wäre, hat demgegenüber keine Bedeutung.[96] Auf den Vorrang der Leistungsklage, etwa in dem Sinne, dass er unter Vorbehalt leisten und dann kondizieren könne, darf der Kläger nicht verwiesen werden.[97] Ein rechtliches Interesse an der negativen Feststellung aufgrund Verjährung besteht trotz der bestehen bleibenden Aufrechenbarkeit nach § 215 BGB.[98]

Andererseits darf der Gläubiger die Verjährung nicht aus den Augen verlieren. Alleine wegen der negativen Feststellungsklage wird sie nicht gehemmt![99]

2. Darlegungs- und Beweislast

27 Der bloße Umstand, dass die negative Feststellungsklage die Parteirollen umkehrt – der angebliche Schuldner ist der Angreifer – ändert nichts an der Darlegungs- und Beweislast.[100] Jede Seite hat die ihr günstigen rechtsbegründenden, rechtserhaltenden oder rechtsvernichtenden Tatsachen darzutun und zu beweisen.[101]

Die negative Feststellungsklage bietet daher dem Kläger die Gelegenheit, seinen Gegner, der sich evtl. unvorsichtigerweise eines Anspruchs berühmt, zum Nachweis der streitigen Forderung zu zwingen. Das hat Einfluss auf den Inhalt der Darlegungsstationen im Gutachten. So reicht in der Schlüssigkeitsprüfung grundsätzlich der Hinweis darauf, dass der Kläger die angebliche Forderung des Gegners bestreitet. Nur wenn der Kläger sich auf Einreden im Sinne der ZPO[102] beruft, bedarf es auf seiner Seite näherer Darlegung. Namentlich beim Erfüllungseinwand muss der zugrunde liegende Sachverhalt substantiiert dargestellt werden. Gleiches gilt, wenn der Kläger das Entstehen eines Anspruchs ausnahmsweise substantiiert bestreiten muss. Es kann sich anbieten, die entsprechenden Erörterungen aus Gründen der Verständlichkeit in einer Replikstation vorzunehmen, wenn erst der Vortrag des Beklagten die Anforderungen an die Substantiierung der Klagebegründung vorgibt. Im Übrigen muss der Beklagte die Entstehung des streitigen Anspruchs in vollem Umfang darlegen und beweisen. Bleiben nach allem Zweifel am Bestehen des Anspruchs, hat die negative Feststellungsklage grundsätzlich Erfolg.[103] Dies gilt jedenfalls dann, wenn der Beklagte, hätte er seinerseits den Anspruch eingeklagt, aufgrund entsprechender Zweifel unterlegen wäre.

---

95 BGH NJW-RR 1990, 318; NJW 1995, 2032; 2006, 2780; 2009, 751.

96 BGH NJW 1992, 436; wegen fehlender Fälligkeit kann vor Erfüllung rechtliches Interesse gegeben sein: BGH MDR 2012, 1055 = NJW 2012, 2659.

97 BGH NJW 2007, 2540; 2009, 578; 2011, 50.

98 Zur Aufrechenbarkeit BGH WM 1971, 1366 zu § 390 S. 2 BGB aF.

99 BGH NJW 2012, 3633.

100 BGH NJW 1992, 436; 1992, 1101; 1994, 1353; MDR 1995, 310 = NJW 1994, 1353 (für die Zwischenfeststellungsklage); NJW 2001, 2096; vgl. allg. → A Rn. 101 ff.; 151; → F Rn. 133 ff.

101 BGH NJW 2012, 3294 Rn. 35.

102 → A Rn. 66.

103 BGH NJW 1993, 1716.

3. Rechtskraftwirkungen des Urteils

28 Soweit der Kläger obsiegt, wird rechtskräftig festgestellt, dass das behauptete Rechtsverhältnis nicht besteht. Der Beklagte kann also zB den streitgegenständlichen Zahlungsanspruch in einem neuen Rechtsstreit nicht mehr geltend machen. Wird die Klage abgewiesen, steht das streitige Rechtsverhältnis fest (Negation der Negation = Bejahung), wie wenn es positiv festgestellt worden wäre.[104] Das gilt selbst dann, wenn das Urteil hinsichtlich der Beweislast auf falschen Erwägungen des Gerichts beruht.[105] Einwendungen gegen den Anspruch sind für die Zukunft ausgeschlossen, unabhängig davon, ob sie vorgetragen wurden.[106] War die streitige Forderung nicht beziffert, so wird durch das abweisende Urteil das Bestehen des Anspruchs nur dem Grunde nach festgestellt.[107]

4. Teilerfolg des Klägers

29 Wenn der Kläger nur teilweise obsiegt, ist im Urteil klarzustellen, in welchem Umfang das streitige Rechtsverhältnis besteht.

> Der Beklagte berühmt sich gegenüber dem Kläger eines Darlehensanspruchs in Höhe von 4.000 EUR. Der Kläger beantragt festzustellen, dass dem Beklagten aus dem Darlehensvertrag vom … keine Zahlungsansprüche mehr zustehen. In der Beweisaufnahme stellt sich heraus, dass der Kläger die Zahlung der letzten Darlehensrate in Höhe von 1.000 EUR nicht beweisen kann, die Schuld im Übrigen aber getilgt ist. Der Tenor des Urteils lautet:
> Es wird festgestellt, dass dem Beklagten über einen Betrag von 1.000 EUR hinaus aufgrund des Darlehensvertrags vom … Ansprüche gegen den Kläger nicht mehr zustehen. Im Übrigen wird die Klage abgewiesen.
> Die Kosten des Rechtsstreits tragen der Kläger zu ¼, der Beklagte zu ¾.
> (Vollstreckbarkeitsentscheidung)

Die Feststellung des noch offenen Betrags ist deshalb geboten, weil der Antrag des Klägers in dem Sinne verstanden werden muss, dass bei nur teilweisem Obsiegen (als Minus) der bestehende Teil des streitigen Rechtsverhältnisses festgestellt werden soll.[108]

IV. Die Zwischenfeststellungsklage

1. Vorgreiflichkeit

30 Bei der Zwischenfeststellungsklage ergibt sich nach § 256 II die Besonderheit, dass es eines Feststellungsinteresses nicht bedarf. An dessen Stelle tritt die Vorgreiflichkeit, dh, von dem Bestehen oder Nichtbestehen des streitigen Rechtsverhältnisses muss die Entscheidung des Rechtsstreits ganz oder teilweise abhängen.[109] Das ist insbesondere dann nicht der Fall, wenn über die Leistungsklage auch ohne Rücksicht auf das Be-

104 BGH NJW 2003, 3058; NJW-RR 2012, 1391.
105 BGH NJW 1983, 2032; 1986, 2508; kritisch *Tiedtke* NJW 1990, 1697.
106 BGH NJW 1995, 1757.
107 BGH NJW 1986, 2508.
108 BGHZ 31, 358 (362); eingehend *Schneider* JurBüro 1967, 355 (360 ff.).
109 BGH NJW 2008, 69 (71); nicht nur zwischen den Parteien: BGH WM 1997, 2403 und MDR 2011, 782 = NJW 2011, 2195; nicht gegeben gegenüber Aufrechnung des Gegners, BGH NJW 2007, 82.

stehen des ihr zugrunde liegenden Rechtsverhältnisses allein auf die Klage vollständig entschieden wird,[110] etwa weil sie abgewiesen werden muss.[111]

Ohne Antrag darf eine Entscheidung nach § 256 II nicht ergehen.[112] Die zeitliche Reihenfolge der Anträge ist demgegenüber ohne Bedeutung.[113]

> **Beispiel:** Der Kläger verlangt von dem Beklagten die Bezahlung einer Monatsmiete. Der Beklagte stellt die Wirksamkeit der Mietpreisvereinbarung in Abrede. Daraufhin können der Kläger gleichzeitig mit der Klage, der Beklagte mit der Widerklage die Wirksamkeit dieser Abrede zum Gegenstand einer Zwischenfeststellungsklage machen.

Der vom Gesetzgeber beabsichtigte Vorteil der Zwischenfeststellungsklage liegt darin, dass sie dem Kläger (oder Widerkläger) die Möglichkeit bietet, ein Rechtsverhältnis, das für den erhobenen Leistungsanspruch nur präjudiziell wäre und deshalb an der Rechtskraft des Urteils nicht teilnähme, mit Rechtskraftwirkung feststellen zu lassen.[114] Sie kann daher auch hilfsweise für den Fall erhoben werden, dass es zur Abweisung des Hauptantrags kommt.[115] Die Zwischenfeststellungsklage ist jedoch mangels Rechtsschutzbedürfnis immer dann unzulässig, wenn das festzustellende Rechtsverhältnis keine weiteren Folgen zeitigen kann, als die mit der Hauptklage bereits zur Entscheidung gestellten; dabei reicht für die Zulässigkeit allerdings die Möglichkeit einer über den Prozess hinausgehenden Bedeutung aus.[116] Das ist bereits dann der Fall, wenn mit der Klage und ggf. mit einer Widerklage mehrere selbstständige Ansprüche geltend gemacht werden, die das Streitverhältnis insgesamt erschöpfen. Denn in einem solchen Rechtsstreit können Teilurteile ergehen, sodass die Entscheidung über den Zwischenfeststellungsantrag für weitere Entscheidungen Bedeutung haben kann.[117] Ein Sonderfall ist die Stufenklage, bei der das Streitverhältnis erst auf der dritten Stufe abschließend geklärt wird; ein Antrag nach § 256 II ist daher auf einer unteren Stufe zulässig.[118]

2. Entscheidung des Gerichts

31 Im Rahmen der Zwischenfeststellungsklage gilt dieselbe Darlegungs- und Beweislastverteilung wie für die Hauptsacheklage.[119]

Da die Zwischenfeststellungsklage einen zusätzlichen Sachantrag zum Gegenstand hat, entscheidet das Gericht, wenn es das streitige Rechtsverhältnis nicht erst in dem die Instanz abschließenden Endurteil klären will, durch Teilurteil nach § 301, nicht hingegen nach § 303 durch Zwischenurteil.[120]

---

110 BGH NJW 2007, 82.
111 BGH NJW-RR 1994, 1272; NJW 2004, 3330; WM 2010, 331 = MDR 2010, 339 = NJW-RR 2010, 640.
112 BGH BauR 2005, 588 = MDR 2005, 645.
113 BGH NJW-RR 1990, 318.
114 BGH MDR 1995, 310 mwN; Thomas/Putzo/*Reichold* ZPO § 322 Rn. 28 f.
115 BGH NJW 1992, 1897.
116 BGH NJW 2013, 1744; NJW-RR 2008, 262; Thomas/Putzo/*Reichold* ZPO § 256 Rn. 28.
117 BGH NJW 2013, 1744; zur Zulässigkeit des Teilurteils vgl. aber auch → N Rn. 11.
118 Vgl. → N Rn. 16 aE.
119 BGH NJW 1994, 1353; vgl. allg. im Rahmen der Feststellungsklage → Rn. 27.
120 BGH MDR 1968, 36; Thomas/Putzo/*Reichold* ZPO § 256 Rn. 35; Zöller/*Greger* ZPO § 256 Rn. 21; zu § 303 s. → R Rn. 29.

V. Kollision von negativer Feststellungsklage und Leistungsklage

1. Zulässigkeit der Leistungsklage

Wenn der Beklagte einer negativen Feststellungsklage wegen desselben Anspruchs die Leistungsklage erhebt, stellt sich die Frage nach der Zulässigkeit. 32

Beispiel: Der Kläger beantragt festzustellen, dass eine bestimmte Forderung, derer der Beklagte sich berühmt, nicht bestehe. Darauf erhebt der Beklagte widerklagend eine Leistungsklage mit dem Antrag, den Kläger zur Bezahlung eben dieser Forderung zu verurteilen.

Der den Streitgegenstand bildende Anspruch[121] ist bereits mit der negativen Feststellungsklage rechtshängig gemacht worden. Dennoch steht § 261 III Nr. 1 der Zulässigkeit der Leistungsklage nicht entgegen, da diese auf die Titulierung des Anspruchs gerichtet ist und damit über das vom Kläger der negativen Feststellungsklage verfolgte Ziel einer bloßen Feststellung des streitigen Rechtsverhältnisses hinausgeht; Gleiches gilt auch für eine Leistungsklage in einem neuen Rechtsstreit.[122]

Der Beklagte der negativen Feststellungsklage kann – bei Vorliegen der sonstigen Voraussetzungen – im Einzelfall auch mit der positiven Feststellungsklage »kontern«; sein rechtliches Interesse hieran ergibt sich aus § 204 I Nr. 1 BGB (Verjährungshemmung). Denn alleine wegen der negativen Feststellungsklage wird sie nicht gehemmt![123]

2. Feststellungsinteresse

Wenn der Beklagte des Feststellungsprozesses die von ihm erhobene Leistungs-Widerklage nach mündlicher Verhandlung gemäß § 269 I nicht mehr einseitig zurücknehmen kann, erlischt das Interesse des Klägers an der negativen Feststellung.[124] Denn aus prozessökonomischen Gesichtspunkten ist es nunmehr sinnvoller, allein über die Leistungsklage zu entscheiden, weil hier der Grund des Anspruchs ohnehin geprüft und auf diese Weise angesichts zweier Prozesse der Gefahr divergierender Sachurteile über denselben Streitgegenstand wirkungsvoll begegnet wird.[125] Der Kläger muss also, will er einer Abweisung durch Prozessurteil entgehen, den Rechtsstreit in der Hauptsache für erledigt erklären.[126] 33

Eine Ausnahme ist dann zu machen, wenn die negative Feststellungsklage bei Verhandlung über die in der Höhe noch nicht entscheidungsreife Leistungsklage selbst bereits entscheidungsreif ist. Denn in diesem Fall ist es prozessökonomisch sinnvoller, über den Feststellungsantrag durch Sachurteil zu entscheiden. Hat der Kläger Erfolg, steht die Unbegründetheit der Leistungswiderklage fest; sie ist also abzuweisen. Wird die Klage abgewiesen, ist das Bestehen des Anspruchs auch für den Leistungsprozess dem Grunde nach festgestellt, sodass dort nur noch über die Höhe gestritten werden muss.[127]

121 Allg. s. → J Rn. 1 ff.
122 BGH NJW 2006, 515; NJW-RR 2013, 1105; zur Kollision im umgekehrten Fall s. → M Rn. 4.
123 BGH NJW 2012, 3633.
124 BGH NJW 1999, 2516; 2010, 3085 (3086 aE).
125 BGH MDR 2004, 760 = NJW-RR 2004, 397; NJW 2006, 515.
126 BGH NJW 1984, 1556; 1987, 2680; OLG Hamm MDR 1991, 546.
127 BGH NJW 1987, 2680; 2006, 515; zu den Wirkungen des Urteils im Feststellungsprozess s. → Rn. 28.

Ebenfalls unberührt bleibt die Zulässigkeit der negativen Feststellungsklage, wenn der Beklagte den streitigen Leistungsanspruch mit der Stufenklage geltend macht. Zwar kann das Gericht die Stufenklage dem Grunde nach abweisen, womit dasselbe Ziel erreicht wäre wie mit der negativen Feststellung; indes entfaltet im umgekehrten Fall ein Zuspruch auf der ersten Stufe keine Rechtskraftwirkungen für den Grund des Leistungsanspruchs, sodass das rechtliche Interesse an der negativen Feststellung erhalten bleibt.[128]

34 Eine entsprechende Situation wird nicht selten durch Verbindung der beiden Prozesse nach § 147 entstehen. Geschieht dies vor dem ersten Termin, wird allerdings der Kläger, wenn nicht eine der erwähnten Ausnahmen vorliegt, in der Regel die negative Feststellungsklage bereits zu Beginn der mündlichen Verhandlung für erledigt erklären, bevor man über die nunmehr zur Widerklage gewordene Klage des Beklagten verhandelt. Das ist unbedenklich, da es insoweit auf die Reihenfolge der Sachanträge nicht ankommt.

Umgekehrt kann auch das negative Feststellungsbegehren mit der Widerklage verfolgt werden.

> **Beispiel:** Der Kläger unterhält bei der beklagten Versicherungsgesellschaft eine Rechtsschutzversicherung. Er begehrt mit der Klage die Zahlung eines Vorschusses von 6.000 EUR auf die Kosten eines Rechtsstreits, den er gegen einen Dritten führt. Die Beklagte beantragt widerklagend die Feststellung, dass sie nicht verpflichtet sei, für den betreffenden Rechtsstreit überhaupt Deckungsschutz zu gewähren.

35 Wenn die negative Feststellungswiderklage sich als schlichte Negation des Klagebegehrens darstellt, ist sie wegen des von Amts wegen zu beachtenden Prozesshindernisses »anderweitige Rechtshängigkeit«[129] oder mangels Rechtsschutzinteresses[130] unzulässig. Greift sie aber – wie hier – über den Gegenstand der Klage hinaus, ergibt sich ihre Zulässigkeit aus § 256 II.

VI. Streitwert

36 Der Streitwert einer Feststellungsklage ist gemäß § 3 nach freiem Ermessen festzusetzen. Soweit der Vergleich mit einem dem Feststellungsinteresse entsprechenden Leistungsbegehren in Betracht kommt, nimmt man dieses zum Ausgangspunkt, womit zB auch §§ 6–9 ZPO, §§ 41 ff. GKG einschlägig werden können. Da indes das positive Feststellungsurteil in seinen Wirkungen normalerweise hinter dem Leistungstitel zurückbleibt, wird der Ausgangswert in der Regel um 20–50% vermindert.[131]

> **Beispiel:** Der Kläger beantragt festzustellen, dass der Beklagte ihm für künftig entstehenden materiellen Schaden auf Ersatz hafte. Den Umfang des Schadens schätzt der Kläger auf ca. 50.000 EUR. Der Gegenstandswert wird dementsprechend auf 40.000 EUR festgesetzt.

Auch wenn sicher ist, dass der Beklagte den festzustellenden Anspruch ohne Weiteres erfüllen wird, darf man den vollen Wert nicht ansetzen.[132]

---

128 BGH NJW 1984, 1556; zur Stufenklage s. → N Rn. 1 ff., 15.
129 BGH NJW 1989, 2064.
130 BGH NJW 1991, 2140.
131 BGH NJW-RR 2006, 791; Prütting/Gehrlein/*Gehle* ZPO § 3 Rn. 126 f.
132 BGH NJW-RR 1999, 362; DRiZ 2008, 291.

Bei der negativen Feststellungsklage ist der Wert, mit Ausnahme irrealer Ansprüche, genauso hoch wie der Anspruch, auf dessen Vernichtung der Kläger aus ist.[133] Kollidieren Leistungs- und negative Feststellungsklage, muss der Bearbeiter darauf achten, dass er, soweit die beiden Klagen sich überschneiden, nicht entgegen § 45 I 3 GKG eine Wertaddition vornimmt. Unterstellen wir, die Gesamtkosten des oben V. im 2. Beispielsfall vom Kläger gegen den Dritten geführten Rechtsstreits beliefen sich auf 14.000 EUR. Dann ist dies der Streitwert. Die vom Kläger verlangten 6.000 EUR dürfen nicht hinzugerechnet werden, weil sie einen Teil der Gesamtforderung ausmachen.[134]

VII. Weitere Überlegungen des Anwalts

Ist eine Leistungsklage (derzeit) nicht bezifferbar und hilft eine Stufenklage nicht **37**
weiter, ist von vornherein an eine Feststellungsklage zu denken. Die Frage ist bereits bei der Klärung des Klageziels zu prüfen.[135]

Geht es primär um eine Leistungsklage, können auf der Klägerseite dennoch zusätzlich Überlegungen zur Erhebung einer Feststellungsklage erforderlich sein.

Wegen der kurzen Verjährungsfrist auch für deliktische Ansprüche (§ 195 BGB) hat die Feststellungsklage für die Hemmung im Hinblick auf noch nicht zu beziffernde, künftige Schadensfolgen eine besondere Bedeutung.[136] Bei Klagen auf Schadensersatz wegen Körperschäden (Verkehrsunfall, Arzthaftung) ist ein Feststellungsantrag auf Ersatz künftiger Schäden grundsätzlich anzuraten, wenn entsprechende Nachteile mit hinreichender Wahrscheinlichkeit zu erwarten sind. Es empfiehlt sich in derartigen Fällen folgender Antrag:

> Es wird festgestellt, dass die Beklagten verpflichtet sind, dem Kläger als Gesamtschuldner denjenigen künftigen materiellen und immateriellen Schaden zu ersetzen, der ihm aufgrund des Unfalls vom … noch entsteht, soweit Ersatzansprüche nicht auf Träger der Sozialversicherung übergegangen sind.

Selbst bei Zweifeln an der Wahrscheinlichkeit künftigen Schadens ist abzuwägen, ob **38**
nicht das prozessuale Risiko eines Feststellungsantrags eingegangen werden soll. Nach Ablauf der Verjährungsfrist ist es für solche Überlegungen zu spät. Andererseits kann man bei einer geringen Wahrscheinlichkeit künftiger Schäden in der Regel mit einer dementsprechend niedrigen Wertfestsetzung rechnen.[137] Wird der Feststellungsantrag abgewiesen, ist also auch die sich hieraus ergebende Kostenbelastung des Klägers gering.

Bei Klagen nach §§ 346, 440 BGB findet sich häufig der Antrag auf Feststellung, dass der beklagte Verkäufer mit der Rücknahme der Kaufsache in Annahmeverzug ist. Wenn die Voraussetzungen der §§ 293 ff. BGB zu bejahen sind, empfiehlt sich dieser Antrag wegen der Haftungsbegrenzung aus § 300 I BGB und im Hinblick auf die spätere Vollstreckung, da der gemäß § 756 erforderliche Nachweis des Annahmever-

133 BGH NJW 1970, 2025; WuM 2004, 352; OLG Dresden JurBüro 2004, 141.
134 OLG Düsseldorf MDR 2003, 236 = BeckRS 2003, 04366; OLG Dresden JurBüro 2004, 141.
135 Vgl. → D Rn. 19.
136 Vgl. → Rn. 14 f.
137 Vgl. → Rn. 36.

zugs mit dessen Feststellung im Urteil geführt werden kann.[138] Dieser Gesichtspunkt hat auch im Lichte des § 756 II seine Berechtigung behalten.

Die Frage, ob der Kläger neben dem Leistungsantrag einen Feststellungsantrag stellen soll, kann bereits bei der Klärung des Klageziels[139] oder im Einzelfall auch im Rahmen von Zweckmäßigkeitserwägungen[140] zu behandeln sein. Letzteres bietet sich an, wenn die betreffenden Rechtsfragen weitgehend bereits mit dem Leistungsantrag abgehandelt worden sind.

39 Für den Beklagten, im Einzelfall auch für den Kläger, stellt sich die Frage einer negativen Feststellungsklage, die vom Beklagten in Form einer Widerklage erhoben werden kann. In diesem Zusammenhang ist die Darlegungs- und Beweislast zu beachten.[141] Eine negative Feststellungsklage für den Beklagten bietet sich insbesondere an, wenn der Kläger nur einen Teilanspruch geltend macht und es dem Beklagten darum geht, insgesamt Klarheit über das streitige Rechtsverhältnis zu erlangen. Diese Gesichtspunkte sowie Fragen der Rechtskraft[142] können grundsätzlich bei den Zweckmäßigkeitserwägungen behandelt werden.

40 Die Zulässigkeit einer Zwischenfeststellungsklage ist nur unter verhältnismäßig engen Voraussetzungen (Vorgreiflichkeit, Bedeutung über den Rechtsstreit hinaus)[143] zu bejahen. Ist dies der Fall, wird ihre Zweckmäßigkeit meist vorliegen.

Beispiel: Der klagende Versicherungsnehmer unterhält bei der Beklagten eine Krankenversicherung, von welcher die Beklagte zurückgetreten ist. Der Kläger verlangt Bezahlung von Heilbehandlungskosten und beantragt zusätzlich festzustellen, dass der Versicherungsvertrag durch den Rücktritt vom ... nicht aufgehoben worden ist. Letztere Frage ist für den Zahlungsanspruch vorgreiflich und hat außerdem Bedeutung für künftige Versicherungsfälle.

---

138 BGH NJW 2000, 2280; Zöller/*Stöber* ZPO § 756 Rn. 9; grundsätzlich wird die Zulässigkeit der Klage auf Feststellung des Annahmeverzugs verneint, BGH NJW 2000, 2663.

139 Vgl. → D Rn. 19.

140 Vgl. → D Rn. 47.

141 Vgl. → Rn. 27, 31.

142 Vgl. → Rn. 20, 28.

143 Vgl. → Rn. 30.

P. Die Erledigung des Rechtsstreits

I. Ausgangspunkt

1. Erste Instanz

Wenn der Kläger im laufenden Rechtsstreit zu der Erkenntnis gelangt, dass sein Klageanspruch nicht (mehr) besteht, bieten sich bei Aufgabe des Klageziels mehrere Möglichkeiten, das Verfahren zwar mit nachteiliger Kostenfolge, aber dennoch kostensparend zu beenden.[1] 1

Die Klagerücknahme führt unter den Voraussetzungen von Nr. 1211 KV Anl. 1 GKG zu einer Ermäßigung der Verfahrensgebühr vom dreifachen auf den einfachen Gebührensatz. Die gleiche kostenrechtliche Wirkung ergibt sich bei Erlass eines Verzichtsurteils nach § 306, allerdings mit der Folge, dass der Anspruch untergeht. Bei Erlass eines Versäumnisurteils gegen den Kläger, § 330, bleibt die zweiwöchige Einspruchsfrist nach § 339 und damit Zeit für weitere Überlegungen, im Übrigen ist das Ergebnis das gleiche. Eine Gebührenermäßigung gem. Nr. 1211 KV tritt nicht ein. Es lassen sich, soweit das Anwaltshonorar sich nach dem RVG richtet und keine anderweitige Gebührenvereinbarung getroffen worden ist, lediglich Anwaltskosten einsparen, wenn es nicht zu einer streitigen mündlichen Verhandlung kommt und evtl. nur die halbe Gebühr nach Nr. 3105 VV Anl. 1 RVG für eine nichtstreitige Verhandlung anfällt.[2] Die Kosten des Rechtsstreits trägt nach §§ 269 III 2 bzw. 91 I 1 Hs. 1 der Kläger. Auf die Ausnahmeregelung in § 269 III 3 gehen wir weiter unten ein.[3]

War die Klage ursprünglich zulässig und begründet und hat sie allein wegen eines erst nach Rechtshängigkeit eingetretenen Ereignisses ganz oder teilweise keine Aussicht mehr auf Erfolg, 2

> **Beispiel für den in der Praxis häufigsten Fall:** Vollständige oder teilweise Bezahlung der Klageforderung durch den Beklagten nach Klageerhebung.

ist diese Kostenfolge unbillig. Zwar bliebe nach einer Klagerücknahme dem Kläger die Möglichkeit, die ihm nach § 269 III 2 auferlegten Kosten zB bei Verzug des Schuldners auf der Grundlage eines materiell-rechtlichen Anspruchs vom Beklagten ersetzt zu verlangen.[4] Indes wäre ein solches Vorgehen umständlich und brächte im Regelfall die Notwendigkeit eines neuen Rechtsstreits mit sich. Es ist daher sachlich geboten, für diese und vergleichbare Fallkonstellationen Lösungen zu finden, die einem im Einzelfall verbleibenden Interesse an einer Sachentscheidung Rechnung tragen und außerdem bereits im laufenden Verfahren eine gerechte Entscheidung

1 Vgl. auch → D Rn. 70.
2 Allg. → A Rn. 176 f.
3 Vgl. → Rn. 61 ff.
4 BGH NJW 1982, 1598; 2013, 2201 Rn. 19; iÜ mit umfassender Darstellung zum materiell-rechtlichen Kostenerstattungsanspruch, dazu auch → A Rn. 180; näher zum hier vorliegenden Zusammenhang → Rn. 64.

über die Kosten ermöglichen. Im Überblick öffnen sich hierfür in der Reihenfolge der praktischen Relevanz vier Wege:

- Übereinstimmende Erledigungserklärung nach § 91a[5]
- Einseitige Erledigungserklärung[6]
- Antrag nach § 269 III 3[7]
- Klage auf Feststellung des Kosteninteresses[8]

2. Rechtsmittelinstanz und Anhörungsrüge

3 Auch in der Rechtsmittelinstanz gibt es Möglichkeiten sachgerechter Handhabung. Insbesondere kann der Rechtsstreit in der Berufungs-[9] und in der Revisionsinstanz[10] für erledigt erklärt werden, in Letzterer naturgemäß nur dann, wenn das erledigende Ereignis, zB die Zahlung, außer Streit steht.[11] Die Erklärung kann auch erst im höheren Rechtszug abgegeben werden, nachdem sie im früheren bereits eingetreten war.[12] Sie kann sich allerdings nur dann auswirken, wenn das Rechtsmittel zulässig ist.[13] Dazu gehört die Beschwer[14] des Rechtsmittelklägers, die bei Erfüllung der Klageforderung vor Rechtsmitteleinlegung uU nicht mehr gegeben ist.[15] Auch das Rechtsmittel selbst kann für erledigt erklärt werden, wenn seine Grundlage nachträglich entfällt.[16] Einer Entscheidung nach § 522 II steht die streitige Erledigung nicht entgegen.[17]

Im Verfahren der *Anhörungsrüge* kann die Erledigung nur im Fall der Abhilfe nach § 321a V festgestellt werden.[18]

II. Übereinstimmende Erledigungserklärungen

1. Rechtsnatur und Wirkungen

a) Wirkungen

4 Erklären beide Parteien den Rechtsstreit in der Hauptsache für erledigt, erlischt die Rechtshängigkeit kraft Parteiwillens und das Gericht hat nur noch über die Kosten

5 → Rn. 4 ff.
6 → Rn. 34 ff.
7 → Rn. 61 f.
8 → Rn. 64 ff.
9 Eingehend Zöller/*Vollkommer* ZPO § 91a Rn. 18 ff.; Prütting/Gehrlein/*Hausherr* ZPO § 91a Rn. 66 ff.; kein Einfluss auf die Anschlussberufung BGH NJW 1986, 852.
10 BGH NJW-RR 2012, 688; NJW 2015, 1762; BGH StuB 2016, 204 = BeckRS 2016, 00462.
11 BGH NJW 2013, 2508.
12 BGH WM 2016, 1748 Rn. 31: evtl. Kostenfolge des § 97 II; anders für den Fortfall der Schlüssigkeit eines Unterlassungsanspruchs BGH NJW-RR 2006, 566.
13 BGH NJW-RR 2002, 283; NJW-RR 2004, 1619; ZiP 2004, 425; WRP 2005, 126 (zwei Entscheidungen); NJW-RR 2007, 695.
14 Vgl. zum Begriff der Beschwer → S Rn. 28.
15 OLG Hamm NJW-RR 1991, 1343 (Klage nach § 771); Thomas/Putzo/*Hüßtege* ZPO § 91a Rn. 28.
16 BGH NJW 1998, 2453; NJW-RR 2006, 142; NJW-RR 2010, 785; LG Berlin MDR 2015, 1039 = BeckRS 2015, 15684 (Zwangsvollstreckung); str., Beispiele bei Zöller/*Vollkommer* ZPO § 91a Rn. 19; BAG NJW 2008, 1979; Prütting/Gehrlein/*Hausherr* ZPO § 91a Rn. 68.
17 OLG München NJW 2011, 1088; zu § 522 II vgl. → S Rn. 67.
18 OLG München NJW-RR 2008, 1397.

des Rechtsstreits auf der Grundlage des § 91a zu entscheiden. Bereits ergangene, aber noch nicht rechtskräftige Entscheidungen werden wirkungslos.[19]

b) Besonderheiten beim Unterlassungstitel

Das kann bei einem Unterlassungstitel problematisch sein. 5

> **Beispiel:** Dem Beklagten wird durch einstweilige Verfügung aufgegeben, eine bestimmte Werbeaktion zu unterlassen. Er legt Widerspruch ein. Während des Widerspruchsverfahrens gibt er eine strafbewehrte Unterlassungserklärung ab.[20]

Der Kläger kann hierauf im Grunde nur mit der Erledigungserklärung reagieren.[21] Erfasst diese indes den gesamten Rechtsstreit, wird der Titel hinfällig. Der Beklagte könnte mithin durch eine spätere Unterlassungserklärung bereits begangene Verstöße gegen die einstweilige Verfügung sanktionslos werden lassen. Ein wichtiges Instrument des Rechtsschutzes würde auf diese Weise nachhaltig entwertet. Der BGH lässt insbesondere mit Blick hierauf eine zeitlich begrenzte Erledigungserklärung zu, die erst ab dem erledigenden Ereignis (hier: der Unterlassungserklärung) Wirkung entfaltet.[22] Für die Zeit bis dahin bleibt der Titel bestehen, sodass Verstöße nach § 890 geahndet werden können.

Schließt sich der Beklagte der Erledigungserklärung an, ist nach der Lösung des BGH gem. § 91a über die Kosten zu entscheiden; eine Sachentscheidung betreffend den vorausgegangenen Zeitraum ergeht nicht, sodass bei unklarer Erledigungserklärung offen bleiben kann, ob der Kläger die Zeit bis zur Unterlassungserklärung überhaupt hat einbeziehen wollen.[23] Will der Beklagte die sachliche Berechtigung des Verfügungsanspruchs klären lassen, mag er der Erledigungserklärung des Klägers entgegentreten, sich auf den Standpunkt stellen, die Klage sei unbegründet gewesen, und den Widerspruch streitig weiterverfolgen. Über die Kosten ist alsdann nach §§ 91 f. zu entscheiden.

c) Bindung des Gerichts

§ 91a ist Ausfluss der *Dispositionsmaxime*; übereinstimmende Erledigungserklärungen können daher in jeder Lage des Verfahrens abgegeben werden.[24] Das Gericht ist hieran gebunden. 6

d) Rechtsnatur und Auslegung der Erledigungserklärung

Die *Erledigungserklärung* ist eine Prozesshandlung.[25] Sie kann ausdrücklich oder konkludent[26] vorgenommen werden. Ersteres ist der Normalfall. Beruft sich indes 7

19 BGH NJW 2004, 506; OLG Hamm MDR 1985, 591; KG NJW-RR 1999, 790; Zöller/*Vollkommer* ZPO § 91a Rn. 12; Thomas/Putzo/*Hüßtege* ZPO § 91a Rn. 17; zu Besonderheiten beim Unterlassungstitel vgl. das folgende Kapitel.

20 Näher vgl. BGH NJW 2017, 171.

21 BGH NJW-RR 2006, 566.

22 BGH NJW 2004, 506; GRUR-RR 2012, 336; *Ruess* NJW 2004, 485; *Bernreuther* GRUR 2007, 660.

23 BGH MDR 2016, 411.

24 BVerfG NJW 1993, 1060; BGH NJW 1994, 256; zur Dispositionsmaxime allg. vgl. → A Rn. 8.

25 Zur Frage der hilfsweise erklärten Erledigung vgl. → Rn. 56.

der Kläger ohne ausdrückliche Erledigungserklärung lediglich auf ein erledigendes Ereignis

> **Beispiel:** »Der Beklagte hat unter dem Eindruck der Beweisaufnahme gezahlt. Ein Urteil braucht daher gegen ihn nicht mehr zu ergehen.«

gibt er damit in der Regel zu erkennen, dass seiner Ansicht nach der Beklagte nur noch die Kosten des Rechtsstreits tragen soll. Dann wird sein Vortrag als Erledigungserklärung zu werten sein. Auf andere Weise kann er nämlich die Kostentragung des Beklagten nicht erreichen. Hält der Beklagte an seinem Klageabweisungsantrag fest, widerspricht er konkludent der Erledigungserklärung. Bestreitet er jedoch das erledigende Ereignis nicht und stellt er nur noch einen Kostenantrag, wird darin in der Regel ein konkludenter Anschluss an die Erledigungserklärung zu sehen sein.[27] Das gilt auch bei der Teilerledigung, wenn die Parteien nur noch über den streitigen Teil weiter verhandeln.[28]

Die Erledigungserklärung schafft mithin zunächst einen Schwebezustand, dessen Beendigung vom Verhalten des Beklagten abhängt. Die Existenz des § 91a I 2 spricht dafür, das bloße Schweigen nicht als konkludenten Anschluss zu behandeln.[29] Von einem solchen kann nur ausgegangen werden, wenn das Verhalten des Beklagten eine Auslegung im Sinne des Anschlusses zulässt. Nach § 91a I 2 ersetzt dessen Schweigen die Anschlusserklärung dann, wenn er auf die Folge hingewiesen worden ist und innerhalb einer Notfrist von zwei Wochen der Erledigungserklärung nicht widerspricht. Das kann insbesondere bei Räumungsklagen Bedeutung erlangen, wenn der beklagte Mieter räumt und im Rechtsstreit nicht mehr auftritt. Die ordnungsgemäße Erteilung des Hinweises ist in jedem Fall kritisch zu prüfen. Fehlt sie, ist die Entscheidung nach § 91a nicht zulässig.[30]

Solange der Gegner sich nicht angeschlossen hat oder die Wirkung des § 91a I 2 eintritt und das Gericht noch keine Entscheidung über die Erledigung der Hauptsache getroffen hat, ist die Erledigungserklärung nach den für die Klageänderung geltenden Regeln frei widerruflich. Der Kläger kann sie also nach §§ 263, 264 Nr. 2 fallen lassen, zu seinem ursprünglichen Antrag zurückkehren oder einen neuen Antrag stellen.[31] Erst der erklärte oder der nach § 91a I 2 fingierte Anschluss des Beklagten beendet die Rechtshängigkeit und macht voraufgegangene Entscheidungen gegenstandslos; eine Fortsetzung des Verfahrens ist von diesem Zeitpunkt an ausgeschlossen.[32] Nur wenn ein Restitutionsgrund vorliegt, vgl. §§ 578 ff., kann die Erledigungserklärung nach dem Anschluss noch widerrufen werden.[33]

Andererseits wird der Beklagte sich in den Grenzen von Treu und Glauben nach anfänglichem Widerspruch auch später noch anschließen können, solange der Kläger

---

26 BGH NJW-RR 1991, 1211; auch gegen den Wortlaut: BGH NJW 2004, 506 (509); FamRZ 2007, 375 = NJW 2007, 1460; bei klarem Wortlaut aber grundsätzlich kein Raum für Auslegung oder Umdeutung: BGH NJW 2007, 1460.

27 Vgl. BGH NJW 1956, 1517; OLGR Saarbrücken 2000, 496.

28 OLGR Stuttgart 2009, 490; zur Teilerledigung → Rn. 27.

29 Vgl. auch OLG Düsseldorf MDR 2003, 1013 = BeckRS 2003, 17884.

30 BGH MDR 2009, 706 = NJW 2009, 1973.

31 BGH NJW 2014, 2199 Rn. 14; 2015, 699 Rn. 23.

32 Zöller/*Vollkommer* ZPO § 91a Rn. 12; Prütting/Gehrlein/*Hausherr* ZPO § 91a Rn. 25; OLG Bamberg NJW-RR 1997, 1365.

33 BGH NJW 2013, 2686.

nicht einen anderen Antrag stellt. Es besteht kein Anhalt dafür, dass die Erledigungserklärung durch eine Ablehnung seitens des Gegners gleichsam »verbraucht« würde. Antragstellung und Entscheidung nach § 91a bedürfen immerhin gem. Abs. 1 S. 1 keiner mündlichen Verhandlung.

e) Wechselseitige Kostenanträge

Üblicherweise stellen die Parteien wechselseitige *Kostenanträge*. Das Gericht muss jedoch in jedem Fall gemäß § 308 II von Amts wegen eine Kostenentscheidung nach § 91a treffen, ohne an Anträge der Parteien gebunden zu sein.[34] Nur das Kosten-Anerkenntnis einer Partei ist verbindlich.[35] Auch können die Parteien in einem Vergleich, der keine Kostenregelung enthält, verbindlich vereinbaren, dass etwa die Ergebnisse der Einigung einer Entscheidung über die Kosten zugrunde zu legen sind.[36] 8

2. Wirksamkeits- und Zulässigkeitsvoraussetzungen

a) Rechtshängigkeit

Erste Voraussetzung für die Wirksamkeit der beiderseitigen Erledigungserklärungen ist nach hM die Rechtshängigkeit.[37] Andernfalls besteht kein Prozessrechtsverhältnis, das erledigt sein kann. Daher kommt die Erledigung mit der Folge einer Kostenentscheidung nach § 91a im Verfahren der Prozesskostenhilfe nicht in Betracht.[38] 9

b) Kein »Erledigendes Ereignis«

Nach herrschender Meinung kommt es für eine Entscheidung nach § 91a nicht auf den Eintritt eines erledigenden Ereignisses, jedenfalls aber nicht auf dessen Zeitpunkt an.[39] Der BGH hat diese Frage bisher noch nicht abschließend entschieden, jedoch die Auffassung vertreten, dass der Rechtsstreit jedenfalls dann beiderseitig für erledigt erklärt werden kann, wenn die Erledigung zwischen Einreichung der Klage (= *Anhängigkeit*) und Zustellung der Klage (= *Rechtshängigkeit*) eintritt.[40] In Konflikt mit § 269 III 3 kommt man unter keinen Umständen, weil § 91a daneben anwendbar bleibt.[41] 10

Bei übereinstimmenden Erledigungserklärungen ist im Rahmen der Erörterungen zur Wirksamkeit auf Meinungsstreitigkeiten allenfalls und auch dann nur kurz einzugehen, wenn die Erledigung bereits vor Rechtshängigkeit eingetreten ist. Im Übrigen

---

34 BGH NJW-RR 1997, 510 mit Ausnahme für Vergleich.

35 BGH NJW-RR 2006, 929; MDR 2015, 51 = BeckRS 2014, 21519.

36 Mit vielen Beispielen Zöller/*Vollkommer* ZPO § 91a Rn. 58 »Vergleich«.

37 OLG Brandenburg NJW-RR 1996, 1470; 2001, 1436; aA OLG Köln NJW-RR 2000, 1456.

38 OLG Karlsruhe FamRZ 1997, 220; BayVGH NJW 2013, 891 Ls.; für Ausdeutung als Antragsrücknahme OLG Koblenz NJW-RR 2010, 500.

39 OLG München MDR 1993, 475 = NJW-RR 1993, 1279; OLG Celle NJW-RR 1994, 1276; OLG Koblenz NJW-RR 2000, 1092; OLG Köln NJW-RR 2000, 1456; OLG Hamm MDR 2001, 470 = BeckRS 2000, 30148215; OLG Karlsruhe FamRZ 2004, 960 = BeckRS 2003, 30315820; Thomas/Putzo/*Hüßtege* ZPO § 91a Rn. 22; Musielak/*Lackmann* ZPO § 91a Rn. 10; Prütting/Gehrlein/*Hausherr* ZPO § 91a Rn. 23; aA OLG Frankfurt a.M. JurBüro 1983, 444; offen OLG Dresden NJW-RR 2003, 194; Zöller/*Vollkommer* ZPO § 91a Rn. 6, 16; kritisch BLAH/*Hartmann* ZPO § 91a Rn. 68.

40 BGHZ 21, 298 = NJW 1956, 1517; 83, 12 (14) = NJW 1982, 1598.

41 → Rn. 63.

sollte man, wenn in veröffentlichten Entscheidungen zu § 91a vom erledigenden Ereignis die Rede ist, nicht an einen »Theorienstreit« denken, sondern beachten, dass es für die Frage der Kostenverteilung auf die sachliche Berechtigung der ursprünglichen Klage und damit auf den Eintritt eines Ereignisses ankommen kann, aufgrund dessen die Klage hinfällig geworden ist.[42] Das hat mit dem Eintritt der übereinstimmend erklärten Erledigung nichts zu tun, sondern nur mit den Kostenfolgen.[43]

3. Der Beschluss nach § 91a

a) Form und Tenor

11 Der Beschluss nach § 91a[44] muss ein vollständiges Rubrum mit den Angaben des § 313 I Nr. 1 bis 3 enthalten, da er die Grundlage eines Vollstreckungstitels bildet (§§ 794 I 1 Nr. 3, 91a II 1) und zuzustellen ist (§ 329 III). Falls eine mündliche Verhandlung stattgefunden hat, ist deren Datum in das Rubrum aufzunehmen. Ansonsten ist im Rubrum oder am Ende des Beschlusses der Tag der Entscheidung anzugeben:

> ... hat die 25. Zivilkammer des Landgerichts X auf die mündliche Verhandlung vom ... durch ... beschlossen:
>
> (oder:)
>
> ... hat ... durch ... am ... beschlossen:

Der *Tenor* kann wie folgt lauten:

> Die Kosten des Rechtsstreits trägt der Kläger/Beklagte.
> Die Kosten des Rechtsstreits tragen der Kläger zu ... und der Beklagte zu ...
> Die Kosten des Rechtsstreits werden gegeneinander aufgehoben.

Zweckmäßig ist es, in den Tenor die Streitwertfestsetzung aufzunehmen.[45] Eine zuvor ergangene Entscheidung muss nicht ausdrücklich für wirkungslos erklärt werden.[46] Eine entsprechende Klarstellung kann dennoch sinnvoll, auf Antrag wird sie analog § 269 IV vorgegeben sein.[47]

> Das Versäumnisurteil der Kammer vom ... – Az.: ... – ist wirkungslos.

Die *vorläufige Vollstreckbarkeit* ist nicht anzuordnen, da der Beschluss kraft Gesetzes nach §§ 794 I 1 Nr. 3, 91a II auch vor Eintritt der Rechtskraft vollstreckbar ist.[48]

Die Entscheidung ist zu begründen, da sie angefochten werden kann (§ 91a II). In der mit »Gründen« überschriebenen Begründung wird zunächst der Sachverhalt dargestellt; im Anschluss daran werden die tragenden Erwägungen für die Kostenentscheidung gemäß § 91a dargelegt.[49]

---

42 Deutlich zB OLG Stuttgart NJW-RR 1996, 1520; OLG Koblenz NJW-RR 1996, 1520.
43 → Rn. 13 ff.
44 Allg. zum Beschluss → B Rn. 60 ff.
45 → Rn. 24.
46 KG NJW-RR 1999, 790.
47 Für deklaratorische Aufhebung wohl BGH NJW 2009, 3717 (3721) Rn. 53.
48 → B Rn. 65.
49 Vgl. auch → B Rn. 66.

b) Sachverhaltsdarstellung

Der Sachverhalt in den Gründen eines Beschlusses nach § 91a entspricht im Wesentlichen dem Tatbestand eines Urteils.[50] Es werden allerdings nur diejenigen Angaben aufgenommen, die für die Entscheidung nach § 91a von Bedeutung sind; gefragt sind kurze Darstellungen. In der Praxis ist folgendes Schema üblich: **12**

- Geschichtserzählung (= Unstreitiges)
  Indikativ, direkte Rede, Imperfekt, historischer Aufbau
- Streitiger Vortrag des Klägers
  Perfekt:

  > Der Kläger hat behauptet, …

- Ursprüngliche Anträge
  im Perfekt unter Angabe des Datums der Anhängigkeit und der Rechtshängigkeit:

  > Mit der am … eingereichten und dem Beklagten am … zugestellten Klage hat der Kläger beantragt,
  > den Beklagten zu verurteilen, …

- ggf. Antrag des Beklagten und dessen str. Vorbringen

  > Der Beklagte hat beantragt,
  > die Klage abzuweisen.
  > Er hat behauptet, …

- Erledigendes Ereignis (soweit vorhanden)
  Perfekt wenn unstreitig:

  > Der Beklagte hat am … die Klageforderung beglichen/… die Wohnung geräumt.

  Präsens, wenn streitig:

  > Der Kläger behauptet, der Beklagte habe am … gezahlt.

- Erledigungserklärungen beider Parteien
  Präsens, Indikativ, direkte Rede:

  > Nunmehr erklären die Parteien den Rechtsstreit in der Hauptsache für erledigt.

- Kostenanträge der Parteien
  (nicht erforderlich wegen § 308 II, aber in der Praxis üblich) Präsens:

  > Der Kläger beantragt nunmehr,
  > dem Beklagten die Kosten des Rechtsstreits aufzuerlegen.
  >
  > Der Beklagte beantragt,
  > dem Kläger die Kosten des Rechtsstreits aufzuerlegen.
  >
  > (besser:)
  >
  > … erklären … mit wechselseitigen Kostenanträgen … für erledigt

- (Notwendige) Prozessgeschichte:
  in der üblichen Form (zB durchgeführte Beweisaufnahme)[51]

---

50 → A Rn. 39 ff.

51 → A Rn. 23, 69 ff.

c) Grundsätze der Kostenentscheidung nach § 91a

aa) Aufbau und Einleitung

13 Im Anschluss an die Sachverhaltsdarstellung wird – durch einen Absatz getrennt – die Kostenentscheidung nach § 91a begründet. Dieser Teil ist wie folgt aufzubauen, wobei die Punkte (2) und (3) nur erforderlich sind, wenn sich insoweit Probleme ergeben:

- (1) Gesamtergebnis
- (2) Auslegung der Parteierklärungen
- (3) Wirksamkeit der Erledigungserklärungen
- (4) Entscheidung nach dem Sach- und Streitstand und billigem Ermessen nach § 91a

Der Einleitungssatz (= Gesamtergebnis) kann wie folgt lauten:

> Nach § 91a I sind die Kosten des Rechtsstreits dem Kläger/Beklagten aufzuerlegen.

Haben die Parteien nur konkludent den Rechtsstreit für erledigt erklärt und sind deshalb Ausführungen zur *Auslegung* ihres Verhaltens erforderlich, müssen diese im Anschluss an den Einleitungssatz erfolgen.

> Die Parteien haben den Rechtsstreit übereinstimmend in der Hauptsache für erledigt erklärt. Der Beklagte hat sich zwar der entsprechenden Erklärung des Klägers nicht ausdrücklich angeschlossen, jedoch ergibt ..., dass auch er den Rechtsstreit in der Hauptsache für erledigt erklären wollte. (Denn) ...
>
> (oder:)
>
> Nach § 91a I 2 ZPO kommt es nicht darauf an, dass der Beklagte sich der Erledigungserklärung nicht angeschlossen hat. Denn er hat ihr innerhalb der mit Schreiben vom ... gesetzten Frist nicht widersprochen. ...

Grundsätzlich sind Ausführungen zur Wirksamkeit der Erledigungserklärungen ebenso wenig erforderlich wie solche zur Zulässigkeit der Klage. Etwas anderes kann zB gelten, wenn das betr. Ereignis vor Rechtshängigkeit eingetreten ist. Dann ist kurz auf den oben dargestellten Meinungsstreit[52] einzugehen.

Im Anschluss an das Gesamtergebnis sind die Erörterungen zur Billigkeitsentscheidung im Normalfall wie folgt einzuleiten:

> Das entspricht der Billigkeit unter Berücksichtigung des bisherigen Sach- und Streitstandes. Der Kläger/Beklagte wäre bei streitiger Entscheidung unterlegen. Ihm steht kein Anspruch ...
>
> Es ergeben sich auch keine sonstigen Gesichtspunkte, nach denen es billig wäre, ausnahmsweise dem Beklagten/Kläger die Kosten des Rechtsstreits aufzuerlegen, obwohl er ohne die Erledigung obsiegt hätte. (Denn) ...

bb) Bisheriger Sach- und Streitstand

14 Wortlaut und systematische Stellung des § 91a lassen deutlich erkennen, dass das Gericht bei der *Billigkeitsentscheidung* den bisherigen Sach- und Streitstand vorrangig zu berücksichtigen hat. Das in §§ 91 ff. zum Tragen gebrachte Erfolgsprinzip gilt bei Erledigung des Rechtsstreits fort, dh wenn ohne Erledigung im Rechtsstreit ein bestimmtes Ergebnis erzielt worden wäre, ist dieses der Kostenentscheidung zugrunde

52 → Rn. 10.

zu legen, falls nicht ausnahmsweise Billigkeitsgesichtspunkte etwas anderes gebieten.[53] Auch behalten Sonderregelungen wie §§ 281 III 2[54] und 344[55] ihre Wirkung. Die Vielfalt der einschlägigen Gesichtspunkte lässt sich hier nicht darstellen; wir verweisen insoweit auf die Kommentarliteratur. Für Examen und Praxis sollte man sich das folgende gedankliche Gerüst merken:

- Auswertung des Sachverhalts: 15
  Der Sachverhalt ist in rechtlicher Hinsicht immer umfassend zu würdigen. Rechtsfragen sind hierbei grundsätzlich zu klären. Nur der Entscheidung schwieriger Grundsatzfragen bedarf es wegen der nachrangigen Bedeutung einer Kostenentscheidung nicht.[56]
- Tatsächliche Grundlage: 16
  Grundlage für die Beantwortung der Frage, welche Partei den Rechtsstreit ganz oder teilweise gewonnen hätte, ist der *bisherige* Sach- und Streitstand. Im Ansatz konzentriert sich die Begutachtung des Falls also auf die Tatsachen, die bei Abgabe der Erledigungserklärungen bereits vorgetragen waren. Das heißt jedoch nicht, dass neuer Vortrag in jedem Fall unberücksichtigt bleiben müsste. Entscheidend ist vielmehr die Prozesswirtschaftlichkeit. Neues unstreitiges Vorbringen ist demnach in die Prüfung mit einzubeziehen.[57] Die Ergebnisse einer durchgeführten Beweisaufnahme sind zu verwerten. Auch kann der Gedanke des § 296 I zum Tragen kommen.
- Summarische Prüfung: 17
  Gelangt man hiernach nicht zu einem bestimmten Ergebnis, findet eine weitere Beweisaufnahme grundsätzlich nicht mehr statt. Vielmehr ist im Rahmen einer summarischen Prüfung ein der Billigkeit entsprechendes Ergebnis zu finden. Allenfalls können präsente Beweismittel verwertet werden, wenn sie geeignet sind, einen offenen Streitpunkt vollständig zu klären und ihre Verwertung keinen erheblichen zusätzlichen Kosten- und Zeitaufwand mit sich bringt.[58] In der Praxis kommt hierbei Urkunden Bedeutung zu.[59] Zeugenvernehmungen finden so gut wie nie statt. Die summarische Prüfung ermöglicht eine Prognose auf die voraussichtliche Entwicklung des Rechtsstreits, sodass bei hoher Wahrscheinlichkeit eines bestimmten Beweisergebnisses die Kosten dem voraussichtlich unterlegenen Teil auferlegt werden können.[60] Dies dürfte eher selten zu bejahen sein. Bleibt das Ergebnis ungewiss, sind die Kosten gegeneinander aufzuheben oder den Parteien zu je ½ aufzuerlegen.[61] Eine Kostenentscheidung allein nach Beweislastgrundsät-

53 BGH NJW 2007, 3429; OLG Zweibrücken NJW 1986, 939; OLG Brandenburg NJW 1995, 1843.
54 OLG Nürnberg NJW 1975, 2206.
55 OLG Stuttgart Justiz 1984, 19.
56 BGH NJW 2005, 2385; 2007, 1591 (1593); NJW-RR 2006, 566; 2009, 422.
57 OLG Düsseldorf MDR 1993, 1120 mN zur Gegenmeinung; so auch Prütting/Gehrlein/*Hausherr* ZPO § 91a Rn. 29; einschränkend OLG Karlsruhe NJW-RR 1990, 978; gegen Berücksichtigung in der Beschwerde OLGR Celle 2009, 651.
58 BGHZ 21, 300 = NJW 1956, 1517; OLG Köln MDR 1969, 848; aA OLG Hamm AnwBl. 1990, 48.
59 OLG Frankfurt a.M. JurBüro 1991, 1392; OLG Düsseldorf MDR 1993, 1120; OLG Bamberg NJW-RR 1999, 278.
60 BGH NJW-RR 2004, 377; OLG Frankfurt a.M. NJW 1987, 1410; OLGR Koblenz 2007, 215.
61 OLG Saarbrücken NJW-RR 2017, 473; vgl. → A Rn. 188.

zen kommt demgegenüber nicht in Betracht, da dies einer vorweggenommenen Beweiswürdigung gleichkäme.[62]

Gegen die summarische Prüfung lässt sich einwenden, der Beklagte habe es bei einer Erledigungserklärung einseitig in der Hand, einer ihm bei streitiger Fortsetzung drohenden vollen Kostenlast zu entgehen, indem er sich der Erledigung anschließt. Das LG Hanau hat daher dem Kläger das Recht zuerkannt, ausdrücklich streitige Entscheidung durch Urteil zu verlangen, ohne dass der Beklagte dem durch Zustimmung zur Erledigungserklärung entgehen könnte.[63] Eine Entscheidung des BGH steht noch aus,[64] die Unterscheidung zwischen der Erklärung nach § 91a und dem Antrag auf streitige Feststellung der Erledigung wird im Einzelfall aber durchaus vorgenommen.[65] Wir sehen den Schlüssel zur Lösung in einer strengen Prüfung des rechtlichen Interesses an einem streitigen Urteil.

18 • Unzulässigkeit der Klage:
War die Klage unzulässig, ist zu unterscheiden: Jedenfalls bei einer nur sachlichen oder örtlichen Unzuständigkeit des angerufenen Gerichts bleibt dieser Gesichtspunkt unberücksichtigt, da der Aufwand einer Verweisung an das zuständige Gericht im Hinblick auf die jetzt nur noch zu treffende Kostenentscheidung unangemessen wäre.[66] Bei sonstigen Mängeln der Zulässigkeit trägt in der Regel der Kläger die Kosten.

cc) Billigkeitsentscheidung abweichend vom Sach- und Streitstand

19 Die Billigkeit kann eine vom Sach- und Streitstand abweichende Kostenverteilung gebieten.[67] Als Leitgedanke bietet sich die Frage an, ob eine Partei dem Gegner vorwerfbar Anlass zur Klageerhebung oder zur Rechtsverteidigung gegeben[68] oder ob sie (zB durch verspätete Abgabe der Erledigungserklärung) vorwerfbar Kosten verursacht hat.[69] Wenn der Beklagte die Klageforderung ausdrücklich oder durch Erfüllung konkludent anerkennt, findet im Rahmen des § 91a die Regelung des § 93 entsprechende Anwendung.[70] Die Kosten sind also ohne Rücksicht auf das Ergebnis einer Sachprüfung dem Beklagten aufzuerlegen, falls nicht die in § 93 enthaltene Ausnahmeregelung eingreift[71] oder der Beklagte erkennbar macht, dass er ohne Anerkennung einer Rechtspflicht geleistet hat.[72] Den Beklagten kann mithin die Kostenlast treffen, wenn er sich freiwillig in die Rolle des Unterlegenen begibt.[73] Umgekehrt wird für den Fall einer Klageerhebung, bei der die Erledigung von vornherein abzusehen war, die Kostenbelastung des Klägers befürwortet;[74] das kann zB bei Erledi-

62 OLG Frankfurt a.M. BB 1978, 331.
63 LG Hanau NJW-RR 2000, 1233; ablehnend *Lange* NJW 2001, 2150; zustimmend *Elzer* NJW 2002, 2006 unter II.2; *Frank* MDR 2002, 1097; so ohne nähere Begründung auch *Deubner* JuS 2006, 228 (229).
64 Offen gelassen in BGH NJW-RR 2006, 929.
65 Vgl. BGH NJW-RR 1998, 1571 (1572 f. unter IV.); 2006, 1378 (1379 f.).
66 BGH MDR 2010, 888 = BeckRS 2010, 10351; *Vossler* NJW 2002, 2373.
67 BGH MDR 2004, 698 = BeckRS 2004, 03127.
68 Vgl. Zöller/*Vollkommer* ZPO § 91a Rn. 25.
69 OLG Schleswig NJOZ 2016, 194.
70 BGH NJW-RR 2006, 773; MDR 2015, 51 = BeckRS 2014, 21519; OLG Frankfurt a.M. GRUR-RR 2006, 111; OLG Stuttgart JurBüro 2011, 542.
71 Vgl. → A Rn. 195.
72 OLG Celle NJW-RR 1986, 1061.
73 BGH MDR 2004, 698 = BeckRS 2004, 03127.
74 OLG Hamm NJW-RR 1993, 1279.

gung durch Erhebung der Verjährungseinrede der Fall sein,[75] wie auch bei verspäteter Abgabe der Erledigungserklärung evtl. Mehrkosten dem Kläger aufzuerlegen sind.[76]

Bedeutung kommt des Weiteren dem *materiell-rechtlichen Kostenerstattungsanspruch* zu.[77] 20

Beispiel: Nach erfolgloser Mahnung reicht der Kläger eine Zahlungsklage ein. Noch bevor diese zugestellt wird, zahlt der Beklagte. Die Parteien erklären übereinstimmend die Erledigung.

Die Zahlungsklage wäre wegen der bereits vor Rechtshängigkeit eingetretenen Erfüllung abgewiesen worden, sodass die Kosten grundsätzlich dem Kläger aufzuerlegen sind. Aufgrund des nach Mahnung eingetretenen Verzugs haftet der Beklagte dem Kläger jedoch aus § 280 I 1 BGB auf Schadensersatz und damit auch auf Erstattung der infolge des Verzugs angefallenen Prozesskosten. Da dies im Beispielsfall ohne weitere Sachverhaltsaufklärung unschwer festgestellt werden kann, entspricht es der Billigkeit, dem Beklagten abweichend vom voraussichtlichen Ergebnis des Rechtsstreits nach § 91a die Kosten aufzuerlegen.[78] Im Grunde handelt es sich um einen Unterfall der vorwerfbaren Klageveranlassung.

Alternativ käme die Klagerücknahme und anschließend eine erneute Klage auf Kostenerstattung in Betracht[79], was aus praktischen Gründen abzulehnen ist. Entsprechendes gilt, wenn der Kläger aus § 280 I 1 BGB einen nach dem Sach- und Streitstand unbezweifelbar bestehenden Anspruch auf Ersatz der Prozesskosten hat. Bestehen Zweifel an diesem Anspruch, darf das Gericht ihn bei der Kostenentscheidung nicht berücksichtigen.[80]

Hat der Kläger die Erledigungserklärung nicht rechtzeitig abgegeben und hierdurch vorwerfbar Mehrkosten verursacht, kann er in Fortsetzung des vorstehenden Gedankengangs mit diesen Kosten belastet werden.[81]

dd) Erledigung durch Vergleich

In einem Prozessvergleich[82] können die Parteien gemäß §§ 98 S. 1, 794 I Nr. 1 durch Regelung der Kostenfrage die vollstreckbare Grundlage einer Kostenfestsetzung nach § 104 schaffen.[83] Eine Kostenentscheidung des Gerichts ergeht dann nicht mehr. Dies stellt in der Praxis den Regelfall dar. 21

Enthält der Vergleich keine Kostenregelung, sind die Kosten des Vergleichs und die Kosten des Rechtsstreits, soweit hierüber noch nicht rechtskräftig entschieden ist, nach § 98 als gegeneinander aufgehoben anzusehen, dh, jede Partei trägt ihre außerge-

75 BGH NJW 2010, 2422 (2424) Rn. 30; vgl. auch → Rn. 46.
76 BGH WRP 2008, 252.
77 Vgl. → A Rn. 180.
78 BGH NJW 2002, 680; OLG Stuttgart NJW-RR 2007, 1580; OLG Karlsruhe NJW-RR 2010, 585; Zöller/*Vollkommer* ZPO § 91a Rn. 24.
79 BGH NJW 1982, 1598.
80 BGH NJW 2002, 680; in anderen Fällen steht dem aber nichts entgegen; auch aus BGH NJW 2004, 223 folgt insoweit nichts anderes, da § 91a die Berücksichtigung des materiellen Rechts gerade vorgibt.
81 OLG Köln JurBüro 1988, 616; 1989, 217; OLG München NJW-RR 1993, 571; KG WuM 2006, 46 = BeckRS 2005, 30364023.
82 Allg. → R Rn. 39.
83 OLG Nürnberg MDR 2003, 652 = BeckRS 2002, 30296814.

richtlichen Kosten selbst, die Gerichtskosten werden hälftig geteilt.[84] Die Vorschrift gilt auch dann, wenn die Parteien etwa nach vorausgegangenem Teilurteil nur noch den Rest des Rechtsstreits durch Vergleich beenden.[85] Die Kostenentscheidung nach § 91a ist bei Fehlen einer dahingehenden Vereinbarung unzulässig; ein entsprechender Antrag wäre aus diesem Grund zurückzuweisen.[86]

Nach ganz hM kann eine Vereinbarung im Sinne des § 98 S. 1 auch in einer *negativen Kostenregelung* bestehen, welche die Anwendbarkeit der Vorschrift ausschließt und den Weg zu einer Kostenentscheidung des Gerichts nach § 91a eröffnet.[87]

> Die Parteien schließen folgenden Vergleich:
> 1) Zum Ausgleich aller wechselseitigen Ansprüche der Parteien zahlt der Beklagte an den Kläger ...
> 2) Die Parteien erklären den Rechtsstreit in der Hauptsache übereinstimmend für erledigt und beantragen die Kostenentscheidung des Gerichts nach § 91a ZPO.

22 Fehlt es an einer eindeutigen Formulierung, stellt sich die Frage, ob eine negative Kostenregelung *konkludent* erfolgt ist und dem Vergleich durch *Auslegung* entnommen werden kann. Das reine Fehlen einer Kostenregelung oder deren bloßer Ausschluss reicht nach wohl hM für § 91a nicht aus,[88] indes wird die Anwendung der Norm zT auch für Fälle befürwortet, in denen die Parteien im Vergleich eine Kostenregelung erkennbar vergessen haben.[89] Hier sollten praktische Gesichtspunkte den Ausschlag geben.

Das steht einer allzu strengen Handhabung formaler Gesichtspunkte entgegen. Haben etwa die Parteien einen Vergleichstext ohne Kostenregelung protokollieren lassen und beantragen sie unmittelbar im Anschluss hieran unter Abgabe der übereinstimmenden Erledigungserklärung die Kostenentscheidung des Gerichts nach § 91a, kann der Vergleich dem nicht entgegenstehen, zumal das Gericht durch sachdienlichen Hinweis eine Einbeziehung in den Vergleich ohne Weiteres hätte herbeiführen können.

Haben die Parteien durch den Vergleich dem Gericht die Kostenentscheidung nach § 91a wirksam übertragen, stellt sich die Frage, ob das Ergebnis des Vergleichs bei der Kostenverteilung mit berücksichtigt werden muss. Nach dem Wortlaut der Norm ist dies jedenfalls insoweit zu verneinen, als die Vergleichsregelung von einem eindeutigen Sach- und Streitstand abweicht.[90] Im Rahmen von Billigkeitserwägungen, namentlich bei offen bleibender Sachlage, kann demgegenüber das von den Parteien gewollte Ergebnis in die tragenden Erwägungen mit einbezogen werden.[91]

23 Die Regelung des § 98 gilt für den *außergerichtlichen Vergleich* zumindest entsprechend. Treffen die Parteien keine Kostenregelung, gelten die Kosten also auch hier als

---

84 Vgl. → A Rn. 188; OLG Naumburg NJW 2012, 1522.
85 OLG Zweibrücken OLGZ 1983, 80.
86 BGHReport 2003, 1046; OLG Frankfurt a.M. JurBüro 1983, 1878.
87 BGH NJW 2007, 835; OLG Brandenburg MDR 2009, 406 = BeckRS 2009, 04206; OLG Saarbrücken MDR 2013, 794 = BeckRS 2013, 08492.
88 OLG Brandenburg MDR 2008, 234 = BeckRS 2008, 02856; FamRZ 2008, 529 = BeckRS 2008, 04434; zu den Kosten des Streithelfers vgl. BGH DB 2010, 1930.
89 OLG Naumburg NJW 2013, 3255.
90 OLG München MDR 1990, 344; OLG Oldenburg NJW-RR 1992, 1466.
91 BGH NJW 2007, 835; OLG Stuttgart NJW-RR 2011, 1439.

gegeneinander aufgehoben.[92] Das kann auch eine Kostenentscheidung nach § 91a beeinflussen.[93] Ein Kostenproblem kann sich daher überraschend ergeben, wenn die Parteien in einem anderen Rechtsstreit einen Vergleich schließen, in diesen den Gegenstand des vorliegenden Rechtsstreits einbeziehen, insoweit jedoch die Kostenregelung unterlassen. Dann steht die Regelung des § 98 einer Kostenentscheidung nach § 91a entgegen.[94]

Eine Auslegung dahin, dass das Gericht nach § 91a I entscheiden soll, ist, anders als beim Prozessvergleich, auch unter Berücksichtigung von äußeren Umständen denkbar, die in der Vereinbarung selbst keinen unmittelbaren Anhaltspunkt finden, da §§ 160 III Nr. 1, 162 I hier nicht gelten.[95] Das Ergebnis des außergerichtlichen Vergleichs darf einer Kostenentscheidung nach § 91a nicht ohne Weiteres zugrunde gelegt werden.[96] Eine Kostenfestsetzung ist auf der Grundlage eines außergerichtlichen Vergleichs nicht möglich, da die Voraussetzungen der §§ 160 III Nr. 1, 162 I, 794 I Nr. 1 nicht gewahrt sind.

d) Streitwert

Bei einer Entscheidung nach § 91a sind immer zwei Streitwerte von Bedeutung. **24**
Bevor der Rechtsstreit übereinstimmend für erledigt erklärt wird, sind bereits Kosten entstanden, und zwar mit der Einreichung der Klage die Prozessgebühr nach Nr. 1210 KV Anl. 1 GKG und bei einer anwaltlichen Vertretung in jedem Fall die Verfahrensgebühren nach Nr. 3100 VV Anl. 1 RVG. Hat vorher ein Verhandlungstermin stattgefunden oder wird die Erledigung erst im Termin erklärt, sind außerdem die Terminsgebühren gemäß Nr. 3104 VV nach dem ursprünglichen vollen Wert angefallen.[97] Maßgeblicher Zeitpunkt ist der Eingang der Erledigungserklärung.[98] Alle Gebühren, die vor dem Anschluss des Beklagten entstanden sind, richten sich nach dem Streitwert der ursprünglichen Klage. Nach den Erledigungserklärungen geht es nur noch um die bisher entstandenen Kosten des Rechtsstreits, nicht hingegen um die anfängliche Klageforderung. Daher entspricht der Streitwert ab diesem Zeitpunkt nach hM den Kosten, soweit sie den bisherigen Wert der Hauptsache nicht übersteigen.[99] Von diesem Streitwert werden ggf. die Terminsgebühren berechnet.

92 BGH NJW 2009, 519; OLG Hamm AnwBl. 1982, 72; OLG München JurBüro 1983, 1880; OLG Frankfurt a.M. NJW 2005, 2465; OLGR Frankfurt a.M. 2006, 178; so im Ergebnis wohl auch Zöller/*Herget* ZPO § 98 Rn. 5.

93 Vgl. BGH NJW-RR 1997, 510; OLG Schleswig JurBüro 1993, 745.

94 OLG Hamm AnwBl. 1982, 72.

95 Aufschlussreich BGH NJW-RR 1997, 510; OLG Zweibrücken JurBüro 1974, 759; OLGZ 1983, 80; so wohl auch OLG München JurBüro 1983, 1880 und OLG Frankfurt a.M. JurBüro 1983, 1878; OLG Hamburg NJW 2014, 3046.

96 BGH LM § 91a, Nr. 30; OLG Frankfurt a.M. JurBüro 1983, 1878.

97 OLG Koblenz FamRZ 2009, 1857 = BeckRS 2009, 12429; Prütting/Gehrlein/*Gehle* ZPO § 3 Rn. 120.

98 OLG Karlsruhe NJW-RR 2013, 444.

99 Prütting/Gehrlein/*Gehle* ZPO § 3 Rn. 120; BGH MDR 2015, 51 = BeckRS 2014, 21519.

Beispiel:
Eingeklagt: 10.000 EUR; beide Parteien sind anwaltlich vertreten; vor dem Termin vom ... erklären die Parteien den Rechtsstreit schriftsätzlich übereinstimmend für erledigt.

– Streitwert bis vor dem Termin:			10.000 EUR;
– Streitwert für die Terminsgebühren (= entstandene Kosten):			
– Gerichtskosten			
– Nr. 1210-Gebühr:			723 EUR
Anwaltskosten:			
– 1 Verfahrensgebühr, Nr 3100 VV:	725,40 EUR		
– Auslagenpauschale:	20,00 EUR		
– 19% MWSt:	141,63 EUR		
	887,03 EUR	× zwei Anwälte	= 1.774,06 EUR
			= 2.497,06 EUR.

Der Streitwert kann am Ende des Beschlusses wie folgt festgesetzt werden:

Streitwert bis vor Beginn der mündlichen Verhandlung am ...: 10.000 EUR
ab dem ...: 2.497,06 EUR. (oder: bis 3.000 EUR)[100]

Die Streitwertfestsetzung kann aber auch bereits im Tenor des Beschlusses nach § 91a erfolgen:

Die Kosten des Rechtsstreits trägt der ...
Der Streitwert wird wie folgt festgesetzt:
bis zum ...: 10.000 EUR
ab dem ...: 2.497,06 EUR. (oder: bis 3.000 EUR)

e) Besonderheiten im Gutachten

25 Soweit Zulässigkeitsprobleme bestehen, ist am Anfang des Gutachtens zu prüfen, ob eine Entscheidung nach § 91a überhaupt ergehen kann. Alsdann geht es in den Darlegungsstationen um die Frage, wer die Kosten des Rechtsstreits nach den Grundsätzen des § 91a zu tragen hat. Wir empfehlen, zunächst alleine aufgrund des Sachvortrags Schlüssigkeit und Erheblichkeit zu prüfen. Kommt es auf streitigen Sachvortrag an, sind im Rahmen einer Feststellung des Sachverhalts (Beweisstation) die Beweisbedürftigkeit zu prüfen und bereits erhobene Beweise zu würdigen. Bei ungeklärter Sachlage ist die Feststellung geboten, dass im Rahmen des § 91a eine weitere Beweisaufnahme nicht in Betracht kommt und deshalb die Parteien die Kosten des Rechtsstreits zu je ½ tragen müssen bzw. die Kosten gegeneinander aufzuheben sind. Erst danach haben Billigkeitserwägungen ihre Berechtigung; hierfür empfiehlt sich ein besonderer Abschnitt.

In der Ausarbeitung des Entscheidungstenors (Tenorierungsstation) sind Ausführungen zum Kostentenor erforderlich, wobei in unproblematischen Fällen ein Satz genügt. Da man in den vorangegangenen Stationen bereits den Inhalt der Kostenentscheidung behandeln muss, geht es hier allenfalls noch um die Formulierung.

100 Die gerundete Festsetzung ist sinnvoll und zulässig, weil bis 3.000 EUR kein Gebührensprung eintritt; zudem kann man auf diese Weise Ungewissheiten auffangen, die sich aus weiteren, nicht abschätzbaren außergerichtlichen Kosten ergeben können. Liegt man sehr knapp unter einem Gebührensprung, kann man auch auf den übernächsten aufrunden.

f) Rechtsmittel

Gegen einen Beschluss nach § 91a I findet die *sofortige Beschwerde* statt, es sei denn, für den Beschwerdeführer übersteigt der Wert der Hauptsache, soweit er unterlegen wäre, nicht die Berufungssumme, § 91a II 2.[101] Der Verzicht der Parteien auf eine Begründung des Beschlusses ist grundsätzlich nicht als Rechtsmittelverzicht auszulegen.[102] § 91a II 1 betrifft nur die Statthaftigkeit der sofortigen Beschwerde. Die weiteren Voraussetzungen ergeben sich aus den §§ 567 ff. Form und Frist richten sich nach § 569. Darüber hinaus sind in § 567 II, III weitere Besonderheiten zur Statthaftigkeit geregelt. Sind dem Beschwerdeführer nach § 91a I die Kosten des Rechtsstreits auferlegt worden und übersteigen diese einen Betrag von 100 EUR nicht, ist die Beschwerde nach § 567 II nicht zulässig. 26

Der Wert des Beschwerdegegenstands bestimmt sich anhand der §§ 2 ff. und richtet sich nach der Beschwer des Beschwerdeführers, soweit er eine Abänderung der angefochtenen Entscheidung begehrt. Die Beschwerdeentscheidung ist mit einer Kostenentscheidung zu versehen (erforderlich, da wegen Nr. 3500 VV Anl. 1 zum RVG außergerichtliche Kosten anfallen).

4. Teilweise übereinstimmende Erledigungserklärungen

a) Praktischer Ausgangsfall: Teilzahlung

Der Rechtsstreit kann auch teilweise übereinstimmend für erledigt erklärt werden, namentlich bei einer Teilzahlung des Schuldners. Dann entfällt die Rechtshängigkeit hinsichtlich dieses Teils; nur insoweit ist über die Kosten des Rechtsstreits nach § 91a zu entscheiden. Im Übrigen ist ein Sachantrag zur Entscheidung gestellt, und je nach Ausgang des Rechtsstreits wird über die Kosten dieses Teils nach allgemeinen Regeln (§ 91, §§ 92 ff.) entschieden. 27

b) Streitwert, Kosten und vorläufige Vollstreckbarkeit

aa) Streitwert

Auch bei teilweise übereinstimmenden Erledigungserklärungen ändert sich im Laufe des Rechtsstreits der Gebührenstreitwert. Vor den Erledigungserklärungen richtet er sich nach der ursprünglichen Klageforderung. Von da an entspricht er nur noch dem Wert des nicht für erledigt erklärten Teils, während die Kosten, soweit sie durch den »erledigten« Teil des Rechtsstreits entstanden sind, nach herrschender Meinung gemäß § 43 I GKG iVm § 4 I Hs. 2 ZPO nicht berücksichtigt werden.[103] Das gilt auch für die Beschwer des unterlegenen Beklagten.[104] 28

Beispiel: Eingeklagt: 10.000 EUR; die Parteien erklären vor der mündlichen Verhandlung vom 2.4. den Rechtsstreit übereinstimmend in Höhe von 5.000 EUR für erledigt. Es ergeht ein Urteil auf Zahlung von 5.000 EUR.

Streitwert bis vor dem 2.4.:	10.000 EUR
ab 2.4.:	5.000 EUR.

101 BGH NJW-RR 2003, 1504 = MDR 2004, 45.
102 BGH NJW 2006, 3498.
103 BGH NJW-RR 1991, 1211; MDR 2011, 810 = BeckRS 2011, 11543; Prütting/Gehrlein/*Gehle* ZPO § 3 Rn. 121.
104 BGH MDR 2011, 810 = BeckRS 2011, 11543; NJW 2013, 2361 Rn. 17; vgl. auch → S Rn. 30 und 33.

Bleiben Zinsen und Kosten auf eine übereinstimmend für erledigt erklärte Teilforderung im Streit, erhöhen sie als nunmehr selbstständige Forderung den Streitwert, § 43 I GKG, § 23 I 1 RVG.[105] Waren zB auf den gezahlten Teilbetrag 800 EUR Zinsen aufgelaufen, die der Kläger weiterhin verlangt, erhöht sich der Streitwert auf 5.800 EUR.

bb) Einheitliche Kostenentscheidung

29 Wegen des *Grundsatzes der Kosteneinheit*[106] ist ebenso wie bei einer Klageermäßigung[107] bei teilweise übereinstimmenden Erledigungserklärungen über die Kosten des Rechtsstreits einheitlich im Urteil zu entscheiden (Kostenmischentscheidung). Ein gesonderter Beschluss nach § 91a I ergeht nicht.[108]

Anderes gilt, wenn der Rechtsstreit hinsichtlich eines *Streitgenossen* in vollem Umfang erledigt ist und daher über die außergerichtlichen Kosten dieses Streitgenossen getrennt entschieden werden kann.[109] Wird die Erledigung vor Abschluss des Rechtsstreits erklärt, kann die Entscheidung sofort ergehen. Erklären die Parteien den Rechtsstreit bezüglich eines in der *Revisionsinstanz* anhängigen Teils übereinstimmend für erledigt, entscheidet der BGH trotz Anhängigkeit eines weiteren Teils in der Vorinstanz über die Kosten dieses Teils für alle Instanzen nach § 91a.[110] Der Grundsatz der Kosteneinheit wird damit durchbrochen. Indes kann der BGH nur auf diese Weise seine Kostenentscheidung auch für die in der Tatsacheninstanz später noch zu treffende Kostenmischentscheidung verbindlich machen. Eine Kostenfestsetzung kann bis dahin nur für die ohnehin abgegrenzten Kosten der Revision erfolgen, nicht aber für die Tatsacheninstanzen, sodass sich praktische Probleme nicht ergeben.

Die Ermittlung der *Kostenquote* bei teilweise übereinstimmenden Erledigungserklärungen erfordert bei systematischem Vorgehen zunächst die getrennte Betrachtung des erledigten und des streitigen Teils und alsdann die daraus hergeleitete Bildung einer Gesamtquote. Die in der Praxis bisweilen vorzufindende Kostenentscheidung nach Zeitabschnitten (bis zur Teilerledigung …, ab Teilerledigung …) ist unzulässig, weil sie dem Rechtspfleger keine klare Grundlage für die Kostenausgleichung bietet.[111]

> **Beispiel:** Der Kläger verlangt Zahlung von 15.000 EUR. In der mündlichen Verhandlung erklären die Parteien wegen einer Teilzahlung des Beklagten von 3.000 EUR und unsicherer Teilansprüche des Klägers von 2.000 EUR den Rechtsstreit in Höhe von 5.000 EUR in der Hauptsache für erledigt. Im Urteil wird der Beklagte zur Zahlung weiterer 2.100 EUR verurteilt; im Übrigen wird die Klage abgewiesen. Für den erledigten Teil sind die Kosten nach § 91a im Verhältnis $^2/_5$ zu $^3/_5$ zu teilen.

Es empfiehlt sich folgende Berechnung: Der erledigte Teil macht $^1/_3$ des Streitwertes aus. Da der Beklagte insoweit die Kosten zu 3/5 trägt, entfallen auf ihn $3/5 \times {}^1/_3 = {}^1/_5 =$ 20%. Der streitige Teil macht $^2/_3$ des Streitwertes aus. Insoweit trägt der Beklagte die

105 BGH NJW 1994, 1869; 2008, 999; MDR 2012, 738 = BeckRS 2012, 09458; Prütting/Gehrlein/*Gehle* ZPO § 4 Rn. 10.

106 → A Rn. 62, 181.

107 → A Rn. 198.

108 BGH NJW 2013, 2361 Rn. 20; OLG Frankfurt a.M. NJW-RR 1993, 182.

109 Eine vergleichbare Fallkonstellation kann sich beim Teilurteil, vgl. → N Rn. 13, und beim Parteiwechsel ergeben, vgl. → R Rn. 11.

110 BGH NJW 2015, 1762 und Verweis auf BGH MDR 1976, 379.

111 OLG Koblenz JurBüro 1984, 1395.

Kosten nach § 92 I zu 21%. Das sind ($^2/_3$ × 21 =) 14% der Gesamtkosten. Addiert ergibt sich eine Kostenbelastung des Beklagten von 34%. Man mag nicht dem verlockend einfachen Gedanken erliegen, da der Beklagte von 15.000 EUR einen Teil von 5.100 EUR verloren habe, ergebe sich der Kostenanteil von 34% auch aus der Division von 5.100/15.000. Das ist nur scheinbar richtig. Die Lösung übergeht das Gebot, für den erledigten Teil wertende Erwägungen nach § 91a anzustellen. Außerdem ist dieser Weg nicht mehr gangbar, sobald für den streitigen Teil besondere Kosten anfallen. Wird etwa die Teilerledigung vor dem Verhandlungstermin erklärt, fallen die Terminsgebühren der Rechtsanwälte nur noch nach dem Wert der streitigen Restforderung von 10.000 EUR an. Eine richtige Kostenentscheidung findet man hier, wenn man die Gebühren nach Nr. 1210 KV Anl. 1 GKG und nach Nr. 3100 VV Anl. 1 RVG (Das sind nach dem Streitwert von 15.000 EUR ohne Steuern und Nebenkosten überschlägig gerundet 2.600 EUR) entsprechend dem vorstehenden Beispiel verteilt, die Terminsgebühren (nach dem Streitwert von 10.000 EUR rd. 1.350 EUR) aber nur nach dem Erfolg der streitigen Forderung. Der Beklagte trägt alsdann von den 2.600 EUR einen Anteil von 34% (rd. 900 EUR) und von den 1.350 EUR einen Anteil von 21% (rd. 285 EUR). Das sind rd. 1.200 EUR von insgesamt 3.950 EUR, sodass auf den Beklagten ein Kostenanteil von rd. 30% entfällt; 70% trägt der Kläger.

Entsprechend geht man vor, wenn nur für den streitigen Teil hohe Kosten in der Beweisaufnahme anfallen. Insoweit ist es nach dem Gedanken des § 96 allerdings auch vertretbar, die Kosten der Beweisaufnahme entsprechend dem Erfolg der Klage mit dem hiervon erfassten Teil des Streitgegenstandes zu verteilen.

cc) Vollstreckbarkeit

Soweit streitig entschieden wird, ist das Urteil für *vorläufig vollstreckbar* zu erklären, **30**
und zwar entweder ohne Sicherheitsleistung – wenn die Voraussetzungen des § 708 erfüllt sind – oder mit Sicherheitsleistung in den Fällen des § 709 I. Ein Beschluss nach § 91a I ist jedoch schon vor Eintritt der Rechtskraft kraft Gesetzes nach § 794 I 1 Nr. 3 iVm § 91a II 1 vollstreckbar. Dem Vollstreckungsgläubiger darf kein Nachteil dadurch entstehen, dass bei teilweise übereinstimmenden Erledigungserklärungen wegen des Grundsatzes der Kosteneinheit durch Urteil entschieden wird. Deshalb ist keine Sicherheitsleistung nach § 709 I anzuordnen, soweit es um die zu vollstreckenden Kosten auf der Grundlage des § 91a I geht. Wenn eine vorläufige Vollstreckbarkeit nach § 709 I ausgesprochen wird, muss deshalb der Teil der auf § 91a I beruhenden Kosten (mit vertretbarer Rundung) betragsmäßig ermittelt werden. Es wird in derartigen Fällen zB wie folgt tenoriert:

> (Kosten nach § 91a I = 5.000 EUR:)
>
> Das Urteil ist vorläufig vollstreckbar, wegen zu vollstreckender Kosten in Höhe von 5.000 EUR ohne Sicherheitsleistung und im Übrigen gegen Sicherheitsleistung in Höhe von 110% des jeweils zu vollstreckenden Betrages.

Eine überschlägige Ermittlung der Kosten halten wir für vertretbar. Erfasst die Teilerledigung nur einen geringen Teil der Klage oder ist der Rechtsstreit bis auf eine kleinere Restforderung weitgehend erledigt, erscheint es sachgerecht, über die Vollstreckbarkeit einheitlich nach dem zu entscheiden, was für den größeren Teil der Kosten vorgegeben ist.

c) Gutachten und Urteil

aa) Gutachten

31 Bei teilweise übereinstimmenden *Erledigungserklärungen* wird im *Gutachten* der verbleibende Sachantrag in der üblichen Form abgehandelt. Erörterungen zu § 91a erfolgen nur bei der Erarbeitung des Urteilstenors (Tenorierungsstation), und zwar im Abschnitt »Kosten«. In diesem Rahmen kann eine Unterteilung in Stationen erforderlich sein, wenn der zugrunde liegende Sachvortrag streitig ist.

Ist nicht eindeutig, ob beide Parteien den Rechtsstreit übereinstimmend für erledigt erklärt haben, kann außerdem in einer ersten Station eine *Auslegung* des Klageantrags erforderlich werden. Dabei lautet die Fragestellung:

> Hat der Kläger neben dem verbleibenden Sachantrag auf Zahlung von ... einen weiteren Antrag gestellt oder ist im Hinblick auf den ursprünglich eingeklagten Betrag in Höhe von ... wegen übereinstimmender Erledigungserklärungen die Rechtshängigkeit entfallen?

bb) Urteil

32 Im *Tatbestand* ist der Sachverhalt so darzustellen, dass streitiger und erledigter Teil verständlich sind und in den Entscheidungsgründen abgehandelt werden können. Wichtig ist es, das erledigende Ereignis zu benennen. Am besten fasst man diesen Teil mit den ursprünglichen Anträgen und der Teilerledigung als Prozessgeschichte vor den letztgültigen Anträgen zusammen.

> Der Kläger hat mit der am ... bei Gericht eingegangenen und am ... zugestellten Klage eine Forderung von ... geltend gemacht. Nachdem der Beklagte am ... einen Betrag von ... gezahlt hat, haben die Parteien den Rechtsstreit in Höhe von ... übereinstimmend für erledigt erklärt. Nunmehr beantragt der Kläger, den Beklagten zu verurteilen, ...

Nicht üblich ist es, bei teilweise übereinstimmenden Erledigungserklärungen die wechselseitigen Kostenanträge wiederzugeben (§ 308 II).

In den *Entscheidungsgründen* wird zunächst nur der verbleibende Sachantrag in der üblichen Form abgehandelt. Die teilweise übereinstimmenden Erledigungserklärungen werden im Rahmen der prozessualen Nebenentscheidungen erörtert. Allerdings reicht eine sonst übliche Kurzformel:

> Die prozessualen Nebenentscheidungen ergeben sich aus §§ 91 I 1 Hs. 1, 91a I, 709 I.

nicht aus. Vielmehr muss insbesondere wegen der Beschwerdemöglichkeit[112] im Anschluss daran die auf § 91a I beruhende Kostenentscheidung begründet werden.

> Soweit die Parteien den Rechtsstreit übereinstimmend in Höhe von ... für erledigt erklärt haben, sind dem ... die Kosten des Rechtsstreits nach § 91a I aufzuerlegen. Dies entspricht der Billigkeit unter Berücksichtigung des bisherigen Sach- und Streitstandes. (Denn) ...

Im Anschluss an die Ausführungen zu den prozessualen Nebenentscheidungen wird der Streitwert festgesetzt:

> Streitwert bis zum ...: ... EUR
> ab dem ...: ... EUR.

112 Vgl. → Rn. 33.

d) Rechtsmittel

Gegen das Urteil, dessen Kostenentscheidung teilweise auf § 91a I beruht, kann unter den in §§ 511 ff. genannten Voraussetzungen Berufung eingelegt werden, was insbesondere das Erreichen der Berufungsbeschwer voraussetzt.[113] Daraufhin wird auch die Kostenentscheidung, soweit sie gemäß § 91a ergeht, von Amts wegen überprüft.[114] Da kein Nachteil daraus entstehen darf, dass wegen des Grundsatzes der Kosteneinheit einheitlich durch Urteil entschieden wird, kann die beschwerte Partei unter den allgemeinen Zulässigkeitsvoraussetzungen alternativ *sofortige Beschwerde* alleine gegen die Kostenentscheidung einlegen, soweit sie auf § 91a beruht.[115] Ein Anlass, nur wegen der Kostenfrage auch die Berufung zu eröffnen, besteht nicht, sodass Letztere nicht statthaft ist.[116] Das hat Bedeutung für die Fristwahrung, vgl. § 569 I 1 (zwei Wochen) mit § 517 (ein Monat).[117] Der streitige Teil der Hauptsache bleibt bei sofortiger Beschwerde gegen die Kostenentscheidung unangefochten, sodass insoweit Rechtskraft eintreten kann. Soweit die Beschwerde Erfolg hat, wird die 91a-Entscheidung abgeändert und der Kostentenor insgesamt neu gefasst. 33

Wenn Berufung eingelegt wird und das Berufungsgericht die Kostenentscheidung der ersten Instanz bestätigt, endet damit selbst bei Zulassung der Revision in der Hauptsache für eine Überprüfung der Billigkeitsentscheidung der Instanzenzug.[118]

III. Einseitige Erledigungserklärung

1. Rechtsnatur und Wirkungen

Wenn die Klage durch ein nach Rechtshängigkeit eingetretenes Ereignis unzulässig oder unbegründet wird, muss der Kläger die Möglichkeit haben, ohne Anschluss des Beklagten an eine Erledigungserklärung der Kostentragungspflicht zu entgehen und, rechtliches Interesse vorausgesetzt, eine streitige Sachentscheidung zu erwirken. Vom Beklagten kann nicht durchgehend erwartet werden, dass er sich der Erledigungserklärung des Klägers anschließt und damit auf eine rechtskraftfähige Entscheidung in der Sache verzichtet. Unter Berücksichtigung dieser Gesichtspunkte wurde das Institut der »einseitigen« oder »streitigen« Erledigungserklärung entwickelt. 34

Nach heute herrschender Auffassung liegt in der Erledigungserklärung des Klägers ein Sachantrag auf die Feststellung, dass der Rechtsstreit in der Hauptsache erledigt ist, dh, dass die Klage ursprünglich zulässig und begründet war und durch ein nachträgliches Ereignis unzulässig oder unbegründet geworden ist.[119] Verfahrensrechtlich bleibt damit der für erledigt erklärte Anspruch die Hauptsache.[120] Der Feststellungsantrag wird in der Praxis selten ausdrücklich formuliert. Er ist in der Erledigungs-

113 BGH NJW 2014, 3249; näher → S Rn. 33 ff.

114 KG MDR 1986, 241; OLG Hamm OLGZ 1987, 375; OLGR Rostock 2003, 388; str., vgl. Zöller/*Vollkommer* ZPO § 91a Rn. 56.

115 BGH NJW-RR 2003, 1504; vgl. auch BGH NJW 2002, 1500.

116 BGH NJW 2013, 2361.

117 BGH NJW 2013, 2361 Rn. 20 aE.

118 BGH NJW 2007, 1591 (1593); 2009, 2747 (2749 aE).

119 BGH NJW 1992, 2235; NJW-RR 2004, 1619; MDR 2004, 1251 = BeckRS 2004, 06839; Zöller/*Vollkommer* ZPO § 91a Rn. 43.

120 BGH NJW 2010, 2270; Prütting/Gehrlein/*Hausherr* ZPO § 91a Rn. 45.

erklärung des Klägers konkludent enthalten. Der Antrag ist auf folgenden Tenor ausgerichtet:

> Der Rechtsstreit ist in der Hauptsache erledigt.
>
> (oder:)
>
> Es wird festgestellt, dass der Rechtsstreit in der Hauptsache erledigt ist.

35 Der Übergang vom ursprünglichen Sachantrag zur Erledigungserklärung ist eine privilegierte Klageänderung nach § 264 Nr. 2 unter gleichzeitiger Einschränkung des Klageziels.[121] Da der Feststellungsantrag einen normalen Sachantrag darstellt, ist die Erledigungserklärung der erneuten Klageänderung und damit auch dem Widerruf zugänglich, solange nicht in der Sache über sie entschieden wird oder der Beklagte sich ihr anschließt.[122] Über den Antrag muss mündlich verhandelt werden (Ausnahme: § 128 II). Bei streitigem, entscheidungserheblichem Sachvortrag ist zwingend eine *Beweisaufnahme* durchzuführen.[123] Die Gesichtspunkte, die bei übereinstimmenden Erledigungserklärungen gegen die Durchführung einer Beweisaufnahme sprechen,[124] gelten hier nicht. Die Entscheidung über den Feststellungsantrag löst die Kostenfolge des § 91 bzw. der §§ 92 ff. aus. § 91a findet keine Anwendung.[125] Die im Zusammenhang auch mit der streitigen Erledigungserklärung häufig gestellten Kostenanträge sind wegen § 308 II überflüssig; ihre Darstellung unterbleibt.

2. Auslegungsfragen

a) Vollständige Erledigung

36 Die *Erledigungserklärung* des Klägers kann ausdrücklich oder konkludent erfolgen.

Erklärt der Kläger *ausdrücklich* den Rechtsstreit in der Hauptsache für erledigt und widerspricht der Beklagte ausdrücklich, kann ohne nähere Darlegung in Gutachten und Urteil von dem allgemein anerkannten Feststellungsantrag, dass der Rechtsstreit erledigt ist, ausgegangen werden. Auslegungsprobleme bestehen in diesem Fall nicht, auch wenn der Kläger den Feststellungsantrag nicht formuliert. Im Gutachten ergibt sich folgende Darstellungsmöglichkeit:

> Zu prüfen ist, ob der in der einseitigen Erledigungserklärung des Klägers liegende Feststellungsantrag, dass der Rechtsstreit erledigt ist, nach dem Vortrag des Klägers Erfolg hat. Das setzt voraus …

37 Kommt eine *konkludente* Erledigungserklärung in Betracht,[126] ist eine Auslegung des *Klageantrags* erforderlich, im Gutachten vor Zulässigkeit und Begründetheit,[127] im Urteil nach der Darstellung des Gesamtergebnisses.[128] Im Gutachten kann die Auslegung wie folgt eingeleitet werden:

---

121 BGH NJW 2008, 2580.
122 BGH NJW 2002, 442; → Rn. 7.
123 BGH NJW 1992, 2235.
124 → Rn. 17.
125 BGH NJW 1989, 2885.
126 Vgl. → Rn. 7 mwN.
127 → A Rn. 77.
128 → B Rn. 50.

> Es ist zu prüfen, ob das Gericht über einen Feststellungsantrag, dass der Rechtsstreit erledigt ist, zu entscheiden hat. Das ist dann der Fall, wenn der Kläger den Rechtsstreit einseitig für erledigt erklärt hat. Liegen hingegen übereinstimmende Erledigungserklärungen vor oder hat der Kläger die Klage zurückgenommen, ist die Rechtshängigkeit entfallen. Zu denken ist ferner daran, dass in dem Verhalten des Klägers, ..., ein Klageverzicht zu sehen sein könnte. Möglicherweise hat der Kläger aber auch seinen ursprünglichen Antrag nicht mehr gestellt mit der Folge, dass er säumig war. ...

Nur wenn feststeht, dass der Kläger den Rechtsstreit in der Hauptsache für erledigt erklärt und der Beklagte dem widersprochen hat, kann der Feststellungsantrag auf Zulässigkeit und Begründetheit überprüft werden. 38

Eine Auslegung des Klageantrags hat deshalb mit derselben Fragestellung auch zu erfolgen, wenn der Beklagte der Erledigungserklärung des Klägers nur konkludent widerspricht. Davon ist immer dann auszugehen, wenn er zu erkennen gibt, dass er eine streitige Entscheidung wünscht. Das ist eindeutig der Fall, wenn er bei einer Erledigungserklärung des Klägers, die sich auf den gesamten Rechtsstreit bezieht, an seinem Klageabweisungsantrag festhält. Im Übrigen kann hier entscheidend sein, ob der Beklagte das erledigende Ereignis bestreitet.

Schließt sich der Beklagte *hilfsweise* der Erledigungserklärung des Klägers an, ist im Normalfall von einer einseitigen Erledigung auszugehen. In der Hauptsache stellt der Beklagte nun einmal einen Abweisungsantrag; der hilfsweise Anschluss ist unzulässig.[129] 39

b) Besonderheiten bei der einseitigen Teilerledigung

aa) Zulässigkeit

Ebenso wie bei den übereinstimmenden Erledigungserklärungen kann der Rechtsstreit auch teilweise einseitig für erledigt erklärt werden. Dann wird zusätzlich ein weiterer Sachantrag, nämlich der Antrag auf Feststellung, dass der Rechtsstreit zu einem bestimmten Teil in der Hauptsache erledigt ist, zur Entscheidung gestellt. Abgesehen von den schon dargelegten Auslegungsfragen[130] ergeben sich in Gutachten und Urteil gegenüber den sonstigen Fällen der objektiven Klagehäufung (§ 260) keine Besonderheiten. 40

bb) Zuständigkeit

Für die *Zuständigkeit* des Gerichts ist die Teilerledigung grundsätzlich nicht von Bedeutung. Es greift § 261 III Nr. 2 ein. Etwas anderes gilt, wenn die Teilerledigung aufgrund von Teilleistungen des Schuldners bereits im *Mahnverfahren* eintritt. Geschieht dies vor Abgabe an das Streitgericht und sinkt hierdurch der Streitwert von ursprünglich mehr als 5.000 EUR auf einen geringeren Betrag, hat dies die Zuständigkeit des Amtsgerichts zur Folge.[131] 41

cc) Widerspruch des Beklagten

Auch bei einer einseitigen Teilerledigung kann der Beklagte ausdrücklich oder konkludent widersprechen, wobei im letzteren Fall ebenfalls Ausführungen zur Ausle- 42

---

129 BGHZ 106, 359 (369) = NJW 1989, 2885; OLG Düsseldorf NJW-RR 1992, 384; vgl. auch → Rn. 55 ff.

130 → Rn. 36 ff.

131 HM vgl. OLG Frankfurt a.M. JurBüro 1993, 557; OLG München NJW-RR 1998, 504; Thomas/Putzo/*Hüßtege* ZPO § 696 Rn. 25; *Anders/Gehle* Streitwert-Lexikon Stichwort »Erledigung«, Rn. 20; *Liebheit* NJW 2000, 2235; *Wolff* NJW 2003, 553.

gung des Antrags erwartet werden. Eine Besonderheit besteht nur darin, dass aus dem Klageabweisungsantrag keine Rückschlüsse zu ziehen sind, da dieser (allein) gegenüber dem verbleibenden Sachantrag Bedeutung haben kann.[132] Hier wird im Wesentlichen darauf abzustellen sein, ob der Beklagte das erledigende Ereignis bestreitet oder ob sonstige Umstände für sein Interesse an einer streitigen Entscheidung feststellbar sind.

dd) Wendung »abzüglich«

43 Häufig formuliert der Kläger unter Berufung auf eine Erfüllungshandlung des Beklagten während des Prozesses folgenden Antrag:

> (Ursprünglich eingeklagt: 10.000 EUR nebst 10% Zinsen seit dem 1.3.2011; der Beklagte zahlt am 29.2.2012 einen Teilbetrag von 5.000 EUR.)

> Es wird nunmehr beantragt, den Beklagten zu verurteilen, an den Kläger 10.000 EUR nebst 10% Zinsen seit dem 1.3.2011 *abzüglich* am 29.2.2012 gezahlter 5.000 EUR zu zahlen.

Der Antrag ist grundsätzlich dahin zu verstehen, dass der Kläger die Zahlung des Beklagten in erster Linie auf die bis zum Zahlungstag aufgelaufenen Zinsen und nur den verbleibenden Betrag auf die Hauptforderung verrechnet wissen will, mithin 1.000 EUR auf Zinsen und 4.000 EUR auf die Hauptforderung. Durch diese in der Praxis übliche Formulierung, die als konkludente Erledigungserklärung auszulegen ist,[133] erübrigt sich die Berechnung der Zinsen für die Zeit bis zur Teilzahlung. Eine solche Berechnung muss bei einer entsprechenden Tenorierung erst im Vollstreckungsverfahren erfolgen, was dem Gericht Rechenarbeit erspart.

Im Einklang mit dem materiellen Recht steht der Antrag allerdings nur dann, wenn die Zahlung des Beklagten aufgrund einer Leistungsbestimmung oder gemäß § 367 I BGB im Ergebnis auch wirklich vorrangig auf die Zinsen zu verrechnen ist. Das muss man notfalls durch Auslegung des Antrags und des Klägervorbringens selbstständig prüfen; dabei sind die wohlverstandenen Interessen des Klägers am Erhalt einer möglichst hohen Forderung mit zu berücksichtigen.[134] Liegt eine nach § 366 I BGB vorrangige, anderweitige Leistungsbestimmung vor,

> **Beispiele:**
> - Der Beklagte erklärt ausdrücklich, er wolle (ganz oder teilweise) nur die Hauptforderung begleichen.
> - Der Beklagte zahlt einen mit der Hauptforderung identischen Betrag und erklärt hierdurch konkludent, nur auf die Hauptforderung leisten zu wollen.[135]

ist der Kläger, wenn er die Zahlung nicht zurückweist (§§ 366 I, 367 II BGB), hieran gebunden. Für Aufrechnungen gilt dasselbe.[136]

In der Anwendung des § 367 BGB und im Vorrang der schuldnerischen Leistungsbestimmung liegt der Quell manchen Fehlers, weil Klägervertreter nicht selten den falschen Standpunkt vertreten, die Leistungsbestimmung obliege dem Gläubiger. Das mag sich im Einzelfall aus AGB ergeben, ist aber nicht Stand der gesetzlichen Regelung.

132 So auch BGH NJW-RR 1991, 1211.
133 OLG Frankfurt a.M. MDR 1977, 56; OLG Koblenz AnwBl. 1990, 172; Prütting/Gehrlein/*Hausherr* ZPO § 91a Rn. 44.
134 BGH NJW-RR 2016, 759.
135 Vgl. BGH NJW-RR 2009, 1053, 1058 aE; NJW 2016, 252 (254) Rn. 25 ff.
136 BGH NJW 2016, 252 (254) Rn. 25 ff.

Die Hauptforderung kann sich im Umfang der Verrechnung von Teilleistungen ab Zahlungseingang nicht mehr verzinsen, sodass der Kläger des Eingangsbeispiels mit dem Antrag »abzüglich …« mehr verlangt, als ihm zusteht. Die Klage muss also »im Übrigen« abgewiesen werden.

Fortsetzung des Beispielsfalls: Der Kläger verrechnet im Zusammenhang mit seiner Antragstellung die Zahlung des Beklagten in erster Linie auf die Zinsen, die bis zum 29.2.2011 aufgelaufen waren; dies sind 1.000 EUR. Nur der Restbetrag von 4.000 EUR ist noch von der Hauptforderung abzuziehen, sodass 6.000 EUR verbleiben, die sich ab der Teilzahlung mit 10% weiter verzinsen.

Hat indes der Beklagte auf die Hauptforderung gezahlt, steht dem Kläger infolge der Teilzahlung ein im ursprünglichen Umfang zu verzinsender Anspruch von jetzt nur noch 5.000 EUR zu. Außerdem hat er Anspruch auf Bezahlung der aufgelaufenen Zinsen von den 5.000 EUR, die der Beklagte gezahlt hat, vom 1.3.2011 bis zum 29.2.2012, also 500 EUR. Je länger die Restzahlung auf sich warten lässt, umso deutlicher wird, dass der Beklagte sich bei einer Teilzahlung auf die Hauptforderung besser steht.

Stellt der Kläger den Antrag des Beispielsfalls, hat der Beklagte jedoch abweichend von den Vorstellungen des Klägers kraft ausdrücklicher Erklärung oder konkludent auf die Hauptforderung gezahlt, muss die Klage demzufolge »im Übrigen« abgewiesen werden. Es wäre mithin zu tenorieren:

Der Beklagte wird verurteilt, an den Kläger 5.000 EUR nebst 10% Zinsen von 10.000 EUR vom 1.3.2011 bis zum 29.2.2012 und von 5.000 EUR seit dem 1.3.2012 zu zahlen.

Hinsichtlich der ursprünglichen Hauptforderung in Höhe von 5.000 EUR ist der Rechtsstreit in der Hauptsache erledigt. Im Übrigen wird die Klage abgewiesen.

Ergibt sich demgegenüber, dass der (schlecht beratene) Beklagte lediglich eine Abschlagszahlung geleistet hat, die gemäß § 367 I BGB zu verrechnen ist, kann, unter Verwendung des Wortes »abzüglich«, uneingeschränkt nach dem Antrag des Ausgangsbeispiels tenoriert werden.

Gründliches Nachdenken über den richtigen Klageantrag ist dem Kläger wegen des **44**
Kostenrisikos anzuraten, das sich aufgrund der unterschiedlichen Streitwerte ergibt. Wenn der Kläger den Antrag »abzüglich« stellt, verlangt er im obigen Beispielsfall die Zahlung einer Hauptsumme von 6.000 EUR; auf diesen Betrag beläuft sich der Streitwert des Leistungsantrags. Verrechnet er demgegenüber die Zahlung nur auf die Hauptsumme, bleiben insoweit 5.000 EUR übrig. Diesem Betrag sind die nunmehr noch offenen Zinsen von 10% für ein Jahr auf den bezahlten Teil der Hauptforderung, mithin 500 EUR, hinzuzurechnen, da sie jetzt nicht mehr als Nebenforderung geltend gemacht werden.[137] Der Streitwert beläuft sich in diesem Fall auf 5.500 EUR. Das führt zwar mangels Gebührensprungs nicht zu höheren Kosten, dennoch muss man sich mit der Frage auseinandersetzen, ob der Kläger mit einer Kostenquote von rund $^1/_{10}$ zu belasten ist, weil die Zuvielforderung iSd § 92 II Nr. 1 nicht mehr geringfügig war.[138]

137 BGH NJW 1994, 1869; VersR 2008, 557; NJW-RR 2016, 759; Prütting/Gehrlein/*Gehle* ZPO § 4 Rn. 12; vgl. auch → Rn. 50.

138 → A Rn. 193

3. Feststellungsinteresse

45 Als Feststellungsantrag muss die Erledigungserklärung den Anforderungen des § 256 I entsprechen. Ein *Interesse* an einer *alsbaldigen Feststellung*[139] besteht im Regelfall deshalb, weil der Kläger bei nachträglicher Erledigung ohne die begehrte Feststellung die Kosten des Rechtsstreits tragen müsste.[140] Es wäre ein Widerspruch, wenn man auf der einen Seite das Institut der einseitigen Erledigung anerkennt und auf der anderen Seite die Voraussetzungen des § 256 I verneint. In besonders gelagerten Einzelfällen mag über das Kosteninteresse hinaus ein rechtliches Interesse bestehen, wenn etwa bei der Stufenklage der Auskunftsantrag sich erledigt, mit Blick auf § 261 BGB aber dennoch ein Interesse an der Feststellung des Auskunftsanspruchs besteht.[141]

Das Sonderproblem, ob auch bei einem Anschluss des Beklagten an die Erledigungserklärung im Einzelfall ein rechtliches Interesse des Klägers an der streitigen Feststellung bestehen kann, ist noch nicht abschließend geklärt.[142] Die praktische Bedeutung der Frage ist gering, weil der Antrag kaum einmal gestellt wird.

4. Begründetheit des Feststellungsantrags

a) Fälle der Erledigung

aa) Fortfall von Zulässigkeit oder Begründetheit

46 Der Antrag ist begründet, wenn die Klage bei Zustellung zulässig und begründet war und durch den Eintritt eines (erledigenden) Ereignisses unzulässig oder unbegründet geworden ist.[143] Als erledigendes Ereignis wird mithin nur eine Tatsache angesehen, die rechtliche Auswirkungen auf Zulässigkeit oder Begründetheit der Klage hat.[144] Nach einer Klageänderung kommt es für die Beurteilung der Erledigungserklärung nur noch auf den neuen Streitgegenstand an.[145]

Beispiele:
- Verlust der Rechts- oder Parteifähigkeit[146]
- Wegfall des rechtlichen Interesses an einer Feststellung (§ 256 I)[147]
- Erlöschen der Prozessführungsbefugnis[148]
- Bezahlung der Schuld (§ 362 BGB)
- Abgabe einer strafbewehrten Unterlassungserklärung[149]
- Leistung eines Gesamtschuldners[150]

---

139 → O Rn. 12 ff.
140 BGH NJW-RR 1998, 1571 (1573); 2006, 929.
141 Vgl. → N Rn. 17; in der Zwangsvollstreckung verneinend LG Berlin MDR 2015, 1039 = BeckRS 2015, 15684.
142 → Rn. 17.
143 BGH NJW 1992, 2235; NJW-RR 2004, 1619; → Rn. 34.
144 BGH NJW-RR 2006, 544.
145 BGH NJW 1992, 2235.
146 BGH NJW 1982, 238.
147 BGH NJW-RR 1993, 391; NJW 2006, 372.
148 So wohl BGH NJW-RR 2003, 1419, wo die Möglichkeit der Erledigungserklärung jedenfalls angedeutet wird; eindeutig BGH ZInsO 2004, 340.
149 BGH NJW-RR 2006, 566.
150 OLG Saarbrücken NJW 2016, 3186.

Grundsätzlich wird der ursprüngliche Klageantrag bei allen Erfüllungshandlungen während des Prozesses unbegründet, soweit diese freiwillig erfolgen.[151] Zahlt der Beklagte hingegen nach Vollstreckungsbescheid bzw. Versäumnisurteil oder nach Verkündung des erstinstanzlichen Urteils und will er damit nur die Zwangsvollstreckung abwenden, findet § 362 BGB keine Anwendung; dann kann in der Zahlung kein erledigendes Ereignis gesehen werden.[152] Anderes mag bei einer Freigabeerklärung im Rahmen einer Drittwiderspruchsklage[153] und – wegen der faktischen Wirkungen – bei einer Gegendarstellung[154] gelten.

Auch in einer Aufrechnung, die den Klageanspruch zum Erlöschen bringt, liegt prozessual eine Erledigung nach Rechtshängigkeit, wenn sie erst nach diesem Zeitpunkt erklärt worden ist. Auf die gemäß § 389 BGB eintretende materiell-rechtliche Rückwirkung kommt es insoweit ebenso wenig an wie auf die Frage, welche Partei die Aufrechnung erklärt hat.[155] Die Erklärung der Hilfsaufrechnung kann mithin eine prozessuale Erledigung nicht herbeiführen, da über sie naturgemäß erst im Urteil befunden wird.[156] Ob in der Erhebung der Verjährungseinrede eine Erledigung liegen kann, war lange streitig. Der BGH hat klargestellt, dass die erstmalige Erhebung der Verjährungseinrede im Rechtsstreit das erledigende Ereignis darstellt. Hat mithin der Beklagte vorgerichtlich die Einrede nicht erhoben, sondern verteidigt er sich damit erstmals im Rechtsstreit, kann der Kläger, wenn er die Verjährung hinnimmt, durch Erledigungserklärung der Kostenlast entgehen.[157] Die Lösung läuft damit parallel zum Fall der Aufrechnung.[158] Der Beklagte muss in jedem Falle kritisch prüfen, ob er sich der Erledigungserklärung anschließt. Widerspricht er, ergeht ein Urteil, in dem das Erlöschen der Forderung festgestellt wird. Ergeht lediglich ein Kostenbeschluss nach § 91a, kann der Kläger eine verjährte Forderung über § 215 BGB möglicherweise noch zur Aufrechnung stellen.

bb) Sachentscheidung

Ist die Klage begründet, wird die beantragte Feststellung ausgesprochen. Sie schließt 47
eine der Rechtskraft fähige Aussage über die ursprüngliche Zulässigkeit und Begründetheit sowie über die Wirkungen des erledigenden Ereignisses ein.[159] War die Klage von Anfang an unzulässig oder unbegründet oder hat das Ereignis, auf das sich der Kläger beruft, keinen erledigenden Charakter, dh entfällt weder die Zulässigkeit noch die Begründetheit, ist der Feststellungsantrag als unbegründet abzuweisen.[160] Die

151 Thomas/Putzo/*Hüßtege* ZPO § 91a Rn. 5; Zöller/*Vollkommer* ZPO § 91a Rn. 4; vgl. auch Rspr.-Nachweise bei Zöller/*Vollkommer* ZPO § 91a Rn. 58.

152 BGH NJW 1994, 942; MDR 2014, 199 (Herausgabe); BGH NJW 2015, 699 Rn. 19 (Mängelbeseitigung).

153 OLG Hamm NJW-RR 1991, 1343 mwN.

154 OLG Koblenz NJW-RR 2006, 484.

155 BGH NJW 2003, 3134; *Schröder* NJW 2004, 2203; *Althammer/Löhnig* NJW 2004, 3077; *Feser* JA 2008, 525; allg. zur Prozessaufrechnung → G Rn. 1 ff.

156 Näher → G Rn. 15 ff.

157 BGH NJW 2010, 2422, zur Verjährungseinrede insbesondere S. 2424 Rn. 28; zum Anschluss des Beklagten an die Erledigungserklärung vgl. → Rn. 19.

158 BGH NJW 2010, 2422 (2423) Rn. 24.

159 Prütting/Gehrlein/*Hausherr* ZPO § 91a Rn. 60; gegen die hM Zöller/*Vollkommer* ZPO § 91a Rn. 46.

160 BGH NJW 1989, 2885 (für ursprüngliche Unzulässigkeit bzw. Unbegründetheit).

Rechtskraftwirkungen sind – notfalls durch Auslegung – den tragenden Erwägungen des Urteils zu entnehmen.[161]

b) Maßgeblicher Zeitpunkt für das erledigende Ereignis

48 Der Rechtsprechung des BGH[162] zufolge kann eine Erledigung des Rechtsstreits in der Hauptsache nur dann ausgesprochen werden, wenn das erledigende Ereignis nach Rechtshängigkeit eingetreten ist; ansonsten ist der Feststellungsantrag (als unbegründet) abzuweisen.[163] Diese Ansicht ist heute herrschend.[164] Begründet wird sie damit, dass vor Klagezustellung noch kein Rechtsstreit vorhanden ist, der sich erledigen kann. Neben diesem recht formalen Argument spricht hierfür die praktische Handhabung – der Zeitpunkt der Klagezustellung lässt sich anhand der Akten leicht feststellen. Die formalen und prozessökonomischen Argumente allein würden die hM noch nicht rechtfertigen, wenn im Einzelfall bei einer »Erledigung« vor Rechtshängigkeit Unbilligkeiten auftreten könnten, die nur bei Anerkennung eines erledigenden Ereignisses vor Rechtshängigkeit zu vermeiden sind. Das ist indes nicht der Fall, weil Vorgehen nach § 269 III 3 sowie der Antrag auf Feststellung des Kosteninteresses hinreichend flexible Möglichkeiten eröffnen.[165] Deshalb gebührt der hM der Vorzug.

49 Bleibt streitig, wann das erledigende Ereignis eingetreten ist, gelten die allgemeinen *Beweislastregeln*. Der Kläger muss grundsätzlich den Eintritt der Erledigung nach Rechtshängigkeit beweisen; für den Eintritt der Erfüllung oder einer befreienden Unmöglichkeit vor Rechtshängigkeit trifft indes die Beweislast den Schuldner.[166]

5. Tenor und Streitwert

a) Hauptsache

50 Ist ein streitiger Feststellungsantrag zur Entscheidung gestellt, ist hierüber mündlich zu verhandeln. § 128 III dürfte nicht eingreifen, da eine Hauptsachenentscheidung und nicht etwa lediglich ein Kosten-Schlussurteil zu ergehen hat. Der *Hauptsachentenor* kann lauten:

> Es wird festgestellt, dass der Rechtsstreit in der Hauptsache erledigt ist.
>
> (oder kürzer:)
>
> Der Rechtsstreit ist in der Hauptsache erledigt.
> (bei einseitiger Teilerledigung:)
> Der Rechtsstreit ist in der Hauptsache in Höhe von … EUR erledigt. Der Beklagte wird verurteilt …
>
> (oder:)
>
> Unter Abweisung der Klage im Übrigen wird festgestellt, dass der Rechtsstreit in der Hauptsache in Höhe von … EUR erledigt ist.

161 Vgl. Zöller/*Vollkommer* ZPO § 91a Rn. 46; näher → Rn. 53.
162 BGH NJW 1982, 1598; 2003, 3134.
163 BGH NJW-RR 1988, 1151 und NJW 1992, 2235.
164 Vgl. Zöller/*Vollkommer* ZPO § 91a Rn. 41 f.; Thomas/Putzo/*Hüßtege* ZPO § 91a Rn. 35; aA OLG Naumburg FamRZ 2002, 1042 = BeckRS 2001 30204469.
165 → Rn. 60 ff.
166 OLG Düsseldorf NJW-RR 1991, 137; allg. zur Beweislast → F Rn. 133 ff.

Nicht richtig ist die Formulierung: »Der Rechtsstreit wird in der Hauptsache für erledigt erklärt.« Es handelt sich nämlich nicht um ein Gestaltungs-, sondern um ein Feststellungsurteil.

b) Kostenentscheidung und Vollstreckbarkeit

Die *Kostenentscheidung* ergeht nach allgemeinen Kostenregelungen (§§ 91, 92 ff.), nicht hingegen auf der Grundlage des § 91a.[167] **51**

Bei einem Teilerfolg des Klägers

Beispiele:
- Die Klage war von Anfang an nur teilweise begründet.
- Erledigung ist abweichend von den Vorstellungen des Klägers nur teilweise eingetreten.

ist eine dem unbegründeten Teil entsprechende Kostenbelastung des Klägers zu ermitteln. War zB die Klage zu einem Teil unbegründet und erklärt der Kläger sie insgesamt für erledigt, kann die Quote wie üblich aus dem Verhältnis des unbegründeten zum begründeten Teil gebildet werden. Entsprechendes gilt, wenn die Erledigungserklärung nur teilweise begründet ist; auf die ursprüngliche Lage kommt es dann nicht mehr an.

Das Urteil ist im Hinblick auf die Kosten – der Feststellungstenor ist nicht vollstreckbar – für *vorläufig vollstreckbar* zu erklären. Auch hier gelten keine Besonderheiten.

c) Streitwert

Der Gebührenstreitwert bemisst sich bei vollständiger Erledigung im Regelfall nach den bis zur streitigen Erledigungserklärung entstandenen Kosten;[168] abweichende Meinungen[169] haben keine praktische Bedeutung. Der Streitwert kann das Kosteninteresse übersteigen, wenn der Kläger etwa mit Blick auf Folgeansprüche ein weitergehendes Interesse verfolgt. Der Wert der Beschwer bestimmt sich ebenfalls nach den aufgelaufenen Kosten; ob tatsächlich ein erledigendes Ereignis eingetreten ist, hat insoweit keinen Belang.[170] **52**

Entsprechendes gilt für die einseitige Teilerledigung. Anders als bei den übereinstimmenden Erledigungserklärungen muss allerdings neben dem Wert des verbleibenden Teils des ursprünglichen Antrags der Wert des Feststellungsantrags hinzugerechnet werden, da es sich um einen Sachantrag handelt und deshalb § 4 I Hs. 2 (iVm § 43 I GKG) keine Anwendung findet.[171] Der Wert des Feststellungsantrages besteht in dem auf den erledigten Teil entfallenden Kosteninteresse, das man mit einer Differenzrechnung überschlägig ermittelt.[172]

---

167 BGH NJW 1989, 2885.

168 BGH NJW-RR 2005, 1728; NJW 2015, 3173; aA OLGR Jena 2008, 845.

169 Vgl. Zöller/*Vollkommer* ZPO § 91a Rn. 16, Stichwort »Erledigung, Einseitige Erledigungserklärung«.

170 BGH WuM 2011, 247.

171 BGH NJW-RR 1992, 1404; 1996, 1210; MDR 2006, 109 = BeckRS 2005, 09180; OLG Nürnberg JurBüro 2006, 478; OLG Schleswig MDR 2008, 353 = BeckRS 2008, 02363; OLGR Düsseldorf 2009, 706; Prütting/Gehrlein/*Gehle* ZPO § 3 Rn. 123.

172 Gesamtkosten des Rechtsstreits abzüglich der Kosten, die ohne den erledigten Teil entstanden wären, BGH NJW-RR 2005, 1728.

Man beachte, dass aufgelaufene Zinsen auf eine erledigte Hauptforderung nur bei der übereinstimmend erklärten Erledigung keine Nebenforderung iSd § 4 ZPO, § 43 I GKG, § 23 I 1 RVG mehr sind und daher den Streitwert erhöhen.[173] Bei der streitigen Erledigung bleiben Zinsansprüche auf eine erledigte Hauptforderung ihrer Art nach eine Nebenforderung, die den Streitwert nicht erhöht; denn die Hauptforderung ist ja trotz der Erledigung aufgrund des Feststellungsantrags weiterhin im Streit; über sie ergeht eine Hauptsachenentscheidung.[174] Damit findet eine Addition aufgelaufener Zinsen hier nicht statt. Eine jüngere Entscheidung des BGH[175] scheint hiervon abzuweichen, da sie auf erste Sicht auch bei streitiger Teilerledigung eine Wertaddition für aufgelaufene Zinsen bejaht. Da indes die in Bezug genommenen Entscheidungen sämtlich die übereinstimmende Erledigung betreffen, gehen wir nicht von einer Divergenz aus.

Die Gesamtsumme der überschlägig ermittelten Kosten wird auf den nächsten Gebührensprung aufgerundet. Es ist vorher zu prüfen, ob der neue Streitwert überhaupt noch für eine Gebühr Bedeutung hat. Das mag der Fall sein, wenn die Teilerledigung vor der mündlichen Verhandlung erklärt wird, sodass die Terminsgebühr gem. Nr. 3104 VV Anl. 1 RVG sich nach dem nunmehr maßgeblichen Streitwert richtet.[176] Die Wertfestsetzung lautet in diesen Fällen etwa:

Der Streitwert wird wie folgt festgesetzt:

bis vor der mündlichen Verhandlung:	... EUR (= anfänglicher Wert)
ab Beginn der mündlichen Verhandlung:	... EUR (= Wert nach Teilerledigung)

6. Rechtsmittel und Rechtskraft

53 Gegen das Feststellungsurteil kann unter den Voraussetzungen der §§ 511 ff. wie gegen jedes Endurteil Berufung eingelegt werden. Auch wenn es in wirtschaftlicher Hinsicht normalerweise nur (noch) um die Kosten des Rechtsstreits geht, ist die Berufung nicht nach § 99 I ausgeschlossen, sondern nur die sofortige Beschwerde.[177] Denn Gegenstand des streitigen Erledigungsurteils ist eine Hauptsachenentscheidung. Der Rechtsmittelstreitwert bemisst sich in der Regel nach den gesamten aufgelaufenen Kosten.[178] Das Urteil ist der materiellen Rechtskraft jedenfalls insoweit fähig, als es eine Feststellung zur ursprünglichen Zulässigkeit und Begründetheit der Klage enthält.[179] Der Umfang der Rechtskraft ist – ggf. durch Auslegung – den Entscheidungsgründen zu entnehmen.

Wird dem Feststellungsantrag wegen Erfüllung der Klageforderung stattgegeben, kann der ursprünglich eingeklagte Anspruch nach Eintritt der Rechtskraft nicht erneut gerichtlich geltend gemacht werden; denn er war bereits Gegenstand eines Urteils, das sein Erlöschen feststellt. Wird die Klage abgewiesen, weil der ursprüngliche Antrag unzulässig oder unbegründet war, gelten im Hinblick auf die Rechtskraft kei-

173 → S Rn. 28.
174 BGH MDR 2012, 738 = BeckRS 2012, 09458; Beschl. v. 9.1.2014 – II ZR 323/12, BeckRS 2014, 02350; zu den Folgen für die Rechtskraftwirkung vgl. → Rn. 34 mit 53.
175 BGH NJW 2015, 3173 Rn. 4.
176 OLG Koblenz FamRZ 2009, 1857 = BeckRS 2009, 12429; Prütting/Gehrlein/*Gehle* ZPO § 3 Rn. 120.
177 OLG Köln NJW-RR 2016, 1342.
178 BGH NJW-RR 1993, 766; 2005, 1728.
179 BGH NJW 2001, 2262; OLG Nürnberg NJW-RR 1989, 444.

ne Besonderheiten gegenüber den sonstigen Fällen einer Klageabweisung. Soweit die Klage nur deshalb abgewiesen wird, weil das Gericht das erledigende Ereignis verneint, kann der Kläger seinen Anspruch nochmals geltend machen, da dieser selbst nicht Gegenstand des Urteils war.[180]

Zum Problem der Erledigung zwischen zwei Instanzen wird im Zusammenhang mit der Berufung Stellung genommen.[181]

7. Gutachten und Urteil

Bei einer einseitigen – vollständigen – Erledigung kann das Gutachten wie folgt aufgebaut werden, wobei Ausführungen zu den in Klammern gesetzten Punkten nur erforderlich sind, soweit sich Probleme ergeben: **54**

Gutachten *(Vorschlag)*
(A. Auslegung des Klageantrags)
(B. Zulässigkeit des Feststellungsantrags)
C. Begründetheit des Feststellungsantrags
- I. Schlüssigkeit (Klägerstation)
  - (1. Zulässigkeit des ursprünglichen Klageantrags bei Klagezustellung)
  - 2. Begründetheit des ursprünglichen Klageantrags bei Klagezustellung
  - 3. Eintritt des erledigenden Ereignisses
  - 4. Ergebnis
- II. Erheblichkeit (Beklagtenstation)
- III. Tatsächliche Würdigung (Beweisstation)

D. Ausarbeitung des Urteilstenors (Tenorierungsstation)

Im Tatbestand sind die ursprünglichen Anträge (im Perfekt, da Prozessgeschichte), die Erledigungserklärung, der Widerspruch des Beklagten, evtl. der Kostenantrag des Klägers – soweit dieser für die Auslegung benötigt wird – und der Klageabweisungsantrag des Beklagten zu erwähnen. Bei all dem ist eine möglichst wörtliche Wiedergabe angezeigt, jedenfalls dann, wenn eine Auslegung vorgenommen werden muss. Die Behauptungen und Rechtsansichten der Parteien sind – anders als bei übereinstimmenden Erledigungserklärungen – nicht im Perfekt, sondern in der üblichen Zeitform (Präsens) darzustellen, da die Rechtshängigkeit nicht entfällt. Der Tatbestand gliedert sich wie folgt:

- Geschichtserzählung
- Streitiger Vortrag des Klägers

  > Der Kläger behauptet, ...

- Ursprünglicher Klageantrag sowie Datum der Anhängigkeit und Rechtshängigkeit (im Perfekt)

  > Mit der am ... bei Gericht eingegangenen und am ... zugestellten Klage hat der Kläger ursprünglich beantragt ...

- Erledigendes Ereignis (im Perfekt) und Erledigungserklärung des Klägers (im Präsens)

  > Nachdem ... (= erledigendes Ereignis) hat, erklärt der Kläger den Rechtsstreit in der Hauptsache für erledigt.« (Hier kann auch die Wiedergabe von streitigem Vortrag angezeigt sein.)

180 Prütting/Gehrlein/*Hausherr* ZPO § 91a Rn. 60.
181 Vgl. → S Rn. 32.

- Widerspruch des Beklagten und Klageabweisungsantrag

  Der Beklagte widerspricht der Erledigungserklärung und beantragt, die Klage abzuweisen.
- Streitiger Vortrag des Beklagten

  Der Beklagte behauptet, ...

(• Sonstige Prozessgeschichte – soweit entscheidungserheblich – zB Beweisaufnahme)

In den Entscheidungsgründen befasst man sich mit Fragen der Auslegung und der Zulässigkeit nur bei gegebenem Anlass. Der Einleitungssatz knüpft an die Erledigung an:

> Die Klage ist begründet. Auf den geänderten Antrag des Klägers ist die Erledigung der Hauptsache festzustellen, weil die ursprünglich zulässige und begründete Klage sich durch (die Zahlung des Beklagten vom ...) erledigt hat.

War die Klage unbegründet, kann man den Eintritt der Erledigung dahingestellt sein lassen.[182]

IV. Hilfsanträge

55 Nicht in jedem Fall kann der Kläger sicher beurteilen, ob die Erledigung der Hauptsache eingetreten ist.

> **Beispiel:** Der Kläger nimmt den Beklagten auf Rückzahlung eines Darlehens in Anspruch. Im Verlauf des Rechtsstreits leistet der Beklagte eine Zahlung. Die Parteien streiten um die Frage, ob diese Zahlung nach der Behauptung des Beklagten auf den Darlehensanspruch oder auf eine ältere Forderung erfolgt sei, deren Existenz der Beklagte in Abrede stellt. Die Beantwortung der Frage hängt vom Ergebnis einer umfangreichen Beweisaufnahme ab.

Der Kläger befindet sich in einer schwierigen Lage. Bleibt er beim ursprünglichen Zahlungsantrag, kommt hingegen das Gericht zu der Überzeugung, die Darlehensschuld sei bezahlt, wird die Klage mit der Kostenfolge des § 91 abgewiesen. Erklärt er die Erledigung, erleidet er in Bezug auf die ältere Forderung zumindest vorerst einen Nachteil. Er gibt seine Behauptung, der Beklagte habe jene Forderung bezahlt, auf. Folglich müsste er sie neu einklagen, wobei er sich möglicherweise der Verjährungseinrede ausgesetzt sieht. Es liegt daher die Überlegung nahe, entweder den Antrag auf Feststellung der Erledigung hilfsweise hinter den Zahlungsantrag zu stellen oder umgekehrt bei Abgabe der Erledigungserklärung hilfsweise den Zahlungsantrag aufrechtzuerhalten, um beide Punkte sofort klären zu können.[183]

1. Hilfsweise erklärte Erledigung

56 Die hilfsweise Abgabe der Erledigungserklärung, die darauf abzielt, dass der Beklagte sich ihr anschließt und damit den Weg des § 91a eröffnet, ist mit dem auf Verurteilung gerichteten Hauptantrag nicht zu vereinbaren und daher unzulässig; denn das Gericht kann nicht über den Hauptantrag streitig entscheiden und zugleich gerade hiervon absehen, um nur noch im Beschlusswege über die Kostenverteilung zu befinden.[184] Eine Zustimmung des Beklagten ginge demnach ins Leere.

182 OLG München NJW 1988, 349.
183 Allg. zum Hilfsantrag vgl. → K Rn. 1 ff.
184 BGH NJW-RR 1998, 1571 (1572 unter IV.); 2006, 1378 (1380); NJOZ 2014, 1341.

An sich prozessual zulässig ist demgegenüber der Hilfsantrag auf streitige Feststellung der Erledigung; es wird jedoch regelmäßig an dem nach § 256 I erforderlichen Feststellungsinteresse fehlen. Dieses ergibt sich zwar normalerweise aus dem Kosteninteresse, indes ist bei der Kostenentscheidung die Abweisung des Hauptantrags ohnehin zwingend zu berücksichtigen, sodass sich ein Widerspruch ergibt, wenn man mit Blick auf die Kosten das rechtliche Interesse an der Feststellung bejaht.[185] Anderes mag bei einem über die Kostenverteilung hinausreichenden Feststellungsinteresse gelten, das aber nur selten vorliegt.[186]

Überwindet der Kläger die Hürde der Zulässigkeit, bietet die Prüfung der Begründetheit des Hilfsantrags ein weiteres Hindernis. Es erscheint zweifelhaft, ob der Rechtsstreit noch für erledigt erklärt werden kann, wenn der Hauptantrag eben wegen des erledigenden Ereignisses (im Beispiel: Zahlung auf die Forderung) gerade erst abgewiesen worden ist; ein solches Urteil wäre widersprüchlich.[187] Raum bleibt also nur dann, wenn der Hauptantrag aus anderen Gründen abgewiesen wird.

Das Thema ist streitig.[188] Die hM lehnt den hilfsweisen Erledigungsantrag ab, weil sie die hiermit verbundene Verlagerung des Kostenrisikos auf den Beklagten als unangemessen empfindet.[189] Wir empfehlen, dem zu folgen. Der BGH hat diese von ihm vertretene Position prägnant zusammengefasst.[190] Änderungen sind daher nicht zu erwarten.

2. Ursprüngliches Klagebegehren als Hilfsantrag

Es besteht aber die Möglichkeit, bei Abgabe einer Erledigungserklärung den ur- 57
sprünglichen Antrag hilfsweise aufrechtzuerhalten.[191]

> Der Kläger beantragt also,
> die Erledigung des Rechtsstreits festzustellen,
> hilfsweise,
> den Beklagten zu verurteilen, … (= ursprünglicher Klageantrag).

Ist die Erledigung der Hauptsache eingetreten, wird dies im Urteil festgestellt; der Hilfsantrag ist hinfällig.[192] Liegt keine Erledigung vor, kann der Beklagte unter Abweisung des Feststellungsantrags auf den Hilfsantrag hin verurteilt werden. Muss das Gericht allerdings den Hauptantrag bereits deshalb abweisen, weil die Klage von Anfang an unbegründet war, braucht es auf den Hilfsantrag nicht mehr näher einzugehen.[193]

Der Beklagte trägt bei anfänglicher Begründetheit der Klage das uneingeschränkte Kostenrisiko. Auch wenn das Gericht ihn erst auf den Hilfsantrag verurteilt, werden

185 BGH NJW-RR 2006, 1378 (1380 aE), ausdrücklich abweichend von NJW-RR 1998, 1571 (1573); Prütting/Gehrlein/*Hausherr* ZPO § 91a Rn. 71 mwN; allg. zum Feststellungsinteresse → Rn. 45.

186 Vgl. → Rn. 45.

187 BGH NJW 1989, 2885 (2887); NJW-RR 2006, 1378; ähnlich schon NJW 1967, 564; allgem. zu den Voraussetzungen der begründeten Erledigungserklärung → Rn. 46.

188 Vgl. BLAH/*Hartmann* ZPO § 91a Rn. 76; *Bergerfurth* NJW 1992, 1655; *Piekenbrock* ZZP 1999, 112; 353; *Rosenberg/Schwab/Gottwald* ZivilProzR § 130 Rn. 22.

189 Prütting/Gehrlein/*Hausherr* ZPO § 91a Rn. 71.

190 BGH NJW-RR 2011, 618.

191 BGH NJW 1965, 1597.

192 S. → K Rn. 5.

193 BGH WM 1982, 1260.

ihm die Kosten in vollem Umfang auferlegt, weil der Hauptantrag im Sinne des § 45 I 3 GKG denselben Gegenstand betrifft.[194]

58 Für den Beklagten bietet sich ein Ausweg dadurch, dass er sich der Erledigungserklärung des Klägers anschließt. Alsdann tritt infolge der übereinstimmenden Parteierklärungen die Erledigung des Rechtsstreits ein. Das Gericht entscheidet nur noch gemäß § 91a über die Kosten, nicht hingegen über den Hilfsantrag. Grundlage der Kostenentscheidung ist die Frage, ob die Klage ursprünglich begründet war.[195] Ob die vereinzelt erörterte Möglichkeit, auch bei Anschluss des Beklagten an die Erledigungserklärung einen streitigen Feststellungsantrag zu stellen, daran etwas ändert, bleibt abzuwarten.[196]

Eine Entscheidung über den Zahlungsantrag kann der Kläger des Beispielsfalls nach gegenwärtigem Stand nur dann erzwingen, wenn er es bei diesem Antrag belässt. Die ihn hierbei belastende Ungewissheit über den Ausgang des Rechtsstreits und das Kostenrisiko begegnet uE keinen Bedenken, da dies den Normalfall einer jeden Klage darstellt.

3. Hilfsweise abgegebene Erledigungserklärung des Beklagten

59 Die Befürworter einer hilfsweisen Erledigungserklärung des Klägers sprachen folgerichtig dem Beklagten das Recht zu, sich bei Aufrechterhaltung des Abweisungsantrags dieser Erklärung anzuschließen.[197] Auf der Grundlage der höchstrichterlichen Rechtsprechung ist hierfür kein Raum. Auch kann der Beklagte sich nicht bloß hilfsweise dem in der Hauptsache gestellten Erledigungsantrag des Klägers anschließen, da auf seinen Abweisungsantrag ein Sachurteil ergehen muss, das die gleichzeitige Anwendung des § 91a ausschließt.[198]

V. Durchsetzung des Kosteninteresses in anderen Fällen

1. Ausgangsproblem

60 Neben der Erledigung des Rechtsstreits treten im Zivilprozess Fallkonstellationen auf, in denen wegen einer bereits vor Rechtshängigkeit eingetretenen Änderung der Sachlage oder aus anderen Gründen der Klageantrag abgewiesen werden müsste, in denen sich aber dennoch die Frage stellt, ob es nicht dem Gebot der Kostengerechtigkeit entspricht, die Kosten dem Beklagten aufzuerlegen. Das kann sich insbesondere dann ergeben, wenn eine (Teil-)Zahlung des in Verzug befindlichen Beklagten vor Klagezustellung beim Kläger eingegangen ist. In einem solchen Fall besteht nicht zuletzt ein materiell-rechtlicher Kostenerstattungsanspruch nach § 280 I 1 BGB,[199] der zweckmäßig im laufenden Rechtsstreit zum Tragen gebracht wird.

---

194 S. → K Rn. 12 ff., 15.

195 S. → Rn. 13 ff.

196 Vgl. → Rn. 17, 45.

197 *Bergerfurth* NJW 1992, 1655 (1660); OLG Koblenz GRUR 1988, 43 (46); OLG Neustadt NJW 1963, 1985.

198 OLG Düsseldorf ZMR 1989, 14; NJW-RR 1992, 384; Prütting/Gehrlein/*Hausherr* ZPO § 91a Rn. 72.

199 Vgl. → A Rn. 180, → Rn. 20.

Eine streitige Erledigungserklärung kommt hier nicht in Betracht, weil es an einem nach Rechtshängigkeit eingetretenen erledigenden Ereignis fehlt.[200] Dennoch gibt es verschiedene weitere Lösungsansätze. Es handelt sich um

- die Kostenentscheidung nach § 269 III 3,
- die Kostenentscheidung nach § 91a,
- die streitige Feststellung des materiellen Kosteninteresses.

2. Kostenentscheidung nach § 269 III 3

Für den Zahlungseingang vor Klagezustellung und vergleichbare Fälle, in denen der Anlass zur Einreichung der Klage vor Rechtshängigkeit entfallen ist, bietet § 269 III 3 die Möglichkeit, über § 269 IV ohne mündliche Verhandlung gegen den Beklagten eine Kostenentscheidung zu erlangen. Ist eine Erledigungserklärung möglich, findet § 269 III 3 keine Anwendung.[201] Auch der isolierte Antrag auf Bewilligung von Prozesskostenhilfe reicht nicht aus.[202] 61

Die Norm ist im Wortlaut an § 91a angelehnt. Sie hat Ausnahmecharakter und ist daher der erweiternden Auslegung oder der Analogie nicht zugängig.[203] Durch Abstellen auf den Sach- und Streitstand wird eine Schlüssigkeits- und, soweit der Beklagte Einwände erhoben hat, eine Erheblichkeitsprüfung vorgegeben.[204] Das Klagevorbringen muss also bei Fortfall des Anlasses zur Klage schlüssig und es darf nicht erheblichen Einwänden des Beklagten ausgesetzt gewesen sein; alsdann muss sich eine Änderung der Sach- und Rechtslage ergeben haben.[205]

Nicht ganz eindeutig geregelt ist die Frage, ob die Regelung auch dann Anwendung findet, wenn der Anlass zur Klage bereits vor Anhängigkeit entfallen ist.[206]

Beispiel: Nach vergeblicher Mahnung erhebt der Kläger gegen den Schuldner Zahlungsklage. Bevor diese bei Gericht eingeht, wird ihm die Zahlung auf dem Konto gutgeschrieben.

Der Wortlaut der Norm (»daraufhin«) legt es nahe, dass bei Einreichung der Klage der Anlass noch vorhanden gewesen sein muss. Gerade der Beispielsfall zeigt jedoch, dass praktische Gesichtspunkte die Anwendung des § 269 III 3 jedenfalls auch in Fällen rechtfertigen, in denen Anhängigkeit und Wegfall des Anlasses sich kreuzen.[207] Wird die Klage zurückgenommen, bevor der Anlass zur Klageerhebung entfällt, bleibt für § 269 III 3 kein Raum.[208]

---

200 Vgl. → Rn. 48.

201 BGH NJW 2004, 223; OLG Rostock MDR 2008, 593 = BeckRS 2007, 19014.

202 OLG Koblenz NJW-RR 2010, 500.

203 BGH NJW-RR 2005, 1662 (1664); für Anwendung im Verfahren des vorläufigen Rechtsschutzes OLG Karlsruhe NJW 2012, 1373; → N Rn. 21.

204 Vgl. → Rn. 14 f.

205 OLGR Düsseldorf 2007, 670.

206 Dafür OLG Frankfurt a.M. MDR 2014, 984, wenn der Kläger hiervon ohne Verschulden keine Kenntnis hatte.

207 So auch OLGR München 2004, 218; für Zulässigkeit jedenfalls bei Unkenntnis des Klägers von dem Ereignis OLG Frankfurt a.M. NJW-RR 2014, 1406; entschieden aA OLG Hamm NJW-RR 2011, 1563; vgl. auch Zöller/*Greger* ZPO § 269 Rn. 18d; Thomas/Putzo/*Reichold* ZPO § 269 Rn. 16; aA BLAH/*Hartmann* ZPO § 269 Rn. 38; vgl. auch Prütting/Gehrlein/*Geisler* ZPO § 269 Rn. 21.

208 OLG Hamm MDR 2010, 1013.

62 Die Rücknahme kann auch vor Zustellung der Klage erklärt werden.[209] Das mag durchaus praktisch sein, wenn der Schuldner zahlt, während die Klage sich noch im Geschäftsgang des Gerichts befindet. Dennoch ist auch in diesem Fall die Klageschrift einschließlich Rücknahme und Kostenantrag dem Beklagten zur Wahrung des rechtlichen Gehörs nach Art. 103 I GG zuzuleiten. Sein Vortrag ist dann im Rahmen der Kostenentscheidung auf seine Erheblichkeit zu überprüfen.[210]

Der Kläger muss sich den Kostenantrag und die damit einhergehende Zustellung an den Beklagten dennoch gut überlegen. Nimmt er die Klage ohne Kostenantrag zurück, ermäßigt sich die Gerichtsgebühr gem. Nr. 1211 KV (Anl. 1 GKG) auf den einfachen Satz; dies gilt aber nur dann, wenn eine Entscheidung nach § 269 III 3 nicht ergeht. Der Kläger sollte sich also seiner Sache sicher sein, bevor er Anwaltskosten des Beklagten veranlasst. Ein Gewinn an Gestaltungsfreiheit ergibt sich für ihn aus der Möglichkeit, im Angesicht der Kostenlast aus einer Klagerücknahme, § 269 III 2, den Weg des § 269 III 3 nicht zu beschreiten, sondern mit einer neuen Klage die ihm auferlegten Kosten als materiell-rechtlichen Kostenerstattungsanspruch geltend zu machen.[211] Das verschafft ihm ausreichend Bedenkzeit.

Wenn die Zustellung der Klage nur noch den Zweck hat, dem Beklagten für die Kostenentscheidung rechtliches Gehör zu geben, ist es sachgerecht, die Gerichtskosten alleine nach dem Kostenstreitwert zu erheben.[212]

Für die Grundlagen der Kostenentscheidung wird auf die Ausführungen zu § 91a Bezug genommen.[213] Eine an sich begründete Klage wird in der Regel die Kostenbelastung des Beklagten nach sich ziehen, wenn dieser bei ihrer Einreichung bereits in Verzug war.[214] Die Beweislast liegt beim Kläger.[215] Man mag erwägen, ob im Einzelfall analog § 93 das gegenteilige Ergebnis der Billigkeit entspricht.[216] Für die Verfahrensgestaltung liegt es nahe, dass Beweisaufnahmen, etwa über streitige Voraussetzungen des Anspruchs oder den Verzug des Beklagten, regelmäßig unterbleiben.[217] Besteht ein materiell-rechtlicher Kostenerstattungsanspruch, kann er berücksichtigt werden.[218]

Keine Bedenken bestehen, die Regelung auch bei der Teilrücknahme (Klageermäßigung) anzuwenden. Es ergeben sich die gleichen Probleme wie bei der übereinstimmenden Teilerledigung.[219]

---

209 Für Altfälle bereits hM, vgl. BGH NJW 2004, 1530.

210 BGH BauR 2004, 1183 = BeckRS 2004, 02525; NJW 2006, 775; *Deubner* JuS 2006, 518; Prütting/Gehrlein/*Geisler* ZPO § 269 Rn. 21.

211 BGH NJW 2013, 2201; WM 2013, 1212.

212 Ähnlich den Fällen nach Mahnverfahren, vgl. BGH NJW 2005, 512 (Ziff. 2); OLG Rostock MDR 2002, 665 = BeckRS 2010, 27444.

213 Vgl. → Rn. 13 ff.

214 OLG Koblenz NJW-RR 2014, 766.

215 BGH NJW 2006, 775.

216 OLG Dresden NJW 2015, 497.

217 Vgl. → Rn. 17; *Elzer* NJW 2002, 2007, lit b.

218 BGH NJW-RR 2005, 1662 (1663 aE), eindeutig trotz unglücklich formulierten Leitsatzes.

219 → Rn. 27 ff.

3. Kostenentscheidung nach § 91a

Nach hM kommt auch bei »Erledigung« vor Rechtshängigkeit eine Kostenentscheidung nach § 91a in Betracht.[220] Damit bietet sich neben § 269 III 3 eine zweite Möglichkeit, im Beschlussverfahren eine Kostenentscheidung herbeizuführen, deren Grundlagen praktisch dieselben sind. Der Vorteil liegt darin, dass anders als im Verfahren nach § 269 III 3 kein Anwaltszwang besteht.[221] Die Zustimmung des Beklagten kann nach § 91a II 2 ersetzt werden. 63

4. Streitige Feststellung des Kosteninteresses

a) Ausgangsfall

aa) Schadensersatz wegen verweigerter Auskunft

Eine weitere Lösung des Ausgangsproblems besteht in der Möglichkeit, die Klage auf eine Feststellung des materiellen Kosteninteresses zu ändern. Davon ist der BGH ursprünglich in einem Fall des § 840 ZPO ausgegangen.[222] 64

Fall: Der Gläubiger G hat eine dem Schuldner S gegen den Drittschuldner DS vermeintlich zustehende Forderung gepfändet. Auf das Auskunftsverlangen des G nach § 840 I reagiert DS nicht. G bleibt daher nichts anderes übrig, als den Anspruch einzuklagen. Erst im Rechtsstreit legt DS dar, dass er die Forderung bereits bei Zugang des Auskunftsverlangens bezahlt hatte. Dem hat G nichts entgegenzusetzen. Bleibt er bei seinem Zahlungsantrag, wird die Klage abgewiesen.

Eine einseitige Erledigungserklärung hilft hier nicht weiter, weil die Klage nicht erst durch ein nach Rechtshängigkeit eintretendes Ereignis unbegründet geworden ist. Sie war vielmehr von Anfang an unbegründet. Auch ist § 269 III 3 jedenfalls nicht direkt anwendbar. Denn es ist nicht etwa vor Rechtshängigkeit ein Ereignis eingetreten, das die Klage hinfällig macht. Vielmehr hat der Beklagte erst im Verlauf des Rechtsstreits die verlangte Auskunft erteilt. Zu denken wäre daher allenfalls an eine Analogie, die jedoch wegen des Ausnahmecharakters der Norm ausscheidet.[223]

bb) Lösungsansatz

Der Lösungsweg beginnt mit der Überlegung, dass der Kläger aufgrund des Verhaltens des Beklagten einen Schadensersatzanspruch erworben hat. Dieser ergibt sich im Beispielsfall aus § 840 II 2. Der ersatzfähige Schaden umfasst auch die Kosten des Rechtsstreits; denn hätte der Beklagte die Auskunft rechtzeitig erteilt, wäre die Klage nicht erhoben worden – die Kosten wären nicht angefallen (Differenzhypothese nach § 249 BGB). Der Kläger könnte also die Klage zurücknehmen, eine Kostenentscheidung nach § 269 III 2, IV ergehen lassen und alsdann in einem neuen Rechtsstreit den ihm zustehenden materiell-rechtlichen Kostenerstattungsanspruch einklagen.[224] Daneben war es früher vielfach üblich, den Anspruch im laufenden Rechtsstreit zu beziffern und die Klage hierauf zu ermäßigen, woraus sich das Problem ergab, ob nicht die Klageermäßigung für sich nach § 269 III 2 zu einer Kostenbelastung des Klägers führen musste. 65

220 Vgl. → Rn. 10.
221 Vgl. Zöller/*Greger* ZPO § 269 Rn. 18e.
222 BGH NJW 1981, 990; 1982, 1598; für die Stufenklage erneut aufgegriffen in NJW 1994, 2895 = MDR 1994, 717 = JZ 1994, 1009 = JuS 1995, 78 = FamRZ 1995, 348; KG MDR 1991, 62 = NJW 1991, 499; OLG Nürnberg DAR 1995, 330 (auch als Hilfsantrag).
223 BGH NJW-RR 2005, 1662 (1664).
224 Vgl. → Rn. 2.

Der BGH hat einen praktikablen Weg über die Zulässigkeit eines Feststellungsantrags gefunden, mit dem der Kläger den ihm zustehenden materiell-rechtlichen Kostenerstattungsanspruch in demselben Prozess zum alleine verbleibenden Hauptsachebegehren macht.[225] Der Kläger beantragt also,

> festzustellen, dass der Beklagte verpflichtet ist, ihm den in den Kosten des Rechtsstreits bestehenden Schaden zu ersetzen.

Die Änderung der Klage vom ursprünglichen Begehren auf diesen Antrag ist ähnlich dem Fall der Erledigung nach § 264 Nr. 3 zulässig; wer wegen des Merkmals »später eingetretenen Veränderung« Bedenken hat, mag wegen Sachdienlichkeit die Voraussetzungen des § 263 bejahen. Obsiegt der Kläger, ergeht gegen den Beklagten antragsgemäß die begehrte Hauptsachenentscheidung und im Anschluss hieran nach § 91 die prozessuale Kostenentscheidung zulasten des Beklagten. Im Kostenfestsetzungsverfahren wird, wie üblich, die Kostenforderung des Klägers errechnet und gegen den Beklagten festgesetzt. Auf dieser Grundlage kann der Kläger seinen Kostenerstattungsanspruch vollstrecken. Damit hat der Streit in den vom materiellen und vom prozessualen Recht vorgegebenen Bahnen auf einfache Weise und mit sachlich richtigem Ergebnis sein Ende gefunden. Eine zusätzliche Zahlungsklage auf Kostenerstattung ist also nicht erforderlich, weshalb der Lösung der – ohnehin zweifelhafte – Hinweis auf die vermeintliche Subsidiarität der Feststellungsklage[226] nicht entgegengehalten werden kann.

cc) Klageantrag

66 Aufgrund der vielfältigen Möglichkeiten, einen materiellen Kostenerstattungsanspruch in demselben Prozess zu berücksichtigen, hat es der Kläger allerdings schwer, den richtigen Antrag zu stellen. Das Gericht trifft deshalb eine Hinweispflicht nach § 139 (= Hinwirken auf einen sachdienlichen Antrag).

Hat das Gericht einen solchen Hinweis nicht erteilt und erklärt der Kläger den Rechtsstreit (einseitig) für »erledigt«, ist vorrangig eine *Auslegung* vorzunehmen. Ein Antrag auf Feststellung, dass der Rechtsstreit erledigt ist, würde in derartigen Fällen zu Unbilligkeiten führen, weil von vornherein feststeht, dass für das erledigende Ereignis der Zeitpunkt der Rechtshängigkeit maßgeblich ist, und deshalb der Kläger unter keinen Umständen ein der Sache angemessenes Ziel erreichen kann. Aus denselben Gründen, die zur Entwicklung des Instituts der einseitigen Erledigungserklärung geführt haben, muss daher in der Erklärung des Klägers bei Vorliegen der vorgenannten Voraussetzungen ein Antrag auf Feststellung gesehen werden, dass der Beklagte die Kosten des Rechtsstreits zu tragen hat. Bei dieser Auslegung kommt es nicht darauf an, ob der materiell-rechtliche Kostenerstattungsanspruch tatsächlich besteht. Das ist vielmehr eine Frage der Begründetheit. Im Rahmen der Auslegung ist entsprechend der Ansicht des Klägers (fiktiv) zu unterstellen, dass ihm ein solcher Anspruch zusteht. Nur wenn der Kläger trotz Hinweises auf der Erledigungserklärung beharrt, bleibt für eine Auslegung kein Raum.[227]

---

225 BGH NJW 1981, 990; 1982, 1598; für die Stufenklage erneut aufgegriffen in NJW 1994, 2895 = MDR 1994, 717 = JZ 1994, 1009 = JuS 1995, 78 = FamRZ 1995, 348; KG MDR 1991, 62 = NJW 1991, 499; OLG Nürnberg DAR 1995, 330 (auch als Hilfsantrag); OLG Stuttgart NJW-RR 1997, 1222.

226 Vgl. → O Rn. 15.

227 Vgl. BGH NJW-RR 1988, 1151, wo dieses Thema unerörtert bleibt.

Aus praktischen Erwägungen reicht es in jedem Falle aus, wenn der Kläger den Antrag stellt,

die Kosten des Rechtsstreits dem Beklagten aufzuerlegen.

Ein solcher Antrag ist ohne Weiteres im Sinne des Antrags auf Feststellung des Kosteninteresses zu interpretieren.[228] Im Gutachten ist die Frage in einem gesonderten Abschnitt bei der Auslegung des Klageantrags zu prüfen. Bezieht sich der Feststellungsantrag nur auf einen Teil des Klageanspruchs, darf er auch der Wendung »abzüglich« entnommen werden.[229]

b) Erfüllung vor Rechtshängigkeit und andere Fälle

Bis zum Inkrafttreten des § 269 III 3 am 1.1.2002 war der Antrag auf Feststellung des materiellen Kosteninteresses bei Erfüllung vor Rechtshängigkeit die vorzuziehende Lösungsmöglichkeit, soweit ein materieller Kostenerstattungsanspruch denkbar war.[230] Nunmehr bietet das Gesetz, wenn die Voraussetzungen der Norm vorliegen, eine einfache Lösung durch Beschluss.[231] **67**

Dennoch erscheint uns der Weg über den streitigen Kostenfeststellungsantrag auch bei Anwendbarkeit des § 269 III 3 nicht überflüssig oder gar mangels Rechtsschutzinteresses unzulässig.[232] Bei der Erledigung des Rechtsstreites bietet das Gesetz neben der Regelung des § 91a die Möglichkeit der streitigen Erledigungserklärung. Im ersteren Falle wird einfacher und zeitsparend entschieden, aber um den Preis, dass eine vollständige Aufklärung des Sachverhalts unterbleibt und die Kosten insbesondere bei tatsächlichen Ungewissheiten gegeneinander aufgehoben werden.[233] Bei streitiger Erledigung ist hingegen der Sachverhalt notfalls durch Beweisaufnahme zu klären.[234] Sie bietet die Möglichkeit des vollständigen Obsiegens, wo nach § 91a die Kostenteilung nahe läge. Bei Erfüllung vor Rechtshängigkeit kennt das Gesetz (neben der Erledigung nach § 91a) ebenfalls zwei Lösungen. Wählt der Kläger den Weg über § 269 III 3, erlangt er zügig eine Billigkeitsentscheidung; wählt er den streitigen Feststellungsantrag, steht ihm die umfassende Prüfung des materiell-rechtlichen Kostenerstattungsanspruchs zu.[235]

---

228 So wohl auch *Sannwald* NJW 1985, 899.

229 Oben → Rn. 43; allg. zur Auslegung → A Rn. 77.

230 Vgl. *Sannwald* NJW 1985, 898; *Herrlein/Werner* JA 1995, 55.

231 Vgl. → Rn. 61 f.

232 Wir sehen mit Zöller/*Greger* ZPO § 269 Rn. 18d in BGH NJW 2006, 775 durchaus Hinweise auf die Billigung einer Wahlmöglichkeit, wie auch die restriktive Anwendung des § 269 III 3 nach BGH NJW-RR 2005, 1662 hierfür Raum lässt; für die Wahl Prütting/Gehrlein/*Hausherr* ZPO § 91a Rn. 54; ablehnend Thomas/Putzo/*Hüßtege* ZPO § 91a Rn. 36, da Kosten bezifferbar.

233 Vgl. → Rn. 17.

234 Vgl. → Rn. 35.

235 So auch LG Berlin NJW-RR 2004, 647; AG Spandau ZMR 2003, 584; *Wolff* NJW 2003, 553 (557), der Hinweis auf das per 1.9.2004 gestrichene Merkmal »unverzüglich« ist überholt, war aber nicht tragend; der BGH sieht in § 269 III 3 kein Hindernis für die streitige Erledigung, NJW 2003, 3134 (3136), sodass der Feststellung des Kosteninteresses keine Bedenken entgegenstehen dürften; aA *Tegeder* NJW 2003, 3327; Zöller/*Vollkommer* ZPO § 91a Rn. 42 (abschließende Sonderregelung in § 269 III 3); wie wir: *Deckenbrock/Dötsch* MDR 2004, 1214; gänzlich anders offenbar OLG Brandenburg JAmt 2004, 507.

Neben der Erfüllung vor Rechtshängigkeit bietet sich der Weg über die Kostenfeststellung insbesondere für den weiten Bereich der Auskunftsklagen[236] und für jeden anderen Fall an, in dem eine Erledigung nicht vorliegt, zugleich aber nach § 269 III 3 eine Lösung nicht geboten wird. Wichtig ist nur, die Anspruchsgrundlage, etwa § 280 I 1 BGB, deutlich herauszuarbeiten.

Bei klarer Ausgangslage wird der Kläger im Zweifel die einfachere Lösung wollen. Das gilt auch für die Verwendung der Formulierung »abzüglich« bei nur teilweiser Erfüllung.[237]

c) Tenor

68 Der Hauptsachentenor lautet bei der streitigen Feststellung des Kosteninteresses:

> Es wird festgestellt, dass der Beklagte die Kosten des Rechtsstreits zu tragen hat.
>
> (oder kürzer:)
>
> Der Beklagte trägt die Kosten des Rechtsstreits.

Der Hauptsachentenor bezieht sich zwar auf den materiell-rechtlichen Kostenerstattungsanspruch, er umfasst aber gleichzeitig den prozessualen Kostenerstattungsanspruch nach §§ 91 ff. Deshalb kann auf den zweiten Satz des Tenors (Kostenentscheidung) verzichtet werden.[238] In den Entscheidungsgründen ist dies nach dem Satz »Die prozessualen Nebenentscheidungen beruhen auf ...« kurz klarzustellen. Das Urteil ist im Hinblick auf die Kosten für vorläufig vollstreckbar zu erklären. Hier gelten keine Besonderheiten.

d) Streitwert

69 Mit der Umstellung des *Klageantrags* ändert sich auch der Streitwert. Von diesem Zeitpunkt an (maßgeblich: mündliche Verhandlung) geht es nur noch um die Kosten des Rechtsstreits. Deshalb richtet sich ab dann der Streitwert nach dem Kosteninteresse. Dabei ist, auch wenn es sich um eine positive Feststellungsklage handelt, ausnahmsweise kein Abschlag von 20% bis 50% zu machen[239], da wegen des sich anschließenden Kostenfestsetzungsverfahrens eine Leistungsklage unter keinen Umständen zu erwarten ist und der Anspruch im Kostenfestsetzungsbeschluss in voller Höhe tituliert wird.[240] Maßgeblich sind alle bis zur Klageänderung entstandenen Kosten, da der Kläger seinen eigenen Aufwand ersetzt verlangt und Erstattungsansprüche des Beklagten abwehren will.[241]

e) Teilfeststellung und Teilerfolg

70 Bezieht sich der Feststellungsantrag nur auf einen Teil des Streitgegenstandes

---

236 Vgl. → N Rn. 4 ff., 21 mwN.

237 Vgl. → Rn. 43; *Elzer* NJW 2002, 2007, Nr. 2 will nach dem Grad der Voraussehbarkeit des Ergebnisses differenzieren, was wir für wenig praktikabel halten; bedenke: »Vor Gericht und auf See ist man in Gottes Hand.«

238 So auch KG WRP 1996, 429; LG Freiburg MDR 1984, 237; *Sannwald* NJW 1985, 899; Prütting/Gehrlein/*Hausherr* ZPO § 91a Rn. 53 (Hauptsache- und Kostentenor fallen zusammen).

239 Vgl. allgemein zum Streitwert bei einer Feststellungsklage → O Rn. 36.

240 → Rn. 65; *Anders/Gehle* Streitwert-Lexikon Stichwort »Feststellung des Kosteninteresses«.

241 Prütting/Gehrlein/*Gehle* ZPO § 3 Rn. 125; *Schneider* NJW 2008, 3317.

Beispiele:
- Teilzahlung des Beklagten
- negative Auskunft über einen Teil der Klageforderung

kann er ohne Weiteres neben dem im Übrigen aufrecht erhaltenen Sachantrag gestellt werden. Es reicht aber auch ein ausdrücklicher Kostenantrag. Bei vollständigem Obsiegen einer Partei ergeht die Kostenentscheidung ohne Quotenbildung nach § 91. Bei einem Teilerfolg

Beispiel: Der Kläger verlangt Zahlung von 10.000 EUR. Als der Beklagte in der mündlichen Verhandlung klarstellt, dass eine Zahlung von 3.000 EUR vor Rechtshängigkeit auf die Klageforderung und nicht auf einen anderen Anspruch geleistet worden ist, ändert der Kläger den Zahlungsantrag auf 7.000 EUR ab und stellt im Übrigen Kostenantrag. Ihm werden noch 5.000 EUR zugesprochen; mit der Zahlung der 3.000 EUR befand sich der Beklagte in Verzug, sodass ihn insoweit die Kostenlast trifft.

bietet sich für die Ermittlung der Kostenquote folgender, einfacher Lösungsweg an:

Da bei Klageänderung bereits sämtliche Gebühren nach dem alten Streitwert angefallen waren, kann man den Streitgegenstand global aufteilen. 70% der Kosten entfallen auf den streitigen Teil. Hier verteilen sich die Kosten im Verhältnis von 20 zu 50 Prozentpunkten. Die 30 Prozent, die auf die Teilzahlung entfallen, trägt der Beklagte. Die Kosten verteilen sich also im Verhältnis 20% zu 80%.

Entsprechendes gilt, wenn der Feststellungsantrag nur teilweise Erfolg hat. So mag etwa den Kläger hinsichtlich der Klageerhebung wegen der bereits gezahlten 3.000 EUR ein Mitverschulden treffen, das beim materiellen Kostenerstattungsanspruch nach § 254 I BGB zu berücksichtigen ist. Bewerten wir es mit 1/2, entfallen auf Kläger und Beklagten insoweit je 15 Prozent, sodass die Kosten nunmehr im Verhältnis 35% zu 65% zu verteilen sind. Für die Formulierung des Tenors empfiehlt sich hier in besonderer Weise der Verzicht auf eine gesonderte Feststellung des Kosteninteresses und dessen Einbeziehung in die Kostenentscheidung:

Der Beklagte wird verurteilt, an den Kläger 5.000 EUR zu zahlen.
Wegen der weitergehenden Zahlungsforderung wird die Klage abgewiesen.
Die Kosten des Rechtsstreits tragen der Kläger zu 35%, der Beklagte zu 65%.

Ändert der Kläger die Klage vor der mündlichen Verhandlung, sodass die Terminsgebühren nach dem geringeren Streitwert anfallen, bleibt keine andere Möglichkeit, als die Kosten überschlägig zu ermitteln und für die Zeit vor dem Termin und für die Terminsgebühren nach vorstehendem Lösungsvorschlag getrennte Anteile zu ermitteln. Denn bei den Terminsgebühren entfällt auf den Feststellungsantrag nun einmal ein geringerer Anteil, sodass die Erfolgsquoten sich ändern. Danach werden die auf beide Parteien entfallenden Kostenanteile addiert und prozentual zueinander in Beziehung gesetzt.

f) Gutachten und Urteil

aa) Gutachten

Im *Gutachten* ist häufig eine Auslegung des Klageantrags erforderlich. Bei der Zuläs- 71
sigkeit der Klage ergeben sich – ebenso wie bei dem Feststellungsantrag, dass der Rechtsstreit erledigt ist – zwei Fragen, und zwar zur *Zulässigkeit* der Umstellung des Klageantrags und zu den Voraussetzungen des § 256 I. Wir empfehlen, zu diesen Fragen im Gutachten Stellung zu nehmen, da das Institut des Feststellungsantrags, dass

der Beklagte die Kosten des Rechtsstreits zu tragen hat, im Gegensatz zur einseitigen Erledigungserklärung nicht allgemein bekannt ist. Die Zulässigkeit des neuen Klageantrags kann zumindest nach § 263 mit Hinweis auf die Vermeidung eines zweiten Prozesses bejaht werden. Im Rahmen der Erörterungen zu § 256 I ist insbesondere darzulegen, dass der Kläger nur über einen solchen Feststellungsantrag die Möglichkeit erhält, der Kostentragungspflicht zu entgehen, ferner, dass eine entsprechende Leistungsklage nicht zu erwarten ist.[242] Sonstige Zulässigkeitsvoraussetzungen werden nur erörtert, wenn sie problematisch sind.

Im Rahmen der Begründetheit ist zu prüfen, ob der Beklagte aufgrund eines *materiell-rechtlichen Kostenerstattungsanspruchs* (zB § 280 I BGB, § 840 II 2 ZPO) verpflichtet ist, die Kosten des Rechtsstreits zu tragen; den Regelfall bildet der Verzug des Beklagten. Ist die Erledigung bereits vor Anhängigkeit eingetreten, wird ein solcher Anspruch in der Regel abzulehnen sein, und zwar wegen fehlender haftungsausfüllender Kausalität – der Schaden ist letztlich durch eine Handlung des Klägers (= Klageerhebung) entstanden; ähnlich wie bei den sog. Verfolgungsfällen[243] ist nur dann der (zurechenbare) Kausalzusammenhang zu bejahen, wenn der Beklagte das betreffende Verhalten des Klägers herausgefordert hat. Im Einzelfall kann etwas anderes gelten, so zB, wenn der Kläger in entschuldbarer Weise keine Kenntnis von dem erledigenden Ereignis vor Klageerhebung hatte (zB bei der Drittschuldnerklage).[244] Bei der Frage des Mitverschuldens gemäß § 254 I BGB kann sich auch das Problem stellen, ob der Kläger nicht durch eine frühzeitige Klagerücknahme einen Teil der Kosten des Rechtsstreits hätte sparen können. Im Ergebnis ist insoweit § 254 I BGB mit der Begründung abzulehnen, dass der Kläger dann automatisch die Kosten des Rechtsstreits nach § 269 II 2 hätte tragen müssen und deshalb für ihn eine Klagerücknahme nicht zumutbar war.

Das Gutachten ist wie folgt aufzubauen:

Gutachten *(Vorschlag)*
A. Auslegung des Klageantrags
B. Zulässigkeit der Klage
  - § 263 (oder § 264)
  - § 256 I
C. Begründetheit der Klage
  I. Schlüssigkeit (Klägerstation) – materiell-rechtlicher Kostenerstattungsanspruch?
  II. Erheblichkeit (Beklagtenstation)
D. Tatsächliche Würdigung (Beweisstation)
E. Ausarbeitung des Urteilstenors (Tenorierungsstation)

bb) Urteil

72 Für das Urteil gelten keine Besonderheiten. Der *Tatbestand* ist genauso wie bei der (echten) einseitigen Erledigungserklärung aufzubauen. Die Erklärungen, die für die Auslegung des Klageantrags bedeutsam sind, müssen auch hier wörtlich wiedergegeben werden. In den *Entscheidungsgründen* wird nach der kurzen Darstellung des Gesamtergebnisses bei Bedarf zunächst eine Auslegung des Klageantrags vorgenommen. Im Anschluss daran werden Zulässigkeit und Begründetheit des Antrags auf

242 Vgl. zu den Besonderheiten des Feststellungsinteresses iSd § 256 → O Rn. 12 ff.
243 Palandt/*Grüneberg* BGB Vorbem. v. § 249 Rn. 43.
244 Zur Kausalität bei einer Drittschuldnerklage vgl. OLG Hamm MDR 1987, 770 = VersR 1988, 193.

Feststellung, dass der Beklagte die Kosten des Rechtsstreits zu tragen hat, erörtert. Verzichtet man sinnvoll auf die Ausformulierung eines Feststellungsausspruchs und schreibt lediglich eine Kostenentscheidung nieder, ist der Tenor kurz zu erklären. Am Ende des Urteils wird der Streitwert festgesetzt.

VI. Weitere Überlegungen des Anwalts

1. Aus der Sicht des Klägers

Im laufenden Rechtsstreit ist *der Kläger*, wenn die Frage der Erledigung zu prüfen ist, regelmäßig in Zugzwang, weil sich aufgrund einer Handlung des Beklagten eine neue Situation ergibt, die wenig Spielraum lässt. Hat zB der Beklagte die Klageforderung nach Rechtshängigkeit beglichen, muss der Kläger den Rechtsstreit grundsätzlich in der Hauptsache für erledigt erklären, um einer negativen Sach- und Kostenentscheidung zu entgehen. 73

Der Wert einer Erledigungserklärung ist zweifelhaft, wenn sich absehen lässt, dass der Beklagte sich anschließen wird und die Kosten mit hoher Wahrscheinlichkeit entsprechend § 93 dem Kläger auferlegt werden.[245] In diesem Fall empfiehlt sich die Klagerücknahme, weil sie anders als die Erledigung gemäß Nr. 1211a KV bei Erklärung vor dem Schluss der mündlichen Verhandlung und in den übrigen dort aufgeführten Fällen zu einer Ermäßigung der Verfahrensgebühr vom dreifachen auf den einfachen Satz führt und außerdem Terminsgebühren nicht mehr anfallen. Hat eine mündliche Verhandlung demgegenüber bereits stattgefunden, kann die Erledigungserklärung günstiger sein. Die nach § 269 I nunmehr erforderliche Zustimmung des Beklagten ist ungewiss; Gebühren können durch Rücknahme nicht mehr eingespart werden; auch in anscheinend klaren Fällen bleibt aller Erfahrung nach immer noch eine Möglichkeit, dass in einer Entscheidung nach § 91a die Kosten nicht entsprechend § 93 dem Kläger auferlegt, sondern gegeneinander aufgehoben werden, weil das Gericht zB aus einem vom Anwalt nicht erkannten Gesichtspunkt eine dahingehende Entscheidung für billig hält. Ohne Kostenvorteile braucht man diese, wenn auch schwache, Aussicht nicht aufzugeben. Wenn indes der Beklagte der Erledigung widerspricht und eine Beweisaufnahme denkbar ist, drohen weitere Kosten. Da man dies vorher nicht weiß, ist die Erledigungserklärung zumindest vertretbar. Es kommt allerdings auf den Einzelfall an. Die einschlägigen Gesichtspunkte sind im Rahmen der Zweckmäßigkeitsprüfung zu behandeln.

Weitere Probleme können sich ergeben, wenn bei einer Teilzahlung nicht klar ist, 74
worauf der Beklagte leisten wollte.

> **Beispiel:** Der Beklagte hat nach Zustellung der Klage auf Zahlung von 17.320 EUR nebst 9,5% Zinsen seit dem 13.1.2002 einen Betrag von 10.000 EUR überwiesen.

Zu prüfen ist vorab, ob es sich um eine Zahlung auf die Hauptforderung oder um eine nach § 367 I BGB zu verrechnende Leistung handelt, was wegen der vorrangigen Verrechnung auf die Zinsen für den Kläger günstiger wäre.[246] Wenn der Sachverhalt sich nicht im ersteren Sinne interpretieren lässt, ist es günstiger, den Klageantrag dahin zu ändern, dass der Beklagte nunmehr verurteilt wird, die beantragte Zahlung

245 Vgl. → Rn. 19.
246 Vgl. → Rn. 43.

»abzüglich der am … geleisteten Zahlung von 10.000 EUR« zu erbringen, womit von der Verrechnung nach § 367 I BGB ausgegangen wird. Sieht das Gericht die Rechtslage dennoch anders, besteht allerdings ein Kostenrisiko,[247] das gegen den aus einer Verrechnung nach § 367 I BGB zu erwartenden Vorteil abzuwägen ist.

Ist zweifelhaft, ob die Leistung des Beklagten überhaupt auf die Klageforderung verrechnet werden kann, liegt es näher, die Erledigungserklärung abzugeben und den ursprünglichen Leistungsantrag hilfsweise aufrechtzuerhalten. Ein Kostenrisiko dürfte hiermit nicht verbunden sein.[248]

Wenn eine Erfüllung nach Anhängigkeit, aber vor Klagezustellung eingetreten ist, muss vorrangig die Möglichkeit des § 269 III 3 geprüft werden, anstatt von Anfang an nur die Lösung über die Feststellung des Kosteninteresses zu wählen.[249] Für letztere entscheidet man sich, wenn eine Anwendung von § 269 III 3 ausscheidet oder wenn bei Anwendung dieser Norm eine dem Kläger nachteilige Kostenaufhebung zu befürchten ist, wohingegen bei streitiger Durchführung der volle Erfolg nahe liegt.

Beispiel: Der Schuldner war bei Anhängigkeit der Klage bereits in Verzug, dies aber nur aufgrund mündlicher Mahnung, die mit Zeugen nachgewiesen werden kann.

2. Aus der Sicht des Beklagten

75 Ergibt die Begutachtung des Falls, dass der Beklagte die Klageforderung zumindest teilweise begleichen muss, sollte der Anwalt ihm grundsätzlich die Erfüllung nahe legen und den Kläger damit zu einer (Teil-)Erledigungserklärung veranlassen, welcher der Beklagte sich anschließen kann.[250] Insbesondere wenn dies noch vor der mündlichen Verhandlung geschieht, kommt es hierdurch zu einer Senkung des Streitwerts und damit der Kostenbelastung.[251] Bei Teilleistungen, die etwa aufgrund finanzieller Probleme hinter der begründeten Forderung zurückbleiben, ist es ratsam, ausdrücklich nur auf die Hauptforderung zu zahlen, um der ungünstigeren Verrechnung nach § 367 I BGB zu entgehen. Hierauf muss der Mandant hingewiesen werden, damit er nicht aus mangelnder Kenntnis der Rechtslage eine unbestimmte Abschlagszahlung leistet.

Bei einer bereits vorliegenden Erledigungserklärung des Klägers stellt sich für den Beklagten regelmäßig die Frage, ob er sich ihr anschließen oder weiterhin Klageabweisung beantragen soll.

76 Da es im Fall der Erledigung meist nur noch um die Kosten geht, muss man in erster Linie abwägen, auf welchem Weg man die günstigere Kostenentscheidung erwirken kann.

Beispiel: Der klagende Bauunternehmer verlangt nach Abnahme vom Bauherrn die noch ausstehenden 25% des Werklohns nebst Zinsen. Letzterer behält diesen Anteil zurück mit der Behauptung, die Bauleistung leide an schwerwiegenden Mängeln. Dies bestreitet der Kläger. Vor Durchführung einer vom Gericht angeordneten Beweisaufnahme nimmt er jedoch Arbeiten an dem Gebäude vor, woraufhin der Beklagte die Hauptsumme zahlt und mitteilt, die Mängel seien beseitigt. Der Kläger lässt den Zinsanspruch fallen und erklärt den Rechtsstreit insgesamt in der Hauptsache für erledigt.

---

247 Vgl. → Rn. 43 f.
248 Vgl. → Rn. 57.
249 Vgl. → Rn. 60 ff.
250 Vgl. → Rn. 27.
251 Vgl. → Rn. 28.

Wenn der Beklagte sich der Erledigungserklärung anschließt, kann er davon ausgehen, dass das Gericht die Kosten gegeneinander aufhebt, da ungeklärt bleibt, ob die Mängel in dem vom Beklagten behaupteten Umfang vorgelegen haben.[252] Hat der Beklagte bei geringfügigen Mängeln nur aus Geldnot den Werklohn im Übermaß zurückbehalten, kann diese Kostenentscheidung für ihn günstig sein, sodass er den Beschluss nach § 91a vorziehen wird. Sind vornehmlich Rechtsfragen im Streit, spricht für die übereinstimmende Erledigungserklärung zusätzlich die Beschwerdemöglichkeit nach § 91a II 1. Sie ermöglicht die Überprüfung der Kostenentscheidung in einem einfacheren und kostengünstigen Verfahren. War der Beklagte hingegen im Recht und kann er den Umfang der Mängel einer Beweisprognose zufolge mit hoher Wahrscheinlichkeit nachweisen, sollte er es auf eine streitige Sachentscheidung ankommen lassen, indem er Klageabweisung beantragt. Dabei muss er allerdings berücksichtigen, dass die vom Gericht nunmehr durchzuführende Beweisaufnahme ihrerseits mit weiteren, von ihm vorzuschießenden Kosten verbunden ist. Einziges Rechtsmittel wäre die mit nicht unerheblichen Kosten einhergehende Berufung.

Im Einzelfall kann die materielle Rechtskraft eines Erledigungsurteils erwünscht sein 77
und dadurch Anlass zum Abweisungsantrag bieten.[253]

Beispiel: Der klagende Vermieter verlangt vom beklagten Mieter Räumung der Wohnung. Der verängstigte Beklagte ist nach Klageerhebung ausgezogen und hat eine schlechtere und dennoch teurere Wohnung bezogen. Der Kläger erklärt daraufhin die Erledigung.

Ergeben sich hinreichende Anhaltspunkte für die Unwirksamkeit der Kündigung, ist ein Abweisungsantrag ratsam. Wenn der Beklagte hiermit Erfolg hat und die Klage wegen von Anfang an fehlender Begründetheit abgewiesen wird, erwächst diese Feststellung in Rechtskraft, sodass der Beklagte sich bei einem denkbaren Rechtsstreit um die Zahlung von Schadensersatz insoweit keinen durchgreifenden Einwänden des Klägers mehr ausgesetzt sieht. Gegenüber einer sofort erhobenen Widerklage auf Schadensersatz hat dieses Vorgehen den Vorteil eines geringeren Kostenrisikos für sich.

252 Vgl. → Rn. 17.
253 Vgl. → Rn. 53.

Q. Der Urkundenprozess

I. Wesentliche Merkmale

1 Der in §§ 592 ff. geregelte Urkundenprozess soll dem Gläubiger die Gelegenheit bieten, möglichst schnell in den Genuss eines vorläufig vollstreckbaren Titels zu gelangen, wenn er in der Lage ist, die Voraussetzungen der von ihm geltend gemachten Ansprüche mit Hilfe von Urkunden nachzuweisen. Zu diesem Zweck hat der Gesetzgeber den Prozess in ein Vor- und ein Nachverfahren aufgespalten.

Das Vorverfahren ist der eigentliche Urkundenprozess, während für das Nachverfahren weitgehend die allgemeinen Regeln gelten. Für das Vorverfahren ergeben sich im Wesentlichen folgende Besonderheiten:

- Streitige anspruchsbegründende Tatsachen können nur durch Urkunden bewiesen werden, §§ 592, 597 II.
- Bezüglich der Echtheit oder Unechtheit einer Urkunde sowie bezüglich anderer, für die materiell-rechtliche Beurteilung des Falles maßgeblicher Tatsachen (zB Einwendungen und Einreden des Beklagten, Gegenvortrag des Klägers) tritt als zulässiges Beweismittel zu den Urkunden die Parteivernehmung hinzu, § 595 II.
- Die Widerklage, auch als Urkunden-Widerklage, ist ausgeschlossen, § 595 I.[1] Die Verbindung von Urkundenprozess und normalem Streitverfahren ist nicht zulässig.[2]
- Der Urkundenprozess endet bei Erfolg des Klägers und Widerspruch des Beklagten mit einem Vorbehaltsurteil, § 599. Im anschließenden Nachverfahren, § 600, wird die Sache unter Ausschöpfung aller Beweismittel der ZPO erneut überprüft, soweit im Vorverfahren die Beweismittel beschränkt waren bzw. neue Tatsachen vorgetragen werden.[3]

II. Die Zulässigkeit des Vorverfahrens

1. Allgemeine Voraussetzungen

2 Wie jeder Zivilrechtsstreit unterliegt der Urkundenprozess den allgemeinen Zulässigkeits- und Verfahrensvorschriften[4], soweit nicht die §§ 592 ff. abweichende Sonderregelungen enthalten. Für Zulässigkeitsfragen gilt keine Beschränkung der Beweismittel;[5] denn die betr. Tatsachen sind nicht »zur Begründung des Anspruchs erforderlich«.

2. Statthaftigkeit

3 Bei den besonderen Zulässigkeitsvoraussetzungen des Urkundenprozesses – der Statthaftigkeit, § 597 II – sind folgende Punkte zu beachten:

1 Nicht aber umgekehrt die Urkunden-Widerklage im ordentlichen Streitverfahren, BGH NJW 2002, 751.
2 OLG Frankfurt a.M. MDR 2015, 671 = BeckRS 2015, 05551.
3 Näher hierzu vgl. → Rn. 29 ff.; guter Überblick bei *Lembcke* MDR 2008, 1016.
4 Vgl. → A Rn. 80 ff.
5 BGH NJW 1986, 2765; NJW-RR 1997, 879.

a) Umfang

Im Urkundenprozess zugelassen sind grundsätzlich nur die Zahlungsklage sowie die (in der Praxis kaum bedeutsame) Klage auf Leistung einer bestimmten Menge anderer vertretbarer Sachen oder Wertpapiere. Hinzu kommen nach § 592 S. 2 Klagen aus Grund- und Schiffspfandrechten, die ebenfalls nur geringe praktische Bedeutung haben; denn in die notarielle Bestellungsurkunde wird in aller Regel eine die Voraussetzungen des § 794 I Nr. 5 erfüllende Unterwerfungsklausel aufgenommen, die die Duldungsklage, § 1147 BGB, § 47 SchiffsRG, entbehrlich macht.[6] 3a

b) Natur des Anspruchs

Besonderheiten des Anspruchs können der Statthaftigkeit des Urkundenprozesses entgegenstehen. Das hat der BGH für die Rückforderungsklage nach Erfüllung einer Bürgschaft auf erstes Anfordern bejaht; der in diesem Rechtsstreit auf Rückzahlung in Anspruch genommene Gläubiger des Bürgschaftsanspruchs kann nämlich den ihm weiterhin obliegenden Beweis für die Voraussetzungen des Anspruchs mit den Beweismitteln des Urkundenprozesses nicht führen; wäre der Urkundenprozess statthaft, würde angesichts dessen die Bürgschaft auf erstes Anfordern entwertet und der Schwerpunkt des Streites in das Nachverfahren verlagert.[7] Eine normale Bürgschaftsforderung kann demgegenüber im Urkundenprozess geltend gemacht werden.[8] Für Ansprüche auf Mietzahlung hat der BGH Bedenken verworfen, obwohl Mängelrügen des Mieters im Urkundenprozess kaum zu beweisen sind.[9] Auch die Geltung der Saldotheorie steht dem Verfahren nicht entgegen.[10] 3b

c) Verfahren

Die Klage muss ausdrücklich oder konkludent die Erklärung enthalten, dass im Urkundenprozess geklagt werde, § 593 I. Fehlt es an einer entsprechenden Äußerung des Klägers, wird die Sache im ordentlichen Verfahren anhängig. In den Fällen des § 703a (Urkunden-, Wechsel-, Scheck-, Mahnbescheid) wird die Erklärung durch die Bezeichnung des Mahnbescheids ersetzt. 4

Urkunden sind gem. § 593 II 1 in Abschrift vorzulegen, wobei ein Telefax ausreichen kann.[11] Eine Kopie genügt generell, solange die Übereinstimmung mit dem Original unstreitig ist. Der Antrag auf Beiziehung von Akten oder auf Vorlage der Urkunde durch den Gegner reicht nicht.[12] Vernehmungs- und Augenscheinsprotokolle aus anderen Verfahren sowie Sachverständigengutachten können als Urkunden nur verwertet werden, solange dies nicht den vorrangigen Grundsatz der Unmittelbarkeit

---

6 Weitere Beispiele bei Zöller/*Greger* ZPO § 592 Rn. 2 f.

7 BGH NJW 2001, 3549; dazu OLGR Rostock 2005, 804; BGH NJW 2007, 1061; in Abgrenzung hierzu OLG München AG 2012, 295 und MDR 2012, 186 = BeckRS 2011, 29041 (Vorstandsbezüge).

8 OLG Koblenz MDR 2013, 1482 = BeckRS 2013, 18487.

9 BGH NJW 1994, 3295; 2005, 2701; 2007, 1061; 2009, 3072; 2015, 475 (Betriebskostenabrechnung); BGH MDR 2009, 1297 = NJW 2009, 3099; WuM 2010, 761 = BeckRS 2010, 29074; NJW-RR 2013, 1232. Dazu auch *Schmidt* MDR 2013, 1266; einschränkend OLG Düsseldorf MDR 2008, 1235 = NJW-RR 2009, 157; KG MDR 2012, 901 = BeckRS 2012, 10045.

10 BGH NJW 2007, 3425 Rn. 23 ff.

11 OLG Köln NJW 1992, 1774.

12 BGH NJW 1994, 3295; OLG Koblenz MDR 2006, 888 = BeckRS 2006, 03346; zu den Anforderungen an die Ergiebigkeit der Urkunde OLG Düsseldorf GmbHR 2005, 991.

verletzt. Sie können mithin nicht an die Stelle einer unmittelbaren Beweiserhebung treten.[13] Anders gesagt: Die Parteien können die Beschränkung der Beweismittel im Urkundenprozess nicht dadurch umgehen, dass sie die Ergebnisse einer anderweitigen Beweisaufnahme in Urkundenform (Gutachten, Vernehmungsprotokoll) vorlegen.[14]

3. Erfordernis der Vorlage von Urkunden

a) Problemstellung

5 Allein aus dem Wortlaut des Gesetzes lässt sich nicht eindeutig ersehen, welche Urkunden vorgelegt werden müssen, damit der Kläger im Urkundenprozess klagen darf. Die Regelung des § 592 S. 1 legt die Annahme nahe, dass der Kläger alle Merkmale der einschlägigen Anspruchsnorm mit Urkunden zu belegen hat. Demgegenüber heißt es in § 597 II, der Urkundenprozess sei ua dann unstatthaft, wenn der Kläger einen ihm obliegenden Beweis nicht mit den zulässigen Beweismitteln angetreten oder geführt habe. Beweise obliegen einer Partei indes nur dann, wenn Tatsachen streitig und beweisbedürftig sind.

Welche Urkunden soll der Kläger vorlegen müssen, wenn der Beklagte sich lediglich mit Rechtsausführungen verteidigt? Wie ist zu entscheiden, wenn sich aus dem Sachvortrag des Klägers ein Anspruch nicht herleiten lässt und darüber hinaus hinsichtlich einzelner streitiger Tatsachen keine Urkunden vorgelegt werden? Was gilt bei Säumnis des Beklagten?

b) Der »Lieferschein-Fall«

6 In einem Urteil vom Jahre 1974[15] hat der BGH das Verhältnis des § 592 zu § 597 im Wesentlichen geklärt. Dem Rechtsstreit lag etwa folgender Sachverhalt zugrunde:

> Aufgrund fernmündlicher Bestellungen, die nicht schriftlich bestätigt wurden, lieferte die Klägerin der Beklagten über einen längeren Zeitraum hinweg Sprengmittel. Über die einzelnen Lieferungen wurden jeweils Frachtbriefe, Lieferscheine und Rechnungen ausgestellt. Eine Bezahlung erfolgte nicht.
> Die Klägerin erwirkte den Erlass eines Urkunden-Mahnbescheids (seinerzeit noch: »Zahlungsbefehl«). Auf Widerspruch der Beklagten gelangte die Sache als Urkundenprozess an das zuständige Streitgericht. Die Beklagte wandte ein, in diesem Verfahren sei die Klage nicht statthaft, da insbesondere kein schriftlicher Kaufvertrag vorliege.

Der BGH vertritt die Auffassung, dass auch im Urkundenprozess nur beweisbedürftige Tatsachen mit Hilfe von Urkunden bewiesen werden müssen, wohingegen der Kläger unstreitigen Sachvortrag nicht urkundlich zu belegen braucht; der Gesetzgeber habe in § 597 II deutlich den Willen zum Ausdruck gebracht, dass im Urkundenprozess die allgemeinen Beweisregeln gelten sollen, die Beibringung von Beweismitteln also nur bei gegebenem Anlass erforderlich ist.[16] Dem sind, nachdem die Lage jahrzehntelang klar schien, das OLG Schleswig[17] und das OLG München[18] entgegen-

13 Vgl. → F Rn. 44 f. und → Rn. 13.
14 OLG Koblenz NJW 2012, 941.
15 BGH NJW 1974, 1199.
16 Bekräftigt in BGH NJW 2008, 523; wohl auch in BGH NJW 2009, 2886 Rn. 8.
17 OLG Schleswig NJW 2014, 945; dem mit ausführlicher Begründung zustimmend *Leidig/Jöbges* NJW 2014, 892.
18 OLG München MDR 2012, 186 = BeckRS 2011, 29041.

getreten und haben entschieden die Gegenmeinung vertreten, derzufolge auch bei Unstreitigkeit alle anspruchsbegründenden Tatsachen mit Urkunden belegt werden müssen. Was der BGH entscheidet und wie die Literatur die Frage aufarbeiten wird, muss abgewartet werden.[19]

Der Wortlaut des § 592 führt zu keinem anderen Ergebnis.[20] Denn ob dort wirklich die Notwendigkeit eines urkundlichen Nachweises *aller* anspruchsbegründenden Tatsachen gemeint ist oder ob lediglich für den Bestreitensfall der erfolgreiche Urkundenbeweis gefordert wird, lässt sich der Norm nicht eindeutig entnehmen (»... bewiesen werden kann.«). Der Standpunkt des BGH hat Gesichtspunkte der Zweckmäßigkeit für sich. Soll nämlich demjenigen Gläubiger, welcher seine Behauptungen allein mit Hilfe von Urkunden beweisen kann, rasch zu einem Titel verholfen werden, muss es erst recht zügig vorangehen, wenn nur einzelne Punkte beweisbedürftig sind, das Gericht seine Entscheidung im Übrigen aber auf einen unstreitigen Sachverhalt zu stützen vermag.

Dennoch kann, wenn der klägerische Sachvortrag insgesamt unbestritten bleibt, auf Urkunden nicht gänzlich verzichtet werden. Vielmehr ist die Vorlage mindestens einer Urkunde für die Statthaftigkeit des Verfahrens schlechthin begriffsnotwendig.[21] Bei der Frage, auf welche Tatsachen sich die Urkunde beziehen muss, hat sich die Rechtsprechung bisher jedoch großzügig gezeigt. Es wird nicht verlangt, dass das geltend gemachte Recht selbst urkundlich verkörpert ist; vielmehr reicht aus, wenn mittels Urkunde ein Indiz belegt wird, mit dessen Hilfe eine anspruchsbegründende Tatsache bewiesen werden kann.[22] 7

c) Säumnis des Beklagten

Falls der Beklagte im Termin nicht erscheint, gilt allerdings eine Besonderheit: 8

Gemäß § 597 II ist die Klage, wenn der Kläger den ihm obliegenden Beweis nicht mit zulässigen Beweismitteln antreten kann, selbst dann als unstatthaft abzuweisen, wenn der Beklagte im Sinn des § 331 I 1 säumig ist. Daraus folgt, dass die Geständnisfiktion des § 331 I im Urkundenprozess alleine die Echtheit der vorgelegten Urkunden umfasst und im Übrigen nur insoweit gilt, als der Kläger seinen Sachvortrag mit Urkunden zu belegen vermag. Bei Säumnis des Beklagten muss der Kläger also sämtliche anspruchsbegründenden Tatsachen urkundlich belegen.[23] Hierfür reicht wegen der Geständnisfiktion für die Echtheit allerdings die Vorlage von Kopien.[24]

Eine Besonderheit gilt insoweit im Scheck- und Wechselprozess. Da die Klage sich hier auf Inhaberpapiere stützt und die Inhaberschaft selbst Teil der materiell-recht- 9

19 Das OLG Köln ist dem BGH gefolgt: MDR 2014, 1022 = BeckRS 2014, 13616; eingehend *Koch* JR 2016, 159.

20 Vgl. auch OLG München MDR 1998, 1180 = BeckRS 1998, 10165.

21 BGH NJW 1974, 1199 (1200); aA OLG Jena MDR 1997, 975; Prütting/Gehrlein/*Hall* ZPO § 592 Rn. 12.

22 BGH WM 1983, 22; NJW 1985, 2953; OLG Köln MDR 2014, 1227 = BeckRS 2014, 11575; OLG Jena MDR 1997, 975; OLG Koblenz WM 2014, 962 (auch zum, in dem Fall nicht möglichen, Nachweis der Verbrauchereigenschaft durch Urkunden); dem BGH zustimmend Zöller/*Greger* ZPO § 592 Rn. 11 mwN.

23 BGH NJW 1974, 1199 (1200).

24 HM, vgl. Zöller/*Greger* ZPO § 597 Rn. 9.

lichen Klagebegründung ist, bedarf es der Vorlage des Originals, um die Inhaberschaft urkundlich belegen zu können.[25] Kann der Kläger dem nicht nachkommen, muss er Vertagung beantragen. Andernfalls wird die Klage als unstatthaft abgewiesen.

d) Der »Wucher-Fall«

10 Ein weiteres, nicht minder bedeutsames Problem stellte sich dem BGH im folgenden (leicht abgewandelten) Fall:

> **Fall:** Der Kläger klagte im Wechselprozess aus einem Wechsel, den ein Dritter im Namen des Beklagten akzeptiert hatte. Der Beklagte stellte zum einen die wirksame Bevollmächtigung des Dritten in Abrede. Zum anderen trug er vor, der Kläger habe das Wechselakzept in wucherischer Ausnutzung einer Notlage erlangt. Der Kläger berief sich auf die Wirksamkeit der Vollmacht, ohne jedoch insoweit den Urkundenbeweis antreten zu können. Zum Wuchervorwurf nahm er nicht Stellung.[26]

Die Klage war wegen Unwirksamkeit des Wechsels nach § 138 II BGB nicht schlüssig und damit unbegründet. Gleichzeitig erwies sie sich aber auch als unstatthaft, da der Kläger die von ihm behauptete Vollmacht nicht urkundlich belegen konnte.

Der BGH hat die Auffassung vertreten, dass aus praktischen Gründen hier kein Prozessurteil (§ 597 II), sondern ein abweisendes Sachurteil (§ 597 I) zu erlassen sei. Damit hat er den Grundsatz des prozessualen Vorrangs[27] der Zulässigkeit durchbrochen. Dem schließen wir uns an und vertreten darüber hinaus die Ansicht, dass auch bei Fehlen der anderen Statthaftigkeitsvoraussetzungen genauso entschieden werden kann. Denn was sollte es für einen Sinn haben, dem Kläger durch eine Abweisung als unstatthaft die Möglichkeit zu eröffnen, seinen Anspruch im ordentlichen Verfahren erneut geltend zu machen, wenn feststeht, dass er mangels Schlüssigkeit seines Sachvortrags auch dort unterliegen müsste.[28]

4. Objektive Klagenhäufung

11 Die Verbindung mehrerer Klageanträge in einem Prozess (objektive Klagenhäufung, § 260) ist nur dann zulässig, wenn der Kläger sämtliche erhobenen Ansprüche in derselben Prozessart geltend machen darf. Das ist nicht der Fall, wenn für die einzelnen Klagen verschiedene Verfahrensvorschriften zur Anwendung kommen. Wegen der Besonderheiten des Urkundenprozesses kann ein Anspruch, der im Allgemeinen Streitverfahren geltend zu machen wäre (zB Klage auf Herausgabe eines bestimmten Gegenstands), nicht zusammen mit einem im Urkundenprozess zugelassenen Anspruch in diesem Verfahren eingeklagt werden.[29] Sogar die Verbindung von Wechselklage und allgemeinem Urkundenprozess ist unzulässig.[30] Das gilt selbstverständlich auch für Hilfsanträge.

25 BLAH/*Hartmann* ZPO § 597 Rn. 10; vgl. auch OLG Frankfurt a.M. BB 1982, 205.
26 BGH JZ 1976, 286; NJW 1982, 523; zur Nichtigkeit der Scheckbegebung bei Wucher BGH NJW 1990, 384.
27 S. → A Rn. 86 ff., → B Rn. 34.
28 Vgl. auch OLG Jena OLG-NL 1999, 67.
29 OLG Frankfurt a.M. MDR 2015, 671.
30 BGH NJW 1982, 523; 2258.

III. Weitere Besonderheiten des Urkundenprozess

1. Beschränkung der Beweismittel

Im Vorverfahren sind nach §§ 592 1, 595 II die Beweismittel beschränkt. Indes gelten die Vorschriften nicht für Fragen der Zulässigkeit. Beweisbedürftige Prozessvoraussetzungen (zB streitige Tatsachen, aus denen sich die Zuständigkeit des Gerichts ergibt) können mit allen Beweismitteln bewiesen werden.[31] Gleiches gilt für die Ermittlung ausländischen Rechts.[32] 12

Den Urkundenbeweis kann der Beweisführer – im Rahmen der Begründetheit – nur durch Vorlegen antreten, § 420, wobei eine Bezugnahme auf bereits in den Akten befindliche Urkunden selbstverständlich ausreicht.[33] Demgegenüber sind Anträge nach §§ 421, 428, 432 im Interesse der Verfahrensbeschleunigung nicht zulässig. Aus demselben Grunde ist es nicht möglich, Beweis durch den Antrag auf Beiziehung von Akten bei anderen Behörden anzutreten; beigezogen werden können nur Akten des erkennenden Gerichts.[34] 13

Der Grundsatz der *Unmittelbarkeit* darf nicht dadurch unterlaufen werden, dass man eine schriftliche Zeugenaussage, ein Gutachten oder ein Augenscheinsprotokoll als Urkunde vorlegt.[35] Generell darf durch die Urkunde ein nach § 592 unzulässiges Beweismittel nicht ersetzt und damit die Begrenzung der Beweismittel nicht verwässert werden.

Die Ausschließlichkeit des Urkundsbeweises beschränkt sich nach § 592 S. 1 auf die zur Begründung des geltend gemachten Anspruchs erforderlichen Tatsachen. Hinsichtlich des übrigen Parteivorbringens und im Streit um die Echtheit oder die Unechtheit einer zum Beweis vorgelegten Urkunde ist neben dem Urkundenbeweis der Antrag auf Parteivernehmung zugelassen, § 595 II.

Gerade im letztgenannten Zusammenhang kommt es unserer Erfahrung nach immer wieder zu Missverständnissen. 14

Beispielsfall: Der Kläger verlangt vom Beklagten im Urkundenprozess die Bezahlung einer Geldschuld. Zum Nachweis seines Anspruchs legt er ein angeblich vom Beklagten unterzeichnetes Schuldanerkenntnis vor. Der Beklagte bestreitet die Echtheit der Unterschrift. Wie ist zu entscheiden?

Wer hier zu dem Ergebnis gelangt, gegen den Beklagten müsse ein Vorbehaltsurteil ergehen, wenn es ihm nicht gelinge, die behauptete Fälschung durch Urkunden oder durch Parteivernehmung des Klägers zu beweisen, begeht einen schweren Fehler! Nach § 440 I obliegt es nämlich allein dem Kläger, das Gericht mit den in § 595 II zugelassenen Mitteln von der Echtheit des Schuldanerkenntnisses zu überzeugen. Er

31 BGH NJW 1986, 2765; vgl. → Rn. 2, aber auch → Rn. 23; Thomas/Putzo/*Reichold* ZPO § 592 Rn. 5; Zöller/*Greger* ZPO § 595 Rn. 8; § 592 Rn. 9; eingehend zum Echtheitsbeweis *Brecht* NJW 1991, 1993.

32 BGH NJW-RR 1997, 1154.

33 BGH NJW 2008, 523; werden Urkunden nur in Ablichtung vorgelegt, müssen diese nach OLG Düsseldorf MDR 1988, 504 beglaubigt sein; str., vgl. Prütting/Gehrlein/*Hall* ZPO § 593 Rn. 3.

34 BGH JZ 1995, 468; NJW 2008, 523.

35 BGH NJW 2008, 523; NJW-RR 2012, 1242; OLG München MDR 1998, 1180 = BeckRS 1998, 10165; OLG Koblenz NJW 2012, 941; Thomas/Putzo/*Reichold* ZPO § 592 Rn. 7; Prütting/Gehrlein/*Hall* ZPO § 592 Rn. 15; vgl. auch → F Rn. 45; → Rn. 4.

trägt hierfür die Beweislast.[36] Gelingt ihm der Beweis der Echtheit nicht, kann er im Urkundenprozess mit seinem Klagebegehren nicht durchdringen.

Für die *Auslegung* der vorgelegten Urkunden gelten die allgemeinen Regeln.[37] Sie darf sich auch auf den übrigen Akteninhalt stützen, soweit die betreffenden Tatsachen unstreitig oder durch die zulässigen Beweismittel bewiesen sind.[38]

2. Einwendungen des Beklagten

a) Urkundenbeweis

15 Die vom Beklagten vorgebrachten Verteidigungsmittel sind, wie sich aus § 595 II ergibt, ebenfalls beweismäßigen Einschränkungen unterworfen. Kann der Beklagte einen ihm obliegenden Beweis nicht mit den zugelassenen Beweismitteln antreten oder erfolgreich führen, wird seine Einwendung nach § 598 in den Entscheidungsgründen als im Urkundenprozess unstatthaft zurückgewiesen. Das bedeutet, dass sie bei der Urteilsfindung nicht berücksichtigt werden kann. Wegen der im Nachverfahren zu beachtenden Bindungswirkungen des Vorbehaltsurteils[39] muss in den Entscheidungsgründen ausdrücklich klargestellt werden, ob das Gericht ein Verteidigungsmittel als unstatthaft oder als unbegründet zurückweist.

> Der vom Beklagten erhobene Aufrechnungseinwand kann im Urkundenprozess noch nicht berücksichtigt werden, da er unstatthaft ist. Der Beklagte hat nämlich für die tatsächlichen Behauptungen, aus denen er seinen vermeintlichen Gegenanspruch herleitet, nur den Zeugenbeweis, nicht hingegen eines der nach § 595 II ZPO im Vorverfahren allein zulässigen Beweismittel angeboten.[40] (Sein Einwand ist erst im Nachverfahren zu überprüfen.)
>
> (oder:)
>
> Der vom Beklagten erhobene Aufrechnungseinwand ist unzulässig. Denn ihm steht das in Ziff. ... des Vertrages ... wirksam vereinbarte Aufrechnungsverbot entgegen.[41] (Dieser Einwand ist im Nachverfahren ausgeschlossen, wenn nicht der Beklagte hierzu neue Tatsachen vortragen kann.)

Die gleichen Grundsätze gelten auch dann, wenn der Kläger sich gegenüber der urkundlich belegten Verteidigung des Beklagten, zB durch Aufrechnung mit einer urkundlich anerkannten Forderung, mit zugelassenen Beweismitteln nicht verteidigen kann, indem er etwa für die Erfüllung des Gegenanspruchs nur Zeugenbeweis anbietet. Auch diese Fallkonstellation fällt unter § 597 II, sodass die Klage im Urkundenprozess unstatthaft ist.[42] Eine anderweitige Lösung des Problems ist nun einmal nicht vorstellbar.

b) Hilfsverteidigung

16 Das zeigt sich mit besonderer Deutlichkeit, wenn der Beklagte nur hinsichtlich eines hilfsweise in den Rechtsstreit eingeführten Verteidigungsmittels den Voraussetzungen des § 595 II Genüge tun kann.

36 BGH NJW 1995, 1683.
37 Vgl. → F Rn. 121 ff.
38 BGH NJW 1995, 1683.
39 S. → Rn. 30.
40 OLG Düsseldorf MDR 2009, 465 = BeckRS 2009, 04790.
41 S. → G Rn. 11.
42 BGH NJW 1986, 2767.

Beispielsfall: Der Beklagte beruft sich im Urkundenprozess auf verschiedene Verteidigungsmittel, die er weder durch Urkunden noch durch Parteivernehmung des Klägers beweisen kann. Hilfsweise erklärt er die Aufrechnung mit einer Forderung, deren Bestehen der Kläger schriftlich anerkannt hat (oder: mit einer Forderung, deren Bestehen unstreitig ist).

Über ein evtl. Durchgreifen des Hilfsaufrechnungs-Einwands kann das Gericht im Vorverfahren nicht entscheiden, da nicht feststeht, inwieweit der Beklagte mit seiner Hauptverteidigung Erfolg hat.[43] Wegen der Bedingtheit der Aufrechnung ist also offen, ob die Aufrechnungslage überhaupt besteht. Würde man die Klage dennoch allein wegen der Hilfsaufrechnung abweisen, nähme man dem Beklagten die Gegenforderung, vgl. § 322 II, ohne die Hauptverteidigung berücksichtigt zu haben. Andererseits ist aber auch der Erlass eines Vorbehaltsurteils vom Ergebnis her gesehen deshalb nicht sachgerecht, weil bereits jetzt feststeht, dass die Klage auf jeden Fall abgewiesen werden muss, und zwar entweder aufgrund der Hauptverteidigung des Beklagten, jedenfalls aber wegen der Hilfsaufrechnung.

Angesichts dieser unlösbaren Schwierigkeiten muss das Gericht, wenn nicht der Kläger nach § 596 vom Urkundsprozess Abstand nimmt, die Klage analog § 597 II »als in der gewählten Prozessart unstatthaft« abweisen.[44]

3. Widerklage

Widerklagen, auch Urkunden-Widerklagen, sind gemäß § 595 I im Urkundenprozess nicht statthaft, was ebenfalls der Verfahrensbeschleunigung dient.[45] Erhebt der Beklagte dennoch eine Widerklage, kann diese als unstatthaft abgewiesen werden. Der Praktiker wird sie entsprechend § 145 II abtrennen.[46] Demgegenüber kann in einem ordentlichen Verfahren Widerklage im Urkundenprozess erhoben werden. Dem stehen prozessuale Gründe nicht entgegen.[47] Der Beklagte mag nur prüfen, ob ihm nicht je nach Lage des Falles die Beschleunigungseffekte des Urkundenprozesses verloren gehen. Ein vorgezogenes Teilurteil nur über die Widerklage ist aus rein praktischen Gründen und wegen der Divergenzgefahr[48] nicht sicher zu erwarten. 17

4. Wechsel des Verfahrens

a) § 596 ZPO

Gemäß § 596 kann der Kläger bis zum Schluss der mündlichen Verhandlung vom Urkundenprozess Abstand nehmen,[49] dies auch teilweise.[50] Hierdurch wird das bisher summarische Rechtsschutzbegehren durch ein auf eine endgültige Verurteilung im ordentlichen Verfahren gerichtetes Begehren ersetzt, ohne dass dadurch der Streitgegenstand geändert wird.[51] Der Kläger wird den Weg in der Regel wählen, wenn er erkennt, dass er mangels geeigneter Beweismittel im Urkundenprozess nicht durch- 18

43 S. → G Rn. 15 ff.
44 BGH NJW 1982, 1536; 1986, 2767; Prütting/Gehrlein/*Hall* ZPO § 597 Rn. 3.
45 → Rn. 1.
46 In Einzelheiten str., vgl. Thomas/Putzo/*Reichold* ZPO § 595 Rn. 1; Zöller/*Greger* ZPO § 595 Rn. 1.
47 BGH NJW 2002, 751.
48 → N Rn. 11.
49 OLG Köln WM 1995, 1224; auch teilweise, BGH MDR 2003, 888 = NJW 2003, 2386.
50 BGH NJW 2003, 2386 Rn 3.
51 BGH NJW 1982, 2823.

dringt. In der Berufung gegen das Vorbehaltsurteil ist die Abstandnahme vom Urkundenprozess entsprechend § 263 zulässig.[52] Probleme können sich hier aus § 533 Nr. 2 ergeben.[53]

Darüber hinaus ist der Kläger berechtigt, vom Wechsel- oder Scheckprozess in das normale Urkundenverfahren überzugehen; entsprechendes Vorgehen stellt keine Klageänderung dar.[54] Das ergibt sich daraus, dass die Verfahren nach §§ 602 ff. nur Unterfälle des Urkundenprozesses sind, auf deren Besonderheiten der Kläger verzichten darf.

Einen Anspruch auf Vertagung hat der Beklagte wegen des Verfahrenswechsels nicht. Ihm muss lediglich die Möglichkeit sachlicher Einwände im ordentlichen Streitverfahren erhalten bleiben.[55]

b) Umgekehrter Weg

19 Nicht gesetzlich geregelt ist die Frage, ob der Kläger auch umgekehrt vom ordentlichen Verfahren in den Urkundenprozess übergehen kann. Ein Interesse hieran mag im Einzelfall durchaus bestehen, wenn der Kläger die Erklärung nach § 593 I bzw. die in § 703a vorgesehene Bezeichnung schlicht vergessen hat oder wenn er erst nach Einreichung der Klageschrift erkennt, dass er im Urkundenverfahren schneller zum Ziel kommt.

Sofern die Klageschrift noch nicht zugestellt ist, kann der Kläger die nach § 593 I erforderliche Erklärung ohne Weiteres nachholen. Denn auch dann erfährt der Beklagte bereits mit der Klageerhebung (= Zustellung der Klageschrift), in welchem Verfahren der Kläger gegen ihn vorgeht und auf welche prozessuale Lage er sich einzustellen hat.

Besinnt sich der Kläger erst später auf die Vorteile des Urkundenprozesses, ist der Verfahrenswechsel analog § 263 mit Zustimmung des Beklagten bzw. bei Sachdienlichkeit zulässig, die jedoch nach Ansicht des BGH nur in Ausnahmefällen bejaht werden kann.[56] Die Klärung dieser Frage hat Vorrang vor den übrigen zu behandelnden Zulässigkeitsproblemen. Denn erst wenn feststeht, in welchem Verfahren der Kläger vorgeht, weiß der Bearbeiter, welche (besonderen) Zulässigkeitsregelungen einschlägig sind. Im Anwendungsbereich des § 268 ist die Entscheidung unanfechtbar.[57]

52 BGH NJW 2011, 2796; WM 2012, 1692; NJW 2012, 2662; OLG Celle MDR 2015, 671 = BeckRS 2015, 10743 (mit Erwägungen zur Notwendigkeit einer Anschlussberufung des Klägers); alte Fundstellen sind überholt; zum Meinungsstreit Prütting/Gehrlein/*Hall* ZPO § 596 Rn. 5; zu Auswirkungen auf die Aufrechnung in der Berufung BGH NJW 2000, 143; zu Kostenproblemen *Schneider* NJW 2014, 2333.

53 BGH NZG 2012, 1111; offen insoweit BGH NJW 2012, 2662.

54 BGH NJW 1993, 3135.

55 VerfGH Sachs MDR 1998, 1365 = NJW 1998, 3266; Zöller/*Greger* ZPO § 596 Rn. 9; Thomas/Putzo/*Reichold* ZPO § 596 Rn. 4.

56 BGHZ 69, 66 = NJW 1977, 1883; LG Flensburg NJW 2003, 3425; auch in zweiter Instanz, OLG Hamburg WM 1985, 1506; Zöller/*Greger* ZPO § 263 Rn. 10; § 593 Rn. 3; Thomas/Putzo/*Reichold* ZPO § 593 Rn. 1; Prütting/Gehrlein/*Hall* ZPO § 593 Rn. 2.

57 BGH NJW 1977, 1883.

c) Kein Hilfsantrag

Der nur *hilfsweise* erklärte Übergang in ein anderes Verfahren ist dem Kläger generell nicht gestattet.[58] Stellt sich seine Klage im Rahmen der hauptsächlich gewählten Verfahrensart, zB des Wechselprozesses, als unstatthaft oder unbegründet dar, so ist auch das etwa auf den Übergang in das normale Urkundenverfahren gerichtete Hilfsbegehren als in dieser Verfahrensart unstatthaft abzuweisen. Denn in das hilfsweise gewählte Verfahren hat der Kläger den Rechtsstreit ja gerade nicht überleiten können. Der Aufbau des Gutachtens folgt in Fällen dieser Art den zum Thema »Haupt- und Hilfsantrag« dargelegten Grundsätzen.[59] 19a

IV. Der Wechsel- und Scheckprozess

1. Verfahren

Wechsel- und Scheckprozess sind – in der heutigen Praxis seltener als früher vorkommende – Unterarten des Urkundenprozesses. Alles, was für diesen bisher besprochen wurde, gilt, von geringfügigen Ausnahmen abgesehen, auch hier. Nach der Intention des Gesetzgebers steht allerdings der Gedanke der Verfahrensbeschleunigung noch weiter im Vordergrund, vgl. §§ 604 II, 605a.[60] Fällt der Rechtsstreit in die Zuständigkeit des Landgerichts, kann der Kläger die Kammer für Handelssachen anrufen, vgl. § 95 I Nr. 2 u. 3 GVG.[61] 20

2. Statthaftigkeit

Nach §§ 602, 605a können im Wechsel- bzw. Scheckprozess nur solche Forderungen geltend gemacht werden, die sich »aus« dem jeweiligen Wertpapier herleiten, hauptsächlich also Zahlungs- und Rückgriffsansprüche einschließlich der sich zB aus Art. 48 WG ergebenden Nebenforderungen.[62] Begehrt der Kläger, was nicht selten vorkommt, darüber hinaus die Zahlung weitergehender Verzugszinsen zB nach § 288 II oder § 280 I, II BGB, wird die Klage insoweit als im Wechselprozess unstatthaft abgewiesen. Denn auch § 605 II gilt nur für wertpapierrechtliche Nebenforderungen.[63] 21

3. Beschränkung der Beweismittel

Zugelassen sind die in §§ 595 II, 605 aufgeführten Beweismittel. Der Kläger kann also zB die Vollmacht eines für den Akzeptanten aufgetretenen Dritten durch Vorlage von Urkunden beweisen. Will der Beklagte sich auf einen mündlichen Schulderlass berufen, mag er sein Heil in der Parteivernehmung suchen. 22

---

58 BGH NJW 1982, 523; 1982, 2258; OLG Jena OLG-NL 1999, 67; OLG München BauR 2013, 1317 = BeckRS 2013, 07835.

59 S. → K Rn. 8.

60 Wobei jedoch die sich aus § 274 III ergebende Einlassungsfrist dem Beklagten grundsätzlich unverkürzt erhalten bleibt; beachte aber § 226.

61 Ratsam wegen der sich aus § 98 GVG ergebenden Verzögerungsgefahr.

62 BGH NJW 1982, 523; OLG München MDR 1998, 1180 = BeckRS 1998, 10165; Näheres bei Thomas/Putzo/*Reichold* ZPO § 602 Rn. 3.

63 Zöller/*Greger* ZPO § 605 Rn. 2; Thomas/Putzo/*Reichold* ZPO § 605 Rn. 2.

Gegenüber § 595 II ergibt sich gemäß § 605 I die Besonderheit, dass auch für die Frage der Vorlage des Wechsels eine Parteivernehmung beantragt werden kann, wenn es sich um eine Klage gegen den Akzeptanten handelt und daher die rechtzeitige Protesterhebung nicht erforderlich ist (vgl. Art. 53 I WG).

4. Einrede des Schiedsvertrags

23 Die Einrede des Schiedsvertrags (§ 1032 I) ist zulässig, sie steht der Statthaftigkeit des Wechselprozesses jedoch normalerweise nicht entgegen, da in der Regel anzunehmen ist, dass die Parteien einer solchen Vereinbarung auf die prozessualen Vorteile des Wechselprozesses grundsätzlich nicht verzichten wollen.[64] Zu prüfen ist, ob nach dem Inhalt des Schiedsvertrages das Nachverfahren vor dem Schiedsgericht stattfinden soll.[65]

V. Gutachten und Urteil im Vorverfahren

1. Gutachten

a) Wahl der Verfahrensart

24 Wenn die vom Kläger nach § 593 I abzugebende Erklärung auslegungsbedürftig ist oder wenn zB die Parteien über die Zulässigkeit eines erst nachträglich erklärten Übergangs in den Urkundenprozess streiten, ist es erforderlich, zunächst zu prüfen, ob im ordentlichen Verfahren oder im Urkundenprozess geklagt wird.

b) Zulässigkeit

25 Die allgemeinen Prozessvoraussetzungen sind vorrangig zu behandeln, dies jedoch nur, soweit zu ihrer Erörterung überhaupt ein Anlass besteht.

Zu den besonderen Prozessvoraussetzungen (Statthaftigkeit) ist immer kurz Stellung zu nehmen. Hat der Kläger alle anspruchsbegründenden Voraussetzungen mit Urkunden belegt, ergeben sich hier keine Probleme. Ist das jedoch nicht der Fall, müssen die Grundsätze, die sich aus dem Lieferschein- und dem Wucher-Urteil ergeben, berücksichtigt werden. Wir haben aus diesen beiden Fällen zwei wichtige Erkenntnisse gewonnen:

- Die Frage, ob der Urkundenprozess statthaft ist, lässt sich im Einzelfall nur aufgrund einer Prüfung der materiellen Rechtslage beantworten (»obliegender Beweis«).
- Ist die Klage unbegründet, erfolgt Klageabweisung durch Sachurteil, wobei jedenfalls die Zulässigkeitsfrage »Vorlage von Urkunden« – und unserer Auffassung nach auch die übrigen Fragen der Statthaftigkeit iSd § 597 II – dahingestellt bleiben können.

64 BGH NJW 1994, 136; in Abgrenzung hierzu anders für den gewöhnlichen Urkundenprozess BGH NJW 2006, 779.

65 Vgl. Zöller/*Geimer* ZPO § 1032 Rn. 10.

Hieraus folgt für den Aufbau des Gutachtens, dass die materiell-rechtliche Begutachtung in die Prüfung der Statthaftigkeit zu integrieren ist.[66] Eingeleitet werden kann dieser Abschnitt wie folgt:

> Darüber hinaus setzt § 592 I voraus, dass der Kläger »sämtliche zur Begründung des Anspruchs erforderlichen Tatsachen« durch Urkunden beweisen kann. Er hat außer … keine Urkunden vorgelegt. Gleichwohl ist fraglich, ob deshalb bereits die Klage nach § 597 II durch Prozessurteil abgewiesen werden muss.
> Der BGH steht auf dem Standpunkt, … (Wucher-Fall/Lieferschein-Fall) … Für diese Ansicht spricht, … Daher ist die Klage, auch wenn der Kläger Urkunden, mit denen sich die anspruchsbegründenden Tatsachen beweisen ließen, nicht vollständig vorgelegt hat, nur dann als in der gewählten Prozessart unstatthaft abzuweisen, wenn die anspruchsbegründenden Tatsachen beweisbedürftig sind (Lieferschein-Fall), wenn die Klage nicht auch unbegründet ist (Wucher-Fall) … (Im Anschluss hieran muss die Begründetheit der Klage noch innerhalb der Zulässigkeitsprüfung inzidenter untersucht werden.)

2. Urteil

a) Entscheidungsmöglichkeiten

Das Vorverfahren kann auf verschiedene Arten durch Urteil beendet werden, wobei sich nur bei Erlass eines Vorbehaltsurteils ein Nachverfahren anschließt 26

- Fehlen allgemeine Zulässigkeitsvoraussetzungen, ergeht ein abweisendes Prozessurteil, für das keine Besonderheiten gelten.
- Fehlt es an der Statthaftigkeit im Sinn des § 597 II, wird die Klage bereits im Tenor »als in der gewählten Prozessart (oder: als im Urkunden-, Wechsel-, Scheckprozess) unstatthaft« abgewiesen.
- Ist die Klage als unbegründet abzuweisen, erlässt das Gericht ein normales Sachurteil (§ 597 I):

  > Die Klage wird abgewiesen.

- Hat das Gericht den Vorbehalt unterlassen, kann der Beklagte eine Ergänzung nach § 596 II in Verbindung mit § 321 beantragen. Da das Urteil falsch ist, kann er wahlweise auch Rechtsmittel einlegen, insbes. wenn die Frist des § 321 II abgelaufen ist.[67] Das (mit höheren Kosten verbundene) Rechtsmittel ist zur Beschleunigung angezeigt, wenn das Gericht, etwa weil es die Voraussetzungen des § 599 I verneint, den Vorbehalt bewusst nicht ausgesprochen hat, weil Vorgehen nach § 321 dann keinen Erfolg verspricht.
- Wenn der Kläger den Vorbehalt für falsch hält, muss er im Urkundenprozess Rechtsmittel einlegen.[68] Im Nachverfahren lässt sich ein falscher Vorbehalt alleine unter Hinweis auf den Fehler nicht beseitigen. Er entfällt nur bei Obsiegen des Klägers in der Sache.
- Obsiegt der Kläger, ergeht, wenn der Beklagte dem Klageanspruch iSd § 599 I widersprochen hat, von Amts wegen ein *Vorbehaltsurteil*. Ein Widerspruch ist bereits dann anzunehmen, wenn der Beklagte nicht anerkennt, sondern sich gegen die vorbehaltlose Verurteilung wendet. Daher kann der bloße Abweisungsantrag

66 BGH NJW 1974, 1199 (1200, II 2d).
67 OLG Hamm BB 1992, 236.
68 BGH NJW-RR 1992, 254.

ausreichen. Das Vorbehaltsurteil ist in der Überschrift als solches (Urkunden-, Wechsel-, Scheck-Vorbehaltsurteil) zu bezeichnen. Der Tenor lautet (zB):

> Der Beklagte wird verurteilt, an den Kläger ... zu zahlen.
> Er trägt die Kosten des Rechtsstreits.
> ... (Vollstreckbarkeitsentscheidung nach §§ 708 Nr. 4, 711)
> Dem Beklagten bleibt die Ausführung seiner Rechte im Nachverfahren vorbehalten.

Es kann auch ein Grund- und Vorbehaltsurteil ergehen.[69]

- Erkennt der Beklagte den Klageanspruch ohne Vorbehalt an, ergeht ein uneingeschränktes Anerkenntnisurteil; ein Nachverfahren findet nicht statt.[70]
- Nach überwiegender Meinung kann der Beklagte des Weiteren den im Urkundenprozess geltend gemachten Anspruch unter Vorbehalt seiner Rechte im Nachverfahren anerkennen.[71] Es ergeht dann ein »Urkunden-Anerkenntnis-Vorbehaltsurteil«, auf das § 313b ZPO anwendbar ist.
- Bei Säumnis des Beklagten ergeht ein – vorbehaltsloses – Versäumnisurteil.[72] Es wird in der Praxis oft als Urkunden-, Wechsel-, Scheck – Versäumnisurteil bezeichnet. Dies ist jedoch überflüssig, da es keinen besonderen prozessualen Regeln unterliegt.
- Bestätigt das Berufungsgericht ein angefochtenes Vorbehaltsurteil, kann es die Sache auf Antrag wegen des Nachverfahrens gemäß § 538 I Nr. 5 an das Gericht des ersten Rechtszuges zurückverweisen. Die Regelung ist nicht unproblematisch, weil ein Nachverfahren beim Berufungsgericht ohnehin nicht anhängig ist und zudem nichts vorliegt, was gemäß § 538 II aufzuheben wäre. Die Norm stellt also nur klar, dass das Nachverfahren beim Berufungsgericht stattfindet, wenn ein Antrag auf Zurückverweisung nicht gestellt wird. Liegt er vor, wird der Tenor lauten:

> Die Berufung des Beklagten ... wird zurückgewiesen. Zur Durchführung des Nachverfahrens wird die Sache (zB an das Landgericht ...) zurückverwiesen.

- Ergeht (zB nach Abweisung einer Wechselklage im Verfahren des ersten Rechtszuges) erstmals in der Berufung ein Vorbehaltsurteil, darf die Sache nicht zurückverwiesen werden; das Nachverfahren findet beim Berufungsgericht statt.[73]

b) Nebenentscheidungen

27 Die Kostenentscheidung des Vorbehaltsurteils folgt den allgemeinen Regeln. Gemäß § 599 III ist ein Vorbehaltsurteil für die Zwangsvollstreckung als Endurteil anzusehen. Daher ist es für vorläufig vollstreckbar zu erklären, und zwar nach § 708 Nr. 4 ohne Sicherheitsleistung. Dem Beklagten bleibt, wenn nicht § 713 eingreift, nur die Abwendungsbefugnis aus § 711. Nach fruchtlosem Ablauf der Rechtsmittelfrist, §§ 599 III, 517, 548, ist das Vorbehaltsurteil ungeachtet der Durchführung eines Nachverfahrens uneingeschränkt vollstreckbar.[74] Es kommt nur die Einstellung nach § 707 I 1 in Betracht.

69 OLGR Hamm 2008, 105.
70 OLG Karlsruhe MDR 1991, 991 = NJW-RR 1991, 1151.
71 Offen gelassen in BGH NJW-RR 1992, 254; bejahend OLG Düsseldorf NJW-RR 1999, 68; OLG Brandenburg MDR 2002, 780 = NJW-RR 2002, 1294; OLGR Hamburg 2004, 456; str., vgl. Thomas/Putzo/*Reichold* ZPO § 599 Rn. 5; Zöller/*Greger* ZPO § 599 Rn. 8.
72 Zöller/*Greger* ZPO § 599 Rn. 6; aA OLG Naumburg NJW-RR 1995, 1087.
73 BGH NJW 2005, 2701.
74 BGH NJW 1978, 43.

c) Entscheidungsgründe

Mit Rücksicht auf die unter → Rn. 26 dargestellten Gegebenheiten und nicht zuletzt wegen der im Folgenden zu behandelnden Wirkungen des Vorbehaltsurteils ist besonderes Augenmerk darauf zu verwenden, die Gründe für die Bejahung oder Verneinung des Klageanspruchs sowie die Behandlung von Einwendungen mit möglichster Genauigkeit darzulegen. Offenlassen von Schlüssigkeit, Erheblichkeit und Urkundenbeweislichkeit ist schlechthin unvertretbar. 28

VI. Das Nachverfahren

1. Allgemeines

Endet der Urkundenprozess mit dem Erlass eines Vorbehaltsurteils, bleibt der Rechtsstreit gemäß § 600 I in derselben Instanz im ordentlichen Verfahren anhängig. Die Frage, ob das Gericht einen Termin zur mündlichen Verhandlung im Nachverfahren von Amts wegen oder nur auf Antrag anberaumen muss, wird unterschiedlich beantwortet.[75] Die Praxis wartet eher den Terminsantrag ab, weil die Parteien sich nach dem Erlass des Vorbehaltsurteils nicht selten einigen.[76] Wird kein Antrag gestellt, lässt der Richter die Akte nach Ablauf von 6 Monaten weglegen, sodass der Urkundenprozess de facto auch mit dem Erlass eines Vorbehaltsurteils zu Ende gehen kann. 29

2. Die Wirkungen des Vorbehaltsurteils

a) Bindungswirkung

Gemäß § 599 III ist das Vorbehaltsurteil ua im Hinblick auf die Rechtsmittel als Endurteil anzusehen. Es kann demzufolge, wenn die Parteien die Rechtsmittelfrist ungenutzt verstreichen lassen, in formelle Rechtskraft erwachsen und damit nicht nur vorläufig vollstreckbar werden.[77] Dies bedeutet jedoch nicht, dass es damit auch materiell rechtskräftig würde. Denn als bloße Zwischenentscheidung ist das Vorbehaltsurteil der materiellen Rechtskraft nicht fähig. Diese erlangt es erst dann, wenn es aufgrund des Nachverfahrens im Schlussurteil rechtskräftig bestätigt wird.[78] 30

Dennoch entfaltet das Vorbehaltsurteil in Anlehnung an § 318 im Nachverfahren insoweit eine Bindungswirkung, als es nicht auf den eigentümlichen Beschränkungen der Beweismittel im Urkundenprozess beruht. Daraus folgt, dass diejenigen Teile des Streitverhältnisses, die in dem Vorbehaltsurteil endgültig entschieden werden müssen, damit es überhaupt ergehen kann, im Nachverfahren dem Streit entzogen sind.[79] Eine im Nachverfahren nicht mehr überprüfbare Entscheidung wird zB zur Frage der *Zulässigkeit* getroffen, da hier die Beweismittel nicht beschränkt sind. Vorrang haben

75 Zöller/*Greger* ZPO § 600 Rn. 8 (vAw); Thomas/Putzo/*Reichold* ZPO § 600 Rn. 1 (auf Antrag); Prütting/Gehrlein/*Hall* ZPO § 600 Rn. 4 (Ermessen).
76 Dafür wohl auch BGH NJW 1983, 1111.
77 → Rn. 27.
78 BGH NJW 1977, 1687; 1983, 1111.
79 BGH NJW 2004, 1159.

insoweit allerdings prozessuale Erwägungen zur Heilung von Mängeln, etwa nach § 39 oder § 295. Einzelheiten harren noch der Aufarbeitung.[80]

Dasselbe gilt für die Schlüssigkeitsprüfung, und zwar auch dann, wenn der Kläger selbst im Vorverfahren *anspruchsfeindliche Tatsachen* vorträgt, die das Gericht im Vorbehaltsurteil falsch bewertet[81] oder – jedenfalls nach Auffassung einzelner OLG – wenn der Beklagte unter Vorbehalt anerkennt.[82] Wird die Erheblichkeit eines Einwandes aus Rechtsgründen verneint, tritt Bindungswirkung ein.[83] Einwendungen können nur mit der Berufung vorgebracht werden (soweit diese zulässig ist).

31 Dem Beklagten ist es andererseits nicht verwehrt, im Vorverfahren bejahte anspruchsbegründende Tatsachen noch im Nachverfahren zu bestreiten und zu seiner Verteidigung neue Tatsachen vorzutragen.[84] Nach § 599 I sind ihm seine Rechte im Nachverfahren nämlich schon dann vorzubehalten, wenn er dem geltend gemachten Anspruch ohne Begründung widersprochen hat. Ihn trifft also im Urkundenprozess keine prozessuale Pflicht, sich sachlich gegen den Klageanspruch zu verteidigen. Vortrag im Nachverfahren kann mithin alleine wegen des vorausgegangenen Urkundenprozesses nicht verspätet sein. Das gilt auch dann, wenn die nunmehr bestrittene Anspruchsvoraussetzung im Vorbehaltsurteil mangels Verteidigung des Beklagten ausdrücklich bejaht worden ist oder wenn die Einrede iSd ZPO im Vorverfahren mit den dort zulässigen Beweismitteln hätte bewiesen werden können.[85] Die Echtheit einer Urkunde kann im Nachverfahren erstmals bestritten werden.[86] Dieses Bestreiten berührt nicht die Schlüssigkeit, sondern führt ggf. zur Beweisbedürftigkeit von Vorbringen.[87]

Danach lassen sich folgende Grundsätze aufstellen:

- Das Vorbehaltsurteil entfaltet im Nachverfahren Bindungswirkungen, soweit es nicht auf der Beschränkung der Beweismittel im Urkundenprozess beruht. Das gilt insbesondere für die Zulässigkeit sowie für Schlüssigkeit und Erheblichkeit, soweit in der Hinsicht eine rechtliche Würdigung vorgenommen wird. Der ausdrücklichen Begründung bedarf es insbesondere für die Annahme von Zulässigkeitsvoraussetzungen nicht.
- Im Umfang der Bindungswirkungen bleibt nur die Möglichkeit der Berufung. Diese ist immer kritisch zu prüfen, da auch falsche Beurteilungen der Rechtslage im Nachverfahren binden.
- Im Nachverfahren sind neuer Sachvortrag zur materiellen Rechtslage und entsprechende Beweisangebote uneingeschränkt zulässig. Die Verspätungsvorschriften können erst dann gelten, wenn das Gericht im Nachverfahren prozessleitende Anordnungen zB nach § 273 II trifft.[88] Das relativiert die Bindungswirkungen des

80 Vgl. OLGR Brandenburg 2005, 203; anders für Fortfall der Prozessführungsbefugnis OLGR Jena 2009, 750; für § 1032 offen gelassen in BGH NJW-RR 2002, 387.
81 BGH NJW 1991, 1117; vgl. zu den anspruchsfeindlichen Tatsachen → A Rn. 97.
82 OLG Düsseldorf NJW-RR 1999, 68; OLG Brandenburg NJW-RR 2002, 1294.
83 BGH WM 1979, 272.
84 BGH NJW-RR 1992, 254; 2004, 1545; OLG Karlsruhe MDR 2004, 1020 = BeckRS 2004, 00911; LG Hamburg ZMR 2015, 309.
85 BGH NJW 1988, 1468; NJW-RR 1992, 254 (Verjährungseinrede); NJW 1993, 668.
86 BGH NJW 2004, 1159; str. vgl. Zöller/*Greger* ZPO § 600 Rn. 20.
87 OLG Brandenburg NJW-RR 2002, 1294.
88 BGH NJW 1993, 668.

Vorbehaltsurteils, wenn (aber eben nur wenn!) man neue Tatsachen vorbringen kann.
- Beweismittel, die im Urkundenprozess nicht berücksichtigt werden dürfen, sind im Nachverfahren zu verwerten.

b) Beispielsfälle

1. Beispielsfall: Gegen den Beklagten ist ein Wechselvorbehaltsurteil ergangen. Im Nachverfahren kommen Zweifel auf, ob der Wechsel überhaupt formgültig ist, da in der Urkunde zwei verschiedene Zahlungsorte angegeben sind. 32

Diese Frage darf das Gericht nicht mehr prüfen. Denn es hat die Formgültigkeit des Wechsels bereits im Urkundenverfahren bejaht. Da die Schlüssigkeitsprüfung von den beweismäßigen Beschränkungen des Vorverfahrens nicht beeinflusst wird und insbesondere auch keine neuen Tatsachen vorgetragen werden, ist eine erneute Prüfung im Nachverfahren nicht mehr zulässig.[89]

2. Beispielsfall: Der Beklagte erhebt im Urkundenprozess die Einrede der Verjährung. Sie wird vom Gericht als unerheblich zurückgewiesen, da nach dem unstreitigen Sachvortrag eine Kenntnis des Klägers iSd § 199 I Nr. 2 BGB erst im Jahre … vorgelegen habe. Im Nachverfahren wiederholt der Beklagte die Einrede und trägt Umstände vor, aus denen sich ergibt, dass der Kläger bereits ein Jahr zuvor Kenntnis hatte und daher die Klage erst nach Ablauf der Verjährungsfrist erhoben worden ist.

Die Einrede ist nicht ausgeschlossen, da der Beklagte neue Tatsachen vortragen darf.[90]

Wollen die Parteien den Eintritt der von dem Vorbehaltsurteil ausgehenden Bindungswirkungen verhindern, müssen sie das zulässige Rechtsmittel einlegen (vgl. § 599 III). In der Rechtsmittelinstanz wird ausschließlich das Vorbehaltsurteil überprüft. Das Rechtsmittelverfahren und das Nachverfahren können parallel durchgeführt werden. Wird im Nachverfahren das Vorbehaltsurteil aufgehoben, erledigt sich das Rechtsmittelverfahren hinsichtlich des Vorbehaltsurteils.[91] Hebt das Rechtsmittelgericht das Vorbehaltsurteil auf und verweist es die Sache gemäß § 538 II Nr. 5 an die untere Instanz zurück, ist dort wieder im Vorverfahren zu entscheiden. 33

3. Klageänderung im Nachverfahren

Gegenstand des Nachverfahrens ist der im Vorbehaltsurteil titulierte Anspruch.[92] Da indes das Nachverfahren mit dem Urkundenprozess eine Einheit bildet,[93] hält der BGH eine Klageänderung nach § 263 im Nachverfahren für zulässig, bei Sachdienlichkeit also auch ohne Zustimmung des Beklagten. Der Kläger ist zB berechtigt, von der Wertpapierforderung auf den Kausalanspruch überzugehen, was hilfsweise geschehen kann.[94] Hierfür sprechen praktische Gesichtspunkte. Denn aus welchem Grund sollte man den Kläger wegen des nunmehr geltend gemachten Anspruchs auf einen neuen Rechtsstreit verweisen? Stellt sich heraus, dass auch die Kausalforderung nicht besteht, wird die Klage unter Aufhebung des Vorbehaltsurteils abgewiesen. Ob- 34

89 BGH WM 1969, 1279 (1280); LM § 599 ZPO Nr. 3, Ls. in NJW 1968, 2244.
90 Zu Einzelheiten vgl. BGH NJW-RR 1992, 254; OLG Celle NJW-RR 1993, 559.
91 Zur Erledigung in der Rechtsmittelinstanz → P Rn. 3.
92 BGH NJW-RR 1994, 114.
93 Thomas/Putzo/*Reichold* ZPO § 600 Rn. 1; OLG München MDR 1987, 766.
94 BGH NJW 1955, 790 (791).

siegt der Kläger, wird der Beklagte nur zu dem verpflichtet, was er längst hätte bewirken müssen: zur Zahlung. Die einzige Schlechterstellung, die er hinnehmen muss, liegt darin, dass gegen ihn aufgrund des Wertpapiers binnen kurzer Frist ein ohne Sicherheitsleistung vorläufig vollstreckbares Urteil ergangen ist, dessen Grundlage im Nachverfahren keine Bedeutung mehr hat. Dem steht die den Kläger im Unterliegensfall treffende strenge Haftung aus §§ 302 IV 3, 600 II gegenüber, sodass der Beklagte hinreichend abgesichert erscheint. Außerdem ist er nach § 711 nicht gänzlich schutzlos gestellt. Kann der Beklagte der Kausalforderung schlechthin nichts entgegensetzen, bietet sich der Weg des § 93 an.

Der – ggf. hilfsweise – Übergang auf den Kausalanspruch muss deutlich zum Ausdruck gebracht werden. Es reicht nicht aus, dass der Kläger die aus dem Grundgeschäft hergeleiteten Einwendungen durch eigenes Vorbringen zur causa bekämpft.[95]

4. Der Abschluss des Nachverfahrens

35 Das Nachverfahren endet mit dem Erlass des Schlussurteils. Obsiegt der Kläger, lautet der Tenor:

> Das Vorbehaltsurteil vom ... wird für vorbehaltlos erklärt.
> Die weiteren Kosten des Rechtsstreits trägt der Beklagte.
> Das Urteil ist vorläufig vollstreckbar. Dem Beklagten wird nachgelassen, die Zwangsvollstreckung gegen Sicherheitsleistung in Höhe des aufgrund des Urteils zu vollstreckenden Betrages abzuwenden, wenn nicht der Kläger zuvor in Höhe von 110% des jeweils zu vollstreckenden Betrages Sicherheit leistet. (Der zweite Satz entfällt im Fall des § 713.)

Die Kostenentscheidung beschränkt sich auf die »weiteren«, dh die im Nachverfahren entstandenen Kosten, da bezüglich des Urkundenprozesses im Vorbehaltsurteil bereits eine – wirksam gebliebene – Kostenentscheidung vorliegt. Hinsichtlich der Zwangsvollstreckung sind §§ 708 Nr. 5, 711 zu beachten.

Erweist sich der vom Kläger geltend gemachte Anspruch im Nachverfahren als unbegründet, muss gemäß §§ 302 IV 2, 600 II das Vorbehaltsurteil aufgehoben werden, da andernfalls der Kläger aus diesem Urteil weiterhin vollstrecken könnte. Im Tenor heißt es dann:

> Unter Aufhebung des Vorbehaltsurteils vom ... wird die Klage abgewiesen.
> Die Kosten des Rechtsstreits trägt der Kläger.

36 Die Vollstreckbarkeitsentscheidung folgt nunmehr den allgemeinen Vorschriften. Für den Fall des teilweisen Obsiegens empfiehlt sich folgende Formulierung:

> Das Vorbehaltsurteil vom ... wird insoweit für vorbehaltlos erklärt, als der Beklagte verurteilt ist, an den Kläger ... EUR zu zahlen. Im Übrigen wird das Vorbehaltsurteil aufgehoben und die Klage abgewiesen.
> Die Kosten des Rechtsstreits tragen der Kläger zu ..., der Beklagte zu ...

Falsch wäre es, das Vorbehaltsurteil aus Gründen der sprachlichen Vereinfachung ganz aufzuheben und die dem Kläger zuerkannten Ansprüche neu zu formulieren. Denn dann könnte es geschehen, dass der Kläger einen aufgrund des Vorbehaltsurteils evtl. bereits in der Zwangsvollstreckung erwirkten Rangvorteil verliert. Die Vollstreckbarkeitsentscheidung richtet sich hier für den Kläger nach §§ 708 Nr. 5, 711, für

95 BGH VersR 1979, 230; 1979, 255; NJW 1988, 3266.

den Beklagten nach allgemeinen Vorschriften, also zB nach § 708 Nr. 11 oder nach § 709.

5. Gutachten und Urteil

a) Gutachten

Das Gutachten folgt, da das Nachverfahren keine prozessualen Besonderheiten kennt, allgemeinen Aufbaugrundsätzen. Die Bindungswirkungen des Vorbehaltsurteils werden da geprüft, wo sie erheblich sind, also zB in der Zulässigkeitsprüfung, sofern das Vorliegen von Prozessvoraussetzungen zweifelhaft ist, oder bei der Prüfung von Schlüssigkeit und Erheblichkeit. Wo ein Problem auftaucht, haben die Bindungswirkungen grundsätzlich Vorrang vor der Prüfung selbst. Ungeklärte Fragen zur Bindungswirkung kann man indes offen lassen, wenn der Einwand aus anderen Gründen unerheblich ist.[96] 37

b) Urteil

Im Schlussurteil weist der Tatbestand eine Besonderheit auf, da das vorausgegangene Vorbehaltsurteil als Prozessgeschichte erwähnt werden muss. Wir empfehlen, vor den nunmehr gültigen Hauptanträgen zB zu schreiben: 38

> Im Scheckprozess hat der Kläger beantragt, den Beklagten zur Zahlung von … EUR nebst … Zinsen seit dem … zu verurteilen. Das Gericht hat am … antragsgemäß ein Scheck-Vorbehaltsurteil erlassen, auf dessen näheren Inhalt Bezug genommen wird.
>
> Nunmehr beantragt der Kläger,
> das Vorbehaltsurteil aufrechtzuerhalten.
>
> Der Beklagte beantragt,
> das Vorbehaltsurteil aufzuheben und die Klage abzuweisen.

Darüber hinaus bedarf es im Tatbestand grundsätzlich keiner weiteren Hinweise auf den Inhalt des Vorbehaltsurteils oder auf Einzelheiten des Vorverfahrens. Insbesondere brauchen wegen der zulässigen Bezugnahme die dort vorgebrachten Verteidigungsmittel des Beklagten und ihre Behandlung durch das Gericht (Zurückweisung als unstatthaft/unbegründet)[97] nicht erwähnt zu werden. Wenn die Entscheidungsgründe des Vorbehaltsurteils eindeutig sind, kann man im Schlussurteil ohne Weiteres darauf zurückgreifen. Sind sie hingegen unklar, muss die erforderliche Auslegung im Rahmen der rechtlichen Erwägungen vorgenommen werden; im Tatbestand wäre sie fehl am Platz.[98] Für die Darstellung der Verteidigungsmittel im Tatbestand gelten hingegen keine Besonderheiten. Sind sie aufgrund der Bindungswirkungen des Vorbehaltsurteils unzulässig, reicht eine kurze Erwähnung. Wer den Zusammenhang mit dem Vorverfahren sprachlich verdeutlichen will, mag dies durch knappe Formulierungen tun, etwa:

> Der Beklagte erhebt, wie bereits im Vorverfahren, die Einrede …
>
> (oder:)
>
> Hierzu wiederholt der Beklagte den im Vorverfahren vertretenen Rechtsstandpunkt …

96 Für die Schiedseinrede BGH NJW-RR 2002, 387.
97 → Rn. 15; eine andere Verfahrensweise führt uE nur zu überflüssiger Schreibarbeit.
98 → A Rn. 100, → B Rn. 50.

39 Die Zurückweisung von Verteidigungsmitteln kann in den Entscheidungsgründen zB wie folgt formuliert werden:

> Die erstmals im Nachverfahren vorgetragene Schiedsvereinbarung und die sich darauf stützende Zulässigkeitsrüge können nicht mehr berücksichtigt werden. Über die Zulässigkeit der Klage hat das Gericht bereits im Vorverfahren endgültig entschieden. Denn …
>
> (oder:)
>
> Der Beklagte kann mit seinem erneut vorgebrachten Einwand, er habe den Vertrag … zum … gekündigt, im Nachverfahren nicht mehr gehört werden. Die Kammer hat im Vorbehaltsurteil dargelegt, dass die Kündigung aus Rechtsgründen unwirksam war. Hieran ist sie gemäß § 318 ZPO gebunden. Denn im Nachverfahren können Verteidigungsmittel des Beklagten nur noch insoweit berücksichtigt werden, als sie auf neuen Tatsachen beruhen oder allein aufgrund der dem Urkundenprozess eigentümlichen Beschränkung der Beweismittel im Vorverfahren nicht endgültig geprüft worden sind. Beide Voraussetzungen sind hier nicht erfüllt, da der Beklagte lediglich seine früheren Rechtsausführungen wiederholt hat.

VII. Weitere Überlegungen des Anwalts

40 Scheck- und Wechselklagen kommen aufgrund veränderter Zahlungsgepflogenheiten heute nicht mehr so häufig vor. Da sich Ansprüche aus Wechseln und Schecks grundsätzlich vollständig aus dem Wertpapier ergeben, liegt die Zweckmäßigkeit des Verfahrens auf der Hand, sodass es im Wesentlichen darauf ankommt, sie zu erkennen und die besonderen verfahrensrechtlichen Voraussetzungen zu beachten, namentlich § 593 I (Erklärung, im Wechsel-/Scheckprozess zu klagen). Gleiches gilt für das besondere Mahnverfahren nach § 703a. Wichtig ist es, das Papier im Original bereit zu halten.

Der allgemeine Urkundenprozess ist in der Praxis auf Fälle konzentriert, in denen der Anspruch sich vollständig oder weitestgehend aus Urkunden herleiten lässt. Wenn man den Anspruch nicht ausschließlich mit Urkunden belegen kann, ist dies ist trotz der recht großzügigen Rechtsprechung hierzu[99] normalerweise ein Anlass, von Anfang an im ordentlichen Streitverfahren zu klagen. Es lässt sich nämlich kaum verlässlich abschätzen, welche Punkte der Beklagte bestreiten wird. Zudem bleibt denkbar, dass der Beklagte säumig ist. In diesem Fall müsste der Kläger trotz Geständnisfiktion sämtliche Anspruchsmerkmale mit Urkunden belegen.[100] Fehlt es an einer Urkunde, bleibt nur die Abstandnahme vom Urkundenprozess nach § 596, was den Rechtsstreit nicht notwendig, aber möglicherweise verzögert.[101] Urkundenprozesse findet man daher regelmäßig nur bei Vorliegen von Schuldanerkenntnissen, Dienstverträgen, die bestimmte Gehaltsansprüche belegen, oder ähnlichen Urkunden (falls diese nicht eine Unterwerfungsklausel nach § 794 I Nr. 5 enthalten und damit die Leistungsklage überflüssig machen). Im Streit um Mietzahlungen findet man den Urkundenprozess durchaus. Trotz aller Risiken muss der Anwalt ihn wählen, wenn er Vorteile verspricht.[102]

---

99 → Rn. 5.
100 → Rn. 8.
101 → Rn. 18.
102 BGH NJW 1994, 3295.

Lassen sich alle Anspruchsmerkmale mit Urkunden belegen, muss abgewogen werden, ob die Aussicht auf einen schneller zu erlangenden Titel Anlass bietet, im Urkundenprozess zu klagen. Hierbei ist wegen der sich aus § 717 II ergebenden Risiken nicht vorrangig an die nach § 708 Nr. 4 erleichterte Vollstreckung des Vorbehaltsurteils zu denken, sondern vielmehr daran, dass die Zwangsvollstreckung bei Fortsetzung der Sache im Nachverfahren gemäß § 707 II grundsätzlich nur gegen Sicherheitsleistung eingestellt wird. Der Kläger kann also eine Absicherung seiner Ansprüche erhalten und braucht die Insolvenz des Beklagten dann nicht mehr zu befürchten. Wenn dieser Gesichtspunkt keine Rolle spielt, stellt sich die Frage, ob der Urkundenprozess überhaupt ratsam ist. Hierfür spricht sicherlich § 708 Nr. 5. Anders als der Wechsel- und Scheckprozess wird jedoch der Urkundenprozess, was Fristen angeht, vor anderen Verfahren nicht bevorzugt behandelt. Steht eine Erfüllung des Anspruchs ohnehin erst nach Abschluss des Nachverfahrens zu erwarten, weil der Beklagte nichturkundliche Einwände erhebt, deren Erfolg zu allem schwer abschätzbar ist, muss ernsthaft geprüft werden, ob man dem Mandanten nicht besser den »Umweg« über das Urkundenverfahren erspart und sofort im ordentlichen Streitverfahren klagt.

Der Beklagte muss im Urkundenprozess besonders darauf achten, dass er sein Bestreiten vorrangig auf Punkte konzentriert, deren urkundlicher Nachweis nicht möglich oder zumindest nicht zu erwarten ist.

Im Übrigen empfiehlt es sich, Verteidigungsvorbringen, das nicht urkundlich bewiesen werden kann, jedenfalls nicht voreilig und schwach substantiiert in den Urkundenprozess einzubringen. Nur allzu leicht kann es nämlich geschehen, dass ein solcher Einwand als unbegründet zurückgewiesen wird, was den Beklagten der Notwendigkeit aussetzt, Berufung gegen das Vorbehaltsurteil einzulegen, nur um insoweit seine Rechte weiter geltend machen zu können. Auch ein Anerkenntnis unter Vorbehalt ist wegen der Bindungswirkungen des Vorbehaltsurteils nicht ungefährlich. In Zweifelsfällen setzt man besser auf das Recht, im Nachverfahren Tatsachen neu vortragen zu können.

R. Parteiänderungen

I. Begründung der Parteistellung

1 Partei des Zivilprozesses ist jeder, von dem oder gegen den im eigenen Namen gerichtlicher Rechtsschutz begehrt wird, sogenannter »formeller Parteibegriff«.[1] Maßgeblich ist die den Rechtsstreit einleitende Erklärung des Klägers, etwa der Mahnantrag oder die Klageschrift nebst Anlagen, wobei der gesamte Inhalt ggf. aus der verständigen Sicht des Empfängers (des Gerichts und der Gegenpartei) ausgelegt werden muss.[2] Die Frage, gegen wen sich der materiell-rechtliche Anspruch des Gläubigers bei zutreffender Beurteilung des Falles zu richten hätte, ist ohne Belang.

Beispiel: Die Klageschrift ist aufgrund Postversehens an einen Empfänger zugestellt worden, der sich schlechthin nicht für den Prozessgegner des Klägers halten konnte.

Eine wirksame Klageerhebung liegt nicht vor. Denn diejenige Person, welche der Kläger verklagen wollte, hat die Klageschrift nicht erhalten. Deren Empfänger wiederum ist nicht Beklagter, sondern nur Scheinbeklagter geworden.[3] Letzterer kann sich jedoch zur Wahrnehmung seiner Rechte am Rechtsstreit beteiligen und insbesondere analog § 269 IV[4] auf Kostenerstattung antragen oder – im Falle der Verurteilung – Rechtsmittel einlegen.[5] Insoweit wird seine Parteistellung fingiert.[6] Er ist unter Kostenbelastung des Klägers ohne Anwaltszwang durch Beschluss aus dem Rechtsstreit zu entlassen.[7] Eine Sachentscheidung darf gegenüber dem Scheinbeklagten nicht ergehen.[8]

II. Parteiwechsel

2 Ein Parteiwechsel liegt vor, wenn nach Klageerhebung, sei es auf Kläger-, sei es auf Beklagtenseite, eine Partei aus dem Rechtsstreit ausscheidet und eine neue an ihre Stelle tritt.

Beispiel:
- Eine natürliche oder juristische Person wechselt mit einer anderen.[9]
- An die Stelle einer OHG treten deren Gesellschafter.[10]
- Der Vertreter tritt an die Stelle des Vertretenen.[11]

---

1 BGH NJW-RR 2005, 1237; NJW 2014, 1386.
2 BGH NJW 1999, 1871; NJW-RR 2004, 501; 2006, 42; 2006, 1569; 2008, 539; 2008, 582; MDR 2008, 524 = NJW-RR 2008, 582; NJW-RR 2013, 394; OLG München MDR 2016, 1469 = NJW-RR 2017, 256; Thomas/Putzo/*Hüßtege* ZPO Vorbem § 50 Rn. 4; Prütting/Gehrlein/*Gehrlein* ZPO § 50 Rn. 5; eingehend *Burbulla* MDR 2007, 439; *Kempe/Antochewicz* NJW 2013, 2797.
3 BGH NJW 1994, 3232; Prütting/Gehrlein/*Gehrlein* ZPO § 50 Rn. 7.
4 OLG Düsseldorf MDR 1986, 504.
5 BGH NJW-RR 2005, 118.
6 BGH NJW-RR 1995, 764; OLG Stuttgart NJW-RR 1999, 216; Übersicht bei Zöller/*Vollkommer* ZPO Vor § 50 Rn. 8 ff.
7 BGH NJW-RR 2008, 582; für Zwischenurteil OLG München NJW-RR 2017, 256.
8 BGH NJW-RR 2008, 582; OLG München NJW-RR 2017, 256.
9 BGH NJW 2004, 1528; ZInsO 2009, 432.
10 BGH NJW 1974, 750, 2002, 1207.
11 OLGR Jena 2000, 205; OLG Celle MDR 2004, 410 = BeckRS 2004, 01336.

- Der Rechtsinhaber tritt an die Stelle des Prozessstandschafters.[12]
- Der Rechtsnachfolger tritt gem. § 265 II in den Rechtsstreit ein.[13]
- Die gegen die Mitglieder einer WEG gerichtete Klage wird nach Änderung der Rechtsprechung gegen die WEG gerichtet.[14]
- Nach rechtskräftiger Beendigung des Insolvenzverfahrens findet grds. ein Parteiwechsel vom Insolvenzverwalter auf den Schuldner statt.[15]

Abzugrenzen ist der Parteiwechsel von der Rubrumsberichtigung bei identischer Partei.[16]

1. Gesetzliche Regelungen

Dem Gesetz ist der Parteiwechsel nicht fremd, vgl. §§ 75 bis 77, 239 ff. und 265 f. 3
Den gesetzlich geregelten Fällen ist gemeinsam, dass die neue Partei den Rechtsstreit grundsätzlich so zu übernehmen hat, wie sie ihn vorfindet.[17] Über die Kosten des nach § 265 II ausgeschiedenen Beklagten ist analog § 91a zu befinden.[18] Die Kostenentscheidung beim gewillkürten Parteiwechsel besprechen wir an anderer Stelle.[19]

2. Gewillkürter Parteiwechsel

Bei der Frage, wie der gewillkürte, im Gesetz nicht ausdrücklich geregelte Partei- 4
wechsel zu behandeln ist, finden sich verschiedene Meinungen.

Die Rechtsprechung behandelt den im ersten Rechtszug erklärten Parteiwechsel, jedenfalls soweit es um den Beitritt der neuen Partei geht, in Analogie zu §§ 263, 267, als Klageänderung.[20] Die Literatur wendet sich ganz überwiegend gegen diesen Ansatzpunkt. Sie lehnt es ab, die Einbeziehung einer neuen Partei in den Prozess – bei fehlender Zustimmung des Betroffenen – unter dem Gesichtspunkt der Sachdienlichkeit zu behandeln und gibt einer entsprechenden Anwendung der §§ 265 II 2, 267, 269 den Vorzug. Im Detail bietet sie ein wenig einheitliches Bild.[21]

Nach allen Ansichten unterliegt der Parteiwechsel den allgemeinen Zulässigkeitsvoraussetzungen und Verfahrensvorschriften. Der bedingte Parteiwechsel ist, wie die hilfsweise Klageerhebung gegen Dritte, unzulässig.[22]

Im zweiten Rechtszug hat der Parteiwechsel Ausnahmecharakter; er setzt eine zulässige Berufung voraus und ist in erster Linie bei Zustimmung oder deren rechtsmissbräuchlicher Verweigerung zulässig.[23] Die Verweigerung ist bedenkenfrei, wenn der

---

12 BGH NJW 1993, 3072; 2003, 2172; DB 2002, 2526; für Zwangs- und für Insolvenzverwalter vgl. BGH NJW 2003, 1419.
13 BGH NJW 2006, 1351; zu den Voraussetzungen BGH NJW 2012, 3642.
14 BGH NJW 2011, 1453.
15 BGH NZG 2015, 1324.
16 Dazu → Rn. 24.
17 BGH NJW 2006, 1351 (1354).
18 BGH NJW 2006, 1351 (1354).
19 → Rn. 11 f.
20 BGH NJW 1976, 239 (240); 1988, 128; 1993, 3072.
21 *Franz* NJW 1972, 1743; *Franz* NJW 1982, 15; *Roth* NJW 1988, 2977; *Burbulla* MDR 2007, 439; *Schlinker* JURA 2007, 1; Zöller/*Greger* ZPO § 263 Rn. 3, 9, 19 ff.; § 269 Rn. 5; Thomas/Putzo/*Hüßtege* ZPO Vor § 50 Rn. 15 ff.; BLAH/*Hartmann* ZPO § 263 Rn. 5 ff.
22 BGH NJW-RR 2004, 640; vgl. auch → K Rn. 2.
23 BGH MDR 1997, 681 = NJW 1997, 2885; NJW 1998, 1496; BauR 2003, 1884; NJW 2003, 2172.

neue Beklagte andernfalls die versäumte Wahrung einer Klagefrist hinnehmen müsste.[24] Sachdienlichkeit ist nur in seltenen Fällen zu bejahen, wobei im Falle des Klägerwechsels die Beschwer und die fristgerechte Berufungsbegründung besondere Beachtung verdienen.[25] Beim Wechsel vom Zedenten auf den Zessionar mag sie unter den einschränkenden Voraussetzungen des § 533 vorliegen.[26] In der Nichtzulassungsbeschwerde und im Revisionsverfahren ist der Parteiwechsel unzulässig.[27]

Für den Vollzug des Parteiwechsels reichen übereinstimmende Erklärungen der Parteien in der mündlichen Verhandlung aus; der Zustellung von Schriftsätzen bedarf es nicht, weil ein denkbarer Zustellungsmangel durch rügeloses Verhandeln geheilt wäre.[28] In der Zustellung eines Schriftsatzes liegt allerdings der Normalfall.

Die nachfolgende Übersicht über die denkbaren Fallkonstellationen zeigt, dass die Praxis durchgehend zu sachgerechten Lösungen gelangt.

a) Wechsel auf Beklagtenseite

aa) Vor Beginn der mündlichen Verhandlung

5 **Beispielsfall:** Der Kläger beliefert die beiden Brüder Klaus und Bernhard Blank, die jeweils unabhängig voneinander ein Einzelhandelsgeschäft betreiben, regelmäßig mit Ware. Als eine Lieferung nicht bezahlt wird, erhebt er gegen Bernhard Zahlungsklage. In der Klageerwiderung weist Bernhard darauf hin, dass nicht er, sondern sein Bruder Klaus die betreffende Ware bestellt und in Empfang genommen habe. Der Kläger erkennt seinen Irrtum. Er reicht noch vor dem frühen ersten Termin einen Schriftsatz zu den Akten, in dem er erklärt, er verlange die Bezahlung des Kaufpreises nunmehr von Klaus Blank; Bernhard solle nicht weiter Beklagter sein. Der Vorsitzende lässt den Schriftsatz beiden zustellen und lädt auch Klaus zum Verhandlungstermin. Weder Klaus noch Bernhard sind mit dem Vorgehen des Klägers einverstanden.

Lösung nach dem Ansatz der Rechtsprechung:

6 Beim Parteiwechsel auf Beklagtenseite stellen sich zwei Fragen:

- **Ist der bisherige Beklagte aus dem Rechtsstreit ausgeschieden?**

Die Frage wird entsprechend § 269 I beantwortet.[29] Es kommt darauf an, ob die in der Erklärung des Klägers liegende Klagerücknahme gegen Bernhard zustimmungsbedürftig war. Das wiederum hängt davon ab, wann der Kläger die Klage zurückgenommen hat. Erst vom Beginn der mündlichen Verhandlung an ist er auf die Einwilligung des Beklagten angewiesen (§ 269 I). Die analoge Anwendung des § 263 spielt in diesem Zusammenhang keine Rolle. Soweit älteren Urteilen zu entnehmen sein sollte, dass auch das Ausscheiden des anfänglichen Beklagten aus dem Prozess dem Sachdienlichkeitskriterium unterfalle[30], darf diese Rechtsprechung als überholt angesehen werden. In einer anderen Entscheidung hat der BGH unter den

24 LG Frankfurt a.M. WuM 2015, 521 = BeckRS 2015, 07777 unter Hinweis auf BGH NJW 2010, 446.
25 BGH MDR 1998, 430 = NJW 1998, 1496; NJW 2003, 2172; zur Beschwer auch BGH NJW 1994, 3358.
26 Vgl. OLG Nürnberg MDR 2016, 1112 = BeckRS 2016, 12181, mAnm *Dörr* MDR 2016, 1129; zur Frage nach der vom OLG Nürnberg verneinten Anwendbarkeit des § 269 → Rn. 15; Zöller/*Heßler* ZPO § 533 Rn. 4.
27 BGH ZiP 2009, 2170; NJW 2012, 3725.
28 BGH NJW 2010, 3376.
29 BGH NJW 1981, 989; 2006, 1351 (1353); OLG Hamm NJW-RR 1991, 60.
30 BGH NJW 1962, 347; 1964, 44 (45).

Gegebenheiten der Berufung[31] auf die rechtsmissbräuchliche Weigerung des ausscheidenden Beklagten abgestellt, die Zustimmung zum Parteiwechsel zu erklären. Auch damit wird nur die Notwendigkeit der Zustimmung ab Beginn der mündlichen Verhandlung unterstrichen.[32]

Bernhard Blank ist also, da der Kläger den Parteiwechsel vor dem ersten Verhandlungstermin erklärt hat, aus dem Rechtsstreit ausgeschieden. Über seine Kosten ist entsprechend § 269 III 2 zu entscheiden.[33]

- **Ist der neue Beklagte Partei des Rechtsstreits geworden?** 7

Nur im Zusammenhang mit dieser Frage finden §§ 263, 267 entsprechende Anwendung. Klaus Blank wird angesichts seiner Weigerung, dem Parteiwechsel zuzustimmen, Partei des vom Kläger angestrengten Prozesses, wenn seine Einbeziehung in das laufende Verfahren sachdienlich ist.

Die Sachdienlichkeit muss objektiv beurteilt werden. Maßgebend sind nicht die subjektiven Interessen einer Partei, sondern Gesichtspunkte der Prozesswirtschaftlichkeit. Es kommt darauf an, ob und inwieweit die Zulassung der Klageänderung den Streitstoff im Rahmen des anhängigen Rechtsstreits ausräumt und sich ein weiterer Prozess vermeiden lässt. Der Sachdienlichkeit steht nicht entgegen, dass aufgrund der Klageänderung neue Parteierklärungen und Beweiserhebungen notwendig werden und die Erledigung des Prozesses sich verzögert.[34]

Wird der Parteiwechsel vor dem frühen ersten Termin erklärt und stellt der Kläger seine Ansprüche nicht auf eine gänzlich neue tatsächliche Grundlage, wird die Sachdienlichkeit seines Vorgehens in aller Regel zu bejahen sein. Klaus Blank ist also, da lediglich eine Personenverwechslung vorlag, der Anspruchsgrund aber derselbe bleibt, als neuer Beklagter wirksam in den Rechtsstreit hineingezogen worden.

Rückschluss:
Der vor dem ersten Termin erklärte, die Beklagtenseite betreffende Parteiwechsel führt in jedem Fall zum Ausscheiden des alten Beklagten. Ist die Einbeziehung des neuen Beklagten, der sich dem Parteiwechsel widersetzt, ausnahmsweise nicht sachdienlich, wird die Klage diesem gegenüber als unzulässig abgewiesen.

Lösung nach der Literaturansicht:

Auch die Literatur bejaht die Anwendbarkeit des § 269 I; hinsichtlich des neuen Be- 8
klagten wird in erster Instanz weder dessen Zustimmung noch das Vorliegen einer Sachdienlichkeit verlangt.[35] Der Parteiwechsel ist hiernach also in weiterem Umfang zulässig.

Für die Praxis empfehlen wir, der Ansicht des BGH zu folgen.

bb) Ab Beginn der mündlichen Verhandlung

Wenn der Kläger den Parteiwechsel nach Beginn der mündlichen Verhandlung er- 9
klärt, gilt Folgendes:

31 Dazu → Rn. 4.
32 BGH NJW 1987, 1946; wohl abweichende Beurteilung dieser Frage bei *Walther* NJW 1994, 423 (425); vgl. auch → Rn. 15.
33 Dafür wohl BGH NJW 2006, 1351 (1353 o.); → Rn. 11.
34 BGH WM 1983, 1162 (1163); NJW-RR 1990, 505; NJW 2000, 800 (803).
35 Zöller/*Greger* ZPO § 263 Rn. 23 f. mwN.

Der übereinstimmenden Ansicht von Rechtsprechung und Literatur zufolge bliebe Bernhard Blank Partei des Rechtsstreits, da die gegen ihn gerichtete Klage gemäß § 269 I ohne seine Einwilligung nicht mehr wirksam zurückgenommen werden kann. Die Einbeziehung des Klaus Blank in den Prozess wäre nach der Rechtsprechung wiederum von der Sachdienlichkeit abhängig, wohingegen die Literatur insoweit von uneingeschränkter Zulässigkeit ausginge.

Weiterer Rückschluss:
Der nach dem Beginn der mündlichen Verhandlung erklärte Parteiwechsel führt nur dann zu einem Ausscheiden des alten Beklagten, wenn dieser hiermit einverstanden ist. Verweigert er seine Zustimmung, bleibt er Partei. Der Kläger muss (wohl oder übel) im Verhältnis zu ihm den Erlass eines Sachurteils hinnehmen.[36] Stellt er keinen Sachantrag, ergeht gegen ihn Versäumnisurteil nach § 330, oder das Gericht entscheidet gemäß § 331a nach Lage der Akten. Der neue Beklagte kann – Sachdienlichkeit vorausgesetzt – neben dem ursprünglichen Beklagten Partei des Rechtsstreits werden.

cc) Verfahrensfragen

10 Es empfiehlt sich, den alten Beklagten mit der Zustellung des Schriftsatzes, in dem der Parteiwechsel erklärt wird, auf die Notfrist des § 269 II 4 hinzuweisen. Obwohl Rechtsprechung insoweit noch nicht vorliegt, erscheint es zumindest vertretbar, die Regelung auf den Parteiwechsel entsprechend anzuwenden.

Der Parteiwechsel hat für den neuen Beklagten nur dann Wirkung, wenn diesem ein den Erfordernissen des § 253 II Nr. 2 entsprechender Schriftsatz zugestellt wird. Der Klägervertreter beschleunigt das Verfahren, wenn er dem neuen Beklagten nicht nur die Klageschrift, sondern auch die übrigen bisher gewechselten Schriftsätze zustellen lässt. Die Sachurteilsvoraussetzungen müssen im Hinblick auf die neue Partei und auf deren ggf. erforderlichen Einwand hin neu geprüft werden.[37]

Nach der Rechtsprechung, muss der neue Beklagte den Prozess in der Lage übernehmen, in welcher er ihn vorfindet.[38] Die materiellen und prozessualen Wirkungen der Klage treffen den neuen Beklagten ohne dessen Einverständnis allerdings erst ab Zustellung der Klageschrift. Für die davor liegende Zeit braucht er keine Prozesszinsen nach § 291 BGB zu zahlen, der Ablauf einer Verjährungsfrist wird ihm gegenüber bis zu seiner Einbeziehung in den Rechtsstreit nicht gehemmt. Hat bereits eine Beweisaufnahme stattgefunden, ist diese auf sein Verlangen hin zu wiederholen. An ein Geständnis seines Vorgängers ist er, da § 290 insoweit keine Anwendung findet, nicht gebunden.[39]

dd) Kostenentscheidung

11 Wenn der alte Beklagte aus dem Rechtsstreit ausscheidet, steht ihm entsprechend § 269 III 2 gegen den Kläger ein Kostenerstattungsanspruch zu.[40] Auf entsprechenden Antrag muss das Gericht die Kostenfolge der Klagerücknahme bereits vor dem Abschluss des Verfahrens insoweit aussprechen, als es um die außergerichtlichen Kosten des alten Beklagten geht. Denn über diese kann ohne Rücksicht auf die übrigen Kosten des Rechtsstreits getrennt entschieden werden.[41] Über die Verteilung der Gerichtskosten und der außergerichtlichen Kosten des Klägers befindet das Gericht

36 Thomas/Putzo/*Reichold* ZPO § 269 Rn. 12.
37 OLG Zweibrücken NJW-RR 2001, 359.
38 BGH NJW 2012, 3725.
39 BGH NJW 1996, 196 (für den vergleichbaren Fall der Widerklage gegen einen Dritten); bestätigt für Parteiwechsel in NJW 2006, 1351 (1354).
40 BGH NJW 2006, 1351 (1353 u.).
41 OLG München OLGZ 1981, 89; vgl. auch → N Rn. 13.

im Urteil. Es hat hierbei, entsprechend den Fällen, in denen der Kläger hinsichtlich eines von mehreren gesamtschuldnerisch in Anspruch genommenen Beklagten die Klage zurücknimmt, die Baumbach'sche Formel zu berücksichtigen.[42]

Beispiel: Der Kläger verklagt den Beklagten zu 1) auf Zahlung von 10.000 EUR. Noch vor Beginn der mündlichen Verhandlung erkennt er, dass ihm in Wirklichkeit der Beklagte zu 2) haftet. Gegen diesen erhebt er im Wege des Parteiwechsels Klage und entlässt den Beklagten zu 1) aus dem Rechtsstreit. Der Beklagte zu 2) wird unter Abweisung der weitergehenden Klage zu einer Zahlung von 5.000 EUR verurteilt.

Da infolge des Parteiwechsels der Rechtsstreit nur für den Beklagten zu 1) endet, gegen den Beklagten zu 2) aber fortgesetzt wird, entspricht die prozessuale Lage derjenigen einer Teil-Rücknahme. Wer die Auffassung vertritt, in Fällen dieser Art müsse der Kläger lediglich mit den durch die ursprüngliche Klageerhebung verursachten Mehrkosten belastet werden,[43] wird grundsätzlich dem Kläger nur die außergerichtlichen Kosten des Beklagten zu 1) auferlegen. Die Verfahrensgebühr nach Nr. 1210 KV Anl. 1 GKG und die Verfahrensgebühr des Klägervertreters nach Nr. 3100 VV hingegen fallen bei einem Parteiwechsel nicht ein zweites Mal an, sodass keine Mehrkosten entstehen.[44]

Wer demgegenüber der Ansicht ist, dass die Teil-Rücknahme nach Unterliegensgrundsätzen behandelt werden muss[45], hat bei der Kostenentscheidung folgende Besonderheiten zu beachten: **12**

- Die Beklagten waren am Rechtsstreit in zwei aufeinander folgenden Abschnitten beteiligt.
- Der Kläger war gegenüber den Beklagten in unterschiedlichem Umfang erfolgreich.

Es ist also § 100 II zu berücksichtigen. Obwohl die Beklagten nicht Streitgenossen waren, entspricht damit die Ausgangslage derjenigen, welche der Baumbach'schen Formel zugrunde liegt. Das bedeutet, dass zwischen den Gerichtskosten und den außergerichtlichen Kosten des Klägers einerseits und den außergerichtlichen Kosten der Beklagten andererseits zu unterscheiden ist. Des Weiteren muss beachtet werden, dass der Beklagte zu 1) bereits vor Beginn der mündlichen Verhandlung aus dem Rechtsstreit ausgeschieden ist. Daher kann die ihm gegenüber erfolgte Klagerücknahme sich kostenmäßig nur auf die Gebühren auswirken, die bis dahin angefallen waren. Es handelt sich hierbei um die Verfahrensgebühren der vom Kläger und vom Beklagten beauftragten Anwälte und um die gerichtliche Verfahrensgebühr. Für die übrigen Kosten kommt es allein auf den im Verhältnis des Klägers zum Beklagten zu 2) eingetretenen Erfolg an.

Die außergerichtlichen Kosten des Beklagten zu 1) trägt der Kläger entsprechend § 269 III 2 in vollem Umfang. Die für die Verteilung der gerichtlichen Verfahrensgebühr und der Verfahrensgebühr des Klägervertreters maßgebliche Quote wird errechnet, wie wenn der Kläger beide Beklagten als Streitgenossen in Anspruch genommen hätte und gegenüber dem Beklagten zu 1) in vollem Umfang sowie gegenüber dem Beklagten zu 2) mit 5.000 von 10.000 EUR unterlegen wäre.[46] Allein auf

42 S. → A Rn. 197 ff., 202 f.
43 → A Rn. 197 ff.
44 OLG Düsseldorf MDR 1982, 590 = VersR 1982, 705.
45 → A Rn. 197 ff.; wohl hM, eingehend OLG Brandenburg MDR 2004, 842 = BeckRS 2004, 05131.
46 → A Rn. 202.

das Verhältnis des Klägers zum Beklagten zu 1) kann es insoweit nicht ankommen. Denn die genannten Gebühren decken den gesamten Rechtsstreit ab, also auch den Abschnitt nach dem Parteiwechsel, da sie nicht ein zweites Mal anfallen. Demnach ist für die Verteilung der betr. Gebühren folgende Tabelle zu bilden:

	Kläger	Bekl. zu 1)	Bekl. zu 2)
Kl. ./. Bekl. zu 1) Kl. ./. Bekl. zu 2)	10.000 5.000		 5.000
Ergebnis:	15.000		5.000

Der Kläger hat somit von dem sich auf 20.000 EUR belaufenden fiktiven Streitwert[47] 15.000 EUR oder ¾ verloren; der Beklagte zu 2) muss ¼ tragen. Die seit dem Parteiwechsel angefallenen Kosten verteilen sich im Verhältnis 5.000 zu 5.000 EUR, also ½ zu ½. Da indes eine nach Einzelgebühren getrennte Kostenentscheidung nicht zulässig ist[48], müssen die für die beiden Prozessabschnitte errechneten Quoten in eine für die Gerichtskosten und die außergerichtlichen Kosten des Klägers maßgebliche Quote umgerechnet werden. Dies geschieht dadurch, dass man nunmehr alle Einzelgebühren nach Maßgabe der für sie gebildeten Quoten in eine Tabelle einstellt:

Gebühr:	Quote	Kl.	Bekl. zu 2)
Verfahrensgebühr GKG (3fach): 723 EUR	¾ : ¼	542,25	180,75
Verfahrensgebühr Kl.: 725,40 EUR	¾ : ¼	544,05	181,35
Verfahrensgebühr Bekl. 2): 725,40 EUR	½ : ½	362,70	362,70
Terminsgeb. Kl.: 669,60 EUR	½ : ½	334,80	334,80
Terminsgeb. Bekl. 2): 669,60 EUR	½ : ½	334,80	334,80
Gesamtergebnis: 3.513 EUR Gesamtquote:		2.118,60 60%	1.394,40 40%

Auf den Kläger entfällt ein Anteil von 60%, auf den Beklagten entfallen 40%.

Der Kostentenor lautet also wie folgt:

> Von den Gerichtskosten und den außergerichtlichen Kosten des Klägers tragen dieser $^{3}/_{5}$, der Beklagte zu 2) $^{2}/_{5}$. Die außergerichtlichen Kosten des Beklagten zu 1) werden dem Kläger auferlegt. Die außergerichtlichen Kosten des Beklagten zu 2) tragen dieser selbst und der Kläger zu je ½.

Wenn die außergerichtlichen Kosten des Beklagten zu 1) dem Kläger vorab durch Beschluss auferlegt worden sind, bleiben sie im Tenor des Urteils unerwähnt; im Übrigen ergibt sich jedoch keine Änderung. Kosten einer Beweisaufnahme lassen sich nach Maßgabe des Erfolgs in die Tabelle einstellen, wie hier auch Streitwertänderungen berücksichtigt werden können.

b) Wechsel auf Klägerseite

13 **Beispielsfall:** Der Kläger nimmt die beklagte Versicherungsgesellschaft auf Regulierung eines Kfz-Kasko-Schadens in Anspruch. Noch vor dem frühen ersten Termin geht bei Gericht ein Schriftsatz seines Prozessbevollmächtigten ein, in dem dieser mitteilt, bei näherer Überprüfung des Falles habe sich ergeben, dass die betreffende Versicherung auf die Ehefrau des Klägers laufe, die daher an dessen Stelle als Klägerin in den Rechtsstreit eintrete.
Die Beklagte hält das Vorgehen der Klägerseite für unzulässig.

47 → A Rn. 192 ff.
48 → A Rn. 181 ff.

aa) Erklärung sämtlicher Kläger

Grundlegende Voraussetzung für den Klägerwechsel ist eine entsprechende Erklärung sowohl des alten als auch des neuen Klägers. Sie kann in der mündlichen Verhandlung abgegeben werden.[49] Ein bloß von *einem* Beteiligten vollzogener Parteiwechsel ist auf der Klägerseite nicht denkbar.[50] Vorliegend kann man vom Einverständnis der Eheleute ausgehen, da der Prozessbevollmächtigte beide vertritt. **14**

bb) Klageänderung und Rücknahme

Nach der Rechtsprechung ist auch der Fall des Klägerwechsels wie eine Klageänderung zu behandeln.[51] Es stellt sich jedoch die Frage, ob nicht neben § 263 die Regelung des § 269 I analog angewendet werden muss.[52] Denn immerhin bedeutet das Ausscheiden des alten Klägers aus dem Rechtsstreit eine Rücknahme der gegen den Beklagten erhobenen Klage. **15**

Der BGH hat verschiedentlich den Fall eines nach Beginn der mündlichen Verhandlung erklärten, vom Beklagten nicht gebilligten Klägerwechsels ausschließlich über § 263 gelöst, ohne § 269 zu erwähnen.[53] Indes kommt es in diesen Entscheidungen auf die Frage, ob der ursprüngliche Kläger wirksam ausgeschieden ist, nicht an. Ausdrücklich verneint wurde die Anwendbarkeit des § 269 bislang nicht.[54] Der Schwerpunkt lag jeweils bei der Fortsetzung des Rechtsstreits durch den neuen Kläger. Das OLG Nürnberg hat sich mit beachtlichen Gründen gegen die Anwendbarkeit von § 269 ausgesprochen und einen Fall des Klägerwechsels in der Berufung ausschließlich über § 263 gelöst.[55]

Aus unserer Sicht gibt es keinen zwingenden Grund, beim Klägerwechsel anders vorzugehen als beim Beklagtenwechsel. Wenn der Beklagte gemäß § 269 I nach Beginn der mündlichen Verhandlung nicht mehr gegen seinen Willen aus dem Prozess hinausgedrängt werden kann, darf der Kläger sich im Wege des Parteiwechsels ebenfalls nicht ohne Zustimmung des Beklagten einer Sachentscheidung entziehen. Dies gilt nach § 265 II selbst für die Fälle des § 265 I.[56] Auch für den Fall einer Beschränkung des Klageanspruchs prüft der BGH neben § 263 ausdrücklich § 269.[57] Anderes mag gelten, wenn der alte Kläger den Verzicht nach § 306 erklärt, was aber kaum vorkommt.

---

49 OLG Jena FamRZ 2001, 1619 = BeckRS 2001, 30157785.

50 OLG München NJW-RR 1998, 788.

51 BGH NJW 1976, 239 (240); OLG Düsseldorf MDR 1991, 542 = BeckRS 1991, 30819272.

52 So ausdrücklich Zöller/*Greger* ZPO § 269 Rn. 5; Thomas/Putzo/*Hüßtege* ZPO Vorbem § 50 Rn. 21.

53 BGHZ 16, 317 (321 f.) = NJW 1955, 667, dort jedoch ohne den hier sehr wichtigen Tatbestand; BGH NJW 1988, 128; NJW-RR 2010, 1726: alleine die neue Klägerin zu 2) war Rechtsmittelführerin; vgl. auch BGH NJW 1996, 2799.

54 Auch BGH NJW 1993, 3072 betrifft nur den Beitritt des neuen Klägers und enthält ausdrücklich keine Aussage zum Parteiwechsel nach mündlicher Verhandlung; in BGH GRUR 1996, 865 war die ursprüngliche Klägerin aufgelöst worden; vgl. auch OLG Celle NJW-RR 1998, 206: Klägerwechsel vor mündlicher Verhandlung.

55 OLG Nürnberg MDR 2016, 1112 = BeckRS 2016, 12181.

56 BGH NJW 1996, 2799; 2012, 3642.

57 BGH NJW 1990, 2682; Zöller/*Greger* ZPO § 269 Rn. 5 aE, scheint aus BGH NJW 2003, 2172 (2173) Ziff. 3 auf die Anwendung des § 269 zu schließen.

Wir sollten also bis zur Klärung der Frage durch den BGH auch beim Klägerwechsel auseinander halten:

1. **Ist der alte Kläger aus dem Rechtsstreit wirksam ausgeschieden?**
2. **Ist der neue Kläger Partei des Rechtsstreits geworden?**

Die erste Frage beantwortet sich allein nach § 269 I.[58] Haben die Parteien bereits verhandelt, bedarf der Klägerwechsel hinsichtlich des ursprünglichen Klägers der Einwilligung des Beklagten. Wird diese nicht erteilt, muss der alte Kläger den Erlass eines abweisenden Sachurteils hinnehmen. Nur im Rahmen der zweiten Frage ist § 263 zu prüfen. Es gelten dieselben Grundsätze, wie wir sie im Zusammenhang mit dem Beklagtenwechsel besprochen haben.[59]

16 Im Beispielsfall wäre der ursprüngliche Kläger zweifelsfrei aus dem Rechtsstreit ausgeschieden, da die mündliche Verhandlung noch nicht begonnen hatte, als der Klägerwechsel erklärt wurde. Der Eintritt seiner Ehefrau dürfte als sachdienlich anzusehen sein.

Rückschluss:

Der Klägerwechsel führt, wenn er vor Beginn der mündlichen Verhandlung erklärt wird, zum Ausscheiden des alten Klägers. Wenn der Eintritt des neuen Klägers nicht sachdienlich ist, wird dessen Klage als unzulässig abgewiesen. Stimmt der Beklagte dem nach mündlicher Verhandlung erklärten Klägerwechsel nicht zu, so bleibt der ursprüngliche Kläger Partei des Rechtsstreits. Der neue Kläger kann – Sachdienlichkeit vorausgesetzt – neben ihn treten.

cc) Unwirksame Rücknahme

17 Wird der Klägerwechsel nach mündlicher Verhandlung erklärt und stimmt der Beklagte nicht zu, kann es sich demzufolge ergeben, dass nunmehr auf der Klägerseite zwei Parteien stehen.

> **Beispiel:** Eine ärztliche Verrechnungsstelle klagt den Honoraranspruch eines Arztes gegen seinen Patienten ein. Nach mündlicher Verhandlung stellt sich heraus, dass die Abtretung der Forderung an die Verrechnungsstelle mangels Einwilligung des Patienten unwirksam war.[60] Daraufhin erklärt der Prozessbevollmächtigte der Klägerin in deren Namen und im Namen des Arztes, dieser trete nunmehr anstelle der ursprünglichen Klägerin in den Rechtsstreit ein. Der Beklagte widerspricht.

Die Verrechnungsstelle bleibt nach § 269 I Klägerin; insoweit wird die Klage mangels Aktivlegitimation abgewiesen. Der Eintritt des Arztes ist sachdienlich und damit zulässig. Das Gericht kann über den Bestand seines Anspruchs in der Sache entscheiden.

Schellhammer hält in diesem Fall den Beitritt des neuen Klägers offenbar für unzulässig.[61] Unserer Auffassung nach beruft er sich hierbei zu Unrecht auf den BGH[62], der zwar den Eintritt des neuen Klägers allein wegen fehlender Sachdienlichkeit für unzulässig gehalten hat, nicht aber, weil der alte Kläger nicht aus dem Rechtsstreit hätte ausscheiden dürfen. Gerade für den Fall einer fehlenden Aktivlegitimation des ursprünglichen Klägers erscheint uns das mit der Rechtsprechung des BGH zu erzielende

58 Eindeutig auch Zöller/*Greger* ZPO § 263 Rn. 30 mwN; die als aA zitierte Entscheidung BGHZ 65, 264 = NJW 1976, 239 betraf nur den Beitritt weiterer Kläger.

59 S. → Rn. 6 ff.

60 Vgl. näher zu diesem Problem BGH NJW 1991, 2955; OLG Köln NJW 1993, 793.

61 *Schellhammer* Zivilprozess Rn. 1684.

62 BGH NJW 1988, 128.

Ergebnis sachgerecht. Der Parteivortrag wird sich in Bezug auf die Forderung durch den Eintritt eines neuen Klägers in den Rechtsstreit praktisch nicht ändern. Das Gericht kann also den Streit in der Sache ohne erheblichen zusätzlichen Aufwand beenden. Wer anders entscheidet und den Eintritt des neuen Klägers nicht zulässt, provoziert unnötig einen weiteren Rechtsstreit.

dd) Eintritt in den Rechtsstreit

Der neue Kläger übernimmt den Rechtsstreit so, wie er ihn vorfindet; schließlich ist **18**
er freiwillig in den Prozess eingetreten. An tatsächliche Vorgänge, wie etwa ein Geständnis des alten Klägers oder an eine diesem gegenüber erfolgte Fristsetzung, ist er nicht gebunden.[63] Andernfalls sähe er sich doch nur veranlasst, eine neue Klage einzureichen, was dem Gebot der Prozesswirtschaftlichkeit widerspräche. Eine Fristwahrung, die der alte Kläger durch die Klageerhebung herbeigeführt hat, wirkt für den neuen nicht.[64]

ee) Kostenentscheidung

Der ausscheidende Kläger trägt seine Kosten selbst. Zur Kostenverteilung im Übri- **19**
gen sind in der Rechtsprechung verschiedene Ansichten vertreten worden:

- Der ausscheidende Kläger hat die bis zum Klägerwechsel angefallenen Kosten in vollem Umfang zu tragen.[65] Diese Ansicht halten wir nicht für vertretbar, weil nicht einzusehen ist, dass der neue Kläger unabhängig vom Ausgang des Rechtsstreits möglicherweise überhaupt nicht mit Kosten belastet wird.
- Der ausscheidende Kläger trägt die infolge seiner Klageerhebung entstandenen Mehrkosten.[66]
- Der ausscheidende Kläger ist nach den für den Streitgenossenprozess entwickelten Grundsätzen an den Kosten des Rechtsstreits zu beteiligen.[67]
- Der alte Kläger hat die ihm auferlegten Kosten insoweit nicht zu tragen, als der neue sie nach dem Ergebnis des Rechtsstreits tragen muss.[68]

Die zweite und die dritte Ansicht setzen den Streit um die kostenmäßige Behandlung der Teil-Rücknahme fort.[69] Wer dem ausscheidenden Kläger nur Mehrkosten auferlegen will, stellt ihn sehr günstig, da solche Kosten beim Beklagten kaum entstehen.

Folgt man der dritten Ansicht, errechnen sich die auf die Parteien entfallenden Kostenanteile nach den beim Beklagtenwechsel dargelegten Grundsätzen.[70] Dem ausscheidenden Kläger sind von den bis zum Parteiwechsel entstandenen Kosten des Beklagten die Anwaltsgebühren zur Hälfte und die allein wegen seiner eigenen Prozessbeteiligung angefallenen Mehrkosten in vollem Umfang aufzuerlegen; die gerichtliche Verfahrensgebühr trägt er ebenfalls zur Hälfte.[71] Da die auf den alten Kläger entfallenden Kosten kaum einmal abtrennbar sein dürften,[72] ist die Kostenentscheidung grundsätzlich ein-

63 Thomas/Putzo/*Hüßtege* ZPO Vorbem § 50 Rn. 21.
64 OLG Oldenburg MDR 2001, 814 = BeckRS 2001, 30161881.
65 OLG Stuttgart NJW 1973, 1756.
66 OLG Düsseldorf MDR 1974, 147; OLG Zweibrücken JurBüro 2004, 494; OLG Hamm MDR 2007, 1447 = BeckRS 2007, 14921.
67 LG Frankfurt a.M. MDR 1987, 591; OLG Brandenburg MDR 2004, 842 = BeckRS 2004, 05131.
68 OLG Hamburg OLGR 2001, 399.
69 → A Rn. 197 ff. und → Rn. 11 f.
70 → Rn. 11 f.
71 LG Frankfurt a.M. MDR 1987, 591.
72 Anders als beim Beklagtenwechsel, vgl. → Rn. 11.

heitlich im Urteil zu treffen; eine getrennte Vorab-Entscheidung beim Ausscheiden des alten Klägers kommt regelmäßig nicht in Betracht.[73]

Die vierte Ansicht erscheint zwar gerecht, es ist aber fraglich, ob der in ihr liegende Widerspruch zwischen der an sich bejahten Kostenbelastung des alten Klägers und der am Ende zu klärenden Kostenbelastung des neuen Klägers in der Praxis leicht umzusetzen ist.

c) Gutachten und Urteil

aa) Gutachten

20 Im Gutachten sind eventuelle Zweifel an der Zulässigkeit des Parteiwechsels vor den Prozessvoraussetzungen und den materiell-rechtlichen Fragen zu klären. Denn nur wenn feststeht, wer Partei ist, können die übrigen Punkte beurteilt werden. Das hat sogar Vorrang vor einer evtl. erforderlichen Auslegung des Klageantrags.[74]

bb) Urteil

21 In das Rubrum des Urteils sind fortlaufend durchnummeriert die alten und die neuen Parteien ohne weitere Zusätze wie »früherer Kläger« usw. aufzunehmen. Zur Wahrung der historischen Reihenfolge bezeichnet man die früher beteiligte Partei als »Kläger/Beklagter zu 1)«, die später hinzugetretene Partei folgt an der zweiten Stelle. Das Rubrum unterscheidet sich daher nicht von demjenigen des Streitgenossenprozesses.[75] Die Erwähnung der früheren Parteien ist erforderlich, weil das Urteil in aller Regel eine Kostenentscheidung enthält, die sich auch auf die ausgeschiedene Partei bezieht. Außerdem muss der Parteiwechsel als Teil der Prozessgeschichte in den Tatbestand aufgenommen werden, weshalb die vorgeschlagene Gestaltung des Rubrums sich aus praktischen Gründen ebenfalls empfiehlt.

Wenn es ausschließlich um die Kostenentscheidung geht, wird der Parteiwechsel am Ende des Tatbestands in der Prozessgeschichte dargestellt. Nur wenn eine Schilderung an früherer Stelle zum Verständnis der Anträge oder des Beklagtenvorbringens erforderlich ist, wird der Parteiwechsel vor den Anträgen mitgeteilt.

> Ursprünglich hat der Kläger zu 1) den Anspruch geltend gemacht. Vor Beginn der mündlichen Verhandlung (oder: Mit Schriftsatz vom ...) haben die Kläger mitgeteilt, der Kläger zu 2) solle an die Stelle des Klägers zu 1) treten, worin sie einen zulässigen Parteiwechsel sehen. Der Kläger zu 2) beantragt, ...
>
> (oder:)
>
> Anfangs hat der Kläger die Klage gegen den Beklagten zu 1) gerichtet. Nach Beginn der mündlichen Verhandlung (Mit Schriftsatz vom ...) hat er erklärt, dass er im Wege des Parteiwechsels nunmehr den Beklagten zu 2) in Anspruch nehmen wolle. Dem haben die Beklagten nicht zugestimmt.
>
> Der Kläger beantragt,
> den Beklagten zu 2) zu verurteilen, ...
>
> Die Beklagten beantragen,
> die Klage abzuweisen.

---

73 OLG Celle MDR 2004, 410 = BeckRS 2004, 01336; der aA von OLG Hamm MDR 2007, 1447 = BeckRS 2007, 14921 wird nicht zu folgen sein.

74 S. → A Rn. 77, → B Rn. 50.

75 → B Rn. 3.

Der Beklagte zu 1) beantragt den Erlass eines Versäumnisurteils.[76]
Seiner Meinung nach ist er weiterhin Partei des Rechtsstreits, sodass gegen den Kläger, der ihn betreffend keinen Sachantrag gestellt hat, ein abweisendes Versäumnisurteil ergehen müsse. Der Beklagte zu 2) hält seine Einbeziehung in den Rechtsstreit mangels Sachdienlichkeit für unzulässig.

In den Entscheidungsgründen wird der Parteiwechsel am Anfang behandelt.

Der Kläger zu 1) ist nicht mehr Partei des Rechtsstreits. Vielmehr ist im Wege des zulässigen Parteiwechsels der Kläger zu 2) an seine Stelle getreten.

(oder:)

Beide Beklagten sind Partei des Rechtsstreits. Der Beklagte zu 1) ist trotz des vom Kläger erklärten Parteiwechsels nicht aus dem Verfahren ausgeschieden. Demgegenüber ist die in der Erklärung des Parteiwechsels liegende Klageerhebung gegen den Beklagten zu 2) zulässig.

III. Parteierweiterung

Die Einbeziehung weiterer Parteien in einen Rechtsstreit muss nicht notwendig mit einem Parteiwechsel einhergehen. Sie ist auch unabhängig hiervon möglich. 22

Beispiel: Der Kläger ist von mehreren Tätern verprügelt worden. Einen von ihnen kann er namhaft machen. Er nimmt ihn im Klagewege auf Schadensersatzleistung in Anspruch. Während des Rechtsstreits bringt er Namen und Anschrift eines Mittäters in Erfahrung. Auf diesen erweitert er die Klage.

Der Kläger muss dem neuen Beklagten eine dem § 253 II Nr. 2 genügende Klageschrift zustellen lassen. Sein Vorgehen ist zulässig, wenn bei den nunmehr zwei Beklagten die Voraussetzungen der §§ 59 ff. erfüllt sind und wenn die Klageerweiterung iSd § 263 sachdienlich ist.[77] Das dürfte im Beispielsfall zu bejahen sein, zumal bei getrennten Verfahren nach § 147 eine Verbindung in Betracht käme. Fehlt es an der Sachdienlichkeit, wird das Verfahren gegen den Mittäter nach § 145 abgetrennt. In der zweiten Instanz ist die Erweiterung auf einen zusätzlichen Beklagten ausnahmsweise bei Zustimmung oder deren rechtsmissbräuchlicher Verweigerung zulässig.[78] Auch für den neuen Beklagten bleibt die Entscheidung des Berufungsgerichts ein Urteil der zweiten Instanz, sodass für ein Rechtsmittel die Vorschriften über die Revision zum Tragen kommen.[79] Die Literatur ist – wie auch beim Parteiwechsel – gegen die entsprechende Anwendung des § 263 eingestellt.[80] Tritt ein neuer Kläger dem Rechtsstreit bei, brauchen dem Beklagten, der den Sach- und Streitstand kennt, Abschriften der Klage nicht noch einmal zugestellt zu werden. Der neue Kläger muss lediglich dartun, dass auch er nunmehr Ansprüche gegen den Beklagten geltend macht. Der Beitritt eines neuen Klägers bedarf nach §§ 59 ff. der Zustimmung der vorher bereits am Rechtsstreit beteiligten Kläger.

Die lediglich hilfsweise erklärte Parteierweiterung ist nicht zulässig, wie auch die hilfsweise Klageerhebung gegen einen Dritten nicht in Betracht kommt.[81]

76 → H Rn. 11.
77 BGH NJW 1976, 239 (240); 1989, 3225; NJW-RR 1986, 356.
78 BGH NJW 1997, 2885; 1999, 62.
79 BGH NJW 1999, 62 (noch zum alten Revisionsrecht, aber fortgeltend).
80 Zöller/*Greger* ZPO § 263 Rn. 21; Thomas/Putzo/*Hüßtege* ZPO Vorbem. § 50 Rn. 25.
81 BGH WM 1972, 1315 (1318) = NJW 1972, 2302, Nr. 2 Ls.; OLG Hamm MDR 2005, 533 = BeckRS 9998, 05356; vgl. auch → K Rn. 2.

Einen Sonderfall stellt die Widerklage gegen Dritte dar, die wir an anderer Stelle besprechen.[82]

IV. Weitere Überlegungen des Anwalts

23 Parteiänderungen bieten den Vorteil, dass sie meist eine beschleunigte Erledigung des Rechtsstreits zur Folge haben und verglichen mit einer neuen Klageerhebung generell zu einer Einsparung bei den Gerichtskosten und im Fall gleich bleibender anwaltlicher Vertretung auch zu Einsparungen bei den außergerichtlichen Kosten führen.

Ergeben sich auf Klägerseite Zweifel an der Aktivlegitimation, zB infolge unwirksamer Abtretung, ist vor der Erklärung eines Wechsels zum wahren Anspruchsinhaber zu prüfen, ob dieser Mangel nicht zB durch eine erneute, wirksame Abtretung geheilt werden kann. Das ist eine materiell-rechtliche Frage. Prozessrechtlich ist die Klägerseite weder auf eine Zustimmung des Beklagten noch auf das positive Ergebnis einer Sachdienlichkeitsprüfung angewiesen.[83] Das Kostenrisiko aus § 93 besteht bei allen denkbaren Fallvarianten in gleicher Weise; es ist nicht zuletzt wegen der Wirkungen eines Anerkenntnisurteils der Aussicht auf einen Prozessverlust vorzuziehen. Richtet sich eine Klage gegen den falschen Beklagten, ist der Parteiwechsel in der Regel die nächstliegende Lösung. In beiden Fällen ist die Lage wegen § 269 I vor der mündlichen Verhandlung günstiger, sodass man nicht bis dahin abwarten darf, sondern schnell handeln muss.

V. Rubrumsberichtigung

1. Identität der Parteien

24 Die Rubrumsberichtigung ist eine Klarstellung der Parteibezeichnung. Sie setzt voraus, dass die Identität der betroffenen Partei feststeht und durch die geänderte Bezeichnung nicht berührt wird.[84]

Beispiele:
- Der Insolvenzverwalter hat irrtümlich nicht als Partei kraft Amtes, sondern als »gesetzlicher Vertreter« des Gemeinschuldners Klage erhoben.
- Der Kläger will die X-GmbH verklagen, bezeichnet seinen Prozessgegner aber fälschlich als KG. Die Klageschrift wird zu Händen des Geschäftsführers der GmbH zugestellt. Eine KG gleicher Firma ist am Sitz der GmbH nicht existent.
- Die Gesellschafter einer GbR haben an deren Stelle Klage erhoben und stellen den Irrtum klar.[85]
- Die Klage gegen eine nicht existente GmbH wird auf die GbR und deren Gesellschafter umgestellt.[86]

---

82 S. → M Rn. 26 ff.

83 Vgl. → Rn. 14 ff.

84 BGH NJW 1981, 1453 ff.; 1983, 2448; 1994, 3288; 1997, 1236; OLG Hamm JuS 1991, 513 = NJW-RR 1991, 188; OLG Köln GmbHR 1997, 601; OLG Saarbrücken VersR 1997, 435; OLG Düsseldorf ZInsO 2003, 663; OLGR Düsseldorf 2007, 491 und 492; eingehend *Weimann/Terheggen* NJW 2003, 1298; → Rn. 1.

85 BGH NJW 2003, 1043; NJW-RR 2006, 42; NJW 2006, 2191.

86 BGH NJW 2001, 1056 (1060); OLG Zweibrücken NJW-RR 2002, 212.

Eine Änderung der Parteibezeichnung ist sowohl während des Rechtsstreits als auch nach Erlass des Urteils, in diesem Falle nach § 319, möglich. Denn für die Parteien stand jeweils fest, wer genau Partei sein sollte.

2. Gutachten und Urteil

Abgrenzungsfragen werden im Rahmen einer an den Anfang des Gutachtens zu stellenden »Klärung der Prozessbeteiligung«[87] behandelt. Ist ein Parteiwechsel und nicht eine bloße Berichtigung gewollt, muss man sich weiter mit der Frage auseinandersetzen, ob die Einbeziehung einer neuen Partei in den Rechtsstreit sachdienlich ist und ob die Klage hinsichtlich der nach dem Willen der Klägerseite ausscheidenden Partei wirksam zurückgenommen werden konnte. 25

Erst wenn feststeht, für wen und gegen wen in zulässiger Weise mit der Klage Rechtsschutz begehrt wird, darf man sich den Prozessvoraussetzungen und der Sachprüfung zuwenden.

In das Rubrum des Urteils wird alleine die berichtigte Parteibezeichnung aufgenommen. Die Berichtigung wird nur erwähnt, wenn Anlass besteht, Abgrenzungsfragen zu behandeln. In diesem Fall ist im Tatbestand, als Prozessgeschichte vor den Anträgen, auf den Vorgang kurz hinzuweisen:

> Der Kläger hat die Klage ursprünglich gegen die »XYZ-GmbH« gerichtet. Im weiteren Verlauf des Rechtsstreits hat er jedoch erklärt, die Bezeichnung der Beklagten laute richtig »ZYX-GmbH«. Seiner Auffassung nach liegt hierin kein Parteiwechsel, sondern lediglich eine Rubrumsberichtigung.

VI. Exkurs: Zwischenurteile

1. Arten von Zwischenurteilen

Das Gesetz kennt vier Arten von Zwischenurteilen: 26

a) Zwischenurteile gegenüber Dritten

Gemäß § 71 (Zulassung der Nebenintervention), § 135 (Rückgabe einer Urkunde durch Anwalt) und § 387 (Zulässigkeit der Zeugnisverweigerung, gemäß § 402 auf Sachverständige entsprechend anwendbar) hat das Gericht die Möglichkeit, Streitigkeiten, die nicht zwischen den Parteien des Rechtsstreits aufgekommen sind, sondern aus dem Verhalten von Drittbeteiligten herrühren, durch Erlass eines Zwischenurteils zu beenden. 27

Das Zwischenurteil ergeht nicht von Amts wegen, sondern nur auf Antrag einer Partei (nicht: eines Drittbeteiligten).[88] Es kann mit einem streitigen Endurteil verbunden werden.

Gegen Urteile im Zwischenstreit kann sofortige Beschwerde eingelegt werden.[89] Damit ist der Gesetzgeber einen »Kompromiss« zwischen Urteils- und Beschlussverfahren eingegangen. Der Erlass eines Urteils führt die Wirkungen des § 318 herbei; die

87 Vgl. → Rn. 20.

88 Vgl. Zöller/*Vollkommer* ZPO § 71 Rn. 1; § 135 II; OLG Köln JMBl. NW 1989, 188; OLG Frankfurt a.M. NJW-RR 2012, 832.

89 Auch bei Verbindung mit einem Endurteil, OLGR Hamm 2003, 246.

Zulässigkeit der sofortigen Beschwerde garantiert Klarheit binnen kurzer Frist, § 569 I, eine Erleichterung beim Anwaltszwang, § 571 IV, und eine zeitsparende Überprüfung. Die Rechtsbeschwerde gegen ein Zwischenurteil, das vom Landgericht als Rechtsmittelgericht oder vom OLG erlassen wurde, ist nicht statthaft.[90]

b) Zwischenurteil nach § 280

28 Gemäß § 280 kann das Gericht anordnen, dass über die Zulässigkeit der Klage abgesondert verhandelt wird. Auf diese Verhandlung hin kann ein Zwischenurteil über die Zulässigkeit oder über einzelne Prozessvoraussetzungen ergehen, das in Betreff der Rechtsmittel als Endurteil anzusehen, also berufungsfähig bzw. revisibel ist.

Wird die streitige Zulässigkeitsvoraussetzung bejaht, ergeht ein feststellendes Zwischenurteil.

> Es wird festgestellt, dass das angerufene Gericht für die Klage örtlich zuständig ist.[91]
>
> (oder:)
>
> Es wird festgestellt, dass der Kläger parteifähig (zB ein Verein)/prozessfähig[92] ist.
>
> (oder:)
>
> Es wird festgestellt, dass der Rechtsstreit unterbrochen/nicht unterbrochen ist.[93]

Verneint das Gericht die Zulässigkeit der Klage, ergeht trotz der abgesonderten Verhandlung ein abweisendes Prozessurteil.[94]

> Die Klage wird (als unzulässig) abgewiesen.

c) Zwischenurteil nach § 303

29 Die Vorschrift des § 303 bezieht sich auf Zwischenstreite, die weder unter § 280 fallen noch Fragen der Begründetheit betreffen.

> **Beispiele:**
> - Wiedereinsetzungsgesuch, § 238 I 2
> - Widerruf eines Geständnisses[95]

Das nach § 303 erlassene Zwischenurteil kann grundsätzlich nicht selbstständig angefochten werden. Es dient alleine der Selbstbindung des Gerichts, § 318. Ausnahmen gelten, wenn andernfalls der Justizgewährungsanspruch verweigert würde.

> **Beispiel:** Feststellung der Unterbrechung nach § 240, wenn der Kläger hiergegen einwendet, die von ihm erhobene Forderung sei vom Anlass der Unterbrechung nicht betroffen.[96]

---

90 BGH NJW-RR 2013, 490.

91 Wegen § 513 nicht berufungsfähig, BGH NJW-RR 2001, 930 (zu § 512a aF); für die geschäftsplanmäßige Zuständigkeit vgl. OLG Karlsruhe NJW-RR 2013, 437.

92 Im Streit hierzu gilt die Partei zunächst als partei-/prozessfähig, BGH NJW 1957, 989; 1990, 1734.

93 BGH NJW-RR 2006, 288; 2006, 913.

94 Wohl allg. Meinung, Zöller/*Greger* ZPO § 280 Rn. 6; Thomas/Putzo/*Reichold* ZPO § 280 Rn. 4; Prütting/Gehrlein/*Geisler* ZPO § 280 Rn. 6; für den Sonderfall der Einrede der Prozesskostensicherheit vgl. BGH NJW 1988, 1733.

95 Weitere Beispiele bei Zöller/*Vollkommer* ZPO § 303 Rn. 6; Prütting/Gehrlein/*Thole* ZPO § 303 Rn. 4.

96 BGH NJW 2004, 2983; 2005, 290; NJW-RR 2006, 288.

Dic höhere Instanz überprüft im Rahmen des gegen das Schlussurteil eingelegten Rechtsmittels nach §§ 512, 557 II auch das Zwischenurteil.

d) Das Grundurteil nach § 304

aa) Voraussetzungen

Das Grundurteil[97] ist ein Zwischenurteil besonderer Art. Es bezieht sich auf die materielle Begründetheit des Anspruchs und kommt im Wesentlichen bei Leistungsklagen, aber im Einzelfall auch bei der Feststellungsklage oder der Anfechtungsklage in Betracht.[98] Sein Erlass ist im Wesentlichen von folgenden Voraussetzungen abhängig: 30

- Die Klage muss einen bezifferten oder sonst mengenmäßig bestimmten Anspruch zum Gegenstand haben; sie muss sich also auf Zahlung oder auf die Leistung anderer vertretbarer Sachen richten, da andernfalls eine Unterscheidung zwischen »Grund« und »Betrag« nicht möglich ist.[99] Klagen auf Abgabe einer Willenserklärung oder auf Herausgabe bestimmter Gegenstände sind daher nicht grundurteilsfähig.[100]
- Grund und Betrag müssen streitig sein; dennoch ist ein Anerkenntnisgrundurteil aus praktischen Gründen zulässig;[101] außerdem ist ein Grundurteil bei einem unbezifferten Leistungs-[102] oder Feststellungsantrag grundsätzlich unzulässig;[103] hat jedoch die Feststellungsklage (auch) einen streitigen Betrag zum Gegenstand, kann ausnahmsweise ein Grundurteil ergehen.[104] Zudem kann die Auslegung eines aus solchen Gründen unzulässigen Grundurteils ergeben, dass ein Feststellungsurteil vorliegt.[105]
- Der geltend gemachte Anspruch muss mit hoher Wahrscheinlichkeit der Höhe nach zumindest teilweise bestehen.[106] Ausgangspunkt ist der Sachvortrag des Klägers, nicht hingegen eine hypothetisch abstrakte Schadensberechnung.[107]
- Die Entscheidung über den Grund muss der Vereinfachung und Beschleunigung des Rechtsstreits dienen (Ermessensfrage)[108] und den Grund betr. den beschiedenen Anspruch vollständig und abschließend klären.[109] Alternative Anspruchsgrundlagen müssen vollständig bejaht werden können.[110] Droht eher eine Verzögerung, ist sie unzulässig.[111]
- Die Entscheidung über den Grund eines hilfsweise geltend gemachten Anspruchs kann erst ergehen, wenn feststeht, dass der Hauptantrag keinen Erfolg hat.[112]

---

97 Vgl. aus jüngerer Zeit: *Keller* JA 2007, 433.

98 BGH NJW 1994, 3295; 1995, 1093 (1095); NJW-RR 2005, 928.

99 Vgl. BGH NJW 1990, 1366; 1991, 1048; 1991, 1896; 2001, 224; NJW-RR 1994, 319; 2005, 1008.

100 BGH NJW-RR 2013, 363.

101 Vgl. LG Mannheim MDR 1992, 898; Zöller/*Vollkommer* ZPO § 307 Rn. 7; aA Prütting/Gehrlein/*Thole* ZPO § 304 Rn. 6.

102 BGH NJW 2001, 155; 2005, 1420 (1422).

103 BGH NJW-RR 1994, 319.

104 BGH JZ 1995, 468; NJW 2002, 302.

105 BGH NJW 2005, 1420 (1422).

106 BGH MDR 1980, 925; NJW 2004, 2526; s. auch → N Rn. 16.

107 BGH MDR 2012, 179.

108 BGH MDR 1980, 925.

109 BGH NJW-RR 2007, 305; NJW 2017, 265.

110 BGH NJW 2017, 268.

111 BGH NJW 2016, 3244.

112 BGH NJW-RR 1992, 290; vgl. auch → K Rn. 1.

- Ein Grundurteil über einen Teil des Klageanspruchs (Teil-Grundurteil) ist zulässig, wenn die Gefahr widersprechender Entscheidungen nicht besteht.[113] Seine Rechtskraft erstreckt sich nur auf den beschiedenen Teil; genau so ist bei späterer Erweiterung der Klage der neue Streitgegenstand von der Rechtskraft eines bereits erlassenen Grundurteils nicht erfasst.[114]
  Beim Teil-Grundurteil kommt es bisweilen zu Fehlern der Gerichte. Fordert der Kläger zB nach einem Verkehrsunfall mit beziffertem Antrag Schadensersatz und zusätzlich Feststellung seines Zukunftsinteresses,[115] wird bisweilen ein Grundurteil erlassen, ohne den Feststellungsantrag zu erwähnen. Als Teilurteil ist dieses Urteil wegen der Divergenzgefahr nicht zulässig;[116] als Grundurteil kann es in Bezug auf den Feststellungsantrag nicht ergehen.[117] Bisweilen ergibt die Auslegung, dass dem Feststellungsantrag entsprochen wurde. Da eine Umdeutung in ein Teil-Grundurteil und ein Teil-Endurteil über den Feststellungsantrag in der Regel nicht in Betracht kommt,[118] bleiben dem Gericht der höheren Instanz aber normalerweise nur Aufhebung und Zurückverweisung.[119]

bb) Grund und Höhe

31 Zum »Grund« des Anspruchs zählen die anspruchsbegründenden Tatsachen und alle Einreden im Sinne der ZPO[120]. Grundsätzlich müssen also die Voraussetzungen der Anspruchsnorm bejaht und hiergegen gerichtete Einreden verneint werden, damit ein Grundurteil ergehen kann.[121] Im Interesse der Prozesswirtschaftlichkeit wird dieser Grundsatz allerdings sehr großzügig gehandhabt. Allgemein reicht es aus, wenn hinreichend gesichert ist, dass sich im Betragsverfahren für den Kläger überhaupt ein Anspruch ergibt; Einwände, die den Grund nur teilweise erfassen, stehen dem Erlass des Grundurteils nicht entgegen.

Beispiele:
- Setzt sich die Klageforderung aus mehreren selbstständigen Ansprüchen zusammen (verschiedene Schäden aus einem Unfall, Ansprüche aus mehreren Verträgen), kann ein Grundurteil nur dann ergehen, wenn der streitige Anspruchsgrund für alle Ansprüche zu bejahen ist.[122] Wenn hinsichtlich einzelner bloßer Rechnungsposten eines einheitlichen Schadens noch offen ist, ob sie überhaupt berechtigt sind, kann ein Grundurteil ergehen.[123] Bei einer Teilklage ist eine Vorabentscheidung über den Grund (§ 304 ZPO) möglich, wenn sich der Gesamtanspruch aus mehreren selbstständigen Forderungen zusammensetzt, von denen einzelne unbegründet sind, die Übrigen aber erwarten lassen, dass dem Kläger im Nachverfahren ein Betrag zugesprochen wird.[124] Sind einzelne, abgrenzbare Schadenspositionen unbegründet, müssen sie abgewiesen werden; es ist unzulässig, die Entscheidung dem Höheverfahren vorzubehalten.[125]

---

113 BGH NJW 2001, 155; vgl. auch → N Rn. 11.
114 BGH NJW 2001, 2169.
115 Vgl. → O Rn. 13 ff.
116 Vgl. → N Rn. 11.
117 BGH NJW 2001, 155; 2002, 302.
118 BGH NJW-RR 2002, 1576.
119 Ausnahme: BGH NJW 2001, 78.
120 BGH NJW 2015, 3453; Thomas/Putzo/*Reichold* ZPO § 304 Rn. 6 ff.; zum Begriff der Einrede vgl. → A Rn. 66.
121 BGH NJW 1981, 1953; 2001, 225; NJW-RR 2007, 305; 2008, 1397.
122 BGH NJW 2001, 224; 2015, 3453; OLG Celle NJW 2015, 90.
123 BGH NJW 1989, 2745.
124 BGH NJW 1993, 1779.
125 BGH NJW 2000, 3423.

- Fragen der haftungsausfüllenden Kausalität können, sofern die Entstehung eines Schadens als solche hinreichend gesichert ist, dem Betragsverfahren überlassen werden.[126]
- Verteidigt der Beklagte sich mit einer Aufrechnung, kann ein Grundurteil nur ergehen, wenn die Klageforderung in ihrem bereits als gesichert anzusehenden Umfang den Gegenanspruch übersteigt.[127]

Nicht zulässig ist eine Entscheidung über einzelne Elemente des Anspruchsgrunds.

Beispiele:
- Zustandekommen eines Vertrags, wenn die vom Beklagten erklärte, den gesamten Anspruch erfassende Anfechtung noch nicht abschließend behandelt werden kann.[128]
- Im Streit um die Saldoforderung aus einem Kontokorrent müssen die einzelnen Rechnungsposten im Grundverfahren geklärt werden, bevor über den Anspruch ein Grundurteil ergehen kann.[129]

cc) Urteilstenor und -wirkungen

Der *Tenor* lautet: 32

Die Klage ist dem Grunde nach gerechtfertigt.

Aufgrund seiner Eigenschaft als Zwischenurteil kann das Grundurteil nur formell, nicht materiell in Rechtskraft erwachsen. Indes ergibt sich aus § 318 eine Bindungswirkung, die inhaltlich der Rechtskraft entspricht.[130] Das Gericht darf sich mithin zu seinem Grundurteil nicht in Widerspruch setzen. Für den Umfang der Bindungswirkung ist das wirklich Erkannte maßgebend. Was erkannt worden ist, wird durch Auslegung aus der Urteilsformel in Verbindung mit den Urteilsgründen ermittelt, die auch aus diesem Grunde klar gefasst sein müssen.[131]

Erwägungen zur Höhe nehmen an den Bindungswirkungen des Grundurteils nicht teil.[132] Wird hingegen durch die Eingrenzung des Grundes

Beispiel: Bejahung des Anspruchs nur aus GoA, nicht aber aus Vertrag.

die Ausgangslage des Höheverfahrens festgelegt, liegt eine Beschwer des Klägers vor.[133]

In seinen Wirkungen bleibt das Grundurteil hinter einem Feststellungsurteil zurück, da es lediglich die bei seinem Erlass rechtshängigen Ansprüche umfasst.[134] Demgegenüber erstrecken sich die Wirkungen eines Feststellungsurteils auf das gesamte festgestellte Rechtsverhältnis, selbst wenn das Gericht einzelne Aspekte nicht gewürdigt hat.[135]

dd) Haftungsgrenzen und -quoten

Haftungsgrenzen müssen in den *Tenor* des Grundurteils aufgenommen werden.[136] 33
Mitwirkendes Verschulden des Klägers bei der Entstehung eines Schadens berührt

126 BGH VersR 1980, 867; Thomas/Putzo/*Reichold* ZPO § 304 Rn. 6.
127 BGH NJW-RR 2005, 1008.
128 BGH NJW 1978, 1920; 1989, 2745.
129 BGH NJW 1983, 1605; 1991, 1048.
130 BGH NJW 2011, 3242.
131 BGH NJW 2011, 3242; 2013, 1163.
132 BGH NJW-RR 2005, 1157; NJW 2008, 436.
133 BGH MDR 1986, 651; NJW-RR 2007, 138.
134 OLG Stuttgart NJW-RR 1996, 1085.
135 BGH NJW 1982, 2257.
136 BGH NJW 1979, 1046 (heute § 114 VVG).

nach überwiegender Meinung den Grund des Anspruchs und ist daher normalerweise ebenfalls im Tenor zu berücksichtigen.[137] Eine Ausnahme gilt dann, wenn die Mitschuldquote noch nicht feststeht, gleichzeitig aber davon ausgegangen werden kann, dass der Kläger jedenfalls mit einem Teil seines Anspruchs durchdringt. In diesem Fall kann die Entscheidung über mitwirkendes Verschulden des Klägers dem Betragsverfahren vorbehalten bleiben.[138]

> Die Klage ist dem Grunde nach zu $^2/_3$ gerechtfertigt.
>
> (oder:)
>
> Die Klage wird vorbehaltlich der Entscheidung über ein mitwirkendes Verschulden des Klägers für dem Grunde nach gerechtfertigt erklärt.

Beim Anspruch auf Schmerzensgeld ist der Ansatz einer Quote nicht möglich, weil es nur einheitlich festgesetzt werden kann. Ist ein Mitverschulden zu berücksichtigen, heißt es daher zB:

> Hinsichtlich des Schmerzensgeldes ist die Klage unter Berücksichtigung eines Mitverschuldens des Klägers von $^1/_3$ (oder: des in den Entscheidungsgründen dargelegten Mitverschuldens) dem Grunde nach gerechtfertigt.[139]

34 Vorsicht ist geboten, wenn der Kläger, zB im Verkehrsunfall-Prozess,[140] von vornherein nur einen quotenmäßig bestimmten Anteil des Schadens ersetzt verlangt. Kommt das Gericht zu der Erkenntnis, dass ihm eine geringere Quote zusteht, ist bei Erlass eines Grundurteils der begrenzte Umfang der Klage mit zu berücksichtigen.

> (Der Kläger verlangt $^2/_3$ des Schadens ersetzt. Ihm steht dem Grund nach ein Anspruch im Umfang von $^1/_3$ zu. Der Tenor des Grundurteils muss lauten:)
>
> Der Anspruch des Klägers ist dem Grund nach zu $^1/_3$ desjenigen Schadens gerechtfertigt, der ihm aufgrund des Unfalls vom … entstanden ist.

Würde die Klage ohne Bezugnahme auf das Unfallereignis zu $^1/_3$ für gerechtfertigt erklärt, wäre damit festgestellt, dass dem Kläger nur im Umfang von $^2/_9$ ($^1/_3$ von $^2/_3$) ein Anspruch auf Schadensersatz zusteht; ihm würde also zu Unrecht ein Teil des Anspruchs aberkannt. Ob ein solches Urteil durch Auslegung zu retten wäre, erscheint fraglich.[141]

ee) Rechtsmittel

35 Gemäß § 304 II kann das Grundurteil mit dem zulässigen Rechtsmittel angefochten werden.[142] Die Durchführung des Höheverfahrens vor Rechtskraft ist eher unüblich.[143]

137 BGH NJW 1980, 1579; 2011, 3242.
138 BGH NJW 2005, 1935; 2012, 2425.
139 BGH NJW 2002, 3560; vgl. auch BGH NJW 2004, 1243.
140 Vgl. → N Rn. 1 ff.
141 Zur Auslegung des Tenors vgl. → A Rn. 167.
142 Zur Ermittlung der Beschwer BGH NJW-RR 2016, 1150.
143 Zulässigkeit verneinend OLG Celle NJW-RR 2003, 787.

2. Tatbestand und Entscheidungsgründe

a) Tatbestand

Der Tatbestand des Zwischenurteils konzentriert sich auf diejenigen Teile des Parteivortrags, welche für die Entscheidung benötigt werden. Soweit aus Verständnisgründen erforderlich, ist der übrige Sachvortrag kurz zu umreißen. 36

b) Entscheidungsgründe

aa) Streitpunkte

Die Entscheidungsgründe des Zwischenurteils beschränken sich ebenfalls auf den entschiedenen Streitpunkt. Sie müssen deutlich erkennen lassen, welche Fragen entschieden werden und welche dem weiteren Verfahren vorbehalten bleiben.[144]

Im Tatbestand des Schlussurteils wird der Erlass des Zwischenurteils als Prozessgeschichte nur erwähnt, wenn dies dem Verständnis des Urteils dient. Das wird im Fall des § 71 kaum, beim Grundurteil nach § 304 hingegen generell zu bejahen sein.

Beispiel: Die Parteien streiten um die Folgen eines Verkehrsunfalls, der sich … zugetragen hat. Im zwischenzeitlich rechtskräftigen Grundurteil vom … hat die Kammer die Klage für dem Grunde nach gerechtfertigt erklärt. Zur Höhe der von ihm geltend gemachten Ansprüche behauptet der Kläger, …

bb) Prozessuale Nebenentscheidungen

Eine Kostenentscheidung enthalten Zwischenurteile grundsätzlich nicht. Etwas anderes gilt für Zwischenurteile gegenüber Drittbeteiligten (vgl. §§ 71, 135, 387) und gegenüber ausscheidenden Streitgenossen, da hier abtrennbare Kosten anfallen.[145] 37

Da Zwischenurteile in der Hauptsache keinen vollstreckbaren Ausspruch enthalten, kommt eine Vollstreckbarkeitsentscheidung insoweit nicht in Betracht. Ist über Kosten entschieden worden, muss § 794 I Nr. 3 beachtet werden, wonach Entscheidungen, gegen die das Rechtsmittel der Beschwerde stattfindet (§§ 71 II, 135 III, 387 III!), ohne besonderen Ausspruch vorläufig vollstreckbar sind; einer Vollstreckbarkeitsentscheidung bedarf es daher nicht.[146] Anderes gilt in den Fällen des § 280, wenn eine Kostenentscheidung ergeht.

3. Besonderheiten bei der Frage der Zulässigkeit des Parteiwechsels

Streiten die Parteien über die Zulässigkeit eines Parteiwechsels, entscheidet das Gericht auf der Grundlage des § 280, nicht des § 303. § 268 steht der Anfechtbarkeit des Zwischenurteils nicht entgegen.[147] 38

Der Tenor des Urteils mag lauten:

---

144 BGH MDR 2003, 769 = BeckRS 2003, 02036.

145 → A Rn. 181.

146 Vgl. allg. zum Zwischenurteil → Rn. 26 ff.

147 BGH NJW 1981, 989; NJW-RR 1986, 357; bestätigt in NJW 2004, 2983; so auch OLGR Jena 2000, 205; anders für zulässigen Parteiwechsel auf Klägerseite ohne Begründung BGH NJW-RR 1987, 1084; zum Scheinbeklagten → R Rn. 1.

> Der vom Kläger erklärte Parteiwechsel ist wirksam/unwirksam.[148]
>
> (oder:)
>
> Infolge des vom Kläger erklärten Parteiwechsels ist der Beklagte X aus dem Rechtsstreit ausgeschieden. Beklagter ist nunmehr Y.

Geht es um die Frage, ob ein Parteiwechsel oder eine Rubrumsberichtigung vorliegt, kann nur durch Zwischenurteil nach § 303 entschieden werden. Im Tatbestand des Zwischenurteils sollte man die tatsächlichen Grundlagen des Prozesses kurz mitteilen und das Schwergewicht auf den Streit um die jeweilige Zulässigkeitsfrage konzentrieren. Das Zwischenurteil, das unter § 280 fällt, muss hinsichtlich einer im Einzelfall ergehenden Kostenentscheidung für vorläufig vollstreckbar erklärt werden.[149]

4. Besonderheiten beim Streit um die Wirksamkeit eines Prozessvergleichs

39 Der Prozessvergleich hat überwiegender Meinung nach eine doppelte Natur: Er regelt die zwischen den Parteien bestehenden materiell-rechtlichen Beziehungen und führt gleichzeitig, wenn er nicht lediglich als Zwischen- oder Teilvergleich geschlossen wird, zur Beendigung der Rechtshängigkeit und des Rechtsstreits.[150] Vereinbaren die Parteien im Vergleich einen *Rücktritts- oder Widerrufsvorbehalt*, endet der Rechtsstreit mit ungenutztem Ablauf der hierfür vorgesehenen Frist.[151] Haben die Parteien Rücktritt oder Widerruf erst nachträglich vereinbart, bleibt es bei der Beendigung des Rechtsstreits.[152]

Wenn die Wirksamkeit eines Vergleichs nachträglich in Zweifel gezogen wird, müssen wir zwei Fälle voneinander unterscheiden:

1. Der Vergleich kann von Anfang an unwirksam sein, etwa nach § 779 BGB,[153] infolge Anfechtung nach §§ 142 I, 123 I BGB (materiell-rechtlicher Mangel) oder wegen Verstoßes gegen prozessrechtliche Vorschriften, zB gegen § 162 I 1.[154]
2. Die Vergleichsgrundlage kann später weggefallen sein (vgl. § 313 BGB).[155]

Nur bei anfänglicher Unwirksamkeit fehlen dem Vergleich im Normalfall sowohl die materiell-rechtlichen als auch die prozessualen Wirkungen. Der Rechtsstreit ist in diesem Fall also nicht beendet.[156] Fehlt demgegenüber einem Vergleich nur der hinreichend bestimmte, vollstreckungsfähige Inhalt, mag die Auslegung dennoch ergeben, dass die Parteien die materiell-rechtliche Regelung als bindend wollen.[157]

148 Thomas/Putzo/*Hüßtege* ZPO Vorbem § 50 Rn. 28 f.

149 → Rn. 37.

150 BGH NJW 2000, 1942; 2005, 3576; 2015, 2965; vgl. auch → A Rn. 78.

151 BGH NJW 2006, 776.

152 OLG Koblenz MDR 1993, 687.

153 Vgl. BGH NJW 2007, 838.

154 BGH NJW 2014, 394 Rn. 12.

155 BAG NJW 1983, 2212; zur Anwendbarkeit des § 323 ZPO vgl. BGH NJW 1985, 64; 1988, 2473.

156 BGH NJW 1983, 996; 1999, 2903 (auch betr. Rückerstattungsansprüche wegen der aufgrund des Vergleichs erbrachten Leistungen); vgl. auch → A Rn. 78.

157 Vergleichbar BGH NJW 1985, 1962.

Bei nachträglich eintretender Unwirksamkeit bleibt die prozessuale Erledigung des Rechtsstreits erhalten.[158] Der Rücktritt nach § 326 V BGB ist der zweiten Fallgruppe zuzuordnen.[159]

Beruft eine Partei sich auf die anfängliche Unwirksamkeit des Prozessvergleichs, kann sie in dem alten Verfahren die Wirksamkeit des Vergleichs angreifen und Terminierung beantragen.[160] Das mag auch dann in Betracht kommen, wenn eine Partei den Beschluss nach § 278 VI für inhaltlich falsch hält und eine Berichtigung entsprechend § 164 ausscheidet.[161] Die Fortsetzung des alten Rechtsstreits ist der nachstehend zu erörternden Alternative vorzuziehen, wenn der von diesem Rechtsstreit und dem Vergleich erfasste Streitpunkt der einzige geblieben ist. Dann ist dieses Vorgehen günstiger, weil die Kosten kein zweites Mal anfallen.

Alternativ ist eine neue Klage, die den Streitgegenstand des ursprünglichen Rechtsstreits umfasst, zulässig, wenn die Parteien dessen Beendigung durch den Vergleich nicht in Frage stellen. Das hat praktischen Nutzen, wenn der Gegenstand des voraufgegangenen Rechtsstreits und des Vergleichs nur einen Teil der zwischen den Parteien offenen Streitpunkte ausmacht und in einen neuen Rechtsstreit zusätzliche Ansprüche eingebracht werden. Wollte man dies grundsätzlich anders sehen, wären häufig zwei Prozesse zu führen, nämlich einer durch Fortsetzung des alten wegen der von dem Vergleich geregelten Gegenstände und ein neuer für die sonstigen Ansprüche. In den alten Rechtsstreit können diese nämlich jedenfalls dann nicht sinnvoll (etwa durch Klageerweiterung) eingebracht werden, wenn er sich schon im höheren Rechtszug befindet oder wenn der Gegenstand des Vergleichs nach erfolgreicher Anfechtung entscheidungsreif ist, wohingegen über neue Ansprüche Beweis zu erheben wäre.

Die Einbeziehung der vom Vergleich erfassten Gegenstände in einen neuen Rechtsstreit setzt Einvernehmen der Parteien voraus. Das heißt, auch der Beklagte kann bei Erhebung einer neuen Klage die prozessualen Wirkungen des Vergleichs zum Streit stellen und Fortsetzung des alten Rechtsstreits verlangen. Der Einwand, aufgrund der streitigen Unwirksamkeit eines Prozessvergleichs müsse das Ursprungsverfahren fortgesetzt werden, ist allerdings eine verzichtbare prozessuale Rüge, die grundsätzlich vor Beginn der Verhandlung zur Hauptsache bzw. im Rahmen einer vom Gericht gesetzten Klageerwiderungsfrist vorzubringen ist, § 295. Wenn also auf eine neue Klage hin der Gegner sich nicht rechtzeitig auf die prozessualen Wirkungen des Vergleichs beruft und Fortsetzung des alten Rechtsstreits verlangt, findet ohne Rücksicht auf den Streit um die Wirksamkeit des Vergleichs der neue Rechtsstreit statt. Die materiellen Bindungswirkungen des Vergleichs müssen dann eben in diesem neuen Rechtsstreit überprüft werden.[162]

Wird der alte Rechtsstreit fortgesetzt, verhandeln die Parteien zur Sache mit ihren ursprünglichen Anträgen. Ansprüche auf Rückerstattung von Leistungen, die aufgrund des Vergleichs erbracht worden sind, können in dem laufenden Rechtsstreit

158 BGH NJW 1966, 1658; 1986, 1348.

159 BGHZ 16, 388 = NJW 1955, 705 (zu § 326 BGB aF); zum Fehlen der Vergleichsgrundlage BGH NJW 1986, 1346; Zöller/*Stöber* § 794 Rn. 15c.

160 BGH NJW 2014, 394.

161 Vgl. *Abramenko* NJW 2003, 1356; Zöller/*Greger* ZPO § 278 Rn. 35a.

162 BGH NJW 2014, 394.

geltend gemacht werden, wenn der Vergleich die Erledigung nicht herbeigeführt hat.[163] Vor einer Sachentscheidung kann es zum Zwischenstreit über die Frage kommen, ob der Vergleich zur Erledigung des Verfahrensgeführt hat.[164] Bei Unwirksamkeit des Vergleichs ergeht nach pflichtgemäßem Ermessen des Gerichts ein Zwischenurteil, § 280 I, II 1.[165]

Sein Tenor mag lauten:

> Es wird festgestellt, dass der Rechtsstreit durch den Vergleich vom ... nicht beendet worden ist.

Erweist sich der Vergleich jedoch als wirksam, so muss das Gericht die Erledigung des fortgesetzten Rechtsstreits positiv feststellen.[166] Etwa:

> Es wird festgestellt, dass infolge des Vergleichs vom ... die Erledigung des Rechtsstreits eingetreten ist.

Es handelt sich hierbei um ein die Instanz abschließendes Endurteil.[167]

Dieses muss eine Kostenentscheidung enthalten. Wenn der Vergleich eine Kostenregelung enthält – das wird der Normalfall sein – ist nur noch über die weiteren Kosten zu befinden. Sie werden derjenigen Partei auferlegt, welche die Wirksamkeit des Vergleichs erfolglos angefochten hat. Wird bei Unwirksamkeit des Vergleichs der Rechtsstreit durch Sachurteil beendet, ergeht eine normale Kostenentscheidung über sämtliche Kosten des Rechtsstreits. Die Kostenregelung des Vergleichs ist in diesem Falle ja unwirksam und daher unbeachtlich.

Für die Vollstreckbarkeitsentscheidung gelten keine Besonderheiten.

Bei nachträglich eintretender Wirkungslosigkeit des Prozessvergleichs kommt, wie auch beim Streit um die Erfüllung der sich aus dem Vergleich ergebenden Pflichten, § 795, nur ein neuer Rechtsstreit in Betracht.

> **Beispiele:**
> - Vollstreckungsgegenklage nach § 767
> - Klage auf Feststellung, dass die Pflichten aus dem Vergleich nicht mehr bestehen

Auf Rückerstattung bereits erbrachter Leistungen kann neu geklagt werden.[168]

Im Gutachten muss man die Wirksamkeit des Vergleichs vor der Zulässigkeit und der Begründetheit des Sachantrags prüfen.[169]

---

163 BGH NJW 1999, 2903.

164 BGHZ 16, 167 (171) = BeckRS 1955, 31397689.

165 Anders ohne Begründung Thomas/Putzo/*Seiler* ZPO § 794 Rn. 39.

166 BGHZ 16, 388 (389) = NJW 1955, 705.

167 BGH NJW 1996, 3345; auf entspr. Zwischenfeststellungs-Widerklage ergeht demzufolge ein Teilurteil: OLG Köln NJW-RR 1996, 122.

168 BGH NJW 2011, 2141.

169 Vgl. → A Rn. 78; insbes. auch zum Aufbau → A Rn. 85.

S. Berufung

I. Allgemeine Grundsätze

1. Wesen und Wirkungen

a) Rechtsmittel

Die Berufung gehört – neben der Beschwerde und der Revision – zu den *Rechtsmitteln* der ZPO. Der Berufungsführer verfolgt mit der Berufung in Fortsetzung des Rechtsstreits das Ziel, eine ihm ungünstige Entscheidung zu beseitigen und eine ihm günstige Entscheidung zu erreichen. 1

b) Suspensiveffekt

Mit der fristgerechten Einlegung der Berufung wird der Eintritt der Rechtskraft gehemmt (§ 705 S. 2 = *Suspensiveffekt*). Auch bei einer Teilanfechtung wird – abgesehen vom Fall des Rechtsmittelverzichts – die Rechtskraft des gesamten Urteils gehemmt, jedenfalls solange der Rest noch durch Anschließung des Gegners oder durch Erweiterung der Berufung oder der Anschlussberufung angegriffen werden kann.[1] Das ergibt sich auch aus § 537 I. Jedoch erwächst der Teil des Urteils in Rechtskraft, der von der Berufung nicht erfasst ist, auf den der Berufungskläger (etwa mangels Beschwer) die Berufung nicht mehr erweitern und der nach Ablauf der Anschlussberufungsfrist (§ 524 II 2) auch vom Berufungsbeklagten nicht mehr angegriffen werden kann.[2] 2

c) Devolutiveffekt und Zuständigkeit

Über das Rechtsmittel entscheidet die nächsthöhere Instanz (= *Devolutiveffekt*). Das Landgericht entscheidet über die Berufung (und Beschwerde) gegen amtsgerichtliche Entscheidungen, soweit nicht das Oberlandesgericht zuständig ist (§§ 72 I, 119 I Nr. 1 GVG). Zuständiges Gericht für Berufungen gegen Urteile des Landgerichts ist das Oberlandesgericht (§ 119 I Nr. 2 GVG). Dabei ist das Rechtsmittelgericht nach § 17a V GVG an den erstinstanzlich (stillschweigend) bejahten *Rechtsweg* gebunden, und zwar auch dann, wenn das erstinstanzliche Gericht mangels Rüge einer Partei von einer Vorabentscheidung absehen konnte (§ 17a III GVG).[3] Die frühere Zuständigkeit des Oberlandesgerichts als Berufungsinstanz für amtsgerichtliche Urteile mit Auslandsberührung (§ 119 I Nr. 1 b, c GVG aF) ist nicht mehr vorgesehen. 3

Seit Inkrafttreten des FamFG (1.9.2009) gilt die ZPO nicht mehr in *Familiensachen* iSv § 111 FamFG.[4] In diesen Sachen sowie für die *Angelegenheiten der freiwilligen Gerichtsbarkeit* (§ 23a II GVG) durch Beschluss entschieden; das statthafte Rechtsmittel ist die Beschwerde (vgl. §§ 38, 58, 116 FamFG). Für die Beschwerde in diesen Sachen zuständig ist grundsätzlich das Oberlandesgericht (§ 119 I Nr. 1a, b GVG). Nur in Freiheitsentziehungssachen (§ 415 FamFG) und in den von den Betreuungs-

1 BGH NJW 2005, 3067; NJW-RR 2011, 148.
2 OLG Oldenburg NJW-RR 2005, 368.
3 BGH NJW 2008, 3572.
4 Vgl. näher *Schulte-Bunert/Weinreich*, FamFG Kommentar, 5. Aufl. 2016, § 111 Rn. 2 ff.

gerichten entschiedenen Sachen (§§ 271, 312, 340 FamFG) ist das Landgericht nach § 72 I 2 GVG Beschwerdegericht.

d) Zwangsvollstreckung

4 Die Einlegung der Berufung hindert nicht die Vollstreckung aus dem erstinstanzlichen Urteil. Jedoch besteht gemäß §§ 707, 719 die Möglichkeit, dass auf Antrag unter den dort genannten weiteren Voraussetzungen die Zwangsvollstreckung aus dem erstinstanzlichen Urteil einstweilen bis zur Entscheidung über die Berufung eingestellt wird. Wenn das erstinstanzliche Urteil nur gegen Sicherheitsleistung des Berufungsbeklagten vollstreckbar ist, ist der Antrag im Regelfall abzulehnen; etwas anderes gilt nur, wenn der Schuldner darlegt und glaubhaft macht, dass ein darüber hinausgehendes Schutzinteresse vorliegt.[5]

Schutzanträge, etwa nach § 712, müssen grundsätzlich in der Vorinstanz gestellt werden.[6] Versäumt der Schuldner diesen Antrag in der Berufungsinstanz, liegen die Voraussetzungen der § 719 II in der Revisionsinstanz nicht vor, und zwar auch bei einer Entscheidung nach § 522 II.[7]

Bei einer *Teilanfechtung* kann die Partei, die wegen des nicht angefochtenen Teils zur Vollstreckung aus dem erstinstanzlichen Urteil berechtigt ist – das kann im Einzelfall auch der Berufungskläger selbst sein –, nach § 537 beantragen, dass sie wegen des nicht angefochtenen Teils überhaupt oder ohne die von der ersten Instanz angeordnete Sicherheitsleistung vollstrecken kann; erfasst werden daher die Fälle des § 708 Nr. 4–11 iVm §§ 711, 709, 712 I 1, II 2.[8] Nicht anwendbar ist § 537 auf Urteile, die kraft Gesetzes vorläufig vollstreckbar sind, wie zB Arrest und einstweilige Verfügung.[9] Legt der Antragsgegner Anschlussberufung ein, erledigt sich der Antrag nach § 537.[10] Erledigt sich hingegen der nicht angefochtene Teil – etwa durch Erfüllung –, kann die Herabsetzung der für das gesamte Urteil angeordneten Sicherheitsleistung nur mittels eines Antrags nach § 718 erreicht werden.[11]

2. Prüfungskompetenz des Berufungsgerichts

a) Prozessstoff

aa) Grundsätzliche Bindung

5 Das Berufungsverfahren ist eine zweite Tatsacheninstanz, allerdings mit gewissen Einschränkungen. Es ist nach § 513 I als *Fehlerkontroll- und Fehlerbeseitigungsinstrument* konzipiert.[12] Nach § 529 I Nr. 1 Hs. 1 ist das Berufungsgericht an die Tatsachenfeststellung im angefochtenen Urteil grundsätzlich gebunden, während eine rechtliche Bewertung in vollem Umfang zu erfolgen hat. Mit Rücksicht auf die in der

---

5 OLG Jena MDR 2002, 289; OLG Rostock JurBüro 2006, 383; OLG Düsseldorf GRUR-RR 2010, 122.

6 BGH NJW-RR 2006, 1088; WM 2012, 1245.

7 BGH WM 2012, 1245.

8 Prütting/Gehrlein/*Oberheim* ZPO § 537 Rn. 4.

9 Prütting/Gehrlein/*Oberheim* ZPO § 537 Rn. 4.

10 OLG Hamm MDR 1995, 311.

11 OLG Düsseldorf FamRZ 1985, 307; *Groeger* NJW 1994, 431 »Sicherheitsleistung bei vorläufig vollstreckbaren erstinstanzlichen Urteilen – Ermäßigung bei beschränkt eingelegter Berufung«.

12 Vgl. grundsätzlich zum Prozessstoff in der zweiten Instanz BGH NJW 2004, 1876.

Berufung stattfindende Überprüfung des angefochtenen Urteils bestehen insoweit jedoch bedeutsame Ausnahmen:[13]

- § 529 I Nr. 1 Hs. 2: Konkrete Anhaltspunkte begründen Zweifel an der Richtigkeit und Vollständigkeit der entscheidungserheblichen Feststellungen und gebieten deshalb eine erneute Feststellung.[14]
- Verfahrensfehler bei der Tatsachenermittlung erfordern neue Feststellungen, wenn die Entscheidung des Erstrichters darauf beruht (§§ 513 Alt. 1, 529 II).
- § 513 I Alt. 1 iVm § 546: Bei einer rechtsfehlerhaften Erfassung der Tatsachengrundlagen durch das erstinstanzliche Gericht muss eine Korrektur durch das Berufungsgericht erfolgen[15].
- Neue Tatsachen (Noven) können eine neue Tatsachenfeststellung durch das Berufungsgericht erfordern, soweit ihre Berücksichtigung zulässig ist (§§ 529 I Nr. 2, 531 II).[16]
- Die Verletzung des Anspruchs auf einen wirkungsvollen Rechtsschutz (Art. 2 I, 20 III GG). Wenn der Berufungskläger die Richtigkeit der Sachverhaltsfeststellung bestreitet und deren Berichtigung in der Vorinstanz wegen Verhinderung der dort tätigen Richter nicht mehr erreichen kann, gebietet der Anspruch auf einen wirkungsvollen Rechtsschutz (Art. 2 I, 20 III GG) von Verfassungs wegen neue Sachverhaltsfeststellungen.[17] Bei diesem Gesichtspunkt ist allerdings vorab zu fragen, ob er nicht in den vorstehenden Ansätzen seine einfachrechtliche Ausprägung bereits gefunden hat.

Soweit einer der genannten Ausnahmetatbestände vorliegt, ist die Berufungsinstanz also trotz § 513 I eine volle zweite Tatsacheninstanz. Die von der ersten Instanz festgestellten Tatsachen sind erst dann bindend, wenn feststeht, dass kein Ausnahmetatbestand vorliegt. Dies ist gedanklich immer vorweg zu prüfen. Dabei kommt der Regelung des § 529 I Nr. 1 Vorrang zu, weil sich aus allen aufgezeigten Fehlern Anhaltspunkte für Zweifel an der Richtigkeit der entscheidungserheblichen Feststellungen ergeben können.[18]

bb) Rechtliche Bewertungen, Auslegung

Rechtliche Bewertungen sind vom Berufungsgericht ohne Einschränkungen und auch ohne Rüge zu überprüfen.[19] 6

Merke: Falsch ist, die Rechtsprüfung auf die Rügen der Parteien zu beschränken.

So ist auch bei der *Auslegung* von Willenserklärungen und Verträgen eine volle Überprüfung durch das Berufungsgericht erforderlich.[20] Denn bei der Auslegung handelt es sich nicht um eine Tatsachenfeststellung, sondern um eine Würdigung

13 Den Ausnahmecharakter betonend BGH NJW 2005, 1583.
14 Näher → Rn. 13.
15 BGH NJW 2004, 2825; 2828; Zöller/*Heßler* ZPO § 529 Rn. 2.
16 BGH NJW 2004, 2152; 2007, 2414; → Rn. 15 ff.
17 So BVerfG NJW 2005, 657.
18 Näher → Rn. 13.
19 BGH NJW 2004, 2751; 2006, 1589.
20 Vgl. BGH NJW 2004, 2751 mit Nachweisen zu abweichenden Ansichten; bestätigt in BGH NJW 2006, 1589; FamRZ 2010, 459 = NJW-RR 2010, 640 (Erklärung auf den Todesfall).

auf der Grundlage einschlägiger Rechtsnormen. Dasselbe gilt für alle anderen rechtlichen Bewertungen.[21]

Falsch: »Es ist von der Auslegung durch das erstinstanzliche Gericht auszugehen, da eine solche möglich ist und deshalb eine Bindung für das Berufungsgericht besteht«

Richtig:

Es ist zu prüfen, wie der Begriff … auszulegen ist. …

Nur für die der rechtlichen Bewertung zugrunde liegende Tatsachen, wie zB Begleitumstände beim Vertragsabschluss,[22] gelten die vorstehenden Erwägungen zum Prüfumfang in der Berufungsinstanz, dh insoweit gilt § 529.

cc) Rechtsverletzungen

7 Die *Verletzung materiellen Rechts* oder *Verfahrensrechts* im Rahmen der Sachverhaltsermittlung ist nur dann bedeutsam, wenn die Entscheidung darauf beruht (§ 513 Alt. 1). Durch die fehlerhafte Rechtsanwendung muss daher nur die Möglichkeit (nicht: die Gewissheit) einer anderen Sachverhaltsfeststellung gegeben sein.[23] Zur Definition der Rechtsverletzung verweist § 513 Alt. 1 auf § 546, sodass die revisionsrechtliche Rechtsprechung auch für die Berufung iRd § 513 maßgeblich ist. Es muss geprüft werden, ob bei der Ermittlung des Sachverhalts Gesetzesvorschriften fehlerhaft angewendet worden sind.[24]

Beispiele für eine bedeutsame Gesetzesverletzung bei Ermittlung des Sachverhalts:
- Verkennung der Beweislast und deshalb fehlerhafte Annahme der Beweisfälligkeit oder eines non liquet
- Verkennung des Beweismaßes (Anwendung von § 286 statt § 287)
- Verkennung der Anspruchsgrundlage und deshalb fehlerhafte Annahme der Beweisfälligkeit
- Übergehen eines entscheidungserheblichen Beweisantrages
- Entscheidung des Einzelrichters nach Beweisaufnahme, obwohl eine Kammerentscheidung erforderlich war
- Es liegen erkennbar widersprüchliche Gutachten vor und das Gericht stützt seine Feststellungen auf eines dieser Gutachten, ohne dass die eigene Sachkunde erkennbar ist oder andere Anhaltspunkte für die (alleinige) Richtigkeit des betreffenden Gutachtens bestehen.[25]

8 Bei den *Verfahrensfehlern*[26] wird unterschieden zwischen solchen, die von Amts wegen zu berücksichtigen sind, und solchen, die nur geprüft werden, wenn sie nach § 520 III geltend gemacht worden sind (vgl. § 529 II 1). Bei dieser Unterscheidung wird eine Parallele zu § 295 zu ziehen sein; das bedeutet, dass die Unterscheidung danach zu treffen ist, ob an der Einhaltung der Norm ein öffentliches Interesse besteht und deshalb die Parteien darauf nicht verzichten können.[27] Unverzichtbar und deshalb von Amts wegen zu beachten sind Verfahrensvorschriften nur, wenn sie für das Funktionieren des Rechtsschutzes unerlässlich sind.

21 BGH NJW 2006, 1589 (Schmerzensgeldhöhe).
22 Anschaulich BGH VersR 2006, 949.
23 Zöller/*Heßler* ZPO § 513 Rn. 5.
24 KG MDR 2004, 533 = BeckRS 2003, 15204; Zöller/*Heßler* ZPO § 513 Rn. 2; § 529 Rn. 2.
25 BGH NJW 2014, 74.
26 Vgl. näher → Rn. 66.
27 Zöller/*Heßler* ZPO § 529 Rn. 13.

Beispiele:
- Die Vorschriften über den gesetzlichen Richter[28]
- Der Grundsatz »ne ultra petita«, § 308 I

dd) Anträge und Sachvortrag

Das Berufungsgericht ist nach § 528 an die *Berufungsanträge* gebunden. Sie bestimmen den Streitgegenstand der Berufung.[29] Eine Abänderung des angefochtenen Urteils kann nur im Rahmen der in der Berufungsinstanz gestellten Anträge erfolgen, sodass der Prozessstoff in jedem Fall dadurch begrenzt ist. 9

Darüber hinaus stellt sich die Frage, ob auch das schriftsätzlich angekündigte Parteivorbringen, das im Tatbestand des angefochtenen Urteils nicht berücksichtigt wurde, für die zweitinstanzliche Entscheidung von Bedeutung ist. Dies wird von *Gaier*[30] bejaht; er vertritt die Auffassung, dass eine Bindungswirkung nach § 529 I Hs. 1 nicht bestehe, weil keine Feststellung erfolgt sei, jedoch der Hs. 2 dieser Vorschrift zum Tragen komme. Dem ist zu folgen, soweit die Parteien in der mündlichen Verhandlung auf das schriftsätzliche Vorbringen Bezug genommen haben; dies ist im Zweifel immer anzunehmen (§ 137 III).[31] Der BGH[32] hat die Frage noch nicht endgültig geklärt, aber ausgeführt, dass dem Urteilstatbestand für (ausschließlich) schriftsätzliches Vorbringen keine negative Beweiskraft zukomme, dh dass trotz fehlender Erwähnung im Tatbestand dieser Vortrag zu berücksichtigen ist. 10

ee) »Heraufziehen« aus der ersten Instanz

In Ausnahmefällen kann das Berufungsgericht einen beim Gericht der ersten Instanz anhängig gebliebenen Teil des Streites an sich ziehen. Wird zB ein unzulässiges Teilurteil angefochten, fordert der BGH dies sogar, damit die Divergenzgefahr beseitigt werden kann.[33] Eine Erweiterung des Entscheidungsumfangs kann sich auch bei der Stufenklage ergeben.[34] Im Einvernehmen der Parteien kann das Berufungsgericht auch im Übrigen einen Gegenstand, der in der ersten Instanz anhängig ist, mitverhandeln und entscheiden.[35] Eine Ausnahme bildet ferner der Hilfsantrag, wenn in der ersten Instanz über den Hauptantrag positiv entschieden wird und die Berufung der Beklagten insoweit Erfolg hat; der Hilfsantrag wird allein durch die Rechtsmitteleinlegung der Beklagten Gegenstand des Berufungsverfahrens, ohne dass es einer Eventual-Anschlussberufung bedarf.[36] Hat die erste Instanz über einen gestellten Antratg nicht entschieden und diesen Antrag auch nicht im Tatbestand erwähnt, entfällt die Rechtshängigkeit bezüglich dieses Antrags nach Ablauf der Frist des § 321 II, wenn der Kläger in dieser Frist weder die Tatbestandsberichtigung noch die Urteilsergänzung beantragt; erweitert er in der Berufungsinstanz zulässigerweise die Klage um den übergangenen Antrag, muss die zweite Instanz darüber entscheiden.[37] 11

---

28 Vgl. näher Zöller/*Heßler* ZPO § 529 Rn. 13.
29 BGH NJW-RR 2005, 1659.
30 *Gaier* NJW 2004, 110; zum Thema auch *Wach/Kern* NJW 2006, 1315; Zöller/*Heßler* ZPO § 529 Rn. 2 schlägt vor, ggf. dennoch nach § 320 aus Vorsorge einen Tatbestandsberichtigungsantrag zu stellen.
31 Vgl. oben → A Rn. 12.
32 BGH NJW 2004, 1876 = BauR 2004, 1175; NJW-RR 2008, 1566; vgl. auch → A Rn. 40.
33 BGH NJW 1999, 1035 (1036 aE); 2001, 78 (79); vgl. auch → N Rn. 11.
34 Vgl. → N Rn. 19.
35 BGH NJW 1986, 2108.
36 BGH NJW-RR 2005, 220; MDR 2013, 1115 = NJW-RR 2013, 1334; vgl. auch unten → Rn. 60.
37 BGH NJW 2015, 1826.

b) Beweisaufnahme in der zweiten Instanz

aa) Beweiserheblichkeit

12 Bevor man sich mit der Frage befasst, ob die Ergebnisse einer vom Gericht der ersten Instanz durchgeführten Beweisaufnahme Bestand haben, ist selbstverständlich zu prüfen, ob es auf den streitigen Vortrag überhaupt ankommt. Die vollständige rechtliche Beurteilung des Falles (Schlüssigkeit und Erheblichkeit) geht vor. Je nach Ergebnis kann sich eine Auseinandersetzung mit der Beweisaufnahme erübrigen; im Einzelfall kann auch eine Beweiswürdigung nach der Beweisaufnahme überflüssig sein.

Beispiel: Die vom Sachverständigen festgestellten Tatsachen ergeben keinen Mangel.[38]

Die folgenden Ausführungen gelten nur für den Fall, dass streitige Tatsachen auch in der zweiten Instanz streitentscheidend und damit beweiserheblich sind.

bb) Ausgangspunkt: § 529 I Nr. 1 ZPO

13 Bei der Frage, ob das Berufungsgericht eine Beweisaufnahme wiederholen muss oder das Ergebnis der Beweisaufnahme erster Instanz verwerten darf, kommt der Regelung des § 529 I Nr. 1 entscheidende Bedeutung zu. »Konkrete Anhaltspunkte«, die im Sinne der Norm Zweifel begründen, können sich aus gerichtsbekannten Tatsachen, dem Vortrag der Parteien oder aus dem angefochtenem Urteil selbst ergeben; das Tatbestandsmerkmal umfasst alle objektivierbaren rechtlichen oder tatsächlichen Einwände gegen die erstinstanzlichen Feststellungen; bloße subjektive Zweifel, abstrakte Erwägungen oder Vermutungen reichen dagegen nicht.[39] Berechtigte Einwände sind insbesondere

- Verfahrensfehler, ohne dass es einer Rüge bedarf,[40]
- Rechtsanwendungsfehler,[41]
- Berücksichtigung neuer Tatsachen oder Tatsachen, die erstmals berücksichtigt werden müssen,[42]
- lückenhaftes Sachverständigengutachten ohne Ergänzung,[43]
- eine andere Wertung der Beweisergebnisse aufgrund konkreter Anhaltspunkte,[44]
- widersprüchliche Gutachten.[45]

Verfahrensfehler liegen zB dann vor, wenn das Gericht Beweise fehlerhaft erhoben oder unter Verletzung von §§ 286 f. gewürdigt hat[46], ferner, wenn es Tatsachenvortrag der Parteien übergangen oder von den Parteien nicht vorgetragene Tatsachen verwertet hat.[47] Ein nicht seltener Rechtsanwendungsfehler sind die Verkennung der Beweislast[48]

38 KG MDR 2011, 447 = BeckRS 2011, 07360.
39 BGH NJW 2004, 2828; MDR 2009, 1126 = NJW-RR 2009, 1291 (erneute Vernehmung von Zeugen).
40 BGH NJW 2004, 1876; VersR 2006, 950 (unterbliebene Anhörung des Sachverständigen); zu Verfahrensmängeln näher → Rn. 66.
41 BGH NJW 2004, 2825; 2004, 2828.
42 BGH NJW 2004, 2152; 2005, 291; 2007, 2414.
43 BGH NJW 2004, 2828.
44 BGH NJW 2005, 1583 unter Bezugnahme auf BVerfG NJW 2003, 2524 und 2005, 1487; mAnm *Manteuffel* NJW 2005, 2963; BGH MDR 2016, 1404 = BeckRS 2016, 17575.
45 BGH NJW 2014, 74; vgl. auch → Rn. 7.
46 Vgl. BGH NJW 1987, 1557; 1999, 3481; 2014, 2797.
47 BGH NJW 2004, 2152.
48 Vgl. → F Rn. 133 ff.

oder des Beweismaßes (Anwendung von § 286 anstelle von § 287). Sind nach § 531 II neue Tatsachen zu berücksichtigen, können die Grundlagen der Beweiswürdigung sich anders darstellen oder die bisherigen Feststellungen lückenhaft werden.

Die Einbeziehung einer schlicht neuen Beweiswürdigung in den Anwendungsbereich des § 529 I Nr. 1 wirft die Frage auf, ob hierin noch die Fehlerkontrolle liegt, die nach § 513 I vorrangiger Zweck der Berufung sein soll. Andererseits darf das Berufungsgericht von den Feststellungen im angefochtenen Urteil nur dann abweichen, wenn ein Anlass besteht, an dessen Überzeugungskraft zu zweifeln. Das ist zB der Fall, wenn gegen Denkgesetze oder allgemeine Erfahrungssätze verstoßen wurde, wenn der Richter sich mit dem Prozessstoff und dem Beweisergebnis nicht umfassend und widerspruchsfrei auseinandergesetzt hat oder wenn seine Würdigung nicht vollständig bzw. rechtlich nicht möglich ist.[49]

Zweifel im Sinne der Norm liegen schon dann vor, wenn aus der für das Berufungsgericht gebotenen Sicht eine gewisse, nicht notwendig überwiegende Wahrscheinlichkeit dafür besteht, dass im Fall der erneuten Beweiserhebung die erstinstanzliche Feststellung keinen Bestand haben wird, sich also deren Unrichtigkeit herausstellt.[50] »Vernünftige« Zweifel reichen hierfür aus.[51]

Der BGH befürwortet also insgesamt eine weite Anwendung des § 529 I Nr. 1. Er setzt diesen Gedanken konsequent fort und vertritt darüber hinaus den Standpunkt, dass die Frage, ob das Berufungsgericht im Falle einer erneuten Tatsachenfeststellung die Voraussetzungen des § 529 I Nr. 1 beachtet hat, im Revisionsverfahren nicht zu überprüfen ist.[52]

cc) Anforderungen an neue Feststellungen

Wenn die Entscheidung fällt, neue Feststellungen zu treffen, ergibt sich als weiteres **14**
die Frage, auf welchem Wege dies geschieht.

Grundsätzlich darf das Berufungsgericht den Akteninhalt, so die Vernehmungsprotokolle, würdigen, ohne erneut in eine unmittelbare Beweisaufnahme einzutreten. Auf diese Weise können zum Beispiel Lücken gefüllt werden, die sich ergeben, weil ein erstinstanzlich vernommener Zeuge in der Beweiswürdigung nicht erwähnt oder relevanter Akteninhalt nicht ausgewertet worden ist. Die erneute Vernehmung von Zeugen kann unterbleiben, wenn sich das Berufungsgericht auf Umstände stützt, die weder die Urteilsfähigkeit, die Wahrheitsliebe oder das Erinnerungsvermögen des Zeugen noch die Vollständigkeit oder Widerspruchsfreiheit seiner Aussage betreffen.[53] Will allerdings das Berufungsgericht Aussagen von Zeugen oder mündliche Erläuterungen von Sachverständigen anders verstehen oder ihnen ein anderes Gewicht geben als die Vorinstanz, will es die Glaubwürdigkeit des Zeugen anders werten oder muss es sich erstmals mit dessen Glaubwürdigkeit auseinandersetzen, ist die

49 BGH NJW 2014, 74; MDR 2016, 1404 = BeckRS 2016, 17575; KG MDR 2011, 447 = BeckRS 2011, 07360 (keine Überprüfung, ob die mit sachverständiger Hilfe festgestellten Tatsachen einen Mangel darstellen).

50 Vgl. BGH NJW 2003, 3480.

51 BGH NJW 2005, 1583.

52 BGH NJW 2005, 1583; kritische Anmerkung *Schmidt* NJW 2007, 1172.

53 BGH NJW 2011, 989; 1364.

erneute Vernehmung – gegebenenfalls durch den Einzelrichter nach § 527 II 2 –[54] geboten; insoweit bleibt es bei der Rechtsprechung, die bereits vor Inkrafttreten des § 529 zum 1.1.2002 galt.[55] Allerdings kann das Berufungsgericht auch dann von den tatsächlichen Feststellungen in der ersten Instanz bei berechtigten Zweifeln an deren Beweiswürdigung abweichen, wenn der vernommene Zeuge mittlerweile verstorben ist; die neue Beweiswürdigung kann dann anhand des Vernehmungsprotokolls der ersten Instanz vorgenommen werden.[56]

3. Verspätungsvorschriften

15 Allgemein sind die Verspätungsvorschriften schon in einem besonderen Kapitel besprochen worden.[57] Im Folgenden wird nur auf Besonderheiten in der Berufungsinstanz eingegangen.

a) Eigenständige Regelung

16 Für die Berufung ist der in der ersten Instanz festgestellte Sachverhalt maßgeblich; neue Tatsachen sind grundsätzlich nicht zu berücksichtigen. Etwas anderes gilt nur unter den engen Voraussetzungen der §§ 530 ff. und der §§ 525, 296.

b) Systematik des Gesetzes

17 Die einzelnen Verspätungsvorschriften sind wie folgt voneinander abzugrenzen:

- § 531 I betrifft das Vorbringen der Parteien, das in der ersten Instanz zu Recht wegen Verspätung zurückgewiesen wurde. Es ist bei der Entscheidung in der zweiten Instanz nicht zugrunde zu legen.
- § 531 II bezieht sich auf neues Vorbringen im zweiten Rechtszug.
- § 530 schreibt die Zurückweisung von Angriffs- und Verteidigungsmitteln vor, die nicht innerhalb der Berufungsbegründungsfrist des § 520 II oder der nach § 521 II vom Gericht gesetzten Frist vorgebracht werden. Soweit darüber hinaus vom Berufungsgericht Fristen nach §§ 525, 273 II Nr. 1 gesetzt werden und die Partei diese Fristen nicht einhält, kommt uU eine Zurückweisung wegen Verspätung nach §§ 525, 296 I in Betracht. Wird in der Berufungsinstanz keine weitere Frist gesetzt, wird aber unter Verstoß gegen die allgemeine Prozessförderungspflicht iSd §§ 525, 282 später vorgetragen, können §§ 525, 296 II eingreifen.
- Schließlich regelt § 532 in Anlehnung an § 296 III für die Berufungsinstanz die Zulassung von Rügen zur Zulässigkeit der Klage. Dabei wird unterschieden zwischen Rügen, die bereits in der ersten Instanz vorgebracht worden sind (S. 1), und solchen, auf die sich die Partei erstmals in der zweiten Instanz beruft (S. 2).

---

54 Vgl. BGH NJW 2013, 2516 (die gesamte Beweisaufnahme durch den Einzelrichter ist nicht stets unzulässig).

55 BGH VersR 2006, 949; NJW 2006, 896; 2011, 989 Rn. 45; 2015, 74 (erneute Anhörung bei vorangegangener Parteianhörung); Zöller/*Heßler* ZPO § 529 Rn. 7 ff.; vgl. zur Rspr. bezüglich einer neuen Beweisaufnahme nach altem Recht: BGH NJW 1991, 1183; 1991, 2082; 1993, 668; 1995, 1292; 1997, 466; 1998, 222; 1999, 2972.

56 BGH MDR 2016, 1404 = BeckRS 2016, 17575.

57 Vgl. → I Rn. 1 ff.

c) Besonderheiten bei § 530 und § 531 II

aa) Angriffs- und Verteidigungsmittel

Die Begriffe *»Angriffs- und Verteidigungsmittel«* iSd §§ 530 f. unterscheiden sich nicht von denjenigen in § 296; darunter fallen auch hier keine verfahrensbestimmenden Anträge, wie zB die Berufungs- und Anschlussberufungsanträge, die Klageerweiterung, die Klagebeschränkung und die Widerklage sowie die Ausführungen zur Begründung dieser Anträge.[58] 18

Unstreitiger Vortrag, der erstmals in der Berufungsinstanz vorgetragen wird, stellt nach Auffassung des BGH[59] kein (neues) Angriffs- und Verteidigungsmittel dar, sodass er unabhängig von einem Zulassungsgrund nach § 531 II stets zu berücksichtigen ist, und zwar auch, wenn dadurch eine Beweisaufnahme erforderlich wird.[60] Die Streitfrage, ob die erstmalige Erhebung der Verjährungseinrede in der Berufungsinstanz nach § 531 II auch dann nicht zuzulassen ist, wenn die zugrunde liegenden Tatsachen unstreitig sind – so die bisherige hM[61] – hat der Große Senat für Zivilsachen des BGH gegen die hM entschieden; nach seiner Auffassung gilt der Grundsatz, dass nur streitiger Tatsachenvortrag ein (neues) Angriffs- oder Verteidigungsmittel iSd § 531 sein kann, auch für Einreden, insbesondere für die Verjährungseinrede.[62] Das hat der BGH für den erstmalig im Berufungsrechtszug erhobenen Vorbehalt der beschränkten Erbenhaftung bestätigt und nochmals klargestellt, dass § 531 nur für streitiges und beweisbedürftiges Vorbringen gilt; für den Vorbehalt der beschränkten Erbenhaftung genügt die Berufung darauf durch den Erben; auf die materiell-rechtlichen Voraussetzungen für die Haftungsbeschränkung kommt es nicht an.[63] Es bleibt abzuwarten, ob weitere Einschränkungen der Präklusionsvorschrift vorgenommen werden. Denn streitige Tatsachen sind nicht nur bei fehlender Entscheidungserheblichkeit – hier spielt § 531 ohnehin keine Rolle – nicht beweisbedürftig, sondern im Einzelfall auch zB bei Offenkundigkeit oder Eingreifen einer Vermutung.[64]

bb) Verspätung innerhalb der Berufung

§ 530 unterscheidet nicht zwischen neuen und solchen Angriffs- und Verteidigungsmitteln, die bereits in der ersten Instanz vorgebracht worden sind. Deshalb sind Überschneidungen mit § 531 denkbar. Von einer Verspätung iSd § 530 ist dann auszugehen, wenn der Berufungskläger seine Angriffs- und Verteidigungsmittel nicht innerhalb der Berufungsbegründungsfrist gemäß § 520 II oder, soweit diese erst durch die Berufungserwiderung veranlasst werden, innerhalb der vom Gericht nach § 521 II gesetzten Frist (für die Replik) vorgebracht hat. Das Vorbringen des Berufungsbeklagten kann dann als verspätet gewertet werden, wenn er die vom Gericht nach § 521 II gesetzte Frist für die Berufungserwiderung nicht eingehalten hat. So- 19

58 BGH NJW 1993, 1393; Zöller/*Heßler* ZPO § 531 Rn. 22 ff.; vgl. näher → J Rn. 4.

59 BGH NJW 2005, 291; 2008, 3434; 2009, 685; 2009, 2532 (Fristsetzung zur Nacherfüllung).

60 BGH NJW 2009, 685 (Sekundärhaftung).

61 Vgl. zB BGH MDR 2006, 766 = BeckRS 2006, 02217; OLG Karlsruhe MDR 2008, 227 = NJW 2008, 925.

62 BGH NJW 2008, 3434; vgl. auch 2009, 2532; 2011, 842; so zum Widerrufsrecht: *Rohlfing* NJW 2010, 1787.

63 BGH MDR 2010, 649 = NJW-RR 2010, 664.

64 Zur Frage der Beweisbedürftigkeit bei streitigen und entscheidungserheblichen Tatsachen vgl. im Einzelnen → A Rn. 140.

weit es um eine Frist iSd § 521 II geht, ist ferner Voraussetzung für die Annahme einer Verspätung, dass die Frist wirksam gesetzt wurde.[65]

cc) Neues Vorbringen

20 § 531 II findet nur bei neuem Vorbringen Anwendung. *Neu* ist das Vorbringen im Sinne dieser Vorschrift dann, wenn es in der ersten Instanz bis zum Schluss der letzten mündlichen Tatsachenverhandlung oder dem ihr gleich stehenden Zeitpunkt[66] nicht vorgebracht oder wieder fallen gelassen worden ist.[67] Davon kann nicht ausgegangen werden, wenn die Klage in der ersten Instanz mangels Bestimmtheit iSd § 253 II Nr. 2 als unzulässig abgewiesen wurde und die erforderliche Konkretisierung des Antrages nunmehr in der zweiten Instanz erfolgt.[68] Auch schriftlich angekündigtes Parteivorbringen in der ersten Instanz, das im Tatbestand des angefochtenen Urteils nicht berücksichtigt wurde, ist nicht neu, wenn die Parteien in der mündlichen Verhandlung zumindest konkludent darauf Bezug genommen haben; das ist im Zweifel anzunehmen.[69] War ein Sachvortrag in erster Instanz bereits schlüssig bzw. erheblich, kann er durch weitere Tatsachenbehauptungen konkretisiert werden, ohne dass darin »neuer« Vortrag läge.[70] Beruft sich der Arzt im Arzthaftungsprozess in der ersten Instanz auf die Einwilligung des Patienten, ist der Einwand der hypothetischen Einwilligung in der zweiten Instanz ein neues Verteidigungsmittel iSd § 531 II.[71] Dagegen ist eine erst nach Schluss der mündlichen Verhandlung erster Instanz erstellte Schlussrechnung eine neu geschaffene, nicht aber eine neu vorgetragene Tatsache.[72]

dd) Zulassung von neuem Vorbringen

21 Neues Vorbringen bedarf nach § 531 II der *Zulassung*. Auf das (negative) Kriterium der Verzögerung wird verzichtet, sodass die Vorschrift auch anwendbar ist, wenn durch die Zulassung eine Beweisaufnahme erforderlich wird.[73] Das ist im Lichte von Fehlerkontrolle und -beseitigung konsequent. Verglichen mit der ersten Instanz haben die Präklusionsvorschriften in der Berufung deutlich höhere Anforderungen.

In § 531 II Nr. 1 bis 3 sind die Voraussetzungen genannt, unter denen neues Vorbringen zugelassen werden darf.[74] Dabei ist in jedem Fall zu berücksichtigen, dass der entscheidungserhebliche Tatsachenstoff grundsätzlich vollständig in der ersten Instanz unterbreitet werden muss. Deshalb kann die Zulassung neuer Tatsachen in der Berufungsinstanz nur unter den in § 531 II Nr. 1 bis 3 genannten Ausnahmetatbeständen erfolgen, die wie folgt zu beschreiben und wegen ihres Ausnahmecharakters eng auszulegen sind:

- Nr. 1
  Soweit das erstinstanzliche Gericht Gesichtspunkte erkennbar übersehen oder für unerheblich gehalten hat, muss sich die Partei in der zweiten Instanz darauf ein-

65 Zur Wirksamkeit der gerichtlichen Fristsetzung s. → I Rn. 5.
66 Vgl. §§ 128 II 2, 331 III 1.
67 BGH MDR 1998, 1178 = NJW 1998, 2977.
68 BGH NJW-RR 1995, 1119; MDR 1997, 288 = NJW 1997, 870.
69 Vgl. → A Rn. 12, 40; → Rn. 10.
70 BGH NJW 2007, 1531; NZBau 2007, 510.
71 BGH MDR 2009, 281 = NJW 2009, 1209.
72 BGH NJW-RR 2005, 1687.
73 OLG Köln OLGR 2005, 250.
74 Eingehend BGH NJW-RR 2004, 927.

stellen und auch neue Tatsachen, die nur vom Standpunkt des Berufungsgerichts bedeutsam sind, vorbringen können *(Nr. 1)*. Diese Tatsachen sind zuzulassen. Ansonsten würde man die Partei zwingen, in der ersten Instanz vorsorglich alle Tatsachen vorzutragen, auch wenn es auf sie nach dem Standpunkt der ersten Instanz unter keinem rechtlichen Gesichtspunkt ankommt. Nr. 1 kommt daher nur zum Tragen, wenn erste und zweite Instanz unterschiedliche tatsächliche oder rechtliche Wertungen haben und dafür unterschiedliche Tatsachen bedeutsam sind.[75]

Beispiel: Das erstinstanzliche Gericht hält die vom Beklagten erhobene Einrede der Verjährung für erheblich und weist die Parteien in einem Hinweisbeschluss darauf hin. Deswegen unterlässt es der Kläger, weitere Tatsachen zur Höhe der Klageforderung vorzutragen, wozu er bei einem entsprechenden Hinweis des Gerichts in der Lage gewesen wäre. Die Berufungsinstanz hält die Verjährung nicht für gerechtfertigt und meint, dass weitere Tatsachen zur Höhe der Klageforderung vorgetragen werden müssten.

Ungeschriebene Voraussetzung von Nr. 1 ist, dass die objektiv fehlerhafte Rechtsansicht des Gerichts den erstinstanzlichen Sachvortrag der Partei beeinflusst hat und daher, ohne dass deswegen bereits ein nach Nr. 2 beachtlicher Verfahrensfehler gegeben wäre, für die Verlagerung des Parteivortrags in das Berufungsverfahren mitursächlich geworden ist; das ist vornehmlich dann der Fall, wenn das Ausgangsgericht bei zutreffender Rechtsauffassung nach § 139 II einen Hinweis hätte erteilen müssen.[76]

- Nr. 2
  Nach § 531 II *Nr. 2* ist neues Vorbringen auch zuzulassen, wenn es infolge eines Verfahrensmangels, so zB wegen Unterbleibens eines (ordnungsgemäßen) Hinweises nach § 139 oder bei einem unvollständigen Hinweis[77] nicht erfolgt ist. Davon kann nicht ausgegangen werden, wenn der beweispflichtige Kläger in der zweiten Instanz den vom Beklagten in der ersten Instanz gegenbeweislich benannten und geladenen, aber nicht vernommenen Zeugen benennt; ein Hinweis des Gerichts war nämlich nicht erforderlich.[78]
- Nr. 3
  Nach *Nr. 3* des § 531 II ist neues Vorbringen ferner zuzulassen, wenn es im ersten Rechtszug nicht geltend gemacht wurde, ohne dass dies auf einer Nachlässigkeit der Partei beruhte. Damit setzt die Nichtzulassung neuer Tatsachen in der zweiten Instanz einen Verstoß gegen die Prozessförderungspflicht voraus.[79] Ein solcher Verstoß ist zB anzunehmen, wenn die Partei einen Sachverhalt nur für die erste Instanz unstreitig stellt und sich das Bestreiten für das Berufungsverfahren vorbehält.[80] Von Nachlässigkeit iSd § 531 II Nr. 3 ist nicht auszugehen, wenn es sich um Tatsachen handelt, die erst nach der letzten mündlichen Verhandlung in erster Instanz entstanden oder durch das angefochtene Urteil bzw. aufgrund des neuen Vortrages des Gegners in der zweiten Instanz veranlasst worden sind.[81] Neu ent-

75 BGH FamRZ 2004, 1095 = NJW 2004, 2152; NJW 2015, 3455 (auf Nachlässigkeit kommt es bei Nr. 1 nicht an); NJW-RR 2010, 1508; 2012, 1408 (rechtlicher Gesichtspunkt wird in der Berufung erstmals relevant); BGH NJW-RR 2015, 1278.

76 BGH NJW-RR 2004, 927; 2006, 1292.

77 BGH FamRZ 2004, 1095 = NJW 2004, 2152; NJW-RR 2005, 213 (unvollständig); 2010, 1508.

78 OLG Hamm MDR 2003, 892 = BeckRS 2003, 04221.

79 BGH FamRZ 2004, 1095 = NJW 2004, 2152.

80 BGH NJW 2010, 376.

81 BGH ProzRB 2004, 64; 125.

standen ist eine Tatsache auch dann, wenn die Partei diese selbst geschaffen hat, etwa durch Ausübung eines Gestaltungsrechts[82] oder durch Erteilung der Schlussrechnung im VOB-Prozess.[83] Darüber hinaus liegt kein Verstoß gegen die Prozessförderungspflicht vor und dementsprechend hat eine Zulassung zu erfolgen, wenn die neuen Tatsachen nicht bekannt waren und auch nicht hätten bekannt sein müssen; bereits einfache Fahrlässigkeit führt zur Annahme der Nachlässigkeit.[84] Allerdings muss die Partei ihr unbekannte Umstände nicht ermitteln.[85] Auch hat eine Zulassung nach Nr. 3 zu erfolgen, wenn das Verschulden der Partei auf der Verletzung der Fürsorgepflicht durch das Gericht beruht.[86] Bestreitet der Gegner erstmalig in der Berufungsinstanz, ist der neue Beweisantritt nicht auf nachlässige Prozessführung zurückzuführen.[87]

Für alle Tatsachen, aus denen sich die Zulässigkeit neuen Vortrages in der Berufungsinstanz nach § 531 II 1 ergibt, kann das Gericht nach S. 2 dieser Vorschrift eine Glaubhaftmachung verlangen (vgl. § 294).[88]

ee) Folgen von Verstößen gegen § 531 II

22 Während die fehlerhafte Nichtzulassung neuen Vorbringens in der Revision, deren Zulassung oder Zulassungsvoraussetzungen unterstellt, erfolgreich gerügt werden kann, ist die fehlerhafte Zulassung und Verwertung von Sachvortrag als solche nicht angreifbar.[89] Die Wahrung der materiellen Gerechtigkeit hat auch hier Vorrang vor der Durchsetzung des Verfahrensrechts.

d) Besonderheiten bei § 531 I

23 § 531 I betrifft das Vorbringen, das in der ersten Instanz als verspätet zurückgewiesen (§ 296 II) oder nach §§ 296 I und III nicht zugelassen wurde. Nicht anwendbar ist diese Vorschrift hingegen auf Fälle, in denen der Vortrag aus anderen Gründen unberücksichtigt geblieben ist, wie zB bei Nichtzulassung nach § 296a, bei Nichteinzahlung eines Vorschusses für die Vernehmung eines Zeugen innerhalb einer nach § 379 gesetzten Frist oder bei Nichtberücksichtigung wegen Unschlüssigkeit oder Unerheblichkeit; hier kommt nur § 531 II in Betracht.[90]

Nach § 531 I hat das Berufungsgericht nur zu prüfen, ob die Anwendung der Verspätungsvorschriften *zu Recht* erfolgt ist. Auf eine Verzögerung in der Berufungsinstanz bei Zulassung des betreffenden Vorbringens kommt es hingegen nicht an. Bei der Prüfung des Merkmals »zu Recht« iSd § 531 I hat sich das Berufungsgericht auf den materiellen Standpunkt der ersten Instanz zu stellen, und zwar unabhängig davon, ob es

82 BGH NJW 2009, 2532 (Fristsetzung zur Nacherfüllung); Prütting/Gehrlein/*Oberheim* ZPO § 531 Rn. 11.
83 BGH BauR 2004, 115 = NJW-RR 2004, 167; NJW-RR 2005, 1687.
84 BGH VersR 2009, 1683; KG MDR 2003, 471 = BeckRS 2002, 13257; Prütting/Gehrlein/*Oberheim* ZPO § 531 Rn. 11.
85 BGH MDR 2009, 160; NJW-RR 2014, 85.
86 Zöller/*Heßler* ZPO § 531 Rn. 30.
87 BGH NJW 2013, 3180.
88 Zu Glaubhaftmachung vgl. → F Rn. 58.
89 BGH NJW 2004, 1458; 2010, 2873 (2876); NJW-RR 2006, 760; WM 2007, 731.
90 BGH NJW 1979, 2109 (§ 296a); 1982, 2259 (§ 379), 1985, 1539 (1543) (Unschlüssigkeit); alte Rechtsprechung ist wegen Identität der Norm mit § 528 III aF weiter verwertbar; vgl. näher Prütting/Gehrlein/*Oberheim* ZPO § 531 Rn. 11.

diesen für richtig hält.[91] Von diesem Blickwinkel aus werden die Voraussetzungen des § 296 geprüft, so zB, ob eine Frist wirksam gesetzt wurde, ob mit Recht eine Verzögerung angenommen worden ist, ob diese durch vorbereitende Maßnahmen des Gerichts hätte abgewendet werden können und ob ein Verschulden vorliegt.[92] Dabei kommt es auf den Erkenntnisstand des Berufungsgerichts an; ob und unter welchen Voraussetzungen allerdings verspätetes Vorbringen erst in der zweiten Instanz entschuldigt werden kann, wird nicht einheitlich beantwortet; das ist iRd § 296 I deshalb auch problematisch, weil diese Vorschrift an eine noch in erster Instanz vorgetragene Entschuldigung anknüpft; im Fall des § 296 II wird hingegen keine Entschuldigung gefordert.[93]

Kommt das Berufungsgericht zu dem Ergebnis, dass die Verspätungsvorschrift von der ersten Instanz *zu Recht* bejaht wurde, bleibt das als verspätet zurückgewiesene Vorbringen grundsätzlich ausgeschlossen, dh, es darf bei der Entscheidung nicht berücksichtigt werden. Insoweit steht dem Berufungsgericht kein Ermessensspielraum zu. Es kommt auch nicht darauf an, ob die erste Instanz das (richtige) Ergebnis zutreffend begründet hat. Geschah hingegen die Zurückweisung wegen Verspätung *zu Unrecht*, ist das erneute Vorbringen zuzulassen. Das Berufungsgericht muss unter Einbeziehung dieses Prozessstoffes in der Sache selbst entscheiden, soweit diese nicht ausnahmsweise wegen Verletzung des § 296 zurückverwiesen wird (§ 538 II Nr. 1). Es darf die Zurückweisung nicht auf eine andere Vorschrift stützen oder die Begründung des Ausgangsgerichts durch eine andere ersetzen.[94]

Dasselbe gilt ausnahmsweise für zu Recht in der ersten Instanz zurückgewiesenes Vorbringen, wenn dieses in der zweiten Instanz unstreitig oder offenkundig wird; das folgt aus einer einschränkenden Auslegung des § 531 I, der in solchen Ausnahmefällen auch in der Neufassung nicht anwendbar ist. Mittelbar hat der BGH[95] dies entschieden, indem er im Rahmen des § 531 II für unstreitige Tatsachen das Vorliegen von »Angriffs- und Verteidigungsmitteln« begrifflich verneint. Das muss ebenso für § 531 I gelten.

II. Zulässigkeit der Berufung

1. Zulässigkeitsvoraussetzungen

Die Zulässigkeit der Berufung wird immer geprüft, auch wenn insoweit keine Zweifel **24**
bestehen. Zu den Zulässigkeitsvoraussetzungen zählen die allgemeinen Prozesshandlungsvoraussetzungen; insoweit kann zB die Postulationsfähigkeit von Bedeutung sein.[96] Bestehen allerdings Zweifel an der Prozessfähigkeit des Klägers seit Klageerhebung, so ist die Berufung nicht unzulässig, sondern wegen Unzulässigkeit der

91 BGH NJW 1986, 133.

92 BGH NJW 1987, 499; OLG Düsseldorf NJW 1992, 2173 (zur Frage des Durchlauftermins); vgl. hierzu näher → I Rn. 5 ff.

93 BGH NJW 1986, 134 (zu § 296 II).

94 BGH NJW-RR 2005, 1007; NJW 2006, 1741.

95 Vgl. BGH NJW 2005, 291; 2008, 3434; 2009, 2532; 2011, 842; MDR 2010, 649 = NJW-RR 2010, 664; vgl. auch Prütting/Gehrlein/*Oberheim* ZPO § 531 Rn. 5; Zöller/*Heßler* ZPO § 531 Rn. 9; ferner → Rn. 18.

96 Vgl. BGH MDR 1992, 1179 = NJW 1992, 2706 (Postulationsfähigkeit); BGH NJW-RR 1994, 759 (wirksame Berufungsrücknahme durch einen nicht postulationsfähigen Rechtsanwalt).

Klage unbegründet.[97] Die Berufung einer nicht existenten oder aus anderen Gründen parteiunfähigen Partei gegen ein erstinstanzlich ergangenes Sachurteil ist nicht nur zulässig, wenn das Fehlen der Prozessfähigkeit geltend gemacht wird, sondern auch, wenn ein anderes Sachurteil erreicht werden soll.[98]

Daneben müssen immer die besonderen Rechtsmittelvoraussetzungen geprüft werden, dh Statthaftigkeit, Beschwer, Erreichen der Berufungssumme bzw. Zulassung der Berufung sowie die form- und fristgerechte Einlegung und Begründung der Berufung (vgl. § 522 I 1).

Bei der Prüfung der Zulässigkeitsvoraussetzungen eines Rechtsmittels ist der sog. *Freibeweis* möglich;[99] dieser reduziert nicht die Anforderungen an die richterliche Überzeugung, sondern stellt das Gericht nur freier bei der Gewinnung der Beweismittel und im Beweisverfahren.[100] Reichen zur Feststellung der Zulässigkeit eidesstattliche Versicherungen im Wege des Freibeweises nicht aus, muss gegebenenfalls auf die Vernehmung der Beweispersonen als Zeugen oder auf andere Beweismittel zurückgegriffen werden; das Gericht hat der beweisbelasteten Partei insoweit Gelegenheit zum Beweisantritt zu geben.[101]

a) Statthaftigkeit

25 Zur Statthaftigkeit gehört, dass eine mit der Berufung anfechtbare Entscheidung vorliegt[102] und die hierzu berechtigte Person das Rechtsmittel einlegt. Nach unserer Ansicht können auch die Merkmale »Beschwer« und »Erreichen der Berufungssumme« (wird in → Rn. 28 ff. erörtert) zur Statthaftigkeit der Berufung gezählt werden, weil sie zu den besonderen Voraussetzungen des Rechtsmittels gehören. Aus Gründen der besseren Übersicht empfehlen wir, diese Merkmale in eigenständigen Unterpunkten zu erörtern.

aa) Anfechtbare Entscheidung

26 Die Berufung findet nur gegen erstinstanzliche *Endurteile*[103] (§ 511 I) sowie gegen solche Urteile statt, die kraft Gesetzes einem Endurteil gleich gestellt sind (§§ 280 II, 302 III, 304 II, 599 III). Eine Ausnahme von § 511 ist in § 514 I enthalten, wonach ein Versäumnisurteil – ein Endurteil – mit der Berufung nicht angefochten werden kann; von diesem Grundsatz wird wiederum gemäß § 514 II für das zweite Versäumnisurteil eine Ausnahme gemacht und insoweit eine Berufung in eingeschränktem Umfang für zulässig erklärt.[104] Stellt ein Urteil seinem Inhalt nach ein streitiges Urteil dar, wird es aber als »Versäumnisurteil« bezeichnet, sind nach dem Grundsatz der *Meistbegünstigung* sowohl der Einspruch als auch die Berufung statt-

97 BGH VersR 2001, 479; vgl. auch 2011, 504 (keine Unzulässigkeit der Nichtzulassungsbeschwerde).
98 BGH NJW 2010, 3100.
99 BGH NJW 2005, 3501; 2006, 1003 (falsches Aktenzeichen).
100 BGH NJW 1987, 2875; NJW-RR 1992, 1338; vgl. auch allg. zum »Freibeweis« → A Rn. 161.
101 BGH MDR 2000, 290 = NJW 2000, 814.
102 Zustellung ist nicht erforderlich, vgl. BGH VersR 1997, 130.
103 Zur Definition vgl. → A Rn. 211 f.
104 Vgl. hierzu im Einzelnen das Kapitel Versäumnis- und Einspruchsverfahren → H Rn. 15, 25 (Vollstreckungsbescheid); zu den Anforderungen an die Berufungsbegründung vgl. BGH MDR 2007, 901 = NJW-RR 2007, 1363; MDR 2012, 27 (die Darlegung eines Restitutionsgrundes nach § 580 reicht nicht aus); OLG Schleswig MDR 2007, 906 = BeckRS 2007, 02852 (fehlende örtliche Zuständigkeit der ersten Instanz).

haft.[105] Auch wenn nur ein *Scheinurteil* vorliegt, so, wenn die Verkündung fehlt, gleichwohl aber eine Zustellung erfolgt, ist die Berufung zur Beseitigung des äußeren Anscheins statthaft.[106] Dasselbe gilt für Urteile, die mangels Zustellung nicht existent sind (§ 310 III).[107]

Die Einordnung als erstinstanzliches Urteil richtet sich allein nach dem formalen Gesichtspunkt, ob das Gericht entschieden hat, bei dem der Rechtsstreit eingeleitet wurde; wird ein Gericht erst durch ein Rechtsmittel mit der Sache befasst, entscheidet es auch dann nicht erstinstanzlich, wenn ein Teil des Streitgegenstands erstmalig bei ihm anhängig gemacht wurde, etwa durch Klageerweiterung oder Klageänderung.[108]

bb) Berechtigter Berufungskläger

Berufungskläger können die Parteien der ersten Instanz und grundsätzlich der Streithelfer sein. Der Streitverkündete erster Instanz kann gemäß §§ 66 II, 70 I 1 seine Beitrittserklärung mit der Berufungseinlegung verbinden; eine solche Erklärung kann auch konkludent erfolgen, so zB durch die Bezeichnung des Berufungsführers als »Nebenintervenient« oder »Streithelfer«; die bloße Bezeichnung als »Streitverkündeter« soll aber nicht ausreichen.[109] In besonderen, im Gesetz hervorgehobenen Fällen kann das Rechtsmittel auch von einem Dritten eingelegt werden. 27

Beispiel: Pfändungsgläubiger im Falle der Hinterlegungsklage (§ 856 II).

Haben sowohl der Streithelfer als auch die Hauptpartei Berufung eingelegt, handelt es sich um ein einheitliches Rechtsmittel, über das einheitlich zu entscheiden ist, selbst wenn es bei verschiedenen Gerichten eingelegt wurde.[110]

b) Beschwer des Berufungsklägers

aa) Allgemeine Fragen

Die Berufung ist nur zulässig, wenn der Berufungskläger durch die angefochtene Entscheidung *beschwert*, dh unmittelbar rechtlich benachteiligt ist, und zumindest teilweise mit dem Rechtsmittel die Beseitigung der ihn treffenden Beschwer begehrt.[111] Für die Frage, wer in welchem Umfang beschwert ist, kommt es auf den Urteilsausspruch, nicht hingegen auf die Entscheidungsgründe an.[112] Legt der Streithelfer Berufung ein (vgl. §§ 67, 74 I), kommt es nicht auf seine Beschwer, sondern allein auf die der Partei an, für die er tätig wird.[113] Beschwer ist eine besondere Ausgestaltung des Rechtsschutzbedürfnisses. Sie reicht maximal so weit wie die Rechtskraft- 28

105 BGH NJW 1999, 583; NJW-RR 2011, 939; vgl. zur Meistbegünstigung auch BGH NJW-RR 2005, 716.

106 OLG Frankfurt a.M. NJW-RR 1995, 511; OLG Brandenburg NJW-RR 2002, 356; OLG München NJW 2011, 689 (Aufhebung und Zurückverweisung an die erste Instanz zum Zweck der Verkündung und erneuter Zustellung).

107 BGH VersR 1997, 130.

108 BGH MDR 1999, 53 = NJW 1999, 62; zur Parteierweiterung vgl. → R Rn. 22.

109 OLG Hamm NJW-RR 1994, 1277.

110 BGH NJW-RR 2006, 644; 2012, 141.

111 BGH NJW 2003, 2172; NJW-RR 2002, 1435; FamRZ 2004, 1714 = BeckRS 2004, 07071 (Hauptaufrechnung); MDR 2008, 1351 = BeckRS 2008, 20809; *Anders/Gehle* Streitwert-Lexikon Stichwort »Rechtsmittel«, Rn. 4.

112 BGH NJW-RR 2005, 118; NJW 2008, 3711; MDR 2011, 449 = BeckRS 2010, 28855.

113 BGH NJW 1986, 257.

wirkungen des Urteils.[114] Daher kann eine Beschwer nicht allein darin liegen, dass die Urteilsbegründung mit den Vorstellungen der Parteien nicht übereinstimmt. Die Beschwer muss sich außerdem aus dem angefochtenen Urteil selbst ergeben; sie kann nicht erst durch eine Klageänderung bzw. Klageerweiterung – diese sind unter den Voraussetzungen des § 533 und des § 525 iVm § 264 Nr. 2 zulässig[115] – bzw. eine Widerklage geschaffen werden.[116]

bb) Besonderheiten beim Kläger

29 Die Beschwer des Klägers ist in der Regel leicht festzustellen. Sie ist dann gegeben, wenn ihm weniger zugesprochen wurde, als er beantragt hatte (= sogenannte *formelle Beschwer*).[117] Werden *Haupt-* und mehrere *Hilfsanträge* abgewiesen und wird der Klage mit einem weiteren Hilfsantrag stattgegeben, berechnet sich die Beschwer des Klägers gemäß § 5 nach einer Addition aller abgewiesenen selbstständigen Anträge.[118] Schwierigkeiten kann die Frage der Beschwer des Klägers bereiten, wenn dieser einen unbezifferten Leistungsantrag gestellt hat, so zB den Antrag auf Zahlung eines in das Ermessen des Gerichts gestellten angemessenen Schmerzensgeldes.[119] Der Kläger muss zwar in der ersten Instanz eine ungefähre Größenordnung angeben, weil die Klage ansonsten nicht den Anforderungen des § 253 II 2 entspricht;[120] diese Größenordnung entfaltet jedoch für das Gericht jedenfalls nicht dieselbe Bindungswirkung (§ 308 I) wie die Bezifferung im Klageantrag.[121] Ein Überschreiten ist grenzenlos zulässig.[122] Gleichwohl hat die angegebene Größenordnung für die Beschwer eine Bedeutung: Der Kläger ist nicht beschwert, wenn das Gericht ihm den angegebenen Betrag zuerkennt; will sich der Kläger die Möglichkeit eines Rechtsmittels offen halten, muss er den Betrag nennen, bei dessen Unterschreitung er sich in jedem Fall nicht befriedigt ansehen würde.[123] Auf den angemessenen Schmerzensgeldbetrag kommt es bei der Frage der Beschwer nicht an.[124]

Die Beschwer des Klägers bei einer nicht beantragten *Zug-um-Zug-Verurteilung* wird nach wirtschaftlichen Gesichtspunkten bemessen; sie ist nach oben durch den Wert des Klageanspruchs begrenzt.[125]

Für die Bemessung des Beschwerdewertes bei einem Berufungsantrag auf Unterlassung eines Facebook-Eintrages kommt es nicht nur auf die Breitenwirkung an, sondern auch auf die Wirkung für den Betroffenen, wobei dessen Minderjährigkeit

---

114 Zöller/*Heßler* ZPO Vor § 511 Rn. 10 ff.

115 BGH NJW-RR 2004, 495; NJW 2008, 3711 (wettbewerblicher Unterlassungsantrag).

116 BGH NJW 1993, 597; MDR 2006, 828 = NJW-RR 2006, 442.

117 BGH NJW 1991, 704; Zöller/*Heßler* ZPO Vor § 511 Rn. 13 ff.; zur Einbeziehung der Unkostenpauschale und der Sachverständigenkosten im Verkehrsunfallprozess BGH NJW 2007, 1752.

118 BGH NJW-RR 1994, 701; BAG NJW 2009, 171.

119 Vgl. hierzu BGH NJW 1992, 311; 1993, 2875; 2002, 49; MDR 2004, 349; OLG Köln MDR 1988, 62; *Anders/Gehle* Streitwert-Lexikon Stichwort »Rechtsmittel«, Rn. 5 ff.

120 BGH VersR 1984, 739 mwN.

121 Vgl. zu den einzelnen Themen: *Röttger* NJW 1994, 368 »Die Bindung des Gerichts an den unbezifferten Zahlungsantrag«, mwN; zu § 92 II, 2. Alt. s. auch → A Rn. 194.

122 Vgl. → F Rn. 156 aE.

123 BGH NJW-RR 2004, 863; MDR 2016, 788; Zöller/*Heßler* ZPO Vor § 511 Rn. 17 ff.

124 BGH MDR 2016, 788.

125 BGH NJW-RR 2010, 492.

zu berücksichtigen ist.[126] Bei einfachen Streitgenossen sind deren Forderungen zu addieren.[127]

cc) Besonderheiten beim Beklagten

Für den Beklagten ist die sogenannte *materielle Beschwer* bedeutsam, dh, er ist unabhängig davon, ob er in der ersten Instanz anerkannt und welchen Antrag er gestellt hat, beschwert, wenn die Entscheidung für ihn materiell nachteilig ist.[128] Dabei muss die Beschwer des Beklagten nicht mit dem Streitwert identisch sein. Wird der Beklagte zB zur Auskunft verurteilt, richtet sich seine Beschwer nicht nach dem dahinter stehenden Leistungsbegehren des Klägers, das für den Streitwert eine Bedeutung hat. Vielmehr ist allein das Abwehrinteresse des Beklagten maßgeblich, so der Aufwand an Arbeitszeit und die damit verbundenen Kosten für die Erteilung der Auskunft sowie eventuell ein Geheimhaltungsinteresse.[129] Ähnliches gilt bei Verurteilung zum Widerruf eines Negativeintrags bei der Schufa.[130] Die Beschwerdesumme ist in diesen Fällen oft nicht erreicht. 30

dd) Neuer Anspruch

Die Berufung ist mangels Beschwer unzulässig, wenn der Berufungskläger nicht die erstinstanzliche Entscheidung angreift, sondern lediglich im Wege der Klageänderung einen neuen Anspruch zur Entscheidung stellt; dabei kommt es allerdings nur darauf an, ob ein anderer Streitgegenstand vorliegt, nicht hingegen darauf, ob ein anderer materiell-rechtlicher Anspruch geltend gemacht wird.[131] 31

Beispiele:

- Umstellung einer Widerrufsklage in zweiter Instanz auf eine Unterlassungsklage: unzulässig, da zwei Streitgegenstände;[132]
- Umstellung von einer Klage auf Feststellung der Schadensersatzpflicht in der zweiten Instanz auf die entsprechende Schadensersatzklage: zulässig, selbst wenn diese in Form einer Stufenklage erhoben wird;[133]
- Umstellung von einem Befreiungs- auf einen Zahlungsanspruch: zulässig, wenn beide Ansprüche auf derselben Schadensersatzverpflichtung des Schuldners beruhen;[134]
- Umstellung von der Zahlungsklage einer Partei, die eine vollstreckbare Urkunde hat, in einen Antrag nach § 731: unzulässig;[135]
- Umstellung der Begründung einer Anwaltsregress-Klage; 1. Instanz – pflichtwidrige Prozessführung; 2. Instanz – Klage trotz mangelnder Erfolgsaussichten: unzulässig.[136]

---

126 BGH NJW 2016, 3380.

127 BGH NJW 2015, 2816.

128 BGH NJW 1992, 1513; 2013, 2437 (Beschwer bei Erfüllungseinwand); MDR 2015, 853 = NJW-RR 2015, 1203; *Anders/Gehle* Streitwert-Lexikon Stichwort »Rechtsmittel«, Rn. 5 ff.; Zöller/*Heßler* ZPO Vor § 511 Rn. 19 ff.

129 BGH NJW 1999, 3050; 2005, 3349; 2009, 2218 (Auskunft über länger zurückliegende Zeiträume); BGH NJW 2017, 739; MDR 2016, 45 = NJW-RR 2016, 9 (Kosten der Zwangsvollstreckung); BGH NJW-RR 2007, 724; 2010, 2812; 2012, 633; OLG Koblenz NJW-RR 2015, 832; *Anders/Gehle* Streitwert-Lexikon Stichwort »Auskunft«; näher → N Rn. 37.

130 BGH VersR 2016, 1524.

131 BGH NJW-RR 1994, 61; 1994, 1404; 2004, 495; NJW 2001, 226; 2003, 2172; 2008, 3711; 2011, 3653; BAG NJW 2017, 748; vgl. auch oben → Rn. 28.

132 BGH NJW-RR 1994, 1404.

133 BGH NJW-RR 1994, 61; NJW 1994, 2896 (Stufenklage).

134 BGH NJW 1994, 944.

135 BGH MDR 2004, 225 = NJW-RR 2004, 143.

136 BGH NJW 2011, 3653.

ee) Zeitpunkt

32 Für den *Zeitpunkt* der Beschwer ist die Einlegung des Rechtsmittels maßgeblich (§§ 2, 4 I). Entfällt die Beschwer *zwischen den Instanzen*, ist die Berufung unzulässig. Ob bei *»Erledigung zwischen den Instanzen«* allerdings die Beschwer immer entfällt, hängt vom Einzelfall ab.[137]

Beispiele:
1. Zahlung der Urteilssumme durch den Beklagten vor Einlegung der Berufung.
2. Freigabe einer gepfändeten Sache durch den beklagten Gläubiger bei einer in erster Instanz erfolgreichen Drittwiderspruchsklage vor Einlegung der Berufung.

Soweit im Beispielsfall 1 die Leistung nur zur Abwendung der Zwangsvollstreckung erfolgt – was im Zweifel anzunehmen ist –, tritt keine Erfüllungswirkung ein; die Beschwer entfällt nicht.[138] Da im Beispielsfall 2 die Vollstreckungsmaßnahme nicht wieder aufleben kann, ist die Beschwer entfallen.[139]

c) Berufungssumme und Zulassung

33 Nach § 511 II ist die Berufung grundsätzlich nur zulässig, wenn der Wert des Beschwerdegegenstandes 600 EUR übersteigt oder wenn das Gericht des ersten Rechtszuges die Berufung im Urteil zugelassen hat. Man unterscheidet also zwischen der Wertberufung und der Zulassungsberufung. Der Grundsatz des § 511 II ist für das zweite Versäumnisurteil nach § 514 II 2 nicht anwendbar.

aa) Bewertungsfragen

34 Begrifflich muss man den Wert des Beschwerdegegenstandes (= Berufungssumme) und den Wert der Beschwer auseinanderhalten. Der Beschwerdegegenstand wird durch den Berufungsantrag festgelegt, dh es kommt darauf an, inwieweit das erstinstanzliche Urteil angegriffen wird.[140] Bewertet wird also das vom Berufungskläger mit dem Rechtsmittel verfolgte Ziel, wobei der Beschwerdegegenstand maximal so hoch wie der Wert der Beschwer sein kann. Es entscheidet die Bewertung durch das Berufungsgericht.[141] Die Beschwer liegt demgegenüber in dem gesamten Verlust, den eine Partei durch das Urteil erleidet, den sie aber mit der Berufung nicht in vollem Umfang bekämpfen muss.

Beispiel:
- Der Kläger verlangt Zahlung von 2.000 EUR Schadensersatz; er erstreitet ein obsiegendes Urteil. Der Beklagte ist der Auffassung, der Kläger müsse einen Mitverschuldensanteil von 50% tragen. Er verfolgt mit der Berufung das Ziel, dass die Klage abgewiesen wird, soweit er zur Zahlung von mehr als 1.000 EUR verurteilt ist.
  Der Kläger ist durch das Urteil nicht beschwert; die Beschwer des Beklagten beläuft sich auf 2.000 EUR. Der Wert des Beschwerdegegenstandes beträgt 1.000 EUR.

137 Vgl. näher *Anders/Gehle* Streitwert-Lexikon 1. Abschnitt, Rn. 30; Zöller/*Heßler* ZPO Vor § 511 Rn. 23 mwN; *Hausherr* MDR 2010, 973.

138 BGH NJW-RR 2011, 488.

139 So OLG Hamm NJW-RR 1991, 1343 mwN; vgl. auch: *Anders/Gehle* Streitwert-Lexikon 1. Abschnitt, Rn. 30; ArbG Köln MDR 1993, 578 (bei Einlegung der [unzulässigen] Berufung ist Frist für streitige Weiterbeschäftigungspflicht schon abgelaufen); OLG Düsseldorf JurBüro 1992, 194 (Aufrechnungserklärung des Klägers mit Forderung, mit der Beklagter in erster Instanz – erfolglos – die Hauptaufrechnung erklärt hat).

140 BGH NJW-RR 2005, 714.

141 BGH NJW 2006, 2639; 2011, 615.

- Abwandlung: Der Beklagte wird zur Zahlung von 1.500 EUR verurteilt; im Übrigen wird die Klage abgewiesen. Der Beklagte verfolgt mit der Berufung das Ziel, lediglich 700 EUR zahlen zu müssen.
  Die Beschwer des Klägers beträgt 500 EUR; da der Wert des Beschwerdegegenstandes nicht höher sein kann, kommt die Wertberufung für ihn nicht in Betracht. Der Beklagte ist mit 1.500 EUR beschwert; der Wert des Beschwerdegegenstandes beläuft sich auf 800 EUR, sodass die Berufung statthaft ist.
- Der Beklagte wird zur Zahlung verurteilt. Mit der Berufung macht er geltend, er hätte nur zur Freistellung des Klägers verurteilt werden müssen. Dann liegt die Berufungssumme bei einem Bruchteil des ausgeurteilten Betrags.[142]

Auch wenn der Berufungskläger Ziele verfolgt, die den Wert der Beschwer überschreiten, erhöht sich der Wert des Beschwerdegegenstandes nicht, weil die Statthaftigkeit der Berufung durch außerhalb der Beschwer liegenden Gesichtspunkte nicht beeinflusst werden kann.[143] Bei einem Feststellungsantrag ist aber ergänzender Vortrag in der zweiten Instanz zur Höhe eines Schadensersatzanspruchs bei der Bestimmung des Wertes des Beschwerdegegenstandes in Erwägung zu ziehen, auch wenn die betreffende Schadensposition in der ersten Instanz nicht in Ansatz gebracht wurde.[144]

bb) Gebührensparende Antragstellung

Ein kurzer Exkurs in den Gebührenstreitwert: Im Regelfall wird die Berufung ohne Begründung und Antrag eingelegt. Dann ist für die Statthaftigkeit nach § 511 II Nr. 1 zunächst der Wert der Beschwer maßgeblich. Mit der Berufungsbegründung kann alsdann der Berufungskläger das Ziel des Rechtsmittels festlegen. Greift er das Urteil im vollen Umfang der ihn treffenden Belastung an, bleibt der Wert des Beschwerdegegenstandes mit dem Wert der Beschwer identisch. Verfolgt er ein dahinter zurückbleibendes Ziel, ist der Wert des Beschwerdegegenstandes nach dessen wirtschaftlichem Wert zu bemessen. Nach §§ 40, 47 I GKG kommt es für den Gebührenstreitwert der Berufung auf den Berufungsantrag an. Eine anfangs ohne Antrag eingelegte Berufung hat mithin für den Gebührenstreitwert noch keine Bedeutung. Das veranlasst manch einen Berufungskläger, der die Aussichtslosigkeit seines Rechtsmittels einsieht, vor Ablauf der Begründungsfrist den Berufungsantrag auf einen Minimalwert zu begrenzen und alsdann die Berufung zurückzunehmen. Nach dem Wortlaut der §§ 40, 47 I GKG fallen die Gebühren jetzt nur noch zum Mindest-Streitwert an. Das mag den Stempel des Missbrauchs auf der Stirn tragen, ist aber grundsätzlich zulässig. Die Grenze des Hinnehmbaren wird erst überschritten, wenn der reduzierte Antrag eine Durchführung der Berufung ersichtlich nicht mehr zum Ziel hat; dann bleibt es beim vollen Wert der Beschwer.[145] 35

cc) Zeitpunkt der Bewertung

Für die Berufungssumme kommt es grundsätzlich auf den *Zeitpunkt* der Rechtsmitteleinlegung an; das ergibt sich aus § 4 I (§ 2). Allerdings hat sich der BGH[146] mit der Frage auseinandergesetzt, ob ein zunächst beschränkter Berufungsantrag, nach dem die Berufungssumme nicht erreicht ist, bis zum Schluss der mündlichen Verhandlung in zweiter Instanz erweitert werden kann; dies hat der BGH unter den Voraussetzungen 36

142 OLG Stuttgart MDR 2011, 1258 = BeckRS 2011, 14252 (10%).
143 BGH MDR 2005, 345 = NJW-RR 2005, 367.
144 BGH NJW 2011, 615.
145 BGH NJW-RR 1998, 355.
146 BGH NJW-RR 2005, 714 = MDR 2005, 409.

bejaht, dass die Beschwer die Wertgrenze des § 511 II Nr. 1 übersteigt und die Erweiterung von der fristgerecht eingereichten Berufungsbegründung gedeckt ist.

dd) Klage und Widerklage

37 Für den Wert des Beschwerdegegenstandes können sich bei Klage und Widerklage Besonderheiten ergeben. Sind beide Parteien Rechtsmittelführer, sind Beschwer und Berufungssumme getrennt für jede Partei zu ermitteln. Ist nur eine Partei beschwert,

Beispiel: Der Klage wird stattgegeben; die Widerklage wird abgewiesen (oder umgekehrt).

sind die Werte zu addieren, soweit die Gegenstände nicht wirtschaftlich identisch sind; § 5 Hs. 2 gilt für diesen Fall nicht.[147]

ee) Nebenforderungen

38 Für die Berufungssumme sind gemäß § 4 I die (materiellen) *Nebenforderungen*, wie zB die Zinsen und die Kosten des laufenden Prozesses, nicht von Bedeutung, so lange die Hauptsache Gegenstand des Rechtsstreits ist.[148]

Beispiele:
- Der Beklagte ist zur Zahlung von 2.500 EUR nebst 10% Zinsen seit dem 30.3.2012 verurteilt. Er legt am 8.6.2014 Berufung ein, soweit er zur Zahlung von 600 EUR nebst 10% Zinsen verurteilt ist. Statthaftigkeit nach § 511 II Nr. 1 liegt nicht vor, weil der Wert des Beschwerdegegenstandes (Berufungssumme) den Betrag von 600 EUR nicht übersteigt.
- Abwandlung: Der Beklagte verfolgt zusätzlich das Ziel, dass der Zinssatz sich auf 5% ermäßigt. Für den Betrag von 1.900 EUR sind jetzt auch 5% Zinsen vom 30.3.2012 bis zum 8.6.2014 als selbstständiger Gegenstand der Berufung anzusetzen. Damit ist die Berufungssumme überschritten, die Berufung also statthaft.
- Haben die Parteien den Rechtsstreit bis auf einen Antrag knapp unter 600 EUR übereinstimmend für erledigt erklärt, wird dieser Restbetrag zugesprochen und ergeht die Kostenentscheidung auf der Grundlage von §§ 91, 91a zulasten der Beklagten, ist dessen Berufung mangels Erreichens der Berufungssumme unzulässig, weil allein der nicht erledigte Teil der Hauptsache maßgeblich ist.[149]
- Nicht zuerkannte Kosten für die Deckungszusage können nur dann bei der Beschwer berücksichtigt werden, wenn die Hauptforderung nicht mehr Prozessgegenstand ist; ansonsten sind sie Nebenforderungen.[150]

ff) Zulassungsberufung

39 Wie § 511 IV 1 Nr. 2 verdeutlicht, ist die Zulassungsberufung nur bedeutsam, wenn der Wert der Beschwer 600 EUR nicht übersteigt. Dann müssen die Zulassungsgründe nach § 511 IV 1 Nr. 1 behandelt werden, die sich am Revisionsrecht (vgl. § 543 II) orientieren. § 511 IV 1 Nr. 1 nennt die *grundsätzliche Bedeutung* und als konkreten Unterfall die *Fortbildung des Rechts* sowie die *Einheitlichkeit der Rechtsprechung*, wobei insoweit der Gerichtsbezirk des jeweiligen Berufungsgerichts maßgeblich ist.[151] Die Entscheidung über die Zulassung trifft das erstinstanzliche Gericht *von Amts wegen im Urteil*, wobei sie nicht notgedrungen im Tenor ausgesprochen werden

---

147 Vgl. BGH NJW 1994, 3292; *Anders/Gehle* Streitwert-Lexikon Stichwort »Widerklage« Rn. 3 f. mwN; Prütting/Gehrlein/*Gehle* ZPO § 5 Rn. 28; vgl. auch → M Rn. 13.

148 BGH NJW 1995, 664; NJW-RR 1995, 707 (teilweise unter Aufgabe von BGH NJW 1992, 1513); BGH MDR 2013, 1185 = NJW 2013, 3100 (entgangener Gewinn, der als gleichbleibender Hundertsatz von der Gesamtsumme des Kapitalzuwachses geltend gemacht wird, ist Nebenforderung).

149 BGH NJW 2013, 2361.

150 BGH NJW 2014, 3100.

151 Zöller/*Heßler* ZPO § 511 Rn. 36.

muss, sondern auch in den Gründen enthalten sei kann.[152] Soweit darüber nichts gesagt ist, gilt das Schweigen als Nichtzulassung,[153] sodass etwa ein Berichtigungsantrag nach § 319 keine Aussicht auf Erfolg hat. Eine Ausnahme kann nur dann gelten, wenn aus dem Urteil zu erkennen ist, dass eine Zulassung beabsichtigt war, aber lediglich vergessen wurde.[154] Eine Überprüfung der Zulassung bzw. Nichtzulassung durch das Berufungsgericht findet nicht statt; vielmehr ist dieses an die Entscheidung der ersten Instanz gebunden.[155] Das gilt auch für die teilweise Zulassung, die wir im Hinblick auf abtrennbare Teile für zulässig halten.[156] Hat das erstinstanzliche Gericht keine Veranlassung für eine Zulassungsentscheidung gesehen, weil es bei dem Streitwert und der Beschwer erkennbar von mehr als 600 EUR ausgegangen ist, hat die Berufungsinstanz bei insoweit anderer Wertung über die Beschwer die Entscheidung nachzuholen, wobei bei Zulassung der Revision auch von einer stillschweigenden Zulassung der Berufung wegen derselben Voraussetzungen auszugehen ist (§§ 543 II, 511 IV Nr. 1).[157]

d) Form- und fristgerechte Einlegung der Berufung

aa) Form

Die Berufung ist durch einen *Schriftsatz*, der die in § 519 II aufgeführten Angaben enthalten muss, beim Berufungsgericht einzulegen (§ 519 I). Ist eine gemeinsame Posteingangsstelle für mehrere Gerichte eingerichtet, kommt es auf die Adressierung an.[158] Die telefonische Übermittlung genügt der Schriftform nicht. 40

Die Beweislast für die Einhaltung der Form trägt grundsätzlich der Berufungskläger; jedoch muss das Berufungsgericht alle aus dem Akteninhalt ersichtlichen Anhaltspunkte prüfen und die Parteien auf aufklärungsbedürftige Rechte hinweisen.[159]

- Schriftsatz

Wie alle *bestimmenden Schriftsätze* muss die Berufung unterschrieben sein, und zwar von einem bei dem Berufungsgericht zugelassenen Rechtsanwalt.[160] Eine Unterschrift auf der beglaubigten Abschrift ersetzt die fehlende Unterschrift auf der gleichzeitig eingegangenen Urschrift nur, wenn bei Fristablauf an der Absicht des Anwalts, die Berufung in der erklärten Form einzulegen, keine Zweifel bestehen.[161] Ausreichend ist allerdings in jedem Fall, wenn die allein eingegangene Abschrift einen vom Prozessbevollmächtigten handschriftlich vollzogenen Beglaubigungsvermerk enthält; dass die Abschrift an sich zur Weiterleitung an den Gegner übergeben wird, steht 41

152 BGH NJW 2008, 2351; 2016, 1179; vgl. auch → Rn. 149.
153 BGH NJW 2011, 926; NJW-RR 2012, 633; LG Görlitz WuM 2003, 39; Prütting/Gehrlein/*Lemke* ZPO § 511 Rn. 45.
154 LG Mainz NJW-RR 2002, 1654.
155 Zur willkürlichen Verweigerung der Berufungszulassung BVerfG NJW 2016, 3295.
156 So auch: BGH NJW 2008, 2351 (zur wirksamen Beschränkung); Zöller/*Heßler* ZPO § 511 Rn. 40.
157 BGH NJW 2011, 615; NJW-RR 2012, 633.
158 BGH NJW-RR 1997, 892.
159 BGH MDR 2001, 828 = NJW 2001, 1581; NJW 2005, 3501.
160 BGH NJW-RR 2004, 936; 2009, 564; NJW 2005, 3415; 2006, 3784; 2014, 2961; BAG NJW 2015, 3533 (keine Anwendbarkeit des § 295 I).
161 BGH MDR 2004, 1252 = NJW-RR 2004, 1364; MDR 2008, 760 = NJW-RR 2008, 1020; NJW 2009, 2311.

dem nicht entgegen.[162] Die Unterschrift braucht nicht lesbar zu sein, jedoch muss sie individualisierende Merkmale erkennen lassen; eine Paraphe oder ein Handzeichen, so eine nahezu senkrecht verlaufende Linie mit einem feinen Aufstrich und kurzem, wellenförmigen Auslauf, der großgeschriebene Anfangsbuchstabe oder sogar nur der erste Buchstabe des Vornamens reichen nicht aus.[163] Das Rechtsmittel ist nicht wirksam eingelegt worden, wenn ein nicht im Briefkopf angegebener Rechtsanwalt mit »i.A.« unterzeichnet, weil er mit einer solchen Unterschrift dem Gericht gegenüber nur als Erklärungsbote auftritt, es sei denn, die Vertreterstellung ergibt sich aus den übrigen Umständen. Unschädlich ist die Unterzeichnung mit »i.A.« außerdem dann, wenn der Unterzeichnende zum Kreis der beim Berufungsgericht zugelassenen Prozessbevollmächtigten des Berufungsklägers gehört und unmittelbar in Ausführung des ihm selbst erteilten Mandates tätig wird.[164] Die Identität des Rechtsanwaltes, der die Berufungsschrift mit »i.A.« unterzeichnet hat, muss erst zum Zeitpunkt der Entscheidung über die Zulässigkeit der Berufung eindeutig geklärt sein.[165]

- Telegramm, Telefax und elektronisch übermitteltes Dokument

42 Die Berufungseinlegung kann auch per *Telegramm* erfolgen, wobei dann naturgemäß eine eigenhändige Unterschrift fehlt. Ferner kann die Berufung per *Telefax* eingelegt werden, wobei die Kopiervorlage von einem postulationsfähigen Anwalt unterschrieben und dessen Unterschrift auf der Kopie wiedergegeben werden muss.[166] Wird bei einer gemeinsamen Post- und Faxannahmestelle verschiedener Gerichte, zu der (nur) ein Faxgerät gehört, die Faxnummer eines zum Verbund gehörenden Gerichts, das nicht zuständig ist, angegeben, gilt gleichwohl das per Fax übermittelte Schriftstück als in die Verfügungsgewalt des zuständigen Gerichts gelangt.[167] Beim *Computerfax* genügt die eingescannte Unterschrift, wenn die Versendung aus dem Computer heraus erfolgt.[168] Die Schriftform ist auch gewahrt, wenn dem Berufungsgericht ein Ausdruck der als Anhang einer *elektronischen Nachricht* übermittelten, den vollständigen Schriftsatz enthaltenen *Bilddatei* (zB PDF-Datei) vorliegt und die Datei durch Einscannen eines ordnungsgemäß unterzeichneten Schriftsatzes[169] zugestellt ist.[170]

Gelangt der Inhalt einer Rechtsmittel-(Begründungs-)Schrift mittels Telefax unlesbar oder unvollständig zu den Akten und lässt sich deren Inhalt erst nachträglich feststellen, gilt die Schrift mit ihrem vollständigen Inhalt als ordnungsgemäß eingegangen, wenn die Ursache für den Mangel in der Sphäre des Gerichts liegt.[171] Entscheidend ist

---

162 BGH NJW 2012, 1738.

163 BGH NJW 1989, 588; 1992, 243; 2015, 3207 (Wellenlinie); VersR 1998, 340; MDR 1999, 53 = NJW 1999, 60 (aber Wiedereinsetzung, wenn Paraphe jahrelang unbeanstandet geblieben ist); BGH JurBüro 2000, 207; MDR 2012, 797 = NJW-RR 2012, 1140 (stilisierte Überbleibsel einer Reihenfolge von Buchstaben); LAG Berlin MDR 2002, 355 (erster Buchstabe des Vornamens).

164 BGH NJW 1988, 210; 1993, 2057; 2013, 237; NJW-RR 1995, 950.

165 BGH NJW-RR 2012, 1139; 2012, 1142; NJW 2013, 237.

166 BGH NJW 1992, 244; NJW-RR 1997, 250 (zur Frage der Wiedereinsetzung bei Funktionsunfähigkeit des Faxgerätes der Justizbehörden nach Dienstschluss); BGH NJW 2005, 2086; 2006, 1518 und 2007, 601 (Wiedereinsetzung bei Funktionsstörung); BGH NJW 2015, 1027 (vorschnelles Aufgeben von Faxzustellungsversuchen).

167 BGH MDR 2013, 1186 = NJW-RR 2013, 830.

168 BGH NJW 2000, 2340; 2006, 3784.

169 BGH MDR 2011, 251 = NJW 2011, 1294 (elektronische Signatur).

170 BGH NJW 2008, 2649.

171 BGH MDR 1995, 310 = AnwBl. 1995, 160 = NJW 1994, 1881; MDR 2001, 828 = NJW 2001, 1581 (zur Berufungsbegründung).

der Eingang der Signale, nicht der Ausdruck.[172] Allerdings muss bei Versendung fristwahrender Schriftsätze für eine Ausgangskontrolle gesorgt werden, bei Übersendung durch Telefax muss ein Sendebericht erstellt und dieser auf Übermittlungsfehler überprüft werden.[173] Geht ein am letzten Tag der Frist um ca. 23.55 Uhr in das Faxgerät eingelegter Schriftsatz erst am folgenden Tag gegen 0.25 Uhr bei Gericht ein, kann Wiedereinsetzung in den vorigen Stand (§ 233) gewährt werden.[174] Die in Computerschrift erfolgte Wiedergabe der Namen der Prozessbevollmächtigten unter einer als Computerfax übermittelten Schrift stellt keine hinreichende Unterschrift dar.[175]

Wird per Telefax zulässigerweise Berufung eingelegt und innerhalb der Berufungsfrist auch das Original des Schriftsatzes bei Gericht eingereicht, liegt im Zweifel eine *mehrfache Berufungseinlegung* mit der Folge vor, dass die zunächst wirkungslose zweite Einlegung wirksam wird, wenn die per Telefax eingelegte Berufung ihre Wirksamkeit verliert.[176]

- Allgemeine Formalien

Der Gebrauch des Wortes »Berufung« ist für eine wirksame Berufungseinlegung **43** nicht wesentlich. Entscheidend ist, dass die Absicht, das angegriffene Urteil einer Überprüfung durch die höhere Instanz zu unterstellen, aus der Erklärung deutlich zu entnehmen ist. Deshalb kann uU die gegen ein Urteil eingelegte »Beschwerde« als Berufung gedeutet werden.[177] Aus der Berufungsschrift muss sich eindeutig ergeben, gegen welches Urteil Berufung eingelegt werden soll; wird das angefochtene Urteil mit falschem Aktenzeichen angegeben, ist dies unschädlich, wenn eindeutig ist, gegen welche Entscheidung das Rechtsmittel gerichtet ist.[178]

- Bezeichnung der Parteien

Die Angabe der ladungsfähigen Anschrift des Berufungsklägers in der Berufungs- **44** schrift gehört nicht zu den Zulässigkeitsvoraussetzungen der Berufung.[179] Jedoch muss die Berufungsschrift neben der Bezeichnung des Urteils und der Erklärung iSd § 519 II Nr. 2 die Angabe enthalten, für wen und gegen wen das Rechtsmittel eingelegt werden soll; insoweit können der Berufungsantrag, wenn er bereits in der Berufungsschrift enthalten sein sollte, und auch die beigefügte Urteilsablichtung bei der Auslegung mit berücksichtigt werden; nicht ausreichend sind hingegen mündliche oder telefonische Ergänzungen, auch wenn sie aktenkundig gemacht worden sind.[180]

172 BGH NJW 2006, 2263.

173 BGH VersR 2009, 1644; BGH NJW 2015, 3246; 2016, 1664; 2016, 1740; 2016, 2042 (Wiedereinsetzung bei Kontrolle des Sendeprotokolls); BGH MDR 2016, 1038 = NJW-RR 2016, 1199 (zur Kontrolle des Sendeprotokolls gehört die Faxnummer anhand eines zulässigen Verzeichnisses).

174 OLG Saarbrücken NJW 2013, 3797.

175 BGH NJW 2005, 2086.

176 BGH MDR 1993, 1234 = BeckRS 9998, 87674; BAG NJW 1999, 2989.

177 BGH NJW 1987, 1204; MDR 2008, 1293 = NJW 2008, 2922.

178 BGH NJW 1989, 2893; MDR 1994, 98 = NJW 1993, 1719; MDR 2003, 948 = NJW 2003, 1950; MDR 2013, 169 = NJW-RR 2013, 121.

179 BGH VersR 1988, 586.

180 BGH NJW 1991, 2775; 1999, 3124 (»namens« des Beklagten); BGH NJW 2012, 1375 (strenge Anforderungen für Berufungskläger); BGH VersR 1998, 383; NJW-RR 2002, 932; FamRZ 2004, 697 = NJW-RR 2004, 862; MDR 2004, 643 = NJW-RR 2004, 862; MDR 2008, 1352 = NJW-RR 2009, 208.

Eine uneingeschränkt eingelegte Berufung gegen ein klageabweisendes Urteil richtet sich im Zweifel gegen alle erfolgreichen Streitgenossen; ist nur der an erster Stelle des Rubrums stehende Streitgenosse genannt (sog. Spitzenreiter), so ist das Urteil auch gegenüber den anderen angefochten, außer wenn die Berufungsschrift eine Beschränkung erkennen lässt; dasselbe gilt, wenn der Drittwiderbeklagte nicht bezeichnet ist, aber aus der Berufungsschrift eindeutig der Wille erkennbar ist, das Urteil ohne Einschränkung anfechten zu wollen.[181] Wird dagegen bei der Berufung des Beklagten der Kläger als solcher sowie als Widerbeklagter und Berufungsbeklagter, der Drittwiderbeklagte dagegen nur als »Widerbeklagter« bezeichnet, ist das Rechtsmittel gegen den Drittwiderbeklagten unzulässig, wenn nach der Rechtsmittelschrift Zweifel an seiner Inanspruchnahme als Rechtsmittelbeklagter verbleiben.[182] Mängel sind unschädlich, wenn sich vor Ablauf der Berufungsfrist im Zusammenhang mit den Akten zweifelsfrei ergibt, welches Urteil von wem angegriffen wird.[183]

bb) Frist

45 Die Berufungsschrift muss innerhalb der *Berufungsfrist* des § 517 beim zuständigen Berufungsgericht eingehen. Wird ein unzuständiges Gericht angerufen, darf *Wiedereinsetzung* in den vorigen Stand nur dann gewährt werden, wenn die fristgerechte Weiterleitung im ordentlichen Geschäftsgang an das Rechtsmittelgericht ohne Weiteres erwartet werden konnte, aber nicht erfolgt ist.[184] Bei fristgebundenen Schriftsätzen muss der Rechtsanwalt anordnen, dass die Erledigung am Abend eines jeden Arbeitstages durch eine dazu beauftragte Bürokraft anhand des Fristenkalenders nochmals selbstständig überprüft wird.[185] Vergisst der Rechtsanwalt die Unterzeichnung der Berufungsschrift, kann Wiedereinsetzung in den vorigen Stand gewährt werden, wenn die zuverlässige Bürokraft ausnahmsweise die Kontrolle der Unterschrift unterlassen hat.[186]

- Fristlauf

46 Die Berufungsfrist beginnt nach § 517 grundsätzlich mit der Zustellung des Urteils in vollständiger Form zu laufen[187] oder – soweit keine oder keine ordnungsgemäße Zustellung erfolgte – spätestens fünf Monate ab Verkündung des Urteils. Nach § 317 I 1 genügt für den Fristbeginn die Zustellung einer von der Geschäftsstelle beglaubigten Abschrift des vollständig abgefassten Urteils; auf die Zustellung einer Ausfertigung des Urteils, die nur noch auf Antrag erteilt wird (§ 317 II 1), kommt es nicht an.[188] Die Frist beginnt überhaupt nicht zu laufen, wenn die beschwerte Partei nicht ordnungsgemäß geladen und im Termin nicht vertreten war sowie zudem keinen Anlass

181 BGH MDR 2002, 287 = NJW 2002, 831.
182 BGH NJW 2003, 3204.
183 BGH NJW-RR 2007, 500.
184 BGH NJW 2016, 3668; OLG Zweibrücken MDR 2005, 591 = BeckRS 2004, 09283; allgemein zur Wiedereinsetzung vgl. → F 59.
185 BGH NJW 2016, 873.
186 BGH NJW 2014, 2961; 2016, 718 (gilt aber nicht, wenn der Rechtsanwalt die ihm in der Unterschriftsmappe noch rechtzeitig vorgelegte Ersatzausfertigung nicht unterzeichnet hat in der Annahme, seine Unterschrift sei wegen schon erfolgter Unterzeichnung der Erstschrift nicht erforderlich).
187 BGH NJW 2016, 1180; zur Beweiskraft des Empfangsbekenntnisses: BGH NJW 2007, 600; 2012, 2117; VersR 2013, 1197 (Beweiswirkung des EB entfällt nur, wenn sein Inhalt vollständig entkräftet ist).
188 BGH NJW 2016, 1180 (in Abgrenzung von BGH NJW 2010, 2519).

hatte, Erkundungen einzuholen.[189] Die Berufungsfrist beträgt einen Monat. Für die Berechnung der Fristen gelten über § 222 I die §§ 187, 188 BGB, sodass gemäß § 188 II die am 28.2. zu laufen beginnende Berufungsfrist mit Ablauf des 28.3. – nicht hingegen des 31.3. – endet. Das Ende der Rechtsmittelfrist wird bei einem Feiertag nur dann hinausgeschoben, wenn das Rechtsmittel an dem Ort einzulegen ist, an dem der gesetzliche Feiertag gilt.[190]

Grundsätzlich hat eine *Urteilsberichtigung gemäß § 319* keinen Einfluss auf den Beginn der Rechtsmittelfrist; ausnahmsweise beginnt aber mit der Zustellung des Berichtigungsbeschlusses eine neue Rechtsmittelfrist zu laufen, wenn die ursprüngliche Fassung des Urteils die Beschwer der Partei nicht hinreichend erkennen ließ.[191] Darüber hinaus bestimmt § 518, dass mit Zustellung eines *Ergänzungsurteils* (§ 321) während laufender Berufungsfrist diese Frist auch für das Ursprungsurteil von neuem beginnt.[192] **47**

Der Streithelfer kann Rechtsmittel nur innerhalb der für die Hauptpartei laufenden Rechtsmittelfrist einlegen, und zwar unabhängig davon, ob und wann ihm das Urteil zugestellt worden ist.[193]

Die Parteien dürfen die ihnen vom Gesetz eingeräumte Frist bis zu ihrer Grenze ausnutzen; es reicht aus, wenn das Schriftstück, mit dem Berufung eingelegt wird, innerhalb der Frist in die Verfügungsgewalt des Gerichts kommt.[194] Es reicht sogar aus, wenn die Rechtsmittelschrift am letzten Tag der Frist bis 24.00 Uhr in ein Postfach einsortiert wird, das das Rechtsmittelgericht unterhält.[195]

- Notfrist, Prozesskostenhilfe

Die Berufungsfrist ist eine *Notfrist*. Daraus folgt, dass sie nicht verlängert oder verkürzt werden kann (§ 224) und dass die Vorschriften über die Wiedereinsetzung in den vorigen Stand unmittelbar gelten.[196] **48**

In diesem Zusammenhang kommt einem Prozesskostenhilfegesuch besondere Bedeutung zu. Nicht zulässig ist, die Berufung unter der Bedingung der Bewilligung einzulegen.[197] Wird jedoch das Prozesskostenhilfegesuch innerhalb der Berufungs-

189 BGH NJW-RR 2011, 5.
190 BGH MDR 2012, 301 = NJW-RR 2012, 254.
191 BGH NJW 2003, 2991; NJW-RR 2001, 211; 2017, 55.
192 Zum Ergänzungsurteil nach Ablauf der Berufungsfrist und der Berufungsbegründungsfrist vgl. unten → Rn. 49.
193 BGH NJW 1990, 190; NJW-RR 1997, 865.
194 BVerfG NJW 1986, 244.
195 BGH VersR 1986, 1204.
196 BGH NJW 1992, 574 (keine Wiedereinsetzung bei Offenbleiben des Verschuldens); BGH MDR 1993, 577 = NJW 1993, 1333 (Berufungseinlegung während eines Poststreiks und Verschulden); BGH NJW 1994, 458 (Verletzung der Organisationspflicht eines Rechtsanwalts); BGH MDR 2007, 1276 = NJW-RR 2007, 1654 (Einreichung beim erstinstanzlichen Gericht): BGH NJW 2008, 3705 (falsche Fristnotierung durch erstinstanzlichen Anwalt); BGH NJW 2012, 78 (Hinweispflicht bei fehlender Zuständigkeit – Grenzen der Fürsorgepflicht); BGH NJW 2012, 856 (Unterschrift des Anwalts »an falscher Stelle«); BGH NJW 2012, 2281 (korrekte Adressierung); BGH MDR 2012, 988 = NJW 2012, 3309 (unvollständige Einzelanweisung durch RA); BGH MDR 2015, 1437 (Verlust auf Postweg); BGH MDR 2016, 1406 = NJW 2016, 3789 (Poststreik); BGH VersR 2017, 57 (Postausgangskiste gehört zum organisatorischen Verantwortungsbereich des RA); BGH MDR 2017, 106 (Krankheit des Rechtsanwaltes); BAG DB 2010, 400 (keine Wiedereinsetzung bei weisungswidriger Rücknahme der Berufung); allg. zur Wiedereinsetzung: *Bernau* NJW 2016, 1999.
197 Vgl. BGH NJW-RR 2007, 780 (bedingungsfeindlich).

frist in ordnungsgemäßer Form durch die Partei eingereicht, ist die Partei so lange an der Einlegung der Berufung ohne ihr Verschulden gehindert, bis sie Kenntnis von der Entscheidung über das Prozesskostenhilfegesuch erlangt.[198] Fällt das Hindernis – die Armut – durch eine solche Entscheidung weg, müssen binnen zwei Wochen die Wiedereinsetzung beantragt und die Berufung eingelegt werden (§§ 234 I 1, 236 II 2). Die Partei nur dann an der Fristwahrung gehindert, wenn sie auf die Annahme ihrer Armut durch das Gericht und damit auf die Bewilligung vertrauen konnte.[199] Ferner muss die Fristversäumnis auf der Armut beruhen.[200] Das ist fraglich, wenn der Rechtsanwalt nach Stellen des Prozesshilfeantrages den Entwurf einer Rechtsmittel- und Rechtsmittelbegründungsschrift einreicht, weil er dann trotz angenommener Mittellosigkeit des Mandanten bereit ist, alle Förmlichkeiten für die Berufung fristgemäß zu erfüllen.[201] Der Fall liegt aber anders, wenn der Rechtsanwalt mit dem Prozesskostenhilfeantrag gleichzeitig einen solchen Entwurf einreicht; dann dient der Entwurf der Begründung eines solchen Antrages und die Fristsäumnis beruht auf der Armut.[202]

e) Berufungsbegründung

aa) Frist

49 Die Berufung ist innerhalb von zwei Monaten ab Zustellung des Urteils in vollständiger Form, spätestens sieben Monate nach Verkündung[203] zu begründen (§ 520 II 1).

Die Berufungsbegründungsfrist beginnt mit der Berufungsfrist zu laufen. Beide Fristen sind voneinander unabhängig.[204] Auch wenn die *Berufung verspätet* eingelegt wird, läuft die Berufungsbegründungsfrist von der Zustellung des Urteils an.[205] Ergeht nach Ablauf der Berufungsfrist, aber noch vor Ablauf der Berufungsbegründungsfrist ein *Ergänzungsurteil*, bleibt für die Frist iSd § 520 II die Zustellung des Ursprungsurteils maßgeblich.[206]

- Wiedereinsetzung, Prozesskostenhilfe

50 Die Berufungsbegründungsfrist ist keine *Notfrist*. Gleichwohl kann unter den in §§ 233 ff. genannten Voraussetzungen Wiedereinsetzung in den vorigen Stand gewährt werden.[207] Im Falle der Versäumnis der Berufungsbegründungsfrist gilt für den

---

198 BGH NJW-RR 2006, 140; MDR 2007, 1151 = BeckRS 2007, 10136; MDR 2010, 400 = NJW-RR 2010, 424 (Zweifel an Bedürftigkeit); zur Berufung der armen Partei vgl. Zöller/*Heßler* ZPO § 519 Rn. 1, § 520 Rn. 39, § 537 Rn. 16, § 524 Rn. 17, § 234 Rn. 6 ff.; vgl. auch → Rn. 50.

199 BGH NJW-RR 2008, 1306; zu den Überprüfungspflichten des RA: BGH VersR 2011, 89 (Fristkontrolle); BGH NJW 2008, 3706; 2011, 859 (Überprüfung der Uhrzeit am Faxgerät); BGH Urt. v. 14.5.2013 – II ZB 22/11, BeckRS 2013, 10758 (der Antragsteller wird vom Gericht darauf hingewiesen, dass die persönlichen Voraussetzungen für die Bewilligung nicht hinreichend dargelegt sind – dann kein Vertrauen).

200 BGH NJW 2008, 2855.

201 BGH NJW 2008, 2855.

202 BGH NJW 2014, 1307.

203 BAG MDR 2005, 531 = NJW 2005, 700.

204 OLG Brandenburg FamRZ 2004, 648 = NJW 2003, 2995.

205 Vgl. BGH MDR 2003, 1308 = NJW 2003, 3275.

206 BGH NJW 2009, 442; zur Urteilsberichtigung nach § 319 und der Einlegungsfrist vgl. auch → Rn. 47.

207 Vgl. BGH NJW 1994, 459 (Pflicht des Rechtsanwalts zur Überwachung der 6-Monats-Frist); BGH MDR 2003, 1308 = NJW 2003, 3275; MDR 2007, 1151; OLG Celle NJW 2003, 3497 (auch zur Vervollständigung nach unverschuldetem Computerabsturz); vgl. zu den allgemeinen Fragen → Rn. 48.

Antrag auf Wiedereinsetzung eine Frist von einem Monat gemäß § 234 I 2.[208] Innerhalb dieser Frist muss auch die versäumte Handlung, dh die Berufungsbegründung, erfolgen (§ 236 II 2). Die einmonatige Frist beginnt mit der Behebung des Hindernisses zu laufen. Wird ein Prozesskostenhilfeantrag nach der Berufungseinlegung gestellt, fällt das Hindernis erst mit der Zustellung der Entscheidung über dieses Gesuch weg,[209] sodass dann bei einem zulässigerweise gestellten Antrag auf Wiedereinsetzung in den vorigen Stand nach § 234 I 2 jedenfalls noch ein Monat zur Berufungsbegründung verbleibt. Das gilt auch, wenn die Berufung unabhängig von dem Prozesskostenhilfeantrag unbedingt eingelegt wurde.[210] Konsequenterweise darf das Gericht auch nicht gleichzeitig mit der Versagung von Prozesskostenhilfe die Berufung wegen nicht rechtzeitiger Berufungsbegründung als unzulässig verwerfen; vielmehr muss es Gelegenheit zu einem Antrag auf Wiedereinsetzung in den vorigen Stand geben.[211] Wird nach einer (negativen) Entscheidung über den Prozesskostenhilfeantrag innerhalb der Frist des § 234 I 2 Berufung eingelegt und Wiedereinsetzung in den vorigen Stand beantragt, beginnt die Monatsfrist für die Berufungsbegründung nach §§ 234 II 2, 236 II 2 erst mit der Mitteilung der Wiedereinsetzung in den vorigen Stand gegen die Versäumung der Berufungsfrist.[212]

- Verlängerung

Aus dem Umstand, dass die Berufungsbegründungsfrist keine Notfrist ist, folgt die **51** Möglichkeit, sie zu verlängern (§ 520 II 2, 3). Für die Fristberechnung gelten die §§ 221 ff. Fällt der letzte Tag der ursprünglichen Berufungsbegründungsfrist auf einen Samstag, Sonntag oder allgemeinen Feiertag, beginnt die Verlängerungsfrist erst mit Ablauf des nächstfolgenden Werktages (§§ 222 II, 224 III).[213] Willigt der Gegner ein – hierfür ist keine Form vorgeschrieben[214] –, kann die Fristverlängerung auch für mehr als einen Monat gewährt werden. Ohne Einwilligung des Gegners kann hingegen die Frist nur bis zu einem Monat verlängert werden, wenn dadurch keine Verzögerung droht oder erhebliche Gründe dargelegt sind (§ 520 II 3). Zu den erheblichen Gründen können zB Erkrankungen des Personals, Kuren, Beschaffungsschwierigkeiten bezüglich Urkunden oder Informationen, aber auch die starke Arbeitsbelastung der Prozessbevollmächtigten[215] zählen. Der Rechtsanwalt muss durch einen rechtzeitig gestellten Fristverlängerungsantrag dafür Sorge tragen, dass ein Wiedereinsetzungsgesuch nicht notwendig wird, wenn er erkennt, dass die Frist zur Rechtsmittelbegründung nicht eingehalten werden kann.[216] Die Verlängerung kann nach Ablauf der Berufungsbegründungsfrist erfolgen, sofern schon vor dem Ablauf der Frist eine solche Verlängerung beantragt wurde.[217] Die Verlängerung der Berufungsbegründungsfrist ist auch wirksam, wenn sie nicht schriftlich, sondern telefonisch durch die

208 BGH NJW 2008, 1164; MDR 2009, 884 = BeckRS 2009, 13524.
209 BGH NJW-RR 2005, 1586; NJW 2006, 2857.
210 BVerfG NJW 2010, 2567.
211 BGH FamRZ 2004, 699 = MDR 2004, 588 = NJW-RR 2004, 1218.
212 BGH NJW 2014, 2442 mwN; Bedenken: BGH NJW-RR 2008, 1313; offen gelassen: BGH NJW 2013, 471.
213 BGH NJW-RR 2010, 211; NJW 2015, 1966 (zur Auslegung des Verlängerungsantrags).
214 BGH NJW 2005, 72.
215 BAG MDR 2005, 288 = NJW 2005, 173.
216 BGH NJW 2013, 3181.
217 BGH NJW 2009, 1149 (auch bei gerichtsinternen Mediationsverfahren); Zöller/*Heßler* ZPO § 520 Rn. 16a.

Geschäftsstelle oder den Vorsitzenden mitgeteilt wurde.[218] Ein Anspruch auf Verlängerung besteht nicht, sodass der Berufungsführer grundsätzlich nicht darauf vertrauen kann, dass ihm ohne Einwilligung des Gegners eine zweite Verlängerung bewilligt wird.[219] Den Anwalt trifft im Falle der Ablehnung der Verlängerung bei einem ersten Antrag grundsätzlich kein Verschulden an der Versäumung der Berufungsbegründungsfrist; er muss allerdings einen der Gründe des § 520 II 3 vorgebracht haben.[220] Bevor über einen Antrag auf Fristverlängerung nicht entschieden wird, kann die Berufung nicht wegen Versäumung der Berufungsbegründungsfrist als unzulässig verworfen werden.[221]

Gegen die Versäumung eines rechtzeitigen Antrages auf Verlängerung der Berufungsbegründungsfrist ist eine Wiedereinsetzung in den vorigen Stand (§ 233) nicht möglich.[222]

Wird das Ruhen des Verfahrens angeordnet, wird der Lauf der Berufungsbegründungsfrist nicht gehemmt (vgl. § 251 S. 2); dies ist im Besonderen bei einer außergerichtliche Mediation (§ 278a) oder einem sonstigen außergerichtlichen Konfliktbeilegungsverfahren zu beachten.[223]

bb) Form und Inhalt

52 Die Berufungsbegründung ist in einem Schriftsatz bei dem Berufungsgericht einzureichen, sofern sie nicht bereits in der Berufungsschrift enthalten ist (§ 520 III 1). Sie kann auch mittels eines Fernschreibens oder per Telefax erfolgen.[224] Gemäß §§ 520 V, 130 Nr. 6 ist die Unterschrift allerdings grundsätzlich Wirksamkeitsvoraussetzung; über die Identifizierbarkeit des Verfassers ist aufgrund einer Gesamtwürdigung aller zur Verfügung stehenden Umstände zu entscheiden.[225]

- Umfang der Anfechtung

53 Die Berufungs*begründung* muss eindeutig ergeben, inwieweit das Urteil angefochten wird und welche Abänderungen erfolgen sollen. Will zB der Berufungskläger (= Beklagter) lediglich die Herabsetzung des dem Kläger in der ersten Instanz zuerkannten Schmerzensgeldes erreichen, muss er durch den Antrag (vgl. § 520 III Nr. 1) oder durch sein übriges schriftsätzliches Vorbringen innerhalb der Berufungsbegründungsfrist klarstellen, um welchen Betrag es ihm geht.[226] Ein *förmlicher Antrag* ist nicht unbedingt erforderlich, wenn sich Umfang und Ziel der Be-

218 BGH NJW-RR 1994, 444; 1998, 1155.

219 BGH NJW 2004, 1742 = MDR 2004, 765; MDR 2008, 813 = NJW-RR 2008, 1162 (Wirksamkeit der Fristverlängerung bei Missverständnis der Berufungsführer im Hinblick auf Zustimmung des Gegners); zum Vertrauen auf die erste Fristverlängerung vgl. allg. BGH NJW 2009, 3100; 2012, 2522; MDR 2017, 353.

220 BGH NJW 1992, 2426; 2010, 1610; vgl. auch BVerfG NJW 2001, 812.

221 BGH MDR 2001, 951 = NJW-RR 2001, 931.

222 BGH VersR 1987, 308; Zöller/*Heßler* ZPO § 520 Rn. 23.

223 BGH NJW 2009, 1149; vgl. auch Prütting/Gehrlein/*Anders* ZPO § 251 Rn. 3; allg. zum Mediationsverfahren → D Rn. 83.

224 BVerfG NJW 1987, 2067; 2016, 2042; BGH MDR 1995, 310 = NJW 1994, 1881; vgl. auch → Rn. 42. Fn. 159.

225 BGH NJW-RR 2010, 358; NJW 2010, 3661 (nicht unterschriebene Berufungsbegründung fest verbunden mit unterschriebenem Anschreiben: reicht).

226 BGH NJW 2014, 3154.

rufung eindeutig ermitteln lassen.[227] So reicht es zB aus, wenn der Berufungskläger die Aufhebung des Urteils und die Zurückverweisung der Sache an die erste Instanz verlangt.[228]

Wird die Berufung zunächst begrenzt eingelegt,

Beispiele:
- Anfechtung hinsichtlich eines Teilbetrags
- Anfechtung mit dem alleinigen Ziel, die Hilfsaufrechnung zum Zuge zu bringen – diese wird dann Hauptaufrechnung[229]

bedeutet dies keine Rechtsmittelbegrenzung und hindert den Berufungskläger nicht an einem späteren, weiter gehenden Berufungsantrag; etwas anderes gilt nur, wenn er im Übrigen eindeutig auf das Rechtsmittel verzichtet hat.[230] Allerdings ist die Erweiterung der Teilanfechtung nur im Rahmen der fristgerecht eingereichten Berufungsbegründung möglich.[231] Wenn die Berufungsbegründung keine hinreichenden Ausführungen zum Gegenstand der »Erweiterung« enthält, ist der erweiterte Berufungsantrag unzulässig.[232] Das hängt im Wesentlichen davon ab, ob sich die Erweiterung auf einen Teil eines Anspruchs oder auf einen anderen Anspruch bezieht, dem ein anderer Sachverhalt zugrunde liegt.[233]

Die in der Berufungsbegründungsschrift enthaltene *Klageänderung* ist selbst keine Urteilsanfechtung, sondern setzt eine solche voraus.[234]

- Qualität der Berufungsbegründung

Nach § 520 III 2 Nr. 2 bis 4 muss der bei dem Berufungsgericht zugelassene Rechts- **54**
anwalt des Berufungsklägers eine auf den konkreten Fall bezogene Begründung abgeben, die erkennen lässt, auf welchen der nach § 513 zulässigen Gründe das Abänderungsbegehren gestützt werden soll; auf die Schlüssigkeit oder Erheblichkeit kommt es insoweit nicht an.[235] So reicht für den Angriff gegen die erstinstanzliche Beweiswürdigung aus, dass deutlich gemacht wird, dass und aus welchen Gründen die Beweiswürdigung für unrichtig gehalten wird.[236] Die Aufgliederung der Berufungsgründe in § 520 III 2 Nr. 2 bis 4 folgt der Systematik, die in § 513 festgelegt ist. Eine Änderung des erstinstanzlichen Urteils erreicht der Berufungsführer gemäß § 513 bei Verletzung formellen oder materiellen Rechts, wenn die Entscheidung darauf beruht.[237] Dasselbe gilt nach § 513 iVm § 529, wenn nach dem zu berücksichtigenden Prüfungsumfang ohne Rechtsverletzung eine andere Entscheidung gerechtfertigt ist.[238]

227 BGH MDR 1998, 1180; NJW-RR 1999, 211; 2010, 424; 2015, 188; FamRZ 2004, 22; 2004, 179; NJW 2015, 1606.
228 BGH FamRZ 1993, 1192.
229 BGH NJW-RR 2001, 1572; vgl. näher unseren Übungsfall zur Berufung unter www.vahlen.de.
230 BGH NJW 1994, 2896; NJW-RR 1988, 65; 1994, 61; 1997, 1427 (Abweisung wegen fehlenden Feststellungsinteresses und aus materiellen Gründen); vgl. auch → Rn. 4.
231 BGH MDR 2005, 409 = NJW-RR 2005, 714; NJW 2005, 3067 (Anschlussberufung).
232 Vgl. näher → Rn. 28, 31.
233 Vgl. hierzu → Rn. 31; vgl. auch *Müller-Rabe* NJW 1990, 283 ff., insbes. 284 ff. »Beschränkter Prüfungsumfang im Berufungsverfahren«.
234 BGH NJW 1992, 3243; vgl. auch → Rn. 31.
235 BGH NJW 2013, 174; NJW-RR 2008, 1308 (Zulässigkeit von Textbausteinen); BGH WuM 2013, 367; 2015, 1458; BGH VersR 2016, 1008.
236 BGH NJW 2012, 3581.
237 Vgl. → Rn. 5.
238 Vgl. → Rn. 5, 12 f.

Dementsprechend muss der Berufungsführer nach Nr. 2 des § 520 III 2 in der Berufungsbegründung die Umstände angeben, aus denen sich die entscheidungserhebliche Rechtsverletzung ergibt; dies gilt allerdings nicht, wenn sich den Entscheidungsgründen ohne Weiteres entnehmen lässt, weshalb die Klage unbegründet sein könnte.[239] Bei der Rüge der Verletzung rechtlicher Gebühr muss dargestellt werden, was ansonsten vorgetragen worden wäre, sowie, dass nicht auszuschließen ist, dass dieser Vortrag zu einer anderen Entscheidung geführt hätte; Entsprechendes gilt bei Berufung auf einen Verstoß gegen § 285; hier muss dargelegt werden, was vorgetragen worden wäre und dass nicht auszuschließen ist, dass dieser Vortrag zu einer anderen Beweiswürdigung geführt hätte.[240]

Im Rahmen des § 520 III 2 Nr. 3 muss er konkrete Anhaltspunkte darlegen, die Zweifel an der Richtigkeit und Vollständigkeit der Tatsachenfeststellung begründen und deshalb eine erneute Feststellung gebieten (§ 529 I Nr. 3).[241] Sollen neue Angriffs- oder Verteidigungsmittel berücksichtigt werden, müssen diese selbst und die Tatsachen vorgetragen werden, aus denen sich die Zulässigkeit ergibt (520 III 2 Nr. 4).[242] Wird die Berufung ausschließlich auf neue Tatsachen gestützt und enthält die Berufungsbegründung keine Angaben zu den Tatsachen, die die Zulassung neues Vorbringens nach § 531 II rechtfertigen, ist die Berufung unzulässig; dem steht nicht entgegen, dass das Vorbringen zuzulassen wäre, wenn es sich im Verlauf des Verfahrens als unstreitig erwiese.[243]

Auch wenn § 520 III 2 Nr. 2 auf die Bezeichnung der Umstände abstellt, aus denen sich die Rechtsverletzung und deren Erheblichkeit ergibt, sind damit im Vergleich zu der früheren Rechtslage (§ 513 III Nr. 2 ZPO aF) keine erhöhten Anforderungen an die Berufungsbegründung verbunden.[244] Die Rechtsprechung zu § 519 II ZPO aF ist demnach verwertbar geblieben. Sinnvollerweise muss sich der Inhalt der Berufungsbegründung an der Funktion der Berufung als Instrument der Fehlerkontrolle und Fehlerbeseitigung orientieren.[245] Es muss erkennbar sein, dass der bei dem Berufungsgericht zugelassene Rechtsanwalt die Angelegenheit überprüft hat und die Verantwortung für das Berufungsvorbringen übernimmt.[246] Das schließt eine Bezugnahme auf andere, bereits eingereichte Schriftsätze oder Unterlagen nicht aus; aus Gründen der Prozessökonomie ist nämlich auch für die Berufungsbegründung ein bloßes Abschreiben von Schriftstücken zu vermeiden, weil es sich um eine reine Formalie handeln würde.[247]

---

239 BGH MDR 2004, 768 = NJW-RR 2004, 1002 (noch zum alten Recht); BGH NJW 2015, 1684; VersR 2016, 1008 (nicht berücksichtigte Verursachungsbeiträge des Fahrzeugführers - § 17 I, II StVG); BGH NJW 2016, 2890; OLG Koblenz MDR 2012, 53 = BeckRS 2011, 25864 (Ausführungen zu nicht tragenden Gründen [Offenlassen] nicht erforderlich).

240 BGH NJW 2016, 2890.

241 Vgl. → Rn. 5, 13.

242 BGH WuM 2007, 283; NJW-RR 2015, 465; vgl. → Rn. 15 ff., insbes. 18, 20.

243 BGH NJW-RR 2015, 465.

244 BGH MDR 2003, 1192 = NJW 2003, 2531.

245 BGH MDR 2003, 1192 = NJW 2003, 2531.

246 BGH NJW 1993, 333; NJW-RR 1994, 569; 1998, 574 (Unterzeichnen der vom Korrespondenzanwalt gefertigten Schrift); BGH NJW 2005, 2086 (besondere Umstände können ausnahmsweise unter diesen Gesichtspunkten die Unterschrift ersetzen – hier: Computerfax); BGH NJW 2005, 2709; zur Zulässigkeit von Textbausteinen vgl. BGH NJW-RR 2008, 1308.

247 BGH NJW-RR 1989, 184; 1994, 569; MDR 1993, 684 = NJW 1993, 1866; NJW 1993, 3333; VersR 2009, 992; vgl. allg. zur Bezugnahme → A Rn. 12 ff.

Beispiele:
- Im Streitgenossenprozess kann sich der zweitinstanzliche Prozessbevollmächtigte einer Partei die von dem anderen Berufungsanwalt unterzeichnete Berufungsbegründung konkret zu eigen machen.
- Es kann auf das zur Durchführung eingereichte und von dem zweitinstanzlichen Prozessbevollmächtigten unterzeichnete Prozesskostenhilfegesuch Bezug genommen werden; nicht ausreichend ist allerdings, auf einen dem Gesuch beigefügten und nicht vom zweitinstanzlichen Prozessbevollmächtigten unterzeichneten »Entwurf« zu verweisen.[248]
- Der zweitinstanzliche Prozessbevollmächtigte kann sich den Prozesskostenhilfebeschluss des Berufungsgerichts, der naturgemäß von ihm nicht unterzeichnet ist, zu eigen machen.[249]
- Die Bezugnahme auf einen Einstellungsantrag kann ausreichen.[250]
- Bezugnahme auf nicht unterzeichnete oder auf solche Schriftsätze, die der erstinstanzliche Rechtsanwalt unterzeichnet hat, reicht aus.[251]

- Umfang der Begründung

Die Berufungsbegründung muss das Berufungsziel vollständig abdecken; bei mehreren Streitgegenständen oder bei einem teilbaren Streitgegenstand muss sie sich auf alle Teile erstrecken, hinsichtlich derer eine Änderung begehrt wird.[252] Die Berufung ist als unzulässig zu verwerfen (vgl. → Rn. 56), wenn sie nur hinsichtlich eines die Berufungssumme (§ 511 II Nr. 1) nicht erreichenden Teils begründet wird.[253] Zur Ordnungsmäßigkeit der Berufungsbegründung gehört indes nicht, dass alle Rechtsfragen angesprochen werden. Enthält die Berufungsbegründung zu einem von mehreren Streitpunkten eine genügende Begründung, ist die Berufung zulässig, wenn die bezeichneten Umstände geeignet sind, der angegriffenen Entscheidung insgesamt die Grundlage zu entziehen.[254] Hat das erstinstanzliche Gericht allerdings das Ergebenis auf mehrere unabhängig voneinander tragende Gründe gestützt, muss die Berufungsbegründung jede tragende Abwägung angreifen; ansonsten ist die Berufung unzulässig.[255] Ebenso wie die erste Instanz muss sich auch das Berufungsgericht mit allen Rechtsfragen unabhängig vom Vortrag der Parteien beschäftigen (»iura novit curia«) – so auch mit Auslegungsfragen –,[256] allerdings nur, soweit der Umfang des Angriffes feststeht. Verfehlt ist es, wenn das Gericht nur auf die Angriffspunkte des Berufungsführers eingeht, wenn die Berufung zulässig ist. Vielmehr hat eine vollständige Rechtsprüfung wie in der ersten Instanz stattzufinden. **55**

Beispiele:
1. Im ersten Rechtszug wird ein Schadensersatzanspruch wegen Verzuges allein mit der Begründung abgewiesen, es fehle an der – ebenfalls klageweise geltend gemachten – Hauptforderung. In der Berufungsbegründung wird die Abweisung der Hauptforderung angegriffen.

248 BGH MDR 1998, 793 = NJW 1998, 1647.
249 BGH NJW 1993, 333 (zu allen Beispielen).
250 BGH NJW 1995, 2112.
251 BGH NJW 1993, 333 (zweitinstanzlicher PKH-Beschluss); BGH NJW-RR 1994, 569 (erstinstanzliches PKH-Gesuch); BGH MDR 1998, 793 = NJW 1998, 1647 (ein dem PKH-Gesuch beigefügter, vom zweitinstanzlichen Prozessbevollmächtigten nicht unterzeichneter Entwurf); OLG Frankfurt a.M. FamRZ 1992, 1086 = BeckRS 2013, 17777.
252 BGH NJW-RR 2007, 414; NJW 2015, 3040; OLG Brandenburg NJW-RR 2011, 603; Ausnahme: Die Berufung wird zulässig nur auf neue Gründe gestützt – dann bedarf es keiner Auseinandersetzung mit dem Urteil, BGH NJW-RR 2007, 934.
253 BGH MDR 2008, 225 = NJW-RR 2008, 584.
254 BGH MDR 2012, 244 = NJW-RR 2012, 440; MDR 2012, 545; NJW-RR 2015, 3040; 2016, 1267.
255 BGH VersR 2015, 728.
256 Vgl. → Rn. 6.

2. Im klageabweisenden Urteil werden verschiedene Ansprüche mit derselben Begründung, zB kein kausaler Schaden, abgewiesen. In der Berufungsbegründungsschrift wird nur diese Begründung angegriffen.
3. Die Klage wird wegen Verjährung abgewiesen. In der Berufungsbegründung trägt der Kläger vor, die geltend gemachten Ansprühe seien nicht verjährt.
4. Eine Schadensersatzklage wird mit der Begründung abgewiesen, es fehle bereits an einer Pflichtverletzung des Beklagten; im Übrigen greife die von ihm erhobene Verjährungseinrede ein. In der Berufungsbegründung setzt sich der klägerische Rechtsanwalt im Einzelnen mit der Pflichtverletzung auseinander. Zur Verjährungseinrede nimmt er auf das erstinstanzliche Vorbringen Bezug.
5. Der Berufungskläger beschränkt sich in der Berufungsbegründung darauf, den Gesetzeswortlaut einer vom Erstgericht angeblich außer Acht gelassenen Vorschrift zu zitieren.

Im *Beispielsfall 1* reicht die Berufungsbegründung aus, um § 520 III 2 Nr. 2 auch bezüglich des Anspruchs auf Verzugsschaden zu genügen.[257] Entsprechendes gilt für den *Beispielsfälle 2 und 3*; alle Ansprüche sind in vollem Umfang in der Berufung zu prüfen; (für 2.:) ein rein vorsorgliches Eingehen auch auf solche Anspruchshindernisse, die von der Vorinstanz nicht behandelt worden sind, ist nach dem Sinn und Zweck des § 520 III 2 Nr. 2 nicht erforderlich.[258] Die Berufungsbegründung im *Beispielsfall 4* entspricht nicht den Anforderungen des § 520 III 2 Nr. 2, weil zur zweiten Begründung (Verjährung), die die Entscheidung allein trägt, nichts gesagt wird; deshalb ist die Berufung unzulässig.[259] Zwar muss der Berufungskläger bei einem einheitlichen Streitgegenstand nicht zu allen für ihn nachteilig beurteilten Gesichtspunkten Stellung nehmen. Anders liegt der Fall jedoch, wenn das Gericht seine Entscheidung auf mehrere voneinander unabhängige, selbstständig tragende rechtliche Erwägungen stützt. Dann muss der Rechtsmittelkläger für jede dieser Erwägungen darlegen, warum sie nach seiner Auffassung die angegriffene Entscheidung nicht tragen.[260] Allerdings gilt dies nicht, wenn die Abweisungsgründe nicht gleichwertig sind, wie zB bei der Verjährung auch der fehlenden Fälligkeit.[261] Im *Beispielsfall 5* ist die Berufung unzulässig; es muss jedenfalls im Ansatz dargetan werden, warum das Erstgericht im konkreten Fall Anlass hatte, die Vorschriften zu prüfen.[262]

Die vorgenannten Anforderungen können an die Begründung einer zur Wahrung der *Fünfmonatsfrist* des § 517 eingelegten Berufung gegen ein nicht in vollständiger Form abgefasstes Urteil nicht gestellt werden; hier reicht aus, sich darauf zu beschränken, dass das Urteil prozessrechtswidrig noch nicht zugestellt ist.[263]

257 BGH NJW 1992, 1898.

258 BGH NJW 1994, 2289 zu 2.; MDR 2015, 1093 = NJW 2015, 1684 zu 3.

259 BGH NJW 1990, 1184; MDR 1998, 1114 = NJW 1998, 3126; MDR 2011, 933 = NJW 2011, 2367; NJW-RR 2010, 1648; vgl. auch OLG Frankfurt a.M. NJW-RR 1998, 572; OLG Naumburg NJW-RR 2015, 150.

260 BGH NJW 2000, 590 = MDR 2000, 290; NJW 2007, 1534; NJW-RR 2006, 285; MDR 2007, 599 = NJW-RR 2007, 414; MDR 2011, 933 = NJW 2011, 2367.

261 BGH NJW 2000, 590 = MDR 2000, 290.

262 BGH NJW 1995, 1559.

263 BGH FamRZ 2004, 22 = NJW-RR 2004, 361; FamRZ 2004, 179 = BeckRS 2003, 09382; NJW-RR 2005, 1086.

2. Entscheidung bei Unzulässigkeit der Berufung

Bevor das Gericht prüft, ob die Klage zulässig und begründet ist – diese Fragen gehören zur Begründetheit der Berufung[264] –, muss von Amts wegen[265] festgestellt werden, ob die Berufung zulässig ist (§ 522 I). Auch hier gilt ein prozessualer Vorrang[266] der Zulässigkeit der Berufung vor deren Begründetheit, sodass Ausführungen wie »Es kann dahinstehen, ob die Berufung zulässig ist; jedenfalls ist sie unbegründet.« verfehlt sind. **56**

Dies gilt nach unserer Auffassung auch für eine Entscheidung nach § 522 II. Die Auffassung des OLG Köln[267], die Frage der Zulässigkeit der Berufung könne in einem solchen Fall übersprungen werden, weil es sich um eine qualifizierte Prozessvoraussetzung handele, halten wir für nicht vertretbar.[268] Bei der Zulässigkeit der Berufung handelt es sich nicht um eine Voraussetzung, die auch für deren Begründetheit von Bedeutung ist.[269]

Ist eine der Zulässigkeitsvoraussetzungen zu verneinen und ist die Berufung auch nicht als Anschlussberufung zulässig,[270] wird die Berufung nach einer Anhörung der betroffenen Partei[271] als unzulässig verworfen (§ 522 I 2), ohne dass es darauf ankommt, ob das erstinstanzliche Urteil richtig ist. Das gilt auch, wenn die Berufung nicht oder nicht fristgemäß begründet wird und der Berufungskläger (= Beklagter) anschließend **anerkennt.** Erklärt er hingegen vor Ablauf der Berufungsbegründungsfrist, er erkenne die Klageforderung an, hat ein Anerkenntnisurteil zu ergehen.[272] Die Verwerfung als unzulässig erfolgt durch *Beschluss* (§ 522 I 3) oder, soweit eine mündliche Verhandlung stattgefunden hat, durch Urteil. In beiden Fällen lautet der Hauptsachentenor:

> Die Berufung wird als unzulässig verworfen.

Sowohl in einem Urteil als auch in einem Beschluss iSd § 522 I ist über die *Kosten* des Berufungsverfahrens gemäß § 97 I zu entscheiden.

> Der Kläger/Beklagte trägt die Kosten der Berufung.

Berufungsurteile bedürfen, soweit es sich nicht um Urteile im einstweiligen Rechtsschutz (Arrest oder einstweilige Verfügung) handelt, wegen der Kosten einer *Anordnung der vorläufigen Vollstreckbarkeit.* Dagegen sind Beschlüsse des Landgerichts oder des Oberlandesgerichts gemäß § 522 I 3 schon kraft Gesetzes (§§ 794 I 1 Nr. 3, 522 I 4) vollstreckbar und bedürfen daher keines Ausspruchs der vorläufigen Vollstreckbarkeit; nach unserer Auffassung stellt auch die *Rechtsbeschwerde* nach

---

264 Das gilt auch, wenn Zweifel an der Prozessfähigkeit des Klägers seit Klageerhebung bestehen; vgl. BGH VersR 2001, 479.

265 BGH NJW 2003, 2991 (2992): Prüfung in tatsächlicher und rechtlicher Hinsicht.

266 → A Rn. 86, → B Rn. 34.

267 OLG Köln NJW 2008, 3649.

268 So wohl auch BGH NJW 2016, 3380 (Zulässigkeit der Rechtsbeschwerde nach § 522 I 4 bei Entscheidung nach § 522 II trotz Unzulässigkeit der Berufung); Thomas/Putzo/*Reichold* ZPO § 522 Rn. 13.

269 Zu den qualifizierten Prozessvoraussetzungen vgl. → A Rn. 87.

270 BGH VersR 1997, 131; allg. vgl. → Rn. 67.

271 BGH NJW 1994, 392; VersR 2011, 773.

272 BGH WM 2013, 1827.

§§ 574 ff. eine Beschwerde iSd § 794 I 1 Nr. 3 dar.[273] § 708 Nr. 10 S. 2 findet aufgrund des eindeutigen Wortlautes (nur § 522 II) keine Anwendung.[274]

Gegen Urteile im einstweiligen Rechtsschutz findet eine Revision nicht statt (§ 542 II 1). Daher sind diese Urteile mit ihrer Verkündung rechtskräftig und nach § 704 vollstreckbar. Alle anderen Urteile, mit denen die Berufung als unzulässig verworfen wird, werden nicht mit ihrer Verkündung rechtskräftig. Bei der Frage, ob das Urteil mit oder ohne Sicherheitsleistung für vorläufig vollstreckbar zu erklären ist, müssen §§ 708 Nr. 10 S. 1, 711, 713 beachtet werden.[275]

Der Verwerfungsbeschluss ist mit Angaben zum Sachverhalt und zu den tragenden rechtlichen Erwägungen zu begründen.[276]

Wie sich aus § 523 I 1 ergibt, ist für die Entscheidung, durch die die Berufung als unzulässig verworfen wird, die Kammer bzw. der Senat zuständig, nicht hingegen der Einzelrichter.

III. Entscheidungen bei zulässiger Berufung

1. Allgemeines

a) Zulässigkeit und Begründetheit der Klage

57 Ist die Berufung zulässig, wird im Rahmen der Begründetheit geprüft, ob die Klage, soweit in der Berufungsinstanz Rechtshängigkeit besteht, unter Berücksichtigung des »Jetzt-Zeitpunktes« zulässig und begründet ist. Dabei ist das Berufungsgericht grundsätzlich an die Tatsachenfeststellung der ersten Instanz gemäß § 529 I Nr. 1 Hs. 1 gebunden, soweit nicht ausnahmsweise eine neue Tatsachenfeststellung erfolgen muss oder neue Tatsachen zugrunde zu legen sind (§§ 513, 529).[277] Im Rahmen der §§ 513, 529 und in den unter b) unten aufzuzeigenden Begrenzungen muss das Berufungsgericht in derselben Weise wie die erste Instanz über das Klagebegehren entscheiden, und zwar unter Berücksichtigung des gesamten Prozessstoffes.[278] Es darf sich hingegen nicht auf eine Überprüfung des erstinstanzlichen Urteils oder auf die Einwendungen bzw. Rügen der Parteien in der Berufungsbegründung bzw. Berufungserwiderung beschränken.

Examenstipps:
- Das bedeutet, dass bei Zulässigkeit der Berufung mit den vorgenannten Einschränkungen eine (erneute) komplette Prüfung der Zulässigkeit und Begründetheit der Klage zu erfolgen hat. Das wird in Klausuren häufig verkannt. Eine Beschränkung der Prüfung auf die Rügen bzw. Einwendungen des Berufungsklägers ist verfehlt.
- Zulässigkeitsfragen zur Klage gehören zur Begründetheit der Berufung.

Die Zulässigkeit der Klage ist von Amts wegen zu prüfen. Ausgeschlossen ist nach § 513 II die Rüge der Unzuständigkeit des erstinstanzlichen Gerichts. Das gilt für die

273 So auch Zöller/*Heßler* ZPO § 522 Rn. 28.
274 So auch Zöller/*Heßler* ZPO § 522 Rn. 28; vgl. hierzu für § 522 II → Rn. 67.
275 Allg. zur vorläufigen Vollstreckbarkeit s. oben → A Rn. 210 ff.
276 BGH NJW-RR 2008, 1455; 2010, 1582.
277 Zum Prüfungsumfang vgl. → Rn. 5 ff.
278 BGH FamRZ 2005, 972 = NJW 2005, 1583.

örtliche, sachliche und funktionelle, nicht aber für die *internationale* Zuständigkeit.[279] Die Einreden iSd ZPO werden nunmehr als verzichtbare Rügen (vgl. § 532) bezeichnet. Sie müssen gemäß § 532 in der Berufungsbegründung (§ 520) oder als fristgebundene Erwiderung (§ 521 II) geltend gemacht werden. Ansonsten sind sie nur bei Vorliegen eines Entschuldigungsgrundes zuzulassen. Dasselbe gilt auch für verzichtbare neue Rügen, wenn sie im ersten Rechtszug hätten geltend gemacht werden können.

Genauso wie in der ersten Instanz reicht grundsätzlich eine gedankliche Überprüfung der Zulässigkeit aus. Schriftliche Ausführungen werden auch in der zweiten Instanz nur dann erwartet, wenn Zweifel an einzelnen Zulässigkeitsvoraussetzungen bestehen oder die Parteien über das Vorliegen einzelner Voraussetzungen streiten und erkennbar eine Erörterung hierzu erwarten.[280]

Bei der *Begründetheit* der Klage muss sich das Berufungsgericht genauso wie die erste Instanz mit allen in Betracht kommenden Anspruchsgrundlagen und Einreden iSd ZPO[281] auseinander setzen.[282] An die Rechtsauffassung der ersten Instanz ist das Berufungsgericht nicht gebunden.[283] Das bedeutet, dass über alle Rechtsfragen, auch über die Auslegung und die Bemessung der Schmerzensgeldhöhe, zu entscheiden ist, und zwar unabhängig von den Rügen der Parteien.[284]

b) Begrenzung des Entscheidungsumfangs

Die Entscheidungskompetenz des Berufungsgerichts wird ua durch folgende Gesichtspunkte begrenzt: 58

- den Grundsatz »ne ultra petita«
- den Grundsatz des Verbots der »reformatio in peius«
- Entscheidung über Ansprüche durch die erste Instanz
- § 531 I[285]

Besonderheiten ergeben sich darüber hinaus bei der Widerklage, der Aufrechnung und der Klageänderung.

aa) Ne ultra petita

Der Berufungskläger bestimmt durch seinen *Berufungsantrag* den Umfang der Entscheidungskompetenz für das Berufungsgericht (§ 528). Das erstinstanzliche Urteil kann zu Gunsten des Berufungsklägers grundsätzlich nicht in einem weiteren Umfang abgeändert werden, als er dies beantragt hat (= *ne ultra petita*). 59

> **Beispiel:** K klagt gegen B auf Zahlung von 10.000 EUR Schadensersatz. B wird in der 1. Instanz antragsgemäß verurteilt. Er legt wegen einer Verurteilung in Höhe von 7.000 EUR Berufung ein, weil er von einem 70%igen Mitverschulden des K ausgeht. Das Berufungsgericht nimmt indes 80% Mitverschulden des K an.

279 BGH MDR 2003, 348; 2004, 707 = NJW 2004, 1456; Zöller/*Heßler* ZPO § 513 Rn. 7, 8.
280 S. → A Rn. 82.
281 S. → A Rn. 89 ff.; 97 ff. (Einreden).
282 Zöller/*Heßler* ZPO § 529 Rn. 14.
283 BGH NJW 2004, 2751; 2006, 1589; OLG Hamm MDR 1992, 998 = BeckRS 1992, 09229 (Prüfung der Wirksamkeit einer Abtretung der Klageforderung in zweiter Instanz bei Abweisung der Klage in erster Instanz wegen einer Primäraufrechnung durch Beklagten); vgl. auch → Rn. 6.
284 BGH NJW 2004, 2751; 2006, 1589; vgl. auch → Rn. 6.
285 S. → Rn. 23.

Wegen des Grundsatzes »ne ultra petita« kann der Berufung nicht in Höhe von 8.000 EUR (= 80% von 10.000 EUR) stattgegeben werden, weil sich das Berufungsgericht mit den nicht angegriffenen 3.000 EUR nicht beschäftigen darf. Es kann vielmehr das erstinstanzliche Urteil nur abändern, soweit der B zur Zahlung von 7.000 EUR verurteilt wurde, und insoweit die Klage abweisen. Gelangt das Berufungsgericht hingegen zur Annahme von 50% Mitverschulden, kommt im Rahmen des vom Beklagten vorgegebenen Berufungsziels eine Abweisung in Höhe von 5.000 EUR in Betracht. Das Berufungsziel bedarf indes gerade in solchen Fällen kritischer Auslegung.

bb) Keine reformatio in peius

60 Aus § 528 S. 2 folgt ein *Verschlechterungsverbot (Verbot der reformatio in peius)*. Das bedeutet: Der Berufungskläger riskiert, wenn er alleiniger Rechtsmittelführer ist, lediglich, dass seine Berufung zurückgewiesen, nicht jedoch, dass die erstinstanzliche Entscheidung zu seinen Lasten abgeändert wird.[286] Dies ist nur möglich, wenn der Berufungsbeklagte Anschlussberufung[287] einlegt.

Beispiele:

1. Auf die Berufung des Beklagten darf bei einer Teilabweisung das Berufungsgericht der Klage nicht in vollem Umfang stattgeben.
2. K klagt gegen B auf Herausgabe einer Sache, hilfsweise auf Schadensersatz. Die erste Instanz weist den Hauptantrag ab und gibt dem Hilfsantrag statt. Nur B legt Berufung ein.
   Angenommen: Das Berufungsgericht hält den Hauptantrag für zulässig und begründet.
   In diesem Fall darf es nicht über den Hilfsantrag entscheiden, weil dieser unter der auflösenden Bedingung einer positiven Entscheidung über den Hauptantrag steht.[288] Über den Hauptantrag kann das Berufungsgericht jedoch wegen § 528 S. 2 nicht entscheiden, weil allein B Berufung eingelegt hat und er hierdurch schlechter gestellt würde als durch das erstinstanzliche Urteil.[289]
3. 1. Abwandlung zu Fall 2:
   K legt wegen der Abweisung des Hauptantrags Berufung ein. Das Berufungsgericht hebt die Abweisung des Hauptantrages auf und weist die Sache zur weiteren Aufklärung an die erste Instanz zurück.
   Dann muss die nicht angefochtene Entscheidung zum Hilfsantrag zunächst bestehen bleiben. Nur wenn die erste Instanz der Klage mit dem Hauptanspruch stattgibt, muss sie gleichzeitig ihre frühere Entscheidung über den Hilfsantrag aufheben.[290]
   Würde das Berufungsgericht die Entscheidung über den Hilfsantrag aufheben, bevor das Ergebnis über den Hauptantrag feststeht, könnte der Kläger aufgrund seines Rechtsmittels schlechter gestellt werden, wenn nämlich die erste Instanz beide Anträge abweist.
4. 2. Abwandlung zu Fall 2:
   Im Fall 2 gibt die erste Instanz der Klage bereits mit dem Hauptantrag statt. B legt Berufung ein. Die zweite Instanz hält den Hauptantrag für unbegründet.
   Damit ist in der zweiten Instanz der Weg frei für den Hilfsantrag. Über diesen muss das Berufungsgericht selbst entscheiden oder ihn zurückverweisen; der Hilfsantrag wird allein mit der Rechtsmitteleinlegung des Beklagten Gegenstand des Berufungsverfahrens, ohne dass es einer Eventual-Anschlussberufung bedarf.[291]
   Insoweit handelt es sich nicht um eine Schlechterstellung des Beklagten.
5. Die Klage wird in der ersten Instanz wegen der Hilfsaufrechnung des Beklagten abgewiesen. Wenn der Kläger Berufung einlegt, darf das Berufungsgericht im Hinblick auf das Verschlechterungsverbot die Klage nicht aus anderen Gründen abweisen (arg: § 322 II); vielmehr hat es vom Bestehen der Hauptforderung auszugehen.[292]

---

286 BGH NJW 2003, 140; Prütting/Gehrlein/*Oberheim* ZPO § 528 Rn. 12 ff.

287 S. unten → Rn. 74 ff.

288 S. → K Rn. 5.

289 Vgl. näher Beispiele bei Thomas/Putzo/*Reichold* ZPO § 260 Rn. 18; zum umgekehrten Fall vgl. → Rn. 11 (Stattgabe des Hauptantrages in erster Instanz).

290 BGH NJW 1989, 1486.

291 BGH NJW-RR 2005, 220; vgl. auch → Rn. 9; 11.

292 BGH MDR 1990, 325; OLG Nürnberg MDR 2011, 446 = BeckRS 2011, 03953.

6. Abwandlung zu Fall 5:
   Im Fall 5 legt nur der Beklagte Berufung ein. Dann darf das Berufungsgericht nicht feststellen, dass die Aufrechnungsforderung nicht oder nicht in der festgestellten Höhe bestehe.[293]
7. Wird die Klage in der ersten Instanz als unzulässig abgewiesen, kann das Berufungsgericht dieses Urteil durch ein sachabweisendes Urteil ersetzen; der BGH[294] sieht darin keine Schlechterstellung des Berufungsklägers.
8. Ein unzulässiges Teilurteil darf im nicht angefochtenen Teil wegen des Verbots der reformatio in peius nicht aufgehoben werden.[295]

Der BGH hält ausnahmsweise eine prozessuale Schlechterstellung des Klägers für zulässig, wenn die Klage in der ersten Instanz als derzeit unbegründet abgewiesen wurde und das Berufungsgericht zu dem Ergebnis kommt, die Klage sei als (endgültig) unbegründet abzuweisen; dies könne erfolgen, auch wenn dem Kläger dadurch eine Rechtsposition aberkannt werde, weil sein durch das erstinstanzliche Urteil geschaffener Besitzstand nicht schutzwürdig sei.[296]

Beispiel: K klagt auf Schadensersatz wegen Amtspflichtverletzung gegen das Land X. Die erste Instanz weist die Klage mit der Begründung ab, es bestehe in jedem Fall eine anderweitige Ersatzmöglichkeit nach § 839 I 2 BGB. K legt Berufung ein. Das Berufungsgericht meint, § 839 I 2 BGB komme hier nicht zur Anwendung, aber es fehle bereits eine schuldhafte Amtspflichtverletzung.
Da § 839 I 2 BGB entfällt, wenn feststeht, dass die angenommene anderweitige Ersatzmöglichkeit nicht zu realisieren ist, hätte der Kläger uU nochmals gegen das Land X vorgehen können. Daher ist die Klage von der ersten Instanz nur als derzeit unbegründet abgewiesen worden. Wenn das Berufungsgericht aber bereits die schuldhafte Amtspflichtverletzung verneint, kann bei Eintritt der Rechtskraft unter keinen Umständen mehr derselbe Anspruch nochmals geltend gemacht werden. Das stellt eine Schlechterstellung für den Kläger dar.
Da die durch das erstinstanzliche Urteil erlangte Position des Klägers nicht schutzwürdig ist, sollte nach unserer Auffassung dem BGH gefolgt werden.

cc) Eigene Entscheidung

Das Berufungsgericht ist an die *eigene Entscheidung* in demselben Rechtsstreit gebunden, so, wenn es die Sache unter Aufhebung des erstinstanzlichen Urteils zurückverweist und das darauf ergehende Urteil erneut mit der Berufung angegriffen wird (vgl. §§ 318, 563 II).[297] **61**

dd) § 533

Einen Sonderfall zur Begrenzung des Entscheidungsumfangs in der zweiten Instanz regelt § 533. **62**

Nach § 533 ist die Erhebung der *Widerklage* nur zuzulassen, wenn der Gegner einwilligt oder das Gericht dies für sachdienlich hält und die Widerklage auf Tatsachen gestützt werden kann, die nach § 529 zugrunde zu legen sind. Soweit neue Tatsachen unstreitig sind, können sie die Grundlage einer Widerklage bilden, da derartige Tatsachen gemäß §§ 529 I Nr. 2, 531 II zu berücksichtigen sind.[298] § 533 ist in einer Auslegungsstation[299] oder (und) in der Begründetheit der Berufung, und zwar im Rahmen

293 BGHZ 36, 16 = NJW 1962, 109; BGH NJW 1962, 907.
294 BGH NJW 1978, 2031 mwN; OLG Rostock MDR 2003, 828 = BeckRS 2003, 03991 (zu § 522 II); OLG Celle MDR 2014, 1228 = BeckRS 2014, 04630: gilt auch im Urkundenprozess.
295 BGH MDR 2013, 240 = NJW 2013, 1009.
296 BGH NJW 1988, 1982 mwN; NJW-RR 1996, 659.
297 BGH NJW 1992, 2831.
298 BGH MDR 2005, 588 = NJW-RR 2005, 437; vgl. auch → Rn. 18.
299 Vgl. → A Rn. 77.

der Zulässigkeit der Klage zu behandeln. Wird sie verneint, ist die Widerklage durch Prozessurteil abzuweisen mit der Folge, dass der Anspruch in einem anderen Prozess weiter verfolgt werden kann.

63 § 533 enthält eine entsprechende Regelung für die vom Beklagten in der Berufung geltend gemachte *Aufrechnung* mit einer Gegenforderung. Diese Einwendung ist nur zuzulassen, wenn der Gegner einwilligt oder das Gericht die Sachdienlichkeit bejaht. Die Frage ist im Rahmen der Zulässigkeit des Aufrechnungseinwandes aus prozessualen Gründen zu erörtern,[300] und zwar bei der Begründetheit der Berufung an der Stelle, an der erstmalig die Aufrechnung behandelt wird.[301] Wird die Aufrechnung nicht zugelassen, wird der Prozess ohne sie entschieden. Die Folgen des § 389 BGB und des § 322 II ZPO treten nicht ein, sodass die Forderung noch geltend gemacht werden kann.[302]

64 Die *Klageänderung* wird in § 533 einheitlich mit Widerklage und Aufrechnung behandelt. Sie ist nur zuzulassen, wenn der Gegner einwilligt oder die Klageänderung sachdienlich[303] ist und Tatsachen iSd § 529 zugrunde liegen. Vorab ist zu prüfen, ob eine Klageänderung wirklich vorliegt. Über § 525 kommt § 267 zur Anwendung, sodass die ggf. erforderliche Einwilligung – auch bezüglich der Widerklage – durch rügeloses Einlassen konstruiert wird.[304] Darüber hinaus ist über § 525 in den Fällen des § 264 eine Einwilligung oder die Sachdienlichkeit nicht erforderlich; § 533 Nr. 1 findet dann keine Anwendung; anderes gilt aber für §§ 533 Nr. 2, 529.[305] Die Frage der Zulassung der Klageänderung ist im Gutachten ebenso wie die Frage der Zulassung der Widerklage in einer Auslegungsstation[306] oder (und) in der Begründetheit der Berufung, und zwar im Rahmen der Zulässigkeit der Klage zu behandeln. Wird die Klageänderung nicht zugelassen, ist die geänderte Klage als unzulässig abzuweisen. Die Zulässigkeit richtet sich ausschließlich nach §§ 263 f., 533, sodass ein *neuer* Vortrag, der zur Begründung vorgebracht wird, nicht wegen Verspätung zurückgewiesen werden kann.[307]

ee) Gutachten bei Bindungswirkungen

65 Der *Aufbau im Gutachten* für die Fälle des § 533 ist bereits dargestellt worden.[308] Im Übrigen gilt Folgendes: Soweit der *Entscheidungsumfang* des Berufungsgerichts begrenzt ist, muss dies grundsätzlich im Gutachten bei dem betreffenden Anspruch bzw. dem betreffenden Tatbestandsmerkmal dargestellt werden. Hier gelten gegenüber sonstigen Fällen, in denen eine *Bindungswirkung* des Gerichts besteht,[309] keine Besonderheiten.

300 Vgl. → G Rn. 8 ff.

301 Zum Aufbau im Gutachten vgl. → G Rn. 12a (Primäraufrechnung), → G Rn. 17 (Hilfsaufrechnung).

302 Vgl. → G Rn. 11.

303 Zur Bedeutung des Merkmals BGH NJW 2000, 800; 2007, 2414.

304 BGH MDR 2005, 588 = NJW-RR 2005, 437.

305 BGH FamRZ 2004, 1095 = NJW 2004, 2152; MDR 2006, 646 = NJW-RR 2006, 390; Zöller/*Heßler* ZPO § 533 Rn. 3.

306 Vgl. → A Rn. 77.

307 BGH MDR 2016, 1348 = NJW-RR 2016, 390; zur Verspätung vgl. → Rn. 15 ff.

308 Vgl. → Rn. 62 ff.

309 S. → A Rn. 105.

c) Verfahrensmängel

Nach bzw. im Rahmen der Zulässigkeit und der Begründetheit der Klage ist uU zu prüfen, ob Verfahrensmängel (= Verfahrensfehler)[310] vorliegen. Ausführungen hierzu werden allerdings – genau wie zur Frage der Zulässigkeit der Klage – nur erwartet, wenn Anhaltspunkte für einen Verfahrensmangel bestehen, dieser nicht ohne jeden Zweifel nach § 295 geheilt ist oder die Parteien sich darauf berufen und erkennbar eine Erörterung erwarten. Verfahrensfehler bei der Tatsachenfeststellung können auch ohne Rüge Zweifel an der Vollständigkeit oder Richtigkeit der Tatsachenfeststellung begründen.[311] **66**

Unter einem Verfahrensmangel versteht man einen Verstoß gegen eine Verfahrensnorm, dh einen Fehler, der den Weg zu der Entscheidung oder die Art und Weise ihres Erlasses betrifft; er steht damit grundsätzlich im Gegensatz zu einem Fehler bei der Rechtsfindung selbst.[312] Zu den Verfahrensfehlern zählen zB die Verletzung rechtlichen Gehörs[313], ein Verstoß gegen § 139 oder §§ 285 I, 279 III[314], Fehler bei der Urteilsverkündung, die falsche Besetzung des Gerichts, die Unzulässigkeit des Erlasses eines Grundurteils[315] oder die fehlerhafte Übergehung eines Vertagungsantrages[316] sowie der Umstand, dass das Urteil nicht innerhalb von fünf Monaten nach Verkündung in vollständig abgefasster Form zu den Akten gelangt.[317] Allein die Tatsache, dass der Geschäftsverteilungsplan keine Spezialzuständigkeit nach § 348 I Nr. 2e vorsieht und ein Einzelrichter entschieden hat, reicht für die Annahme eines Verstoßes nicht aus.[318]

Bei der eventuell erforderlichen Prüfung, ob ein Verfahrensmangel vorliegt, hat sich das Berufungsgericht auf den materiell-rechtlichen Standpunkt der ersten Instanz zu stellen, und zwar unabhängig davon, ob es diesen für richtig hält.[319]

Bedeutsam ist ein Verfahrensmangel in der zweiten Instanz nur dann, wenn er *wesentlich* ist (vgl. § 538 II Nr. 1) und aufgrund des Mangels eine umfangreiche sowie aufwändige Beweisaufnahme notwendig wäre.[320] Von einem wesentlichen Verfahrensmangel ist auszugehen, wenn der Fehler für die Entscheidung in der ersten Instanz ursächlich gewesen sein kann und das Verfahren deshalb nicht als ordnungsgemäße Entscheidungsgrundlage anzusehen ist.[321] Dabei muss die Ursächlichkeit eines Verfahrensmangels nicht positiv festgestellt werden; die Möglichkeit des Kausalzusammenhanges reicht aus; auf die Schwere des Mangels kommt es nicht an.[322] Jeder

310 Vgl. → Rn. 5, 8.
311 BGH NJW 2004, 1876; VersR 2006, 950 (unterbliebene Anhörung des Sachverständigen); → Rn. 13.
312 BGH NJW 1991, 704; 2012, 304 (unrichtige Rechtsansicht kein Verfahrensmangel, auch nicht auf Umweg über Hinweispflicht).
313 BGH NJW 2016, 2274 (Nichtberücksichtigung eines erheblichen Beweisangebotes); OLG Köln NJW 2014, 3039 (kein »absoluter Berufungsgrund«).
314 BGH NJW 2012, 2354 (fehlender Protokollhinweis); BGH NJW 2016, 2890.
315 OLG Hamm NJW 2017, 268.
316 Weitere Beispiele bei: Zöller/*Heßler* ZPO § 538 Rn. 14 ff.
317 OLG Frankfurt a.M. MDR 1995, 311 = BeckRS 1994, 10646.
318 BGH NJW 2013, 2601.
319 BGH VersR 1987, 590; MDR 1988, 648; NJW 1991, 704; 2012, 304; 2013, 2601; 2016, 2274.
320 Vgl. → Rn. 73 (zur Beweisaufnahme).
321 BGH NJW 2003, 131; MDR 2010, 1072 = BeckRS 2010, 18748.
322 Thomas/Putzo/*Reichold* ZPO § 538 Rn. 9.

absolute Revisionsgrund iSd § 547 stellt grundsätzlich einen solchen wesentlichen Verfahrensmangel dar.[323]

Ist der Rechtsstreit unabhängig von dem Verfahrensmangel entscheidungsreif, muss das Berufungsgericht grundsätzlich selbst entscheiden. Das ergibt sich aus § 538 I. Die eigene Sachentscheidung des Berufungsgerichts ist hiernach die Regel, und nur in den Ausnahmefällen des § 538 II steht dem Gericht ein Ermessen zu, ob es die Sache zurückverweist. Bei Entscheidungsreife ist das Ermessen auf Null reduziert, sodass eine Zurückverweisung nicht in Betracht kommt.[324] Auch im Übrigen muss das Berufungsgericht sorgfältig abwägen, ob eine Zurückverweisung dem Gebot der Prozessökonomie entspricht.[325]

Die Zurückverweisung setzt grundsätzlich den Antrag einer Partei voraus, § 538 II 1 aE. Da im Regelfall daneben auch ein Antrag auf Sachentscheidung durch das Berufungsgericht gestellt wird, sehen viele einen Widerspruch zwischen den beiden Anträgen. Zur Lösung wird meist einer von ihnen »hilfsweise« gestellt. Das ist bei strenger Betrachtung falsch, weil ein echter Hilfsantrag nicht vorliegt,[326] aber aus praktischen und sprachlichen Gründen hinnehmbar.[327] Wir empfehlen folgende Formulierung:

> Es wird beantragt,
> 1. das Urteil des Landgerichts ... aufzuheben und die Sache an das Landgericht zurückzuverweisen,
> 2. für den Fall einer Sachentscheidung durch das Berufungsgericht das Urteil ... abzuändern und (zB: den Beklagten zu verurteilen, ...).

Für das Gutachten/Urteil ist zu berücksichtigen, dass mit der isolierten Feststellung eines Verfahrensmangels grundsätzlich noch kein Ergebnis für die Berufung erzielt wird, es vielmehr darauf ankommt, ob Entscheidungsreife – im Übrigen – vorliegt. Einige Verfahrensfehler – so zB ein Verstoß gegen § 139 – spielen auch für die Begründetheit der Klage eine wesentliche Rolle.

> **Beispiel:** Der Kläger trägt zum Tatbestandsmerkmal X nichts vor und das erstinstanzliche Gericht weist deshalb die Klage ohne oder ohne einen ordnungsgemäßen Hinweis auf § 139 ab.
> Trägt nunmehr der Kläger im Rahmen der zulässigen Berufung zum Merkmal X hinreichend vor, muss bei Prüfung von X der neue Vortrag zunächst auf seine rechtliche Relevanz geprüft werden; dann muss gefragt werden, ob der *neue* Vortrag in der Berufung nach §§ 529 I Nr. 1, 531 II 1 Nr. 2 zuzulassen ist.[328] Das hängt davon ab, ob ein Verfahrensfehler (Verstoß gegen § 139) zu bejahen ist.

Im Beispielsfall wäre es verfehlt, den Verfahrensverstoß isoliert vor der Begründetheit der Klage zu behandeln, weil damit kein Ergebnis erzielt wird. Vielmehr sind solche Mängel, weil sie sich auf ein Tatbestandsmerkmal der Zulässigkeit oder Begründetheit der Klage beziehen, immer an der betreffenden Stelle zu prüfen. Im Übrigen können Verfahrensmängel in einer Entscheidungsstation unter dem Gesichtspunkt thematisiert werden, ob eine Zurückverweisung (§ 538) in Betracht kommt.[329]

323 BGH NJW 1992, 2099; OLG Frankfurt a.M. MDR 1995, 311 = BeckRS 1994, 10646.
324 Zöller/*Heßler* ZPO § 538 Rn. 6; vgl. auch *Baumert* MDR 2011, 893.
325 BGH NJW-RR 2004, 1537; 2005, 928; BauR 2005, 590 = BeckRS 2005, 01811; sehr streng BGH DB 2010, 898 = WM 2010, 796; 2011, 1631 (schon einmal zurückverwiesen?).
326 Vgl. zu den Anforderungen an einen echten Hilfsantrag → K Rn. 1 ff.
327 Vgl. Zöller/*Heßler* ZPO § 520 Rn. 28.
328 Zu den alternativen Aufbaumöglichkeiten in einem solchen Fall vgl. → Rn. 83.
329 Vgl. → Rn. 84.

Examenstipp: Keine isolierte Prüfung von Verfahrensmängeln vor der Zulässigkeit der Klage (Begründetheit der Berufung)! Sonst riskiert man die Beanstandung des Prüfers, dass die Relevanz der Ausführungen nicht deutlich wird.

2. Zurückweisung durch Beschluss, § 522 II

Ist die Berufung zulässig[330] und hat noch keine mündliche Verhandlung stattgefunden, muss geprüft werden, ob eine Zurückweisung der Berufung durch Beschluss nach § 522 II in Betracht kommt.[331] Durch diese Vorschrift sollen das Berufungsgericht von unnötigen mündlichen Verhandlungen entlastet und der Rechtsstreit möglichst schnell rechtskräftig abgeschlossen werden.[332] Voraussetzung ist, dass das Berufungsgericht einstimmig davon überzeugt ist, die Berufung habe offensichtlich keine Aussicht auf Erfolg (Nr. 1) und eine mündliche Verhandlung sei nicht geboten (Nr. 4). Ferner darf es sich nicht um eine Rechtssache handeln, die die Zulassung der Revision rechtfertigt (Nr. 2, 3, § 543 II). Eine nach § 511 IV zugelassene Berufung eignet sich deshalb grundsätzlich nicht für ein Beschlussverfahren.[333] 67

Nach § 522 II Nr. 1 muss die Erfolglosigkeit »offensichtlich« sein. § 522 ist keine Mussvorschrift, sondern eine Sollvorschrift, dh die Zurückweisung durch Beschluss ist bei Vorliegen der Voraussetzungen nicht zwingend.[334] Allerdings darf bei Vorliegen der Voraussetzungen nur dann durch Urteil entschieden werden, wenn sich das Verfahren dadurch nicht verzögert.[335]

Von Erfolglosigkeit der Berufung (§ 522 II Nr. 1) ist auszugehen, wenn diese nach den gewechselten Schriftsätzen unbegründet und nicht zu erwarten ist, dass sich dies – etwa nach einer mündlichen Verhandlung – ändern wird.[336] Diese Erfolglosigkeit muss »offensichtlich« sein. Offensichtlichkeit bedeutet nicht, dass die fehlende Erfolgsaussicht deutlich ins Auge springt;[337] vielmehr muss sich die Erfolglosigkeit für einen Fachkundigen aus einer gründlichen Überprüfung der Sach- und Rechtslage ergeben.[338]

Von fehlender Erfolgsaussicht kann auch ausgegangen werden, wenn sich das Urteil im Ergebnis mit anderer Begründung aufrechterhalten lässt.[339] Allerdings muss neues Vorbringen, soweit es nach §§ 529, 531 ZPO zulässig ist, bei der Frage der Erfolgsaussicht berücksichtigt werden.[340] Allein der Umstand, dass das Gericht von der

330 Das OLG Köln NJW 2008, 3649 meint, die Frage der Zulässigkeit der Berufung könne bei § 522 II übersprungen werden; vgl. näher → Rn. 56.

331 Zur Verfassungsmäßigkeit des § 522 II vgl. BVerfG NJW 2003, 281; 2005, 659; 2005, 1931 (alte Rechtslage).

332 Thomas/Putzo/*Reichold* ZPO § 522 Rn. 13; vgl. BGH NJW 2007, 2644 (keine Terminsgebühr).

333 Thomas/Putzo/*Reichold* ZPO § 522 Rn. 15.

334 Prütting/Gehrlein/*Lemke* ZPO § 522 Rn. 23.

335 Vgl. Gesetzesbegründung, Gesetz v. 21.10.2011, BGBl. I 2082; BT-Drs. 17/6406, 8; Prütting/Gehrlein/*Lemke* ZPO § 522 Rn. 23.

336 Prütting/Gehrlein/*Lemke* ZPO § 522 Rn. 24.

337 So zum alten Recht: BVerfG NJW 2003, 281.

338 BT-Drs. 17/6409, 9; Prütting/Gehrlein/*Lemke* ZPO § 522 Rn. 25.

339 OLG Rostock MDR 2003, 828 = BeckRS 2003, 03991 (Prozessurteil in erster Instanz); OLG Rostock NJW 2003, 1676; OLG Frankfurt a.M. NJW 2004, 165 (wesentliche Verfahrensmängel in erster Instanz); OLG Hamburg NJW 2006, 71; OLG Hamm VersR 2013, 604; aA Thomas/Putzo/*Reichold* ZPO § 522 Rn. 14.

340 BGH NJW 2017, 736.

herrschenden Meinung abweichen will, steht der Anwendung des § 522 II nicht entgegen.[341] Ein Beschluss nach § 522 II ist grundsätzlich nicht wegen einer Widerklage, eines Hilfsantrages oder einer Klageänderung – jeweils in zweiter Instanz – ausgeschlossen; Widerklage, Klageerweiterung und Hilfsantrag werden bei der Zurückweisung der Berufung nach § 522 II entsprechend § 524 IV wirkungslos.[342] Wenn sich allerdings die Rechtskraftwirkungen des angefochtenen Teils ändern, lässt zwar der Wortlaut des § 522 II eine Entscheidung durch Beschluss zu; indes dürfte die Grenze des Regelungsbereiches hier überschritten sein.

Beispiel: Das Landgericht hat die Klage wegen Unschlüssigkeit des Klägervortrages abgewiesen; das Oberlandesgericht sieht die Klage auch als unbegründet an, will aber die Hilfsaufrechnung des Beklagten durchgreifen lassen. Hier ist wegen der Wirkung des § 322 II der Erlass eines Urteils geboten.

Eine Entscheidung nach § 522 II mit der Folge der § 524 IV analog ist auch nicht möglich, wenn das Berufungsgericht eine Feststellungsklage entgegen des erstinstanzlichen Gerichts für unzulässig hält und der Kläger auf den erforderlichen Hinweis nach § 139 III hilfsweise einen Zahlungsantrag stellt.[343]

Das Berufungsgericht muss den Zurückweisungsbeschluss einstimmig fassen. Daraus folgt gleichzeitig, dass der gesamte Spruchkörper zu entscheiden hat; der Einzelrichter ist nicht zuständig.[344] Den Parteien ist nach § 522 II 2 vorher rechtliches Gehör zu gewähren. Dass bereits terminiert worden ist, steht einem Beschluss nach § 522 II nicht entgegen.[345] War aber vor der Terminierung bereits ein Hinweis ergangen, muss der Berufungskläger erneut auf die Rechtslage hingewiesen werden, da er sich darauf einrichtet, seine Sache in der mündlichen Verhandlung vertreten zu können. Schriftsätze der Parteien nach Ablauf der gemäß § 522 II 2 gesetzten Frist zur Stellungnahme, die vor dem Beschluss nach § 522 II 1 eingehen, muss das Gericht zur Kenntnis nehmen und prüfen, ob sie Anlass zu einer mündlichen Verhandlung geben.[346]

Nach § 522 III steht dem Berufungsführer gegen den Beschluss nach § 522 II das Rechtsmittel zu, das bei einer Entscheidung durch Urteil zulässig wäre. Das statthafte Rechtsmittel stellt die *Nichtzulassungsbeschwerde* nach § 544 dar, da Revisionszulassungsgründe aus der Sicht des Berufungsgerichtes wegen § 522 II Nr. 2, 3 nicht vorliegen.[347] Für den Beschluss gilt § 321a.[348]

Für den Beschluss nach § 522 II ist eine Kostenentscheidung erforderlich.[349] Da § 704 nur für Urteile gilt und Beschlüsse nach § 522 II gemäß § 794 I Nr. 3 auch ohne Aus-

341 BVerfG NJW 2008, 1938.

342 BGH NJW 2014, 151; 2015, 251 (Klageerweiterung); OLG Frankfurt a.M. NJW 2004, 165; KG NJW 2006, 3505; OLG Nürnberg MDR 2007, 171 = BeckRS 2006, 11829; OLG Rostock MDR 2011, 127 = BeckRS 2010, 21570; OLG München MDR 2011, 447 = NJW 2011, 1088; aA OLG Nürnberg MDR 2003, 770 = BeckRS 2003, 30308530; vgl. auch *Bub* MDR 2011, 84.

343 BGH NJW 2016, 2508.

344 Prütting/Gehrlein/*Lemke* ZPO § 522 Rn. 33; Thomas/Putzo/*Reichold* ZPO § 522 Rn. 16.

345 BVerfG NJW 2011, 3356; OLG Düsseldorf NJW 2005, 833; zur Kostenentscheidung bei Anschlussberufung vgl. → Rn. 77.

346 BGH MDR 2017, 107.

347 Prütting/Gehrlein/*Lemke* ZPO § 522 Rn. 45; Zöller/*Heßler* ZPO § 522 Rn. 44.

348 Zöller/*Heßler* ZPO § 522 Rn. 44.

349 OLG München MDR 2003, 522 (Kostenentscheidung erforderlich); vgl. auch OLG Naumburg JurBüro 2012, 312 (Kostenerstattung auch, wenn Berufung vor Äußerung des RA gegenüber dem Gericht zurückgenommen wird.).

spruch sofort vollstreckbar sind,[350] ist im Beschluss nach § 522 II eine Entscheidung über die vorläufige Vollstreckbarkeit nicht zwingend, aber unschädlich. Wir empfehlen sie zur Klarstellung wegen der Neuregelung des § 522 III, und zwar auch dann, wenn die Nichtzulassungsbeschwerde nach § 26 Nr. 8 EGZPO (Wertgrenze – derzeit bis 30.06.2018: 20.000 EUR) unzulässig ist.[351]

Nach § 708 Nr. 10 S. 2, der nur für vermögensrechtliche Streitigkeiten gilt (S. 1),[352] ist bei einem Beschluss nach § 522 II, mit dem die Berufung zurückgewiesen wird, auszusprechen, dass das angefochtene Urteil ohne Sicherheitsleistung vorläufig vollstreckbar ist. In diesem Fall sind §§ 711, 713 zu beachten.[353]

Der Tenor des Beschlusses nach § 522 II kann lauten:

> Die Berufung wird zurückgewiesen.
> Die Kosten der Berufung trägt der Kläger.
> Das Urteil ... (genaue Bezeichnung des angefochtenen Urteils) und dieser Beschluss sind ohne Sicherheitsleistung vorläufig vollstreckbar.
>
> (Eventuell:)
>
> Der ... (Vollstreckungsschuldner) darf die Vollstreckung ...[354]
>
> (oder:)
>
> Das Urteil ... (genaue Bezeichnung) und dieser Beschluss sind gegen Sicherheitsleistung in Höhe von ... vorläufig vollstreckbar.

Die vorläufige Vollstreckbarkeit des angefochtenen Urteils empfehlen wir in vermögensrechtlichen Streitigkeiten unabhängig davon, ob und in welchem Umfang das erstinstanzliche Gericht § 708 oder § 709 angewendet hat. Dies ist in jedem Fall unschädlich und führt zur Klarstellung.

Der Beschluss ist zu begründen und zuzustellen.[355] Die Rechtskraft des Beschlusses richtet sich zeitlich nach dem Tag, bis zu dem das Berufungsgericht den Vortrag der Parteien bei seiner Entscheidung berücksichtigen musste.[356]

Die Frage, ob hinsichtlich eines Teils des Streitgegenstandes oder hinsichtlich einzelner Parteien eine Teilentscheidung nach § 522 II ergehen kann, ist noch nicht abschließend geklärt.[357] Aus dem Wortlaut ergibt sich insoweit keine Beschränkung.

3. Eigene Sachentscheidung durch Urteil

Abgesehen von dem Fall des § 522 II entscheidet das Berufungsgericht grundsätzlich 68
in der Sache selbst durch Urteil. Dies ist nunmehr als Regel in § 538 I vorgeschrieben. Nur in den Fällen der §§ 538 II können das erstinstanzliche Urteil und das Verfahren

350 Vgl. → Rn. 56.
351 So auch: Zöller/*Heßler* ZPO § 522 Rn. 42.
352 Prütting/Gehrlein/*Kroppenberg* ZPO § 709 Rn. 10.
353 Vgl. zu §§ 711, 713: → A Rn. 227 ff.; 232 f.; → Rn. 71.
354 Vgl. → A Rn. 227.
355 Zu den näheren Anforderungen an den Inhalt eines Beschlusses nach § 522: BGH NJW 2016, 3787; OLG München MDR 2003, 522.
356 BGH MDR 2011, 1252 = NJW-RR 2011, 1528.
357 Offengelassen BGH WM 2007, 570; bejahend, soweit Teilurteil möglich wäre: OLG Karlsruhe MDR 2003, 711 = BeckRS 2004, 09828; OLG Rostock NJW 2003, 2754.

aufgehoben und die Sache an das Gericht des ersten Rechtszuges zurückverwiesen werden.[358] Auch insoweit ergeht die Entscheidung durch Urteil.

a) Hauptsachentenor

69 Trifft das Berufungsgericht eine eigene Sachentscheidung, ergeben sich für den *Hauptsachentenor* folgende Gesichtspunkte:

- Ist die Berufung *unbegründet*, wird sie zurückgewiesen. Der Hauptsachentenor lautet:

  > Die Berufung des Klägers/Beklagten gegen das Urteil des ... vom ... (Az.: ...) wird zurückgewiesen.

- Ist die Berufung *begründet*, ist in jedem Fall das angefochtene Urteil aufzuheben. Man kann im Tenor den Begriff »aufheben« verwenden. In der Praxis wird jedoch häufiger in Anlehnung an den Wortlaut des § 528 S. 2 der Begriff »abändern« gebraucht, auch wenn die Berufung in vollem Umfang Erfolg hat. Der Tenor kann in derartigen Fällen lauten:

  > Auf die Berufung des Beklagten wird das Urteil des ... vom (Az.: ...) aufgehoben/abgeändert und die Klage abgewiesen.
  >
  > (oder:)
  >
  > Auf die Berufung des Klägers wird das Urteil des ... vom (Az..: ...) aufgehoben/abgeändert; der Beklagte wird verurteilt, an den Kläger ... zu zahlen.

- Ist die Berufung *teilweise* begründet, sind die vorgenannten Gesichtspunkte zu kombinieren. Dabei ist immer darauf zu achten, dass der Tenor sowohl die gesamte Berufung als auch die gesamte Klage umfasst. Aus Gründen der Klarheit kann es sich empfehlen, das erstinstanzliche Urteil teilweise aufzuheben (= abzuändern) und insgesamt neu zu fassen. Das hat den Vorteil, dass das Urteil der zweiten Instanz aus sich heraus verständlich und vollstreckbar ist. Bei teilweiser Begründetheit der Berufung kann wie folgt tenoriert werden:

  > Die Berufung des Klägers wird zurückgewiesen, soweit die Klage in Höhe von ... nebst ... Zinsen abgewiesen wurde; im Übrigen wird auf die Berufung des Klägers das Urteil des ... vom ... (Az.: ...) aufgehoben (abgeändert) und der Beklagte verurteilt, an den Kläger ...
  >
  > (oder:)
  >
  > Auf die Berufung des Klägers wird das Urteil des ... vom ... (Az.: ...) teilweise abgeändert und insgesamt wie folgt neu gefasst:
  > Unter Abweisung der Klage im Übrigen wird der Beklagte verurteilt, an den Kläger ... nebst ... Zinsen zu zahlen.
  > Im Übrigen wird die Berufung zurückgewiesen.

- Bei erfolgloser Berufung des Beklagten, zugleich aber erfolgreicher streitiger Erledigungserklärung des Klägers in der Berufungsinstanz heißt es:

  > Die Berufung des Beklagten wird mit der Maßgabe zurückgewiesen, dass der Rechtsstreit in der Hauptsache erledigt ist.

---

358 Vgl. → Rn. 66.

b) Prozessuale Nebenentscheidungen

aa) Kosten

Ist die Berufung *ohne Erfolg* geblieben, dh wird sie zurückgewiesen, trägt der Berufungskläger nach § 97 I die Kosten der Berufung: 70

> Der Kläger/Beklagte trägt die Kosten der Berufung.

Soweit die Berufung *erfolgreich* ist und damit das erstinstanzliche Urteil einschließlich der dort getroffenen Kostenentscheidung keinen Bestand hat, muss eine Entscheidung über die Kosten beider Instanzen ergehen. Grundlage für diese Kostenentscheidung sind die allgemeinen Kostenregeln der §§ 91 ff. Die ZPO geht – stillschweigend – davon aus, dass die Kosten eines erfolgreichen Rechtsmittels auch Kosten des Rechtsstreits sind, über die zusammen mit den Kosten der ersten Instanz im Berufungsurteil entschieden werden muss.[359] Dabei kommt es nicht darauf an, welche Partei in der ersten Instanz obsiegt hat. Allein entscheidend ist das endgültige Ergebnis des Rechtsstreits, wie es sich in der zweiten Instanz darstellt.

Bei *vollem Obsiegen* ergeht eine Kostenentscheidung – grundsätzlich – auf der Grundlage des § 91. Sie lautet:

> Die Kosten des Rechtsstreits trägt der Kläger/Beklagte.

Ausnahmsweise werden nach § 97 II die Kosten des Berufungsverfahrens dem Obsiegenden auferlegt, dann nämlich, wenn er aufgrund neuen Vortrages obsiegt, den er in dem früheren Rechtszug hätte geltend machen können. Der Tenor lautet bei Obsiegen des Klägers mit neuem Vortrag:

> Der Kläger trägt die Kosten der Berufung. Die übrigen Kosten des Rechtsstreits werden dem Beklagten auferlegt.

§ 97 II ist auch anzuwenden, wenn der Kläger die Klage nach dem neuen Vorbringen des Beklagten in der Berufungsinstanz zurücknimmt und er die Kosten der ersten Instanz nach § 269 III 2 tragen muss.[360] Ist das Rechtsmittel *teilweise* erfolgreich und entscheidet das Berufungsgericht in der Sache selbst, beruht die Kostenentscheidung auf § 97 I, soweit die Berufung zurückgewiesen wird, und im Übrigen auf § 92. Sind die Streitwerte der ersten und der zweiten Instanz identisch, kommt es nur auf den Umfang des Obsiegens und Unterliegens an.

> **Beispiel:**
> Klageforderung in beiden Instanzen: 10.000 EUR
> Urteil in der ersten Instanz: Klageabweisung, dagegen Berufung in vollen Umfang
> Urteil in der zweiten Instanz: Verurteilung zur Zahlung von 2.000 EUR
> Kostenentscheidung:
>
> Die Kosten des Rechtsstreits trägt der Kläger zu $^4/_5$ und der Beklagte zu $^1/_5$.

Sind die Streitwerte der ersten und der zweiten Instanz nicht identisch, sollte die jeweilige Quote für die Instanzen getrennt nach dem endgültigen Ergebnis ermittelt werden.

---

359 Thomas/Putzo/*Hüßtege* ZPO § 97 Rn. 8 f.
360 OLG Nürnberg NJW 2013, 243.

Beispiel:
Klageforderung: 10.000 EUR (= Streitwert erster Instanz)
Verurteilung des Beklagten: 4.000 EUR
Berufung des Klägers (Streitwert der zweiten Instanz: 6.000 EUR)
Verurteilung des Beklagten in der zweiten Instanz: (weitere) 1.000 EUR
Die Kostenentscheidung lautet:

Die Kosten der Berufung tragen der Kläger zu $^5/_6$ und der Beklagte zu $^1/_6$. Die übrigen Kosten des Rechtsstreits werden gegeneinander aufgehoben.

In derartigen Fällen kann auch eine einheitliche Quote gebildet werden, indem man die gesamten angefallenen Kosten der ersten und der zweiten Instanz ermittelt und je nach dem Grad des Obsiegens und Unterliegens betragsmäßig verteilt. Diese Methode bringt keinen Gewinn an Genauigkeit, da die Kosten der beiden Instanzen ohne Schwierigkeiten getrennt abgerechnet werden können.

bb) Vorläufige Vollstreckbarkeit

71 Für den Fall der Teilanfechtung ist vorab § 537 zu beachten.[361]

Berufungsurteile im einstweiligen Rechtsschutz werden mit ihrer Verkündung rechtskräftig (vgl. § 542 II 1) und sind deshalb nicht für vorläufig vollstreckbar zu erklären. Für die übrigen Berufungsurteile gelten die §§ 708 ff. Auch aufhebende Urteile nach § 538 sind wegen § 775 Nr. 1 für vorläufig vollstreckbar zu erklären.[362] In **vermögensrechtlichen** Streitigkeiten gilt für Berufungsurteile der Land- und Oberlandesgerichte § 708 Nr. 10, dh, in derartigen Fällen ist das Urteil ohne Sicherheitsleistung für vorläufig vollstreckbar zu erklären und grundsätzlich ein Vollstreckungsschutz nach § 711 auszusprechen, soweit nicht die Voraussetzungen des § 713 vorliegen. Für § 713 gilt Folgendes: Die Vorschrift findet ab 1.7.2018 auf Berufungsurteile keine Anwendung; bis zum 30.6.2018 gilt für Berufungsurteile § 713, wenn die Revision nicht zugelassen wurde und der Wert der Beschwer 20.000 EUR nicht übersteigt; dies folgt aus § 26 Nr. 8 EGZPO.[363] Ab dem 1.7.2018 ist (derzeit) für die Nichtzulassungsbeschwerde (§ 544) keine Wertgrenze mehr vorgesehen.[364]

Wird das auf Verurteilung lautende Urteil der ersten Instanz in einer vermögensrechtlichen Streitigkeit, das gegen Sicherheitsleistung nach § 709 S. 1 für vorläufig vollstreckbar erklärt wurde, durch das Berufungsgericht bestätigt, wird das erstinstanzliche Urteil dadurch ohne Sicherheitsleistung vorläufig vollstreckbar; das ist nunmehr nach dem neuen S. 2 des § 708 Nr. 10 im Urteil auszusprechen.[365] Damit hat der Gesetzgeber der schon immer vertretenen Auffassung Rechnung getragen, dass der Kläger, der in der ersten und in der zweiten Instanz obsiegt, nicht schlechter gestellt werden kann als der erst in zweiter Instanz obsiegende Kläger.[366]

Für die Formulierung der Vollstreckbarkeitsentscheidung wird auf die allgemeinen Ausführungen Bezug genommen.[367] Für § 708 Nr. 10 – auch für S. 2 – sind die §§ 711, 713 zu beachten. § 713 kommt bis zum 30.6.2018 gerade für die Landgerichte große

361 Vgl. → Rn. 4.
362 HM, OLG Karlsruhe JZ 1984, 635; OLG München NZM 2002, 1032; Zöller/*Heßler* ZPO § 538 Rn. 59; aA OLG Köln NJW-RR 1987, 1152.
363 Vgl. BGBl. 2016 I 3147.
364 Vgl. näher Prütting/Gehrlein/*Kroppenberg* ZPO § 713 Rn. 2.
365 Prütting/Gehrlein/*Kroppenberg* ZPO § 708 Rn. 10; vgl. auch für § 522 II: → Rn. 67.
366 OLG München OLGZ 1985, 457; OLGR Celle 1996, 274.
367 → A Rn. 210 ff.; für § 522 II: → Rn. 67.

praktische Bedeutung zu, da dort die bis dahin geltende Wertgrenze für Revisionen in Höhe von 20.000 EUR (§ 26 Nr. 8 EGZPO) nicht häufig erreicht wird.[368]

c) Entscheidung über die Zulassung der Revision

Das Berufungsgericht hat über die Zulassung der Revision zu entscheiden (§ 543 I). **72** Fehlen Ausführungen im Berufungsurteil, so ist im Zweifel von einer Nichtzulassung auszugehen. Besser ist es jedoch, auch diese ausdrücklich auszusprechen. Bei Vorliegen der Zulassungsgründe iSd § 543 II[369] muss die Zulassung erfolgen, auch wenn kein Antrag gestellt ist. Gegen die Nichtzulassung kann die sogenannte *Nichtzulassungsbeschwerde* nach § 544 eingelegt werden, während die Zulassung unanfechtbar und für den BGH – das nach § 133 GVG zuständige Revisionsgericht – bindend ist. Dies gilt aber nicht für eine prozessual nicht vorgesehene nachträgliche Zulassungsentscheidung, die die Bindung des Gerichts als eine eigene Entscheidung gemäß § 318 außer Kraft setzt.[370] Eine Teilzulassung ist insoweit zulässig, als in der Sache eine Entscheidung über einen Teil des Streitgegenstandes oder etwa über den Grund oder die Höhe zulässig wäre; auf Rechtsfragen darf die Zulassung nicht beschränkt werden.[371] Wenn allerdings die Rechtsfrage, deretwegen die Revision zugelassen wurde, nur für einen Teil der entschiedenen Ansprüche von Bedeutung ist, kann die Auslegung der nach dem Wortlaut uneingeschränkten Zulassung deren entsprechende Einschränkung ergeben.[372]

Wie über die Zulassung zu entscheiden ist, hat der Gesetzgeber nicht geregelt. Wir empfehlen, die Entscheidung über die Zulassung der Revision als letzten Satz in den Tenor aufzunehmen. Das hat den Vorteil der Eindeutigkeit. Es könnte wie folgt formuliert werden:

> ... (= Tenor zur vorläufigen Vollstreckbarkeit)
> Die Revision wird zugelassen. / ... nicht zugelassen.

§ 321a (*Gehörsrüge*) findet auch dann keine Anwendung, wenn die Revision nicht zugelassen wird, diese Entscheidung aber einer Nichtzulassungsbeschwerde nach § 544 I 1 unterliegt.[373] Nach Auffassung des OLG Frankfurt a.M.[374] gilt jedoch § 321a entsprechend, wenn allein die Verletzung rechtlichen Gehörs hinsichtlich der nach § 99 I nicht isoliert anfechtbaren Kostenentscheidung gerügt wird.

Derzeit ist die Nichtzulassungsbeschwerde für einen »Übergangszeitraum«, der bis zum 30.6.2018[375] verlängert wurde, nach § 26 Nr. 8 EGZPO nicht zulässig, wenn der

368 Vgl. hierzu näher → Rn. 67, 72.

369 Zu § 543 II Nr. 1 und 2 vgl. BGH NJW 2003, 65 = MDR 2003, 104 mAnm *Schütt* MDR 2003, 822 (grundsätzliche Bedeutung); BGH NJW 2003, 831 (offensichtliche Unrichtigkeit: kein Grund); BGH MDR 2005, 228 (Vertrauen in die Rechtsprechung); BGH NJW 2010, 439.

370 BGH NJW 2011, 1516 (bei versehentlich unterlassener Zulassung ist keine Ergänzung nach § 321 möglich; bei bewusster Entscheidung, die Revision nicht zuzulassen, kann eine Änderung aufgrund einer Anhörungsrüge gemäß § 321a nicht erfolgen).

371 BGH NJW 2004, 3264; 2007, 2401; beide Entscheidungen lassen eine gewisse Großzügigkeit bei der Auslegung der Zulassungsentscheidung auf eine beschränkte Zulassung hin erkennen; vgl. auch BGH MDR 2008, 225 = NJW-RR 2008, 584; NJW 2010, 858 (Begrenzung der Revisionszulassung ergibt sich aus Entscheidungsgründen); BGH NJW 2010, 148 (zulässige Begrenzung auf Gegenanspruch); BGH NJW 2010, 861; 2011, 1228; MDR 2014, 1050.

372 BGH NJW 2011, 1228.

373 BGH NJW 2005, 680; 2011, 1516.

374 OLG Frankfurt a.M. NJW 2005, 517.

375 Gesetz vom 22.12.2016 (BGBl. I 3147).

Wert der Beschwer 20.000 EUR nicht übersteigt, es sei denn, das Berufungsgericht hat die Berufung verworfen. Die genannte Wertgrenze gilt auch, wenn das Berufungsgericht den Einspruch gegen ein Versäumnisurteil verworfen hat; S. 2 des § 26 Nr. 8 EGZPO ist dann nicht anzuwenden.[376]

4. Zurückverweisung der Sache an die erste Instanz durch Urteil

73 Wie bereits ausgeführt,[377] hat das Berufungsgericht grundsätzlich in der Sache selbst zu entscheiden; lediglich in den Fällen des § 538 II kann es, soweit die Berufung Erfolg hat, die erstinstanzliche Entscheidung und das Verfahren aufheben sowie die Sache an das Gericht des ersten Rechtszuges zurückverweisen; bei Entscheidungsreife ist grundsätzlich wegen Ermessensreduzierung auf Null von einer Zurückverweisung abzusehen.[378] Daher muss auch grundsätzlich die Entscheidungsreife in vollem Umfang überprüft werden.[379] Eine Zurückverweisung hat zur *Folge*, dass die Berufungsinstanz abgeschlossen ist, die Sache insoweit erneut in der ersten Instanz verhandelt sowie entschieden werden muss und die erste Instanz an die Rechtsauffassung des Berufungsgerichts gebunden ist (§ 563 II analog); im Übrigen kann das Urteil der zweiten Instanz unter den allgemeinen Voraussetzungen mit der Revision angegriffen werden.[380]

Im Fall des § 538 II Nr. 1 (Verfahrensmängel[381]) ist das Berufungsgericht gehalten, nachprüfbar darzulegen, inwieweit eine noch ausstehende Beweisaufnahme so aufwändig oder umfangreich ist, dass es gerechtfertigt ist, die Sache zurückzuverweisen; dabei muss eine solche Beweisaufnahme sicher zu erwarten sein.[382] Wird bei einer zulässigen und (teilweise) sachlich erfolgreichen Berufung zurückverwiesen, kann der *Hauptsachentenor* des Urteils – eine Entscheidung durch Beschluss ist nicht möglich – wie folgt lauten:

> Auf die Berufung des Klägers/Beklagten wird das Urteil des ... vom ... (Az.: ...) aufgehoben.[383] Die Sache wird zur erneuten Verhandlung und Entscheidung an das ... zurückverwiesen.
>
> (oder bei teilweisem Erfolg:)
>
> Auf die Berufung des Klägers/Beklagten wird das Urteil des ... vom ... (Az.: ...) aufgehoben, soweit der ... verurteilt worden ist, ... Insoweit wird die Sache zur weiteren (oder: erneuten) Verhandlung und Entscheidung an das ... zurückverwiesen. Im Übrigen wird die Berufung des ... zurückgewiesen.
>
> (oder bei Grundurteil:)
>
> Auf die Berufung des ... wird das Urteil des ... vom ... (Az.: ...) wie folgt abgeändert: Der Anspruch ... wird dem Grunde nach für gerechtfertigt erklärt. Die Sache wird zur weiteren Verhandlung und Entscheidung über die Höhe an das ... zurückverwiesen. (Die Praxis spricht häufig nicht von »Aufhebung«, sondern in Anlehnung an den Wortlaut des § 528 S. 2 von »Abänderung«, auch wenn die Berufung in vollem Umfange erfolgreich ist.)[384]

376 BGH MDR 2011, 1251 = BeckRS 2011, 23100.
377 S. → Rn. 66.
378 Vgl. hierzu im Einzelnen → Rn. 66; vgl. auch *Baumert* MDR 2011, 893.
379 Vgl. → Rn. 66.
380 BGH NJW 2003, 1518; vgl. auch BAG MDR 2003, 828 = NJW 2003, 1547 zu § 72 I ArbGG.
381 Vgl. näher → Rn. 66.
382 BGH NJW-RR 2004, 1537; 2005, 928; BauR 2005, 590 = BeckRS 2005, 01811; NJW-RR 2013, 1013 (nicht bei Gelegenheit für Parteien zum ergänzenden Vortrag und einer sich möglicherweise daran anschließenden Beweisaufnahme); BGH NJW 2013, 2601; 2016, 2275 (nicht bei *einem* Zeugen und *einem* Sachverständigengutachten zu einer Frage).
383 Die Aufhebung des Verfahrens erübrigt sich, wenn der Mangel nur das Urteilsverfahren betrifft, vgl. Zöller/*Heßler* ZPO § 538 Rn. 57.
384 Vgl. → Rn. 69.

Eine Teil-Zurückverweisung ist nur unter den Voraussetzungen zulässig, unter denen ein Teilurteil ergehen darf; die Gefahr einer Divergenz muss vermieden werden.[385] Bei einer Aufhebung und Zurückverweisung kann in der Berufungsinstanz noch keine *Kostenentscheidung* ergehen, da der Erfolg der Klage offen ist.[386] Diese wird der ersten Instanz übertragen, die im Endurteil über die Kosten des Rechtsstreits einschließlich der Kosten der Berufung nach §§ 91 ff. unter Berücksichtigung des Grads des Obsiegens und Unterliegens und damit unabhängig davon entscheidet, dass die Berufung Erfolg hatte. Es besteht lediglich nach § 21 GKG unter den dort genannten Voraussetzungen die Möglichkeit, die Gerichtskosten nicht zu erheben, wenn das erstinstanzliche Urteil wegen eines *Verfahrensfehlers* aufgehoben wurde.[387] In der Praxis wird zur Klarstellung, dass in der ersten Instanz auch über die Kosten des Berufungsverfahrens entschieden werden muss, der schon dargestellte Hauptsachentenor bei einer Aufhebung und Zurückverweisung wie folgt ergänzt:

> ... Die Sache wird zur erneuten Verhandlung und Entscheidung, auch über die Kosten der Berufung, an das ... zurückverwiesen.

Das aufhebende und zurückverweisende Urteil des Berufungsgerichts ist nach hM mit Rücksicht auf § 775 Nr. 1 für *vorläufig vollstreckbar* zu erklären, obwohl es keinen vollstreckbaren Inhalt hat.[388]

IV. Anschlussberufung

1. Zulässigkeit

a) Rechtsnatur und Frist

Wenn beide Parteien durch das erstinstanzliche Urteil beschwert sind, 74

> **Beispiele:**
> - teilweise Klageabweisung
> - Abweisung von Klage und Widerklage
> - Abweisung der Klage wegen der Hilfsaufrechnung des Beklagten

können sie unabhängig voneinander Berufung einlegen. Insoweit gelten keine Besonderheiten. Der Berufungsbeklagte kann sich aber auch nach §§ 524 der Berufung des Gegners anschließen. Die Anschlussberufung ist von der Berufung abhängig. Der Berufungsbeklagte erreicht auf diesem Wege, dass das Gericht sich auch mit der Frage auseinander setzen muss, ob das erstinstanzliche Urteil zu seinen Gunsten zu ändern ist. Allein mit dem Antrag des Berufungsbeklagten auf Zurückweisung der Berufung kann dieses Ziel wegen des aus § 528 S. 2 folgenden Verschlechterungsverbotes[389] nicht erreicht werden. Wird in der Berufungsinstanz gemäß § 264 Nr. 3 ohne Änderung des Klagegrundes ein anderer Gegenstand gefordert, aber nicht mehr verlangt als ursprünglich gefordert, ist die Einlegung der Anschlussberufung entbehrlich.[390]

385 BGH NJW 2011, 2800; vgl. auch → N Rn. 11.
386 OLG Köln NJW-RR 1987, 1152.
387 KG MDR 2006, 49; s. zu Verfahrensmängeln auch → Rn. 66.
388 Vgl. → Rn. 71.
389 S. → Rn. 58; zur Bedeutung für die Subsidiarität der Verfassungsbeschwerde BVerfG NJW 2006, 1505.
390 BGH NJW 2015, 2814.

Die Berufungsfrist des § 517 muss nicht eingehalten werden (§ 524 II 1). Der Berufungsbeklagte muss die Anschlussberufung aber grundsätzlich bis zum Ablauf der ihm gesetzten Frist zur Berufungserwiderung einlegen (§ 524 II 2, Ausnahme: S. 3).[391] Aufgrund ihrer Abhängigkeit von der Berufung verliert die Anschlussberufung generell, dh auch dann, wenn sie innerhalb der Berufungsfrist eingelegt wurde,[392] nach § 524 IV ihre Wirkung, wenn die Berufung zurückgenommen, verworfen oder durch Beschluss nach § 522 II zurückgewiesen wird. Daraus folgt mittelbar auch, dass über die Anschlussberufung nicht durch Teilurteil entschieden werden kann.[393]

Erklärt der Berufungsbeklagte innerhalb der Berufungsfrist, er schließe sich der Berufung des Gegners an, kann Unklarheit darüber aufkommen, ob es sich um eine selbstständige oder um eine Anschlussberufung handelt. Die Frage ist durch Auslegung zu klären.[394] Gleiches gilt, wenn der Berufungsbeklagte nach Ablauf der Berufungsfrist oder Berufungsbegründungsfrist, aber innerhalb der ihm gesetzten Erwiderungsfrist ohne nähere Erläuterung »Berufung« einlegt. UU kann eine unzulässige Hauptberufung in eine zulässige Anschlussberufung umgedeutet werden.[395]

b) Voraussetzungen im Übrigen

75 Die Anschlussberufung setzt keine Beschwer voraus. Anschließen kann sich zB der in erster Instanz siegreiche Kläger/Beklagte ausschließlich zum Zwecke der Klageerweiterung oder der Widerklage.[396] Eine Anschlussberufung ist auch statthaft, wenn der Berufungsbeklagte eine für ihn günstige erstinstanzliche Entscheidung auf einen anderen Lebenssachverhalt stützen will oder die Klage nach § 264 Nr. 2 erweitert; dabei muss die Frist des § 524 II 2 beachtet werden.[397] Ferner sind das Erreichen der Berufungssumme oder die Zulassung der Berufung (§ 511 II) nicht erforderlich. Auch steht ein Verzicht des Berufungsbeklagten auf Einlegung der Berufung einer Anschlussberufung nicht entgegen (vgl. § 524 II 1).[398] Allerdings kann mittels Rechtsmittelanschließung nicht ein in der unteren Instanz noch anhängiger, noch nicht entschiedener Anspruch zum Gegenstand der Rechtsmittelentscheidung gemacht werden.[399] Voraussetzung für die *Zulässigkeit der Anschlussberufung* ist, dass eine zulässige Hauptberufung eingelegt ist und nicht als unzulässig verworfen, durch Beschluss zurückgewiesen oder zurückgenommen wurde. Ferner muss sich die Anschlussberufung gegen dasselbe Urteil richten. Einlegen kann die Anschlussberufung nur der Berufungsbeklagte oder sein Streithelfer; sie muss gegen den Berufungskläger oder dessen notwendigen Streitgenossen gerichtet sein. Schließlich muss die Anschließung ordnungsgemäß iSd § 524 I 2, III erklärt und begründet

391 Vgl. BGH NJW 2008, 1953 (Frist gilt auch für streitgegenstandsändernde Anschlussberufung); BGH NJW 2009, 1271 und NJW 2016, 1963 (künftig fällige Leistungen; gilt dann auch für Rückstände); zur wirksamen Fristsetzung BGH NJW 2009, 515; 2015, 2812.

392 OLG Frankfurt a.M. MDR 2003, 594 = BeckRS 2002, 30295965.

393 BGH MDR 1994, 940 = NJW 1994, 2235; Zöller/*Heßler* ZPO § 524 Rn. 26.

394 BGH NJW 2003, 2388; 2011, 1455.

395 BGH NJW 2009, 442; 2013, 875 Rn. 18; NJW-RR 2016, 445.

396 Thomas/Putzo/*Reichold* ZPO § 524 Rn. 17.

397 BGH NJW 2008, 1953; 2015, 1608. Zu § 264 Nr. 2: BGH NJW 2015, 2814 (zu § 264 Nr. 3 vgl. Rn. 74).

398 Thomas/Putzo/*Reichold* ZPO § 524 Rn. 17.

399 BGH NJW 1983, 1311; 1983, 1858.

werden.[400] Die Anschlussberufung kann auch hilfsweise, dh unter einer innerprozessualen Bedingung (vgl. → K Rn. 2), eingelegt werden.[401] Unzulässig ist die Anschlussberufung, mit der der Kläger seine gegen den Berufungsführer erfolgreiche Klage auf den Streithelfer des Berufungsführers erstrecken will.[402]

Fehlen die Zulässigkeitsvoraussetzungen für die Anschlussberufung, ist eine Entscheidung nach § 522 I zu treffen.

2. Entscheidung

Für den *Hauptsachentenor* und die *vorläufige Vollstreckbarkeit* gelten keine Besonderheiten. Bei dem Hauptsachentenor ist lediglich zu beachten, dass jeweils klargestellt wird, ob es sich um die »Berufung des …« oder um die »Anschlussberufung des …« handelt. Durch die Anschlussberufung erhöht sich der *Streitwert* der Berufungsinstanz nur, wenn sich die wechselseitigen Rechtsmittel auf verschiedene Streitgegenstände beziehen; hier gelten dieselben Grundsätze wie bei der Widerklage (§ 45 II, I 1, 3 GKG).[403] Im Übrigen ergeht auch hier die *Kostenentscheidung*, soweit sie getroffen werden muss, auf der Grundlage der §§ 91 ff., 97 I, 97 II einheitlich.[404] 76

Beispiele: Klage auf Zahlung von 10 000 EUR; Urteil der ersten Instanz: Der Beklagte wird verurteilt, an den Kläger 5.000 EUR zu zahlen; im Übrigen wird die Klage abgewiesen. Der Kläger legt Berufung ein und erstrebt die weiteren 5.000 EUR; der Beklagte schließt sich der Berufung an; er möchte die Aufhebung des erstinstanzlichen Urteils und die Klageabweisung in vollem Umfang erreichen.
Streitwert der zweiten Instanz: 10.000 EUR.
a) Die Berufung des … und die Anschlussberufung des … werden zurückgewiesen.

Die Kosten der Berufungsinstanz tragen die Parteien zu je ein halb.

(oder:)

Die Kosten der Berufungsinstanz werden gegeneinander aufgehoben (§§ 97 I, 92 I).

b) Die Berufung des Klägers wird zurückgewiesen. Auf die Anschlussberufung des Beklagten wird das Urteil … abgeändert und wie folgt neu gefasst: Die Klage wird abgewiesen.

Der Kläger trägt die Kosten des Rechtsstreits (§§ 97 I, 91 I 1).

c) Auf die Berufung des Klägers wird das Urteil … abgeändert und wie folgt neu gefasst: Unter Abweisung der Klage im Übrigen wird der Beklagte verurteilt, an den Kläger 7.500 EUR zu zahlen. Die Anschlussberufung des Beklagten und die Berufung des Klägers im Übrigen werden zurückgewiesen.

Die Kosten des Rechtsstreits tragen der Kläger zu ¼ und der Beklagte zu ¾.

Die Vollstreckbarkeitsentscheidung und eine Entscheidung nach § 708 Nr. 10 S. 2 folgt in allen Beispielen allgemeinen Grundsätzen.[405]

---

400 Thomas/Putzo/*Reichold* ZPO § 524 Rn. 10; zu Problemen insbes. im Unterhaltsrecht *Born* NJW 2005, 3038; zur Antragserweiterung nach Ablauf der Begründungsfrist BGH NJW 2005, 3067.

401 BGH NJW-RR 1989, 1099.

402 BGH NJW 1995, 198.

403 Näher *Anders/Gehle* Streitwert-Lexikon Stichwort »Rechtsmittel«, Rn. 31 ff. (zu § 19 I 1, 3 GKG aF); vgl. auch → M Rn. 13.

404 Zur Tenorierung allg. s. → Rn. 69 ff.; zu den Kosten → Rn. 70.

405 Vgl. → Rn. 71.

3. Kostenentscheidung bei Verlust der Wirkung

77 Verliert die – zulässige – Anschlussberufung zB durch Rücknahme der Berufung gemäß § 524 IV ihre Wirkung, fallen die Kosten der Berufungsinstanz insgesamt dem Berufungskläger nach § 97 I bzw. § 516 III 1 und nicht beiden Parteien im Verhältnis der Werte von Berufung und Anschlussberufung zur Last.[406] Das gilt auch dann, wenn der Berufungskläger das Rechtsmittel nach Hinweis gem. § 522 II 2 zurücknimmt.[407] Streitig ist, ob dies auch gilt, wenn die Berufung nach § 522 II zurückgewiesen wird, oder ob dann eine quotenmäßige Verteilung zu erfolgen hat.[408] Bisher war der Beschluss nach § 522 II unanfechtbar, sodass zu dieser Frage noch keine Entscheidung des BGH vorliegt. Dies wird sich mit der Neuregelung des § 522 III[409] ändern. Für den (vergleichbaren?) Fall der Anschlussrevision hat der BGH eine Kostenquotierung befürwortet.[410]

V. Gutachten und Urteil

1. Rubrum

78 Im Rubrum wird neben der ursprünglichen Parteirolle (= Kläger, Beklagter) angegeben, wer Berufungskläger und wer Berufungsbeklagter ist; auch die Stellung eines etwaigen Anschlussberufungsklägers/-beklagten ist ebenso wie sonstige Stellungen (zB Widerkläger/-beklagter) anzugeben.[411]

> In dem Rechtsstreit
>
> des Kaufmanns …
>
> Klägers, Berufungsklägers und Anschlussberufungsbeklagten,
>
> – Prozessbevollmächtigte … –
>
> gegen
>
> den Gastwirt …
>
> Beklagten, Berufungsbeklagten und Anschlussberufungskläger,
>
> – Prozessbevollmächtigte …–[412]

406 BGH MDR 2005, 704 = NJW-RR 2005, 727; FamRZ 2007, 631 = NJW-RR 2007, 786; OLGR Düsseldorf 2009, 883; KGR 2009, 327; OLG Koblenz MDR 2014, 1225 = NJW-RR 2014, 1212 (Anschlussberufung zur Erhebung einer negativen Feststellungsklage); aA OLG Düsseldorf NJW 2003, 1260 (zu § 522 II); OLG Stuttgart NJW-RR 2009, 863.

407 BGH NJW-RR 2006, 1147; NJW 2013, 875 Rn. 18.

408 Zum Streitstand vgl. OLG Stuttgart NJW-RR 2009, 863; KG JurBüro 2010, 375; MDR 2015, 1032 = NJW-RR 2016, 128 (unzulässige Anschlussberufung); OLG Hamm NJW 2011, 1520; OLG Köln NJW-RR 2011, 1435; OLG Frankfurt NJW 2011, 2671; OLG München MDR 2014, 985; 2015, 63; OLG Naumburg MDR 2012, 1494 = BeckRS 2012, 15453; OLG Nürnberg MDR 2012, 1186 = NJW 2012, 3451; MDR 2012, 1309 = NJW-RR 2013, 124; NJW-RR 2013, 124; KG NJW 2014, 1023; eingehend *Vidal/Aufderheide* NJW 2016, 3269.

409 Vgl. → Rn. 67.

410 BGH NJW 1981, 1790.

411 Vgl. allg. → B Rn. 3 ff.

412 S. hierzu näher → B Rn. 9.

In den folgenden Teilen des Urteils und auch im Gutachten werden Parteien aber nur nach ihrer ursprünglichen Parteirolle (Kläger und Beklagter) bezeichnet.

Es gibt zwei Möglichkeiten, die Reihenfolge der Parteien darzustellen. Man kann unabhängig von der vorinstanzlichen Parteistellung immer mit dem Rechtsmittelführer beginnen, da dieser mit seinen Anträgen den zweitinstanzlichen Streitgegenstand bestimmt.

> In dem Rechtsstreit
>
> des …
>
> Beklagten und Berufungsklägers,
>
> – Prozessbevollmächtigter: … –
>
> gegen
>
> den …
>
> Kläger und Berufungsbeklagten,
>
> – Prozessbevollmächtigter: … –

Möglich ist auch, den Kläger unabhängig von seiner Rolle in der Berufung immer als Ersten zu nennen, da es nach wie vor um sein Klagebegehren geht. Wir halten beide Darstellungen für vertretbar. In der praktischen Ausbildung sollte man zu diesem Punkt den Ausbilder fragen und sich seiner Handhabung anschließen.

2. Ausführungen zur Zulässigkeit und zur Begründetheit

Da der Gesetzgeber ausdrücklich die Prüfung der Zulässigkeit von Amts wegen vorgeschrieben hat (§ 522 I 1), werden sowohl im Gutachten als auch in den Entscheidungsgründen hierzu Ausführungen erwartet. In jedem Fall sind nähere Ausführungen zur ordnungsgemäßen Berufungsbegründung nach § 520 III 2 erforderlich. Sind die übrigen Zulässigkeitsvoraussetzungen unproblematisch, kann in den Entscheidungsgründen je nach Fallkonstellation wie folgt formuliert werden: **79**

> Die Berufung ist zulässig. Sie ist statthaft iSd § 511 sowie form- und fristgemäß iSd §§ 517, 519 eingelegt und fristgemäß iSd § 520 II begründet worden. Die Berufungsbegründungsschrift enthält auch die nach § 520 III 2 erforderlichen Angaben …
>
> (oder:)
>
> Die Anschlussberufung ist ebenfalls zulässig; insbesondere ist sie in der richtigen Form eingelegt und ordnungsgemäß begründet worden (§ 524).

Ist die Berufung zulässig, muss unabhängig von etwaigen Rügen der Parteien grundsätzlich in vollem Umfang geprüft werden, ob die *Klage* zum Jetztzeitpunkt *zulässig* und *begründet* ist.[413] In diesem Rahmen können bei einzelnen Tatbestandsmerkmalen auch Verfahrensfehler eine Rolle spielen; darüber hinaus sind diese uU in der Entscheidungsstation zu thematisieren.[414] Maßgeblich für die Prüfung der Zulässigkeit und Begründetheit einschließlich eventueller Klageerweiterungen ist der Berufungsantrag.[415] Darüber hinaus sind dabei die Besonderheiten der §§ 513, 529 und alle

413 Vgl. → Rn. 57.
414 Vgl. → Rn. 66 aE.
415 Vgl. → Rn. 9, 59.

sonstigen Fragen zu beachten, die den Prüfungsumfang in der Berufung betreffen.[416] Diese Fragen sind aber nicht isoliert, sondern im Rahmen ihrer rechtlichen Relevanz für die Berufungsentscheidung zu behandeln.[417]

Beispiele:
- Ist die örtliche Zuständigkeit des erstinstanzlichen Gerichts zweifelhaft, kann diese Zulässigkeitsfrage für die Klage unter Hinweis auf § 513 II offen gelassen werden.
- Hat das erstinstanzliche Gericht bestimmte schriftsätzlich vorgetragene Tatsachen außer Acht gelassen, ist bei der Zulässigkeit oder Begründetheit der Klage zunächst zu prüfen, ob diese Tatsachen rechtlich relevant sind; für den Fall der Bejahung sind ferner Erörterungen zu § 529 I Nr. 1 erforderlich; dabei kann auch bedeutsam sein, ob diese Tatsachen Gegenstand der mündlichen Verhandlung in der ersten Instanz waren.[418]
- Bei neuem Vorbringen iSd § 529 I Nr. 2 muss bei dem betreffenden Tatbestandsmerkmal zunächst die rechtliche Relevanz für den Fall seiner Berücksichtigung geprüft werden; bei Bejahung ist dann zu fragen, ob der neue Vortrag in der Berufung zuzulassen ist.[419]

Im Rahmen der Zulässigkeit der Berufung kommt es nicht auf die materielle Rechtslage und auf das Ergebnis des Rechtsstreits an. Deshalb ist der Teil »Zulässigkeit der Berufung« grundsätzlich einschichtig aufzubauen. Ausgangspunkt sind in jedem Fall insoweit die tatsächlichen Feststellungen der ersten Instanz und der Vortrag des Berufungsklägers in der Berufungsbegründungsschrift.

3. Aufbau des Gutachtens

a) Grundsatz

80 Wie bereits dargestellt,[420] ist die Zulässigkeit grundsätzlich einschichtig aufzubauen. Den Gegenstand der Berufung bestimmen die Parteien allein mit ihren Anträgen (vgl. § 528 S. 1), sodass uU nur über einen Teil des in der ersten Instanz gestellten Klageantrags zu entscheiden ist. Soweit der Entscheidungsumfang des Berufungsgerichts begrenzt ist, muss dies bei dem betreffenden Anspruch oder bei dem betreffenden Tatbestandsmerkmal dargestellt werden.[421]

Die Zulässigkeit der Klage gehört zur Begründetheit der Berufung. Insoweit sind nur dann Ausführungen erforderlich, wenn die Zulässigkeit problematisch ist oder wenn die Parteien über das Vorliegen einzelner Zulässigkeitsvoraussetzungen streiten und eine Erörterung hierzu erwarten.[422]

Es gelten in der zweiten Instanz gegenüber einem Gutachten in der ersten Instanz im Hinblick auf die Darstellungsweise keine Besonderheiten, sodass auf die Ausführung oben[423] verwiesen werden kann. Es wird in vollem Umfang geprüft, ob der (noch) geltend gemachte Anspruch besteht. Um unnötige Schreibarbeit zu vermeiden, kann im Einzelfall konkret auf zutreffende Passagen in dem angefochtenen Urteil Bezug genommen werden, etwa, wenn sich der erstinstanzliche Richter mit

416 Vgl. näher → Rn. 5 ff., 58 ff.
417 Vgl. → Rn. 66; näher im Einzelnen: → Rn. 80 ff.
418 Vgl. → A Rn. 12, → Rn. 10; s. auch zu nicht berücksichtigtem Vortrag und zu verschiedenen Aufbaumöglichkeiten → Rn. 83.
419 Vgl. näher → Rn. 66; zu den verschiedenen Aufbaumöglichkeiten → Rn. 83.
420 Vgl. → Rn. 79.
421 S. → Rn. 58, 66, 7; allg. zur Darstellung → A Rn. 105.
422 S. → A Rn. 83, → Rn. 57 ff.
423 → A Rn. 74 ff.

einem Meinungsstreit auseinander gesetzt hat und der Verfasser des Gutachtens ihm insoweit folgen will. Verfehlt ist es aber, im Gutachten nur die Rechtsfragen zu erörtern, die der Berufungskläger in der Berufungsbegründung aufgegriffen hat. Vielmehr hat eine *volle Prüfung* zu erfolgen, ob der Klageanspruch besteht; es ist nur der Entscheidungsumfang, der unter anderem durch die Anträge bestimmt wird, zu beachten.[424]

b) Bindung an die tatsächlichen Feststellungen der ersten Instanz

Grundsätzlich sind die von der ersten Instanz getroffenen Feststellungen zugrunde zu legen (§ 529 I Nr. 1, 1. Hs.), sodass dann ein nach dem Vortrag der Parteien gegliederter Aufbau entbehrlich ist. Soweit die Parteien abweichende Tatsachen vortragen, ist bei dem betreffenden Tatbestandsmerkmal klarzustellen, dass eine Bindung an die erstinstanzlichen Feststellungen besteht, ein Ausnahmetatbestand nicht in Betracht kommt und deshalb der Vortrag unbeachtlich ist. Auf der Grundlage der tatsächlichen Feststellungen der ersten Instanz ist dann der (noch) geltend gemachte Anspruch des Klägers zu prüfen. Es empfiehlt sich folgender Aufbau: 81

A. Zulässigkeit der Berufung
B. Begründetheit der Berufung
  (I. Zulässigkeit der Klage)
  II. Begründetheit der Klage

c) Neue Tatsachenfeststellung

Im Einzelfall hat eine neue Tatsachenfeststellung zu erfolgen.[425] Dann ist das Gutachten jedenfalls im Rahmen der Begründetheit der Klage wie in der ersten Instanz aufzubauen. Wenn keine Besonderheiten bestehen, ergibt sich Folgendes: 82

(A. Auslegung des Berufungsziels)
B. Zulässigkeit der Berufung
C. Begründetheit der Berufung
  (I. Zulässigkeit der Klage)[426]
  II. Begründetheit der Klage
    1. Schlüssigkeit (Klägerstation)
    2. Erheblichkeit (Beklagtenstation)
    3. Tatsächliche Würdigung (Beweisstation)
D. Ausarbeitung des Urteilstenors oder des anderweitigen Fortgangs (Tenorierungsstation/Entscheidungsstation)

Alle Gesichtspunkte, die ausnahmsweise eine neue Tatsachenfeststellung in der Berufungsinstanz rechtfertigen,[427] sind unabhängig vom Gesamtergebnis der Begründetheitsprüfung zu behandeln. Dies gilt auch für die Verspätungsvorschriften, da eine Verzögerung nach neuem Recht in der zweiten Instanz keine Rolle mehr spielt.[428] Deshalb ist die Frage einer neuen Tatsachenfeststellung bei nicht berücksichtigtem Vortrag einer Partei in der ersten Instanz 83

424 S. → Rn. 5 ff., 57 ff., 66 aE, 79.
425 BGH NJW 2004, 1876; vgl. auch → Rn. 5, 12, 20 ff., 66 aE, 79.
426 Eventuell ohne weitere Untergliederung, vgl. → A Rn. 85, → Rn. 80.
427 Vgl. → Rn. 5 ff., 20 ff.
428 Vgl. → Rn. 21.

Beispiele:
- Die erste Instanz hat den Vortrag der Gegenseite infolge Verkennung der Beweislast der Entscheidung zugrunde gelegt;
- infolge der Verkennung der Anspruchsgrundlage ist ein Teil des Sachverhalts nicht festgestellt worden.

oder bei Zulassung neuer Tatsachen immer in den Darlegungsstationen bei dem betreffenden Tatbestandsmerkmal zu erörtern.[429] Eine Inzidentprüfung ist damit nicht verbunden. Bei der Prüfung im Einzelnen gilt nichts anderes als in den sonstigen Fällen, in denen sich das Gericht mit der Frage auseinander setzen muss, welcher Vortrag bei der Rechtsprüfung zugrunde zu legen bzw. welcher unbeachtlich ist.[430] Daher wird die Frage der Zulassung des neuen Vortrags oder der neuen Tatsachenfeststellung in der Berufungsinstanz in der Klägerstation bzw. Beklagtenstation bei dem Tatbestandsmerkmal der Norm erörtert, das durch den eventuell ausgeschlossenen Tatsachenvortrag ausgefüllt werden könnte. Dies kann nach Feststellung der rechtlichen Relevanz oder vor der Subsumtion geschehen, wobei für den Aufbau jeweils praktische Gründe, insbesondere die Vermeidung überflüssiger Ausführungen eine Rolle spielen sollten:

Das Tatbestandsmerkmal X iSd § Y könnte zu bejahen sein, wenn … (es folgt der möglicherweise ausgeschlossene Vortrag).

Das setzt voraus, dass … (es folgt eine Subsumtion). Nach dem Vortrag … ist demnach auch das Merkmal X zu bejahen. Fraglich ist aber, ob dieser Vortrag, auf den sich der Kläger erstmalig in der zweiten Instanz beruft, zu berücksichtigen ist. … (es folgen Ausführungen zu §§ 529, 531).

(oder:)

Fraglich ist jedoch, ob dieser Vortrag des Klägers überhaupt berücksichtigt werden kann oder ob er nicht vielmehr aufgrund der Bindung an die Tatsachenfeststellung in erster Instanz ausgeschlossen ist. (Es folgt eine Erörterung des § 529.) Daher ist eine Rechtsverletzung iSd § 513 in Bezug auf die Tatsachenfeststellung … zu bejahen, dh der Vortrag des Klägers … ist nicht ausgeschlossen. Es ist nun zu prüfen, ob sich danach das Tatbestandsmerkmal … ergibt …

Eine dieser beiden Aufbaumöglichkeiten gilt auch, wenn die Anwendbarkeit des § 531 I ausnahmsweise ausgeschlossen ist, so zB, wenn der Vortrag in der zweiten Instanz unstreitig wird.[431]

d) Besonderheiten bei einer eventuellen Zurückverweisung

84 Soweit Erörterungen zu den Fragen erforderlich sind, ob die Voraussetzungen des § 538 II vorliegen und ob eine Zurückverweisung erfolgen soll,[432] gilt für den Aufbau des Gutachtens Folgendes:

Wie bereits ausgeführt,[433] kommt eine Zurückverweisung nach § 538 II bei Entscheidungsreife nicht in Betracht. Darüber hinaus setzt § 538 II Nr. 1 unter anderem voraus, dass eine umfangreiche und aufwändige Beweisaufnahme notwendig ist. Daher kann die Ermessensfrage der Zurückverweisung nur beurteilt werden, wenn feststeht, ob Entscheidungsreife vorliegt oder ob eine Beweisaufnahme mit

429 Vgl. auch → Rn. 79.
430 S. → A Rn. 102.
431 S. → Rn. 18.
432 S. → Rn. 66.
433 → Rn. 66.

welchem Umfang und Aufwand erforderlich ist. Um eine Inzidentprüfung zu vermeiden, schlagen wir deshalb vor, die Frage der Zurückverweisung in einer Entscheidungsstation,[434] dh je nach Ergebnis nach der Klägerstation, der Beklagtenstation oder der Beweisstation, zu erörtern. In der Entscheidungsstation, die die Tenorierungsstation in einem solchen Fall ersetzen kann, sind die Voraussetzungen des § 538 II zu prüfen, sodass man sich zB auch mit dem Punkt *»Verfahrensmängel«* iSv § 538 II Nr. 1 an dieser Stelle auseinander setzen muss.[435] Soweit Entscheidungsreife vorliegt, reicht es aus, die Voraussetzung des § 538 II auszusprechen und dann zu erörtern, dass bei Entscheidungsreife eine Ermessensschrumpfung auf Null anzunehmen ist.

e) Besonderheiten bei der Anschlussberufung

Die Zulässigkeit der Anschlussberufung ist immer zu prüfen,[436] und zwar *nach* der Zulässigkeitsprüfung hinsichtlich der Berufung. Das ergibt sich aus § 524 IV, nach dem die Anschließung ihre Wirkung verliert, wenn die Berufung verworfen, zurückgenommen oder durch Beschluss zurückgewiesen wird. Einer sachlichen Auseinandersetzung mit der Anschlussberufung bedarf es bei Unzulässigkeit der Berufung oder deren Zurückweisung nach § 522 II also nicht. **85**

In der Begründetheit sollten Berufung und Anschlussberufung getrennt erörtert werden. Soweit sich die Anschlussberufung nur auf das erstinstanzliche Urteil bezieht und lediglich ein Antrag gestellt war, kann mit der Überprüfung der Berufung gleichzeitig ein Ergebnis zur Anschlussberufung erzielt werden. Gleichwohl empfiehlt sich schon aus Gründen der besseren Übersicht eine getrennte Darstellung. Im Übrigen kann mit der Anschlussberufung auch ein weiter gehendes Ziel (zB Klageerweiterung/Widerklage) verfolgt werden. In diesem Fall ist ohnehin ein getrennter Aufbau geboten. Der sich unter Berücksichtigung dieser Gesichtspunkte ergebende Aufbau lässt sich mit demjenigen bei Klage und negativer Feststellungswiderklage vergleichen.[437] Es bietet sich folgendes Schema an:

A. Zulässigkeit
   I. Berufung
   II. Anschlussberufung
B. Begründetheit
   I. Berufung
      1. (Zulässigkeit der Klage)
      2. Begründetheit der Klage
   II. Anschlussberufung
      – wie I. –
C. Ausarbeitung des Urteilstenors oder des anderweitigen Fortgangs
   (Tenorierungsstation/Entscheidungsstation)

In Betracht kommt auch eine einheitliche Feststellung des Sachverhalts (Beweisstation) für die Berufung und die Anschlussberufung entsprechend dem Aufbau bei Klage und Widerklage.[438]

434 → A Rn. 164, vgl. näher auch → Rn. 66.
435 Verfahrensmängel können auch bei einzelnen Tatbestandsmerkmalen relevant, vgl. → Rn. 66 aE.
436 S. → Rn. 74.
437 S. → M Rn. 7 ff., insbes. → M Rn. 9.
438 S. → M Rn. 8.

4. Gründe (= Tatbestand und Entscheidungsgründe)

a) Inhalt

86 § 540 trägt der Umgestaltung der Berufung als Fehlerkontroll- und -beseitigungsinstanz Rechnung.[439] Das Berufungsurteil muss nicht mehr die traditionelle Aufteilung von Tatbestand und Entscheidungsgründen enthalten. An ihre Stelle treten die mit »Gründen« überschriebenen Angaben gemäß § 540 I 1 Nr. 1 und 2.[440] Das bedeutet, dass weitgehend auf das erstinstanzliche Urteil Bezug genommen werden kann. Lediglich die (möglichen) Änderungen und Ergänzungen der tatsächlichen Feststellungen sind zusätzlich darzustellen.[441] Soweit die Gründe Parteivorbringen wiedergeben, greift allerdings wie beim Tatbestand des erstinstanzlichen Urteils § 314 ein.[442] Ferner muss deutlich werden, welches Ziel der Berufungskläger mit der Berufung verfolgt; zu empfehlen ist die Wiedergabe der Berufungsanträge oder jedenfalls deren sinngemäße Umschreibung.[443] Fehler in der tatbestandlichen Darstellung sind ein Verfahrensmangel.[444] Außerdem ist nach § 540 I 1 Nr. 2 eine kurze Begründung für die getroffene Entscheidung erforderlich. In den Gründen ist sicherzustellen, dass die Ausführungen in Verbindung mit den in Bezug genommenen Angaben im erstinstanzlichen Urteil die Berufungsentscheidung verständlich und nachvollziehbar machen.[445] Das bedeutet, dass die tragenden Gründe der Entscheidung für die Parteien erkennbar sein müssen. Bei neuen rechtlichen Gesichtspunkten genügt auch bei Bestätigung der angefochtenen Entscheidung eine Bezugnahme auf das Urteil erster Instanz nicht.[446]

Bei einem sogenannten *Stuhlurteil*, dh bei einem im Termin verkündeten Urteil, können die vorgenannten Angaben nach § 540 I 2 sogar in das Sitzungsprotokoll aufgenommen werden. Allerdings gilt dies nur dann, wenn das Protokoll die an sich für das Urteil geltenden Anforderungen erfüllt.[447] Nach § 540 I 2 lauten die Gründe wie folgt:

> … (= Tenor)
> Gründe:
> Es wird auf die Ausführungen im Sitzungsprotokoll vom … Bezug genommen.
> Die prozessualen Nebenentscheidungen beruhen auf §§ …

Eine weitere Vereinfachung für das Berufungsurteil ist in § 540 II enthalten, der §§ 313a, 313b für anwendbar erklärt. Bei einem Versäumnis-, Anerkenntnis- und Verzichtsurteil können Tatbestand und Entscheidungsgründe gänzlich entfallen, sodass in dem Berufungsurteil auch die Angaben iSd § 540 I 1 nicht erforderlich sind. Dasselbe gilt für den Tatbestand in Urteilen, bei denen eine Nichtzulassungsbe-

439 Vgl. → Rn. 5.
440 Zu den Anforderungen des § 540 I 1, auch zur Notwendigkeit der Wiedergabe der Anträge vgl. BGH NJW-RR 2005, 716 = MDR 2005, 705.
441 Vgl. BGH NJW 2003, 3352; NJW-RR 2007, 781.
442 BGH MDR 2007, 853 = NJW-RR 2007, 1434.
443 BGH FamRZ 2004, 1095; NJW-RR 2004, 573 = MDR 2004, 704.
444 BGH NJW 2007, 2335.
445 BGH NJW 2005, 2858; MDR 2006, 1127 = NJW 2006, 1523.
446 BGH MDR 2007, 1277 = NJW-RR 2007, 1412.
447 BGH VersR 2004, 881; NJW 2006, 1523; DB 2010, 898 = WM 2010, 796: Unterschrift aller Richter!

schwerde nicht zulässig ist.[448] In diesem Fall bedarf es auch keiner Entscheidungsgründe, wenn die Parteien auf sie verzichten oder wenn ihr wesentlicher Inhalt ins Protokoll aufgenommen wurde.

Soweit nicht die besonderen Voraussetzungen des § 540 I 2 oder II vorliegen, können die Gründe wie folgt aufgebaut werden:

> … (= Tenor und Entscheidung über die Zulassung)
> Gründe:
>
> I.
>
> Auf die tatsächlichen Feststellungen in dem angefochtenen Urteil wird Bezug genommen. (Evtl. ergänzende Darstellung, wenn die Gründe andernfalls unverständlich werden)
> Gegen dieses Urteil, das am … zugestellt worden ist, hat der … mit einem am … bei Gericht eingegangenen Schriftsatz Berufung eingelegt und diese mit einem am … eingegangenen Schriftsatz begründet.
> In der Berufungsbegründung beruft er sich auf … (§§ 513, 529).
> Ergänzend behauptet er, …
> Der … beantragt,
> das Urteil des … vom … (… Az.) aufzuheben und die Klage abzuweisen.
> Der … beantragt,
> die Berufung zurückzuweisen.
> Ergänzend behauptet …
> (Eventuell Prozessgeschichte der zweiten Instanz)
>
> II.
>
> Die Berufung ist zulässig …
> Insbesondere ist sie hinreichend begründet worden …
> Die Berufung ist auch begründet. Entgegen der Ansicht des Landgerichts ist ein Anspruch aus … zu bejahen …
> Die prozessualen Nebenentscheidungen beruhen auf …

b) Besonderheiten bei Erörterung von Verspätungsvorschriften und den sonstigen Fragen zum Entscheidungsumfang

Für die tatsächlichen Feststellungen im zweitinstanzlichen Urteil gelten im Hinblick 87
auf die Verspätungsvorschriften[449] dieselben Grundregeln, die bereits für das erstinstanzliche Urteil aufgezeigt wurden.[450] Grundsätzlich sind alle für die Verspätungsvorschriften relevanten Daten mitzuteilen.

Wenn es auf den Eingang einzelner Schriftsätze ankommt, sollten die Eingangsdaten im Zusammenhang mit dem betreffenden Vortrag mitgeteilt werden. Dabei ist wiederum zu unterscheiden, ob es sich um Vorbringen in der ersten oder zweiten Instanz handelt. Wenn § 531 I erörtert werden muss, ist Folgendes auszuführen:

> Durch Urteil … hat das … die Klage abgewiesen. Zur Begründung hat das Gericht ausgeführt, dass dem Kläger kein Anspruch aus § 433 II BGB zustehe. Ein Kaufvertrag sei nicht zu Stande gekommen. Der Beklagte habe das Angebot des Klägers … nicht angenommen. Der gegenteilige Vortrag des Klägers … sei wegen Verspätung nach § 296 I ZPO nicht zuzulassen. Denn … (Es folgen alle Daten, die zur Überprüfung des Merkmals »zu Recht« iSd § 531 I bedeutsam sind.)

---

448 Vgl. BGH NJW 2003, 3352; beachte die Fortgeltung des § 26 Nr. 8 EGZPO nur bis 31.12.2014; vgl. hierzu näher → Rn. 72.

449 Zu den Verspätungsvorschriften allg. s. → Rn. 15 ff.

450 → I Rn. 10.

Auch für die Begründung iSd § 540 I 1 Nr. 2 gelten die allgemeinen Grundsätze.[451] Alle Verspätungsregeln, auch § 531 I, sind bei dem betreffenden Merkmal, das durch den eventuell verspäteten Vortrag ausgefüllt werden soll, zu behandeln.

> Die Berufung ist unbegründet. Das ... ist zutreffend davon ausgegangen, dass die Klage unbegründet ist. Dem Kläger steht kein Anspruch aus § 433 II zu, da ein Kaufvertrag nicht zu Stande gekommen ist. Der Beklagte hat nämlich das Angebot des Klägers ... nicht angenommen. Davon ist auszugehen, weil der Kläger mit seinem gegenteiligen Vortrag ... nach § 531 I ausgeschlossen ist. Das ... hat diesen Vortrag zu Recht als verspätet iSd § 296 I zurückgewiesen ...

Auch alle anderen Fragen, die den Entscheidungsumfang in der Berufung betreffen,[452] sind in den Gründen des Berufungsurteils entsprechend zu behandeln.

VI. Weitere Überlegungen des Anwalts

1. Zulässigkeitsfragen

88 Je nach Prozesssituation können bei der *Zulässigkeit* nicht alle Voraussetzungen abschließend geprüft werden. Im Einzelfall reicht hier ein Hinweis auf die maßgeblichen Vorschriften aus.

> (Es geht um die Frage, ob der Beklagte Berufung einlegen soll. Dann können uU folgende Ausführungen ausreichen:)
>
> Gegen das Urteil des ... vom ..., ein Endurteil, ist das Rechtsmittel der Berufung nach § 511 statthaft. Der Beklagte ist zur Zahlung von 20.000 EUR verurteilt worden und damit in dieser Höhe auch beschwert. Bei Anfechtung des gesamten Urteils ist somit die Berufungssumme in jedem Fall erreicht (§ 511 II Nr. 1). Da dem Beklagten das Urteil erst vor einer Woche zugestellt wurde, ist die Berufungsfrist, die gemäß § 517 einen Monat ab Zustellung beträgt, noch einzuhalten. Es bestehen also derzeit keine Bedenken gegen die Zulässigkeit der Berufung, wobei im Falle ihrer Einlegung die Form des § 519 sowie die Berufungsbegründungsfrist (§ 520 II) und die Form der Berufungsbegründung (§ 520 III 1, 2) zu beachten sind. Zu prüfen bleibt, ob ein Berufungsgrund iSd §§ 513, 520 III Nr. 2, 3 dargelegt werden kann. Hier kommt eine Verletzung formellen Rechts in Betracht, ...
> Es könnte auch eine Verletzung materiellen Rechts vorliegen, ...
> Zu prüfen bleibt, ob ein nicht auf einem Rechtsfehler beruhender Irrtum in der Tatsachenfeststellung nach § 529 gegeben ist ...

Im Rahmen der Zweckmäßigkeitserwägungen kann es dann erforderlich sein, sich mit den offen gelassenen Fragen auseinander zu setzen. Hier kann zB eine Auseinandersetzung mit der Frage, in welchem Umfang zu den Berufungsgründen vorgetragen werden soll, erforderlich sein.[453] Ferner kann zu prüfen sein, ob ein Antrag auf Verlängerung der Berufungsbegründungsfrist gestellt werden muss (§ 520 II 2, 3).

89 Wird in den Darlegungsstationen festgestellt, dass die Berufung nur in einem Umfang Erfolg haben wird, der unterhalb der Berufungssumme (§ 511 II Nr. 1) liegt und ist die Berufung nicht zugelassen worden, muss im Rahmen der Zweckmäßigkeitserwägungen erörtert werden, ob gleichwohl Berufung einzulegen ist. Da die Berufungssumme nicht durch eine Klageerweiterung oder Widerklage zu erreichen ist,[454] sind die Vorteile der Berufungseinlegung gegenüber den Nachteilen einer teilweisen Zu-

451 S. → I Rn. 11; vgl. auch → Rn. 18 ff., 66 aE, 79, 83.
452 Vgl. → Rn. 5 ff., 58 ff., 66 aE, 79, 83.
453 Vgl. im Einzelnen → Rn. 54 f.
454 Vgl. → Rn. 28, 34.

rückweisung abzuwägen. Dabei spielen unter anderem Streitwertfragen und die Kosten, aber auch Fragen einer Klageerweiterung bzw. Widerklage eine Rolle.

2. Veränderung der Situation

Im Einzelfall sind auch Überlegungen zu der Frage sinnvoll, ob in der Berufung der 90
ursprüngliche Klageantrag umgestellt werden kann, weil sich die Situation geändert hat. Das hängt davon ab, ob ein neuer Streitgegenstand vorliegt; dann ist eine Umstellung nicht möglich.[455]

> **Beispiel:** In der ersten Instanz hat der Kläger den Antrag gestellt, den Beklagten zu verurteilen, ihn von einer Schuld gegenüber einem Dritten zu befreien. Mittlerweile ist der Kläger, dessen Klage abgewiesen wurde, von dem Dritten in Anspruch genommen worden. (Hier wird die Umstellung auf einen Zahlungsantrag für zulässig angesehen.[456])

Wenn in derartigen Fällen durch die Veränderung der Situation die Zulässigkeit der Berufung beeinflusst wird, ist die Frage der Umstellung des Klageantrages bereits bei dem Merkmal »Beschwer«[457] zu behandeln. Entsprechendes gilt, wenn die Schlüssigkeit oder Erheblichkeit betroffen ist. Dann ist – wie zB im Ausgangsbeispiel – die Frage der Umstellung in der Darlegungsstation zu behandeln, und zwar an der Stelle, an der sich die Veränderung der Situation auswirkt.

> Formulierungsbeispiel zum Ausgangsfall:
> Schlüssigkeitsprüfung (Klägerstation)
> (Anspruch auf Zahlung des Forderungsbetrages:)
> …
> Da der Kläger die Schuld gegenüber dem Dritten beglichen hat, besteht kein Anspruch mehr auf Befreiung von dieser Verbindlichkeit.
> (Anspruch auf Zahlung und Möglichkeit einer Klageumstellung in der Berufung:)
> Dem Kläger könnte jedoch nunmehr gemäß … ein Zahlungsanspruch zustehen, und es besteht eventuell die Möglichkeit, dass er seinen Klageantrag in der Berufung entsprechend umstellen kann.
> Zunächst ist zu prüfen, ob ein Zahlungsanspruch besteht …
> Weiterhin kommt es darauf an, ob die Umstellung … möglich ist.

Im Rahmen der Zweckmäßigkeitserwägungen bliebe bei einem derartigen Vorgehen nur Raum für Streitwertüberlegungen, wobei festzustellen wäre, dass sich der Streitwert nicht ändert[458] und daher kein erhöhtes Kostenrisiko besteht. Wird durch die Veränderung der Situation weder die Zulässigkeit noch die Begründetheit berührt,[459] erfolgen die entsprechenden Ausführungen von vornherein bei den Zweckmäßigkeitserwägungen. Das gilt außerdem dann, wenn es um die Gestaltung der Situation geht.

> **Beispiel:** Der Beklagte ist zur Zahlung verurteilt worden. Die Erfolgsaussichten für eine Berufung sind zu bejahen. Wenn der Beklagte auf jeden Fall eine Zwangsvollstreckung vermeiden will, muss der Anwalt überlegen, ob mit der Erfüllung die Beschwer des Beklagten entfällt. Dies ist zu verneinen, wenn er zur Abwendung der Zwangsvollstreckung zahlt; dann tritt keine Erfüllungswirkung ein.[460] Dem Mandanten sollte aber in jedem Fall angeraten werden, aus Gründen der Klarstellung eine entsprechende Erklärung abzugeben.

---

455 Vgl. → Rn. 31.
456 Vgl. Beispielsfälle → Rn. 31.
457 Vgl. → Rn. 28 ff.
458 *Anders/Gehle* Streitwert-Lexikon Stichwort »Befreiung von einer Verbindlichkeit« und »Bezifferter Leistungsantrag«.
459 Vgl. Beispiel 2, → Rn. 31.
460 Vgl. → Rn. 32 mit weiteren Beispielen.

3. Bestimmung des Sach- und Streitstandes

91 Grundsätzlich ist das Berufungsgericht an die festgestellten Tatsachen in der ersten Instanz gebunden.[461] Nur wenn ein Rechtsfehler bei der Tatsachenfeststellung vorliegt oder die Voraussetzungen des § 529 I Nr. 1 oder 2 gegeben sind, erfolgt eine neue Tatsachenfeststellung.[462]

Soweit eine Bindungswirkung an die tatsächlichen Feststellungen in der ersten Instanz besteht und ein Berufungsgrund vorgetragen werden kann, wird auf dieser Grundlage die Rechtslage im Rahmen der gestellten Anträge erneut überprüft.[463] Insoweit brauchen die Anwälte beider Parteien ihr Vorbringen in der ersten Instanz nicht zu wiederholen. Der Vortrag kann sich – abgesehen von der Darstellung des Berufungsgrundes – auf die Tatsachen beschränken, die neu festgestellt werden müssen, weil sie durch einen Rechtsfehler ermittelt worden sind oder weil die Voraussetzungen des § 529 I Nr. 1 oder 2 vorliegen. Soweit neue Tatsachen vorgetragen werden sollen,[464] müssen diese selbst sowie die Gründe für ihre Zulassung (§ 529 I Nr. 1 oder § 531 II) dargelegt werden. Soweit dies im Rahmen der Klageänderung, der Aufrechnung oder der Widerklage geschieht, sind auch die Voraussetzungen des § 533 zu beachten.

Der Berufungskläger bestimmt mit seinem Antrag den Entscheidungsumfang des Berufungsgerichts.[465] Erörterungen zu der Frage, inwieweit das erstinstanzliche Urteil angefochten werden soll, gehören in die Zweckmäßigkeitsüberlegungen, wobei zum einen das Ergebnis der Sach- und Rechtsprüfung in den Stationen, aber auch andere taktische Erwägungen Bedeutung haben. Darüber hinaus können auch in der Berufung Fragen der Klageerweiterung und Klageumstellung eine Rolle spielen, wobei allerdings die Besonderheit besteht, dass sich daraus weder die Beschwer noch das Erreichen der Berufungssumme ableiten lässt.[466]

Ist neben dem Berufungskläger auch der Berufungsbeklagte beschwert und geht es um dessen Vertretung, ist immer eine Anschlussberufung[467] in Erwägung zu ziehen. Gleichzeitig muss aber auch im Hinblick auf § 524 IV an eine selbstständige Berufung gedacht werden. Wenn beide Parteien beschwert sind, muss im Übrigen der Anwalt jeder Partei bei der Frage, ob Berufung einzulegen ist (Zweckmäßigkeitserwägung), die Möglichkeit einer Anschlussberufung berücksichtigen, und zwar insbesondere deshalb, weil dann das Verschlechterungsverbot zu seinen Gunsten nicht mehr gilt.[468] Da für eine Anschlussberufung eine Beschwer nicht erforderlich ist, sind Überlegungen insoweit erforderlich, wenn eine Klageerweiterung bzw. eine Widerklage in Betracht kommt.[469]

461 Vgl. → Rn. 5.
462 Vgl. → Rn. 5 ff., 13 ff.
463 Vgl. → Rn. 5 f.
464 Vgl. → Rn. 5, 12 ff.
465 Vgl. → Rn. 59.
466 Vgl. → Rn. 28 ff., 34.
467 Vgl. → Rn. 74.
468 Vgl. → Rn. 60.
469 Vgl. → Rn. 75.

4. Verfahrensmängel

Allein die Feststellung eines Verfahrensmangels iSd § 538 II Nr. 1 verhilft dem Berufungskläger noch nicht zum Erfolg.[470] Ist die Sache entscheidungsreif, wird das Berufungsgericht ohnehin in der Regel unabhängig von dem Verfahrensmangel eine endgültige Entscheidung treffen. Im Übrigen kommen bei Verfahrensmängeln eine Aufhebung des Urteils und eine Zurückverweisung an die erste Instanz in Betracht, wenn die weiteren Voraussetzungen des § 538 II Nr. 1 vorliegen.[471] Die Kostenentscheidung hängt dann von dem endgültigen Ausgang des Rechtsstreits ab.[472] Daher muss der Anwalt auch bei Vorliegen eines wesentlichen Verfahrensmangels die Zulässigkeit der Berufung und die Erfolgsaussichten der Klage prüfen. Die Frage, ob ein Verfahrensmangel vorliegt, sollte unserer Auffassung nach im Rahmen der Zweckmäßigkeitserwägungen behandelt werden. Dabei ist auch zu erörtern, ob der Verfahrensmangel überhaupt gerügt werden soll. Für die Partei kann es nämlich insbesondere unter Kostengesichtspunkten günstiger sein, wenn das Berufungsgericht unabhängig von dem Verfahrensmangel den Rechtsstreit endgültig entscheidet. 92

Die Praxis hat immer noch keine einhellige Meinung zu der Frage, wie der Antrag auf Zurückverweisung nach § 538 II 1 aE einzuordnen ist. Meist wird er »hilfsweise« gestellt, obwohl es sich streng genommen nicht um einen Hilfsantrag handelt. Lediglich die Ermessensausübung des Berufungsgerichts ist davon abhängig, dass eine Partei den Antrag stellt. Durch die Antragstellung »hilfsweise« macht die Partei erkennbar, dass sie in erster Linie eine Sachentscheidung des Berufungsgerichts anstrebt; gerade hieran ist das Gericht indes nicht gebunden. Uns erscheint es plausibler, den Antrag, wenn die Zurückverweisung angestrebt wird, unbedingt zu stellen und den Sachantrag »für den Fall einer Sachentscheidung des Berufungsgerichts« anzuschließen.[473] Wenn man die Zurückverweisung nicht anstrebt, stellt man den entsprechenden Antrag einfach nicht.

5. Kosten und vorläufige Vollstreckbarkeit

Wie bereits dargelegt, muss bei neuem Vortrag unter dem Gesichtspunkt der Zweckmäßigkeit immer § 97 II berücksichtigt werden.[474] Ferner kann bei den Zweckmäßigkeitserwägungen bedeutsam sein, dass bei einem Urteil mit Begründung grundsätzlich eine Gebühr mit dem vierfachen Satz anfällt (Nr. 1220 KV Anlage 1 zum GKG), während zB bei einem Anerkenntnisurteil und einem Verzichtsurteil grundsätzlich nur ein zweifacher Satz anfällt (vgl. Nr. 1222 KV Anlage 1 zum GKG).[475] 93

Im Rahmen der Zweckmäßigkeitserwägungen muss der Anwalt des Berufungsklägers auch überlegen, ob ein Antrag nach §§ 707, 719 gestellt werden soll.[476] Darüber hinaus ist in vermögensrechtlichen Streitigkeiten § 708 Nr. 10 S. 2 zu beachten.[477]

---

470 Vgl. → Rn. 66 aE, allg. → Rn. 8.
471 Vgl. → Rn. 66.
472 Vgl. → Rn. 66 f.
473 Vgl. → Rn. 66.
474 Vgl. → Rn. 70.
475 Vgl. allg. zu den Kostengesichtspunkten → D Rn. 70 ff.
476 Vgl. → D Rn. 79; auch BGH FamRZ 2010, 288 = NJW 2010, 376 zur Frage der Sicherheitsleistung.
477 Vgl. → Rn. 71, 67.

T. Arrest und einstweilige Verfügung

I. Gemeinsame Grundlagen

1. Zweck und Besonderheiten

1 Da sich das allgemeine Erkenntnisverfahren wegen der Wahrung des Rechts auf Gehör vor Gericht für sofort zu erlassende Entscheidungen nicht eignet, sieht die ZPO in §§ 916 ff. weitgehend eigenständig geregelte Eilverfahren vor. Nur soweit Spezialnormen dort nicht vorhanden sind, gelten die allgemeinen Regelungen. Hervorzuheben sind in dem Zusammenhang insbesondere die Vorschriften über:

- die Prozesshandlungsvoraussetzungen: Der Antrag kann nach §§ 78 V, 920 III auch am Landgericht ohne Anwalt zu Protokoll der Geschäftsstelle gestellt werden.
- die sachliche und örtliche Zuständigkeit des Gerichts nach Maßgabe der §§ 919 und 937, 942
- die Bestimmtheit des Antrags, §§ 253 II Nr. 2, 920 I; zu beachten ist der für die einstweilige Verfügung in § 938 I geregelte, vom Einzelfall abhängige Ermessensspielraum, der aber nur im Rahmen des Antrags ausgeschöpft werden darf[1]
- das Rechtsschutzbedürfnis; es mag zB fehlen, wenn der Antragsteller einen Titel in Händen hat, aus dem er ohne Sicherheitsleistung vollstrecken und damit das angestrebte Ziel erreichen kann.[2] Selbsthilferechte hindern den Antrag demgegenüber nicht.[3]

Das Eilverfahren dient seiner Natur nach der vorläufigen Sicherung einer materiellrechtlichen Position, wenn diese gefährdet ist. Zu unterscheiden ist daher zwischen der Position selbst und dem Anlass, eine Eilanordnung zu treffen, dh zwischen

- Arrestanspruch, § 916 I/Verfügungsanspruch, §§ 935 f., 940 und
- Arrestgrund, §§ 917 f./Verfügungsgrund, §§ 935 f., 940.

2 In der Eilbedürftigkeit und damit im Arrest- und Verfügungsgrund liegt die eigentliche Besonderheit des Eilverfahrens. Bei der Abwägung, ob eine Entscheidung ergehen und welchen Inhalt sie insbesondere nach § 938 I haben soll, empfiehlt es sich nicht nur in der Examensklausur, den Anlass der Eilmaßnahme genau zu erfassen und die Rechtsfolge hierauf abzustellen. Fehlt es an einem Anspruch, kann die Frage der Dringlichkeit offen bleiben.[4] § 12 II UWG enthält für den bedeutsamen Bereich der wettbewerbsrechtlichen einstweiligen Verfügung eine Ausnahmeregelung dahin, dass die Eilbedürftigkeit nicht eigens dargelegt und glaubhaft gemacht werden muss; ihr Vorliegen wird widerlegbar vermutet.[5] Weitere Ausnahmen enthalten §§ 885 I 2, 899 II 2 BGB.

1 Vgl. Thomas/Putzo/*Seiler* ZPO § 938 Rn. 2.
2 Vgl. OLG Karlsruhe NJW-RR 1996, 960.
3 Vgl. OLG Celle NJW-RR 1987, 447.
4 OLG Köln GRUR-RR 2005, 228.
5 Vgl. BGH GRUR 2000, 151; OLG Frankfurt a.M. WRP 2013, 1068 = BeckRS 2013, 10880; OLG Celle WRP 2014, 477; OLG Köln GRUR-RR 2014, 127.

Da eine der Rechtskraft fähige Entscheidung über den materiell-rechtlichen Anspruch im Eilverfahren nicht ergeht, ist die materiell-rechtliche Position selbst nicht Streitgegenstand. Diesen erblickt die hM nur in dem geltend gemachten Anspruch auf Sicherung der Rechtsposition. Daraus folgt:

- Hauptsacheverfahren und Eilverfahren können nebeneinander stattfinden. Nicht selten wird der Eilantrag mit der Klageerhebung oder im laufenden Hauptsacheverfahren gestellt.
- Die Rechtskraft von Entscheidungen im Eilverfahren beschränkt sich im Wesentlichen darauf, dass ein Antrag bei unveränderten Verhältnissen nicht wiederholt werden darf.[6] Das gilt auch, wenn nur die Eilbedürftigkeit verneint wird; denn der Antrag ist auch in diesem Fall nach hM unbegründet, nicht nur unzulässig.[7]

Die Vollziehung von Arrest und einstweiliger Verfügung ist in §§ 928 ff., 936 geregelt. Grundsätzlich folgt sie den Vorschriften über die Zwangsvollstreckung, wobei zu beachten ist, dass im Normalfall nur vorläufige Maßnahmen getroffen werden. Besondere Bedeutung kommt § 941 zu. Die Regelung ermöglicht es dem Gericht, Anträge auf Eintragung in das Grundbuch von sich aus zustellen. Der Antrag muss von den Richtern, nicht von der Geschäftsstelle unterschrieben werden.[8] Zur Vermeidung von Regressrisiken überlässt die Praxis allerdings das Gesuch normalerweise dem Antragsteller. In der Entscheidung heißt es dann klarstellend:

> Die Stellung der erforderlichen Anträge beim Grundbuchamt bleibt dem Antragsteller überlassen.

2. Vorgehen des Gerichts

a) Prüfungsumfang

Mag auch das Eilverfahren auf eine summarische Prüfung zugeschnitten sein, muss das Gericht die Rechtslage nach Maßgabe des vorgetragenen Sachverhalts doch grundsätzlich umfassend prüfen und sich ein klares Urteil bilden.[9] Das gilt umso mehr, als die Antragsteller in Eilverfahren bisweilen nachlässig vortragen oder bei schwach begründeten Ansprüchen auf die Zeitnot des Gerichts setzen. Allenfalls in ungeklärten Grundsatzfragen kann man von der strengen Subsumtion abgehen, da ihre abschließende Klärung im Eilverfahren ohnehin nicht in Betracht kommt. Hier ist schwerpunktmäßig eine Interessenabwägung angezeigt, wobei allerdings allgemeine Grundsätze kaum aufzustellen sind und die Besonderheiten des Einzelfalls im Vordergrund stehen.[10] 3

Hinsichtlich der Tatsachenfeststellung ist nicht der Strengbeweis vorgegeben, sondern lediglich die Glaubhaftmachung, § 920 II, bei der eine überwiegende Wahrscheinlichkeit des vorgetragenen Sachverhalts ausreicht.[11] Erhält der Gegner, insbesondere in einer mündlichen Verhandlung, rechtliches Gehör, folgt die Darlegungs- und Beweislast allgemeinen Grundsätzen; wenn ohne Anhörung des Gegners entschieden wird,

---

6 Vgl. OLG Köln NJW-RR 1996, 368; OLG Frankfurt a.M. NJW 2005, 3222; in Einzelheiten str., vgl. Zöller/*Vollkommer* ZPO Vor § 916 Rn. 13.

7 OLG Frankfurt a.M. NJW 2002, 903; hM, vgl. Zöller/*Vollkommer* ZPO § 917 Rn. 3 mit Nachweisen zur Gegenansicht.

8 Thomas/Putzo/*Seiler* ZPO § 941 Rn. 1.

9 Str., vgl. Zöller/*Vollkommer* ZPO § 922 Rn. 6; § 935 Rn. 7.

10 Vgl. OLG Frankfurt a.M. NJW 1989, 408.

11 Vgl. → F Rn. 57 f.

muss der Antragsteller zumindest Einwendungen, die sich aus dem Sachverhalt ergeben, glaubhaft ausschließen.[12]

Die Eilbedürftigkeit der Angelegenheit bedarf ebenfalls eingehender Prüfung. Lässt sich etwa der Antragsteller selbst viel Zeit, bis er den Antrag einreicht, kann es an dieser zentralen Voraussetzung fehlen.[13] Genaue Zeitangaben sind wegen der Abhängigkeit vom Einzelfall nicht möglich. Aus taktischen Erwägungen herbeigeführte Eilbedürftigkeit oder Zeitnot des Gerichts begründen den Arrest- oder Verfügungsgrund nicht.

b) Mündliche Verhandlung nach Ermessen und Art der Entscheidung

4 Da das Eilverfahren auf eine schnelles Handeln zugeschnitten ist, sehen §§ 922 I, 937 II die Möglichkeit einer Entscheidung ohne mündliche Verhandlung durch Beschluss vor.[14] Alternativ kommt nach freiem Ermessen des Gerichts die Anberaumung einer mündlichen Verhandlung in Betracht, auf die ein Urteil ergeht. Ausschlaggebend für die Verfahrensweise des Gerichts ist in erster Linie die Eilbedürftigkeit. Zusätzlich kann die Frage eine Rolle spielen, ob die tatsächlichen Voraussetzungen des Antrags durch die vom Antragsteller eingereichten Unterlagen, so die eidesstattliche Versicherung, hinreichend glaubhaft gemacht sind. Bei Zweifeln kann es angezeigt sein, die Parteien persönlich zu hören, dh insbesondere dem Antragsgegner rechtliches Gehör zu gewähren, und ggf. präsente Zeugen zu vernehmen.

Zusätzlich kommt Geheimhaltungsinteressen Bedeutung zu. Eine Eilanordnung hat oft nur dann Sinn, wenn das Vorgehen des Antragstellers dem Gegner bis zum Erlass oder der Durchsetzung der Entscheidung verborgen bleibt. §§ 922 II, 922 III, 929 III zeigen deutlich, dass der Gesetzgeber dem Rechnung trägt. Ist der Anspruch zB nur durch eine Eintragung in das Grundbuch zu sichern,

Beispiele:
- Vormerkung für die Eintragung einer Bauhandwerker-Sicherungshypothek, §§ 648, 885 BGB
- Eintragung eines Widerspruchs, § 899 BGB

wäre es fatal, wenn der Gegner von der Antragstellung erführe, weil er je nach Fallgestaltung die Gelegenheit nutzen könnte, sich durch eine von ihm selbst veranlasste Eintragung Rangvorteile zu sichern oder über das Grundstück Verfügungen zu treffen, die zumindest Gutgläubigen gegenüber wirksam sind. Entsprechendes gilt, wenn es um die Sicherstellung beweglicher Gegenstände geht.

5 Die Antragsteller beantragen in solchen Fällen meist ausdrücklich eine Entscheidung »ohne mündliche Verhandlung« oder geben mit anderen Worten zu erkennen, dass unter keinen Umständen eine Terminierung erfolgen soll. In der Literatur streitet man darüber, ob hierin eine unzulässig bedingte Rücknahme des Antrags für den Fall der Terminsbestimmung zu sehen ist.[15] Dieser Streit liegt neben dem Problem. Die Praxis greift in solchen Fällen zum Telefon und teilt dem Bevollmächtigten des An-

12 Vgl. Thomas/Putzo/*Seiler* ZPO Vor § 916 Rn. 9; Zöller/*Vollkommer* ZPO Vor § 916 Rn. 6a; allgemein zur Beweislast → F Rn. 133 ff.

13 Vgl. OLG Frankfurt a.M. NJW 1989, 408.

14 Für diesen gilt das Spruchrichterprivileg, BGH NJW 2005, 436.

15 Vgl. Thomas/Putzo/*Seiler* ZPO § 922 Rn. 1; Zöller/*Vollkommer* ZPO § 922 Rn. 1 mwN.

tragstellers mit, dass und aus welchen Gründen ohne mündliche Verhandlung nicht entschieden werden kann. Meist wird der Antrag dann mit weiterem Vortrag unterlegt oder zurückgenommen. Bisweilen ergeht auch der Beschluss:

> Über den (ggf. näher bezeichneten Antrag) soll nicht ohne mündliche Verhandlung entschieden werden.
>
> (oder:)
>
> Die mündliche Verhandlung wird angeordnet.

Die Mitteilung einer solchen Entscheidung an den Gegner unterbleibt. Solche Entscheidungen sind problematisch, weil sie den Antragsteller in eine Zwangslage bringen und weil zu allem die Beschwerdefähigkeit fraglich ist.[16] Sachgerecht ist es, den Antrag zB mangels hinreichender Glaubhaftmachung zurückzuweisen und hierdurch die Beschwerde zu eröffnen.[17] Das ist, wie § 922 I 1, III deutlich zeigen, ohne Weiteres möglich. Ältere Auffassungen, die eine Zurückweisung nur nach mündlicher Verhandlung zulassen wollten, sind überholt, vgl. § 922 III.

c) Schutzschrift

Nicht geringe praktische Bedeutung hat die Schutzschrift. Als solche bezeichnet man jedwede Eingabe, die der potenzielle Gegner eines Antragstellers noch vor dem Eingang eines Antrags bei Gericht einreicht, um seine Position dem Gericht bereits im Vorfeld bekannt zu geben. 6

Die Schutzschrift wirkt sich im Wesentlichen in zweifacher Hinsicht aus. Zunächst stellt sie klar, dass der potenzielle Antragsgegner über die möglicherweise bevorstehende Antragstellung bereits informiert ist, ein Überraschungseffekt also nicht in Erwägung gezogen werden muss. Das hat Einfluss auf die Entscheidung, ob eine mündliche Verhandlung anberaumt werden soll. Häufig ist gerade die Terminierung vorrangiges Ziel des Einsenders; sie wird meist in den Antrag gekleidet, nicht ohne mündliche Verhandlung zu entscheiden. Darüber hinaus können in einer Schutzschrift Sachverhalte mitgeteilt werden, die Einfluss auf die Glaubhaftmachung haben. Immerhin kann der Gegner schon eidesstattliche Versicherungen einreichen. Diese muss das Gericht in der Beweiswürdigung berücksichtigen. Da er sich durch die Schutzschrift rechtliches Gehör verschafft, ist andererseits zu erwägen, dass es im Einzelfall auch zu seinem Nachteil bei den allgemeinen Regeln der Darlegungs- und Beweislast verbleibt.[18]

Bestellt sich in der Schutzschrift ein Anwalt für den Gegner, müssen Zustellungen diesem zugeleitet werden.[19]

Seit dem 1.1.2016 sind §§ 945a, 945b in Kraft. Sie regeln die Einreichung von Schutzschriften beim länderübergreifenden elektronischen Schutzschriftenregister.[20] Bei Eingang eines Eilantrags muss das angerufene Gericht, um dem Grund-

16 Vgl. Stein/Jonas/*Grunsky* ZPO § 921 Rn. 3; Zöller/*Vollkommer* ZPO § 921 Rn. 1.
17 Zu den Rechtsmitteln im Einzelnen s. → Rn. 20 ff.
18 Vgl. oben → Rn. 3.
19 OLG Hamburg NJW-RR 1995, 444.
20 Näher *Bacher* MDR 2015, 1329 und *Dötsch* MDR 2016, 495; zT kritisch BLAH/*Hartmann* ZPO § 945a.

recht auf Gehör nach Art. 103 I GG genüge zu tun, einen Abruf nach § 945a III 1 unternehmen.[21]

3. Besonderheiten im Rubrum

7 Unabhängig von der Frage, ob durch Beschluss oder Urteil entschieden wird, ergeben sich im Rubrum einige Besonderheiten. Zunächst handelt es sich nicht um einen Rechtsstreit; vielmehr heißt es zu Eingang:

> In dem Arrest-/Verfügungsverfahren

Des Weiteren sind die Parteibezeichnungen den Gegebenheiten anzupassen. Im Beschluss lauten sie:

> (bei Arrest:)
> Gläubiger/Schuldner
>
> (bei einstweiliger Verfügung:)
> Antragsteller/Antragsgegner.

Entscheidet das Gericht auf mündliche Verhandlung durch Urteil, schreibt man:

> Arrest-/Verfügungskläger bzw. -beklagter (bei Arrest alternativ auch: »Gläubiger«/»Schuldner«)

Schließlich ist klarzustellen, ob mit oder ohne mündliche Verhandlung entschieden worden ist. Insoweit gelten die allgemeinen Regeln für die Angabe des Tages der Entscheidung

> hat … am … beschlossen
>
> (bzw. der mündlichen Verhandlung:)
>
> auf die mündliche Verhandlung vom … für Recht erkannt

Meist sind bei den Gerichten Formulare oder Textbausteine vorhanden, nach denen man sich in der praktischen Ausbildung vorher erkundigt.

4. Schadensersatz

8 Wegen der Risiken, denen der Antragsgegner ausgesetzt ist, sieht § 945 eine strenge Schadensersatzpflicht des Antragstellers für den Fall vor, dass die Eilentscheidung ungerechtfertigt war oder unter den näher beschriebenen Voraussetzungen aufgehoben wird.

II. Arrest

1. Voraussetzungen

9 Der Arrest dient dem Zweck, die Zwangsvollstreckung einer Geldforderung oder eines Anspruchs, der in eine Geldforderung übergehen kann, zu sichern, § 916 I. Die zweite Alternative kann zu Überschneidungen mit der einstweiligen Verfügung führen.

21 Zur Frage der Kostenerstattung BGH NJW-RR 2008, 1093; OLG Rostock NJW-RR 2011, 575; OLG Hamburg NJW-RR 2014, 157; JurBüro 2016, 651 (zum neuen Recht).

Beispiele:
Der Antragsteller hat vom Antragsgegner ein Gemälde käuflich erworben. Er erfährt, dass der im Übrigen vermögenslose Antragsgegner das Gemälde außer Landes schaffen will, um es dort zu einem höheren Preis zu veräußern.
Es bestehen nunmehr zwei Möglichkeiten:
- Wegen eines in diesem Fall entstehenden Anspruchs auf Leistung von Schadensersatz aus § 280 I 1 BGB kann der Antragsteller einen Arrestantrag stellen und im Erfolgsfalle unter anderem auch in das Gemälde vollstrecken.
- Der Antragsteller kann im Wege der einstweiligen Verfügung die Sequestrierung des Gemäldes erwirken.

Arrestgrund ist beim alleine praxisrelevanten dinglichen Arrest die drohende Vereitelung oder Erschwerung der Zwangsvollstreckung, § 917. Wegen der Vielfalt von Einzelfällen kann nur auf die Kommentarliteratur verwiesen werden. Wichtige Merkposten sind:

- Gläubigerkonkurrenz kein Arrestgrund
  Alleine die schlechte Vermögenslage des Schuldners und die daraus erwachsende Gefahr, dass andere Gläubiger dem Antragsteller zuvorkommen, reicht nach der Rechtsprechung des BGH nicht aus.[22]
- Straftat
  Die Tatsache, dass der Anspruch auf eine Straftat zurückgeht, reicht für sich nicht aus; indes wird der Sachverhalt zumindest häufig den Schluss auf einen Arrestgrund zulassen.[23]
- Vollstreckung im Ausland
  Die Privilegierung des § 917 II greift nur noch im Verhältnis zu Drittstaaten. Es erscheint fraglich, die Norm auch dann anzuwenden, wenn der Antragsteller mit einem im Ausland ansässigen Gegner kontrahiert hat, weil in diesem Falle die Notwendigkeit einer denkbaren Vollstreckung im Ausland von vornherein die Grundlage der Beziehung war. Die praktische Bedeutung der Norm ist angesichts der für die EU-Staaten geltenden Regelungen und angesichts vielfältig vereinbarter Gegenseitigkeit gering.

Der persönliche Arrest nach § 918 hat kaum praktische Bedeutung, da er nur zulässig ist, wenn andere Mittel nicht genügen.

Beispiel: Schuldner verweigert Angaben über Verbleib wesentlichen Vermögens.[24]

2. Tenor und Streitwert

Im Falle der Zurückweisung lautet der Tenor: 10

Der Arrestantrag wird zurückgewiesen.

(oder:)

Die Arrestklage wird abgewiesen.

22 BGH NJW 1996, 321; OLG Bamberg WM 2013, 649; str., vgl. Zöller/*Vollkommer* ZPO § 917 Rn. 9.

23 Str., vgl. OLG Köln NJW-RR 2000, 69; OLG Koblenz NJW-RR 2002, 575; OLGR Saarbrücken 2006, 81; OLG Frankfurt a.M. StRR 2011, 309; BLAH/*Hartmann* ZPO § 917 Rn. 11.

24 Thomas/Putzo/*Seiler* ZPO § 918 Rn. 2.

Im Falle des Zuspruchs muss die Arrestforderung einschließlich Nebenforderungen genau bezeichnet werden, wohingegen die Bezeichnung konkreter Vermögensgegenstände in diesem Zusammenhang unterbleibt:

> Wegen einer Kaufpreisforderung des Gläubigers gegen den Schuldner aus dem Kaufvertrag vom ... in Höhe von ... EUR nebst ...% Zinsen seit dem ... und wegen veranschlagter Kosten in Höhe von ... EUR wird in das bewegliche und das unbewegliche Vermögen des Schuldners der dingliche Arrest angeordnet.

Zusätzlich muss das Gericht von Amts wegen gemäß § 923 zugunsten des Schuldners eine Abwendungsbefugnis aussprechen; der festzustellende Geldbetrag wird landläufig als »Lösungssumme« bezeichnet. Nach § 108 I 2 kann ohne besondere Anordnung eine Bankbürgschaft gestellt werden:

> Gegen Hinterlegung von ... EUR wird die Vollziehung des Arrestes gehemmt und der Schuldner kann die Aufhebung des vollzogenen Arrestes beantragen.

11 Die Kostenentscheidung folgt allgemeinen Grundsätzen. Über die Vollstreckbarkeit ist nur zu befinden, wenn der Antrag durch Urteil zurückgewiesen wird, § 708 Nr. 6. Im Falle des Zuspruchs versteht sich die Vollstreckbarkeit aus der Natur der Entscheidung von selbst.[25] Bei zurückweisenden Beschlüssen gilt § 794 I Nr. 3.

Erhebliche praktische Bedeutung kommt der *Monatsfrist* des § 929 II zu.[26] Mangelt es an der Glaubhaftmachung, kann das Gericht die Anordnung des Arrestes gemäß § 921 von einer Sicherheitsleistung abhängig machen. Zweckmäßiger ist es jedoch, den Arrest zu erlassen und seinen Vollzug unter diese Voraussetzung zu stellen; dann muss die Akte nach Leistung der Sicherheit vom erkennenden Gericht nicht erneut bearbeitet werden.

Es empfiehlt sich, in der Entscheidung den Streitwert sofort festzusetzen. Maßgeblich ist das Interesse des Antragstellers an der Entscheidung. Im Regelfall wird $^1/_4$ bis $^1/_3$ des Wertes festgesetzt, den der Anspruch hat.[27]

3. Begründung

12 Ein *Urteil* enthält in jedem Falle Tatbestand und Entscheidungsgründe. Besonderheiten bestehen insoweit nicht. In den Entscheidungsgründen ist – soweit problematisch – zur Zulässigkeit und in jedem Fall zum Arrestanspruch sowie zum Arrestgrund Stellung zu nehmen, soweit dem Antrag stattgegeben wird. Bei Ablehnung reicht der tragende Gesichtspunkt.

Ein *Beschluss*, der den Arrest anordnet, ist nach § 922 I 2 nur zu begründen, wenn er im Ausland geltend gemacht werden soll. Die üblichen Formulare sehen indes eine kurze Begründung vor. Der ablehnende Beschluss bedarf, wie der Umkehrschluss aus § 922 I 2 zeigt, immer einer Begründung.

25 Thomas/Putzo/*Hüßtege* ZPO § 704 Rn. 4.

26 Zu Einzelheiten vgl. zB Zöller/*Vollkommer* ZPO § 929 Rn. 9 ff.; zur Vollziehung OLG Zweibrücken WRP 2016, 280; zur Notwendigkeit erneuter Zustellung bei Abänderung des Tenors OLG Frankfurt a.M. NJW 2015, 2273; betr. Dauerverpflichtung OLG Köln MDR 2016, 1229; zur gescheiterten Zustellung OLG Karlsruhe MDR 2016, 672.

27 Vgl. Prütting/Gehrlein/*Gehle* ZPO § 3 Rn. 48.

III. Einstweilige Verfügung

1. Voraussetzungen

Die einstweilige Verfügung kommt angesichts ihres weiten Rahmens immer dann in Betracht, wenn der Arrest oder sonstige, speziell geregelte Eilandordnungen (vgl. zB § 769) ausscheiden. Im Einzelnen sind zu unterscheiden: 13

- Sicherungsverfügung, § 935
- Regelungsverfügung, § 940
- Leistungsverfügung, § 940

Diese Unterscheidung betrifft die Statthaftigkeit der einstweiligen Verfügung und ist im Rahmen der Zulässigkeit zu behandeln. Zwischen der Sicherungs- und der Regelungsverfügung sind die Grenzen fließend; eine genaue Abgrenzung ist in der Praxis nicht erforderlich.

Zu den Voraussetzungen im Einzelnen gelten dieselben Grundsätze wie beim Arrest. Besonderheiten ergeben sich – abgesehen von der Frage der Statthaftigkeit – auch deshalb, weil hier das (grundsätzliche) Verbot der Vorwegnahme der Hauptsache gilt. Auf die Besonderheiten wird noch eingegangen.

Bereiche, in denen einstweilige Verfügungen häufig erlassen werden, sind das Recht des Wettbewerbs, der Ehrenschutz und die Sicherung von Werklohn-Ansprüchen der Bauhandwerker. Da das Gericht nach § 938 I über den Inhalt der Anordnung recht frei entscheiden kann, muss besonders darauf geachtet werden, dass eine Vollstreckung des Ausspruchs möglich ist.[28]

a) Sicherungsverfügung

Verfügungsanspruch ist jeder nicht auf Geldzahlung gerichtete materiell-rechtliche Anspruch.[29] In der Praxis handelt es sich meist um Ansprüche auf 14

- Herausgabe, Lieferung, Übereignung
- Duldung, Unterlassung
- Handlung
- Sicherung von Grundbuchpositionen
- Sicherung eines Pfandrechts, zB des Vermieterpfandrechts aus §§ 562 ff. BGB

Verfügungsgrund ist nach § 935 jedwede drohende Veränderung, welche die Durchsetzung des Anspruchs vereiteln oder wesentlich erschweren könnte. Die insoweit denkbaren Umstände sind so vielfältig wie die in Betracht kommenden Ansprüche selbst. Es können daher hier nur einige Beispiele aufgezeigt werden:

- Veräußerung (Verschleuderung) von Sachen, ggf. an gutgläubige Erwerber
- Verbringen einer Sache an einen unbekannten Ort
- Schaffen vollendeter Verhältnisse (unlautere Werbung mit Aktualitätswert)
- Drohende, ein Recht vereitelnde Eintragung in das Grundbuch

---

28 Vgl. OLG Naumburg NJW-RR 1998, 873.

29 Vgl. etwa die Übersicht bei Zöller/*Vollkommer* ZPO § 935 Rn. 9; auch § 940 Rn. 8.

Nicht minder vielfältig sind die Maßnahmen, die das Gericht gemäß § 938 I nach freiem Ermessen treffen kann. In Betracht kommen insbesondere:

- Sequestration
- Eintragung von Vormerkung oder Widerspruch, §§ 885, 899 BGB
- Veräußerungs-, Verfügungs- oder Erwerbsverbote
- Vorläufige Unterlassungsgebote

15 Bei Herausgabeansprüchen ist es, um eine Vorwegnahme der Hauptsache zu vermeiden,[30] üblich, die Herausgabe an einen Sequester anzuordnen, meist an den vom Gläubiger zu beauftragenden Gerichtsvollzieher.

> (Formulierungsbeispiel für einstweilige Verfügung im Urteil:)
> Der Beklagte wird verurteilt, den ... (näher bezeichneten Gegenstand) an einen vom Kläger zu beauftragenden Gerichtsvollzieher als Sequester herauszugeben.

Der Sequester hat die Sache zu verwahren, bis in der Hauptsache entschieden ist oder die Parteien sich einigen. Geht es um die Herausgabe von Unterlagen, die der Antragsteller seinem Rechtsanwalt oder Steuerberater überlassen hatte, kann auch der neue Rechtsanwalt oder Steuerberater des Antragstellers zum Sequester ernannt werden. Das hat den Vorteil, dass er mit den Unterlagen weiter arbeiten kann; er darf sie einstweilen nur nicht an den Mandanten herausgeben.

b) Regelungsverfügung

16 Die Regelungsverfügung nach § 940 setzt ein streitiges Rechtsverhältnis voraus, das zwischen den Parteien des Verfahrens besteht.[31] Hervorzuheben sind insbesondere:

- Dauerschuldverhältnisse (Miete, Arbeitsverhältnis)
- Gesellschaft, Erbengemeinschaft

Eine Abgrenzung zu den Fällen des § 935 ist oft schwierig, in der Regel aber auch ohne praktische Relevanz, da das Gericht gemäß § 938 ohnehin nach freiem Ermessen das Erforderliche veranlasst. Eine Unterscheidung zwischen Sicherung und Regelung hat vor diesem Hintergrund eher theoretischen Charakter.

Auch die als Verfügungsgrund vorausgesetzte Abwehr von Nachteilen steht den Gefahren für die Verwirklichung eines Rechts im Sinne des § 935 im Rahmen der Interessenabwägung an Bedeutung nicht nach.

> **Beispiel:** Einstweilige Entziehung der Geschäftsführerbefugnis.

c) Leistungsverfügung

17 Auf der Grundlage des § 940 lässt die Rechtsprechung ausnahmsweise eine einstweilige Verfügung mit dem Ziel zu, Ansprüche des Gläubigers durchzusetzen, wenn diesem andernfalls ein unverhältnismäßig großer, irreparabler oder gar existenzgefährdender Nachteil droht.[32]

---

30 S. → Rn. 18.

31 Ausführliche Übersicht bei Zöller/*Vollkommer* ZPO § 940 Rn. 8; BLAH/*Hartmann* ZPO § 940 Rn. 12 ff.

32 Vgl. OLG Köln NJW-RR 1995, 546; OLG Düsseldorf NJW-RR 1996, 123.

Anwendungsfälle sind **zB:**
- Unterhaltsansprüche[33]
- Herausgabe dringend benötigter Geräte oder Unterlagen[34], namentlich auch Arbeitspapiere
- Herausgabe nach verbotener Eigenmacht, ohne dass eine existentielle Notlage vorliegt, Argument aus §§ 859 I, 863 BGB, § 940a ZPO
- Räumung von Wohnraum unter den engen Voraussetzungen des § 940a[35]
- Unterlassungsansprüche, da selbst bei Begrenzung des Verbotes auf die Zeit bis zur Hauptsachenentscheidung jedenfalls zeitweilig die streitige Handlung oder Äußerung vollständig und nicht nachholbar verhindert werden kann.
- Abgabe einer Willenserklärung nur in besonders gelagerten Ausnahmefällen, wenn die Ablehnung Rechtsverweigerung wäre[36] – §§ 885, 899 BGB tragen dem Rechnung, indem sie die nach § 19 GBO an sich erforderliche Bewilligung des Berechtigten überspringen.

Entscheidender Gesichtspunkt zur Abgrenzung von den anderen Arten der einstweiligen Verfügung ist das mit der Leistungsverfügung verfolgte Ziel, den Anspruch zu erfüllen und nicht nur vorläufig zu sichern. Dem obsiegenden Antragsteller steht daher die gesamte Palette der Vollstreckungsmaßnahmen offen; gegen doppelte Inanspruchnahme nach Durchführung des weiterhin zulässigen Hauptsacheverfahrens schützen § 775 Nr. 4 und 5.[37]

2. Keine Vorwegnahme der Hauptsache

Da das Verfügungsverfahren seiner Natur nach auf vorläufige Regelungen zuge- 18
schnitten ist und die Leistungsverfügung nur in ganz eng begrenzten Ausnahmen in Betracht kommt,[38] ist eine einstweilige Verfügung, welche die denkbare Hauptsachenentscheidung vorwegnimmt, grundsätzlich nicht zulässig. Beim Arrest hat dieser Gedanke wegen § 934 I keine Bedeutung, bei der einstweiligen Verfügung ist er jedoch im Rahmen der Begründetheit neben dem Verfügungsanspruch und dem Verfügungsgrund eingehend zu prüfen.

Verfehlt ist es allerdings, den Gedanken formelhaft ins Spiel zu bringen. Man sollte 19
sich auch im vorliegenden Zusammenhang vor Augen halten, dass dem Rechte nach alleine durch Erlass einer Leistungsverfügung die Hauptsache vorweggenommen wird, weil das Gericht auf diesem Wege die Leistung anordnet. Wird etwa der Antragsgegner verpflichtet, an den Antragsteller eine monatliche Rente zu zahlen und ergibt sich aus den Gründen der einstweiligen Verfügung, dass dies der Befriedigung von Schadensersatzansprüchen dient, sind die Rechtswirkungen der Entscheidung eindeutig zum Ausdruck gebracht.

Im Normalfall ist dem Tenor oder den Gründen einer einstweiligen Verfügung zu entnehmen, dass sie eine nur vorläufige Regelung enthält. Oft wird dies ausdrücklich klargestellt mit Formulierungen wie:

… wird einstweilen … untersagt

(oder:)

… wird bis zur Entscheidung in der Hauptsache …

---

33 Beachte §§ 246 ff. FamFG.
34 OLG Köln NJW-RR 1998, 1097.
35 Nach Ansicht von KG MDR 2013, 1337 = NJW 2013, 3588 nicht für Gewerberaum.
36 OLG Köln NJW-RR 1997, 59.
37 Vgl. Zöller/*Vollkommer* ZPO § 940 Rn. 7; Thomas/Putzo/*Seiler* ZPO § 940 Rn. 6 ff.
38 S. → Rn. 17.

Endgültig ist eine solche Anordnung insoweit, als durch Zeitablauf faktische Wirkungen eintreten, die später, wenn etwa die einstweilige Verfügung aufgehoben oder in der Hauptsache gegen den Antragsteller entschieden wird, nicht mehr rückgängig gemacht werden können. So steht etwa die Untersagung von Werbung, die nach kurzer Zeit keinen Aktualitätswert mehr hat, faktisch einem vollständigen Verbot gleich, auch wenn die Anordnung des Verbots nur »einstweilen« ausgesprochen wird. Vergleichbar ist die Lage, wenn dem Vermieter aufgegeben wird, dem gewaltsam entsetzten Mieter bis zur Hauptsachenentscheidung den Zugang zur Wohnung zu gewähren; die Zeit, die der Mieter nunmehr die Wohnung nutzen kann, gibt man dem Vermieter nicht zurück. Faktische Wirkungen dieser Art müssen bei der Abwägung der widerstreitenden Interessen genau ausgelotet werden, da sie nicht in jedem Falle auf der Hand liegen.

IV. Rechtsmittel, Widerspruch und Aufhebung

20 Die Eigenschaft der Eilentscheidung als im Normalfall vorläufige Regelung führt zu einem dem Verfahren eigentümlichen Nebeneinander von Rechtsmitteln, welche die ZPO allgemein vorsieht, und Rechtsbehelfen, die nur für das Eilverfahren vorgesehen sind. Um sich einen Überblick zu verschaffen, geht man am besten von den verschiedenen Ergebnissen aus, die der Eilantrag haben kann.

1. Erfolgloser Antrag

21 Wird der Antrag durch Beschluss zurückgewiesen, ist dem Antragsteller nach § 567 I Nr. 2 die sofortige Beschwerde eröffnet. Streitig ist, ob die Zulässigkeit der Beschwerde analog § 511 II Nr. 1 davon abhängt, dass die Erwachsenheitssumme von mehr als 600 EUR erreicht ist.[39] Unserer Auffassung nach sollte man dem nicht folgen. Der Gesetzgeber hat in §§ 91a II 2, 127 II 2, 567 II Regelungen getroffen, die hier nicht einschlägig sind. Anhaltspunkte für eine planwidrige Gesetzeslücke sind nicht vorhanden.

Bei Abweisung des Antrags durch Urteil kann der Kläger nach Maßgabe der §§ 511 ff. Berufung einlegen.

2. Erfolgreicher Antrag

22 Soweit der Antragsteller sich durchsetzt, ist nach der Entscheidung und nach dem Stand des Verfahrens zu unterscheiden, in dem der Beklagte gegen die Eilmaßnahme vorgeht.

a) Entscheidung durch Beschluss

23 Gegen eine Anordnung durch Beschluss kann gemäß §§ 924, 936 nur Widerspruch eingelegt werden. Dieser hemmt die Vollziehung nicht; nach § 924 III ist lediglich – mit Einschränkungen – § 707 anwendbar. Zweck und notwendige Folge des Widerspruchs ist die Terminierung der Sache, damit der Gegner sein Recht auf Gehör wahrnehmen kann. Nach mündlicher Verhandlung erlässt das Gericht gemäß § 925

39 Vgl. LG Kiel NJW-RR 2012, 1211; Musielak/*Huber* ZPO § 922 Rn. 10; MüKoZPO/*Drescher* § 922 Rn. 14.

ein Urteil. Bei Unzulässigkeit des Widerspruchs wegen Fehlens der allgemeinen Prozessvoraussetzungen wird er analog § 341 I 2 durch Urteil verworfen.[40] Andernfalls ergeht ein Sachurteil, in dem über den Fortbestand der Eilentscheidung befunden wird:

> Der Arrest/Die einstweilige Verfügung (der Kammer) vom ... wird bestätigt/wird insoweit bestätigt, als .../wird teilweise abgeändert und wie folgt neu gefasst/wird unter Zurückweisung des auf seinen Erlass gerichteten Antrags aufgehoben.

Das Urteil kann nach Maßgabe der §§ 511 ff. mit der Berufung angefochten werden. Problematisch sind zeitlich begrenzte Zwischenverfügungen, da diese vom Schuldner mit der sofortigen Beschwerde nicht angegriffen werden können und das Widerspruchsverfahren nach § 924 möglicherweise faktisch ausscheidet.[41]

b) Entscheidung durch Urteil

Gegen das Urteil ist nach §§ 511 ff. die Berufung eröffnet. Der Widerspruch kommt nicht in Betracht, weil eine mündliche Verhandlung ja bereits stattgefunden hat. Allzu großzügig sollte man sich die Frist zur Berufungsbegründung als Kläger nicht verlängern lassen, weil dann Zweifel an der Eilbedürftigkeit aufkommen können.[42] 24

c) Anordnung der Klageerhebung

Wenn der Antragsgegner den Erlass der gegen ihn gerichteten Entscheidung hinnimmt, kann er, um eine abschließende Klärung der Streitfrage zu erzwingen, nach §§ 926, 936 die Anordnung der Klageerhebung beantragen. Ist der Anspruch bereits erfüllt, erloschen oder hat sich die Hauptsache erledigt, fehlt für den Antrag das Rechtsschutzinteresse.[43] Wenn der Antragsteller der Anordnung nicht Folge leistet, ist auf Antrag die Aufhebung der Eilentscheidung nach mündlicher Verhandlung durch Urteil auszusprechen.[44] 25

d) Aufhebung wegen veränderter Umstände

Nach §§ 927, 936 kann der Antragsgegner die Aufhebung wegen veränderter Umstände beantragen. Praktische Fälle sind etwa der Fortfall des Anspruchs oder des Arrestgrunds. Außerdem kann das rechtliche Interesse des Antragstellers an der Eilentscheidung entfallen, wenn er in der Hauptsache einen vollstreckbaren Titel über den Anspruch erlangt. 26

e) Abschlusserklärung

Die Praxis bezeichnet als Abschlusserklärung den umfassenden Verzicht des Antragsgegners auf Rechtsmittel und Aufhebungsanträge.[45] Bei der einstweiligen Verfügung vermeidet man auf diese Weise ein Hauptsacheverfahren. Beim Arrest hat die Abschlusserklärung kaum praktische Bedeutung. 27

---

40 Thomas/Putzo/*Seiler* ZPO § 925 Rn. 2.
41 OLG Stuttgart NJW-RR 2016, 187.
42 OLG Celle BauR 2016, 312.
43 Vgl. Zöller/*Vollkommer* ZPO § 926 Rn. 12; BLAH/*Hartmann* ZPO § 926 Rn. 12; Thomas/Putzo/*Seiler* ZPO § 926 Rn. 3; Prütting/Gehrlein/*Fischer* ZPO § 926 Rn. 12.
44 Zur Fristwahrung über § 167 vgl. OLG Celle MDR 2007, 1280 = BeckRS 2007, 09425.
45 BGH NJW 2005, 2550; Prütting/Gehrlein/*Fischer* ZPO § 927 Rn. 7.

3. Keine Anrufung des BGH

28 Revision und Rechtsbeschwerde finden nach §§ 542 II 1, 574 I 2 nicht statt. Das konzentriert bei Anwendung des § 522 II die Fallprüfung auf die Erfolgsaussichten der Berufung nach Nr. 1; Nr. 2 und 3 sind hier ohne Bedeutung.

U. Verkehrsunfall

Zweck dieses Abschnittes ist es, die grundlegenden Probleme des Verkehrsunfall-Prozesses darzustellen. Was die materiell-rechtlichen Fragen angeht, verweisen wir auf die Rechtsprechung und die einschlägige Literatur.[1] 1

Beispielsfall: Der Kläger trägt vor: Ich fuhr mit meinem Pkw auf die Kreuzung der X- mit der Y-Straße zu. Die Ampel zeigte für mich Grün. Plötzlich kam aus der Y-Straße der vom Beklagten zu 1) gesteuerte Lkw der S-Spedition, der Beklagten zu 2), unter Missachtung des Rotlichts in die Kreuzung und versperrte mir den Weg. Trotz eines Bremsmanövers konnte ich den Zusammenstoß nicht vermeiden. Mein Wagen wurde beschädigt; ich wurde verletzt. Ich verlange von den Beklagten zu 1) und 2) sowie deren Haftpflichtversicherer, der Beklagten zu 3), gesamtschuldnerisch die Zahlung von Reparaturkosten und Schmerzensgeld.
Die Beklagten tragen vor: Unser Fahrer hatte Grün; der Kläger hat nicht nur das Rotlicht missachtet, sondern ist auch, wie ein Gutachter den Bremsspuren und dem Schadensbild entnehmen kann, statt der zulässigen 50 km/h sicher 100 km/h gefahren; er hätte bei 50 km/h den Zusammenstoß vermeiden können.
Hierauf erwidert der Kläger: Ich bestreite die von den Beklagten behauptete Geschwindigkeitsüberschreitung, lege mich aber auf die gefahrene Geschwindigkeit nicht fest.
Beweisaufnahme: Der einzige Unfallzeuge sagt aus: »Ich ging gedankenverloren die Straße entlang, als es plötzlich hinter mir knallte; mehr weiß ich nicht.« Der Sachverständige kommt zu dem Ergebnis, dass der Kläger mindestens 75 km/h gefahren sein muss und bei 50 km/h und sofortiger Bremsung den Unfall vermieden hätte.

Auch wenn in der Praxis oder in der Klausur lediglich ein Urteil zu entwerfen ist, empfehlen wir dringend, zumindest ein kurz skizziertes Votum in Gutachtenform anzufertigen, da andernfalls die materiell-rechtlichen Besonderheiten des Falles übersehen werden können.

1. Schlüssigkeit (Klägerstation)

Als Anspruchsgrundlagen sind § 7 I StVG[2] gegenüber dem Bekl. zu 2) als Halter sowie § 18 I 1 StVG gegenüber dem Bekl. zu 1) als Fahrer zu prüfen. Deliktische Anspruchsgrundlagen haben daneben nur Bedeutung, wenn die Höchstgrenzen des § 12 StVG überschritten sind; denn § 17 StVG ist gegenüber § 254 BGB Spezialregelung.[3] Der Vortrag des Klägers ist im Ansatz schlüssig. Die Beklagten zu 1–3) haften nach § 115 I 4 VVG gesamtschuldnerisch. 2

Ein schwerer Fehler ist es jedoch, bei diesem Ergebnis zu bleiben. Vielmehr ist bereits in der Schlüssigkeitsprüfung, die sich auf den gesamten unstreitigen Vortrag und auf den streitigen Vortrag des Klägers erstreckt, zusätzlich § 17 StVG zu beachten. An dem Unfall waren unstreitig nicht nur der Lkw, sondern auch der Pkw des Klägers, also zwei Kraftfahrzeuge beteiligt, wobei der Kläger mit seinem Pkw zugleich als Halter und als Fahrer in Erscheinung getreten ist; auch er selbst haftet demzufolge zunächst einmal nach §§ 7 I, 17, 18 I 1 StVG für die eigene Unfallbeteiligung. Gemäß

1 *Wille* JA 2008, 210; zur Quotenbildung *Hentschel/König/Dauer*, Straßenverkehrsrecht, StVG § 17; *Lütkes*, Straßenverkehr, Loseblattsammlung, StVG § 17; *Grüneberg*, Haftungsquoten bei Verkehrsunfällen; zum Fahrzeugschaden *Raupach* MDR 2007, 819; zur Erstattung von Mietwagenkosten *Herrler* JuS 2007, 103; zum Anscheinsbeweis *Metz* NJW 2008, 2806; zur Beweisaufnahme *Fetzer* MDR 2009, 602; *Nugel* NJW 2013, 193; vgl. auch den Beispielsfall auf unserer Internet-Seite.

2 Zum Merkmal »Betrieb« BGH NJW 2005, 2081; 2010, 3713; 2014, 2963; 2015, 1681 (Fz. als Arbeitsmaschine); 2017, 1173 (berührungsloser Unfall).

3 Vgl. *Hentschel/König/Dauer*, Straßenverkehrsrecht, StVG § 17 Rn. 1.

§ 17 III StVG, der für den Halter direkt und für den Fahrer über § 18 III StVG gilt, muss also zwischen den Parteien nach Maßgabe der Schadensverursachung ein Ausgleich stattfinden.[4]

Dem entgeht der Kläger am sichersten dann, wenn er Tatsachen vorträgt, aus denen sich ergibt, dass der Unfall für ihn Folge höherer Gewalt (§ 7 II StVG) oder unabwendbar (§ 17 III StVG) war. Hierfür obliegt ihm die Darlegungs- und Beweislast. Der Vortrag entsprechender Tatsachen ist also für die schlüssige Begründung eines Anspruchs auf vollen Schadensersatz unabdingbar. Dabei kommt § 7 II StVG in der Praxis nur geringe Bedeutung zu; der Schwerpunkt liegt bei der Unabwendbarkeit im Sinne des § 17 III 2 StVG. Da der Kläger mit seinen ungenauen Angaben zur eingehaltenen Geschwindigkeit und zur sofortigen Einleitung des Bremsmanövers die Voraussetzungen des §§ 17 III nicht vorträgt, schließt er seine Mithaftung nicht aus. Bereits in der Klägerstation ist mithin nach § 17 III StVG eine Haftungsquote zu bilden.[5] § 18 I 2 StVG ist daneben ebenfalls einschlägig, weil der Kläger selbst der Fahrer war. Die Regelung hat in Fällen der vorliegenden Art indes nur theoretische Bedeutung, weil § 17 III 2 StVG mit dem Merkmal »jede« für die Entlastung strengere Voraussetzungen aufstellt. Man kann § 18 I 2 StVG hier unerwähnt lassen.[6] Er hat praktische Bedeutung nur für den Fahrer, der nicht Halter ist.[7]

Eine weitere, in der Praxis bedeutsame Möglichkeit besteht darin, die Voraussetzungen eines ganz überwiegenden Gefahrenbeitrags der Beklagtenseite vorzutragen, der auch dann, wenn der Kläger den Unabwendbarkeitsbeweis nicht führen kann, die volle Haftung nach sich zieht.

Was das Schmerzensgeld angeht, gilt § 11 S. 2 StVG. Die Norm überträgt § 253 II BGB in die Gefährdungshaftung.

2. Erheblichkeit (Beklagtenstation)

3 Auch in der Beklagtenstation ist § 17 StVG zu beachten. In vollem Umfang erheblich ist der Vortrag der Beklagten, wenn nicht nur die anspruchsbegründenden Tatsachen bestritten, sondern darüber hinaus die Voraussetzungen des § 7 II StVG und (praxisrelevanter) der §§ 17 III, 18 I 2 StVG vorgetragen werden. Da die Beklagten zwar grünes Licht behaupten, sich aber zum Fahrverhalten des Beklagten zu 1) ansonsten nicht äußern, ist dies fraglich. Andererseits ist der Kläger ihrem Vortrag nach 100 km/h gefahren; daher überwiegt sein Verursachungsbeitrag so sehr, dass die Beklagten auch nicht mit einer geringen Quote haften. Wer dies – je nach den näheren Umständen des Einzelfalls – anders sieht, muss nach dem Beklagtenvortrag eine Haftungsquote bilden, die sich vom Ergebnis der Schlüssigkeitsprüfung unterscheiden wird. Wichtig ist alleine, dass man die Notwendigkeit der eigenständigen Quotenbildung auch in der Beklagtenstation erkennt.

Geht man so vor, kann sich das Verteidigungsvorbringen des Beklagten im Einzelfall als unerheblich darstellen. Ergibt sich nämlich, wenn auch auf der Grundlage wider-

4 Guter Überblick bei *Schauseil* MDR 2008, 360; Beispiele aus der Rechtsprechung: BGH NJW-RR 2012, 157; OLG Saarbrücken NJW-RR 2013, 1189.

5 Im Einzelnen *Hentschel/König/Dauer*, Straßenverkehrsrecht, StVG § 17 Rn. 4 ff. mwN und insbesondere *Grüneberg*, Haftungsquoten bei Verkehrsunfällen; zur revisionsrechtlichen Überprüfung der Quotenbildung BGH NJW-RR 2012, 157.

6 Vgl. *Lütkes*, Straßenverkehr, Loseblattsammlung, StVG § 18 Rn. 2.

7 BGH NJW 2010, 927.

streitenden Sachvortrags der Parteien, in beiden Stationen dieselbe Quote, ist die Sache entscheidungsreif. Einer Beweisaufnahme zum Haftungsgrund bedarf es dann nicht. Das hat praktische Bedeutung. Wer sich mit der Rechtsprechung zur Quotenbildung näher befasst, stellt sehr bald fest, dass es punktgenaue Lösungen nicht gibt. Erst wenn klar ist, dass die Beklagtenseite nach dem eigenen Vortrag nicht oder in geringerem Umfang haftet als nach dem Klägervorbringen, ist es angezeigt, an eine Beweisaufnahme zu denken.

3. Tatsächliche Würdigung (Beweisstation)

Im Beispielsfall lag es nahe, Beweis zu erheben. Wie so oft sind jedoch Teile des Un- 4
fallgeschehens, hier: die Ampelschaltung, unklar geblieben. Die Überschreitung der Höchstgeschwindigkeit ist nur zum Teil bewiesen. Es liegt also sehr nahe, dass nach der Beweisaufnahme eine Haftungsquote gebildet werden muss, die sich von den Ergebnissen der beiden Darlegungsstationen unterscheidet.

Wir schlagen vor, in solchen Fällen vor der Ausarbeitung des Urteilstenors (Tenorierungsstation) einen weiteren Abschnitt einzufügen, in dem man sich mit der Quotenbildung nach dem Ergebnis der Beweisaufnahme befasst (Entscheidungsstation). In diesem Abschnitt ist auf der Grundlage des unstreitigen Sachverhalts (hier: Bewegungszusammenstoß zweier Kraftfahrzeuge, von denen der Lkw gegenüber dem Pkw die höhere Betriebsgefahr haben dürfte) und des bewiesenen Sachverhalts (hier: Geschwindigkeitsüberschreitung des Klägers) eine Haftungsquote zu bilden, die im Rahmen der Gesamtabwägung auf die hälftige Schadensteilung oder eine etwas höhere Belastung des Klägers hinauslaufen könnte. Denn es ist bereits nach dem Sachvortrag der Beklagten offen geblieben, ob der Beklagte zu 1) als Fahrer des Lkw die gesteigerten Sorgfaltspflichten aus § 17 III StVG beachtet hat, die zur Annahme eines unabwendbaren Ereignisses führen, und ob sein Verschulden ausgeschlossen ist, § 18 I 2 StVG.

Bei der Beweiswürdigung ist streng darauf zu achten, dass man von der zutreffenden Darlegungs- und Beweislast ausgeht. Da im Beispielsfall der Bewegungszusammenstoß zweier Kraftfahrzeuge unstreitig ist, muss man von vornherein auf den Beweis der Unabwendbarkeit bzw. des fehlenden Verschuldens abstellen.

Kurzes Formulierungsbeispiel:
Vollen Schadensersatz kann der Kläger von den Beklagten nicht verlangen. Vielmehr trägt er gemäß § 17 II StVG in Verbindung mit §§ 7 I, 17 I StVG den Schaden zu ½ selbst. Denn er hat den ihm obliegenden Beweis von Tatsachen, aufgrund derer der Unfall für ihn unabwendbar gewesen wäre, nicht geführt. Es steht nicht fest, dass die Verkehrsampel für ihn grünes Licht zeigte, als er in die Kreuzung einfuhr. Die Aussage des hierzu vernommenen Zeugen … ist unergiebig. Des weiteren steht nach dem Gutachten des Sachverständigen … fest, dass er die zulässige Höchstgeschwindigkeit um 25 km/h überschritten hat; zur Frage, ob das Bremsmanöver unverzüglich eingeleitet wurde, hat der Kläger sich nicht klar geäußert.
Auf der anderen Seite bleiben die Beklagten mit dem Ziel der Klageabweisung ebenfalls ohne Erfolg. Auch zu ihren Gunsten kann nicht davon ausgegangen werden, dass der Unfall unabwendbar war oder die Ersatzpflicht wegen schuldlosen Verhaltens der Beklagten zu 1) nach § 18 I 2 StVG ausgeschlossen ist. Sie haben den ihnen obliegenden Beweis für die Behauptung, die Ampel habe für den Beklagten zu 1) grünes Licht gezeigt, aufgrund der Unergiebigkeit der Zeugenaussage nicht geführt. Darüber hinaus haben sie nicht nachvollziehbar dargelegt, ob und inwieweit der Beklagte zu 1) durch eine rechtzeitige Reaktion auf das Erscheinen des Klägers und durch Einhalten der zulässigen Höchstgeschwindigkeit den Zusammenstoß hätte vermeiden können.
Aufgrund der unstreitigen und der bewiesenen Umstände des Unfalls ist der Schaden zwischen den Parteien hälftig zu verteilen. …

Anhang: Die Arbeit im Zivildezernat

Die Examensrelevanz der Dezernatsarbeit ist gering. Trotzdem sollte man die Gelegenheit nutzen, sich in der Zivilstation Grundkenntnisse der richterlichen Verfügungstechnik anzueignen. Denn die Fähigkeit, mit einer größeren Anzahl von Aktenstücken sinnvoll umzugehen, ist nicht nur bei den Justizbehörden, sondern auch in Anwaltskanzlei und gewerblicher Wirtschaft von großem Nutzen.

I. Grundlagen

1. Die Aufgaben der Geschäftsstelle

a) Allgemeines

Gemäß § 153 GVG ist bei jedem Gericht eine Geschäftsstelle einzurichten und mit 1
der erforderlichen Zahl von Urkundsbeamten zu besetzen. An den Amts- und Landgerichten wird in der Regel für jede Zivilabteilung/-kammer eine Fachkraft für die Tätigkeit in der Geschäftsstelle eingesetzt. Das Geschäftszimmer befindet sich normalerweise nahe den Diensträumen der zuständigen Richter. Man spricht daher (ungenau) auch von der »Geschäftsstelle der 25. Zivilkammer« usw. Überwiegend sind die Geschäftsstellen heute als Serviceeinheiten ausgestaltet, in denen auch die Schreibdienste erledigt werden.

Die Geschäftsstelle hat von Gesetzes wegen vielfältige Aufgaben wahrzunehmen. Insbesondere obliegen ihr:

- das Bewirken von Zustellungen, zB nach §§ 166 ff., 270 f., 329 II 2 iVm §§ 273 II 1, 275 IV und 276 III.
- Ladungen, vgl. §§ 141 II, 274 I, 377 I 1 (nur die Anordnung, dass die Zeugenladung förmlich zuzustellen sei, trifft nach S. 2 der Richter), 450 I 2.
- Übersendung von Durchschriften nicht bestimmender Schriftsätze an den Gegner, § 270 II 1 (nur die förmliche Zustellung wird ggf. vom Richter angeordnet).

Die von der Geschäftsstelle aufgrund gesetzlicher Regelung zu treffenden Maßnahmen braucht der Richter also nicht eigens anzuordnen. Dies kann sogar gefährlich sein, weil insoweit das richterliche Haftungsprivileg nicht gilt. In der Praxis hat es sich jedoch vielfach eingespielt, dass der Richter die vorstehend aufgeführten Vorgänge in seine Verfügung mit übernimmt. Dies geschieht insbesondere dann, wenn er mehrere Anordnungen gleichzeitig trifft. Er verhindert dadurch, dass der Geschäftsstellenverwalter eine von ihm selbst zu erledigende Aufgabe übersieht. In dieser Hinsicht bleibt den Referendaren keine andere Wahl, als sich mit den in »ihrer« Abteilung herrschenden Gepflogenheiten vertraut zu machen. Auf einige typische Fälle wird unten näher eingegangen.

Zu den bedeutsamsten Pflichten der Geschäftsstelle zählt die Verwaltung des Aktenbestandes. Ihre Grundlagen sind in den Aktenordnungen (AktO) der Länder geregelt. Inhaltlich stimmen diese weitestgehend überein.[1]

1 Wir zitieren nach der AktO für das Land NRW, Neufassung in Kraft seit 1.1.2017.

b) Register und Kalender

2 Um einen Überblick über den Aktenbestand und die Tätigkeit der jeweiligen Zivilabteilung zu Gewähr leisten, führt die Geschäftsstelle verschiedene Register und Kalender. Im Wesentlichen handelt es sich um folgende:

- das Prozessregister
- die Aktenkontrolle
- den Terminkalender

In das Prozessregister, das heute weitgehend in elektronisch gespeicherten Dateien geführt wird, sind die eingereichten Klagen in der Reihenfolge ihres Eingangs mit einer jedes Jahr neu beginnenden fortlaufenden Nummerierung einzutragen (§§ 1 Nr. 1, 13, 13a, 38 AktO). Alsdann wird aus der Ordnungsnummer der zuständigen Abteilung, dem für die Sache vorgesehenen Registerzeichen (vgl. Anhang im Schönfelder), der sich aus dem Prozessregister ergebenden Ordnungsnummer der Sache und aus dem Jahr des Eingangs das Aktenzeichen gebildet.[2]

> **Beispiel:** Ein Rechtsstreit mit dem Aktenzeichen 24 C 112/05 ist die 112. Zivilsache, die im Jahre 2005 bei der 24. Abteilung des Amtsgerichts eingegangen ist.

(Zusätzlich legt die Geschäftsstelle ebenfalls fortlaufend durchnummerierte »Zählkarten« an, die statistischen Zwecken dienen und für die Dezernatsarbeit keine Bedeutung haben.)

Die Aktenkontrolle (§ 5 AktO) hat den Zweck, über den Verbleib eines Aktenstücks jederzeit Auskunft zu geben. Sie wird heute meist über Computer, in nachlassendem Umfang auf Karteikarten oder in Buchform geführt (§ 2 Nr. 1 AktO). Geordnet ist sie nach den Aktenzeichen der bei der jeweiligen Abteilung anhängigen Sachen. Hinter das Aktenzeichen setzt der Geschäftsstellenverwalter in Kurzform einen Vermerk darüber, wo die Akte sich zurzeit befindet.

> **Beispiele:**
> - 02/05 Kzl.: Die Akte ist (etwa zur Fertigung eines Urteils oder eines Schreibens) am 2.5. der Gerichtskanzlei zugeleitet worden.
> - 03/08 Ref. X: Die Akte ist am 3.8. dem Referendar X ausgehändigt worden.

Akten, die Referendare mit nach Hause nehmen, müssen vorher auf der Geschäftsstelle vorgelegt werden, damit eine entsprechende Eintragung in die Aktenkontrolle erfolgen kann.

Der Terminkalender (§ 6 Nr. 3 AktO) ermöglicht einen Überblick über die in den einzelnen Sitzungen anstehenden Rechtsstreitigkeiten. Auch hier ist das Computerprogramm die Regel.

Nicht nach Abteilungen oder Kammern aufgeteilt, sondern für die gesamte Gerichtsbehörde wird darüber hinaus ein nach den Namen der Beklagten geordnetes alphabetisches Verzeichnis aller Zivilprozesse geführt, die sog. »Prozesskartei« (§§ 13, 38 AktO). Sie erlaubt zB die Einordnung von Schriftsätzen, die zwar mit einem Rubrum, nicht hingegen mit einem Aktenzeichen versehen sind. Für die Dezernatsarbeit des Richters wird sie nur selten benötigt.

---

2 Vgl. → B Rn. 4.

c) Aktenfächer, elektronische Akte

Wenn sich die Akten nicht im Geschäftsgang befinden, werden sie in verschiedenen Aktenfächern geordnet aufbewahrt. Zu unterscheiden sind insbesondere die Termins- und die Fristfächer. 3

Im Terminsfach liegt eine Akte, wenn sie dem Richter erst zur Vorbereitung des Verhandlungstermins wieder vorgelegt werden soll. Eine im Fristfach liegende Akte wird demgegenüber, ohne Rücksicht auf das Bestehen eines Verhandlungstermins, nach Ablauf einer bestimmten Frist vorgelegt.

Der Geschäftsstellenverwalter sieht die Fächer regelmäßig durch und prüft, welche Akten er dem Richter auszuhändigen hat.

Auch mit den Aktenfächern befasst sich niemand anders als der Geschäftsstellenverwalter. Denn die von einem Unkundigen einmal falsch weggelegte Akte lässt sich nur unter äußerst hohem Aufwand wiederfinden.

Eine grundlegende Umstellung ist von der elektronischen Akte zu erwarten, deren Einführung § 298a zeitlich gestaffelt vorsieht und die bei einzelnen Gerichten (zT in Versuchsmodellen) bereits eingeführt ist. Sie wird die nachfolgend erläuterte Verfügungstechnik in deren Rahmenbedingungen, weniger aber in deren Zielsetzung grundlegend verändern. Die Gelegenheit, sich ihre Einführung anzusehen, sollte man nutzen.

2. Verfügungen

a) Allgemeines

Der Richter kann dem Geschäftsstellenverwalter eine Reihe verschiedener, sich auf die Aktenbearbeitung beziehender *Einzelanweisungen* erteilen. 4

> Er kann **zum Beispiel:**
> - Schreiben/Ablichtungen anfertigen lassen,
> - die Beiziehung von Akten anordnen,
> - bestimmen, dass eine Akte nach Ablauf einer Frist oder zum Verhandlungstermin wieder vorgelegt wird.

Auch hier sind Eingabemasken von Computerprogrammen im Vordringen. Dennoch bleibt die kurze handschriftliche Verfügung in Gebrauch. Mit ihr befassen wir uns im Folgenden.

Zusätzlich besteht die Möglichkeit, allgemeine Anordnungen zu erteilen, etwa des Inhalts, dass

- die Sitzungsakten jeweils eine Woche vor dem Termin vorgelegt werden,
- Beiakten in jedem Falle oder aber nur auf besondere Anweisung mit der Hauptakte vorgelegt werden.

Nur *Einzelanweisungen* bezeichnet man als »*Verfügung*«. Während es bei allgemeinen Anordnungen dem Richter freisteht, ob er seine Vorstellungen im Rahmen eines Gesprächs oder in Schriftform äußert (immerhin ist auch sein kollegiales Verhältnis zum Geschäftsstellenverwalter berührt), müssen Verfügungen in jedem Falle schriftlich abgefasst und als solche kenntlich gemacht werden. Letzteres geschieht üblicherweise durch eine Abkürzung, etwa:

> *V.*
>
> (oder:)
>
> *Vfg.*

Inhaltlich sollen Verfügungen kurz gehalten sein. Der Richter setzt sie in die Akten, meist auf die Rückseite eines Schriftsatzes. Wenn der Referendar für seinen Ausbilder Verfügungen zu entwerfen hat, bedient er sich eines separaten Blattes.

Jede Verfügung ist mit Datum und Namenszeichen zu versehen. Bei hausinternen Anweisungen (zB Beiziehung von Akten, Fertigen von Ablichtungen, Wiedervorlage zum Verhandlungstermin oder einer bestimmten Frist) genügt eine Paraphe. Schreiben, die sich an Dritte richten (zB Fristsetzung nach § 273 II Nr. 1), müssen mit vollem Namen unterschrieben werden.[3] Da Referendare selbst nicht berechtigt sind, der Geschäftsstelle Anweisungen zu erteilen, überlässt man das Abzeichnen der Verfügung dem Ausbilder.

Bei praktisch allen Abteilungen findet man eine große Zahl von Formularen, die zum Teil für die gesamte Behörde einheitlich, zum Teil aber auch vom Richter selbst erstellt worden sind. Sie enthalten für typische, häufiger auftretende Fälle vorformulierte Verfügungen. Man sollte sich Formulare des Ausbilders aushändigen lassen, um schneller Überblick über die Verfügungstechnik zu bekommen. Weitgehend eingeführt sind inzwischen Computerprogramme, welche dem Richter die Erledigung der Dezernatsarbeit am Bildschirm ermöglichen. Das hat mit der elektronischen Akte nur mittelbar zu tun, da auch die klassische Verfügungstechnik mit hergebrachten Akten sich auf elektronischem Wege erledigen lässt.

b) Ausgangslage

5 Akten werden nur aus besonderem Anlass vorgelegt. Über diesen muss der Bearbeiter sich Klarheit verschaffen, bevor er darüber nachdenkt, welche Anordnung zu treffen ist. In den meisten Fällen wird der Anlass der Vorlegung durch Lesezeichen kenntlich gemacht, in der Regel aus alten Aktendeckeln zurechtgeschnittene Pappstreifen. Man liest also nicht jede Akte von Anfang an durch, sondern schlägt sie dort auf, wo das Lesezeichen liegt. Häufig stößt man hier auf einen Eingang, zB einen Schriftsatz oder ein Gutachten. Eingänge verpflichten den Geschäftsstellenverwalter zur Vorlegung. Möglich ist weiterhin, dass eine Frist zur Wiedervorlage abgelaufen ist. Die Frage, was zu veranlassen sei, beantwortet sich in diesen Fällen häufig aus dem Inhalt derjenigen Verfügung, in welcher die Wiedervorlage angeordnet wurde. Bei Unklarheiten blättert man die Akten vom Lesezeichen an rückwärts durch und sucht die betreffende Anordnung. Wird die Akte ohne Lesezeichen vorgelegt, handelt es sich meist um eine Sache, die zum Verhandlungstermin ansteht und daher durchgearbeitet werden muss. Der Terminstag ist vorn auf dem Aktendeckel notiert. In diesen Fällen sind Verfügungen regelmäßig nicht zu treffen.

Bleiben trotz aller Bemühungen Unklarheiten (was jedenfalls am Anfang niemanden wundern sollte), empfehlen sich Fragen auf der Geschäftsstelle.

Erst nach Klärung der Ausgangslage wird geprüft, was sinnvoll zu veranlassen ist.

c) Beispiel: Versenden von Ablichtungen

Ausgangslage:

6 Es gelangt ein behördliches Schreiben zu den Akten, mit dem eine Anfrage des Gerichts beantwortet wird. Die dieser Anfrage zugrunde liegende prozessleitende Ver-

3 BGH NJW 1980, 1167 u. 1190; VersR 1983, 33; s. → I Rn. 5.

fügung nach § 273 II Nr. 2 findet sich beim Zurückblättern einige Seiten vor dem letzten Blatt der Akte. Der (vorn auf dem Aktendeckel vermerkte) Verhandlungstermin findet in etwa zwei Wochen statt.

Überlegung:

Die Auskunft muss zur Wahrung des rechtlichen Gehörs den Parteien zur Kenntnis gebracht werden. Dies geschieht zweckmäßig sofort und nicht erst in der Sitzung, damit beiden Seiten Zeit zur Vorbereitung bleibt. Eine Fristsetzung nach § 273 II Nr. 1 ist demgegenüber wegen des nahen Verhandlungstermins nicht mehr sinnvoll.[4]

> *Vfg.:*
>
> 1.
>
> Anliegendes Schreiben des Oberstadtdirektors X 2 × ablichten.
>
> 2.
>
> Schreiben an Parteien:
>
> (wenn diese anwaltlich vertreten sind, richtet sich das Schreiben ausschließlich an die Prozessbevollmächtigten, abgekürzt: an PV oder: an RA/RA)
>
> Anliegend wird Ihnen eine Ablichtung der vom Oberstadtdirektor X erteilten Auskunft zur Kenntnisnahme übersandt.
>
> 3.
>
> Den Schreiben zu 2. je eine der zu Ziff. 1. gefertigten Ablichtungen beifügen.

Schreiben sind, wie hier geschehen, kurz und unpersönlich zu halten. Auf Anreden kann jedenfalls im Behörden- und Anwaltsverkehr generell verzichtet werden. Bei längeren, mit der Hand abgefassten Schreiben empfiehlt es sich, eine Abschrift für die Akten fertigen zu lassen, damit ein späterer Bearbeiter ein leichter lesbares, da maschinengeschriebenes Exemplar vorfindet. Die entsprechende Verfügung kann lauten: »Von dem Schreiben zu Ziff. 2 eine Durchschr.f.d.A. fertigen.«[5]

Auf die vorstehende Verfügung hin sorgt die Geschäftsstelle für die Versendung des Schreibens. Danach würde die Akte allerdings wieder dem Richter vorgelegt, da dieser noch nicht bestimmt hat, was mit der Sache nach Erledigung geschehen soll. Eine diese Frage regelnde Anordnung muss am Ende der Verfügung getroffen werden.

d) Der Abschluss der Verfügung

Eine Verfügung lässt sich auf unterschiedliche Weise abschließen: Wenn ein Verhandlungstermin bestimmt ist und der Richter keine frühere Wiedervorlage wünscht, kann er die Akte in das Terminsfach legen lassen. Die Verfügung lautet: 7

> zum Termin
>
> (oder abgekürzt:)
>
> z.T.

Wenn ein Schriftsatz eingeht und der Richter zu dem Ergebnis gelangt, es sei weiter nichts zu veranlassen, kann in der Terminsverfügung die einzige Anordnung liegen.

4 S. Teil II, Vorbereitung des Termins.

5 Zu den Abkürzungen s. → Rn. 8.

Findet sich die für den Gegner bestimmte Durchschrift des Schriftsatzes noch in der Akte, kann gleichzeitig deren Weiterleitung angeordnet werden, um dem Geschäftsstellenverwalter eine Erinnerungshilfe zu geben. Die Verfügung lautet dann:

> *Vfg.:*
>
> 1.
>
> Durchschrift des SS v. ... an RA-Bekl.
>
> 2.
>
> z.T.

Ist kein Verhandlungstermin bestimmt (etwa im schriftlichen Vorverfahren, bei einem Antrag auf Bewilligung von Prozesskostenhilfe oder nach Erlass eines Beweisbeschlusses), hat die Verfügung »z.T.« keinen Sinn. Hier kommt nur eine Wiedervorlagefrist in Betracht. Man muss prüfen, wann eine erneute Bearbeitung der Sache sinnvoll ist. Wird etwa den Parteien eine Frist zur Stellungnahme gesetzt, müssen hinsichtlich der Wiedervorlage die Postlaufzeiten berücksichtigt werden. Die Verfügung lautet zB:

> *Vfg.:*
>
> Wiedervorlage in 1 Monat.
>
> Oder:
>
> WV 1 Monat
>
> Oder:
>
> 1 Monat

Der Geschäftsstellenverwalter legt die Akte auf diese Verfügung hin in das entsprechende Fristfach.

Wird die Akte innerhalb einer laufenden Frist vorgelegt (etwa wegen eines Eingangs) und soll deren Ende abgewartet werden (zB, weil die Stellungnahme einer Partei noch aussteht), kann »zur laufenden Frist« verfügt werden. Um dem Geschäftsstellenverwalter unnötige Sucharbeit zu ersparen, gibt man in größeren Aktenstücken die Blattzahl an, auf der seinerzeit die Frist verfügt worden ist. Es heißt dann: »zur lfd. Frist Bl. ...«

Wenn laufende Fristen etwa infolge von Neueingängen hinfällig geworden sind, trifft man für die Wiedervorlage eine neue Anordnung und lässt die alten Fristen löschen.

> z.T., alte Fristen löschen/sind erledigt.
>
> (oder:)
>
> Neue Frist: 1 Monat.

Eine Termins- oder Fristverfügung ist in jedem Falle zu treffen, wenn die Akte nicht sofort wieder vorgelegt werden soll. Die Verfügung: »WV nach Eingang« hat keinen Sinn, da der Geschäftsstellenverwalter nicht erkennen kann, in welches Fach er die Akte legen soll und bei einem Eingang ohnehin Vorlage zu erfolgen hat.

Um angesichts des hohen Aktenumlaufs schnell erfassen zu können, welchen Sinn die Wiedervorlagefrist hatte, setzt der Richter hinter die betreffende Anordnung in Klammern eine Erinnerungshilfe:

WV 1 Monat (Vergleichsvorschlag, Streitwertfestsetzung, Rechtshilfeersuchen, Haupttermin usw.).

Wenn ein Rechtsstreit 6 Monate lang nicht betrieben worden ist, etwa weil die vorschusspflichtige Partei keine Zahlung geleistet hat oder weil die Parteien ein ruhendes Verfahren nicht wieder aufgerufen haben, gilt die Sache gemäß § 7 Nr. 3e AktO als erledigt. Es bleibt lediglich zu prüfen, ob der Staatskasse noch Ansprüche zustehen. Danach wird die Akte weggelegt. Die Standardverfügung für diese Fälle lautet:

Vfg.:

1.

Vermerk: 6 Monate nicht betrieben.

2.

Kosten?

3.

Weglegen.

Zwar muss der Geschäftsstellenverwalter die Akten von Amts wegen dem Kostenbeamten zuleiten, ohne dass der Richter dies besonders anordnete. Dennoch wird das Stichwort »Kosten?« in die richterliche Verfügung normalerweise mit aufgenommen, um zu verhindern, dass die Kostenprüfung versehentlich unterbleibt.

3. Abkürzungen

Da jedenfalls der an einem erstinstanzlichen Gericht tätige Zivilrichter täglich eine große Zahl von Dezernatsakten zu bearbeiten hat, haben sich in der Praxis viele Abkürzungen eingespielt. Nachfolgend sind die gebräuchlichsten zusammengestellt: 8

BA	Beiakte
BE	Berichterstatter (nur bei Spruchkörpern; eine hinter die Abkürzung gestellte römische Zahl bezeichnet den nach dem für den Spruchkörper maßgeblichen Geschäftsverteilungsplan zuständigen Berichterstatter)
E	Eingang (ein mit Datum und Paraphe versehener Vermerk, aus dem sich der Eingang eines Schriftstücks bei Gericht ergibt)
EB	Empfangsbekenntnis (§ 174)
EMA	Einwohnermeldeamts-Anfrage
f.d.A.	für die Akten (zB die Durchschrift eines von der Kanzlei auszufertigenden handschriftlichen Schreibens)
HR	Handelsregister
in pp.	lateinische Abkürzung für perge perge, pergite oder in partibus praemittendis; gemeint ist die Anweisung an die Kanzlei, das Rubrum durch die Namen der Parteien zu vervollständigen.
kF	kein Fach (Zusatz hinter dem Namen des PV auf dem Aktendeckel; besagt, dass der Anwalt bei dem Gericht kein Postfach unterhält.)
Kosten?	Vorlage an den Kostenbeamten zwecks Prüfung, ob die Gerichtskosten bezahlt sind
Kzl.	Kanzlei
n.A.	nach Antrag
PA	Protokollabschrift
PV	Prozessbevollmächtigte(r)
Rate A/B	Vorlage dem Rechtspfleger/Kostenbeamten (ältere, heute nicht mehr durchgehend in Gebrauch befindliche Abkürzung)
RA/RA	Rechtsanwälte der Parteien und der sonstigen Prozessbeteiligten
RA-Kl./Bekl.	Rechtsanwalt des Klägers/Beklagten

RB	Rückbrief
Sv.	Sachverständiger
U.m.A.	Urschriftlich mit Akten (Aktenversendung, bei der die Urschrift der Verfügung mit versandt wird)
V., Vfg.	Verfügung
wgl.	weglegen
Wv.	Wiedervorlage
z.d.A.	zu den Akten
zur Frist	Wiedervorlage zu einer bereits verfügten Frist
z.T.	zum Termin[6]
ZU	Zustellungsurkunde
2 Wo./M.	Wiedervorlage in 2 Wochen/Monaten
./.	gegen (auch bei Zustellung »gegen« ZU; die Kombination von zwei Punkten und einen Schrägstrich ist aus dem lateinischen Wort »contra«, abgekürzt »cta« entstanden)
Ø	Durchschrift

II. Beispiele

9 Nachfolgend sind einige in der Praxis häufiger vorkommende Beispielsfälle aufgeführt. Sie sollen die verschiedenen Möglichkeiten der Dezernatsarbeit aufzeigen. Nicht hingegen handelt es sich um »Musterverfügungen«, die in einschlägigen Fällen nachgeahmt werden müssten. Aktenarbeit hat sich am Einzelfall zu orientieren, und längst nicht immer ist es zweckmäßig, über die Wiedervorlage hinausreichende Anordnungen zu treffen. Vielmehr kann es häufig von größerem Nutzen sein, etwa das Ende einer laufenden Frist abzuwarten, um anstehende Fragen mit einer mehrere Punkte umfassenden Verfügung zu klären.

- **Akteneinsicht**

Ausgangslage:

Es geht ein Schreiben ein, mit dem die Genehmigung von Akteneinsicht beantragt wird.

Überlegung:

Gemäß § 299 I sind die Parteien berechtigt, die Prozessakten einzusehen. Den im Gerichtsbezirk niedergelassenen Rechtsanwälten können darüber hinaus die Akten zur Einsichtnahme übersandt werden.

Verfügung bei Akteneinsicht in der Geschäftsstelle:

> *Vfg.:*
>
> 1.
>
> Schreiben an (Kl., RA-Kl. usw.):
>
> Sie können die Prozessakten während der Dienststunden von 7.30 Uhr bis 16.00 Uhr in Zimmer … des Justizgebäudes … einsehen.
>
> 2.
>
> z.T.

6 Bisweilen fälschlich mit »zum Teufel« übersetzt.

- **Aktenversendung an Rechtsanwalt:**

> *Vfg.:*
>
> 1.
>
> Akten an RA X in Köln (oder: Anschrift Bl. ...) versenden mit Schreiben:
>
> Anliegende Akten werden Ihnen zwecks Einsichtnahme für 1 Woche überlassen.
>
> 2.
>
> Wv. in 2 Wo.

Da über die Aktenversendung der Vorsitzende entscheidet,[7] lautet die Musterverfügung des Referendars, der von einem beisitzenden Richter ausgebildet wird, lediglich: »Vorlage dem Vorsitzenden zum Antrag Bl. ...«. Je nach Übung besteht allerdings auch die Möglichkeit, dem Vorsitzenden die Verfügung zu entwerfen, damit dieser sie nur noch zu unterschreiben braucht.

Über Anträge Dritter entscheidet gemäß § 299 II der Behördenleiter. Teilweise werden für bestimmte Einsichtsberechtigte (zB Träger der Sozialversicherung) allgemeine Genehmigungen erteilt. Hierüber kann evtl. der Geschäftsstellenverwalter Auskunft geben. Liegt eine allgemeine Genehmigung nicht vor, lautet die Verfügung: »Vorlage Herrn Direktor/Präsidenten des Amtsgerichts/Landgerichts zum Antrag auf Akteneinsicht Bl. ... d.A.«.

Nicht »Dritte« sind Behörden, denen die Akten im Rahmen der Rechts- und Amtshilfe nach Art. 35 GG überlassen werden können. Im Wesentlichen handelt es sich hierbei um andere inländische Gerichtsbehörden und Staatsanwaltschaften. Die Verfügung erlässt der Vorsitzende.

- **Beiziehung von Akten**

Ausgangslage:

Im Schriftsatz einer Partei wird die Beiziehung einer Akte beantragt. Dies geschieht sehr häufig in Verkehrsunfall- oder Versicherungssachen. Meist geht es hier um die Beiziehung von Straf- oder OWi-Akten. Man sollte diesen Anträgen grundsätzlich nachgehen und nicht abwarten, bis sich aufgrund einer Begutachtung des Falles ergeben hat, dass es auf die Akte ankommt. Denn auf diese Weise kann man mit geringem Aufwand die Vorbereitung und Erledigung der Sache fördern.

Überlegung:

Akten müssen generell bei der aktenführenden Behörde beigezogen werden. In Strafsachen ist dies die Staatsanwaltschaft. In OWi-Sachen werden die Akten beim Amtsgericht geführt (§ 18 Nr. 1 AktO). Für die Frage, an welche Behörde man sich wendet, ist ausschließlich das Registerzeichen maßgeblich (Anhang im Schönfelder). So werden etwa Js-Sachen immer bei der Staatsanwaltschaft angefordert, auch wenn sich aus dem Parteivortrag ergeben sollte, dass inzwischen Anklage zu einem Strafgericht erhoben worden ist. Denn bei dem betreffenden Gericht kann man die Akte unter dem Aktenzeichen der Staatsanwaltschaft nicht auffinden. Letztere wiederum wird das Aktenzeichen des Gerichts mitteilen, wenn die Sache nicht mehr bei ihr liegt.

---

7 BGH NJW 1961, 559.

> *Vfg.:*
>
> 1.
>
> Akten StA Köln 91 Js 1/95 beiziehen.
>
> 2.
>
> z.T.
>
> (oder, wenn die Beiziehung vor dem Termin noch einmal überprüft werden soll:)
>
> Wv. in 2 Wochen.

Der Entwurf eines Schreibens ist grundsätzlich nicht erforderlich, da die Geschäftsstellen für die Aktenbeiziehung Formularschreiben verwenden. Anders liegen die Dinge, wenn eine Anforderung unbeantwortet geblieben ist.

> *Vfg.:*
>
> 1.
>
> Akten ... erneut anfordern mit Zusatz: 2. Anfrage. Die Akten werden hier zum Termin am ... dringend benötigt.
>
> 2.
>
> z.T.

- **Vorbereitung des Termins**

Ausgangslage:

Eine Partei bezieht sich in ihren Schriftsätzen auf eine Urkunde, die sie entgegen ihrer Ankündigung nicht zu den Akten gereicht hat. Der Verhandlungstermin findet in 6 Wochen statt.

Überlegung:

Es ist in jedem Falle sinnvoll, diese Urkunde noch vor dem Verhandlungstermin bei den Akten zu haben. In Betracht kommt eine prozessleitende Verfügung nach § 273 II Nr. 1, von deren Inhalt der Prozessgegner in Kenntnis gesetzt wird.

> *Vfg.:*
>
> 1.
>
> Schreiben an RA-Kl. ./. EB:
>
> Ihnen wird aufgegeben, die im Schriftsatz vom ... erwähnte Vertragsurkunde ... bis zum ... in Ablichtung zu den Akten zu reichen.
>
> 2.
>
> Durchschrift von 1. an RA-Bekl.
>
> 3.
>
> z.T.

Die Frist sollte, auch unter Berücksichtigung der Postlaufzeiten, nicht zu kurz gewählt werden.

- **Termin zur Beweisaufnahme**

Ausgangslage:

Das Gericht hat einen Beweisbeschluss erlassen. Die Akte wird mit dem Vermerk des Geschäftsstellenverwalters vorgelegt, dass die Auslagenvorschüsse für die Zeugen eingezahlt worden seien. Aus dem Beschluss ergibt sich, dass das Gericht das persönliche Erscheinen der Parteien zum Beweistermin angeordnet hat.

Überlegung:

Es ist ein Termin zu bestimmen. Die Ausführung der Ladungen obliegt gemäß §§ 141 II, 274 I, 377 I grundsätzlich der Geschäftsstelle. Sind allerdings viele Zeugen zu vernehmen, so empfiehlt sich eine in Zeitabständen gestaffelte Ladung, damit die zuletzt vernommenen Zeugen nicht allzu lange warten müssen. Das kann nur der Richter selbst anordnen. Daher ist es jedenfalls in so gelagerten Fällen zweckmäßig, eine umfassende Ladungsverfügung zu treffen.

> *Vfg.:*
>
> 1.
>
> Termin zur Beweisaufnahme und zur Fortsetzung der mündlichen Verhandlung wird bestimmt auf
>
> *..., den ..., ... Uhr, Saal ...*
>
> 2.
>
> Laden:
>
> a) RA/RA (./. EB)
> b) Parteien (persönliches Erscheinen ist angeordnet)
> c) Zeugen (./. ZU)
>   aa) Zeugen A und B auf ... Uhr,
>   bb) Zeugen C und D auf ... Uhr
>
> 3.
>
> z.T.

- **Retent**

Ausgangslage:

Es wird nicht die Akte, sondern eine mit Aktenzeichen versehene einfache Mappe vorgelegt, in der sich, auf den ersten Blick wenig geordnet, allerlei Unterlagen befinden, zB Durchschriften von Beschlüssen, Auftragsschreiben an Sachverständige oder Rechtshilfeersuchen. Es handelt sich um ein Retent. Die Hauptakte ist in diesem Falle versandt, zB an einen Sachverständigen, ein Rechtshilfegericht oder einen Rechtsanwalt. In all diesen Fällen muss die Geschäftsstelle gemäß § 5 III AktO ein Aktenkontrollblatt anlegen, um den Verbleib der Hauptakte zu dokumentieren. Überstücke, die nicht mit versandt werden, bleiben im Retent in der Geschäftsstelle.

Es soll davon ausgegangen werden, dass sich das Lesezeichen auf der Durchschrift eines Auftragsschreibens an den Sachverständigen befindet. Aus dem Inhalt des Schreibens ergibt sich, dass die Bearbeitungsfrist für das Gutachten abgelaufen ist.

Überlegung:

Da das Gutachten noch nicht vorliegt, ist es zweckmäßig, den Sachverständigen an die Erledigung zu erinnern. Dies kann beim ersten Mal ohne besonderen Nachdruck oder gar eine Androhung nach § 409 vonstatten gehen.[8]

> *Vfg.:*
>
> 1.
>
> Schreiben an Sv. X, Anschrift ..., mit Anrede
>
> Bezug:
>
> Auftrag vom ...
>
> Da die Erledigungsfrist abgelaufen ist, wird angefragt, wann mit dem Eingang des Gutachtens gerechnet werden kann.
>
> 2.
>
> Durchschrift von 1. an RA/RA
>
> 3.
>
> WV in 2 Wo.

- **Zusammengesetzte Verfügungen**

Werden im Rahmen einer Verfügung mehrere Anordnungen getroffen, so ist auf eine sinnvolle Reihenfolge zu achten. Denn der Geschäftsstellenverwalter muss die einzelnen Anordnungen in der vom Richter vorgegebenen Abfolge ausführen. Einen geradezu »klassischen« Anfängerfehler stellt folgende Verfügung dar:

> *Vfg.:*
>
> 1) U.m.A. der Staatsanwaltschaft in X unter Bezugnahme auf den Aussetzungsbeschluss vom ... (Bl. ... d.A.) übersandt
> 2) Schreiben an Sachverständigen Y: ...

Wenn die Akte aufgrund Ziff. 1) der Verfügung versandt wird, kann der Geschäftsstellenverwalter sie nicht anschließend noch der Kanzlei zuleiten, damit diese das Schreiben an den Sachverständigen fertigt!

Mehrere Schreiben sollten immer en bloc verfügt werden, damit auch die Kanzlei nicht die Übersicht verliert, etwa in der Form:

> 1) Schreiben an
>   a) X ...
>   b) Y ...
> 2) ...

8 Hierzu s. → F Rn. 30.

Sachverzeichnis

Zahlen hinter den Stichworten ohne weitere Angaben beziehen sich auf die Randziffern der jeweiligen Abschnitte.
Beispiel: Q-26 = Rn. 26 im Abschnitt Q. Der Urkundenprozess